길 진리 생명
해설 성경

지혜문학 편

LA BIBBIA VIA VERITÀ E VITA

Edizioni San Paolo srl - Cinisello Balsamo (MI) - Italy

본서는 이탈리아에서 출간된 **LA BIBBIA** VIA VERITÀ E VITA의 지혜문학 편을 따로 묶은 것입니다.

길 진리 생명 해설 성경 지혜문학 편

초판 발행일 2020. 3. 25
1판 3쇄 2023. 4. 4

기획 성바오로(이탈리아)
편역 안소근
펴낸이 서영주

펴낸곳 성바오로
출판등록 7-93호 1992. 10. 6
주소 서울특별시 강북구 오현로7길 20(미아동)

취급처 성바오로보급소 **전화** 944-8300, 986-1361
팩스 986-1365 **통신판매** 945-2972
E–mail bookclub@paolo.net · **인터넷 서점** www.paolo.kr

취급처 바오로딸중앙보급소 **전화** 984-3611
팩스 984-3612 **통신판매** 944-0944~5
E–mail edit@pauline.or.kr · **인터넷 서점** www.pauline.or.kr

책값은 뒤표지에 있습니다.
ISBN 978-89-8015-923-9
교회인가 서울대교구 2020. 1. 17 **SSP 1074**

•이 도서의 국립중앙도서관 출판예정도서목록(CIP)은 서지정보유통지원시스템 홈페이지(http://seoji.nl.go.kr)와 국가자료종합목록 구축시스템(http://kolis-net.nl.go.kr)에서 이용하실 수 있습니다.(CIP제어번호 : CIP2020008311)

길
진리 생명

해설 성경

지혜문학 편

안소근 편역

바오로딸

성바오로

추천의 말

성경의 첫 권, 창세기는 창조하시는 하느님의 말씀으로 시작합니다. 그리고 창세기에 이어지는 구원의 역사는 "성경은 하느님께서 당신 백성에게 보내시는 편지다."라고 한 대 그레고리오 성인의 말씀처럼 하느님께서 당신 백성에게 보여 주시는 사랑의 말씀을 담고 있습니다. 신약의 요한 복음서는 그 "말씀이 사람이 되시어 우리 가운데 사셨다"(1,14)고 장엄하게 선포합니다.

성경은 창조하시고 구원하시는 하느님의 말씀에 응답하는 백성들의 이야기도 전합니다. "주님, 말씀하십시오. 당신 종이 듣고 있습니다."(1사무 3,9)라고 아뢰는 소년 사무엘의 듣는 마음이 있고, "말씀대로 저에게 이루어지기 바랍니다."(루카 1,37)라고 말씀에 순명하는 나자렛의 마리아가 있으며, "한 말씀만 해 주십시오. 그러면 제 종이 나을 것입니다."(마태 8,8)라고 종을 위해 간청하는 백인대장의 따뜻한 이야기도 있습니다. 이렇게 하느님의 말씀과 인간들의 응답이 씨줄과 날줄이 되어 거룩한 역사의 이야기, 성경의 이야기를 지어 냅니다. 하느님의 나라를 향해 걷고 있는 우리 신앙인들의 여정 또한 하느님의 말씀을 듣고 응답하는 과정이기에 성경은 곧 우리의 이야기가 되고, 우리 삶의 지침이며 양식이 됩니다.

'길 진리 생명 해설 성경'의 출간을 기뻐하며 이 해설 성경이 우리 신앙인들의 삶에 큰 도움이 되기를 바랍니다. 하느님 말씀의 뜻을 알고(진리), 그것을 일상에서 실천하며(길), 전례와 기도 생활에서 하느님과 일치하는(생명) 여정을 걷는 사람들이 사도 바오로의 염원대로 '언제나 기뻐하고' '끊임없이 기도하며' '모든 일에 감사하는'(1테살 5,16-18 참조) 삶을 체험하시기를 기도하는 마음입니다.

'길 진리 생명 해설 성경'을 펴내기 위해 애쓴 관계자 여러분께 치하의 말씀을 드리며 이 성경을 읽는 "모든 이의 마음과 삶에 복음의 기쁨"(복음의 기쁨, 1 참조)이 가득하기를 빕니다.

주교회의 성서위원회 위원장 주교
김종수 아우구스티노

여는 말

하나의 책이자 체험인 성경

이 해설서는 성경이 책일 뿐만 아니라 무엇보다 체험이기도 하다는 통찰에서 태어났다. 성경은 믿는 이들의 공동체(이스라엘과 교회)가 하느님의 구원 계획에 드리는 응답인 믿음의 체험이며 이는 우리가 성경이라고 부르는 책들의 모음집 안에 글자 형태로 담겨 있다. 다른 한편으로 이 믿음의 체험은 동시에 하느님의 호소에 생생하고 관대한 응답을 드리도록 하는데, 이런 응답은 성령의 감도를 받은 본문들의 의미를 깊게 하고 그 이해를 풍성하게 한다.

바오로가족의 창립자인 야고보 알베리오네 신부(1884-1971)는 제2차 바티칸 공의회 이전에 이미 이러한 생각을 성숙시켜 나갔다. 바오로가족의 성경 사도직은 그 초창기부터 특징적인 면모를 지니고 있었다. 그것은 성경을 보급하는 데만 머물지 않고, 성경 본문을 이해하고 참된 삶을 살 수 있도록 주석을 제공하는 것이었다. 이는 "사람들을 그들의 자리에서 그들 모습대로 하느님께 데려가기"(Apostolato Stampa, 107쪽) 위함이었다. 알베리오네 신부에게 성경은 "주님께서 당신 자녀들에게 쓰신 거룩한 편지"로서, 성경에 다가가기 위해서는 신자 자신의 온전한 참여가 요구된다. 즉 '지성으로' 믿음의 진리를 이해하는 것으로는 충분치 않으며, 자신의 '의지를 다해' 역사 안에 투신하고 '마음을 다해' 하느님과 친밀한 일치를 이루며 성장해 나가야 한다. 이러한 삼중 표현은 요한 복음서에서(14,6) 자신을 길, 진리, 생명으로 정의하신 예수님의 표현에서 가져온 것이다. 예수님의 이 자기 정의가 특히 이 책의 세 단계 구조의 주석에 영감을 주었다.

길 진리 생명 주석

본서의 주석들은 성경 본문을 이해하는 것뿐만 아니라 그것을 살아 내는 것 또한 돕고자 한다. 이 주석들은 신학적-사목적(길), 주석학적(진리), 전례적(생명) 성격의 세 단계 구조로 되어 있다.

첫째 단계 신학적-사목적 주석은 독자들이 내적인 양식을 얻게 하려는 목표를 가지고 있다. 성경 각 권 저자들이 사용한 이미지들이나 주제들을 통해 그들의 구체적인 신학적 특징들을 요약하고, 그 성경 저자가 이미 전제하고 있는 습관과 관례들을 상기시키면서 저자의 상황을 명확히 설명한다. 이 단계는 책 모양의 아이콘( )으로 표시했다.

반면, 주석학적 설명은 복잡한 문제점들을 골라내어 용어나 문장들의 의미를 명확하게 하며, 더 나아가 가끔 어떤 진술의 의미를 불명확하게 만드는 본문의 문제들에 대해 광범위한 정보를 제공한다.

마지막으로 전례적 설명은 한 성경 본문이 전례주년의 흐름 안에서 읽히는 경우나 성사 혹은 준성사 거행 때 읽히는 경우에 제시된다. 또한 이 설명은 한 본문이 선포되는 특정 전례 행위 안에서 그 본문이 어떠한 의미를 가지는지를 설명한다. 이 각주들은 십자가 모양의 아이콘( )으로 제시했다.

본문 디자인 역시 "길, 진리, 생명"이라는 세 가지 주석의 특성을 분명하게 담고 있다. 이는 유다교와 그리스도교 세계에서 중세 시기부터 17세기까지 출판된 성경 주해판이 채택한 배치에서 영감을 얻었다. 곧 주해는 성경 본문 가장자리를 둘러싸면서 본문과 하나를 이룬다. 신학적 전례적 성격의 설명들은 각주처럼 성경 본문 아래에 자리하며, 주석학적 설명들은 성경 본문 옆 날개 부분에 위치한다. 하지만 본문을 가두기보다는 독서와 열린 체험을 위해 개방된 구조에 따라 본문을 제시한다.

이 해설서의 새로움

이 해설서의 새롭고 폭넓은 입문 글들은 네 단계로 구조화되어 성경 각 권을 이해하는 데 필수적인 정보를 제공하고 있다.

병행 구절과 유사 구절에 대한 지침을 담고 있는 주석도 완전히 새로우며, 꼼꼼하고 정확한 참조 구절들을 제시하고 있다. 성경 연구가 오래전부터 확인해 온 사실, 곧 성경의 각 권이 다른 성경의 책들과 연결되어 있으며 무엇보다도 바로 그 성경 내부의 본문과도 관련되어 있다는 것이 이 주석에서 적용되고 있는 셈이다.

성경 본문에 대한 전례적 해석에도 주의를 기울여, 시편과 4복음서에 대한 전례적 설명이 풍요롭게 제시되고 있다.

고대와 현대의 다른 번역문들을 소개하는 것과 같이 본문에 대한 정보 역시 폭넓게 제공하고 있다. 그래서 독자는 어떤 한 단어 뒤에 얼마나 많은 문제가 있을 수 있는지를 볼 수 있고 다른 해석 가능성을 알 수 있으며 선택된 번역문을 평가할 수 있는 기회를 얻을 수 있다. 전례에서 더 많이 읽히는 책들에 우선순위를 두면서 보다 중요한 이문異文들에 대한 분석에 치중했다.

채택된 언어는 정확하면서도 너무 전문적이지 않도록 하였다. 고대 사본들에 대해 일반적으로 말할 경우에 시리아어 사본들과 타르굼 사본들(아람어)의 중요성을 염두에 두지만, 무엇보다도 (칠십인역) 그리스어본과 대중 라틴말 번역본을 언급하고 있다. 새 대중 라틴말 번역본은 현재 본문 번역과 다를 때만 언급했으며, 설명에서 "(새) 대중 라틴말"이라는 말은 대중 라틴말 성경과 새 대중 라틴말 성경의 번역이 동일하다는 것을 의미한다. 히브리어와 그리스어 단어들은 필요할 때만 언급했다.

축원

복자 알베리오네 신부는 즐겨 말하곤 했다. "거룩한 책을 읽는 사람은 거룩한(하느님의) 논리를 받아들이고 거룩한 언어를 구사하며 거룩한 효과를 얻게 된다."(Leggete le SS. Scritture, 120쪽) 이 해설서가 단순히 한 권의 책에 머무는 것이 아니라, 모든 독자에게 체험이 되고 알베리오네 신부가 말한 그 여정을 걷는 데 도움이 되기를 바란다.

자코모 페레고Giacomo Perego 신부, ssp
국제성바오로성서센터International saint Paul biblical center

한국어판 여는 말

일찍이 위대한 성경학자였던 성 예로니모는 "성경을 모르면 그리스도를 모르는 것이다."라고 하였습니다. 온 세상을 창조하시고 당신 자신을 계시하시는 하느님, 그리고 우리에게 그분을 온전히 알려 주신 그리스도를 아는 길은 여러 가지가 있겠지만 성경만큼 그분을 직접적으로 보여 주는 확실한 길을 찾기란 쉽지 않습니다. 모르는 것을 사랑할 수는 없는 법입니다. 알아야 사랑할 수 있으며 더 많이 아는 이는 더 많이 사랑할 수 있기에 성경은 그분을 깊이 사랑할 수 있게 하는 분명한 길입니다. 그리고 그분에 대한 앎과 사랑은 사고방식과 삶의 변화와 같은 우리 실존의 변화로까지 이어집니다. 이처럼 하느님과 맺는 관계에서나 우리 존재의 차원에서나 성경이 차지하는 중요성은 이루 말할 수 없기에 성경을 잘 아는 것은 신앙생활에 필수 불가결한 요소로 자리 잡고 있습니다.

이러한 필요성에 기초를 두고, 학적인 기반을 외면하지 않은 채 좀 더 대중적이고 우리 삶의 체험 영역에까지 가 닿을 수 있는 차원의 성경 주석서를 한국 신자들에게 제공하기 위해 이탈리아 성바오로출판사에서 펴낸 길 진리 생명 해설 성경을 소개하고자 합니다. 이 주석서는 다양한 분야의 전문가들 특히 성경 전문가들이 합심하여 오랜 기간 심혈을 기울여 내놓은 작품으로, 이탈리아 신자들에게 이미 좋은 평을 얻어 그 가치를 인정받은 책입니다.

다만 이 주석서를 한국 독자들에게 소개하기 위해서 불가피한 수정 작업을 거쳐야 했습니다. 본래 성경 번역이라는 것 자체가 하나의 해석 작업입니다. 하나의 현대어로 성경을 옮겨 놓기 위해서는 먼저 히브리어와 그리스어 본문에 대한 비평 작업이 있어야 하고 선정된 본문에 대해서도 번역의 다양한 가능성 가운데서 선택하는 과정을 거쳐야 하기 때문입니다. 단락을 나누는 것에서도 이러한 해석의 여지가 개입하게 됩니다. 따라서 성경학자들의 개인적 견해보다 객관적인 정통 해석을 따른다 하더라도 이탈리아 주교회의에서 공인된 성경 번역과 한국 교회에서 사용하는 성경 번역이 본문 자체에서 완전하게 일치할 수는 없습니다. 더욱이 이 번역된 성경 본문에 주석이 덧붙여지기 때문에 성경 본문이나 단락 구분에서 차이가 있을 경우에 이탈리아본 주석서의 설명을 그대로 사용할 수가 없었습니다.

이러한 이유로 한국 교회 공용 성경에 맞춰진 주석서 발행을 위해 성서학을 전공한 이들을 중심으로 출간 위원회가 구성되었습니다. 김태훈 신부(성바오로수도회), 안소근 수녀(성도미니코선교수녀회), 염철호 신부(부산교구), 임숙희 박사(엔아르케성경삶연구소)가 이 위원회의 구성원들입니다. 이 위원회를 중심으로 이탈리아어판 주석서의 내용에 대한 수정, 첨가, 삭제 등의 과정을 거쳐 우리 성경의 내용과 한국 독자들의 실정에 맞는 본문 설명을 제시하고자 했습니다. 이 길 진리 생명 해설 성경을 펴내는 데 귀중한 도움을 주신 말씀학교 회원들에게 이 자리를 빌려 감사를 드립니다.

성 대 그레고리오의 말처럼 하느님 말씀은 그 말씀을 읽는 이와 함께 자랍니다. 하느님 말씀을 더 깊이 이해함에 따라 우리가 성장할수록 그 하느님 말씀은 우리에게 더 크고 넓은 지평을 열어 주게 될 것입니다. 이러한 성장과 진보의 여정에 이 주석서가 조금이라도 보탬이 되기를 진심으로 기원합니다.

길 진리 생명 해설 성경 출간위원회를 대표하여
김태훈 신부, ssp

일러두기

1. 주석서의 해설의 대상이 되고 있는 성경은 주교회의 성서위원회에서 편찬하고 한국천주교주교회의에서 승인한 한국 교회 공용 번역본이다.

2. 성경 각 권의 순서와 각 권에 대한 약어, 성경 구절의 줄임 표기는 이 공용 번역본 성경의 것을 따른다. 하지만 독자들의 편의를 위해 약어표를 따로 제시하였다. 성경 구절의 줄임 표시에 대한 예시를 성경 일러두기에서 차용하여 표시한다면 다음과 같다. 예) 창세 5 ⇒ 창세기 5장 / 창세 3,15 ⇒ 창세기 3장 15절 / 창세 5,2ㄱ ⇒ 창세기 5장 2절 전반부 / 창세 3,5-10 ⇒ 창세기 3장 5절부터 10절까지 / 창세 4-6 ⇒ 창세기 4장부터 6장까지 / 잠언 1,28; 아가 5,6 ⇒ 잠언 1장 28절과 아가 5장 6절 / 욥 14,18; 18,4 ⇒ 욥기 14장 18절과 18장 4절 / 시편 22,3.15.24 ⇒ 시편 22편 3절과 15절과 24절 / 언급되고 있는 책의 구절은 그 책 이름을 별도로 기재하지 않고 숫자로만 표기하므로, 예를 들어 시편에 관한 책일 경우 11,7; 민수 12,8 ⇒ 시편 11편 7절과 민수기 12장 8절을 의미한다.

3. 우리말 표기는 국립국어연구원(현 국립국어원)에서 펴낸 『표준국어대사전』을 기준으로 삼으며, 외래어 표기는 정부에서 제시한 '외래어 표기법'을 따르되 이 책이 성경에 대한 주석서이기 때문에 몇몇 예외를 제외하고 되도록 성경의 외래어 표기법을 존중하여 따랐다.

4. 성경 외의 용어들은 가톨릭 교회교리서, 교회법전, 제2차 바티칸 공의회 문헌 등과 같은 교회 주요 문헌과 천주교 용어집(한국천주교주교회의, 2017년 개정증보판)을 따랐으며 한국가톨릭대사전(한국교회사연구소), 전례사전(가톨릭출판사), 천주교 용어사전(도서출판 작은예수) 등도 참조하였다.

5. 전례에 관한 설명에서 언급되고 있는 책들은 한국천주교주교회의에서 편찬한 『로마 미사 경본』(제3판, 한국어판), 미사독서집들, 여러 예식서들, 성무일도서를 지칭한다.

6. 성경 각 구절에 대해 참조 구절들을 제시하고 있는 주석 부분에서 // 표시는 병행 구절을 의미한다.

7. 설명 부분에서 다른 설명을 참조하라고 가리키는 경우, '주'라는 말은 보통 성경 본문의 날개 부분에 설명이 나와 있는 주석학적 설명을 지칭하고, '주해'라는 말은 표시가 있는 신학적 사목적 설명을 가리킨다.

성경 약어표

구약 성경

오경	(약어)
창세기	(창세)
탈출기	(탈출)
레위기	(레위)
민수기	(민수)
신명기	(신명)

역사서	
여호수아기	(여호)
판관기	(판관)
룻기	(룻)
사무엘기 상권	(1사무)
사무엘기 하권	(2사무)
열왕기 상권	(1열왕)
열왕기 하권	(2열왕)
역대기 상권	(1역대)
역대기 하권	(2역대)
에즈라기	(에즈)
느헤미야기	(느헤)
토빗기	(토빗)
유딧기	(유딧)
에스테르기	(에스)
마카베오기 상권	(1마카)
마카베오기 하권	(2마카)

시서와 지혜	(약어)
욥기	(욥)
시편	(시편)
잠언	(잠언)
코헬렛	(코헬)
아가	(아가)
지혜서	(지혜)
집회서	(집회)

예언서	
이사야서	(이사)
예레미야서	(예레)
애가	(애가)
바룩서	(바룩)
에제키엘서	(에제)
다니엘서	(다니)
호세아서	(호세)
요엘서	(요엘)
아모스서	(아모)
오바드야서	(오바)
요나서	(요나)
미카서	(미카)
나훔서	(나훔)
하바쿡서	(하바)
스바니야서	(스바)
하까이서	(하까)
즈카르야서	(즈카)
말라키서	(말라)

신약 성경

마태오 복음서 ········ (마태)
마르코 복음서 ········ (마르)
루카 복음서 ········ (루카)
요한 복음서 ········ (요한)
사도행전 ········ (사도)
로마 신자들에게 보낸 서간 ········ (로마)
코린토 신자들에게 보낸 첫째 서간 ········ (1코린)
코린토 신자들에게 보낸 둘째 서간 ········ (2코린)
갈라티아 신자들에게 보낸 서간 ········ (갈라)
에페소 신자들에게 보낸 서간 ········ (에페)
필리피 신자들에게 보낸 서간 ········ (필리)
콜로새 신자들에게 보낸 서간 ········ (콜로)
테살로니카 신자들에게 보낸 첫째 서간 ········ (1테살)
테살로니카 신자들에게 보낸 둘째 서간 ········ (2테살)
티모테오에게 보낸 첫째 서간 ········ (1티모)
티모테오에게 보낸 둘째 서간 ········ (2티모)
티토에게 보낸 서간 ········ (티토)
필레몬에게 보낸 서간 ········ (필레)
히브리인들에게 보낸 서간 ········ (히브)
야고보 서간 ········ (야고)
베드로의 첫째 서간 ········ (1베드)
베드로의 둘째 서간 ········ (2베드)
요한의 첫째 서간 ········ (1요한)
요한의 둘째 서간 ········ (2요한)
요한의 셋째 서간 ········ (3요한)
유다 서간 ········ (유다)
요한 묵시록 ········ (묵시)

차례

추천의 말
여는 말
한국어판 여는 말
일러두기
성경 약어표

길 진리 생명 해설 성경 입문 ······ 15
구약 성경 입문 ······ 27
지혜문학 입문 ······ 31
욥기 ······ 35
시편 ······ 122
잠언 ······ 338
코헬렛 ······ 418
아가 ······ 449
지혜서 ······ 472
집회서 ······ 521

길 진리 생명 해설 성경 입문

한처음에 말씀이

"한처음에… 하느님께서 말씀하시기를 '빛이 생겨라.' 하시자 빛이 생겼다."(창세 1,1.3)

"한처음에 말씀이 계셨다."(요한 1,1)

구약 성경과 신약 성경은 하느님 말씀으로 시작된다. 다시 울려 퍼지고 일하시는 하느님 말씀이다. 곧 하느님께서는 우주와 인류를 피어나게 하는 당신 창조의 목소리로 무無의 침묵을 파괴하신다. 이것이 하느님의 첫 계시이다. "하늘은 하느님의 영광을 이야기하고 창공은 그분 손의 솜씨를 알리네. 말도 없고 이야기도 없으며 그들 목소리조차 들리지 않지만 그 소리는 온 땅으로, 그 말은 누리 끝까지 퍼져 나가네."(시편 19,2.4-5) 우주에 퍼져 가는 이 메시지를 들으며 인간은 "창조물의 위대함과 아름다움"을 보고 누가 이들을 만들었는지를 알 수 있다(지혜 13,5).

그러나 계시의 둘째 길이 있다. 하느님께서는 한 백성의 역사에서 일어나는 사건들을 통해 말씀하신다. 그분 목소리는 이스라엘의 조상을 움직이고 억압받는 민족을 해방으로 이끈다. 하느님께서는 그들에게 선물로 땅을 주신다. 그분은 경배해야 할 황금 우상이 아니라 높은 곳에서 내려와 인간의 의식을 흔들어 놓는, 살아 있는 힘 있는 말씀이시다. "너희는 말씀하시는 소리는 들었지만, 어떤 형상도 보지 못하였다. 너희는 소리만 들었을 뿐이다."(신명 4,12)

그렇지만 하느님께서는 더 나아가 인간의 사건에 온전히 참여하기를 원하신다. 역사와 어떤 인간들을 통하여 자신을 계시하시는 것만으로 만족하지 않으신다. 인간의 역사에 들어와 사람이 되시어 시간과 공간, 웃음과 눈물, 생명과 죽음을 인간과 함께 나누신다. "말씀이 사람이 되시어 우리 가운데 사셨다."(요한 1,14) "하느님께서 예전에는 예언자들을 통하여 여러 번에 걸쳐 여러 가지 방식으로 조상들에게 말씀하셨지만 이 마지막 때에는 하느님 영광의 광채이시며 하느님 본질의 모상인 아드님을 통하여 우리에게 말씀하셨다."(히브 1,1-3 참조)

하느님 말씀의 길은 그렇게 사람이 되신 분, “어제도, 오늘도 그리고 항상”(히브 13,8 참조) 계시는 예수 그리스도의 계시로 당신 땅에 도달한다. 그러나 하느님 말씀은 창조물 안에서 반향을 일으키고 족장과 예언자, 현자들에 의해 표현되며, 그리스도 안에서 사람이 되시고, 그리스도와 그분 사도들에 의해 세상에 선포된다. 이 하느님 말씀은 또한 성경이라는 책이 된다. 지금 우리가 열고 있는 성경은 『가톨릭교회교리서』(81항)에서 말하듯이 “성령의 영감에 의해서 기록된 하느님 말씀”이다. 이탈리아어로 성경Bibbia은 “책들”을 의미하는 그리스어 ‘비블리아’에서 파생한 용어이다. 첫 번째 성경, 곧 구약에는 다양한 범주의 책 마흔여섯 권이 들어 있다. 구약 성경은 주님께서 한 백성, 여러 민족 가운데에서 하느님의 사자使者, “사제들의 나라가 되고 거룩한 민족이 될”(탈출 19,6) 이스라엘에게 처음으로 자신을 드러내신 계시이다. 신약 성경은 스물일곱 권으로 구성된다. 하느님께서 그리스도와 교회, “선택된 겨레고 임금의 사제단이며 거룩한 민족이며 어둠에서 불러내어 당신의 놀라운 빛 속으로 이끌어 주신 분의 위업을 선포하기 위해 당신 소유로 삼은 백성”(1베드 2,9 참조) 안에서 결정적으로 그분 자신을 계시하신 내용을 소개한다.

인간의 말에 담긴 하느님 말씀

그러므로 우리는 지금 “영원히 머물러 계시는 말씀”(1베드 1,25; 이사 40,8 참조)을 자체 안에 간직하고 있는 인간의 말이라는 광대한 전망에 직면하고 있다. 구약 성경에 들어 있는 히브리어 단어는 305,441개이다(그 가운데 4,828개는 자매어인 아람어에 속한다). 그리스어로 기록된 다른 구약 성경 일곱 권도 있다. 신약 성경에는 그리스어 단어 138,013개가 들어 있다. 책들 안에 말이 마치 작은 대양처럼 자리 잡고 있다고 할 수 있다. 성경은 같은 종류의 항목에 따라 전통적으로 다음과 같이 구분할 수 있다. 첫 번째 계약은 세 항목으로 나뉘는데 첫째 항목은 창세기부터 마카베오기까지 전개되는 역사서로 구성된다. 여기에서 중요한 위치를 차지하는 것은 첫 책들, 히브리인들이 ‘토라’ 곧 “율법”, “가르침”이라고 부르는 다섯 권이다. 토라는 ‘펜타테우코스’Pen-tateuco라고도 불리는데 양피지 두루마리에 책을 쓸 때 그 책들을 보관한 다섯 개의 작은 상자를 가리킨다. 둘째 항목은 지혜문학에 속하는 책들이다. 히브리인들은 이런 책들을 ‘크투빔’, 곧 성문서라고 부르는데 존재와 삶의 신비를 성찰하는 지혜의 목소리가 담겨 있다. 셋째 항목에는 히브리어로 '느비임'이라고 부르는 예언서들이 있다. 예언자들은 역사를 심판하고 구원하시며 역사 안으로 들어오시는 하느님 말씀에 대한 위대한 증인이다. 이사야부터 말라키에 이르기까지 하느님 말씀 선포에 헌신한 중요한 인물들과 덜 알려진 인물들이 우리 앞에 줄지어 나타나는데 메시아 희망과 함께 우리를 신약으로 데려간다.

신약도 세 항목으로 구분된다. 네 복음서와 사도행전은 거의 구약의 역사서와 병행한다. 사도들이 쓴 서간은 스물한 개인데 지혜문학 모델을 반영하고 있다. 성경 전체를 끝마치는 요한 묵시록은 예언자적 목소리와 유사하다(묵시 1,3; 22,7.10 참조). 성경에 들어 있는 책들은 세 개의 역사적인 언어(히브리어, 아람어, 그리스어)에 속하는 인간의 말로 기록되었기에 인간 저자의 참여에서 비롯된 특성, 스타일, 당시의 역사와 문화와 관련된 사항을 포함하고 있다. 그러므로 하느님 말씀과 인간의 말 사이에 섬세하고 복잡하게 얽혀 있는 요소들을 풀어내야 성경이 어떤 책인지 이해할 수 있다.

성경 전체는 하느님의 영감을 받는다

지금은 전통이 된 세 용어로 표현되는 요소들을 통해 우리는 하느님 말씀과 인간의 말이 어떻게 함께 짜이는지에 대해 여러 세기 동안 진행된 광범위한 연구를 살펴볼 것이다. 첫째 용어는 '영감'ispirazione이다. 용어 자체가 말하듯 성경 역사의 인물, 안내자, 신앙의 스승, 특히 성경 저자들의 정신과 마음, 증언을 통해 전달되는 성령의 감도를 가리킨다.

성 바오로는 이미 제자 티모테오에게 "성경은 전부 하느님의 영감으로 쓰인 것으로, 가르치고 꾸짖고 바로잡고 의롭게 살도록 교육하는 데에 유익"(2티모 3,16)하다는 것을 상기시켰다. 바오로의 말에 대한 메아리처럼 성 베드로는 그리스도인들에게 "예언은 결코 인간의 뜻에서 나온 것이 아니라, 사람들이 성령에 이끌려 하느님에게서 받아 전한 것입니다."(2베드 1,21)라고 권고하고 있다. 그는 "성령에 의해 움직이는" 사람들 가운데 "우리가 사랑하는 형제 바오로"가 쓴 기록들도 배치하였다(3,15-16).

이 지점에서 우리는 교회의 전통적인 가르침의 흐름을 받아들여 선언한 제2차 바티칸 공의회의 가르침을 체계적으로 살펴볼 수 있다. 성경에 있는 책들은 "성령의 감도로 기록된 것이고 하느님께서 저자이시며, 또 그렇게 교회에 맡겨셨다. 성경을 저술하는 데에 하느님께서는 인간을 선택하시고, 자기의 능력과 역량을 이용하는 사람들을 활용하신다. 하느님께서 몸소 그들 안에 또 그들을 통하여 활동하시어 하느님께서 원하시는 모든 것을, 또 원하시는 것만을 그들이 참 저자로서 기록하여 전달하도록 하셨다."(『계시 헌장』 11항).

신학자들은 두 개의 자유, 곧 계시자 하느님이 지닌 최고의 자유와 고유한 공간과 표현을 지닌 인간의 자유 사이의 미묘한 교차를 깊이 탐구하는 데 헌신했다. 이 말의 의미를 이해하려면 성경 본문 몇 개를 읽는 것만으로 충분하다. 히브리 문학의 단테로 불리는 이사야처럼 화려한 경력을 지닌 예언자가 쓴 본문, "가축을 키우고 돌무화과나무를 가꾸는 사람"(아모 7,14) 아모스의 열정과 예리한 현실 감각이 담긴 본문, 예레미야의 아주 낭만적인 글이나 에제키엘의 바로크식 이미지, 다니엘서, 즈카르야서, 요한 묵시록에 담긴 열정적이고 감정적인 환시, 또는 복음서 저자들이 예수님 모습을 묘사하기 위해 제시하는 다양한 전망, 바오로의 어렵고 치밀한 서간 탐구 등의 본문들이다. 이런 몇 가지 예를 통해 하느님께서 우리에게 전하시는 메시지가 성령으로 감도된 저자의 인격을 통해 여과된다는 것이 무슨 뜻인지를 쉽게 이해할 수 있다.

거룩한 책 73권의 정경

이런 방식으로 성경 안에 육화의 신비가 예시되는 것을 이해할 수 있다. 말씀은 성경의 기록된 페이지를 통해서도 가시적인 형태를 갖춘다. 이제 둘째 용어인 '정경'canone을 통해 설명해야 할 다른 주제가 등장한다. '정경'이라는 말의 원래 의미는 길이를 측정하는 갈대를 가리킨다. '정경'은 측정 단위로 경계를 정의하고 영역을 결정하는 것이다. 우리의 경우에는 영감을 받은 책들, 성경을 구성하는 책들의 정확한 범위를 가리키는데 지금 우리 손 안에 있는 한 권의 성경에 들어 있는 책들이다.

물론 이런 책들을 선택하고 정의하려면 인간의 기준에 따른 검증만을 고려할 수 없고 구세사의 주인공들을 움직이시는 성령과 함께 하느님께서 직접 역사 장면에 등장하셔야 한다. 그리스도께서는 생애 마지막 날 저녁에 다락방에 모인 제자들에게 성령께서 "그분이 그들에게 말한 모든 것을 기억하게 해 주시고"(요한 14,26) 그들을 "모든 진리 안으로 이끌어 주실"(16,13) 것이며, 앞으로 그들과 함께하실 것임을 다섯 차례나 약속하셨다. 기원전 초세기 말경 이스라엘은 영감을 받은 책들에 대해 질문하기 시작했고 그런 범주에 속하는 책으로 기록된 스물네 권을 정경으로 받아들였다. 히브리어가 아니라 그리스어로 기록된 책들은 이 범주에서 제외되었다. 토빗기, 유딧기, 마카베오기 상·하권, 지혜서, 집회서, 바룩서가 이런 책들이다.

마찬가지로 교회도 기원후 2세기부터 글자로 기록된 하느님 말씀을 파악하기 위하여 성령의 인도 아래 길고 점진적인 탐구 과정을 거쳤다. 이 과정은 빛과 어둠이 교차하는 여러 단계를 거쳤는데 4세기부터 어느 정도 이미 가닥이 잡힌 이 여정은 1546년 트리엔트 공의회로 마침내 종지부를 찍었다. 73권의 책이 정경 목록에 포함되었으며 지금 읽고 있는 이 성경도 바로 그 책들을 담고 있다. 히브리 성경의 정경 목록을 따르는 개신교는 가톨릭과 다른 정경 목록을 선택하며, 앞에서 인용한 일곱 권의 그리스어 구약 책들을 정경에 포함하지 않는다. 가톨릭에서는 이런 책들을 "제2경전"(두 번째 순간에 정경으로 결정된 것)이라고 부른다. 이것은 실제로(본문의 사소한 차이를 넘어서) 가톨릭 성경과 개신교 성경의 차이이다.

성경의 역사적-문학적 해석

이제 아주 범위가 넓고 복잡한 사항을 살펴보자. 학자들에 따르면 원래 그리스어 전문 용어로 "에르메네우티카"ermeneutica라 불리는 해석학이다. 이것이 우리가 심화해야 할 셋째 용어이다. 먼저 이 용어에 감추어진 몇 가지 질문, 성경을 읽을 때 자주 우리를 당황스럽게 하는 질문들에 대한 전반적인 개관을 제시하겠다. 해석학을 이해하려면 하느님 계시의 핵심으로 우리를 인도하는 성경의 일반적인 특성을 먼저 이해해야 하기 때문이다. 그렇게 할 때 하느님 말씀과 인간의 말, 말씀과 육肉, 영원과 시간, 하느님의 무한과 인간의 유한한 공간, 하느님과 인간 사이에 지속적인 일치가 이루어진다. 그러므로 성경을 읽을 때 항상 사용해야 할 두 가지 전망이 있는데 이것은 신앙인 독자의 해석학적 여정을 비추어 줄 빛이다.

첫째, 역사적-문학적 측면이 있는데 이 주제를 조금 길게 다룰 것이다. 독자에게는 특정 지식에 대한 중요한 도구가 필요하다. 이것은 "주석"esegesi이 하는 작업인데 이 용어는 그리스어 본문의 표현 수단과 형태를 파악하면서 내용과 메시지의 풍요로움을 모두 본문 "밖으로 끌어내는 것"을 가리킨다. 본문 형태에서 중요한 것은 문학 유형, 곧 다양한 내용을 표현하는 방식을 파악하는 것이다. 말하려는 내용에 따라 채택하는 언어들이 다르다. 법규에 관한 본문, 찬미가, 역사 사건 묘사, 기도 중의 도움, 서간, 성찰을 통해 주제를 심화하는 것, 한 가지 개념을 묘사하기 위해 사용하는 비유, 예언자가 선포하는 하느님의 신탁, 훈계, 윤리 행동을 선택하라는 권고 등이 그것들이다.

문학 유형 외에도 성경 본문의 역사적-문학적 특성을 존중하면서 본문을 올바로 해석하도록 이끄는 많은 다른 문학 양식, 상징, 시대별 역사 편찬 같은 유형학도 있다. 나아가 특히 20세기 후반기 중반 무렵 성경 본문에서 문학적 측면과 내용을 더 잘 파악하기 위해 여러 가지 본문 분석 방법이 증가했다. 예를 들어 성경의 사람들이 살았고 거룩한 기록에도 반영된 사회적 차원에 관심을 둔다. 어떤 예언 체험이나 이미지와 성경 상징의 언어를 더욱 잘 설명하기 위해 심리학과 심리 분석에 호소하기도 한다. 페미니즘 성경 독서도 있는데 이는 인간 창조에 대한 성경의 메시지와 고대 히브리 사회의 어떤 역사 모델과 가부장적 표현을 혼동하지 않는 데 주목한다. 성경 이야기 분석이나 수사학, 곧 설득 기법을 통한 확실한 논제 전개에 초점을 맞추는 접근, 본문 구조 연구에 대한 현대적인 접근(기호학)도 있다.

성경의 "진리"

역사적-문학적으로 본문을 올바르게 해석하는 훈련을 할 때 우리 시대의 사고와도 연결되기 때문에 자주 생생한 관심을 불러일으키는 환경 두 가지가 있다. 첫째, 성경이 우리에게 전달하기를 원하는 "진리"에 대한 것이다. 과거에는 표현과 내용의 단계가 혼합되어 있어 학문과 신앙 사이에 강한 긴장이 생겼다. 한 가지 예로 진화론에 대해 생각해 보자. 물론 성경 저자는 학문 모델이 고정된 문화 안에서 살았기 때문에 지구 중심 방식으로 인간을 바라보며 인간을 이미 충만하고 완성된 존재로 여긴다. 성경이 우리에게 제공하고자 했던 가르침은 이것인가?

그러나 사실 성경은 인간학이나 천문학과 관련된 학문이 제시하는 질문을 하지 않는다. 성경은 인생의 의미, 인간 피조물, 실존, 그들과 창조주의 관계에 대해 질문한다. 성 아우구스티노는 자신의 확신을 생생하게 표현한다. "'어떻게 해와 달이 움직이는지를 가르치기 위해 나는 너희에게 성령을 보낸다.'라고 주님께서 말씀하셨다는 내용을 복음서에서 읽을 수는 없습니다. 주님께서는 수학자가 아니라 그리스도인을 교육하기를 원하셨습니다."(De Genesi ad litteram[창세기의 문자적 의미] 2,9,20). 따라서 성경이 제공하기를 원하지 않는 대답을 달라고 강요하거나 답변을 인위적으로 끌어내려 하지 말고 성경에 올바른 방식으로 질문해야 한다.

성경의 무오류는(과거에 자주 말했듯이) 학문이나 역사 이야기가 아니라 종교적인 진술과 관련된다. 달리 말하면 성경이 우리에게 전달하고 싶어 하는 "진리"는 제2차 바티칸 공의회에서 명확히 강조하듯이 학문적인 진리가 아니라 신학 유형의 진리다. "성경은 하느님께서 우리의 구원을 위하여 성경에 기록되기를 원하신"(『계시 헌장』 11항) 진리이다. 그러므로 성경 본문들이 우리에게 가르치는 진리는 우리 구원을 목적으로 하는 진리이다.

성경 안에 있는 당혹스러운 본문

그러나 우리는 피와 폭력, 온갖 종류의 비윤리적인 내용이 자주 그에 대한 부정적인 판단 없이 성경에 나온다는 사실을 지나칠 수 없다. 이런 본문들은 암묵적으로나 명시적으로 하느님의 동의 아래 이루어지는 일들로 소개된다. 그런데 이 내용은 복음이 전하는 사랑의 메시지와 순수하고 단순한 인간적 가치에 민감한 독자들에게 걸림돌이 된다. 이것은 훨씬 더 예민하고 어려운 해석학적 문제이므로 주의를 요한다. 여호수아기 처음 몇 장에서 약속의 땅 정복 과정을 다룬 대목만 봐도 이것을 충분히 이해할 수 있다. 이 대목에서 하느님의 명령과 허락 아래 이루어지는 잔인한 사건과 절멸 이야기를 발견할 수 있다. 이른바 저주 시편(예를 들어 58; 109; 137,8-9)에서도 저자의 격렬한 분노는 강한 인상을 준다.

앞에서 언급한 문학 분석은 이런 본문들이 고대 근동 문화의 언어와 특징적인 스타일에 영향을 받고 있음을 즉시 이해하게 한다는 것은 확실한데, 그 고대 근동 문화의 언어와 스타일은 동사들의 과도함, 생생한 표현 방식, 과장된 어조를 사랑하고 구전 유형의 문명에서 중요한 요소인 말 자체의 공격하는 힘을 신뢰했다. 그러므로 악에 대한 미움과 정의에 대한 염려가 우선적으로 말의 차원에서 이루어지고 있다. 나아가 셈족의 사고는 상징과 구체성을 사랑하기 때문에 악은 개념의 차원에서 공격받거나 단죄되기보다는 마치 살과 뼈를 가진 존재처럼 바로 "원수" 안에 인격화되어 묘사되고 있다. 그러나 이 모든 설명이 그런 본문들의 "비윤리성"을 정당화하는 데는 충분하지 않다. 성경 독자 앞에 놓인 이 장애물을 제거하기 위해서는 다른 사항들을 고려하는 것이 중요하다.

전쟁이나 폭력, 또는 비윤리적인 내용이 담긴 본문을 올바로 이해하기 위한 길은 성경 계시의 구체적인 특성을 다시 고려하는 것이다. 성경 계시는 매우 역사적이다. 하느님 말씀과 행동은 신화적이고 신비로운 하늘에서만 멈추는 것이 아니라 인간적인 사건들의 괴롭고 힘든 줄거리 안에서 일어난다. 이것들은 선집選集에 수집된, 논제나 진리 시리즈 같은 것이 아니라 메마르며 돌이 많고 그늘진 역사와 실존의 땅에서 싹을 틔우는 씨앗과 같다.

하느님께서는 그 자리에 가까이 다가오시고 인내로우시며 자유를 지닌 인간의 한계와 심지어는 그의 잔인함에 이르기까지 자신을 맞추시면서 인간을 점진적으로 더욱더 높은 지평으로 이끌어 가신다. 그 지평은 사랑과 용서라는 복음의 법에서 절정에 이르는데 이 법은 구약 안에 이미 광범위하고 심오하게 빛나고 있다. "당신께서는 힘의 주인이시므로 너그럽게 심판하시고 저희를 아주 관대하게 통솔하십니다. 당신께서는 무엇이든지 원하시는 때에 하실 능력이 있으십니다. 당신께서는 이렇게 하시어 의인은 인자해야 함을 당신 백성에게 가르치시고 지은 죄에 대하여 회개할 기회를 주신다는 희망을 당신의 자녀들에게 안겨 주셨습니다."(지혜 12,18-19).

성경 계시의 이런 역사적이고 점진적인 차원은 종교 운동들에서 실행하는 근본주의 성경 독서가 얼마나 위험하고 그릇된 것인지를 이해하게 한다. 근본주의 성경 독서는 마치 모델처럼 제시되기도 하는데, 그 독서의 본문에 충실한 나머지 자구적이고 절대적이며 물리적으로 들리는 그대로 말과 문장들을 맹목적으로 신뢰하기 때문이다. 하지만 이 독서는 성경 저자가 고대의 암시적인 언어를 통해 전달하고자 했던 것을 발견하도록 인도하는 올바른 해석을 적용하지 않는다. 그 언어는 지금 우리가 살고 있는 세상과는 거리가 먼, 구체적인 문화적, 사회적 세계에 연결되어 있는 언어이다.

그러므로 진정으로 성경의 참된 의미에 충실하려면 주석과 해석의 도움이 꼭 필요하다.

독자는 이런 길을 통해 성경의 "문자"와 역사성이 사라지게 하지 않고 성경이 우리에게 전달하고 싶은 "진리"를 받아들일 수 있다. 그래야 성경이 독자의 삶에서 "제 발에 등불, 저의 길에 빛"(시편 119,105)이 될 수 있다. 이런 노선에서 성 바오로가 "문자는 사람을 죽이고 성령은 사람을 살립니다."(2코린 3,6)라고 훈계한 이유를 이해할 수 있다.

성경의 신학적 해석

성경은 자체 안에 하느님께 기도하는 인간의 목소리(시편을 가리킨다)와 인간을 구원으로, 또 신적 생명과 친교를 이루도록 초대하시는 하느님 목소리를 결합한다. 성경은 또한 자체 안에 역사와 영원을 함께 엮는다. 성경은 창조주이자 주님이신 분과 그분 피조물 사이의 만남과 대화를 생생하고 구체적으로 전하는 이야기이다. 그러나 하느님 말씀은 인간이 빗나가거나 "죽은 자들에게 이른"(잠언 2,18) 길에서 방황할 때에도 울려 퍼진다. 나아가 바오로가 관찰하듯이 예언자 이사야는 심지어 이렇게까지 말한다. "나를 찾지도 않는 자들을 내가 만나주었고 나에 관하여 묻지도 않는 자들에게 나를 드러내 보였다."(로마 10,20; 이사 65,1 참조).

그러나 성경의 이 신적이고 초월적인 차원을 발견하기 위해, 성경 안에서 주님께서 계시하시는 구원 계획을 통찰하고 저자들 가운데 최고 저자(하느님)의 영감을 받기 위해서 지금까지 우리가 묘사한 역사적-문학적 접근과는 다른 인식의 여정이 필요하다. 우리는 그것을 "성경의 신학적 해석"이라고 부를 것이다. 이것은 기록된 하느님 말씀을 보존하고, 소개하며, 전파하고 해석하며, 역사 안에서 하느님 말씀을 육화하는 교회의 살아 있는 전통 안에서 성령의 인도에 따라 이루어진다. 제2차 바티칸 공의회에서 선언하듯이 "성경과 성전은 밀접하게 연결된다."(『계시 헌장』 9항)

성전Tradizione은 민간전승과 동일한 것이 아니다. 민간전승들도 가치가 있고 진리의 섬광을 드러내지만 종종 창의성, 신심, 심지어는 환상을 토대로 양육된다. 이것은 "외경"(직역하면 "감추어진")이라 부르는 다양한 작품에서 볼 수 있다. 외경은 정경에서 제외된 책인데 정경과 비교할 때 정경과 동시대나 후대에 싹이 텄다. 성전은 "진리의 영"(요한 16,13)의 인도를 받고 교회 안에서, 교회의 공적 가르침 안에서 현실화된다. 또한 믿는 이들의 공통된 의견에서도 현실화되는데, 신자들이 하느님 말씀을 듣고 이해하면서 가슴이 뜨겁게 타오르게 하시는(루카 24,32) 성령께서는 믿는 이들의 이 공통된 숨결 내부에서도 똑같이 활동하신다.

그러나 성전은 "하느님 말씀 위에 있지 않으며 하느님 말씀에 봉사"(『계시 헌장』 10항)한다. 그리고 자구적 의미나 역사적 문학적 의미에 연결되고, 그 저변에 깔려 있는 내적이고 충만하며 영적인 의미가 하느님 말씀에서 드러나게 한다. 저자와 사건들, 또 성경의 개별 책들이 여기저기 흩어져 있는 것처럼 보이고 그 단계가 다양할지라도 이것들을 넘어 성경이 그 깊은 단일성 안에서 자신을 드러내는 것은 바로 이런 길을 통해서이다. 고대 라삐 스승들이 암시적으로 말하기를 좋아했듯이 모든 거룩한 말씀에 들어 있는 "일흔 개의 얼굴"이 드러나는 것은 바로 이런 안내를 통해서이다.

그러므로 모든 성경 본문에 담긴 내용을 영적으로 일치시키며 전개해 나가는 중요한 노선을 간파할 수 있다. 그것은 하느님 나라의 선포 곧 구원과 해방, 진리와 사랑, 평화와 정의에 대한 보편적인 계획의 선포인데, 이는 메시아의 활동을 통해 이미 현재 역사 안에서 이루어지고 "첫 번째 하늘과 땅은 사라질 것이기 때문에 새 하늘과 새 땅에서"(묵시 21,1 참조) 온전히 꽃피기로 정해져 있다. 신약은 아브라함과 다윗의 자손 나자렛 예수님 안에서 메시아의 얼굴만이 아니라 그 나라를 시작하기 위해 인간 역사 안에 들어오신 하느님 아들의 얼굴도 본다. "때가 차서 하느님의 나라가 가까이 왔다. 회개하고 복음을 믿어라."(마르 1,15)

작고 땅속에 숨겨진 겨자씨와 비슷한 하느님 나라는 싹이 트고 거대한 나무로 성장한다(마르 4,30-32 참조). 이제 "다시는 죽음이 없고 다시는 슬픔도 울부짖음도 괴로움도 없는"(묵시 21,4) 날에 대한 큰 희망이 지평선에 서서히 모습을 드러내고 평화와 빛, 생명과 사랑의 도성, 새롭고 완전한 예루살렘이 등장할 것이다. 그리고 마침내 하느님께서는 모든 것 안에서 모든 것이 되실 것이다(1코린 15,28 참조). 그리스도께서는 그분의 죽음과 부활로 모든 예언자의 기대와 하느님의 모든 약속을 결정적으로 봉인하시는 분이시다. "하느님의 그 많은 약속이 그리스도에게서 '예!'가 됩니다."(2코린 1,20) 그리스도의 일을 통해 하느님의 입양 자녀가 된 새로운 인간이 탄생(로마 8,15 참조)하며 그들은 하느님을 아버지라고 부른다. 그리고 "하느님의 자녀들이 누리는 영광의 자유를 얻도록"(로마 8,21) 받아들여진 새로운 창조, "멸망의 종살이에서 해방된" 새로운 창조가 시작된다.

성령 안의 해석을 통해 성경은 하느님의 위대한 책일 뿐만 아니라 죽음에서 구원된 하느님 자녀들의 위대한 책으로 드러난다. 하느님 자녀는 성경 안에서 생명의 샘과 영적 양육의 원천을 발견한다. 성경 말씀은 "꿀보다 생청보다 더욱 달다."(시편 19,11) 성경은 하늘에서 내려오는 비처럼 마른땅에 내려와 싹이 돋아나게 한다. "씨 뿌리는 사람에게 씨앗을 주고 먹는 이에게 양식을 준다."(이사

55,10) 그러나 성경 안에서 심판하며 정화하고 변형시키는 목소리도 만나게 된다. "나의 말이 불과 같고 바위를 부수는 망치와 같지 않으냐? 주님의 말씀이다."(예레 23,29) "하느님의 말씀은 살아 있고 힘이 있으며 어떤 쌍날칼보다도 날카롭습니다. 그래서 사람 속을 꿰찔러 혼과 영을 가르고 관절과 골수를 갈라, 마음의 생각과 속셈을 가려냅니다."(히브 4,12)

교회 삶 안의 성경

말씀이 선포되고 해설되고 묵상의 대상이 되며 삶으로 이어지는 자리인 전례의 핵심에 성경이 자리하는 것은 이 때문이다. 성경은 또한 신앙과 교리 선포의 영혼이다. 성경은 렉시오 디비나를 통해 영성 생활을 양육한다. 렉시오 디비나는 믿는 이의 삶에 하느님의 뜻을 전달하며 내적 결실을 낳는 성경 읽기이다. 성경은 신학의 토대이며 이 말씀의 샘에서 신학은 자신이 설명하고 심화해야 할 진리를 길어 낸다. 성경은 개인과 공동체가 어떤 것을 선택할 때 추구해야 할 윤리 규범을 제공한다. 성경은 유다교와 그리스도교 관계의 뿌리이며 그리스도교 종파들의 종교 간 대화에서 아주 중요한 토양이다. 그리스도인들은 마치 밤하늘에 떠 있는 북극성을 바라보듯 성경을 바라본다. 나아가 성경의 인물, 사건, 주제들은 손질되고 변형된 형태이긴 하지만 이슬람교 성전인 코란 안에도 스며들어 있다.

성경은 문화의 "대헌장"이기도 하다. 여러 세기에 걸쳐 성경의 인물, 사건, 상징, 사고, 주제들이 아주 중요한 그림과 조각 작품 창작에 필요한 이미지를 제공하였고 음악으로 변형되고 문학 작품으로 재창조되었다. 철학적 성찰을 자극하고 윤리 탐구에 영향을 미쳤다. 고대부터 새로운 문화와 영성 환경에서 사는 독자가 더 쉽게 성경에 다가갈 수 있도록 새 언어로 성경을 번역하는 일이 진행되었다.

기원전 2-3세기에 구약을 그리스어로 번역한 칠십인역이 탄생하였다. 전설처럼 내려오는 전승은 이 과업을 실행하기 위해 이집트 알렉산드리아에 모인 학자 일흔 명을 이 칠십인역의 저자로 본다. 성 예로니모는 382년부터 413년까지 로마와 베들레헴에서 은수하면서 헌신적으로 작업한 결과 대중 라틴말 성경을 펴냈다. 이 성경이 여러 세기에 걸쳐 가톨릭교회에 중요한 역할을 하게 되는 "대중"판 라틴말 역이다. 고대의 여러 그리스도교 공동체, 시리아, 콥트, 아르메니아, 에티오피아, 아랍, 그루지야 공동체는 각자 언어로 번역된 성경을 제작하였다. 오늘날까지도 지구상의 모든 언어로 성경 번역 작업이 계속되고 있다.

성경은 처음에는 파피루스에, 후에는 양피지 "사본", 토기 조각 위에 기록되다가 인쇄된 책(구텐베르크 성경, 1452년)으로 출판되었다. 성경은 인류 문화와 믿는 이의 신앙 안에서 항상 생생하게 현존해 왔다. 정보화 문명 시대에는 전자책으로도 등장한다. 지금 우리 앞에 본질적인 요소와 풍요로운 내용이 결합되고 전례와 사목에 요긴한 귀한 자료와 정확하고 엄격하며 필수적인 해석을 담고 있는 성경이 있다.

이런 방식으로, 우리가 계속 말해왔던 하느님 말씀과 인간의 말, 신앙과 역사, "말씀"Verbo과 "육"이라는 두 차원의 활동이 만나게 된다. 성경은 이렇게 믿는 이들의 삶의 여정과 그들 현존의 빛 안에서 그들의 "길, 진리, 생명"이 될 수 있을 것이다.

잔프랑코 라바시Gianfranco Ravasi

구약 성경 입문

처음으로 “구약”舊約, 그리스어로 ‘팔라이아 디아테케’를 창안한 사람은 사도 바오로이다. “우리는, 광채가 완전히 사라지는 것을 이스라엘 자손들이 쳐다보지 못하게 하려고 자기 얼굴에 너울을 드리운 모세처럼 하지도 않습니다. 그런데도 이스라엘 자손들은 생각이 완고해졌습니다. 그리하여 오늘날까지도 그들이 옛 계약을 읽을 때에 그 너울이 벗겨지지 않고 남아 있습니다. 그것은 그리스도 안에서만 사라지기 때문입니다.”(2코린 3,13-14) 바오로의 선언은 주님과 이스라엘 사이에 맺은 계약(그리스어로 같은 ‘디아테케’), 곧 히브리 백성이 자주 위반한 계약이며 바오로 사도를 통해 그리스도 안에서 충만함에 도달하기로 되어 있는 계약도 언급한다. 2-3세기에 바오로의 발자취를 따라 산 두 그리스도인, 테르툴리아노와 오리게네스는 그리스도교에서도 수용한 이스라엘의 거룩한 책들을 정의하기 위해서 처음으로 “구약”이라는 표현을 사용하였다. 그들은 그 책들이 모두 단일하며 신약과 연결된다고 여겼다.

그것이 하느님의 말씀 즉 성령의 감도를 받은 본문이기 때문에, 구원의 역사는 단일한 여정이며 그리스도교 신자들은 모두 그 단계들을 따라야 한다는 인식에서 이제는 첫째 계약Primo Testamento이라는 이름이 즐겨 받아들여진다. 어쨌든 구약과 첫째 계약이라는 두 가지 용어 모두 수용할 만하다. 둘 다 하느님의 우선적이고 직접적인 임무가 탄생하는 계약, 유언, 조약, 약속을 그 중심에 두고 있기 때문이다. 하느님께서는 심판과 구원을 위해 자신을 계시하신다. 인간을 자유와 충만하고도 완전한 삶으로 데려가기 위해 말씀과 행위로 역사의 다양한 단계에 먼저 등장하신다. 당신 자신과 그분의 사랑과 진리를 드러내고 그분 나라와 구원 계획을 시작하시기 위해 이스라엘 역사 안에서 이미 활동하고 계신다. 인간은 하느님 말씀을 듣도록 불리고 자신의 자유와 믿음과 삶의 헌신으로 하느님 계획에 협력하도록 초대받는다.

구약 성경은 다양한 역사-문학의 영역에서 많은 여정을 통과해야 할 약속의 땅과 같다. 이제 이 구약 성경을 객관적으로 보면서 두 가지 관점을 살펴볼 것이다. 우리 앞에 한 백성의 공간과 시간, 그 안에서 활동하는 하느님의 영원한 목소리가 숨겨진 책 사십육 권이 펼쳐질 것이다. 첫째 관점의 목표는 구약 성경 본문이 펼쳐지는 지도를 발견하는 것이다.

히브리 전통은 잘 분할되고 배치된 삼부작에 따라 히브리어(아주 적은 분량이 아람어로 기록됨)로 기록된 여러 정경, 성령의 감도를 받은 책들을 배열하였다. 이미 전체 입문에서 언급했듯이 그리스어로 기록된 일곱 권의 책은 이 삼부작에서 제외되었다. 그러나 그리스도교 전승에서는 이 책들을 성경으로 인정하였다. 이 이상적인 삼부작의 첫째 목록은 '토라', 곧 "율법", "가르침"으로 불리는데 구약의 첫 다섯 권을 구성한다. 이스라엘이 특히 소중하게 여기고 공경하는 책들이다. 후대 그리스도교 전승은 이 책들을 오경五經이라고 부르게 된다. 삼부작 둘째 목록은 '느비임', 곧 예언서인데 두 항목으로 나뉜다. 한편에는 여호수아기부터 룻기까지 여러 권의 역사서가 있다. 이 책들을 전기 예언서라고 부르는데 단순한 역사 작품이 아니다. 전기 예언서의 목적은 이야기하는 사건들의 심오한 종교적 의미(정확하게 말하면 예언적 의미)를 발견하는 것이다. 다른 한편에는 후기 예언서가 있다. 구원의 역사에 담긴 내밀한 의미를 체계적으로 보여 준 저자들과 그들이 쓴 책들이다. 마지막으로 삼부작 셋째 목록은 '크투빔', 곧 성문서인데 지혜문학 작품이나 다양한 전례 유형과 용도에 속하는 작품 모음집으로 시편으로 시작해서 역대기로 마친다.

그리스도교 전통에서도 삼부작 배열을 선택하지만 약간 다르다. 첫째 항목에 속하는 책은 오경, 히브리 토라와 여호수아기부터 마카베오까지 해당하는 역사서이다. 그리스어로 기록되었고 토빗기, 유딧기, 마카베오기처럼 제2경전에 속하는 책들도 이 항목에 해당한다. 둘째 항목에 속하는 책들은 지혜문학인데 이 책들도 구원의 역사를 표현하지만 다른 각도에서 실존과 일상, 개인과 사회에서 일어나는 일을 기록한다. 여기에 해당하는 책은 욥기, 시편, 잠언, 코헬렛, 아가인데 그리스어로 기록되고 제2경전에 속하는 두 권의 책, 지혜서와 집회서까지 확장된다. 지혜문학에는 과거의 역사와 현재의 지혜에 이어 희망의 미래가 등장한다. 그러나 이 미래는 역사 안에서 이미 싹튼 것이다. 삼부작의 세 번째이자 마지막 항목을 차지하는 것은 예언자의 목소리로 이사야서부터 말라키까지인데 히브리 정경 목록에는 없는 바룩서가 첨가된다.

이제 구약 성경을 객관적으로 바라보는 둘째 관점을 소개하겠다. 체계적이고 제한된 독서가 아니라 선택적이고 본질적인 독서를 통해 구약 성경의 기본적인 줄거리와 주제를 살펴본다. 이런 방식으로 구약 성경의 여러 책을 훑어볼 것이다.

가장 먼저 우주의 대성당 같은 장면이 우리 앞에 모습을 드러낸다. 창조물은 음악과 노래, 나아가 창조주의 은밀한 계시가 기록된 악보로 해독해야 한다. 창세기의 첫 페이지들, 성경의 다른 광대한 본문들은 창조물 안에 증언된 하느님 말씀을 해독하려고 노력한다. 이상적인 이 대성당 안에서 '하 아담'ha-'adàm, "사람"이 자신의 윤리적 모험과 함께 "선과 악을 알게 하는 나무" 아래에 등장한다. 여기에는 남자와 여자의 존재, 자유, 죄, 인간이라는 창조물의 위대함과 비참함에 대한 상징적 성찰이 들어 있다.

아브라함과 함께 좁은 의미에서 구원의 역사가 시작되는데 인간이 지은 죄의 역사와 대조된다. 아브라함은 믿음의 참된 개념, 자신을 부르신 주님께 대한 순종, 언약이자 희망, 모험과 기다림을 육화하는 인물이다. 그 옆에 다른 족장 아브라함의 자손인 야곱이 등장하여 임무를 맡는다. 야곱은 믿음과 믿음의 신비에 대한 힘든 모험을 증언하면서 하느님과 함께 싸울 것이다. 이어지는 중요한 사건은 이집트 종살이인데 하느님 계시의 특권적인 장소로서 역사에 대한 성경의 비전을 묘사하는 전형적인 사건이다.

이 탈출 이야기를 성경의 여러 역사서에서 말하는 히브리 역사만이 아니라 예언서에까지 확장할 수 있을 것이다. 예언자들은 무엇보다도 수치스럽고 처절하게 고통스러운 인간사 아래에서 심판하고 구원하시는 하느님의 활동이 어떻게 이어지는가를 알아보려고 애쓴 사람들이기 때문이다. 성경 본문은 길게 전개되다가 시나이에서 정점에 이른다. 시나이산 정상에서 하느님의 분명한 말씀이 내려오는데 십계명 안에 이 말씀이 정확하게 표현된다. 십계명은 참되고 고유한 윤리와 사회 법규 안에서 더 세부적으로 나누어진다. 이 율법들에서 이스라엘의 예배 또한 부각된다. 예배는 성경 전통에서 많은 사랑을 받고 시편집에 있는 백오십 편의 기도로 풍요롭게 된다. 그러나 예언자들의 작품에서는 예배가 윤리적인 삶의 생생한 참여이자 그것을 길어 내는 양분이 아니라 외적 의식에만 그칠 위험성에 대해서 경고한다.

가나안 땅을 정복하고 나서 얼마 후에 첫 계약의 백성은 국가 건설이라는 모험을 시작한다. 그러나 시간이 흐르면서 다윗 임금과 그 왕조의 면모는 "메시아"(히브리어로 "기름부음받은" "성별된")라는 용어와 동일시할 수 있는 신학적 표징으로 바뀌게 된다. 메시아는 성경 전체에서 근본적인 존재로서 성경 이야기가 충만함이라는 목표를 향해 점진적이고 긴박하게 흘러가게 하는 동력이 된다. 다윗에 이어 솔로몬이 왕위를 계승하는데 솔로몬도 신학적 표징이 된다. 솔로몬 안에서 새로운 종교의 비전, 곧 지혜의 비전이 종합된다.

그러나 현인賢人에게 인생이란 고뇌와 깊은 상흔, 특히 악과 고통이라는 이해하기 힘든 문제를 가진 것으로 보인다. 하느님의 영감을 받은 사람들, 기원전 586년 예루살렘 함락과 바빌론 유배, 유다교의 위기를 체험하고 돌아온 사람들에게서 새로운 지혜가 솟아난다. 이 지혜는 마음과 인생의 고통에 대해 질문한다. 이런 성찰을 대변하는 소리가 시적이고 영적 작품인 욥기와 기원전 3세기경의 현자인 코헬렛이다.

기원전 6세기 이스라엘 역사(바빌론 유배민들이 조상의 땅으로 귀환)는 조용하게 전진하다가 기원전 2세기 마카베오 혁명이 불붙었을 때 갑자기 요동한다. 그리고 폭풍우처럼 묵시문학이 모습을 드러낸다. 이 시기에 이스라엘도 헬레니즘 문화 환경이라는 더 넓은 지평에서 호흡하며 살게 된다. 지혜서는 이런 환경에서 나온 책으로 의인이 누리는 복된 불멸에 관해 묘사한다.

마지막으로 초기 예언자들 가운데 한 사람인 트코아 사람 아모스의 예언에 대해 전하는 일이 남아 있다. 아모스는 기원전 8세기에 하느님 정의를 전하도록 소명을 받았다. "보라, 그날이 온다. 주 하느님의 말씀이다. 내가 이 땅에 굶주림을 보내리라. 양식이 없어 굶주리는 것이 아니고 물이 없어 목마른 것이 아니라 주님의 말씀을 듣지 못하여 굶주리는 것이다."(아모 8,11) 그리고 기원전 6세기 중요한 대예언자 예레미야가 선언하듯이 사람들과 주님 사이에 "새 계약"이 맺어질 것이다. "나는 그들의 가슴에 내 법을 넣어 주고, 그들의 마음에 그 법을 새겨 주겠다. 그리하여 나는 그들의 하느님이 되고 그들은 나의 백성이 될 것이다. …그들이 낮은 사람부터 높은 사람까지 모두 나를 알게 될 것이기 때문이다. 주님의 말씀이다. 나는 그들의 허물을 용서하고, 그들의 죄를 더 이상 기억하지 않겠다."(예레 31,33-34)

잔프랑코 라바시Gianfranco Ravasi

지혜문학 입문

“지혜는 이집트에서 나와 내가 살고 있는 이 땅에 도달한 것이다.” 기원전 11세기에 페니키아를 여행한 이집트인 웬 아몬은 이렇게 말했다. 이집트가 우리에게까지 전해지는 십여 개의 고대 본문들로 ‘지혜문학’이라고 일컬어지는 문학 유형의 요람이 되었다면(그 가운데 하나인 「아메네모페의 지혜」는 잠언 22,17-23,11에 편집되어 인용되었다), 지혜는 메소포타미아와 시리아-팔레스티나 지역에서도 번성했다. 처음에 지혜는 귀족정치와 연관되어 정치적-법률적 권력의 입문자들과 율법학자들, 곧 지식인을 양성하는 역할을 했다. 그 방법은 체험적·실천적·경험적인 것이다. 주로 인간이 중심으로 여기던 세 가지 기본 관계, 곧 하느님과의 관계, 이웃과의 관계, 창조물에 대한 책임을 연구했다. 그러나 이러한 귀족적 지혜와 함께 다른 대중적 유형의 지혜도 발전했는데, 그것은 잠언들로 표현되었고 직업적 양성과 단순한 윤리 규범, 일상적인 사회생활을 다루었다. 결국 그 기본적인 질문은 성경의 현인 가운데 한 명인 코헬렛이 “태양 아래에서 애쓰는 모든 노고가 사람에게 무슨 보람이 있으랴?”(1,3)라고 표현했던 그것이었다.

지혜는 감각의 문제였고 오늘날 우리가 ‘철학적’ 또는 ‘과학적’이라고 정의할 탐구에서 나오는 질문이었다. 성경의 탁월한 지혜문학적 인물 솔로몬이 분석과 검증하던 모습에서 이렇게 묘사되는 것도 이유가 없지 않다. “하느님께서 솔로몬에게 지혜와 매우 뛰어난 분별력과 넓은 마음을 바닷가의 모래처럼 주시니, 그는 잠언을 삼천 개나 지었고, 그의 노래는 천다섯 편이나 되었다. 솔로몬은 레바논에 있는 향백나무부터 담벼락에서 자라는 우슬초에 이르기까지 초목들에 관하여 이야기할 수 있었으며, 짐승과 새와 기어 다니는 것과 물고기에 관하여도 이야기할 수 있었다. 그리하여 모든 민족들에게서 사람들이 솔로몬의 지혜를 들으러 왔다.”(1열왕 5,9.12-14ㄱ)

기원전 1세기에 그리스어로 기록된 제2경전의 지혜서에서는 솔로몬의 입을 빌려 의미 깊은 말로 지혜문학적 관심의 넓은 영역을 정의하는데, 그것은 당시 학문이 다루던 것이다. “바로 그분께서 만물에 관한 어김없는 지식을 주셔서 세계의 구조와 기본 요소들의 활동을 알게 해 주셨다. 또 시간의 시작과 끝과 중간, 동지 하지의 변경과 계절의 변화, 해가 바뀌는 것과 별자리, 짐승들의 본능과 야수들의 성질, 영들의 힘과 사람들의 생각, 갖가지 식물과 그 뿌리의 효험을 알게 해 주셨다."(7,17-20)

지혜문학적 탐구는 두 가지 결론에 이르게 되었다. 그것은 서로 반대되는 측면에서 바라보는 두 가지 세계관이었다. 한편으로는 낙관주의적 지혜가 있었는데, 여기서는 대중적 상식을 특징으로 하는 실용적이고 공리적인 선택을 지지하였고 삶의 모순에는 크게 주의를 기울이지 않았다. 역사는 일정한 법칙에 의하여 다스려지는 것으로 여겨졌고, 학자들은 그 법칙을 응보 이론이라고 불렀다. 모든 범죄에 대해서는 언젠가 징벌이 있고 의로움에는 상이 따른다는 것이다. 이것은 실재를 체계화하는 한 방법이었는데, 실재는 사실 그보다 더 복잡하고 수수께끼 같았다. 이러한 시각은 잠언에 나타나고 더 늦은 시기의 제2경전 작품인 집회서에서 다시 받아들여지며 욥의 친구들도 이러한 시각을 증언한다. 그들은 악인은 결국 벌을 받으며 악은 극복되고 선은 상을 받는다고 믿는다. 다른 한편으로 둘째 노선은 더 세련되고 덜 교조적이어서 실재에 대한 목가적인 해석을 거부하며, 앞서 언급한 응보 이론에서 가정하는 질서를 깨뜨리는 역사의 모순에 주의를 기울인다. 흔히 인간의 삶은 악한 이들과 폭력적인 이들에 의해 지배되지 않는가? 강한 영적·문학적 독창성을 지닌 지혜문학서 욥기와 코헬렛이 자연히 떠오른다. 이들은 더 극적이고 문제성이 있는 이러한 새로운 입장을 표명한다.

실제보다 좀 단순화하여 이렇게 낙관적인 지혜와 비관적인 지혜를 구분함으로써, 성경의 여러 지혜문학서도 분류할 수 있다. 첫째 노선에는 잠언, 집회서, 지혜서가 속한다(그러나 지혜서는 내세의 응보와 불멸을 선포함으로써 새로운 지평을 연다). 둘째 부류에는 앞서 언급한 욥기와 코헬렛이 속한다. 이 둘은 이념적 차원에서는 차이가 있지만, 전통적 지혜 모델의 위기를 뚜렷하게 표시해 준다. 덧붙여 여기서 묘사한 두 가지 관점이 지혜문학의 좁은 범위를 넘어(유다인들이 말하는 성문서) 성경의 다른 책들의 여러 부분에서도 나타난다는 점도 기억해 두어야 한다. 지혜문학 영역에 삽입된 다른 두 책은 별도의 성격을 지닌다. 시편은 이스라엘의 기도서이며 그 안에 매우 다양한 문학 유형을 보인다. 반면 아가는 사랑에 관한 상징적인 작은 시문학 작품이다.

거의 모든 지혜문학서가 그렇듯이 이 작품들은 운문으로 되어 있고, 욥기의 경우와 같이 시적으로 매우 뛰어난 경우도 흔히 볼 수 있다. 그래서 때로는 이들에 '시서'라는 명칭도 사용한다. 이 글들은 히브리 시 문체에 대한 지식을 익히기 위해서도 사용할 수 있다. 그 대표적인 예가 병행구의 사용인데, 이것은 같은 주제를 때로는 서로 반대되는 다른 각도에서 다루고 제시하기 위한 단순하면서도 효과적인 방법으로, 풍요롭고 때로는 역설적인 결과를 가져온다. 예를 들어 이런 잠언이 있다. "우둔한 자에게 그 어리석음에 맞추어 대답하지 마라. 너도 그와 비슷해진다. 우둔한 자에게 그 어리석음에 맞추어 대답하여라. 그러지 않으면 자기가 지혜로운 줄 안다."(26,4-5)

전반적으로 볼 때 지혜문학은 (예언서에서처럼) 위대한 역사적 사건보다는 오히려 우주, 사회, 일상생활, 인간 안에서 하느님의 계시를 찾는다. 이 평범한 실재 안에서 신현神顯이 일어난다. 히브리어로 '호크마'(지혜)는 실상 단순한 인간 정신의 자질이 아니다. 최고 형태의 지혜는 하느님이 당신의 생각을 주시는 것이다. 지혜문학은 지혜를 여성의 모습으로 의인화하여 나타내며, 하느님 창조 활동의 표현으로 창조주 곁에 그 지혜를 둔다. 이것은 하느님께서 창조하실 때 생각하셨던 지혜로운 계획을 나타내는 한 방식이다. 그래서 지혜는 창조물을 기획하는 건축가(우리말 성경은 '사랑받는 아이'로 번역) 또는 하느님 앞에서 춤을 추는 젊은 여인으로 제시된다. "주님께서는 그 옛날 모든 일을 하시기 전에 당신의 첫 작품으로 나를 지으셨다. 나는 한처음 세상이 시작되기 전에 영원에서부터 모습이 갖추어졌다. 심연이 생기기 전에, 물 많은 샘들이 생기기 전에 나는 태어났다. 나는 그분 곁에서 사랑받는 아이(건축가)였다. 나는 날마다 그분께 즐거움이었고 언제나 그분 앞에서 뛰놀았다. 나는 그분께서 지으신 땅 위에서 뛰놀며 사람들을 내 기쁨으로 삼았다."(잠언 8,22-24.30-31)

창조하고 구원하는 하느님의 지혜는 이렇게 인간의 활동과 지성 안에 존재하는 인간의 지혜가 된다. 하느님의 "지혜 안에 있는 정신은 명석하고 거룩하며 유일하고 다양하고 섬세하며 민첩하고 명료하고 청절하며 분명하고 손상될 수 없으며 선을 사랑하고 예리하며 자유롭고 자비롭고 인자하며 항구하고 확고하고 평온하며 전능하고 모든 것을 살핀다. 또 명석하고 깨끗하며 아주 섬세한 정신들을 모두 통찰한다."(지혜 7,22-23) 지혜를 묘사하기 위하여 스물한 개(3×7)의 형용사가 사용되는데, 숫자 상징에서 이것은 충만함과 완전함을 나타낸다. 하지만 바로 그 지혜가 "하느님 권능의 숨결"로서 인간적 실재와 우주적 실재 안에서 "모든 것을 통달하고 통찰한다."(7,24-25 참조) 지혜에 있어서도 일종의 "육화"가 있게 되고 그래서 신약에서 지혜는 그리스도론적으로 재해석되는 것이다(1코린 1,24-30; 에페 3,8-10; 콜로 1,15-17 참조).

잔프랑코 라바시Gianfranco Ravasi

욥기

제목과 정경 내의 위치

성 예로니모는 "욥기를 설명하는 것은 뱀장어나 작은 곰치를 손에 잡으려는 것과 같다. 그것은 붙잡으려고 할수록 더 빨리 손에서 빠져나간다."고 말했다. 주인공 이름을 제목으로 하는 욥기는 사실 어려운 책이다. 찬란하면서도 당혹스럽고, 매력적인 동시에 낙심하게 한다.

고통보다 더 깊이 인간적인 것은 생각하기 어렵고, 무죄한 고통보다 더 도발적인 것, 고통 속에 항구한 신앙보다 더 경건한 것은 없다. 이러한 주제가 이스라엘의 지혜문학적 숙고에서 중시되던 다른 주제와 결합하여 욥기의 뼈대를 이루며 이 책에 보편성과 영원한 현실성을 갖게 한다.

욥기의 특징은 무엇보다도 이스라엘의 신학적 유산에 속하던 전통적 개념들에 대하여 철저하게 이의를 제기한다는 데 있다. 이것은 코헬렛과도 공통된 특징이다. 이 책의 사변적이고 논쟁적인 차원은 더 전통적인 방식으로 고대의 지혜를 전수하는 잠언, 집회서, 지혜서의 뚜렷하게 교훈적이고 교육적인 성격과 대조된다.

히브리 성경에서 욥기는 세 번째 부분인 성문서('크투빔')에 속하며, 시편과 잠언 사이에 자리한다. 중요한 그리스어 사본들에서 이 책은 '시서'의 범주에 속하며 아가 다음에 온다. 현대 번역본 성경들에서 위치는 예로니모의 대중 라틴말 성경에 들어 있는 책들의 순서를 따른 것이다.

구조와 문학적 특성

욥기는 히브리어에서부터 많은 어려움을 제기하며, 때로는 현대어로 번역하기가 쉽지 않다. 언어의 다채로운 풍요로움 외에도 상징을 많이 사용하고 구성이 복잡하며, 메시지가 심오하고 해석이 다양하고 때로는 걷잡을 수 없다.

이 책은 머리말로 시작하는데(1-2장), 이야기 전개가 번갈아 나오는 두 장면으로 이뤄진다(천상 장면과 지상 장면). 여기서 주인공들과 이야기의 주된 줄거리가 나온다. 이어서 욥과 그의 세 친구가 인간의 삶 안에서 하느님의 정의로운 통치라는 문제에 대하여 시적 대화를 한다. 욥은 스스로 무죄하다고 주장하며 자신이 겪은 비극의 원인을 이해하지 못하지만, 친구들은 그가 죄를 지었으므로 벌을 받아 마땅하다는 것을 이해시키려 한다. 대화는 세 차례 돌아가도록 구성되어 있으며 그 앞에 3장의 독백이 있다. 어떤 이들은 욥의 독백을 첫째 차례의 담론에 대한 도입이라고 보고, 다른 이들은 그 담론의 필수적 일부라고 본다.

첫째 차례의 담론(4-14장) 역시 논의의 대상이 된다. 어떤 이들은 다른 구분을 제시하기도 한다(4-11장 또는 4-13장). 당연히 이는 둘째 차례(15-21장)의 구성에 영향을 미친다. 우리의 도식에 따르면 이 첫 두 차례의 담론은 두 화자가 세 번씩 발언하는 전통적인 도식을 따른다(엘리파즈-욥 / 빌닷-욥 / 초파르-욥). 이러한 도식은 예를 들어 욥기와 유사한 점을 지닌 이집트 본문 「달변가 농부의 항의」에서도 나타난다. 마지막 셋째 차례의 담론은(22-27장) 가장 혼란스럽고 단편적이다. 여기서는 빌닷의 발언이 짧고 초파르의 담론이 없다는 점에 주목한다.

이어서 지혜 찬가가 나오는데(28장 참조) 어떤 이들은 이것이 욥의 말이라고 보고 다른 이들은 저자의 말 또는 익명의 대변인이나 합창단의 말이라고 본다. 이 찬가가 처음부터 본문의 일부였는지 여부를 떠나, 작품 전체에서 이 찬가의 역할에 대해 논란이 있다. 28장 다음에 욥은 두 번째 독백을 하는데(29-31장 참조), 일부 저자들은 이것이 3장에 병행된다고 보고 다른 이들은 그 뒤에 나오는 본문, 곧 엘리후의 담론(32-37장 참조)과 하느님의 담론(38,1-42,6)에 하나로 묶는다. 엘리후의 담론은 일종의 후퇴이며, 친구들의 논거를 강화하려는 주된 목표를 이루지 못한다. 운문 부분의 마지막에 하느님의 긴 말씀 두 개가 있고(38,1-40,2; 40,6-41,26 참조) 그 둘 사이에는 욥의 짧은 발언(40,3-5 참조)과 마지막 고백이 있다. 그는 이렇게 말한다. "당신에 대하여 귀로만 들어 왔던 이 몸, 이제는 제 눈이 당신을 뵈었습니다."(42,5) 머리말의 이야기에 연결되는 맺음말은 작품 전체의 결론 역할을 한다(42,7-17).

주요 신학 노선

민간 전통에서 '욥'이라는 이름은 인내 또는 가난함을 뜻한다. 이것은 이 책의 저자가 그려 보이는 주인공의 모습에 별로 부합하지 않는데도 이탈리아어에서는 지금도 "욥처럼 가난하다"든가 "욥의 인내가 필요하다"는 표현을 쓴다. 야고보서도 마찬가지다. "여러분은 욥의 인내에 관하여 들었고, 주님께서 마련하신 결말을 알고 있습니다. 과연 주님은 동정심이 크시고 너그러우신 분이십니다."(야고 5,11)

그러나 욥기는 인내나 가난에 대한 논고가 아니고 고통과 아픔, 악의 신비에 대한 논고도 아니다. 욥기는 고통을 겪으며 하느님과 충돌하는 사람의 이야기이다. 주된 문제는 하느님이고 삶의 의미이다. 모든 것이 1,9 사탄의 사주로 시작된다. "욥이 까닭 없이 하느님을 경외하겠습니까?" 욥은 사심 없는 믿음을 갖고 있는 것인가? 욥은 보상을 바라는 것이 아닌가?

머리말에서 하느님은 욥의 신앙에 대하여 사탄과 내기를 하신다. 그를 믿으시기 때문이다. 하지만 세 친구는 그러한 내기를 합리적으로 설명한다. 그들이 믿는 하느님은 선한 이에게 상을 주시고 악한 이에게 벌을 주시는 엄격한 심판관이시다. 하지만 그들은, 그들이 하느님의 자유를 보존하기 위하여 인간의 자유를 무너뜨리고 있다는 사실은 깨닫지 못한다. 그들은 전능하신 하느님, 멀리 계시고 응보를 내리시는 하느님과 그분께 반항하는 욥을 제시한다. 욥은 자신의 시련이, 아픔과 고통이 하느님에게서 온다는 것을 알고 그와 동시에 자신이 완전히 무죄하다고 느낀다. 욥은 자신이 죄를 짓지 않았고 하느님을 배반하지 않았음을 안다. 그래서 자신의 하느님을 발견하기 위하여 친구들의 하느님을 거부한다. 그는 자신이 참으로 무상적인 신앙을 갖고 있다는 것, 하느님에게서 아무런 갚음을 기대하지 않고 그분을 공경한다는 것, 하느님께 도전하는 것도 자신의 신념을 의문에 부치는 것도 두려워하지 않는다는 것을 입증한다. 욥은 하느님의 침묵을 거부한다. 그는 대화와 만남을, 교환을 갈구한다. 이스라엘에서 아무도, 시편 저자들까지도 감히 그렇게 솔직하게 하느님께 말하지는 못했다. 욥의 친구들이 오랫동안 하느님에 대해서 말한다는 것을 기억하자. 욥은 하느님과 말하는 유일한 사람이다.

역설적으로 욥기는 기도에 대해 별로 말을 하지 않는다(16,17에서 기도에 대해 잠시 언급한다). 오히려 주인공이 2인칭 단수형을 사용하면서 직접 하느님을 향하는 본문들이 눈에 띈다. 욥의 관심사는 하느님과 대화하는 것이지 친구들과 대화하는 것이 아니다. 그리고 사실 친구들과의 대화는 언제나 하느님과의 대화를 열기 위하여 도입된다. 그런 의미에서 욥과 하느님의 대화는 참되고 진정한 기도라고 할 수 있다.

그 하느님은 욥에게 가까이 계시면서도 동시에 멀게 느껴진다(9,11 참조). 그 하느님은 심지어 무죄한 이들의 고통을 비웃으시는 하느님(9,23 참조), 인간의 원수인 하느님이시다(6,3-4; 10,16-17; 19,11-12 참조). 욥은 너무 인간적인 하느님께, 우리의 신학적 도식으로 축소된 하느님께 맞서 저항한다. 그는 존재하지 않는 하느님을 심판하고 하느님의 진정한 모습을 찾는 가운데 인간을 구해 낸다. 이 책 마지막에서 희망이 거의 사라졌을 때 하느님은 창조물을 통해 말씀하시며 개입하신다. 42,5에서 마침내 욥은 하느님에 대해 듣는 것이 아니라 그분을 직접 뵙는다. 이 책의 가장 큰 역설은 하느님이 주인공에게 원수로 나타나실 때도 그가 하느님을 피하지 않는다는 점이다. 그는 저항하면서도 하느님을 피하지 않는다. 욥은 신앙의 인간으로 남아 있고 그래서 하느님을 만난다. 이 책은 한 인간의 이야기를, 신앙인의 이야기를 담고 있지만, 그것은 또한 고통받는 인간의 이야기이기도 하다.

인간의 영원한 문제인 고통은 하느님과 삶에 대한 신뢰를 시험하는 시험대이다. 욥기는 고통의 문제에 대해 최종적인 답을 주려고도 하지 않는다. 욥에게 고통의 의미는 추상적이고 교리적인 대답이나 학문적인 대화가 아니라 하느님의 신비 안에, 그리고 그분과 만날 수 있는 가능성 안에 있다. 그 길은 하느님과 인격적 만남의 길이고, 그 만남에서 욥의 모든 질문은 더 이상 존재 이유를 갖지 못한다. 욥의 해답은 고통에 대한 해답이 아니며, 중요한 것은 대답이 아니라 대답할 수 없다는 앎이라는 사실을 확인하는 것이다. 하느님은 아직도 진정한 문제로 남는다. 삶의 의미는 (그리고 고통과 죽음의 의미는) 하느님 안에서만 찾을 수 있다. 더 정확히 말하면, 하느님과 적합한 관계 안에서 찾을 수 있다. 창조주와 이 인격적 관계가 인간 실존의 풀리지 않는 역설에 대한 유일한 대답이다.

욥기에서는 욥에게 왜 악이 존재하는지를 설명해 주지 않지만, 그의 편에 서서 어떤 식으로 그와 함께 고통당하기를 받아들인다. 하느님은 욥의 편에 계시며 동시에 고통받는 이의 부르짖음을 진지하게 받아들이신다. 이것이 그리스도의 십자가로 향하는 길이다. 욥은 대 그레고리오 교황에게 고통의 인간이며 시험을 받았으나 악마에게 승리를 거둔 "그리스도의 예표"가 된다(「욥기 주해」).

본문의 작성과 전수

다섯 권의 지혜문학서 가운데 욥기는 언제나 학자들이 가장 많이 연구하고 주해한 책이다. 근래 연구는 네 가지 핵심 질문에 집중한다. 그것은 이 책의 단일성 내지 온전성, 독창성 및 다른 문학 작품과의 연관성(이집트, 메소포타미아, 우가릿, 쿰란), 근본 의미가 무엇인지에 관한 논의(예를 들어 응보적 정의의 교리와 같은 그릇된 생각을 바로잡는 것, 또는 고통받는 의인의 종교적 딜레마를 고찰하는 것), 그리고 마지막으로 욥기의 수용 역사(교부들의 저서, 중세의 주해, 유다교, 이슬람 세계, 세속 현대 문학 등 안에서)이다.

이 책에서 다루는 주제는 성경 문학에만 속한 것이 아니다. 이집트, 메소포타미아, 시리아와 같이 이스라엘과 인접한 나라들의 여러 문화도 자신들의 욥을 등장시켰다. 성경의 이야기는 이들과 많은 병행점을 보이지만, 이에 의존하고 있지는 않다. 오히려 이 주제들은 일반적인 지혜문학적 성찰 특히 악의 문제와 자신의 행위에 대한 갚음의 문제에서 공통으로 나타나는 주제들이며, 욥기의 저자는 특출한 시적 자질을 통하여, 그리고 신앙과 하느님에 관한 담화를 포함하는 보다 넓은 지평으로 나아가는 깊이 있는 숙고를 통하여 이를 더욱 풍요롭게 했다.

19, 20세기 고고학에서 이전에는 알려지지 않은 고대 근동의 몇몇 본문을 찾아낸 덕분에 우리는 욥기의 몇 가지 측면을 더 잘 이해할 수 있게 되었다. 이집트 본문들 가운데 특히 기원전 이천 년으로 거슬러 올라간 「자신에게(또는 자신의 영혼에게) 절망한 이의 대화」가 두드러진다. 여기서 죽음은 악과 고통에 대한 해결책으로 제시된다. 메소포타미아를 배경으로 하는 「수메르의 욥」은 「한 사람이 자신의 하느님에게 한 탄원」이라고도 알려져 있다(기원전 이천 년). 질병과 고통에 시달리는 무죄한 사람이 설명할 수 없는 수호신의 분노로 인해 겪는 재앙에 대하여 괴롭게 탄식하는 것이다. 「나는 지혜의 주님을 찬미하리라」(기원전 16-12세기)에서는 고통을 겪고 있는 주인공이 마르둑(「지혜의 주님」)을 향하여 고통에서 벗어나게 해 주시기를 청한다. 「바빌론의 변신론」(기원전 15-9세기)은 고통받는 인간과 친구의 대화로, 주인공은 친구에게 자신의 부정적인 상황에 대하여 탄식한다.

우리가 알 수 없는 어떤 시인이 이 작품의 기본 개념을 생각했다고 가정할 수도 있지만, 욥기는 한순간에 작성된 책이 아니며(유배 후인 기원전 5-4세기가 거의 확실하다) 한 사람이 쓴 것이 아니라는 점이 이미 인정되었다. 본문의 최종 형태는 오랜 편집 과정의 결과이고, 여러 차례 손질되었음이 거의 분명하다. 그 첫 핵심은 산문 형태의 이야기로 되어 있으며 현재의 욥기에서는 설화적 틀로 머리글(1,1-2,13)과 맺음말(42,7-17)을 형성하고 있다. 이 틀은 욥에 관한 대중적인 이야기를 담고 있다. 욥은 선하고 흠이 없는 외국인으로, 결코 자신의 신앙을 부인하지 않으며 하느님께서 그에게 보내신 시련을 인내하며 받아들인다. 그래서 하느님께서는 마침내 그에게 은혜를 베푸시고 그가 이전에 소유하고 있던 것을 두 배로 갚아 주신다. 하느님 안에서의 신뢰와 인내를 권고하기 위한 이 이야기는 분명 매우 널리 알려졌을 것이다. 에제키엘 예언자는 욥을 노아와 다니엘과 함께 언급한다(에제 14,14 참조).

욥기의 문학 유형은 아직 풀어야 할 문제이다. 욥이 메소포타미아 전역과 성경에서 잘 알려진 지혜문학 유형에 기초한다고 말하는 것으로는 충분치 않다. 이 책에는 매우 다양한 문학 유형과 양식에서 생겨나는 모호성이 있다. 산문으로 된 단락과 운문으로 된 단락, 철학적 토론, 독백, 친구들의 담론과 하느님 말씀, 탄원, 찬가, 논쟁 등이 나타난다. 모든 시대의 저자들이 욥기의 문학 유형을 규정하려고 시도했고 어느 정도의 성공을 거두기도 했다. 어떤 이들은 주인공의 체험을 이야기하는 서사시로 여겼고, 어떤 이들은 그 극적 성격 때문에 비극이나 성극으로 볼 것을 제안했다. 또 어떤 이들은 교훈시, 대화 또는 신학 논쟁, 법정 소송, 또는 극으로 표현된 탄원이라고도 했다. 이렇게 다양한 의견을 지지하는 이들과 더불어 이 지혜문학 작품을 합당하게 분류하기는 불가능하다고 보는 이들도 적지 않다. 욥기는 모든 훌륭한 문학 작품이 그렇듯이 독창적이며, 인간과 하느님의 관계를 탐구하면서 전통적인 결론들을 맹종하지 않고 모든 시대의 사람들이 함께할 수 있는 질문에 자신을 열어 놓음으로써 심오하고 자유로운 지성에서 나온 결실이다.

저자가 사용한 언어에 관하여, 오늘날에는 이 책이 히브리어로 작성되었다는 견해에 동의한다. 그러나 이 책이 늦게 작성되었음을 의미하는 아람어 단어들이 들어 있는지, 또는 오히려 작성 연대가 빠름을 보여 주는 우가릿어의 영향이 나타나는지는 논의의 여지가 있다.

누리아 칼두흐-베나헤스Nuria Calduch-Benages

욥기

머리말

욥의 시련

욥과 그의 가족

1 1 우츠라는 땅에 한 사람이 있었는데 그의 이름은
욥이었다. 그 사람은 흠 없고 올곧으며 하느님을 경
외하고 악을 멀리하는 이였다. 2 그에게는 아들 일곱과 딸
셋이 있었다. 3 그의 재산은, 양이 칠천 마리, 낙타가 삼천
마리, 겨릿소가 오백 쌍, 암나귀가 오백 마리나 되었고, 종
들도 매우 많았다. 그 사람은 동방인들 가운데 가장 큰 부
자였다.
4 그의 아들들은 번갈아 가며 정해진 날에 제집에서 잔
치를 차려, 세 누이도 불러다가 함께 먹고 마시곤 하였다.
5 이런 잔칫날들이 한차례 돌고 나면, 욥은 그들을 불러다
가 정결하게 하였다. 그리고 아침 일찍 일어나 그들 하나
하나를 위하여 번제물을 바쳤다. 욥은 '혹시나 내 아들들
이 죄를 짓고, 마음속으로 하느님을 저주하였는지도 모르
지.' 하고 생각하였기 때문이다. 욥은 늘 이렇게 하였다.

1,1. 주인공은 이스라엘인이 아닌 것으로 묘사된다. 그는 우츠에 사는데, 우츠는 팔레스티나 남서부로, 에돔과 아라비아 사이의 경계 지역에 있다. 하지만 그 위치는 정확하게 명시되지 않으며, 일반적으로 동방이라고 지칭된다. 저자는 히브리 신앙에 뿌리를 두면서 보편적인 특성을 지닌 이야기를 제시하고자 한다. 여기에 사용된 네 개의 형용사 "흠 없고 올곧으며 하느님을 경외하고 악을 멀리하는"은 주인공이 도덕적으로나 종교적으로 전혀 흠이 없음을 나타낸다. 이 형용사들은 같은 순서로 두 차례에 걸쳐 1,8과 2,3에서 반복된다(욥의 의로움에 관하여 에제 14,14.20 참조).

1,2-3. 이 숫자들은 분명 상징적이다(7+3, 즉 완벽한 전체성). 하느님의 축복은 많은 후손과 풍요로운 재산으로 구체화된다(창세 12,2-3 아브라함에게 하신 약속 참조).

1,5. "하느님을 저주하였는지도" 히브리어 본문은 "하느님을 축복하였는지도"이다. 사탄(1,11 참조)과 욥의 아내(2,9 참조)도 같은 동사를 사용하는데, 이는 하느님께 자녀들의 존경심이 부족했다고 명시적으로 말하지 않기 위해 사용한 완곡어법이다. 번역문은 문장 전체의 의미를 담고 있다.

1,1-2,13. 처음 두 장은 이 책의 배경적 사건들로, 주인공이 등장하고(그는 동방의 부유한 족장으로 제시된다) 시련의 순간에 하느님과 사탄이 욥의 충실함에 대해 벌이는 내기를 도입한다. 작품의 첫 부분에서는(1,1-5) 의로움과 번영을 동등하게 본다. 응보 교리에서는 행위에 대하여 현세적 갚음이 있다고 말했다. 의인은 하느님의 축복을 받는데, 이 축복을 물질적인 의미(재산·후손·건강)로도 이해할 수 있었다. 반면 악인은 저주를 받아 고통과 궁핍의 운명을 겪게 된다고 했다.

1,1. 히브리어로 '이욥'이라는 이름이 원수 관계를 나타내는 히브리어 단어들과 발음이 비슷하다는 점에서('오옙', "원수", '아얍', "적대시하다") 욥이 하느님의 미움을 받았다고 생각할 수도 있을 것이다. 그러나 이 이름은 성경 밖에 널리 퍼져 있는 어근에서 파생된 것으로, 그 의미는 "나의 아버지는 어디에 계신가?"이다. 이 이름은 역사적 인물이 아니라 보편적인 인간적 체험의 상징인 주인공에게 곧 일어날 극적 사건 전체에 대한 요약을 담고 있다.

천상 어전

6 하루는 하느님의 아들들이 모여 와 주님 앞에 섰다. 사
탄도 그들과 함께 왔다. 7 주님께서 사탄에게 물으셨다.
"너는 어디에서 오는 길이냐?" 사탄이 주님께 "땅을 여기
저기 두루 돌아다니다가 왔습니다." 하고 대답하자, 8 주님
께서 사탄에게 말씀하셨다. "너는 나의 종 욥을 눈여겨보
았느냐? 그와 같이 흠 없고 올곧으며 하느님을 경외하고
악을 멀리하는 사람은 땅 위에 다시없다." 9 이에 사탄이
주님께 대답하였다. "욥이 까닭 없이 하느님을 경외하겠
습니까? 10 당신께서 몸소 그와 그의 집과 그의 모든 소유
를 사방으로 울타리 쳐 주지 않으셨습니까? 그의 손이 하
는 일에 복을 내리셔서, 그의 재산이 땅 위에 넘쳐 나지 않
습니까? 11 그렇지만 당신께서 손을 펴시어 그의 모든 소
유를 쳐 보십시오. 그는 틀림없이 당신을 눈앞에서 저주할
것입니다." 12 그러자 주님께서 사탄에게 이르셨다. "좋다,
그의 모든 소유를 네 손에 넘긴다. 다만 그에게는 손을 대
지 마라." 이에 사탄은 주님 앞에서 물러갔다.

첫째 시련

13 하루는 욥의 아들딸들이 맏형 집에서 먹고 마시고 있었
다. 14 그런데 심부름꾼 하나가 욥에게 와서 아뢰었다. "소
들은 밭을 갈고 암나귀들은 그 부근에서 풀을 뜯고 있었
습니다. 15 그런데 스바인들이 들이닥쳐 그것들을 약탈하
고 머슴들을 칼로 쳐 죽였습니다. 저 혼자만 살아남아 이
렇게 소식을 전해 드립니다." 16 그가 말을 채 마치기도 전
에 다른 이가 와서 아뢰었다. "하느님의 불이 하늘에서 떨
어져 양 떼와 머슴들을 불살라 버렸습니다. 저 혼자만 살
아남아 이렇게 소식을 전해 드립니다." 17 그가 말을 채 마
치기도 전에 또 다른 이가 와서 아뢰었다. "칼데아인들이
세 무리를 지어 낙타들을 덮쳐 약탈하고 머슴들을 칼로
쳐 죽였습니다. 저 혼자만 살아남아 이렇게 소식을 전해
드립니다." 18 그가 말을 채 마치기도 전에 또 다른 이가 와
서 아뢰었다. "나리의 아드님들과 따님들이 큰아드님 댁에
서 먹고 마시고 있었습니다. 19 그런데 사막 건너편에서 큰
바람이 불어와 그 집 네 모서리를 치자, 자제분들 위로 집

1,6-12. 법정에서 한 회의를 연상시키는 장면을 묘사하기 시작한다(이와 유사한 묘사가 2,1-3에서도 나타난다). 그 문학 유형에 따르면(법정 논쟁) 법정에는 '엘로힘'(천사들을 뜻한다. 여기서는 "하느님의 아들들"로 지칭한다)이 있고, 재판관은 하느님이시며 사탄은 고발자 역할을 한다. 피고인은 욥이 된다.

1,7. "사탄" 자구적으로 "그 사탄"으로, 관사를 붙인 것은 아마도 그것(피조물, 존재 등)의 의인화를 부각하려는 것이다. 유배 후 문헌에서는 악에 대한 직접적인 책임을 사탄에게 돌렸다(1역대 21,1; 지혜 2,24; 즈카 3,1-2 참조). 하느님이 욥의 불행의 직접적인 원인이라는 것을 완화하려는 편집자의 의도이다.

1,9. "욥이 까닭 없이 하느님을 경외하겠습니까?"라는 질문은 응보 문제의 핵심을 건드린다. 욥의 신앙은 그 선함으로 인하여 받은 보상 때문에 쉬워진다. 다시 말해 그는 자신의 공로로 부유해질 수 있음을 알기 때문에 하느님을 믿는다는 것이다. 바로 이 공로라는 범주가 이 책에서 배제된다.

1,10. "소유"에 해당하는 히브리어 단어는 일차적으로 "가축"을 가리키고, 넓은 의미로 "재산"을 뜻한다. 이 구절은 성조들 이야기를 연상시킨다(창세 30,30.43 참조).

1,11. "손을 펴시어"로 번역된 히브리어 표현은 "손을 대시어" 곧 친다는 뜻으로도 옮길 수 있다(2,5 참조).

1,16-19. 여기서 다시 주인공이 불행을 겪는 원인을 직접 하느님께 돌리지 않고 그 책임을 기후 현상과 칼데아인들에게 돌린다. 그러나 욥의 반응은 일어난 일들이 하느님의 뜻(허락)에 의한 것으로 보고 있다.

1,6-12. "하느님의 아들들"은 이 세상 조정들을 본떠 생각한 천상 조정의 구성원이다. "사탄"은 자구적으로는 "반대자"를 뜻한다. 그는 후기 전승에서 나타나는 악한 인격적 존재가 아니라 하느님 심부름꾼으로 땅을 살필 임무를 지니고 있다. 그의 입에서 이 책의 핵심 질문이 나온다. 사심 없는 신심이 존재하는가?

이 무너져 내려 모두 죽었습니다. 저 혼자만 살아남아 이
렇게 소식을 전해 드립니다." 20 그러자 욥이 일어나 겉옷
을 찢고 머리를 깎았다. 그리고 땅에 엎드려 21 말하였다.

"알몸으로 어머니 배에서 나온 이 몸
알몸으로 그리 돌아가리라.
주님께서 주셨다가 주님께서 가져가시니
주님의 이름은 찬미받으소서."

22 이 모든 일을 당하고도 욥은 죄를 짓지 않고 하느님께
부당한 행동을 하지 않았다.

천상 어전

2 1 하루는 하느님의 아들들이 모여 와 주님 앞에 섰
다. 사탄도 그들과 함께 와서 주님 앞에 섰다. 2 주님
께서 사탄에게 물으셨다. "너는 어디에서 오는 길이냐?"
사탄이 주님께 "땅을 여기저기 두루 돌아다니다가 왔습니
다." 하고 대답하자, 3 주님께서 사탄에게 말씀하셨다. "너
는 나의 종 욥을 눈여겨보았느냐? 그와 같이 흠 없고 올곧
으며 하느님을 경외하고 악을 멀리하는 사람은 땅 위에 다
시없다. 그는 아직도 자기의 흠 없는 마음을 굳게 지키고
있다. 너는 까닭 없이 그를 파멸시키도록 나를 부추긴 것
이다." 4 이에 사탄이 주님께 대답하였다. "가죽은 가죽으
로! 사람이란 제 목숨을 위하여 자기의 모든 소유를 내놓
기 마련입니다. 5 그렇지만 당신께서 손을 펴시어 그의 뼈
와 그의 살을 쳐 보십시오. 그는 틀림없이 당신을 눈앞에
서 저주할 것입니다." 6 그러자 주님께서 사탄에게 이르셨
다. "좋다, 그를 네 손에 넘긴다. 다만 그의 목숨만은 남겨
두어라."

새로운 시련

7 이에 사탄은 주님 앞에서 물러 나와, 욥을 발바닥에서
머리 꼭대기까지 고약한 부스럼으로 쳤다. 8 욥은 질그릇

1,20. 욥의 반응은 용서를 청하는 것이라기보다는 일어난 일에 대한 첨예한 고통을 표현하는 것으로 보인다. 근본적으로 그는 의롭고 올곧은 사람으로, 아무것도 용서를 청할 것이 없다. 이 행동의 의미에 관하여 창세 37,34; 2사무 1,11; 13,19; 2역대 34,27; 에즈 9,3 참조.

2,1-10. 사탄의 주장은 자기 목숨을 잃으면서도 충실하게 남아 있을 수 있는 사람은 없다는 것이다. 욥의 아내도 기본적으로 같은 생각을 하고 있다. 하느님은 은혜를 베푸시기 때문에 찬미를 받으신다. 그러한 이익의 논리에 욥은 지혜의 논리를 맞세운다. 모든 것이 하느님에게서 오며, 그대로 받아들여야 한다는 것이다. 이 의롭고 경건한 인물이 고약한 종양으로 부정하게 되어 사회적으로 배척받게 되었음을 고려한다면 그의 말은 더욱 놀랍다.

1,21-22. 욥의 첫 번째 반응은 하느님께서 하시는 일들은 언제나 선을 위한 것이며 어떤 불의한 것도 하느님께 돌릴 수 없다는 확신을 강조한다. 악도 하느님에게서 오는 것으로 여기는 것은, 하느님의 작용 영역 밖에 있는 다른 어떤 원리(또는 다른 힘들)가 존재하지 않기 때문이다. 이로써 욥은 더욱 강력하게 초인적인 의인으로 묘사되며 교훈적인 모범으로 제시된다.

2,1. 성경의 설화는 이야기를 다시 시작하는 정형화된 문체("하루는…")를 사용하여 거의 동화와 같은 형태를 취한다.

2,4. 두 번째 만남에서 하느님께서 사탄에게 다시 도전하신다. 이번 요구는 더 잔인하다. 사탄의 말들은 욥의 약함을 확언하며, 그 자신의 몸(히브리어 "가죽")을 친다면 굴복하지 않을 수 없으리라고 말한다. 이제 다른 이들이 아니라 그 자신의 가죽을 치는 것이다.

2,7. 일반적인 단어들이 사용되어 상처의 종류를 보고 어떤 병에 걸렸는지는 알 수 없다(궤양이나 종기, 여러 종류의 곪은 상처일 수 있다. 레위 13,18 참조). "고약한"이라는 형용사는 위중하고 오래 계속되는 증상을 떠올리게 하는데, 7,5-6에서는 나병 증상들로 묘사된다.

2,8. 불행에 대한 욥의 두 번째 반응은 첫 번째 반응과 유사하다. 잿더미 속에 앉아 있는 것은 애도 또는 자신을 낮추는 표시이다(2사무 13,19; 예레 6,26 참조). 여기에 사용된 단어는 인간이 만들어진 재료인 먼지를 가리키지만(창세 18,27 참조), 재를 뜻하기도 한다(민수 19,9 참조). (새) 대중 라틴말 성경에서는 욥이 "거름 더미"에 앉아 있었다고 옮긴다.

조각으로 제 몸을 긁으며 잿더미 속에 앉아 있었다. 9 그의
아내가 그에게 말하였다. "당신은 아직도 당신의 그 흠 없
는 마음을 굳게 지키려 하나요? 하느님을 저주하고 죽어
버려요." 10 그러자 욥이 그 여자에게 말하였다. "당신은
미련한 여자들처럼 말하는구려. 우리가 하느님에게서 좋
은 것을 받는다면, 나쁜 것도 받아들여야 하지 않겠소?"
이 모든 일을 당하고도 욥은 제 입술로 죄를 짓지 않았다.

세 친구의 방문

11 욥의 세 친구가 그에게 닥친 이 모든 불행에 대하여 듣
고, 저마다 제고장을 떠나왔다. 그들은 테만 사람 엘리파
즈와 수아 사람 빌닷과 나아마 사람 초파르였다. 그들은
욥에게 가서 그를 위안하고 위로하기로 서로 약속하였다.
12 그들이 멀리서 눈을 들었을 때 그를 알아볼 수조차 없
었다. 그래서 그들은 목 놓아 울며, 저마다 겉옷을 찢고 먼
지를 위로 날려 머리에 뿌렸다. 13 그들은 이레 동안 밤낮
으로 그와 함께 땅바닥에 앉아 있었지만, 아무도 그에게
말 한마디 하지 않았다. 그의 고통이 너무도 큰 것을 보았
기 때문이다.

2,12. 옷(또는 겉옷)을 찢는 것은 강한 슬픔을 표시하는 행동이다. 욥은 1,20에서도 겉옷을 찢는다. 이와 함께 참회의 표시로 머리에 먼지를 뿌린다(창세 37,34; 여호 7,6; 2사무 13,19; 2역대 34,27; 에즈 9,3; 예레 7,29; 에제 7,16 참조).

욥과 친구들의 대화

욥의 독백

생일을 저주하는 욥

3 1 마침내 욥이 입을 열어 제 생일을 저주하였다. 2 욥
이 말하기 시작하였다.

3,2. 고대에는 문장 부호를 사용하지 않았다. 욥기에서 여러 인물의 담론은 "…가 말하기 시작했다."는 구절로 시작한다(예를 들어 3,2; 4,1; 6,1 참조). 이 구절은 단순히 화자가 바뀜을 표시하기 위한 것이다. 그 자체로 본문에서는 각 장의 구분이 한 장 안에서 끝나지 않는 담론들을 이어서 읽는 것을 방해하지 않게 되어 있다(예를 들어 12-14장 참조).

2,11-13. 욥의 세 친구가 등장한다. 그들은 팔레스티나 주변 세계 전체를 대표하는 서로 다른 세 지역에서 욥을 위로하기 위해서 왔다. 그들은 동방의 관습에 따라 고통받는 친구에게 슬픔을 표한다. 이들은 이스라엘과 고대 근동의 전통적 지혜를 대변한다. 고통받는 의인의 견해는 그 전통적 지혜와 대비된다.

3,1-26. 극심한 고통을 당하는 욥의 부르짖음은 많은 시편과 애가에 들어 있는 개인 탄원의 문체를 본받아 작성되었다. 여기서는 어둠과 죽음을 나타내는 표현들이 많이 사용되는데, 이스라엘 사고방식에서 어둠과 죽음은 자주 동의어로 여겨졌다. 고통에서 해방으로 간주된 죽음을 청하는 것은 욥기 전체에서 자주 나타나며 욥을 예레미야(예레 20,14-18 참조), 엘리야(1열왕 19,4 참조), 요나(요나 4,3 참조)와 같은 다른 성경 인물들과 근접시킨다.

✠ 3,1-3.11-17.20-23. 『병자성사 예식』에서는 이 성경 본문의 극적 성격을 포착하여 20절의 "어찌하여 그분께서는 고생하는 이에게 빛을 주시는가?"라는 제목으로 독서집에 포함시켰다. 『병자성사 예식』에서는 욥기에서 네 단락을 취한다. 이 단락 외에 7,1-4.6-11; 7,12-21; 그리고 임종자를 위한 19,23-27ㄴ 참조.

3 차라리 없어져 버려라, 내가 태어난 날,
"사내아이를 배었네!" 하고 말하던 밤!
4 그날은 차라리 암흑이 되어 버려
위에서 하느님께서 찾지 않으시고
빛이 밝혀 주지도 말았으면.
5 어둠과 암흑이 그날을 차지하여
구름이 그 위로 내려앉고
일식이 그날을 소스라치게 하였으면.
6 그 밤은 흑암이 잡아채어
한 해 어느 날에도 끼이지 말고
달수에도 들지 말았으면.
7 정녕 그 밤은 불임의 밤이 되어
환호 소리 찾아들지 말았으면.
8 날에다 술법을 부리는 자들,
레비아탄을 깨우는 데 능숙한 자들은
그 밤을 저주하여라.
9 그 밤은 새벽 별들도 어둠으로 남아
빛을 기다려도 부질없고
여명의 햇살을 보지도 말았으면.
10 그 밤이 내 모태의 문을 닫지 않아
내 눈에서 고통을 감추지 못하였구나.

차라리 죽었더라면

11 어찌하여 내가 태중에서 죽지 않았던가?
어찌하여 내가 모태에서 나올 때 숨지지 않았던가?
12 어째서 무릎은 나를 받아 냈던가?
젖은 왜 있어서 내가 빨았던가?
13 나 지금 누워 쉬고 있을 터인데.
잠들어 안식을 누리고 있을 터인데.
14 임금들과 나라의 고관들,
폐허를 제집으로 지은 자들과 함께 있을 터인데.
15 또 금을 소유한 제후들,
제집을 은으로 가득 채운 자들과 함께 있을 터인데.
16 파묻힌 유산아처럼,
빛을 보지 못한 아기들처럼 나 지금 있지 않을 터인데.

3,14-15. 나라의 고관들에 대한 언급, 또한 욥의 죽음이 그들의 안식과 가지는 관계 등은 분명치 않다. 아마도 욥은 그가 태어나지 않았을 경우를 가정하여 그것이 (임금과 고관들의) 영예로운 운명과 결부되거나 악인들의 운명과(17절) 결부된 것으로 상상하는 듯하다. 임금들이 폐허를 건설한다는 표상에 관하여, 이사 58,12; 61,4 참조.

3,8. 레비아탄은 커다란 피조물들 가운데 하나로 태초의 혼돈을 나타내는 신화적인 바다 괴물들과 비교될 수 있으며 때로는 태양과 맞서 싸우는 것으로 제시된다.

[17] 그곳은 악인들이 소란을 멈추는 곳.
힘 다한 이들이 안식을 누리는 곳.
[18] 포로들이 함께 평온히 지내며
감독관의 호령도 들리지 않는 곳.
[19] 낮은 이나 높은 이나 똑같고
종은 제 주인에게서 풀려나는 곳.

왜 하느님께서는 생명을 주시는가

[20] 어찌하여 그분께서는 고생하는 이에게 빛을 주시고
영혼이 쓰라린 이에게 생명을 주시는가?
[21] 그들은 죽음을 기다리건만,
숨겨진 보물보다 더 찾아 헤매건만 오지 않는구나.
[22] 그들이 무덤을 얻으면
환호하고 기뻐하며 즐거워하련만.
[23] 어찌하여 앞길이 보이지 않는 사내에게
하느님께서 사방을 에워싸 버리시고는 생명을 주시는가?
[24] 이제 탄식이 내 음식이 되고
신음이 물처럼 쏟아지는구나.
[25] 두려워 떨던 것이 나에게 닥치고
무서워하던 것이 나에게 들이쳐
[26] 나는 편치 않고 쉬지도 못하며
안식을 누리지도 못하고 혼란하기만 하구나.

3,22. 히브리어 '길'("환호, 즐거움") 대신 '갈'("묘지, 더미" 창세 31,51)로 읽는다면 "그들은 '묘지' 앞에서 기뻐하고 무덤을 얻으면 즐거워하련만"으로 번역된다. 이렇게 수정하면 이 구절의 두 행 사이의 병행이 더 분명해진다.

엘리파즈의 첫째 담론

4 [1] 테만 사람 엘리파즈가 말을 받았다.

절망에 빠진 욥

[2] 한마디 하면 자네는 언짢아하겠지?

3,17 2사무 12,23; 민수 16,33; 신명 32,22; 시편 88,6.12-13; 코헬 9,10.

3,17-19. 이 본문은 구약 성경이 죽음을 어떻게 이해했는지를 매우 잘 보여 준다. 죽음은 살아 있는 이들의 장소인 땅에서 죽은 이들의 거처인 '스올'로 건너가는 것으로 생각되었다. '스올'에서 죽은 이들은 의미가 없고 생기가 없으며 하느님을 찬미할 수도 없는 공허한 존재로 머문다(시편 6,6; 88 참조). 그러나 몇몇 본문에서는 하느님 권능이 저승에까지 이를 수 있다고 선언한다(1사무 2,6; 아모 9,2; 지혜 16,13 참조). 더 나중 시기의 유다교에서는 '스올' 개념을 변경하고 발전시켜 '스올'이 영원한 처벌의 장소가 되며, 의인에 대한 갚음(지혜 3,4-9 참조)과 부활(2마카 12,43 참조)이라는 개념도 발전하기 시작한다.

4,1. 첫 번째로 말을 한 것은 엘리파즈이다. 그는 팔레스티나 남쪽 에돔 땅의 테만에서 왔다. 구약 성경에서 테만은 지혜로 유명하다(예레 49,7 참조). 그는 고통에 관한 이스라엘의 정통 신학을 제시한다. 잘못이 없다면 고통이 없고(욥 1,7-11 참조), 죽을 인간은 아무도 하느님 앞에서 의롭지 못하다(4,17 참조).

그러나 누가 말하지 않을 수 있겠나?
3 여보게, 자네는 많은 이를 타이르고
맥 풀린 손들에 힘을 불어넣어 주었으며
4 자네의 말은 비틀거리는 이를 일으켜 세웠고
또 자네는 꺾인 무릎에 힘을 돋우어 주기도 하였지.
5 그런데 불행이 들이닥치자 자네가 기운을 잃고
불운과 맞부닥치자 질겁을 하는군.
6 하느님을 경외하는 것이야말로 자네가 믿는 바 아닌가?
흠 없는 삶이야말로 자네가 바라는 바 아닌가?

인과응보

7 생각해 보게나, 죄 없는 이 누가 멸망하였는가?
올곧은 이들이 근절된 적이 어디 있는가?
8 내가 본 바로는 밭을 갈아 불의를 심은 자와
재앙을 뿌린 자는 그것을 거두기 마련이라네.
9 그들은 하느님의 입김으로 스러지고
그분 분노의 바람으로 끝장난다네.
10 사자의 포효, 새끼 사자의 울부짖음도 그치고
힘센 사자의 이빨도 부러진다네.
11 수사자는 사냥거리 없어 스러져 가고
암사자의 새끼들은 흩어져 버린다네.

밤의 환시

12 한마디 말이 내게 남몰래 다다르고
그 속삭임이 내 귓가에 들렸네.
13 밤의 환시 때문에 생각에 잠겼을 때
사람들이 깊은 잠에 빠졌을 때
14 공포와 전율이 나를 덮쳐
내 뼈마디가 온통 떨리는데
15 어떤 입김이 내 얼굴을 스치자
내 몸의 털이 곤두섰다네.
16 누군가 서 있는데 나는 그 모습을 알아볼 수 없었지.
그러나 그 형상은 내 눈앞에 있었고
나는 이렇게 속삭이는 소리를 들었다네.

4,8 잠언 22,8; 집회 7,3.

4,1-5,27. 욥과 친구들 사이에 일련의 대화가 시작된다. 친구들은 각각 세 번씩 발언하며 매번 욥이 대답한다. 첫째 차례에서부터 의인의 고통 문제가 논의된다. 친구들은 히브리 전통의 노선에 따라 이 주제를 다루며, 친구의 불행이 그의 죄 때문이라고 여긴다. 한편 하느님께서 "올곧으며" "악을 멀리하는"(1,8; 2,3) 사람이라고 하셨던 욥은 자신의 깨끗한 양심을 이 신학에 맞세운다.

4,7. 이 구절은 시편 37편에 나타난 고전적 신념을 반향하는 것으로 보인다. "어리던 내가 이제 늙었는데 의인이 버림을 받음도, 그 자손이 빵을 구걸함도 보지 못하였다."(25절) 하느님께서 하신 일 앞에서 과거를 돌아보는 것은 현재의 순간에 신뢰의 동기가 된다(또한 잠언 12,21; 집회 2,10; 2베드 2,9 참조).

4,13. 엘리파즈가 본 밤의 환시(실제로는 악몽)에 대한 묘사는 풍부한 세부적 묘사를 담고 있다. 어둠은 최초의 혼돈의 때를 상기시킨다. 창세 1,4에서 다른 창조물과 달리 어둠에 대해서는 좋다고 말하지 않는 것은 우연이 아니다. 분명 이것은 휴식의 순간으로, 꿈이나 잠을 체험하는 것과는 거리가 있다(잠언 3,24-25 참조). 잠을 하느님과의 만남으로 체험하는 것에 관하여, 창세 2,21; 15,12 참조.

4,15. "내 몸의" 이에 해당하는 히브리어 단어의 첫 번째 의미는 "살"이다. 이 환시가 초자연적인 데에서 오는 것임을 인정하면서도 마치 엘리파즈가 유령을 보고 있는 듯한 큰 공포의 느낌이 지배적이다.

죽을 인생의 의로움
17 "인간이 하느님보다 의로울 수 있으랴?
사람이 제 창조주보다 결백할 수 있으랴?
18 그분께서는 당신 종들도 믿지 않으시고
당신 천사들의 잘못조차 꾸짖으시는데
19 하물며 토담집에 사는 자들
먼지에 그 바탕을 둔 자들이야!
그들은 좀벌레처럼 으스러져 버린다.
20 하루해를 넘기지 못하고 부스러져
눈길을 끌 새도 없이 영원히 스러진다.
21 그들의 천막 끈이 이미 끊어지지 않았느냐?
이렇게 그들은 지혜도 없이 죽어 간다."

불행의 근원

5 1 자, 불러 보게나. 자네에게 대답할 이 누가 있는지?
거룩한 이들 가운데 누구에게 하소연하려나?
2 정녕 미련한 자는 역정 내다가 죽고
우둔한 자는 흥분하다가 숨진다네.
3 나도 미련한 자가 뿌리내리는 것을 보았네만
그의 집안은 삽시간에 뿌리가 뽑히더군.
4 그의 자식들은 구원에서 멀리 떨어진 채
성문에서 짓밟혀도 도와줄 이 없었다네.
5 그가 거둔 것은 배고픈 자가 먹어 치우고
심지어 가시나무 울타리 친 것조차 빼앗기며
그들의 재산은 덫이 채어 가 버렸다네.
6 환난이 흙에서 나올 리 없고
재앙이 땅에서 솟을 리 없다네.
7 무릇 사람이란 재앙을 위해 태어나니
불꽃이 위로 치솟는 것과 같다네.

하느님께 호소함

8 그렇지만 나라면 하느님께 호소하고

4,21. "그들의 천막 끈"이라는 말은 아마도 천막을 고정하는 끈을 가리키는 것으로, 여기서는 생명을 나타내는 은유이다(이사 38,12 참조). 삶의 덧없음이라는 주제는 토담집을 언급하는 19절에서도 나타난다(10,9 참조. 여기서 욥은 흙으로 된 본성의 불안정성을 말한다). 지혜 9,15 주 참조.

5,3. 3절 후반부 히브리어 본문은 "나는 그의 집안을 즉시 저주했다네."이다. 그러나 이 표현은 미련한 자의 운명이 엘리파즈의 저주에 달려 있음을 가리키기보다, 오히려 지혜로운 이가 (다음 구절에서 묘사된) 미련한 자의 불행한 운명을 보게 된다는 뜻으로 이해하는 것이 더 올바를 듯하다.

5,4. 히브리어에서 "성문"은 성읍에서 재판이 이루어지는 장소이다. 이 구절의 의미를 분명히 하려면 "법정에서"라고 옮길 수 있다. 재판이 이루어지고 판결을 집행하는 장소인 광장에 가까운 공공장소 성문에 관하여, 1사무 14,44.45; 1열왕 21,12; 느헤 5,7; 집회 1,28; 7,7; 23,21; 다니 13,41 참조.

5,1-27. 평온한 어조로 친구를 돕고자 하는 진실한 갈망을 보인다. 엘리파즈는 욥에게 하느님 훈계를 받아들이라고 설득하려 한다. 그 훈계는 지혜의 원천이며 지극히 높으신 분과 화해하는 길이다(17-18절).
하느님은 틀림없이 그를 보호해 주시고(24-26절 참조) 재산과 후손, 오랜 수명을 선물로 주실 것이다(25-27절).

5,1. "거룩한 이들"은 아마도 천상 조정의 구성원 또는 천사들로서 하느님 앞에 있는 이들이다.

내 일을 하느님께 맡겨 드리겠네.
9 그분은 헤아릴 수 없는 위업을,
셀 수 없는 기적을 이루시는 분.
10 땅에 비를 내리시고
들에 물을 보내시는 분.
11 비천한 이들을 높은 곳에 올려놓으시니
슬퍼하는 이들이 큰 행복을 얻는다네.
12 그분께서 교활한 자들의 계획을 꺾으시니
그들의 손이 성공을 거두지 못하고
13 그분께서 슬기롭다는 자들을 그들의 꾀로 붙잡으시니
간사한 자들의 의도가 좌절된다네.
14 그들은 낮에도 어둠에 부딪히고
한낮에도 밤중인 양 더듬거린다네.
15 그러나 그분께서는 칼에서, 저들의 입에서,
강한 자의 손에서 가난한 이를 구하신다네.
16 그래서 약한 이에게 희망이 주어지고
불의는 제 입을 다물게 된다네.
17 여보게, 하느님께서 꾸짖으시는 이는 얼마나 행복한가!
전능하신 분의 훈계를 물리치지 말게나.

하느님께서 베풀어 주실 은혜

18 그분께서는 아프게 하시지만 상처를 싸매 주시고
때리시지만 손수 치유해 주신다네.
19 그분께서 여섯 가지 곤경에서 자네를 건져 내시니
일곱 번째에는 악이 자네를 건드리지도 못할 것이네.
20 기근 때 죽음에서,
전쟁 때 칼에서 자네를 구하실 것이네.
21 자네는 혀의 채찍에서 보호를 받고
멸망이 닥친다 해도 두려워할 필요가 없다네.
22 또 멸망과 굶주림을 비웃고
야수도 두렵지 않을 것이네.
23 자네는 들판의 돌멩이들과 계약을 맺고
들짐승은 자네와 화평을 이룰 것이네.
24 그러면 자네 천막이 평화로움을 알게 되고
자네 목장을 살펴보아도 탈이 없을 것이네.
25 또한 알게 될 것이네, 자네 자녀들이 많음을,
자네 후손들이 땅의 풀과 같음을.

5,9 // 9,10; 또한 집회 43,32 참조. 5,13 1코린 3,19. 5,17 시편 94,12. 5,24 신명 28,4-11

5,12. 이 구절 둘째 행의 "손"은 손으로 행하는 행위 전체를 가리킨다. 사기, 불법 거래, 음모 등이 여기에 속한다(잠언 6,12-13에 묘사된 악인의 행동 참조). 악인들의 운명에 대해서는 12,23-25 참조.

5,17-18. 훈계는 본래 제자의 신분에 맞는 일이고 그래서 지혜를 얻기 위해 필요한 체험으로 권고된다. 잠언 3,11-12에서는 욥기의 이 구절과 같이 훈계와 하느님의 호의를 연결 짓는다(또한 잠언 12,1; 13,18; 15,32 참조).

5,19. 여섯/일곱이라는 수열은 ("여섯 가지 곤경에서… 일곱 번째에는…") 다른 지혜문학에서도 나타난다(잠언 6,16-19 참조). 또한 n+1("세 가지… 네 가지")은 잠언 30,15-31에서도 볼 수 있다. 이러한 표현 방법은 듣는 이의 주의를 끌어 제시된 내용을 쉽게 기억하게 해 준다. 집회 25,1-11 참조.

26 그런 다음 자네는 제철이 되어 곡식 단이 쌓이듯
수명을 다하고 무덤에 들어갈 것이네.
27 여보게, 이것이 우리가 밝혀낸 것으로 사실이 그러하니
자네도 귀담아듣고 알아 두게나.

욥의 첫째 담론

6 1 욥이 말을 받았다.

전능하신 분의 화살

2 아, 누가 제발 나의 원통함을 저울질해 보고
나의 불행도 함께 저울판에 달아 보았으면!
3 그것이 이제 바다의 모래보다 무거우니
내 말이 갈피를 못 잡는구려.
4 전능하신 분의 화살이 내 몸에 박혀
내 영이 그 독을 마시고
하느님에 대한 공포가 나를 덮치는구려.

5 풀이 있는데 들나귀가 울겠는가?
꼴이 있는데 소가 부르짖겠는가?
6 간이 맞지 않은 것을 소금 없이 어찌 먹겠으며
달걀 흰자위가 무슨 맛이 있겠는가?
7 내 목구멍은 그것들이 닿는 것조차 마다하니
나에게 구역질 나는 음식이라네.

죽음보다 더한 고통

8 아, 내 소원이 이루어지고
하느님께서 내 소망을 채워 주신다면!
9 하느님께서 결심하시어 나를 으스러뜨리시고

6,4. "전능하신 분의 화살." 자구적으로는 "'사따이'의 화살"이다. '사따이'는 구약 성경의 하느님 이름 가운데 하나로, 흔히 성조들의 체험과 연결된다. '엘 사따이'("산의 하느님" 또는 "전능하신 하느님")가 창세 17,1에서 아브라함에게 말씀하신다. 탈출 6,3에서 성경 저자는 명시적으로 '사따이'의 이름을 야훼의 이름과 연결 짓는다.

6,9. "자르신다면!" 천을 짜는 사람이 다 짠 천을 잘라 내는 행동을 암시한다.

6,4 7,20; 16,13; 시편 38,3.

5,27. 고대인들에게 지혜의 기초가 된 원리 가운데 일상생활을 관찰하는 것이 있었다. 경험이 영감의 일차적 원천이었다. 성경의 지혜는 현명함, 처신의 능숙함, 사람들에 대한 지식, 바른 판단, 삶의 슬기로움이다. 지혜의 중요한 측면인 교육을 통하여 현인들의 가르침이 제자에게 전수된다. 그래서 지혜문학의 특징적 문체인 들으라는 권고가 나오게 된다.

6,1-13. 첫 번째 대답에서 욥은 자신을 변호하기 위한 기반을 마련한다. 변호는 이어지는 대화에서 전개된다. 그의 고통은 하느님에게서 오지만(4절) 부당하게 가해진 것이며 이 고통보다 죽음이 낫다(8-13절 참조). 히브리 사고방식에 따르면 하느님께는 합리적으로 설명될 수 없고 그래서 교의로 받아들여지는 신비로운 측면이 존재했다. 선도 악도 그분에게서 온다는 것이었다. 지상의 통치자들과 마찬가지로 그분께 속한 이들에 대한 결정은 오직 그분께 달려 있기 때문이다.

당신 손을 내뻗으시어 나를 자르신다면!
10 나는 거룩하신 분의 말씀을 어기지 않았으니
이것이 내게 위로가 되어
모진 고통 속에서도 기뻐 뛰련마는.

11 내게 무슨 힘이 있어 더 견디어 내고
내가 얼마나 산다고 더 참으란 말인가?
12 내 힘이 바위의 힘이고
내 살이 놋쇠란 말인가?
13 진정 나는 의지할 데 없고
도움은 내게서 멀리 사라져 버렸다네.

쓸모없는 우정

14 절망에 빠진 이는 친구에게서 동정을 받을 권리가 있다네.
그가 전능하신 분에 대한 경외심을 저버린다 하여도 말일세.
15 그러나 내 형제들은 개울처럼 나를 배신하였다네,
물이 넘쳐흐르던 개울 바닥처럼.
16 그 물은 얼음 조각으로 더럽혀져 있고
그 위로 눈이 내리며 자취를 감춘다네.
17 그러다가 더운 철이 오면 물은 없어지고
날이 뜨거워지면 그 자리에서 스러져 버리지.
18 대상들이 제 길에서 벗어나
광야로 나섰다가 사라져 버린다네.
19 테마의 대상들이 살피고
스바의 상인들이 고대하건만
20 그들은 믿었기 때문에 좌절하고
개울까지 갔다가 낙담한다네.

21 자, 이렇듯 자네들은 아무것도 아닌 것이 되어 버렸네.
무서운 모습을 보더니 두려워 떠는구려.

내가 무엇을 잘못하였나

22 내가 이렇게 말하기라도 했단 말인가? "내게 좀 주게나.
나를 위해 자네들 재산에서 좀 갚아 주게나.

6,14-30. 욥의 논거는 감동적이다. 고통받는 모든 인간이 자신과 비슷한 이들에게 동정받을 권리가 있다면 가족과 친족의 연대성이 공동생활의 보루인 동방의 부족 사회에서는 더욱 그러했다. 하지만 친구들은 그를 멀리하며 적대적인 태도를 보인다.

6,10. "거룩하신 분"은 분명 주님이시다(이사 6,3; 하바 3,3 참조).

6,12-13. 이 질문들은 특별한 수사학적 힘을 지닌다. 욥은 질문 형태로(외관상으로는 의심하는 것처럼 보이면서) 자신이 잘 알고 있는 사실을 표현한다. 이 질문에 대해서 예상하는 대답은 "아니다, 분명 너의 힘은 바위의 힘과 같지 않고 너의 살은 놋쇠로 되어 있지 않다…."는 것이다. 그의 능력과 하느님의 능력을 비교할 수 없다는 그의 논증은 결국 하느님을 향한 호소가 된다. 그렇게 능력에 차이가 있다면 욥은 이해를 받고 지금의 처지에서 해방되어야 할 것이다.

6,15. "배신하였다네." 히브리어 동사는 "불충실하다"를 뜻한다. "한결같지 않다"고 옮길 수도 있다. 두 가지 표상이 모두 가능하다.

6,21. "자네들은 아무것도 아닌('로') 것이 되어 버렸네." 본문을 수정하여 "자네들은 그에게(철자가 다른 '로') 이렇게 되었네." 또는 "자네들은 나에게('리') 이렇게 되었네."로 번역할 수도 있다. 그리스어 번역본과 새 대중 라틴말 성경은 이 세 번째 의미로 이해했다.

23 원수의 손에서 나를 구해 주고
난폭한 자들의 손에서 나를 빼내 주게!" 하고 말일세.
24 나를 가르쳐 보게나, 내가 입을 다물겠네.
내가 무엇을 잘못하였는지 깨우쳐 보게나.
25 바른말이 어떻게 속을 상하게 할 수 있나?
자네들은 무엇을 탓하고 있나?
26 자네들은 남의 말을 탓할 생각만 하는가?
절망에 빠진 이의 이야기는 바람에 날려도 좋단 말인가?
27 자네들은 심지어 고아를 놓고서 제비를 뽑고
친구를 놓고서 흥정하는구려.
28 자, 이제 제발 나를 좀 돌아보게나.
자네들 얼굴에 대고 거짓말은 결코 하지 않겠네.
29 생각을 돌리게나. 불의가 있어서는 안 되지!
생각을 돌리게. 나는 아직도 정당하다네.
30 내 입술에 불의가 묻어 있다는 말인가?
내 입속이 파멸을 깨닫지 못한다는 말인가?

6,29. 이 구절은 일부 손상되었지만, 전체적 의미는 분명해 보인다. 욥이 하는 말의 핵심은 자신이 정당하다는 절대적 확신과 그러한 흠 없음이 친구들에 의해서도 하느님에 의해서도 더럽혀질 수 없다는 것이다(31장의 무죄 선언 참조).

인생은 고역

7 1 인생은 땅 위에서 고역이요
그 나날은 날품팔이의 나날과 같지 않은가?
2 그늘을 애타게 바라는 종,
삯을 고대하는 품팔이꾼과 같지 않은가?
3 그렇게 나도 허망한 달들을 물려받고
고통의 밤들을 나누어 받았네.
4 누우면 '언제나 일어나려나?' 생각하지만
저녁은 깊어 가고
새벽까지 뒤척거리기만 한다네.
5 내 살은 구더기와 흙먼지로 뒤덮이고
내 살갗은 갈라지고 곪아 흐른다네.
6 나의 나날은 베틀의 북보다 빠르게
희망도 없이 사라져 가는구려

7,6. "희망도 없이 사라져 가는구려." 북을 가지고 천을 짜는 사람의 표상을 이어 "실이 다하면 끝나는구려."로 옮기기도 한다(이사 38,12 참조). 여기서 욥은 천 짜는 사람이 실이 다하여 베틀에서 천을 잘라 내듯이 삶이 끝난다고 생각한다. 새 대중 라틴말 성경은 이 절의 둘째 행을 그렇게 해석한다.

7,1 14,14; 시편 39,5-7; 지혜 2,1; 집회 40,1-10; 41,1-4. 7,3 코헬 2,23.

✠ 7,1-4.6-7. 대중 라틴말 성경은 이 본문의 첫 부분을 "지상에서 인간의 삶은 전투요, 그의 나날은 날품팔이의 날들이라네."라고 옮긴다. 이 본문은 나해 연중 제5주일 제1독서이며, 제2독서인 바오로 사도의 보수 없는 설교 활동(1코린 9,16-19.22-23)과 "모두 스승님을 찾고 있습니다."라고 한 사도들을 향해 반박하시는 예수님의 말씀(마르 1,29-39 참조)과 함께 읽는다. 『병자성사 예식』에서는 특히 덧없음이라는 주제와 관련하여 이 단락을(11절까지) 독서집에 포함한다. 『병자성사 예식』은 욥기에서 네 단락을 취한다. 이 본문 외에 3,1-3.11-17.20-23; 7,12-21; 그리고 임종자를 위한 19,23-27 참조.

욥의 탄원 기도

7 기억해 주십시오, 제 목숨이 한낱 입김일 뿐임을.
제 눈은 더 이상 행복을 보지 못할 것입니다.
8 저를 바라보던 이의 눈은 저를 보지 못하고
당신의 눈이 저를 찾는다 하여도 저는 이미 없을 것입니다.

9 구름이 사라져 가 버리듯
저승으로 내려간 이는 올라오지 못합니다.
10 다시는 제집으로 돌아가지 못하고
그가 있던 자리도 그를 다시는 알아보지 못합니다.
11 그래서 이 몸은 입을 다물지 않겠습니다.
제 영의 곤경 속에서 토로하고
제 영혼의 쓰라림 속에서 탄식하겠습니다.

12 제가 바다입니까? 제가 용입니까?
당신께서 저에게 파수꾼을 세우시다니.
13 '잠자리나마 나를 위로하고
침상이나마 내 탄식을 덜어 주겠지.' 생각하지만
14 당신께서는 꿈으로 저를 공포에 떨게 하시고
환시로 저를 소스라치게 하십니다.
15 제 영혼은 이런 고통보다는 숨이 막혀 버리기를,
차라리 죽음을 택하겠습니다.

16 저는 싫습니다. 제가 영원히 살 것도 아니지 않습니까?
저를 내버려 두십시오. 제가 살날은 한낱 입김일 뿐입니다.
17 사람이 무엇이기에 당신께서는 그를 대단히 여기시고
그에게 마음을 기울이십니까?
18 아침마다 그를 살피시고

7,9. "저승"은 히브리어 '스올'의 번역이다(3,17-19 주해 참조). 욥은 저승에서 돌아올 수 없다는 생각을 공유한다(10,21; 14,7-22; 16,22 참조).

7,12. "용"은 바다 괴물로 신화적 괴물을 암시한다(그리스어 번역본에서 "용"으로 옮긴다). 그 괴물은 원초적 혼돈의 상징이며 창조주에 의하여 정복된다(이사 51,9; 시편 74,13 참조; 또한 집회 43,25-26 참조). 이 절의 수사학적 질문에는 부정적인 대답이 예상된다.

7,15. 이 구절을 번역하기 어렵다는 것은, 히브리어 본문에 전부 다섯 개의 단어가 있다는 사실만 보아도 짐작할 수 있다. "고통"은 자구적 번역인 "뼈들"을 의역한 것이며, 이 "뼈들"은 욥의 구체적 상황, 곧 병으로 이미 해골처럼 된 그의 모습을 가리키고 있다(19,20 참조).

7,9 민수 16,33; 신명 32,22; 2사무 12,23; 시편 88,6.12-13; 코헬 9,10. 7,12 3,8; 9,13; 26,12. 7,16 시편 8,5; 144,3-4. 7,17 시편 8,5; 39,7; 집회 18,8. 7,18 2열왕 19,27; 시편 139; 이사 37,28.

7,7. 인생의 짧음에 대한 고찰에서 욥은 "입김"의 표상을 사용한다. 여기 사용된 히브리어 명사('루아')는 성경에서 대개 긍정적인 의미를 가지며 "영"으로 번역되고, 인간을 창조하는 행위에서 하느님에게서 발산되는 생명력을 지칭한다. 여기서는 "입김"이라는 의미로 삶이 짧고 덧없음을 부각시킨다.

7,11-21. 욥의 아픔과 부당한 고통을 고찰하면서 그의 담론은 점점 더 비탄에 잠긴다. 그는 무죄한 사람을 왜 괴롭히시는지 심문하는 듯한 담론으로 하느님께 맞서기에 이른다.

7,12-21. 전례에서는 이 본문을 『병자성사 예식』의 독서집에 삽입하며, 시련이 견딜 수 없이 무거워질 때 기도가 깊은 비탄이 될 수도 있음을 상기시킨다. "어찌하여 저를 당신의 과녁으로 삼으셨습니까?" 이 본문 외에도 『병자성사 예식』은 욥기에서 다른 세 단락을 취한다. 3,1-3.11-17.20-23; 7,1-4.6-11; 임종자를 위한 19,23-27 참조.

순간마다 그를 시험하십니까?

19 언제면 제게서 눈을 돌리시렵니까?
침이라도 삼키게 저를 놓아주시렵니까?
20 사람을 감시하시는 분이시여
제가 잘못했다 하여도 당신께 무슨 해를 끼칠 수 있습니까?
어찌하여 저를 당신의 과녁으로 삼으셨습니까?
어찌하여 제가 당신께 짐이 되었습니까?
21 어찌하여 저의 죄를 용서하지 않으십니까?
어찌하여 저의 죄악을 그냥 넘겨 버리지 않으십니까?
제가 이제 먼지 위에 누우면
당신께서 찾으셔도 저는 이미 없을 것입니다.

빌닷의 첫째 담론

8 1 수아 사람 빌닷이 말을 받았다.

하느님의 정의

2 자네는 언제까지 이런 것들을 이야기하려나?
자네 입에서 나오는 말은 사나운 바람 같기만 하구려.
3 아무려면 하느님께서 공정을 왜곡하시고
전능하신 분께서 정의를 왜곡하시겠나?
4 자네 아들들이 그분께 죄를 지었다면
그분께서는 그들을 그 죄과의 손에 넘기신 것이네.

5 그러나 자네가 하느님을 찾고
전능하신 분께 자비를 구한다면,
6 자네가 결백하고 옳다면
이제 그분께서는 자네를 위해 일어나시어
자네 소유를 정당하게 되돌려 주실 것이네.
7 자네의 시작은 보잘것없었지만

8,1-22. 빌닷의 논리는 지혜 사상의 중요한 사조인 법률적 전통의 가르침과 표현을 따른다. 하느님은 법을 무너뜨리지 않는 분이시므로(시편 5,5; 지혜 12,15; 이사 30,18 참조), 욥과 그의 자녀들에게 일어난 불행은 그들의 악에 대한 갚음이다. 다시 하느님의 은혜를 입기 위해서 욥이 할 수 있는 것은 참회뿐이다. 하느님께서 그에게 아직 시간을 주시기 때문이다. 주님을 변호하려 하는 빌닷의 논리에는 역설적으로 이익을 따지는 신심의 유혹이 들어 있다. 그러므로 그가 대변하는 전통적 논리는 사탄의 논리에서 그리 멀지 않다. 빌닷은 수아 출신인데, 수아는 아마도 팔레스티나 동쪽 메소포타미아의 지명일 것이다. 그는 이미 엘리파즈가 시작한 대로 응보 교리를 계속 제시한다.

7,20. "어찌하여 제가 당신께 짐이 되었습니까?" 히브리어 본문은 "저에게"로 되어 있으나, 그리스어 번역본을 따라 "당신께"로 옮겼다. 이 번역을 따르면 이 구절은 하느님께 2인칭 단수로 말씀드리는 것으로 이해할 수 있다.

8,3. 번역문에서 같은 동사를 반복한다. 세련되지는 않지만, "꿈을 꿈꾸다"(창세 37,5; 판관 7,13 참조) 또는 "노래를 노래하다"(시편 33,3 참조)와 같이 개념과 단어를 반복하기를 즐기는 히브리어의 표현법을 보여 준다.

8,6. "되돌려 주실 것이네." 히브리어 동사 '샬람'(여기서 '샬롬'이 파생된다)은 인간의 총체적 행복으로, 번영과 평화의 긍정적 측면을 나타낸다. 전쟁이 없는 평화만 말하는 것이 아니며, 동사 어근의 의미가 확장되어 메시아적이고 종말론적 의미를 지니게 된다(이사 11,1-9; 60,17; 66,12; 미카 5,4 참조). (새) 대중 라틴말 성경은 '샬롬'의 의미와 연결해 "정의의 거처를 평화롭게 하실 것이네."라고 번역한다.

자네의 앞날은 크게 번창할 것이네.

선조들의 증언

8 자, 지난 세대에 물어보고
그 조상들이 터득한 것에 유의하게나.
9 우리는 어제 갓 태어난 사람들, 아무것도 모르고
우리의 인생은 땅 위에서 그림자일 뿐.
10 그분들이야말로 자네를 가르치고 일러 주며
스스로 깨달은 것에서 말씀을 이끌어 내지 않는가?

악인의 운명

11 습지가 없는데 왕골이 솟아나고
물이 없는데 갈대가 자라겠는가?
12 아직 어린싹이라 벨 때가 아닌데도
그것들은 온갖 풀보다 먼저 말라 버릴 것이네.

13 하느님을 잊은 모든 자의 길이 이러하고
불경스러운 자의 소망은 무너져 버린다네.
14 그의 자신감은 꺾이고
그의 신뢰는 거미집이라네.
15 제집에 의지하지만 서 있지 못하고
그것을 붙들지만 지탱하지 못한다네.

16 그는 햇빛 아래 생기가 넘치고
정원에는 그의 싹이 돋아난다네.
17 돌무더기 주위로 그 뿌리가 감기고
바위 틈새를 파고든다네.

18 그러나 그를 그 자리에서 뜯어내 버리면
그 자리조차 "난 너를 본 적이 없어!" 하고 모른 체하지.
19 보게나, 이것이 그의 행복한 운명이라네.
그런 뒤 흙에서는 다른 싹이 솟아 나오지.

행복의 약속

20 보게나, 하느님께서는 흠 없는 이를 물리치지 않으시고
악을 행하는 자의 손을 잡아 주지 않으신다네.
21 그분께서는 여전히 자네 입을 웃음으로,

8,8 신명 4,23; 32,7; 집회 8,9. 8,9 14,2. 8,13 시편 37,1-2.

8,11-19. 이 구절에서는 약한 들풀(왕골 또는 갈대)과 정원의 튼튼한 식물이 대조된다. 그 둘 모두 강하든 약하든 악인을 나타내는 비유이다. 주님께서는 악인이 번성하게 두지 않으신다.

8,17 "바위 틈새를 파고든다네." 이 구절의 둘째 행을 자구적으로 번역하면 "바위로 된 집을 본다네."이다. 그리스어 번역본과 라틴어 번역본은 "바위틈에서 산다네."로 해석했다. 바위틈에 뿌리를 내리고 파고든다는 해석은 바위에 붙어 지탱한다는 생각을 바탕으로 한다.

자네 입술을 환호로 채워 주실 것이네.
22 자네를 미워하는 자들은 수치로 옷 입고
악인들의 천막은 간곳없이 될 것이네.

욥의 둘째 담론

9 1 욥이 말을 받았다.

하느님의 독단

2 물론 나도 그런 줄은 알고 있네.
사람이 하느님 앞에서 어찌 의롭다 하겠는가?
3 하느님과 소송을 벌인다 한들
천에 하나라도 그분께 답변하지 못할 것이네.

4 지혜가 충만하시고 능력이 넘치시는 분,
누가 그분과 겨루어서 무사하리오?

5 아무도 모르는 사이에 산들을 옮기시고
분노하시어 그것들을 뒤엎으시는 분.
6 땅을 바닥째 뒤흔드시어
그 기둥들을 요동치게 하시는 분.
7 해에게 솟지 말라 명령하시고
별들을 봉해 버리시는 분.

8 당신 혼자 하늘을 펼치시고
바다의 등을 밟으시는 분.
9 큰곰자리와 오리온자리,
묘성과 남녘의 별자리들을 만드신 분.
10 측량할 수 없는 위업들과
헤아릴 수 없는 기적들을 이루시는 분.

11 그분께서 내 앞을 지나가셔도 나는 보지 못하고

9,9. 고대 번역본들의 차이에서 알 수 있듯이, 히브리어 단어들의 번역은 분명치 않다. 그리스어 번역본은 "묘성, 금성, 아르크투루스, 남쪽 호수"라고 번역하고, 대중 라틴말 성경은 "아르크투루스, 오리온, 히아데스, 남쪽 내부"로 옮긴다. 히브리어 본문은 "큰곰자리, 오리온, 묘성, 남녘의 안쪽 방들"일 것이다. 네 번째 것은 남녘의 별자리를 전체적으로 일컫거나 바람, 눈, 우박이 보관되어 있다고 생각한 창고들을 지칭할 것이다. 욥 38,31-32; 아모 5,8 참조.

9,7 시편 19,5-7; 이사 13,10.13; 요엘 2,10; 4,15-16. 9,8 시편 104,2; 이사 40,22. 9,10 // 5,9.

9,1-35. 욥의 대답은 하느님을 거슬러 소송을 시작하지만, 그 소송은 위험하다. 하느님은 능력과 힘, 지혜를 갖고 계시고 그래서 언제나 이기신다. 인간은 그것을 이해할 수 없다(1-21.25-32절 참조). 욥은 자신의 체험을 바탕으로, 하느님께서 선한 이들과 악한 이들에게 각자의 공로대로 갚아 주지 않으신다고 확실하게 단언할 수 있다. 오히려 하느님은 구분 없이 그들 모두에게 불행과 고통을 보내시며, 세상에서는 악행을 일삼는 자들이 승리한다(22-24절 참조).

지나치셔도 나는 그분을 알아채지 못하네.
12 그분께서 잡아채시면 누가 막을 수 있으며
누가 그분께 "왜 그러십니까?" 할 수 있겠나?
13 하느님께서는 당신 진노를 돌이키지 않으시니
라합의 협조자들이 그분께 굴복한다네.

가장 강하신 분의 행동

14 그런데 내가 어찌 그분께 답변할 수 있으며
그분께 대꾸할 말을 고를 수 있겠나?
15 내가 의롭다 하여도 답변할 말이 없어
내 고소인에게 자비를 구해야 할 것이네.
16 내가 불러 그분께서 대답하신다 해도
내 소리에 귀를 기울이시리라고는 믿지 않네.
17 그분께서는 나를 폭풍으로 짓치시고
까닭 없이 나에게 상처를 더하신다네.
18 숨 돌릴 틈조차 주지 않으시고
오히려 쓰라림으로 나를 배불리신다네.

19 힘으로 해 보려니 그분은 막강하신 분.
법으로 해 보려니 누가 나를 소환해 주겠나?
20 내가 의롭다 하여도 내 입이 나를 단죄하고
내가 흠 없다 하여도 나를 그릇되다 할 것이네.
21 나는 흠이 없네! 나는 내 목숨에 관심 없고
내 생명을 멸시한다네.

22 결국은 마찬가지! 그래서 내 말인즉
흠이 없건 탓이 있건 그분께서는 멸하신다네.
23 재앙이 갑작스레 죽음을 불러일으켜도
그분께서는 무죄한 이들의 절망을 비웃으신다네.
24 세상은 악인의 손에 넘겨지고
그분께서는 판관들의 얼굴을 가려 버리셨네.
그분이 아니시라면 도대체 누구란 말인가?

냉엄하신 하느님

25 저의 날들은 파발꾼보다 빨리 지나가고
행복을 보지도 못한 채 달아납니다.
26 갈대배처럼 흘러가고
먹이를 덮치는 독수리처럼 날아갑니다.

9,16 이사 29,16; 로마 9,20-21. 9,22 코헬 9,2-3.

9,13. "라합" 태초에 있었던 혼돈의 바다를 인격화한 바다 괴물들 가운데 하나(26,12; 시편 89,11; 이사 51,9 참조).

9,19-22. "누가 나를 소환해 주겠나?" 욥은 자신의 작음을 인정하면서도 자신이 어떤 죄를 지었다는 것을 받아들이지 않는다. 설령 그가 어떤 잘못을 범했다 하더라도 하느님은 의인과 악인을 똑같이 다루신다. 여기서는 분명한 전이가 나타난다. 욥은 (친구들에 의하여) 고발을 당했으나 이제는 그가 하느님을 고발한다.

27 '탄식을 잊고
슬픈 얼굴을 지워 쾌활해지리라.' 생각하여도
28 저의 모든 고통이 두렵기만 한데
당신께서 저를 죄 없다 않으실 것을 저는 압니다.
29 저는 어차피 단죄받을 몸,
어찌 공연히 고생해야 한단 말입니까?
30 눈으로 제 몸을 씻고
잿물로 제 손을 깨끗이 한다 해도
31 당신께서는 저를 시궁창에 빠뜨리시어
제 옷마저 저를 역겨워할 것입니다.

32 그분은 나 같은 인간이 아니시기에 나 그분께 답변할 수 없고
우리는 함께 법정으로 갈 수 없다네.
33 우리 둘 위에 손을 얹을 심판자가
우리 사이에는 없다네.
34 그분께서 당신 매를 내게서 거두시고
그분에 대한 공포가 나를 더 이상 덮치지 않는다면
35 나 두려움 없이 말할 수 있으련마는!
그러나 나로서는 어쩔 수 없구려.

9,32-35. 32절의 "나 그분께 답변할 수 없고"는 법정의 변호를 나타낸다. 법정은 욥이 하느님을 끌고 가려 하는 비유적인 장소이다. 욥은 하느님의 벌이 두려워 동등하게 논쟁할 수 없고 그래서 논쟁에서 제삼자 역할을 할 인물(재판관)이 있기를 갈망한다. 욥의 대답은 대담하다. 하느님을 인간과 같은 분으로 여길 수 없음을 알면서도, 그분께서 하시는 일을 설명하시도록 그분을 재판으로 소환한다.

당신의 작품을 멸시하시는 하느님

10 1 나는 내 생명이 메스꺼워
내 위에 탄식을 쏟아 놓으며
내 영혼의 쓰라림 속에서 토로하리라.
2 나 하느님께 말씀드리리라. "저를 단죄하지 마십시오.
왜 저와 다투시는지 알려 주십시오.
3 학대하시는 것이 당신께는 좋습니까?
악인들의 책략에는 빛을 주시면서
당신 손의 작품을 멸시하시는 것이 좋습니까?

4 당신께서는 살덩이의 눈을 지니셨습니까?
당신께서는 사람이 보듯 보십니까?
5 당신의 날도 사람의 날과 같습니까?
당신의 해도 인간의 세월과 같습니까?

10,2. "왜 저와 다투시는지" 이 동사의 형태는 법률적인 은유를 이어 간다. 일반적으로 맞서 싸운다는 의미보다 재판에서 자신이 당한 잘못에 대해 상대방을 고발하고 심판을 받아 내기 위해 움직이는 행위를 나타낸다(13,8; 신명 17,8; 잠언 3,30 참조).

9,30 시편 51,9; 이사 1,18; 예레 2,22. 10,4 1사무 16,7.

10,1-22. 주인공의 어조가 높아지며 매우 강한 고발에까지 이른다. 하느님은 왜 인간을 창조하시고는 그가 고통을 받게 하시는가? 왜 계속 그를 고문하시는가? 왜 무죄한 사람에게 분노하시는가? 그분께서 사람들의 의도를 아시는지 의심하게 된다.

6 그래서 저의 죄를 찾으시고
저의 허물을 들추어내십니까?
7 당신께서는 저에게 죄가 없음을,
저를 당신 손에서 빼낼 사람이 없음을 아시지 않습니까?
8 당신께서는 손수 저를 빚어 만드시고서는
이제 생각을 바꾸시어 저를 파멸시키려 하십니다.
9 당신께서 저를 진흙처럼 빚어 만드셨음을 기억하십시오.
그런데 이제 저를 먼지로 되돌리려 하십니다.

10 당신께서 저를 우유처럼 부으시어
치즈처럼 굳히지 않으셨습니까?
11 살갗과 살로 저를 입히시고
뼈와 힘줄로 저를 엮으셨습니다.
12 당신께서는 저에게 생명과 자애를 베푸시고
저를 보살피시어 제 목숨을 지켜 주셨습니다."

매정하신 하느님

13 "그러나 당신께서는 이런 것들을 마음에 숨기셨습니다.
이것이 당신의 속셈임을 저는 압니다.
14 제가 죄를 지으면 당신께서는 지켜보시다가
저를 그 죄에서 풀어 주지 않으실 것입니다.
15 제가 유죄라면 저에게는 불행이고
무죄라 해도 머리를 들 수 없을 것입니다.
수치로 가득한 저는 저의 비참함을 잘 알고 있습니다.
16 제 머리가 들렸다 하면 당신께서는 사자처럼 저를 뒤쫓
으시고
저를 거슬러 줄곧 이해할 수 없는 일을 보여 주십니다.
17 당신께서는 저를 거슬러 증인들을 새로 세우시고
저를 향한 당신의 원한을 키우시며
저를 칠 군대를 계속 바꾸어 가며 보내십니다.
18 어찌하여 저를 모태에서 나오게 하셨습니까?
제가 죽어 버렸다면 어떤 눈도 저를 보지 못했을 것을!
19 그랬다면 제가 없었던 것처럼 되어
어머니 배에서 바로 무덤으로 옮겨졌을 것을!

10,14-17. 저자는 사냥과 전쟁이라는 두 가지 표상을 도입한다. 욥은 맹수들로 표현되는 위험과(시편 7,3; 10,9; 17,12; 22,22 참조) 적대적인 민족들에게서(탈출 23,27; 시편 45,3-7 참조) 인간을 지켜 주시는 보호자이신 하느님 표상을 역전시켜 그를 뒤쫓으시는 하느님의 표상을 제시한다.

10,8-22. 고통 속에서 욥은 사랑과 관심을 기울여 기술자처럼 인간을 빚으신 하느님 모습과 당신의 피조물을 멸망시키려고 공격하시는 하느님 모습을 조화시키지 못한다. 9절에 언급된 진흙은 창세 1,1-2,4ㄱ의 인간 창조 이야기를 환기시키고, 10-12절은 임신 기간을 거룩한 베일로 감싼다. 모태에서도 하느님은 그를 정성껏 돌보셨다.

10,20-22. 이 구절에서는 시편 39과 88의 표상들을 반향한다. 시편 39은 인간을 파괴하는 하느님의 격렬한 진노를 묘사하고, 시편 88은 괴롭고 절망적인 거처인 어둠과 구렁을 묘사한다(욥 3,17-19 주해 참조).

20 저를 내버려 두십시오. 이제 살날이 조금밖에 없지 않습니까?
제가 조금이나마 생기를 되찾게 저를 놓아주십시오.
21 제가 돌아오지 못하는 곳으로,
어둠과 암흑의 땅으로 가기 전에.
22 칠흑같이 캄캄한 땅,
혼란과 암흑만 있고
빛마저 칠흑 같은 곳으로 가기 전에 말입니다."

초파르의 첫째 담론

11 1 나아마 사람 초파르가 말을 받았다.

욥의 죄악

2 말을 많이 한다고 대답 없이 넘어갈 수 있으며
말을 잘한다고 의롭다 할 수 있으리오?
3 자네의 수다스러운 말이 사람들을 침묵하게 할 수 있나?
자네가 조롱하는데 아무도 핀잔하지 않을 수 있나?
4 자네는 "저의 신조는 순수하고
저는 당신의 눈에 결백합니다." 하네만
5 제발 하느님께서 말씀하시고
자네를 거슬러 당신 입술을 여시어
6 자네에게 지혜의 비밀을 알려 주신다면!
깨달음에는 양면이 있는 법이라네.
하느님께서 자네 죄를 조금이나마 잊기로 하셨음을 알기나 하게.

하느님의 신비

7 자네가 하느님의 신비를 찾아내고

10,20-22. 여기에서 잠시 멈추어 주시기를 청하는 것은 저승과 대비되어 중요하게 나타난다. 고대 이스라엘에서 저승은 어둠의 장소이며 하느님에게서 멀리 떨어진 곳이다. 저승에서 죽은 이들은 그림자와 같고, 다시 돌아올 수 없다. 그러나 3,17-19에서 저승은 욥이 지금 겪고 있는 괴로움에 비하여 고통에서 벗어나 쉴 수 있는 곳이고 삶보다 나은 곳으로 간주된다.

11,1-12. 욥의 세 번째 친구 초파르가 발언한다. 그는 나아마 사람이라고 일컬어지는데, 나아마가 어디인지는 더 정확히 밝혀지지 않는다. 이상적으로 팔레스티나 북쪽 지방을 나타낼 수 있다. 초파르는 도입도 없이 바로 친구 욥을 심히 꾸짖기 시작한다. 이어서 인간의 무지를 무한히 능가하는 하느님의 헤아릴 수 없는 지혜를 옹호한다.

11,7-9. 지혜문학적 숙고에서는 흔히 인간의 이해력에 비교되는 하느님의 초월성과 접근 불가능성의 큰 신비를 강조한다.

전능하신 분의 한계까지도 찾아냈단 말인가?
8 그것이 하늘보다 높은데 자네가 어찌하겠는가?
저승보다 깊은데 자네가 어찌 알겠는가?
9 그 길이는 땅보다 길고
넓이는 바다보다 넓다네.
10 그분께서 지나가며 가두시고
심판하러 불러 모으시면 그 누가 막으리오?
11 정녕 그분께서는 거짓된 인간들을 아시는데
그들의 죄악을 보시면서 알아내지 못하신단 말인가?
12 미련한 사람이 깨치게 되는 것은
들나귀 새끼가 사람으로 태어나는 것과 같다네.

새로운 삶

13 자네가 마음을 곧게 하고
그분을 향하여 손을 펼친다면,
14 자네 손에 죄악이 있다면 멀리 치워 버리고
자네 천막에 불의가 머무르지 못하도록 하게나.
15 그러면 자네는 거리낌 없이 얼굴을 들 수 있고
안전하게 되어 두려워하지 않을 것이네.
16 또 자네는 고통을 잊고
그것을 흘러간 물처럼 되돌아볼 수 있겠지.
17 자네 생애는 대낮보다 밝게 일어서고
어둡더라도 아침처럼 될 것일세.
18 희망이 있기에 자네는 신뢰할 수 있으며
둘러보고서는 안심하고 자리에 들 것이네.
19 자네가 누우면 무섭게 하는 자 없고
많은 이가 자네 비위를 맞추려 할 것일세.
20 그러나 악인들의 눈은 스러져 가고
그들에게는 도피처가 없어진다네.
그들의 희망은 마지막 숨을 내뱉는 것뿐이라네.

11,8. "저승"은 '스올'의 번역이다(3,17-19 주해 참조).

11,12. 이 구절은 번역하기도 어렵고 다양하게 해석된다. 이 절의 대략적인 의미는 마치 하느님께서 들나귀를 사람으로 태어나게 하실 수 있는 것처럼, 아마도 욥을 암시하는 미련한 사람을 깨닫게 하실 수도 있다는 하느님의 절대적 자유를 알려 주는 듯하다. 동물과 비교에 관하여 39,5-8; 시편 32,9; 73,22; 잠언 30,2(또한 창세 16,12) 참조.

11,13-20. 전통적인 응보 이론을 제시한다. 이에 따르면, 욥이 자신의 죄악을 인정한다면 그가 잃은 모든 것(건강, 명예, 편안한 잠, 안전, 특히 자신의 의로움에 대한 의식)이 회복될 것이다.

11,8 에페 3,18.

11,13-20. 담론의 둘째 부분은 하느님의 충실하심에서 나오는 호의적인 결과들을 언급하며 악인에 대한 저주로 끝맺는다. 이렇게 해서 응보 교리와 욥에 대한 암묵적 비난이 계속된다. 하느님께서 응답하지 않으신다면 무슨 말을 하실지 모르셔서가 아니라 그분께서 온전히 옳으시기 때문이다.

욥의 셋째 담론

12 [1] 욥이 말을 받았다.

경험의 증언

2 참으로 자네들은 유식한 백성이네.
자네들이 죽으면 지혜도 함께 죽겠구려.
3 나도 자네들처럼 이성이 있고
자네들에게 뒤떨어지지 않네.
누가 그런 것들을 모르겠나?
4 제 친구의 웃음거리, 내가 그 꼴이 되었구려.
하느님을 부르면 그분께서 응답해 주시곤 하였지.
그렇듯 의롭고 흠 없던 내가 이제는 웃음거리가 되었구려.

5 편안한 자의 생각에는 고통에 수치가 따르는 것이 타당
하겠지.
발이 비틀거리는 자들에게 예정된 수치 말일세.
6 폭력배들의 천막은 평안하고
하느님을 노하시게 하는 자들은 태평이라네.
하느님을 제 손에 들고 다니는 자들 말일세.

7 그러나 이제 짐승들에게 물어보게나. 그것들이 자네를
가르칠 걸세.
하늘의 새들에게 물어보게나. 그것들이 자네에게 알려 줄
걸세.
8 아니면 땅에다 대고 말해 보게. 그것이 자네를 가르치고
바다의 물고기들도 자네에게 이야기해 줄 걸세.
9 이 모든 것 가운데에서 누가 모르겠나?
주님의 손이 그것을 이루셨음을,
10 그분의 손에 모든 생물의 목숨과
모든 육체의 숨결이 달려 있음을.

11 입이 음식 맛을 보듯
귀가 말을 식별하지 않는가?
12 백발에 지혜가 있고

12,4. "제 친구의 웃음거리, 내가 그 꼴이 되었구려." 문맥에 따라 "내 친구"라고 번역했지만, 히브리어 본문은 "그의 친구"이다([새] 대중 라틴말 성경도 그렇게 되어 있다. 그리스어 번역본은 "의인"으로 되어 있다). 그렇게 번역하면 하느님의 친구, 곧 하느님의 은혜를 입고 있는 이를 지칭하는 것일 수 있다. 이 사람도 불행에 떨어진 욥을 경멸한다는 의미가 된다.

12,10. "목숨." 여기에 해당하는 히브리어 단어 '네페쉬'는 일차적으로 "목구멍"을 뜻하고 거기서부터 "숨", "갈망", "생명"을 뜻하게 된다. "모든 육체"는 히브리어 "모든 살"에 해당한다. 성경의 언어는 생명을 표현하는 인간 육체의 구성 요소와 결부된 매우 구체적인 인간학을 보여 준다.

12,10 다니 5,23. 12,11 // 34,3.12,13 잠언 8,14.

12,1-6. 욥의 친구들은 이스라엘의 지혜 전통에 의지하면서 스스로 하느님의 변호자이며 친구의 심판자가 되었다. 욥은 그들의 논거들을 거부하며 자신의 지혜가 그들보다 뒤떨어지지 않고 그도 그들과 마찬가지로 창조주의 위대하심을 알고 있다고 주장한다. 그러나 하느님께서 그를 억누르시는 것은 이해할 수 없고, 욥은 그분을 재판에 고발한다.

장수에 슬기가 깃든다 해도
13 오직 그분께만 지혜와 능력이 있고
경륜과 슬기도 그분만의 것이라네.

절대 통치자이신 하느님

14 그분께서 부수시면 아무도 세우지 못하고
그분께서 가두시면 아무도 풀려나지 못한다네.
15 그분께서 물을 막으시면 메말라 버리고
내보내시면 땅을 뒤집어 버린다네.
16 오직 그분께만 권력과 성취가 있고
헤매는 자와 헤매게 하는 자도 그분께 속한다네.
17 그분은 자문관들을 맨발로 끌어가시고
판관들을 바보로 만드시는 분.
18 임금들의 띠를 푸시고
그 허리를 포승으로 묶으시는 분.
19 사제들을 맨발로 끌어가시고
권세가들을 넘어뜨리시는 분.
20 신뢰받는 이들에게서 언변을 앗아 버리시고
노인들에게서 판단력을 거두어 버리시는 분.
21 귀족들에게 수치를 쏟아부으시고
힘센 자들의 허리띠를 풀어 버리시는 분.
22 어둠에서부터 은밀한 것을 드러내시고
암흑을 빛 속으로 끌어내시는 분.
23 민족들을 흥하게도 망하게도 하시며
민족들을 뻗어 나가게도 흩어지게도 하시는 분.
24 나라 백성의 수령들에게서 지각을 앗아 버리시고
그들을 길 없는 광야에서 헤매게 하시는 분.
25 그래서 그들은 빛 없는 어둠 속에서 더듬거리고
그분께서는 그들을 술취한 자같이 헤매게 하신다네.

욥의 항변과 결심

13 1 여보게들, 이 모든 것을 내 눈이 보았고
내 귀가 들어 이해하였다네.

12,21 시편 107,40.

13,1-28. 장면은 극적으로 된다. 욥은 고통받는 무죄한 사람의 의로움을 올바로 고려하지 않는 고대 근동 전체에 퍼져 있던 지혜에 맞서 홀로 투쟁한다. 그래서 그는 회개하라는 친구들의 요구를 좋은 것으로 받아들일 수 없다. 그가 가진 것은 오직 올바른 양심의 힘이며, 그것을 부인하지 않는다. 욥은 공공연히 하느님께 그분의 행동을 해명해 주시기를 요청한다. 그는 자신의 무죄함을 확신하고, 하느님과 직접 대면하여 그분께 자신의 올바름을 입증하고 하느님의 부당한 적대감의 이유를 알게 되기를 바란다.

12,14-25. 하느님은 여기서 맹목적이고 임의적인 파괴력으로 묘사된다. 그분은 창세기의 창조주와 반대되는 과정을 행하신다. 창조 때 하느님이 연속적인 분리와 구분을 통하여 혼돈에 질서를 부여하심으로써(창세 1,1-2,3 참조) 인간이 살 거처를 마련하셨다면, 욥의 말들에서는 하느님의 냉소적인 모습이 내비친다. 그분은 균형을 깨뜨리시고 인간들을 혼란에 빠뜨리기를 즐기시는 듯 보인다.

12,24. "지각을 앗아 버리시고" 자구적으로는 "심장을 빼앗아 버리시고"이다. 심장은 인간의 이성과 의지가 자리하는 곳으로 여겨졌다. 공동체의 수령들에게 지각이 없다는 것이 (아마도 그들의 행동에 따르는 책임으로 인하여) 창세 1,2의 비어 있음/광야와 비교된다. 여기에 사용된 "광야, 황무지"에 관하여 시편 107,40 주 참조.

2 자네들이 아는 만큼은 나도 알고 있으니
자네들에게 결코 뒤떨어지지 않네그려.
3 나는 전능하신 분께 여쭙고
하느님께 항변하고 싶을 따름이네.
4 그러나 자네들은 거짓을 꾸며 내는 자들,
모두 돌팔이 의사들일세.
5 아, 자네들이 제발 입을 다문다면!
그것이 자네들에게 지혜로운 처사가 되련마는.

6 이제 나의 논증을 듣고
내 입술이 하는 변론에 유의하게나.
7 자네들은 하느님을 위하여 불의를 말하고
그분을 위하여 허위를 말하려나?
8 자네들은 하느님 편을 들어
그분을 변론하려는가?
9 그분께서 자네들을 신문하시면 좋겠는가?
사람을 속이듯 그분을 속일 수 있겠나?
10 자네들이 몰래 편을 든다면
그분께서는 기필코 자네들을 꾸짖으실 것일세.
11 그분의 엄위가 자네들을 놀라게 하고
그분에 대한 공포가 자네들을 덮치지 않겠는가?
12 자네들의 금언은 재와 같은 격언이요
자네들의 답변은 진흙 같은 답변일세.
13 입 다물고 나를 놓아두게나, 내가 말 좀 하게.
내게 무슨 일이든 일어나라지.
14 나는 내 몸을 내 이로 물어 나르고
내 목숨을 내 손바닥에 내놓을 것이네.
15 그분께서 나를 죽이려 하신다면 나는 가망이 없네.
다만 그분 앞에서 내 길을 변호하고 싶을 뿐.
16 정녕 이것이 나에게는 도움이 되겠지.
불경스러운 자는 그분 앞에 들 수도 없기 때문일세.
17 제발 내 말을 들어 보게나.
내 진술을 자네들 귀로 말일세.
18 자 보게, 나는 소송을 준비하였네.
내가 정당함을 나는 알고 있다네.
19 나와 소송을 벌일 자 누구인가?

13,3-5. "항변하고 싶을 따름이네." 법률적인 유형에 속하는 어휘들이 되풀이하여 나타난다(9,14 참조). 욥의 친구들은 욥이 자신의 말로 더럽히고 있는 하느님의 영예를 옹호하는 이들로 나타난다. 그러나 본문에서 하느님의 영예를 가장 크게 해치는 것은 욥이 아니라 하느님을 옹호한다고 나선 이들의 순진한 무지이다.

13,14. "나는 내 몸을 내 이로 물어 나르고" 이 구절은 "나는 모든 것을, 목숨까지도 내걸겠다."는 의미이다(1사무 19,5 주 참조). 다음 구절도 이 절에 비추어 해석해야 한다.

13,18-19. "나는 소송을 준비하였네."라는 말로 욥은 하느님을 논쟁에 끌어들이려 한다. 그는 자신이 정당하므로 이기리라고 생각한다. 하느님께서 나타나신다면 그것은 이미 그의 흠 없음을 인정하는 것이 될 것이다. 불경한 사람은 하느님 앞에 나설 수 없기 때문이다(16절). 그러나 하느님은 그의 말을 들어 주지 않으실 것이다.

13,7-12. 욥은 친구들의 신학적 논증이 올바른 주장을 담고 있지 않다고 여긴다. 그러므로 그들은 침묵하는 편이 나을 것이다. 그들은 그의 상황을 이해하지 못하며, 그들이 제안한 해결책(참회)은 옳지 않다. 욥은 참회할 것이 전혀 없기 때문이다.

있다면 나 이제 입을 다물고 죽어 가겠네.

숨어 계신 하느님께 올리는 탄원

20 저에게 이 두 가지를 하지 말아 주십시오.
그러면 당신 앞에서 숨지 않아도 되겠습니다.
21 당신의 손을 제게서 멀리 치우시고
당신에 대한 공포가 저를 덮치지 않게 해 주십시오.
22 그러시고는 부르십시오. 제가 대답하겠습니다.
아니면 제가 아뢰겠으니 저에게 대답해 주십시오.

23 얼마나 많습니까, 저의 죄와 허물이?
저의 악행과 죄를 저에게 알려 주십시오.
24 어찌하여 당신의 얼굴을 감추십니까?
어찌하여 저를 당신의 원수로 여기십니까?
25 바람에 날리는 잎사귀를 소스라치게 하시고

메마른 지푸라기를 뒤쫓으시렵니까?

26 제가 쓰라린 일들을 당하게 결정하시고
젊은 시절의 죗값을 거두게 하시렵니까?
27 제 발에 차꼬를 채우시고
저의 길을 모두 지켜보시며
저의 발바닥에 표를 새기시렵니까?
28 이 몸은 썩은 것처럼,
좀먹은 옷처럼 부스러져 갑니다.

돌이킬 수 없는 죽음

14 1 사람이란 여인에게서 난 몸,
수명은 짧고 혼란만 가득합니다.
2 꽃처럼 솟아났다 시들고
그림자처럼 사라져 오래가지 못합니다.
3 바로 이런 존재에게 당신께서는 눈을 부릅뜨시고
손수 저를 법정으로 끌고 가십니다.

4 그 누가 부정한 것을 정결하게 할 수 있습니까?

13,26. "거두게"(자구적으로는, "물려받게") 욥은 은연중에 오래전 젊은 시절의 일이지만 죄를 지었음을 인정한다(시편 25,7 참조). 그러나 젊은 시절은 보통 지혜로운 시기가 아니다. 이것은 욥이 자신에 대해 고발하는 죄의 무게에 대해서도 축소하는 것을 의미할 수 있다.

13,28. "썩은 것"과 비교된 욥의 질병은 그리스어 번역본과 (새) 대중 라틴말 성경에서 자루와 비교된다(이사 50,9; 시편 39,12; 102,27 참조).

14,1-22. 욥의 꼼꼼한 자기변호가 계속된다. 그는 자신의 전망을 넓혀, 부정함이 인간의 가장 깊은 주름 속에 새겨져 있어 모든 인간이 부정하다는 것을 이해시키려 한다(시편 51,7 참조). 여기에는 그 자신도 포함된다.

13,21 9,34; 23,6. 13,24 시편 4,7; 44,25; 88,15. 14,1 지혜 2,1; 집회 40,1-10; 41,1-4.

14,1-6. 욥은 하느님의 위대함과 완전함이 그 하느님께서 진노하시는 인간의 나약함과 비참함과 비교될 수 없음을 인정한다. 담론의 중심은 거의 인류를 위한 전구와 같이 보이는 그의 부르짖음이다. "그에게서 눈을 돌리십시오, 그가 쉴 수 있게."(6절)

14,7-22. 식물의 상태가 인간보다 더 나은 것으로 여겨진다. 식물은 생명이 계속 이어지기에 인간보다 낫다. 욥이 자신의 육체적 죽음을 넘어서는 진정한 삶의 가능성을 전혀 내다보지 못한다는 것이 점점 더 분명해진다.

14,13. "저승"에 관하여 욥 3,17-19 주해 참조.

아무도 없습니다.
5 진정 그의 날들은 정해졌고
그의 달수는 당신께 달려 있으며
당신께서 그의 경계를 지으시어 그가 넘지 못합니다.
6 그러니 그에게서 눈을 돌리십시오, 그가 쉴 수 있게,
날품팔이처럼 자기의 날을 즐길 수 있게.

7 나무에게도 희망이 있습니다.
잘린다 해도 움이 트고
싹이 그치지 않습니다.
8 그 뿌리가 땅속에서 늙는다 해도
그 그루터기가 흙 속에서 죽는다 해도
9 물기를 느끼면 싹이 트고
묘목처럼 가지를 뻗습니다.

10 그렇지만 인간은 죽어서 힘없이 눕습니다.
사람이 숨을 거두면 그가 어디 있습니까?
11 바다에서 물이 빠져나가고
강이 말라 메마르듯
12 사람도 누우면 일어서지 못하고
하늘이 다할 때까지 일어나지도,
잠에서 깨어나지도 못합니다.

13 아, 당신께서 저를 저승에다 감추시고
당신의 진노가 그칠 때까지 숨겨 두신다면!
저를 위한 때를 정하시어 저를 다시 기억해 주신다면!
14 사람이 죽으면 다시 살아날 수 있습니까?
제 고역의 나날에 저는 고대합니다,
제 해방의 때가 오기까지.
15 당신께서 부르시면 제가 대답하련마는.
당신 손의 작품을 당신께서 그리워하신다면야!
16 그러면 당신께서는 저의 발걸음을 세시고
저의 허물을 살피지 않으시련마는.

14,10 코헬 3,21. 14,13 이사 26,20; 아모 9,2.

14,7-22. 이 구절은 부활의 전망이 아직 저자의 신학적 유산에 포함되어 있지 않음을 분명히 보여 준다. 이스라엘에서 부활 신앙에 대한 명시적인 단언을 보려면 셀레우코스 왕조에 의한 위기의 시대인 기원전 2세기, 다니 12,2-3과 2마카 7장에 이르러야 한다. 그러한 본문은 예언 전통에 의하여 준비된다. 에제 37,1-14에서 창조하시는 하느님의 영에 의하여 뼈들이 살아나는 비유를 기억하는 것으로 충분하다. 마지막 단계인 지혜서에서는 그리스 철학자들 사상의 영향으로 영혼의 불멸(지혜 2,23-24)이 의인들에게 그들의 올바름에 대한 갚음으로 주어진다고 말한다.

17 저의 악행은 자루에 봉해지고
당신께서는 저의 죄 위에다 칠을 하시련마는.
18 그러나 산도 무너져 내리고
바위도 제자리에서 밀려나듯,
19 물이 돌을 부수고
큰비가 땅의 흙을 씻어 가듯
당신께서는 사람의 희망을 꺾으십니다.
20 그를 완전히 제압하시니 그는 떠나갑니다.
그의 얼굴을 일그러뜨리신 채 내쫓으십니다.
21 그의 아들들이 영광을 누려도 그는 알지 못하고
그들이 비천하게 되어도 깨닫지 못합니다.
22 다만 그의 몸은 자기의 아픔만을 느끼고
그의 영은 자신만을 애통해합니다.

엘리파즈의 둘째 담론

15

1 테만 사람 엘리파즈가 말을 받았다.

결백하지 못한 인간

2 현인이 바람 같은 지식으로 대답하고
제 배를 샛바람으로 채워서야 되겠는가?
3 어찌 쓸데없는 이야기와
소용없는 말로 논쟁하겠는가?
4 자네야말로 경외심을 깨뜨리고
하느님 앞에서 묵상을 방해하는구려.
5 정녕 자네는 자네 죄가 가르치는 대로 말하고
교활한 자들의 언어를 골라내는구려.
6 자네 입이 자네를 단죄하지, 내가 아닐세.
자네 입술이 자네를 거슬러 증언하고 있다네.

7 자네가 첫째로 태어난 사람이기라도 하며
언덕보다 먼저 생겨나기라도 하였단 말인가?
8 자네가 하느님의 회의를 엿듣기라도 하였으며

14,17. "당신께서는 저의 죄 위에다 칠을 하시련마는." 자구적으로는 "나의 죄를 덮다, (회를) 칠하다."이다. 죄를 덮음을 의미한다.

14,22. 제시된 번역은 히브리어 본문을 충실히 따른다. "몸"과 "영"은 서로 대립되는 것이 아니라 상보적인 단어들로 인간 전체를 지칭한다(12,10 주; 시편 63,2 참조).

15,2. 현인의 처신으로 부적절한 욥의 불경함을 드러내기 위하여 엘리파즈는 그의 "배"(성경에서 배는 감정과 기억이 이루어지는 자리이다)가 지혜가 아닌 교만으로 가득하다고 비난한다. 교만이 모든 것을 마르게 하고 파괴하는 뜨거운 "샛바람"인 시로코와 비교되었다. 이 때문에 그의 말들은 이치에 맞지 않고 격정적이며 격렬하다.

15,7-8. 엘리파즈는 이 책의 마지막에 나올 하느님의 응답을 예고하는 대답을 잠시 언급한다(38,1-40,2; 40,6-41,26 참조). 이 친구는 욥의 무지함을 강조하는데, 그 무지함은 하느님의 무한한 지식과 비교될 수 없다(잠언 8,25; 집회 49,16 참조).

15,8 예레 23,18; 로마 11,34.

15,1-16. 욥 15장으로 욥과 친구들 사이에 나눈 대화의 둘째 차례가 시작된다. 각자 다시 차례로 말을 하지만 어조는 더 거세진다. 전통적 지혜와 욥의 정당한 이유 사이의 몰이해가 증가한다. 엘리파즈가 첫 번째로 말을 한다. 앞에서 그는 온건한 어조를 보였고 친구를 위로하려는 진정한 갈망이 있었다. 그러나 욥의 주장들을 듣고 나서 그의 담론은 거센 공격으로 변한다. 욥은 신앙을 무너뜨리려 한다는 비난을 받는다.

지혜를 독차지하기라도 하였단 말인가?
9 우리가 모르는 무엇을 자네가 알고 있나?
우리에게는 없는 깨우침을 얻기라도 하였단 말인가?
10 우리 가운데에는 백발이 성성하시고
자네 부친보다도 훨씬 연로하신 분이 계시다네.
11 자네는 하느님의 위로와
부드러운 말만으로는 모자란단 말인가?
12 어찌하여 자네 마음이 자네를 앗아 가 버렸나?
어찌하여 눈을 치켜뜨고 있는가?
13 그러면서 자네의 그 격분을 어찌 하느님께 터뜨리고
입으로는 말을 함부로 토해 내는가?

14 사람이 무엇이기에 결백할 수 있으며
여인에게서 난 자가 어찌 의롭다 하리오?
15 그분께서는 당신의 거룩한 이들도 믿지 않으시고
하늘도 그분 눈에는 순결하지 못한데
16 하물며 역겹고 타락하여
불의를 물 마시듯 저지르는 인간이야!

악인의 운명

17 자네에게 일러 줄 테니 듣게나.
내가 본 것을 이야기해 주겠네.
18 현인들이 선포한 것,
그들 조상에게서 받아 숨기지 않은 것일세.
19 땅은 오직 그들에게만 주어지고
낯선 자는 그 가운데를 지나간 적이 없었지.

20 악인은 일생 동안 공포에 시달리는 법,
난폭한 자에게 주어진 그 햇수 동안 말일세.
21 무서운 소리가 그의 귓가에 울리고
태평스러울 때도 폭력배가 그를 덮친다네.
22 그는 어둠에서 벗어나기를 바라지도 못하고
칼에 맞을 운명이라네.
23 그는 "어디 있나?" 하면서 먹을 것을 찾아 헤매며

15,14 4,17; 14,4. 15,18 8,8-10; 신명 32,7-8.

15,17-35. 엘리파즈는 이스라엘의 '현인' 역할을 하며 훈계하지만, 고대인에게서 온전하게 전해진 참된 지혜를 가르치려고도 시도한다. 전통과의 연결은 이스라엘 종교에서 중요한 지주 가운데 하나였다. 엘리파즈에 따르면 욥은 거만하게 그 전통에서 멀어진 것이었고 그래서 하느님께 도전하는 악인들과 같게 여겨진다. 그들이 받을 갚음은 멸망하고 후손이 없어지는 것이다.

15,23. "그는 '어디 있나?' 하면서 먹을 것을 찾아 헤매며" 이는 히브리어 본문을 자구적으로 번역한 것인데 이해하기 어렵다. 새 대중 라틴말 성경은 이를 그대로 라틴어로 옮겨 놓는 데 그친다. 그리스어 번역본은 히브리어의

어둠의 날이 이미 그의 곁에 마련되었음을 깨닫는다네.
24 불안과 초조가 그를 소스라치게 하고
공격 태세를 갖춘 임금처럼 그를 압도한다네.
25 그가 하느님을 거슬러 손을 내뻗고
전능하신 분께 으스대었기 때문이지.
26 그는 목을 세우고 돌기가 단단한 방패를 들고서
그분께 달려들었지.
27 제 얼굴을 기름기로 뒤덮고
허리를 비곗살로 둘러쳤지.
28 그는 폐허가 된 성읍에,
사람이 거주할 수 없이
돌무더기의 차지가 된 집에 살았지.
29 그는 부자가 되지도 못하고 그의 재산은 일지도,
그의 소유는 땅에서 불어나지도 못한다네.
30 그는 어둠을 벗어나지 못하고
그의 새싹은 불길에 타 버리며
그분의 입김에 쓸려 가 버린다네.
31 그는 헛것을 믿어 자신에게 속지 말아야 하리니
그의 보상이 헛되기 때문이라네.
32 그는 때가 되기도 전에 끝나 버리고
그의 잎사귀들은 푸르지 못하네.
33 그는 포도나무 줄기처럼 설익은 열매를 떨어뜨리고
올리브 나무처럼 꽃을 흘려 버릴 것이네.
34 불경스러운 자들의 무리는 이렇듯 씨가 마르고
뇌물을 좋아하는 자들의 천막은 불이 집어삼켜 버린다네.
35 재앙을 잉태하여 불행만 낳으니
그들의 모태는 속임수만 마련할 뿐이라네.

욥의 넷째 담론

16 1 욥이 말을 받았다.

쓸모없는 위로자들

2 그런 것들은 내가 이미 많이 들어 왔네.

15,35 시편 7,15; 잠언 22,8; 갈라 6,8.

16,1-17. 현인들의 토론 양식에 따라 욥의 대답(1-6절)은 친구들의 근거 없는 주장을 거부하는 것으로 시작된다. 7-17절에서는 욥이 자신의 비참한 상태에 대해 길게 탄식하는데 많은 시편에서 나타나는 문체와 표현들이 사용된다(시편 17; 22; 35; 38; 44; 64; 119 참조). 하느님은 잔인한 전사로 심지어 맹수의 모습으로 나타나신다.

의문사를 명사("독수리")로 보고 "독수리들에게 먹이로 던져져"라고 해석했다. 이 번역은 무덤에 묻히지 못하고 버려지는 수치스러운 운명을 뜻한다(1사무 17,44.46; 예레 7,33; 16,4; 19,7 참조).

15,27. "허리를 비곗살로 둘러쳤지." 어떤 이들은 투사鬪士의 표상에 연결해 "허리 근육은 단단하지"로 번역한다. 이와 유사한 표현이 시편 17,10에 다시 나온다.

15,29. "그의 소유는 땅에서 불어나지도 못한다네." 이것은 히브리어 문장의 번역이다. 그리스어 번역본은 이와 다르게 읽는데("그의 소유는 깊은 땅속으로 내려가지 못한다네.") 다음 절의 표상을 예비한다.

자네들은 모두 쓸모없는 위로자들이구려.
3 그 공허한 말에는 끝도 없는가?
무엇이 자네 마음을 상하게 했기에 그렇게 대답하는가?
4 자네들이 내 처지에 있다면
나도 자네들처럼 말할 수 있지.
자네들에게 좋은 말을 늘어놓으면서
자네들이 불쌍하다고 머리를 젓고
5 내 입으로 자네들의 기운을 북돋우며
내 입술의 연민은 슬픔을 줄여 줄 수 있지.

하느님의 과녁이 된 몸

6 내가 말을 해도 이 아픔이 줄지 않는구려.
그렇다고 말을 멈춘들 내게서 무엇이 덜어지겠는가?
7 이제 그분께서는 나를 탈진시키셨네.
—당신께서는 저의 온 집안을 파멸시키셨습니다.
8 당신께서 저를 움켜쥐시니 그 사실이 저의 반대 증인이 되고
저의 수척함마저 저를 거슬러 일어나 제 얼굴에 대고 증언합니다.—
9 그분의 진노가 나를 짓찢으며 뒤쫓는구려.
그분께서 내게 이를 가시고
내 원수이신 분께서 내게 날카로운 눈길을 보내시네.
10 사람들은 나에게 입을 마구 놀리고
조롱으로 내 뺨을 치며
나를 거슬러 떼 지어 모여드는데
11 하느님께서는 나를 악당에게 넘기시고
악인들의 손에다 내던지셨네.
12 편안하게 살던 나를 깨뜨리시고
덜미를 붙잡아 나를 부수시며
당신의 과녁으로 삼으셨네.
13 그분의 화살들은 나를 에워싸고
그분께서는 무자비하게 내 간장을 꿰뚫으시며
내 쓸개를 땅에다 내동댕이치신다네.
14 나를 갈기갈기 찢으시며
전사처럼 달려드시니
15 나는 자루옷을 내 맨살 위에 꿰매고
내 뿔을 먼지 속에다 박고 있네.
16 내 얼굴은 통곡으로 벌겋게 달아오르고
내 눈꺼풀 위에는 암흑이 자리 잡고 있다네.

16,15. "자루옷" 히브리어 '삭'은 참회를 위한 옷을 가리킨다(1열왕 21,27; 이사 15,3; 예레 48,37 참조). "참회복"으로 번역할 수 있다(요엘 1,13의 주 참조). "내 뿔"은 힘, 용감함, 품위를 뜻한다.

16,16. "암흑"으로 번역한 히브리어는 "그늘"과 "죽음"이라는 두 단어가 합쳐져 이루어진 명사로 완전한 어둠을 뜻한다(시편 23,4; 이사 9,1; 아모 5,8 참조). 칠십인역과 (새) 대중 라틴말 성경은 단순히 "어둠"이라고 옮긴다.

17 내 손에 폭력이란 없고
내 기도는 순수하건만!

하늘에 계신 증인

18 땅이여, 내 피를 덮지 말아 다오.
내 부르짖음이 쉴 곳도 나타나지 말아 다오.
19 지금도 나의 증인은 하늘에 계시네.
나의 보증인은 저 높은 곳에 계시네.
20 내 친구들이 나를 빈정거리니
나는 하느님을 향하여 눈물짓는다네.
21 아, 사람과 사람 사이의 시비를 가리시듯
그분께서 한 인생을 위하여 하느님과 논쟁해 주신다면!
22 내게 정해진 그 몇 해가 이제 다 되어
나 돌아오지 못할 길을 떠나기 때문이라네.

17 1 제 영은 산산이 부서지고
제 수명은 다해 가니
저에게 남은 것은 무덤뿐.
2 진정 제 둘레에는 비웃음만 있으니
제 눈은 그들의 적대 행위를 지켜볼 뿐입니다.
3 제발 저를 위하여 당신 곁에 보증을 세워 주십시오.
저를 위하여 담보가 되어 줄 이 누가 있습니까?
4 당신께서 저들의 마음을 깨치지 못하게 하셨으니
그들이 우쭐대지도 못하게 해 주십시오.
5 그들은 '자기 아들들의 눈이 멀어 가는데
몫을 받아 가라고 친구들을 청하는 자'와 같습니다.

사람들의 웃음거리

6 나는 백성의 이야깃거리로 내세워져
사람들이 얼굴에 침 뱉는 신세가 되었네.
7 내 눈은 상심으로 흐려지고
사지는 모두 그림자처럼 되어 버렸네.

16,18. "땅이여, 내 피를 덮지 말아 다오."는 창세 4,10을 암시한다. 죄 없이 살해된 사람의 피는 흘려진 땅에서 하느님께 부르짖는다. "내 부르짖음이 쉴 곳도 나타나지 말아 다오."는 히브리어를 자구적으로 옮긴 것이다(그리스어 번역본도 같다). (새) 대중 라틴말 성경은 오히려 부르짖음이 숨는 곳으로 이해했다("당신 안에서 숨을 곳을 찾지도 못합니다.").

16,20-21. 욥기에 나타난 문학 유형 '법정 논쟁'은 각자의 역할이 뒤바뀌기 때문에 매우 모호하다. 이 구절에서는 욥의 세 친구가 고발하는 이들로 나타나고, 하느님은(재판관이자 중재자시며) 피고의 변호인으로 나타난다(피고는 욥일 것이다).

17,1. "영"으로 번역된 히브리어 '루아'는 '바람, 입김'(1,19; 4,9.15; 9,18)으로 번역되기도 한다. 7,7 주해 참조.

17,3. 욥은 여기서 보증인으로 제시된 하느님께 그를 옹호하시는 구체적인 표지로 담보를 청한다(1사무 17,18; 잠언 6,1; 17,18; 22,26; 집회 29,14-20 참조).

16,19 19,25. 16,22 10,21. 17,1 코헬 12,7.

16,18-22. 법률적 표현이 다시 나타난다. 욥은 무죄한 희생자이며 하느님은 불의한 고발자시다. 그래서 천상 조정에서 증인이 필요하다.

17,1-16. 하느님은 고발자로, 심판자로 여겨지지만 역설적으로 보증인이기도 하시다. 보증인은 피고인을 속량할 수 있다. 이러한 희망의 불빛은 곧 꺼지며 욥은 다시 자신의 불행한 상황에 대한 탄식을 계속한다. 이러한 절차는 구약 성경의 주님께서 당신 백성을 거슬러 행하시는 재판들을 연상시킨다. 그 재판에서 하느님은 고발자인 동시에 재판관이고 보증인이시다(호세 5-6; 미카 3-4; 6-7 참조).

[8] 올곧은 이들은 이것을 보며 질겁하고
무죄한 이는 불경스러운 자에게 격분하네.
[9] 그러나 의인은 제 길을 굳게 지키고
손이 결백한 이는 힘을 더한다네.
[10] 그렇지만 자네들 모두 돌아와 보게나.
나는 자네들 가운데에서 현인을 찾아내지 못할 것이네.

[11] 나의 날들은 흘러가 버렸고
나의 계획들도, 내 마음의 소망들도 찢겨졌다네.
[12] 저들은 밤을 낮이라 하고
어둠 앞에서 빛이 가까웠다 하건만
[13] 나 무엇을 더 바라리오? 저승이 나의 집이요
암흑 속에 잠자리를 펴는데,
[14] 구덩이에게 "당신은 나의 아버지!",
구더기에게 "나의 어머니, 나의 누이!"라 부르는데
[15] 도대체 어디에 내 희망이 있으리오?
나의 희망? 누가 그것을 볼 수 있으리오?
[16] 그것이 나와 더불어 저승의 빗장을 향하여 내려가겠는가?
아니면 나와 함께 먼지 속에서 안식을 얻겠는가?

빌닷의 둘째 담론

18

[1] 수아 사람 빌닷이 말을 받았다.

욥에 대한 비난

[2] 자네들은 언제면 이런 식의 말에 끝을 내려나?
잘 생각해 보게나. 그러고 나서 우리 이야기하세.

[3] 어찌하여 우리가 짐승처럼 여겨지며
자네 눈에 멍청하게 보인단 말인가?
[4] 제 분에 못 이겨 자신을 짓찢는 자네 때문에
땅은 황폐하게 되고

17,13. "저승"은 '스올'의 번역이다(3,17-19 주해 참조). 더 정확히는 이 구절에서 무덤을 가리킨다.

17,16. 히브리어 본문이 분명하지 않다. "우리가 함께 먼지 속에서 안식을 누릴 때 (희망이) 나와 함께 저승으로 내려가겠는가?"라고 번역할 수도 있다. "내려가다"의 동사가 복수로 되어 있다. 이 구절의 의미는 치유될 수 없는 병에 걸린 욥이 저승에서나마 나을 희망을 찾기를 기원하는 것이다. (새) 대중 라틴말 성경은 나름대로 해결책을 제안한다("나의 모든 것들이 가장 깊은 저승으로 내려간다.").

18,2-3. 히브리어 본문에서 모든 동사는 2인칭 남성 복수로 되어 있다("자네들은… 끝을 내려나? 잘 생각해 보게나."). 빌닷은 아마도 주위에 있는 이들을 향하여 말하거나 자신의 담론을 욥과 같은 상황을 겪고 있는 모든 이들에게 적용하려는 것이다. 그리스어 번역본은 단수형으로 되어 있다([새] 대중 라틴말 성경은 히브리어 본문을 따른다).

17,12 요한 8,12. 18,3 12,7-8.

17,14. 가족이 사라지면서 욥은 삶의 희망이 점점 사라지는 것을 보았고, 이제 죽음에 대한 생각에서 위로를 찾기에 이른다. 그래서 성경의 언어에서 진정한 법적 행위로서 효력을 갖는 표현 방식으로 인간에게 가장 두렵고 혐오스러운 장소인 무덤에 "당신은 나의 아버지!"라고 말하고, '스올'에서 겪는 부패의 상징인 벌레에게 "나의 어머니, 나의 누이!"라고 말한다.

18,1-21. 빌닷이 두 번째로 발언한다. 그의 담론 역시 욥을 꾸짖는 것으로 시작하고, 이어서 악인의 운명을 다시 확인한다.

바위는 제자리에서 밀려나야 한단 말인가?

악인의 운명

5 정녕 악인들의 빛은 꺼지고
그 불꽃은 타오르지 않네.
6 그 천막 안의 빛은 어두워지고
그를 비추던 등불은 꺼져 버리지.
7 그의 힘찬 걸음걸이는 좁아지고
그는 자기 꾀에 넘어간다네.

8 그는 제 발로 그물에 걸려들고
함정 위를 걸어가며
9 올가미가 그의 뒤꿈치를 움켜쥐고
그 위로 덫이 조여 오네.
10 땅에는 그를 옭아맬 밧줄이,
길 위에는 올무가 숨겨져 있네.
11 공포가 사방에서 그를 덮치고
걸음마다 그를 뒤쫓는다네.

12 그의 기력이 메말라 가
그가 넘어지면 바로 멸망이라네.
13 그의 살갗은 질병으로 문드러지고
죽음의 맏자식이 그의 사지를 갉아먹지.
14 그는 자기가 믿던 천막에서 뽑혀
공포의 임금에게 끌려가네.
15 그의 것이라고는 무엇 하나 천막 안에 남아 있지 않고
그의 소유지에는 유황이 뿌려진다네.
16 밑에서는 그의 뿌리가 마르고
위에서는 그의 줄기가 시들며
17 그에 대한 기억은 땅에서 사라지고
그의 이름은 거리에서 자취를 감추네.
18 그는 빛에서 어둠으로 내몰리고
세상에서 내쫓기어
19 그에게는 제 겨레 가운데 자손도 후손도 없고
그의 거처에는 살아남은 자 하나도 없네.

18,8 시편 18,37; 잠언 3,23; 4,12. 18,15 신명 29,22; 시편 11,6; 이사 34,9. 18,17 시편9,6; 34,17. 18,19 시편 37,28.

18,19. 고대 근동에서 인간에게 후손이 없는 것은 가장 큰 불행으로 여겨졌다. 내세에 대한 전망이 없는 세상에서 자녀를 갖는 것은 후대의 기억 속에 자신의 존재를 지속시키는 유일한 길이었다.

18,5-6. 죽음은 어둠의 은유를 통하여 묘사된다. 빛나는 요소(빛, 등불)를 잃는 것은 인간 활동의 끝이며 따라서 삶의 끝이다. 이와 유사한 표상이 코헬 12,6에서도 사용되는데 거기에서는 금 그릇(등잔)이 언급된다(또한 예레 25,10; 요한 8,12 참조).

18,13-14. "죽음의 맏자식"은 파멸의 영을 의인화한 것이지만 욥이 겪고 있는 질병을 가리킬 수도 있다. "공포의 임금"은 저승 세계의 신화적 통치자를 지칭한다. 의인화에 관하여, 시편 49,15; 예레 9,20 참조.

18,16. "시들며" 이 동사는 일반적으로 "자르다, 베다"로 번역된다. 같은 동사 어근('물')에서 '할례'라는 명사가 파생된다('물라').

18,20. "서녘, 동녘"은 세상 전체를 가리킨다. 히브리 시문학에서 자주 사용되는 표현 방식으로, 반대되는 양극단을 말함으로써 그 사이에 있는 모든 것을 나타낸다.

19,3. "이미 열 번이나" 실제로 욥의 친구들이 지금까지 말한 것은 다섯 번뿐이다. 10이라는 숫자는 완전하고 충분히 많은 양을 나타낸다. 라반은 야곱의 품삯을 열 번 바꿔치기하고(창세 31,7 참조), 광야에서 백성은 열 번 하느님을 거슬러 죄를 지었으며(민수 14,22 참조), 다니엘과 아자르야와 하난야와 미사엘의 지혜는 다른 젊은이들보다 열 배나 훌륭하다(다니 1,20 참조).

20 그의 날을 보고 서녘 사람들이 질겁하고
동녘 사람들이 몸서리치네.
21 정녕 불의한 자의 집안이 이러하고
하느님을 모르는 자의 처소가 그러하다네.

욥의 다섯째 담론

19

1 욥이 말을 받았다.

자네들은 언제까지 그러려나

2 자네들은 언제까지 나를 슬프게 하고
언제까지 나를 말로 짓부수려나?
3 자네들은 이미 열 번이나 나를 모욕하고 괴롭히면서
부끄러워하지도 않는구려.
4 내가 참으로 잘못했다 하더라도
그 잘못은 내 문제일세.
5 자네들은 참으로 내게 허세를 부리며
내 수치를 밝혀내려는가?
6 그렇지만 알아 두게나, 하느님께서 나를 학대하시고
나에게 당신의 그물을 덮어씌우셨음을.

원수가 되어 버리신 하느님

7 "폭력이야!" 소리쳐도 대답이 없고
호소해 보아도 법이 없네그려.
8 내가 지날 수 없게 그분께서 내 길에 담을 쌓으시고
내 앞길에 어둠을 깔아 놓으셨네.
9 나에게서 명예를 빼앗으시고
내 머리의 관을 치워 버리셨다네.

19,7 애가 3,7-9. 19,11 33,10.

✠ 19,1-24. 욥이 빌닷에게 하는 대답은 친구들에 대한 거센 공격으로 시작된다. 그들은 욥에 대한 하느님의 학대도, 그의 외로움도 이해하지 못한다. 25-29절의 유명한 단락은 흔히 내세에 대한 갚음을 나타내는 것으로 잘못 이해되었지만, 이는 이 책의 일반적인 신학에 대립한다. 오히려 이것은 현세의 삶 안에서 하느님의 구원을 볼 수 있으리라는 욥의 확신을 표현한 것으로 보인다. 언젠가 하느님은 그를 원수로 다루기를 멈추시고 그를 치유해 주실 것이다. 그러나 하느님의 구원은 의인에게만 허락되므로, 욥에 따르면 세 친구는 잘못이 드러나게 될 것이며 그들은 징벌을 두려워해야 할 것이다.

📖 19,1.23-27ㄴ. 11월 2일 위령의 날 첫째 미사나 장례 예식과 (임종자들을 위한) 병자 성사 예식에서 하느님의 선하심에 대한 신뢰를 확인하는 본문을 읽는다. "나는 알고 있다네, 나의 구원자께서 살아 계심을."(25절) 묵시적으로 이 단락을 부활에 대한 언급으로 보는 전통적 해석을 따른다.

10 사방에서 나를 때려 부수시니 나는 죽어 가네.
그분께서 나의 희망을 나무처럼 뽑아 버리셨다네.
11 내 위에 당신의 분노를 태우시고
나를 당신의 원수처럼 여기시니
12 그분의 군대가 함께 몰려와
나를 치려고 길을 닦고
내 천막 둘레에 진을 쳤다네.

소외와 고통

13 내 형제들은 내게서 멀어지고
내 친구들은 남이 되어 버렸다네.
14 친척과 친지들은 떨어져 나가고
집안 식객들은 나를 잊었으며
15 계집종들은 나를 낯선 자로 여기니
저들 눈에 나는 이방인이 되었다네.
16 종을 부르건만 대답조차 하지 않아
이 입으로 그에게 애걸해야만 하네.
17 내 입김은 아내에게 메스껍고
내 몸의 자식들에게도 나는 악취를 풍긴다네.
18 어린것들조차 나를 업신여기고
내가 일어서려고만 해도 나를 두고 비아냥거리네.
19 내게 가까운 동아리도 모두 나를 역겨워하고
내가 사랑하던 자들도 내게 등을 돌리는구려.
20 내 뼈는 살가죽에 달라붙고
나는 겨우 잇몸으로 연명한다네.
21 여보게, 나의 벗들이여, 날 불쌍히 여기게나, 불쌍히 여
기게나.
하느님의 손이 나를 치셨다네.
22 자네들은 어찌하여 하느님처럼 나를 몰아붙이는가?
내 살덩이만으로는 배가 부르지 않단 말인가?

영원한 기록

23 아, 제발 누가 나의 이야기를 적어 두었으면!
제발 누가 비석에다 기록해 주었으면!
24 철필과 납으로
바위에다 영원히 새겨 주었으면!

19,13 시편 38,12; 69,9; 88,9.19; 마태 26,50; 또한 창세 37 참조. 19,19 시편 41,10; 요한 13,18.

19,12. 다시 군사적 표현을 사용하여 욥에 대한 하느님의 행위를 묘사한다.

19,13. "내 형제들"은 히브리어 '아하이'에 대한 자구적인 번역이다. 친형제 및 가까운 친척(사촌)을 가리킨다. (새) 대중 라틴말 성경에는 "나의 친지들"이라고 되어 있다.

19,24. "철필과 납으로 바위에다 영원히 새겨 주었으면!" 이 구절의 의미는 철필과 납이라는 두 가지 필기구를 사용하는 관습에서 찾을 수 있다. 납은 아마도 어떤 글을 쓰기 전이나 후에 그것을 붉은색으로 강조하는 데 사용했을 것이다. 대중 라틴말 성경을 따른다면 이 구절은 "철필로 납에"라고 옮길 수 있다. 새 대중 라틴말 성경은 두 가지 재료로 된 하나의 필기구를 생각한다("철과 납으로 된 필기구").

19,26. 히브리어 본문은 바로 이해되지 않는다. "내 살갗을 뭉그러뜨린다 해도, 육신 없이 나는 하느님을 보리라." 이는 하느님께서 기도를 들어 치유해 주신다는 뜻이다. 그리스어 번역본은 "일어남", "일어섬", "부활"의 이미지를 도입한다. 이 구절의 의미는 하느님을 욥의 고통을 끝내실 분으로 이해한다는 것이다. "주님께서 나에게 이것들을 주셨기에, 이를 견딘 나의 살갗이 일어나리라." 대중 라틴말 성경은 욥이 부활을 체험하리라는 뜻으로 번역한다. "나는 다시 내 살갗으로 덮이고 나의 몸으로 하느님을 보리라." 교부들은 이러한 해석을 따랐다.

20,1-9. 세 번째 친구 초파르가 다시 발언하며, 전체적으로 빌닷(욥 18장 참조)의 주장을 되풀이하면서 다른 표상들과 또 다른 지혜문학적 고찰들을 첨가한다. 그는 죄인의 행복이 일시적이며 갑자기 그에 대한 처벌이 있으리라는 것을 강조한다.

살아 계신 구원자

25 그러나 나는 알고 있다네, 나의 구원자께서 살아 계심을.
그분께서는 마침내 먼지 위에서 일어서시리라.
26 내 살갗이 이토록 벗겨진 뒤에라도
이 내 몸으로 나는 하느님을 보리라.
27 내가 기어이 뵙고자 하는 분,
내 눈은 다른 이가 아니라 바로 그분을 보리라.
속에서 내 간장이 녹아내리는구나.

친구들에게 하는 경고

28 자네들은 "그자를 어떻게 몰아붙일까?
문제의 근원은 그에게 있지." 하고 말들 하네만
29 칼을 두려워하게.
자네들의 격분은 칼 맞을 죄악이라네.
심판이 있음을 알아 두게나.

초파르의 둘째 담론

20

1 나아마 사람 초파르가 말을 받았다.

이성적 대답

2 내 생각이 이렇게 대답하라 재촉하니
내가 서두를 수밖에 없구려.
3 나를 모욕하는 질책을 들으면서도
내 정신은 나에게 이성적으로 대답해 주네.

악인의 운명

4 이런 것쯤은 자네도 예전부터 알고 있지 않나?
땅 위에 사람이 세워졌을 때부터
5 악인들의 환성은 얼마 가지 못하고

19,25. "구원자"는 히브리어 단어 '고엘'에 해당하며, 이는 "보증인", "복수자"를 뜻하기도 한다. 이스라엘 부족의 연대 논리에 따라 가장 가까운 친척은 가족의 유산을 수호하고(레위 25,25-26 참조) 종으로 팔려 간 가족 구성원을 속량하며(레위 25,48-49 참조) 그가 당한 살인을 복수하는 역할을 했다(민수 35,16-19 참조). 그런 의미에서 "구원자"라는 단어는 "속량자"(이것이 라틴어 redemptor의 의미이기도 하다) 또는 "복수자"라고 이해해야 한다. 이스라엘 신앙에서 주님이 당신 백성의 '고엘'로 간주되었음도 눈길을 끈다.

20,1-29. 세 번째로 발언하는 초파르의 차례다. 그는 악인에 대한 갚음이라는 주제를 거친 어조로 계속한다. 악인의 재산은 오래 지속되지 않으며, 구약 성경의 동태복수법에 따라 하느님의 정의가 불행과 질병으로 그에게 갚으실 것이다.

불경한 자의 기쁨은 한순간뿐임을.
6 그의 높이가 하늘까지 이르고
머리가 구름까지 닿는다 해도
7 그는 제 오물처럼 영원히 사라져 버려
그를 보던 이들은 "그가 어디 있지?" 하고 말한다네.
8 그는 아무도 찾을 수 없게 날아가 버리고
밤의 환영처럼 쫓겨나 버려
9 그를 바라보던 눈은 더 이상 그를 볼 수 없고
그가 있던 자리도 다시는 그를 보지 못하지.
10 그의 자식들은 가난한 이들의 비위를 맞추고
스스로 제 재산을 내놓아야 하며
11 한때 젊은 기력으로 가득 찼던 그의 뼈도
그와 함께 먼지 위에 드러눕고 만다네.
12 악이 입에 달콤하여
제 혀 밑에 그것을 감추고
13 아까워서 내놓지 않은 채
입속에 붙들고 있다 해도
14 그의 음식은 내장 속에서 썩어
배 속에서 살무사의 독으로 변한다네.
15 그는 집어삼켰던 재물을 토해 내야 하니
하느님께서 그것을 그의 배 속에서 밀어내시기 때문이지.
16 그는 살무사의 독기를 빨고
독사의 혀가 그를 죽여
17 그는 꿀과 젖이 흐르는
개울과 시내와 강을 바라보지 못하지.
18 애써 벌어들인 것을 삼키지 못한 채 되돌려야 하고
장사로 얻은 재화를 누리지 못하니
19 그가 가난한 이들을 짓밟아 내버리고
제가 짓지도 않은 집을 강탈하였기 때문일세.
20 그의 배 속은 만족을 모르니
그는 제 탐욕에서 벗어나지 못한다네.
21 그의 게걸스러움에 남아나는 것 없으니
그의 번영도 오래가지 못한다네.
22 그는 더할 나위 없는 풍요 속에서도 궁핍해지고
고통받는 이들의 손이 모두 그를 덮치며
23 그분께서는 그의 배를 채우시려
당신 진노의 불길을 그에게 보내시고
그 위에 병기들의 비를 내리신다네.

20,17. 꿀과 젖은 이스라엘 신앙에서 하느님의 축복과 연결되었다(이사 7,22 참조). 이 요소들은 인간에게 필요한 것이며 하느님께서 선한 이들에게 주신 것이다(집회 39,26 참조).

20,20. "그의 배 속은 만족을 모르니" 자신의 탐욕과 탐식을 진정시킬 줄 몰랐다는 것이다. "배"는 특히 모태를 상기시키며(창세 30,2; 이사 13,18; 49,15 참조), 따라서 인간의 애정적/감정적 부분을 지칭한다(잠언 20,27; 26,22 참조).

20,6 창세 11,4; 이사 14,13; 에제 28,2. 20,8 시편 73,20; 지혜 5,14. 20,10 27,16-17.

20,28. 첫째 행의 자구적 번역은 "그의 집의 소출"이다(레위 26,4; 판관 6,4 참조). 그러나 집에 소출이 있다는 것은 이상하다. 그래서 히브리어 '여불'("소출") 대신 '야발'("홍수")로 추정하여 번역한다.

21,2. 약간 역설적으로 욥은 자신이 친구들에게 동정과 위로를 구한다기보다 그들이 들어 주는 것과 정의를 찾는다고 선언한다. 그러나 세 동료의 담론은 병자를 위로하기보다 오히려 그를 화나게 하는 것으로 보인다.

24 그가 쇠 무기를 피하면
구리 화살이 그를 꿰뚫고
25 빼내려 하지만 그것은 등을 뚫고 나오며
시퍼런 칼끝은 그의 쓸개를 꿰찌르니
전율이 그를 엄습한다네.
26 온갖 암흑이 그의 보물을 기다리고
아무도 피우지 않은 불이 그를 삼키며
그의 천막에 살아남은 자까지 살라 버린다네.
27 하늘은 그의 죄악을 드러내고
땅은 그를 거슬러 일어선다네.
28 그의 집을 홍수가,
그분 진노의 날에 격류가 휩쓸어 가 버리지.
29 이것이 악한 사람이 하느님에게서 받을 운명이며
하느님께서 그의 것으로 선언하신 상속 재산일세.

욥의 여섯째 담론

21 1 욥이 말을 받았다.

호의적인 경청

2 내 말을 귀담아듣게나.
그것이 바로 자네들이 나를 위로하는 것이네.
3 참아 주게나, 내가 말을 하게.
내 말이 끝난 뒤에 비웃어도 좋네.
4 내가 사람을 원망한다는 말인가?
내가 어찌 조급하지 않을 수 있겠나?
5 나를 쳐다보게.
놀라서 손을 입에 갖다 대지 않을 수 없을 것이네.
6 나는 생각만 해도 소스라치고

20,25 15,21; 18,14; 시편 88,16-17. 20,29 // 27,13.

20,26-28. 암흑과 불은 악인들에게 닥치는 파괴를 묘사하는 통상적인 요소이다. 이 장면은 주님께서 자연의 힘을 완전히 뒤엎으시며 나타나시는 신현(神顯)에 대한 묘사를 되풀이한다. 이 암흑은 죄인이 하느님의 강력한 손을 피해 몸을 숨길 수 있는 유일한 장소인 '스올'의 암흑이다.

21,1-34. 욥은 이스라엘 현인들의 방식에 따라 친구들의 논증을 반박한다. 악인들이 벌을 받는다는 것은 사실이 아니며 오히려 그들에게는 재산과 후손이 많다. 그들은 행복하게 산 다음 "편안히 저승으로 내려간다네."(13절) 그들의 벌이 연기되어 후손들에게 떨어지는 것도 옳지 않다. 각자 자기 악을 갚아야 할 것이다! 의인이나 악인이나 모두 죽는다는 사실도 위로가 되지 않는다. 악인은 장례 때나 무덤에서도 더 나은 대접을 받을 것이다.

전율이 내 몸을 사로잡는다네.

악인들의 성공

7 어째서 악인들은 오래 살며
늙어서조차 힘이 더하는가?
8 자식들은 그들 앞에서,
후손들은 그들 눈앞에서 든든히 자리를 잡지.
9 그들의 집은 평안하여 무서워할 일이 없고
하느님의 회초리는 그들 위에 내리지도 않아
10 그들의 수소는 영락없이 새끼를 배게 하고
그들의 암소는 유산하는 일 없이 새끼를 낳지.
11 아이들을 양 떼처럼 풀어 놓으면
그 어린것들이 마구 뛰어논다네.
12 손북과 비파에 맞추어 목청 돋우고
피리 소리에 흥겨워하며
13 행복 속에 나날을 보내다가
편안히 저승으로 내려간다네.

14 그런데도 하느님께 이런 소리나 한다네. "우리 앞에서 비키십시오.
당신의 길을 안다는 것이 우리 마음에는 내키지 않습니다.
15 전능하신 분이 무엇이기에 우리가 그를 섬기며
무슨 이득이 있다고 그에게 매달리리오?"
16 그렇지만 그들의 행운은 그들 손에 달려 있는 게 아니지.
악인들의 뜻은 나와는 거리가 멀다네.

벌받지 않는 악인들

17 악인들의 등불이 얼마나 자주 꺼지던가?
받아 마땅한 파멸이 얼마나 자주 그들을 덮치던가?
그분께서 진노하시어 고통을 내리시던가?
18 그들이 바람 앞의 검불과 같고
폭풍이 휩쓸어 가는 지푸라기와 같은 적이 있는가?
19 "하느님께서는 그를 위한 재난을
그 자식들에게 내리려 간직하신다." 하네만

21,11. 히브리어 동사가 이중적이고 다양한 의미를 지니고 있어 이 구절의 표상들은 10절과 12절을 연결하는 다리 역할을 한다. "풀어 놓다"는 양 떼가 자유롭게 움직임을 뜻한다(이사 32,20 참조). "뛰어다니다"로 번역할 수 있다. "마구 뛰어논다네."는 "춤추다"로 번역할 수도 있으며, 새끼 염소처럼 뛰어다니는 것을 뜻한다(시편 114,4.6 참조). 이어지는 12절과 함께 이 동사는 축제 분위기와 연결된다(1역대 15,29; 코헬 3,4 참조).

21,13. '스올'에 해당하는 "저승"에 관하여 3,17-19 주해 참조.

21,7 시편 73,3-12; 예레 12,1-2; 말라 3,15-19. 21,17 18,5; 20,22.26-28. 21,18 시편 1,4; 35,5.

21,17. "등불"은 구약 성경에서 "후손"의 의미로 사용된다. 하느님께서 다윗 임금에게 "등불"을 마련해 주신다는 것은 끊어지지 않는 후손을 주신다는 뜻이다(2열왕 8,19 참조).

21,21. "다하여" 히브리어로는 "완성되어"이며, 삶을 나날의 합계로 보는 것이 아니라 성장하여 절정에 이르는 과정으로 보는 생각을 알아볼 수 있다(코헬 9,5-6 참조).

21,22. 이 구절에는 역설이 있다. 욥의 담론은 하느님께서 인간 각자의 행실에 따라 갚아 주심으로써 정의를 실행하시기를 가르쳐 드리려는 것이기 때문이다. 질문을 통하여 욥은 은연중에 하느님에 대한 자신의 고발을 전한다.

21,33. "계곡"을 뜻하는 히브리어 단어가 사용된다. 욥은 자신의 장례를 묘사한다. 그는 기도와 많은 사람들에게 둘러싸일 것이다. 흙더미를 언급하는 것은 아마도 둘레와 그 위에 놓인 돌들을 암시할 것이다. 대중 라틴말 성경은 (저승을 흐르는 다섯 강 가운데 하나인) "코키토스(한탄의 강)의 자갈"로 옮겨, 스올의 표상인 계곡이라는 개념과 돌들이라는 개념을 혼합한다.

그가 깨닫도록 직접 그에게 갚으셔야지.
20 그의 눈이 자기의 멸망을 보고
그 자신이 전능하신 분의 분노를 마셔야지.
21 그의 달수가 다하여 죽은 뒤에는
제 집안이 무슨 근심거리가 되겠나?
22 그러나 높은 이들을 심판하시는 분이신데
누가 하느님께 지식을 베풀 수 있겠는가?
23 어떤 이는 혈기 넘치는 가운데
무척이나 편안하고 만족스럽게 죽어 가지.
24 옆구리는 굳기름으로 가득하고
뼛골은 아직도 싱싱한 채 말일세.
25 그러나 어떤 이는 영혼의 쓰라림 속에 죽어 가지.
행복을 맛보지도 못한 채 말일세.
26 그러면서도 둘 다 먼지 위에 드러누우면
구더기들이 그들을 덮어 버리지.

27 그래, 나는 자네들의 생각을 알고 있네,
나를 해치려 꾸미는 그 속셈을 말일세.
28 자네들은 "귀족의 집이 어디 있나?
악인들이 살던 천막이 어디 있나?" 하네만
29 길손들에게 물어보지 않았나?
그들의 증언을 자네들도 부인하지는 못할 걸세.
30 악한은 멸망의 날에 제외되고
진노의 날에 구제됨을.
31 누가 눈앞에서 그의 행적을 밝혀내고
누가 그가 행한 것을 되갚으리오?
32 그가 묘지로 들려 가면
묘지기가 그 무덤을 보살피고
33 계곡의 흙더미는 그를 부드럽게 덮어 주지.
모든 사람이 그의 뒤를 따르고
그를 앞서 간 자들도 무수하다네.

34 그런데도 어떻게 자네들은 나를 헛되이 위로하려 하는가?
자네들의 대답에는 배신밖에 남아 있지 않네.

21,26 코헬 7,14; 8,14; 9,2-3. 21,30 잠언 10,2; 11,4; 로마 2,3-6.

21,27-34. 욥은 친구들이 이론적이고 추상적이며 삶의 역설적 현실과 거리가 먼 자신들의 도식과 완전한 처방전에 갇혀 있다고 본다(27-30절). 그래서 그들은 욥을 위로하지 못한다. 욥은 계속 저주받고 버림받은 사람으로 남아 있고, 악인들은 영광스러운 삶을 마치고 훌륭한 장례를 받으며 후대에 삶의 모범이 되기까지 한다(31-34절).

엘리파즈의 셋째 담론

22
1 테만 사람 엘리파즈가 말을 받았다.

인간은 하느님께 무익한 존재

2 사람이 하느님께 유익할 수 있는가?
아니지, 슬기로운 자도 자신에게만 유익하다네.
3 자네가 의롭다 하여 전능하신 분께 무슨 낙이 되며
자네가 흠 없는 길을 걷는다 하여 그분께 무슨 득이 되겠나?
4 하느님께서 자네의 경외심 때문에 자네를 꾸짖으시겠나?
자네와 함께 법정으로 가시겠나?

욥의 죄악

5 자네의 악이 크지 않은가?
자네의 죄악에 끝이 없지 않은가?
6 자네가 까닭 없이 형제들에게 담보를 강요하고
헐벗은 이들의 옷을 벗겼기 때문일세.
7 자네는 목마른 이에게 물을 주지 않았고
배고픈 이에게 먹을 것을 거절하였네.
8 세상은 주먹이 센 자에게 속하고
특권을 누리는 자가 차지하지.
9 자네는 과부들을 빈손으로 내쫓고
고아들의 팔을 부러뜨렸네.
10 그래서 그물이 자네 주위를 둘러치고
공포가 갑자기 자네를 소스라치게 한다네.
11 자네는 어둠을 보지 못하는가?
자네를 뒤덮으려는 저 큰 물을?

22,2. 이 구절 둘째 행에서 히브리어 본문의 전치사를 조금 바꾸어 "슬기로운 자라 해도 그분께 유익하겠는가?"로 번역할 수 있다. 대중 라틴말 성경은 본문이 다르며, 하느님의 지식과 그 지식을 이해할 수 없는 인간의 무능을 주장한다.

22,3 35,7; 루카 17,7-10. 22,6 탈출 22,25; 이사 58,7; 에제 18,8. 22,9 31,16-20; 탈출 22,21.

22,1-27,23. 담론들의 셋째 차례가 22,1에서 시작된다. 여기서 욥의 친구들은 앞서 제시한 논거들에 실질적으로 새로운 것은 아무것도 더 제시하지 못한다. 어조만 친구에게 더 분명하게 적대적으로 된다. 한편 욥은 자신의 무죄함을 간절하게 되풀이하여 주장한다. 이 마지막 부분에는 본문에 몇 가지 문제점이 있어서 발언들의 진행을 이해하기가 더 어려워진다.

22,1-20. 엘리파즈의 셋째 담론은 그의 생각의 요점을 다시 강조한다. 욥이 그렇게 벌을 받는다면 그는 분명 불의를 저지른 것이다. 그것은 약한 이들(고아, 과부, 가난한 이들)에 대한 사회적 불의이다. 엘리파즈는 예언자들의 설교를 인용하며(에제 18,12; 아모 2,8; 4,1-3; 미카 2,1-2 참조) 욥이 하느님의 전지하심을 거슬러서도 죄를 지었다고 말한다. 욥은 하느님께서 계셔도 하늘 높은 곳에서 사람들을 볼 수 없으시고 그들을 돌보지도 않으신다고 했던 것이다.

욥의 회의적 태도

12 하느님께서는 하늘 높은 곳에 계시지 않나?
별들의 끝을 보게, 얼마나 높은지.
13 그런데 자네는 이렇게 말하는군.
"하느님께서 무얼 아시리오?
먹구름을 꿰뚫어 심판하시겠는가?
14 구름이 그분을 덮어서 보지 못하시는 채
하늘가를 돌아다니실 뿐이라네."

15 자네는 그 옛길을 따라가려는가?
사악한 인간들이 걸어간 그 길을?
16 때가 되기도 전에 잡아채이고
그 터전이 강물에 휩쓸린 그들 말일세.
17 그들은 하느님께 "우리 앞에서 비키십시오.
전능하신 분이라고 우리에게 무얼 할 수 있으리오?" 하였
지만
18 그들의 집을 좋은 것으로 채워 주신 분은 바로 그분이
시지.
그렇지만 악인들의 뜻은 나와는 거리가 멀다네.
19 의인들은 보고 즐거워하며
무죄한 이는 그들을 비웃네.
20 "정녕 우리의 적은 멸망하고
그들에게 남은 것은 불이 삼켜 버렸다네."

화해의 열매

21 자, 이제 그분과 화해하여 평화를 되찾게.
그러면 자네에게 행복이 찾아올 것일세.
22 그분 입에서 나오는 가르침을 받아들이고
그분의 말씀을 마음에 새겨 두게.
23 자네가 전능하신 분께 돌아오면 회복될 걸세.
자네 천막에서 불의를 치워 버린다면 말일세.
24 먼지 위로 금을 내던져 버리게.
오피르의 순금까지도 개울의 돌들 사이로 말이네.
25 그러면 전능하신 분께서 자네의 금이 되시고

22,12-14. 하느님의 무한하신 통치권과 하느님과 인간 사이의 극복할 수 없는 거리를 표현하기 위하여 성경 전통은 자주 그분의 초월성과 그분의 거처를 언급하면서 하늘을 상징으로 사용한다(이사 40,26-27 참조). 전통적 신앙에서는 하느님께서 그 높은 곳에서 인간의 행동을 살피신다고 여겼던 반면, 욥은 이를 의심하고 거의 하느님을 모독하기에 이른다(시편 73,11; 이사 29,15 참조). 그분의 눈앞을 구름이 가리고 있기 때문에 하느님은 사람들이 땅 위에서 하는 일을 보지 못하신다. 엘리파즈는 이렇게 하느님을 모독하는 사고방식에 분개한다.

22,20. "우리의 적은" 명사의 의미가 분명치 않으며 둘째 행("그들에게 남은 것")과 동의적 병행을 이루도록 "그들의 재산은"으로 번역하기도 한다. 이 명사는 "서 있다, 일어서다"를 뜻하는 히브리어 동사 어근 '쿰'에 연결되고 그래서 "그들의 대담함"(곧 악인들의 교만)으로 번역할 수도 있다. 대중 라틴말 성경은 히브리어 본문과 가까운 것으로 보이며 "그들의 반대편"으로 되어 있는 반면 그리스어 번역본은 '히포스타시스 아우톤'("그들의 인격")으로 되어 있다.

22,23. "회복될 걸세." 히브리어를 자구적으로 옮기면 "지어질 걸세."이다. 그리스어 번역본은 전체를 가정문으로 읽는다. 23절에서 조건("…한다면")이 제시되고, 25절에 이르러서야 결과("그러면…")가 나온다. 이 경우 23절 첫 구절은 "자네가 그분 앞에서 자신을 낮추고 전능하신 분께 돌아오면"이 된다.

22,19 시편 58,11. 22,25 시편 4,8; 16,5-6; 63,4-6; 84,11.

22,21-30. 이제 엘리파즈는 회개하라고 권고하면서 중개자 역할을 자처한다. 하느님께 돌아가는 것은 언제나 매우 이롭다. 죄인이 참회하면 하느님은 언제나 풍부한 물질적, 영적 선물들로 응답하신다. 욥이 회개한다면 하느님은 분명 그가 처음에 지녔던 복된 상태를 되돌려 주실 것이다.

자네에게 최상품의 은이 되실 것이네.
26 그러면 전능하신 분께서 자네의 기쁨이 되시고
자네는 하느님께 얼굴을 들게 될 것일세.
27 자네가 그분께 기도하면 들어 주셔서
자네의 서원들을 채우게 될 걸세.
28 자네가 일을 결정하면 이루어지고
자네의 길에 광명이 비칠 것이네.
29 사람들이 내리눌리면 자네는 "일어서게." 하고
그분께서는 기가 꺾인 이들을 구해 주신다네.
30 그분께서는 무죄하지 않은 이도 구원하시리니
자네 손의 결백함 덕분에 그는 구원될 것이네.

욥의 일곱째 담론

23

1 욥이 말을 받았다.

하느님의 부재

2 오늘도 나의 탄식은 쓰디쓰고
신음을 막는 내 손은 무겁기만 하구려.
3 아, 그분을 어디에서 찾을 수 있는지 알기만 하면
그분의 거처까지 찾아가련마는.
4 그분 앞에 소송물을 펼쳐 놓고
내 입을 변론으로 가득 채우련마는.
5 그분께서 나에게 어떤 답변을 하시는지 알아듣고
그분께서 나에게 무슨 말씀을 하시는지 이해하련마는.
6 그분께서는 그 큰 힘으로 나와 대결하시려나?
아니, 나에게 관심이라도 두기만 하신다면.
7 그러면 올곧은 이는 그분과 소송할 수 있고
나는 내 재판관에게서 영원히 풀려나련마는.
8 그런데 동녘으로 가도 그분께서는 계시지 않고
서녘으로 가도 그분을 찾아낼 수가 없구려.
9 북녘에서 일하시나 하건만 눈에 뜨이지 않으시고
남녘으로 방향을 바꾸셨나 하건만 뵈올 수가 없구려.

23,2. "오늘도 나의 탄식은 쓰디쓰고" 자구적으로는 "오늘도 나의 반항과 나의 탄식"이다. 둘째 행에서 히브리어 본문은 "내 손"으로 되어 있으나 고대 번역본들은 '그분의 권능'을 의미하는 "그분의 손"으로 수정하고 있다.

23,9. "북녘에서… 남녘으로" 히브리어로는 "왼쪽으로… 오른쪽으로." 번역문에서는 앞 절과의 병행을 살렸다.

22,29 1사무 2,4-10; 루카 1,52-53. 23,4 9,14.

23,1-9. 욥은 그의 대답에서 재판을 거부한다. 자신에게 잘못이 있음을 인정할 수 없기 때문이다. 그러나 그는 당신 자신을 숨기시는 하느님을 뵙기를 열렬히 갈망한다. 그는 하느님께 자신의 무죄함을 입증할 수 있다고 확신한다.

하느님의 현존

10 그분께서는 내 길을 알고 계시니
나를 시금해 보시면 내가 순금으로 나오련마는.
11 내 발은 그분의 발자취를 놓치지 않았고
나는 그분의 길을 지켜 빗나가지 않았네.
12 그분 입술에서 나온 계명을 벗어나지 않았고
내 결정보다 그분 입에서 나온 말씀을 더 소중히 간직하였네.
13 그러나 그분은 유일하신 분, 누가 그분을 말릴 수 있으리오?
그분께서 원하시면 해내고야 마시거늘.
14 나에 대해 결정하신 바를 마무리하시리니
이런 일들이 그분께는 많기도 하다네.
15 그러니 그분 앞에서 내가 소스라치고
생각만 해도 그분을 무서워할 수밖에.
16 하느님께서는 내 마음을 여리게 만드시고
전능하신 분께서는 나를 소스라치게 하신다네.
17 정녕 나는 어둠 앞에서 멸망해 가고
내 앞에는 암흑만 뒤덮여 있을 따름이네.

23,17. 욥은 무례하게 하느님께 반항하지만, 자기 고통의 주된 원인이 죽음의 유령("암흑")이 아니라 자신에게 적대적인 하느님의 태도라는 것을 인정한다.

사회의 불의

24 1 어찌하여 전능하신 분께는 시간이 없단 말인가?
어찌하여 그분을 아는 이들이 그분의 날을 보지
못하는가?
2 사람들은 경계선을 밀어내고
가축 떼를 빼앗아 기르며
3 고아들의 나귀를 끌어가고
과부의 소를 담보로 잡는데.
4 가난한 이들을 길에서 내쫓으니
이 땅의 가련한 이들은 죄다 숨을 수밖에.

5 그들은 광야의 들나귀처럼
먹이를 찾아서
일하러 나가네.
그들에게는 사막이 자식들을 위한 양식이 있는 곳.
6 그들은 들에서 꼴을 거두어들이고
악인의 포도밭에서 남은 것을 따 들이네.

24,1. 이 구절은 해석하기 쉽지 않다. 전체적인 의미는 "하느님께서 인간 역사에 대한 당신의 계획을 잘 아시면서도 그것을 사람들에게 알려 주지 않으시는가?"라는 것으로 생각된다. 이어서 가난한 이들이 겪는 억압과 그들을 억압하는 이들의 사악함이 비탄조로 그려진다. 욥은 이것이 하느님의 차별하지 않으심에 반대된다고 본다.

23,13 이사 55,10-11. 23,15 시편 119,120. 24,2 신명 27,17. 24,3 신명 24,17.

23,10-17. 이 구절은 욥의 무죄함과 하느님의 뜻 사이의 강한 긴장을 보여 준다. 욥을 두렵게 하는 것은 하느님의 행위를 이해할 수 없다는 것이다.

7 알몸으로 밤을 지새네, 옷도 없이,
추위에 덮을 것도 없이.
8 산의 폭우로 흠뻑 젖은 채
피할 데 없어 바위에 매달리네.
9 그들은 아버지 없는 자식을 젖가슴에서 빼앗아 가고
가련한 이가 위에 걸친 것을 담보로 잡는다네.
10 그들은 알몸으로 옷도 없이 돌아다니고
굶주린 채 곡식 단을 나르며
11 돌담 사이에서 기름을 짜고
목마른 채 포도 확을 밟는다네.
12 성읍에서는 사람들이 신음하고
치명상을 입은 이들이 도움을 빌건만
하느님께서는 이 부당함에 관심도 두지 않으시는구려.

빛의 적들

13 이들은 빛의 적이 된 자들,
광명의 길에 익숙하지도 않고
그 행로에 머무르지도 않는다네.
14 살인자는 새벽같이 일어나
가련한 이와 가난한 이를 살해하고
밤에는 도둑처럼 된다네.
15 땅거미가 지기를 노리는 간음자의 눈,
'어떤 눈도 나를 못 보리라.' 생각하며
얼굴에 가리개를 쓰네.
16 도둑은 어둠 속에서 남의 집에 침입하고
낮에는 안에서 문을 걸어 잠그니
빛을 알지 못한다네.
17 저들 모두에게는 아침도 암흑이니
암흑의 공포에 익숙하기 때문이네.

악인의 운명

18 그는 삽시간에 물 위로 떠내려가고
그의 토지는 이 땅에서 저주를 받아
그는 포도밭 가는 길에 들어서지도 못하네.

24,9. 히브리어 본문에서 이 구절을 자구적으로 번역하면 "고아를 젖가슴에서 떼어 내고 가련한 이에게서 담보를 잡는다네." 이다. 악인들의 특징은 잔인함이다. 그들은 율법이 보호하는 가장 약한 이들에게 악을 행한다 (잠언 22,22; 예레 22,16 참조).

24,11. "돌담" 히브리어 명사 '수라'는 여기서만 사용되며 이해하기 어렵다. '수르'(담)와 연관된 것으로 보이며 올리브와 포도를 으깰 때 사용하는 두 개의 큰 돌을 떠올릴 수 있다. 24,11ㄱ은 자구적으로 "맷돌 사이에서 으깨지고"로 번역할 수 있다. 이 구절은 앞 절에서 시작된 악인들의 운명에 대한 묘사를 계속한다.

24,7 신명 24,12-13. 24,13 요한 3,20; 에페 5,8-14; 1테살 5,4-8. 24,15 잠언 7,9-10.

24,14-16. 범죄 행위 묘사에 밤의 상징을 사용하는 것은 문학에서 늘 있는 현상이다. 해가 뜨는 것과 햇빛이 정의의 실현을 표현하는 은유라면, 밤의 어둠은 자주 악인들의 죄악의 배경이 된다. 그들은 어둠에 싸여 눈에 띄지 않기를 바란다. 성경은 암흑과 어둠의 개념을 무법과 주 하느님에게서, 그분의 뜻과 말씀에서 멀리 떨어져 있다는 개념과 결부시킨다.

24,19-25. 일부 해석자들은 논거의 유사성 때문에 이 구절을 25장 다음 또는 27장 다음으로 옮기고, 이 구절이 빌닷 또는 초파르의 담론에 속하거나 후대에 첨가된 것이라고 본다.

19 가뭄과 더위가
눈 녹은 물을 빼앗아 가듯
저승도 죄지은 자들을 채 가 버리네.
20 모태조차 그를 잊고
구더기가 그를 빨아 먹네.
아무도 그를 더 이상 기억하지 않으리니
불의가 나무처럼 부러지네.
21 그가 아이를 낳지 못하는 여인을 착취하고
과부에게 선행이라고는 베푼 적이 없기 때문이지.
22 그분께서 힘 있는 자들을 당신 권능으로 오래 살게 하시어
그가 번창한다 해도 제 생명에는 자신이 없다네.
23 그를 편안하게 하시어 그가 힘을 얻고
그분의 눈이 그의 길을 살피시어
24 이런 자들이 높아진다 해도 조금 뒤에는 이미 없어지고
땅에 떨어져 풀처럼 오그라들며
이삭 끝처럼 메말라 가네.

25 그렇지 않은가? 그렇다면 누가 나를 거짓말쟁이라 하고
누가 내 말을 무효로 만들 수 있겠는가?

빌닷의 셋째 담론

25

1 수아 사람 빌닷이 말을 받았다.

하느님의 통치권

2 그분께는 주권과 공포가 있네,
당신의 높은 곳에 평화를 이루시는 분.
3 그분의 군대를 셀 수 있으랴?
누구 위에 그분 빛이 떠오르지 않으랴?
4 하느님 앞에 사람이 어찌 의롭다 하리오?
여인에게서 난 자가 어찌 결백하다 하리오?
5 보게나, 달도 밝지 않고 별들도 그분 눈에는 맑지 않건만
6 하물며 벌레 같은 사람

25,4.6. "사람"에 해당하는 히브리어 명사는 사멸할 존재, 약하고 덧없는 존재라는 뉘앙스를 지닌다(7,17; 9,2; 10,5; 시편 8,5; 10,18 참조).

25,4 4,17; 15,14.

25,1-6. 빌닷의 세 번째 발언은 천상 군대(별들)의 지휘관이신 창조주께의 찬가로 되어 있다. 결백의 상징인 별과 빛 앞에서, 인간은 벌레와 비교된다. 그렇다면 욥은 어떻게 하느님과 대결할 수 있겠는가? 여러 학자들에 따르면 빌닷의 찬가에는 제대로 된 시작과 적절한 끝맺음이 없다. 주제의 유사성으로 인하여 26,5-14을 이 찬가의 필수적인 부분이라고 여긴다.

구더기 같은 인생이랴?

욥의 여덟째 담론

26

1 욥이 말을 받았다.

빌닷에게 하는 대답

2 자네는 힘없는 이를 잘도 도와주고
맥없는 팔을 잘도 붙들어 주는군.
3 지혜가 없는 이에게 잘도 충고하고
슬기를 퍽도 많이 깨우쳐 주는군.
4 자네는 누구에게 말을 늘어놓는가?
자네에게서 나오는 것은 누구의 숨결인가?

하느님의 초월성

5 그림자들이 몸서리치네,
물 밑에서 그 주민들과 함께.
6 그분 앞에서는 저승도 벌거숭이
멸망의 나라도 가릴 것이 없네.
7 북녘을 허공 위에 펼치시고

땅을 허무 위에 매다신 분.
8 그분께서 물을 당신의 구름으로 싸매시니
구름 덩이가 그 물 밑에서 터지지 않네.
9 어좌 위에 당신의 구름 덩이를 펴시어
그 겉모양을 가리신 분.
10 빛이 어둠과 만나는 곳까지
물의 겉면에 둥근 경계를 지으셨네.
11 그분의 꾸지람에 하늘의 기둥들이
뒤흔들리며 놀라네.
12 당신 힘으로 바다를 놀라게 하시고
당신 통찰로 라합을 쳐부수셨네.
13 그분의 바람으로 하늘은 맑아지고

26,6 시편 139,8.11-12. 26,10 창세 1,7.14; 시편 24,1-2. 26,12 시편 65,8; 이사 51,9-10

26,5-14. 창조의 큰 그림이 신화적 표상들과 대중적인 관념들을 매력적인 하나의 장면에 혼합시킨다. 전체적인 그림은 고대 히브리인들과 메소포타미아 백성들이 공통으로 가지고 있던 세상에 대한 개념을 반영한다. 물 위에 떠 있다고 상상했던 땅 위에는 창공이 있는데, 창공은 높은 산들로 지탱되는 판 모양으로 되어 있다. "둥근 경계"(10절)는 수평선이다. 수평선은 라합과 "도망치는 뱀"(13절) 같은 괴물들이 살고 있는 위협적인 바닷물에 경계를 긋는다.

26,4. "숨결"에 해당하는 히브리어 단어는 창세 2,7에서 생명의 숨을 뜻한다(또한 27,3; 2사무 22,16; 이사 57,16 참조). 새 대중 라틴말 성경은 "영"으로 되어 있다.

26,5. "그림자들" 히브리어 '르파임'은 '스올'에 있는 이들을 지칭한다. 성경의 창조 설화에 따르면 '스올'은 물 아래에 있고 물 위에 땅이 떠 있다. '르파임'의 특징은 분명하게 명시되지 않지만 유령에 비길 만한 존재들이다. 이 명사가 나타나는 본문들에서 그들이 더 이상 알려지지 않은 사후의 어떤 상태로, 반쯤 살아 있는 상태로 머문다고 추론할 수 있다(잠언 2,18; 9,18; 21,16; 시편 88,11; 이사 14,9; 26,14.19 참조). "몸서리치네"는 자구적으로 "몸을 비틀다"(진통을 겪을 때처럼)이다. 이러한 표상은 징벌이라는 개념을 시사한다.

26,6-14. 이 구절에는 성경의 우주론이 간략히 요약되어 있다. 저자는 창세 1,1-2,3의 창조 이야기에 들어 있는 자료들을 편집한다. 아마도 욥기의 이 본문들이 창세기 본문들의 영감의 원천이 되었을 것이다.

그분의 손은 '도망치는 뱀'을 꿰찌르셨네.
14 이것들은 그분 길의 한 조각일 뿐,
그분에 대해 우리는 얼마나 작은 속삭임만 듣고 있나?
그러니 그분 권능의 천둥소리를 누가 알아들을 수 있겠나?

욥의 여덟째 담론의 계속

27

1 욥이 말을 계속하였다.

무고 선언

2 나의 권리를 박탈하신 하느님께서 살아 계시는 한
내 영을 쓰라리게 하신 전능하신 분께서 살아 계시는 한
3 나에게 목숨이 붙어 있는 한
하느님의 숨이 내 코에 있는 한
4 맹세코 내 입술은 허위를 말하지 않고
내 혀는 거짓을 이야기하지 않으리라.
5 나는 결단코 자네들이 정당하다고 인정할 수 없네.
죽기까지 나의 흠 없음을 포기하지 않겠네.
6 나의 정당함을 움켜쥐고 놓지 않으며
내 양심은 내 생애 어떤 날도 부끄러워하지 않으리라.

7 나의 적은 악인처럼,
나의 적대자는 불의한 자처럼 되어라.
8 불경한 자가 잘려 나가면 무슨 희망을 가지랴?
하느님께서 그의 목숨을 빼내 가 버리시면?
9 재앙이 그에게 닥쳤을 때
하느님께서 그의 부르짖음을 들으시겠는가?
10 아니면 전능하신 분께서 그의 즐거움이 되시겠는가?
그가 계속하여 하느님을 부르겠는가?

악인의 운명

11 나는 자네들에게 하느님의 권능을 가르쳐 주고
전능하신 분께 있는 것을 감추지 않겠네.

27,2. "하느님께서 살아 계시는 한… 전능하신 분께서 살아 계시는 한"은 맹세의 양식이다(민수 14,28; 2사무 2,27). 31장에서도 욥은 맹세하면서 자신이 행동뿐만 아니라 지향에서도 의롭다고 주장한다. 신성한 의무가 부과되던 이러한 양식에 관하여, 예레 12,16("살아 계신 주님을 두고 맹세하면") 참조.

27,10. "전능하신 분께서 그의 즐거움이 되시겠는가?" 히브리어 동사 자체는 "그의 기쁨을 전능하신 분께 두겠는가?"라고 옮길 수 있다. (새) 대중 라틴말 성경도 그렇게 되어 있다(delectari). 그러나 그리스어 번역본은 하느님 앞에서 용감하게 말함('파레시아')을 뜻한다.

27,11. "하느님의 권능을" 자구적으로는 "하느님의 손을"(또한 욥 23,2; 27,22 참조)이다.

26,12 시편 65,8; 이사 51,9-10 27,3 창세 2,7.

27,1-10. 욥의 담론은 그의 잘못을 입증하려던 친구들을 향한 조롱이나 그다음 나오는 맹세의 힘에 있어서나 매우 강렬하다. 욥은 자신의 양심을 확신하고 있으며 친구들이 자신을 이해하지 못한다고 믿는다. 그들은 의인의 무죄함을 인정하려 들지 않았으므로 그들 자신이 악인의 운명을 겪어야 할 것이다.

27,11-23. 이 구절은 굶주림, 질병, 칼의 형태로 악인들이 겪을 재앙이라는 주제를 이어 간다. 응보 교리에 새로운 것을 더하지 않는다.

12 자, 자네들도 모두 보지 않았나?
그런데 어찌하여 헛된 생각에 빠져들 있나?

13 이것이 악한 인간이 하느님에게서 받을 운명이요
난폭한 자들이 전능하신 분에게서 받을 상속 재산일세.
14 그의 자식들이 많다 해도 칼에 맞고
그의 후손들은 양식을 배불리 먹지 못하네.
15 생존자들은 흑사병으로 묻히고
그 과부들은 곡을 하지도 못하지.
16 그가 은을 흙가루처럼 쌓아 올리고
옷을 흙더미처럼 쌓아 둔다 하여도,
17 그가 그렇게 쌓아 둔다 하여도 의인이 그것을 입고
무죄한 이가 그 은을 나누어 가지네.
18 그는 좀벌레처럼 제집을 지은 것이지.
파수꾼이 만든 초막처럼 말일세.
19 부자로 잠자리에 들지만 그것이 마지막
눈을 뜨면 이미 아무것도 없지.
20 공포가 홍수처럼 그를 덮치고
밤에는 폭풍이 그를 휩쓸어 가 버리네.
21 샛바람이 그를 불어 올리니 그는 사라져 가네.
샛바람이 그를 그 자리에서 날려 버린다네.
22 그에게 사정없이 몰아치니
그 손에서 달아나려고 바둥댈 뿐.
23 사람들은 그를 보며 손바닥을 쳐 대고
휘파람 소리 내며 그를 그 자리에서 내쫓는다네.

지혜 찬가

인간의 채광 기술

28 1 정녕 은에는 산지가 있고
금에는 제련하는 곳이 있다네.
2 쇠는 땅에서 얻어지고
구리는 바위를 녹여 붓는다네.

27,18. "좀벌레처럼" 그리스어 번역본을 참조하여 "거미집처럼"으로 옮기기도 한다(또한 8,14 참조). "좀벌레처럼"은 히브리어를 자구적으로 옮긴 것인데, 해석에 어려움이 있다. 좀먹은 나무로 집을 짓는 것을 가리킬 수도 있다.

28,1-11. 도구의 인간(물건이나 연장을 만들어 사용하는)의 활동이 묘사된다. 사용된 표상들은 땅속 깊은 곳까지 파 내려가는 인간의 활동을 연상시킨다. 인간은 자기 지식으로 맹금이나 맹수가 볼 수 있는 것보다 훨씬 깊이 꿰뚫고 들어간다. 인간은 지하에서 금속을 캐내고 강의 흐름을 바꾸어 놓을 줄 알지만 지혜가 어디에 사는지는 알지 못한다.

27,13 // 20,29. 27,20 20,25.

28,1-28. 지혜 찬가가 인용된다. 지혜라는 주제는 앞의 대화에서 여러 차례 다루어졌지만 언제나 전통적인 시각에서 고찰되었고 특히 지혜와 종교가 동일시되었다. 그런데 여기에는 지혜의 근원에 관한 신학적이고 교훈적인 시가 나온다. 지혜는 신비로운 실재로서 헤아릴 수 없는 가치를 지닌다. 인간은 지혜에 도달할 수 없으며, 하느님만 지혜의 근원을 알고 지혜에 도달하신다. 이 찬가는 후대에 첨가된 것으로 보이며 하느님의 개입을 준비한다.

3 어둠에 경계를 두고
막장 속마다 찾는다네,
암흑과 흑암 속의 돌을.
4 인가에서 먼 곳에,
사람 발에 잊힌 곳에 갱도를 파
사람들에게서 떨어진 채 매달려 흔들거리네.
5 땅에서는 양식이 솟아나지만
그 밑은 불로 뒤집힌다네.
6 그곳의 돌은 청옥의 자리
흙가루는 금을 품고 있다네.
7 그 길은 어떤 맹금도 알지 못하고
어떤 매의 눈도 본 적이 없으며
8 야수들도 디뎌 본 적이 없고
사자도 그 위를 밟아 본 적이 없네.
9 단단한 암석에 손을 대어
산들을 뿌리째 파헤치네.
10 바위에 갱로를 뚫어
그의 눈은 온갖 보석을 확인하고
11 물줄기를 흐르지 않게 막고서는
숨겨진 것들을 밝은 데로 가져온다네.

돈으로 살 수 없는 지혜의 가치

12 그러나 지혜는 어디에서 찾을 수 있으리오?
슬기의 자리는 어디리오?
13 사람은 그것에 이르는 길을 알지 못하고
생물들의 땅에서는 발견할 수 없다네.
14 대양도 "나에게는 그것이 없어." 하고
바다도 "그것은 내 곁에 없어." 한다네.
15 금덩어리로도 얻을 수 없고
그 값은 은으로도 잴 수 없으며
16 오피르의 순금으로도 살 수 없고
값진 마노나 청옥으로도 안 되네.
17 금과 유리도 그와 같을 수 없고
진금 그릇들과도 바꿀 수 없으며
18 산호와 수정도 말할 나위 없으니
지혜의 값어치는 진주보다 더하네.
19 에티오피아의 황옥도 그와 같을 수 없으며
순금으로도 그것을 살 수 없다네.

28,12 코헬 7,24; 집회 1,7.

28,12-19. 성경 저자의 숙고의 중심은 경제의 인간(자신의 경제적 이득을 위하여 행동하는) 이다. 지혜는 값진 재산에 비할 수 없다. 상업적으로 헤아릴 수 없는 가치를 지니기 때문이다(지혜 7,9 참조). 따라서 인간이 사고파는 상품처럼 교환할 수 없다.

28,12. "그러나 지혜는 어디에서 찾을 수 있으리오? 슬기의 자리는 어디리오?" 거의 동일하게 20절에서 반복되는 이 후렴구는 이 장을 1-12절, 13-20절, 21-28절의 세 단락으로 구분해 준다.

28,14. "대양"은 히브리어 '트홈'의 번역이다. 일반적으로 혼돈의 물을 가리키지만 여기서는 28,14ㄴ의 "바다"와 병행되므로 이렇게 번역했다. 다른 곳에서 이것은 고대의 우주관에 따라 지하 깊은 곳에 모여 있는 물을 지칭한다(그러므로 "심연"으로 번역된다). 이것은 태초의 물을 지칭하는 창세 1,2에서와 같이 생명을 위협하는 많은 양의 물을 가리킬 수도 있다. 창세기에서 그 물은 창조에 반대되는 혼란스럽고 형태가 없는 실재의 상징이다(7,11; 8,2 참조). 38,16에서는 '트홈'이 분명하게 심연을 가리킨다.

지혜를 홀로 아시는 하느님

20 지혜가 어디에서 오리오?
슬기의 자리는 어디리오?
21 모든 생물의 눈에 감추어져 있고
하늘의 새들에게도 숨겨져 있다네.
22 멸망의 나라와 죽음도
"우리 귀로 그에 대한 풍문은 들었지." 한다네.
23 하느님께서 지혜에 이르는 길을 식별해 내시고
그 자리를 알고 계시니
24 그분께서는 땅끝까지 살피시고
하늘 아래 모든 것을 보시기 때문이지.
25 바람의 무게를 정하시고
물의 양을 결정하실 때
26 비의 법칙과
뇌성 번개의 길을 정하실 때
27 그분께서 지혜를 보고 헤아리셨으며
그를 세우고 살피셨다네.

사람을 위한 지혜

28 그러고서는 사람에게 말씀하셨네.
"보아라, 주님을 경외함이 곧 지혜며
악을 피함이 슬기다."

욥의 독백

29 1 욥이 말을 계속하였다.

예전의 행복

2 아, 지난 세월 같았으면!
하느님께서 나를 보살피시던 날들.
3 그분의 등불이 내 머리 위를 비추고
그분 빛으로 내가 어둠 속을 걷던 시절.

28,20-28. 시의 셋째 단락은 지혜가 머무는 곳이 어디인지에 대하여 대답한다. 하느님께서 지혜롭게 만드신 창조물에 귀를 기울이고 겸손하게 지혜를 찾는 종교적 인간만이 그 길을 찾을 수 있고, 도구의 인간이나 경제의 인간은 지혜에 도달할 수 없다.

28,23 잠언 2,6; 바룩 3,37. 28,25 이사 40,12-14. 28,27 집회 1,19. 28,28 잠언 1,7; 2,5; 8,13; 9,10; 집회 1,16.29; 19,18; 50,29.

28,28. 하느님을 경외함은 지혜문학적 숙고의 핵심 중 하나이다. 잠언에서 하느님을 두려워함은 하느님을 알고(2,5 참조) 악을 멀리하는 것(8,13 참조)이며, 겸손과 지혜(15,33 참조)와 동일시된다. 거기서 부와 명예, 생명이 나온다(22,4 참조). 그러므로 하느님을 경외함은 공포감이 아니라 하느님과 그분의 초월적인 위엄을 아는 데에서 비롯되는 경외심이며, 그것이 바로 종교 체험의 중심이다.

29,1. 이 장부터 욥의 긴 독백이 시작된다(29-31장). 여기서 주인공은 행복하고 부유하던, 백성 가운데 존경받던 시절을 그리워하며 괴로워한다.

4 내 나이 한창이었고
하느님의 우정이 내 천막을 감싸던 때.
5 전능하신 분께서 아직 나와 함께 계시고
내 아이들이 내 둘레에 있던 때.
6 내가 우유로 발을 씻고
바위는 내게 기름을 시내처럼 흘려 주던 시절.

7 내가 성문에 나가
광장에 자리를 잡으면
8 나를 보고 젊은이들은 물러서고
늙은이들은 몸을 일으켜 세웠지.
9 고관들은 말을 삼가고
손을 입에 갖다 대었으며
10 귀족들은 소리를 죽이고
그들의 혀는 입천장에 붙었지.

11 귀는 내 말을 듣고 나를 복되다 말하며
눈은 나를 보고 기리며 증언하였지.
12 하소연하는 가련한 이와
도와줄 이 없는 고아를 내가 구해 주었기 때문이네.
13 죽어 가는 이의 축복이 나에게 쏟아지고
나는 과부의 슬픈 마음을 환호하게 하였지.
14 나는 정의로 옷 입고 정의는 나로 옷 입었으며
나의 공정은 겉옷이요 터번과도 같았지.
15 나는 눈먼 이에게 눈이 되고
다리저는 이에게 다리가 되어 주었지.
16 가난한 이들에게는 아버지였고
알지 못하는 이의 소송도 살폈으며
17 불의한 자의 이를 부수고
그 입에서 약탈물을 내뱉게 하였지.

18 그래서 나는 이렇게 생각하였지.

29,4. "내 나이 한창이던 때" 히브리어 본문을 자구적으로 번역하면 "내 가을의 날들"이다. 그리스어 번역본들에서는 욥에게 힘겨운 날들(폭우가 내리는 날들을 암시하는 동사가 들어 있다)로 되어 있으며 새 대중 라틴말 성경에서는 젊은 시절로 되어 있다. "하느님의 우정이 내 천막을 감싸던 때"는 (새) 대중 라틴말 성경에 "하느님께서 내 천막에서 친구이셨던 때"로 되어 있다.

29,6. 과장된 표현으로 비길 데 없는 풍요로움을 묘사한다.

29,7. 욥은 성읍의 성문에서 재판하던 원로들 가운데 한 사람이었다(5,4 주 참조).

29,14. 이스라엘 문화에서 옷은 사회적 계층과 역할을 표시했다(창세 3,21; 2사무 6,14-22; 이사 59,17; 또한 마르 5,15; 루카 15,22 참조). 특히 겉옷과 터번은 군주와 사제들이 입었다(탈출 28 참조).

29,18. "모래알처럼" 여기에 해당하는 히브리어 단어('홀')는 "모래알"로 번역한다. 날들을 모래알처럼 많게 한다는 것은 성경에서 잘 알려진 표현이다(창세 22,17 참조). 같은 단어가 라삐 문학에서는 "불사조"를 뜻하기도 한다(그러나 이것은 더 나중 시기에 속한다). 불사조에 관하여 29,18 주해 참조.

29,5 시편 127,3-5; 128,3. 29,8 레위 19,32.

29,18. 흔히 아랍어 이름 피닉스라고 알려진 불사조는 죽은 후 그 재 속에서 다시 태어난다는 신화적 새이다. 라삐 문학에서는 이 특징의 기원을 두 가지 이야기로 설명한다. 하와가 모든 짐승에게 금지된 나무 열매를 먹이로 주었을 때 불사조만이 그것을 거부했다는 이야기와 노아가 방주의 짐승들에게 먹을 것을 주었을 때 불사조는 자기 자리에서 조용히 기다렸고 그래서 노아는 이를 고마워하며 그에게 불멸을 선물로 주었다는 이야기이다. 이 구절에서 '홀'을 "불사조"라는 번역을 지지하는 이들이 근거로 제시하는 것은 그리스어 번역본에서 "야자나무 그루터기"를 언급한다는 점이다(새 대중 라틴말 성경도 이와 같다). 그리스어로 '포이닉스'는 불사조를 뜻하기도 하고 영원히 젊다고 여겨지는 식물인 야자나무를 뜻하기도 한다.

'내 보금자리에서 눈을 감고
내가 살날을 모래알처럼 많게 하리라.
19 내 뿌리는 물가로 뻗어
내 가지에서는 이슬이 밤을 새우리라.
20 내 명예는 나와 함께 늘 새롭고
내 손의 활은 젊음을 유지하리라.'

21 사람들은 기대에 차 내 말을 듣고
나의 권고에 묵묵히 귀 기울였으며
22 내 이야기에 사람들은 두말하지 않았고
내 말은 그들 위로 방울져 흘렀지.
23 그들은 나를 비처럼 고대하였고
봄비를 향하듯 입을 벌렸지.
24 내가 웃으면 그들은 황송하여 믿기지 않아 하였고
내 얼굴빛 하나도 놓치지 않으려 하였지.
25 나는 그들의 길을 선택해 주고 으뜸으로 좌정하였으며
군대를 거느린 임금처럼 자리 잡고 앉아
애도하는 이들을 위로하는 사람과도 같았지.

지금의 불행

30 1 그러나 이제는 나를 비웃네,
나보다 나이 어린 자들이.
나는 그 아비들을
내 양 떼를 지키는 개들과도 앉히려 하지 않았을 터인데.
2 그들에게서 혈기가 빠져나가 버렸는데
그들 손의 힘이 나에게 무슨 소용이 있으랴?
3 가난과 굶주림으로 바싹 야윈 채
메마른 땅을,
황폐하고 황량한 광야를 갉아먹는 그들.
4 덤불 가에서 짠 나물을 캐고
싸리나무 뿌리가 그들의 양식이라네.
5 그들은 무리에서 쫓겨나고
사람들은 그들에게 도둑인 양 소리 지르지.
6 그들은 골짜기의 벼랑에,
땅굴과 바위에 살아야 하는 자들.

29,21-25. 일부 주해자들은 이 구절이 10절의 논거를 이어 간다고 보아 그 자리로 옮긴다.

30,1. 원로는 평생 축적된 지혜 때문에 특별한 존경을 받는다(레위 19,32; 집회 32,3; 다니 13,50 참조). 그래서 젊은이들이 욥을 비웃는 것은 더욱 무례한 행위가 된다. 원로는 흔히 공동체의 다른 중요한 인물들과 함께 언급된다(이사 3,2.5; 9,14; 또한, 1티모 5,1 참조). 노인에 대한 존경은 이집트 문학에서도 나타나는데, 이러한 존경을 훈계하는 것은 노인이 젊은이들보다 먼저 날개 달린 태양, 곧 라Ra 신을 보았기 때문이라고 설명된다.

29,19 시편 1,1-3. 30,1 집회 6,34.

30,1-10. 뚜렷한 대조를 이루는 표상들이다. 1절은 욥이 현재 처한 비참한 상황을 소개한다. 과거에 대한 그리움은 괴로움으로 바뀐다. 1-10절은 그가 천대받는 하층민들에게 겪는 큰 수치를 강조한다.

7 덤불 사이에서 소리 지르고
쐐기풀 밑으로 떼 지어 모여드는
8 어리석고 이름도 없는 종자들
이 땅에서 회초리로 쫓겨난 자들이라네.

9 그러나 이제는 내가 조롱의 노랫거리가 되고
그들에게 이야깃거리가 되었네.
10 그들은 나를 역겨워하며 내게서 멀어지고
내 얼굴에다 서슴지 않고 침을 뱉는구려.
11 그분께서 내 울타리를 헤치시고 나를 괴롭히시니
그들이 내 앞에서 방자하게 구는구려.
12 오른쪽에서 떼거리가 들고일어나
나를 몰아대고
나를 거슬러 멸망의 길을 닦는다네.
13 내 길을 망가뜨리며
나의 파멸을 부추겨도
저들을 거슬러 나를 도울 이 없어
14 확 트인 돌파구로 들이닥치듯 쳐들어오고
폐허 가운데로 밀려드네.
15 공포가 내게 밀어닥쳐
내 위엄은 바람처럼 쫓겨 가고
행복은 구름처럼 흘러가 버렸네.

16 이제 내 넋은 빠져 버리고
고통의 나날만이 나를 사로잡는구려.
17 밤은 내 뼈를 깎아 내고
나를 갉아먹는 고통은 잠들지 않네.
18 엄청난 힘으로 내 옷은 쭈그러지고
그분께서는 웃옷의 옷깃처럼 나를 졸라매시네.
19 그분께서 나를 진창에다 내던지시니
나는 먼지와 재처럼 되고 말았네.

20 제가 부르짖어도 당신께서는 대답하지 않으시고
줄곧 서 있어도 당신께서는 저에게 눈길을 주지 않으십니
다.
21 무자비하게도 변하신 당신,
당신 손의 그 완력으로 저를 핍박하십니다.
22 저를 바람에 실어 보내시고

30,8. "이 땅에서 회초리로 쫓겨난 자들" 이에 해당하는 히브리어 동사는 "흙보다도 더 짓밟힌 자들"로 이해할 수도 있다. "이름도 없는 종자들"이라는 표현은 히브리어를 그대로 옮긴 것이지만 "수치스러운 종자들"로 옮기는 편이 더 낫다.

30,11. "내 울타리를" 히브리어 본문이 손상되었다. 시리아어 번역본과 아람어(타르굼)를 참조하여 "나의 끈" 곧 나의 생명(29,20 참조)이라는 뜻으로 수정하기도 한다. 그리스어 번역본과 (새) 대중 라틴말 성경은 "화살집"으로 되어 있다.

30,12. "떼거리" 이에 해당하는 히브리어 단어는 여기서만 사용되며 그 뜻은 매우 불확실하다. 그리스어 번역본은 "싹", 대중 라틴말 성경은 "재앙", 새 대중 라틴말 성경은 "종족"으로 되어 있다.

30,18. 욥은 다시 하느님을 비난한다. 그분을 적의 목을 움켜쥐고 탄원할 때 듣지 않으시며 반응을 보이지 않으시는 원수로 묘사한다.

30,8 애가 3,14. 30,16 16,12-17. 30,19 42,6; 창세 18,27.

폭풍 속에 내팽개치셨습니다.
23 당신께서 저를 죽음으로,
산 사람들이 모두 모이는 곳으로 몰고 가심을 저는 압니다.

24 그러나 폐허 더미 속에서 누가 손을 내뻗지 않으며
재난 속에서 누가 부르짖지 않으랴?
25 나는 삶이 괴로운 이를 위하여 울지 않았던가?
내 영혼은 가난한 이를 위하여 슬퍼하지 않았던가?
26 그렇건만 선을 기다렸는데 악이 닥쳐오고
빛을 바랐는데 어둠이 닥쳐오는구려.
27 속은 쉴 새 없이 끓어오르고
고통의 나날은 다가오네.
28 나는 햇볕도 없는데 까맣게 탄 채 돌아다니고
회중 가운데 일어서서 도움을 빌어야 하네.
29 나는 승냥이들의 형제요
타조들의 벗이 된 채
30 살갗은 까맣게 벗겨지고
뼈는 열기로 타오르네.
31 내 비파는 애도의 소리가 되고
내 피리는 곡하는 이들의 소리가 되었네.

무고 선언

31 1 나는 내 눈과 계약을 맺었는데
어찌 젊은 여자에게 눈길을 보내리오?
2 위의 하느님에게서 오는 몫이 무엇이고
높은 곳의 전능하신 분에게서 오는 상속 재산이 무엇인가?
3 불의한 자에게는 환난,
나쁜 짓 하는 자들에게는 재난이 아닌가?
4 그분께서 내 길을 보시고

30,24. 히브리어 본문이 그대로는 이해되지 않으며 수정이 필요하다. "재난 속에서 부르짖는다면 누가 불행 속에서 손을 내뻗지 않겠는가?"로 번역할 수도 있다. 이 구절의 전체적인 의미는 욥이 하느님께 마지막으로 호소하지만 하느님께서 응답하지 않으시는 것에 연관된다.

31,1-2 탈출 20,14.17; 신명 5,18.21; 마태 5,27-29.

30,28. 구약 성경에서 히브리어 단어 '카할'("회중")은 당신 백성을 하나로 결합하시는 하느님의 주도권을 표현한 것으로, 특별히 신학적 중요성을 지닌다. 이스라엘 공동체는 종교적 예식을 위하여 모일 때 스스로를 그러한 공동체로 이해한다. 또한 이 단어는 재판 임무를 맡은 귀족과 원로들 모임을 지칭하는 법률적 의미도 지닌다. 욥이 자신을 변호해야 할 그와 같은 법률적 모임을 암시할 가능성을 배제할 수는 없지만, 일부 학자들은 문맥을 고려하여 이를 부사적 의미를 지니는 정형화된 표현으로 보아 단순히 "공공연히"라고 번역한다.

31,1-40. 욥의 자기변호의 마지막 탄원이다. 법정에서 흔히 증언으로 여겨지던 맹세의 형식으로, 욥은 자신이 모든 행위와 생각에서 의로웠음을 주장한다. 이것은 탐욕에 관한, 그리고 정의와 자비의 행위들에 관한 양심 성찰이다. 1절에서는 욥이 간음을 범하지 않았을 뿐만 아니라 마음의 순결까지 지키려고 했음을 증언한다. 그는 자신이 그 시대 사람들의 개념을 넘어서는 도덕성을 지니고 있음을 보여 준다.

31,5. "만일"로 시작하는 문장들이 시작된다. "만일"은 가정문의 형태로 맹세 양식을 도입한 것이다("만일 내가 이것을 했다면…"). 뒤따르는 결과는 "그러면"으로 시작된다("그렇다면 나에게 이러한 일이 일어나도 괜찮네"). 맹세에는 저주가 따르는데, 이로써 욥은 하느님 앞에서 고백한 무죄 선언이 거짓일 경우 자신에게 동태 복수법을 적용한다.

31,10. 이 상징은 분명한 성적 의미를 지닌다. "맷돌을 돌리고"는 성행위를 의미한다(이사 47,2 참조).

31,13. 욥의 의로움은 종이 주인과의 분쟁에 이를 가능성을 예견하지 않는 율법 규정들도 넘어선다(탈출 21,2-6; 레위 25,39-43 참조). 욥은 종들의 권리까지 보호했다. 31장에서 나타나는 도덕은 연대성에 대한 각별한 인간적 감각을 보여 준다(15절 참조).

내 발걸음을 낱낱이 세지 않으시는가?

5 내가 만일 거짓 속에 걸어왔고
남을 속이려고 내 발이 서둘렀다면
6 나를 바른 저울판에 달아 보시라지.
그러면 하느님께서 내가 흠 없음을 알게 되실 것이네.
7 만일 내 발걸음이 길에서 벗어나고
내 마음이 눈을 따라다녔으며
내 손에 얼룩이 묻어 있다면
8 내가 뿌린 것을 남이 먹고
내 농작물은 뿌리째 뽑혀도 괜찮네.
9 만일 내 마음이 여인에게 끌리어
내가 이웃의 문을 엿보았다면
10 내 아내가 남을 위해 맷돌을 돌리고
다른 이들이 그 여자를 범해도 괜찮네.
11 그것은 추행이요
심판받아 마땅한 죄악이기 때문일세.
12 그것은 멸망의 나라에 이를 때까지 삼켜 버리는 불
내 모든 소출을 뿌리째 없애 버릴 것이네.
13 남종과 여종이 내게 불평할 때
내가 만일 그들의 권리를 무시하였다면
14 하느님께서 일어나실 때 내가 무엇을 하고
그분께서 신문하실 때 내가 무어라 대답하리오?
15 어머니 배에서 나를 만드신 분이 그도 만드시고
바로 그분께서 우리를 모태에서 지어 내지 않으셨던가?

16 내가 만일 가난한 사람들의 소망을 물리치고
과부의 눈을 흐리게 하였다면
17 내 빵 조각을 나 혼자 먹고
고아는 그것을 얻어먹지 못하였다면
18 —내 어릴 때부터 그는 내가 아버지인 양 내 곁에서 자랐고
내 어머니 배 속에서부터 나는 그 여자를 이끌었지.—
19 내가 만일 헐벗은 채 버려진 이,
덮을 것도 없는 가련한 이를 보았는데
20 그의 허리가 나를 축복하지 않고
그가 내 양털로 따뜻해지지 않았다면

31,6 잠언 11,1; 20,10. 31,11 신명 22,22-24; 요한 8,4-5. 31,15 지혜 7,1-6; 에페 6,9; 콜로 4,1. 31,16 토빗 4,7-11; 이사 58,7; 마태 25,35-36.

21 성문에서 지지를 받으리라 여기며
내가 고아에게 손을 휘둘렀다면
22 내 어깨가 죽지에서 떨어져 나가고
내 팔이 팔꿈치에서 부러져도 괜찮네.
23 하느님의 파멸이 나에게는 두려울 수밖에 없고
그분의 엄위를 내가 견디어 내지 못할 것이기 때문일세.

24 내가 만일 황금에다 내 신뢰를 두고
순금을 나의 믿음이라고 불렀다면
25 내가 만일 재산이 많다고,
내 손이 큰일을 이루었다고 기뻐하였다면
26 내가 만일 빛이 환하게 비추는 것이나
달이 휘영청 떠가는 것을 쳐다보며
27 내 마음이 남몰래 유혹을 받아
손으로 입맞춤을 보냈다면
28 이 또한 심판받아 마땅한 죄악이니
위에 계시는 하느님을 배신하는 일이기 때문일세.

29 내가 만일 원수의 불운을 기뻐하고
그에게 불행이 내리는 것을 즐거워하였다면
30 —나는 저주로 그의 생명을 요구하여
내 입이 죄짓도록 버려둔 적이 없다네.—
31 "그의 고기를 배불리 먹지 않은 자 누가 있으리오!" 하고
내 천막의 사람들이 말하지 않았다면
32 —나는 언제나 길손에게 문을 열어 놓아
나그네가 밖에서 밤을 새운 일이 없다네.—
33 내가 만일 내 죄악을 가슴속에 숨겨
사람들이 하듯 내 잘못을 감추었다면
34 내가 만일 큰 군중을 두려워하고
여러 가문의 경멸을 무서워하여
잘못을 감추려 입 다물고 문을 나서지 않았다면…….

마지막 도전

35 아, 제발 누가 내 말을 들어 주었으면!
여기 내 서명이 있다. 이제는 전능하신 분께서 대답하실 차례!
나의 고소인이 쓴 고소장은 어디 있는가?

31,29 탈출 23,4-5; 1코린 13,6.

31,21. "지지를 받으리라" 이 표현은 욥이 재판 장소이던 성문에서 행사하던 영향력과 그의 역할을 드러낸다.

31,26-28. 우상 숭배를 암시한다(신명 4,19; 예레 8,2; 에제 8,16 참조). 욥은 (입맞춤을 보냄으로써) 드러내놓고나 은밀히 마음속으로 별들을 숭배하지 않았다. 그의 흠 없음은 그의 깊은 지향들에까지 스며든다.

31,33. "사람들이 하듯" 자구적으로는 "아담처럼"이다. 잘못을 범한 다음 하느님 앞에서 숨었던 첫 인간의 태도를 암시하는 것일 수 있다.

31,35-37.40ㄴ. 본문을 이해하기 좋게 하기 위하여 이 구절들을 40ㄱ절 다음으로 옮길 것을 제안하기도 한다. 그러나 이는 필요하지 않다(히브리어 본문은 단절 없이 열거가 계속된다).

31,35. "여기 내 서명이 있다." 자구적으로는, "나의 타우가." 타우는 히브리어 알파벳의 마지막 글자로, 고대에는 X자형으로 되어 있었으며 서명으로도 사용되었다. 욥은 여기서 자신의 변론이 끝난다고 말하는 것이다. 그래서 어떤 이들은 35절을 38-39절 다음으로 옮긴다. 여기서 언급된 문서는 욥이 그의 반대자(이며 재판관이신 하느님)에게 여기에 서명하고 논쟁하도록 초대하는 것으로 보인다.

31,40ㄴ. "이로써 욥의 말은 끝난다." 이 순간부터 욥은 이 책의 마지막에서 두 차례 말을 더듬으며 하느님의 담론들에 잠시 응답하는 것 외에는 말을 하지 않는다.

32,1-2. "자신을 의롭다고 여겼기 때문이다."는 것은 "하느님 앞에서 자신이 옳다고 여겼기 때문이다."는 뜻으로 보아야 할 것이다. 히브리어 동사는 쌍방의 논쟁 도식 내에서 이해해야 한다(10,2 참조). 35,2 주 참조.

32,2. "화를 내었다." 자구적으로는 "그의 코에 불이 붙었다."이다. 이것은 하느님에 대해서도 적용되는 히브리어의 숙어적 표현이다(4,9; 9,13, 16,9; 19,11; 20,23; 또한 민수 11,1; 신명 13,18 참조). 하느님의 진노를 가라앉히기 위하여 번제를 바치는 것은 아마도 불에 태운 짐승의 향기가 하늘까지 올라가 하느님이 그 향기를 맡으시기 때문일 것이다(레위 5,12; 에즈 3,5 참조).

36 나 그것을 반드시 내 등에 지고 다니며
면류관처럼 그것을 두르련만.
37 그분께 내 발걸음을 낱낱이 밝히고
나 제후처럼 그분께 다가가련만.

38 만일 내 밭이 나를 거슬러 울부짖고
그 이랑들도 함께 울어 댔다면
39 내가 만일 값을 치르지 않고 그 수확을 빼앗으며
그 주인들을 상심하게 하였다면
40 밀 대신 엉겅퀴가 나오고
보리 대신 잡초가 자라도 괜찮네.

이로써 욥의 말은 끝난다.

엘리후의 연설

32 1 마침내 이 세 사람은 욥에게 대답하기를 멈추
었다. 그가 자신을 의롭다고 여겼기 때문이다.
2 그러자 람 가문 출신의 부즈 사람, 바라크엘의 아들 엘
리후가 화를 내었다. 욥이 스스로 하느님보다 의롭다고
주장하므로 화를 낸 것이다. 3 그는 세 친구에게도 화를
내었다.
그들이 대답할 말도 찾지 못하면서 욥을 단죄하였기 때문
이다. 4 그러나 엘리후는 그들이 자기보다 나이가 많기 때
문에, 욥에게 말할 기회를 기다렸다. 5 엘리후는 그 세 사
람이 더 이상 대답하지 못하는 것을 보고 화를 낸 것이다.

엘리후의 첫째 담론

6 그리하여 부즈 사람 바라크엘의 아들 엘리후가 말을 하
기 시작하였다.

32,1-37,24. 이 지점에서 하느님께서 등장하실 준비가 다 되었으며 그분의 대답이 나올 것을 기대하게 된다. 그러나 갑자기 새로운 인물 엘리후가 나타난다. 그는 욥과 친구들의 대화를 듣고 긴 담론을 제시하며, 욥과 친구들의 입장 모두에 불만을 표시한다. 이것은 아마도 하느님에 대한 욥의 너무 강한 표현들을 완화하고 친구들의 논증의 약점을 보완하려 편집자에 의하여 첨가된 부분이다. 엘리후의 담론은 세 차례에 걸친 앞의 대화들 구조에 포함되지 않으며 그 나름대로 설화적 틀로 도입된다.

32,6-9. 이 구절에서는 지혜에 대한 서로 다른 두 개념이 드러난다. 첫째 개념은 더 전통적인 것으로, 널리 퍼져 있는 믿음에 따라 나이가 많으면 경험과 지혜가 풍부하다고 여기는 것이다. 둘째 개념에는 새로운 요소가 도입되어 지혜를 나이와 상관없이 하느님께서 거저 베푸시는 선물로 제시한다.

지혜와 연륜

6 저는 나이가 어리고
여러분은 연로하십니다.
그래서 제 소견을 여쭙기가
두렵고 무서웠습니다.
7 저는 '나이가 말을 하고
연륜이 지혜를 가르쳐야지.' 생각하였습니다.
8 그렇지만 사람 안에 있는 영이,
전능하신 분의 입김이 사람을 깨우치는 것이더군요.
9 연만하다고 지혜로운 게 아니요
연로하다고 올바른 것을 깨닫는 게 아니랍니다.
10 그래서 제가 말씀드리니 들어 보십시오.
저도 제 소견을 여쭙겠습니다.

11 보십시오, 저는 여러분의 말씀을 기다렸습니다.
여러분이 말을 고르시는 동안
여러분의 이론을 귀여겨들었습니다.
12 저는 여러분에게 주의를 기울였는데
보십시오, 아무도 욥에게 논박하지 못하고
여러분 가운데 아무도 그에게 응수하지 못하십니다.
13 "우리는 지혜를 발견했어.
사람이 아니라 하느님께서 그를 물리치셔야지." 하고 말하
지 마십시오.
14 그가 저에게 말을 걸지 않았기에
저는 그에게 여러분의 언설로 대답하지 않으렵니다.

15 그들은 당황하여 더 이상 대답하지 못하고
말문이 막혀 버렸네.
16 그들이 말을 못하고
더 이상 대답하지 못하고 서 있는데 나도 기다려야 하나?
17 이제는 나도 내 몫으로 대답하리라.
나도 내 의견을 제시하리라.
18 나는 하고픈 말로 가득하고
속에서는 영이 말하고파 나를 다그친다네.
19 내 속은 바람구멍 없는 술통 같고
새 술 부대처럼 터져 버리려 하네.
20 속이 후련하게 말을 해야지.

32,7 12,12; 15,10. 32,8 지혜 1,5-7; 7,22-23; 9,17; 1코린 2,6-16. 32,9 지혜 4,8. 32,19 예레 20,9.

32,9. "연만하다고"라는 번역은 가설적이다. 많은 이들은 "권위"라고 옮긴다. 엘리후는 연만함의 경험에 결부된 전통적 지혜 개념을 넘어선다. 지혜는 지극히 높으신 분께서 거저 주시는 선물일 수 있다. 이러한 생각은 성경에서 낯선 것이 아니다(창세 41,38-39; 이사 11,2; 다니 13,50 참조).

32,12. "논박하다" 이 번역은 앞의 장들에서 여러 차례 본 히브리어 어근 '아나'에 대한 이해를 돕는다. 여기서는 엘리후가 그 단어를 사용하며, (친구들이) 고소인(욥)의 논거에 대응하지 못함을 가리킨다.

32,18-20. "속(배)"은 감정을 느끼는 자리이다. 현대인의 표현으로는 심장에 해당한다. 대중 라틴말 성경은 "내 가슴의 영"이라고 번역한다. 여기서 "속"은 엘리후의 내적 영역으로, 그는 자기 생각을 표현하고 자신의 입으로 말을 하고자 하는 저항할 수 없는 욕구를 느낀다.

32,19. "새 술 부대"는 아마도 "새 포도주가 든 부대"로 이해해야 한다.

입술을 열고 대답해야지.
21 어떤 인간의 편도 들지 않고
어떤 사람에게도 아첨하지 않으리라.
22 나는 아첨할 줄 모른다네.
그랬다가는 나를 만드신 분께서 나를 당장 앗아 가시리라.

욥에게 맞서다

33 1 그렇지만 이제 욥이시여, 제 말을 들으십시오.
제가 하는 모든 이야기에 귀를 기울이십시오.
2 자, 이제 제가 입을 열고
제 입의 혀로 이야기하렵니다.
3 제 말은 마음의 정직함에서 나옵니다.
제 입술로 아는 것을 솔직히 토로하렵니다.
4 하느님의 영이 저를 만드시고
전능하신 분의 입김이 제게 생명을 주셨답니다.
5 할 수만 있다면 제게 대답해 보십시오.
채비를 하고 저에게 맞서 보십시오.
6 자, 하느님께는 저도 당신과 같은 몸,
저 또한 진흙으로 빚어진 몸이랍니다.
7 저에 대한 공포가 당신을 덮치거나
저에 대한 압박감이 당신을 짓누르지는 않을 것입니다.

욥의 잘못

8 그렇지만 당신은 제 귀에다 이야기하시어
저는 당신의 말소리를 들었습니다.
9 "나는 결백하여 잘못이 없고
순결하여 죄가 없다네.
10 그런데도 그분께서는 내게서 구실을 찾아내시어
나를 당신의 원수로 여기시네.
11 내 발에 차꼬를 채우시고
나의 길을 모두 지켜보시네."
12 저는 이 점에서 당신이 옳지 못하다고 대답합니다.

33,3. "마음"으로 번역된 히브리어 단어는 분명 의지와 지성과 기억의 과정을 행하는 주체를 가리킨다(잠언 2,2; 3,1.3; 6,21; 15,14 참조). 다른 곳에서 나타나는 "마음이 가난함"은 그 사람이 무감각하다는 것이 아니라 어리석음, 곧 지각과 식별이 부족함을 뜻한다(잠언 7,7 참조).

33,12. "하느님께서는 사람보다 위대하십니다." 엘리후의 말이 다른 세 친구들의 말과 마찬가지로 부분적으로나마 욥의 불평에 대한 하느님의 대답 내용을 담고 있고 그것을 예고한다는 점이 눈길을 끈다. 인간이 하느님보다 못하다는 명백한 사실을 상기시키는 것은 욥이 마지막에야 소심하게나마 인정하는 겸손에 대한 고찰을 인도하고 그 방향을 제시해 준다.

33,6 창세 2,7.

33,1-33. 첫 번째 담론에서 엘리후는 세 친구의 입장에서 크게 달라지지 않는다. 그들과 마찬가지로 스스로 의롭다고 말하는 욥의 입장을 받아들이지 않는 것이다. 엘리후는 욥이 죄를 지었다고 비난하지는 않지만 인간의 생각이 하느님의 행위를 파악할 수 없다는 사실을 설득하려 한다. 엘리후에 따르면 하느님께서 대답하지 않으시는 것도 아니다. 그분은 인간이 회개하도록 꿈과 환시, 그리고 질병을 통해서까지 여러 방법으로 말씀하신다. 훈계를 받아들이고 용서를 청하는 사람은 하느님에게서 생명을 선물로 받을 것이다.

하느님께서는 사람보다 위대하십니다.
13 어찌하여 당신은 그분과 싸우십니까?
그분께서 사람의 말에 낱낱이 대답하시지 않기 때문입니까?

14 하느님께서는 한 번 말씀하시고
또 두 번 말씀하십니다, 다만 사람들이 알아채지 못할 뿐.
15 사람들이 깊은 잠에 빠져
자리 위에서 잠들었을 때
꿈과 밤의 환상 속에서
16 그분께서는 사람들의 귀를 여시고
환영으로 그들을 질겁하게 하십니다.
17 그것은 사람을 제 행실에서 떼어 놓고
인간에게서 교만을 잘라 내 버리시려는 것입니다.
18 이렇게 그의 목숨을 구렁에서 보호하시고
그의 생명이 수로를 건너지 않게 하신답니다.

19 그는 잠자리에서 고통을 당하고
뼈마디가 끊임없이 쑤시는 형벌을 받아
20 그의 생명은 음식을 지겨워하고
그의 목숨은 바라던 요리도 싫어하게 된답니다.
21 그의 살은 말라 마침내 볼 수조차 없고
보이지 않던 그의 뼈들은 앙상하게 드러난답니다.
22 그리하여 그의 목숨은 구렁에,
그의 생명은 죽음의 사자에게 다가갑니다.

중개자와 하느님의 구원

23 사람에게 바른 것을 알려 주려고
그 옆의 천사가,
천 명 가운데 한 중개자가
24 그를 불쌍히 여겨
"그가 구렁으로 내려가지 않게 해 주십시오.
제가 그를 위한 속전을 찾았습니다." 하고 말한다면

33,18. 여기 언급된 "수로"는 저승의 신화적 강이다. 죽은 이의 영혼은 영원한 거처로 가기 위해 그 강을 건너야 한다. 여기에 해당하는 히브리어 단어는 무기의 일종(칼·화살·투창)으로도 해석된다(느헤 4,11; 요엘 2,8 참조). 예를 들어 그리스어 번역본은 "전투에서 쓰러지다"로, 대중 라틴말 성경은 "칼에 찔리다"로 옮긴다.

33,22. "그의 목숨" 14,22에서와 마찬가지로 '네페쉬'는 "그의 생명"과 병행을 이루며 한 사람 전체를 가리킬 수 있다. 이 경우 히브리어 명사는 인칭 대명사로 번역된다. "그는 구렁에 다가갑니다."

33,14-16. 성경에서 잠, 꿈, 밤의 환시는 하느님이 당신을 계시하시고 그분의 뜻이 드러나기에 적절한 순간으로 여겨진다. 창세기에서는 자주 이와 비슷한 방식으로 하느님께서 당신을 계시하심을 언급하고, 신약 성경에서도 마태오 복음서 저자는 마리아의 남편 요셉이 꿈을 통하여 하느님과 소통한 것을 이야기한다.

33,23. "그 옆의 천사가." 앞에서도 욥은 천상 조정에서 자신을 옹호해 줄 중개자의 개입을 요청했다(16,19 참조). 엘리후는 그 인물을 죄인을 위하여 자비와 생명의 선물을 얻어 낼 전구자 천사와 동일시한다.

25 그의 살은 젊음의 탄력을 되찾고
한창이던 때로 돌아간답니다.
26 그가 하느님께 기도하면 그를 받아들이시어
그는 환호하며 그분의 얼굴을 뵙고
그분께서는 사람에게 그의 의로움을 되찾아 주신답니다.
27 그러면 그는 사람들 앞에서 노래하며 말할 것입니다.
"내가 죄를 짓고 바른 것을 왜곡하였지만
그에 마땅한 벌을 받지 않았네.
28 그분께서 구렁으로 떨어지는 내 목숨을 구하시어
내 생명이 빛을 즐거이 바라보네."

29 자, 이 모두 하느님께서 하시는 일
사람에게 두 번 세 번 그렇게 해 주시니
30 그의 목숨을 구렁에서 되돌리시고
그를 생명의 빛으로 비추시려는 것입니다.

욥에게 다시 맞서다

33,31. 1절에서 첫 번째 담론을 시작할 때와 마찬가지로, 엘리후는 욥에게 들을 것을 권고한다.

31 욥이시여, 주의를 기울여 제 말을 들으십시오.
제가 말씀드리겠으니 잠잠히 계십시오.
32 하실 말이 있거든 제게 대답하십시오.
말씀하십시오. 저도 당신이 정당함을 인정하고 싶습니다.
33 없거든 당신이 제 말을 들으십시오.
당신께 지혜를 가르쳐 드리겠으니 잠잠히 계십시오.

엘리후의 둘째 담론

34 1 엘리후가 말을 계속하였다.

욥의 오류

34,2. 이번에는 귀를 기울여 들으라는 권고가 확장되어 있어, 현인들 일반과 특히 앞서 헛된 말을 했던 세 친구에게도 해당된다. 엘리후는 배심원들 또는 군중에게 말하는 사람의 태도로, 욥에게 잘못이 있음을 이해시키고 지금까지 재판을 소집한 사람(욥) 편으로 기울던 이 소송을 뒤집으려 한다.

2 현인들이여, 제 말을 들으십시오.
유식한 이들이여, 저에게 귀를 기울이십시오.
3 입이 음식 맛을 보듯
귀는 말을 식별한답니다.

33,25 시편 103,5. 34,3 // 12,11.

34,1-37. 엘리후는 둘째 담론에서 현인들 사이의 토론 양식으로 계속 말을 하며 한편으로는 친구를 꾸짖고 다른 한편으로는 주님께서 하시는 일을 옹호한다. 1-15절에서 엘리후는 즉시 욥이 지혜에서 멀리 있음을 입증하고 하느님께 거스르는 그의 불경함을 보여 주는 주장을 말한다. 그다음에는 인간이 파악할 수 없으며 강력한 하느님의 활동을 설득력 있게 옹호한다. 세상을 창조하시고 역사 안에 개입하시는 하느님은 부당하게 재판하지 않으시며 정의롭게 사람들에게 갚아 주신다.

무엇이 올바른 것인지 우리 가려보고
4 무엇이 좋은 것인지 알아봅시다.

5 욥은 이렇게 말하였습니다. "나는 죄가 없는데
하느님께서 내 권리를 박탈하셨네.
6 올바른데도 나는 거짓말쟁이가 되고
잘못이 없는데도 화살 맞은 내 상처는 아물지 않네."
7 비꼬기를 물 마시듯 하는
욥과 같은 사람이 어디 있겠습니까?
8 그는 나쁜 짓 하는 자들과 한패 되어 다니고
악한 사내들과 어울려 돌아다니며
9 "하느님과 잘 지내 봐야
사람에게는 이득이 없는 법!" 하고 말합니다.

전능하신 분의 정의

10 그러나 지각 있는 사람들이여
제 말을 들으십시오.
하느님께서는 결단코 악을 행하지 않으시고
전능하신 분께서는 불의를 저지르지 않으십니다.
11 그분께서는 사람에게 그 행실대로 되갚으시고
인간을 그 길에 따라 대하십니다.
12 참으로 하느님께서는 악을 행하지 않으시고
전능하신 분께서는 올바른 것을 왜곡하지 않으십니다.
13 누가 그분께 세상을 맡겼습니까?
누가 온 누리를 세웠습니까?
14 당신의 영을 되돌리시고
당신의 입김을 도로 거두시면
15 모든 육체는 다 죽어 가고
사람은 티끌로 돌아간답니다.

의로운 통치

16 분별력이 있다면 이 말을 들으십시오.
제 말소리에 귀를 기울이십시오.
17 올바른 것을 미워하는 자가 다스릴 수 있습니까?
당신은 의롭고 강하신 분을 단죄하려 합니까?

34,8. 성경 언어에서 "길" 혹은 "가다, 다니다"는 도덕적 행실을 나타내는 은유이다(신명 10,12; 잠언1,15-16; 2,13.20; 시편 18,22; 39,2 참조). 1사무 8,3.5 주 참조.

34,14. "당신의 입김을 도로 거두시면" 생명은 하느님께서 빌려 주신 것으로 간주된다. 하느님께서 사람들에게 생명을 주시며 시편 104,29에서처럼 죽음의 순간에 그 생명을 도로 거두시어 당신께로 돌아가게 하신다(또한 집회 40,11 참조).

34,5 9,15; 27,2; 30,21. 34,11 시편 62,13; 잠언 24,12; 마태 16,27; 로마 2,6.

34,16-37. 하느님을 옹호하면서 인간에 대한 하느님의 몇 가지 행동을 고찰한다. 첫째는 권세가들에 대한 것이다. 하느님은 그들도 똑같이 다루시며 부자라고 해서 가난한 사람보다 더 낫게 대하지 않으신다. 그러므로 욥이 하느님께서 그를 부당하게 다루신다고 고발하며 친구 현인들의 가르침을 비방한 것은 하느님에 대한 모독이다.

18 임금에게 "쓸모없는 자!",
귀족들에게 "악인!"이라고 말씀하시는 분을?
19 제후들이라 해서 편들지 않으시고
부자라 해서 가난한 이보다 우대하지 않으시는 분을?
그들이 모두 그분 손의 작품이 아닙니까?
20 한밤중 그들은 한순간에 죽어 가고
백성은 혼란에 빠져 사라지며
강자는 제거되는데
인간의 손이 하는 일이 아니랍니다.
21 그분의 눈은 사람의 길 위에 있어
그의 걸음을 낱낱이 보십니다.
22 나쁜 짓 하는 자들이 숨을 수 있는
어떤 어둠도 어떤 암흑도 없습니다.
23 하느님께 심판받으러 가는 시간을
사람이 정하는 게 아닙니다.
24 강호들을 문초할 필요도 없이 꺾으시고
그들 대신 다른 이들을 세우십니다.
25 이렇게 그들의 행실을 알고 계시어
밤중에 뒤엎으시니 그들은 파멸됩니다.
26 악인들이기에 사람들이 보는 앞에서
그들을 처벌하십니다.
27 그들이 그분 뒤를 따르려 하지 않고
그분의 길은 하나도 알려고 하지 않으면서
28 억눌린 이의 울부짖음이 그분께 다다르게 하니
그분께서는 가난한 이들의 울부짖음을 들으신답니다.
29 그분께서 침묵을 지키신다고 누가 그분을 단죄하며
그분께서 얼굴을 감추시면 누가 그분을 보겠습니까?
그러나 그분께서는 민족 위에, 모든 사람 위에 계시니
30 불경스러운 인간은 다스리지 못하고
백성에게 올가미를 놓지 못합니다.

욥의 반항

31 누가 하느님께 이렇게 말씀드린다고 합시다.
"제가 잘못했습니다. 다시는 과오를 범하지 않겠습니다.
32 제가 보지 못하는 것을 당신께서 가르쳐 주십시오.
제가 불의를 저질렀다면 다시는 되풀이하지 않겠습니다."
33 당신 생각에는 그분께서 그 불의를 응징하셔야 합니까?

34,29. 엘리후의 이 말은 욥이 22,12-14에서 조롱하며 말한 것을 바로잡고 반박한다. 욥에 따르면 하느님은 구름이 가려져 있기 때문에 땅에서 일어나는 일들을 보지 못하신다

34,31. "제가 잘못했습니다." 여기에 해당하는 히브리어 동사는 여러 가지 의미를 지닌다. 가장 직접적인 것은 "들다", "나르다"이다. 이 절에서는 "(제가 말씀드린 것에 대한) 벌을 감당합니다."라고도 이해할 수 있다.

34,20 탈출 12,29.

당신이 단순히 그를 싫어하기 때문에?
당신이 선택하셔야 합니다. 제가 아닙니다.
무엇을 알고 계십니까? 말씀해 보십시오.

34 지각 있는 사람들은 저에게 말할 것입니다.
제 말을 들은 지혜로운 사람도 마찬가지입니다.
35 "욥은 알지도 못하면서 말하는군.
그의 말은 현명하지 못해."
36 아, 욥이 철저히 조사를 받는다면!
간악한 사람들 사이에서나 듣는 대답을 하니
37 그가 자기의 죄악에다 반항 죄를 더하고
우리 사이에서 손바닥을 쳐 대며
하느님을 거역하는 말을 더해 가기 때문입니다.

엘리후의 셋째 담론

35

1 엘리후가 말을 계속하였다.

하느님의 초연성

2 "나는 하느님보다 의롭다." 하고 말하는 것을
당신은 옳은 일이라고 여기십니까?
3 "당신께 무슨 소용이 있습니까?
죄짓지 않는다고 저에게 무슨 이득이 있습니까?" 하는 것을?
4 제가 당신께 대답하겠습니다.
당신 곁에 있는 친구 분들에게도 대답하겠습니다.

5 하늘을 우러러보십시오.
당신보다 높이 떠 있는 구름을 쳐다보십시오.
6 당신이 죄지었다 한들 그분께 무슨 해를 끼치며
당신의 죄악이 많다 한들 그분께 무엇을 어찌하겠습니까?
7 당신이 의롭다 한들 그분께 무엇을 드리며
그분께서는 당신 손에서 무엇을 얻으시겠습니까?

34,36-37. 엘리후의 마지막 연설은 욥에 대한 도덕적 평가로 끝난다. 이 요청은 비난의 요약이다.

35,2. "나는 하느님보다 의롭다." 이 문장의 히브리어 본문은 모호하다. 그리스어 번역본과 새 대중 라틴말 성경처럼 "나는 하느님 앞에서 의롭다."고 할 수도 있고, 대중 라틴말 성경에서와 같이 "나는 하느님보다 의롭다." 고 옮길 수도 있다. 후자의 경우에 욥은 자신이 결백한데도 하느님께서 그를 부당하게 대하시기 때문에 '자신은 옳고 하느님은 틀렸다.' 곧 '자신이 하느님보다 의롭다.'고 주장하는 것으로 이해할 수 있다. 32,1-2 주 참조.

34,37 40,4-5. 35,3 코헬 3,9; 6,8.

35,1-16. 엘리후의 셋째 담론의 의미는 하느님께서는 욥의 악함에서도 의로움에서도 아무 이익을 보지 않으시므로 그에게 가해진 처벌은 그의 악행에 대한 정당한 갚음이라고 생각해야 한다는 것이다. 앞에서 욥은 같은 논거를 사용하여(7,17-21; 9,19-24; 12,10-13; 23,13-17 참조) 하느님께서 인간의 행위나 그 부당한 응보에 무차별적이심을 비난했다.

35,13. 이 구절은 여러 가지로 해석될 수 있다. (그렇게 울부짖는 것은) "쓸모없는 일입니다. 하느님께서는 듣지 않으십니다." 또는 "하느님께서는 거짓을 듣지 않으십니다."라고도 옮길 수 있다.

36,2. "조금만 기다리십시오." 욥의 말은 과격했다. 신약 성경에서 전통적으로 욥은 인내로 유명한 사람으로 나오는데(야고 5,11 참조), 그 인내를 기껏해야 이 책의 처음 두 장에서만 볼 수 있다. 엘리후는 점점 더 하느님 명예를 옹호하는 역할을 한다.

8 당신의 불의는 당신 같은 인간에게나 해당되고
당신의 정의는 사람에게나 해당된답니다.

하느님의 지고한 정의

9 과중한 억압 때문에 울부짖고
강자들의 폭력 때문에 부르짖으면서도
10 아무도 말하지 않습니다. "나를 만드신 하느님께서는 어디 계신가?
밤에도 노래 부르게 하시는 분,
11 우리를 들의 짐승보다 더 많이 깨우치시고
하늘의 새보다 슬기롭게 해 주시는 분께서는 어디 계신가?"
12 그렇게 울부짖어도 그분께서는 대답하지 않으시니
악인들의 교만 때문입니다.
13 진정 하느님께서 듣지 않으신다 함은,
전능하신 분께서 보지 않으신다 함은 거짓이랍니다.
14 당신을 보지 않으신다고 말씀하시지만
당신의 송사는 이미 그분 앞에 있으니 기다리십시오.
15 그러나 그분의 진노가 아직 아무것도 벌하지 않고
그분께서는 죄악을 별로 아는 체도 않으시는데
16 욥은 쓸데없이 입을 열어
분별없이 말을 늘어놓고 있습니다.

엘리후의 넷째 담론

36 1 엘리후가 말을 계속하였다.

하느님의 교육

2 당신께 알려 드릴 터이니 조금만 기다리십시오.
하느님을 대신하여 드릴 말씀이 아직 있습니다.
3 저는 먼 곳에서 지식을 구해 와
저를 지으신 분의 의로움을 밝히겠습니다.
4 참으로 제 말은 거짓이 아니며
당신 곁의 이 몸은 완전한 지식을 갖추었습니다.

36,1-37,24. 네 번째 담론에서 엘리후는 창조주의 의로움과 위대함을 역설한다. 이 담론은 첫 부분에서 새로운 요소를 도입한다(36,1-21 참조). 욥은 하느님께서 대답하지 않으신다고 하지만 하느님의 대답은 바로 그 고통이다. 고통은 치료약과 같은 벌로, 불의한 이들을 회개로 부르고 의인들이 더 많은 것을 배우도록 한다.

5 사실 하느님은 위대하신 분이시지만 아무도 업신여기지 않으시고
분별력이 뛰어나신 분이십니다.
6 악인은 살려 두지 않으시고
가련한 이들의 권리는 보장하십니다.
7 의인에게서 당신의 눈을 떼지 않으시고
늘 임금들과 함께 왕좌에 앉게 하시어
그들을 존귀하게 만들어 주십니다.
8 그러나 그들이 사슬에 묶이고
고통의 굴레에 얽매이면
9 그들이 저지른 것을 알려 주십니다,
그들의 죄악들을, 또 교만하게 행동하였음을.
10 교훈을 듣도록 그들의 귀를 열어 주시고
악행에서 돌아서라고 명령하십니다.
11 그들이 순종하여 그분을 섬기면
자기의 나날을 행복 속에서,
자기의 해들을 즐거움 속에서 마칩니다.
12 그러나 순종하지 않으면 죽음의 수로를 건너게 되고
깨달음 없이 숨을 거두게 됩니다.
13 마음이 불경스러운 자들은 화를 품어
그분께서 그들을 얽매시어도 도움을 청하지 않습니다.
14 그들의 목숨은 한창때에,
그들의 생명은 수치 속에 다해 갑니다.
15 그러나 그분께서는 가련한 이를 그 고통으로 구하시고
재앙으로 그 귀를 열어 주십니다.

욥에 대한 경고

16 그분께서는 당신도 재난의 아귀에서 끌어내셨습니다,
거칠 것 없이 넓은 곳으로.
당신의 아늑한 식탁은 기름진 음식으로 채워졌습니다.
17 그러나 당신은 악인에 대한 심판에 사로잡혀 있습니다.
심판과 재판이 당신을 붙잡고 있는 것입니다.
18 진노가 넘친다 하여 반항으로 이끌리지도,
속전이 넉넉하다고 하여 현혹되지도 말아야 합니다.
19 어려움도 온갖 애씀도 없이 얻은 당신의 부가
무슨 소용이 있겠습니까?
20 밤을 갈망하지 마십시오.
백성들이 제자리에서 사라지는 때입니다.
21 조심하여 악행으로 기울지 마십시오.

36,12. "죽음의 수로를 건너게 되고" 죽게 되리라는 뜻이다. 33,18의 주 참조.

36,14. "수치 속에" 자구적으로는 "신전 남창들 사이에서"이다. 아마도 이스라엘 율법에서 엄격히 단죄되었고 기원전 622년 요시야 개혁으로 성전에서 추방된 종교적 남창을 가리킬 것이다(2열왕 23,7; 또한 신명 23,18; 1열왕 14,24 참조). 더 일반적 의미로 삶의 가장 아름다운 시기를 매춘으로 망치는 젊은이를 지칭할 수도 있다.

그것을 고통보다 더 좋아하시는 것 같군요.

22 보십시오, 하느님은 당신 권능으로 숭고하신 분.
누가 그분 같은 스승이 될 수 있습니까?
23 누가 그분께 길을 지시하였으며
누가 "당신은 불의를 저질렀소." 하고 말하였습니까?
24 명심하여 그분의 업적을 칭송하십시오,
사람들이 노래한 그 업적을.
25 모든 사람이 그것을 보아 왔고
인간이면 그것을 멀리서도 볼 수 있답니다.

가을의 주님

26 보십시오, 하느님께서는 우리가 깨달을 수 없이 위대하시고
그분의 햇수는 헤아릴 수 없답니다.
27 그분께서 물기를 뽑아 올리시니
안개에서 비가 걸러진답니다.
28 구름이 흘러내리면
수많은 사람들 위로 떨어집니다.
29 진정 누가 구름의 넓이를,
그분 거처의 뇌성을 깨달을 수 있습니까?
30 보십시오, 그분께서는 당신 둘레에 빛을 퍼뜨리시고
바다의 밑바닥을 덮으십니다.
31 이것들로 민족들을 다스리시며
양식을 풍성히 베푸십니다.
32 당신 손바닥에 빛을 채우시어
표적을 향하여 내던지십니다.
33 그분의 천둥은 그분의 현존을 선포합니다.
그분은 불의를 거슬러 분노를 터뜨리시는 분이십니다.

36,27-28. 물의 순환이 시적으로 묘사된다. 물은 땅에서 증발하여 구름이 되고, 구름은 다시 땅에 비로 물을 돌려준다. 엘리후는 자연에 대한 지식을 열거해 자신이 진정한 현인임을 입증한다(1열왕 5,13-14 참조).

36,30. (그분의) "빛"은 히브리어 본문을 자구적으로 따른 것이다. 히브리어 자음 레쉬는 달렛과 매우 비슷하므로 문맥을 고려하여 명사 "그의 빛"('오로')을 "그의 증기", "그의 안개"('오도')로 바꿀 것을 제안하기도 한다.

36,23 이사 40,13; 로마 11,33-34. 36,29 이사 40,12. 36,30 집회 1,3.

36,22. 엘리후는 여기서 37,24까지 이어지는 하느님의 위대함에 대한 찬가를 시작한다. 여기서 주님은 자연의 힘들을 지배하시고 그 위에 당신 어좌를 두신 분으로 기려진다. 하느님은 당신 자신을 드러내시기 위해서도 자연 현상들을 사용하신다. 성경의 많은 단락에서 피조물의 힘은 그분의 현존을 감추고 있다(탈출 19,19; 시편 29,3; 104,7; 집회 43,17; 에제 1,24 참조).

36,29. "거처"는 유목민들을 바람과 모래 폭풍에서 보호해 주는 천막이다. 고대인들에게 이 천막은 땅을 덮어 보호해 주는 하늘의 상징이 되었다. 보호 천막은 때로 하느님의 자비와 도우심의 상징이 되기도 한다.

겨울의 주님

37 [1] 이 때문에 나의 심장은 떨다 못해
제자리에서 퉁겨 나려 하는군요.

[2] 그분의 커다란 소리를 귀담아들으십시오,
그분 입에서 터져 나오는 포효를.
[3] 그분께서는 그것을 온 하늘 아래로 울려 퍼지게 하시고
당신의 빛을 세상 가장자리까지 비치게 하십니다.
[4] 그 빛에 이어 소리가 터지니
당신의 장엄한 소리로 울리시는 천둥입니다.
그분의 소리가 들릴 때마다
번개들이 멈추지 않습니다.
[5] 하느님은 당신의 소리로 신비로이 천둥 치게 하시는 분,
우리가 깨달을 수 없는 위대한 일들을 하시는 분이십니다.
[6] 그분께서는 눈에게 "땅에 내려라." 명령하시고
큰비에게는 "세차게 내려라." 명령하십니다.
[7] 모든 사람의 일손을 막으시니
모든 인간이 그분의 일을 깨닫게 하시려는 것입니다.
[8] 그러면 짐승들은 은신처로 들어가
보금자리에 몸을 누입니다.
[9] 폭풍은 곳집에서 불어오고
추위는 북풍과 함께 옵니다.
[10] 하느님의 입김에서 얼음이 나오고
넓은 물은 얼어서 단단하게 됩니다.
[11] 그분께서는 먹구름을 물기로 가득 채우시고
번개 구름에서 빛을 흩으십니다.
[12] 그것들은 사람 사는 세상 어디든
그분께서 자기들에게 명령하신 일을 이루려고
그분의 지휘에 따라
그 둘레를 돕니다.
[13] 형벌을 위해서건, 당신의 땅을 위해서건
은혜를 위해서건 그분께서는 그것을 들어맞게 하십니다.

37,2-5. 이 구절에서 "소리"라는 단어가 다섯 번 사용된다. 이는 시편 29에서 같은 명사가 일곱 번 반복되는 것을 연상시킨다. 이 단어는 이중적인 의미를 지닌다. 하느님의 목소리를 지칭하는 동시에 천둥을 뜻하는 것이다. 시나이산에서 모세가 하느님 목소리를 들었을 때 백성은 무서운 천둥소리를 들었을 뿐이다(탈출 20,18; 신명 5,24; 시편 77,19; 집회 43,17; 또한 요한 12,29; 묵시 14,2 참조).

37,7. "모든 사람의 일손을 막으시니" 자구적으로는 손에 봉인을 치신다는 뜻으로, 겨울에 하느님께서 사람들이 일하지 못하게 하심을 의미한다. 겨울은 하느님만이 일하시는 때이기 때문이다.

37,13. 이 구절은 분명치 않다. 시편 105에서처럼 하느님께서 기후 현상들을 처벌의 도구 또는 축복의 도구로 사용하심을 가리키는 것으로 생각된다(또한 집회 39,28.30 참조).

37,2 시편 19. 37,10 시편 147,17.

37,1-24. 욥의 친구들은 무대에서 사라진다. 전통적 지혜는 다양한 어조로 그 요점들을 역설했다. 하느님은 의로우시며 정의에 따라 갚아 주신다는 것이다. 하느님은 무한히 위대하시고 전능하시므로, 인간은 그분을 이해하려고 할 수 없고 그분께 도전하는 것은 더욱 불가능하다. 무대에는 실망하고 좌절한, 무력하고 지극히 외로운 욥만 남아 있다. 끝까지 굴욕을 맛본 이 인간에게 마침내 하느님께서 응답하신다.

37,17. 바람의 이름들에 관하여 아가 4,16의 주 참조.

37,24. "그분께서는 스스로 지혜롭다는 자는 아무도 거들떠보지 않으십니다." 히브리어로 "그분께서는 마음이 지혜로운 사람은 아무도 보지 않으십니다." 번역문에서는 마음이 결정과 감정이 성숙되는 자리라는 의미를 명시한다. 대중 라틴말 성경도 이러한 의미를 포착한 것으로 보인다("스스로 지혜롭다고 여기는 모든 이들"). 이와 달리 새 대중 라틴말 성경은 "스스로 마음이 지혜롭다고 여기는 사람"으로 되어 있다.

여름의 주님

14 욥이시여, 이것에 귀를 기울이십시오.
잠깐 멈추고 하느님의 놀라운 업적을 살펴보십시오.
15 하느님께서 그것들을 어떻게 통솔하시는지,
당신 구름에서 어떻게 빛을 번쩍이게 하시는지 당신은 아십니까?
16 구름이 어떻게 두둥실 떠 있는지 아십니까?
완전한 지식을 갖추신 분의 신비로운 업적을 당신은 아십니까?
17 남풍으로 땅이 숨죽일 때
자기 옷조차도 뜨겁게 느끼시는 당신이
18 그분과 함께 하늘을 펴실 수 있단 말입니까?
부어 만든 거울처럼 단단한 저 하늘을?

19 그분께 무어라 말씀드려야 할지 우리에게 가르쳐 보십시오.
우리야 어두워서 아무것도 내놓지 못하는 처지가 아닙니까?
20 제가 이야기하고 싶다고 그분께 여쭈어야 하겠습니까?
대관절 누가 파멸하고 싶다고 말한 적이 있단 말입니까?

하느님의 광채

21 이제 바람이 불어 하늘을 맑게 하고
거기에 빛이 밝게 비추면
사람들은 그것을 똑바로 볼 수 없습니다.
22 북녘에서 금 빛살이 솟아오르니
두려운 위엄이 하느님을 둘러싼답니다.
23 전능하신 분, 우리는 그분을 찾아낼 수 없습니다.
권능과 공정이 뛰어나신 분,
정의가 넘치시는 분, 그분께서는 억누르지 않으십니다.
24 그래서 사람들은 그분을 경외합니다.
그분께서는 스스로 지혜롭다는 자는 아무도 거들떠보지 않으십니다.

37,18 창세 1,6.

37,23-24. 엘리후의 긴 담론의 결론은, 그렇게 위대하고 지혜로우신 하느님께서는 부당하게 사람을 억압하지 않으시고 또한 작고 오만한 욥이 하느님에 대해 증명하려고 하는 것을 두려워하지도 않으신다는 것이다. 15-20절에서 엘리후가 욥에게 던진 질문은 하느님께서 직접 말씀하실 때 던지실 질문을 예고하며, 욥에게 자신이 작고 무지한 피조물임을 느끼게 하는 역할을 한다. 엘리후의 담론은 친구들 주장에 비하여 크게 새로운 요소는 없으며, 하느님의 위대함을 흠숭하라는 권고로 끝난다. 그것이 참된 지혜이다.

주님의 말씀

주님의 첫째 말씀

38 1 주님께서 욥에게 폭풍 속에서 말씀하셨다.

네가 누구냐

2 지각없는 말로
내 뜻을 어둡게 하는 이자는 누구냐?
3 사내답게 네 허리를 동여매어라.
너에게 물을 터이니 대답하여라.

땅의 주재자

4 내가 땅을 세울 때 너는 어디 있었느냐?
네가 그렇게 잘 알거든 말해 보아라.
5 누가 그 치수를 정하였느냐? 너는 알지 않느냐?
또 누가 그 위에 줄을 쳤느냐?
6 그 주춧돌은 어디에 박혔느냐?
또 누가 그 모퉁잇돌을 놓았느냐?
7 아침 별들이 함께 환성을 지르고
하느님의 아들들이 모두 환호할 때에 말이다.

바다의 주재자

8 누가 문을 닫아 바다를 가두었느냐?
그것이 모태에서 솟구쳐 나올 때,
9 내가 구름을 그 옷으로,
먹구름을 그 포대기로 삼을 때,

38,4-6. 히브리인들의 우주관에 따르면 땅은 넓고 평평하며 바다 밑바닥에 서 있는 기둥들로 받쳐져 있는 것이다. 시편 24,2; 89,12; 102,26; 104,5 참조. 건축물의 크기에 관하여, 예레 31,39; 즈카 2,5-9 참조. 모퉁잇돌에 관하여, 이사 28,16; 시편 118,22. 또한 욥 26,6-14 주 참조.

38,4. 일련의 질문들이 시작되는데, 흔히 상당한 역설이 들어 있다. 그 목적은 욥이 자신의 무지를 대면하게 하는 것이다. 인간은 하느님의 계획을 조금도 이해할 수 없으며 그 계획에 이의를 제기하려는 사람은 참으로 무지한 것이다.

38,8-11. 태초의 바다에 대한 신화적 표상이 다시 사용된다. 하느님께서 그 바다에 넘어오지 말라는 경계를 그어 주셨다(잠언 8,29; 예레 5,22 참조).

38,5 즈카 1,16. 38,7 바룩 3,34.

38,1-39,30. 욥은 하느님께 자신의 주장을 법정으로 가져갈 것을 요청했다. 하느님은 그의 요구를 받아들이시고 개입하신다. 그분은 우주의 창조주이며 주님으로서 하늘(38,7.19-38 참조), 땅(38,4-6.39-39,30 참조), 바다를(38,8-11.16 참조) 지배하신다. 처음부터(38,2-3 참조) 하느님께서 반격하신다는 것이 명백하다. 그분의 생각은 그 생각에 대해 판단하려고 나서는 욥의 생각보다 훨씬 높이 있고, 그 생각에는 깊은 일관성이 있어 모든 실재에 초월적 의미를 부여한다. 묘사에서는 가나안과 바빌론 신화의 표상들을 사용하며, 그 민족들이 하급 신들로 여기던 "아침 별"과 "하느님의 아들들"로 구성된 천상 조정을 제시한다(38,7). 바다를 가두어 둔다는 묘사도 신화적 표현에 속한다. 셈족에게 바다는 세상의 시작 순간에 하느님에 의하여 정복된 혼돈의 세력을 나타냈다. 그러나 성경 저자들은 이러한 은유들을 사용하면서 신화와 반대의 종교적 시각을 표현한다. 주님만이 우주를 지배하시고 모든 것의 창조주이시다.

38,1.8-11. 나해 연중 제12주일에 이 본문을 읽으며, 당신 말씀으로 바람을 잠재우시고 제자들을 죽음의 두려움에서 해방하시는 예수님의 권위(마르 4,35-41)와 병행시킨다.

38,13. 땅을 벌레를 떨어내는 이불과 같이 상상한다. (체와 연관된) 떨어내는 표상은 아모 9,9에도 나타난다.

38,22. 비, 눈, 우박은 우주의 궁창 위에 있는 곳간에 쌓여 있다고 상상했다(창세 1,7 참조).

10 내가 그 위에다 경계를 긋고
빗장과 대문을 세우며
11 "여기까지는 와도 되지만 그 이상은 안 된다.
너의 도도한 파도는 여기에서 멈추어야 한다." 할 때에 말이다.

12 너는 평생에 아침에게 명령해 본 적이 있느냐?
새벽에게 그 자리를 지시해 본 적이 있느냐?
13 그래서 새벽이 땅의 가장자리를 붙잡아 흔들어
악인들이 거기에서 털려 떨어지게 말이다.
14 땅은 도장 찍힌 찰흙처럼 형상을 드러내고
옷과 같이 그 모습을 나타낸다.
15 그러나 악인들에게는 빛이 거부되고
들어 올린 팔은 꺾인다.

16 너는 바다의 원천까지 가 보고
심연의 밑바닥을 걸어 보았느냐?
17 죽음의 대문이 네게 드러난 적이 있으며
암흑의 대문을 네가 본 적이 있느냐?
18 너는 땅이 얼마나 넓은지 이해할 수 있느냐?
네가 이 모든 것을 알거든 말해 보아라.

빛과 어둠의 주재자

19 빛이 머무르는 곳으로 가는 길은 어디 있느냐?
또 어둠의 자리는 어디 있느냐?
20 네가 그것들을 제 영토로 데려갈 수 있느냐?
그것들의 집에 이르는 길을 알고 있느냐?
21 그때 이미 네가 태어나
이제 오래 살았으니 너는 알지 않느냐?

기후의 주재자

22 너는 눈 곳간에 들어간 적이 있으며
우박 곳간을 본 적이 있느냐?
23 내가 환난의 때와
동란과 전쟁의 날을 위하여 저장해 둔 것들을?
24 빛이 갈라지는 길은 어디 있느냐?

38,11 시편 104,6-9. 38,22 탈출 9,18-26; 이사 28,17; 30,30.

샛바람이 땅 위에서 흩어지는 그 길은?
25 누가 큰비를 위하여 수로를 깎아 텄으며
뇌성 번개를 위하여 길을 놓았느냐?
26 인간이 없는 땅,
사람이 살지 않는 광야에 비가 내리고
27 황폐하고 황량한 광야를 흠뻑 적시며
풀밭에 싹이 트게 하려고 누가 길을 놓았느냐?
28 비에게 아버지가 있느냐?
또 누가 이슬방울들을 낳았느냐?
29 누구의 모태에서 얼음이 나왔느냐?
또 하늘의 서리는 누가 낳았느냐?
30 물이 돌처럼 단단해지고
심연의 표면이 얼어붙을 때에 말이다.

하늘의 주재자

31 너는 묘성을 끈으로 묶을 수 있느냐?
또 오리온자리를 매단 밧줄을 풀 수 있느냐?
32 너는 별자리들을 제시간에 이끌어 내고
큰곰자리를 그 아기별들과 함께 인도할 수 있느냐?
33 너는 하늘의 법칙들을 아느냐?
또 네가 땅에 대한 그의 지배를 확정할 수 있느냐?
34 너는 구름에게 호령하여
큰물이 너를 뒤덮게 할 수 있느냐?
35 네가 번개들을 내보내서 그것들이 제 길을 가며
너에게 "예, 알았습니다." 하고 말하느냐?

36 누가 따오기에게 지혜를 내렸느냐?
또 누가 수탉에게 슬기를 주었느냐?
37 누가 구름들을 지혜로 헤아릴 수 있느냐?
또 누가 하늘의 물통을 기울일 수 있느냐?
38 먼지가 덩어리로 굳어지고
흙덩이들이 서로 달라붙을 때에 말이다.

38,35. 하느님은 번개를 만들어 내시고 세상을 지배하고 당신 백성을 지키기 위하여 원수들에게 번개를 치시는 분으로 여겨진다(시편 77,16.18; 135,7 참조). 하느님과 그분의 목소리, 천둥과 번개를 연결하는 관계에 관하여, 37,2-5의 주 참조.

38,36. 부정한 새들 가운데 하나로 언급된 늪지의 새 따오기는 (신명 14,16 참조) 고대에 (아마도 이집트의 신을 암시하면서) 마치 닭이(여기에만 사용되는 단어이다) 아침을 예고하는 역할을 하듯이 나일강의 범람을 예고하는 역할을 한다고 여겨졌다.

38,39-41. 잠언 30,30에서 사자는 가장 강한 동물로 일컬어진다. 이스라엘의 용감한 인물들은 사자와 싸워 그 용맹함을 꺾었다(판관 14,6; 1사무 17,34-37; 2사무 23,20 참조). 하느님은 이러한 야생 동물도 돌보신다(시편 104,21.27.28 참조). 까마귀는 황야에 사는 동물에 속한다(이사 34,11 참조). 까마귀는 아름답다고도 일컬어지고(아가 5,11 참조) 잔인하다고도 일컬어진다(잠언 30,17 참조).

39,1. 바위 산양과 사슴은 민첩함과 아름다움을 떠올린다(시편 18,34; 104,18; 아가 8,14; 이사 35,6 참조). 암사슴(또는 새끼 사슴)은 성과도 연관된다(잠언 5,19; 아가 2,9.17 참조).

39,5. 들나귀는 자유롭게 들판을 돌아다니는 에사우와 연관된다(창세 16,12 참조). 큰 수고를 견디는 동물이지만(욥 24,5 참조), 지금의 문맥에서는 자유롭게 움직임을 강조한다(이사 32,14; 예레 14,6 참조).

39,9-10. 이 구절의 의미는 야생 동물(들소)을 길들여 그들의 야생적 본능에 속하지 않는 무엇을 하게(밭을 갈게) 할 수 없다는 것이다.

동물 세계의 주재자

39 너는 암사자에게 먹이를 사냥해 줄 수 있으며
힘센 사자의 식욕을 채워 줄 수 있느냐?
40 그것들이 보금자리 속에 웅크리고 있거나
덤불 속에 숨어 기다리고 있을 때에 말이다.
41 누가 까마귀에게 먹이를 장만해 주느냐?
새끼들이 하느님에게 아우성치며
먹을 것 없이 헤매 돌아다닐 때에 말이다.

39 1 너는 바위 산양이 해산하는 시간을 알며
사슴이 산고를 치르는 것을 살펴보았느냐?
2 너는 그것들이 만삭이 되는 때를 셈할 수 있으며
해산하는 시간을 알 수 있느냐?
3 그것들이 몸을 구부려 새끼들을 낳고
배 속에 든 것들을 내보내면
4 그 어린것들은 들판에서 튼튼하게 자라
떠나가서는 어미에게 다시 돌아오지 않는다.

5 누가 들나귀를 자유롭게 놓아주었느냐?
돌나귀의 굴레를 누가 풀어 주었느냐?
6 내가 광야를 그의 집으로,
소금 땅을 그의 거처로 삼아 주었다.
7 그것은 성읍의 소란을 비웃고
몰이꾼의 고함을 듣는 일 없이
8 제 목초지인 산들을 기웃거리며
온갖 풀을 찾아다닌다.

9 들소가 너를 섬기려 하겠느냐?
네 구유 옆에서 밤을 지내겠느냐?
10 너는 밧줄로 들소를 고랑에다 맬 수 있느냐?
그것이 네 뒤를 따라 골짜기를 갈겠느냐?
11 그 힘이 세다고 네가 그것을 신뢰할 수 있으며

38,39-39,30. 땅과 기후 현상, 하늘과 별들, 그리고 바다 다음으로 저자는 동물 세계를 살펴본다. 그들에 대한 지식은 지혜문학 사고의 중요한 학문적 관심사 가운데 하나였다. 몇몇 동물들의 힘, 다른 동물들의 아름다움과 용기, 그들의 본능은 하느님의 위대하심을 보여 주며 뛰어난 시문학 작품으로 묘사된다. 열 종류가 언급되는데 들짐승 여섯 가지(사자, 바위 산양, 사슴, 들나귀, 들소, 말), 날짐승 다섯 가지(까마귀, 타조, 매, 독수리)이다. 전체적인 의미는 이 동물들의 습관을 되풀이하여 말하는 데서 알아볼 수 있다. 그것은 흔히 야생적이고 부정하고 황폐하며(광야에 산다) 혼란스럽다. 이들이 정해진 질서를 위협해도 하느님은 그들을 없애지 않으시고 그들을 알고 통제하신다.

네 일을 그것에게 맡길 수 있느냐?
12 너는 그것이 돌아오리라고,
네 곡식을 타작마당으로 모아들이리라고 믿느냐?
13 타조가 날개를 즐겁게 푸덕댄다고
과연 그것이 황새의 깃이며 털이 될 수 있느냐?
14 타조는 땅에 알을 낳아 놓고
흙 위에서 따뜻해지라고 버려두고서는
15 그것을 발이 뭉개는지,
들짐승이 짓밟는지 잊어버리고 만다.
16 새끼들을 제 것이 아닌 양 거칠게 다루고
제 노고가 허사 됨을 두려워하지도 않으니
17 하느님께서 그것에게 지혜를 허락하지 않으시고
슬기를 나누어 주지 않으셨기 때문이다.
18 그러나 그것은 날개를 높이 칠 때면
말과 기수를 우습게 여긴다.

19 너는 말에게 힘을 넣어 줄 수 있느냐?
그 목을 갈기로 입힐 수 있느냐?
20 너는 말을 메뚜기처럼 뛰게 할 수 있느냐?
거만한 콧김으로 공포를 자아내는 그런 말을?
21 그것은 골짜기에서 기분 좋게 땅을 차다가
적의 무기를 향하여 힘차게 달려간다.
22 두려움을 비웃으며 당황하지 않고
칼 앞에서도 돌아서지 않는다.
23 그 위에서는 화살통이 덩그렁거리고
창과 표창이 번뜩거리지만
24 흥분과 광포로 땅을 집어삼킬 듯
뿔 나팔 소리에도 멈추어 서지 않는다.
25 뿔 나팔이 울릴 때마다 "히힝!" 하고 외치며
멀리서도 전투의 냄새를 맡고
장수들의 우레 같은 고함과 함성을 듣는다.

26 네 슬기로 매가 날아오르고
남녘을 향해 그 날개를 펴느냐?
27 또 네 명령에 따라 독수리가 치솟고
높은 곳에 둥지를 트느냐?
28 그것은 바위 위에 살며 밤을 지내니

39,13-18. 타조는 더운 한낮에 알을 모래로 덮어 버려두는 습성 때문에 어리석음으로 유명했다. 그래서 타조는 새끼를 돌보지 않는 잔인한 동물로 여겨졌다(애가 4,3 참조). 승냥이들과 함께 타조는 광야에 산다(욥 30,29; 이사 43,20; 예레 50,39 참조).

39,19-25. 성경의 다른 단락에서도 말은 전쟁 능력 때문에 칭송을 받는다(판관 5,22; 예레 8,6 참조). 욥기에서는 말의 용기를 인정하는데, 이 표상은 시편 147,10에서도 나타나지만 부정적 의미도 지닌다. 하느님은 인간을 (말의 힘과 같은) 힘으로 판단하지 않으시고 그의 신심에 따라 판단하신다.

39,26-30. 매는 여기서 언급되고 또 부정한 동물의 목록에 언급된다(레위 11,16; 신명 14,15 참조). 매의 방향감각과 타고난 지능을 칭찬하는데 이것은 욥의 공으로 이루어진 것이 아니다. 독수리 역시 부정한 짐승에 속하며(신명 14,12 참조) 민첩함으로 특히 유명하다(2사무 1,23; 잠언 30,19; 예레 4,13; 애가 4,19; 하바 1,8 참조). 독수리는, 모든 이들 위에 계시며 당신 백성을 이집트 종살이에서 해방하시는 분의 상징이기도 하다(탈출 19,4; 신명 32,11; 또한 묵시 12,14 참조).

39,19-25. 시적으로 세련된 이 구절은 말을 묘사한다. 주로 전투에서 사용되던 이 고귀하고 용맹한 동물에 대한 경탄을 표현한다.

바위 벼랑 끝이 그의 성채다.
29 거기에서 먹이를 찾아 살피고
그 눈은 멀리까지 바라본다.
30 그 새끼들은 피를 들이켜고
주검이 있는 곳에는 독수리도 있다.

주님의 꾸짖으심

40 1 주님께서 욥에게 계속 말씀하셨다.
2 불평꾼이 전능하신 분과 논쟁하려는가?
하느님을 비난하는 자는 응답하여라.

욥의 첫째 답변

유구무언

3 그러자 욥이 주님께 대답하였다.
4 저는 보잘것없는 몸, 당신께 무어라 대답하겠습니까?
손을 제 입에 갖다 댈 뿐입니다.
5 한 번 말씀드렸으니 대답하지 않겠습니다.
두 번 말씀드렸으니 덧붙이지 않겠습니다.

주님의 둘째 말씀

6 그러자 주님께서 욥에게 폭풍 속에서 말씀하셨다.

주님의 꾸짖으심

7 사내답게 허리를 동여매어라.
너에게 물을 터이니 대답하여라.
8 네가 나의 공의마저 깨뜨리려느냐?
너 자신을 정당화하려고 나를 단죄하려느냐?
9 네가 하느님 같은 팔을 지녔으며

40,4. "손을 제 입에 갖다 대는" 행동은 침묵함을 나타낸다(판관 18,19; 집회 5,12; 지혜 8,12; 미카 7,16 참조). 앞에서는 욥이 친구들에게 손을 입에 대고 침묵하라고 말했다(21,5 참조). 이제는 그가 하느님의 전능 앞에서 침묵해야 함을 깨닫고 입을 막는다.

40,7. 이 구절은 하느님께서 대답을 시작하시는 38,3과 동일하다. 허리를 동여매는 것은 책임을 갖고 어떤 일을 맡는 사람의 단호한 태도를 나타낸다(탈출 12,11; 2열왕 4,29; 9,1; 나훔 2,2; 또한 루카 12,35 참조).

40,1-41,26. 하느님의 말씀은 계속해서 커다란 신화적 괴물들을 묘사하는데, 그 문체는 38,1-39,30과 다른 저자에 의한 것으로 보인다. 그러나 이 장들은 시적으로 매우 뛰어나다.

40,1-5. 이 구절은 욥의 첫 번째 회심을 담고 있다. 하느님을 고발하던 그는 이제 피고인이 된다. 헤아릴 수 없는 하느님의 지혜 앞에서 욥의 죄는 교만한 무지였다. 그는 침묵할 뿐이다.

40,7-8. 하느님은 계속해서 생동감 있는 반어법으로 상대방을 재촉하신다. 앞에서 욥이 사용한 것과 같은 법률적 문체와 어휘들을 사용하신다.

그와 같은 소리로 천둥 칠 수 있느냐?
10 존귀와 엄위로 꾸미고
존엄과 영화로 옷을 입어 보아라.
11 너의 그 격렬한 분노를 쏟아부어라.
교만한 자는 누구든 살펴 그를 낮추어 보아라.
12 교만한 자는 누구든 살펴 그를 꺾고
악인들은 그 자리에서 짓밟아 보아라.
13 그들을 모두 흙 속에 숨기고
숨긴 곳에서 그들의 얼굴을 염포로 묶어 보아라.
14 그러면 나도 너를 인정하리니
너의 오른손이 너를 구원할 수 있기 때문이다.

브헤못

15 보아라, 내가 너를 만들 때
함께 만든 브헤못을!
그것은 소처럼 풀을 뜯고 있다.
16 보아라, 그 허리의 힘을,
그 배의 근육을.
17 꼬리는 삼나무처럼 쭉 뻗고
허벅지의 힘줄들은 얽혀 있으며
18 뼈는 구리 통 같고
갈비는 쇠 방망이 같다.
19 그것은 하느님의 첫 작품
동료들의 우두머리로 만들어졌다.
20 산들이 그에게 소출을 바치니
들의 모든 짐승이 곁에서 뛰논다.
21 그것은 연나무 밑
갈대와 늪으로 된 은신처에 엎드려 있다.
22 연나무는 그것을 그늘로 가려 주고
냇가의 버드나무는 그것을 에워싸 준다.
23 보아라, 강물이 소용돌이쳐도 그는 질겁하지 않고
요르단강이 제 입까지 솟구쳐 와도 태연하다.
24 그것이 눈을 뜨고 있는데 잡을 수 있으며
올가미로 그 코를 꿸 수 있겠느냐?

레비아탄

25 너는 갈고리로 레비아탄을 낚을 수 있으며

40,25-41,26. 이 긴 단락은 또 하나의 원초적 괴물인 레비아탄을 자세히 묘사한다. 레비아탄은 무서운 악어로 여겨졌다.

40,13. "숨긴 곳에서"는 무덤이나 감옥을 지칭할 것이다.

40,15. "브헤못"은 "하마"로 추정하여 번역하기도 한다. (새) 대중 라틴말 성경은 히브리어 명사를 그대로 두며('브헤못'), 그리스어 번역본은 일반적인 "동물들"로 옮긴다. 이 히브리어 단어는 형식적으로 복수형이며 "거대한 짐승"을 뜻할 것이다. 거친 힘을 상징하기도 하고 신화적 괴물로 여겨지기도 한다.

40,19. "하느님의 첫 작품"은 시간적인 의미가 아니라(잠언 8,22에서는 지혜가 가장 먼저 창조되었다고 말한다) 이 짐승이 나타내는 크기와 힘에 관한 상징적 표현이다(태초의 혼돈). 이 절의 둘째 부분은 뜻이 분명치 않아 여러 가지로 번역된다. a) 히브리어 본문을 옮기면 "그의 창조주(만이) 당신 칼로 그것에 다가가실 수 있다."이다. b) 그리스어 번역본은 "(주님께서) 당신 천사들이 가지고 놀도록 그것을 만드셨다."로 되어 있다. c) (새) 대중 라틴말 성경은 "그것을 창조하신 분이 (그것에게) 당신 칼(즉 뾰족한 앞니)을 주셨다."이다.

40,29. 아이들을 즐겁게 하려고 작은 동물들을 잡는 것을 암시한다.

줄로 그 혀를 내리누를 수 있느냐?
26 너는 골풀로 그 코를 꿸 수 있으며
고리로 턱을 꿰뚫을 수 있느냐?
27 그것이 너에게 애걸복걸하며
네게 유순하게 말을 하겠느냐?
28 너는 그것과 계약을 맺어
평생 종으로 부릴 수 있느냐?
29 너는 그것을 새처럼 노리개로 삼을 수 있으며
네 계집아이들을 위하여 끈으로 묶을 수 있느냐?
30 상인들이 그것을 놓고 흥정을 벌이고
장사꾼들이 그것을 나누어 가질 수 있느냐?
31 너는 그 살가죽을 창으로,
그 머리를 온통 물고기 작살로 채울 수 있느냐?
32 손을 그 위에 얹어라도 보아라.
그것과 싸울 생각을 하면 다시는 손도 대지 못한다.

41

1 보아라, 사람이 그것을 잡을 수 있다는 희망은
환상일 뿐
보기만 해도 놀라 넘어진다.
2 그것을 흥분시킬 만큼 대담한 자 없는데
하물며 그 누가 내 앞에 나설 수 있느냐?
3 하늘 아래 모든 것이 다 내 것인데
갚으라고 외치며 나에게 맞서는 자가 누구냐?

4 그것의 다리 이야기를 어찌 빼놓을 수 있겠느냐?
그 힘과 빼어난 모습을 어찌 말하지 않을 수 있겠느냐?
5 누가 그것의 겉옷을 벗길 수 있느냐?
누가 그 겹 갑옷을 꿰뚫을 수 있느냐?
6 그 이빨 둘레에는 공포가 서려 있는데
누가 그 입을 열어젖힐 수 있느냐?
7 그 등은 방패들이 늘어선 줄 같은데
단단한 봉인으로 닫혀 있고
8 하나하나 맞닿아
그 사이로 바람조차 스며들지 못한다.
9 그것들은 서로 굳게 붙고
꼭 끼어 있어 떨어지지 않는다.

10 그것의 재채기는 빛을 뿜고

눈은 여명의 햇살 같다.
11 입에서는 횃불들이 뿜어 나오고
불꽃들이 튀어나오며
12 콧구멍에서는 골풀을 때어 김을 내뿜는 단지처럼
연기가 쏟아진다.
13 그 입김은 숯불을 타오르게 하고
입에서는 불길이 치솟으며
14 목에는 힘이 서려 있어
그 앞에서는 공포가 날뛴다.
15 그것의 주름진 살들은 굳게 붙어
주조된 듯 움직이지 않는다.
16 심장은 돌처럼 단단하고
연자매 아래짝처럼 튼튼하니
17 그것이 일어서면 영웅들도 무서워하고
경악하여 넋을 잃는다.
18 칼로 찌른다 해도 소용없고
창과 화살과 표창도 마찬가지다.
19 그것은 쇠를 지푸라기로,
구리를 썩은 나무로 여기니
20 화살도 그것을 달아나게 할 수 없고
팔맷돌들은 그것에게 겨와 마찬가지다.
21 몽둥이를 지푸라기같이 여기고
표창이 날아드는 소리에도 코웃음 칠 뿐.
22 뱃가죽은 날카로운 질그릇 조각들과 같아
진흙 위에 타작기처럼 자국을 늘어놓는다.
23 그것은 해심을 가마솥처럼 끓게 하고
바다를 고약 끓이는 냄비같이 만들며
24 빛나는 길을 뒤로 남기며 나아가니
큰 물이 백발처럼 여겨진다.
25 땅 위에 그와 같은 것이 없으니
그것은 무서움을 모르는 존재로 만들어졌다.
26 높은 자들을 모두 내려다보니
그것은 모든 오만한 자들 위에 군림하는 임금이다.

41,11-13. 레비아탄에 대한 묘사는 악어에 대한 묘사를 넘어서며, 악마와 가까운 뉘앙스를 풍긴다(묵시 9,17에서 사자와 유사한 말들은 불과 연기와 유황을 내뿜는다).

41,15. "그것의 주름진 살들은 굳게 붙어" 자구적으로는 "그의 살에서 떨어지는 부분은" 곧 어떤 동물들의 목 아래에 달린 주름을 말한다. 이 짐승의 몸에는 부드러운 부분이 없어서 공격할 수가 없다(목덜미를 물 수 없다).

41,17. 이 짐승은 인간의 능력을 넘어서는 "영웅들"(자구적으로는 "신들")의 힘도 꺾는다. 이것은 이 구절이 신화적 색채를 띠게 한다. 대중 라틴말 성경("천사들")과 (새) 대중 라틴말 성경("강한 이들")은 이러한 의미를 보존했다. 그리스어 번역본들은 더 자연적인 의미로 "네발짐승들"로 옮긴다.

41,26. "오만한 자들"의 히브리어 표현은 "오만의 아들들"이다(그리스어 번역본과 새 대중 라틴말 성경도 그렇게 되어 있다). 그러므로 이것은 특정 종류의 동물들이 아니라 하느님의 권능에 맞서려 하는 모든 것을 나타낸다.

41,26 레위 26,22; 지혜 12,9; 집회 10,11.

41,26. 브헤못과 레비아탄은 존재와 역사의 모든 부정적 힘들의 상징이다. 아무도 그들에게 명령할 수 없고, 아무도 그들을 두려워하게 할 수 없고, 아무도 그들의 힘과 맹렬함을 통제할 수 없다. 창조주 하느님만 괴물 같은 이 두 피조물이 구체화하는 혼돈, 악, 무, 한계에 의무를 부여할 수 있다.

욥의 둘째 답변

42 [1] 그러자 욥이 주님께 대답하였다.

하느님 체험과 고백

2 저는 알았습니다. 당신께서는 모든 것을 하실 수 있음을,
당신께는 어떠한 계획도 불가능하지 않음을!
3 당신께서는 "지각없이 내 뜻을 가리는 이자는 누구냐?"
하셨습니다.
그렇습니다, 저에게는 너무나 신비로워 알지 못하는 일들을
저는 이해하지도 못한 채 지껄였습니다.
4 당신께서는 "이제 들어라. 내가 말하겠다.
너에게 물을 터이니 대답하여라." 하셨습니다.
5 당신에 대하여 귀로만 들어 왔던 이 몸,
이제는 제 눈이 당신을 뵈었습니다.
6 그래서 저 자신을 부끄럽게 여기며
먼지와 잿더미에 앉아 참회합니다.

맺음말

친구들에게 내리는 심판

7 욥에게 이 말씀을 하신 다음, 주님께서는 테만 사람 엘
리파즈에게 말씀하셨다. "너와 너의 두 친구에게 내 분노
가 타오르니, 너희가 나의 종 욥처럼 나에게 올바른 것을
말하지 않았기 때문이다. 8 이제 너희는 수소 일곱 마리와
숫양 일곱 마리를 가지고 나의 종 욥에게 가서, 너희 자신
을 위하여 번제물을 바쳐라. 나의 종 욥이 너희를 위하여
간청하면, 내가 그의 기도를 들어주어, 너희의 어리석음대
로 너희를 대하지 않겠다. 이 모든 것은 너희가 나의 종 욥
처럼 나에게 올바른 것을 말하지 않았기 때문이다." 9 그
러자 테만 사람 엘리파즈와 수아 사람 빌닷과 나아마 사
람 초파르가 가서, 주님께서 그들에게 말씀하신 대로 하
니, 주님께서 욥의 기도를 들어주셨다.

42,3. "지각없이 내 뜻을 가리는 이자는 누구냐?" 또는 "무지한 사람으로 누가 당신의 뜻을 어둡게 할 수 있습니까?"

42,6. 이것이 욥이 자신의 죄를 인정하는 유일한 구절이다. 먼지와 잿더미 위에 앉는 것은 용서를 얻기 위해 참회하려는 뜻을 표현한다. 욥은 이미 먼지와 재 위에 엎드려 있었지만(2,8의 주 참조), 이제야 그 행동이 참회의 의미가 있다는 것이 분명해진다.

42,7-8. 하느님은 욥의 판단에 대해 그를 비난하지 않으신다. 그가 탄원한 동기들이 정당함을 인정하신다. 오히려 친구들이 편협한 신학적 한계 안에 하느님의 헤아릴 수 없는 계획을 끼워 맞추려 한 것을 비난하신다.

42,3 38,2. 42,17 창세 25,8; 35,29

42,1-6. 특히 하느님의 놀라운 업적들에 대한 묘사에서 욥은 자신이 무한히 작음을 깨닫고 자신의 교만을 참회한다. 그는 중요한 목표에 도달했다. 자신이 갈망하던 대로 하느님을 보았다. 하느님은 그에게 당신 자신을 계시하시며 얼굴을 맞대고 말씀하셨다. 이것이 욥의 친구들이 고안한 인간의 상상에 맞서 참된 하느님 모습을 묘사하려 한 이 시의 최종 목표이다.

욥의 회복

10 욥이 제 친구들을 위하여 기도드리자, 주님께서는 그의
운명을 되돌리셨다. 주님께서는 욥이 전에 소유하였던 것
을 갑절로 더해 주셨다. 11 그의 형제들과 자매들과 옛 친
구들이 모두 그의 집에 와서 그와 함께 음식을 먹었다. 그
리고 주님께서 그에게 들이닥치게 하셨던 모든 불행에 대
하여 그를 동정하고 위로하며, 저마다 은전 하나와 금 고
리 하나를 그에게 주었다.
12 주님께서는 욥의 여생에 지난날보다 더 큰 복을 내리시
어, 그는 양 만 사천 마리와 낙타 육천 마리, 겨릿소 천 쌍
과 암나귀 천 마리를 소유하게 되었다. 13 또한 그는 아들
일곱과 딸 셋을 얻었다. 14 그는 첫째 딸을 여미마, 둘째 딸
을 크치아, 셋째 딸을 케렌 하푹이라 불렀다. 15 세상 어디
에서도 욥의 딸들만큼 아리따운 여자는 찾아볼 수 없었
다. 그들의 아버지는 그들에게도 남자 형제들과 같이 유
산을 물려주었다.
16 그 뒤 욥은 백사십 년을 살면서, 사 대에 걸쳐 자식과
손자들을 보았다. 17 이렇게 욥은 늘그막까지 수를 다하고
죽었다.

42,12-13. 많은 재산은 하느님 축복의 가장 직접적인 표현이다. 이 책의 이야기 전체에서 응보의 하느님이라는 개념이 의문에 부쳐졌다면, 욥기의 마지막에서는 (고통의 체험으로 정화된 것이지만) 그러한 하느님 표상도 회복된다. 이제야 그는 자신에게 주어진 재산에 대해 더욱 감사할 수 있게 되었다.

42,15. "유산을 물려주었다." 이것은 재산이 매우 많음을 보여 주는 것이다. 보통은 집안의 유산이 분산되지 않도록 딸들은 상속을 받지 않았다.

42,16. 장수는 하느님 축복의 표지였다.

42,14. "여미마"는 비둘기라는 뜻이고 "크치아"는 계수나무로, 귀한 향료가 되는 식물이다(시편 45,9 참조). "케렌 하푹"은 안티몬 색깔에서 나오는 것이다. (새) 대중 라틴말 성경에서 세 딸의 이름은 각각 "날", "계수나무", "안티몬 뿔"로 되어 있다. 그리스어 번역본에서는 처음 두 이름은 대중 라틴말 성경과 같고 셋째의 이름은 "아말테이아의 뿔" 곧 크레타섬의 이다산에서 제우스에게 젖을 먹인 염소의 뿔이라고 되어 있다. 여기서 '코르누코피아'(뿔 모양의 그릇)가 유래했다.

시편

제목과 정경 내의 위치

시편의 히브리어 제목 '트힐림'은 "찬양가들" 또는 "찬가들"을 뜻하는 데 비하여, 그리스어 번역본에서 택한 제목은 '프살모이' 곧 "현악기를 위한 노래들"이다. 또한 이 책은 시편집이라고도 알려져 있다. 시편집(Salterio)이라는 말은 그리스어 '프살테리온'의 음역으로, 시편을 반주하는 현악기를 가리킨다. 이러한 이름들을 볼 때 시편집은 종교 집회에서 사용하던 노래책이며 시편들은 기본적으로 공동체적인 배경에서 노래하던 기도들이다.

많은 시편들에 머리글이 있는데(제목이라고도 불린다) 이는 여러 목적을 위하여 후대에 첨가된 것이다. 어떤 머리글은 음악 용어나("노래", "시편", "찬양가", "기도") 연주를 위한 표시로 되어 있고("지휘자에게", "현악기와 더불어"), 시편과 연관된 사람들 이름도 나타난다("다윗", "아삽", "코라의 자손들", "솔로몬", "모세", "여두툰"). 다윗의 일화를 언급하는 경우도 있다("시편. 다윗, 그가 밧 세바와 정을 통한 뒤 예언자 나탄이 그에게 왔을 때", "시편. 다윗 그가 자기 아들 압살롬에게서 달아날 때").

히브리 사본 전승에서 시편은 대개 성문서('크투빔') 가운데 첫 번째로 들어 있다. 반면 그리스어 번역본인 칠십인역과 예로니모의 라틴어 번역본(대중 라틴말 성경)에서는 시서와 지혜서들이 예언서들보다 먼저 나오며 순서도 동일하지 않다. 보통 그리스어 사본들에서 순서는 시편, 잠언, 욥기이고 대중 라틴말 성경에서는 욥기, 시편, 잠언이다. 정경의 일부로 보존된 시편은 인간을 향한 하느님의 말씀이면서 하느님을 향한 인간의 말이다. 이 시편들을 통하여 모든 세대 사람들이 하느님과 만나고 자신의 슬픔과 기쁨을 하느님과 함께 나누며 하느님의 생명의 말씀을 들을 수 있다.

구조와 문학적 특성

회당의 기도 관습이나 본문의 전승 과정에서 시편집은 다섯 권으로 나뉘어졌다(1-41편; 42-72편; 73-89편; 90-106편; 107-150편). 이들 모두는 마침 영광송으로 구분된다(41,14; 72,18-19; 89,53; 106,48). 마지막 제5권에는 “할렐루야 시편”이라고 불리는 시편 모음이 있어(146-150편) 제5권과 시편집 전체를 끝맺는 영광송 역할을 한다. 이렇게 구분한 최종 동기는 분명치 않지만, 아마도 모세오경의 짜임에서 그 이유를 찾을 수 있을 것이다. “모세가 이스라엘에게 다섯 권의 율법을 주었듯이 다윗은 이스라엘에게 다섯 권의 시편을 주었다.”(미드라쉬 트힐림, 시편들에 대한 라삐 주해) 시편집은 다윗의 토라가 된다.

시편집에는 백오십 편의 시가 수집되어 있으며, 모든 시대와 상황을 위한 기도서이다. 그러나 이 책은 서로 아무 연관이 없는 개별적인 기도 모음이 아니라 전체가 유기적으로 짜여 있으며, 그 안에는 서로 연속되거나 가까이 있는 시편들 또는 유사하거나 반대되는 내용의 시편들을 연결하는 견인牽引이나 연상의 기법을 토대로 한 구조적 요소들이 들어 있다. 누구에게나 눈에 띄는 것으로는 예를 들어 시편 1-2편이 도입 역할을 하고 시편 146-150편이 끝맺음 역할을 한다는 것이다. 이 시들은 시편집 전체 틀을 형성한다. 일부 시편은 “순례의 노래”(120-134편)나 “하느님의 통치시편”(93-99편)과 같이 주제로 묶이고, 어떤 경우는 “코라 시편”, “아삽 시편”과 같이 저자에 따라 묶이며, 또 어떤 시편은 “다윗”과 같은 편집적인 머리글에 따라 묶인다. 하느님을 엘로힘이라고 지칭하는 것(42-83편은 “엘로힘 시편”이라 불린다) 또는 시편집 전반부에 집중된 개인 탄원시편과 후반부에 있는 찬양시편 등도 구조를 보여 주는 표지들이다.

그러므로 현재의 분포 상태에서 시편집은 단 하나의 시편 모음집으로 되어 있지 않고 “모음집들의 모음집”으로 되어 있다. 이 모음집은 시편 1-2편으로 시작되는데, 이들은 시편집 전체를 해석하기 위한 열쇠를 제시해 준다. 그 열쇠는 토라의 영성과 메시아 희망이다. 시편 3-41편은 다윗 시편 모음으로(10과 33은 예외) 주로 개인 탄원시편으로 되어 있으며 “첫 번째 다윗 시편집”이라고 불린다. 이어서 코라 후손들의 시편집 첫째 부분이 뒤따르는데(42-49편), 이 부분은 예루살렘 성전을 중심으로 한 시들로 되어 있다. 아삽 시편집은(50과 73-83편) 양떼 이스라엘의 목자이신 하느님을 주제로 한다. 두 번째 다윗 시편집(51-72편)과 코라 자손들의 시편집 둘째 부분은(84-85편; 87-88편) 성전에서 노래하는 이들과 연관된다. 시편 90-106편 부분에는 머리글이 없는 시편들과 하느님의 통치시편들(93과 96-100편)이 주류를 이룬다. 마지막으로 107-150편은 할렐루야 시편과 종말론적 경향의 시편이 눈에 띈다. 이 마지막 부분에 소위 세 개의 할렐 곧 파스카 할렐(113-118편), 대 할렐(135-136편), 소 할렐(146-150편)이 있다. 또한 예루살렘을 향한 순례의 노래들(120-134편)도 이 부분에 자리하고 있는데, 이들의 기원에 대해서는 상당한 논란이 있다.

시편집은 다양한 양식 또는 문학 유형들을 보이며, 학자들은 이를 여러 방식으로 분류했다. 찬양시편은 주님의 엄위하심 또는 그분의 구원 업적, 창조, 그분의 신비들, 하느님께서 활동하시고 당신 자신을 계시하시는 역사 또는 거룩한 도성 시온에 대한 찬미의 시편들이다(8; 29; 117편 참조). 탄원시편은 개인 탄원시편이나 공동 탄원시편이나 모두 질병, 불행, 재앙 등 어려운 순간들에 생겨나며 시련의 상황을 역전시킬 수 있는 주님께 대한 큰 신앙을 표현한다(3; 12 편 참조). 신뢰시편은 주님께 대한 신앙을 고백하고 주님의 도우심에 대해 그분을 찬미한다(16편 참조). 감사시편은 하느님의 현존에 대한 기쁨을 숙고하며 받았던 특별한 은총에 대해 그분을 찬미한다(30; 124편 참조). 지혜시편은 이스라엘 현인들에게서 생겨났으며 하느님 말씀과 역사, 주님을 두려워함에 대해, 또는 율법에 대한 사랑에 대해 고찰한다(1; 37; 127편 참조). 역사시편은 이스라엘 역사 안에서 하느님께서 개입하신 일들에 대해 기억하고 고백하고 묵상한다(78; 135편 참조). 전례시편은 히브리 예식에서 사용된 시편들인데 예를 들면 성전 입당 전례를 위한 시편(15; 24편 참조), 주님과의 계약을 위반한 데에 대한 고발시편(50; 81; 82편 참조), 하느님께서 사랑하시는 도성 시온의 아름다움을 선포하는 순례시편(46; 48; 122편 참조)이 있다. 참회시편은 통회를 표현하며 범한 죄에 대한 용서를 청한다(6; 32; 130편 참조). 군왕시편은 백성의 지도자인 임금이라는 인물을 공통 요소로 한다(20; 21; 72편 참조). 마지막으로 저주시편은 원수의 멸망을 요구하고 저주와 악담을 담고 있다(58; 83; 109편 참조). 그래서 이 본문들은 그리스도인들이 기도하는 데 쉽지 않은 문제를 제기한다(제2차 바티칸 공의회 이후 전례 개혁에서는 이들을 시간 전례에서 배제했다).

여기 제시한 분류는 모든 주제를 다 포괄하는 것이 아니며 완전히 명확한 것도 아니다. 많은 시편이 이 범주 가운데 어디에도 속하지 않을 뿐만 아니라, 같은 시편 안에서도 쉽게 탄원에서 청원으로, 신뢰감으로, 감사로 옮겨 가기 때문이다(115편 참조).

시편은 기도이며 시이다. 다시 말하면 이들은 종교시로서 종교적 체험에 대한 시적 표현이다. 이는 시편을 이해하기 위해서는 그 시적 기법과 자질을 찾아내고 존중할 수 있는 섬세한 미적 민감성이 필요함을 뜻한다. 예를 들어 특수 어휘들, 여러 형태의 병행, 반복, 동심 구조, 음성학적 효과, 리듬, 특히 은유, 비유, 우의, 상징 등의 다양하고 널리 사용된 표상들이 있다. 어떤 이는 상징을 시편집의 위대한 주인공이라고 정의했다.

과거에 학자들이 특히 시편의 문학 유형과 원천적 배경, 그 시적 차원에 많은 관심을 기울였다면, 최근 이십 년 사이의 연구는 시편집의 정경 해석을 향하고 있다. 개별 시편들을 어떤 의미에서 서로 독립적인 주제적·문학적 단위로 보는 것을 우선하기보다, 오늘날에는 전체로서의 시편집의 해석 곧, 연속 독서lectio continua 방식으로 이루어지는 전반적인 해석에 비중을 두는데, 이러한 해석에서 개별 시편은 그것이 들어 있는 맥락 안에서 해석된다. 이러한 새로운 접근법에 따르면 시편은 "정경적" 본문, 즉 성경을 구성하는 하나의 책(시편집)의 일부로서 연구된다. 이러한 시편집의 통일적·문학적·정경적 해석에서는 개별 요소들이 전수된 순서는 우연적인 것이 아니라 정확한 의도에 상응한다. 그러나 현대 독자들이 그 의도를 찾아내기는 쉽지 않다. 그러므로 이러한 유형의 시편 연구는 더 심화될 필요가 있다.

주요 신학 노선

모든 시대의 시인과 저술가들이 시편에서 영감을 얻었다. 시편은 깊은 기도를 표현하며 거기에 종종 풍부한 상징과 잘 짜인 구조로 뛰어난 시적 자질이 더해진다. 이들은 여러 세기에 걸친 이스라엘 역사를 포괄한다. 그 안에 정치적 사건들, 국가적 애도, 한 백성의 희망이 수렴되기 때문이다. 이 백성에게 역사는 하느님께서 인도하시는 것이므로 신성한 것일 수밖에 없다. 하느님은 당신의 구원 행위와 계시 말씀으로 개입하신다. 그분의 개입에 백성은 기도로 응답한다. 시편은 이스라엘의 기도이며, 여러 세기 동안 축적된 한 백성의 종교 체험의 표현이다. 시편은 때로는 격정적이고 때로는 평온한 기도이며, 주님께 대한 신뢰로 가득하거나 하느님의 개입이 지체되는 것 같아 초조해하는 기도이다. 개인적 기도도 있고 공동체적 기도도 있으며, 그 안에서 기도하는 이들은 기쁨으로 소리치거나 고통으로 신음하고 하느님의 행위에 기뻐하거나 그분께 응답을 요청하며 그분의 진노나 복수를 불러일으키려 한다. 한마디로 시편은 삶의 체험의 다양성과 다수성을 포괄하는 폭넓은 기도들이다. 개인적이고 집단적인 기도인 시편은 어떤 경우에나 기도할 줄 알았고 기도하기를 좋아한 백성의 증언이다. 이것은 이스라엘과 그 하느님 사이의 대화를 지탱한 말들을 담고 있으며, 그 대화 안에서 삶과 역사는 기도가 되었다. 시편이 최고의 기도 학교로 여겨지는 것은 우연이 아니다. 시편은 시이고 음악이고 몸짓이며, 인간의 분리될 수 없는 단일성을 표현하는 포괄적 언어이다. 시편은 영혼의 기도인 동시에 몸의 기도이다. 영혼이 자리한 장소인 몸이 기도하고 탄원하고 주 하느님을 찬미하는 것이다.

백오십 편의 시편에 묘사된 상황들의 다수성, 그 개별 요소들과 전체가 겪은 편집 과정의 복잡성, 문학 유형의 다양성, 제2성전 시대 성전에서의 전례적 사용 등으로 인하여 시편집의 신학적 내용을 종합하는 것은 쉬운 일이 아니다. 이러한 어려움과 그 밖의 난점들에도 시편에서 몇 가지 신학적 공통 요소를 찾아볼 수 있다.

시편은 하느님을 향한 기도이면서 또한 하느님에 대해서도 말하는 기도이다. 시편은 하느님의 속성과 업적, 기도하는 사람이 체험한 그분의 현존과 부재에 대해 말한다. 하느님 앞에서, 하느님과 관계하고 있는 개인과 이스라엘 백성에 대해서도 말한다. 그리고 마지막으로는 악의 세력을 구현하며 충실한 이와 하느님 사이의 관계를 깨뜨리려고 위협하는 이들인 원수들에 대해서도 말한다. 원수들은 개인적 원수일 수도 있고 이스라엘에 반대되는 세력일 수도 있으며 개인과 공동체의 삶에 부딪히는 우주적 요소일 수도 있다.

이 세 측면 가운데 좀 더 머물러야 하는 것은 첫째 측면이다. 구약 성경의 전통에 따라 시편집은 하느님에 대해 구체적으로 정의하지 않으며 상징들을 통해 그분을 묘사한다. 각각의 상징은 하느님 신비의 한 측면을 비추어 준다. 그래서 예를 들어 전사이신 하느님, 창조주이신 하느님, 임금이신 하느님, 동맹자이신 하느님, 아버지이고 어머니이신 하느님 등을 보게 된다. 시편은 하느님의 존재에 대하여, 그분의 위대하심과 전능하심에 대하여, 그분의 영광과 거룩하심에 대하여, 그분께서 창조물과 역사 안에서 이루신 놀라운 일들에 대하여, 그분의 충실하심과 성실하심과 선하심에 대하여, 용서하시고 심판하시고 인류에게 특히 이스라엘에게 그 파란만장한 역사 안에서 은혜를 베푸시는 그분의 무한한 능력에 대하여 그분을 찬미한다. 기도하는 이들은(개인, 주님의 가난한 이들, 백성) 상황과 필요에 따라 하느님께 용서, 생명, 번영, 자신의 무죄함에 대한 인정과 악인들에 대한 징벌을 요청한다.

교회는 처음부터 시편으로 기도했다. 이는 시편이 인간 삶의 모든 상황 속에서 인간을 하느님 앞에 서게 하기 때문만도 아니고, 시편집이 첫 교회(이스라엘)로부터 공식적인 히브리 전례서로 전수되었기 때문만도 아니다. 그것은 무엇보다도 스승이신 예수님께서 시편을 당신 것으로 삼으셨기 때문이다. 신앙을 실천하는 히브리인이었던 그분은 시편을 음송하고 선포하고 노래하셨다. 육화한 하느님 말씀이신 그분은 사람들 사이에서 행하신 당신의 구원 행위를 아버지께서 사람들에게 주셨던 그 말씀으로 헤아리셨다. 예수님의 수난과 죽음과 부활에서 시편이 완성되었다. 그리스도 안에서 시편에 담긴 예언들이 실현되었기 때문이다.

그리스도의 빛에 비추어 볼 때, 그분의 개인적 체험과 공동체적 삶에 비추어 볼 때 시편은 모든 그리스도인에게 끝없는 기도의 원천이 된다. 교회의 공식 기도인 시간 전례에서 시편 본문들이 기본 구조를 이루고 있다는 것은 우연이 아니다.

본문의 작성과 전수

시편집의 기원은 많은 토론 대상이 된다. 오늘날 일부 저자들은 시편이 본래 지혜 학교 또는 개인 신심을 배경으로 한다는 주장을 옹호하지만, 시편에는 전례적 배경을 증언하는 표지들이 적지 않다. 예를 들어 축제와 행렬, 제사, 축복 등에 대한 암시가 이에 속한다. 다른 한편으로, 최종 편집에 의하여 확정된 이러한 배경은 시편집이 가르침과 삶을 위해서 또는 개별 신자의 신심을 기르기 위한 묵상서로 사용되었음을 배제하지 않는다.

개별 시편의 연대를 추정하는 것이 거의 불가능한 일이라면 시편집의 최종 편집 연대도 그만큼이나 논쟁거리이다. 오늘날에는 쿰란 본문들에 대한 지식 덕분에 그 연대를 기원전 200년부터 150년 사이로 볼 수 있게 되었다. 사해 근처 마사다에서 발견된 기원전 1세기 후반의 한 사본에는 시편 150,1-6이(전통적인 형태와 동일하게) 마지막에 배치되어 있어, 백오십 편으로 된 시편집이 존재했음을 전제한다(그리스어와 라틴어 전통은 시편 151을 전하고 있음을 잊지 말아야 한다).

칠십인역의 그리스어 번역본과 예로니모의 라틴어 번역본의 시편 번호는 히브리 성경의 번호와 몇 가지 차이점을 보인다. 교부들과 라틴 가톨릭 전통 본문들에서 전자를 사용하기 때문에 괄호 안에 그 번호를 싣지 않을 수 없다. 그리스도교 전례 기도에서는 그 번호를 사용한다.

누리아 칼두흐-베나헤스Nuria Calduch-Benages

시편

1
1 행복하여라!
악인들의 뜻에 따라 걷지 않고
죄인들의 길에 들지 않으며
오만한 자들의 자리에 앉지 않는 사람,
2 오히려 주님의 가르침을 좋아하고
그분의 가르침을 밤낮으로 되새기는 사람.
3 그는 시냇가에 심겨
제때에 열매를 내며
잎이 시들지 않는 나무와 같아
하는 일마다 잘되리라.
4 악인들은 그렇지 않으니
바람에 흩어지는 겨와 같아라.
5 그러므로 악인들이 심판 때에,
죄인들이 의인들의 모임에 감히 서지 못하리라.
6 의인들의 길은 주님께서 알고 계시고
악인들의 길은 멸망에 이르기 때문일세.

1,1 2,12; 17,5; 33,12; 65,5; 84,5-6; 137,8-9; 잠언 3,13; 8,34; 28,14; 이사 56,2; 말라 3,12-15; 마태 5; 루카 6,20-22; 11,28; 요한 13,17; 20,29; 묵시 14,13. 1,3 창세 2,9; 3,22.24; 집회 24; 묵시 2,7; 22,14.19.

시편과 교회 전례의 연관은 많고도 다양하다. 시간 전례에서와 같이 시편 모두를 기도하기도 하고, 화답송에서 흔히 그렇듯이 몇 절만 사용하기도 하며, 미사와 성무일도의 응송과 후렴에서처럼 몇 마디를 바꾸기도 한다. 마음 상태를 표현하거나 예식 행위에 함께하기 위해서 시편을 노래하기도 한다. 독서와 연관된 화답송 시편은 다양하게 사용되므로 눈에 띄는 경우들만 언급하였다. 개별 시편의 병행 구절들은 서로 연관되는 것이 많아 주로 본문 옆의 주와 아래쪽 주해에 표시하였다.

1. 두 길이라는 주제는 이스라엘 지혜문학의 특징적 요소이다. 시편집은 의인의 상징인 푸른 나무와 악인의 상징인 바람에 흩어지는 겨를 통하여 선의 길과 악의 길을 대비시키는 이 시편으로 시작된다. 현인은 도덕적·종교적 의로움의 요약인 토라에 귀를 기울이고 그것을 실천하는 사람이다. 이와 달리 악인은 하느님 계명을 거부하며, 열매를 맺지 못한다(예레 17,5-8 참조).

✠ 3절로 인하여 이 시편은 전통적으로 그리스도의 파스카 신비에 비추어 이해되었다. 1주간 주일 독서기도의 후렴은 이를 잘 보여 준다. "주여, 생명의 나무는 당신의 십자가에 나타났나이다." 2-3절은 재의 수요일 미사의 영성체송으로, 사순 여정에서 요구되는 태도를 말해 준다. 재의 예식 다음 목요일에는 이 시편을 화답송으로 신명 30,15-20 후에 읽는데, 이는 주님의 길을 따르고 참회로 축복을 받으라는 강력한 권고이다.

1,1. "행복하여라!" 이스라엘 현인들 언어에서 이 단어는 정직하고 경건한 사람에 대한 하느님 은혜를 나타낸다. 시편은 흔히 "행복 선언"을 특징짓는 이 단어로 시작한다(32,1.2; 41,2; 112,1 참조). 이 첫 시편은 시편집 전체에 음조를 부여한다.
"악인들" 자구적으로는 "죄인들"이다. 이 맥락에서 히브리어 단어의 의미는 일반적이지만, 보통은 종교적 죄인을 지칭한다(민수 32,14; 1사무 14,33; 이사 1,18; 33,14 참조).

1,3. 푸르고 열매가 많은 나무는 늘 흐르는 물로 비유된 율법에서 양분을 얻는 의인의 상징이다. 92,13에서는 이 나무가 야자나무로 구체화된다. 부정적 의미로는 월계수가 언급된다(악인들의 교만을 상징한다. 37,35 참조). 지혜도 생명의 나무에 비유된다(잠언 3,18 참조).

1,5. "서지 못하리라." 이 표현은 자주 "일어서지 못하리라."는 뜻으로 이해된다. 이 구절은 법정에서 자신을 변호하는 사람의 행동을 가리킨다. 그들은 하느님의 강력한 심판을 견디지 못하리라는 것이다.

1,6. 이 구절은 응보에 관한 성경의 고전적 신념을 요약한다. 주님은 의인들에게 상을 주시고, 악인들을 멸망하게 하신다.

2

1 어찌하여 민족들이 술렁거리며
겨레들이 헛일을 꾸미는가?
2 주님을 거슬러, 그분의 기름부음받은이를 거슬러
세상의 임금들이 들고 일어나며
군주들이 함께 음모를 꾸미는구나.
3 "저들의 오랏줄을 끊어 버리고
저들의 사슬을 벗어 던져 버리자."
4 하늘에 좌정하신 분께서 웃으신다.
주님께서 그들을 비웃으신다.
5 마침내 진노하시어 그들에게 말씀하시고
분노하시어 그들을 놀라게 하시리라.
6 "나의 거룩한 산 시온 위에
내가 나의 임금을 세웠노라!"
7 주님의 결정을 나는 선포하리라.
나에게 말씀하셨다. "너는 내 아들.
내가 오늘 너를 낳았노라.
8 나에게 청하여라.
내가 민족들을 너의 재산으로,
땅 끝까지 너의 소유로 주리라.
9 너는 그들을 쇠 지팡이로 쳐부수고
옹기장이 그릇처럼 바수리라."
10 자, 이제 임금들아, 깨달아라.
세상의 통치자들아, 징계를 받아들여라.
11 경외하며 주님을 섬기고
떨며 그분의 발에 입 맞추어라.
12 그러지 않으면 그분께서 노하시어 너희가 도중에 멸망
하리니
자칫하면 그분의 진노가 타오르기 때문이다.
행복하여라, 그분께 피신하는 이들 모두!

2,1-2 사도 4,25-26. 2,2 28,8; 84,10; 132,10. 2,7 사도 13,33; 히브 1,5; 5,5; 또한 마태 3,17; 마르 1,11; 9,7; 루카 3,22 참조. 2,9 묵시 2,27.

2. 아마도 본래 시편 1과 결합되어 있었을 것이다. 즉위식 거행을 위하여 또는 임금을 기리기 위하여 작성된 문학 유형인 군왕시편에 속한다. 1-3절은 합법적 군주를 거스른 봉신들의 저항을 암시한다. 그러나 하느님께서는 지상에서 당신을 대표하는 임금을 위해 일어나시며 그에게 보호와 승리를 보장해 주신다(4-9절). 이 시편은 지상의 임금들에게 천상의 군주께 순종하기를 권고하는 것으로 끝난다. 전통 안에서 시편 2은 2절부터 시작하여 메시아적 재해석으로 새로운 차원을 얻게 될 것이다.

✠ 군왕시편이며 메시아 시편으로, 1주간 주일 독서기도 때 기도한다. 사도 공동체에서 이미 기도의 맥락에서 그리스도의 수난과 부활에 적용되었던 이 시편은 주일의 종말론적 의미를 조명해 준다. 성금요일 독서기도의 첫 번째 시편이기도 하며, 이때에는 2절을 후렴으로 사용한다. 7절은 성탄 밤미사 입당송으로 사용되고, 교회가 기념하는 신비에 적용된다. 동정녀에게서 태어나신 분은 하느님의 아들이시다.

2,2. "기름부음받은이"는 히브리어 '메시아'의 번역이다. 기름을 붓는 예식은 임금에 대한 하느님의 선택을 확인하는 것이었고(사울과 다윗의 경우 1사무 10,1; 16,13 참조) 또한 그와 하느님 사이의 특별한 유대를 확인하는 것이기도 했다. 그리스어 번역본은 '크리스토스'로 되어 있고 (새) 대중 라틴말 성경도 그러하다(christum). 탁월한 의미의 기름부음받은이는 다윗이며(시편 18,51; 89,21.39.52; 132,17 참조), 그리스도교의 숙고에서는 그를 중심으로 하여 하느님의 기름부음을 받으신 그리스도에 대한 신학이 발전한다(사도 2,27-31; 13,35 참조).

2,3. "오랏줄" 또는 "멍에" 여기에 해당되는 히브리어 단어는 단순히 줄을 나타낼 수도 있다(탈출 28,14.22; 39,15; 판관 15,13 참조). 그러나 문맥에 비추어 볼 때 쟁기에 묶인 동물, 곧 멍에를 멘 짐승을 가리키는 것으로 보인다(욥 39,10; 시편 129,4 참조).

2,7. "너는 내 아들." 이집트 문화에서 비교적 유사한 것이 있는데, 거기에서 파라오는 라Ra' 신의 아들로 간주되었다. 이스라엘에서는 다신론적 요소들을 거부하면서도 임금을 주님께 입양된 아들로 여겼다. "내가 오늘 너를 낳았노라." 공적으로 임금이 즉위한 순간은 상징적 의미를 갖고 있었고 그날이 임금이 합법적 통치자로 "태어나는" 때였다.

2,11. "그분의 발에 입 맞추어라."라고 번역된 부분은 히브리어 본문 이해에 어려움이 있어서 그리스어 번역본이나 (대중) 라틴말 성경을 따라 "훈계를 받아들여라."라고도 번역한다. 입을 맞추는 것은 아마도 새 임금에게 바쳤던 존경과 복종의 표시였을 것이다. 이 절의 마지막 구절은 시편 1,1과 수미쌍관을 이룬다(아마도 본래는 하나의 시편이었을 것이다).

3

1 [시편. 다윗. 그가 자기 아들 압살롬에게서 달아날 때]

2 주님, 저를 괴롭히는 자들이 어찌 이리 많습니까?
저를 거슬러 일어나는 자들이 많기도 합니다.
3 "하느님께서 저자를 구원하실 성싶으냐?"
저를 빈정대는 자들이 많기도 합니다. 셀라
4 그러나 주님, 당신은 저를 에워싼 방패,
저의 영광, 저의 머리를 들어 올려주시는 분이십니다.

5 내가 큰 소리로 주님께 부르짖으면
당신의 거룩한 산에서 응답해 주시네. 셀라
6 나 자리에 누워 잠들었다 깨어남은
주님께서 나를 받쳐주시기 때문이니
7 나를 거슬러 둘러선
수많은 무리 앞에서도 나는 두려워하지 않으리라.

8 일어나소서, 주님.
저를 구하소서, 저의 하느님.
정녕 당신께서는 제 모든 원수들의 턱을 치시고
악인들의 이를 부수십니다.
9 주님께만 구원이 있습니다.
당신 백성 위에 당신의 복을 내려주소서. 셀라

4

1 [지휘자에게. 현악기와 더불어. 시편. 다윗]

2 제 의로움을 지켜 주시는 하느님
제가 부르짖을 때 응답해 주소서.

3,4. "당신은 저를 에워싼 방패" 이 시편에는 이 구절과 같은 전투적 표상이 많으며, 주님을 전사가 사용하는 방패에 비유한다. 전사는 방패의 보호를 받아 머리를 들고 전투에 뛰어들 수 있게 된다. 주님을 방패로 나타내는 표상은 히브리 백성의 역사 초기부터 자주 나타나며, 이는 그들이 주님을 전사 하느님으로 여겼음을 증언한다(창세 15,1; 탈출 15,3; 신명 33,29; 2사무 22,3.31; 시편 5,13; 7,11; 18,3.31; 33,20; 59,12; 89,19; 119,114; 144,2; 잠언 30,5 참조).

3,5. "당신의 거룩한 산" 2,6에서는 시온이 주님께서 거처하시는 산으로 일컬어진다. 하느님께서 높은 곳에 사신다고 말하는 것은 그분의 초월성과 접근 불가능성을 나타낸다(탈출 19–20; 신명 5–6 참조). 이 표상은 그 거처의 거룩함을 더욱 이상화하는 다른 본문에서도 나타난다(시편 15,1; 24,3; 43,3; 48,2; 99,9; 이사 56,7; 에제 20,40 참조). 그 산은 예루살렘에 있는 시온 언덕과도 연관된다(이사 27,13; 65,25; 66,20; 다니 9,16; 요엘 2,1; 오바 17; 즈카 8,3 참조).

---

3. 아들 압살롬 앞에서 피신하는 다윗 임금에게 돌려진 탄원시편이다. 이 시편은 의미가 확장되어 하느님께 신뢰를 두는 박해받는 의인의 시편이 되었다. 다윗과 마찬가지로 시편 저자는 많은 원수들 앞에서 혼자 무방비 상태로 있다고 느낀다. 원수들은 그의 무력함과 하느님께서 부재하시는 것으로 보이는 상황을 조롱한다(1-3절). 그러나 그는 자신의 주님께서 자신을 버리지 않으신다는 것을 알고 있으며 하느님의 개입을 확신함으로써 평화를 찾는다(4-9절).

✠ 교부들은 6절에서 그리스도의 죽음과 부활에 대한 암시를 보았고, 그래서 여러 전례 전통들에서는 이 시편을 그리스도께서 죽음에서 깨어나심을 기념하는 아침의 시편으로 택했다. 같은 이유로 1주간 주일 독서기도에서도 사용한다. 전례에서는 이 시편을 2사무 15장과 16장의 독서와 연결시키지만(연중 제4주간 월요일), 율법 학자 엘아자르의 순교와도 연결시킨다(2마카 6,18-31 연중 33주간 화요일).

4. 이 시편은 고통스러운 하루를 마친 다음에 드리는 "신뢰의 저녁 시편"으로 정의되었다(8-9절). 잠자리에 들기 전에 시편 저자는 원수들의 공격으로 불안과 괴로움을 겪은 하루를 돌아본다(3절). 그는 하느님께 악에서 구해 주시기를 간청하고(2절), 이내 번민이 사라지며 도우심에 대한 확신을 갖게 된다. 이 기도자의 평화와 기쁨은 불행 속에서 하느님 은혜를 느끼지 못하는 이들에게 확신을 주는 계기가 된다(7-9절).

4,3. "언제까지" 이 시간적 표현은 하느님께서 고통받는 사람을 위해 빨리 개입해 주시기를 간청함을 나타낸다. 구원의 행위를 청하는 동시에 신뢰를 표현한다. 이 표현은 예언서들의 탄원과(이사 6,11; 애가 3,50; 다니 8,13; 하바 1,2; 즈카 1,12 참조) 다른 시편에서(6,4; 13,2-3; 35,17; 74,10; 79,5; 80,5; 89.47; 94,3) 자주 나타나며, 신약 성경에서는 묵시 6,10에서 사용된다.

4,5. "무서워 떨어라, 죄짓지 마라." 원수들을 향한 권고로, 진심으로 하느님께 돌아가기 위하여 깨어 양심을 살펴보라는 것이다. "마음속으로 생각하며"는 "마음을 살펴보며", "반성하며"로 번역하기도 한다.

4,6. "의로운 희생 제물"은 "합법적 희생 제물"로도 옮긴다. 자구적 번역은 "의로움의 희생 제물들"이지만 히브리어에서는 형용사 대신 명사가 수식어로 사용된다.

4,7. "저희 위에 당신 얼굴의 빛을 비추소서." 하느님의 얼굴을 찾는 것은 시편 기도에서 자주 사용되는 모티브이다(11,7; 13,2; 17,15; 24,6; 27,8-9; 31,17; 42,3 44,25; 67,2; 80,4.8.17; 89,16; 105,4; 119,135; 143,7 참조. 또한 탈출 33,20.23; 요한 14,4-9; 2코린 4,6 참조).

곤경에서 저를 끌어내셨으니
자비를 베푸시어 제 기도를 들으소서.

3 사람들아, 언제까지 내 명예를 짓밟고
헛된 것을 사랑하며 거짓을 찾아다니려 하느냐? 셀라
4 주님께서는 당신께 충실한 이에게
기적을 베푸심을 알아라.
내가 부르짖으면
주님께서는 들어주신다.
5 너희는 무서워 떨어라, 죄짓지 마라.
잠자리에서도 마음속으로 생각하며 잠잠하여라. 셀라
6 의로운 희생 제물을 봉헌하며
주님을 신뢰하여라.

7 많은 이가 말합니다. "누가 우리에게 좋은 일을 보여 주랴?"
주님, 저희 위에 당신 얼굴의 빛을 비추소서.
8 저들이 곡식과 햇포도주로 푸짐할 때보다
더 큰 기쁨을 당신께서는 제 마음에 베푸셨습니다.
9 주님, 당신만이 저를 평안히 살게 하시니
저는 평화로이 자리에 누워 잠이 듭니다.

5

1 [지휘자에게. 피리에 맞추어. 시편. 다윗]

2 주님, 제 말씀에 귀를 기울이소서.
제 탄식을 살펴 들어주소서.
3 저의 임금님, 저의 하느님
제가 외치는 소리를 귀여겨들으소서.
당신께 기도드립니다.

✠ 5절과 9절에 표현된 내용 때문에 전통적으로 끝기도 때 바친다. 매일의 끝기도에서 31(30),2-6; 91(90); 134(133)과 함께 기도하던 이 시편은 성 비오 10세의 개혁 이후 91편과 134편과 함께 주일 끝기도로 유보되었다. 오늘날에는 주일과 대축일 제1저녁기도 후 (134편에 앞서) 바친다. 하루 동안의 수많은 근심을 침묵에 부치고 평화로운 휴식을 보장해 주시는 하느님의 보호에 자신을 맡기며 잠이 드는 기도자의 평온함을 표현한다(끝기도 때 함께 바치는 후렴 참조). 9절을 무덤 속에 잠드신 그리스도께 적용하여 성토요일 독서기도 때에도 바친다. 그때 후렴은 "자리에 들자마자 단잠이 깊삽나이다."이다. 2.4.7.9절은 나해 부활 제3주일 화답송으로 사용된다.

5. 하루를 시작하면서 기도자는 성전으로 간다. 그는 악과 폭력, 거짓이 넘치는 세상 속 하루가 그를 기다리고 있음을 안다(10-11절). 아마도 그는 불의하게 박해를 받아 하느님 심판을 호소하며(2-5절) 악을 저지르는 이들을 흩어 버리시기를 청하고 있다(6-7.11절). 탄원은 하느님께서 개입하시리라는 신뢰로 끝난다. 하느님은 듣고 계시고, 당신의 크신 자애로 의인을 보호하신다(8절).

4 주님, 아침에 제 목소리 들어 주시겠기에
아침부터 당신께 청을 올리고 애틋이 기다립니다.
5 당신은 죄악을 좋아하시는 하느님이 아니시기에
악인은 당신 앞에 머물지 못하고
6 거만한 자들은
당신 눈앞에 나서지 못합니다.
당신께서는 나쁜 짓 하는 자들을 모두 미워하시고
7 거짓을 말하는 자들을 멸망시키십니다.
피에 주린 자와 사기 치는 자를
주님께서는 역겨워하십니다.
8 그러나 저는 당신의 크신 자애에 힘입어
당신 집으로 들어가
경외하는 마음으로
당신의 거룩한 궁전을 향하여 경배드립니다.
9 주님, 저의 원수들 때문이니
당신의 정의로 저를 이끄소서.
제 앞에 당신의 길을 바르게 놓아 주소서.
10 그들 입에는 진실이 없고
그들 속에는 흉계만이 들어 있으며
그들 목구멍은 열린 무덤이고
그들 혀는 아첨하기 때문입니다.
11 하느님, 그들이 죗값을 받게 하소서.
자기들의 음모에 빠지게 하소서.
그들의 죄악이 많으니 그들을 내치소서.
정녕 그들이 당신을 거역하였습니다.
12 그러나 당신께 피신하는 이들은 모두 즐거워하며
영원토록 환호하리이다.
당신 이름 사랑하는 이들을
당신께서 감싸 주시니
그들은 당신 안에서 기뻐하리이다.
13 주님, 당신께서는 의인에게 복을 내리시고
큰 방패 같은 호의로 그를 덮어 주십니다.

5,5. "당신은 죄악을 좋아하시는 하느님이 아니시기에" 이러한 진술은 욥기의 특징인 냉소적인 하느님의 모습과 대조된다(욥 12,14-25 참조).

5,8.9. "자애… 정의" 히브리어 단어 '헤셋'("사랑", "자비", "은혜")과 '츠다카'("정의")는 히브리 종교에서 하느님 본질을 가장 잘 표현하는 단어로 여겨진다. 이러한 단어는 당신께 충실한 이들에 대한 주님의 모든 긍정적인 감정과 태도를(부드러움에서 구원 의지까지) 표현한다(33,5; 40,11; 89,15; 호세 2,21; 참조 또한 루카 11,42; 2티모 2,22 참조).

5,13. 3,4의 백성의 방패이신 하느님 표상에 대한 주 참조.

✠ 4절에서 기도자가 하느님을 향하는 아침 시간을 언급하고 있어서, 이 시편은 (저주의 요소를 담고 있는 11절을 생략하고) 1주간 월요일 아침기도에서 첫 시편으로 기도한다.

6,2. "…저를 벌하지 마소서. … 저를 징벌하지 마소서." 이어지는 구절을 볼 때 시편 저자는 자신의 질병을 벌이라고 느끼고 있음을 알 수 있다. 욥의 체험을 통해 분명히 입증되듯이, 이러한 생각은 히브리 신앙 안에 깊이 뿌리를 두고 있다(욥 11,13-20; 참조. 또한 요한 9 참조).

6,5. "돌아오소서" 이 번역은 히브리어 어근 '슙'의 일반적 의미를 표현한다(80,4.8.20 주 참조). 또한 이 어근의 용법에 관하여 80,15; 90,13 참조.

6,6. "저승에서 누가 당신을 찬송할 수 있겠습니까?" 저승(스올)은 히브리 문화에서 죽은 이들의 나라이며, 하느님 현존이 없는 곳으로 여겨졌다. 그 안에서는 사람들의 그림자들이 어둠 속에서 돌아다닌다(욥 3,17-19 주해 참조). "저승", "지하계", 또는 "죽은 이들의 왕국"으로 옮길 수 있다(욥 7,9; 11,8; 14,13; 아가 8,6 참조).

6,8. "시름" 이 단어는 두 가지로 이해할 수 있다. 인격적인 의미로, 그를 억압하는 원수들을 지칭하는 것으로 볼 수 있고("압제자들, 반대자들"), 비인격적인 의미로 고통과 번민을 일으키는 요인을 지칭할 수 있다("시름, 고통"). 첫째 의미가 문맥에 더 어울리는 듯하다(7,5.7; 42,11; 69,20 참조).

6,11. "부끄러워하며" 성경의 세계에서 부끄러움의 개념은 불명예와 멸시를 가리키지만 잘못이 있음을 뜻하기도 한다. 부끄러움은 자주 죄와 연관된다. "…를 부끄럽게 하다"라는 표현이 잘못과 비열한 행위를 드러냄을 뜻하기 때문이다(이사 45,16; 예레 2,26; 8,9; 48,1; 호세 2,12 참조). 그래서 이 동사는 하느님께 원수들과 반대자들에게 대적하시기를 청하는 기도에서 사용된다(시편 71,13 참조). 이러한 의미에서는 주로 "낯이 붉어지다, 부끄러워하다"로 번역된다. 마찬가지로, 기도하는 사람은 부끄러움을 당하지 않기를 기도하고

6

1 [지휘자에게. 현악기와 더불어 제8도로. 시편. 다윗]

2 주님, 당신의 진노로 저를 벌하지 마소서.
당신의 분노로 저를 징벌하지 마소서.
3 저에게 자비를 베푸소서, 주님, 저는 쇠약한 몸입니다.
저를 고쳐 주소서, 주님, 제 뼈들이 떨고 있습니다.
4 제 영혼이 몹시도 떨고 있습니다.
그런데도 주님, 당신께서는 언제까지나…… ?
5 돌아오소서, 주님, 제 목숨을 건져 주소서.
당신의 자애로 저를 구원하소서.
6 죽으면 아무도 당신을 기억할 수 없습니다.
저승에서 누가 당신을 찬송할 수 있겠습니까?
7 저는 탄식으로 기진하고
밤마다 울음으로 잠자리를 적시며
눈물로 제 침상을 물들입니다.
8 저의 눈은 시름으로 멀어지고
저의 모든 적들 때문에 어두워집니다.

9 내게서 모두 물러들 가라, 나쁜 짓 하는 자들아.
주님께서 나의 울음소리를 듣고 계신다.
10 주님께서 나의 간청을 들어 주시고
주님께서 나의 기도를 받아들이신다.
11 내 원수들은 모두 부끄러워 몹시 떨리라.
부끄러워하며 순식간에 물러가리라.

7

1 [시까욘. 다윗. 그가 벤야민 사람 쿠스 일로 주님께 부른 노래]
2 주 저의 하느님, 당신께 피신하니

---

6. 탄원시편으로 분류되며, 심한 병으로 죽음이 가까움을 느끼는 사람의 탄원이다(6-8절). 인상 깊은 어조로 묘사된 신체적 질병으로 인한 고통에, 하느님께 버림받았다는 느낌과(2-4절) 원수들의 공격이 더해진다(9.11절). 그러나 그는 질병 속에서도 구원을 받으리라는 희망을 버리지 않으며, 하느님께서 분명 들어 주시리라는 확신을 표현한다(10-11절).

✠ 일곱 편의 참회시편 가운데 하나로 여겨지며(32; 38; 51; 102; 130; 143과 함께) 1주간 월요일 독서기도 때 "주는 자비로우시니, 이 몸을 살려 주소서."라는 후렴과 함께 기도한다. 훌륭하게 선택된 3절은 병자 도유 미사의 입당송으로 사용된다.

7. 박해받는 무죄한 사람의 탄원으로, 사람들 법정에서는 불의하게 고발을 당했기에 하느님 법정에 호소한다(2절). 원수는 곧 물어뜯으려 하는 맹수로(3절), 악하고 치명적인 계략을 꾸미며 죽음의 씨를 뿌릴 도구들을 준비하는 사람으로 묘사된다(13-15절). 그러나 기도자는 주님께서 의로운 심판관이심을 알고 있고(11-12절), 그래서 맹세를 하며 그분께 자신의 무죄함을 고백하고(4-6절) 죄인들의 처벌을 청한다(7-10절). 이 시편은 원수가 자기 자신의 불의로 멸망하는 것을 보리라는 확신과 하느님 도우심에 대한 찬미의 약속으로 끝맺는다(16-18절).

뒤쫓는 모든 자들에게서 저를 구하소서, 저를 구해 주
소서.
3 아무도 구해주는 이 없이
사자처럼 이 몸 물어가지도 끌어가지도 말게 하소서.
4 주 저의 하느님
만일 제가 그런 짓을 했다면
만일 제 손에 불의가 있다면
5 만일 제가 친구에게 악을 저지르고
원수를 빈털터리 되게 강탈했다면
6 원수가 저를 뒤쫓아 붙잡고
제 목숨을 땅에다 짓밟으며
제 명예가 흙먼지 속에 뒹굴게 하소서. 셀라
7 주님, 진노하며 일어나소서.
제 원수들의 광포에 맞서 몸을 일으키소서.
깨어나 저에게 다가오소서.
당신께서는 심판을 내리곤 하셨습니다.
8 겨레들이 무리 지어 당신 주위에 둘러서게 하소서.
그 위 높은 곳에 앉으소서.
9 주님께서 백성들을 심판하신다!
주님, 저의 의로움에 따라,
저의 결백함에 따라 저의 권리를 되찾아 주소서.
10 이제 악인들의 죄악은 다하고
의인은 당신께서 굳세게 하소서.

마음과 속을 꿰뚫어 보시는 분
하느님께서는 의로우시다.
11 나의 방패가 하느님께 있으니
그분은 마음 바른 이들을 구하시는 분
12 하느님은 의로우신 심판자
날마다 위협하시는 하느님이시다.

13 그런데도 악인은 여전히 칼을 갈고
활을 당기어 겨누는구나.
14 이는 자신에게 살생의 무기를 들이대고
자기 화살을 불화살로 만드는 것.
15 보라, 죄악을 잉태한 자가 재앙을 임신하여
거짓을 낳는구나.

7,7 78,65

✠ 1주간 월요일 낮기도에서 두 부분으로 나누어 기도한다. 이 시편을 설명하는 후렴은 "주께서 일어나시어, 백성들을 정의로 심판하시리이다."와 "하느님은 의로우시고 힘센 판관이시니, 마음 곧은 사람을 살리시도다."이다.

그 경우에는 "실망하다"로 번역할 수 있다(예를 들어 22,6 "부끄러운 일을 당하지 않았습니다."). 또한 집회 2,10; 5,14; 42,14; 로마 9,33 참조.

7,4-6. 이 구절은 저주 유형의 맹세 양식으로 되어 있다. 이러한 맹세를 하는 사람은 자신이 말한 불행을 자신에게 저주하는 것이다(욥 31,5과 27,2의 주 참조). 재판에서 이러한 맹세를 했을 때 다른 증거가 없으면 이 맹세가 증언의 가치를 가질 수 있었다(탈출 22,6-10; 1열왕 8,31-32 참조).

7,7. "깨어나 저에게 다가오소서." 소유격 형용사 "나의"를 포함하고 있는 그리스어 번역본을 따라(대중 라틴말 성경도 이와 같다) 히브리어 본문을 다른 식으로 읽을 수 있다('엘라이', "저에게" 대신 '엘리', "나의 하느님"으로 읽어 "깨어나소서. 나의 하느님"). 하느님을 향한 기도는 매우 직접적이며, 기도가 하느님을 잠에서 깨워 빨리 개입하시어 억압받는 이를 보호해 주시도록 하는 것임을 보여 준다. 잠이 든 하느님의 표상(아마도 신이 휴식 시간을 갖는다고 여기던 종교의 흔적. 하바 2,19 참조)은 다른 시편에서도 나타난다(35,23; 44,24; 59,5 참조).

7,10. "마음과 속" 자구적으로는 "심장과 신장"이다. 이들은 각각 지성과 의지가 있는 자리로 여겨졌다(예레 17,9 참조). 같은 쌍이 26,2; 73,21에도 나타난다. 인간을 시험하고 아시는 하느님의 표상에 관하여, 예레 11,20; 17,10; 20,12 참조.

7,16-17. 이 구절은 복수의 법에 따라 표현되어 있다. 다른 이들을 위하여 준비한 악은 그 악을 꾸민 사람에게 되돌아간다(잠언 26,27; 집회 27,25; 에제 18,13 참조). 18절에서 응보는 하느님께 돌려지지만, 이 구절의 주어는 비인칭으로 되어 있다(시편 94,23; 에제 9,10; 11,21; 17,19; 호세 4,9; 유딧 8,22 참조).

8,2. 이 구절 첫 부분은 10절에 동일하게 반복되어 시편 전체를 감싸는 수미쌍관을 이루며, 이 시가 찬미와 경탄의 어조를 띠게 한다. "주 저희의 주님"에서 우리말 "주"는 히브리어로는 서로 다른 두 단어의 번역이다. 첫째로는 하느님의 이름인 '야훼'를, 발음할 수 없으므로 히브리 성경과 다른 번역본에서 "주"로 표기한다. 둘째로는 주인을 뜻하는 히브리어 명사 '아돈'을 "주님"으로 옮겼다.

8,2. "세우셨습니다." 2절 마지막 부분은 번역하기 어렵다. 동사는 '주다' 동사의 명령형으로 보이며 하느님을 향한다("당신의 엄위를 주십시오."). 그렇다면 인간이 아니라 하느님이 작은 이들을 통해 그분의 엄위를 드러내신다는 뜻이 될 것이다. 다른 가능한 번역으로, 고대 번역본들과 새 대중 라틴말 성경에는 "하늘 위에 당신의 엄위가 들어 올려졌습니다."로 되어 있다.

8,6. "신들보다 조금만 못하게 만드시고" 이것은 히브리어의 자구적 번역이다("하느님보다 조금 덜"이라고 옮길 수도 있다). 그리스어 번역본과 (새) 대중 라틴말 성경은 다신론적인 해석을 피하기 위하여 '엘로힘'을 "천사들"로 옮긴다(히브 2,7에서도). '엘로힘'은 이교 신들을 가리킬 수도 있다(신명 31,16; 32,16; 여호 24,20; 예레 7,9 참조). 그러나 이 시편에서 더 직접적으로 암시하는 것은 인간이 엘로힘의 모습으로 엘로힘과 비슷하게 창조되는 창세 1,26이다.

16 함정을 깊숙이 파 놓고서는
제가 만든 구렁에 빠진다.
17 제가 꾸민 재앙이 제 머리 위로 되돌아오고
제가 휘두른 폭행이 제 정수리로 떨어진다.
18 나는 주님을 찬송하리라, 그분의 의로움에 따라.
지극히 높으신 주님의 이름에 찬미 노래 바치리라.

8

1 [지휘자에게. 기팃에 맞추어. 시편. 다윗]

2 주 저희의 주님
온 땅에 당신 이름, 이 얼마나 존엄하십니까!
하늘 위에 당신의 엄위를 세우셨습니다.
3 당신의 적들을 물리치시고
대항하는 자와 항거하는 자를 멸하시려
아기와 젖먹이들의 입에서 나오는 것으로
당신께서는 요새를 지으셨습니다.
4 우러러 당신의 하늘을 바라봅니다,
당신 손가락의 작품들을
당신께서 굳건히 세우신 달과 별들을.
5 인간이 무엇이기에 이토록 기억해 주십니까?
사람이 무엇이기에 이토록 돌보아 주십니까?
6 신들보다 조금만 못하게 만드시고
영광과 존귀의 관을 씌워주셨습니다.
7 당신 손의 작품들을 다스리게 하시고
만물을 그의 발아래 두셨습니다.
8 저 모든 양 떼와 소 떼
들짐승들하며
9 하늘의 새들과 바다의 물고기들
물속 길을 다니는 것들입니다.

8,5 144,3.

8. 찬란하고 널리 알려진 이 시편은 창조주 하느님의 위대하심과 전능하심을 기리는 찬양시편이다. 우주의 예술가이신 하느님의 경이로운 업적 앞에서 시편 저자는 넋을 잃은 아이처럼 관상에 빠져들고(1-3절) 인간이 한없이 작음을 깨닫는다(4-5절). 그러나 기도자에게 더욱 놀라운 것은 이 나약한 피조물인 인간이 창조물에 대한 주님 통치에 참여하도록 들어 높여진다는 것이다(6-9절). 그는 전능하신 하느님 이름에 대하여 그분을 찬양하고 찬송할 따름이다(2.10절).

✠ 이 시편의 몇몇 표현을 인용하는 신약 성경 본문을 토대로(마태 21,16; 1코린 15,27; 에페 1,22; 히브 2,6-9 참조) 이 시편은 부활하시고 영광을 받으신 그리스도를 지칭하는 것으로 이해되어, 2주간과 4주간 토요일 아침 기도의 세 번째 시편으로 사용된다(찬양 어조로). 주님의 위대하심과 인간의 존엄함을 노래하는 시편이다. 4-9절은 다해 삼위일체 대축일의 화답송이다.

10 주 저희의 주님
온 땅에 당신 이름, 이 얼마나 존엄하십니까!

9

1 [지휘자에게. 알뭇 라벤. 시편. 다윗]

2 (알렙) 주님, 제 마음 다하여 찬송하며
당신의 기적들을 낱낱이 이야기하렵니다.
3 지극히 높으신 분이시여, 저는 당신 안에서 기뻐하고 즐거워하며
당신 이름에 찬미 노래 바칩니다.
4 (베트) 제 원수들이 뒤로 물러가고
당신 앞에서 비틀거리며 쓰러져 갔으니
5 당신께서 제 권리와 이익을 되찾아 주시고
정의의 판관으로 어좌에 앉으셨기 때문입니다.
6 (기멜) 당신께서는 민족들을 꾸짖으시고 악인을 멸하셨으며
그들의 이름을 영영 지워 버리셨습니다.
7 원수들은 영원히 폐허 속으로 사라져 가고
그들의 성읍들은 당신께서 짓부수어 버리시어
그들에 대한 기억마저 사라졌습니다.

8 (헤) 그러나 주님께서는 영원히 좌정하여 계시고
심판하시려 어좌를 든든히 하셨네.
9 그분께서 누리를 의롭게 심판하시고
겨레들을 올바로 다스리시네.
10 (와우) 주님께서는 억눌린 이에게 피신처,
환난 때에 피신처가 되어 주시네.

11 당신 이름을 아는 이들이 당신을 신뢰하니
주님, 당신을 찾는 이들을 아니 버리시기 때문입니다.

12 (자인) 너희는 시온에 좌정하신 주님께 찬미 노래 불러라.

9,1. "알뭇 라벤." 시편의 머리글에 들어 있는 이 표현은 "아들의 죽음"이라는 뜻이지만 해석하기 어렵다. 아마도 과거에 알려져 있던 노랫가락으로, 이 시편을 가사로 그 가락에 맞추어 노래를 부르도록 했던 것 같다.

9,5. "어좌에 앉으셨기 때문입니다." 어좌에 앉으신 하느님 표상에 관하여 2역대 18,18; 지혜 9,10; 이사 6,1; 묵시 4,2 참조.

9,6. "그들의 이름을 영영 지워 버리셨습니다." 이스라엘 신앙은 아직 내세의 충만한 생명을 바라보지 못했다(욥 3,17-19의 주 참조). 그래서 삶의 연속성은 후손에게 자신의 이름을 전함으로써 보장되는 것이었다(신명 25,6 참조). 그 이름을 지워 버린다는 것은 영원히 잊히도록 단죄하는 것과 같다(신명 7,24; 2열왕 14,27 참조).

---

9. 알파벳 시편으로, 각 연이 히브리어 알파벳 한 글자로 시작된다. 왼쪽 괄호 안에 써진 것이 해당 알파벳 글자의 이름이다. 칠십인역이라고 일컬어지는 그리스어 번역본과 예로니모의 라틴어 번역본(대중 라틴말 성경)이 증언하듯이, 본래 이 시편은 10편과 하나의 시편을 이루고 있었다. 그러한 구성 안에 여러 주제가 함께 엮어진다. 원수에 맞서 하느님께 받은 도우심에 대한 감사(2-7절), 현재의 어려움에 대한 탄원(14-15.20-21절), 미래의 구원을 위해 하느님께서 개입하시리라는 확신이 표현된다. 그 모두가 주님께서 당신의 가난한 이들을 위해 올바른 심판을 해 주신다는 깊은 신뢰를 바탕으로 한다(8-13.16-19절).

✠ 1주간 월요일 독서기도에서 두 부분으로 나누어 기도한다. 후렴은 10절과 15절에서 취한 것이다. 2-3절은 연중 제7주일 영성체송으로 사용된다.

그분의 업적을 백성들에게 전하여라.
13 피 갚음하시는 분께서 그들을 기억해 주시고
가련한 이들의 울부짖음을 아니 잊으신다.

14 (헤트) 주님, 저에게 자비를 베푸소서.
저를 미워하는 자들에게 당하는 고통을 굽어보시어
저를 죽음의 성문에서 끌어올려 주소서.
15 그러면 저는 당신의 찬양받을 행적을 낱낱이 이야기하고
딸 시온의 성문에서
당신의 구원으로 환호하오리다.

16 (테트) 민족들은 자기들이 파 놓은 함정에 빠지고
자기들이 숨겨 놓은 그물에 제 발이 걸리네.
17 주님께서 당신을 드러내시어 심판하시니
악인은 자기 손이 한 일에 걸려드네. 히까욘 셀라
18 (요드) 악인들은 저승으로 물러가라.
하느님을 잊은 민족들은 모두 물러가라.
19 (카프) 그러나 가난한 이는 영원히 잊히지 않고
가련한 이들의 희망은 영원토록 헛되지 않으리라.

20 주님, 일어나소서. 인간이 우쭐대지 못하게 하소서.
민족들이 당신 앞에서 심판받게 하소서.
21 주님, 민족들을 공포에 떨게 하시어
그들이 인간일 뿐임을 깨닫게 하소서. 셀라

10 (9의 계속) 1 (라멧) 주님, 어찌하여 멀리 서 계십니까?
어찌하여 환난의 때에 숨어 계십니까?
2 가련한 이는 악인의 교만으로 애가 타고
그들이 꾸며낸 흉계에 빠져 듭니다.
3 악인은 제 탐욕을 뽐내고

9,13 9,19; 10,12.17; 69,33; 마태 5,3; 루카 6,20; 18,22; 로마 15,26; 갈라 2,10.

10,1-18(9,22-39). 시편의 번호가 두 가지로 되어 있는 것은 히브리어 본문에서 두 개의 시편으로 되어 있는 곳에서(9과 10, 114과 115) 그리스어 본문은 이들을 하나의 시편으로 묶었고(9과 113), 다른 경우 히브리어 본문에서는 하나의 시편으로 되어 있는 곳에서(116과 147) 그리스어 본문은 이를 두 시편으로 나누었기 때문이다(114-115과 146-147). 시편 9과 10의 경우, 이 두 시편을 하나로 결합하는 요소가 있기는 하지만(무죄하게 억압을 받는 가난한 이가 하느님께 탄원한다) 둘째 부분은 주로 악인들을 묘사하는 데 집중하고 있다. 악인들은 탐욕스럽고 교만하고 거짓 맹세와 거짓말을 하며, 폭력적이고 무엇보다도 하느님에게서 멀리 있다. 인간적인 눈에는 세상에서 불의가 번성하고 승리하는 것으로 보인다(2-13절). 그러나 하느님께서 어떤 순간에는 무관심하신 듯 보일지라도(1절) 힘없는 이들의 고통을 지켜보고 계시며 정의를 청하는 그들의 간청을 분명 들어주실 것이다(14-18절).

9,13. "피 갚음하시는 분" 살인의 경우에 대해 하느님은 심판하신다. 아마도 창세 9,5을 암시한다. 또한 에제 3,18-20 참조. 이러한 표현의 배경으로 민수 35장에 언급된 복수자 또는 심판자를 생각할 수 있다(신명 19,6.12; 여호 20,3.5; 2사무 14,11 참조).

9,16.18.20.21. "민족들"은 백성인 이스라엘과 대조되는 이방 민족들이다. 이교인들에 대하여, 탈출 34,24; 민수 24,8.20; 신명 4,38; 7,1; 32,8 참조. 백성에 관하여, 탈출 1,9; 5,5; 15,13; 32,9; 레위 16,33; 신명 4,33; 33,29 참조.

10,2. "그들이 꾸며 낸 흉계에 빠져듭니다." 자신이 꾸민 악이 그대로 자신에게 돌아온다는 것에 관하여, 7,16-17의 주 참조.

10,3. "악담하며" 원문은 "축복하며"이다. 우리말 성경에서는 이 "축복하며"가 반어적 표현이라고 보아 "악담하며"로 옮겼다. 원문을 살려 번역한다면 축복하는 것은 본래 하느님이나(창세 1,28; 탈출 23,25; 이사 19,25 참조) 하느님의 사람인 모세(탈출 39,43 참조), 솔로몬(1열왕 8,14 참조), 아론(레위 9,22 참조) 등에게 유보된 것인데 악인이 스스로 이를 행할 수 있다고 여긴다는 의미가 된다.

강도는 악담하며 주님을 업신여깁니다.
4 악인이 콧대를 높여
"하느님은 벌하지 않는다. 하느님은 없다!" 하니
이것이 그의 생각 전부입니다.
5 그의 길은 언제나 성공에 이르고
당신의 심판은 높이 있어 그에게 미치지 않으니
그는 자기 반대자들을 모두 조롱하며
6 마음속으로 말합니다. '나는 영원히 흔들리지 않으리라!'
재앙을 모르는 그자
7 저주만을 퍼붓습니다.
(페) 그 입은 사기와 억압으로 가득 차 있고
그 혓바닥 밑에는 재앙과 환난이 도사리고 있습니다.
8 마을 으슥한 곳에 숨어 앉아
죄 없는 사람을 몰래 죽이려
(아인) 그의 눈은 힘없는 이를 살핍니다.
9 그는 덤불 속의 사자처럼 은밀한 곳에서 노립니다.
가련한 이를 잡아채려 노리다가
그물로 끌어당겨 잡아챕니다.
10 이렇듯 가련한 이는 두들겨 맞아 쓰러지고
힘없는 이들은 그의 폭력에 넘어집니다.
11 악인은 제 마음속으로 말합니다. '하느님은 잊고 있다.'
'얼굴을 감추어 영영 보지 않는다.'
12 (코프) 주님, 일어나소서. 하느님, 손을 쳐드소서.
가련한 이들을 잊지 마소서.
13 악인이 어찌 하느님을 업신여기며
당신께서는 벌하지 않으신다고 마음속으로 말할 수 있습니까?
14 (레시) 당신께서는 정녕 재앙과 재난을 보시고
손수 처리하시려 살피고 계십니다.
힘없는 이, 당신께 몸을 맡기고
당신께서는 고아에게 친히 보호자가 되십니다.
15 (쉰) 죄인과 악인의 팔을 부러뜨리소서.
그의 죄악을 징벌하시면 죄악이 자취를 감추리이다.

16 주님은 영영세세 임금이시니
민족들이 그분 땅에서 없어지리라.

✠ 신뢰와 감사가 가득한 이 시편은 1주간 화요일 독서기도에서 두 부분으로 나누어 기도한다. 후렴은 "주께서는 없는 이들을 정의로 판단하시나이다."와 "주님은 서러움과 억울함을 보고 계시나이다."이다.

10,5. "조롱하며" 자구적인 의미는 "(바람이) 불다, (입으로) 불다"이고, 히브리어 본문의 시적 표상을 유지하려 한다면 "입김으로 몰아내며"라고 할 수 있다. 아가(공동 번역 성서) 2,17; 4,16 참조.

10,9. "가련한 이" 시편집에서 히브리어 '아니'는 흔히 악인들에게 억압을 받으며 하느님께 의탁하는 가난하고 미천한 이들을 가리킨다(25,16; 40,18; 69,30; 86,1; 88,16; 109,22 참조). 신명 24,12.14-15; 잠언 22,22; 집회 4,1; 이사 26,6; 예레 22,16; 참조. 신약 성경에서 루카 16,20.22; 2코린 8,9; 야고 1,9; 2,2-3.6 참조.

10,10ㄱ. 이 구절 전반부의 주어가 모호하다. 우리말 성경은 9절과 연관 안에서 주어를 가련한 이로 보고 '두들겨 맞아 쓰러지고'로 번역하였지만, 보다 폭넓은 맥락 안에서 악인을 주어로 보고 이 동사들을 '몸을 구부리고 웅크리다'라고 번역할 수도 있다. 그렇게 본다면 악인이 몸을 굽히고 숨어서 음모를 꾸미는 모습을 묘사한 것으로 이해할 수 있다. 시편 17,11-12; 37,32; 잠언 1,11-18; 7,12; 집회 11,31; 애가 3,10; 호세 6,9 참조.

10,11. "얼굴을 감추어" 얼굴을 보여 준다는 것은 자신의 생각과 결정을 알려 주며 상대방과 관계를 맺으려는 갈망을 나타낸다(4,7의 주 참조). 이 표현의 의미는 일어나고 있는 사건에 대해 하느님께서 신경을 쓰지 않으시고 그래서 악인이 하느님의 심판을 받지 않으리라고 믿으며 악을 저지른다는 것이다.

10,15. "팔을 부러뜨리소서." 원수들의 악을 끝내시는 하느님의 강력한 행위를 말한다(37,17; 에제 30,21.24 참조).
"죄악을 징벌하시면." 자구적으로는 "그의 죄악을 찾으시면"이다.

17 (타우) 주님, 당신께서는 가난한 이들의 소원을 들으시고
그들의 마음을 굳세게 하시며 당신의 귀를 기울여 주시니
18 고아와 억눌린 이의 권리를 되찾아 주시고
다시는 세상의 인간이 을러대지 못하게 하시려는 것입니다.

11

(10) 1 [지휘자에게. 다윗]

주님께 나 피신하는데
너희는 어찌 나에게 말하느냐?
"새처럼 산으로 도망쳐라.
2 보라, 악인들이 활을 당기고
화살을 시위에 메겨
마음 바른 이들을 어둠 속에서 쏘려 한다.
3 바탕까지 허물어지는데
의인인들 무엇을 할 수 있으랴?"
4 주님께서는 당신의 거룩한 궁전에 계시고
주님의 옥좌는 하늘에 있어
그분 눈은 살피시고
그분 눈동자는 사람들을 가려내신다.
5 주님께서는 의인도 악인도 가려내시고
그분의 얼은 폭행을 사랑하는 자를 미워하신다.
6 그분께서 악인들 위에 불과 유황의 비를 그물처럼 내리시어
타는 듯한 바람이 그들 잔의 몫이 되리라.
7 주님께서는 의로우시어 의로운 일들을 사랑하시니
올곧은 이는 그분의 얼굴을 뵙게 되리라.

11,1. 참새로 번역되기도 하는 새의 이미지는, 약하여 그를 잡으려는 이에게 쉽게 붙잡힐 수 있는 사람을 가리킨다(124,7; 잠언 6,5; 7,23 참조).

11,4. "주님께서는 당신의 거룩한 궁전에 계시고" 주님은 성전에 거처하시는 군주처럼 여겨졌다(18,7; 103,19; 이사 6,1; 66,1; 하바 2,20 참조). 하늘 높은 곳의 어좌에 앉으신 분으로 묘사되기도 했다(9,5의 주 참조).

11,6. "불과 유황의 비"는 소돔과 고모라에 내린 징벌을 연상시킨다(창세 19,24-25 참조).

11(10). 악인들의 행위를 안다고 해도 시편 저자의 평온함은 흔들리지 않는다. 그는 하늘에 의로운 심판관이 계심을 알고 있다(4-7절). 그 신뢰는 상식과 상황을 고려한 인간적 권고를 넘어서는 것이다(1-2절). 이 신뢰는 응보의 교리에 기초하며, 이에 따르면 인간은 지상에서 자신의 행위에 대해 상이나 벌을 받는다(5-7절). 성경 안에는 자주 하느님에 대해 말하기 위하여 법적 용어들을 사용한다. 주님은 "의로운 일들을 사랑하시니." "폭행을 사랑하는 자를 미워하신다." 그분은 "의인도 악인도 가려내신다." 심판자이신 하느님 표상은 그분께서 마지막 때 정의/구원을 확립하기 위해 오신다는 것을 나타낸다.

✠ 1주간 월요일 저녁기도 때 기도한다. 공격을 받는 때는 흔히 2절에 언급된 어둠과 일치하고, 이때 기도자는 하느님의 보호를 청하며 신뢰 안에서 그분께 자신을 내맡긴다.

12 (11) 1 [지휘자에게. 제8도로. 시편. 다윗]

2 주님, 구원을 베푸소서. 충실한 이는 없어지고
진실한 이들은 사람들 사이에서 사라져 버렸습니다.
3 저마다 제 이웃에게 거짓을 말하고
간사한 입술과 두 마음으로 말합니다.

4 주님께서는 간사한 모든 입술과
허황된 것을 말하는 혀를 잘라 버리시리라.
5 그들은 "혀로 우리가 힘을 떨치고
입술이 우리에게 있는데 누가 우리의 주인이랴?" 하는
구나.

6 "가련한 이들에 대한 핍박과 가난한 이들의 신음 때문에
이제 내가 일어서리라." 주님께서 이르신다.
"그가 갈망하는 대로 나 그를 구원으로 이끌리라."
7 주님의 말씀은 순수한 말씀
흙 도가니 속에서
일곱 번이나 정제된 순은이어라.

8 주님, 당신께서 저희를 지켜 주시고
저희를 이 세대로부터 영원히 보호하소서.
9 악인들이 사방으로 쏘다니고
사람들 사이에서 야비함이 판을 칠지라도.

13 (12) 1 [지휘자에게. 시편. 다윗]

2 주님, 언제까지 마냥 저를 잊고 계시렵니까?
언제까지 당신 얼굴을 제게서 감추시렵니까?

12(11). 이 탄원시편 첫머리의 기원은(2절) 부르짖음처럼 하느님 앞으로 오른다. 땅 위에는 정의가 사라졌고, 거짓과 횡포가 사회 안에 넘쳐 가난한 이들을 해친다(2-3.6.9절). 시편 저자는 사람들의 혼탁하고 거짓스러운 말들에 하느님의 순수한 말씀을 대비시킨다(7-8절). 그 말씀은 그분께서 그들의 교만을 무너뜨리실 때 그 힘을 입증할 것이다(5-6절).

✠ 1주간 화요일 독서기도에서 기도한다. 7절에 표현된, 하느님 말씀에 의지할 수 있다는 기도자의 확신은 이 시편과 함께 바치는 후렴에서 다시 나타난다.

13(12). 탄원시편의 고전적인 도입인 첫 질문은(2절) 기도자의 번민이 매우 강렬함을 나타낸다. 그는 자신이 죽음에 가까이 와 있음을 보며 하느님께 버림받았다고 느낀다(3절). 그래서 하느님께 충실한 이들에 대한 하느님 돌보심의 표지인 그분의 눈길을 찾으며 그분의 말씀을 구한다(4-5절). 이 시편은 하느님께서 개입하시리라는 희망과 기쁨이 회복되리라는 가능성을 열어 놓는다(6절).

✠ 1주간 화요일 낮기도 때 기도한다. 후렴은 6절에서 취한 것이다(받은 구원에 대하여 기뻐하는 마음). 같은 구절이 연중 제7주일과 티 없이 깨끗하신 성모 성심 기념일 입당송으로 사용된다. 고해성사 예식의 독서로 이 시편 13(12)이 사용된다.

12,2. 시편 저자는 과장된 표현을 사용하면서 믿을 수 있고 의로운 사람을 찾을 수 없다는 것을 확인한다. 이와 비슷한 탄원은 지혜문학과 예언서들에 흔히 나타난다(116,11; 잠언 20,6; 예레 7,28; 9,3-4; 미카 7,2 참조).

12,5. "입술이 우리에게 있는데" 히브리어 본문을 그대로 옮긴 것이다. 혀는 말을 뜻하는데, 구두로 전달하던 사회에서 말은 진리를 전할 수도 있지만 멸망을 가져올 수도 있는 것이었다. 그래서 법정의 증언에서와 같이(다니 13 참조) 칼처럼 치명적인 해를 끼칠 수 있는 위험한 말을 경계한다. 15,3; 34,14; 37,30; 39,2; 57,5; 64,4; 78,36; 120,2; 잠언 6,24; 12,18-19; 15,4; 26,28; 로마 3,13; 야고 3,1-12 참조.

12,6. "이제 내가 일어서리라." 일어서시는 하느님 표상은(선고를 내리는 재판관과 같이) 도움을 청하는 이에게 정의를 세워 주시기 위한 하느님의 개입을 나타낸다(7,7; 9,20; 76,10; 94,2; 102,14; 이사 33,10 참조).

12,8. "세대" 이 단어는 긍정적 의미와 함께 흔히 부정적 의미의 종족, 집단, 무리를 뜻한다(악한 이들과 함께). 민수 32,13; 신명 1,35; 2,14; 32,5; 지혜 3,19; 예레 2,31; 마태 11,16; 12,39; 16,4; 마르 8,12; 루카 9,41; 11,29 참조.

13,2-3. "언제까지"라는 표현에 관하여, 4,3의 주 참조. 하느님 얼굴의 의미에 관하여, 4,7의 주 참조.

13,4. "제 눈을 비추소서." 빛은 인간의 생명을 나타내며 죽음에 대해 말하는 이 행의 앞 표현과 대비된다. 비슷한 표현이 38,11에서도 나타난다. 또한 에즈 9,8 참조.

13,6. "자애" 이 단어는 히브리어 '헤셋'의 번역인데, '헤셋'은 다른 언어에서 호의, 선의, 자비, 애정 등 넓은 의미를 갖는다(창세 19,19; 32,11; 룻 1,8; 2사무 2,5-6; 9,3; 시편 136; 이사 40,6; 미카 7,18 참조). 또한 시편 5,8.9의 주 참조.

14,1-7. 53편 주해 참조

14,1. 어리석은 사람을 지칭하는 히브리어 단어 "나발"은 인간의 행동에 관심을 갖는 지혜문학 전통의 특징적 단어이다. 이 단어의 의미는 다른 언어에서와 같이 무지함을 나타내는 지적 의미를 갖지 않으며, 종교적이고 지혜문학적 차원을 지칭한다. 어리석은 사람은 하느님과 그분의 말씀과 무관하게 현세적 지평에만 머물며 삶을 기획하는 사람이다.

14,2. "사람들" 자구적으로는 "사람의 아들들"이다. 이 히브리어 표현은 에제키엘서, 다니엘서, 신약 성경에서 예수님께 대하여 폭넓게 사용된 "사람의 아들"이라는 표현과 유사하게 모든 인간을 가리키는 것으로 볼 수 있다(또한 시편 80,18; 144,3; 146,3; 이사 51,12; 예레 51,43; 다니 7,13; 8,17; 10,16; 마태 8,20; 9,6; 12,8; 마르 8,31.38; 루카 9,22; 요한 6,27 참조).

14,3. 이 구절은 홍수의 원인이 된 인류의 부패를 묘사하는 창세 6,12를 연상시킨다. 하느님의 개입은 악한 행위들에 대하여 지상에서 이루어지는 응보의 논리에 따른 것이다.

3 언제까지 고통을 제 영혼에,
번민을 제 마음에 날마다 품어야 합니까?
언제까지 원수가 제 위에서 우쭐거려야 합니까?
4 살펴보소서, 저에게 대답하소서, 주 저의 하느님.
죽음의 잠을 자지 않도록 제 눈을 비추소서.
5 제 원수가 "나 그자를 이겼다." 하지 못하게,
제가 흔들려 저의 적들이 날뛰지 못하게 하소서.
6 저는 당신 자애에 의지하며
제 마음 당신의 구원으로 기뻐 뛰리이다.
제게 은혜를 베푸셨기에 주님께 노래하오리다.

14

(13) 1 [지휘자에게. 다윗]

어리석은 자 마음속으로
'하느님은 없다.' 말하네.
모두 타락하여 악행을 일삼고
착한 일 하는 이가 없구나.
2 주님께서는 하늘에서
사람들을 굽어 살피신다,
그 누가 깨달음 있어
하느님을 찾는지 보시려고.
3 모두 빗나가
온통 썩어 버려
착한 일 하는 이가 없구나.
하나도 없구나.
4 어찌하여 깨닫지 못하는가?
나쁜 짓 하는 모든 자들
내 백성을 빵 먹듯 집어삼키는 저들
주님을 부르지 않는 저들.
5 거기에서 그들은 겁에 질려 소스라치리니
하느님께서 의인의 무리와 함께 계시기 때문이다.
6 가련한 이의 뜻을 너희가 수치스럽게 만들지만

14(13). 시편 저자는 아마도 자신의 개인적 체험에서 출발하여 인간의 타락에 대해 멈추어 성찰한다. 그의 눈앞에 보이는 장면은 절망적이다. 의로운 사람은 한 사람도 없다(1-4절; 로마 3,10-12 참조). 그러나 하느님 없이 사는 것은 어리석음의 표지이며 사회적 불의의 원천이다. 주님은 짓밟힌 정의를 회복시키기 위하여 개입하시어 부정한 이들에게 당신의 권능을 보여 주실 것이며 의인들은 기뻐하게 될 것이다(5-7절).

✠ 1주간 화요일 낮기도 때 기도한다. 후렴은 인간의 타락 앞에서 하느님 개입을 노래한다. "하느님께서는 모든 사람에게 자비를 베푸시려고, 그들의 불순종을 참아 오셨도다."

주님께서 그의 피신처이시다.
7 아, 시온에서 이스라엘의 구원이 베풀어졌으면!
주님께서 당신 백성의 운명을 되돌리실 때
야곱이 기뻐하고 이스라엘이 즐거워하리라.

15

(14) 1 [시편. 다윗]

주님, 누가 당신 천막에 머물 수 있습니까?
누가 당신의 거룩한 산에서 지낼 수 있습니까?

2 흠 없이 걸어가고
의로운 일을 하며
마음속으로 진실을 말하는 이,
3 혀로 비방하러 쏘다니지 않고
제 친구에게 악을 행하지 않으며
제 이웃에게 모욕을 주지 않는 이라네.
4 그는 악인을 업신여기지만
주님을 경외하는 이들은 존중한다네.
손해나는 맹세라도 그는 바꾸지 않고
5 이자를 받으려고 돈을 놓지 않으며
무죄한 이에게 해되는 뇌물을 받지 않는다네.
이를 실행하는 이는
영원히 흔들리지 않으리라.

16

(15) 1 [믹탐. 다윗]

하느님, 저를 지켜 주소서. 당신께 피신합니다.
2 주님께 아룁니다. "당신은 저의 주님.
저의 행복 당신밖에 없습니다."
3 이 땅에 있는 거룩한 이들과
위대한 이들에게 저의 온 마음이 쏠립니다.
4 다른 신들을 붙좇는 자들의 고통이 크기에

15(14). 이 시편은 성전 문 앞에서 성전으로 올라가는 순례자들과 사제 사이에 이루어진 대화를 전해 주는 것으로 짐작된다. 일종의 예비 전례로서 사제는 예식에 참여하기 위하여 필요한 정결과 올바른 조건들을 열거한다. 흠 없는 행실을 위해서는 말로 범하는 죄와("비방", "모욕") 행동으로 하는 죄가("악", "이자") 없어야 했다.

✠ 의인의 전형을 제시하는 지혜 시편이다. 히브 7,26에서 설명하듯이 우리에게 의인의 전형은 그리스도이시다. 이 시편은 기도자들에게 양심을 성찰하게 한다. 1주간 월요일 저녁기도에서 "행복하여라, 마음이 깨끗한 사람들. 그들은 하느님을 볼 것이다."(마태 5,8)는 후렴과 함께 기도한다. 성당과 제단 봉헌 예식에서는 제단 아래 성인들 유해를 모실 때 이 시편을 노래한다.

14,7. 이 구절은 후에 첨가된 것일 수 있다. 시온에 대한 언급과 구원에 대한 언급, '숩 스붓'("운명을 되돌리심")이라는 표현은 유배 중 및 유배 후의 본문에 연결된다(예레 30,3; 33,7; 요엘 4,1 참조). 의인이 겪는 억압이라는 이 시편의 첫 번째 주제에, 민족의 역사적 사건과 더 긴밀히 연결된 두 번째 의미가 결합된 것이다.

15,1. "누가… 머물 수 있습니까?" 자구적으로는 "누가 손님이 되겠습니까?"이다. 하느님께서 의인들에게 베푸시는 친밀함을 나타낸다(27,4; 61,5; 84,5 참조). 악인들은 하느님 곁에 머물 수 없다(5,5 참조).

15,4. "그는 악인을 업신여기지만" 의인은 주님 편에 있으며 주님의 감정을 함께 느낀다. 그는 중립적인 위치에 있지 않고, 하느님 벗들의 벗이 되며 그분의 원수들의 "원수"가 된다. 139,21-22에서도 이와 유사한 내용을 읽을 수 있다.
"손해나는 맹세라도 그는 바꾸지 않고" 자신에게 불리하게 되더라도 맹세로 한 약속을 물러내지 않음을 뜻한다(레위 27,10.33; 5,4 참조).

15,5. 이자를 받는 것은 금지되어 있다. 탈출 22,24; 레위 25,37; 신명 23,20-21; 잠언 28,8; 에제 18,17 참조. 충실한 이들에게는 너그럽게 빌려 줄 것이 권장된다. 신명 15; 시편 37; 집회 29 참조. 또한 마태 5,42; 루카 6,30; 2코린 8 참조.

16,2. 8,2(주 참조)에서와 같이 첫 번째 "주님"은 하느님의 이름('야훼')을 번역한 것이고 두 번째 "주님"은 명사 '아돈'을 번역한 것이다. 자구적으로는 "야훼께 아룁니다. '당신은 저의 주님…'"이 될 것이다.

16,3. "거룩한 이들… 위대한 이들" 이러한 단어는 이교 신들의 이름으로도 사용되었으므로(89,6-8 참조), 이 구절은 우상을 숭배한 잘못을 고백하는 것으로

이해할 수도 있다. 또는 기도자가 존경하지 않는 지상의 권세가들을 지칭한 것으로 볼 수도 있다(136,18 참조).

16,4. 이 구절의 첫 부분에 표현된 기본 개념은 첫 계명을 거슬러(탈출 20,3 참조) 자신의 하느님을 다른 신들과 바꾸는 것은 부적절할 뿐만 아니라 이스라엘 민족 역사가 보여 주듯이 해로운 일이라는 것이다(이사 42,8; 48,11; 예레 44,17-30; 호세 2,9-15 참조).

16,5. "제가 받을 몫이며 제가 마실 잔" 성직자들이 하느님 일에만 종사할 수 있도록 사제 지파는 약속된 땅에서 한 부분을 받지 않았다(민수 34–35 참조). 이 절은 아마도 이러한 사제의 상황을 반영할 것이다. 이에 따라 주님은 그가 바랄 수 있는 가장 풍요로운 몫이 되신다(시편 142,6 참조). "잔"은 "운명"을 나타낸다.

16,11. "생명의 길"은 죽음에 대비되는 번영과 장수를 나타내는 은유이다. 잠언 12,28; 15,24 참조.

17,1. "주님, 의로운 사연을 들어 보소서." 히브리어를 번역하면 "들으소서, 주님, 정의."이다. 마지막 명사를 주님의 호칭으로 여길 수도 있다(이사 5,16; 33,5 참조. 또한 로마 3,5 참조). 우리말 번역은 그리스어 번역본과 (새) 대중 라틴말 성경의 "나의 의로움"('나의 의로운 사연')을 토대로 했다.

저는 그 신들에게 피의 제사를 바치지 않으며
그 이름들을 제 입술에 올리지도 않습니다.
5 제가 받을 몫이며 제가 마실 잔이신 주님
당신께서 저의 제비를 쥐고 계십니다.
6 저의 차지로 좋은 땅 위에 측량줄 내려지니
저의 재산에 제 마음 흐뭇합니다.
7 저를 타일러 주시는 주님을 찬미하니
밤에도 제 양심이 저를 일깨웁니다.
8 언제나 주님을 제 앞에 모시어
당신께서 제 오른쪽에 계시니 저는 흔들리지 않으리이다.
9 그러기에 제 마음 기뻐하고 제 영혼이 뛰놀며
제 육신마저 편안히 쉬리이다.
10 당신께서는 제 영혼을 저승에 버려두지 않으시고
당신께 충실한 이는 구렁을 아니 보게 하십니다.
11 당신께서 저에게 생명의 길을 가르치시니
당신 면전에서 넘치는 기쁨을,
당신 오른쪽에서 길이 평안을 누리리이다.

17

(16) 1 [기도. 다윗]

16,8-11 사도 2,25-28.

16(15). 이 감동적이고 기쁨에 찬 신앙 고백에서, 지혜문학적 언어로 표현된 심오한 신학적 모티브들은 저자가 사제임을 시사한다. 이 구절은 하느님과의 깊은 친밀을 드러내는데 하느님은 최고의 선이며(2.5-6절) 안식처(9절), 지혜로운 조언자(7.11절), 강한 지지자로(8.10) 제시된다. 하느님과의 감미로운 친교에 거짓 신들을 따르는 이들의 고통이 대비된다(3-4절). 아마도 시편 저자 자신이 과거에 이러한 경험을 했을 것이다(3절). 하느님과의 친밀이라는 내적 체험은 시편 저자로 하여금 죽음이 그를 억누르지 못하리라는 신뢰를 고백하게 한다. 많은 학자들은 이것이 질병의 치유를 지칭한다고 보지만 불사와 불멸의 가르침도 예감할 수 있다. 사도행전에서 이 절은 그리스도의 부활에 비추어 해석된다(사도 2,31 참조).

9-11절에는 부활과 성부 오른편에 앉으실 때를 기다리시는 그리스도의 안식에 대한 암시가 들어 있어, 2주간 주일 제1저녁기도에서 이 시편을 기도하고 성토요일 독서기도에서도 "나의 육신은 주님과 함께 편히 쉬리라."는 후렴과 함께 이 시편을 바친다. 5.8-11절은 부활 성야 미사에서 창세 22,1-18의 독서 후에 화답송으로 사용되고, 1-2.5.7-11절은 가해 부활 제3주일 화답송이다. 7절과 9절에 표현된 내용 때문에(기도자는 잠 속에서도 주님을 향해 있다) 목요일 끝기도 때 기도한다. 11절은 연중 제31주일 영성체송이다. 5절은 성인 공통(수도자) 입당송으로 제시된다. 성품 후보자 선정 예식 미사에서 1-2ㄱ.5.7-8.11절은 화답송들 가운데 하나로 사용되며 성작과 성반의 축복을 위해서는 5.8.9-10.11절이 화답송이 된다.

17(16). 부당하게 박해를 받는 올바른 사람이 의로운 심판관이신 하느님께 탄원한다. 그분 앞에서 자신의 무죄함을 항변하며 자신의 마음이 깨끗함과(1-4절) 올바른 길을 계속하고자 하는 갈망을(5절) 확인해 보시기를 청한다. 그는 먹이를 잡으려 하는 사나운 맹수들에 비유된 치명적 원수들(9-12절)에 맞서 하느님의 자애로운 보호를 청한다(6-8절). 그들의 공격 앞에서 하느님은 전사처럼 무장하신다. 악인들의 유산은 죽음이 되고 기도자는 하느님을 뵙고 살게 될 것이다(13-15절).

주님, 의로운 사연을 들어 보소서.
제 부르짖음을 귀여겨들으소서.
거짓 없는 입술로 드리는
제 기도에 귀 기울여 주소서.
2 당신 앞에서 저에게 승소 판결이 내려지게 하소서.
당신 눈으로 올바른 것을 보아 주소서.
3 당신께서 제 마음을 시험하시고 밤중에도 캐어 보시며
저를 달구어 보셔도 부정을 찾지 못하시리이다.
4 저의 입은 ○ 사람들이 하는 것처럼 하지 않고
저는 당신 입술에서 나온 말씀에 주의를 기울였습니다.
5 계명의 길을 ○ 저는 꿋꿋이 걷고
당신 길에서 제 발걸음 비틀거리지 않았습니다.
6 하느님, 당신께서 제게 응답해 주시겠기에
제가 당신께 부르짖습니다.
당신의 귀를 기울이시어 제 말씀을 들어 주소서.
7 당신 자애의 기적을 베푸소서.
당신 오른쪽으로 피신하는 이들을
적에게서 구해 주시는 분이시여!
8 당신 눈동자처럼 저를 보호하소서.
당신 날개 그늘에 저를 숨겨 주소서,
9 저를 억누르는 악인들에게서
저를 미친 듯 에워싼 원수들에게서.
10 그들의 마음은 비계로 닫혀 있고
그들의 입은 오만을 내뿜습니다.
11 그들은 이제 달려들어 저를 둘러싸고서
땅바닥에 넘어뜨리려 노려봅니다.
12 그 모습 사자처럼 약탈하려 노립니다.
으슥한 곳에 도사린 힘센 사자 같습니다.
13 주님, 일어나소서. 다가가 그를 내던지소서.
악인에게서 제 영혼을 당신 칼로 구해 주소서.
14 주님, 당신의 손으로 저 사내들에게서,
세상살이를 제 몫으로 삼는 사내들에게서 저를 구해 주소서.
당신께서 숨겨 놓으신 벌로 그들의 배를 채우시어
아들들도 배불리고
나머지는 자기네 어린것들에게 물려주게 하소서.
15 저는 의로움으로 당신 얼굴을 뵙고

✠ 1주간 수요일 낮기도에서 기도한다. 6절은 연중 제9주일 영성체송이며, 15절은 연중 제15주일 입당송이다. 6.8절은 연중 제29주일 입당송이다.

17,2. "당신 앞에서" 히브리어 표현을 자구적으로 옮기면 "당신 면전에서"이다.

17,3. "저를 달구어 보셔도" 백성(또는 신자들)의 정화 과정은 즈카 13,9에 언급된 금속에서 불순물을 제련하는 기술과 유사하다(또한 1베드 4,12와 시편 12,7 참조. 그러나 이 마지막 본문에서는 불의 표상이 말씀에 적용된다).

17,7. "당신 자애의" 또는 "당신 사랑의"(5,8.9와 13,6의 주 참조).

17,8. "당신 날개 그늘에" 주님의 보호는 둥지를 지키는 새의 보호에 비유된다(신명 32,11; 룻 2,12; 시편 57,2; 61,5 참조). 이 표현은 신명기계에서 즐겨 사용하는 전형적 양식이 되었으며 구약과 신약 모두에서 하느님의 보호를 지칭하여 사용된다(탈출 19,4; 시편 36,8; 61,5; 63,8; 예레 48,40; 49,22; 묵시 12,14 참조).

17,14. 처음 두 행은 해석이 어렵다. "사내들"('므팀')은 기도자의 원수들인 악인들이다. 이 절의 전반적인 의미는, 이미 운명이 정해져 버린 악인들이 세상에서 가족과 함께 즐길 뿐인 반면, 의인은 오직 하느님과 함께할 때만 흡족해한다는 것으로 보인다.

17,15. "모습"은 "모상", "상"像을 뜻하는 히브리어 '트무나'의 번역이다. 이 단어를 인간과 가까이 계시는 하느님의 "현존"이라는 뜻으로 사용하는 예는 드물다(민수 12,8 참조). 더 일반적으로 이 단어는 우상의 신상을 만드는 것을 금지하는 맥락에서 사용한다(탈출 20,4; 신명 4,15.16.23.25; 5,8 참조).

깨어날 때 당신 모습으로 흡족하리이다.

18 (17) 1 [지휘자에게. 주님의 종 다윗. 주님께서 그
의 모든 원수들의 손아귀와 사울의 손에서 그를
건져 주신 날, 그가 이 노래로 주님께 아뢰었다.
2 그는 말하였다.]

저는 당신을 사랑합니다, 주님, 저의 힘이시여.
3 주님은 저의 반석, 저의 산성, 저의 구원자
저의 하느님, 이 몸 피신하는 저의 바위
저의 방패, 제 구원의 뿔, 저의 성채이십니다.

4 찬양받으실 주님을 불렀을 때
나는 원수들에게서 구원되었네.
5 죽음의 오랏줄이 나를 두르고
멸망의 급류가 나를 들이쳤으며
6 저승의 오랏줄이 나를 휘감고
죽음의 올가미가 나를 덮쳤네.
7 이 곤경 중에 내가 주님을 부르고
내 하느님께 도움을 청하였더니
당신 궁전에서 내 목소리 들으셨네.
도움 청하는 내 소리 그분 귀에 다다랐네.
8 이에 땅이 흔들리며 떨고
산의 뿌리까지 소스라쳐 흔들렸으니
그분께서 진노하신 까닭이네.
9 그분 코에서는 연기가 오르고
입에서는 삼킬 듯 불길이 치솟았으며
그분에게서 숯불이 타올랐네.
10 그분께서 하늘을 기울여 내려오시니
먹구름이 그분 발밑을 뒤덮었네.
11 커룹 위에 올라 날아가시고

---

18 2사무 22,2-51.

📖 18(17). 원수에 대한 큰 승리를 기뻐하는 임금의 오래된 찬양시편이다. 감사와 찬양을 나타내는 단어들이 도입 부분에서 예고되고(3-4절) 끝맺음 부분에서 다시 사용된다(47-51절). 이 시편은 2사무 22,2-51과 동일하다. 시편의 본문은 주로 두 장면으로 되어 있으며, 그 둘은 지혜문학적 묵상으로 분리되어 있다(21-29절). 첫째 장면에서는 (5-20절) 임금이 하느님의 특별한 도우심으로 피할 수 있었던 위험들에 관한 표상들이 이어진다. 둘째 장면에서는 기도자가 하느님에게서 받은 훈련과 구원을 위한 하느님의 개입이 묘사된다(30-46절). 도입(2-4절)과 끝맺음(47-51절)은 하느님을 향한 시편 저자의 열정적인 찬양과 경탄의 어조를 특징으로 한다.

✠ 이 시편은 1주간의 이틀 동안에 독서기도에서 기도한다. 2-30절은 수요일에(후렴은 2.20.29절에서 취한 것이다), 31-51절은 목요일에(후렴은 31.36.47절을 강조한다) 기도한다. 3절은 연중 제10주일 영성체송이다.

18,5. "멸망의 급류" 자구적으로는 "블리야알의 급류"이다. 블리야알이라는 단어의 의미는 정확히 알려져 있지 않으며 흔히 "헛된", "무익한" "고약한"(1사무 25,25 참조), "사악한" "불량한"(신명 13,14; 잠언 16,27; 19,28 참조), "파괴"(2사무 22,5), "쓸모없는"(잠언 6,12)으로 번역된다. 아마도 블리야알의 어원은 악마적 어떤 인물에 연결될 것이다(판관 19,22-25의 주 참조). 그래서 죽음 및 죽은 이들의 왕국과 연관될 것이다. 신약 성경에서 블리야알은 사탄의 이름이 된다(2코린 6,15: 벨리아르 참조).

18,7. "내 목소리 들으셨네." 히브리어 동사('사마')는 단순히 소리를 듣는다는 것보다 더 넓은 의미를 갖는다(121,3-5.7-8의 주 참조). 이 문맥에서는 다른 여러 본문에서와 같이 "들어 주다, 마음을 기울이다, 맡다"를 뜻한다(예를 들어 이집트의 억압과 관련하여, 탈출 2,24 참조). 하느님은 도우심을 청하는 백성 또는 개인의 목소리에 주의를 기울이신다(창세 21,17; 신명 26,7; 2사무 22,7; 2역대 33,13; 시편 106,44 참조).

바람 날개 타고 떠가셨네.
12 어둠을 가리개 삼아 당신 주위에 둘러치시고
시커먼 비구름과 짙은 구름을 덮개로 삼으셨네.
13 그분 앞의 빛에서 뿜어 나오는 것
우박과 불타는 숯덩이들이었네.
14 주님께서 하늘에 우렛소리 내시고
지극히 높으신 분께서 당신 소리 울려 퍼지게 하셨네.
우박과 불타는 숯덩이들을 내리셨네.
15 당신 화살들을 쏘시어 그들을 흩으시고
수많은 번개로 그들을 혼란에 빠뜨리셨네.
16 바다의 밑바닥이 보이고
땅의 기초가 드러났네.

주님, 당신의 질타로,
당신 노호의 숨결로 그리되었습니다.

17 그분께서 높은 데에서 손을 뻗쳐 나를 붙잡으시고
깊은 물에서 나를 끌어내셨네.
18 나의 힘센 원수에게서,
나보다 강한 적들에게서 나를 구하셨네.
19 환난의 날에 그들이 나를 덮쳤지만
주님께서 나에게 의지가 되어 주셨네.
20 넓은 곳으로 이끌어 내시어 나를 구하셨으니
내가 그분 마음에 들었기 때문이네.
21 주님께서 내 의로움에 따라 나에게 행하시고
내 손의 결백함에 따라 나에게 갚아 주셨으니
22 내가 주님의 길을 지키고
나의 하느님을 배반하지 않았으며
23 그분의 모든 법규를 내 앞에 두고
그분의 규범을 내게서 물리치지 않았기 때문이네.
24 나 그분께 결백하게 지내 왔고
죄에 떨어질까 조심하였네.
25 주님께서 내 의로움에 따라 나에게 갚아 주셨네.
그분 앞에서 지켜 온 내 손의 결백함에 따라 갚아 주셨네.

26 당신께서는 충실한 이에게는 충실하신 분으로,
결백한 사람에게는 결백하신 분으로 당신을 나타내

18,21-46. 하느님을 군사 교관처럼 표현하는 것은 현대 감각에는 거슬리지만 고대 세계의 종교적 사고를 따른 것이다. 성경 저자는 하느님의 능력과 우월성을 강조하기 위하여 군사적 표상들을 사용한다.

18,12. 이 구절은 번역이 어렵다. 지금의 번역문은 그리스어 번역본을 참조한 것이다. 여기에 사용된 표상은 숨어 계시고 다가갈 수 없는 하느님의 접근 불가능성을 나타낸다(81,8 참조).

18,17. "깊은 물" 흔히 성경에서 물은 죽음의 수단이라는 부정적인 의미로 여겨졌다. 물은 백성의 원수들을 나타내고(이사 17,13 참조), 하느님께서 이스라엘에게 퍼부으시는 원초의 혼돈의 물이나(에제 26,19 참조) 남녀 사이의 사랑을 위협하는 위험을 나타낸다(아가 8,7 참조). 여기서는 홍해의 물을 연상시키는 것일 수도 있다(탈출 14; 지혜 10,18 참조).

18,21-29. 이 구절에서는 고전적 응보 이론이 나타난다. 주님은 사람들에게 각자의 행동과 마음속 생각에 따라 갚아 주시며 올바르게 살아가는 사람에게는 은혜를 베푸신다(욥 11,15-20; 시편 1,6 참조).

18,25. "내 손의 결백함에 따라 갚아 주셨네." 이 구절은 비중이 매우 크다. 인간의 능력과 기도자의 완벽한 흠 없음에 대한 깊은 믿음을 선언하기 때문이다. 그 흠 없음은 하느님 은혜의 척도가 된다. 다른 성경 본문들은 이와 달리 인간이 올바로 행동할 수 없음을 인정한다(욥 9,20-24; 잠언 20,9; 시편 51,7 참조).

18,29. "당신께서 저의 등불을 밝혀 주십니다." 이 문맥에서 등불은 하느님께서 주시는 생명의 상징이다(욥 18,5-6의 주; 또한 시편 119,105; 잠언 6,23; 묵시 22,5 참조).

18,31. "하느님의 길은 결백하고" 자구적으로는 "하느님의 길은 흠 없고" 또는 "올바르고, 곧고"이다. 하느님을 방패로 나타내는 표상에 관하여, 3,4의 주 참조.

18,36. "손수 보살피시어 저를 크게 만드셨습니다." 히브리어 본문을 따른다면 이 절의 마지막 부분은 "당신의 겸손이 저를 크게 만드셨습니다."이다. 그러나 이 표현의 의미는 분명치 않다. 그래서 이 명사를 다른 비슷한 명사로 바꿀 것을 제안하기도 한다. "당신의 겸손"('안와트카')을 "당신의 응답"('아노트카')으로 바꾸는 것이다(히브리어에서 이 어근 '아나'는 "대답하다"와 "불행하다, 억압받다"를 뜻한다). 이렇게 하여 "제게 응답하시어"라고 번역할 수도 있다.

18,42. 의인의 외침과 그 원수들의 외침이 대조된다. 의인의 외침은 주님께서 곧 들어 주셨지만(7절), 원수들의 외침은 들어 주지 않으신다(이스라엘도 하느님에게서 떠나갈 때에는 같은 운명을 겪는다, 1사무 8,18 참조).

시고
27 깨끗한 이에게는 깨끗하신 분으로 그를 대하시지만
그릇된 자에게는 비뚤어지신 분으로 당신을 드러내십
니다.
28 정녕 당신께서는 가련한 백성은 구원하시지만
거만한 눈들은 끌어내리십니다.
29 주님, 정녕 당신께서 저의 등불을 밝히십니다.
저의 하느님께서 저의 어둠을 밝혀 주십니다.
30 정녕 당신의 도우심으로 제가 무리 속에 뛰어들고
제 하느님의 도우심으로 성벽을 뛰어넘습니다.

31 하느님의 길은 결백하고
주님의 말씀은 순수하며
그분께서는 당신께 피신하는 모든 이에게 방패가 되
신다.
32 정녕 주님 말고 그 누가 하느님이며
우리 하느님 말고 그 누가 반석이 되어 주겠는가?
33 하느님께서 나에게 힘을 매어 주시고
나의 길을 온전하게 놓아 주셨네.
34 내 발을 암사슴 같게 하시고
높은 곳에 나를 세워주셨으며
35 내 손에 전투를 익혀 주시고
내 팔이 청동 활을 당기게 하셨네.

36 당신께서는 구원의 방패를 제게 주시고
당신 오른손으로 저를 받쳐 주시며
손수 보살피시어 저를 크게 만드셨습니다.
37 제 발걸음 닿는 곳을 넓히시어
제 발목이 흔들리지 않았습니다.
38 저는 제 원수들을 뒤쫓아 붙잡고
그들을 무찌르기 전에는 돌아오지 않았습니다.
39 제가 그들을 내리치자 그들은 일어서지 못하고
제 발아래 쓰러졌습니다.
40 당신께서는 저에게 싸울 힘을 매어 주시어
저에게 맞서 일어선 자들을 무릎 꿇게 하셨습니다.
41 제 원수들을 달아나게 하시고
저를 미워하는 자들을 제가 멸망시키게 하셨습니다.
42 그들은 도와 달라 외쳤으나 도와주는 이 없었고
주님께 청하였으나 그들에게는 응답하지 않으셨습니다.
43 저는 그들을 바람 앞의 먼지처럼 갈아 부수고

오물처럼 밖으로 쏟아 버렸습니다.
44 당신께서 저를 백성의 다툼에서 구하시어
민족들의 우두머리로 세우셨으니
제가 알지 못하던 백성이 저를 섬기고
45 제 말을 듣자마자 저에게 복종하며
이방인들이 저에게 아양 부렸습니다.
46 이방인들이 기진맥진하여
그들의 성곽에서 떨며 나왔습니다.

47 주님께서는 살아 계시다!
나의 반석께서는 찬미받으시리니
내 구원의 하느님께서는 드높으시다.
48 하느님께서 내 원수를 갚아 주시고
백성들을 내 발아래 굴복시키셨다.

49 당신께서는 제 원수들에게서 저를 구하시고
저를 거슬러 일어선 자들에게서 들어 높이셨으며
포악한 자에게서 해방시켜 주셨습니다.
50 그러기에 주님, 제가 민족들 앞에서 당신을 찬송하고
당신 이름에 찬미 노래 바칩니다.

51 주님께서는 당신 임금에게 큰 구원을 베푸시고
당신의 기름부음받은이 다윗과 그 후손에게
영원토록 자애를 베푸신다.

19

(18) 1 [지휘자에게. 시편. 다윗]

2 하늘은 하느님의 영광을 이야기하고
창공은 그분 손의 솜씨를 알리네.
3 낮은 낮에게 말을 건네고
밤은 밤에게 지식을 전하네.
4 말도 없고 이야기도 없으며
그들 목소리조차 들리지 않지만

18,47. 반석의 표상은 3절에도 나온다. 시편의 첫머리에서 기도자는 하느님의 견고하심을 선언하며 그는 그분께서 들어 주시리라는 것을 확신하고 그분을 향한다. 끝맺음에서도 같은 생각이 되풀이된다. 반석이신 하느님의 표상은 시편에 나타나는 신앙의 주요한 요소들 가운데 하나이다. 31,3; 42,10; 73,26; 78,35; 92,16; 94,22; 144,1. 참조. 또한 이사 26,4; 하바 1,12; 1코린 10,4 참조.

19,2. "하늘" 히브리어로는 문법적으로 복수형이다. 히브리 우주관에서 하늘은 여러 층으로 되어 있었기 때문이다. 하늘의 궁창은 최고의 천상계를 볼 수 없게 가리는 판과 같은 것이었다. 예를 들어 신명 10,14에서는 "하늘들의 하늘들"(우리말 번역은 "하늘 위의 하늘")이라는 표현을 사용한다(또한 1열왕 8,27; 2역대 2,5; 느헤 9,6; 욥 22,14 참조). 이 시편에서 우주의 요소들은 의인화된 장소들로 표현된다(시편 148,4; 이사 49,13 참조). 신약성경에서 에페 1,20; 2,6; 히브 7,26 참조.

19,4. 그리스어 번역본은 4절을 독립된 문장으로 보며 (새) 대중 라틴말 성경도 이를 따른다. "말도 없고 이야기도 없으며 그들 목소리조차 들리지 않는다." 그러나 히브리어 본문을 따른다면 이 절을 다음 문장에 연결하는 것이(우리말 성경처럼) 더 바람직하다. 또는 그 앞 문장에 연결하면 하늘과 창공의 이야기가 전파되는 유례없는 방식을 묘사하는 것이 된다.

19(18). 시편 저자가 이 찬양시편을 바치게 하는 동기는 두 가지이다. 창조의 찬란함과(1-7절) 하느님께서 율법을 주신 것이다(8-12절). 자연 안에서 이루어지는 하느님 계시가 있고, 성경의 율법인 토라 안에 들어 있는 하느님 말씀 안에서 명시적으로 이루어지는 계시가 있다. 매력적인 시적 표상들이 창조된 실재들을 하느님 위대하심의 전달자들로 묘사한다. 그들은 자신 안에 그 위대하심의 표지를 지니고 있기 때문이다. 창조물에 대한 관상 다음에는 지혜문학적 묵상이 뒤따르는데, 이것은 기도자의 신앙 표현으로 끝맺는다. 그렇게 찬란한 빛은 작은 그림자까지도 드러내기 때문에 이 시편은 하느님 앞에서 흠 없이 살아가기 위한 도우심을 청하는 것으로 끝난다(13-15절).

5 그 소리는 온 땅으로,
그 말은 누리 끝까지 퍼져 나가네.
그곳에 해를 위하여 천막을 쳐 주시니
6 해는 신방에서 나오는 신랑 같고
용사처럼 길을 달리며 좋아하네.
7 하늘 끝에서 나와
다시 끝으로 돌아가니
아무것도 그 열기 앞에서 숨을 수 없네.

8 주님의 가르침은 완전하여
생기를 돋게 하고
주님의 법은 참되어
어수룩한 이를 슬기롭게 하네.
9 주님의 규정은 올발라서
마음을 기쁘게 하고
주님의 계명은 맑아서
눈에 빛을 주네.
10 주님을 경외함은 순수하니
영원히 이어지고
주님의 법규들은 진실이니
모두가 의롭네.
11 금보다, 많은 순금보다
더욱 보배로우며
꿀보다 생청보다
더욱 달다네.

12 당신의 종도 이에 주의를 기울이니
이를 지키면 큰 상급을 받으리이다.
13 뜻 아니한 허물을 누가 알겠습니까?
숨겨진 잘못에서 저를 깨끗이 해 주소서.
14 또 오만한 자들에게서 당신 종을 보호하소서.
그들이 제 위에 군림하지 못하게 하소서.
그러면 제가 결백해지고
커다란 죄악에서 깨끗해지리이다.
15 주님, 저의 반석, 저의 구원자시여

19,5. "해를 위하여 천막을"이라는 표상은 태양을 가장 중요한 신들 가운데 하나로 여기는 동방 신화에서 나온 것이다. 2열왕 23,5.11에서는 이스라엘에서도 태양 숭배가 있었음을 증언한다. 히브리어에서 명사 '세메스'("해")는 여성이지만 여기서는 시적으로 남자, 당당한 전사의 모습으로 묘사된다. 다른 본문에서는 태양의 용감함을 노래하기도 한다(판관 5,31; 집회 43,2-5 참조).

19,8. "참되어" 여기에 사용된 히브리어 동사 '아만'은 든든함을 뜻한다. "법"에 이 단어가 적용되는 것은 우리말로는 이상하게 보일 수 있지만 그 의미는 분명 "충실한, 믿을 수 있는"이고 그래서 "참된, 진정한"을 뜻한다.

19,8-11. 이 구절은 율법에 대한 찬가를 담고 있다. 율법은 하느님과 그분 뜻의 계시를 보존하고 있다. 그러나 토라는 그보다 훨씬 더 넓은 의미를 담고 있어서 가르침이라는 의미도 지니고 있고, 하느님에게서 오는 것일 때에는 그분 뜻의 계시이기도 하다.

19,10. 주님을 경외함이라는 주제에 관하여, 잠언 1,7의 주해 참조.

19,13. "숨겨진 잘못" 자구적으로는 "숨겨진 것들"이다. 자신도 의식하지 못하는 죄, 어느 정도든 뜻하지 않은 잘못을 가리킨다. 의인 욥도 자기 자녀들의 이러한 죄에 대하여 용서를 청한다(욥 1,5 참조).

19,14. "오만한 자들… 커다란 죄악" "오만한 자들"로 번역한 단어는 "오만"이라고 옮길 수도 있다. 창세 3장 첫 조상들의 불순종을 암시하는 것일 수 있다. 또한 탈출 32,21.30.31(금송아지를 섬긴 우상 숭배)와 애가 4,6(소돔의 죄) 참조.

✠ 떠오르는 태양의 표상에서(5-7절) 교회 전통은 부활하신 그리스도가 암시된다고 보았다. 인류는 그 광채로 새롭게 된 낮이다. 2-7절은 2주간 월요일 아침 기도의 세 번째 시편으로 사용되며, 사도 공통 독서기도에서도 사용되어 5절이 사도들이 온 세상에서 행한 설교에 적용된다. 8-15절은(그 주제는 하느님 뜻을 기쁘게 따르며 열매를 맺는 것이다) 1주간 월요일 낮기도와 성탄 낮기도에서(시편 47 및 48편과 함께) 사용된다. 8-11절은 나해 사순 제3주일 화답송이며, 부활 성야에 바룩 3,9-15.32-4,4를 읽은 다음 화답송으로도 사용된다. 성당과 제단 봉헌 예식에서는 8-9.10.15절을 취했다.

당신 앞에 드리는 제 입의 말씀과
제 마음의 생각이 당신 마음에 들게 하소서.

20

(19) 1 [지휘자에게. 시편. 다윗]

2 환난의 날에 주님께서 당신께 응답하시고
야곱의 하느님 이름이 당신을 보호하시기를 빕니다.
3 성소에서 당신께 도움을 보내시고
시온에서 당신을 받쳐 주시며
4 당신의 모든 제물을 기억하시고
당신의 번제를 즐거이 받으시기를 빕니다. 셀라
5 당신 마음이 바라는 대로 당신께 베푸시고
당신의 모든 소망을 채워 주시기를 빕니다.
6 우리가 당신 구원에 환호하며
우리 하느님의 이름으로 깃발을 높이 들리니
주님께서 당신 소원을 모두 채워 주시기를 빕니다.

7 나는 이제 안다네,
주님께서 당신의 기름부음받은이에게 구원을 베푸심을.
그분께서 당신의 거룩한 하늘에서
당신 오른손의 구원 위업으로 그에게 응답하시리라.
8 이들은 병거를, 저들은 기마를 믿지만
우리는 우리 하느님이신 주님의 이름을 부르네.
9 그들은 넘어지고 쓰러지지만
우리는 일어나 굳건히 서 있으리라.

10 주님, 임금에게 구원을 베푸소서.
저희가 부르짖는 날 저희에게 응답하소서.

20,2. "하느님 이름"은 그분의 힘을 가리킨다(탈출 15,3; 1사무 17,45; 시편 118,10-12; 이사 50,10; 애가 3,55; 스바 3,12; 사도 2,21; 19,13 참조).

20,3. "시온에서" 시온산의 중요성에 관하여, 3,5의 주 참조.

20,6. "깃발을 높이 들리니" 깃발을 드는 것은 승리를 기리는 행위이기도 하지만 전투를 위하여 진을 칠 때에도 하는 일이다(74,4.9; 아가 6,4.10 참조). 신이나 부족의 우상을 그렸던 깃발은 그 부대 또는 지파의 신원을 나타냈을 것이다(민수 2장과 10장 참조).

20,7. "기름부음받은이" 즉위 때 행하던 도유는 임금에게 하느님 영을 부어 주며 그를 하느님의 협력자가 되게 하는 것이었다.
"구원을 베푸심을"(7절) "구원을 베푸소서."(10절) 동사 '야사'에 대한 일반적인 번역은 "구원하다" 또는 "구원을 베풀다"이다(18,51; 21,2.6 참조). 군사적 맥락에서는 "승리하다"를 뜻할 수도 있다. 1사무 19,5의 주 참조.

20,8. "우리는… 부르네." 자구적으로는 "우리는 기억하네."이다. 이 표현은 주님께서 과거에 이루셨던 놀라운 업적들을 잘 기억하려는 굳은 의지를 드러낸다. 다른 상황에서 하느님께서 개입하셨듯이 지금도 그분은 반드시 도움을 베푸실 것이다.

20(19). 임금이 전쟁에 나갈 때 성전에서는 그의 안전과 승리를 위한 전구의 예식이 이루어졌다(2-6절). 그 간청에 하느님은 사제의 신탁으로 응답하시는데(7절), 이 말씀은 하느님께 축성되었고 율법에 충실한 임금에 대한 보호를 확인해 준다(4절).

그리스도 왕께 적용되어 1주간 화요일 저녁기도 때 바친다. "주께서 기름부음받은이에게 승리를 주셨도다."라는 후렴이 이를 설명해 준다. 혼인 예식에서 3.5절은 부부를 위한 미사의 입당송이다.

21

(20) 1 [지휘자에게. 시편. 다윗]

2 주님, 임금이 당신의 힘으로 기뻐합니다.
당신의 구원으로 그가 얼마나 크게 즐거워합니까!
3 당신께서는 그 마음의 소원을 이루어 주시고
그 입술의 소망을 물리치지 않으셨습니다. 셀라
4 그를 은혜로운 복으로 맞으시고
그의 머리에 순금의 왕관을 씌우셨습니다.
5 그가 당신께 생명을 빌었더니
영영세세 긴긴날을 그에게 베푸셨습니다.
6 당신의 구원으로 그 영광이 크며
당신께서 그에게 존귀와 영화를 내리십니다.
7 그를 영원한 복으로 만드시고
당신 앞에서 기쁨으로 흥겹게 하십니다.
8 임금이 주님을 신뢰하니
지극히 높으신 분의 자애 안에서 흔들리지 않습니다.

9 당신 손이 원수들을 모두 찾아내시리이다.
당신 오른손이 적들을 찾아내시리이다.
10 당신 얼굴이 드러날 때에
주님께서 그들을 불가마처럼 만드시리이다.
그들을 당신 분노로 없애고
불이 그들을 삼켜버리게 하시리이다.
11 당신께서 그들의 자손을 땅에서,
그들의 후손을 사람들 사이에서 멸하시리이다.
12 그들이 당신께 불행을 쏟으려 할지라도,
흉계를 꾸밀지라도 그들은 성사시키지 못하리이다.
13 당신께서 그들을 도망치게 하시고
당신 활로 그들의 얼굴을 겨누시겠기 때문입니다.

14 주님, 당신의 힘을 떨치며 일어나소서.
저희가 당신의 권능을 노래하며 찬미하오리다.

21,3. "소망" 이에 해당하는 히브리어 단어는 오직 이 절에서만 사용되므로 그 의미가 불확실하다. "서원" 또는 "갈망"이라고 번역할 수도 있다. 그리스어 번역본과 (새) 대중 라틴말 성경은 "뜻"으로 되어 있다.

21,5. "영영세세 긴긴 날" 예언이라기보다 기원이다. 오랜 삶은 하느님 축복의 결과로 여겨졌다. 그러므로 "영영세세"는 내세가 아니라 장수를 지칭하는 것이다(죽음 이후의 삶에 관하여, 욥 3,17-19의 주해; 2마카 7,9.36; 다니 12,2 참조).

21,9. 오른손은 힘이 있는 손이며(예를 들어 이집트 탈출에서, 탈출 15,6 참조) 힘의 상징이다(시편 98,1; 118,16; 지혜 5,16; 하바 2,16 참조).

21,10. 구약 성경에서 징벌하시는 하느님의 개입은 때로 불에 비유된다(이사 31,9; 예레 4,4; 말라 3,19; 또한 신명 32,22; 집회 28,22-23 참조).

21,11. "그들의 자손." 자구적으로는 "그들의 열매"이다(창세 30,2; 신명 7,13, 28,4.11.18.33; 이사 13,18; 루카 1,42 참조).

21,13. 이 구절의 두 동사는("도망치게 하다"와 "겨누시다") 모두 미래로 번역(그리스어 번역본과 라틴어 번역본, 우리말 성경)할 수도 있고 과거로 번역할 수도 있다.

21(20). 군왕시편에 속한다. 아마도 성전에서 있었던 즉위 예식에 속했을 것이며 사제가 음송했을 것이다. 첫 부분에서(2-7절) 사제는 임금에게 주어진 축복에 대해 하느님께 감사를 드린다. 그 축복들은 왕위, 기쁨, 오랜 삶, 그리고 하느님 엄위의 영광에 참여하는 것이다. 둘째 부분에서(9-13절) 사제는 하느님의 이름으로 임금을 향하여 그에게 원수에 대한 승리를 예고한다. 주님께서 당신의 축성된 이 옆에서 싸워 주실 것이다. 8절과 14절은 회중이 읊는 후렴이다.

그리스도교 전승에서는 그리스도의 왕권에 적용된다. 2-8.14절은 1주간 화요일 저녁기도에서 사용되는데 후렴은 14절에서 취한 것이다. "우리는 당신 힘 기리며 노래하리이다."

22

(21) 1 [지휘자에게. '새벽 암사슴' 가락으로. 시
편. 다윗]

2 저의 하느님, 저의 하느님, 어찌하여 저를 버리셨습니
까?
소리쳐 부르건만 구원은 멀리 있습니다.
3 저의 하느님, 온종일 외치건만 당신께서 응답하지 않으
시니
저는 밤에도 잠자코 있을 수 없습니다.
4 그러나 당신은 거룩하신 분
이스라엘의 찬양 위에 좌정하신 분.
5 저희 선조들은 당신을 신뢰하였습니다.
신뢰하였기에 당신께서 그들을 구하셨습니다.
6 당신께 부르짖어 구원을 받고
당신을 신뢰하여 부끄러운 일을 당하지 않았습니다.
7 그러나 저는 인간이 아닌 구더기
사람들의 우셋거리, 백성의 조롱거리.
8 저를 보는 자마다 저를 비웃고
입술을 비쭉거리며 머리를 흔들어 댑니다.
9 "주님께 맡겼으니 그분께서 그자를 구하시겠지.
그분 마음에 드니 그분께서 구해 내시겠지."
10 그러나 당신은 저를 어머니 배 속에서 이끌어 내신 분
어머니 젖가슴에 저를 평화로이 안겨 주신 분.
11 저는 모태에서부터 당신께 맡겨졌고
제 어머니 배 속에서부터 당신은 저의 하느님이십니다.

22,2. "저를 버리셨습니까?" 인격적인 하느님을 향한 기도로 시편 저자는 자신이 그분께 결합되어 있다고 느낀다. 이스라엘인들은 하느님께서 가까이 계심이 보호와 축복의 원천이라고 여겼다(9,11; 16,10; 27,10; 94,14 참조). 반대로, 불행은 하느님이 안 계시거나 멀리 계심의 표지였다. 아마도 "(나의) 구원"은 하느님 자신을 지칭하는 것으로 이해하거나 고통의 상황에 대한 묘사로 보아야 할 것이다("나의 구원이 이루어지는 것은 먼 일이다."). "소리쳐 부르건만" 자구적으로는 "제 울부짖음은"이다(14절 "포효하는"과 32,3 "신음" 참조).

22,3. "잠자코 있을 수 없습니다." 이러한 상황은 욥의 고통과 매우 유사해 보인다. 욥은 밤낮으로 질병에 시달리며, 자신의 불행에 책임이 있다고 여겼던 하느님께 숨을 돌릴 수 있도록 멀리 계셔 주시기를 청한다(욥 7,16 참조).

22,7. "저는 구더기" 이 진술은 그 자체로 인간학적 사실이라기보다(욥 25,6 참조) 자신을 공격하는 반대자들 앞에서 기도자의 극적이고 치욕적인 약함을 나타낸다(또한 이사 41,14 참조).

22,11. "당신께 맡겨졌고" 자구적으로는 "저는 당신께 던져졌습니다." 또는 "당신을 향하여 노출되어 있었습니다."(에제 16,5 참조)이다. 시편 저자는 자신이 태어나던 순간으로 거슬러 올라가 현재의 고통 속에서도 자녀다운 신뢰를 표현하게 해 주는 이유들을 찾아낸다.

22,2 마태 27,46; 마르 15,34. 22,7 마태 27,44; 마르 15,32; 22,9 마태 27,43; 마르 15,30; 루카 23,35.

22(21). 신약 성경과 그리스도교 전통 전체에서 이 시편을 그리스도의 수난에 적용하고 있어, 개인 탄원시편 가운데 가장 유명하다. 이 시편의 구절들은 복음에서 전하는 예수님 수난의 결정적 순간들에 나타난다(마태 27,42-46; 마르 15,29-34 참조). 육신의 고통을 겪고(15-18절) 그를 잡아먹으려는 맹수들에 비유된 원수들에게 괴롭힘을 당하는 한 사람이(7-9.13-14.17-19절) 고통스러운 탄원으로 자신의 마음을 쏟아놓는다(1-4.12.20-22절). 하느님은 왜 당신께 충실한 이에게서 멀리 계시며 도움을 청하는 그의 부르짖음에 무관심하신가? 몸의 고통이 너무 심하여 그 고통이 하느님께서 조상들에게 베푸신 은혜들에 대한 기억과(5-6절) 당신 피조물에 대한 자애로운 부성에 대한 생각보다(10-11절) 더 강하다. 그러나 시편의 두 번째 부분에서 두려움은 신뢰로 변화된다. 탄원에 이어 반드시 들어 주시리라는 확신으로 긴 감사를 드린다. 이 부분은 전례의 형태를 띤다(23-32절).

예수님께서 십자가에서 기도하신 시편이며(마태 27,46; 마르 15,34 참조) 복음서들이 예수님께 적용했다. 2-23절은 성금요일 독서기도 때 사용되며 19절을 되풀이하는 후렴이 단락을 구분해 준다. 3주간 금요일, 그리스도교 전통에서 주님의 수난을 묵상하는 날의 낮기도에서 이 시편 전체를 기도한다. 주님 수난 성지 주일에는 8-9.17-18.19-20.23-24절을 읽으며, 나해 부활 제5주일에는 26ㄴ-28.30-32절을 읽는다. 고해성사 예식과 견진 예식의 독서로 이 시편이 포함되어 있다.

12 제게서 멀리 계시지 마소서.
환난이 다가오는데 도와줄 이 없습니다.
13 수많은 수소들이 저를 에워싸고
바산의 황소들이 저를 둘러싸
14 약탈하고 포효하는 사자처럼
저를 향하여 입을 벌립니다.
15 저는 물처럼 엎질러지고
제 뼈는 다 어그러졌으며
제 마음은 밀초같이 되어
속에서 녹아내립니다.
16 저의 힘은 옹기 조각처럼 마르고
저의 혀는 입속에 들러붙었습니다.
당신께서 저를 죽음의 흙에 앉히셨습니다.
17 개들이 저를 에워싸고
악당의 무리가 저를 둘러싸
제 손과 발을 묶었습니다.
18 제 뼈는 낱낱이 셀 수 있게 되었는데
그들은 저를 보며 좋아라 합니다.
19 제 옷을 저희끼리 나누어 가지고
제 속옷을 놓고서는 제비를 뽑습니다.
20 그러나 주님, 당신께서는 멀리 계시지 마소서.
저의 힘이시여, 어서 저를 도우소서.
21 저의 생명을 칼에서,
저의 목숨을 개들의 발에서 구하소서.
22 사자의 입에서,
들소들의 뿔에서 저를 살려 내소서.
당신께서는 저에게 대답해 주셨습니다.
23 저는 당신 이름을 제 형제들에게 전하고
모임 한가운데에서 당신을 찬양하오리다.

24 주님을 경외하는 이들아, 주님을 찬양하여라.
야곱의 모든 후손들아, 주님께 영광 드려라.
이스라엘의 모든 후손들아, 주님을 두려워하여라.
25 그분께서는 가련한 이의 가엾음을
업신여기지도 싫어하지도 않으시고
그에게서 당신 얼굴을 감추지도 않으시며
그가 당신께 도움 청할 때 들어 주신다.
26 큰 모임에서 드리는 나의 찬양도 그분에게서 오는 것이니

22,14. 사자의 표상에 관하여, 욥 38,39-41의 주 참조.

22,15. "물처럼 엎질러지고" 2사무 14,14에서 트코아의 여인이 사용한 것과 매우 유사한, 몸이 쇠퇴하는 것에 대한 생생한 비유이다(여호 7,5; 욥 3,24; 애가 2,19 참조).
"밀초같이." 이 표상은 69,3에도 나타난다. 미카 1,4에서는 하느님 징벌과 관련하여 물과 밀초의 표상이 함께 사용된다.

22,17. "제 손과 발을 묶었습니다." 고대 번역본들에서는 "제 손과 발을 뚫었습니다."로 되어 있다. 전수된 히브리어 본문은 "저의 손과 발, 사자와 같이"로, 이해하기 어렵다.

22,21. "저의 목숨을" 원문은 "저의 유일한 선을"로, 인간에게 가장 필수적인 목숨을 지칭하는 것으로 이해한다. 이와 유사한 표현이 35,17에도 나타난다.

22,22. "당신께서는 저에게 대답해 주셨습니다." 그리스어 번역본과 (새) 대중 라틴말 성경은 동사 형태('아니타니') 대신에 명사를 번역한다("나의 비참함" 18,36의 주 참조). 그러나 유사한 형태가 25절에도 나타나므로 이는 문맥에 생소하지 않다.

22,24. 60,6 참조.

22,25. "도움 청할 때 들어 주신다." 하느님께서 들으신다는 것에 관하여, 18,7의 주 참조.

22,16 요한 19,28. 22,19 마태 27,35; 마르 15,24.

그분을 경외하는 이들 앞에서 나의 서원을 채우리라.
27 가난한 이들은 배불리 먹고
그분을 찾는 이들은 주님을 찬양하리라.
너희 마음 길이 살리라!
28 세상 끝이 모두 생각을 돌이켜 주님께 돌아오고
민족들의 모든 가문이 그분 앞에 경배하리니
29 주님께 왕권이 있고
민족들의 지배자시기 때문이다.
30 세상의 모든 권세가들이 오직 그분께 경배하고
흙으로 내려가는 모든 이들이 그분 앞에 무릎을 꿇으리라.
내 영혼은 그분을 위하여 살고
31 후손은 그분을 섬기리라.
장차 올 세대에게 주님의 이야기가 전해져
32 그들은 태어날 백성에게 그분의 의로움을 알리리니
주님께서 이를 행하셨기 때문이다.

23

(22) 1 [시편. 다윗]

주님은 나의 목자, 나는 아쉬울 것 없어라.
2 푸른 풀밭에 나를 쉬게 하시고
잔잔한 물가로 나를 이끄시어
3 내 영혼에 생기를 돋우어 주시고
바른길로 나를 끌어 주시니
당신의 이름 때문이어라.

4 제가 비록 어둠의 골짜기를 간다 하여도

22,29 오바 21.

23(22). 여러 세기 동안 영적·신비적 해석들이 증언해 주듯이 가장 잘 알려진 신뢰시편이다. 목축이 중요한 위치를 차지했던 이스라엘에서 목자가 양들을 안전한 우리와 서늘한 풀밭과 물가로 안전하게 인도한다는 것은 명백한 일이었다. 이러한 표상들로 시편 저자는 삶 안에서 하느님과 함께 걷는 그의 체험을 묘사한다. 5절부터 목자는 시편 저자를 풍요로운 식탁에 초대하는 부유한 집주인으로 변모한다. 이 식탁은 지혜를 상징하고 또한 전례 생활 참여를 상징한다(5-6절).

✠ 이 시편은 착한 목자이신 그리스도께 적용되어(당신 죽음과 부활로 생명의 풀밭을 주신다) 파스카적 의미와 종말론적(묵시 7,17 참조) 성사적 의미가 결합된다. 그러한 의미에서 2주간과 4주간 주일 낮기도 때 기도한다. 다해 사순 제4주일과 예수 성심 대축일에도 사용된다. 그리스도의 성체 성혈 대축일 독서기도 때에도 사용되는데, 후렴에서는 "초대받은 자들에게 가서 전하라. '이제 잔치 준비가 다 되었으니, 어서 빨리 오라.'"(마태 22,4 참조)라고 해석한다. 고대에 이 시편은 세례소에서 성당으로 들어갈 때 새 세례자들이 노래했다. 특히 2절과 5절은(물, 식탁, 기름) 세 가지 그리스도교 입문 성사를 암시한다. 1-2절은 성찬에 적용되어 연중 제32주일 영성체송으로 사용된다. 5ㄱㄹ절도 성찬을 가리키는 의미로 연중 제2주일 영성체송으로 사용된다. 그밖에도 유아 세례, 견진, 서품, 성전 봉헌 예식의 독서로 사용된다.

22,27. "가난한 이들은 배불리 먹고" 아마도 이사야가 예언했던, 모든 의인들이 참여하게 될 종말의 잔치를 암시할 것이다(이사 25,6-10; 또한 마태 22,1-14; 루카 14,1-24 참조).

22,29. "주님께 왕권이 있고" 이와 유사한 표현을 145,13에서 볼 수 있다(또한 1역대 28,5; 29,11; 2역대 13,8; 마태 6,33; 마르 1,15; 루카 4,43; 요한 3,3; 사도 1,3; 로마 14,17 참조).

23,1. 목자의 표상은 성경에서 자주 하느님께 적용된다(창세 48,15; 시편 78,52; 80,2; 이사 40,10-11; 예레 23,4; 에제 34,11-16; 요한 10; 히브 13,20 참조). 이스라엘은 자주 그분의 양 떼로 일컬어진다(시편 77,21; 이사 40,11 참조). 이스라엘에서 여러 핵심 인물들이 목자로 묘사된다. 아브라함(창세 13,5 참조), 모세(탈출 3,1 참조), 예언자 아모스(아모 7,15 참조), 특히 다윗 임금(1사무 16,11; 17,34; 에제 34,23; 37,24 참조) 등이다. "목자"라는 단어는 (정치적·종교적) 공동체 지도자를 가리키기도 한다(에제 34 참조).

23,4. "어둠의 골짜기" 어둠은 삶의 모든 위험을 나타내는 상징이다(욥 16,16의 주 참조). "막대와 지팡이"는 양 떼를 힘 있게 이끌고(지팡이로 땅을 두드림으로써 목자가 있음을 알게 하고 방향을 찾게 한다) 보호하는 도구이다(즈카 11,7 참조).

재앙을 두려워하지 않으리니
당신께서 저와 함께 계시기 때문입니다.
당신의 막대와 지팡이가
저에게 위안을 줍니다.
5 당신께서 저의 원수들 앞에서
저에게 상을 차려 주시고
제 머리에 향유를 발라 주시니
저의 술잔도 가득합니다.
6 저의 한평생 모든 날에
호의와 자애만이 저를 따르리니
저는 일생토록
주님의 집에 사오리다.

24 (23) 1 [시편. 다윗]

주님 것이라네, 세상과 그 안에 가득 찬 것들
누리와 그 안에 사는 것들.
2 그분께서 물 위에 그것을 세우시고
강 위에 그것을 굳히신 까닭일세.
3 누가 주님의 산에 오를 수 있으랴?
누가 그분의 거룩한 곳에 설 수 있으랴?
4 손이 깨끗하고 마음이 결백한 이
옳지 않은 것에 정신을 쏟지 않는 이
거짓으로 맹세하지 않는 이라네.
5 그는 주님께 복을 받고

23,5. "제 머리에 향유를 발라 주시니" 때로는 이러한 행위로 중요한 손님에게 예를 표했다(133,2 참조).

23,6. "일생토록" 그리스어 번역본과 (새) 대중 라틴말 성경은 "오랜 날들"로 되어 있다. 히브리어 본문은 "오랜 해들"로 되어 있어 길고 불특정한 기간을 나타낸다. "영원토록"이라는 해석은 문맥과 맞지 않고 사후의 생명에 대한 구약의 개념과도 맞지 않으므로 배제된다.

24,1 이 구절은 1코린 10,26에 인용되어 있다.

24,2. "물 위에 그것을 세우시고" 성경의 우주관에서 땅은 물 위에 자리하고 있는 것으로 상상했다(욥 38,4-6의 주; 또한 욥 26,6-14 참조).

24,4. "손이 깨끗하고 마음이 결백한 이" 지향과 행동의 올바름을 나타낸다(창세 20,5; 욥 31,7; 시편 73,13; 집회 38,10; 야고 4,8 참조).

"옳지 않은 것에 정신을 쏟지 않는 이" 자구적으로는 "자신의 정신을 허무로 들어 올리지 않는 이"이다. 히브리어 단어 '사우'("허무", "공허")는 우상을 지칭하는 것으로 해석하기도 한다(두 라틴어 번역본들의 선택은 눈길을 끈다. 대중 라틴말 성경은 "자신의 정신을 헛되이 받아들이지 않는 이"로, 새 대중 라틴말 성경은 "자신의 정신을 허무로 들어 올리지 않는 이"라고 옮겼다). "거짓말을 하지 않는 사람"으로 해석할 수도 있다.

24(23). 이 시편은 아마도 전례를 위한 성전 입당 행렬을 묘사한다. 우주의 창조주이며 임금이신 하느님은(1-2절) 개선하시어 당신 거처로 들어가시는 것으로 상상된다. 그분 앞에서 문들은 활짝 열려야 할 뿐만 아니라 그분의 위대하심에 대한 존경의 표시로 일어서야 한다(7-10절). 성전 문턱에서 일종의 참회 예식과 같이 사제와 신자들 사이에 대화가 이루어지고 거기에서 하느님의 집에 들어가기 위하여 필요한 정의와 올바름의 조건들이 기억된다(3-6절).

궤가 성전으로 들어가는 것은 그리스도께서 부활과 승천으로 천상 성전에 들어가신 것에 연결된다(히브 9,24 참조). 이러한 전망 안에서 4주간 주일 독서기도 때 기도하며, 1주간 화요일 아침기도 때에도 사용된다. 성소에 들어가는 예식에서 사용되던 시편이므로 초대송 시편으로 지정되어 시간 전례를 시작할 때 사용된다. 예수님께서 임금으로 예루살렘에 들어가신 것을 기념하는 주님 수난 성지 주일 행렬 때에도 이 시편을 노래한다. 같은 주일 미사 입당송은 9-10절이다. 또한 성토요일 독서기도에서 "영광의 임금님이 듭시려 하시나니, 영원한 문들아, 활짝 열려라."라는 후렴과 함께 사용되는데 이는 부활하신 주님께서 천상 영광에 들어가심을 암시한다. 성모 공통 독서기도에서는 "마리아는 주님에게서 복을 받으시고, 구원의 하느님에게서 자비를 입으셨도다."라는 후렴으로 그 의미를 해석한다. 가해 대림 제4주일 화답송과 성품 후보자 선정 예식 미사, 성당과 제단 봉헌 예식에서도 사용된다. 수도 서원 예식에서는 새 서원자들이 수도복을 입을 때 6절을 후렴으로 하여 노래한다.

자기 구원의 하느님께 의로움을 인정받으리라.
6 이들이 그분을 찾는 이들의 세대,
그분 얼굴을 찾는 이들의 세대 야곱이라네. 셀라
7 성문들아, 머리를 들어라.
오랜 문들아, 일어서라.
영광의 임금님께서 들어가신다.
8 누가 영광의 임금이신가?
힘세고 용맹하신 주님,
싸움에 용맹하신 주님이시다.
9 성문들아, 머리를 들어라.
오랜 문들아, 일어서라.
영광의 임금님께서 들어가신다.
10 누가 영광의 임금이신가?
만군의 주님
그분께서 영광의 임금이시다. 셀라

25

(24) 1 [다윗]

(알렙) 주님, 당신께
제 영혼을 들어 올립니다.
2 저의 하느님
(베트) 당신께 의지하니 제가 수치를 당하지 않게 하소서.
제 원수들이 저를 두고 기뻐 날뛰지 못하게 하소서.
3 (기멜) 당신께 바라는 이들은 아무도 수치를 당하지 않으나
까닭 없이 배신하는 자들은 수치를 당하리이다.
4 (달렛) 주님, 당신의 길을 제게 알려 주시고

24,7.9. "성문들아, 머리를 들어라." 의인화된 문들은 힘과 지배의 상징이다. 그 문들은 하느님께 복종하고 그 통치를 인정하는 행위로서 열려야 한다(이사 26,2; 45,1 참조).

24,10. "만군" 자구적으로는 "부대"로, 가장 직접적인 의미는 군인들의 부대이다(민수 1,3.52; 1사무 4,2 참조). 창조물의 요소들을 가리키기도 하고(별들 전체, 창세 2,1 "그 안의 모든 것" 참조) 하느님을 섬기는 천상 군대를 지칭하기도 한다(89,9; 이사 10,23-26; 13,4; 다니 4,32; 아모 5,27 참조). 시편과 예언 전통에서 주님과 관련해 흔히 강력한 군대를 이끄시는 강한 하느님의 표상이 자주 나타난다(46,8.12; 48,9; 59,6; 69,7; 80,8.15.20; 84,2.9.13; 이사 3,1; 예레 30,8; 즈카 1,14; 하까 2,7 참조). 시편 3,4의 주 참조.

25,5. 여기 사용된 "진리"와 10절의 "진실"은 히브리어 '에멧'의 번역인데, 이 단어는 "진리"를 가리킬 수도 있다(26,3 참조). 믿을 수 있는 분이신 하느님과 연관되어 있기 때문이다(신명 7,9; 시편 31,6; 이사 65,16; 1코린 10,13; 1베드 4,19; 묵시 3,14 참조). 이 구절 끝에 "날마다 당신께 바랍니다."는 항상 그래 왔다는 의미에서 과거로, 즉 "날마다 당신께 바랐습니다."라고 번역할 수도 있다.

25(24). 일부 시편은(9-10편 참조) 히브리어 알파벳 스물두 자를 중심으로 엮여 있다. 주로 교육적 목적으로, 음송과 암기를 쉽게 하기 위함이다. 시편 25에서 각 절의 첫 단어는 알파벳 순서에 따라 서로 다른 글자로 시작된다. 각 절 옆 괄호 안에 그에 상응하는 히브리어 글자가 표시되어 있다. 이 시편의 지배적인 특징은 개인 탄원과(1-3.6-7.16-22절) 하느님의 도우심에 대한 신뢰이다(12-15절). 기도자는 "원수들"(2절)과 자신이 처한 고통에 대해 말한다. 이스라엘 지혜의 가르침에 따라 그는 자신의 어려운 처지가 자기 잘못 때문이라고 여긴다(7.11.18절). 이 탄원에는 지혜문학적 요소들도 들어가 있다. 시편 저자는 자신의 죄보다 하느님께서 더 크시고, 그분에게서 올바른 길을 되찾아 줄 유익한 가르침들이 올 수 있다는 것을 안다(4.5.8.9절).

✠ 1주간 목요일 낮기도에서 두 부분으로 나누어 기도한다. 5절과 16절에서 취한 후렴이 그 의미를 설명해 준다. 1-3절은 대림 제1주일 미사 입당송으로 제시되어 있다. 15-16절은 사순 제3주일, 16.18절은 연중 제9주일 입당송이다. 나해 사순 제1주일에는 4-9절을 읽는다. 고해성사 예식에서는 참회자에게 사죄경 전에 통회를 드러내고 용서를 청하는 표현으로 6-7절을 읽게 한다. 상장 예식에서는 성당에서 묘지로 운구할 때 이 시편으로 기도하도록 한다. 병자성사 예식에도 사용된다.

당신의 행로를 제게 가르쳐 주소서.
5 (헤) 당신의 진리 위를 걷게 하시고 저를 가르치소서.
당신께서 제 구원의 하느님이시니
날마다 당신께 바랍니다.
6 (자인) 기억하소서, 주님, 먼 옛날부터 베풀어 오신
당신의 자비와 당신의 자애를.
7 (헤트) 제 젊은 시절의 죄악과 저의 잘못은 기억하지 마소서.
주님, 당신의 자애에 따라,
당신의 선하심을 생각하시어 저를 기억하여 주소서.

8 (테트) 주님께서는 선하시고 바르시니
죄인들에게 길을 가르쳐 주신다.
9 (요드) 가련한 이들이 올바른 길을 걷게 하시고
가련한 이들에게 당신 길을 가르치신다.
10 (카프) 당신의 계약과 법규를 지키는 이들에게
주님의 길은 모두 자애와 진실이라네.
11 (라멧) 주님, 저의 죄가 크니
당신 이름 생각하시어 용서하소서.

12 (멤) 주님을 경외하는 이 누구인가?
그가 선택할 길을 가르쳐 주시리라.
13 (눈) 그의 영혼은 행복 속에 머물고
그의 후손은 땅을 차지하리라.
14 (사멕) 주님께서는 당신을 경외하는 이들과 사귀시고
당신 계약을 그들에게 알려 주신다.
15 (아인) 내 발을 그물에서 빼내 주시리니
내 눈은 언제나 주님을 향해 있네.

16 (페) 저를 돌아보시어 자비를 베푸소서.
외롭고 가련한 몸입니다.
17 (차데) 제 마음의 곤경을 풀어 주시고
저를 고난에서 빼내 주소서.
18 저의 비참과 고생을 보시고
저의 죄악을 모두 없이 하소서.
19 (레시) 저의 원수들을 보소서, 많기도 한 그들.
저를 모질게도 미워합니다.
20 (쉰) 제 영혼을 지키시고 저를 구원하소서.
당신께 피신하니 수치를 당하지 않게 하소서.

25,6. "기억하소서" 성경 언어에서 기억은 지적인 것이 아니라 활동적인 것이다. 실행할 어떤 행위를 위한 활성화를 뜻하는 것이다. 하느님께서 당신 자애를 기억하신다는 것은 당신 용서를 실행하심을 의미한다(2역대 6,42; 느헤 5,19; 6,14 참조).

25,7. "제 젊은 시절의 죄악" 이는 과거에 젊은 열기로 범한 잘못들로 주로 잊히거나 용서를 받아야 한다(욥 13,26 참조).

25,9. "가련한 이들" 히브리어에서 이 단어 '아나윔'은 무엇보다 물질적 가난을 나타낸다(잠언 14,21; 아모 2,7 참조). 이 첫 의미에서 다른 의미가 나온다. 가난한 이들은 자신의 작음과 약함을 알고 있으며 그래서 오직 하느님께 의탁한다("가련한 이들, 겸손한 이들" - 69,33; 149,4; 이사 29,19; 61,1). 시편 9,19; 10,12.17; 22,7; 69,33; 마태 5,3; 루카 6,20; 18,22; 로마 15,26; 갈라 2,10 참조.

25,14. 이 구절의 의미는 하느님을 두려워하는 사람은 하느님 계획과 결정에서 따로 떼어진다는 뜻으로 보인다. 다른 해석에 따르면 그들은 하느님과 친구의 우정을 나누게 된다(창세 18,17-33의 아브라함, 잠언 3,32의 의인, 아모 3,7의 예언자와 같이).

25,15. "내 발을 그물에서 빼내 주시리니" 사냥의 비유는 11,1에서도 사용되며 기도자는 힘없는 새에 비교된다(31,5; 124,7; 141,9; 잠언 6,5; 7,23 참조).

25,22. 이 시편의 끝맺음은 분명 후대의 것이다(알파벳 순서는 21절에서 끝난다). 이 절은 시편에 묘사된 기도자의 상황을 이스라엘 전체로 확장하며 일반화한다. 이러한 첨가는 전례에서 유래한 것일 수 있다(아마도 이 시 전체의 후렴 역할을 했을 것이다). 이와 유사한 문학적 상황을 34,22-23에서도 볼 수 있다.

21 (타우) 당신께 바라니
결백함과 올곧음이 저를 지키게 하소서.
22 하느님, 모든 곤경에서
이스라엘을 구하소서.

26

(25) 1 [다윗]

주님, 제 권리를 되찾아 주소서.
저는 결백하게 살아왔고
주님께 의지하여
흔들리지 않았습니다.
2 주님, 저를 시험하시고 살펴보시며
제 속과 마음을 달구어 보소서.
3 정녕 당신 자애가 제 눈앞에 있었고
당신 진실에 따라 제가 걸어왔습니다.
4 저는 옳지 않은 자들과 함께 앉지 않았고
음흉한 자들과 함께 다니지 않았습니다.
5 악인들의 모임을 싫어하고
무도한 자들과 함께 앉지 않았습니다.
6 주님, 결백함으로 제 손을 씻고
당신 제단을 돕니다.
7 큰 소리로 감사 노래 부르고
당신의 기적들을 알리기 위함입니다.
8 주님, 저는 당신께서 계시는 집과
당신 영광이 깃드는 곳을 사랑합니다.
9 제 영혼을 죄인들과 함께,
제 생명을 살인자들과 함께 거두지 마소서.
10 그들의 두 손에는 부정이,
그들의 오른손에는 뇌물이 가득합니다.
11 그러나 저는 결백하게 살아가니
저를 구하소서, 자비를 베푸소서.
12 제 발은 올바른 곳에 서 있습니다.
예배 모임에서 저는 주님을 찬미하오리다.

26(25). 이 시편은 탄원의 요소도 포함하면서(1.9.11절) 신뢰시편의 어조로 되어 있다. 기도자는 하느님과 그분의 성전을 사랑하며(8절), 의로움의 요구들에 삶이 깊이 부합하지 않는다면 예식에 참여할 수 없음을 안다(2-7절). 그래서 전례를 앞두고 일종의 양심 성찰에서 하느님께 자신의 도덕적 온전함을 시험해 보시기를 청한다.

✠ 1주간 금요일 낮기도에 후렴인 1ㄷ절에서 강조된 신뢰와 복종의 감정으로 기도한다.

26,1. "제 권리를 되찾아 주소서." 자구적으로는 "저를 재판해 주소서."이다. 여기서 이 동사는 법률적 의미를 지니지 않고, 하느님께 시편 저자의 무죄함을 확증해 주시기를 요청하는 것이다. 다른 시편에서도 그러하다(7,9; 35,1; 43,1 또한 18,25의 주 참조).

26,2. "달구어 보소서." 이 표현은 17,3(주 참조)에 매우 가깝다.

26,5. "악인들의 모임"은 아마도 잠언 1,10-19에서처럼 다른 사람의 재산을 빼앗기 위해 범죄를 저지르는 이들의 집단을 암시할 것이다. 시편 저자가 악인들과 함께하지 않기로 다짐하는 데에서는 시편 1편의 표현들이 반향된다.

26,6. "결백함으로 제 손을 씻고" 이 표현은 전례에 앞서 있었던 정화를 위한 손 씻음을 가리킨다. 그렇다면 시편 저자는 자신의 전례적·종교적 올바름을 선언하는 것이기도 하다(참조. 이사 1,15; 시편 73,13). 정결례에 관하여, 신명 21,1-9; 마태 27,24 참조.

26,9. "살인자들" 자구적으로는 "피의 사람들"이다. 히브리어 표현에서는 명사의 연계형을 형용사적 의미로 사용한다. 그 의미는 "유혈을 좋아하는, 잔인한"이 될 것이다(5,7; 55,24 참조).

26,10. "뇌물" 여기에 사용된 히브리어 단어는 법정에서 재판을 왜곡시키기 위하여 주는 것을 나타낸다("선물, 헌납"; 신명 10,17; 16,19; 1사무 8,3; 시편 15,5; 이사 1,23; 아모 2,6 참조).

26,12. "올바른 곳"("평평한 땅")은 바른길을 나타내는 은유이다. 143,10에서는 같은 표현으로 기도자를 은혜로이 안전하게 이끌어 주시는 하느님에 대한 신뢰를 묘사한다.

27,4-6. "집… 궁전… 초막… 천막"은 하느님께서 현존하시는 곳인 성전이다. 자주 그러한 장소는 하느님의 보호 아래 있음을 의미한다.

27,4. "아름다움을 우러러보고" 여기에 사용된 히브리어 명사는 흔히 "감미로움, 즐거움"을 가리키는 동사 어근에서 파생된다(새 대중 라틴말 성경은 "주님의 기쁨을 보고"로 번역한다). 예를 들어 아가 7,1에서는 아름다움이 눈에 대하여, 잠언 9,17과 16,24에서는 빵과 꿀이 입맛에 대하여, 시편 141,5에서 마음에 드는 말이 귀에 대하여, 그리고 2사무 1,26에서는 우정이 그러한 것으로 일컬어진다. 시편 저자는 예언자들 환시에서 쓰이는 동사를("보다/관조하다") 하느님의 아름다우심에 대한 형언할 수 없는 체험에서 하느님을 시각적으로 향유하는 것을 표현하기 위하여 사용한다.

27,5. "당신 천막 은밀한 곳에 감추시며 바위 위로 나를 들어 올리시리라." 이 표상은 31,21에도 나타난다. 성전은 높은 곳에 자리하여 잘 보호된 피신처로 제시된다.

27,6. "환호의 희생 제물" "환호"로 번역된 단어는 기쁨의 외침을 가리키지만 전쟁 때의 외침이나 함성을 지칭할 수도 있다(민수 10,5의 주 참조). 군사적인 맥락을 고려한다면 그러한 의미도 가능성이 크다. "원수"에 대한 언급을 고려할 때 주님께서 허락하신 전쟁의 승리 후에 있었던 감사의 예식을 암시하는 것이라고 생각할 수도 있다(민수 23,21 참조). 환호/함성에 관하여, 33,3; 47,6; 89,16; 150,5 참조.

27 (26) 1 [다윗]

주님은 나의 빛, 나의 구원.
나 누구를 두려워하랴?
주님께서는 내 생명의 요새.
나 누구를 무서워하랴?
2 악인들이 내 몸을 집어삼키려
달려들지라도
내 적이요 원수인 그들은
비틀거리다 쓰러지리라.
3 나를 거슬러 군대가 진을 친다 하여도
내 마음은 두려워하지 않으리라.
나를 거슬러 전쟁이 일어난다 하여도
그럴지라도 나는 안심하리라.
4 주님께 청하는 것이 하나 있어
나 그것을 얻고자 하니
내 한평생
주님의 집에 살며
주님의 아름다움을 우러러보고
그분 궁전을 눈여겨보는 것이라네.
5 환난의 날에
그분께서 나를 당신 초막에 숨기시고
당신 천막 은밀한 곳에 감추시며
바위 위로 나를 들어 올리시리라.
6 나를 둘러싼 원수들 위로
이제 내 머리를 치켜들어
나 그분의 천막에서

27(26). 하느님께 자신을 내맡기는 것은 이스라엘 영성의 기반이며 당신 백성의 바위이며 보호이신 그분 가까이에 있고자 하는 갈망으로 뚜렷하게 표현된다. 이 시편의 첫 부분은 지극히 높으신 하느님의 보호에 대한 신뢰를 표현한다(2-3절). 그분은 당신께 충실한 이의 빛이며 구원이시다(1절). 이 두 가지 속성은 동의어로 사용되며 하느님의 은혜로운 행위를 지칭한다. 히브리인들에게 얼굴은 마음을 보여 주는 거울로 여겨졌으며 하느님 얼굴이 빛난다면 그것은 하느님의 구원 의지를 드러내는 것이었다. 이는 일상적인 삶에서도, 위험한 순간의 보호에서도(2-3.11-12절) 체험할 수 있다. 그래서 기도자는 하느님께 탄원하며 들어 주시리라는 확신으로 끝맺는다(13-14절).

✠ 1절로 인하여 저녁의 시편들 가운데 하나로 일컬어지며 1주간 수요일 저녁기도 때 기도한다. 해가 저물 때 기도자는 온갖 두려움에서 벗어나게 해 주시는 빛이요, 공격에서 해방하시는 보호이며, 당신께 바라는 이의 안전한 피난처이신 하느님께 의탁한다. 1-2절은 연중 제10주일 입당송이다. 연중 11주일에는 7.9절이 입당송이고 4절은 영성체송이다. 8-9절은 사순 제2주일 입당송이다(이날 복음은 예수님의 변모이다). 한편 성주간 월요일에는 1-3.13-14절을 읽고, 가해 부활 제7주일에는 1.4.7-8절을 읽는다. 유아 세례 예식과 장례 예식, 병자성사 예식에서 이 시편을 사용할 수 있다.

환호의 희생 제물을 봉헌하고
주님께 노래하며 찬미드리리라.

7 들으소서, 주님, 제가 큰 소리로 부르짖습니다.
자비를 베푸시어 제게 응답하소서.
8 "너희는 내 얼굴을 찾아라." 하신
당신을 제가 생각합니다.
주님, 제가 당신 얼굴을 찾고 있습니다.
9 당신 얼굴을 제게서 감추지 마시고
분노하며 당신 종을 물리치지 마소서.
당신은 저의 도움이십니다.
제 구원의 하느님
저를 내쫓지 마소서, 저를 버리지 마소서.

10 내 아버지와 어머니가 나를 버릴지라도
주님께서는 나를 받아 주시리라.

11 주님, 당신의 길을 저에게 가르쳐 주소서.
저의 원수들 때문이니
바른길로 저를 인도하소서.
12 제 적들의 탐욕에 저를 넘기지 마소서.
거짓 증인들이 저를 거슬러 일어나
폭력을 내뿜습니다.
13 그러나 저는 산 이들의 땅에서
주님의 선하심을 보리라 믿습니다.

14 주님께 바라라.
네 마음 굳세고 꿋꿋해져라.
주님께 바라라.

28

(27) 1 [다윗]

주님, 당신께 제가 부르짖습니다.
저의 반석이시여, 제 앞에 말없이 계시지 마소서.

28(27). 시편 저자는 어려운 상황에 처해 있으며(아마도 원수들에게 쫓기고 있다) 애절한 탄원으로 주님을 향한다. 그는 고통 속에서 마치 하느님께 버림을 받은 듯하다. 하느님 응답을 기다리지만 그분은 침묵하신다(1-5절). 그러나 마지막에 하느님은 탄원을 들어 주시며 기도자는 응답을 받는다. 아마도 성전의 신탁일 것이다. 감사와 찬미가 그의 마음에서 저절로 솟아 나온다(6-9절).

✠ (저주 부분인 4-5절을 생략하고) 1주간 금요일 낮기도에 사용한다. 후렴은 기도자의 태도를 표현해 준다. "내 마음 주님을 믿었삽기에, 나는 도움을 받았나이다." 8-9절은 연중 12주일 입당송이다.

27,8. "당신을 제가 생각합니다." 자구적으로는 "당신께 제 마음이 말합니다."이다. 하느님의 얼굴을 찾는 것에 관하여, 4,7의 주 참조.

27,10. "내 아버지와 어머니가 나를 버릴지라도" 구약 성경에서 하느님은 자주 고아들의 아버지이며 과부들의 보호자로 일컬어진다(토빗 1,8; 시편 68,6; 이사 49,15; 예레 49,11 참조. 그러나 또한 야고 1,27 참조).

27,12. "폭력을 내뿜습니다." 그리스어 번역본을 따른 번역이다. 히브리어 본문은 해석이 어려우며 수정이 필요하다. 즉 동사형("내뿜습니다.") 대신 명사화된 형용사로 이해하여 "폭력적인 고발자들"이라고 번역할 수도 있다.

28,1. "말없이 계시지 마소서." 이스라엘 사고방식에서 하느님 말씀은 창조하는 능력이며(창세 1 참조) 당신 백성의 생명이다. 하느님께서 말씀하지 않으시면 백성은 길을 잃고 방황한다(1사무 3,1; 이사 42,14; 아모 8,11-12 참조). 그 상황은 죽음과 같다(하바 1,13; 질병 속에서 욥이 체험한 하느님의 침묵도 보라).
"저의 반석" 반석이신 하느님에 관하여, 18,47의 주 참조. 그리스어 번역본과 (새) 대중 라틴말 성경은 "저의 반석" 대신 "저의 하느님"으로 되어 있으며 다음 구절에 연결되어 있다. "말없이 계시지 마소서, 저의 하느님."

28,2. "두 손 들어 올릴 때" 기도 때 행동이다. 기도자의 정신이 하느님을 향하여 오르듯이 그의 몸도 높은 곳을 향한다(시편 134,2; 집회 51,19 참조).

28,4. 전통적인 응보 이론에 관하여, 욥 11,15-20; 시편 1,6; 18,21-29 참조.

28,5. "그들을 허물어뜨려 다시는 일으키지 않으시리라." 이 문장의 전체적 의미는 결정적이고 회복의 가능성이 전혀 없는 하느님 징벌을 묘사하는 것이다(동일한 동사들이 욥 12,14과 예레 1,10에서도 사용된다).

28,7-8. 백성의 힘이신 하느님 표상은 성경 문학에 자주 나타난다. 하느님은 창조 행위와(66,3 참조) 특히 구원 업적에서(탈출 15,2; 2역대 20,6; 유딧 9,14; 시편 59,17; 81,2; 이사 12,2 참조) 당신 능력을 드러내신다.

29,1. "하느님의 아들들"은 천상 조정의 구성원들, 곧 천사적인 영들이다(욥 1,6; 2,1; 38,7 참조).

당신께서 제 앞에서 침묵하시어
제가 구렁으로 내려가는 이들처럼 되지 않게 하소서.
2 당신께 도움을 청할 때
당신의 지성소 향해 제 두 손 들어 올릴 때
간청하는 저의 소리를 들으소서.
3 저를 죄인들과 함께,
나쁜 짓 하는 자들과 함께 잡아채지 마소서.
그들은 자기 이웃들에게 평화를 말하지만
마음에는 악이 도사리고 있습니다.
4 그들의 행동대로,
그들의 악한 행실대로 그들에게 갚으소서.
그들 손의 소행대로 그들에게 갚으시고
그들의 행위대로 되돌리소서.

5 그들이 주님의 업적과
주님 손이 이루신 위업에 마음 쓰지 않으니
그들을 허물어뜨려 다시는 일으키지 않으시리라.
6 주님께서는 찬미받으시리니
내가 간청하는 소리를 들어 주신 까닭이라네.
7 주님은 나의 힘, 나의 방패.
내 마음 그분께 의지하여
도움을 받았으니
내 마음 기뻐 뛰놀며
나의 노래로 그분을 찬송하리라.
8 주님께서는 당신 백성에게 힘이시며
당신의 기름부음받은이에게 구원의 요새이시다.

9 당신 백성을 구원하시고
당신 소유에 강복하소서.
그들의 목자 되시어 그들을 영원히 이끄소서.

29

(28) 1 [시편. 다윗]

하느님의 아들들아, 주님께 드려라.
영광과 권능을 주님께 드려라.

29(28). 찬양시편이라는 큰 범주에 속하는 이 시편에서 천상 조정은 마치 전례 회중과 같이 하느님의 위대하심을 찬양하도록 부름받는다(1-2절). 하느님의 엄위는 우주의 큰 성전 위에 좌정하여 계시며(3-9절) 다른 동방 문화의 신들과 유사하게 강력한 자연 현상 특히 폭풍, 번개, 그분의 강력한 목소리의 표현인 천둥을 통하여 세상에 뚫고 들어오신다(4-9절). 이렇게 강력한 하느님은 그 백성의 안전이다.

2 그 이름의 영광을 주님께 드려라.
거룩한 차림 하고 주님께 경배하여라.
3 주님의 소리가 물 위에 머물고
영광의 하느님께서 천둥 치시네.
주님께서 크나큰 물 위에 계시네.
4 주님의 소리는 힘차고
주님의 소리는 장엄도 하여라.
5 주님의 소리가 향백나무들을 부러뜨리네.
주님께서 레바논의 향백나무들을 부러뜨리시네.
6 레바논을 송아지처럼,
시르욘을 들송아지처럼 뛰게 하시네.
7 주님의 소리가 불꽃을 내뿜으며
8 주님의 소리가 사막을 뒤흔드네.
주님께서 카데스 사막을 뒤흔드시네.
9 주님의 소리가 암사슴들을 몸서리치게 하고
숲들을 벌거숭이로 만드니
그분 궁전에서 모두 외치네. "영광이여!"
10 주님께서 큰 물 위에 좌정하셨네.
주님께서 영원하신 임금님으로 좌정하셨네.
11 주님께서 당신 백성에게 권능을 주시리라.
주님께서 당신 백성에게 평화로 강복하시리라.

30

(29) 1 [시편. 성전 봉헌 노래. 다윗]

2 주님, 제가 당신을 높이 기립니다. 당신께서는 저를 구하시어
원수들이 저를 두고 기뻐하지 못하게 하셨습니다.
3 주 저의 하느님
제가 당신께 애원하자

✠ 1주간 월요일 아침기도의 세 번째 시편이며 후렴은 하느님 통치권에 대한 찬양을 강조한다. "거룩한 주님 궁 뜰에서, 주께 조배 드리라." 1-4.3.9-10절은 가해 주님 세례 축일 화답송으로(후렴은 11ㄴ절), 요르단강에서 주님의 신비가 드러남을 강조한다. 10ㄴ.11ㄴ절은 그리스도 왕 대축일 영성체송이다.

📖 30(29). 아마도 질병과 같은, 하느님과의 우정이 사라진 것처럼 보이던 시련의 힘든 순간이 지나고(8-11절) 시편 저자는 치유의 기쁨을 체험하며 하느님께 감사의 찬가를 올린다(1-7절). 겸손하게 하느님께 탄원하였더니 하느님의 진노는 곧 사라졌고, 울음이 환호로 바뀌게 되었으며 참회의 옷은 춤추는 옷으로, 안심하고 하느님께 내맡기는 것으로 변화되었다(12-13절).

✠ 저녁의 울음을 다음 날 아침의 환호로 바꾸어 주시는 분께 대한 신뢰를 표현하는 이 시편은 1주간 목요일 저녁기도 때 바친다. 후렴은 3절을 강조한다. 4.10-12에 비추어 매우 깊은 의미로 성토요일 낮기도에 지정되었다. 부활 성야에는 이사 54,5-14를 읽은 후에 2.4-6.11-13절을 읽으며, 2.4.5-6.11-13절은 다해 부활 제3주일 화답송으로 읽는다.

29,2. "거룩한 차림 하고" 히브리어 본문을 따른 번역이다. 그리스어 번역본과 대중 라틴말 성경을 따르면 "그분의 거룩한 성전 뜰에서"이며, 새 대중 라틴말 성경은 "거룩한 광채 안에서"로 되어 있다.

29,3-9. "소리" 히브리어 단어는 "목소리"를 가리킬 수도 있고 "천둥"을 가리킬 수도 있다(욥 37,2-5의 주 참조). 하느님의 소리는 구약 성경(탈출 19,19; 20,18 참조)이나 그 후 그리스도교 전통에서(요한 12,29; 묵시 14,2 참조) 기후의 요소인 천둥과 비교되었다.

29,9. "숲들을 벌거숭이로 만드니" 우리말 성경과 (새) 대중 라틴말 성경은 그리스어 번역본을 따랐다. 암사슴의 산고를 언급하는 앞 구절과 병행을 이루도록 "염소들이 서둘러 새끼를 낳게 하고"로 번역하기도 한다.

29,10. "큰 물" 고대 동방인들의 우주관에서 이 물은 하늘 궁창 위에 있는 물이다(창세 1,6-7 참조). 히브리어 단어 '마불'은 여기와 홍수 이야기에서 사용된다(창세 6–9 참조). 홍수 때 하늘의 물은 땅으로 쏟아져 땅을 황폐하게 만들었다. 그러므로 하늘 위의 물에 대한 하느님의 지배는 혼돈의 파괴력에 대한 하느님 권능을 가리키며 그분께서 주시는 온전한 평화를 보증한다.

30,2. "저를 구하시어" 자구적으로는 "저를 잡아당기시어"이다. 히브리어 동사 '달라'는 보통 우물물 위로 당기는 행동을 묘사하는 데 사용된다(탈출 2,16.19; 잠언 20,5 참조). 이 표상은 4절과 유사하다.

30,4. "저승에서 건지시고" 저승('스올')은 나갈 수 없는 곳으로 묘사된다. 하느님 능력만이 저승에서 건지는 것과 같은 일을 행할 수 있다(욥 3,17-19의 주 참조).

30,5. "거룩하신 그 이름을 찬송하여라." 97,12의 주 참조.

30,6. 히브리어를 자구적으로 옮기면 "저녁에는 울음이 손님이 되어도, 아침에는 기쁨이 손님이 되리라."이다. 감정을 의인화한 것이다.

30,7. "평안함" 또는 73,12에서와 같이 "마음 편함."이다. "나는 영원히 흔들리지 않으리라"는 올바름을 간직하겠다는 기도자의 단호한 의지를 선언하는 표현으로 10,6; 15,5; 16,8; 62,3.7에서도 다시 나타난다.

30,9. "주님, 제가 당신께 부르짖고 저의 주인이신 당신께 자비를 간청하였습니다." 첫째 행의 "주님"은 '야훼'이고, 둘째 행의 "저의 주인"은 '아도나이'이다. 하느님 이름의 사용에 관하여, 8,2의 주 참조.

30,12. "자루옷" 참회를 위한 거친 옷이었다(요엘 1,13의 주 참조). 여기서는 그가 겪은 시련을 상징한다. "기쁨으로 띠 두르셨습니다."는 새로운 상황을 나타낸다.

저를 낫게 하셨습니다.
4 주님, 당신께서 제 목숨을 저승에서 건지시고
저를 구렁에 떨어지지 않게 살리셨습니다.

5 주님께 찬미 노래 불러라, 주님께 충실한 이들아.
거룩하신 그 이름을 찬송하여라.
6 그분의 진노는 잠시뿐이나
그분의 호의는 한평생 가니
저녁에 울음이 깃들지라도
아침에는 환호하게 되리라.

7 평안할 때 저는 말하였습니다.
"나는 영원히 흔들리지 않으리라."
8 주님, 당신 호의로 저를 튼튼한 산성에 세워 주셨습니다.
그러나 당신께서 얼굴을 감추시자 저는 겁에 질렸습니다.
9 주님, 제가 당신께 부르짖고
저의 주인이신 당신께 자비를 간청하였습니다.
10 "제 피가, 제가 구렁으로 떨어지는 것이 무슨 이득이 됩니까?
먼지가 당신을 찬송할 수 있으며 당신의 진실을 알릴 수 있습니까?
11 들으소서, 주님, 저에게 자비를 베푸소서.
주님, 저의 구원자가 되어 주소서."
12 당신께서는 저의 비탄을 춤으로 바꾸시고
저의 자루옷 푸시어 저를 기쁨으로 띠 두르셨습니다.
13 이에 제 영혼이 당신을 노래하며 잠잠하지 않으오리다.
주 저의 하느님, 제가 당신을 영원히 찬송하오리다.

31

(30) 1 [지휘자에게. 시편. 다윗]

2 주님, 제가 당신께 피신하니
다시는 수치를 당하지 않게 하소서.

31(30). 이 시편은 완전한 대위법으로 탄원의 음조와 신뢰의 표현들이 번갈아 나타난다. 기도자는 어려운 상황에 처해 있다. 아마도 질병으로 보이는데 고통받는 의인을 연상시키는 표현들로 묘사된다(이사 42; 49; 50; 52,13-53,12 참조). 친한 사람들에게도 그는 혐오스럽게 되었고, 반대자들은 그를 표적으로 삼으며 전례에서 제외시킨다(10-14절). 그는 반석이시며 이스라엘의 성채이시며 안전한 피신처요 강력한 구원자이신 주님을 생각한다(2-5.15-17절). 탄원은 기도를 들어 주시리라는 확신으로 변화된다(6-9절). 그는 하느님의 도우심을 청하고(15-19절), 사람들 앞에서 회복되고 새로운 생명을 얻은 것에 대해 감사의 노래를 부른다(20-23절). 이 시편은 어려움에 처한 모든 이들에게 신뢰를 권고하는 것으로 끝맺는다(24-25절).

당신의 의로움으로 저를 구하소서.
3 제게 당신의 귀를 기울이시고
어서 저를 구하소서.
이 몸 보호할 반석 되시고
저를 구원할 성채 되소서.
4 당신은 저의 바위, 저의 성채이시니
당신 이름 생각하시어 저를 이끌고 인도하소서.
5 그들이 숨겨 놓은 그물에서 저를 빼내소서.
당신은 저의 피신처이십니다.
6 제 목숨을 당신 손에 맡기니
주 진실하신 하느님, 당신께서 저를 구원하시리이다.
7 저는 허황된 우상 섬기는 자들을 미워하고
오로지 주님만 신뢰합니다.
8 당신의 자애로 저는 기뻐하고 즐거워하리니
당신께서 저의 가련함을 굽어보시어
제 영혼의 곤경을 살펴 아시고
9 저를 원수의 손에 넘기지 않으시며
제 발을 넓은 곳에 세우셨기 때문입니다.
10 주님, 저에게 자비를 베푸소서. 제가 짓눌립니다.
제 눈이 시름에 짓무르고 저의 넋과 몸도 그러합니다.
11 정녕 저의 생명은 근심으로,
저의 세월은 한숨으로 다해 가며
저의 죄로 기력은 빠지고
저의 뼈들은 쇠약해졌습니다.
12 제 모든 원수들 때문에 저는 조롱거리가 되고
이웃들에게는 놀라움이,
저를 아는 이들에게는 무서움이 되어
길에서 보는 이마다 저를 피해 갑니다.
13 저는 죽은 사람처럼 마음에서 잊히고
깨진 그릇처럼 되었습니다.
14 정녕 저는 많은 이들의 비방을 듣습니다.
사방에서 공포가 밀려듭니다.

31,5 9,16; 35,7; 64,6; 140,6; 142,4. 31,6 루카 23,46.

✠ 2-6절은 전통적으로 매일 끝기도에 사용되었는데 오늘날에는 수요일 끝기도 때 바친다(130편과 함께). 십자가에서 돌아가시는 예수님은 6절로 성부께 당신 자신을 의탁하신다(루카 23,46 참조). 이 시편은(18-19절을 생략하고) 2주간 월요일 독서기도에서 사용되는데 세 후렴들은 3ㄱ.17ㄱ.22절에서 취한 것이다. 2.6.12-13.15-17.25절은 성금요일 전례에서 이사 52,13–53,12("그가 으스러진 것은 우리의 죄악 때문이다.")의 독서에 대한 화답송으로 사용된다. 3-4절은 연중 제6주일 입당송이며, 17-18ㄱ절은 연중 제4주일 영성체송이다. 20절은 연중 22주일 영성체송이고, 고해성사 예식에서는 1-6절을 독서에 포함하고 있다.

31,3. "반석… 성채"는 견고함을 나타내는 표상으로 다른 시편에서와 같이 하느님 보호를 뜻한다(18,47의 주 참조).

31,5. "그물에서 저를 빼내소서." 기도자는 죽이려고 붙잡아 놓은 동물처럼 괴로움을 느낀다.

31,6. "제 목숨을" 또는 "저의 숨을"(자구적으로는 "제 목구멍을"이며, 10절의 "넋"도 같은 단어이다)이라고 할 수 있다.

"저를 구원하시리이다." 하느님은 친척의 불행에 대해 책임을 지고 그를 억압과 종살이에서 속량하는 가까운 혈육으로(룻 3–4 참조) 제시된다(탈출 15,13; 2사무 7,23; 시편 77,16; 107,2; 예레 31,11; 미카 6,4 참조). 보통 이러한 관습을 위해서는 속전을 치러야 했다(느헤 5,8; 신약 성경에서는 갈라 3,13; 1베드 1,18; 묵시 14,3-4 참조).

31,9. "넓은 곳에" 이 표현은 즉각적으로 이해되지 않는다. 편안하고 적절한 장소를 나타내는 것으로 보이는데, 이는 비참과 번민의 궁함에 대비되는 평화와 평온함의 표상이다.

31,10. "저의 넋" 히브리어 단어 '네페쉬'의 구체적 의미는 "목구멍"으로, 숨과 생명을 가리킬 수도 있다. 문맥상("눈… 몸") "영혼"이라는 전통적인 의미는 배제된다([새] 대중 라틴말 성경도 그렇게 되어 있다). 육체와 구별되고 대조되는 인간의 일부로서 영혼이라는 개념은 구약 성경의 사고에서 벗어나는 것이다.

31,13. "저는 죽은 사람처럼 마음에서 잊히고" 마치 어떤 사람이 죽었을 때처럼, 마음(성경에서 마음 곧 심장은 이성이 있는 자리이고 "생각"과 같다)이 더 이상 그의 존재를 감지하지 않는다는 뜻이다. 다른 번역은 "저는 죽은 사람처럼 망각 속에 있습니다."이다([새] 대중 라틴말 성경도 이렇게 번역한다).

31,14. "사방에서 공포가 밀려듭니다." 히브리어 본문은 "사방에서 공포"이다. 고대 사본들에는

구두점이나 따옴표가 없으므로, 이 구절을 기도자가 들은 비방을 인용한 것으로 보고 예레 20,10과 유사한 의미로 그가 "사방에서 공포"라는 비방을 듣는다고 해석할 수도 있다. 적들은 기도자를 불행을 예고하는 사람이라고 고발한다. 그를 마치 불길한 새처럼 조롱하는 것이다. 우리말 성경에서 이 표현은 모함의 내용이 아니라 기도자가 느끼는 상황에 대한 묘사로 이해된다.

31,17. "당신 종" 시편 저자는 주님께, 그가 마치 주인에게 복종하는 겸손한 종과 같이 주님의 뜻을 기꺼이 행하고자 함을 말씀드린다. 유사한 표현이 86,16과 116,16에도 나타난다. 종이라고 일컬어지는 이들은 아브라함(창세 18,3 참조), 야곱(창세 32,11 참조), 모세(탈출 4,10 참조), 삼손(판관 15,18 참조), 사무엘(1사무 3,9 참조), 다윗(2사무 7,19 참조), 솔로몬(1열왕 3,7 참조), 다니엘(다니 9,17 참조) 등이다. 또한 루카 1,48 주님의 종인 마리아 참조.

31,20. "사람들"의 히브리어 표현인 "사람의 아들들"에 관하여, 14,2의 주 참조.

31,22. "포위된 성읍." "견고한 성읍"으로 옮기고 하느님께서 주시는 안전의 비유로 이해할 수도 있다(이 시편을 시작하는 3-4절 참조). 예레 1,18에서는 예언자 자신이 요새와 벽이 있는 성읍에 비교된다.

저를 거슬러 그들이 함께 모의하여
제 목숨 빼앗을 계교를 꾸밉니다.
15 그러나 주님, 저는 당신을 신뢰하며
"당신은 저의 하느님!" 하고 아룁니다.
16 당신 손에 제 운명이 달렸으니
제 원수들과 박해자들의 손에서 저를 구원하소서.
17 당신 얼굴을 당신 종 위에 비추시고
당신 자애로 저를 구하소서.
18 주님, 제가 당신을 불렀으니 수치를 당하지 않게 하소서.
악인들이나 수치를 당하여 말없이 저승으로 사라지게
하소서.
19 거만하여 업신여기고 의인을 거슬러 파렴치하게 지껄이는
거짓된 입술들을 잠잠하게 하소서.
20 얼마나 크십니까!
당신을 경외하는 이들 위해 간직하신 그 선하심이.
당신께 피신하는 이들에게
사람들 보는 앞에서 이를 베푸십니다.
21 당신 앞의 피신처에 그들을 감추시어
사람들의 음모에서 구해 내시고
당신 거처 안에 숨기시어
사나운 입술들의 공격에서 구해 내십니다.

22 포위된 성읍에서
내게 당신 자애의 기적을 베푸셨으니
주님께서는 찬미받으소서.

23 질겁한 나머지 제가 말씀드렸습니다.
"저는 당신 눈앞에서 잘려 나갔습니다."
그러나 당신께 도움 청할 때
당신께서는
애원하는 저의 소리를 들어 주셨습니다.

24 주님께 충실한 이들아, 모두 주님을 사랑하여라.
주님께서는 진실한 이들은 지켜 주시나
거만하게 구는 자에게는
호되게 갚으신다.

31,16. 박해받는 의인이라는 인물은 성경에서 매우 자주 나타난다. 아벨은 카인에게 죽임을 당하고, 요셉은 형제들에게 팔려 간다. 욥과 예레미야, 이스라엘 백성, 예수님 자신이 그 대표적 인물이다. 지혜서에서(1,12-3,19) 박해받고 고통받는 의인은 하느님께 버림받은 것으로 보인다. 그러나 그는 하느님께 "시험을" 받는 것이다. 하느님은 의인을 사랑하시며 결코 그를 잊지 않으시고 언제나 그를 지탱해 주시며 구원을 주신다.

25 주님께 희망을 두는 모든 이들아
힘을 내어 마음을 굳세게 가져라.

32

(31) 1 [다윗. 마스킬]

행복하여라, 죄를 용서받고
잘못이 덮여진 이!
2 행복하여라, 주님께서
허물을 헤아리지 않으시고
그 얼에 거짓이 없는 사람!
3 제가 입 밖에 내지 않으려 하였더니
나날이 신음 속에 저의 뼈들이 말라 들었습니다.
4 낮이고 밤이고
당신 손이 저를 짓누르신 까닭입니다.
저의 기운은 여름날 한더위에
다 빠져 버렸습니다. 셀라
5 제 잘못을 당신께 자백하며
제 허물을 감추지 않고 말씀드렸습니다.
"주님께 저의 죄를 고백합니다."
그러자 제 허물과 잘못을
당신께서 용서하여 주셨습니다. 셀라
6 그러므로 당신께 충실한 이들이 모두
곤경의 때에 기도드립니다.
큰물이 닥친다 하더라도
그에게는 미치지 못하리이다.
7 당신은 저의 피신처.
곤경에서 저를 보호하시고
구원의 환호로
저를 에워싸십니다. 셀라

8 나 너를 이끌어 네가 가야 할 길을 가르치고
너를 눈여겨보며 타이르리라.
9 지각없는 말이나 노새처럼 되지 마라.

32(31). 이 감사의 노래는 아마도 이스라엘 참회 예식에서 사용되었을 것이다. 시편 저자는 죄를 경험한 다음 고통을 겪었다(3-4절). 구약 성경 신앙에 따라 그는 그 고통을 자신의 잘못에 대한 하느님의 벌이라고 여긴다. 그래서 곧 회개하고 용서의 감미로움을 맛본다(5절). 그다음 모든 이들을 향하여 주님께서 이미 그에게 권고하신 것을 전한다. 하느님 심판보다 그분의 은혜로운 얼굴을 아는 것이 낫다는 것이다(6-11절).

✠ 용서를 청하는 것이 하루의 끝에 잘 어울린다는 점에서 이 시편은 1주간 목요일 저녁기도 때 기도한다. 후렴은 2절을 되풀이한다. 1-7.10-11절은 고해성사 예식에서 화답송으로 지정되어 있으며, 5절을 후렴으로 사용한다.

32,1. "잘못이 덮인 이!" 자구적인 번역이다. 그 의미는 죄를 용서받는 것과 연관된다(이와 동일한 표현이 85,3에서 사용된다). 이 번역문은 같은 동사('카사')가 반복되는 5절과의 연관을 드러낸다. 하느님께 충실한 이는 자신의 허물을 하느님께 "덮지"(감추지) 않았고, 그래서 하느님은 그 죄를 덮어 주신다. 그러므로 자신의 잘못을 고백하는 기도자는 용서를 확신할 수 있다.

32,3. "신음"으로 번역된 단어는 사자 같은 짐승이 울부짖는 소리를 나타낸다. 사자의 부르짖음은 고통 중에 있는 사람의 한숨과 탄원을 나타내는 매우 강한 은유이다(22,2; 38,9 참조). 같은 은유가 욥 3,24에도 나타난다.

32,4. "당신 손이 저를 짓누르신 까닭입니다." 구약 성경에 표현된 신앙에 따르면 좋은 일도 나쁜 일도 하느님에게서 오는 것이다(욥 2,10 참조). 하느님은 사람과 같은 형태로 표현되어 손으로 원수를 쫓아내는 분으로 묘사된다. 손은 파괴력과(욥 1,11; 27,11 참조) 창조력의(시편 119,73; 집회 43,12; 이사 45,12 참조) 상징이다.

32,6. "큰물" 홍수의 표상은 여기에서 죽음의 원인으로 여겨진다. 큰물은 이스라엘을 위협하는 다른 민족들을 나타낼 수도 있고(이사 17,13 참조), 태초의 혼돈을 나타낼 수도 있다(에제 26,19 참조). 18,17의 주 참조.

32,7. "구원의 환호" 이에 해당하는 히브리어 단어를 구체적 의미로 해석한 것이다. 기도자는 회중의 환호에 둘러싸여 있는 듯 느낀다.

재갈과 고삐라야 그 극성을 꺾느니.
그러지 않으면 네게 가까이 오지 않는다.

10 악인에게는 고통이 많으나
주님을 신뢰하는 이는 자애가 에워싸리라.
11 의인들아, 주님 안에서 기뻐하고 즐거워하여라.
마음 바른 이들아, 모두 환호하여라.

33

(32) 1 의인들아, 주님 안에서 환호하여라.
올곧은 이들에게는 찬양이 어울린다.

2 비파로 주님을 찬송하며
열 줄 수금으로 그분께 찬미 노래 불러라.
3 그분께 노래하여라, 새로운 노래를.
환성과 함께 고운 가락 내어라.
4 주님의 말씀은 바르고
그분의 행적은 모두 진실하다.
5 그분은 정의와 공정을 사랑하시는 분.
주님의 자애가 땅에 가득하네.
6 주님의 말씀으로 하늘이,
그분의 입김으로 그 모든 군대가 만들어졌네.
7 그분께서는 제방으로 모으듯 바닷물을 모으시고
대양을 곳집에다 넣으신다.
8 온 땅이 주님을 경외하고
세상에 사는 이들이 모두 그분을 두려워하리니
9 그분께서 말씀하시자 이루어졌고
그분께서 명령하시자 생겨났기 때문이네.
10 주님께서 민족들의 결의를 꺾으시고
백성들의 계획을 좌절시키신다.

33,5 32,10; 33,18.22; 36,6.8.11.

33(32). 시편 저자는 여러 이유로 하느님께 이 찬양시편을 올린다. 하느님은 충실하시고 정의로우시며 사랑이 넘치신다(1-5절). 그분은 자애롭고 능력 있으신 창조주로서 오직 당신 말씀으로 세상을 존재하게 하시고 그 요소들을 지배하신다(6-9절). 또한 사람들의 역사를 이끄시며 권세 있는 자들이라도 그분의 도우심이 없이는 아무 것도 할 수 없다(10-11.16-19절). 그분을 하느님으로 인정하는 백성은 참으로 복되다. 그러므로 이 시편은 주님 은혜가 당신 백성에게 내리기를 청하며 끝맺는다(20-22절).

✠ 1주간 화요일 아침기도 세 번째 시편으로 기도한다. 후렴에서 1절을 취하여 찬양을 강조한다. 5-6절은 부활 제4주일 입당송이며, 11.19절은 예수 성심 대축일 입당송이다. 18-19절은 성찬의 식탁과 연관되어 연중 제29주일 영성체송으로 사용된다. 4-5.18-19.20.22절은 가해 사순 제2주일 화답송이며, 4-7.12-13.20.22절은 부활 성야에 창세 1,1–2,2를 읽은 다음의 화답송이다. 1-2.4-5.18-19절은 가해 부활 제5주일 화답송이며, 4-6.9.18-19.20.22절은 나해 삼위일체 대축일 화답송이다. 혼인 예식에서 이 시편이 사용된다(12.18.20-22절).

33,1. "어울린다."고 번역한 히브리어 단어는 "적절하다"를 뜻하며(시편 93,5; 잠언 17,7; 19,10; 26,1 참조), "아름답다"의 의미도 가져(아가 1,5; 2,14; 4,3; 6,4; 예레 6,2) "올곧은 이들이 주님을 찬양하는 것은 아름답다"라고 이해할 수도 있다.

33,3. "그분께 노래하여라. 새로운 노래를." 새로운 노래는 기존의 다른 노래를 대체하기 때문에 새로운 것이 아니라, 하느님께서 세상과 역사 안에서 이루시는 새로운 업적들을 기념하기 때문에 새로운 것이다. 거의 전형적인 어구가 된 이 표현은, 기도자가 영적 쇄신을 체험하는 긍정적인 상황을 표현한다(40,4; 96,1; 98,1; 144,9; 149,1; 묵시 5,9; 14,3 참조).

33,5. "자애" 히브리어 명사 '헤셋'은 여러 의미를 지닌다("호의, 선, 자비"). 5,8.9의 주 참조.

33,6-9. 6절부터 하느님의 '다바르'(말씀/영/숨결/업적)를 통한 창조가 시적으로 묘사된다(창세 1; 이사 34,16 참조). 그러므로 이 동사들은 과거로 번역할 수 있다. 이미 이루어진 업적 안에서 하느님의 행위들에 언제나 들어 있는 고유한 방식을 찾아낸다.

33,7. "제방으로 모으듯" 고대 번역본들에 따라 "자루에 모으듯"으로 옮기기도 한다. 하느님 앞에서는 거대한 대양도 작은 통에 든 적은 물과 같이 여겨진다.

11 주님의 결의는 영원히,
그분 마음의 계획들은 대대로 이어진다.
12 행복하여라, 주님을 하느님으로 모시는 민족
그분께서 당신 소유로 뽑으신 백성!
13 주님께서는 하늘에서 살피시며
모든 사람들을 바라보신다.
14 당신 머무시는 곳에서 굽어보신다,
땅에 사는 모든 이들을.
15 그들의 마음을 다 빚으시고
그들의 모든 행위를 헤아리시는 분이시다.
16 병력이 많다고 임금이 승리하지 못하며
근력이 세다고 용사가 제 몸을 살리지 못하네.
17 기마로 승리한다 함은 환상이며
그 힘이 세다고 구원을 이루지 못하네.
18 보라, 주님의 눈은 당신을 경외하는 이들에게,
당신 자애를 바라는 이들에게 머무르신다.
19 그들의 목숨을 죽음에서 구하시고
굶주릴 때 그들을 살리시기 위함이라네.
20 우리의 영혼은 주님을 기다리니
그분은 우리의 도움, 우리의 방패이시다.
21 그분 안에서 우리 마음이 기뻐하고
그분의 거룩하신 이름을 우리가 신뢰한다네.

22 주님, 저희가 당신께 바라는 그대로
저희 위에 당신의 자애를 베푸소서.

34

(33) 1 [다윗. 그가 아비멜렉 앞에서 정신이 나간 체하여 아비멜렉이 내쫓자 그가 떠나갈 때에]

2 (알렙) 나 언제나 주님을 찬미하리라.
내 입에 늘 그분에 대한 찬양이 있으리라.

33,14. "머무시는 곳" 히브리어 본문은 단순히 "장소"로 되어 있다. 성경에 널리 퍼진 개념에 따라 하느님께서 앉아 계시는 (하늘에 있다고 여겨지지만, 성전에도 그 자리가 있다) 어좌를 가리킨다(9,5의 주 참조).

33,17. "기마로 승리한다 함은 환상이며" 이 절에 사용된 명사는, 전투에서 말을 타는 데에서 오는 힘은 거짓된 확신임을 강조한다(잠언 21,31 참조). "말은 무력하며(또는 쓸모가 없으며)"라고도 옮길 수 있다. 전투에 나갈 때 자신의 힘 또는 동물의 힘을 믿지 말라는 권고는 특히 이스라엘을 향한다. 이스라엘의 유일한 해방자는 주님이시다(신명 20,1; 시편 20,8; 예레 9,22; 호세 1,7 참조).

34,1. 머리글은 1사무 21,11-16의 일화를 암시하지만 거기에서 필리스티아 임금의 이름은 아비멜렉이 아닌 아키스이다.

34(33). 알파벳 구조로 된 시편이다(25편 주해 참조). 지혜의 스승의 특징인 교훈적 어조로 되어 있다. 하느님 사랑을 체험한 그는 자신이 받은 은혜에 대해 침묵할 수 없다. 여기서 보호자이며 해방자이신 분에 대한 찬양이 나온다. 첫 부분에서 시편 저자는 열정이 가득한 표현들로 하느님 보호라는 감미로운 체험을 쏟아 놓는다(1-11절). 그보다 더 강하게, 둘째 부분에서는 당신께 부르짖는 이들을 돌보시는 주님을 신뢰하라고 고통받는 이들을 초대하고, 그런 다음 그분의 도우심을 체험할 수 있도록 하느님의 율법을 실천하라고 권고한다(12-23절).

✠ 1주간과 3주간 토요일 낮기도 때 기도한다. 후렴은 6ㄱ,11ㄴ,15,19ㄱ절에서 취한 것이다. 6절은 연중 제3주일 영성체송이다. 9절은 전통적으로 성찬에 적용해 영성체송으로 자주 쓴다. 연중 제14주일, 성인(수도자) 공통, 종신 서원 미사, 혼인 예식에서 사용된다. 6ㄱ.9ㄱ절은 견진 미사 영성체송이다. 11절은 성체 신비에 비추어 연중 28주일 영성체송으로 사용된다. 18.20-21절은 순교자 공통 미사 입당송이다.

3 (베트) 내 영혼이 주님을 자랑하리니
가난한 이들은 듣고서 기뻐하여라.
4 (기멜) 너희는 나와 함께 주님을 칭송하여라.
우리 다 함께 그분 이름을 높이 기리자.
5 (달렛) 주님을 찾았더니 내게 응답하시고
온갖 두려움에서 나를 구하셨네.
6 (헤) 주님을 바라보아라. 기쁨에 넘치고
너희 얼굴에 부끄러움이 없으리라.
7 (자인) 여기 가련한 이가 부르짖자 주님께서 들으시어
모든 곤경에서 그를 구원하셨네.
8 (헤트) 주님의 천사가 그분을 경외하는 이들 둘레에 진을 치고
그들을 구출해 준다.
9 (테트) 너희는 맛보고 눈여겨보아라, 주님께서 얼마나 좋으신지!
행복하여라, 그분께 피신하는 사람!
10 (요드) 주님을 경외하여라, 그분의 거룩한 이들아.
그분을 경외하는 이들에게는 아쉬움이 없어라.
11 (카프) 사자들도 궁색해져 굶주리게 되지만
주님을 찾는 이들에게는 좋은 것 하나도 모자라지 않으리라.
12 (라멧) 아이들아, 와서 내 말을 들어라.
너희에게 주님 경외함을 가르쳐 주마.
13 (멤) 생명을 갈망하고
좋은 것 보려고 장수를 바라는 이는 누구인가?
14 (눈) 네 혀는 악을,
네 입술은 거짓된 말을 조심하여라.
15 (사멕) 악을 피하고 선을 행하며
평화를 찾고 또 추구하여라.
16 (아인) 주님의 눈은 의인들을 굽어보시고
그분의 귀는 그들의 부르짖음을 들으신다.
17 (페) 주님의 얼굴은 악을 행하는 자들에게 맞서시니
그들에 대한 기억을 세상에서 없애시기 위함이라네.
18 (차데) 그들이 울부짖자 주님께서 들으시어
모든 곤경에서 구해 주셨네.
19 (코프) 주님께서는 마음이 부서진 이들에게 가까이 계시고

34,13 욥 7,7; 코헬 5,17.

34,3. "가난한 이들"은 신뢰를 가지고 주님께 부르짖으며 그분의 선하심에 자신의 근심을 맡기는 고통받는 이들이다(25,9의 주 참조).

34,8. 진영과 천사의 표상은 탈출기에서 전하는 사건들을 연상시킨다(탈출 14 참조). 여기에 사용된 표현들은 군사적인 세계에서 빌려 온 것으로, 천막을 치는 것은 전략에 따라 자리를 옮김을 가리킨다(민수 2,34; 31,19; 2사무 23,13; 이사 29,1; 예레 50,29 참조). 다른 본문에서는 하느님께서 당신 거처를 보호하시기 위하여 진을 치시는 것으로 되어 있다(즈카 9,8 참조).

34,11. "사자들"은 히브리어 본문을 따른 번역이다. 세력가들 또는 57,5에서처럼 악인들을 지칭하는 은유이다. 그리스어 번역본과 (새) 대중 라틴말 성경은 "부유한 이들"이라고 말한다.

34,12. "아이들"로 번역된 히브리어 단어의 의미는 "아들들"로, 스승이 (아버지의 모습으로) 제자들을 부르는 호칭이다. 이 표현은 잠언과 집회서에서 많이 사용된다. 이집트의 교훈들에서도 유사한 표현이 사용된다(메리카라, 프타호텝, 아니, 아메네모페). 시편 45,11; 히브 12,5; 1요한 2,1.12 참조.

34,13. "좋은 것 보려고" 지혜문학 전통에 따라 주님을 두려워한 결과로 행복과 기쁨의 체험을 가리킨다.

34,19. "마음이 부서진 이들… 넋이 짓밟힌 이들" 51,19에 매우 가까운 표현이다. 기도자는 자신의 경건함과 회심을 선언한다. 이러한 태도로 해방을 체험할 수 있게 된다.

넋이 짓밟힌 이들을 구원해 주신다.
20 (레시) 의인의 불행이 많을지라도
주님께서는 그 모든 것에서 그를 구하시리라.
21 (쉰) 그의 뼈들을 모두 지켜 주시니
그 가운데 하나도 부러지지 않으리라.
22 (타우) 악인은 불행으로 죽고
의인을 미워하는 자들은 죗값을 받으리라.
23 주님께서 당신 종들의 목숨을 건져 주시니
그분께 피신하는 이는 아무도 죗값을 받지 않으리라.

35

(34) 1 [다윗]

주님, 저와 다투는 자와 다투시고
저와 싸우는 자와 싸워 주소서.
2 둥근 방패 긴 방패 잡으시고
저를 도우러 일어나소서.
3 저를 뒤쫓는 자들에게 맞서시어
창을 빼 들고 길을 막으소서.
"나는 너의 구원이다."
제 영혼에게 말씀하소서.

4 내 목숨을 노리는 자들은
수치를 당하여 부끄러워하리라.
내 불행을 꾸미는 자들은
뒤로 물러나 창피를 느끼리라.
5 그들은 바람 앞의 겨처럼 되고
주님의 천사가 그들을 몰아내리라.
6 그들의 길은 어둡고 미끄러우며
주님의 천사가 그들을 뒤쫓으리라.
7 그들이 까닭 없이 내게 몰래 그물을 치고

35,1. "저와 다투는 자와 다투시고" 번역문은 동사 '립'("고발하다, 논쟁하다, 재판하다")을 되풀이하는 히브리어 본문의 반복을 재현한 것으로, 같은 절 후반에서 동사 '라함'("싸우다")이 반복되는 것에 대응된다. '립'의 의미에 대해서는 미카 6,1-2의 주 참조.

35,2. "둥근 방패 긴 방패 잡으시고" 히브리어 본문에 사용된 단어들은 두 종류의 방패를 가리키는데, 하나는 작은 것이고 또 하나는 온몸을 덮는 큰 것이다(1열왕 10,16- 17; 예레 46,3; 에제 23,24 참조). 주님은 능숙하고 노련한 전사로 묘사된다. 용감한 전사로 제시되는 하느님의 표상에 관하여, 3,4의 주 참조.

35,5. "주님의 천사" 34,8에서와 유사하게 여기에 묘사된 천사는 하느님께서 이끄시는 천상 군대의 대리인과 같다.
"겨처럼." 겨는 바람에 흩어지는 보잘것없는 것이 되어 버린("지푸라기") 악인들/원수들의 표상이다(1,4; 욥 21,18; 이사 17,13 참조).

34,21 탈출 12,46; 민수 9,12; 요한 19,36. 35,2 5,13; 7,11; 18,3.31; 33,20; 59,12; 89,19; 119,114; 144,2; 탈출 15,3; 신명 33,29; 2사무 22,3.31; 잠언 30,5.

35(34). 이 시편에서는 간청과 탄원이 신뢰에 결합되어 있다. 시편 저자는 배반의 괴로운 체험을 겪었다. 그가 도움을 준 친구들이 그를 고발했다(1-8절). 그는 그들과의 우정과 그들에게 베푼 호의들을 기억하며 슬퍼하면서도(13-14절) 폭력과 거짓을 확인해야만 한다. 그들은 그를 멸망시키려 했다(11-12.15-16.20-21절). 하느님 도우심을 청하는 부르짖음이 기도 안에서 계속 일어난다. 이 부르짖음은 "언제까지?"라는 탄원의 특징적인 구절과 하느님께 원수를 꺾기 위한 용사가 되시고(1-3절) 무관심하신 듯이 계시지 말 것을 청하는(22-23절) 요청들로 표현된다. 그러나 해방하시는 하느님의 구원에 대한 신뢰가 있어(9.18.27절) 탄원을 찬양의 노래로 변모시킨다.

✠ 탄원시편에 속하며, 그리스도의 수난에 적용하여(1-2.3ㄷ.9-19.22-23.27-28절) 1주간 금요일 독서기도 때 기도한다.

까닭 없이 내게 구렁을 파 놓은 탓이라네.
8 파멸이 불시에 그들을 덮치고
그들은 자기들이 몰래 쳐놓은 그물에 걸려
파멸에 떨어지리라.
9 그러나 내 영혼은 주님 안에서 기뻐 뛰고
그분의 도우심으로 즐거워하며
10 내 모든 지체는 아뢰리라.
"주님, 누가 당신과 같습니까?
당신께서는 가련한 이를 그보다 힘센 자에게서,
가련한 이와 불쌍한 이를 약탈자에게서 구해 주십니다."

11 사악한 증인들이 일어나
제가 모르는 일을 저에게 묻습니다.
12 그들이 제게 선을 악으로 갚으니
저는 외로운 홀몸입니다.
13 그러나 저는 그들이 아팠을 때
자루옷을 제 의복으로 삼고
단식으로 고행하였으며
기도로 제 가슴을 채웠습니다.
14 저는 그들이 저의 친구인 양, 형제인 양
제가 어머니 상을 당한 양
애처롭게 몸을 구부린 채 돌아다녔습니다.
15 그러나 제가 비틀거릴 때 그들은 기뻐하며 모여들었습니다.
저를 거슬러 모여들었습니다.
저는 영문도 모르는데
저를 치고 잡아 찢기를 멈추지 않았습니다.
16 야비하게 비아냥거리며
저를 거슬러 이를 갈았습니다.
17 주님, 언제까지 보고만 계시렵니까?
제 영혼을 그들이 꾸민 파멸에서,
제 목숨을 사자들에게서 건져 주소서.
18 저는 큰 모임에서 당신을 찬송하며
수많은 백성 가운데에서 당신을 찬양하오리다.
19 음흉한 제 원수들이 저를 두고 기뻐하지 못하게 하소서.
까닭 없이 저를 미워하는 자들이 서로 눈짓하지 못하게 하소서.
20 그들은 평화를 말하지 않을뿐더러
이 땅의 온순한 이들을 거슬러 간계를 꾸밉니다.
21 저를 거슬러 한껏 입을 벌려

35,10. "지체"로 번역된 단어는 본래 "뼈"이다. 뼈는 한 사람 전체를 나타낸다(인간의 기본 구조). 보통 인간의 약함과 극도의 고통이라는 맥락에서 언급된다(욥 4,14; 19,20; 30,30; 시편 6,3; 22,15; 31,11; 42,11; 102,4; 이사 38,13; 예레 20,9; 애가 3,4; 하바 3,16 참조).

35,12. "저"로 번역된 히브리어 표현은 "나의 영혼" 또는 "나의 생명"('네페쉬')이라고 옮길 수도 있다. 이 시편에는 히브리어 명사 '네페쉬'가 '나의 네페쉬'라는 형태로 일곱 번 사용된다. 성경의 인간학에 따르면 '네페쉬'는 목구멍, 숨, 입김을 뜻하고, 그래서 목숨이나 생명의 원리를 뜻한다. 생명체의 특징이 숨이기 때문이다(창세 1,20 참조). 번역문에서는 같은 표현이 "내 목숨"(4절), "내 영혼"(3.9.17절)으로 번역되지만 "나"로 번역되기도 한다(3.7.12.13절).

35,19. "서로 눈짓하지 못하게 하소서." 이러한 태도는 얼굴과 몸의 신호로 서로 의사를 전달하는 악인들의 특징이다(잠언 6,13; 10,10; 집회 27,22 참조).

"옳거니, 우리 눈으로 보았지!" 합니다.
22 당신께서 보셨습니다. 주님, 잠자코 계시지 마소서.
주님, 제게서 멀리 계시지 마소서.
23 저의 권리를 위하여 깨어 일어나소서.
저의 하느님, 저의 주님, 제 송사를 위하여 일어나소서.
24 당신의 의로움에 따라 제 권리를 되찾아 주소서, 주 저
의 하느님.
그들이 저를 두고 기뻐하지 못하게 하소서.
25 "옳거니, 우리 소원대로 되었구나!"
그들이 마음속으로 말하지 못하게 하소서.
"우리가 그를 집어삼켜 버렸다!"
그들이 말하지 못하게 하소서.
26 저의 불행을 기뻐하는 자들은 모두 다
부끄러워 얼굴을 붉히게 하소서.
저를 두고 우쭐대는 자들은
수치와 모욕으로 옷 입게 하소서.
27 제 의로움을 좋아하는 이들은 환호하고 즐거워하며
언제나 말하게 하소서.
"당신 종의 평화를 좋아하시는
주님께서는 위대하시다!"
28 저의 혀도 당신의 의로움을,
당신 찬양을 날마다 전하오리다.

36 (35) 1 [지휘자에게. 주님의 종 다윗]

2 악인은 그 마음 깊은 곳에서
죄악을 즐긴다.
그의 눈에는
하느님을 무서워하는 빛이 없다.
3 그는 오히려 죄 거리를 찾아내고 미움을 일삼으려
자기 눈앞을 잘 닦아 놓았다.

35,23. "깨어 일어나소서." 마치 하느님이 휴식을 취하며 잠이 드시어 기도자를 돕기 위해 잠에서 일어나셔야 하는 것으로 상상한다. 7,7의 주 참조.

35,25. "우리 소원대로 되었구나!" 자구적으로는 "이것이 우리의 갈망('네페쉬')"이다. 번역문은 문장의 전체적인 의미를 전달한다.

35,28. "저의 혀도 당신의 의로움을… 전하오리다." 여기 사용된 히브리어 동사는 "생각하다, 묵상하다"를 뜻할 수도 있고(1,2; 38,13; 63,7; 77,13; 143,5처럼) "선포하다"를 뜻할 수도 있다(115,7 참조. 이 동사는 분명하게 목에서 나오는 소리들을 지칭한다. 또한 욥 27,4; 참조).

36,2. 자구적으로는 "죄의 신탁"이다. 여기서 죄는 악인 속에 머물고 있는 인격적 실재로 여겨지며 창세 4,7의 짐승처럼 악인에게 영향을 미친다. "신탁"이라는 단어가 보통 진정한 하느님 말씀인 예언자의 말을 지칭하여 사용되므로(이사 1,24; 예레 1,8; 에제 13,6; 호세 2,15; 아모 2,11; 스바 1,10 참조), 일부 학자들은 이 구절이 잘못 필사된 것이라고 보았다. 그러나 신탁을 하느님이 아닌 악에 연결시키는 데에서는 어떤 효과를 볼 수 있다.

36,3. 쉽지 않은 구절이며 번역이 확실치 않다. 전반적인 의미는 악인이 죄를 지으면서도 하느님께 용서를 청하지 않고 오히려 스스로를 속이며 자신의 세계 안에 머물러 있다는 것이다.

36(35). 이 시편에서는 지혜문학적 묵상으로 두 장면을 대비시킨다. 첫째 장면에서는(1-5절) 위선자이고 거짓말을 하며 선을 거부하고 의도적으로 악으로 기우는 악인의 모습을 보여 준다. 둘째 장면은(6-11절) 하느님의 심연과 같은 선하심에 대한 열정적 찬양이다. 그 선하심은 그분의 피조물들을 지탱하시고, 생명을 주시고 보호해 주시며, 은혜를 베푸시고 비추어 주신다. 이러한 굳은 확신으로 시편 저자는 악인들의 피할 수 없는 멸망과 그들이 무력하게 되는 것을 내다본다(12-13절).

10절에서 투명하게 볼 수 있게 해 주는 하느님의 빛을 언급하므로, 그 절을 후렴으로 하여 1주간 수요일 아침기도의 첫 번째 시편으로 기도한다. 8절은 연중 제24주일 영성체송이다. 또한 고해성사 예식에서 이 시편을 사용할 수 있다.

36,7. "정의… 공정" 하느님께 적용되는 이 동의어 단어들은 온전한 올바름 곧 평화와 행복의 원천인 하느님의 거룩하심을 가리킨다(시편 106; 이사 56,1; 예레 33,15 참조). 정의와 공평이 없다는 것은 인간이 하느님에게서 멀리 떨어져 있다는 뜻이다(이사 59,9; 아모 6,12 참조). 이 두 가지 속성은 지혜와도 연관된다(잠언 8,20 참조).

37,1. 시편의 첫머리부터 묵상의 지혜문학적 어조가 나타난다. 악인들을 부러워하지 말고 그들이 성공하는 것으로 보인다고 해서 격분하지 말라는 권고는 잠언(3,31; 23,17; 24,19-20 참조)에 나타난다.

37,3. "신의를 지켜라." 이 문장은 자구적으로 볼 때 "(목자가 양에게) 풀을 뜯기다"라는 동사와 "성실, 안정"을 뜻하는 히브리어 명사 '에무나'가 결합된 구절이다. "성실함을 길러라", "안전하게 먹고 살리라"라고 번역하기도 한다.

4 그 입에서 나오는 말은 죄와 간계.
그는 슬기롭고 착하게 행동하기를 그만두었다.
5 그는 잠자리에서 죄를 꾸미고
좋지 않은 길에 서서
악을 물리치지 않는다.

6 주님, 당신의 자애는 하늘에 있으며
당신의 성실은 구름까지 닿습니다.
7 주님, 당신의 정의는 드높은 산줄기 같고
당신의 공정은 깊은 바다 속 같아
당신께서는 사람과 짐승을 도와주십니다.
8 하느님, 당신의 자애가 얼마나 존귀합니까!
신들과 사람들이
당신 날개 그늘에 피신합니다.
9 그들은 당신 집의 기름기로 흠뻑 취하고
당신께서는 그들에게 당신 기쁨의 강물을 마시게 하십니다.
10 정녕 당신께는 생명의 샘이 있고
당신 빛으로 저희는 빛을 봅니다.
11 당신을 아는 이들에게 당신의 자애를,
마음 바른 이들에게 당신의 의로움을 늘 베푸소서.
12 거만한 발길이 제게 닿지 않게,
악인들의 손이 저를 내쫓지 않게 하소서.
13 그러면 나쁜 짓 하는 자들은 넘어지고
쓰러져 일어서지 못하리이다.

37

(36) 1 [다윗]

(알렙) 너는 악을 저지르는 자들 때문에 격분하지 말고
불의를 일삼는 자들 때문에 흥분하지 마라.
2 그들은 풀처럼 삽시간에 스러지고
푸성귀처럼 시들어 버린다.
3 (베트) 주님을 신뢰하며 선을 행하고
이 땅에 살며 신의를 지켜라.

36,4-5 10,7; 55,12; 56,8.

36,6. 자애와 성실은 구약 성경에서 주님의 본질을 묘사하기 위하여 자주 사용하는 단어이다. "자애"(히브리어 헤셋)는 선함에서 부드러움까지 하느님의 모든 호의적인 감정을 포괄한다.

"성실"(히브리어 '에무나' 또는 '에멧')은 하느님의 연대성과 믿을 수 있음, 하느님의 참되심을 가리킨다(25,5의 주 참조). 신앙인이 하느님을 신뢰하는 것은 이 성실하심에 기초한다.

4 주님 안에서 즐거워하여라.
그분께서 네 마음이 청하는 바를 주시리라.
5 (기멜) 네 길을 주님께 맡기고
그분을 신뢰하여라. 그분께서 몸소 해 주시리라.
6 빛처럼 네 정의를 떠오르게 하시며
대낮처럼 네 공정을 밝히시리라.
7 (달렛) 주님 앞에 고요히 머물며 그분을 고대하여라.
제 길에서 성공을 거두는 자 때문에,
음모를 실행에 옮기는 사람 때문에 격분하지 마라.
8 (헤) 노여움을 그치고 성을 가라앉혀라.
격분하지 마라. 악을 저지를 뿐이다.
9 악을 저지르는 자들은 뿌리째 뽑히고
주님께 희망을 두는 이들은 땅을 차지하리니.
10 (와우) 이제 조금만 있으면 악인은 없어지리라.
그가 있던 자리를 살펴보아도 그는 이미 없으리라.
11 그러나 가난한 이들은 땅을 차지하고
큰 평화로 즐거움을 누리리라.
12 (자인) 악인이 의인을 거슬러 계교를 꾸미며
그를 향해 이를 가는구나.
13 주님께서 악인을 비웃으시니
그의 날이 다가옴을 보시기 때문이다.
14 (헤트) 악인들이 칼을 빼 들고
활을 당겨
가련한 이와 불쌍한 이를 쓰러뜨리고
옳은 길 걷는 이들을 죽이려 하는구나.
15 그러나 그들의 칼은 자기들 가슴을 꿰찌르고
그들의 활은 부러지리라.
16 (테트) 의인이 가진 적은 것이
악인들의 많은 재산보다 낫다.

37(36). 알파벳 시편인(25편 주해 참조; 9; 10; 34편 참조) 37편은 의인과 악인의 운명에 관한 지혜문학적 묵상이다. 이 주제는 전통적인 응보 교리 또는 인간 행위에 대한 현세적 갚음의 관점에서 고찰된다. 이미 나이가 들고 경험이 많은 시편 저자는 아직 삶의 경험이 적고 악인들의 성공에 당황하는 사람을 가르친다. 서두의 권고에서(1-2절) 숙고의 주제를 간략하게 도입하면서, 연로한 현인은 자신의 삶을 돌아보면서 의인과 악인의 행동과 그들의 운명을 대비시킨다. 저울은 의인 쪽으로 기운다. 긍정적인 태도에는 의인들에 대한 축복이 대응된다(3.9.11.18.22-27.29.34.37.40절). 모든 축복 가운데 성조들과 그 신앙의 후손들에게 약속된 땅의 선물이 강조된다. 악인들에 대해서는 때로 주님의 심판이 지체되기도 하지만 언젠가 그들은 벌을 받는다(2.9.10.15.17.21.28.36.38절).

2주간 화요일 독서기도 때 기도한다. 그 지혜문학적 전개는 5.27.34절의 권고들을 강조하는 후렴들로 구분된다. 39절은 순교자 공통 입당송이며 30-31절은 교회 학자 공통 입당송이다.

37,7. "고요히 머물며" 또는 "평온하게 머물러라"(또한 62,2과 에제 24,17 참조) 악인들의 운명 앞에서 의인은 분노와 흥분의 감정을 느낀다. 시편 저자는 잠잠하라고 권고한다. 분노하면 또 다른 폭력을 저지르게 될 뿐이기 때문이다(8절). 주님께서는 땅 위에서 악인들을 제거하시고 정의를 세우실 것이다.

37,8. "악을 저지를 뿐이다." 요약적인 이 히브리어 표현은 여러 가지로 번역할 수 있다(자구적으로는 "오직 악을 행하기 위하여"). 비인칭으로 번역하는 것이 바람직하게 보인다.

37,11. "땅을 차지하고" 이 약속은 후렴구와 같이 시편 전체에서 되풀이된다(9.11.22.29.34절). 이것은 조상들에게 하신 약속을 상기시킨다(창세 15,7 참조). 이 약속은 하느님께 자신을 내맡기는 사람을 위한 것이다. 우리말 성경은 이 시편에서 히브리어 동사 '야라스'를 "차지하다"로 번역했는데, "유산으로 소유하다"라고 옮길 수도 있다. 마태오 복음(5,5)에서 이 구절을 인용한다. 유명한 행복 선언은("행복하여라, 온유한 사람들! 그들은 땅을 차지할 것이다.") 분명 이 시편 11절에서 나온 것이다.

37,16. 비교를 사용하는 잠언이다(어떤 것이 다른 것보다 낫다고 말하는 형식). 이러한 잠언은 성경의 다른 단락들, 특히 지혜문학에서 나타난다(토빗 12,8; 잠언 15,16; 16,8 참조).

37,18. 히브리어 "나날(날들)"은 확장된 의미로 삶을 지칭할 수 있다.

37,25. 이 시편의 지혜문학적 어조는 이 구절의 실존적 묵상에서도 나타난다(또한 잠언 4,2-4 참조). 나이가 많이 든 기도자는(욥 32,7 참조) 직접적인 자신의 경험에서 출발하여 의인들을 결코 소홀히 하지 않으시는 하느님께 대한 자신의 신앙을 고백할 수 있다(28.33절).

37,28-29. 시편 첫머리(1-2편)의 신앙의 핵심을 다시 강조한다. 의인은 성공할 것이고 악인은 무너지고 흩어질 것이다(38절).

37,30. "자아내고" 또는 "묵상하고", "선포하고"(35,28의 주 참조)이다.

17 악인들의 팔은 부러지지만
의인들은 주님께서 받쳐 주신다.
18 (요드) 주님께서 흠 없는 이들의 나날을 아시니
그들의 소유는 길이길이 남으리라.
19 그들은 환난 때에 부끄러운 일을 당하지 않고
기근 때에도 굶주리지 않으리라.
20 (카프) 그러나 악인들은 멸망하고
주님의 원수들은
초원의 화사함처럼 사라지리라.
연기 속에 사라지리라.
21 (라멧) 악인은 꾸기만 하고 갚지 않으나
의인은 너그럽게 베푼다.
22 그분의 복을 받은 이들은 땅을 차지하고
그분의 저주를 받은 자들은 뿌리째 뽑히리라.
23 (멤) 주님께서는 사람의 발걸음을 굳건히 하시며
그의 길을 마음에 들어 하시리라.
24 그는 비틀거려도 쓰러지지 않으리니
주님께서 그의 손을 잡아 주시기 때문이다.
25 (눈) 어리던 내가 이제 늙었는데
의인이 버림을 받음도,
그 자손이 빵을 구걸함도 보지 못하였다.
26 그는 늘 너그럽게 빌려 주어
그 자손이 복을 받는다.
27 (사멕) 너는 악을 피하고 선을 행하여라.
그러면 길이 살리라.
28 주님께서는 올바른 것을 사랑하시고
당신께 충실한 이들을 버리지 않으신다.
(아인) 그들은 영원히 보호를 받지만
악인들의 자손은 뿌리째 뽑히리라.
29 의인들은 땅을 차지하여
언제까지나 그 위에 살리라.
30 (페) 의인의 입은 지혜를 자아내고
그의 혀는 올바른 것을 말한다.
31 자기 하느님의 가르침이 그의 마음에 있어
그 걸음이 흔들리지 않는다.
32 (차데) 악인은 의인을 엿보며

37,23 잠언 20,24.

37,25. 노인들의 권위는 경험과 지혜의 원천인 나이에 기초하는 것이었다. 그래서 그들은 고대 동방 사회에서 큰 특권을 지녔다(욥 30,1의 주 참조).

그를 죽이려 꾀하지만
33 주님께서는 그를 그 손에 버려두지 않으시고
심판 때에 그를 단죄하지 않으시리라.
34 (코프) 너는 주님께 바라고
그분의 길을 따라라.
그분께서 너를 들어 올려 땅을 차지하게 하시고
너는 악인들이 뿌리째 뽑힘을 즐거이 보리라.
35 (레시) 나는 악인이 폭력을 휘두르며
푸른 월계수처럼 뻗어 감을 보았다.
36 그러나 그는 지나자마자 이내 사라져
나 그를 찾아보았으나 눈에 띄지 않았다.
37 (쉰) 흠 없는 이를 지켜보고 올곧은 이를 살펴보아라.
평화로운 이에게는 후손이 이어지리라.
38 죄인들은 모두 멸망하고
악인들의 후손은 뿌리째 뽑히리라.
39 (타우) 의인들의 구원은 주님에게서 오고
그분께서는 곤경의 때에 그들의 피신처가 되어 주신다.
40 주님께서 그들을 도와 구하시고
악인들에게서 빼내어 구원하시니
그분께 몸을 피한 까닭이다.

38

(37) 1 [시편. 다윗. 기념으로]

2 주님, 당신 진노로 저를 꾸짖지 마소서.
당신 분노로 저를 벌하지 마소서.
3 당신의 화살들이 제게 내리쏟아지고
당신의 손이 저를 누릅니다.
4 당신의 노여움으로 제 살은 성한 데 없고
저의 죄로 제 뼈는 온전한 데 없습니다.

37,35. "월계수"로 번역된 단어는 옮겨 심지 않은 자연산 나무를 지칭한다. 대중 라틴말 성경에서는 "향백나무"로 옮긴다. 향백나무는 레바논이 원산지이며(1열왕 5,13; 2열왕 14,9 참조) 힘과 싱싱함을 상징한다(예레 22,15; 즈카 11,2 참조). 다른 단락에서 나무는 의인을 나타내지만(1,3; 92,13-14 참조), 여기서는 푸른 나무가 악인들의 교만과 힘을 상징한다. 집회 24,13에서는 지혜의 상징이 된다.

38,2.4. "진노… 분노… 노여움" 하느님을 인간과 같은 모습으로 나타내어, 모욕에 처벌로 대응하는 세상의 임금과 같은 인간적 감정들을 하느님께 귀속시킨다. 이러한 표상은 구약 성경에 매우 널리 사용되었다(탈출 32,11; 신명 6,15; 여호 23,16; 2역대 24,18; 에즈 5,12; 예레 7,20; 미카 7,18 참조). 하느님의 진노에 관하여, 또한 요한 3,36; 로마 2,5; 2,8; 13,4; 에페 5,6; 묵시 14,10 참조.

38,4.8. "살"이라는 단어는 몸 전체를 나타낼 수도 있고, 뼈와 결합될 때에는 몸을 구성하는 유연한 조직을 가리킨다(살갗, 근육 등).

38(37). 생생하고 감동적인 표상들로 중병에 든 사람이 자신의 비참한 상황을 묘사한다(6-11절). 그의 끔찍한 상처들은 나병의 증상을 생각하게 한다. 그는 부정하다고 여겨져 인간 사회에서 배척받고 절망적인 외로움을 당한다(12-13절). 악을 행한 사람이 그 벌을 받는다고 하는 전통적인 응보 이론에 따라, 그는 자신의 고통이 자신의 죄 때문이라고 본다(3-5절). 그래서 겸손하게 하느님 앞에 무릎을 꿇고 용서를 청한다. 탄원은 하느님의 용서에 대한 희망으로 비추어진다. 용서를 청한다는 점 때문에 이 시편은 참회 시편 목록에 속하게 되었다.

✠ 문학 유형상 탄원시편에 속하며 참회시편들 가운데 하나로 여겨진다(6; 32; 51; 102; 130; 143과 함께). 전통적으로 당신 몸에 우리 죄를 짊어지셨던 그리스도의 수난에 적용되었고 그래서 2주간 금요일 독서기도 때 사용한다. 성금요일 독서기도 때도 사용하는데, 그때 후렴은 "내 목숨을 노리는 자들이 올무를 놓았나이다."이다. 22-23절의 간청은 연중 제31주일 입당송이다.

38,5. 응보의 논리에 따라 기도자는 자신의 병이 위중함을 보고 자신의 죄가 깊음을 헤아린다. 머리 위의 짐은 자신이 범한 악에 대한 책임을 나타낸다. 그 책임이 무거운 짐처럼 느껴진다(65,4; 40,13; 69,16; 애가 3,4 참조).

38,7-12. 질병의 증상들이 묘사된다. 심한 무력증, 눈의 충혈과 빨라진 심장 박동(아마도 열로 인한), 통증, 온몸의 상처. 이 절들은 기도자가 겪고 있는 위중함을 욥의 질병과 같이 묘사한다(욥 3,24; 16,7 참조). 이러한 암시는 12절 친구들을 언급한 것에서도 나타난다(욥 2,11-13 참조).

38,16. "저는 당신께 바랍니다." 히브리어 동사는 신뢰로 가득한 기다림을 시사한다.

38,17. "내게 우쭐대는 일이 없었으면." 자구적으로는 "내 위에 커지지 않았으면."으로, "내게 우쭐대는 일이 없었으면" 또는 "나를 이기는 일이 없었으면"이라고 말할 수 있다. 사회적 인정은 대단히 중요한 측면이다. 질병이 고통받는 사람에게 죄가 있음을 드러내는 것이라고 믿었다면 치유를 통하여 그의 명예도 회복된다. 이것은 온전한 신체적 건강만큼이나 중요한 측면이다(35,19.25 참조). "부끄러움"의 개념에 대하여, 6,11의 주 참조.

5 저의 죄악들이 제 머리 위로 넘쳐흐르고
무거운 짐처럼 저에게는 너무나 무겁습니다.
6 저의 미련함 때문에
제 상처는 냄새 피우며 썩어 갑니다.
7 저는 더없이 꺾이고 무너져
온종일 슬피 떠돌아다닙니다.
8 저의 허리는 염증으로 가득하고
저의 살은 성한 데 없습니다.
9 저는 쇠약해지고 더없이 으스러져
끙끙 앓는 제 심장에서 신음 소리 흘러나옵니다.
10 주님, 당신 앞에 저의 소원 펼쳐져 있고
저의 탄식 당신께 감추어져 있지 않습니다.
11 제 심장은 팔딱거리고 기운도 제게서 사라졌으며
저의 눈조차 빛을 잃었습니다.
12 제 동무들과 이웃들은 저의 재앙을 보고 물러서 있으며
제 친척들도 멀찍이 서 있습니다.
13 제 목숨을 노리는 자들은 덫을 놓고
제 불행을 꾀하는 자들은 파멸을 이야기하며
온종일 간계를 꾸미고 있습니다.
14 그러나 저는 귀머거리처럼 듣지 못하고
벙어리처럼 입을 열지 못합니다.
15 저는 듣지 못하고
입으로 대꾸도 못 하는 사람이 되었습니다.
16 그러나 주님, 저는 당신께 바랍니다.
주 저의 하느님, 당신께서 대답해 주시리이다.
17 저는 생각하였습니다. '그들이 나를 두고 기뻐하는 일이 없고
내 발이 흔들릴 때 내게 우쭐대는 일이 없었으면.'
18 저는 곧 넘어질 지경이며
저의 고통은 늘 제 앞에 있습니다.
19 정녕 저는 제 죄악을 고백하며
저의 죄 때문에 괴로워합니다.
20 제게 까닭 없이 대적하는 자들은 기세등등하고
저를 부당하게 미워하는 자들은 그 수도 많습니다.
21 선을 악으로 갚는 자들
제가 선을 추구한다고 저를 공격합니다.

38,19. 성경 영성에서 잘못을 인정하는 것은 하느님의 치유와 구원을 얻기 위한 조건으로 여겨졌다. 죄는 히브리어에서 여러 가지 뉘앙스를 지닌 단어들로 표현된다. '핫탓'은 실패를, 잘못된 판단이라는 개념을 표현한다. '아온'은 잘못을, '페샤'는 반항을 가리킨다.

22 주님, 저를 버리지 마소서.
저의 하느님, 제게서 멀리 계시지 마소서.
23 주님, 저의 구원이시여
어서 저를 도우소서.

39 (38) 1 [지휘자에게. 여두툰. 시편. 다윗]

2 나는 말하였네. "내 혀로 죄짓지 않도록
나는 내 길을 지키리라.
악인이 내 앞에 있는 동안
내 입에 재갈을 물리리라."
3 나는 행복에서 멀리 떨어진 채
벙어리 되어 말없이 잠자코 있었네.
그러나 내 아픔이 솟구쳐 오르고
4 내 마음이 속에서 달아오르며
탄식으로 울화가 치밀어
내 혀로 말하였네.
5 "주님, 제 끝을 알려 주소서.
제가 살 날이 얼마인지 알려 주소서.
그러면 저 자신이 얼마나 덧없는지 알게 되리이다.
6 보소서, 당신께서는 제가 살 날들을 몇 뼘 길이로 정하시어
제 수명 당신 앞에서는 없는 것과 같습니다.
사람은 모두 한낱 입김으로 서 있을 뿐. 셀라
7 인간은 한낱 그림자로 지나가는데
부질없이 소란만 피우며 쌓아 둡니다.
누가 그것들을 거두어 갈지 알지도 못한 채.
8 그러나 이제 주님, 제가 무엇을 바라겠습니까?
저의 희망은 오직 당신께 있습니다.
9 저의 모든 죄악에서 저를 구하여 주소서.
미련한 자의 놀림감으로 저를 내주지 마소서.

39(38). 명시적으로 정화를 위한 하느님 징벌이라고 여겨진 극심한 고통을 당한 시편 저자는 침묵 가운데 자신의 잘못에 대한 교정을 받아들이려 했지만(2-3절), 고통은 더 심해지고 기도자는 죽음 이후의 위로에 대한 아무런 희망도 없이 삶이 입김처럼 사라져 가는 것을 보면서 절망에 빠진다. 그래서 그는 고통받는 욥을 떠올리게 하는 표현으로 하느님께 부르짖으며 지상의 떠돌이인 그의 짧은 여정이 끝나기 전에 용서를 베풀어 주시기를 간절히 청한다(13-14절). 이 시편은 탄원이지만, 참회시편 가운데 하나로도 여겨진다.

2주간 수요일 독서기도 때 기도한다. 첫째 후렴은 "우리 몸이 다시 살아날 때를 고대하고 속으로 신음하고 있도다."이고, 둘째 후렴은 13절에서 취한 것이다.

39,3. "행복에서 멀리 떨어진 채" 히브리어 표현은 "밋톱"으로 매우 요약적이다("…에게서, …보다"를 뜻하는 접속사 '민'과 "좋은, 선한"을 뜻하는 형용사 '톱'이 결합된 형태). "좋은 것들에 대해 말하지 않았네." "좋은 것 없이 침묵했네." "아무 소용이 없었네." 등 여러 가지로 번역된다. 이 표현을 '침묵하다'라는 동사가 아니라 이 절의 마지막 부분과 연결하여 "(악인의) 행복 때문에 내 아픔은 더 심해졌네." 라고 옮기기도 한다.

39,5-6. "얼마나 덧없는지" 히브리어 '하델'("덧없는지")은 "나약한, 일시적인, 덧없는, 가난한"을 뜻한다. 문맥을 바탕으로 하여 양적인 의미로 해석할 수도 있다("제 삶이 얼마나 짧은지", 새 대중 라틴말 성경). 시인이 히브리어에서 이어지는 단어 '헬렛'(6절)으로 삶의 길이를 지칭하면서 음성학적 언어유희를 하고 있다.

39,7. "누가 그것을 거두어 갈지 알지도 못한 채." 죽음 이후의 삶은 구약 성경의 인간의 전망 안에는 나타나지 않으므로, (죽음 앞에서) 자신의 수고한 결과가 어떻게 될 것인지에 대한 질문은 이 시편뿐만 아니라 코헬렛(5,15-17; 6,7-8 참조)에서도 강하게 나타난다. 이 시편이 코헬렛을 반영하고 있다는 점은 '헤벨'이라는 단어에서도 암시된다("입김, 텅 빔, 허무"). 또한 코헬 2,17-23; 집회 40,1-2 참조.

39,9. 질병은 죄와 잘못의 표지로 여겨졌으므로 고통받는 사람은 주위 사람들에게 멸시를 받았다(38,17의 주 참조).

10 당신께서 하신 일이기에
저는 벙어리 되어 제 입을 열지 않습니다.
11 당신의 재앙을 제게서 거두소서.
당신 손이 내리치시니 저는 시들어 갑니다.
12 당신께서는 죗값으로 인간을 벌하시어
좀벌레처럼 그의 보배를 사그라뜨리시니
사람은 모두 한낱 입김일 따름입니다. 셀라
13 제 기도를 들으소서, 주님.
제 부르짖음에 귀 기울이소서.
제 울음에 잠자코 계시지 마소서.
저는 당신 집에 사는 이방인,
제 조상들처럼 거류민일 따름입니다.
14 제게서 눈을 돌리소서. 제가 떠나가 없어지기 전에
생기를 되찾으리이다."

39,12. 하느님의 교육 방법은 처벌을 사용하시는데, 그것은 인간 행위의 결과이며 인간이 자신의 덧없음과 자신이 피조물임을 깨닫도록 하시기 위해서이다. 거짓 안전(재산)이 무너짐으로써 그는 삶의 참된 의미를 알게 된다. 잠언(3,11-12; 12,1;13,18; 15,32 참조)에서는 이러한 꾸짖음이 아들을 사랑하면서 그를 선으로 이끄는 아버지의 교육과 같은 것이라고 말한다. 좀벌레의 표상에 관하여, 욥 4,19; 13,28; 27,18; 호세 5,12 참조.

39,14. "제가… 없어지기" 히브리어 본문에서 한 단어에 해당하는 이 표현('워에넨니')은 욥 7,8.21에서와 같이 분명히 죽음을 암시한다.

40

(39) 1 [지휘자에게. 다윗. 시편]

2 주님께 바라고 바랐더니
나에게 몸을 굽히시고
내 외치는 소리를 들으시어
3 나를 멸망의 구덩이에서,
오물 진창에서 들어 올리셨네.
반석 위에 내 발을 세우시고
내 발걸음을 든든하게 하셨네.
4 내 입에 새로운 노래를,
우리 하느님께 드리는 찬양을 담아 주셨네.
많은 이들은 보고 두려워하며
주님을 신뢰하여라.

40,3. "멸망의 구덩이", "오물 진창"은 시편 저자가 처해 있는 위험의 상징이다. 멸망의 구덩이로 번역된 포효하는 물구덩이의 표상은(이사 17,12 참조) 죽은 이들의 왕국을 암시하는 듯하다. (새) 대중 라틴말 성경은 약간 다른 표상을 제시한다("비참의 구덩이에서").

40(39). 이 시편의 성격은 복합적이다. 첫 부분(2-11절)은 어려운 상황에서 구원에 환호하는 노래이다. 이 감사는 기도자에게 주님께 대한 신뢰에 대한 지혜문학적 묵상의 계기가 된다. 주님은 당신께 충실한 이들에게 계속 놀라운 일들을 행하신다(5-6절). 시편의 둘째 부분(12-18절)은 시편 70과 거의 글자 그대로 병행을 이루며, 시편 저자가 수많은 원수들 앞에서 도움을 청하는 탄원이다.

✠ 7-9절은 물건(동물의 희생 제사나 곡식 예물)이 아니라 하느님 뜻에 대한 순종과 경청으로, 곧 그분의 말씀을 실천하는 데 바쳐진 삶으로 이루어지는 하느님 마음에 드는 예배의 신학을 비추어 준다. 히브 10,5-7에서는 그리스도께서 세상에 오시는 것을 바로 이러한 전망 안에서 해석한다. 이 시편은(15-16절을 생략하고) 2주간 월요일 낮기도 때 기도한다. 성금요일 낮기도 때도 사용하는데, 기도자의 간청이 십자가에 달리신 그리스도께 적용되기 때문이다. 위령 성무일도 독서기도 때는 "나의 구세주이신 주여, 나를 흙으로 만드시어 살가죽으로 입히시었나이다. 마지막 날에 나를 부활시켜 주소서."라는 아름다운 후렴과 함께 바친다. 8-9절은 첫 서원 미사의 입당송이며, 1-9절은 젊은이들을 위한 고해성사 예식에서 화답송으로 사용한다.

5 행복하여라,
주님께 신뢰를 두며
오만한 자들과
거짓된 변절자들에게 돌아서지 않는 사람!

6 주 저의 하느님
당신께서는 저희를 위하여
기적과 계획들을 많이도 행하셨으니
그 누구도 당신께 견줄 수 없습니다.
제가 알리고 말하려 해도
헤아리기에는 그것들이 너무나 많습니다.
7 당신께서는 희생과 제물을 기꺼워하지 않으시고
오히려 저의 귀를 열어 주셨습니다.
번제물과 속죄 제물을 당신께서는 바라지 않으셨습니다.
8 그리하여 제가 아뢰었습니다.
"보소서, 제가 왔습니다.
두루마리에 저에 대하여 쓰여 있습니다.
9 저의 하느님, 저는 당신의 뜻을 즐겨 이룹니다.
제 가슴속에는 당신의 가르침이 새겨져 있습니다."
10 저는 큰 모임에서
정의를 선포합니다.
보소서, 제 입술 다물지 않음을.
주님, 당신께서는 알고 계십니다.
11 당신 정의를 제 마음속에
감추어 두지 않고
당신의 성실과 구원을 이야기하며
당신의 자애와 진실을 큰 모임에서 숨기지 않습니다.
12 주님, 당신께서는 제게 당신의 자비를
거절하지 않으시니
당신의 자애와 진실이
항상 저를 지켜 주리이다.

13 셀 수조차 없는 불행들이
저를 둘러쌌습니다.
제 죄악들이 저를 사로잡아

40,5. "오만한 자들" 히브리어는 복수형으로 되어 있는 "라합의 사람들"이다. '라합'은 다른 곳에서는 신화적 존재(아마도 이집트를 의인화한 것. 이사 30,7; 51,9 참조) 또는 태초에 하느님께 정복당한 괴물을(시편 87,4; 89,11 참조) 지칭한다. 어원적으로는 교만과 오만을 가리키는 어근과 연결된 것으로 보인다. 새 대중 라틴말 성경에는 "교만한 자들"로 되어 있다.

40,7. "속죄 제물" 예식 규정에 따라 정해진 제사의 한 종류이다(레위 4; 16 참조). 번제는 제물을 하느님께 태워 바치는 제사이다(레위 1 참조). 이 절에서는 형식주의적 종교심의 위험을 비판하는 기원전 8세기 예언자들과 같은 예식에 대한 약간의 비판을 살펴볼 수 있다(이사 1,13; 예레 7,4; 호세 6,6; 아모 2,4-16 참조).
귀를 기울여 듣는 것에 관하여, 이사 50,4-5 주님 종의 태도 참조.

40,9. "제 가슴속에는" 자구적으로는 "저의 내장 속에는"(깊은 감정들이 있는 자리)이다.

40,11. "당신 정의" 정의를 가리키는 히브리어 명사는 '츠다카'와 그것의 거의 동의어인 '체덱'이 있다. '체덱'은 특히 바빌론 유배 때와 유배 후 시기에 하느님께서 억압받는 이들을 돌보시기 위하여 역사 안에서 실현하시며 고통받는 당신의 종을 통하여 이루시는 구원 계획을 지칭한다(이사 41,2-10; 42,6.21; 45,19; 51,1.5.7 참조).
"진실." 히브리어 '에무나'는 "성실" 또는 믿을 수 있음을 가리킬 수도 있다(36,6 주해와 37,3의 주 참조).

40,7-9 히브 10,5-7

40,7-9. "두루마리" 히브리 신앙에 따르면 하느님께는 인간의 모든 행위가 그것이 이루어지기 전에 이미 기록되어 있는 책이 있었다.
히브리서 저자가 이 구절을 그리스도의 육화에 적용하는 것은(히브 10,5-7 참조) 그가 그리스어 번역본을 따르기 때문인데, 거기서는 "귀"가 아니라("저의 귀를 열어 주셨습니다.") "몸"에 대해 말한다("저에게 몸을 마련해 주셨습니다.").

더 이상 볼 수도 없습니다.
제 머리카락보다도 많아
저는 용기를 잃었습니다.
14 주님, 저를 기꺼이 구하여 주소서.
주님, 어서 저를 도우소서.
15 제 목숨을 잡아채려 노리는 자들은
모두 다 부끄러워하며 수치를 당하고
제 불행을 즐기는 자들은
뒤로 물러나 치욕을 느끼게 하소서.
16 "옳거니!" 하며 저를 놀려 대는 자들은
부끄러워 몸이 굳어지게 하소서.
17 그러나 당신을 찾는 이들은
모두 당신 안에서 기뻐하고 즐거워하리이다.
당신 구원을 사랑하는 이들은 항상
"주님께서는 위대하시다." 아뢰게 하소서.

18 나는 가련하고 불쌍하지만
주님께서 나를 생각해 주시네.

저의 도움, 저의 구원은 당신이시니
저의 하느님, 지체하지 마소서.

40,16. "몸이 굳어지게 하소서." 70,4과의 병행을 고려하여 히브리어 본문이 손상되었다고 가정하고 "되돌아가게 하소서."라고 번역하기도 한다. "옳거니!"는 히브리어 본문에 있는 감탄문의 번역이다.

41

(40) 1 [지휘자에게. 시편. 다윗]

2 행복하여라, 가련한 이를 돌보아 주는 이!
불행의 날에 주님께서 그를 구하시리라.
3 주님께서 그를 보살피고 살려 주시어
그가 땅에서 복을 받으리라.
그를 원수들의 탐욕에 내주지 않으시리라.
4 주님께서 그를 병상에서 받쳐 주시고
그가 아플 때 모든 고통을 없애시리라.

5 저는 아뢰었습니다. "주님, 저에게 자비를 베푸소서.
저를 고쳐 주소서. 당신께 죄를 지었습니다."
6 제 원수들이 저에게 몹쓸 말을 합니다.
"저자가 언제 죽어 그 이름이 사라질까?"
7 찾아와서는 거짓을 이야기하며

41,1-14. 고통받는 환자가 친구들의 위선적인 행동을 느낀다. 친구들은 그를 찾아오지만, 겉으로만 그의 고통을 함께 나눈다. 실제로는 마치 욥의 세 친구 엘리파즈, 빌닷, 초파르처럼 그가 하느님께 벌을 받았다고 여기며 그를 거슬러 음모를 꾸미고 그의 끝을 기다린다(6-10절). 기도자는 자신의 잘못에 대해 용서를 청한 다음(5절) 하느님께 자비를 얻고 회복되리라는 확신을 갖고 간청한다(11-12절). 그가 희망을 갖는 것은 자신이 어려움에 처한 이웃에게 선을 행했다는 양심 때문이다(1-4.13-14절).

41(40). 히브리 전통에 따라 이 시편으로 시편집 다섯 권 가운데 첫째 권이 끝난다. 14절은 일종의 "영광송"으로, 41편을 끝맺을 뿐 아니라 1-41편 전체를 끝맺는다.

용서를 청하는 것은 저녁기도에 잘 맞으므로, 참회의 분위기를 띤 이 시편은 1주간 금요일 저녁기도 때 기도한다. 5절이 후렴으로 제시된다.

속으로는 못된 것을 모아서 밖에 나가 이야기합니다.
8 저를 미워하는 자들이 다 함께 저를 거슬러 수군대며
저에게 해로운 일을 꾸밉니다.
9 "불운한 일이 그를 덮쳐
드러누운 저자가 다시는 일어나지 못하게 되어 버려라." 합니다.
10 제가 믿어 온 친한 벗마저,
제 빵을 먹던 그마저 발꿈치를 치켜들며 저에게 대듭니다.
11 그러나 주님, 당신께서는 자비를 베푸시어 저를 일으키소서.
제가 그들에게 앙갚음하오리다.
12 제 원수가 저를 두고 환호하지 않는다면
당신께서 저를 좋아하심을 제가 알게 되리이다.
13 당신께서는 제가 온전하도록 붙드시고
저를 당신 면전에 영원히 세워 주십니다.

14 주 이스라엘의 하느님께서는 찬미받으소서.
영원에서 영원까지!
아멘, 아멘!

42

(41) 1 [지휘자에게. 마스킬. 코라의 자손들]

2 암사슴이 시냇물을

42-43(41-42). 시편집 제2권이 시작된다. 두 시편 전체에서 반복되는 후렴에서 알 수 있듯이(42,6.12; 43,5 참조) 이들은 본래 하나의 시편이었다. 아마도 갈릴래아로 유배 간 사제 또는 레위인의 간절한 탄원이었을 것이다(42,7 참조). 그는 영광스러운 직무를 수행하던 예루살렘 성전에서 멀리 떨어져 있다(42,5 참조). 강제로 이주한 곳에서 이교인들의 조롱을 들으며(42,11 참조), 그는 눈물을 흘리면서 하느님의 집을 기억하고 괴로워한다. 하느님 집에는 목마른 짐승이 더운 여름에 흐르는 물에서 갈증을 풀듯이 찾아갈 수 있는 생명의 원천이 있었다(42,2-3 참조). 지금 그에게는 그 물이 주어지지 않지만, 그러한 실망 속에서도 곧 다시 하느님의 집으로 갈 수 있으리라는 희망은 사라지지 않는다(42,3 참조).

42(41). 2주간 월요일 아침기도 첫 시편으로 정해져 있다. 3절이 후렴이며, 살아계신 하느님에 대한 영혼의 열망과 그분을 뵙고 찬미하고자 하는 갈망을 표현한다. 같은 후렴과 함께 위령 성무일도 독서기도에서도 사용된다. "목마른 사람은 다 내게로 와, 영원한 샘에서 마시어라."라는 그리스도론적 후렴과 함께 그리스도의 성체 성혈 대축일 독서기도 때 기도한다. 2-3ㄱ절은 성찬과 연관하여 해석되어 연중 제23주일 영성체송으로 사용되며, 2절은 동정녀 봉헌 미사의 영성체송이다. 상장 예식에서는 성당에서 묘지로 운구할 때 3절을 후렴으로 하여 기도한다. 성당과 제단 봉헌 예식과 병자성사 예식에서도 이 시편을 읽는다.

42,1. 코라의 자손들은 42-49편, 84-85편과 87-88편의 저자들로 언급된다. 레위 지파 가문으로, 역대기에 따르면 예루살렘 성전에서 중요한 역할을 했다. 그들에게 속한 여러 시편들은 성전과 예식이 이스라엘의 삶에서 차지하는 중요성에 대한 고찰을 특징으로 한다.

41,8. "해로운 일을 꾸밉니다." 이에 해당하는 히브리어 동사는 흔히 제비뽑기나 주술과 연관되지만(시편 58,6; 이사 3,3; 참조), "수군거리다, 음모를 꾸미다"를 뜻하기도 한다. 그러한 행동은 율법의 단죄를 받았다(신명 18,9-22). 낮은 목소리로, 때로는 분명치 않은 말로 표현되던 주문을 외는 것을 시사하기도 한다. 9절에서 그리스어 번역본과 대중 라틴말 성경은 병자에게 "악한 말"이 덮쳤다고 말한다.

41,9. "불운한 일" 자구적으로는 "블리야알의 것" 나쁜 결과를 가져오는 것, 곧 "나쁜 병"(불치병을 의미하는) 18,5의 주 참조.

41,10. 음식을 함께 나누는 것은 어느 문화에서나 나타나는 친교와 우정의 표지이다(창세 18,1-15; 마태 9,10; 루카 5,29 참조). 이러한 인간학적 사실은 흔히 사회·종교적 계약의 의미를 지닌다. 계약은 음식으로 체결되거나 강화되었다(예를 들어 1마카 16,15-16; 마르 6,21 참조). 일부 예식도 식사와 함께 이루어졌다(1사무 9,13; 1열왕 3,15 참조).
"발꿈치를 치켜들며 저에게 대듭니다."라는 표현은 요한 13,18에 인용된다.

42,2. 사슴은 정결한 짐승에 속하며(신명 14,5 참조) 탁월한 의미에서 정결한 음식으로 여겨진다(신명 12,15.22; 15,22 참조). 성경은 암사슴의 민첩함(2사무 22,34; 시편 18,34; 하바 3,19 참조), 모성애(예레 14,5 참조), 본성적 두려움(시편 29,9 참조)을 환기시킨다. 또한 사슴은 남녀의 사랑과도 연관된다(아가 2,8-9; 잠언 5,19).

그리워하듯
하느님, 제 영혼이 당신을
이토록 그리워합니다.
3 제 영혼이 하느님을,
제 생명의 하느님을 목말라합니다.
그 하느님의 얼굴을
언제나 가서 뵈올 수 있겠습니까?
4 사람들이 제게 온종일
"네 하느님은 어디 계시느냐?" 빈정거리니
낮에도 밤에도
제 눈물이 저의 음식이 됩니다.
5 영광스러우신 분의 초막,
하느님의 집까지
환호와 찬미 소리 드높이
축제의 무리와 함께 행진하던 일들을 되새기며
저의 영혼이 북받쳐 오릅니다.

6 내 영혼아, 어찌하여 녹아내리며
내 안에서 신음하느냐?
하느님께 바라라. 나 그분을 다시 찬송하게 되리라,
7 나의 구원, ○ 나의 하느님을.

제 영혼이 안에서 녹아내리며
요르단 땅과 헤르몬과 미츠아르산에서
당신을 생각합니다.
8 당신의 폭포 소리에 따라
너울이 너울을 부릅니다.
당신의 파도와 물결이
모두 제 위로 지나갔습니다.

9 낮 동안 주님께서
당신 자애를 베푸시면
나는 밤에 그분께 노래를,
내 생명의 하느님께 기도를 올리네.
10 내 반석이신 하느님께 말씀드렸네.
"어찌하여 저를 잊으셨습니까?
어찌하여 제가 원수의 핍박 속에
슬피 걸어가야 합니까?
11 적들이 '네 하느님은 어디 계시느냐?'
온종일 제게 빈정대면서

42,5. "저의 영혼" 히브리어로는 여기서 2절과 3절의 '나의 네페쉬'("나의 숨, 나의 생명")를 반복한다. 이 단어는 이 시편의 핵심 단어로, 42편과 43편 전체에서 일곱 번 나타난다(35,12의 주 참조).

42,7. "헤르몬과 미츠아르" 갈릴래아의 산이며 요르단강과 더불어 그 지역을 요약적으로 묘사한다.

42,9. "자애" 또는 "자비, 호의"(33,5의 주 참조).
"그분께 노래를" 히브리어 본문을 자구적으로 옮기면 "그분의 노래가 나와 함께"이다. 주님을 찬미하는 노래가 밤에도, 곧 언제나 그의 입에 있다는 뜻일 것이다.

42,10. "내 반석이신 하느님" 이 번역문에서와 같이 옮겨야 하는지 아니면 "내 반석"을 문장의 시작으로 보고 "하느님께 말씀드렸네. '내 반석이시여.'"로 옮겨야 하는지 판단하기 어렵다. 기도자의 굳건한 토대이신 하느님의 표상에 관하여, 18,47의 주 참조.

제 뼈들이 으스러지도록
저를 모욕합니다."

12 내 영혼아, 어찌하여 녹아내리며
어찌하여 내 안에서 신음하느냐?
하느님께 바라라. 나 그분을 다시 찬송하게 되리라,
나의 구원, 나의 하느님을.

43 (42) 1 하느님, 제 권리를 되찾아 주소서.
충실치 못한 백성을 거슬러
제 소송을 이끌어 주소서.
거짓되고 불의한 자에게서
저를 구하소서.
2 당신은 제 피신처 하느님이시건만
어찌하여 저를 버리셨습니까?
어찌하여 제가 원수의 핍박 속에
슬피 걸어가야 합니까?
3 당신의 빛과 당신의 진실을 보내소서.
그들이 저를 인도하게 하소서.
그들이 저를 당신의 거룩한 산으로,
당신의 거처로 데려가게 하소서.
4 그러면 저는 하느님의 제단으로,
제 기쁨과 즐거움이신 하느님께 나아가오리다.
하느님, 저의 하느님
비파 타며 당신을 찬송하오리다.

5 내 영혼아, 어찌하여 녹아내리며
어찌하여 내 안에서 신음하느냐?
하느님께 바라라. 나 그분을 다시 찬송하게 되리라,
나의 구원, 나의 하느님을.

43,1. "제 소송을 이끌어 주소서." 이 표현은 유배 온 기도자에 대한 거짓된 고발을 전제한다. 표현은 법률적이며, 재판관이신 하느님의 빠른 도우심을 요청한다(7,9; 26,1; 35,24 참조).

43,3. "빛"과 "진실"은 하느님을 가리키는 그분의 속성들이다. 그분께서 유배에서 돌아오는 그를 이끄셔야 한다. "당신의 거룩한 산"은 시온산으로, 예루살렘 성전이 지어진 자리를 이상화한 것이다(3,5; 15,1; 48,2; 99,9; 이사 11,9; 66,20 참조).

43,5. 이 후렴구로 42-43편을 끝맺는다. 마지막 메시지는 희망으로 초대하는 것이다.

✠ 43(42). 3절에서 하느님의 빛을 청하고 있고 시편 전체에서 하느님에 대한 강한 갈망이 나타나 전통적으로 (로마 성무일도에서나 베네딕토회 성무일도에서나) 밤기도 때 기도했다. 오늘날에는 2주간 화요일 아침기도 첫 번째 시편으로 사용한다. 후렴은 3절이다. 1-2ㄱ절은 사순 제5주일 입당송이다.

44

(43) 1 [지휘자에게. 코라의 자손들. 마스킬]

2 하느님, 저희 귀로 들었습니다.
저희 조상들이 저희에게 이야기하였습니다.
그들 시대에 당신께서 업적을 이루셨습니다.
3 그 옛날에 당신께서 손수 이루셨습니다.
당신께서 민족들을 쫓아내시고 조상들을 심으셨으며
겨레들을 멸망시키시고 조상들을 뻗어 가게 하셨습니다.
4 정녕 저희 조상들은 자기들의 칼로 땅을 차지하지도 않았고
자기들의 팔로 승리하지도 않았습니다.
오직 당신의 오른손과 당신의 팔,
당신 얼굴의 빛이 이루어 주셨으니
당신께서 그들을 좋아하셨기 때문입니다.
5 하느님, 당신께서 바로 저의 임금님이십니다.
야곱에게 구원을 베푸소서.
6 저희는 당신 힘으로 적들을 물리치고
저희에게 항거하는 자들을 당신 이름으로 짓밟습니다.
7 정녕 저는 제 화살을 믿지 않습니다.
제 칼이 저를 구원하지도 않습니다.
8 오직 당신께서 저희를 적들에게서 구하시고
저희를 미워하는 자들에게 망신을 주셨습니다.
9 저희가 날마다 하느님을 찬양하고
줄곧 당신 이름을 찬송합니다. 셀라

10 그러나 당신께서는 저희를 버리셨습니다. 저희를 치욕으로 덮으시고
저희 군대와 함께 출전하지 않으셨습니다.
11 당신께서 저희를 적 앞에서 물러나게 하시어
저희를 미워하는 자들이 노략질하였습니다.
12 당신께서 저희를 잡아먹힐 양들처럼 넘겨 버리시고

44,3. 때로 구약 성경은 백성을 식물에 비유한다. 이스라엘은 흔히 포도밭에 비교된다(이사 5,1-7; 예레 2,21; 6,9; 에제 15,1-8; 호세 10,1 참조). 여기서 "민족들"과 "겨레들"은 이스라엘이 도착하기 전에 가나안에 살던 주민들을 지칭한다.
"뻗어 가게 하셨습니다."는 "펼치다"를 뜻할 수 있는 히브리어 동사를 해석한 것이다. 이는 백성이 약속된 땅에 있어 번성할 수 있음을 나타낸다. 같은 히브리어 동사의 다른 의미를 고려한다면 "그들을 해방시키셨습니다."로 옮길 수 있다.

44,4. 소수의 이스라엘인들 집단에 의하여 이루어진 예리코의 점령을 가리키는 듯하다. 이 사건은 강한 전례적 색채로 묘사되었다(여호 6장 참조). 오른손과 팔은 하느님 힘을 나타내는 은유이다. 하느님 얼굴의 찬란한 빛은(2열왕 6,18에서와 같이) 원수를 물리치기 위하여 그분께서 사용하시는 또 하나의 무기이다.

44,10. "저희 군대와 함께 출전하지 않으셨습니다." 하느님은 전투를 치르는 이스라엘 군대 총사령관과 같이 그려진다(탈출 7,4; 12,17.41; 시편 60,12 참조). 이 표상은 보호를 뜻한다(아마도 전쟁 중 계약 궤의 현존을 가리킨다. 예를 들어 1사무 4,6-9 참조).

44(43). 공동 탄원시편으로 아마도 성전에서 참회 전례에서 사용되었을 것이다. 백성은 전쟁에서 크게 패하고 원수의 손에 내맡겨진 채(10-17절) 당신 백성을 버리신 것으로 보이는 전능하신 분께 기도한다. 백성은 조상들과 선택된 이들에게 베푸셨던 하느님 은혜와 위대한 업적들을 기억한다(1-9절). 그러나 지금은 하느님 사랑의 샘이 말라 버린 듯하고, 오히려 당신 백성의 학살을 명하신 것으로 보인다. 상황이 더 고통스러운 것은, 아무런 잘못이 없는데도 이 모든 일이 일어나기 때문이다. 아무도 주님과의 계약을 깨뜨리지 않았다(18-22절). 이 백성이 하늘로 올리는 질문은 모든 시대의 무죄한 고통받는 이들의 질문이다. 이 시편은 네 차례 간절하게 도움을 요청하며 끝맺는다(24-27절). 이러한 요청은 아마도 구원을 베푸시는 하느님의 개입에 대한 희망을 감추고 있는 것이다.

저희를 민족들 사이에 흩으셨습니다.
13 당신께서 당신 백성을 헐값에 파시어
그 값으로 이익을 남기지도 않으셨습니다.
14 당신께서 저희를 이웃들에게 우셋거리로,
주위 사람들에게 비웃음과 놀림거리로 내놓으셨습니다.
15 당신께서 저희를 민족들의 이야깃거리로,
겨레들의 조소 거리로 내놓으셨습니다.
16 온종일 저의 치욕이 제 앞에 있고
창피가 제 얼굴을 덮으니
17 능욕자와 모독자의 시끄러운 소리,
원수와 복수자의 얼굴 탓입니다.
18 이 모든 것이 저희를 덮쳤습니다.
그러나 저희는 당신을 잊지도 않고
당신의 계약에 불충하지도 않았습니다.
19 저희 마음은 뒤로 물러서지도 않고
저희 발걸음은 당신의 길을 벗어나지도 않았습니다.
20 그런데도 당신께서는 저희를 부수시어 승냥이들이나
사는 곳으로 만드시고
저희 위를 암흑으로 덮으셨습니다.
21 저희가 만일 저희 하느님의 이름을 잊고
낯선 신에게 저희 손을 펼쳤다면
22 하느님께서는 마음속에 숨겨진 것도 아시는데
그런 것을 알아채지 못하실 리 있겠습니까?
23 그러나 저희는 온종일 당신 때문에 살해되며
도살될 양처럼 여겨집니다.
24 깨어나소서, 주님, 어찌하여 주무십니까?
잠을 깨소서, 저희를 영영 버리지 마소서!
25 어찌하여 당신 얼굴을 감추십니까?
어찌하여 저희의 가련함과 핍박을 잊으십니까?
26 정녕 저희 영혼은 먼지 속에 쓰러져 있으며
저희 배는 땅바닥에 붙어 있습니다.
27 저희를 도우러 일어나소서.
당신 자애를 생각하시어 저희를 구원하소서.

44,18. "저희는 당신을 잊지도 않고" 이는 거의 하느님을 고발하는 행위이다. 하느님 백성은 언제나 계약의 규정들을 잘 지키고 있는데 하느님은 어째서 그 백성을 돌보지 않으시는가? 하지만 유배 이전의 예언자들은(특히 아모스와 예레미야) 이스라엘을 거슬러 그들이 계명을 잘 기억하지 않았음을(그래서 잘 지키지도 않았음을) 말할 것이다.

44,20. "부수시어"는 히브리어 본문에 따른 번역이다. 이 동사는 "쫓아내다"를 뜻한다. 그리스어 번역본과 (새) 대중 라틴말 성경은 "우리를 낮추시어"로 되어 있다.
"암흑으로"는 "죽음의 그늘로"로 옮기기도 한다. 죽음을 연상시킬 만큼 짙은 어둠을 의미한다. 이 표상의 의미에 관하여, 23,4의 주 참조(또한 욥 16,16 참조).

44,24. 잠드신 하느님의 표상은 하느님의 침묵과 움직이지 않으심을 나타내는 비유로 다른 곳에서도 나타난다(7,7; 35,23의 주 참조).

44,26. "저희 영혼" 히브리어 '네페쉬'는 구체적인 의미로 "목구멍"으로 이해할 수도 있다(35,12의 주 참조). 이 절은 기도자가 완전히 엎드림을 나타낸다.

✠ 44(43). 2주간과 4주간 목요일 독서기도 때 기도하며, 4.9.24.27절에서 취한 후렴들은 구원에 대한 찬미에 용서의 요청을 더한다. 수도 서원 예식에서는 새로 서원한 이들에게 머릿수건과 규칙서를 줄 때 이 시편을 노래하며, 후렴은 "나는 내가 사랑하는 이를 찾았네."이다.

45,3. "수려하시며" 성경에서는 흔히 아름다움이 사울이나(1사무 9,2 참조) 다윗과 같이(1사무 16,12 참조) 중요한 인물들에게, 그리고 사라와 같은(창세 12,14 참조) 성조 시대 어머니들에게 결부된다.

45,4. 칼을 차는 것은 임박한 전투를 준비하는 것이다(1사무 17,39; 25,13 참조).

45,7. 구약 성경에서 임금이 천상적 인물과 가까이 여겨진다는 점과(예를 들어 2사무 14,17 참조) 이 시편의 강조된 문체를 고려할 때 여기서 시편 저자는 계속 임금에게 말하고 있는 것으로 볼 수 있다. 임금은 도유로 축성되었으므로 하느님의 신성에 참여한다. "거룩하신 분"이라고 번역할 수 있을 것이다. "공정의 홀"은 올바른 통치 행위를 가리킨다.

45,8. "동료들"은 다른 임금들이나 군주들이다.

45,9. 왕궁의 방들은 호화롭게 장식될 수 있었지만, 여기서의 묘사는 과장되어 있다(1열왕 10,18; 22,39; 아모 3,15 참조).

45

(44) 1 [지휘자에게. 나리꽃 가락으로. 코라의 자손들. 마스킬. 사랑 노래]

2 아름다운 말이 제 마음에 넘쳐흘러
임금님께 제 노래를 읊어 드립니다.
제 혀는 능숙한 서기의 붓입니다.
3 당신께서는 어떤 사람보다 수려하시며
당신의 입술은 우아함을 머금어
하느님께서 당신에게 영원히 강복하셨습니다.
4 오, 용사시여, 허리에 칼을 차소서.
당신의 엄위와 영화를 입으소서.
5 당신의 영화와 함께 나아가 이루소서,
진실과 자비와 정의를!
당신의 오른팔이 당신께 무서운 일들을 가르치리이다.
6 임금님의 화살은 날카롭게
원수들의 심장을 꿰뚫고
민족들은 당신 발아래 쓰러집니다.
7 오, 하느님 같으신 분! 당신의 왕좌는 영원무궁하며
당신의 왕홀은 공정의 홀입니다.
8 당신께서 정의를 사랑하시고 불의를 미워하시기에
하느님께서, 당신의 하느님께서 기쁨의 기름을
당신 동료들에 앞서 당신에게 부어 주셨습니다.
9 몰약과 침향과 계피로 당신 옷들이 모두 향기로우며
상아궁에서 흘러나오는 현악 소리가 당신을 즐겁게 합니다.

45(44). 전형적인 군왕시편이다. 아마도 임금의 혼례 때 궁정 시인이 작성하였을 것이다. 첫 부분에서는(3-5절) 임금을 찬양하며 그의 인간적 자질들인 아름다움, 우아한 말, 힘, 용기를 노래한다. 서기는 임금에게 정의로운 통치와 하느님 축복을 받게 하는 모든 도덕적 자질들을 기리고(8절), 또한 원수들에 대한 승리(6절), 후궁의 번영과 특히 오랜 왕권(7절)을 기원한다. 궁정의 찬란함과 향기 가운데에 왕비가 묘사되는데, 왕비는 뛰어난 아름다움을 지닌 신부로서 행렬 속에서 왕궁으로 인도된다(14-16절). 예언적인 어조로 표현된 마지막 기원은 많은 후손을 바라는 것인데, 이는 왕권을 영속화하는 것이다(17-18절).

✠ 전통적으로 임금이며 신랑이신 그리스도께 적용되며, 두 부분으로 나뉘어 2주간 월요일 저녁기도 때 기도한다(2-10절과 11-18절). 첫 부분에서(2-10절) 후렴은 3절을 반복하며, 둘째 부분에서는(11-18절) 기도하는 신부인 교회를 지칭하여 후렴에서 명시적으로 말한다. "보라, 신랑이 오시니, 어서들 마중 나가라." 4주간 토요일 낮기도에서는 "하느님, 당신 어좌는 영원하나이다." "나는 새 예루살렘이 신부가 단장한 것처럼 차린 것을 보았노라."를 후렴으로 사용한다. 10-12.15ㄴ-16절은 "오피르 황금으로 단장한 왕비, 당신 오른쪽에 서 있나이다."라는 후렴으로 8월 15일 성모 승천 대축일 화답송으로 노래한다. 10절은 8월 22일 동정 마리아 모후 기념일 미사의 입당송이다. 종신 서원을 하는 이들에게 반지를 수여할 때도 그 의미를 해석하는 후렴("영원하신 성부의 아드님이시고 동정 마리아의 아드님이시며 온 세상의 구원자이신 그분과 나는 혼인하였네.")과 함께 이 시편을 사용한다.

10 제왕의 딸들이 당신의 사랑을 받는 여인들 사이에 있으며
왕비는 오피르의 황금으로 단장하고 당신 오른쪽에 서
있습니다.

11 들어라, 딸아, 보고 네 귀를 기울여라.
네 백성과 네 아버지 집안을 잊어버려라.
12 임금님이 너의 아름다움을 열망하시리니
그분께서 너의 주인이시기 때문이다.
그분 앞에 엎드려라.
13 티로의 딸이 선물을 가져오고
백성 가운데 부자들이 네게 경배하는구나.

14 한껏 화사하게 꾸민 임금님 딸이
금실로 수놓은 옷에 싸여 안으로 드는구나.
15 오색 옷으로 단장하여 임금님께 인도되고
처녀들이 그 뒤를 따르며
동무들이 그에게 안내되는구나.
16 기쁨과 즐거움으로 인도되어
그들은 왕궁으로 들어가는구나.

17 당신 아들들이 조상들의 뒤를 이으리니
당신께서 그들을 온 땅의 제후로 삼으시리이다.
18 저는 당신 이름을 세세 대대에 알리리니
백성들이 당신을 영원무궁토록 찬송하리이다.

46

(45) 1 [지휘자에게. 코라의 자손들. 알 알라못. 노래]

2 하느님께서 우리의 피신처와 힘이 되시어
어려울 때마다 늘 도우셨기에
3 우리는 두려워하지 않네, 땅이 뒤흔들린다 해도
산들이 바다 깊은 곳으로 빠져 든다 해도
4 바닷물이 우짖으며 소용돌이치고
그 위력에 산들이 떤다 해도. 셀라

45,13. "네게 경배하는구나." 자구적으로는 "네 얼굴을 찾는구나."이다. 성경의 언어에서 얼굴은 사람들에 대한 배려와 호의를 가리킨다(4,7와 10,11의 주 참조).

45,14. "안으로 드는구나." 히브리어 본문은 "그 안에는 임금님 딸이 한껏 화사하게"이다(그리스어 번역본과 [새] 대중 라틴말 성경도). 번역문은 왕비가 (행렬로) 신랑인 임금에게 걸어오는 모습을 표현한다.

46,3. 시편 저자는 창세기의 반대 상황을 상상한다. 하느님께서 물 위에 고정하신 땅이(136,6 참조) 뒤흔들리고 그분께서 굳건히 심으신 산들이(65,7 참조) 그 지진으로 흔들릴지라도, 하느님만은 든든하게 남아 계실 것이다.

46(45). 시편집에 실린 찬양시편들 가운데 때로는 시온 도성을 기리는 몇몇 아름다운 시편들이 있다(48; 76; 84; 87; 122 참조). 시온은 위대하신 임금님의 거처이다. 주님께서 그곳에 계시며 보호해 주시기에(8.12절) 시온은 거룩할 뿐 아니라 굳건하며 함락되지 않는다. 격렬한 자연적 요소들도 시온을 뒤흔들 수 없고(2-4절) 어떤 적도 시온을 굴복시킬 수 없다(7-11절).

5 강이 있어 그 줄기들이 하느님의 도성을,
지극히 높으신 분의 거룩한 거처를 즐겁게 하네.
6 하느님께서 그 안에 계시니 흔들리지 않네.
하느님께서 동틀 녘에 구해 주시네.
7 민족들이 우짖으며 나라들이 동요하지만
그분께서 큰 소리 내시니 땅이 녹아 흐르네.
8 만군의 주님께서 우리와 함께 계시며
야곱의 하느님께서 우리의 산성이시네. 셀라
9 와서 보아라, 주님의 업적을
세상에 놀라운 일을 이루신 그분의 업적을!
10 그분께서 세상 끝까지 전쟁을 그치게 하시고
활을 꺾고 창을 부러뜨리시며
병거를 불에 살라 버리시네.
11 "너희는 멈추고 내가 하느님임을 알아라.
나는 민족들 위에 드높이 있노라, 세상 위에 드높이 있노라!"
12 만군의 주님께서 우리와 함께 계시며
야곱의 하느님께서 우리의 산성이시네. 셀라

47

(46) 1 [지휘자에게. 코라의 자손들. 시편]

2 모든 민족들아, 손뼉을 쳐라.
기뻐 소리치며 하느님께 환호하여라.
3 주님은 지극히 높으신 분이시고 경외로우신 분,
온 세상의 위대하신 임금이시다.
4 민족들을 우리 밑에,

46,5-6. 신심 깊은 이스라엘인에게 예루살렘은 우주의 중심이다. 하느님께서 그곳에 지상의 거처를 정하시려고 선택하셨기 때문이다. 예루살렘에 대한 묘사는 동방 궁정의 정원들과 에덴 동산(창세 2장 참조), 또는 예언자들이 묘사한 종말의 예루살렘을 연상시킨다(에제 47장 참조).

하느님께 신뢰하며 의탁하는 것과 종말론적 의미가 저녁기도의 특징이므로, 이 시편은 1주간 금요일 저녁기도 때 기도한다. 후렴은 "만군의 주님은 우리와 함께 계시다. 야곱의 하느님이 우리 바위이시다."이다. 5-6절에 대한 마리아론적 해석으로 성모 공통 독서기도 때에도 사용하는데, "지극히 높으신 하느님께서는 당신의 장막을 거룩하게 하셨도다."라는 후렴이 그 의미를 밝혀 준다.

47(46). 임금이신 주님께 드리는 찬가인 이 시편은 임금의 즉위 예식을 연상시킨다. 임금의 즉위는 성전에서 거룩한 기름으로 도유한 다음 축제에 참여한 군중의 환호 속에 이루어졌다. 그러나 지상의 임금과 달리 하느님은 온 땅에 대하여 그리고 모든 민족들에게 당신의 통치권을 행사하신다.

47,2-3. 주님을 임금으로 나타내는 것은 아마도 가나안 신화와 연관된다. 가나안에서 주된 신은 "대왕"이라고 일컬어져 그가 다른 모든 신들보다 위에 있음을 나타냈다. 그러나 성경 본문에서는 전망이 다르다. 이 호칭이 모든 창조물과 모든 역사적 사건에 대한 유일한 하느님 야훼의 주권을 강조하기 위해 사용되기 때문이다.

46,5. "거룩한 거처" "거처들 가운데 가장 거룩한 거처"로 옮기기도 한다. 하느님께서 여러 거처를 갖고 계시지만 그 가운데 한 곳을 특히 선호하셨다는 것으로, 예루살렘을 암시하는 듯하다(87,3; 이사 60,14 참조), 예루살렘에는 물이 흐르지 않지만, 수로들은 번영과 풍요의 상징이다. 유배 후에 예루살렘은 물이 풍부한 종말론적인 거처로 여겨졌다(이사 33,17-24 참조).

46,8. 하느님을 원수들을 막아 주는 안전한 피신처인 "산성"으로 나타내는 시적 표상은(같은 단어가 "피신처" 또는 "방어"로 번역되기도 한다) 시편들에서 자주 나타난다(18,3; 59,10.17.18 참조).

46,9. "놀라운 일" 이 히브리어 단어는 여러 의미로 해석할 수 있다. 두려움과 공포를 불러일으키는 사건을 가리킬 수 있지만(두려운 일), 그 사건의 결과인 폐허와 황량함을 가리킬 수도 있다. 하느님의 개입에 대한 경외심이나 두려움과 유사한 의미의 공포로 이해할 수도 있고, 긍정적인 의미로 인간이 자신보다 훨씬 큰 어떤 것 앞에서 느끼는 두려움을 뜻할 수도 있다(탈출 20,20; 신명 5,5; 시편 47,3 참조).

47,4. 원수들의 굴복이라는 승리의 표상은 여러 형태로 표현된다(신명 33,29; 여호 10,24; 시편 8,7; 110,2; 이사 51,23; 바룩 4,25 참조).

겨레들을 우리 발아래 굴복시키셨네.
5 우리에게 골라 주셨네, 우리 상속의 땅을
당신께서 사랑하시는 야곱의 자랑을. 셀라
6 하느님께서 환호 소리와 함께 오르신다.
주님께서 나팔 소리와 함께 오르신다.
7 노래하여라, 하느님께 노래하여라.
노래하여라, 우리 임금님께 노래하여라.
8 하느님께서 온 누리의 임금이시니
찬미가를 불러라.
9 하느님께서 민족들을 다스리신다.
하느님께서 당신의 거룩한 어좌에 앉으신다.
10 뭇 민족의 귀족들이
아브라함의 하느님 백성이 되어 모여 온다.
세상의 방패들이 하느님의 것이니
그분께서는 지극히 존귀하시어라.

48

(47) 1 [노래. 시편. 코라의 자손들]

2 주님은 위대하시고
드높이 찬양받으실 분이시다,
우리 하느님의 도성
당신의 거룩한 산에서.
3 아름답게 솟아오른 그 산은
온 누리의 기쁨이요
북녘의 맨 끝 시온산은
대왕님의 도읍이라네.
4 하느님께서 그 궁궐 안에 계시며
당신을 성채로 드러내신다.

✠ 찬양적인 어조 때문에 1주간 아침기도의 세 번째 시편으로 정해져 있다. 후렴은 2ㄴ절이다. 성탄 낮기도 때에도 기도한다(19,8-15; 48편과 함께). 주님 수난 성지 주일 행렬 때에도 사용한다. 주님 승천 대축일에는 화답송으로 2-3.6-9절을 노래하는데, 후렴은 "환호 소리 가운데 하느님이 오르신다. 나팔 소리 가운데 주님이 오르신다."이다. 그날 저녁기도에서는 이 시편 전체를 6절을 후렴으로 하여 바친다. 2절은 연중 제13주일 입당송이다.

48 (47). 이 두 번째 "시온의 노래"에서(시편 46편 참조) 견고한 도성에 대한 경탄과 찬양은 그곳에 사시는 분께 확장된다(2-4절). 찬양의 계기가 된 것은 원수에 대한 큰 승리였다(5-8절). 예루살렘에는 보호하시고 안심시키시는 주님의 현존이 있으며, 그 현존은 거룩한 도성에서 나라의 모든 주민들에 이른다(11-12절). 9.15절은 이 노래가 성전 전례 때 사용되었음을 암시한다.

✠ 찬양적인 어조를 지니고 있어 1주간 목요일 아침기도에서 2절을 후렴으로 하여 세 번째 시편으로 기도한다. 성탄 때 낮기도로도 정해져 있다(19,8-15; 47편과 함께). 10-11절은 2월 2일 주님 봉헌 축일 입당송이며, 연중 14주일 입당송이기도 하다.

47,6. "오르신다." 주님께서 올라가신다고 말하는 유일한 본문이다. 보통 하느님은 백성을 구하러 내려오시는 분으로 묘사된다(탈출 19,18 참조). 다른 곳에서는 궤(2사무 6장 참조), 영광(에제 11,23 참조), 구름(민수 9,21; 10,11 참조)이 올라간다.

47,10. "세상의 방패들" 방패는 임금들의 힘의 상징으로, 세상의 권세가들을 가리킨다. 이 표현으로 시작하는 10절 후반부의 접속사는 원인("…이니", "…이기 때문에")이나 확인을 나타내는 것("그렇습니다", "참으로")으로 이해할 수 있다.

48,2. "당신의 거룩한 산" 우리말 성경 번역과 달리, "우리 하느님의 도성 안에서."라고 문장을 마치고 이 표현을 3절의 "아름답게 솟아오른 그 산"과 연결하여 동격처럼 이해하기도 한다(새 대중 라틴말 성경도 그러하다).

48,3. "북녘의 맨 끝"에서 '차폰'(북녘)이라는 단어는 성경 밖의 문화들에서 고대 근동의 올림포스산과 같이 신화적으로 신들의 산을 가리킨다(이사 14,13; 에제 38,6.15 참조). "끝"이라는 단어를 사용함으로써 시온이 가장 높고 첫째가는, 가장 중요한 하느님의 거처임을 말하려 한다(68,17 참조).

5 보라, 임금들이 모여 와
함께 들이쳤다.
6 그들은 보자마자 질겁하고
깜짝 놀라 허둥대며 달아났다.
7 거기에서 전율이 그들을 덮쳤네,
해산하는 여인의 진통처럼
8 타르시스의 배들을
들부수는 샛바람처럼.
9 우리가 들은 대로
우리가 보았네,
만군의 주님의 도성에서
우리 하느님의 도성에서.
하느님께서 이를 영원히 굳히셨네. 셀라

10 하느님, 저희가 당신 궁전에서
당신의 자애를 생각합니다.
11 하느님, 당신 이름처럼
당신을 찬양하는 소리
세상 끝까지 울려 퍼집니다.
당신의 오른손이 의로움으로 가득합니다.
12 당신의 심판으로
시온산은 즐거워하고
유다의 딸들은 기뻐 뛰게 하소서.
13 너희는 시온을 두루 돌며
그 탑들을 세어 보아라.
14 장차 올 세대에게 일러 줄 수 있도록
그 성루를 살피고
그 궁궐들을 돌아다녀 보아라.
15 이분께서 하느님이시다.
영원무궁토록 우리의 하느님이시다.
이분께서 우리를 이끌어 주신다.
알 뭇.

48,8. "샛바람" 뜨겁고 건조한 동풍으로, 사막에서 일어나 땅을 황폐화하며 바다에서는 파선을 가져온다(에제 27,26 참조). 여기서는 동풍이 하느님 권능의 발현으로 여겨진다. 배가 침몰하는 것은 하느님의 능력 앞에서 인간이 패배함을 나타낸다. 원수들은 (티로와 페니키아의 원수들) 배들과 비견된다(이사 2,12-17; 에제 27 참조).

48,10. "생각합니다." 여러 학자들은 "묵상하다"라는 번역을 택한다. 그러나 여기에 사용된 히브리어 단어는 "비교하다, 비슷하다"를 뜻하며, 이러한 의미와 이 시편의 전례적 맥락을 고려하여 "기념하다"라는 번역을 제안하기도 한다. 하느님 사랑을(히브리어 단어 '헤셋'에 대해서는 33,5의 주 참조) 어떤 식으로 재현하는 예식적 행위로 이해하는 것이다.

48,15. "하느님이시다." "하느님"은 히브리어 '엘로힘'의 번역이다. 성경에서는 일관되게 '아도나이' 또는 하느님의 고유한 이름을 표기하는 네 글자 '야훼'를 "주님"으로 번역한다(8,2의 주 참조).

49

(48) 1 [지휘자에게. 코라의 자손들. 시편]

2 모든 백성들아, 이것을 들어라.
세상에 사는 모든 이들아, 귀여겨들어라.
3 천한 사람도 귀한 사람도
부유한 자도 가난한 자도 다 함께 들어라.

4 내 입이 지혜를 말하리니
내 마음의 생각은 슬기롭다.
5 나는 잠언에 귀 기울이고
비파 타며 수수께끼를 풀리라.
6 나를 뒤쫓는 자들의 악행이 나를 에워쌀 때
그 불행의 날에 내가 왜 두려워하랴?
7 자기 재산을 믿으며
재물이 많음을 자랑하는 그들.
8 사람이 사람을 결코 구원할 수 없으며
하느님께 제 몸값을 치를 수도 없다.
9 그 영혼의 값이 너무나 비싸
언제나 모자란다,
10 그가 영원히 살기에는
구렁을 아니 보기에는.
11 정녕 그는 본다, 지혜로운 이들의 죽음을,
어리석은 자도 미욱한 자도 함께 사라짐을,
그들의 재산을 남들에게 남겨 둔 채로!
12 그들이 속으로는 자기 집이 영원하고
자기 거처가 대대로 이어지리라 생각하며
땅을 제 이름 따라 부르지만
13 사람은 영화 속에 오래가지 못하여
도살되는 짐승과 같다.

49,5. "잠언… 수수께끼" 히브리어 '마살'과 '히다'는 실제적으로 동의어이다. 잠언의 머리말(1,1-7 참조)에서 이들은 이스라엘 지혜의 스승들이 사용하던 격언들 가운데 포함된다.

49,6. "불행의 날" 자구적으로는 "악의 날"로, 불행한 날을 가리킬 것이다. 여기에 사용된 히브리어 단어는 "악인"으로 이해할 수도 있어서, "악인의 날" 곧 악인이 승리하는 것으로 보이는 순간들을 지칭할 수도 있다. "나를 뒤쫓는 자들"은 히브리어로 뜻이 분명하지 않은 한 단어를 번역한 것인데, 그 어근은 발뒤꿈치를 가리키는 단어의 어근과 동일하다.

49,8. 인간은 자신의 목숨을 속량할 수 없다. 그것은 하느님께만 유보된 특전이다. 히브리어 표현인 '파다 네페쉬'("목숨을 속량하다, 구원하다")는 이 시편의 16절과 같이 하느님의 구원 활동이 위험한 상황에 처한 인간을 죽음에서 해방시킬 때 사용된다(1사무 14,45; 2사무 4,9; 1열왕 1,29; 욥 33,28; 시편 34,23; 55,19; 호세 13,14 참조). 율법에 의하여 이스라엘인들에게 허용된 유일한 속량은 (그 규범들은 복잡한 편집 단계들을 거쳤음을 보여 주지만) 가축과 사람의 맏물에 대한 것이다(탈출 13,13-16; 34,20; 민수 18,15 참조).

49,11. "정녕 그는 본다" 그 주어는 인간을 일반적으로 지칭한다(8절 참조).

49,13. "오래가지 못하여" 자구적으로 옮기면 "밤을 넘기지 못하며"라고 할 수 있다. 13절과 21절은 매우 유사하여 동사만 차이가 난다.

---

49 (48). 1-5절의 경청하라는 고전적인 권고가 이 시편이 지혜시편임을 증명한다. 이 시편은 이스라엘 현인들이 즐겨 고찰하던 한 가지 주제인 죽음의 현실성에 관한 묵상이다. 출발점은 응보에 관한 영원한 질문이다. 삶이 끝날 때 부자는 가난한 사람보다 유리한가? 대답은 간단하다. 재산으로 더 긴 삶을 살 수도 없고 저승으로 내려가는 것을 피할 수도 없으며 저승에서 재산은 아무런 가치가 없다(6-12절). 시편 둘째 부분에서(14-21절) 시편 저자의 주장은 모든 인간이 저승에서 똑같은 운명을 맞게 된다는 전통적인 가르침보다 한 걸음 더 나아간다. 저자는 하느님께서 어떤 식으로 충실한 이를 모두의 공통된 운명에서 빼내시리라는 희망을 불어넣는다. 이러한 생각은 아마도 지혜서에서 발전될 불멸에 대한 가르침을 예고하는 것이다.

재산의 허무함과 인간의 덧없음은 하루의 끝맺음에 잘 어울리므로, 이 지혜시편은 2주간 화요일 저녁기도 때 두 부분으로 나누어 기도한다. 2-13절은 후렴에 의하여 복음적으로 해석된다. "너희는 하느님과 재물을 함께 섬길 수는 없도다." 14-21절의 후렴은 "주께서 말씀하시도다 재물을 하늘에 쌓아 두어라."이다.

14 이것이 자신을 믿는 어리석은 자들과
그들을 따르며 그 말을 좋아하는 자들의 운명이다. 셀라
15 그들은 양들처럼 저승에 버려져
죽음이 그들의 목자 되리라.
아침에는 올곧은 이들이 그들 위에 군림하고
그들은 저마다 자기 처소에서 멀리 떨어진 채
그 모습이 썩어 저승으로 사라지리라.
16 그러나 하느님께서는 내 영혼을 구원하시고
저승의 손에서 나를 기어이 빼내시리라. 셀라
17 누가 부자가 된다 하여도,
제집의 영광을 드높인다 하여도 불안해하지 마라.
18 죽을 때 그 모든 것을 가지고 갈 수 없으며
그의 영광도 그를 따라 내려가지 못한다.
19 그가 비록 생전에 스스로에게
"네가 잘한다고 사람들이 널 칭찬한다." 말할지라도
20 그들은 자기 조상들이 모인 데로 가서
영원히 빛을 보지 못하리라.
21 영화 속에 있으면서도 지각없는 사람은
도살되는 짐승과 같다.

50

(49) 1 [시편. 아삽]

하느님, 주 하느님께서 말씀하시며
해 뜨는 데서 해 지는 데까지
땅을 부르시네.
2 더없이 아름다운 시온에서
하느님께서 광채와 함께 나타나시네.
3 우리 하느님께서는 잠잠히 아니 오시니
그분 앞에 불이 삼킬 듯 타오르고
그분 둘레에는 엄청난 폭풍이 이네.
4 그분께서 당신 백성을 심판하시려
저 위 하늘과 땅을 부르시네.

49,18. 이 시편의 지혜문학적 색채가 스승 코헬렛의 말들을 반향하는 듯한 이 절에서 표현된다. 코헬렛은 재산을 얻기 위한 인간의 수고의 의미를 묵상하면서, 확실한 것은 빈손으로 태어나고 빈손으로 죽는다는 것뿐이라는 결론을 내린다(코헬 5,14 참조 또한 욥 1,21 참조).

49,19. "스스로에게… 말할지라도"는 자구적으로는 "스스로를 축복하더라도" 곧 "스스로 복되다고 말하더라도", "스스로 칭찬하더라도"를 뜻한다.

50,1. 이 시편은 연속된 세 개의 하느님 이름으로 시작된다('엘', '엘로힘', '야훼'). 마치 권능을 지니시고 행동하시며 경외심을 갖게 하시며 또한 당신 자신을 계시하시고 해방하시는 하느님의 여러 측면들을 강조하려는 듯하다. 이러한 연속은 여호 22,22에만 나타난다.

50,2-3. 하느님은 시온산 위에 거처하신다. 번개와 같은 대기 현상들은 하느님 현존을 드러낸다. 18,8-16 참조.

50(49). 이 시편은 아마도 다음 시편과 결합되어 참회 전례 때 사용되었을 것이다. 두 시편을 하나로 해석하는 것은 다음 시편의 끝부분에 이르러서야 가능하다(50-51편의 주해 참조). 하느님께서는 당신 거처의 찬란한 빛 안에서 하늘과 땅을 증인으로 부르신다(2-6절). 고발 내용은 외적인 것에 그치는 예배인데, 이는 예언자들의 설교에서도 단죄받은 것이다. 제물과 제사는 부족하지 않지만, 이들은 참다운 신앙심이 없는 외적 예식들일 뿐이다(7-13절). 이스라엘은 오히려 하느님께 마음을 들어 올리고, 그분을 찬양하고 기리고 그분의 뜻을 행하고자 하는 마음에서 하느님의 계명들을 실천해야 할 것이다(14-23절).

5 “나에게 모여라, 내게 충실한 자들아
제사로 나와 계약을 맺은 자들아!”
6 하늘이 그분의 의로움을 알리네,
하느님, 그분께서 심판자이심을. 셀라
7 “내 백성아, 들어라. 내가 말하노라.
이스라엘아, 나 너를 거슬러 증언하노라.
나는 하느님, 너의 하느님이다.
8 너의 제사 때문에 너를 벌하려는 것이 아니니
너의 번제야 늘 내 앞에 있다.
9 나는 네 집에 있는 수소도,
네 우리에 있는 숫염소도 받지 않는다.
10 숲속의 모든 동물이며
수천 산들의 짐승이 내 것이기 때문이다.
11 나는 산의 새들을 모두 안다.
들에서 움직이는 생물들도 내게 속한 것들이다.
12 나 비록 배고프다 하여도 네게 말하지 않으리니
누리와 그를 채운 것들이 나의 것이기 때문이다.
13 내가 황소의 고기를 먹고
숫염소의 피를 마시기라도 한단 말이냐?
14 하느님에게 찬양 제물을 바치고
지극히 높으신 분에게 네 서원을 채워 드려라.
15 그리고 불행의 날에 나를 불러라.
나 너를 구하여 주고 너는 나를 공경하리라.”
16 악인에게는 하느님께서 이렇게 말씀하신다.
“너는 어찌하여 내 계명들을 늘어놓으며

50,5. “모여라” 천상 어전에서 내려진 명령이다. 여기서 암시하는 근본적인 사건은 시나이에서 체결된 계약이다(탈출 24,1-8 참조).

50,12. “나 비록 배고프다 하여도” 이교 민족들이 신들의 양식으로 신전에 음식을 바쳤던 제의적 관습을 말한다.

50,14. “하느님에게 찬양 제물을 바치고” 자구적으로는 “하느님께 찬양을 희생 제물로 바치고”(23절과 동일)이다. 히브리어 ‘토다’는 “찬양, 감사”를 뜻한다(42,5 참조). 때로 이 단어는 노래와 찬가를 지칭하고, 때로는 희생 제사를 포함하는 예식을 뜻한다(예레 17,26 참조). 제사에 대한 그릇된 해석을 반박하는 이 시편의 맥락에서는 주님께서 물질적인 것이 아니라 영적인 것에 기뻐하신다는 것을 분명히 한다.

50-51. 이 두 시편은 화해를 목적으로 하는 참회 전례의 두 행위로 볼 수 있다. 그 전례는 법률적인 형태로 표현되어 있다(미카 6,1-8 주해 참조). 어떤 의무로 연결된 양편이 있다. 한편이 그 의무를 준수하지 않았고, 피해를 입은 무죄한 편에서는 잘못한 편을 소환하여 그에게 소송을 제기한다. 그는 논거와 증거들을 제시하며 논쟁하여, 자신의 잘못을 고백하고 용서를 요청하거나 보상하도록 한다. 마지막에는 완전한 배상을 요구할 수도 있고 아니면 조정이 이루어지거나 아무 것도 요구하지 않고 용서가 주어지기도 한다. 여기서 추구하는 것은 잘못이 있는 편의 인정과 보상으로 올바른 관계가 책임 있게 다시 세워지는 것이다. 두 편은 이스라엘 공동체와 주님이다. 주님은 심판관이 아니라 피해를 입은 편으로서 소환하신다. 주님과 이스라엘은 계약의 신성한 의무로 연결되어 있다. 이러한 유형의 재판에서는 세 가지 행위가 이루어진다. 그것은 고발, 자신의 잘못에 대한 인정과 용서의 요청, 그리고 용서의 허락이다. 50편은 고발 또는 소송을 나타낸다. 51편은 고백과 용서의 탄원이다. 예식의 두 부분이 끝난 다음 용서를 베푸시는 하느님의 말씀이 없다. 예언자의 선포로 변형된 그 용서는 아마도 에제 36,22-28에서 볼 수 있을 것이다.

✠ 50(49). 분명히 예식을 배경으로 하는 이 시편에서는 하느님 마음에 드는 진실한 기도, 곧 하느님 뜻을 실천하는 영적 제사를 말하며 외형뿐인 거짓된 예식을 비판한다. 이 시편은 3주간 월요일 독서기도와 4주간 토요일 독서기도 때 여섯 개 후렴과 함께 기도한다. 그 가운데 이러한 후렴이 있다. “주께서는 희생보다 자비를, 번제보다 지혜를 원하시나이다.” 고해성사 예식에서 시편 50(49)을 사용한다(7-8.14-23절).

내 계약을 네 입에 올리느냐?
17 훈계를 싫어하고
내 말을 뒤로 팽개치는 너이거늘.
18 너는 도둑을 보면 함께 뛰고
간음하는 자들과 한패가 된다.
19 너는 입을 놀려 악행을 저지르고
네 입술은 간계를 엮는다.
20 너는 앉아서 네 형제를 거슬러 말하고
네 어머니의 아들에게 모욕을 준다.
21 네가 이런 짓들을 해 왔어도 잠잠히 있었더니
내가 너와 똑같은 줄로 여기는구나.
나 너를 벌하리라. 네 눈앞에 네 행실을 펼쳐 놓으리라.
22 이를 알아들어라, 하느님을 잊은 자들아.
그러지 않으면 내가 잡아 찢어도 구해 줄 자 없으리라.
23 찬양 제물을 바치는 이가 나를 공경하는 사람이니
올바른 길을 걷는 이에게 하느님의 구원을 보여 주리라."

51

(50) 1 [지휘자에게. 시편. 다윗.
2 그가 밧 세바와 정을 통한 뒤 예언자 나탄이 그
에게 왔을 때]

3 하느님, 당신 자애에 따라 저를 불쌍히 여기소서.
당신의 크신 자비에 따라 저의 죄악을 지워 주소서.
4 저의 죄에서 저를 말끔히 씻으시고
저의 잘못에서 저를 깨끗이 하소서.
5 저의 죄악을 제가 알고 있으며
저의 잘못이 늘 제 앞에 있습니다.
6 당신께, 오로지 당신께 잘못을 저지르고
당신 눈에 악한 짓을 제가 하였기에
판결을 내리시더라도 당신께서는 의로우시고
심판을 내리시더라도 당신께서는 결백하시리이다.
7 정녕 저는 죄 중에 태어났고
허물 중에 제 어머니가 저를 배었습니다.

51(50). 아마도 시편집에서 가장 유명한 참회시편이다. 다윗이 밧 세바와 함께 그 남편 우리야를 거슬러 큰 죄를 범한 다음에 한 기도로 되어 있다. 이 시편은 하느님 앞에서(3-4.18-19절) 자신이 죄인임을 솔직하게 인정하는 죄인의 고백을 표현한다(8절). 질병을 겪은 기도자는 자신의 인간적 나약함을 숙고하며, 태어날 때부터 죄로 기울어 있음을 인정한다(5-7절). 그러나 그는 하느님께서 자신의 비참함보다 더 강하시며 당신의 크신 사랑으로 영적으로 새로 태어나는 새 창조를 이룰 수 있으심을 안다(10-12절). 잘못을 고백함으로써 하느님께서 움직이시는 빛의 지평이 열린다. 하느님은 죄인을 "치유"하실 뿐만 아니라 그를 "새롭게 창조"하시며 그에게 "깨끗한 마음," 곧 새로운 양심을 주신다.

50,21. "네 눈앞에 네 행실들을 펼쳐 놓으리라." 이러한 표현은 법적 절차 가운데 고발의 근거가 되는 증거들을 제시하여 반대편의 잘못을 입증하는 순간을 가리킨다. 그리스어 번역본에서는 동사 '엘렝코'("제시하다, 설득하기 위하여 입증하다")를 사용한다(미카 6,1-2의 주 참조).

50,22. "하느님을 잊은 자들" 정의를 실천하지 않으면서 드리는 예배는 무신론과 마찬가지다(이사 1,13; 호세 6,6; 아모 5,22 참조).
"그렇지 않으면 내가 잡아 찢어도." 히브리어 본문은 하나의 동사로 먹이를 잡아먹는 맹수의 행위를 묘사한다. 이것은 호세 5,14에서와 같은 하느님의 분노와 징벌을 나타내는 은유이다.

51,2. 머리글은 이 시편을 2사무 12,1-14의 사건과 연결시킨다.

51,3-5. 이 구절에서는 인간이 행하는 악을 가리키는 히브리어의 주요한 단어 세 가지가(죄악, 죄, 잘못) 모두 사용된다(38,19 주해 참조). 이 세 단어는 구약의 다른 곳에서도 사용된다(레위 16,21, 우리말 성경은 "죄, 허물, 잘못"; 32,1-2 "죄, 잘못, 허물"). 히브리어 '페샤'는 대개 "악행, 죄, 반항"으로 번역되며 생명과 구원을 위한 것인 하느님 명을 거부하고 거역함을 가리킨다. '아온'("잘못, 악, 죄악")은 더 구체적인 의미를 지니고 인간이 다른 이들을 무너뜨리거나 다치게 한 것을 지칭하는 편이다. 그러나 그 악의 결과는 그 자신도 위협한다(어떤 의미에서 이를 죄의 상황이라고 말할 수 있다). 세 번째 단어 '핫탓'은 죄를 지칭하여 가장 자주 사용되는 단어이며, 올바른 길에서 벗어남 또는 목적에 어긋남을 암시한다.

51,4. "씻으시고… 깨끗이 하소서."는 모세의 율법에 규정된 정결례의 특징적 동사들이다(탈출 19,10.14; 레위 6,20; 16,4 참조).

51,7. "저는 죄 중에 태어났고" 여기서 쓴 동사는 자주 쓰이지

8 그러나 당신께서는 가슴속의 진실을 기뻐하시고
남모르게 지혜를 제게 가르치십니다.
9 우슬초로 제 죄를 없애 주소서. 제가 깨끗해지리이다.
저를 씻어 주소서. 눈보다 더 희어지리이다.
10 기쁨과 즐거움을 제가 맛보게 해 주소서.
당신께서 부수셨던 뼈들이 기뻐 뛰리이다.
11 저의 허물에서 당신 얼굴을 가리시고
저의 모든 죄를 지워 주소서.
12 하느님, 깨끗한 마음을 제게 만들어 주시고
굳건한 영을 제 안에 새롭게 하소서.
13 당신 면전에서 저를 내치지 마시고
당신의 거룩한 영을 제게서 거두지 마소서.
14 당신 구원의 기쁨을 제게 돌려주시고
순종의 영으로 저를 받쳐 주소서.
15 제가 악인들에게 당신의 길을 가르쳐
죄인들이 당신께 돌아오리이다.
16 죽음의 형벌에서 저를 구하소서, 하느님, 제 구원의 하느님.
제 혀가 당신의 의로움에 환호하오리다.
17 주님, 제 입술을 열어 주소서.
제 입이 당신의 찬양을 널리 전하오리다.
18 당신께서는 제사를 즐기지 않으시기에
제가 번제를 드려도 당신 마음에 들지 않으시리이다.
19 하느님께 맞갖은 제물은 부서진 영.
부서지고 꺾인 마음을
하느님, 당신께서는 업신여기지 않으십니다.

않으며 창세 30,41에서와 같이 흥분된 상태를 묘사하는 데 사용된다. 기도자는 인간 본성이 태어날 때부터 근본적으로 죄로 기울어 있음을 고백한다. 해석사의 관점에서는 이 절의 그리스어와 라틴어 번역문이("죄 중에 잉태되었고") 잉태를 죄스러운 행위의 결과로 이해하게 만들었으며 정상적인 부부의 성적 관계 역시 죄스러운 것으로 여기게 이끌었음을 기억해야 할 것이다.

51,13-14. "당신의 거룩한 영" 생명을 주시고 변화시키시는 하느님의 힘을 뜻한다(삼위일체의 한 위격인 성령의 계시는 신약 성경의 특징이다). '루아'("영")라는 단어가 12-14절에서 세 번 반복되는데, 이 단어는 인간 안에 있는 생명의 숨결을 뜻하기도 하고 하느님에게서 오는 능력을 가리키기도 한다(창세 1,2; 판관 6,34; 1사무 16,14; 욥 12,10; 잠언 17,22; 에제 3,14 참조). "순종의 영" 또는 "너그러운 영"은 하느님께서 주시는 영을 뜻할 수도 있고 인간을 이끌고 역동적인 것이 되게 하는 정신을 뜻할 수도 있다.

✠ 이 시편을 밤기도 때 사용하는 것은 동방 전례와(그리스, 아르메니아, 시리아-야고보 전례와 네스토리우스파 전례) 서방 전례에서(암브로시오, 갈리아, 에스파냐, 로마, 베네딕토회 전례) 나타난다. 17절은 고대부터(로마와 수도원에서) 기도의 초대로 사용되었는데, 기도자들이 엄지로 입술에 십자표를 그으며 이 구절을 읊는 것이 위에서 내려오는 은총에 힘입어 위를 향하는 움직임인 성무일도의 특징이 되었다. 로마 전통에서는 모든 평일 아침기도에서 이 시편을 기도했고(성 베네딕토 수도규칙에서는 주일에도), 오늘날에는 금요일 아침기도 때 바친다(후렴들은 다양하여 21, 19, 6, 21절을 취한다). 참회의 날인 금요일에는 인간의 비참함을 체험하는 이가 하느님 자비를 청하는 것이 잘 어울린다(이 시편은 라틴어 첫 마디를 따서 Miserere라고 알려져 있다). 일곱 개의 참회시편 가운데 하나로 여겨지며(6; 32; 38; 102; 130; 143편와 함께), 기도하는 교회는 용서의 성사에서 그 몇 구절을 읊는다(고해성사 예식에서 4-5절은 참회자가 사죄경 전에 통회를 표현하는 양식으로 제시되어 있다). 참회를 위한 날들과 시기인 재의 수요일(화답송, 재를 얹을 때 읽는 시편), 사순 시기, 참회 예절 등에서도 사용된다. 그러한 의미에서 전통적으로 세상을 떠난 이들을 위한 기도로 지정되었고(상장 예식 참조), 위령 성무일도 아침기도에서도 "바수어진 뼈들이 주님 앞에서 기뻐하는도다."라는 후렴과 함께 사용된다.

📖 51,12-19. 둘째 부분은 철저한 단절로 시작한다. 죄에서 은총으로 건너가기 위해서는 새 창조가 필요하며 그것은 하느님께 속한 일이다.

20 당신의 호의로 시온에 선을 베푸시어
예루살렘의 성을 쌓아 주소서.
21 그때에 당신께서 의로운 희생 제물을, 번제와 전번제를
즐기시리이다.
그때에 사람들이 당신 제단 위에서 수소들을 봉헌하리
이다.

52

(51) 1 [지휘자에게. 마스킬. 다윗.
2 에돔 사람 도엑이 사울에게 와서 "다윗이 아히
멜렉의 집에 들어갔습니다." 하고 알렸을 때]

3 하느님의 자애가 한결같은데
권세가야, 너는 어찌하여 악을 자랑하느냐?
4 거짓을 일삼는 자야
너는 파멸을 꾸미고
네 혀는 날카로운 칼과 같구나.
5 너는 선보다 악을,
의로움을 말하기보다 속임수를 더 사랑하는구나. 셀라
6 거짓을 꾸미는 혀야
너는 온갖 멸망의 언사를 사랑하는구나.
7 그러니 하느님께서는 너를 영영 허물어뜨리시며
너를 천막에서 잡아채고 끌어내시어
생명의 땅에서 너를 없애 버리시리라. 셀라
8 의인들이 보고 두려워하며
그를 비웃으리라.
9 보라
하느님을 제 피신처로 삼지 않고
자기의 큰 재산만을 믿으며
악행으로 제가 강하다고 여기던 사람!

52,2. 여기 언급한 일화는 1사무 21-22에 전해진다.

52,3. "하느님의 자애가 한결같은데" 그리스어 번역본과 (새) 대중 라틴말 성경은 "악"으로 되어 있는데, 이는 히브리어 단어 '헤셋'("자애") 대신 '하마스'("폭력")를 전제한 것이다. 또한 이 번역본들은 "매일"을 다음 절에 연결한다. "권세가야, 너는 어찌하여 악을 자랑하느냐? 너는 매일 음모를 꾸미는구나."

52,4. "날카로운 칼" 이발사의 면도날을 가리킨다(민수 8,7; 이사 7,20; 에제 5,1 참조). 때로 성경에서 혀는 강력한 살상 무기에 비유된다(시편 64,4; 잠언 6,24; 18,21; 집회 26,6; 28,17-18; 야고 3,5-8 참조).

52,7. "천막에서 잡아채고 끌어내시어" 지상에서 불확실한 인간 실존을 가리키기 위한 은유적 표현이다. 이사 38,12에서 볼 수 있듯이 천막처럼 인간 삶도 뿌리째 뽑힐 수 있다.

52,9. 히브리어에서는 "제 피신처"('마우쯔')와 "제가 강하다고"('야오즈') 사이에 언어유희가 있다. 9절의 마지막 단어 "악행"은 4절의 "거짓"과 같은 단어인데, 4절에서는 특히 말로 저지르는 악행을 지칭했다.

51,20-21. 유배 끝 무렵이나 귀향 후에 누군가 이 절들을 덧붙여 이 시편을 현실화했다. 유배는 참회로 마음을 부서뜨리는 시간이었고, 지혜를 성숙하게 하며 귀환의 길을 배우기 위한 기간이었다. 주님은 용서하시고 그들과 화해하신다. 이러한 새로운 조건에서 희생 제사는 그 가치를 되찾는다.

52(51). 1편에서와 같이 이 지혜시편은 연속적으로 악인(3-7절)과 의인(8-10절)에 대해 고찰한다. 거짓을 씨 뿌리는 악인에게 시편 저자는 하느님께서 공평한 처벌을 내리시리라고 말한다. 좋은 나무처럼 하느님과 가까이 있는 데서 양분을 얻는 의인은 하느님의 보호를 누릴 것이며 그분을 찬송하게 될 것이다.

✠ 2주간 수요일 독서기도에서 기도자의 태도를 표현하는 10절을 후렴으로 기도한다.

10 그러나 나는 하느님 집에 있는
푸른 올리브 나무 같아라.
영영세세
나는 하느님의 자애에 의지하네.

11 제가 당신을 영원히 찬송하니
당신께서 행하셨기 때문입니다.
당신께 충실한 이들 앞에서
좋으신 당신 이름에 희망을 둡니다.

53

(52) 1 [지휘자에게. 알 마할랏. 마스킬. 다윗]

2 어리석은 자 마음속으로
'하느님은 없다.' 말하네.
모두 타락하여 불의를 일삼고
착한 일 하는 이가 없구나.
3 하느님께서는 하늘에서
사람들을 굽어 살피신다,
그 누가 깨달음 있어
하느님을 찾는지 보시려고.
4 모두 빗나가
온통 썩어 버려
착한 일 하는 이가 없구나.
하나도 없구나.
5 어찌하여 깨닫지 못하는가?
나쁜 짓 하는 자들
내 백성을 빵 먹듯 집어삼키는 저들
하느님을 부르지 않는 저들.

53,1. 14편에 비하여 머리글에 더 많은 정보가 들어 있다. 이것은 '마스킬' 곧 교훈적인 시이다.

53,2-3. 로마 3,10-12에 인용되었다.

53,3-4. 시편 저자는 전적인 타락과 악의 상황을 일반화한다. 이렇게 황폐한 장면 앞에서는 소돔과 고모라의 경우와 같이 흔히 하느님 징벌과 결단이 오게 되는데, 이스라엘도 자신의 죄로 마음이 완고해졌을 때에는 그러하였다(이사 1,1-10; 마태 17,17; 루카 9,41 참조).

52,10. 올리브는 팔레스티나에 널리 퍼진 식물로, 고대 히브리인들은 이를 가장 아름답고 가치 있는 나무로 여겼다. 그 기름은 이 땅에서 가장 중요하고 소중한 산물 가운데 하나였다. 그래서 올리브는 시에서 번영과 아름다움의 표상으로 사용되었는데, 이스라엘 백성 전체 또는 하느님을 온전히 신뢰하는 의인에게 적용되었다(128,3과 호세 14,7 참조).

53(52). 이 시편은 14(13)편을 재편집한 "무신론자의 노래", 곧 인간들 사이의 사건에 하느님은 전혀 무관심하시다고 주장하는 이들에 대한 노래이다. 두 시편의 차이점 두 가지를 지적해 둔다. 첫째, 53편은 3.5.7절에서 "하느님"(히브리어 '엘로힘')이라는 단어를 사용하는 반면 14편의 해당 구절들에는 "주님"으로 되어 있다(사성문자 '야훼'). 이 차이는 42-83편에서 '엘로힘'이라는 용어를 선호하는 일반적 경향에 따른 것이다(그래서 일부 학자들은 이 시편들을 "엘로힘 시편집"이라고 정의한다). 두 번째 차이점은 6ㄴ절인데, 이는 14,6과 상당히 거리가 있다. 14편에서는 가난하고 억압받는 이들에 대한 하느님의 보호를 강조하고, 53,6ㄴ은 원수들과 악인들에 대한 처벌을 강조한다.

✠ 2주간 화요일 낮기도 때 기도한다. 후렴은 7절에서 취한 것으로, "주께서 당신 백성을 해방시키실 그때, 우리는 기뻐 봄놀으리라."이다.

6 거기에서, 겁낼 것이 없던 그곳에서
그들은 겁에 질려 소스라치리니
너를 포위한 자들의 뼈를
하느님께서 흩으시겠기 때문이다.
네가 그들에게 창피를 주리니
하느님께서 그들을 물리치시겠기 때문이다.
7 아, 시온에서 이스라엘의 구원이 베풀어졌으면!
하느님께서 당신 백성의 운명을 되돌리실 때
야곱이 기뻐하고 이스라엘이 즐거워하리라.

54

(53) 1 [지휘자에게. 현악기와 더불어. 마스킬. 다윗.
2 지프인들이 사울에게 와서 "다윗이 우리 가운데에 숨어 있습니다." 하고 아뢰었을 때]

3 하느님, 당신의 이름으로 저를 구하시고
당신의 권능으로 제 권리를 되찾아 주소서.
4 하느님, 제 기도를 들으시고
제 입의 말씀에 귀 기울이소서.
5 이방인들이 저를 거슬러 일어나고
포악한 자들이 제 생명을 노리기 때문이니
그들은 하느님을 자기 눈앞에 모시지도 않습니다. 셀라

6 보라, 하느님은 나를 도우시는 분,
주님은 내 생명을 받쳐 주시는 분이시다.

7 저의 적에게 악이 되돌아가게 하소서.
당신의 진실로 그들을 멸망시키소서.
8 제가 기꺼이 당신께 제물을 바치오리다.
주님, 당신의 좋으신 이름을 찬송하오리다.
9 당신의 그 이름이 저를 구원하시어
제 눈이 원수들을 내려다보겠기 때문입니다.

53,7. "야곱", "이스라엘" 두 이름 모두 모든 지파를 지칭하거나 북부 지파들만을 지칭할 수 있다(미카 1,5; 또한 탈출 19,3; 민수 24,5.17; 시편 78,5.21.71; 예레 10,16 참조).

54,2. 1사무 23,14-28의 일화를 암시한다.

54,3. "이름… 권능" 이 두 단어는 동의어로 사용되어 구원의 역사 안에서 드러나는 하느님 능력을 나타낸다(예를 들어 이집트 탈출 사건에서, 탈출 15,3 참조). 또한 시편 20,2의 주 참조. 명사 "이름"은 이 시편의 시작과 끝에 나타나며, 8절과 작은 수미쌍관을 이룬다("당신의 이름을 찬송하오리다.").

54,5. "이방인들" 일부 히브리어 사본들은 외국인들을 뜻하는 '자림'으로 되어 있고(그리스어 번역본과 대중 라틴말 성경도), 다른 사본들은 이와 유사한 모양의 '제딤'으로 되어 있어 "오만한 자들"을 뜻한다(고대 아람어 번역본과 새 대중 라틴말 성경도).

54,8. "기꺼이 제물을" 히브리어 '느다바'(친교제에 속한다)로, 서원이나 법률 규정에 의해서가 아니라 스스로 행하는 자발적 신심을 표현한다(레위 7,16; 22,18-23; 시편 51,14 참조). 번역문에서는 이 단어가 지닌 제의적 의미를 명시했는데, 이는 위에 인용된 레위기 본문들로 입증된다.

54,9. 본문은 8절에서 하느님께 2인칭으로 말하다가 다시 3인칭으로 말하여 6절에 연결된다. 이는 히브리 시문학에서 드물지 않은 것으로, 표현이 유연하고 생생해진다. "내려다보겠기 때문입니다."라는 히브리어 표현은 원수들에 대하여 승리한 이의 만족스러운 눈길을 나타내는 듯하다(112,8 참조).

54(53). 이 시편은 짧으면서도 탄원시편의 모든 요소를 포함하고 있다. 하느님의 도우심을 청하는 호소로 시작되어(3-4절), 탄원의 동기가 제시된다. 원수들이 시편 저자의 생명을 노리고 있다(5절). 정의로운 심판관이시며 구원자이신 하느님 모습이 시편의 중심에 자리 잡고 있다(6절). 원수들을 다시 언급하면서 그들이 하느님의 징벌을 받을 것을 말하고(7절), 분명히 받게 될 하느님 은총에 대하여 친교제를 바치겠다고 약속하는 것으로 시편을 끝맺는다(8-9절).

✠ (7절의 저주를 생략하고) 2주간 화요일 낮기도에서 6절을 후렴으로 기도한다. 성금요일 낮기도에서도 기도하는데, 이 구절이 십자가에서 돌아가시며 당신 자신을 하느님께 찬미의 제물로 바치신 그리스도의 감정들을 보여 주기 때문이다. 6.8절은 연중 제16주일 입당송으로 사용된다.

55

(54) 1 [지휘자에게. 현악기와 더불어. 마스킬. 다윗]

2 하느님, 제 기도에 귀 기울이소서.
저의 간청을 외면하지 마소서.
3 제게 주의를 기울이시어 응답해 주소서.
제가 절망 속에 헤매며 신음하니
4 원수의 고함 소리 때문이며
악인의 억압 때문입니다.
그들이 저에게 환난을 들씌우며
저를 모질게 공격합니다.
5 제 마음이 속에서 뒤틀리고
죽음의 공포가 제 위로 떨어집니다.
6 두려움과 떨림이 저를 덮치고
전율이 저를 휘감습니다.
7 제가 생각합니다. '아, 내가 비둘기처럼 날개를 지녔다면
날아가 쉬련마는.
8 정녕 멀리 달아나
광야에 머물련마는. 셀라
9 폭풍의 세찬 바람 피하여
은신처로 서둘러 가련마는.'
10 주님, 엉클어 버리소서.
그들의 말을 갈라 버리소서.
성안의 폭력과 분쟁을
제가 봅니다.
11 그들은 낮이고 밤이고
성벽 위를 돌고 있습니다.
그 안에 환난과 재앙이,

55,6. "전율이 저를 휘감습니다." "공포가 저를 빠뜨립니다."(욥 9,6; 이사 21,4 참조)라고 할 수도 있다.

55,7. "비둘기처럼 날개를" 성경에서 날개는 때로 구원을 위한 피신을 나타내는 은유로 사용된다(탈출 19,4; 시편 11,1; 묵시 12,14 참조).

55,8. "광야에 머물련마는." 다른 곳에서도 광야는 피신처로 여겨진다(예레 9,1; 묵시 12,6 참조). 히브리어 '미드바르'가 "사막"보다는 초원 지역을 가리킨다는 점을 잊지 말 것이다(1열왕 2,34의 주 참조).

55,9. "은신처로 서둘러 가련마는." 번역문은 히브리어 동사의 의미론적 뉘앙스를 고려한 것이다. 그러나 그리스어 번역본과 (새) 대중 라틴말 성경은 반대 의미로 해석하여 "나는 나를 구하시는 분을 기다린다."로 되어 있다.

55,11-12. "그 안에"는 두 차례 반복되어 강조하는 효과를 내지만 문체는 세련되지 않다. "그 안에… 그 주위에"로 번역할 수도 있다.

55(54). 시편 저자는 여러 가지 이유로 하느님께 탄원을 올린다(2-3절). 거룩한 도성 예루살렘에서 악이 승리하고 있는 것을 본다. 곳곳에 폭력과 분쟁, 환난, 재앙, 파멸, 억압, 사기가 있다(4-12절). 위선자는 그림과 같이 묘사된다. 버터와 기름 등 좋은 음식들의 감미로움은 전쟁의 잔혹함과 칼의 치명적 예리함에 대비된다(21-22절). 그러나 기도자의 가장 괴로운 고통은 친한 친구의 배반이다(13-15절). 그는 멀리 도망가 피신하기를 갈망하지만(7-9절), 가장 확실한 피신처는 하느님이시다. 끊임없는 기도는 하느님께서 들어 주실 것이며 기도자는 원수들의 멸망을 보게 될 것이다.

✠ 탄원시편으로 그리스도의 수난에 적용되어 (16절의 저주를 제외하고) 2주간 수요일 낮기도에 기도하며(후렴들은 6.17절을 강조한다.) 또한 세 부분으로 나누어 예수님 죽음을 기념하는 날인 4주간 금요일 독서기도 때 기도한다. 18절은 히브리 전통의 기도 시간들을 증언하는데(저녁, 아침, 한낮) 이는 동방이나 서방에서 매일의 성무일도를 구성하는 주요한 시간들이다. 오늘날까지 보존된 히브리 전통에서는 해가 질 때 하루가 시작되므로, 저녁은 새 날의 시작이다. 아침은 흔히 기쁨과 구원의 순간으로 여겨졌고, 하느님께서 당신께 간구하는 기도자의 목소리를 들으시는 시간이다(5,4 참조). 한낮은 하루의 절정이며 흔히 밤의 어둠과 암흑에 대조된다.

55,15. "떠들썩한 군중 속을 함께 거닐던 우리." 번역이 어려운 구절이다. 그리스어 번역본과 (새) 대중 라틴말 성경을 참조하여 "한마음으로 거닐던 우리"로 번역하기도 한다. 우리말 성경의 번역문은 축제의 소란스러운 예식 거행을 암시한다(2,1 "술렁거리며"; 64,3 "폭동"에서 같은 어근이 사용된다).

55,20. "그들은 회개하지 않고"는 악에 완고하며 자신들 안에 갇혀 있는 이들의 상황을 묘사한다(36,3-5에 묘사된 상황과 유사하다).

55,23. "근심" 이 히브리어 단어는 여기에만 사용되며 "수고, 짐"으로 번역될 수 있고 그리스어 번역본과 (새) 대중 라틴말 성경과 같이 "근심"으로 번역할 수도 있다.

12 그 안에 파멸이 있으며
억압과 사기가
그 광장을 떠나지 않습니다.
13 원수가 저를 모욕한 것이 아닙니다.
그랬다면 제가 참았을 것입니다.
저를 미워하는 자가 제 위에서 거드름을 피운 것이 아닙니다.
그랬다면 제가 그를 피해 숨었을 것입니다.

14 그러나 그것은 너, 내 동배
내 벗이며 내 동무인 너.
15 정답게 어울리던 우리
하느님의 집에서
떠들썩한 군중 속을 함께 거닐던 우리.

16 파멸이 그들 위로 내려라!
그들은 산 채로 저승으로 내려가리니
그들 곳간에, 그들 속에 악만 있기 때문이다.
17 그러나 내가 하느님께 부르짖으면
주님께서 나를 구하여 주시리라.
18 저녁에도 아침에도 한낮에도
나는 탄식하며 신음하네.
그러면 그분께서 내 목소리 들으시고
19 나를 거슬러 일어난 싸움에서
나를 평화로 이끌어 구하시리니
많은 사람들이 나를 대적하여 늘어섰기 때문이네.
20 먼 옛날부터 좌정하여 계신 분
하느님께서 들으시어 그들에게 응답하시리라. 셀라
그들은 회개하지 않고
하느님을 경외하지 않네.
21 그는 친구들에게 손을 대어
자기의 계약을 파기하네.
22 그의 입은 버터보다 부드러우나
마음에는 싸움만이 도사리고
그의 말은 기름보다 매끄러우나
실은 빼어 든 칼이라네.
23 네 근심을 주님께 맡겨라.
그분께서 너를 붙들어 주시리라.
의인이 흔들림을
결코 내버려 두지 않으시리라.

24 하느님, 당신께서는 저들을
깊은 구렁 속으로 빠져들게 하시리이다.
피에 주린 자와 사기 치는 자들
그들은 일생의 반도 채우지 못하지만
저는 당신을 신뢰합니다.

56

(55) 1 [지휘자에게. 알 요낫 엘렘 르호킴. 다윗.
믹탐. 필리스티아 사람들이 그를 갓에서 붙잡았
을 때]

2 하느님, 저에게 자비를 베푸소서. 사람들이 저를 짓밟고
온종일 몰아치며 억누릅니다.
3 저의 적들이 온종일 짓밟습니다.
정녕 저를 몰아치는 자들이 많기도 합니다, 지고하신
분이시여!
4 제가 무서워 떠는 날
저는 당신께 의지합니다.

5 하느님 안에서 내가 그분의 말씀을 찬양하고
하느님께 의지하여 두려워하지 않으니
살덩이가 나에게 무엇을 할 수 있으랴?

6 그들은 온종일 제 말에 트집을 잡으며
그들의 모든 생각은 저를 해치려는 것뿐입니다.
7 함께 모여 엿봅니다.
저의 목숨을 노리면서
그들이 제 발자국을 살핍니다.
8 이런 죄악에도 그들에게 구원이 있겠습니까?
하느님, 진노로 저 무리를 쓰러뜨리소서.
9 저는 뜨내기, 당신께서 적어 두셨습니다.
제 눈물을 당신 부대에 담으소서.
당신 책에 적혀 있지 않습니까?
10 그때, 제가 부르짖는 그날

56(55). 개인 탄원시편으로 점차 신뢰가 주류를 이루게 된다. 시편 저자는 원수들에게 계속 쫓기고 있고(2-3절), 그들은 그를 거슬러 음모를 꾸민다(6-8절). 그러나 기도자의 신뢰는 그들의 악보다 더 위에 있다(4-5절). 이 시편은 후렴으로 구분되며, 후렴에서 하느님과 그분의 말씀은 사람들에 맞서는 강력한 보호로 나타난다(5.11절). 하느님은 약속대로 그를 잊지 않으신다. 하느님은 자애로운 아버지와 같이 박해받아 헤매는 아들을 살피시며 그의 눈물을 담아 주시고, 그 눈물은 이미 생명의 책에 모두 기록되어 있다(9-12절). 하느님께서 이루어 주실 구원에 대한 감사는 온전히 그분께 돌아갈 것이다(13-14절).

✠ (7ㄴ-8절의 저주를 생략하고) 2주간 목요일 낮기도 때 바친다. 후렴은 12절을 취한다.

55,24. "깊은 구렁"은 죽은 이들의 왕국인 스올을 묘사하는 상징이다.

56,1. "알 요낫 엘렘 르호킴." "멀리 있는 사람들의 침묵의 비둘기", "멀리 있는 테레빈 나무의 비둘기", "멀리 있는 사람들의 비둘기" 등으로 번역하기도 하지만, 해석이 어렵다. 다윗이 붙잡힌 것에 관해서는 1사무 21,11-16 참조.

56,2. "저를 짓밟고" 히브리어 본문의 동사는 뒤쫓는 자들의 힘을 목덜미에서 느끼는 사람의 상황을 가리킨다(57,4 참조).

56,5. "살덩이"는 나약한 인간을 나타낸다(78,39; 예레 17,5 참조). 이 시편은 2절의 "사람"(사멸할 인간)과 12절의 "사람"('인류'라는 일반적 의미)이라는 다른 두 단어를 통해서도 인간학적 차원을 강조한다.

56,8. "이런 죄악에도 그들에게 구원이 있겠습니까?" 히브리어를 자구적으로 해석하여 수사 의문문으로 번역하였다. 히브리어 본문에 오류가 있다고 보아 "그들에게 갚아 주소서."라고 번역하기도 한다. 본문이 '팔렛'("구출하다, 보존하다", 2사무 22,44와 미카 6,14)이 아닌 '팔레스'("주의 깊게 보다, 검사하다, 고려하다", 잠언 5,21)였다고 추정하는 것이다.

56,9. 이 구절은 부대와 책이라는 뛰어난 이중의 표상을 담고 있다. 사람들 눈물은 하느님께 마치 베두인들이 사막을 건너갈 때 부대에 보관하는 물이나 우유, 식량과 같이 소중하다. 하느님은 인간의 고통이 헛되이 사라지게 두지 않으시며, 그 눈물 방울을 보석 구슬처럼 모아 두신다. 다른 하나는 생명의 책의 표상이다. 인간은 떠돌아다니는 유

제 원수들이 뒤로 물러가리이다.
하느님께서 제 편이심을 저는 압니다.

11 하느님 안에서 나는 말씀을 찬양하네.
주님 안에서 내가 말씀을 찬양하네.
12 하느님께 의지하여 두려워하지 않으니
사람이 나에게 무엇을 할 수 있으랴?

13 하느님, 제가 당신께 드린 서원들이 있으니
감사의 제사로 당신께 채워 드리오리다.
14 당신께서 제 목숨을 죽음에서 건지시어
제 발이 넘어지지 않게 해 주셨으니
하느님 앞에서,
생명의 빛 속에서 걸어가도록 하심입니다.

57

(56) 1 [지휘자에게. 알 타스헷. 다윗. 믹탐. 그가 사울을 피하여 동굴로 도망쳤을 때]

2 자비를 베푸소서, 하느님, 저에게 자비를 베푸소서.
제 영혼이 당신께 피신합니다.
재앙이 지나갈 그때까지
당신 날개 그늘로 제가 피신합니다.

3 나는 하느님께, 지극히 높으신 분께 부르짖네.
나를 위하시는 하느님께.
4 하늘에서 보내시어 나를 구하시고
나를 짓밟는 자를 부끄럽게 하시리라. 셀라
하느님께서 당신 자애와 당신 진실을 보내시리라.

5 저는 사자들 가운데에,
사람을 집어삼키려는 것들 가운데에 누워 있습니다.
그들의 이빨은 창과 화살,
그들의 혀는 날카로운 칼입니다.
6 하느님, 하늘 높이 일어나소서.

57(56). 맹수들로 비유된(5-7장) 원수들에게 쫓기는 시편 저자는 성전에 피신한다. 사랑에 충실하신 하느님, 계약 궤의 "커룹들 위에 앉아 계신"(1사무 4,4; 시편 80,2 참조) 하느님께 그는 보호를 청한다(2-4절). 신뢰와(8절) 하느님의 도우심에 대한 감사가 찬미의 노래를 부르기 위하여 잠에서 깨어나는 악기들이라는 시적 표상으로 표현된다(9-10절). 그래서 이 시편은 첫 부분의 탄원과(1-7절) 둘째 부분의 신뢰와 감사로 구성된다(8-12절).

✠ 새벽 동이 틀 때부터 하느님을 찬송하고자 하는 기도자의 갈망이 분명하게 드러나므로 이를 표현하는 9절을 후렴으로 하여 1주간 목요일 아침기도 때 기도한다. 또한 시련의 때 하느님 안에 굳건히 서 있고자 하는 간절한 갈망이 나타나 2주간 목요일 낮기도 때도 기도한다.

목민과 같아, 흔히 길을 벗어나고 목적지도 없이 세상의 길을 돌아다닌다. 그러나 하느님은 그 모든 발걸음을 적어 두신다. 인간의 발걸음에는 실수도 있을 수 있지만, 갈망과 추구도 있다. 인간의 모든 비밀이 기록된 "생명의 책"에 그 발걸음들이 기록된다. 아무것도 허무로 사라지지는 않는다.

56,13. "서원들… 채워 드리오리다." 구약 성경에서 서원을 하는 것은 특정한 요청과 연관된다. 그 책임은 요청의 강도와 연관된다(민수 15,10; 30; 1사무 1,20-28; 시편 61,6 참조).

56,14. 스올의 심연에 떨어짐을 암시한다. "생명의 빛(산 이들의 빛) 속에서 걸어가도록"은 지상의 삶을 나타내는 은유이다.

57,2. "제 영혼이 당신께 피신합니다."는 "제가 당신께 피신합니다."와 같은 의미이다(35,12의 주 참조).

57,3. "나를 위하시는" 히브리어 동사가 완성과 온전함을 떠올리게 하므로 "나를 위하여 모든 것을 하시는"으로 번역하기도 하지만, 이 구절에 목적어가 없어 번역하기 어렵다(138,8과 유사하다).

57,4. "부끄럽게 하시리라." "맞서시리라, 조롱하시리라."라고 할 수 있다. 여기에 해당하는 히브리어 동사는 경멸의 의미를 띠며 흔히 "모욕하다"로 번역된다(42,11 참조). "나를 짓밟는 자"는 반대자 또는 박해자들이다(56,2과 동일한 히브리어 동사가 사용되었다).

57,5. "누워 있습니다." 히브리어 동사는 "누울 것입니다."라고도 옮길 수 있는데, 그 경우에는 어려움과 고통의 상황에 대한 묘사가 아니라 하느님께서 주시는 구원의 표상이 된다. 사자 굴의 다니엘 이야기는 의인이 위험 속에서 누리는 안전의 예이다(다니 6장).

57,6.12. "하늘 높이 일어나소서." 하늘은 탁월한 의미에서 하

당신의 영광 온 땅 위에 떨치소서.
7 그들이 제 걸음마다 그물을 쳐 놓아
제 영혼이 꺾였습니다.
그들이 제 앞에 구덩이를 파 놓았으나
그들 자신이 그 가운데로 빠져들었습니다. 셀라.
8 제 마음 든든합니다, 하느님.
제 마음 든든합니다.
제가 노래하며 찬미합니다.

9 깨어나라, 나의 영혼아.
깨어나라, 수금아, 비파야.
나는 새벽을 깨우리라.

10 주님, 제가 백성들 가운데에서 당신을 찬송하고
겨레들 가운데에서 당신을 노래하리니
11 당신의 자애가 하늘까지,
당신의 진실이 구름까지 닿도록 크시기 때문입니다.
12 하느님, 하늘 높이 일어나소서.
당신의 영광 온 땅 위에 떨치소서.

58 (57) 1 [지휘자에게. 알 타스헷. 다윗. 믹탐]

2 오, 신들아, 너희가 진실로 정의를 말하며
올바르게 사람들을 심판하느냐?
3 너희는 오히려 마음속으로 불의를 지어내고
너희 손의 폭력을 땅 위에 퍼뜨리는구나.
4 악인들은 어미 배에서부터 변절하고
거짓말쟁이들은 어미 품에서부터 빗나간다.
5 그들은 뱀과 같은 독을 지녔다.
제 귀를 틀어막아 귀먹은 독사처럼.
6 능숙하게 주문을 외우는 주술사의 목소리를,
요술사의 목소리를 듣지 않으려는 독사처럼.

7 하느님, 그들 입 안의 이를 부수소서.
주님, 사자들의 이빨을 부러뜨리소서.

58(57). 전형적인 저주시편이다. 세상의 몇몇 권세가들, 특히 불의한 재판관들이(2절) 해롭고 교활한 동물들에 비유된다(2-5절). 동태 복수법의 사고방식에 따라 시편 저자는 이들에게 어두운 어조로 완전한 멸망을 기원한다(7-11절).

소위 저주시편에 속하기 때문에 성무일도에서 제외된다(성무일도 총지침, 131항: "이를 제외시킨 이유는 어떤 심리적인 어려움 때문이다." 참조). 당사자는 이 저주의 효과가 오직 하느님께 달려 있음을 알고 하느님께 이 기도를 드렸음을 염두에 두어야 한다.

느님 현존의 자리이며 하느님 초월성의 표지이다(1열왕 8,27; 2역대 2,5 참조). 하느님께서 하늘 위로 일어나시는 것은 온 세상에 대한 권능을 드러내심을 의미한다.

58,3. "오히려"라는 단어를 삽입한 것은 히브리어 문장이 강조를 위한 접속사로 시작하기 때문이다. 이 강조의 뉘앙스를 살리기 위해 앞 문장의 질문과 연결해서 '아니다!'라고 번역하기도 한다. "퍼뜨리는구나." 고대 번역본들 가운데에는 "너희 손들이 폭력을 달아보는구나."로 옮기는 경우도 있는데, 이는 동사 어근을 "저울"이라는 명사('펠레스')와 연결시킨 것으로 보인다.

58,10. 번역과 해석이 매우 어려운 구절이다. “찔레나무처럼 가시를 내기 전에 산 채로 불태워지리라, 분노가 그들을 쓰러뜨리리라.” 또는 “난데없이 불어닥친 회리바람에 싱싱하던 가시덤불 말라 버리듯이 만드소서.” 등 다른 번역을 제안하기도 한다. 전체적인 의미는 악인들에 대한 징벌이 냉엄하고 단호하게 내려지기를 기원하는 것이다(저주시편들 64; 109; 137편).

58,12. “과연 의인에게는 결실이 있구나.”는 응보 교리의 극단적 해석으로, 악인들은 지상에서 벌을 받는다는 것이다.

59,3. 생명이 있는 자리인 피는 하느님께 속하며, 하늘을 향하여 복수를 부르짖는다(창세 9,6; 레위 17,4 참조).

59,4. “공격합니다.” 또는 “공모합니다, 덤벼듭니다.”라고 할 수 있다. 이 동사는 56,7에서 “함께 모여 엿봅니다.”라고 번역되면서, 똑같이 악인들의 적대적 태도에 대하여 말하고 있다.

59,6. 이 구절은 하느님 현존을 보증하는 계약의 궤를 들어 올려 군대와 함께 적군을 향해 행진하게 하던 구약 성경의 전투들을 상기시킨다.

8 흘러내리는 물처럼 그들은 사라지고
그들이 화살을 당긴다 해도 무디어지게 하소서.
9 녹아내리는 달팽이처럼,
햇빛을 못 보는, 유산된 태아처럼 되게 하소서.

10 가시나무 불이 너희 솥을 뜨겁게 하기도 전에
주님께서는 날로든 태워서든 그 안의 것을 없애 버리시리라.
11 의인은 복수를 보며 기뻐하고
악인의 피에 자기 발을 씻으리라.
12 그리하여 사람들이 말하리라. “과연 의인에게는 결실이 있구나.
과연 세상에는 심판하시는 하느님께서 계시는구나.”

59

(58) 1 [지휘자에게. 알 타스헷. 믹탐. 다윗. 사울이 사람들을 보내어 다윗을 죽이려고 집을 감시할 때]

2 저의 하느님, 제 원수들에게서 저를 구하소서.
제 적들에게서 저를 보호하소서.
3 나쁜 짓 하는 자들에게서 저를 구하시고
피에 주린 자들에게서 저를 구원하소서.
4 보소서, 그들이 제 목숨을 엿보며
힘센 자들이 저를 공격합니다.
주님, 저에게는 잘못이 없고 죄가 없는데도,
5 제 탓이 없는데도 그들은 달려와 늘어섰습니다.
깨어나 오시어 저를 보소서.
6 당신은 주 만군의 하느님, 이스라엘의 하느님.
일어나시어 민족들을 모두 벌하소서.
사악한 변절자 그 누구에게도 동정을 베풀지 마소서.
셀라

58,12 1,6; 18,21-29; 28,4; 욥 11,15-20.

59(58). 시편 첫머리의 간청은(2-3절) 탄원의 분위기를 조성한다. 박해받는 무죄한 이가 하느님 앞에서 밤중에 기도하며 자신의 마음을 쏟아놓는다. 악을 행하고 피를 좋아하며 배반을 일삼는 힘 있는 자들은(3-5.13절) 그를 물어뜯으려 하는 성난 개들처럼 거짓과 모독을 범한다(7-8.15-16절). 왜 하느님은 보지 않으시는 것처럼 느껴지는가? 시편 저자의 부르짖음은 하느님을 잠에서 깨워(5-6절) 탄원을 드리려 한다(6.12-14절). 그러나 하느님은 주무시지 않는다. 오히려 당신의 드높은 엄위로 악인들을 비웃으신다(9절). 기도자 역시 하느님 자비로 그 원수들을 내려다보며 하느님의 충실하신 이름을 찬송할 수 있게 될 것이다.

59,6 44,10; 60,12; 탈출 7,4; 12,17.41; 1사무 4,6-9.

✠ (6-9.12-16절의 저주를 생략하고) 2주간 금요일 낮기도 때 기도한다. 후렴은 2절이다.

7 그들은 저녁이면 돌아와
개처럼 짖어 대며
성안을 돌아다닙니다.
8 보소서, 그들은 입으로 거품을 내뿜고
입술에는 칼을 물고서 말합니다.
"대관절 누가 듣는단 말이냐?"
9 그러나 주님, 당신께서는 그들을 비웃으시며
민족들을 모두 냉소하십니다.
10 저의 힘이시여, 당신만을 바랍니다.
하느님, 당신께서 저의 성채이시기 때문입니다.

11 나의 자애로우신 하느님께서 나에게 마주 오시리라.
하느님께서 내가 적대자들을 내려다보게 하시리라.

12 제 백성이 잊지 않도록 그들을 죽이지 마소서.
저희의 방패이신 주님
당신 힘으로 그들을 흩어 버리고 쓰러뜨리소서.
13 그들 입술에서 나온 말은 그들 입이 저지른 죄니
자기들의 교만에 걸려들게 하소서.
저주와 거짓말을 늘어놓았으니
14 그들을 진노로 없애소서, 하나도 남김없이 없애소서.
하느님께서 야곱을 다스리심이
세상 끝까지 알려지리이다. 셀라
15 그들은 저녁이면 돌아와
개처럼 짖어 대며
성안을 돌아다닙니다.
16 먹을 것을 찾아 이리저리 쏘다니다
배를 채우지 못하면 거기서 밤을 새웁니다.
17 그러나 저는 당신의 힘을 노래하오리다.
아침에 당신의 자애에 환호하오리다.
당신께서 저에게 성채가,
제 곤경의 날에 피신처가 되어 주셨습니다.
18 하느님, 당신은 저의 성채,
저의 자애로우신 하느님이시니
저의 힘이시여, 당신께 노래하오리다.

59,8. "입으로 거품을 내뿜고" 히브리어 동사는 "분출하다"를 연상시킨다("입에 거품을 물고 화를 내다"라는 우리말 표현과 유사하다). 그리스어 번역본과 (새) 대중 라틴말 성경은 입에서 뱉어 나오는 말들을 지칭하는 것으로 해석한다.

59,10. "당신만을 바랍니다." "당신을 위하여 깨어 있습니다."라고 할 수도 있다. 히브리어 동사는 파수꾼의 자세를 나타낸다 (63,7; 90,4; 119,148 참조).

59,11. "마주 오시리라."는 이 절의 맥락에서 군사적인 의미로 이해된다. 하느님은 당신 사랑으로 마치 전투에서 원수들 사이에서 앞서가며 길을 열어 주듯이 하신다.

59,13. 7,16-17에서와 같이 복수의 법을 묘사한다. 다른 이들에게 해를 입히려 한 것은 그것을 계획한 사람에게 되돌아간다 (잠언 26,27; 집회 27,25; 에제 18,13 참조).

60,1. 이 시편을 노래하는 가락은(머리글이 이를 표시한 것이라면) 80편에서와 동일하다(아마도 45편과 69편에서도 동일하다). "알 수산 애둣"은 "증언의 나리꽃" 또는 "계명의 나리꽃"을 뜻한다. 다른 가능성으로, "증언"은 시편 전체와 연결하고 "나리꽃"은 그렇게 보지 않는 해석이 있다. "나리꽃 가락으로. 교훈을 위한 증언."

60,2. 2사무 8과 1역대 18에 기록된 사건들을 가리킨다.

60,5. 예언자들 설교에서는 술잔이 때로 하느님 진노를 나타낸다. 그 잔의 내용물은 악인들을 취하게 하는데, 이는 하느님 징벌을 나타내는 은유이다(75,9; 이사 51,17; 예레 25,15; 즈카 12,2 참조).

60,8-11. 이 아홉 개의 이름은 (여섯 개는 이스라엘의 지명이고 세 개는 다른 나라의 지명이다) 2사무 8장에 언급된 다윗 임금의 통치 지역에 해당한다. 중요한 두 지파인 에프라임(북부)과 유다(남부)는 군사적 비유에서 특별한 역할을 지닌다. 각각 (인간의 생명과 관련되고 결정을 내리는 부분을 보호하는) 투구와 (통치권을 나타내는) 왕홀에 비유된다(이사 11,13; 호세 5,5 참조). "신발을 던지고"는 자신의 소유로 차지함을 뜻한다(신명 25 참조). 씻기 위한 대야와 연결지을 때에는 신발을 벗는 것이 정결례에서의 존경과 기도의 표시라고 해석할 수도 있다.

60,10. 에돔에 관하여, 신명 23,8의 주 참조

60

(59) 1 [지휘자에게. 알 수산 애둣. 믹탐. 다윗.
교훈을 위하여.
2 그가 아람 나하라임과 초바의 아람인과 전쟁할 당시
요압이 돌아와 '소금 골짜기'에서 에돔족 만 이천 명을
쳤을 때]

3 하느님, 당신께서 저희를 버리시고 저희를 부수셨습니다.
당신께서 분노를 터뜨리셨습니다. 저희를 회복시켜 주소서.
4 당신께서 땅을 뒤흔드시어 갈라놓으셨습니다.
그 갈라진 틈들을 메워 주소서. 흔들립니다.
5 당신 백성에게 고생을 겪게 하시고
저희에게 어지럼 이는 술을 마시게 하셨습니다.
6 당신을 경외하는 이들에게 깃발을 올리시어
활 앞에서 지레 도망치게 하셨습니다. 셀라
7 당신의 사랑받는 이들이 구원되도록
당신의 오른팔로 도우시고 저희에게 응답하소서.

8 하느님께서 당신 성소에서 말씀하셨다.
"나는 기뻐하며 스켐을 나누고
수콧 골짜기를 측량하리라.
9 길앗도 내 것, 므나쎄도 내 것
에프라임은 내 머리의 투구
유다는 내 왕홀
10 모압은 내 대야.
에돔 위에 내 신발을 던지고
필리스티아 위로 승리의 환성을 올리노라."
11 누가 나를 견고한 성읍으로 데려가리오?
누가 나를 에돔까지 이끌어 주리오?

12 하느님, 당신께서 저희를 버리지 않으셨습니까?
하느님, 당신께서는 저희 군대와 함께 출전하지 않으십니다.

60(59). 이스라엘 군대는 적군에게 크게 패했다(3절). 이러한 체험은 마치 지진이 땅을 뒤흔들듯이 사람들의 용기를 꺾어 놓았다(4절). 망연자실한 백성은(5절) 성전의 하느님 앞에서 탄원하며 그분의 말씀을 청한다(7절). 이어지는 하느님의 신탁은(8-10절) 새로운 힘을 불어넣어 준다. 하느님은 당신께서 약속된 땅 전체와 주변 민족들 모두의 주님이심을 선언하신다. 그분께서는 계속해서 당신 백성의 원수들에 맞서 전투에 나서실 것이다.

✠ 2주간 금요일 낮기도 때 기도한다. 후렴은 이 시편을 "주님께 질책받는 이는 복되도다. 주님은 마음을 부서뜨리고, 그 상처를 싸매 주시도다."라고 해석한다.

13 저희를 적에게서 구원하소서.
사람의 구원은 헛됩니다.

14 하느님과 함께 우리가 큰일을 이루리라.
그분께서 우리 원수들을 짓밟으시리라.

61

(60) 1 [지휘자에게. 현악기로. 다윗]

2 하느님, 제 부르짖음을 들으소서.
제 기도를 귀여겨들어 주소서.
3 땅끝에서
기진한 마음으로
당신을 부릅니다.
저로서는 못 오를 바위 위로
저를 이끌어 주소서.
4 당신께서는 저에게 피신처,
원수 앞에서 굳건한 탑이 되셨습니다.
5 저는 당신의 천막 안에 길이 머물고
당신의 날개 그늘에 피신하고 싶습니다. 셀라
6 하느님, 당신께서 저의 서원들을 들으시어
당신 이름 경외하는 이들의 재산을 제게 주셨습니다.
7 임금의 날들에 날들을 보태시어
그의 햇수 여러 세대와 같게 하소서.
8 하느님 앞에서 그를 영원히 왕좌에 앉히시고
자애와 진실을 그에게 나누어 주시어
그를 수호하게 하소서.
9 그리하여 저는 당신 이름을 언제나 노래하오리다.
저의 서원들을 나날이 채우오리다.

60,14. "큰일을 이루리라." 이 구절은 정치적 의미를 띨 수도 있고(민수 24,18 참조: 강대국인 이스라엘), 경제적이거나(신명 8,17; 에제 28,4 참조: 엄청난 부) 지금의 경우와 같이 군사적 의미를 지닐 수도 있다(시편 118,14-16 참조: 하느님의 능력이 전투에서 우위를 차지하게 한다).

61,3. "땅끝에서" 자구적 해석이며 (새) 대중 라틴말 성경도 이렇게 해석한다. 이 표현은 물리적 장소를 나타낼 수도 있고(유배의 장소) 심리적인 장소를 나타낼 수도 있다(내적 고통의 상태).

61,5. "천막"은 이집트 탈출 때 광야에서 당신 백성 가운데에 주님께서 머무시던 거처를 가리킨다(탈출 26; 28,43; 29,4; 33,7-11; 40,2; 민수 2-4; 시편 15,1 참조). 우리말 성경에서는 히브리어 동사들을 갈망의 표현으로 옮긴다("머물고… 피신하고 싶습니다."). 그러나 기도를 들어 주시리라는 확신을 강조하여 미래형 직설법으로 해석할 수도 있다("머물 것입니다… 피신할 것입니다.").

61,6. 서원은 하느님께 도움을 얻기 위하여 어떤 것을 바칠 의무를 지는 약속이었다. 이스라엘에서 서원은 레위기와 신명기의 상세한 규정들에 따라 이루어졌다. 56,13의 주 참조(민수 15,10; 30; 1사무 1,20-28; 요나 2,3-9 참조).

61(60). 시편의 첫 부분은(2-5절) 개인 탄원으로, 아마도 성전에서 임금이 기도한 것이다. 탄원의 동기는 설명되지 않지만, 성전과 동일시되는 하느님 보호를 누리고자 하는 갈망은 매우 분명하다. 둘째 부분에서는(7-9절) 전례 회중이 임금의 장수를 기원하는 전구 기도로 응답한다. 시편 중심에는(6절) 기도를 분명히 들어 주시리라는 확신이 나타난다.

✠ 2주간 토요일 낮기도 때 기도하며, 후렴은 4절에서 취한다. 이미 유효하게 세례를 받은 이들을 가톨릭교회의 완전한 친교로 받아들이는 일치 예식에서 61(60)편이 사용된다(2-6.9절).

62

(61) 1 [지휘자에게. 여두툰의 가락으로. 시편. 다윗]

2 내 영혼은 오직 하느님을 향해 말없이 기다리니
그분에게서 나의 구원이 오기 때문이네.
3 그분만이 내 바위, 내 구원, 내 성채.
나는 결코 흔들리지 않으리라.
4 너희 모두는 언제까지나 한 사람에게 달려들어
그를 무너뜨리려 하느냐?
기우는 벽,
넘어지는 담처럼.
5 진정 그들은 높은 곳에서 그를 떨어뜨리려 꾀하며
거짓을 좋아하는구나.
그들은 입으로 축복하지만
속으로는 저주하는구나. 셀라
6 내 영혼아, 오직 하느님을 향해 말없이 기다려라,
그분에게서 나의 희망이 오느니!
7 그분만이 내 바위, 내 구원, 내 성채.
나는 흔들리지 않으리라.
8 내 도움과 내 영광이 하느님께 있으며
내 견고한 바위와 피신처가 하느님 안에 있네.
9 백성아, 늘 그분을 신뢰하여라.
그분 앞에 너희 마음 쏟아 놓아라.
하느님께서 우리의 피신처이시다. 셀라
10 진정 사람이란 숨결일 따름
인간이란 거짓일 따름.
그들을 모두 저울판 위에 올려놓아도
숨결보다 가볍다.
11 너희는 강압에 의지하지 말고
강탈에 헛된 희망 두지 마라.
재산이 는다 하여
거기에 마음 두지 마라.

62,3. 시편 저자 자신과 동일시되는 기우는 벽과(4절) 하느님을 나타내는 바위라는 표상 사이의 대조를 주목할 것이다(3절과 7절에서 "성채."로 번역된 단어는 "방어"라고 옮길 수도 있다(46,8의 주 참조). 성채이신 하느님께 기대어, 기우는 벽이 무너지지 않는다.

62,4. "언제까지나"라는 표현은 탄원시편들에서 자주 사용되어, 지체하시는 하느님의 도우심을 요청한다. 예언서의 탄원들(이사 6,11; 애가 3,50; 다니 8,13; 하바 1,2; 즈카 1,12 참조), 그리고 시편(4,3; 6,4; 13,2-3; 35,17; 62,4, 74,10; 79,5; 80,5; 89,47; 94,3)에서 이 구절이 나타난다. 또한 묵시 6,10 참조.

62,9. "너희 마음 쏟아 놓아라." 자구적인 번역으로 애가 2,19에도 이와 매우 유사한 히브리어 표현이 나타난다. 고통과 번민, 그리고 그러한 내적 고뇌를 토로함을 나타낸다(1사무 1,15; 시편 42,5 참조).

62(61). 하느님께 내맡기는 것은 이스라엘 영성의 기본이다. 하느님은 당신 백성의 바위시며, 방패요 성채이시고, 이스라엘의 목자이시다(2-3.6-7.8-9절). 이같이 평온하고 고요한 신뢰는 시편 저자의 체험에서 온다. 그는 이미 자신의 삶 안에서 그를 무너뜨리려 하는 반대자들에 맞선 주님의 안전한 보호를 경험했다(4-5절). 그는 지칠 줄 모르고 자신과 다른 이들에게 어떤 인간적 권력이나 재산보다 강한 하느님께 대한 신뢰를 고취시킨다(10-13절).

✠ 기도하며 하느님께 자신을 내맡기는 이 시편은 2주간 수요일 저녁기도 때 기도한다. 후렴은 일몰이 연상시키는 종말론적 요소를 드러낸다. "우리 구세주께서 영광스럽게 나타나실 그 복된 희망의 날을 기다리고 있나이다."

12 하느님께서 한 번 말씀하신 바
내가 들은 것은 이 두 가지.
능력이 하느님께 있다는 것.

13 그리고 주님, 당신께는 자애가 있습니다.
당신께서는 각자에게
그 행실대로 갚으십니다.

63

(62) 1 [시편. 다윗. 그가 유다 광야에 있을 때]

2 하느님, 당신은 저의 하느님, 저는 당신을 찾습니다.
제 영혼이 당신을 목말라합니다.
물기 없이 마르고 메마른 땅에서
이 몸이 당신을 애타게 그립니다.
3 당신의 권능과 영광을 보려고
이렇듯 성소에서 당신을 바라봅니다.
4 당신의 자애가 생명보다 낫기에
제 입술이 당신을 찬미합니다.
5 이렇듯 제 한평생 당신을 찬미하고
당신 이름 부르며 저의 두 손 들어 올리오리다.
6 제 영혼이 비계와 기름을 먹은 듯 배불러
환호하는 입술로 제 입이 당신을 찬양합니다.
7 제가 잠자리에서 당신을 생각하고
야경 때에도 당신을 두고 묵상합니다.
8 정녕 당신께서 제게 도움이 되셨으니
당신 날개 그늘 아래서 제가 환호합니다.
9 제 영혼이 당신께 매달리면
당신 오른손이 저를 붙들어 주십니다.

10 그러나 내 목숨을 노리는 저들은 멸망으로,

63,2. "당신을 찾습니다." 히브리어로는 한 단어인데, "새벽부터 당신을 찾습니다."라고도 옮긴다. 이스라엘 현인들의 특징적인 단어로, "열렬히 찾다"를 뜻한다(욥 8,5; 24,5; 이사 26,9 참조). 히브리어에서 이 동사가 보통 "새벽"으로 번역되는 단어와 매우 유사하게 표기되기 때문에, 낮의 햇빛이 괴로운 밤 시간을 끝맺는 순간을 암시한다고 볼 수 있다(7절; 창세 19,15; 1사무 9,26 참조). 2절 후반부는 비유적인 의미로 기도자의 강렬한 갈망을 나타내는 것으로 이해되지만, 구체적인 의미로 시편 저자의 지리적 위치를 말하는 것으로도 해석할 수 있다. 그는 광야(아마도 유배지)에 있으면서도 물이 아니라 하느님을 더 목말라한다.

63,6. "비계와 기름" 여기에 사용된 히브리어 단어들은 제물로 바쳐진 동물들 고기를 가리키고, 따라서 성전 예식을 암시한다. 가장 좋은 부분이(당시의 관념에 따르면 기름) 하느님의 몫으로 바쳐졌다(레위 3; 7; 9; 시편 36,9; 이사 55,2; 예레 31,14 참조). 그러므로 가장 직접적으로는 일부 제사들에 뒤따랐던 식사를 가리키는 것으로 보인다.

63,10-12. 이 구절은 강한 저주의 어조를 띤다. 물리적인 측면을 포함한 원수들의 멸망은 현대의 감각에는 거리가 멀지만, 악의 패배와 선의 인정을 보여 주는 조건으로 여겨졌다(63; 109; 137편 참조). 기도자는 구체적으로 목숨의 위험에 처해 있었다. 그러므로 현실과 신앙에 대한 평화로운 시각이 아니라 그를 억압하는 이들과 원수들에 대한 징벌을 호소한다(원수들에 대한 예수님의 태도는 이와 다르다. 마태 5,44 참조).

63(62). 광야에 물이 필요하고 굶주린 사람이 음식을 찾듯이, 시편 저자의 영혼은 하느님을 갈망하며 성전에서 그분을 찾는다(2-3절). 그는 이미 주님의 도우심을 경험했다. 주님은 생수의 원천이시며 풍요로운 잔치에 초대하는 주인이시다(4-6절; 시편 23,5; 이사 55,1-2 참조). 그래서 그는 온 마음으로 하느님을 따르며 밤낮으로 그분의 은혜를 묵상한다(7-9절). 그는 과거와 마찬가지로 현재의 역경 속에서도 하느님께서 개입하실 것을 믿는다(10-12절). 광야의 다윗을 언급하는 것은 아마도 압살롬의 반란 때 피신을 암시할 것이다(2사무 15,13-28 참조). 다윗이 사울에게서 피신하던 시기를 암시할 가능성은 더 적다(1사무 23,14-26,25 참조).

✠ 2절에서 새벽을 언급하기 때문에 고대부터(4-5세기) 밤기도의 특징적인 시편이었음이 기록되어 있다. 오늘날에는 (10-12절의 저주를 생략하고) 1주간 주일(과 많은 축일들)의 첫 번째 시편으로 기도한다. 장례 예식과 병자성사 예식에서 이 시편이 사용될 수 있다.

땅속 깊은 곳으로 들어가리라.
11 칼날에 내맡겨져
여우들의 몫이나 되리라.
12 그러나 임금은 하느님 안에서 기뻐하고
하느님을 두고 맹세하는 이들은 모두 자랑스러워하리라.
정녕 거짓을 말하는 입은 틀어막히리라.

64

(63) 1 [지휘자에게. 시편. 다윗]

2 하느님, 비탄 속에서 부르짖는 제 소리를 들으소서.
원수에 대한 두려움에서 제 생명을 지켜 주소서.
3 악한 자들의 음모에서,
나쁜 짓 하는 자들의 폭동에서 저를 숨겨 주소서.
4 그들은 칼처럼 혀를 벼리고
독한 말을 화살처럼 시위에 메겨
5 무죄한 이를 숨어서 쏘려 합니다.
느닷없이 그를 쏘고서는 두려워하지도 않습니다.
6 그들은 악한 일을 단단히 꾸며 내어
덫을 놓자 모의하고서는
누가 자기들을 보랴고 말해 댑니다.
7 불의한 것을 생각해 내고는 말합니다.
"우리는 준비가 다 됐다. 계획이 세워졌다."
사람의 속과 마음은
헤아리기 어렵습니다.

8 그러나 하느님께서 그들을 화살로 쏘시리니
그들은 순식간에 상처를 입으리라.
9 그분께서 그들을 자기네 혀로 망하게 하시리니
그들을 보는 이마다 머리를 흔들리라.
10 이에 모든 사람이 두려워하여

64,2. "들으소서." 히브리어 동사 '사마'는 히브리 신앙의 중심이다. 신명 6,4-9만 생각해도 이를 알 수 있다(그러나 또한 신명 4,1; 5,1; 9,1; 20,3 참조). 열심한 이스라엘인은 이 구절을 암기하고 있었고 매일의 기도에서 이를 되풀이했다(또한 마르 12,29-30 참조). 이 동사는 단순히 듣는 것만이 아니라 들은 것에 대한 수용과 그에 따른 행동을 내포한다. 그래서 "순종하다"를 뜻할 수도 있고 이 절에서와 같이 하느님께 적용되었을 때에는 "기도를 들어주다"가 될 수 있다.

64,5. 이 구절의 표상은 잠언 1,10-19에서 범죄를 저지르는 무리를 형성하는 악인들과 매우 유사하다. 이들은 무죄한 사람을 습격하여 그의 재산을 빼앗기 위하여 숨어서 기다린다(또한 26,5 참조).

64,9. "망하게 하시리니" 히브리어 동사는 자구적으로 (사역형으로) "넘어지게 하다"를 뜻한다. 혀를 잘못 사용하는 것의 결과와 그로 인한 사회적 몰락에 관하여, 12,5의 주 참조. 머리를 흔드는 것은 조롱과 반대의 표시이다(집회 13,7; 예레 18,16 참조).

64,2 잠언 1,8; 4,10; 23,19; 집회 6,23; 16,24.

64(63). 사악한 원수들의 표적이 된 의인의 마음으로부터(4-7절), 하느님께 탄원의 기도가 오른다(2-3절). 적들의 치명적인 무기는 그들의 혀이다. 그들은 혀로 중상과 모욕을 뿌리며 음모를 꾸민다. 이러한 무기에 대하여 하느님께서 악인들을 꺾으실 훨씬 더 강한 무기가 대비된다(8-9절). 악인들은 멸망할 것이고 이것은 모든 의인들에게 찬송과 신뢰의 동기가 될 것이다(10-11절).

✠ 일부 구절에서 알아볼 수 있는 암시들로 인하여 그리스도의 수난에 적용되어, 2주간 토요일 낮기도 때 2ㄴ절을 후렴으로 하여 기도한다. 성토요일 아침기도 첫 번째 시편이기도 한데, 그때의 후렴은 "주님은 무죄하게 죽임을 당하셨으니, 외아들의 죽음처럼 그를 위해 애통해 하리이다."이다. 11절은 성인 공통 입당송이다.

하느님께서 하신 일을 전하며
그분의 업적을 깨달으리라.
11 의인은 주님 안에서 기뻐하며 그분께 피신하고
마음 바른 이들은 모두 자랑스러워하리라.

65

(64) 1 [지휘자에게. 시편. 다윗. 노래]

2 하느님, 시온에서
당신을 찬양함이 마땅합니다.
당신께 서원이 채워집니다,
3 기도를 들어 주시는 분 당신께.
당신께로 모든 사람이 모여 오니
4 죄악 때문입니다.
저희의 죄가 저희에게는 너무나 무겁지만
당신께서는 그것을 용서하여 주십니다.
5 행복합니다, 당신께서 뽑아 가까이 오도록 하신 이!
그는 당신의 뜰 안에 머물리이다.
저희도 당신 집의 좋은 것을,
거룩한 당신 궁전의 좋은 것을 누리리이다.
6 저희 구원의 하느님
당신께서는 정의의 놀라운 행적으로 저희에게 응답하십니다.
당신은 세상 모든 끝과
머나먼 바다의 희망이십니다.
7 당신은 권능으로 허리에 띠 두르시어
산들을 당신 힘으로 세우신 분.
8 바다의 노호를,
그 파도의 노호를,
민족들의 소요를 가라앉히시는 분.
9 땅끝에 사는 이들이
당신 표징들을 보고 놀라워하리이다.
당신께서 동녘과 서녘 끝을 환호하게 하십니다.

65,2. 전반부의 히브리어 본문은 "하느님, 시온에서 당신께 침묵이 찬양입니다."이다. 손으로 입을 가리고 침묵하는 것은 자신의 무력함과 위대하고 이해할 수 없는 것 앞에서의 놀람을 인정하는 것이다(욥 21,5; 29,9; 40,4; 미카 7,16 참조). 그리스어 번역본과 (새) 대중 라틴말 성경은 "당신께는 찬미가 어울립니다."로 되어 있다. 명사 '두미야'("침묵") 대신 동사 형태인 '도미야'("적절하다")를 전제하는 것이다. 우리말 성경은 이러한 고대 번역본들을 따랐다.

65,5. 성전 구역 안에 거주했던 사제들을 암시한다. "거룩한 당신 궁전의 좋은 것"을 "당신 궁전의 거룩한 것" 혹은 "당신 궁전의 거룩함"으로 옮기기도 한다. 여기서 "거룩한 것"이라 함은 신자들의 봉헌물 가운데 사제들에게 속한 몫을 지칭하는 것으로(1사무 2,12-15; 에제 42,13 참조), 또 "거룩함"이라는 것은 그리스어 번역본과 (새) 대중 라틴말 성경에서처럼("당신 성전의 거룩함" 또는 "거룩한 당신 성전") 성전 자체를 언급하는 것으로 볼 수 있다.

65,8. 고대 근동 민족들의 문화 안에서 바다는 흔히 하느님 행위를 거스르는 혼돈과 악한 세력들의 상징으로 여겨졌다. 그래서 창조 활동의 한 가지 중요한 행위가 바다에 한계를 긋고 그 파괴력을 제한하는 것이었다. 창조물의 조화는 창조신이 이러한 요소와 싸워 승리하신 결과였다. 그러므로 성경의 언어에서 바다에 대한 지배는 하느님의 전능하심을 나타낸다. 바다가 악의 상징이고 하느님 능력에 맞서는 악한 세력의 상징이라는 점에 대하여, 18,17과 32,6의 주 참조

65,9. "놀라워하리이다." 히브리어 동사의 뜻과 8절의 어조를 고려하면 "두려워하리이다."로 번역할 수 있다. 이 표지들은 존경과 경외심, 경탄과 두려움, 기쁨을 동시에 불러일으키는 하느님 권능의 표현들이다.

65(64). 곡식으로 덮인 밭과 수많은 양 떼가 풀을 뜯는 푸른 풀밭을 바라보는 것은 얼마나 즐거운가!(10-14절) 풍요로운 광경을 보는 것은 시편 저자에게 하느님 능력을 생각하는 계기가 된다. 하느님은 비로 땅을 풍요롭게 하실 뿐만 아니라 자연의 힘들을 지배하시며 전쟁을 멈추게 하신다. 땅의 모든 주민이 이에 놀란다(6-9절). 또한 그분은 자비로운 하느님으로서 신자들의 기도를 들으시고 용서로 그들을 새롭게 해 주신다(3-5절). 이 모든 것에 대하여 시편 저자는 지극히 높으신 분을 찬양한다(2절).

찬양의 요소와 참회의 요소들이 함께 엮여 있어 2주간 화요일 아침기도 세 번째 시편으로 정해져 있다.

65,10. "하느님의 개울" 하늘의 궁창 위를 흐르는 것으로 생각했던 물들을 암시한다. 그 물로 주님은 땅에 비를 내리신다. 이어지는 구절에서는 땅을 마치 당신의 밭과 같이 가꾸시는 하느님의 표상이 제시된다. 이러한 하느님 모습은 위에 나타난 우주의 격렬함과 대조된다.

65,12. "당신께서 가시는 길마다" 수레가 지나간 흔적을 지칭한다. 구름을 하느님께서 타고 다니시는 수레라고 보고, 그 구름이 땅에 비를 내린다는 것을 말하는 것이다.

66,3. "경외롭습니까!" 또는 "두렵습니까."라고 할 수 있다. 히브리어 단어는 놀라움보다 경외를 나타낸다(65,9의 주 참조). "당신께 굽실거립니다." 히브리어 동사를 이해하기 어렵다. 보통 거짓된 행동과 연관되지만(레위 5,21; 신명 33,29; 즈카 13,4 참조), 여기서는(18,45; 81,16에서도) 문맥상 억지로 복종하는 행동을 암시할 수도 있다.

66,6. "바다를… 건너갔다네." 홍해와(탈출 14장 참조) 요르단 강을(여호 3장 참조) 건넌 것을 암시한다.

10 당신께서는 땅을 찾아오셔서 물로 넘치게 하시어
더없이 풍요롭게 하십니다.
하느님의 개울은 물로 가득하고
당신께서는 곡식을 장만하십니다.
정녕 당신께서 이렇게 마련해 주십니다.
11 그 고랑에 물을 대시고 두둑을 고르시며
비로 부드럽게 하시어
새싹들에게 강복하십니다.
12 당신의 선하심으로 한 해를 꾸미시어
당신께서 가시는 길마다 기름이 방울져 흐릅니다.
13 사막의 풀밭에도 방울져 흐르고
언덕들은 기쁨으로 띠 두릅니다.
14 목장들은 양 떼로 옷 입고
골짜기들은 곡식으로 뒤덮여
저들이 환성을 올리며 노래합니다.

66

(65) 1 [지휘자에게. 노래. 시편]

온 세상아, 하느님께 환호하여라.
2 그 이름의 영광을 노래하여라.
영광과 찬양을 드려라.
3 하느님께 아뢰어라.
"당신께서 하신 일들 얼마나 경외롭습니까!
당신의 크신 능력에
원수들도 당신께 굽실거립니다.
4 온 세상이 당신 앞에 엎드려
당신께 노래하게 하소서.
당신 이름을 노래하게 하소서." 셀라
5 너희는 와서 보아라, 하느님의 업적을.
사람들에게 이루신 그 행적 경외로워라.
6 바다를 마른땅으로 바꾸시어

66(65). 하느님을 찬송하라는 강한 초대로(1-4절) 당신 백성을 위한 하느님 업적들을 노래하는 이 시편이 시작된다. 전례 회중은 하느님께 감사 제사를 바치기 위해 성전에 모여 있다(13-15절). 하느님은 당신께 충실한 이들을 죽음의 위험에서 구해 주셨다(8-12절). 이 해방은 이집트 탈출 때의 놀라운 일들을 기억하게 한다(5-7절). 이 시편은 다시 찬양을 권고하며, 지혜문학적 어조로 하느님은 바른길을 따르는 이의 기도를 들어 주신다고 말하며 끝맺는다.

✠ 고대부터 그리스도의 부활에 적용되어, 4주간 주일 독서기도 때 기도한다. 후렴은 8-9절이다. 1-2절은 부활 제3주일 입당송이며, 4절은 연중 제2주일 입당송이다. 16절은 성모의 노래에 인용되어, 5월 31일 복되신 동정 마리아 방문 축일의 입당송으로 사용된다. 13-14ㄱ절은 종신 서원 미사 입당송으로 사용된다.

맨발로 건너갔다네.
거기서 우리는 그분 안에서 기뻐하네.
7 그분께서 당신 권능으로 영원히 다스리시며
그분의 두 눈은 민족들을 바라보시니
반항자들은 대들지 마라. 셀라
8 백성들아, 우리 하느님을 찬미하여라.
그분을 찬양하는 소리 울려 퍼지게 하여라.
9 그분께서 우리 영혼에 생명을 주시고
우리 발이 흔들리지 않게 하셨다.

10 하느님, 당신께서 저희를 시험하시고
은을 단련하듯 저희를 단련하셨습니다.
11 저희를 그물에 걸려들게 하시고
무거운 짐을 저희 허리에 지우셨습니다.
12 사람들이 저희 머리 위를 밟고 가게 하시어
저희는 불과 물을 지나야 했습니다.
그러나 당신께서는 저희를 넓은 곳으로 이끌어 내셨습니다.
13 저는 번제물을 가지고 당신 집으로 들어가
당신께 저의 서원을 채우오리다.
14 곤경 중에 제 입술이 말씀드리고
제 입이 아뢰었던 것을 채우오리다.
15 숫양을 태우는 향연과 더불어
기름진 번제물을 당신께 봉헌하오리다.
소와 염소들을 바치오리다. 셀라

16 하느님을 경외하는 모든 이들아
와서 들어라. 그분께서 내게 하신 일을
내가 들려주리라.
17 그분께 내가 입을 열어 부르짖었지만
내 입술 밑에는 이미 찬미 노래가 있었네.
18 만일 내 마음속에 죄악이 들어 있었다면
주님께서 들어 주지 않으셨으리라.
19 그러나 정녕 하느님께서는 들으셨네.
내 기도 소리를 새겨들으셨네.
20 내 기도를 물리치지 않으시고
내게서 당신 자애를 거두지 않으신
하느님께서는 찬미받으소서.

66,10. 불행은 정화의 수단으로 이해된다. 금속을 정련하는 표상은 다른 곳에서도 자주 사용된다(12,7; 17,3; 이사 48,10; 예레 6,29; 9,6 참조).

66,12. "넓은 곳"이라고 번역된 히브리어 단어를 그리스어 번역본과 (새) 대중 라틴말 성경은 자음이 비슷한 다른 단어로 읽어 "구원, 위안, 휴식"으로 해석한다.

66,15. "향연" 더 단순하게 "향기"로 옮길 수 있을 것이다. 고대에 널리 퍼져 있던 표상으로, 제물의 연기가 신을 향해 오를 때 그 향이 신의 진노를 가라앉힌다고 보았다(창세 8,21과 욥 32,2의 주 참조).

67,2. 얼굴은 기도자의 삶 안에서 드러나는 하느님의 호의를 나타낸다. 시편집에서 이러한 예를 자주 볼 수 있다(4,7의 주 참조). 11,7; 13,2; 17,15; 24,6; 27,8-9; 31,17; 42,3; 44,25; 80,4.8.17; 89,16; 105,4; 119,135; 143,7; 탈출 33,20.23; 요한 14,8-9; 2코린 4,6 참조.

67,6. 히브리어에서 '고이'는 일반적으로 이방인들을 지칭하고 '암'은 이스라엘 백성을 지칭하지만, 시편 저자는 "민족들"을 가리키는 두 단어를 구분 없이 사용하여 보편주의적 전망을 보인다(9,16의 주 참조).

67

(66) 1 [지휘자에게. 현악기와 더불어. 시편. 노래]

2 하느님께서는 저희에게 자비를 베푸시고 강복하소서.
당신 얼굴을 저희에게 비추소서. 셀라

3 그리하여 세상에 당신의 길이,
만민에게 당신의 구원이 알려지게 하소서.
4 하느님, 민족들이 당신을 찬송하게 하소서.
민족들이 모두 당신을 찬송하게 하소서.
5 겨레들이 기뻐하고 환호하리니
당신께서 민족들을 올바로 심판하시고
세상의 겨레들을 이끄시기 때문입니다. 셀라
6 하느님, 민족들이 당신을 찬송하게 하소서.
민족들이 모두 당신을 찬송하게 하소서.

7 땅이 제 소출을 내주었으니
하느님, 우리 하느님께서 우리에게 강복하셨네.
8 하느님께서는 우리에게 강복하시리라.
세상 모든 끝이 그분을 경외하리라.

68

(67) 1 [지휘자에게. 다윗. 시편. 노래]

2 하느님께서 일어나시니
그분의 적들이 흩어지고
원수들이 그 앞에서 도망친다.
3 연기가 흩날리듯 그들은 흩날려 가고
초가 불 앞에서 녹아내리듯
악인들이 하느님 앞에서 멸망해 간다.
4 그러나 의인들은 기뻐하며 뛰리라.
하느님 앞에서 기쁨 속에 즐거워하리라.

67(66). 하느님께서 아론에게 명하신 이스라엘 백성에 대한 축복이(민수 6,24-25 참조) 실현되어 땅은 많은 결실을 맺었다(7-8절). 백성은 기뻐하며 하느님의 섭리와 선하심에 대해 그분을 찬양하도록 모든 민족들을 초대한다(4-5절). 그분께서 계속 축복을 내려 주시어 모든 민족이 그분을 찬송하게 되기를 기원한다(2-3절).

67,2. 히브리 신앙에 따르면 축복은 기원하는 바를 실현하는 힘을 지니고 있다. 축복은 매우 구체적으로 이해된 하느님의 선들을 전해 주고자 하시는 하느님의 뜻에서부터 나오는 것이다(창세 17,20; 27,27-29; 신명 28,3-8; 욥 42,12-17 참조).

✠ 찬양과 감사가 펼쳐져 3주간 화요일 아침기도 세 번째 시편으로 정해져 있다. 후렴은 2ㄴ절이다. 또한 저녁기도에 어울리는 참회의 요소와 종말론적인 모티브로 인하여 2주간 수요일 저녁기도 때에도 기도한다. 아침 성무일도를 시작하는 초대송 시편이기도 하다. 화답송으로 2-3.5-6.8절을 다해 부활 제6주일과 천주의 성모 마리아 대축일에 읽는다.

5 너희는 하느님께 노래하여라. 그 이름에 찬미 노래 불
러라.
구름 타고 달리시는 분께 길을 닦아 드려라.
그 이름 주님이시다. 그분 앞에서 기뻐 춤추어라.
6 고아들의 아버지, 과부들의 보호자
하느님께서는 당신의 거룩한 거처에 계시다.
7 하느님은 외로운 이들에게 집을 마련해 주시고
사로잡힌 이들을 행복으로 이끌어 내시는 분이시다.
그러나 반항자들은 불모지에 머무른다.

8 하느님, 당신께서 당신 백성에 앞서 나아가실 제
당신께서 사막을 행진하실 제 셀라
9 땅이 뒤흔들리고
하늘마저 물이 되어 쏟아졌습니다.
하느님 앞에서,
시나이의 그분
하느님, 이스라엘의 하느님 앞에서.
10 하느님, 당신께서는 넉넉한 비를 뿌리시어
메마른 당신 상속의 땅을 일으켜 세우십니다.
11 당신의 무리가 그 위에 살고 있으니
하느님, 당신께서 가련한 이를 위하여
호의로 마련하신 것입니다.

12 주님께서 말씀을 내리시니
기쁜 소식 전하는 이들이 대군을 이루네.
13 군대를 이끈 임금들이
도망가는구나, 도망가는구나.
규중 여인도 전리품을 나누네.
14 너희는 가축우리 사이에서 쉬고 싶으냐?
비둘기의 날개는 은으로,
그 깃들은 푸른빛이 도는 금으로 뒤덮였네.
15 전능하신 분께서 거기에서 임금들을 흩으실 제

68,5. "구름 타고 달리시는" 하느님을 자연의 요소들을 지배하시는 분으로 나타내는 표상은 바알에게 이와 유사한 특권들을 귀속시키는 가나안 종교에서도 공통적으로 나타난다(34-35절 참조).

68,6. 하느님은 인간 임금들과 유사하게 당신의 천상 왕궁에서 당신 백성 가운데 약자들, 특히 고아와 과부들을 돌보신다(10,14; 146,9; 이사 1,17.23; 예레 7,6 참조). 하느님의 거룩한 거처에 관하여, 신명 26,15; 예레 25,30; 즈카 2,17 참조.

68,7. 25,16에서 외로움은 곤궁한 처지와 연관되며, 정상적인 사회적 관계에서 배제됨을 뜻한다. "반항자들"에 대한 언급은 아마도 광야에서의 반항 때문에 약속된 땅에 들어가지 못하게 된 이들을 암시할 것이다(민수 14,29-30 참조). 그러나 여기에 사용된 동사는 3인칭 복수형이다("머무른다"). 시편 저자는 하느님의 선택이 아니라 그들의 선택을 강조한 것이다.

68,10. 하느님의 "상속"은 하느님 백성이 "그 위에 살고 있으니"라고 말하는 11절에서 분명히 드러나듯이 약속된 땅을 지칭한다. 다른 본문에서는 이스라엘이 하느님의 "상속 재산"이라고 말한다(28,9; 33,12 참조).

68,13. "규중 여인도 전리품을 나누네." 히브리어 '나와'는 해석하기 어렵다. 어떤 이들은 "밭"이라고 옮기지만 여러 저자들은 "아름다움"을 뜻한다고 보아(그리스어 번역본과 새 대중 라틴말 성경도) 이 구절을 "집의 아름다움"이라고 번역한다. 그럴 경우에 "집의 아름다움"은 여인들을 가리키는 것으로, 뛰어난 승리를 강조하는 것이 된다(보통 여인들은 전리품에 속했다. 판관 5,29-30 참조).

68(67). 민수기에서는(10,35), 이집트 탈출 때 새로운 단계를 시작하기 위하여 계약의 궤를 들어 올릴 때 모세가 "주님, 일어나소서. 당신의 원수들은 흩어지고 당신을 미워하는 자들은 당신 앞에서 도망치게 하소서."라고 선포했다고 전한다. 이러한 선포가 여러 차례 편집된 이 시편의 장엄한 서두가 된다(2-4절). 이 시편은 주님께서 이루신 영광스러운 이집트 탈출을, 원수에 대한 하느님의 승리와 억압받는 이들에 대한 하느님의 자비로운 도우심을 묵상하고 기념한다(5-11절). 약속된 땅을 차지한 것은(12-19절) 하느님께서 당신 거처인 시온산에 정착하신 것으로 묘사된다.

✠ 3주간 화요일 독서기도에서 2.21.33절에서 취한 후렴들과 함께 기도한다. 주님 승천 대축일 독서기도에서도, 5.19.25절에서 영감을 얻어 이 시편을 그리스도와 연관해 해석하는 후렴들로 세 부분으로 나누어 기도한다.

찰몬에는 눈이 왔다네.
16 바산의 산은 드높은 산이요
바산의 산은 여러 봉우리 거느린 산이라네.
17 여러 봉우리 거느린 산들아
하느님께서 기꺼이 거처하시기로 하신 그 산을
어찌하여 흘겨보느냐?
정녕 주님께서 거기에 영원히 머무시리라.
18 하느님의 수레는
수만 수천.
주님께서 오신다,
시나이에서 성소로.

19 주 하느님으로 좌정하시려고
당신께서는 포로들을 거느리시고 높은 데로 오르셨으며
사람들에게서, 심지어 반항자들에게서도
예물을 받으셨습니다.

20 주님께서는 나날이 찬미받으소서.
우리 위하여 짐을 지시는 하느님은 우리의 구원이시다.
셀라
21 하느님은 우리에게
구원을 베푸시는 하느님.
주 하느님께는
죽음에서 벗어나는 길이 있네.
22 그러나 하느님께서는 부수시리라,
당신 원수들의 머리를,
죄 속에 걸어가는 자의
더부룩한 정수리를.
23 주님께서 말씀하셨네. "바산에서 데려오리라.
바다 깊은 곳에서 데려오리라.
24 네가 피에다
발을 씻고
네 개들의 혀도
원수들에게서 제 몫을 차지하게 하려는 것이다."

25 하느님, 사람들이 당신의 행렬을 보았습니다,
저의 하느님이시며 저의 임금이신 당신께서 성소로 드

68,19. "오르다"는 예루살렘에 가는 것을 나타내는 동사이다(창세 13,1의 주 참조). 거룩한 도성은 지극히 높으신 분의 거처이므로 드높게 여겨졌다. 하느님께서 오르시는 것은 전쟁 포로들을 전리품으로 끌고 가는 개선장군 모습으로 그려진다.

68,22. 더부룩한 머리는 아마도 삼손의 경우와 같이 전사의 힘과 능력을 상징할 것이다(판관 14장 참조). 머리채를 붙잡고 원수를 치는 전사의 모습은 고대 근동의 도상들에 널리 퍼져 있었다. 이 절은 용감한 전사이신 하느님을 묘사하기 위하여 이러한 상징을 사용한다.

68,20-36. 순례자들이 하느님 영광을 기리고(25-28절) 장차 원수들에 맞서 당신 권능을 떨치실 것을(29-33절) 기념하기 위하여 거룩한 산으로 간다. 원수들은 우주의 주인이신 하느님께(34-36절) 경배드리기 위하여 성소로 올 것이다(29-33절).

시는 행렬을.

26 가인들이 앞서 가고 악사들이 뒤따르며
그 가운데에서는 처녀들이 손북을 치는구나.
27 축제의 모임에서 하느님을 찬미하여라.
이스라엘의 원천에서 주님을 찬미하여라.
28 거기에는 작지만 그들의 지배자인 벤야민이,
유다의 으뜸들이 무리 지어 있고
즈불룬의 으뜸들과 납탈리의 으뜸들이 있네.

29 하느님, 당신의 권능을 베푸소서.
하느님, 당신의 권능을 드러내 보이소서,
우리 위하여 이루신 당신의 권능을.
30 예루살렘에 있는 당신의 궁궐을 위하여
임금들이 당신께 조공을 가져오게 하소서.
31 꾸짖으소서, 갈대밭의 맹수를
수소들의 무리를
백성들의 송아지들도 함께.

은덩이를 짓밟으시는 분께서
전쟁을 좋아하는 백성들을 흩어 버리시네.
32 이집트에서 우두머리들이 오고
에티오피아는 서둘러 하느님께 선물을 가져오네.
33 세상의 나라들아
하느님께 노래하여라.
주님께 찬미 노래 불러라, 셀라
34 하늘을, 태초의 하늘을 타고 달리시는 분께.
보라, 그분께서 소리를 높이시니 우렁찬 소리라네.
35 하느님께 권능을 드려라.
이스라엘 위에는 그분의 존엄이 있고
그분의 권능은 구름 위에 있네.
36 하느님께서는 당신 성소에서 경외로우시다.
이스라엘의 하느님께서 백성에게 권능과 힘을 주시네.

하느님께서는 찬미받으소서.

68,27. "이스라엘의 원천에서" "이스라엘의 원천에 속한 너희는" 곧 "이스라엘의 후손들인 너희는"을 뜻한다(이 표상에 관하여, 이사 48,1 참조). 이 표현을 주님의 호칭으로 보아 "이스라엘의 원천이신 주님을 찬미하여라."로 읽을 수도 있다.

68,31. "갈대밭의 맹수"는 분명 이집트를 지칭한다. 이집트 나일 삼각주에는 많은 갈대가 자란다. 그러나 혼돈을 상징하는 태초의 괴물 레비아탄을 암시하는 것일 수도 있다. "송아지들" 역시 갈대밭의 맹수와 같이 이스라엘의 원수들을 나타낸다. "은덩이"는 "은우상들"로 번역할 수도 있지만, 어떤 이들은 주님께 복종의 표시로 공물로 바치는 "은막대"라고 생각한다.

69,3. 기도자가 겪는 불행은 진흙과 소용돌이치는 물살에 비유된다. 구약 성경에서 물은 흔히 고통과 죽음을 상징한다. "깊은 수렁"이라는 표현은 고통의 깊이를 보여 주며, 16절과 68,23편을 연상시킨다.

69,4. 히브리어 '가론'은 목구멍으로 해석할 수도 있고(115,7 참조) 목으로 해석할 수도 있다(에제 16,11 참조).

69,8. 이 시편의 묘사는 제2이사야서의 주님의 종에 대한 묘사를 상기시킨다(이사 52,13-53,12 참조).

69

(68) 1 [지휘자에게. 나리꽃 가락으로. 다윗]

2 하느님, 저를 구하소서.
목까지 물이 들어찼습니다.
3 깊은 수렁 속에 빠져
발 디딜 데가 없습니다.
물속 깊은 곳으로 빠져
물살이 저를 짓칩니다.
4 소리 지르느라 지치고
저의 목도 쉬었습니다.
저의 하느님을 고대하느라
제 두 눈마저 흐려졌습니다.
5 저를 까닭 없이 미워하는 자들이
제 머리카락보다 더 많습니다.
저를 파멸시키려는 자들,
음흉한 제 원수들이 힘도 셉니다.
제가 빼앗지도 않았는데
물어내라 합니다.
6 하느님, 당신께서는 저의 어리석음을 아시며
당신께는 저의 죄악들이 숨겨져 있지 않습니다.
7 주 만군의 주님
당신께 바라는 이들이 저 때문에 부끄러워하지 않게 하소서.
이스라엘의 하느님
당신을 찾는 이들이 저 때문에 수치를 당하지 않게 하소서.
8 당신 때문에 제가 모욕을 당하고
수치가 제 얼굴을 뒤덮고 있기 때문입니다.

69(68). 시편 저자는(아마도 사제이다. 8.10절) 원수들의 미움을 받는다. 원수들은 그가 도둑질을 했다고 거짓으로 고발한다(2-5절). 기도자는 이것이 많은 이들에게 걸림돌이 될 수 있다는 것을 안다(7절). 이미 가족들이 그를 멀리하고 그는 공공연하게 멸시를 받고 있다(12-13절). 참회와 단식으로 자신을 낮추었으나 소용이 없었다(11-12절). 이제 그가 할 수 있는 것은 원수들에게서 구해 주시도록 하느님의 선하심에 호소하는 것밖에 없다(14-19절). 동방의 관습에 따라 그들에 대하여 저주하기도 주저하지 않는다(23-29절). 시편 저자는 하느님의 강력한 도우심을 확신하며, 감사와 찬미를 드릴 것을 약속한다(30-35절). 마지막 절은(36-37절) 국가적인 차원의 첨가문이다. 69편에서는 탄원과 간청이 시적이고 상징적인 표상들과 교차되는데, 이 표상들은 여러 세기 동안 그리스도론적으로 해석되었다. 신약 성경과 그 후의 그리스도교 전승은 여러 차례 이 시편을 인용하며(마태 27,34.48; 요한 2,17; 사도 1,20 참조), 그리스도의 수난에 비추어 이를 재해석한다.

✠ 탄원시편이며 그리스도의 수난에 적용되어, (23-29절의 저주를 생략하고) 3주간 금요일 독서기도 때 기도한다. 세 후렴은 4.22.33절에서 취한 것이다. 8-10.21-22.31.33-34절은 성주간 수요일 화답송으로 읽는다.

9 저는 제 형제들에게 남이 되었고
제 어머니의 소생들에게 이방인이 되었습니다.
10 당신 집에 대한 열정이 저를 불태우고
당신을 모욕하는 자들의 모욕이 제 위로 떨어졌기 때
문입니다.
11 제가 단식하며 눈물을 흘린 것이
저에게는 우셋거리가 되었습니다.
12 자루옷을 의복으로 삼은 제가
저들에게는 조롱거리가 되었습니다.
13 성문 가에 앉은 자들은 저를 헐뜯어 대고
주정꾼들은 조롱의 노래들을 부릅니다.
14 그러나 주님, 당신 마음에 드시는 때에
저의 기도가 당신께 다다르게 하소서.
하느님, 당신의 크신 자애로,
당신 구원의 진실로 제게 응답하소서.
15 진창에서 저를 구출하소서, 제가 빠져들지 않도록.
제 원수들에게서, 물속 깊은 데에서 제가 구출되게 하
소서.
16 물살이 저를 짓치지 못하고
깊은 물이 저를 집어삼키지 못하며
심연이 저를 삼켜 그 입을 다물지 못하게 하소서.
17 주님, 당신의 자애가 너그러우시니 저에게 응답하소서.
당신의 크신 자비에 따라 저를 돌아보소서.
18 당신 종에게서 얼굴을 감추지 마소서.
제가 곤경 속에 있으니 어서 저에게 응답하소서.
19 제게 가까이 오시어 저를 구해 내소서.
제 원수들을 보시고 저를 구원하소서.
20 당신께서는 제가 당하는 모욕을,
제가 당하는 창피와 수치를 아십니다.
저의 적들이 모두 당신 앞에 있습니다.
21 모욕이 제 마음을 바수어
저는 절망에 빠졌습니다.
동정을 바랐건만 허사였고
위로해 줄 이들을 바랐건만 찾지 못하였습니다.
22 그들은 저에게 음식으로 독을 주고
목말라할 때 초를 마시게 하였습니다.
23 그들의 식탁이 그들 앞에서 덫이 되고
태평스러운 그들에게 올가미가 되게 하소서.
24 그들의 눈은 어두워져 보지 못하고

69,13. 기도자는 조롱감이 되었다. 이 구절은 유사한 상황을 묘사하는 다른 본문들에 연관되는 것으로 보인다. 이사 28,7-13(술 취한 이들의 조롱에 관하여), 예레 24,9와 1열왕 9,7(풍자의 대상이 되는 것에 대하여). 재판관들도("성문 가에 앉은 자들은") 이들과 함께 기도자의 고통의 원인이 된다.

69,16. "깊은 물… 심연"은 급류의 물의 표상에 연결된다. "깊은 물"에 관하여, 55,24의 주 참조.

69,20-21. 자신이 받은 모욕에 대한 언급으로 8-11절에 연결된다. 히브리어 문장은 매우 간략하며(그래서 번역이 어렵다) 세 개의 명사만으로 되어 있다("모욕, 창피, 수치"). 예레 23,9; 애가 1,2.9.16.17; 2,13; 3,53-55 참조.

69,22. "독… 초" 원수들은 우정의 표지이며 연대의 수단인 식사를 독을 먹이는 기회로 삼는다. 이와 유사한 상황은 예레미야의 삶에서 반복된다(예레 20,10; 또한 마태 27,48; 마르 15,36; 루카 23,36; 요한 19,29 참조).

그들의 허리는 늘 휘청거리게 하소서.
25 그들 위에 당신의 분노를 쏟아부으소서.
당신 진노의 불길이 그들에게 미치게 하소서.
26 그들이 사는 곳은 황폐해지고
그들의 천막에는 사는 이가 없게 하소서.
27 그들은 당신께서 때리신 이들을 뒤쫓고
당신께서 치신 이들의 상처를 헤아립니다.
28 그들의 죄에다 죄를 더하소서.
그들이 당신 구원에 들지 못하게 하소서.
29 그들이 생명의 책에서 지워지고
의인들과 함께 기록되지 않게 하소서.
30 저는 가련하고 고통 중에 있습니다.
하느님, 저를 도우시어 보호하소서.

31 나는 하느님의 이름을 노래로 찬양하리라.
송가로 그분을 칭송하리라.
32 이것이 주님께는 더 좋다네, 수소들보다
뿔 달리고 굽 갈라진 황소들보다.
33 가난한 이들이 이를 보고 즐거워하리라.
하느님을 찾는 이들아, 너희 마음 기운 차려라.
34 주님께서는 불쌍한 이들의 소리를 들어 주시고
사로잡힌 당신 백성을 멸시하지 않으신다.
35 주님을 찬양하여라, 하늘과 땅아
물과 그 안에서 움직이는 모든 것들아.
36 하느님께서는 시온을 구하시고
유다의 성읍들을 세우신다.
그들이 거기에 머물며 그곳을 차지하고
37 그분 종들의 후손이 그 땅을 상속하여
그분 이름을 사랑하는 이들이 그곳에서 살아가리라.

70

(69) 1 [지휘자에게. 다윗. 기념으로]

2 하느님, 어서 저를 구하소서.
주님, 어서 저를 도우소서.

69,26. "사는 곳"으로 번역된 단어는 "진영"을 뜻하지만, 여기서는 자구적 의미가 아니라 원수들의 거처를 지칭하여 사용되었다.

69,28. "그들의 죄에다 죄를 더하소서." 자구적 번역이다. 재판관이신 하느님께서 원수들의 모든 죄를 빠짐없이 심판하시기를 요청하는 것이다.

69,29. "생명의 책" 아마도 탈출 32,32-33 모세의 말에 연결된다. 이에 따르면 이 책은 사람들, 특히 선택된 백성의 역사가 기록된 책이다. 이 책에서 지워지는 것은 약속된 땅에 들어가지 못함을 의미한다.

69,35. "찬양하여라" "찬양의 노래를 불러라"라고 할 수도 있다. 히브리어 동사 '할랄'의 일반적 의미는 148편에서와 같이 우주적 찬양을 거행하는 것이다. "그 안에서 움직이는"은 창세 1,21을 상기시킨다. 그 본문에서는 이 히브리어 단어가 바다 피조물들의 움직임을 묘사하기 위하여 사용된다. 모든 것이(소우주에서 대우주까지) 환호하도록 초대된다(시편 103; 135; 다니 3장 참조).

69,29 필리 4,3; 묵시 3,5; 17,8; 20,12.15; 21,27; 22,19.

70(69). 이 짧은 탄원시편은 40,14-18에 거의 그대로 들어 있다.

✠ 고대 전승에서 2절은 성무일도의 개별 시간경들을 도입하는 구절로 채택되었다. 기도는 지금 여기에서 구원하시는 하느님의 현존을 호소하며 하느님을 향하는 데서 힘을 얻는다. 2절과 6절은 연중 제18주일 미사 입당송이다. 3주간 수요일 낮기도 때 6절을 후렴으로 하여 기도한다. 위령 성무일도에서도 낮기도 때 사용된다.

3 제 목숨을 노리는 자들은
부끄러워하며 수치를 당하고
제 불행을 즐기는 자들은
뒤로 물러나 치욕을 느끼게 하소서.
4 "옳거니!" 하며 놀려 대는 자들은
부끄러워 되돌아가게 하소서.
5 그러나 당신을 찾는 이들은
모두 당신 안에서 기뻐하고 즐거워하리이다.
당신 구원을 사랑하는 이들은 언제나 아뢰게 하소서.
"하느님께서는 위대하시다."
6 저는 가련하고 불쌍하니
하느님, 어서 제게 오소서.
저의 도움, 저의 구원은 당신이시니
주님, 지체하지 마소서.

71

(70) 1 주님, 제가 당신께 피신하니
영원히 수치를 당하지 않게 하소서.
2 당신의 의로움으로 저를 구출하소서, 저를 구원하소서.
저에게 당신의 귀를 기울이소서, 저를 구하소서.
3 이 몸 보호할 반석 되시고
저를 구할 산성 되소서.
당신은 저의 바위, 저의 성곽이십니다.
4 저의 하느님, 저를 구원하소서, 악인의 손에서
불의한 자와 폭력을 일삼는 자의 손아귀에서.
5 주 하느님, 당신만이 저의 희망이시고
제 어릴 때부터 저의 신뢰이십니다.
6 저는 태중에서부터 당신께 의지해 왔고
제 어머니 배 속에서부터 당신은 저의 보호자시니
저의 찬양이 언제나 당신께 향합니다.
7 많은 사람들에게 저는 기적과 같았으며
당신은 저의 굳센 피신처이셨습니다.

70,3. 수치는 억압받는 의인의 회복을 보여 주는 표지이다. 수치를 입히는 것은 악인들의 사악함과 흔히는 숨겨진 그들의 의도를 드러내는 것을 뜻한다. 악인들의 악함은 공공연히 드러나게 된다. 6,11의 주 참조; 이사 45,16; 예레 2,26; 8,9; 48,1; 호세 2,12 참조.

70,6. "저는 가련하고 불쌍하니" 여기 언급된 두 히브리어 단어는 9,19; 12,6; 37,14; 72,4에서도 나타난다. "가난하고 불행하니"라고 옮길 수도 있다. 히브리어 '오니'는 문맥에 따라 고통과 억압의 의미를 지닐 수 있다(느헤 9,9; 잠언 31,5; 애가 3,1; 스바 3,12 참조).

71,1. 이 시편의 시작은 31편의 시작과 매우 유사하다. 같은 히브리어 표현("수치를 당하지 않게 하소서.")이 25,2에도 사용되었다. 이 히브리어 동사의 의미론적 가치에 대해서는("부끄러워하다, 수치를 당하게 하다" 13절에 다시 사용) 6,11와 70,3의 주 참조.

71,4. "손아귀에서." 히브리어 단어의 더 정확한 의미는 "손바닥"이다. "손"과 "손바닥"은 어떤 사람의 "힘에 붙잡혀 있음"을 뜻한다.

71,6. 성경에서 "태중에서부터" 라는 표현은 때로 태어나기 전부터 있었던 어떤 개인에 대한 하느님의 선택과 결부된다(22,10-11; 이사 49,1; 예레 1,5; 루카 1,41 참조).

71,4 140,2.

71(70). 노인의 감동적인 기도로, 간청과 신뢰의 표현이 섞여 있다. 노년에 이르러 힘이 없어지면서(9.18절) 기도자는 고뇌와 불행을 겪었다. 게다가 원수들은 그의 불행이 하느님께서 그를 버리셨다는 표지라고 해석하여 그를 더 괴롭게 했다(10-11절). 노인은 하느님 앞에서 자신의 괴로움을 털어놓으며, 충실과 신뢰로 하느님 말씀과 가르침에 귀를 기울이며(5-7절) 찬미와 감사로(8절) 살아온 자신의 삶을 기억한다. 그래서 그의 기도는 간청이 되고(2-4.9.12-13절), 다시 그에게 남은 날들에 하느님께 찬미의 노래를 부를 수 있으리라는 희망의 표현이 된다(22-24절).

✠ 3주간 월요일 낮기도 때 5ㄴ절을 후렴으로 하여 기도한다. 1-6.15.17절은 성주간 화요일 화답송으로 읽는다. 이 시편은 병자성사 예식에서 사용될 수 있다.

8 저의 입은 온종일 당신 찬양으로,
당신 영광의 찬미로 가득 찼습니다.
9 저를 내던지지 마소서, 다 늙어 버린 이때에.
저의 기운 다한 지금 저를 버리지 마소서.
10 제 원수들이 저를 헐뜯고
제 목숨 노리는 자들이 함께 모의합니다.
11 "하느님께서 그자를 버리셨다.
구해 줄 사람 없으니 너희는 쫓아가 붙잡아라." 합니다.
12 하느님, 제게서 멀리 계시지 마소서.
저의 하느님, 어서 저를 도우소서.
13 저를 적대하는 자들이
부끄러워하며 사라지게 하소서.
저의 불행을 꾀하는 자들이
모욕과 수치로 뒤덮이게 하소서.
14 그러나 저는 언제나 희망을 가지고
그 모든 찬양에 찬양을 더하오리다.
15 저의 입은 당신의 의로움을,
당신 구원의 행적을 온종일 이야기하리니
저로서는 그 수를 이루 다 헤아리지 못하기 때문입니다.
16 저는 주 하느님의 위업을 칭송하며 들어가
오로지 당신의 의로움만을 기리렵니다.
17 하느님, 당신께서는 제 어릴 때부터 저를 가르쳐 오셨고
저는 이제껏 당신의 기적들을 전하여 왔습니다.
18 늙어 백발이 될 때까지
하느님, 저를 버리지 마소서.
제가 당신 팔의 능력을,
당신의 위력을 앞으로 올 모든 세대에 전할 때까지.
19 하느님, 당신의 의로움은 하늘까지 닿습니다.
위대한 일들을 하신 당신
하느님, 누가 당신과 같겠습니까?
20 당신께서는 저에게 많은 곤경과
불행을 겪게 하셨지만
저를 다시 살리셨습니다.
땅속 깊은 물에서
저를 다시 끌어 올리셨습니다.
21 저의 명성을 더해 주시고
저를 다시 위로해 주소서.
22 저의 하느님, 저 또한 수금으로
당신의 진실을 찬송하오리다.

71,16. 이 장면은 주님의 업적을 노래하고 찬송하기 위하여 성전을 향해 가는 움직임을 나타낸다. "오로지 당신의 의로움만"은 "당신의 의로움, 오직 당신 것만" 또는 "당신만이 지니신 그 의로움"으로도 옮길 수 있다.

71,20. "겪게 하셨지만" 여기 사용된 히브리어 동사는 일차적으로는 눈으로 보는 것을 뜻하지만, 겪은 체험을 가리키기도 한다. "땅속 깊은 물"은 죽은 이들의 왕국을 둘러싸고 있는 지하의 물을 지칭한다(욥 26,5 참조).

비파 타며 당신께 노래하오리다,
이스라엘의 거룩하신 분이시여!
23 제가 당신께 노래할 때
제 입술이 기뻐 뛰고
당신께서 구하신 제 영혼도 그러하리이다.
24 저의 혀도 온종일
당신의 의로움을 이야기하리니
저의 불행을 꾀하던 자들이
부끄러워 얼굴을 붉혔기 때문입니다.

72 (71) 1 [솔로몬]

하느님, 당신의 공정을 임금에게,
당신의 정의를 왕자에게 베푸소서.
2 그가 당신의 백성을 정의로,
당신의 가련한 이들을 공정으로 통치하게 하소서.
3 산들은 백성에게 평화를,
언덕들은 정의를 가져오게 하소서.
4 그가 백성 가운데 가련한 이들의 권리를 보살피고
불쌍한 이들에게 도움을 베풀며
폭행하는 자를 쳐부수게 하소서.
5 세세 대대로
해처럼 달처럼
살게 하소서.
6 그가 풀밭 위의 비처럼,
땅을 적시는 소나기처럼 내려오게 하소서.
7 그의 시대에 정의가,
큰 평화가 꽃피게 하소서,
저 달이 다할 그때까지.
8 그가 바다에서 바다까지,
강에서 땅끝까지 다스리게 하소서.

72(71). 군왕시편으로 아마도 임금의 즉위를 축하하기 위하여 작성되었을 것이다. 하느님 지혜의 협력자인 임금에게는 무엇보다도 특히 가난한 이들을 위하여(12-14절) 공정한 통치와 정의로운 재판을 하는 데 필요한 분별력과 슬기가 어울린다(1-4절). 그의 통치를 위하여 하느님께 평화와 원수들에 대한 지배를 간청한다(5-11절). 그의 정의로 인하여 부와 땅의 번영이라는 축복이 주어질 것이다(15-16절). 마지막 기원은 그의 이름이 영원하기를 바라는 것이다. 바빌론 유배로 왕정이 사라졌을 때, 이 시편과 다른 군왕시편들은 이상적 임금 메시아에 적용되어 계속 기억되었다. 메시아는 탁월한 의미의 "기름부음받은이"로, 이스라엘에게 최종적인 구원을 가져다주러 올 것이었다. 그리스도교 전통은 72편을 예형론적 의미에서 해석하며, 임금에 대한 묘사에서 하느님의 메시아이신 예수님 모습을 보았다.

71,24. "이야기하다, 묵상하다"라는 동사의 의미에 관하여, 35,28의 주 참조.
"때문입니다"로 번역된 히브리어 접속사('키')는 "…할 때"를 포함하여 여러 의미를 지닐 수 있다. 이 절에 표현된 확실한 신뢰를 고려할 때에는 "진정"이라는 단정의 표현으로 옮길 수도 있다.

72,1. "공정" 히브리어 '미스팟'은 법을 잘 알고 실천할 수 있는 능력, 개별적인 재판 행위, 또는 권리와 의무를 알고 실천하는 것을 가리킬 수 있다. "정의"('츠다카')와 병행을 이룸으로써 "올바름, 정직함"이라는 의미도 얻게 된다. 구약 성경에서 "정의와 공정을 실천하다"라는 표현은 임금의 훌륭한 통치 행위를 나타내기 위하여 사용된다(2사무 8,15; 1열왕 10,9 참조; 예레 22,3.15; 23,5 참조). 하느님의 그와 같은 행위에 대해서도 사용된다(시편 99,4; 103,6 참조).

72,3. "산들… 언덕들"은 성경의 다른 단락들에서도 나타나며, 이 절에서와 같이 흔히 하느님의 행위와 연관되는 어떤 행위가 공간적으로 모든 장소에 이른다는 것을 드러낸다. 이로써 그 표현을 확장하는 것이다(잠언 8,25; 이사 55,12; 호세 10,8; 요엘 4,18; 미카 6,1; 루카 3,5 참조).

72,6-7. 훌륭한 통치는 땅을 풍요롭게 하는 은혜로운 비와 같다. 그 결실은 정의와 평화이다.

72,8. "바다에서 바다까지" 바다들을 지칭한다면 사해에서 지중해까지, 유프라테스에서 남쪽 끝까지를 뜻한다. 이렇게 하여 다윗 왕국의 이상적인 경계가 표시된다(2사무 24 참조).

72,10. "스바"의 위치는 분명치 않다. 에티오피아를 생각하는 사람도 있고, 북아프리카를 생각하기도 하며, 세바 가까이 즉 아라비아 남부라고 보기도 한다. 그리스어 번역본과 (새) 대중 라틴말 성경은 "아라비아와 세바의 임금들"이라고 번역하여 이 마지막 가설을 지지해 준다.

72,15-16. 모든 민족들이 다윗 왕조의 임금에게 무릎을 꿇을 것이다. 그는 참되고 진정한 황금기를 시작할 것이며, 그 시대에는 곡식이 산봉우리까지 넘실거릴 것이다(16절). 사방에서 다윗 후손 임금에게로 모여들 것이다. 동쪽에서는 광야의 주민들이, 서쪽에서는 타르시스, 남쪽에서는 아라비아와 세바, 북쪽에서는 레바논의 주민들이 올 것이다(9-10.16절).

9 적들은 그 앞에 엎드리고
그의 원수들은 먼지를 핥게 하소서.
10 타르시스와 섬나라 임금들이
예물을 가져오고
세바와 스바의 임금들이
조공을 바치게 하소서.
11 모든 임금들이 그에게 경배하고
모든 민족들이 그를 섬기게 하소서.
12 그는 하소연하는 불쌍한 이를,
도와줄 사람 없는 가련한 이를 구원합니다.
13 그는 약한 이와 불쌍한 이에게 동정을 베풀고
불쌍한 이들의 목숨을 살려 줍니다.
14 그가 억압과 폭행에서
그들의 목숨을 구하리니
그들의 피가 그의 눈에는 소중하기 때문입니다.
15 그가 오래도록 살아
사람들이 그에게 세바의 황금을 바치고
그를 위하여 늘 기도하며
나날이 그를 축복하게 하소서.
16 땅에 곡식이 풍성하여
산봉우리 위에까지 넘치고
그 열매 레바논 같게 하소서.
사람들은 성읍마다
밭의 풀처럼 피어나게 하소서.
17 그의 이름이 영원하며
해가 비치는 한 그의 이름도 솟아오르게 하소서.
모든 민족들이 그를 통하여 복을 받고
그를 칭송하게 하소서.

18 주 하느님, 이스라엘의 하느님께서는 찬미받으시리라.
그분 홀로 기적들을 일으키신다.

72,10 마태 2,1.7.16.

72,18-20. 18-19절의 영광송으로 시편집 제2권이 끝난다(41,1-14 주해와 입문 참조). 20절은 편집적인 표시로, 지금 우리가 읽는 것과 같은 시편 모음집을 엮은 사람이 붙인 것이다.

✠ 교회 전통은 이 시편을 그리스도 왕께 적용하며, 2주간 목요일 저녁기도 때 두 부분으로 나누어(1-11절과 12-19절) 기도한다. 후렴들은 예수님의 메시아적이고 보편적인 사명을 환기시킨다. "땅 끝까지 나의 구원이 되라고, 나는 너를 이방인의 빛으로 삼았도다." "주님은 없는 이의 목숨을 살려 주시며, 압박에서 그들을 구원하시도다." 주님 공현 대축일에는 이사 60,1-6을 읽은 다음 1-2.7-8.10-13을 기도한다. 후렴은 "주님, 세상 모든 민족들이 당신을 경배하리이다."이다. 가해 대림 제2주일에는 1-2.7-8.12-13.17절을 화답송으로 읽는다.

19 그분의 영광스러우신 이름은 영원히 찬미받으시리라.
그분의 영광은 온 누리에 가득하리라.
아멘, 아멘!

20 이사이의 아들 다윗의 기도는 여기에서 끝난다.

73 (72) 1 [시편. 아삽]

정녕 하느님은 좋으신 분이시다, 올바른 이에게!
하느님은 좋으신 분이시다, 마음이 깨끗한 이들에게!
2 그러나 나는 하마터면 발이 미끄러지고
걸음을 헛디딜 뻔하였으니
3 내가 어리석은 자들을 시새우고
악인들의 평안함을 보았기 때문이네.
4 그들에게 아픔이라고는 없으며
그들의 몸은 건강하고 기름졌네.
5 인간의 괴로움이 그들에게는 없으며
다른 사람들처럼 고통을 당하지도 않네.
6 그래서 교만이 그들의 목걸이며
폭행이 옷처럼 그들을 덮었네.
7 그들의 눈은 비계로 불거져 나오고
그들의 마음에서는 온갖 환상이 흘러나오네.
8 그들은 비웃으며 심술궂게 이야기하고
거만하게 을러대며 이야기하네.
9 하늘을 향해 자기네 입을 열어젖히고
그들의 혀는 땅을 휩쓸고 다니네.
10 그래서 내 백성이 그들에게 몸을 돌려
저들의 말을 물 마시듯 들이켜네.
11 그들은 말하네. "하느님이 어찌 알 리 있으며
지극히 높으신 분이라고 어찌 알아채리오?"

73,10 욥 15,16;

73(72). 시편 저자는 영적으로 고통스러운 시련을 겪었다. 그 원인은 이스라엘 지혜 사상의 고전적 요소에서 찾을 수 있다. 뛰어난 필치로 묘사된 악인들의 번영과 행복은 의인들의 곤궁과 불행에 대조된다(4-12절). 괴로움이 기도자의 영혼을 어둠 속에 빠지게 했다. 그는 합리적인 설명을 얻으려 했으나 찾아낼 수 없었고, 그의 신앙은 흔들렸다. 흠 없는 행실을 버리려는 유혹에 거의 넘어가기까지 했다(1-3.13-16.21-22절). 그러나 성전에서의 기도를 통하여 새로운 빛에 생각이 열리게 되었다. 악인들은 멸망할 것이며(17-20절), 의인은 유일한 참된 부인 하느님과의 우정을 누리게 되리라는 것이다(23-28절).

영성의 걸작인 73편은 아삽 시편들로 시편집 제3권을 연다. 아삽은 예루살렘 성전의 성가대 세 조 가운데 한 조의 우두머리였다. 본문은 여섯 번 반복된 "마음"이라는 단어로 특징지어지며, 위기에서 하느님께 대한 온전한 신앙으로 옮겨 간 한 사람의 이야기를 전한다.

72,19. "아멘, 아멘!" 아멘을 두 번 반복하여 시편집의 한 부분을 끝맺는다. 이것은 시편집 안에서 제2권의 끝을 표시하는 수사적 장치이다(또한 41,14; 89,53 참조).

73,4. "그들에게… 건강하고" 히브리어 본문은 "죽을 때까지"로 되어 있다. 우리말 성경은 필사자가 사본을 옮겨 적을 때 '라모탐'("그들에게"와 "건강하고")을 '르모탐'("그들의 죽음까지")으로 잘못 적었다고 가정하고 번역한 것이다.

73,7. "그들의 눈은 비계로 불거져 나오고" 히브리어 본문을 따르는 번역으로, 아마도 번영이나 뻔뻔함을 나타내는 것으로 이해해야 할 것이다. 어떤 이들은 고대 번역본들의 "그들의 비계에서 죄악이 나오고"라는 해석이 본래의 뜻에 더 가깝다고 본다. 그들의 번영에서 악행이 나온다는 것이다. 히브리어에서 "그들의 눈"('에네모')과 "그들의 악행"('아오나모')은 표기가 매우 유사하여 사본을 필사할 때 두 단어를 혼동했다고 쉽게 생각할 수 있다.

73,10. 원문은 "그들의 물을 들이켜네."로 그 의미는 분명치 않다. 아마도 "그들의 말을 듣네."를 뜻하거나 더 일반적으로 그들을 따라가려는 마음을 나타낸다. 악인들이 성공하는 것으로 보이므로 다른 이들 사이에서 그러한 갈망이 생겨나는 것이다.

73,14. "징벌이나 받으려고?"라는 번역은 히브리어 본문에서 약간 거리가 있다. 본문은 "나의 징벌, 나의 훈육"이다(잠언 1,25에서 이 단어는 "훈계"를 뜻한다).

73,21. "속"으로 번역된 히브리어 단어는 "신장"을 뜻한다. 성경에서 신장은 흔히 심장과 함께 인간의 내면을 나타낸다(7,10; 16,7; 26,2; 139,13; 이사 21,3; 예레 17,10 참조).

73,25. "당신과 함께라면 이 세상에서 바랄 것이 없습니다."는 히브리어 본문에 가까운 번역이다. 이 절은 이 시편 전체의 영적 내용을 요약해 주며, 이스라엘 신앙의 원숙한 단계를 보여 준다. 어떤 물질적 축복도 하느님과 인격적 만남을 대체할 수는 없다.

12 보라, 바로 이들이 악인들!
언제까지나 걱정 없이 재산을 늘려 가네.
13 정녕 나는 헛되이 마음을 깨끗이 보존하고
결백으로 내 두 손을 씻었단 말인가?
14 날마다 고통이나 당하고
아침마다 징벌이나 받으려고?

15 "나도 그렇게 말하리라." 생각하였지만
그것은 당신 아들들의 모임을 배신하는 것.
16 깊이 생각하여 이를 알아들으려 하였으나
그것은 제 눈에 괴로움뿐이었습니다.
17 그러나 마침내 하느님의 성전에 들어가
그들의 종말을 깨달았습니다.
18 정녕 당신께서는 그들을 미끄러운 길에 세우시고
그들을 멸망으로 떨어지게 하셨습니다.
19 그들이 얼마나 순식간에 멸망해 버리는지!
그들은 없어지고 공포로 사라져 갑니다.
20 잠에서 깨어났을 때의 덧없는 꿈처럼
주님께서는 일어나실 때
그들의 모습을 업신여기십니다.
21 그렇건만 제 마음이 쓰라리고
제 속이 북받쳤을 때
22 저는 멍텅구리, 알아듣지 못하였습니다.
저는 당신 앞에 한 마리 짐승이었습니다.
23 그러나 저는 늘 당신과 함께 있어
당신께서 제 오른손을 붙들어 주셨습니다.
24 당신의 뜻에 따라 저를 이끄시다가
훗날 저를 영광으로 받아들이시리이다.
25 저를 위하여 누가 하늘에 계십니까?
당신과 함께라면
이 세상에서 바랄 것이 없습니다.
26 제 몸과 제 마음이 스러질지라도
제 마음의 반석,

73,13 2역대 4,6; 토빗 7,9; 잠언 20,9; 이사 1,16; 루카 11,38; 요한 2,6; 히브 9,10. 73,25 마태 4,4; 루카 4,4; 요한 6,32.35.

73,13. "결백으로 내 두 손을 씻었단 말인가?" 이스라엘 종교에서 물로 씻는 정결례는 부정을 없애고 예식에 합당하게 해 주는 것이었다.

4주간 월요일 독서기도 때 의인들에 대한 하느님의 선하심에 관한 묵상과(1절) 지금은 웃고 있지만 내일은 울게 될 악인들, 하느님 가까이에서 체험하는 행복을(27-28절) 강조하는 후렴들과 함께 기도한다. 28절은 연중 제33주일 영성체송이다. 고해성사 예식에도 사용될 수 있다.

제 몫은 영원히 하느님이십니다.
27 이제 보소서, 당신에게서 멀어진 자들은 멸망합니다.
당신을 배신한 자를 당신께서는 없애 버리십니다.
28 그러나 저는, 하느님께 가까이 있음이 저에게는 좋습니다.
저는 주 하느님을 제 피신처로 삼아
당신의 모든 업적을 알리렵니다.

73,28. 고대 그리스어와 라틴어 번역본에는 이 시편 마지막에 첨가된 부분이 있어 "딸 시온의 성문에서 당신의 모든 업적을 알리렵니다."로 되어 있다. 그러나 이 말들은 히브리어 본문에는 없다. 새 대중 라틴말 성경은 첨가된 본문을 유지한다.

74

(73) 1 [마스킬. 아삽]

하느님, 어찌하여 마냥 버려두십니까?
어찌하여 당신 목장의 양 떼에게 분노를 태우십니까?
2 기억하소서, 당신께서 애초부터 마련하시어
당신 소유의 지파로 구원하신 무리를
당신 거처로 삼으신 시온산을!
3 당신 발걸음을 들어 옮기소서, 이 영원한 폐허로!
성전에서 원수가 모든 것을 파괴하였습니다.
4 당신 적들이 당신의 성소 한가운데에서 소리소리 지르고
자기네 깃발을 성소의 표지로 세웠습니다.
5 마치 나무 숲에서
도끼를 휘두르는 자와 같았습니다.
6 그렇게 그들은 그 모든 장식들을
도끼와 망치로 때려 부수었습니다.
7 당신의 성전을 불로 태우고
당신 이름의 거처를 땅에다 뒤엎어 더럽히며
8 마음속으로 말하였습니다. '전부 없애 버리자.
하느님의 성소들을 이 땅에서 모두 불살라 버리자!'
9 이제 저희의 표지는 볼 수 없고
예언자도 더 이상 없으며

74,2. "무리"는 히브리어 단어 '에다'의 번역이다. 이 단어는 특히 모세오경에서 하느님 앞에서 법률적·제의적 공동체인 이스라엘을 지칭하여 사용된다(탈출 12,3.6; 민수 16,11.16; 또한 예레 6,18 참조). 이 단어는 이스라엘을 자신의 하느님과의 관계에서 정의한다.

74,4. "성소"로 번역된 단어는 본래 회중을 뜻하며 문맥상 회중이 모이는 장소를 지칭한다(애가 2,6에서는 같은 단어를 "축제의 자리"로 번역한다). 그래서 "당신의 성소"라고 번역할 수도 있다. 기도자가 생각하고 있는 장소는 분명 성전이다. 같은 단어가 8절에서도 사용된다.

74(73). "어찌하여" "언제까지나"라는 고통스러운 질문들은 아마도 예루살렘 파괴(기원전 587년) 후에 작성된 이 국가적인 탄원시편을 특징짓는다. 백성은 원수에게서 괴로운 패배를 당했고 거룩한 도성은 점령되었으며, 주님의 성전은 불경하게 모독되고 파괴되었다(4-8절). 한때는 하느님 목장의 양 떼였던 그 백성은(1절) 이제는 목자 없이 흩어졌다. 하느님은 침묵하시고, 예언자들을 통해 말씀하지 않으신다. 당신 능력을 일부러 거두신 것으로 보인다. 74,9에서는 예언자들이 없음을 탄식하는데, 이는 하느님께서 침묵하시며 모든 것에 의미를 부여하는 그분 말씀이 부재함을 뜻한다. 아모스는 예언자들이 없고 하느님께서 침묵하시는 것이 이스라엘의 우상 숭배의 결과라고 본다(아모 8,10-11 참조). 그러나 백성은 창조의 업적과(16-17절) 특히 이집트 탈출의 놀라운 일들(2.12-15절), 하느님께서 당신의 거룩한 백성을 선택하신 계약을 기억한다. 바로 이 거룩함이 무시되는 데서 주님의 이름이 업신여김을 받았기에, 주님께 당신 자신의 영광을 옹호하시도록 호소한다(18-23절).

3주간 화요일 낮기도 때 두 부분으로 나누어 기도한다. 후렴은 2절과 22절에서 취한 것이다.

언제까지일지 아는 이도 저희 가운데에는 없습니다.
10 하느님, 언제까지나 적이 깔보아도 됩니까?
원수가 당신 이름을 끊임없이 업신여겨도 됩니까?
11 어찌하여 당신 손을 사리십니까?
어찌하여 당신 오른팔을 품에 넣고 계십니까?
12 그러나 하느님은 예로부터 저의 임금님
세상 한가운데에서 구원을 이루시는 분!
13 당신께서는 바다를 당신 힘으로 뒤흔드시고
물 위에서 용들의 머리를 부수셨습니다.
14 레비아탄의 머리들을 깨뜨리시어
바다의 상어들에게 먹이로 주셨습니다.
15 샘과 개울을 터뜨리시고
물 많은 강들을 말리셨습니다.
16 낮도 당신의 것, 밤도 당신의 것.
당신께서 빛과 해를 세우셨습니다.
17 당신께서는 땅의 경계를 모두 정하시고
여름과 겨울을 만드셨습니다.
18 주님, 이를 생각하소서. 적이 깔봅니다.
어리석은 백성이 당신 이름을 업신여깁니다.
19 당신 비둘기의 목숨을 들짐승에게 내주지 마소서.
당신의 가련한 이들의 생명을 끝내 잊지 마소서.
20 당신의 계약을 돌아보소서!
나라의 구석구석이 폭행의 소굴로 가득 찼습니다.
21 억눌린 이가 수치를 느끼며 돌아가지 말게 하시고
가련한 이와 불쌍한 이가 당신 이름을 찬양하게 하소서.
22 일어나소서, 하느님. 당신의 소송을 친히 이끄소서.
생각하소서, 어리석은 자가 날마다 당신을 깔보고 있음을.
23 당신 적들의 외침을,
점점 커지는 항거자들의 아우성을 잊지 마소서.

75

(74) 1 [지휘자에게. 알 타스헷. 시편. 아삽. 노래]

2 저희가 당신을 찬송합니다, 하느님, 찬송합니다.
당신 이름을 부르는 이들이 당신의 기적들을 이야기합니다.

74,13.14. "용들… 레비아탄"은 신화적 괴물들로, 여기서는 이집트인들과 파라오를 나타낸다.

74,14. "바다의 상어들" 히브리어 본문의 단어는 일반적으로 야생동물들을 지칭한다(이사 23,13 참조). 그러나 고대 번역본들은 앞 절의 "정치적" 해석을 계속하여 "에티오피아인들에게 먹이로 주셨습니다."로 읽는다. 우리말 성경은 필사자가 단어들을 잘못 구분했다고 보고, 원문이 '르암 르치임'이 아닌 '르암르체 얌', 곧 용이나 레비아탄과 같은 신화적 존재인 "바다의 괴물들"이었다고 가정한다. 새 대중 라틴말 성경도 이 가설을 받아들인다.

74,19. "비둘기" 이스라엘과 기도자는 온유함의 상징인 이 무방비한 작은 새와 동일시된다. 비둘기는 원수들을 나타내는 맹수들의 탐욕과 대조된다(55,7; 호세 7,11 참조). "당신 비둘기"를 나타내는 히브리어 단어('토레카')는 글자 모양이 동사 "찬양하다"의 한 형태('토데카')와 매우 유사하고, 그래서 고대 번역본들과 새 대중 라틴말 성경은 "당신을 찬양하는 이의 목숨"이라고 옮긴다.

75,1. "알 타스헷."은 57, 58, 59편의 머리글에도 들어 있는 표시이다.

74,13 104,26; 욥 3,8; 40,25; 이사 27,1. 74,19 아가 2,12.

3 "내가 정한 때가 오면
나는 올바르게 심판하리라.
4 땅이며 그 모든 주민이 뒤흔들려도
내가 세운 그 기둥들은 굳건히 서 있다. 셀라
5 거만한 자들에게 내가 말하였다. '거만하게 굴지 마라.'
악인들에게 내가 말하였다. '뿔을 쳐들지 마라.'"

6 너희 뿔을 높이 쳐들지 마라.
고개를 치켜들고 무례하게 말하지 마라.
7 해 뜨는 데서도 해 지는 데서도 아니요
산속 광야에서도 오는 게 아니니.
8 오직 하느님만이 심판자,
어떤 이는 낮추시고 어떤 이는 높이신다.
9 실상 주님의 손에 잔이 들려 있으니
향료 가득한 거품 이는 술이라네.
그 잔에서 따르시니
그들은 찌꺼기까지 핥아 마시리라.
세상의 모든 악인들이 마셔야 하리라.
10 그러나 나는 끝없이 기뻐 춤추며
야곱의 하느님께 노래하리라.
11 "내가 악인들의 뿔을 모두 꺾으리니
의인의 뿔은 드높여지리라."

76

(75) 1 [지휘자에게. 현악기와 더불어. 시편. 아삽. 노래]

2 하느님께서 유다에 널리 알려지셨네.
이스라엘에 그 이름 위대하시네.
3 살렘에 그분의 초막이,
시온에 그분의 거처가 마련되었네.

75(74). 성전 안에서 찬양으로 시작되는 전례가 진행된다(2절). 곧이어 하느님께서 말씀하신다(3-6절). 그 말씀은 미천하고 가난한 이들을 억누르는 거만한 자들과 악인들에게 예고되는 심판이다. 하느님은 때가 되면 개입하시어 심판하실 것이다. 하느님 말씀 뒤에는 회중 가운데 있는 독창자가 하느님의 강력하고 준엄한 심판에 대해 말한다(7-9절). 그 심판 덕분으로 의인들은 수치를 벗어나게 될 것이다(10-11절).

✠ 75(74). 3주간 수요일 낮기도에서 기도한다. 찬양과 하느님의 충실하심이 함께 결합된다. "주님은 겉모양대로 판단하지 않으시고, 공의로써 공평하게 판단하시도다."라는 후렴에서 말하듯이 하느님은 속지 않으신다.

76(75). 앞의 시편에서 하느님 심판이 예고되었다면 "시온의 노래"로 분류되는 이 시편에서 심판은 이미 실현된 것으로 묘사된다(9-10절). 하느님은 하늘에서 결정하신 것을 당신 거처인 도성 예루살렘에서 실현하셨다(2-3절). 하느님은 예루살렘에서 용감한 전사처럼 원수를 물리치셨으며(8.13절), 가난한 이들에게 정의를 이루셨다. 당신의 위엄으로 경외심과 공경을 불러일으키시는 하느님께는 "두려움"이라는 속성이 어울린다.

75,5-6. "뿔"은 동물의 야생적 힘의 상징이며 인간의 능력과 품위를 나타낸다(1사무 2,10; 시편 132,17; 예레 48,25; 애가 2,3; 에제 29,21 참조).4 하느님을 거슬러 뿔을 쳐든다는 것은 교만을 표현하는 은유이다("고개를 치켜들다").

75,9. 잔이나 술잔은 성경 본문에 자주 나타나는 표상이다. 긍정적으로 행복과 하느님과의 친교를 나타낼 수도 있지만(16,5; 23,5 참조), 지금과 같이 부정적 의미로 악인들과 이스라엘의 원수들을 단죄하시고 심판하시는 하느님의 진노를 나타낼 수도 있다. 그러므로 잔의 상징은 인간 역사 안에서 하느님의 현존 자체를 뜻한다. 그 현존이 충실한 이들에게는 축복이, 악인들에게는 단죄가 된다.

76,1. "현악기와 더불어."라는 표현은 54, 55, 67편의 머리글에도 동일하게 나타난다.

76,2. "알려지셨네." 문법적·의미론적 관점에서는 "알려지셨네."로 번역할 수 있으나, 같은 단어가 사용된 9,17과 48,4의 문맥은 하느님 계시의 결과보다(하느님이 알려지신다) 계시라는 사실을 강조한다(하느님이 당신을 알리신다).

76,3. "살렘"("평화")은 예루살렘의 옛 이름이다("평화의 도성" 창세 14,18 참조). "초막"은 하느님 현존의 표지인 계약 궤가 천막에 머물렀던 다윗 이전 시대를 암시한다(탈출 31장; 민수 7,89; 2사무 6,17; 7,2 참조).

76,5. "뛰어나신 분!" 같은 형용사가 주님께 사용된 예는 8,2.10("존엄하다")과 93,4이다("엄위하다"). 이 표현을 하느님의 호칭으로 해석할 수도 있다("당신은 영광스러우신 분, 오 뛰어나신 분이시여, 전리품의 산들보다도" 새 대중 라틴말 성경은 이렇게 옮긴다). "전리품의 산들"은 해석이 쉽지 않다. 하느님이 산 위의 사자처럼 온갖 먹이를 붙잡으신다고 상상할 수 있고, 아니면 "전리품의 산"이 주님께서 원수들에게서 빼앗으신 것을 가리킨다고 볼 수 있다(6절 참조).

76,11. 번역이 쉽지 않은 절이다. 번역문은 히브리어 본문에 가깝지만, 사람의 분노가 하느님을 찬송한다는 것이 무슨 뜻인지 이해하기는 어렵다. 아마도 원수들의 분노가 하느님께서 개입하시어 당신 영광을 드러내게 하신다는 뜻으로 보아야 할 것이다. 다른 번역으로는 "당신 분노를 당한 인간이 당신을 찬송하고"라고 하여 사람의 분노가 아닌 하느님의 분노를 지칭하는 것으로 보기도 한다. "분노를 피한 이들이 당신을 찬송하고"라고도 번역한다.

4 거기에서 불화살들을,
방패와 칼과 전쟁 무기를 그분께서 들부수셨네. 셀라

5 당신은 영광스러우신 분
전리품의 산들보다도 뛰어나신 분!
6 심장이 강한 자들도 가진 것 빼앗긴 채
잠에 떨어졌습니다.
역전의 용사들도 모두
손을 놀릴 수 없었습니다.
7 야곱의 하느님, 당신의 호령에
수레도 말도 까무러쳤습니다.
8 당신은 경외로우신 분
당신께서 진노하실 때
누가 당신 앞에 서 있겠습니까?
9 당신께서 하늘로부터 심판을 선포하시니
땅이 놀라 숨을 죽였습니다,
10 세상의 가난한 이들을 모두 구하시려
하느님께서 심판하러 일어나실 때. 셀라
11 사람의 분노마저 당신을 찬송하고
그 분노의 나머지로 당신께서는 띠 두르십니다.

12 주 너희 하느님께 서원하고 채워 드려라,
그분 주위에 있는 모든 이들아.
두려움이신 그분께 예물을 바쳐라.
13 그분은 제후들의 얼을 꺾으시는 분,
세상 임금들에게 경외로우신 분이시다.

77

(76) 1 [지휘자에게. 여두툰에 따라. 아삽. 시편]

2 내게 귀를 기울이시라고
나 소리 높여 하느님께,

✠ 그리스도께서 다시 오실 때 종말론적 승리를 거두시고 그 승리에 교회를 결합시키실 것에 적용되어, 23편의 주제를 이어 2주간과 4주간 주일 낮기도 때 기도한다. 성토요일 낮기도 때도 사용한다.

77(76). 하느님께서 당신 호의를 잊으시고 당신 자애를 거두실 수 있으신가?(8-10절). 이것이 아마도 백성을 대표하는 기도자를 괴롭히는 생각이다. 그는 민족 전체가 겪고 있는 고통스러운 상황 속에서 하늘을 향해 탄원한다(2-5절). 그는 주님께서 당신 백성을 위해 놀라운 일들을 행하시던(12-13절) 이스라엘의 영광스러운 과거를 기억한다(6-7절). 어째서 하느님의 권능이 멀어졌는가? 언제까지 이렇게 계속될 것인가?(8-11절). 시편 저자가 할 수 있는 것은 오직 전능하신 분께 당신 백성을 이끄셨던 영광스러운 이집트 탈출을 상기시켜 드리며 다시 그분의 은혜를 바라는 것뿐이다(12-21절).

나 소리 높여 하느님께 부르짖네.
3 곤경의 날에 내가 주님을 찾네.
밤에도 내 손을 벌리지만 지칠 줄 모르고
내 영혼은 위로도 마다하네.
4 하느님을 생각하니 한숨만 나오고
생각을 거듭할수록 내 얼이 아뜩해지네. 셀라

5 당신께서 제 눈꺼풀을 붙잡으시니
불안하여 말도 채 못합니다.
6 저는 그 먼 옛날을 회상하고
아득히 먼 시절을 생각합니다.
7 밤새 마음속으로 되새기고 묵상하며
정신을 가다듬어 헤아려 봅니다.
8 "주님께서 영원히 버리시어
더 이상 호의를 베풀지 않으시려나?
9 당신 자애를 거두시고
당신 말씀을 영영 그쳐 버리셨나?
10 하느님께서 불쌍히 여기심을 잊으셨나?
분노로 당신 자비를 거두셨나?" 셀라
11 제가 말합니다. "이것이 나의 아픔이네.
지극히 높으신 분의 오른팔이 변해 버리신 것이!"
12 저는 주님의 업적을 생각합니다.
예전의 당신 기적을 생각합니다.
13 당신의 모든 행적을 되새기고
당신께서 하신 일들을 묵상합니다.
14 하느님, 당신의 길은 거룩합니다.
하느님처럼 위대한 신이 누가 또 있습니까?
15 당신은 기적을 일으키시는 하느님
백성들 사이에 당신 권능을 드러내셨습니다.
16 당신 팔로 당신 백성을 구원하셨습니다,
야곱과 요셉의 자손들을. 셀라
17 하느님, 물들이 당신을 보았습니다.
물들이 당신을 보고 요동치며
해심마저 떨었습니다.
18 비구름은 물을 퍼붓고
먹구름은 소리를 지르며

77,3. "내 영혼" 문맥에서 신체의 다른 부분들이 언급되므로, 명사 '네페쉬'도 "숨"이라는 구체적 의미로 이해할 수 있다(35,12의 주 참조). 기도자는 제대로 숨을 쉴 수 없을 만큼 괴로워하며, 숨을 헐떡이면서 위로도 마다한다.

77,7. 과거에 하느님께서 당신 백성을 위하여 행하신 일들을 기억한다. 이 기억은 일시적으로라도 그를 가라앉혀 주어야 하겠지만, 유배지에 가 있는 기도자는 그 백성의 영광스러운 과거를 기억함으로써 평화를 찾는 것이 아니라 오히려 괴로움을 더 느낀다(137,1-4 참조).

77,9. "당신 말씀" 아브라함과(창세 17,8) 모세에게 말씀하신(탈출 19,5-6; 신명 11,22-24; 느헤 1,8-9 참조) 땅의 약속을 암시한다. 그러나 더 일반적으로 조상들에게 약속하신 호의와 자애를 지칭할 수도 있다. 이러한 해석은 자비가 진노로 흐려졌음을 묘사했던 10절에 의해서도 지지를 받는다.

77,17-18. 이집트 탈출 기적들은 태초 혼돈의 요소들에 맞선 전투로, 창조의 행위로 묘사된다.

77,9 사도 7,17; 로마 4,16; 갈라 3,14. 77,17 탈출 14. 77,18-19 탈출 19.

✠ 과거 은혜들을 기억하는 것은 미래에 대해서도 그 은혜를 기다리고 간청하기 위한 동기가 된다. 새로운 하루를 시작하는 기도자는 이를 잘 알고 있다. 이러한 관점에서 77(76)편은 2주간 수요일 아침기도 첫 번째 시편으로 기도한다. 후렴은 14절이다.

당신의 화살들도 흩날렸습니다.
19 회오리바람 속에 당신의 천둥소리 나고
번개가 누리를 비추자
땅이 떨며 뒤흔들렸습니다.
20 당신의 길이 바다를,
당신의 행로가 큰 물을 가로질렀지만
당신의 발자국들은 보이지 않았습니다.
21 당신께서는 모세와 아론의 손으로
당신 백성을 양 떼처럼 이끄셨습니다.

78

(77) 1 [마스킬. 아삽]

내 백성아, 나의 가르침을 들어라.
내 입이 하는 말에 너희 귀를 기울여라.
2 내가 입을 열어 격언을,
예로부터 내려오는 금언들을 말하리라.
3 우리가 들어서 아는 것을
우리 조상들이 우리에게 들려준 것을.
4 우리가 그 자손들에게 숨기지 않고
미래의 세대에게 들려주려 한다.
주님의 영광스러운 행적과 권능을
그분께서 일으키신 기적들을.
5 그분께서 야곱에 법을 정하시고
이스라엘에 가르침을 세우셨으니
우리 조상들에게 명령하신 것으로서
이를 그 자손들에게 알리려 하심이다.

77,20. "보이지 않았습니다." 하느님 위대하심의 신비와 연관된 (14절) 이 구절의 의미는 "알 수 없었습니다."로 옮길 수도 있다.

78,1. "가르침"은 히브리어 '토라'의 번역이다. '토라'는 "법"으로 번역되기도 하지만 특히 현인들 언어에서는 "교훈, 가르침"을 뜻하며(잠언 3,1; 13,4 참조), 시편 저자는 여기에 연결된다.

78,2. "격언"으로 번역된 히브리어 '마살'은 여기서는 "교훈적인 시"를 뜻하며, 아마도 전례 때 사제에 의하여 발설되는 것이다. '마살'과 마찬가지로 '히다'("금언, 수수께끼")도 지혜문학의 전형적인 표현이다. 이 두 단어는 49,5에서 함께 언급된다.

78,3-4. 전승, 곧 하느님께서 당신 백성 가운데서 이루신 놀라운 일들에 대한 이야기를 한 세대가 다른 세대에게 전해 주는 것은 히브리인들에게 단순한 지식의 전달이 아니었다. 그 목적은 "기념" 곧 기억을 넘어 신앙의 메시지를 받아들이고 삶 안에서 실천하도록 하는 것이었다. 긴 시편인 78편은 시편의 전반부에 (1-12절) 세심하게 제시된 이러한 해석의 전망에 비추어 읽어야 한다. 이 시편은 찬양시편, 주님께 대한 신앙시편, 역사시편 등 여러 가지로 분류된다.

78,4. "그 자손들" 히브리어 본문은 "그들의 자손들"이라고 되어 있다. 그러나 이들은 "우리 조상들"(3절)의 자손들이므로 의미상으로는 "우리 자손들"과 다르지 않다.

78,5. "법"으로 번역된 히브리어 단어는 "증언"이라고도 옮길 수 있다(56절의 "법"도). 기록된 증언으로 계약의 규범과 계명들을 지칭할 수 있기 때문이다. "경고, 법령"이라고도 옮긴다(2열왕 17,15; 23,3; 1역대 29,19 참조).

78(77). 시편 저자가 이집트 탈출부터 시작하여 회상하는 구원 역사는, 하느님의 진노를 불러일으킨 배반과 일시적인 돌아감의 역사로 이해된다(9-40절). 이집트를 탈출한 백성은 요약적으로 "고집부리고 반항하는 세대"(8절)라고 일컬어진다. 그 백성은 의식적으로 죄를 선택하고, 받은 은혜들을(홍해를 건넘, 불기둥, 만나와 하늘에서 내려온 고기, 바위에서 나온 물) 잊어버리고 하느님을 신뢰하지 않는다. 그러한 반항은 회개할 때 늘 기꺼이 용서해 주시는 하느님의 인내와 대비되어 더욱 크게 부각된다.

✠ 옛 계약의 구원 역사는 그리스도 안에서 실현된 새 계약의 예표로 이해되며, 이 새 계약에서 전례는 구원 역사를 찬양하며 기억한다. 기도가 그리스도의 역사적 신비들에 집중하는 대림, 성탄, 사순, 부활 시기에(성무일도 총지침, 130항) 1-39절은 4주간 금요일 독서기도에서, 40-72절은 4주간 토요일 독서기도에서 기도한다. 의미 깊게도 23-25절은 성체 신심 미사 입당송이다. 29-30절은 성체에 비추어 해석되어 연중 제6주일 영성체송으로 사용된다. 25절에서 히브리어 본문은 "강한 이들의 빵"으로 되어 있으며, 아마도 천상 조정의 구성원들을 지칭한다. 그리스어와 라틴어 번역본들은 "천사들의 빵"으로 되어 있어, 만나가 하느님께 가까운 이들의 양식이며 하느님과 친교를 이루게 해 주는 음식임을 상기시킨다. 하느님은 만나를 주심으로써 이스라엘인들을 어떤 식으로 당신 식탁에 참여하게 하셨다는 것이다. 그리스도교 전통은 이러한 해석을 토대로 "천사들의 빵"을 성찬 빵의 예표로 본다.

6 미래의 세대, 장차 태어날 자손들이 알아듣고서
그들도 일어나
제 자손들에게 들려주게 하시려는 것이다.
7 이들이 하느님께 신뢰를 두고
하느님의 업적을 잊지 않으며
그분의 계명을 지키어
8 고집 부리고 반항하는 세대였던
그들의 조상들처럼 되지 말라 하심이다.
그 세대는 마음을 확고히 하지 않고
그들의 정신은 하느님께 신실하지 않았다.
9 에프라임의 자손들, 활로 무장한 그들이
전투의 날에 등을 돌렸다.
10 그들은 하느님의 계약을 지키지 않고
그분의 가르침에 따라 걷기를 마다하였다.
11 그리고 잊어버렸다, 그분의 위업을
그들에게 보여 주신 기적들을.
12 그분께서는 그들의 조상들 앞에서 이적을 일으키셨다,
이집트 땅 초안평야에서.
13 바다를 가르시어 그들을 건너가게 하시고
물을 둑처럼 세우셨다.
14 낮에는 구름으로,
밤이면 불빛으로 그들을 인도하셨다.
15 사막에서 바위들을 쪼개시어
심연에서처럼 흡족히 물을 마시게 하셨다.
16 돌덩이에서 시내들이 솟게 하시어
강처럼 물이 흘러내리게 하셨다.
17 그러나 그들은 끊임없이 그분께 죄를 짓고
사막에서 지극히 높으신 분께 반항하였다.
18 마음속으로 하느님을 시험하며
제 욕심대로 먹을 것을 요구하였다.
19 하느님을 거슬러 말하였다.
"하느님이신들 광야에다
상을 차려 내실 수 있으랴?
20 보라, 바위를 치시니
물이 흐르고
시냇물이 넘쳐흘렀지만
빵까지 주실 수 있으랴?
당신 백성에게 고기를 장만해 주실 수 있으랴?"
21 이에 주님께서 들으시고 격노하시니

78,10. "그분의 가르침에 따라 걷기"는 "율법에 따라 행하기"라는 비유적 의미로 이해해야 한다(1사무 8,3.5의 주 참조).

78,12. "초안 평야에서." 나일강 삼각주의 북동부 지역을 가리킨다(민수 13,22; 이사 19,11.13; 에제 30,14 참조).

78,15. "심연"은 지하의 물로, 지상의 담수 샘들이 여기서 나오는 것으로 여겨졌다. 이 일화는 탈출 17,1-7; 민수 20,1-13; 지혜 11,4에 전해진다. 또한 1코린 10,4 참조

78,18. "제 욕심대로" 히브리어 명사 '네페쉬'를 구체적으로 이해한다면 "그들의 목구멍(을 위해)"가 된다(31,10의 주 참조). (새) 대중 라틴말 성경은 "영혼"으로 이해한다.

78,19. "하느님을 거슬러 말하였다." 분명하게 광야의 "불평"을 암시하지만(탈출 16,2.7.8.12 참조), 이 동사는 일반적으로 말을 뜻하며 탈출기에서 불평을 지칭하여 사용된 단어가 아니다.

야곱을 거슬러 불길이 타오르고
이스라엘을 거슬러 분노가 솟아올랐다.
22 그들이 하느님을 믿지 않고
그분의 도우심에 의지하지 않았기 때문이다.
23 그러나 그분께서는 위의 구름에 명령하시고
하늘의 문들을 여시어
24 그들 위에 만나를 비처럼 내려 먹게 하시고
하늘의 곡식을 그들에게 주셨다.
25 천사들의 빵을 사람이 먹었다.
그들에게 음식을 배부르도록 보내셨다.
26 하늘에서 샛바람을 일으키시고
당신 힘으로 마파람을 몰아오시어
27 그들 위에 고기를 먼지처럼,
날짐승을 바다의 모래처럼 내리셨다.
28 당신의 진영 한가운데에,
당신의 거처 둘레에 떨어지게 하시어
29 그들이 실컷 먹고 배불렀으니
그들의 욕심을 채워 주신 것이다.
30 그러나 그들은 입에 먹을 것이 들어 있는데도
욕심을 멀리하지 않았다.
31 하느님의 분노가 그들을 거슬러 치솟아
그들 가운데 건장한 사나이들을 죽이시고
이스라엘의 젊은이들을 거꾸러뜨리셨다.
32 이 모든 것을 보고도 그들은 여전히 죄를 짓고
그분의 기적들을 믿지 않았다.
33 이에 그분께서는 그들의 날수를 단숨에,
그들의 햇수를 공포 속에 스러지게 하셨다.
34 그들을 죽이실 제야 그들은 그분을 찾고
돌이켜 하느님을 찾아
35 하느님께서 그들의 바위이심을,
지극히 높으신 하느님께서 그들의 구원자이심을 기억하였다.
36 그러나 그들은 입으로 그분을 속이고
혀로 그분께 거짓말하였다.
37 그들은 그분께 마음을 확고히 하지 않고
그분 계약에 신실하지 않았다.
38 그러나 그분께서는 자비하시어
죄를 용서하시고 그들을 멸망시키지 않으셨다.
당신 분노를 거듭 돌이키시고

78,24-27. 두 가지 사건, 곧 만나와 메추라기 사건을 언급한다(탈출 16; 민수 11; 신명 8,3; 지혜 16,2; 요한 6,31.49; 히브 9,4; 묵시 2,17 참조).

78,33. "공포 속에" 여기 사용된 히브리어 단어는 갑작스러운 것이라는 의미도 담고 있다. 일부 저자들은 구체적으로 "두렵고 갑작스러운 사건"을 가리킬 수도 있다고 본다(이사 65,23에서도).

78,34. "그분을 찾고" 히브리어 동사 '다라스'는 흔히 "예식과 기도를 통해 하느님을 향하다"를 뜻한다. 히브리어 동사 '숩'은 그 자체로는 "돌아가다"를 뜻하고, 어떤 경우에는 "다시 …하다"를 뜻한다. 그러므로 "다시 돌아가다"라고 번역할 수 있다.

78,37. "확고히" 여기에 사용된 히브리어 단어는 안정성과 견고함을 나타낸다.

당신 진노를 결코 터뜨리지 않으셨다.
39 그들이 한낱 살덩어리임을,
가면 돌아오지 못하는 바람임을 기억하셨다.
40 그들이 광야에서 몇 번이나 그분께 반항하였고
황야에서 몇 번이나 그분을 괴롭혔던가!
41 그들은 끊임없이 하느님을 시험하고
이스라엘의 거룩하신 분을 슬프게 하였다.
42 그들은 기억하지 않았다, 그분의 손을
자기들을 적에게서 구하신 그날을
43 이집트에서 일으키신 그분의 표징들을
초안평야에서 당신의 이적들을 일으키신 그날을.
44 저들의 강을 피로 바꾸시니
저들이 그 시내에서 물을 마시지 못하였다.
45 등에 떼를 보내시어 저들을 뜯어 먹게 하시고
개구리 떼를 보내시어 저들을 망하게 하셨다.
46 저들의 수확을 메뚜기 떼에게,
저들의 소출을 누리 떼에게 내주셨다.
47 우박으로 저들의 포도나무를,
서리로 저들의 돌무화과나무를 죽이셨다.
48 저들의 가축을 우박에게,
저들의 양 떼를 번개에게 넘기셨다.
49 저들에게 당신 분노의 열기를,
격분과 격노와 환난을,
재앙의 천사 무리를 보내셨다.
50 당신 분노의 길을 닦으시어
저들의 목숨을 죽음에서 구하지 않으시고
저들의 생명을 흑사병에게 넘기셨다.
51 이집트의 모든 맏아들을,
함의 천막 속 저들 정력의 첫 소생을 치셨다.
52 당신 백성을 양 떼처럼 이끌어 내시어
광야에서 그들을 가축 떼처럼 인도하셨다.
53 안전하게 이끄시니 그들은 무서워하지 않았고
그들의 적들은 바다가 뒤덮어 버렸다.
54 그들을 당신의 거룩한 영토로,
당신 오른팔이 마련하신 이 산으로 데려오셨다.

78,40. 이 구절에 묘사된 일은 탈출 17,1-7; 민수 14; 17,6-15; 여호 9,18에 전해진다.

78,44-51. 이 시편은 파라오가 이스라엘을 떠나보내기 전에 이집트 백성이 겪은 재앙들을 상기시킨다(탈출 7-12 참조).

78,53. "안전하게" 번역문은 하느님의 태도를 나타내는 것으로 이해할 수 있어, 모호하며 분명하지 않다. 히브리어 표현은 4,9에서와 같이 "평안히"로 옮길 수 있다.

78,54. "당신의 거룩한 영토로" "당신 성소 안으로"라고 옮기기도 하지만, 히브리어 표현 자체는 "당신의 거룩한 경계 안으로" 곧 "당신의 거룩한 영토로"로 옮기는 것이 더 낫다. 고대 번역본들을 근거로 일부 학자들은 여기서 '그불'이 "경계, 영토"라는 통상적인 의미가 아닌 "산"을 뜻한다고 본다("그들을 당신의 거룩한 산에 오르게 하셨다.").

78,41-72. 하느님의 전능과 처벌하시는 하느님의 진노가 이집트의 재앙들에서 잘 표현된다(41-51절). 하지만 약속된 땅으로 들어간 것으로도 이스라엘인들은 충실해지지 않았다. 그들은 가나안인들의 우상 숭배로 되돌아가며 빗나갔다. 그러나 하느님은 약속을 어기지 않으셨고, 유다 지파 가운데 시온산에 당신의 거처를 정하셨으며 당신 마음에 드는 임금 다윗을 택하셨다. 다윗은 하느님의 백성을 이끄는 데 협력하였다.

78,57. 9절에서 나타났던 활의 표상이 다시 나타난다. 이 시편은 호세아서에서 뒤틀린 활의 표상을 가져온 것 같다. 백성은 하느님을 향하는 것이 아니라 다른 신들을 바라보고 있다(2사무 1,22; 호세 7,16; 즈카 9,13 참조)

78,58. "산당" 가나안에서 이교 신들에 대한 예배는 언덕에서 이루어졌고 그 꼭대기에 신들을 나타내는 기둥과 신성한 나무들을 심었다.

78,59. "격노하시어" 히브리어 본문에서 59절과 62절의 두 동사는 "불붙다"를 뜻한다. 이 동사는 불타는 하느님의 진노를 표현한다(하느님의 진노에 관하여, 38,2.4의 주 참조).

78,68. 편집자가 남부 유다 왕국과 다윗 왕조에 대한 선호를 드러낸다.

78,69. "굳게 세우신" 하느님의 행위를 나타낸다. 단순히 땅이 굳건하다는 것만을 말하지 않고, 땅을 세우고 기초를 놓으신 창조 활동을 환기시킨다(24,1-2; 이사 48,13; 아모 9,6 참조).

55 그들 앞에서 민족들을 쫓아내시어
그 땅을 제비 뽑아 상속 재산으로 나누어 주시고
이스라엘의 지파들을 그 천막에 살게 하셨다.
56 그러나 그들은 지극히 높으신 하느님을 시험하고
그분께 반항하며
그분의 법을 지키지 않았다.
57 그들의 조상들처럼 배신하고 배반하여
뒤틀린 활처럼 되어 버렸다.
58 자기네 산당으로 그분을 언짢으시게 하고
자기네 우상으로 그분을 진노하시게 하였다.
59 하느님께서는 들으시고 격노하시어
이스라엘을 아주 버리시고
60 실로의 거처를,
사람들 사이에 치셨던 그 장막을 내버리셨다.
61 당신의 힘을 적에게 사로잡히게 하시고
당신의 영광을 적의 손에 내주셨다.
62 당신 백성을 칼에 넘기시고
당신 소유에게 격노하셨다.
63 그들의 젊은이들은 불이 삼켜 버리고
처녀들에게는 사랑 노래 들리지 않았다.
64 그들의 사제들은 칼에 쓰러지고
과부들은 곡을 하지도 못하였다.
65 그러나 주님께서는 잠자던 사람처럼,
술로 달아오른 용사처럼 깨어나셨다.
66 당신 적들을 물리치시고
그들에게 영원한 수치를 안겨 주셨다.
67 그러나 요셉의 천막을 버리시고
에프라임 지파를 뽑지 않으셨다.
68 오히려 유다 지파를,
당신께서 사랑하시는 시온산을 뽑으셨다.
69 당신 성전을 드높은 하늘처럼,
영원히 굳게 세우신 땅처럼 지으셨다.
70 당신 종 다윗을 뽑으시고
그를 양 우리에서 이끌어 내셨다.

78,58 2열왕 22-23.

78,65-72. 주님을 술취한 군인으로 나타내는 표상은 강력하고 놀랍다. 그분은 포도주와 피를 섞은 다음 잠이 드신다. 잠이 깨어서는 곧 당신 백성을 위하여 전투에 나가시며 당신의 힘을 떨치신다(65-66절). 이러한 대담하고 다채로운 신인동형론적 표현은 마지막 주제인 다윗의 선택에서 끝난다. 다윗은 이스라엘의 최고 목자이신 하느님을 가시적으로 나타내는 "온전한 마음"을 지닌 목자이다(70-72절).

71 어미 양을 치던 그를 데려오시어
당신의 백성 야곱을,
당신의 소유 이스라엘을 양처럼 돌보게 하시니
72 그가 온전한 마음으로 그들을 돌보고
슬기로운 손으로 그들을 이끌었다.

79

(78) 1 [시편. 아삽]

하느님, 민족들이 당신 소유의 땅으로 쳐들어와
당신의 거룩한 궁전을 더럽히고
예루살렘을 폐허로 만들었습니다.
2 당신 종들의 주검을
하늘의 새들에게 먹이로 내주고
당신께 충실한 이들의 살을 들짐승들에게 주었습니다.
3 그들의 피를 물처럼
예루살렘 주변에 쏟아부었건만
묻어 줄 사람 아무도 없습니다.
4 저희는 이웃들에게 우셋거리가 되고
주위 사람들에게 비웃음과 놀림감이 되었습니다.
5 주님, 언제까지나 마냥 진노하시렵니까?
언제까지나 당신의 격정을 불처럼 태우시렵니까?
6 당신의 분노를 쏟아부으소서,
당신을 알지 못하는 민족들에게
당신 이름을 받들어 부르지 않는
나라들 위에.
7 그들이 야곱을 집어삼키고
그 사는 곳을 부수었습니다.
8 선조들의 죄를 저희에게 돌리지 마소서.
당신 자비가 어서 저희에게 미치게 하소서.
저희가 이토록 불쌍하게 되었습니다.
9 당신 이름의 영광을 위하여

79,5. "격정… 불" 성경 안에서 때로 하느님은 태우는 불로 묘사된다. 그 불은 파괴보다 정화를 위한 것이다(신명 4,24 참조). 격정과 질투는 파괴에서 함께 나타나기도 한다. 이는 계약이 지켜지지 않은 데 따른 하느님의 심판을 실행하는 것이다(스바 1,18 참조).

79,8. "불쌍하게 되었습니다." "가난해지다, 작아지다. 비천해지다"의 뜻을 지닌 히브리어 동사를 "불쌍하게 되다"라고 번역함으로써 물질적, 정신적 차원을 모두 포괄한다.

79,9. "저희를 구하시고"는 히브리어 동사 '나찰'의 번역으로, "저희를 구출하시고, 저희를 해방시켜 주시고"로 옮길 수 있다(22,21; 109,21; 119,170; 142,7; 143,9; 144,7.11 참조).

79,5 탈출 20,5; 34,14; 신명 4,24; 5,9; 6,15; 여호 24,19; 나훔 1,2.

79(78). 원수들에 의한 물질적, 그리고 특히 정신적 패배가 아마도 기원전 587년의 예루살렘 파괴를 기억하는 이 공동 탄원시편의 기원이 된다. 이방 민족들이 거룩한 장소들을 모독하고 파괴했고, 하느님께 선택된 이들의 피를 흘리게 했으며 그들의 주검을 마구 다루었다(1-4절). 하느님은 아마도 이로써 당신 백성의 잘못을 벌하신 것이다(5절). 이스라엘은 자신의 죄를 인정하고 주님 앞에서 자신을 낮춘다. 그러나 그분께서 당신 백성을 벌하지 않은 채 두지 않는 분이시라면 당신 이름을 업신여기는 원수들에게는 더욱 심한 보복을 하셔야 할 것이다(6-13절). 반면 살아남은 백성들은 다시 하느님께 충실해져 그분을 영원토록 찬송할 것이다.

✠ 79,1-5.8-11.13절은 3주간 목요일 낮기도 때 기도한다. 후렴은 9절이다.

79,12. "저희 이웃들"은 아마도 이두매아인들처럼 인접한 백성들을 지칭한다. 그들과는 지리적으로 가까이 있기 때문에 충돌이 잦았다(137,7; 애가 4,21; 오바 1.8 참조).
"품에다"는 자구적인 번역이다. "그들 안에"로 옮길 수 있다.

80,1. "나리꽃 가락으로. 증언." 에 관하여, 60,1 주 참조.

80,4.8.20. "저희를 다시 일으켜 주소서." 하느님께 과거의 상황을 회복시켜 주시기를 청한다(9-12절의 이상적 묘사 참조). 히브리어 본문은 "저희를 다시 돌아가게 해 주소서"로, 15절에서 하느님의 "돌아오심"을 가리킬 때와 같은 단어가 사용되었다.

저희를 도우소서, 저희 구원의 하느님.
당신 이름을 위하여
저희를 구하시고 저희 잘못을 용서하소서.
10 "저들의 하느님이 어디 있느냐?"
민족들이 이렇게 말해서야 어찌 되겠습니까?
당신 종들이 흘린 피의 복수가
저희 눈앞에서 민족들에게 드러나게 하소서.
11 포로들의 탄식이 당신께 이르게 하소서.
죽음에 놓인 이들을 당신 팔의 힘으로 보호하소서.
12 저희 이웃들의 품에다 일곱 배로 갚으소서,
주님, 저들이 당신께 드린 그 모욕을.
13 그러나 저희는 당신의 백성
당신 목장의 양 떼.
저희는 끝없이 당신을 찬송하고
대대로 당신에 대한 찬양을 전하오리다.

80

(79) 1 [지휘자에게. 나리꽃 가락으로. 증언. 아삽. 시편]

2 이스라엘의 목자시여, 귀를 기울이소서,
요셉을 양 떼처럼 이끄시는 분이시여.
커룹들 위에 좌정하신 분이시여
광채와 함께 나타나소서,
3 에프라임과 벤야민과 므나쎄 앞으로!
당신의 권능을 깨우시어
저희를 도우러 오소서.
4 하느님, 저희를 다시 일으켜 주소서.

79,10. 구약 성경에서는 여러 차례 하느님이 "복수" 또는 "보복"하려 하시는 분으로 제시된다. 이를 이해하기 위해서는 고대의 사고에서 복수는 사람들에 의하여 침해된 정의를 다시 확립하기 위한 유일한 길이었음을 고려해야 한다. "흘린 피"는 살인의 폭력을 가리킨다.

80(79). 이 시편은 이사 5,1-7의 예언의 실현으로 보인다. 이 예언에 따르면 하느님은 당신께서 사랑하시던 포도밭이 열매를 맺지 못하므로 그 포도밭을 폐허로 만드신다(9-17절). 당신 백성의 착한 목자시던 하느님은(2절) 적이 되시고(5-7절), 당신 손의 작품을 맹수들과 같은 원수들에게 내어 주셨다. 그래서 이 시편에는 다시 하느님의 은혜로운 눈길을 얻기 위한 탄원을 표현하는 후렴이 반복된다(4.8.15.20절). 시편은 백성을 이끌고 또한 아마도 재건하는 임무를 맡은 임금을 위한 기도로 끝난다.

포도밭과 포도나무는(히브리어로는 단어가 같다) 성경에서 자주 이스라엘을 나타내는 은유로 사용된다. 이 표상은 포도밭 주인이자 경작자이신 하느님께서 당신 백성을 정성스레 돌보심을 강조하지만(9-12절), 또한 그 포도밭이 버려지고 황폐해질 수 있음도 역설한다(13.14절). 신약 성경에서 예수님은 포도밭과 포도나무의 상징을 다시 취하신다(마르 12,1-12; 요한 15,1-8 참조). 그리스도교 전통 안에서는 이 상징이 교회 자신을 묘사하기 위하여 사용되었다.

당신 얼굴을 비추소서. 저희가 구원되리이다.
5 주 만군의 하느님
당신 백성의 기도에도 아랑곳없이
언제까지나 노여워하시렵니까?
6 당신께서는 그들에게 눈물의 빵을 먹이시고
눈물을 가득히 마시게 하셨습니다.
7 당신께서 저희를 이웃들의 싸움거리로 만드시어
원수들이 저희를 비웃습니다.
8 만군의 하느님, 저희를 다시 일으켜 주소서.
당신 얼굴을 비추소서. 저희가 구원되리이다.
9 당신께서는 이집트에서 포도나무 하나를 뽑아 오시어
민족들을 쫓아내시고 그것을 심으셨습니다.
10 당신께서 자리를 마련하시니
뿌리를 내려
땅을 채웠습니다.
11 산들이 그 그늘로 덮이고
드높은 향백나무들이 그 가지들로 덮였습니다.
12 그 줄기들은 바다까지,
그 햇순들은 강까지 뻗었습니다.
13 어찌하여 당신께서는 그 울타리들을 부수시어
길 가는 사람마다 그것을 잡아 꺾게 하셨습니까?
14 숲에서 나온 멧돼지가 먹어 치우고
들짐승이 뜯어 먹습니다.
15 만군의 하느님, 제발 돌아오소서.
하늘에서 굽어살피시고
이 포도나무를 찾아오소서,
16 당신 오른손이 심으신 나뭇가지를
당신 위해 키우신 아들을.
17 그 가지는 불에 타고 꺾였습니다.
그들은 당신 얼굴의 질책으로 멸망해 갑니다.

80,9-12 이사 5,1-7.

80,6. "눈물의 빵"은 성경에서 여러 차례 나오는 모티브로(신명 16,3; 시편 42,4; 이사 30,20; 에제 24,17; 호세 9,4 참조), 일상적으로 겪어야 하는 수고를 나타낸다. 주님께서는 오래 전부터 커룹들 위에 좌정하시어 언제나 계약 궤에서 이스라엘을 이끄셨다. 그러나 지금은 잠이 드신 듯하고, 냉정하고 무관심하게 되셨다. 당신께서 기르셔야 했던 양 떼에게(23편 참조) 눈물 섞인 빵을 주신다. 백성은 이끄시고 먹이시고 물을 주시는 하느님의 따뜻한 손길을 다시 느끼고자 한다.

✠ 과거에 받은 은혜들을 기억하는 것은, 4절에서 언급된 하느님의 빛나는 얼굴빛으로 밝아오는 새로운 하루를 시작하면서 다시 새로운 은혜를 기다리게 한다. 이러한 전망 안에서 80(79)편은 2주간 목요일 아침기도 첫 시편으로 기도하며, 3주간 목요일 낮기도 때에도 15절을 후렴으로 하여 기도한다. 나해 대림 제1주일과 다해 대림 제4주일에는 2-3.15-16.18-19절을 화답송으로 읽는다.

80,5.8.15.20. "만군의 하느님" 또는 "군대의 하느님"은 하느님의 힘을 기리는 호칭들 가운데 하나이다. 군대의 우두머리처럼 그분은 당신 백성을 승리로 인도하신다(1사무 4,4; 17,45; 2사무 5,10; 1열왕 19,10; 시편 44,10; 이사 1,24; 54,5 참조).

80,16. 16절 후반과 18절 후반에 거의 동일한 표현이 나오는데, 히브리어 원문에는 작지만 의미 있는 차이가 있다. 16절에서는 "인간의 아들"(곧 "인간")이라고 하지 않고 단순히 "아들"이라고 말하는 것이다. 18절이 분명하게 임금을 지칭한다면 16절에서 "아들"은 오히려 포도나무의 표상을, "줄기", "햇순"으로 묘사된 이스라엘 백성을 지칭한다.

80,17. 번역본은 히브리어 원문에 따라 이 절의 첫 구절을 15절에 언급된 "포도나무"에 연결시킨다. "그들"은 아마도 원수들일 것이다. 이 절은 (본문에 문제가 있다고 가정하고) "그것을 불에 태우고 꺾은 이들은 당신 얼굴의 질책으로 멸망할 것입니다."라고 번역할 수도 있다.

80,18. "당신 오른쪽에 있는 사람"은 임금을 암시한다. 110,1에 따르면 임금은 하느님의 가장 중요한 협력자로 그분 오른쪽에 앉는다.

81,3-4. "손북… 나팔" 악기들을 가리키는 히브리어 단어들은 번역하기 어렵다. 그 악기들이 어떻게 만들어졌는지 우리에게 모두 알려져 있는 것이 아니기 때문이다. 그래서 현대 번역본들도 서로 차이가 난다. 탈출 15,20; 19,13 참조.

81,4. 이 구절은 아마도 서로 다른 두 축제를 언급하는 것이며, 같은 축일을 지칭하는 것일 수 없다. 초승과 보름을 동시에 거행할 수 없기 때문이다(이사 66,23; 호세 2,13; 콜로 2,16 참조).

81,5. "법"은 "구속력을 갖는 결정"을 뜻하여 "규정"과 매우 가깝다. 72,1의 주 참조.

81,7. "짐… 광주리"는 이집트에서 행하던 강제 노동을 연상시킨다(탈출 1,8-14; 5 참조).

18 당신 오른쪽에 있는 사람 위에,
당신 위해 키우신 인간의 아들 위에 당신의 손을 얹어 주소서.
19 저희가 당신에게서 떠나가지 않으오리다.
저희를 살려 주소서. 저희가 당신 이름을 받들어 부르오리다.
20 주 만군의 하느님, 저희를 다시 일으켜 주소서.
당신 얼굴을 비추소서. 저희가 구원되리이다.

81

(80) 1 [지휘자에게. 기팃에 맞추어. 아삽]

2 환호하여라, 우리의 힘이신 하느님께!
환성을 올려라, 야곱의 하느님께!
3 노랫소리 울리며 손북을 쳐라.
수금과 더불어 고운 가락 내는 비파를 타라.
4 나팔을 불어라, 초승에
보름에, 우리의 축제 날에.
5 이것이 이스라엘의 규정이고
야곱의 하느님의 법규라네.
6 이집트 땅을 거슬러 그분께서 나아가실 제
요셉에게 법으로 세우셨네.
전에는 모르던 말씀을 나는 들었네.
7 "내가 그의 어깨에서 짐을 풀어 주고
그의 손에서 광주리를 내려 주었다.

81(80). 첫머리의 환호하라는 권고에서 알 수 있듯이(2-6절) 이 시편은 분명한 전례적 목적을 지니고 있다. 이 시편은 이스라엘의 두 가지 중요한 연중 축제, 곧 초막절과 신년 축제를 배경으로 한다. 그것은 각각 보름과 초승에 해당한다(4절). 히브리인들에게 이 축제들은 이집트 종살이에서의 해방을 기념하는 기회였다. 시편의 중심 부분은 그 사건을 기억한다(7-8절). 이어서 신명 4,32-40과 5,7-10의 규정에 따라 주님의 유일하심에 대한 신앙을 고백하는 응답이 뒤따른다. 이와 더불어 선택받은 백성의 빗나감도 기억한다(9-16절). 그러나 그 백성이 충실하게 하느님을 따른다면 그분께서 당신 축복의 상급을 보증해 주실 것이다(14-17절).

"초승"(4절)은 히브리 달력에서 한 달의 첫날에 해당한다. 그날은 축제일로 여겨졌고 고대에는 안식일과 같이 일을 하지 않도록 되어 있었다. 한편 "보름"은 연중 축제가 있을 때에만 기념했는데, 예를 들어 티스리달(9-10월) 보름부터 기념했던 초막절이 그 한 예이다. 후렴으로 사용되는 2절로 더욱 고조된 첫 부분의 찬양적 내용으로 인하여, 81(80)편은 2주간 목요일 아침기도 세 번째 시편으로 바친다. 또한 그리스도의 성체 성혈 대축일 독서기도 때에도 기도하는데, 후렴인 17절은 이를 성찬의 의미에 적용시킨다. 같은 대축일의 입당송으로도 사용된다.

8 곤경 속에서 네가 부르짖자 나 너를 구하였고
천둥 구름 속에서 너에게 대답하였으며
므리바의 샘에서 너를 시험하였노라. 셀라
9 들어라 내 백성아, 나 네게 증언하노라.
이스라엘아, 부디 내 말을 들어라.
10 너에게 다른 신이 있어서는 아니 된다.
너는 낯선 신을 경배해서는 아니 된다.
11 내가 주님, 너희의 하느님이다.
너를 이집트 땅에서 끌어 올린 이다.
네 입을 한껏 벌려라, 내가 채워 주리라.
12 그러나 내 백성은 말을 듣지 않았고
이스라엘은 나를 따르려 하지 않았다.
13 그래서 내가 고집 센 그들의 마음을 내버려 두어
그들은 제멋대로 걸어갔다.
14 내 백성이 내 말을 듣기만 한다면
이스라엘이 내 길을 걷기만 한다면
15 나 그들의 원수들을 당장 꺾으련마는
그들의 적들에게 내 손을 돌리련마는.
16 그들이 주님을 미워하는 자들의 아첨을 받고
이것이 그들의 영원한 운명이 되련마는.
17 나 그들에게 기름진 참밀을 먹게 하고
바위의 꿀로 그들을 배부르게 하련마는."

82

(81) 1 [시편. 아삽]

하느님께서 신들의 모임에서 일어서시어
그 신들 가운데에서 심판하신다.

81,8-17. 주님께서 취하신 들음의 태도에 백성의 유사한 태도가 상응해야 할 것이다. 12절의 병행에서 분명히 말하듯이 히브리어 동사 '샤마'("듣다")는 청각적 지각의 의미에 그치지 않고 도움을 구하는 이 백성의 부르짖음을 들으시고 구해 주신(8절) 하느님의 뜻에 대한 순종의 태도를 의미한다. 그러므로 이 동사는 이스라엘이 하느님 말씀을 듣고 하느님께서 몸을 굽혀 이스라엘의 기도를 들으시는 그 대화적 관계를 결정짓는다. 예가 되는 단락들은 1열왕 3,9(솔로몬이 "듣는 마음"을 청함)과 시편 65,3(주님이 "기도를 들어 주시는 분"으로 정의됨)이다. 그러나 시편 81에서도 확인할 수 있듯이 그 둘 사이에는 상호적이지만 대칭적이지는 않은 들음이 이루어진다. 하느님의 마음은 언제나 주의를 기울이고 계신 반면 인간의 마음은 그렇지 않기 때문이다.

82(81). 천상 조정의 장엄한 배경에서 하느님은 당신 뜻에 따라 정의를 지킬 명을 받았던 지상의 권세가들을 심판하신다(1절). 그들은 가난한 이들과 약한 이들을 소홀히 했다(2-5절). 하느님은 역설적으로 그들을 고대에 이교 신들에게 적용되던 호칭으로 부르신다(6절). 실제로 그들은 그 신들과 마찬가지로 멸망할 것이다(7절).

4주간 월요일 낮기도 때 기도하며 하루의 가운데에서 양심 성찰을 돕는다. 후렴은 "주님 홀로 입법자시요 심판자시니, 너희는 이웃을 판단하지 말라."이다.

81,8. "천둥 구름 속에서" 자구적으로는 "천둥의 은신처 속에서"이다. 이 절은 탈출 19-20의 신현과 므리바의 반항을 상기시킨다(민수 20,1-13 참조).

81,9. "나 네게 증언하노라." 여기 사용된 히브리어 동사는 "경고하다"를 뜻할 수도 있다(창세 43,3; 1사무 8,9; 1열왕 2,42 참조). 같은 표현이 50,7에도 나타난다.

81,11. "네 입을 한껏 벌려라"는 계명의 준수에 따르는 선물을 받아들임을 가리킨다(신명 28; 32,13 참조).

81,13. 완고한 마음(인간이 마음을 닫음)이라는 주제는 예레미야서에 자주 나타나며(예레 11,8; 13,10; 16,12; 18,12; 23,17 참조), 신약 성경 안에서도 볼 수 있다(마태 19,8; 마르 3,5; 10,5; 16,14 참조).

82,1. "일어서시어" 이 단어는 법률적인 맥락에서 판결을 내리기 위해 일어나는 것을 뜻한다. "신들의 모임에서"에서 '엘로힘'은 천상 조정의 구성원들로서 관리 역할을 한다. 이스라엘에서 유일신 신앙이 성숙되기 전에(신명 4; 2열왕 22-23 참조) 이 단어는 지상 민족들에게 여러 역할들을 하는 이교 신들을 지칭했다.

2 "너희는 언제까지 불의하게 심판하며
악인들의 편을 들려느냐? 셀라
3 약한 이와 고아의 권리를 되찾아 주고
불쌍한 이와 가련한 이에게 정의를 베풀어라.
4 약한 이와 불쌍한 이를 도와주고
악인들의 손에서 구해 내어라."
5 그들은 알지 못하고 깨닫지 못하며
어둠 속을 걷고 있으니
세상의 기초들이 모두 흔들린다.
6 "내가 이르건대 너희는 신이며
모두 지극히 높으신 분의 아들이다.
7 그러나 너희는 사람들처럼 죽으리라.
여느 대관들처럼 쓰러지리라."

8 일어나소서, 하느님, 세상을 심판하소서.
당신께서는 모든 민족들을 차지하고 계십니다.

82,6. "너희는 신이며" 문맥을 볼 때 재판관들에게 하는 말이다. 재판관들의 재판은 하느님 자신의 심판과 동등하게 여겨졌다(2역대 19,5-11 참조; 또한 요한 10,34-36 참조).

83

(82) 1 [노래. 시편. 아삽]

2 하느님, 잠잠히 계시지 마소서.
말없이 가만히 계시지 마소서, 하느님.
3 보소서, 당신의 적들이 소란을 피우고
당신을 미워하는 자들이 머리를 치켜듭니다.
4 당신의 백성을 거슬러 음모를 꾸미고
당신께 보호받는 이들을 거슬러 모의합니다.
5 그들은 말합니다. "자, 저들 민족을 없애 버려
이스라엘의 이름이 다시는 기억되지 못하게 하자!"
6 그들은 한마음으로 흉계를 꾸미고
당신을 거슬러 동맹을 맺습니다.
7 에돔의 천막들과 이스마엘인들

83,2. "잠잠히 계시지 마소서." 또는 "쉬고 계시지 마소서."라고도 이해할 수 있다(새 대중 라틴말 성경 참조). 하느님의 침묵은 하느님의 분노와 멀리 계심의 표지이다(28,1의 주 참조).

83(82). 이스라엘 백성은 큰 위험에 처해 있다. 주변 민족들이 연합하여 이스라엘을 무너뜨리려 한다(3-9절). 하느님은 관심이 없으신 듯하다(2절). 과거에 그랬듯이 원수가 하느님의 소유를 침범하여 그분께 중대한 모욕을 끼쳐 드리고 있음을 기억시켜 드림으로써 하느님의 사랑을 일깨워야 한다. 지극히 높으신 하느님께서는 이를 내버려 두지 않으실 것이며 당신 백성이 그분께 올리는 탄원에 들어 있는 저주를 실현하실 것이다(10-18절). 이렇게 하여 모든 이가 그분께서 모든 민족들 위에 높으신 분임을 알게 될 것이다(19절).

✠ 이 시편으로 73편에서 시작된 소위 "아삽 시편"이 끝난다. 이스라엘의 원수 열 민족들이 맺은 동맹에 이스라엘은 열두 가지 저주로 맞선다. 이 저주들은 충만한 숫자의 상징으로, 열 원수들의 가득한 적대감에 대응하려 한다.

✠ 소위 저주시편에 속하여 성무일도에서 배제되었다(성무일도 총지침 131항 참조).

모압과 하가르인들
8 그발과 암몬과 아말렉
필리스티아와 티로의 주민들도 함께.
9 아시리아까지 그들과 합세하여
롯의 자손들에게 팔을 뻗쳐 거듭니다. 셀라
10 미디안에게 하신 것처럼 그들에게 하소서.
키손천에서 시스라와 야빈에게 하신 것처럼.
11 이들은 엔 도르에서 전멸하여
땅의 거름이 되었습니다.
12 그들의 수령들을 오렙과 즈엡처럼,
그들의 제후들을 제바와 찰문나처럼 만드소서.
13 그들은 말합니다. "하느님의 목장들을
우리가 차지하자."
14 저의 하느님, 그들을 방랑초처럼,
바람 앞의 지푸라기처럼 만드소서.
15 숲을 태우는 불처럼
산들을 사르는 불길처럼
16 그렇게 당신의 태풍으로 그들을 뒤쫓으시고
당신의 폭풍으로 그들을 놀라게 하소서.
17 주님, 그들의 얼굴을 수치로 가득 채우시어
그들이 당신의 이름을 찾게 하소서.
18 그들이 내내 부끄러워하고 놀라
얼굴을 붉히며 멸망해 가게 하소서.
19 그래서 당신의 이름 주님이심을
당신 홀로 온 세상에 지극히 높으신 분이심을
그들이 깨닫게 하소서.

84

(83) 1 [지휘자에게. 기팃에 맞추어. 코라의 자손들. 시편]

2 만군의 주님
당신의 거처가 얼마나 사랑스럽습니까!
3 주님의 앞뜰을 그리워하며
이 몸은 여위어 갑니다.

83,8. "필리스티아"는 필리스티아인들이 살고 있던 남쪽 해안 지역만이 아니라 지중해와 요르단강 사이 지역 전체를 가리킨다.

83,12. 미디안의 네 우두머리가 언급되는데, 그 가운데 둘은 판관 7,25에, 둘은 8,5-21에 기드온과 관련하여 언급된다. "제바"는 "늑대"를 뜻하고(창세 49,27 참조), "오렙"은 "까마귀"를 뜻한다(레위 11,15 참조).

83,14-16. 이 표상들은 신현, 곧 하느님께서 인간들에게 당신 자신을 드러내기 위하여 자주 택하시는 방법을 연상시킨다.

83,14. "지푸라기" 하느님의 원수들이 덧없고 무력함을 나타낸다. 지푸라기가 바람에 흩어지듯이 하느님께 맞서는 이들도 흩어질 것이다(욥 27,21; 시편 1,4; 35,5; 이사 17,13; 40,24 참조).

83,18. "부끄러워하고… 얼굴을 붉히며" 공공연히 그들의 악행에 대한 갚음을 받는다는 뜻이다(6,11의 주 참조).

83,9 창세 19,30-38. 83,10 판관 4-5.

84(83). 열심한 히브리인에게 예식은 영적인 삶의 원천이며 절정이었고 성전은 생명의 원천이었다. 율법 규정에 따라 시편 저자는 성전으로 순례했고(2.5절), 주님을 뵙고자 하는 열정 때문에 그 길의 수고가 새로운 힘으로 변화되었다(7-8절). 돌아올 때에도 그에게는 하늘의 새들처럼이라도 거룩한 성전 안에 머물고자 하는 간절한 갈망이 남는다(4절). 그곳에는 기도를 들어 주시며 거룩함의 길을 가르쳐 주시는 하느님이 계시다(9-13절).

살아 계신 하느님을 향하여
제 마음과 제 몸이 환성을 지릅니다.
4 만군의 주님
저의 임금님, 저의 하느님
당신 제단 곁에
참새도 집을 마련하고
제비도 제 둥지가 있어
그곳에 새끼들을 칩니다.
5 행복합니다, 당신의 집에 사는 이들!
그들은 늘 당신을 찬양하리니. 셀라
6 행복합니다, 마음속으로 순례의 길을 생각할 때
당신께 힘을 얻는 사람들!
7 그들은 바카 계곡을 지나며
샘물을 솟게 하고
봄비는 축복으로 덮어 줍니다.
8 그들은 더욱더 힘차게 나아가
시온의 하느님 앞에 나섭니다.
9 주 만군의 하느님, 제 기도를 들으소서.
야곱의 하느님, 귀를 기울여 주소서. 셀라
10 하느님, 저희의 방패를 보소서.
당신의 기름부음받은이의 얼굴을 굽어보소서.
11 정녕 당신 앞뜰에서 지내는 하루가
다른 천 날보다 더 좋습니다.
저의 하느님 집 문간에 서 있기가
악인의 천막 안에 살기보다 더 좋습니다.
12 정녕 주 하느님은 태양이고 방패이시며
주님께서는 은총과 영광을 베푸십니다.
흠 없이 살아가는 이들에게
복을 거절하지 않으십니다.
13 만군의 주님
당신을 신뢰하는 사람은
행복합니다!

84,5. "행복합니다, 당신의 집에 사는 이들!"은 성전 안에 거처했던 성직자들을 암시할 수도 있지만(1사무 1-2의 엘리와 사무엘 참조), 은유적으로 하느님과 친밀하게 살아가는 의인들을 뜻할 수도 있다(132,14 참조). 행복 선언의 의미에 관하여, 시편집을 시작하는 1,1의 주 참조.

84,6. "순례"라는 단어는 히브리어 본문에 나오지 않으나 이 절은 순례를 암시하는 것으로 이해할 수 있다. 고대 번역본들은 "길" 대신 "오름"이라는 단어를 포함하고 있는데, 이는 시온으로 가는 순례를 지칭하는 전문 용어이다. 이러한 해석은 문맥상 가능하다.

84,10. 여기서 "저희의 방패"는 임금을 지칭하며, 히브리 시의 전형적인 방법에 따라 "당신의 기름부음받은이"와 병행된다. 그러나 시편에서 흔히 사용되는 이 단어의 용례에 따라 "저희의 방패"를 하느님의 호칭으로 볼 수도 있다(3,4의 주 참조).

84,11. "천 날보다" 필사자가 실수로 '바하르티'("제가 선택했습니다.")를 '브헤드리'("제 방 안에")로 잘못 옮겨 적었다고 가정하여 "제 집에서의 천 날보다"로 옮기기도 한다. 히브리어 원문을 번역하면 공동 번역과 같이 "주의 집 뜰 안이면 천 날보다 더 나은 하루, 악인의 편한 집에 살기보다 차라리 하느님 집 문간을 택하리이다."가 된다.(10절)

✠ 하느님의 집인 성전에서 하느님과 친교를 이루고자 하는 갈망은 전례 공동체이고 찬양의 공동체인 교회에 연관되고, 지상에서 교회의 순례는 그 순례가 지니고 있는 종말론적 차원으로 특징지어진다. 이러한 전망 안에서 이 시편은 3주간 월요일 아침기도 첫 번째 시편으로 기도하며, 후렴은 5ㄱ절이다. 4-5절은 연중 제15주일 영성체송이며, 10-11절은 연중 제20주일 입당송이다. 서원 예식에서 수녀들의 경우 회에 합체되는 표지로 포옹을 주고받을 때 사용한다. 또한 서품 예식과 성당과 제단 봉헌 예식의 화답송으로 사용한다.

85 (84) 1 [지휘자에게. 코라의 자손들. 시편]

2 주님, 당신께서는 당신 땅을 어여삐 여기시어
야곱의 운명을 되돌리셨습니다.
3 당신 백성의 죄를 용서하시고
그들의 모든 잘못을 덮어 주셨습니다. 셀라
4 당신의 격분을 말끔히 거두시고
당신 분노의 열기를 돌리셨습니다.
5 저희 구원의 하느님, 저희를 다시 일으키소서.
저희에 대한 노여움을 푸소서.
6 끝끝내 저희에게 진노하시렵니까?
당신 분노를 대대로 뻗치시렵니까?
7 저희를 다시 살리시어
당신 백성이 당신 안에서 기뻐하게 하지 않으시렵니까?
8 주님, 저희에게 당신 자애를 보이시고
저희에게 당신 구원을 베푸소서.
9 하느님께서 무엇을 말씀하시는지 나는 듣고자 하네.
주님께서는 당신 백성에게, 당신께 충실한 이들에게
진정 평화를 말씀하신다.
그들은 다시 우매함으로 돌아가지 않으리라.
10 정녕 그분을 경외하는 이들에게는 구원이 가까우니
우리 땅에 영광이 머무르리라.
11 자애와 진실이 서로 만나고
정의와 평화가 입 맞추리라.
12 진실이 땅에서 돋아나고
정의가 하늘에서 굽어보리라.
13 주님께서도 복을 베푸시어
우리 땅이 그 열매를 내어 주리라.

85,2. “운명을 되돌리셨습니다.” 에 관하여, 14,7의 주 참조.

85,3. “잘못을 덮어 주셨습니다.”는 “잘못을 용서하셨습니다.” 를 뜻한다. 죄를 덮는 것의 의미에 관하여 32,1의 주 참조

85,5. “저희를 다시 일으키소서.” 일부 저자들은 “저희에게 돌아오소서.”로 번역하고, 다른 이들은 “저희를 돌아가게 하소서.”로 번역해야 한다고 생각한다(80,4.8.20의 주 참조). 어느 번역을 따를지 결정하기 어렵다. 이 구절을 2절에 연결시킬 것인지(2절에서는 같은 히브리어 동사가 “운명을 되돌리다”라는 뜻으로 사용된다. 새 대중 라틴말 성경은 이렇게 번역한다), 아니면 하느님의 “돌아오심”에 대해 말하는 7절(자구적으로 번역하면 “당신이 돌아오셔서 저희를 다시 살리시어”)에 연결시킬지에 따라 달라진다.

85,8-12. “자애… 구원… 영광… 자애… 진실… 정의… 평화” 히브리 시문학의 널리 알려진 문학적 기법에 따라 의인화된 이 명사들은 하느님의 속성들로 이해해야 한다. 이 단어들은 계약에서 약속하신 바를 실현하시는 하느님의 충실하심을 지칭한다.

85,9. “그들은 다시 우매함으로 돌아가지 않으리라.” 고대 번역본들에 따라 이 구절을 “신뢰하며 그분께 돌아가는 이들에게” 로 옮겨 “평화를 말씀하신다.”와 연결하기도 한다.

85(84). 주님은 용서하시는 하느님이다. 그분은 과거에 이미 벌을 받고 흩어진 백성의 운명을 되돌리심으로써 당신의 선하심을 드러내셨다(1-4절). 그분께서 뜻하신다면 지금의 상황 속에서도 당신의 사랑을 새롭게 하실 수 있다(5-8절). 아마도 바빌론 유배나 유배 이후 어려웠던 재건이 이 시편의 배경일 것이다. 함께 모여 기도하는 공동체는 하느님께 응답을 요청하며(9절), 위로의 말씀을 듣게 된다. 그분께서 평화와 온갖 강복을 회복시켜 주신다(9-14절).

✠ 과거에 받은 은혜들을 기억하는 것은 하루를 시작하면서 하느님의 목소리에 열려 있는 기도자에게 새로운 은혜를 기다리게 한다. 그러한 의미에서 2ㄱ.3ㄱ절을 후렴으로 3주간 화요일 아침기도 첫 번째 시편으로 기도한다. 위령 성무일도 낮기도 때에도 이 시편을 기도한다. 8절은(“주님, 자비를 베푸소서. 저희는 주님께 죄를 지었나이다.”에 이어) 미사의 참회 예식에서 사용된다. 또한 같은 절이 대림 시기 모든 주일 제1저녁기도와 제2저녁기도, 그리고 12월 17일과 18일의 저녁기도 응송으로 사용된다. 13절은 대림 제1주일 영성체송이다. 그리스도교 전통은 이를 메시아적 노래로 읽었으며 11-14절을 하느님과 인간, 하늘과 땅의 완전한 만남인 그리스도의 육화에 비추어 해석했다.

85,14. 이 구절의 둘째 부분에서 성경은 "그분"이라는 말을 쓰면서 하느님께서 걸음을 내딛으시는 것으로 번역했지만, 주어를 "정의"로 보아 정의가 걸음을 내딛는 것으로 볼 수도 있다. 그리스어 성경은 주어를 하느님으로, (새) 대중 라틴말 성경은 정의로 보고 있다. 그러나 정의는 하느님의 속성이다.

86,8. "신들 가운데" 유일하신 하느님에 대한 이스라엘의 신앙은 점진적으로 형성된다. 이 시편이 작성되던 시대에 시편 저자는 하느님을 모든 이교 신들 가운데 뛰어나신 분으로 여긴다(탈출 15,11; 시편 40,6; 71,19 참조).

14 정의가 그분 앞을 걸어가고
그분께서는 그 길 위에 걸음을 내디디시리라.

86

(85) 1 [기도. 다윗]

주님, 귀를 기울이시어 제게 응답하소서.
가련하고 불쌍한 이 몸입니다.
2 제 영혼을 지켜 주소서.
당신께 충실한 이 몸입니다.
당신은 저의 하느님
당신을 신뢰하는
이 종을 구해 주소서.
3 당신께 온종일 부르짖으니
주님, 저에게 자비를 베푸소서.
4 당신께 제 영혼을 들어 올리니
주님, 당신 종의 영혼을 기쁘게 하소서.
5 주님, 당신은 어지시고 기꺼이 용서하시는 분
당신을 부르는 모든 이에게 자애가 크십니다.
6 주님, 제 기도에 귀를 기울이시고
제 애원하는 소리를 귀여겨들으소서.
7 당신께서 제게 응답해 주시리니
곤경의 날 제가 당신께 부르짖습니다.
8 주님, 신들 가운데 당신 같은 이 없습니다.
당신의 업적 같은 것이 없습니다.
9 주님, 당신께서 만드신 모든 민족들이 와서
당신 앞에 엎드려
당신 이름에 영광을 드리리이다.
10 당신은 위대하시며 기적을 일으키시는 분이시니

86(85). 약하고 고통을 겪고 있으며 도움을 필요로 하는 기도자는(1절) 주님께 끊임없이 탄원한다(2-4.6-7.16-17. "종"이라는 단어는 사제임을 나타낸 것일 수 있다). 그 동기는 14절에야 나타난다. 오만하고 하느님에게서 멀리 있는 원수들이 그를 괴롭힌다는 것이다. 시편 저자는 주님께 그분께서 움직이셔야 하는 이유들을 말씀드린다. 그것은 그 자신의 충실함, 무엇보다 하느님 자신의 충실하심 때문이다. 그는 과거에 베푸셨던 하느님의 자애와 장차 모든 민족들 앞에서 드러내실 자애에 대하여 되풀이하여 하느님을 찬송한다(8-10.12-13.15절).

✠ 위험 앞에서 기도자는 그의 체험으로 하느님께서 가까이 계심과 그분의 도우심과 용서를 노래할 줄 안다. 그는 이 찬송을 자애를 간청하는 것으로 변화시킨다. 이러한 관점에서 이 시편은 3주간 수요일 아침기도 때 기도하며, 월요일 끝기도에서도 기도한다. 참회의 요소가 있어 위령 성무일도의 낮기도로도 정해져 있다. 그밖에도 병자성사 예식에도 사용될 수 있다. 1-3절은 연중 제21주일 입당송이며, 3.5절은 연중 제22주일 입당송이다.

당신 홀로 하느님이십니다.

11 주님, 제게 당신의 길을 가르치소서.
제가 당신의 진실 안에 걸으오리다.
당신 이름을 경외하도록 제 마음을 모아 주소서.
12 주 저의 하느님, 제 마음 다하여 당신을 찬송하며
영원토록 당신 이름에 영광을 드리렵니다.
13 저에 대한 당신의 자애가 크시고
제 영혼을 깊은 저승에서 건져 주셨기 때문입니다.
14 하느님, 오만한 자들이 저를 거슬러 일어나고
포악한 자들의 무리가 제 목숨을 노립니다.
그들은 당신을 자기들 앞에 모시지 않습니다.
15 그러나 주님, 당신은 자비하시고 너그러우신 하느님
분노에 더디시고 자애와 진실이 충만하십니다.
16 저를 돌아보시어 자비를 베푸소서.
당신의 힘을 당신 종에게 주시고
당신 여종의 아들을 구하소서.
17 저에게 어지심의 표징을 보이소서.
저를 미워하는 자들이 이를 보고 부끄러워하리니
주님, 당신께서 저를 도우시고 위로하시기 때문입니다.

87

(86) 1 [코라의 자손들. 시편. 노래]

거룩한 산 위에 세워진 그 터전,
2 주님께서 야곱의 모든 거처보다
시온의 성문들을 사랑하시니
3 하느님의 도성아
너를 두고 영광스러운 일들이 일컬어지는구나. 셀라

87(86). 예루살렘으로 올라가는 것은 이스라엘 지파들만이 아니다. 이스라엘 주변 민족들로 표시되는(4절) 지상의 모든 민족이 거기로 올라간다. 이것이 시온에 대한 이 짧은 찬가에서 제시되는 광경이다. 시편 저자의 예언자적 사상 안에서 예루살렘은 보편주의에 개방되고 이스라엘의 전통적 원수들을 포함하여 모든 민족의 어머니가 된다(5-7절). 모든 이들이 예루살렘에서 기쁨을 느낄 것이다. 그들의 임금이신 하느님께서 예루살렘을 세우셨으며(2-3절), 모든 민족이 그분께 속하듯(이사 14,1; 즈카 2,15 참조) 예루살렘도 그분께 속하기 때문이다.

✠ 유배 후 예언자들의 정신과 같은(이사 56,1-8; 60,6-7; 말라 1,11 참조) 과감한 보편주의를 보여 주는 87편은 그리스도교 전통 안에서는 갈라 4,26을 기초로 하여 교회의 노래가 되었다. 여기서는 종말론적 전망과 찬양적 성격이 강조된다. 3주간 목요일 아침기도 첫 번째 시편으로 3절을 후렴으로 하여 기도한다. 어머니 시온이 마리아 안에서 찬란히 빛나는 교회의 전형이라는 점에서(5절은 마리아에게서 신성과 인성 모두 태어나셨다는 뜻으로 해석된다), 이 시편은 성모 공통 독서기도 때 바치도록 지정되어 있다. 후렴은 3절을 재해석한다. "동정 마리아여, 당신을 두고 놀라운 일들이 일컬어지도다." 성당과 제단 봉헌 예식에도 사용될 수 있다.

86,11. "제 마음을 모아 주소서." 번역문 내용을 이해하기 어렵다. 아마도 하느님에 대한 배타적인 사랑을 요구하는 신명 5,6-9의 첫 번째 계명을 암시한다. 그리스어 번역본과 예로니모의 라틴어 번역본은 "제 마음이 기뻐하게 하소서."로 되어 있다. 새 대중 라틴말 성경을 따라, 마음이 하나임을 "단순함"으로 해석할 수도 있다(갈라지지 않은 마음, 즉 이중적이지 않은 마음).

86,13. "제 영혼을 건져 주셨기 때문" "제 목숨을 구해 주셨기 때문" 또는 "저를 구해 주셨기 때문"으로 옮길 수도 있다(35,12의 주 참조). 동사의 번역에 관해서는 97,10의 주 참조.

86,16. "여종" 이 히브리어 단어는 유딧기에서처럼 "시녀"로 번역하기도 하는데, 유딧기에서는 개인적인 여종을 지칭한다(유딧 8,10.33 참조). "여자 노예"로 해석되기도 한다.

86,17. "부끄러워하리니"에 관하여, 이 구절의 의미를 밝히는 6,11의 주 참조.

87,1. "그 터전" 자구적으로는 "그의 기초"로, 히브리어 본문에서 이 소유 형용사는 시온이 아니라 하느님께 해당된다. 즉 "그분께서 기초를 놓으심"(그분께서 세우신 것)이다. 땅의 기초를 마련하신 것과(78,69의 주 참조) 시온의 기초를 마련하신 것 사이에 병행이 보인다.

4 나는 라합과 바빌론도 나를 아는 자들로 셈한다.
보라, 필리스티아와 티로도 에티오피아와 함께
"이자는 거기에서 태어났다." 일컬어진다.
5 시온에 대해서는 이렇게 말하는구나.
"이 사람도 저 사람도 이곳에서 태어났으며
지극히 높으신 분께서 몸소 이를 굳게 세우셨다."
6 주님께서 백성들을 기록하며 헤아리신다.
"이자는 거기에서 태어났노라." 셀라
7 노래하는 이들도 춤추는 이들도 말하는구나.
"나의 모든 샘이 네 안에 있네."

88

(87) 1 [노래. 시편. 코라의 자손들. 지휘자에게. 알 마할랏 르안놋. 마스킬. 제라 사람 헤만]

2 주님, 제 구원의 하느님
낮 동안 당신께 부르짖고
밤에도 당신 앞에 서 있습니다.
3 제 기도가 당신 앞까지 이르게 하소서.
제 울부짖음에 당신의 귀를 기울이소서.
4 제 영혼은 불행으로 가득 차고
제 목숨은 저승에 다다랐습니다.
5 저는 구렁으로 내려가는 이들과 함께 헤아려지고
기운이 다한 사람처럼 되었습니다.
6 저는 죽은 이들 사이에 버려져
마치 무덤에 누워 있는
살해된 자들과 같습니다.
당신께서 더 이상 기억하지 않으시어
당신의 손길에서 떨어져 나간 저들처럼 되었습니다.
7 당신께서 저를 깊은 구렁 속에,

87,4. "셈한다."는 6절과의 연관을 고려한 번역이다. "라합"은 고대의 신화적 괴물로, 이 문맥에서는 전통적인 이스라엘의 원수인 이집트와 동일시된다. "이자"는 아마도 언급된 민족들 각각을 가리키는 것으로 이해해야 할 것이다. 그리스어 번역본과 (새) 대중 라틴말 성경은 "모두가 거기서 태어났다."라고 말하는데, 그와 같은 번역은 6절의 단수형과 호응을 이루지 않는다("이자는 거기에서 태어났노라.").

88,1. 시편의 연주에 관한 머리글은 이해하기 어렵다. 그래서 번역하지 않고 히브리어 음대로 적었다.

88,4. 스올은 공간적 차원에서 묘사된다. 마치 사람이 떨어질 수 있는 구멍이나 큰 구덩이와 같이 표현된다(욥 3,17-19의 주해 참조).

88,6. "저는 죽은 이들 사이에 버려져" 히브리어 본문은 "저는 자유롭습니다."로, 이해하기 어려운 표현이다. 죽은 이들의 왕국을 완곡하게 나타내는 것으로 설명할 수 있다(욥 3,19에서처럼 죽은 이들은 온갖 의무와 걱정에서 참으로 "자유롭다"). 이 상황은 가진 모든 것을 가지고 저승으로 떨어질 수 있는 가능성을 언급하는 민수 16,30.33에서와 유사하다.

88,7. "어둡고 깊숙한 곳" 히브리어 본문의 두 명사는("어둠"과 "심연"), 두 단어로 하나의 같은 개념을 표현하는 것으로 이해된다. 그리스어 번역본과 (새) 대중 라틴말 성경은 "어둠과 죽음의 그늘에서"로 옮긴다.

88(87). 죽음의 상징들로 가득한 이 탄원에는 거의 희망이 없는 듯하다. 기도자가 어린 시절부터 오랫동안 겪어 온 질병은 점점 더 깊어졌고, 이제 그는 거의 무덤 가까이에 이르게 되었다(4-8절). 주위에 있는 이들은 질병과 죄를 연결 짓는 일반적인 사고방식에 따라 그가 하느님께 벌을 받았다고 여긴다(9.19절). 그는 이미 힘이 없어지고 사람들의 연대도, 하느님의 현존도 사라졌다. 기도자에게 남은 것은 오직 대답하지 않으시는 하느님을 부를 한 가닥 목소리뿐이다. 그 하느님은 그를 고통 속에 빠뜨리려 하시는 듯하지만(8.17-18절), 그를 구원하실 수도 있는 분이다(2-3.10-15절).

88편은 여러 구절에서 죽음과 스올의 표상들을 사용한다. 스올은 하느님에게서 멀리 떨어진 곳이며, 하느님은 죽은 이들을 위해서는 더 이상 기적을 행하실 수 없다. 그래서 하느님은 그들에게서 감사나 찬송, 찬양을 받으실 수도 없다. 스올은 어둠의 장소, 모든 것과 모든 이들이 잊히는 장소이다. 강한 표현들이 사용되는데 이들은 구체적인 표현을 사용했던 고대 히브리인의 언어에서 서양 철학의 "무" 개념과 매우 유사한 의미를 지닌다. 이 성경 본문들에는 아직 죽음 이후 하느님과 함께 하는 삶이라는 개념은 없다.

어둡고 깊숙한 곳에 집어넣으셨습니다.
8 당신의 분노로 저를 내리누르시고
당신의 그 모든 파도로 저를 짓누르십니다. 셀라
9 당신께서 벗들을 제게서 멀어지게 하시고
저를 그들의 혐오거리로 만드셨으니
저는 갇힌 몸, 나갈 수도 없습니다.
10 제 눈은 고통으로 흐려졌습니다.
주님, 저는 온종일 당신을 부르며
당신께 제 두 손을 펴 듭니다.
11 죽은 이들에게 당신께서 기적을 이루시겠습니까?
그림자들이 당신을 찬송하러 일어서겠습니까? 셀라
12 무덤에서 당신의 자애가,
멸망의 나라에서 당신의 성실이 일컬어지겠습니까?
13 어둠에서 당신의 기적이,
망각의 나라에서 당신의 의로움이 알려지겠습니까?
14 그러나 주님, 저는 당신께 부르짖습니다.
아침에 저의 기도가 당신께 다다르게 하소서.
15 주님, 어찌하여 저를 버리십니까?
어찌하여 당신 얼굴을 제게서 감추십니까?
16 어려서부터 저는 가련하고 죽어 가는 몸
당신에 대한 무서움을 짊어진 채 어쩔 줄 몰라 합니다.
17 당신의 진노가 저를 휩쓸어 지나가고
당신에 대한 공포가 저를 부서뜨립니다.
18 그들이 날마다 물처럼 저를 에워싸고
저를 빙 둘러 가두었습니다.
19 당신께서 벗과 이웃을
제게서 멀어지게 하시어
어둠만이 저의 벗이 되었습니다.

88,14. "다다르게 하소서." 자구적으로는 "만나게 하소서."이다. 그리스어 번역본과 (새) 대중 라틴말 성경의 번역이 의미 깊다. "저의 기도가 당신을 앞서 갑니다."

88,15. "어찌하여 저를 버리십니까?" 기도자의 고통은 그가 하느님에게서 징벌을 받아야 할 이유가 밝혀지지 않았기 때문에 더욱 극심하다.

88,16. "가련한"에 관하여, 10,9의 주 참조.

88,19. 이 시편은 처음과(하느님의 이름 "야훼"를 언급) 끝이(마지막 단어는 "어둠") 강한 대조를 이룬다. 기도자는 신앙으로 지탱되면서도 지극히 어두운 밤을 겪는 상황에 처해 있다(루카 22,53 참조).

✠ 이 극적이면서도 신뢰에 찬 기도는 죽음을 앞둔 예수님 고통의 표현으로 해석되어(성 아우구스티노에 따르면 이 시편은 마태 26,38의 "내 마음이 너무 괴로워 죽을 지경이다."라는 말씀들을 보여 준다), 그리스도 신비체의 고통받는 지체들의 부르짖음을 담는다. 4주간 화요일 낮기도와 성금요일 낮기도 때 기도하며, 금요일 끝기도로도 정해져 있다(2절에서는 기도자가 밤낮으로 부르짖는다고 말한다). 신뢰하며 하느님을 부르는 3절은 연중 제32주일 입당송이다.

89

(88) 1 [마스킬. 제라 사람 에탄]

2 저는 주님의 자애를 영원히 노래하오리다.
제 입으로 당신의 성실을 대대로 전하오리다.
3 정녕 제가 아룁니다. “주님께서는 자애를 영원히 세우시고
성실을 하늘에 굳건히 하셨습니다.”

4 나는 내가 뽑은 이와 계약을 맺고
나의 종 다윗에게 맹세하였노라.
5 “영원토록 네 후손을 굳건히 하고
대대로 이어질 네 왕좌를 세우노라.” 셀라

6 주님, 하늘은 당신의 기적을,
거룩한 이들의 모임은 당신의 성실을 찬송합니다.
7 정녕 구름 위에서 누가 주님과 견줄 수 있으며
신들 가운데 누가 주님과 비슷하겠습니까?
8 거룩한 이들의 모임에서 더없이 경외로우신 하느님
당신 주위에 두려움을 일으키시는 분
9 주 만군의 하느님
누가 당신같이 능하겠습니까, 주님!
당신의 성실이 당신 주위에 가득합니다.
10 당신께서는 오만한 바다를 다스리시고
파도가 솟구칠 때 그것을 잠잠케 하십니다.
11 당신께서는 라합을 죽은 몸뚱이처럼 짓밟으시고
당신의 그 힘찬 팔로 당신 원수들을 흩으셨습니다.
12 하늘도 당신의 것, 땅도 당신의 것
누리와 그 안에 가득 찬 것도 당신께서 지으셨습니다.
13 북녘과 남녘을 당신께서 만드시니
타보르와 헤르몬이 당신 이름에 환호합니다.

89,2.5. “대대로” 히브리어 본문에 따른 번역이다. 같은 표현이 33,11; 49,12; 79,13; 85,6; 102,13; 106,31; 119,90; 135,13에서도 사용된다. 몇몇 경우에만 더 자유로운 번역을 한다(“영원히” 10,6; “영영” 77,9).

89,3.5. “세우다… 굳건히 하다” 시편 저자는 같은 히브리어 동사들을 사용하여 3절과 5절을 연결한다.

89,4. “계약”은 히브리어로 ‘브릿’이며, 본래 “임무, 약속”을 뜻한다.

89,7. “신들” 자구적로는 “신들의 아들들”로, 성경 밖 문화에서는 하급 신들이 이렇게 불렸다. 이스라엘의 유일신 신앙으로 인하여 성경 저자들은 이들을 격하시켜 단순히 천상 조정의 관리들로 만들었다. 그리스어 번역본과 (새) 대중 라틴말 성경에서 “하느님의 아들들”로 되어 있다는 점은 주목할 만하다.

89,11. “죽은 몸뚱이처럼 짓밟으시고” 여기서 제시되는 표상은 몸싸움이다. 이 싸움에서 전사는 상대편을 꺾고 나서 진군하기 위하여 그를 짓밟는다.

89,4 105,8; 창세 9,13; 15,18; 탈출 23,32; 예레 31.

89(88),1-19. 이 긴 시편으로 시편집 제3권이 끝난다. 터져 나오는 찬양으로 시편이 시작되는데, 그 내용은 시편 전체를 지배하는 모티브인 하느님께서 다윗에게 하신 왕좌와 영원한 후손의 약속이다(2-5절). 하느님의 충실하심과 능력은 변함이 없으시기에 그 약속은 신뢰할 수 있다. 하느님은 창조의 순간에 혼돈 요소들을 꺾으심으로써, 이집트 탈출로 이집트(라합)를 낮추심으로써 이를 보여 주셨다(6-15절). 이 모든 이유들로 이스라엘은 스스로 참으로 행복한 민족이라고 여길 수 있다(16-19절).

2-38절은 3주간 수요일 독서기도 때 기도한다. 후렴은 이를 그리스도와 연관해 해석한다. “하느님의 아들은 혈통으로 다윗의 후손이시도다.” “주께서 당신 종 다윗에게 맹세하셨도다. 그의 자손은 영원하리라.” 39-53절은 3주간 목요일 독서기도 때 기도한다. 후렴은 “나는 다윗의 뿌리이고 자손이며, 다윗 가문의 빛나는 샛별이로다.”이다. 2절은 성유 축성 미사 영성체송이다. 나해 대림 제4주일에는 2-5.27.29절을 화답송으로 읽는다. 4-5.16-17.27-29절은 성탄 전야 미사에서 사용된다. 성목요일 성유 축성 미사에서는 21-22.25.27절을 읽는다.

14 당신께서는 힘센 팔을 지니셨고
당신 손은 굳세시며 당신 오른팔은 우뚝하십니다.
15 정의와 공정이 당신 어좌의 바탕
자애와 진실이 당신 앞에 서서 갑니다.
16 행복합니다, 축제의 환호를 아는 백성!
주님, 그들은 당신 얼굴의 빛 속을 걷습니다.
17 그들은 날마다 당신 이름으로 기뻐하고
당신 정의로 일어섭니다.
18 정녕 당신은 그들 힘의 영광이시며
당신 호의로 저희의 뿔을 쳐들어 주십니다.
19 저희의 방패는 주님의 것
저희의 임금은 이스라엘의 거룩하신 분의 것.
20 예전에 당신께서 발현하여 말씀하시고
당신께 충실한 이들에게 선언하셨습니다.
"내가 영웅에게 왕관을 씌우고
백성 가운데에서 뽑힌 이를 들어 높였노라.
21 나의 종 다윗을 찾아내어
그에게 나의 거룩한 기름을 부었노라.
22 내 손이 그를 붙잡아 주고
내 팔도 그를 굳세게 하리니
23 어떤 원수도 그를 덮치지 못하고
어떤 악한도 그를 누르지 못하리라.
24 내가 그의 면전에서 그의 적들을 짓부수고
그를 미워하는 자들을 때려 부수리라.
25 나의 성실과 자애가 그와 함께 있어
나의 이름으로 그의 뿔이 쳐들리리라.
26 내가 그의 손을 바다 위에,
그의 팔을 강 위에 놓으리라.
27 그는 나를 불러 '당신은 저의 아버지
저의 하느님, 제 구원의 바위이십니다.' 하리라.
28 나도 그를 맏아들로,
세상 임금들 가운데 으뜸으로 세우리라.
29 내가 영원토록 그에게 내 자애를 보존하여

89,15. "정의와 공정" 36,7에서와 같이 이 두 단어는 동의어로 사용되며 하느님께 적용되어 그분의 온전한 거룩하심을 지칭한다(시편 106; 잠언 8,20; 이사 56,1; 예레 33,15; 이사 59,9; 아모 6,12 참조).

89,18.25. "뿔"은 힘을 가리킨다(75,5-6 주 참조).

89,26. "바다 위… 강 위…"는 다윗 왕국의 영토를 이상적으로 나타낸다. 지중해(동쪽)부터 유프라테스강(북서쪽)과 나일강(남쪽)까지를 지칭한다.

89,20-46. 시편 저자는 자랑스럽게(20-38절) 하느님께서 예언자 나탄을 통하여 다윗에게 하신 예언을 자세히 되짚어 본다(2사무 7장). 큰 명성, 후손, 굳건한 왕좌, 하느님의 아들로 입양됨, 영원한 보호가 약속되었다. 그 약속은 맹세하신 것이므로 바뀔 수 없다. 하느님은 당신 자신을 부인하실 수 없기 때문이다. 이 신앙은 왕정 시대 처음부터 끝까지 이스라엘을 지탱해 왔지만, 어느 시점에서 무너졌다. 나라가 침입을 받아(아마도 기원전 587년 바빌론인에 의한 파괴를 암시한다) 거룩한 도성이 파괴되었고, 선택된 백성은 유배를 갔으며, 임금은 왕좌를 잃고 원수들의 놀림감이 되었다(39-46절).

그와 맺은 내 계약이 변함없으리라.
30 내가 그의 후손들을 길이길이,
그의 왕좌를 하늘의 날수만큼 이어지게 하리라.
31 그의 자손들이 내 가르침을 저버리거나
내 법규를 따라 걷지 않는다면
32 내 규범을 더럽히고
내 계명을 지키지 않는다면
33 나는 채찍으로 그들의 죄악을,
매로 그들의 잘못을 벌하리라.
34 그러나 그에 대한 내 자애를 깨뜨리지 않고
내 성실을 거두지 않으리라.
35 내 계약을 더럽히지 않고
내 입술에서 나간 바를 바꾸지 않으리라.
36 나의 거룩함을 걸고 이 하나를 맹세하였노라.
나는 결코 다윗을 속이지 않으리라.
37 그의 후손들은 영원히 존속하고
그의 왕좌는 태양같이 내 앞에 있으리라.
38 구름 사이에 자리 잡은 충실한 증인으로
영원히 지속되는 달과 같으리라." 셀라
39 그러나 당신께서는 버리고 물리치셨습니다.
당신의 기름부음받은이에게 진노하셨습니다.
40 당신 종과 맺으신 계약을 파기하시고
그의 왕관을 땅바닥에 내던져 더럽히셨으며
41 그의 성벽들을 모두 헐어 버리시고
그의 성채들을 폐허로 만드셨습니다.
42 길 가는 사람마다 그를 약탈하여
그는 이웃들에게 우셋거리가 되었습니다.
43 당신께서 그의 적들의 오른팔을 높이시고
그의 원수들을 모두 기쁘게 하셨습니다.
44 정녕 당신께서 그의 칼을 적 앞에서 되돌리시고
전투 중에 그를 일으켜 세우지 않으셨습니다.
45 그의 영광에 끝을 내시고
그의 왕좌를 땅바닥에 내던지셨으며
46 그의 젊은 날들을 짧게 하시고
그를 수치로 덮으셨습니다.

89,34. "내 자애를 깨뜨리지 않고" "깨뜨리다"는 자주 계약의 파기와 중단을 가리킨다(에제 17,19; 2사무 7,15 참조).

89,35. "더럽히다." "계약을 더럽히다"(말라 2,10 참조)는 분명 그 계약을 파기함을 의미하지만(시편 55,21 참조), 더럽힌다는 번역은 히브리어 동사의 일반적인 의미에 따른 것이다.

89,37. 후손은 성조들에게 주어진 약속들 가운데 하나였다.

89,39. "물리치셨습니다." 히브리어 동사는 거부를 표현하며, 하느님의 "선택" 곧 하느님께서 다윗과 그 후손에게 보여 주신 각별한 애정과 대조된다(78,70 참조).

89,41-45. 전투에서 패배를 나타내는 표상들이 이어진다. 하느님은 다윗 왕조를 꺾으신 분으로 여겨지는데, 아마도 예루살렘 포위와 바빌론 유배를 암시한다(예레 39,1-10; 52 참조).

89,37 72,5.7; 창세 12,1-9.

47 주님, 언제까지나 영영 숨어 계시렵니까?
언제까지나 당신의 진노를 불태우시렵니까?
48 기억하소서, 제 인생이 얼마나 덧없는지를
당신께서 모든 사람을 얼마나 헛되이 창조하셨는지를.
49 누가 영원히 살아 죽음을 아니 보겠습니까?
누가 저승의 손에서 자기 영혼을 빼내겠습니까? 셀라
50 주님, 그 옛날 당신의 자애가 어디 있습니까?
당신의 성실을 걸고 다윗에게 맹세하신 그 자애가.
51 주님, 기억하소서, 당신 종들이 당하는 모욕을
수많은 백성을 모두 제 품에 품어야 함을.
52 주님, 당신 원수들이 업신여깁니다.
당신 기름부음받은이의 발자국을 업신여깁니다.

53 주님께서는 영원히 찬미받으소서.
아멘, 아멘!

89,47. 질문이 79,5의 질문과 매우 유사하며 비슷하게 번역된다. 본문에서 하느님께서 숨으시는 것에 그분의 침묵이 수반되는데, 그것은 백성에 대한 실망의 표지이다(28,1 주 참조).

89,49. "저승의 손"은 매우 자구적인 번역으로, 저승의 힘을 나타낸다(1사무 5,11의 주 참조).

90

(89) 1 [기도. 하느님의 사람 모세]

주님, 당신께서는 대대로
저희에게 안식처가 되셨습니다.
2 산들이 생기기 전에
땅이며 누리가 나기 전에
영원에서 영원까지 당신은 하느님이십니다.
3 당신께서는 인간을 먼지로 돌아가게 하시며
말씀하십니다. "사람들아, 돌아가라."

90,1. "안식처"로 번역된 단어는 "피난처" 또는 "거처"를 뜻한다. 이 맥락에서는 확고하고 항구하며 안정된 기준점을 가리킨다.

89,47-53. 하느님께서 당신 약속을 저버리셨는가? 환호와 찬양은 이제 탄원(47-52절)이 되며 찬송 대신 간청이 들어온다. 그러나 이 시편은 다윗 왕조에 대한 빛과 희망을 담고 있다. 하느님의 약속은 예루살렘이 함락된 후에도 구체적인 다윗 왕조를 넘어 새롭고 영원한 "기름부음받은" 임금인 메시아에 대한 기다림으로 실현될 수 있다. 그래서 시편집 제3권의 마지막 시편인 89편은(53절의 마지막 영광송 참조) 유다교 전통과 그리스도교 전통에서 메시아에 희망을 표현하는 고전적인 본문이 되었다.

90(89). 시편집 제4권을 여는 이 시편은 기본적으로 공동 탄원시편으로, 인간의 나약함에 대한 지혜문학적 묵상으로 끝난다. 하느님의 영원하심 앞에서 인간의 짧은 삶은 과연 무엇인가? 그것은 마치 곧 말라 버리는 풀과 같다. 하느님께서 생명을 주시는 당신 영을 거두시면 모든 인간은 자신이 나온 먼지로 돌아간다(1-7절). 인간의 짧고 고통스러운 삶은 창세 3장의 죄에 대한 단죄에 연관된다(8-10절). 인간은 그의 삶에 위로를 주시고 수고로 열매를 맺는 기쁨을 주시기를 하느님께 간청할 뿐이다.

✠ 지혜문학적 감각으로 하느님의 시선 아래 일상의 활동을 고찰하는 이 시편은 3주간 목요일 독서기도 때 기도한다. 후렴은 "우리 인생은 햇풀과 같이 덧없이 지나가고 하느님은 영원히 계시도다."이다. 14절의 간청은 이 시편을 아침 시간에, 4주간 월요일 아침기도 때 첫 번째 시편으로 기도하는 동기를 설명해 준다. 16-17절이 전통적으로 일시경에서 노동과 하루를 축성하는 것이었다면 오늘날은 그러한 지향이 아침기도에서 표현된다. 14절과 17절은 혼인 미사 입당송으로, 그리스도 안에서 혼인하는 이들의 기도하는 마음을 표현해 준다. 또한 이 시편은 고해성사 예식과 병자성사 예식에 사용될 수 있다.

90,5. 이 구절은 해석이 어렵다. 단어의 정확한 의미도, 단어들 사이의 연결에도 어려움이 있다. "아침"은 히브리어 본문에는 들어 있지 않지만 풀이 싹트는 것과 연결된다. 이 절은 "당신께서 그들을 꿈속에서 일으키시고, 아침에 그들은 새로워지는 풀과도 같습니다."라고 번역할 수도 있다.

90,8. "감추어진 죄"로 번역된 히브리어 단어는 "비밀"을 뜻한다. 이 절 첫 부분의 "잘못"과 평행을 이루므로 이 단어를 "감추어진 죄"로 해석한다.

90,10. "칠십, 팔십"은 상징적 의미를 갖는 숫자이다. 실제로 거의 가능하지 않을 만큼 오래 산다 해도 인간은 자신의 삶이 덧없는 것임을 안다(욥 5,6-7; 시편 144,3-5; 코헬 6,12; 집회 41,1-13 참조).
"그 가운데 자랑거리라 해도" 그리스어 번역본과 (새) 대중 라틴말 성경에 따라 히브리어 명사 '로흐밤'을 "많은 이들, 많은 것"으로 이해할 수 있고, 이에 따라 "그나마 거의가"로 옮길 수도 있다.

90,11. "누가 당신 노여움의 위세를 알겠습니까?" 자구적인 번역은 "(누가) 당신에 대한 두려움에 따라 당신의 노여움을 (알겠습니까?)"이다. 주님께 대한 합당한 두려움에서 출발하여 그분의 노여움을 알아듣는 것이다. 이 시편의 맥락에서 주님에 대한 두려움은 순종하는 자세를, 또 약한 인간이 전능하신 분 앞에 드려야 할 합당한 태도를 지칭한다. 이런 주님에 대한 경외는 다른 곳에서 더 긍정적인 의미를 지닌다. 잠언 1,7 주해 참조.

90,12. 인간의 삶이 짧고 나약함을 생각할 때 인간은 참된 지혜를 깨닫는다. 참된 지혜는 하느님의 전능하심을 올바로 존중하는 것이다.

90,17. 이 시편의 마지막은 수사학적으로 끝부분을 강조하

4 정녕 천 년도 당신 눈에는
지나간 어제 같고
야경의 한때와도 같습니다.
5 당신께서 그들을 쓸어 내시면
그들은 아침잠과도 같고
사라져 가는 풀과도 같습니다.
6 아침에 돋아났다 사라져 갑니다.
저녁에 시들어 말라 버립니다.
7 정녕 저희는 당신의 진노로 스러져 가고
당신의 분노로 소스라칩니다.
8 당신께서는 저희의 잘못을 당신 앞에,
저희의 감추어진 죄를 당신 얼굴의 빛 앞에 드러내십니다.
9 정녕 저희의 모든 날이 당신의 노여움으로 없어져 가니
저희의 세월을 한숨처럼 보냅니다.
10 저희의 햇수는 칠십 년
근력이 좋으면 팔십 년.
그 가운데 자랑거리라 해도 고생과 고통이며
어느새 지나쳐 버리니, 저희는 나는 듯 사라집니다.
11 누가 당신 진노의 위력을,
누가 당신 노여움의 위세를 알겠습니까?
12 저희의 날수를 셀 줄 알도록 가르치소서.
저희가 슬기로운 마음을 얻으리이다.
13 돌아오소서, 주님, 언제까지리이까?
당신 종들에게 자비를 베푸소서.
14 아침에 당신의 자애로 저희를 배불리소서.
저희의 모든 날에 기뻐하고 즐거워하리이다.
15 저희를 내리누르신 그 날수만큼,
저희가 불행을 겪었던 그 햇수만큼 저희를 기쁘게 하소서.
16 당신께서 하신 일이 당신 종들에게,
당신의 영광이 그 자손들 위에 드러나게 하소서.
17 주 저희 하느님의 어지심을 저희 위에 내리소서.
저희 손이 하는 일이 저희에게 잘되게 하소서.
저희 손이 하는 일이 잘되게 하소서.

90,12 욥 7.

91

(90) 1 지극히 높으신 분의 보호 속에 사는 이,
전능하신 분의 그늘에 머무는 이는
2 주님께 아뢰어라. "나의 피신처, 나의 산성이신
나의 하느님, 나 그분을 신뢰하네."
3 그분께서 새잡이의 그물에서
위험한 흑사병에서
너를 구하여 주시리라.
4 당신 깃으로 너를 덮으시어
네가 그분 날개 밑으로 피신하리라.
그분의 진실은 큰 방패와 갑옷이라네.
5 너는 무서워하지 않으리라, 밤의 공포도
낮에 날아드는 화살도
6 어둠 속에 돌아다니는 흑사병도
한낮에 창궐하는 괴질도.
7 네 곁에서 천 명이,
네 오른쪽에서 만 명이 쓰러져도
너에게는 닥쳐오지 않으리라.
8 오히려 네 눈으로 바라보리라.
악인들이 벌받음을 너는 보리라.
9 이는 네가 주님을 너의 피신처로,
지극히 높으신 분을 너의 안식처로 삼았기 때문이다.
10 너에게는 불행이 닥치지 않고
재앙도 네 천막에는 다가오지 않으리라.
11 그분께서 당신 천사들에게 명령하시어
네 모든 길에서 너를 지키게 하시리라.
12 행여 네 발이 돌에 차일세라
그들이 손으로 너를 받쳐 주리라.

는 중앙 집중 구조로 되어 있다(ABB'A'). 우리말 번역에서는 어순이 바뀌어 ABA'B'가 된다. 원문을 번역하면 다음과 같다. "(A) 저희에게 잘되게 하소서 (B) 저희 손이 하는 일이, (B') 저희 손이 하는 일이 (A') 잘되게 하소서."

91,5. "너는 무서워하지 않으리라" 성경에서 이러한 표현은 구원의 예언을 도입하거나 구원 역사의 주인공들에게 하느님의 도우심을 보증해 준다. 아브라함(창세 15,1 참조), 이사악(창세 26,24 참조), 야곱(창세 35,17 참조), 여호수아(여호 1,9 참조), 기드온(판관 6,23 참조), 예레미야(예레 1,8 참조), 다니엘(다니 10,12 참조), 요셉(마태 1,20 참조), 마리아(루카 1,30 참조).

91,11. "천사들"은 하느님께서 당신께 충실한 이들을 보호하거나 그들에게 당신 뜻을 전하시기 위하여 당신 어전에서 파견하시는 사자들이다(판관 6,11-24; 토빗 5,4-17; 루카 1,8-38 참조).

91,11-12 마태 4,6; 마르 16,18; 루카 10,19.

91(90). 순례자가 예루살렘 성전에 가서 그곳에서 밤을 보내며(1절) 주님의 신탁을 기다린다. 새벽에 사제를 통하여 약속과 위로의 말씀이 전해진다(14-16절). 하느님은 당신께 온전히 의탁하는 이에게 넘치도록 응답해 주신다(2.9절). 하느님의 보호에 자신을 맡기는 순례자는 원수와 질병, 온갖 위험에서 구원과 해방을 누릴 것이다(3-8.10-13절).

이 신뢰시편은 특히 신약 성경의 인용으로 잘 알려져 있다(마태 4,6; 마르 16,18; 루카 10,19 참조). 악마는 예수님을 유혹하기 위하여 이를 인용하지만, 예수님은 하느님의 섭리에 대한 신뢰가 주술적인 것이 아니며 주님께 기적을 강요하는 구실이 될 수 없음을 주장하신다.

유다교 전례와 그리스도교 전례는 이 시편을 저녁기도로 제시한다. 그리스도교 전례에서는 1.5절로 인하여 끝기도 때 기도해 왔고(4; 31,2-6; 134과 함께), 오늘날에도 주일과 대축일 제2저녁기도 후 끝기도에서 이 시편을 사용한다. 기도자는 잠들기 전에 수많은 위험 속에서 하느님의 돌보심에 자신을 맡기고, 하느님은 안전과 평화와 위로를 주시며 영혼과 육신의 온갖 위험을 멀리해 주신다. 15-16절은 사순 제1주일 미사 입당송이다. 이 시편은 병자성사 예식에 사용될 수 있다.

91,14. "나를 따르기에" 히브리어 동사는 사랑의 특징인 강한 애착을 나타낸다(창세 34,8 참조). 신명 7,7; 10,15에서 이 단어는 "마음을 주다"로 번역되면서 하느님께서 이스라엘에 결합되어 있음을 표현한다.

92,2. "찬송함이" 히브리어 동사('야다')는 "찬송하다"(6,6; 7,18; 9,2; 18,50) 또는 "감사하다"(107,8.15.21.31)로 번역할 수 있다. 한편 동사 '할랄' 역시 "찬양하다"의 의미를 지닌다(69,35; 135 참조).

92,4. "십현금" 히브리어로는 "십"이라는 단어만 있지만, 분명 악기의 이름이다. 고대 이스라엘의 악기들에 대해 상세히 알려져 있지 않아 현대어에서는 여러 가지로 번역된다.

13 너는 사자와 독사 위를 거닐고
힘센 사자와 용을 짓밟으리라.

14 "그가 나를 따르기에 나 그를 구하여 주고
그가 내 이름을 알기에 나 그를 들어 높이리라.
15 그가 나를 부르면 나 그에게 대답하고
환난 가운데 내가 그와 함께 있으며
그를 해방하여 영예롭게 하리라.
16 내가 그를 오래 살게 하여 흡족케 하고
내 구원을 그에게 보여 주리라."

92

(91) 1 [시편. 노래. 안식일]

2 주님을 찬송함이 좋기도 합니다,
지극히 높으신 분이시여, 당신 이름에 찬미 노래 부름이 좋기도 합니다.
3 아침에는 당신의 자애를,
밤에는 당신의 성실을 알림이 좋기도 합니다,
4 십현금과 수금에 맞추어
비파 가락에 맞추어.
5 주님, 당신께서 하신 일로 저를 기쁘게 하셨으니
당신 손의 업적에 제가 환호합니다.
6 주님, 당신의 업적은 얼마나 위대하며
당신의 생각들은 얼마나 깊습니까!
7 미욱한 사람은 알지 못하고
미련한 자는 이를 깨닫지 못합니다.
8 악인들이 풀처럼 돋아나고
나쁜 짓 하는 자들이 모두 피어날지라도
영영 멸망하기 위함입니다.
9 그러나 주님, 당신께서는 영원히 높이 계십니다.
10 주님, 정녕 당신의 원수들이,

92(91). 안식일에(1절), 주님 사랑의 놀라운 업적들을 기억하며(5-6절) 음악과 노래로 주님을 찬송하는 것보다 더 아름다운 일은 없다(2-4절). 이는 하느님과 각별한 우정을 느끼고 그 우정에서 힘을 받는 충실한 이의 마음을 나타내 준다. 그는 레위인일 수도 있다. 비옥한 땅에서 자라 열매를 맺는 나무처럼 의인은 성전에 뿌리를 내리고 하느님께 축복을 받은 열매를 맺는다(13-16절). 반면 악인들은 곧 말라 버리는 풀과 같은 운명을 맞을 것이다(7-10.12절).

✠ 히브리 전통에서 안식일 시편으로 제시된 이 시편은 로마 성무일도에서도 토요일에 사용했다. 3절에서 명시적으로 아침을 언급하므로, 오늘날에는 2주간과 4주간 토요일 아침기도의 첫 번째 시편으로 기도한다. 후렴은 2.3절에서 취한 것이다. 13-14절은 성인 공통 입당송이다.

정녕 당신의 원수들이 사라집니다.
나쁜 짓 하는 자들이 모두 흩어집니다.
11 당신께서는 저의 뿔을 들소의 뿔처럼 치켜들어 주시고
신선한 향유를 저에게 부어 주셨습니다.
12 제 눈은 적들을 내려다보고
제 귀는 저를 대적하던 악한들의 소식을 즐거이 듣습니다.

13 의인은 야자나무처럼 돋아나고
레바논의 향백나무처럼 자라리라.
14 주님의 집에 심겨
우리 하느님의 앞뜰에서 돋아나리라.
15 늙어서도 열매 맺으며
수액이 많고 싱싱하리니
16 주님께서 올곧으심을 알리기 위함이라네.
나의 반석이신 그분께는 불의가 없다네.

93

(92) 1 주님은 임금이시다. 존엄을 차려입으셨다.
주님께서 차려입으시고 권능으로 띠 두르시니
정녕 누리가 굳게 세워져 흔들리지 않는다.
2 당신의 어좌는 예로부터 굳게 세워져 있고
당신께서는 영원으로부터 계십니다.
3 주님, 강물들이 높입니다,
강물들이 목소리를 높입니다,
강물들이 부딪치는 소리를 높입니다.
4 큰 물의 소리보다,
바다의 파도보다 엄위하십니다.
높은 데에 계시는 주님께서는 엄위하십니다.
5 당신의 법은 실로 참되며
당신의 집에는 거룩함이 어울립니다.
주님, 길이길이 그러하리이다.

94

(93) 1 보복하시는 하느님, 주님
보복하시는 하느님, 나타나소서.

93(92). 임금이신 주님께 대한 이 짧은 찬가는 전례에 잘 어울린다. 어좌에 앉으신 천상 임금의 모습으로 시편이 시작된다. 그분은 혼돈과 악의 상징인 물들을 꺾으신다. 그분의 전능하신 왕권은 그분의 계명들과 성전에 계시는 그분의 거룩한 현존에서 발한다.

부활로 힘과 권능을 받으신 그리스도의 통치권에 대한 찬가로 이해되어, 3주간 주일 아침기도의 첫 번째 시편으로 기도한다. (4절에서 취한) 후렴은 "주님은 높이 계셔 놀라우시나이다."라고 말한다. 상장 예식 때 성당에서 묘지로 운구할 때 사용한다.

92,11. "들소"는 지중해 지역에서는 가장 강한 동물로 여겨졌고 힘의 상징이 되었다. "뿔"은 힘을 뜻한다(75,5-6의 주 참조). "향유" 역시 힘의 상징으로 보인다. 고대 투사들이 근육을 강화하기 위해 기름을 발랐기 때문이다.

92,13-15. 의인을 언제나 푸르고 열매를 맺는 나무에 비유하는 표상은 시편집 전체의 첫머리에 나타난다(1,3의 주 참조).

93,3-4. "큰 물"에 대한 언급이 구체적인 위험을 가리키는 것인지 단정 짓기 어렵다. 보통 격렬한 물살은 파괴와 죽음의 상징이다(18,17; 32,6의 주 참조).

93,5. "실로"는 히브리어 부사 '므옷'의 번역이다. "길이길이"는 직역하면 "날들이 계속되는 동안"이다. 같은 표현이 23,6에서는 인간에게 적용되어 "모든 날에"로 번역되었다(그러므로 기도자의 내세 삶을 지칭하지 않는다. 구약 성경은 내세 삶에 명시적으로 주의를 기울이지 않는다).

94,1. "보복하시는 하느님" 히브리어로 "복수의 하느님"인데, 형용사로 번역되었다(1사무 2,8 주 참조). 보복하시는 하느님의 정의에 관하여, 신명 32,35.43; 시편 18,48 참조.

2 세상의 심판자시여, 일어나소서.
거만한 자들에게 그 행실대로 갚으소서.
3 주님, 언제까지나 악인들이,
언제까지나 악인들이 기뻐 뛰리이까?
4 나쁜 짓 하는 자들이 모두 지껄여 대고
뻔뻔스레 말하며 뽐냅니다.
5 주님, 그들이 당신 백성을 짓밟고
당신 소유를 억누릅니다.
6 과부와 이방인을 살해하고
고아들을 학살합니다.
7 그들은 말합니다. "주님은 보지 않는다.
야곱의 하느님은 깨닫지 못한다."

8 백성 가운데 미욱한 자들아, 깨달아라.
미련한 자들아, 언제 알아들으려느냐?
9 귀를 심으신 분께서 듣지 못하신단 말이냐?
눈을 빚으신 분께서 보지 못하신단 말이냐?
10 민족들을 징계하시는 분께서 벌하지 않으신단 말이냐?
사람들을 가르치시는 분께 지식이 없단 말이냐?
11 주님께서는 알고 계시다,
사람들의 생각을,
그들은 입김일 뿐임을.

12 주님, 행복합니다,
당신께서 징계하시고
당신 법으로 가르치시는 사람!
13 악인이 떨어질 구덩이가 파질 때까지
불행의 날에도 그에게 평온을 주시기 위함입니다.

14 정녕 주님께서는 당신 백성을 물리치지 않으시고

94,5. "당신 소유" 이에 해당하는 히브리어 단어는 양도할 수 없는 소유물을 뜻한다. 그러므로 하느님은 이에 대한 권한을 주장하실 수 있을 뿐만 아니라 그것을 보유할 권리도 가지신다.

94,6. "학살합니다." 히브리어 동사의 잔인함을 담고 있는 번역이다. "살해하다"와 긴밀한 병행을 이루어 "죽이다"로 옮길 수도 있다.

94,7-8. "깨닫지 못한다."는 "주의를 기울이지 않는다."는 뜻이다(5,2에서 같은 동사의 용례 참조). 번역문은 같은 동사로 시작하는 8절과의 연결을 유지시켰다.

94,10.12. "징계하시는 분… 당신께서 징계하시고" 고대의 사고에서 체벌은 교육 과정의 필수적인 일부분으로 간주되었음을 잊지 말아야 한다. 그래서 여기 사용된 같은 단어를 "깨우치다"(신명 4,36), "일러 주다"(이사 28,26)로도 번역한다. 이 동사는 교육적인 훈계라는 개념을 담고 있으며, "벌로 훈육하다"라고 옮길 수 있다.

94,2.19 2코린 1,5; 2테살 1,6. 94,5 2,8; 28,9; 68,10; 탈출 15,17; 신명 9,26.29; 1열왕 8,51; 이사 63,17; 예레 12,7; 미카 7,14. 94,11 1코린 3,20. 94,14 1사무 12,22; 로마 11,1-2.

94(93). 94편에서 주님은 희생된 권리를 보호하기 위해 일어나신다. 그분의 "보복"은 맹목적인 반응이 아니라 억압자들의 지나친 권력에 맞서 약한 이들을 옹호하고 지지하시는 것이다. 정의를 회복시키는 유일한 방법은 각자에게 자신의 행위에 대한 갚음을 주는 것이다. 이것이 이 시편의 핵심이다. 이 시편에서는 권세가들과 부패한 재판관들, 그리고 악인의 횡포에 대한 탄원과(3-7.16-21절) 지혜문학적 묵상이 결합되어 있다(8-15절). "보복하시는" 하느님을 향한 서두의 호소는(1-2절) 하느님을 모독하며 악행을 일삼는 이들에게 정의로운 재판관으로서 개입해 주시기를 청하는 것이다. 그러나 하느님 정의는 당신의 때와 방법을 갖고 계신다. 의인도 때로는 고통을 통해 징계를 받는다(12절). 악인들은 그들의 행위에 대하여 응보를 받게 될 것이다(23절).

✠ 지혜문학적 어조의 묵상은 인간의 행위와 사건들에 대한 양심 성찰을 돕는다. 이 시편은 4주간 수요일 낮기도 때 기도하며, 후렴은 11.22절에서 취한 것이다.

당신 소유를 저버리지 않으신다.
15 정녕 재판이 정의로 돌아오리니
마음 바른 이들이 모두 이를 따르리라.
16 누가 나를 위하여 악한을 거슬러 일어서리오?
누가 나를 위하여 나쁜 짓 하는 자들에게 맞서리오?
17 주님께서 내게 도움을 주지 않으셨다면
자칫 내 영혼은 침묵의 땅속에 드러누웠으리라.

18 "내 다리가 휘청거린다." 생각하였을 제
주님, 당신의 자애가 저를 받쳐 주었습니다.
19 제 속에 수많은 걱정들이 쌓여 갈 제
당신의 위로가 제 영혼을 기쁘게 하였습니다.
20 법규를 거슬러 재앙을 빚어내는 파멸의 권좌가
당신과 어울릴 수 있겠습니까?
21 그들은 의로운 이의 목숨을 뺏으려 달려들고
무죄한 이를 단죄하여 피 흘리게 합니다.

22 그러나 주님께서는 나에게 산성이 되시고
나의 하느님께서는 내 피신처인 반석이 되셨다.
23 그분께서는 그들의 죄악에 따라 되갚으시고
그들의 악함으로 멸망시키시리라.
주 우리 하느님께서 그들을 멸망시키시리라.

95

(94) 1 와서 주님께 환호하세.
우리 구원의 바위 앞에서 환성 올리세.
2 감사드리며 그분 앞으로 나아가세.
노래하며 그분께 환성 올리세.
3 주님은 위대하신 하느님
모든 신들 위에 위대하신 임금님.
4 땅 깊은 곳들도 그분 손안에 있고
산봉우리들도 그분 것이네.

95(94). 성전에서 전례는 장엄한 입당 행렬로 시작된다(1-2절). 이때에는 창조물에 대한 주님의 통치를 찬송하고(3-6절) 당신 백성과 맺으신 계약에 대해 그분께 감사를 드린다(7절). 강론과 같은 권고가 뒤따르는데, 그 실마리는 이집트 탈출 때 광야의 마싸와 므리바에서 있었던 반항이다(탈출 17,1-7; 민수 20,2-13 참조). 이로써 신자들에게 주님께 충실하고 순종할 것을 권고한다(8-11절).

✠ 전통적으로 매일 시간 전례를 시작하는(독서기도 또는 아침기도) 초대송 시편으로 채택되어, 전례적 축일과 거행되는 신비, 전례 시기와 성인 등에 따라 그 의미를 말해 주는 후렴과 함께 바친다. 이 기도는 하느님을 찬송하라는 권고와(1절) 그분의 목소리에 귀를 기울이라는 권고(7절), 그분의 입에서 나오는 말씀을 실천할 것과(8절) 영원히 그 안식에 참여하는 기쁨을(11절) 결합시킨다. 6-7절은 연중 제5주일 미사 입당송이다. 1-2.6-9절은 가해 사순 제3주일 화답송으로 읽는다. 고해성사 예식 및 성당과 제단 봉헌 미사 화답송으로 사용된다.

94,16. "일어서리오? 맞서리오?" 두 동사는 법정 용어에 속한다. 첫 단어는 어떤 사람을 고발하거나 변호하기 위한 개입을 가리키고, 둘째 단어는 입장을 취하고 어떤 사람의 편을 드는 것을 지칭한다(12,6의 주 참조).

94,20. 같은 전치사를 어떻게 번역하는지에 따라 우리말 성경에서와 같이 "법규를 거슬러"로 옮기거나 공동 번역에서와 같이 "법의 허울로"로 옮길 수 있다. 판관들이 율법 규정들을 도구로 자신의 이익을 챙기는 것은 예언자들에게 강한 비판을 받았다(이사 10,1; 예레 8,8 참조). 이들은 "뇌물"을 받고 그릇된 판결을 내린다(시편 26,10; 또한 1사무 8,1-3 참조).

95,1. "환호하세." 히브리어 동사는 32,7에서와 같이 기쁨의 외침과 환호를 가리킨다. 또한 30,6; 47,2; 118,15; 126,2; 이사 48,20; 55,12 참조.

95,8. 마싸와 므리바는 이름 자체가 말해 주듯이 성경 전승 안에서 흔히 주님께 대한 이스라엘 백성의 불충과 반항의 상징으로 나타난다. 마싸와 므리바는 "유혹"과 "언쟁"(또는 "반항")을 뜻한다(탈출 17,1-7의 주 참조).

96,1. "온 세상아." "세상의 주민들"이라는 뜻으로 이해된다.

96,2. "선포하여라" 히브리어 동사 형태는 "기쁜 소식을 전하여라"로도 옮길 수 있다. 그리스어 번역본은 동사 '에우앙겔리조'를 사용하는데, 이는 신약 성경에서 예수님의 설교를 가리켜 사용될 단어이다(마태 11,5; 루카 7,22 참조).

5 바다도 그분 것, 몸소 만드시었네.
마른땅도 그분 손수 빚으시었네.
6 들어가 몸을 굽혀 경배드리세.
우리를 만드신 주님 앞에 무릎 꿇으세.
7 그분은 우리의 하느님
우리는 그분 목장의 백성
그분 손수 이끄시는 양 떼로세.

아, 오늘 너희가 그분의 소리에 귀를 기울인다면!
8 "너희는 마음을 완고하게 하지 마라, 므리바에서처럼
광야에서, 마싸의 그날처럼.
9 거기에서 너희 조상들은 내가 한 일을 보고서도
나를 시험하고 나를 떠보았다.
10 사십 년 동안 그 세대에 진저리가 나서 나는 말하였노라.
'마음이 빗나간 백성이다.
그들은 내 길을 깨닫지 못하였다.'
11 그리하여 나는 분노하며 맹세하였노라.
'그들은 내 안식처에 들지 못하리라.'"

96

(95) 1 주님께 노래하여라, 새로운 노래를.
주님께 노래하여라, 온 세상아.
2 주님께 노래하여라, 그 이름을 찬미하여라.
나날이 선포하여라, 그분의 구원을.
3 전하여라, 겨레들에게 그분의 영광을
모든 민족들에게 그분의 기적들을.

95,7-11 히브 3,7-11.15; 4,3-5.7.

📖 신약 성경에서 히브리서는(3,7-4,11 참조) 시편 95의 일부를 취하여 그리스도교 신자들을 향한 경고로 해석한다. 시편은 그리스어 번역본에 따라 인용되는데, 여기서 므리바와 마싸는 고유 명사가 아니라 95,8의 주에 언급된 의미를 지닌 일반 명사로 이해된다. 저자는 특히 부사 "오늘"을 강조하면서 항구함과 충실함에 대한 권고가 언제나 유효함을 부각시킨다.

📖 96(95). "주님은 임금이시다."라는 표현은 임금이신 주님께 대한 이 찬양을 특징짓는 열정적 환호이다. 지상의 모든 민족들이 자연과 더불어 모든 이들에 대한 구원 계획을 실현하기 위하여 세상에 오시는 하느님의 엄위에 "새로운 노래"를 부르도록 소집된다(1.11-12절). 모든 이들은 하느님의 놀라운 업적들을 알리도록(1-3절), 그분께 합당한 예배를 드리며 그분 앞에 엎드리도록(7-10절) 초대된다. 자연도 우주를 창조하심으로써 무력한 신들에 대해 당신의 초월성을 드러내신 분께 대한 찬양에 참여해야 한다(4-6절). 이 시편 본문은 1역대 16,23-33에 반복된다.

✠ 하느님과 그분의 업적을 기리는 태도를 취하고 이를 표현하는 말을 하도록 권고하며 시편 전체가 찬양의 흐름을 담고 있어, 교회의 아침기도에 잘 어울린다. 그러한 의미로 3주간 월요일 아침기도 세 번째 시편으로 기도한다. 후렴은 2ㄱ절이다. 1-3.11-13절은 성탄 밤미사 화답송으로, 그 후렴은 "오늘 우리 구원자 주 그리스도 태어나셨다."이다. 1.6절은 연중 제3주일 미사 입당송이다. 3-4ㄱ절은 목자 공통(선교사)의 입당송이다. 또한 견진 예식과 서품 예식에 사용될 수 있다(1-2ㄱ.2ㄴ-3.10절).

4 주님은 위대하시고 드높이 찬양받으실 분
모든 신들 위에 경외로우신 분이시다.
5 민족들의 신들은 모두 헛것이어도
주님께서는 하늘을 만드셨네.
6 엄위와 존귀가 그분 앞에,
권능과 영화가 그분 성소에 있네.
7 주님께 드려라, 뭇 민족의 가문들아.
주님께 드려라, 영광과 권능을.
8 주님께 드려라, 그 이름의 영광을.
제물을 들고 그분 앞뜰로 들어가라.
9 거룩한 차림을 하고 주님께 경배하여라.
온 세상아, 그분 앞에서 무서워 떨어라.
10 겨레들에게 말하여라. "주님은 임금이시다.
정녕 누리는 굳게 세워져 흔들리지 않고
그분께서는 민족들을 올바르게 심판하신다."
11 하늘은 기뻐하고 땅은 즐거워하며
바다와 그 안에 가득 찬 것들은 소리쳐라.
12 들과 거기 있는 것들도 모두 기뻐 뛰고
숲의 나무들도 모두 환호하여라.
13 주님 앞에서 환호하여라.
그분께서 오신다, 세상을 다스리러 그분께서 오신다.
그분께서 누리를 의롭게,
민족들을 성실하게 다스리시리라.

97

(96) 1 주님은 임금이시다. 땅은 즐거워하고 수많
은 섬들도 기뻐하여라.
2 구름과 먹구름이 그분을 둘러싸고
정의와 공정이 그분 어좌의 바탕이라네.
3 불길이 그분을 앞서 가며
주위의 그분 적들을 사르는구나.
4 그분의 번개가 누리를 비추니

96,5. 고대 번역본들은 "민족들의 신들은 악마들"로 되어 있다. 우상 숭배를 하느님 계획을 거스르는 악한 세력의 활동으로 본 것이다.

96,6. "엄위와 존귀" 히브리어 본문에서 여기 사용된 표현은 104,1("고귀와 영화")와 111,3에서와 동일하다.

96,9. 29,2의 주 참조.

96,11. "소리쳐라." 히브리어 동사는 바다의 요란한 소리를 가리킨다(같은 동사의 다른 형태 '라암'은 "천둥치다"를 뜻한다. 29,3 참조).

97,2-6. 신현神顯의 요소들을 묘사한다. 탈출 19-20장에서와 같이 이들은 폭발하는 화산의 표상을 암시한다(미카 1,3-4 참조).

97(96). 첫 부분은 우리 앞에 임금이신 주님에 대한 또 하나의 찬양을 열어 놓는다(1절). 그분 엄위의 승리는 신현神顯으로 표현된다(2-6절). 그분은 자연 현상들 안에서 자신을 드러내시며, 정의와 공정은 온 세상의 재판관이신 하느님의 특권을 묘사한다(2절). 그분 앞에서는 이교 신들과 우상 숭배자들도 굴복해야 한다(7.9절). 반면 그분의 백성은 기뻐한다. 그들의 하느님 안에서 구원의 은혜와 의로운 법규들을 가지고 있기 때문이다(8.10-12절).

✠ 기도자는 하느님 발현에 대한 온 우주의 반응을 해석하면서, 하느님에 대한 기억과 그분의 능력들을 기릴 것을 권고한다. 이러한 의미에서 2주간 수요일 아침기도 세 번째 시편으로 정해져 있고, 후렴은 1ㄱ절이다. 1.6.11-12절은 성탄 새벽 미사 화답송으로 기도하며, 후렴은 "오늘 우리 위에 빛이 비치고, 주님이 우리에게 태어나셨네."로, 빛이신 그리스도를 상기시킨다. 다해 부활 제7주일 미사 때에도 읽는다(1-2.6-7.9절).

땅이 보고 무서워 떠는구나.
5 주님 앞에서 산들이 밀초처럼 녹아내리네,
주님 앞에서 온 땅이.
6 하늘은 그분의 의로움을 알리고
모든 백성은 그분의 영광을 보네.
7 우상을 섬기는 자들은 누구나 부끄러워하리라,
헛것으로 으쓱대는 자들은 누구나.
모든 신들이 그분께 경배하네.

8 시온이 듣고 기뻐하며
유다의 딸들이 즐거워하니
주님, 당신의 법규 때문입니다.
9 주님, 당신은 온 땅 위에 지극히 높으신 분이시며
모든 신들 위에 지극히 높으시기 때문입니다.

10 주님을 사랑하는 이들아, 악을 미워하여라.
그분께서 당신께 충실한 이들의 목숨을 지키시고
악인들의 손에서 그들을 구출해 주신다.
11 의인에게는 빛이,
마음 바른 이들에게는 기쁨이 뿌려진다.
12 의인들아, 주님 안에서 기뻐하여라.
거룩하신 그 이름을 찬송하여라.

98 (97) 1 [시편]

주님께 노래하여라, 새로운 노래를.
그분께서 기적들을 일으키셨다.
그분의 오른손이, 그분의 거룩한 팔이
승리를 가져오셨다.
2 주님께서 민족들의 눈앞에
당신의 구원을 알리셨다.
당신의 정의를 드러내 보이셨다.

97,6. 흔히 자연 요소들은(하늘·창공·해·별) 의인화되어 하느님의 위대하심을 선포하는 말을 한다(19,2의 주 참조). "하늘/의로움"은 50,6과 이사 45,8; 2베드 3,13에서도 함께 나타난다.

97,7. "부끄러워하리라"에 관하여, 6,11의 주 참조.

97,10. "구출해 주신다." 자구적으로는 "떼어 내신다."(또한 욥 10,7 참조)이다. 이러한 의미에도 여기에 사용된 히브리어 동사 때문에(아모 3,12 참조) 시편에서는 보통 "구하다, 해방하다"로 번역된다(시편 79,9의 주 참조).

97,12. "거룩하신 그 이름을 찬송하여라." 자구적으로는 "그분의 거룩한 기억을 찬송하여라."(30,5 참조)이다. 그리스어 번역본과 (새) 대중 라틴말 성경은 자구적 번역을 따른다. "기억"이라고 번역된 단어는 전례적 환호를 지칭하는 것일 수 있다. 하느님의 "기억"과 "이름"이 동의어로 사용된 탈출 3,15를 기초로 본문을 우리말 성경에서와 같이 해석할 수 있다.

98,1. "기적들" 여기에 사용된 히브리어 단어는 "놀라운 일들"을 뜻하며 시편(72,18; 86,10; 106,22; 119,18; 136,4 참조)에서 상당히 자주 사용된다.

98(97). 축제를 지내는 백성은 전례에 함께 모여 다시 한 번 임금이신 주님을 찬양한다. "새로운 노래"는 하느님께서 승리하시고 능력이 있으시며 사랑과 충실을 지니신다는 데에서 나온다(1-3절). 그분은 개선하시어 의로운 심판관으로 역사 안에 들어오신다(9절). 사람들만이 아니라 우주 전체가 그분께 영광을 드려야 한다(4-8절).

✠ 온 땅과 바다, 강, 산들을 찬양에 함께 참여하도록 하는 주님의 재림에 대한 찬양으로(7-8절), 3주간 수요일 아침기도 때 이 시편을 기도하는 교회를 일깨운다. 1-6절은 성탄 낮미사 화답송이다. 후렴은 "우리 하느님의 구원을 온 세상 땅끝마다 모두 보았네."로, 제1독서에서 들은 이사 52,7-10의 예고를 반향한다. 1-2절은 부활 제5주일 미사 입당송이다. 또한 이 시편은 나해 부활 제6주일 화답송이기도 하다(1-4절). 같은 절들이 고해성사 예식에서 감사시편으로 사용된다.

3 이스라엘 집안을 위하여
당신의 자애와 성실을 기억하셨다.
우리 하느님의 구원을
세상 끝들이 모두 보았다.
4 주님께 환성 올려라, 온 세상아.
즐거워하며 환호하여라, 찬미 노래 불러라.
5 비파와 함께 주님께 찬미 노래 불러라,
비파와 노랫가락과 함께.
6 나팔과 뿔 나발 소리와 함께
임금이신 주님 앞에서 환성 올려라.
7 바다와 그 안에 가득 찬 것들,
누리와 그 안에 사는 것들은 소리쳐라.
8 강들은 손뼉 치고
산들도 함께 환호하여라.
9 주님 앞에서 환호하여라.
세상을 다스리러 그분께서 오신다.
그분께서 누리를 의롭게,
백성들을 올바르게 다스리시리라.

99

(98) 1 주님은 임금이시다. 백성들이 떠는구나.
커룹들 위에 좌정하시니 땅이 흔들리는구나.
2 주님께서는 시온에서 위대하시고
모든 백성들 위에 드높으시다.

3 당신의 거룩하고 경외로우신 이름을
그들은 찬송하리니
그 이름 거룩하십니다.
4 임금의 권능은 공정을 사랑함이니
당신께서 공의를 굳히셨습니다.
야곱에 공정과 정의를
당신께서 베푸셨습니다.

5 주 우리 하느님을 높이 받들어라.
그분의 발판 앞에 엎드려라.

98,5. "노랫가락" 히브리어 단어의 의미가 불확실하다. 어떤 악기를 지칭하기보다 아마도 "가락"이나 "노래"를 뜻할 것이다(81,3 참조).

98,7. "소리쳐라."에 관하여, 96,11의 주 참조.

98,8. "강들은 손뼉 치고" 자연 요소들의 의인화는 시편집에 자주 나타나며(19,2의 주 참조) 히브리 시문학의 한 표현 방법으로, 모두가 하느님의 엄위를 경배해야 함을 나타낸다.

98,9. 이 구절은 96,13과 매우 유사하다. 차이는 동사 "오다"가 이 절에서는 한 번 사용되지만 96편에서는 두 번 반복된다는 점이다.

99,1. "커룹들 위에 좌정하시니" 여기 사용된 히브리어 동사는 기본적으로 "앉다"를 뜻하지만, 여기서는 어좌에 앉은 임금의 권위와 힘을 나타낸다. 그래서 "좌정"으로 번역한다. 다른 본문에서는 이러한 의미가 문맥에 의하여 분명해진다(1사무 4,4; 2사무 6,2; 2열왕 19,15; 시편 80,2; 이사 37,16 참조).

99,3.5. "그분께서는 거룩하시다." 이 구절은 환호로 이해된다. 그리스어 번역본과 (새) 대중 라틴말 성경은 이 구절을 권고에 대한 설명으로 해석하게 한다. "그분의 이름은 두렵고 거룩하시므로."

99,4. "공정"과 "정의"의 관계에 관하여, 36,7의 주 참조; 또한 89,15 참조.

99(98). 임금이신 주님께 대한 찬양 모음에 속하는 마지막 시편이다(96-99편). 하늘 위 어좌에, 그리고 지상에서는 예루살렘 성전에 앉아 계신 그분 엄위의(1-3.9절) 가장 탁월한 속성은 거룩함으로 제시된다(3.5.9절). 이 거룩함에서 세상에 대한 그분의 주권, 정의(4절), 당신께서 계약을 맺으신 백성에 대한 사랑이 흘러나온다(6-8절). 그분 앞에 엎드려 경배하는 것이 마땅하다(9절).

✠ 분명한 찬양적 성격 때문에 목요일 아침기도 세 번째 시편으로 정해져 있다. 후렴은 5절이다. 고해성사 예식에서 5절을 후렴으로 하여 감사의 시편으로 사용된다.

그분께서는 거룩하시다.
6 모세와 아론은 그분 사제들 가운데에,
사무엘은 그분 이름을 부르는 이들 가운데에 있네.
그들이 주님께 부르짖자
그들에게 친히 응답하셨네.
7 구름 기둥 안에서 그들에게 말씀하시자
그들은 그분의 법과 그분께서 내리신 명령을 지켰네.

8 주 저희 하느님, 당신께서는 그들에게 응답하셨습니다.
당신은 그들에게 용서하시는 하느님.
그러나 그들의 악행은 응징하셨습니다.

9 주 우리 하느님을 높이 받들어라.
그분의 거룩한 산을 향하여 엎드려라.
주 우리 하느님께서는 거룩하시다.

100 (99) 1 [감사를 위한 시편]

온 세상아, 주님께 환성 올려라.
2 기뻐하며 주님을 섬겨라.
환호하며 그분 앞으로 나아가라.
3 너희는 알아라, 주님께서 하느님이심을.
그분께서 우리를 만드셨으니 우리는 그분의 것,
그분의 백성, 그분 목장의 양 떼이어라.
4 감사드리며 그분 문으로 들어가라.
찬양드리며 그분 앞뜰로 들어가라.
그분을 찬송하며 그 이름을 찬미하여라.
5 주님께서는 선하시고

99,7. "법"이라는 명사에 대해서는 78,5의 주 참조.

99,8. "용서하시는 하느님." 아마도 탈출 34,6-7을 암시한다. 그 단락에서 주님은 당신 종 모세에게 두렵고 자비로운 분으로 당신 자신을 드러내신다(또한 탈출 20,6 참조).

99,9. "그분의 거룩한 산" 성경에서 산은 자주 지리적 장소가 아니라 신학적 장소로 간주된다. 고대 많은 문화에서 그러했듯이 산 위에서 하느님을 만난다.

100,2. "환호하며" 이 단어는 열정과 흥분의 외침을 가리킨다(32,11; 63,6 참조). "갈채를 보내다"로 옮길 수도 있다. 몇몇 주석자들은 함성 소리로 번역한다.

100,3. "그분 목장의 양 떼" 하느님을 당신 백성의 목자로, 이스라엘을 그분의 양 떼로 나타내는 표상이다(23,1의 주 참조).

100,5. "자애"에 관하여, 33,5의 주 참조.

100,3 78,52; 80,2; 이사 40,10-11; 예레 23,4; 에제 34,11-16; 요한 10; 히브 13,20.

100(99). 기쁨과 열정이 이 짧은 감사의 찬양에서 흘러나온다. 백성은 감사의 전례를 위하여 행렬로 성전에 들어간다(2절). 사제는 하느님께서 당신 백성에게 보여 주시는 돌보심, 영원히 사라지지 않을 그분의 충실하심과 사랑에 감사를 드리도록 권고한다(3-5절). 찬양은 주님의 유일하심에 대한 이스라엘의 신앙을 강조하기 위한 기회이기도 하다.

기쁨은 시편에 여러 차례 언급되는 감정이다. 주님께서 원수들을 물리치실 때(9,3-4 참조), 당신께 충실한 이를 보호해 주실 때(16,8-9 참조) 기쁨을 느낀다. 특히 시편집에서 기쁨은 축제와 성전 전례에 연관된다. 이는 이 시편의 배경이기도 하다. 하느님도 당신 업적에 대해서나(104,31 참조) 당신의 충실한 백성에 대해서(147,11 참조) 기뻐하신다고 일컬어진다.

찬양으로 전개되는 행렬 노래로, 전례가 거행되는 장소에 들어갈 때 합당한 자세를 갖추도록 해 준다. 제1주간 금요일 아침기도 세 번째 시편으로, 후렴은 "춤추며 주님 앞에 나아가라."이다. 성무일도 초대송 시편으로 택할 수 있다(2인칭 복수형 권고들이 되풀이된다). 또한 다해 부활 제4주일 화답송이며(1-2.3.5절), 고해성사 예식에서 감사의 시편으로 사용되고 성당과 제단 봉헌 예식, 서품 예식에서도 사용된다.

그분의 자애는 영원하며
그분의 성실은 대대에 이르신다.

101

(100) 1 [다윗. 시편]

자애와 공정을 제가 노래하오리다.
주님, 당신께 찬미 노래 부르오리다.
2 흠 없는 길에 뜻을 두리니
언제 저에게 오시렵니까?
저의 집 안에서
온전한 마음으로 걷고
3 불의한 일을
저의 눈앞에 두지 않으오리다.
죄짓는 일을 제가 미워하여
그런 것 저에게 붙어 있지 않으리이다.
4 그릇된 마음 제게서 멀리 떨어지고
악한 것을 제가 알지 않으리이다.
5 자기 이웃을 몰래 헐뜯는 자
그런 자를 저는 없애고
거만한 눈과 오만한 마음
그런 것을 저는 참지 않으오리다.
6 저의 눈은 나라 안의 진실된 이들 위에 머물러
그들이 제 곁에 살고
흠 없는 길을 걷는 이
그런 이가 저에게 시중을 들리이다.
7 사기를 하는 자
저의 집 안에 살지 못하고
거짓을 말하는 자
저의 눈앞에 서지 못하리이다.
8 나라의 모든 악인들을
아침마다 없애리니

101,3-4. "저에게 붙어 있지 않으리이다." 또는 "저에게 가까이 있지 않으리이다."라고 할 수도 있다. 기도자는 악에 둘러싸여 있어도 그 유혹에 넘어가지 않을 것이며, 악에 물들지 않기 위해 거리를 두겠다는 의미이다. 이러한 혐오는 잠언 16,12에서 임금에 관하여 서술된다. 또한 욥 31,5-6의 무고 선언 참조.

101,5.8. "없애고" "침묵시키고"로 번역하기도 하지만, 히브리어 동사 '차맛'은 흔히 "파괴하다, 없애다"를 뜻한다(이러한 의미로 사용되는 예들을 시편에서 볼 수 있다. 18,41; 54,7; 143,12 참조). 욥 6,17; 23,17 참조. "거만한 눈"과 "오만한 마음"은 교만함과 자만을 나타낸다(시편 131,1; 잠언 21,4 참조).

101(100). 이 짧은 시편에는 통치자의 행동에 관한 이스라엘의 지혜문학적 가르침이 집약되어 있다. 이는 잠언과 집회서에서 나타나는 바와 같이 고대 근동에서 공직을 담당할 사람들이 특별한 교육을 받았음을 보여 준다. 백성의 한 지도자가 도덕적으로 올바르게 살고(2절) 정의롭게 통치하고자 하는 다짐을 하느님 앞에서 선언한다. 공적인 차원에서 그는 악을 근절하고 그의 협력자들과 백성 안에서 정직함과 충실성, 솔직함을 보장할 것을 약속한다(3-8절).

8절은 하루를 시작하며 다짐하는 것으로, 이 시편 전체 안에 들어 있고 기도자에게 하루를 시작하도록 격려하는 선한 결심들을 밝혀 준다. 이 시편은 4주간 화요일 아침기도 첫 번째 시편으로 기도하며, 후렴은 "주여, 당신께 노래하리이다. 티 없는 길을 걸으리이다."이다.

나쁜 짓 하는 자들을 모두
주님의 성읍에서 잘라 내기 위함입니다.

102

(101) 1 [낙담하여 주님 앞에 근심을 쏟아붓는 가련한 이의 기도]

2 주님, 제 기도를 들으소서.
제 부르짖음이 당신께 다다르게 하소서.
3 제 곤경의 날에
당신 얼굴을 제게서 감추지 마소서.
제게 당신의 귀를 기울이소서.
제가 부르짖는 날 어서 대답하소서.
4 저의 세월 연기 속에 스러져 가고
저의 뼈들은 불덩이처럼 달아올랐습니다.
5 음식을 먹는 것도 저는 잊어
제 마음 풀처럼 베어져 메말라 가고
6 탄식 소리로
제 뼈가 살가죽에 붙었습니다.
7 저는 광야의 까마귀와 같아지고
폐허의 부엉이처럼 되었습니다.
8 저는 잠 못 이루어
지붕 위의 외로운 새처럼 되었습니다.
9 온종일 원수들이 저를 모욕하고
미친 듯 제게 날뛰는 자들이 저를 저주합니다.
10 저는 재를 빵처럼 먹고
마실 것에 제 눈물을 섞으니
11 당신의 분노와 진노 때문이며
당신께서 저를 들어 내던지신 까닭입니다.
12 저의 세월 기울어 가는 그림자 같고

102,2. "부르짖음" 같은 히브리어 단어가 이 절과 34,16; 39,13에서는 "부르짖음"으로 번역되었고 18,7에서는 "도움 청하는 소리"로, 40,2에서는 "외치는 소리"로, 145,19에서는 "애원"으로 번역되었다.

102,7-8. "광야··· 폐허··· 지붕"은 외로움을 나타내는 표상들이다. 까마귀와 부엉이는 부정한 동물로 멀리할 것으로 여겨졌다.

102,9. "저를 저주합니다." 여기 쓰인 동사는 본래 "맹세하다"의 의미를 지녀 "저를 들어(혹은 제 이름으로) 맹세합니다.", "제 이름으로 저주합니다.", "제 이름을 저주로 만듭니다." 등으로도 번역된다. 여기에는 재난이나 굴욕을 당한 사람의 이름은 저주의 힘을 지니는 것으로 보는 생각이 깔려 있다. 그리스어 번역은 우리말 성경의 의미와 비슷하게 "저를 거슬러 맹세합니다."로 해석한다.

102,7 레위 11,15.17; 신명 14,14.16.

102(101). 도입 부분의 호소는 곧 탄원의 맥락으로 이끈다(2-3절). 이 탄원의 독특함은 기도자 개인의 고통과(4-12.24-25절) 시온의 멸망에 대한 공동체의 고통이(13-23절) 함께 나타나는 데 있다. 생생한 표현들로 열에 시달리고 힘이 약해지며 외로움 속에 밤을 새고 원수들의 모욕을 받는 시편 저자의 상황을 묘사한다(4-9절). 원수들 앞에서 상을 차려 주실 수 있으신 하느님께서(23편 참조) 기도자에게는 참회의 음식을 마련하셨다. 반면 폐허가 된 예루살렘은 묘사되지 않고 오직 남은 돌과 흙만이 언급된다. 그러나 이 모든 것 속에서도 시편 저자는 하느님의 충실하심을 신뢰한다(13-14.26-28절). 그분께서는 그 폐허를 굽어보시고 불쌍히 여기시며 재건하실 것이다. 모든 이들이 이를 보고 그분께 영광을 드리게 될 것이다(16-23절).

✠ 102편은 고통받는 이의 이상적 기도로 여겨졌으며, 그리스도교 안에서는 그리스도께서 이 시편을 인용하신 것으로 되어 있다. 일곱 개의 참회시편에(6; 32; 38; 51; 130; 143편과 함께) 속하며, 4주간 화요일 독서기도에서 2ㄴ-3ㄱ.17.26절을 후렴으로 세 부분으로 나누어 기도한다. 이 시편은 병자성사 예식에 사용된다.

저는 풀처럼 메말라 갑니다.
13 그러나 주님, 당신께서는 영원히 좌정하여 계시고
당신에 대한 기억은 대대에 이릅니다.
14 당신께서는 일어나시어 시온을 가엾이 여기시리니
그에게 자비를 베푸실 때며
정하신 시간이 되었기 때문입니다.
15 정녕 당신의 종들은 시온의 돌들을 좋아하고
그 흙을 가여워합니다.
16 민족들이 주님의 이름을,
세상 모든 임금들이 당신의 영광을 경외하리이다.

17 주님께서 시온을 세우시고
당신 영광 속에 나타나시어
18 헐벗은 이들의 기도에 몸을 돌리시고
그들의 기도를 업신여기지 않으시리라.
19 오는 세대를 위하여 이것이 글로 쓰여
다시 창조될 백성이 주님을 찬양하리라.
20 주님께서 드높은 당신 성소에서 내려다보시고
하늘에서 땅을 굽어보시리니
21 포로의 신음을 들으시고
죽음에 붙여진 이들을 풀어 주시기 위함이며
22 시온에서 주님의 이름을,
예루살렘에서 그 찬양을 전하기 위함이네,
23 백성들과 나라들이 함께
주님을 섬기러 모여들 때에.
24 그분께서 내 힘을 도중에 꺾으시고
내 세월을 짧게 하시어
25 내가 아뢰었네. "저의 하느님
제 생의 한가운데에서 저를 잡아채지 마소서.
당신의 햇수는 대대로 이어집니다.
26 예전에 당신께서는 땅을 세우셨습니다.
하늘도 당신 손의 작품입니다.
27 그것들은 사라져 가도 당신께서는 그대로 계십니다.
그것들은 다 옷처럼 닳아 없어집니다.
당신께서 그것들을 옷가지처럼 바꾸시니
그것들은 지나가 버립니다.
28 그러나 당신은 언제나 같으신 분
당신의 햇수는 끝이 없습니다.

102,14 유딧 8,11-17; 이사 5,19.

102,15. "흙" 여기 사용된 히브리어 단어를 흔히 "먼지"로 번역한다. 바빌론 유배(기원전 587-539년)로 인하여 예루살렘이 처한 폐허의 상황을 암시한다(느헤 4,4에서는 같은 단어가 "잔해"로 번역되어 있다). 시편 74,3; 이사 52,2.9 참조.

102,18. "헐벗은" 또는 "버림받은, 무방비의, 철거된, 약한"(창세 42,9 참조)이라고 할 수 있다.

102,25. "제 생의 한가운데에서 저를 잡아채지 마소서." 이와 유사한 표현이 이사 38,10에도 나온다. 기도자는 아직도 힘이 있으며, 자신이 고통으로 약해지고 있는 이 상태에서 해방을 체험하기 위하여 오랜 삶이 필요함을 호소한다.

29 당신 종들의 자손은 편안히 살아가고
그들의 후손은 당신 앞에 굳게 서 있으리이다."

103

(102) 1 [다윗]

내 영혼아, 주님을 찬미하여라.
내 안의 모든 것들아, 그분의 거룩하신 이름을 찬미하
여라.
2 내 영혼아, 주님을 찬미하여라.
그분께서 해 주신 일 하나도 잊지 마라.
3 네 모든 잘못을 용서하시고
네 모든 아픔을 낫게 하시는 분.
4 네 목숨을 구렁에서 구해 내시고
자애와 자비로 관을 씌워 주시는 분.
5 그분께서 네 한평생을 복으로 채워 주시어
네 젊음이 독수리처럼 새로워지는구나.
6 주님께서는 정의를 실천하시고
억눌린 이들 모두에게 공정을 베푸신다.
7 당신의 길을 모세에게,
당신의 업적을 이스라엘 자손들에게 알리셨다.
8 주님께서는 자비하시고 너그러우시며
분노에 더디시고 자애가 넘치신다.
9 끝까지 따지지 않으시고

102,29. "편안히 살아가고" 히브리어 단어는 안정성과 굳건함을 나타내어 "굳건히 남아 있고"를 뜻한다. 그러한 굳건함은 안전함이라는 뜻으로 이해할 수도 있고, 항구함과 지속성이라는 뜻으로 이해할 수도 있다.

103,1-2. "내 영혼아, 주님을 찬미하여라." 하느님을 향한 축복(찬미)은 감사를 나타내며, 이 경우와 같이 일상생활 안에서 그분의 구체적인 도우심을 자주 체험한 데서 생겨난다. 같은 후렴구가 이 시편 마지막에도 나타나 수미쌍관을 이룬다(104,1.35; 집회 32,13; 43,11 참조).

103,4. "자애"로 번역된 '헤셋'의 의미에 관하여, 5,8.9의 주 참조.

103,5. "한평생" 히브리어 단어의 뜻이 확실치 않다("장식"을 뜻하기도 한다). 고대 번역본들은 "너의 갈망"으로 되어 있다.

103,8. "자비하시고 너그러우시다"라는 두 형용사는 구약 성경에서 하느님께 대해서만 함께 사용된다(탈출 34,6 참조). "분노에 더디시고"에는 '압'("코, 콧구멍")이라는 단어를 사용한다. 코에서 호흡에 따른 숨결이나 분노로 격해진 숨결이 나온다. 분노에 "더딤"은 하느님께서 분노를 참으신다는 사실을 가리킨다.

103,9. "끝까지 따지지 않으시고" 히브리어 동사는 논쟁이나 법정 소송을 가리키는데, 이는 고발하기 위한 것일 수도 있고(이 시편의 문맥에서처럼), 변호하기 위해서일 수도 있다(43,1; 74,22 참조). 미카 6,1-2의 주 참조.

103,8 탈출 32,11; 신명 6,15; 욥 32,2; 예레 7,20; 미카 7,18; 요한 3,16; 로마 2,4; 에페 5,6; 묵시 14,10.

📖 103(102). 시편 저자는 기도 가운데 하느님의 자애를 묵상하며, 그의 마음에서 감미로운 감사의 찬가가 흘러나온다(1-2절). 그는 하느님께서 당신께 충실한 이들에게 베푸시는 헤아릴 수 없는 사랑의 행위들을 살펴본다. 죄의 용서, 신체적 치유, 하느님의 너그러우심과 계명들을 주심(3-10절). 측량할 수 없이 크신 하느님의 자비는 지혜문학 사상에서 즐겨 사용하는 표현들로 묘사된다(11-12절). 그분의 자애는 그분의 위대하심과 대비되는 당신 자녀들의 나약함을 고려하신다(13-19절). 자애로운 아버지처럼 하느님은 자녀들을 훈계하려는 태도를 취하시지만, 언제나 감미로운 사랑이 더 강하다. 마지막 절들은(20-22절) 하느님을 찬미하라는 초대를 하늘의 피조물들과 우주 전체로 확장한다.

📖 103편의 찬미는 요한 1서의 "하느님은 사랑이십니다."(4,8 참조)를 예고하는 듯하다. 13절에서 이 시편은 주님의 선하심을 "아버지"의 선하심으로 제시한다. 이러한 표상은 구약 성경에서 여러 차례 나타난다.

✠ 찬양과 죄의 고백, 용서의 요청, 하느님의 업적에 대한 기억과 지혜문학적 묵상을 결합시키는 이 시편은 4주간 수요일 독서기도 때 2.13.22절을 강조하는 후렴들로 구분 지어 기도한다. 1절은 연중 제13주일 영성체송이며, 2절은 연중 제17주일 영성체송이다. 20절은 9월 29일 대천사 축일 미사 입당송이다. 다해 사순 제3주일에는 1-4.6-8.11절을 화답송으로 읽는다. 1-4.6-8.10절은 가해 예수 성심 대축일 화답송이며, 1-2.11-12.19.20절은 나해 부활 제7주일 화답송이다. 1-4.8-18절은 고해성사 예식에서 감사시편으로 나타난다. 이 시편은 혼인성사, 병자성사 예식에 쓰인다.

끝끝내 화를 품지 않으시며
10 우리의 죄대로 우리를 다루지 않으시고
우리의 잘못대로 우리에게 갚지 않으신다.
11 오히려 하늘이 땅 위에 드높은 것처럼
그분의 자애는 당신을 경외하는 이들 위에 굳세다.
12 해 뜨는 데가 해 지는 데서 먼 것처럼
우리의 허물들을 우리에게서 멀리하신다.
13 아버지가 자식들을 가엾이 여기듯
주님께서는 당신을 경외하는 이들을 가엾이 여기시니
14 우리의 됨됨이를 아시고
우리가 티끌임을 기억하시기 때문이다.
15 사람이란 그 세월 풀과 같아
들의 꽃처럼 피어나지만
16 바람이 그를 스치면 이내 사라져
그 있던 자리조차 알아내지 못한다.
17 그러나 주님의 자애는 영원에서 영원까지
당신을 경외하는 이들 위에 머무르고
그분의 의로움은 대대에 이르리라,
18 당신의 계약을 지키는 이들에게
당신의 규정을 기억하여 실천하는 이들에게.
19 주님께서는 하늘에 당신 어좌를 든든히 세우시고
그분의 왕권은 만물을 다스리신다.
20 주님을 찬미하여라, 주님의 천사들아
그분 말씀에 귀 기울이고
그분 말씀을 실천하는 힘센 용사들아.
21 주님을 찬미하여라, 주님의 모든 군대들아
그분 뜻을 실천하는 신하들아.
22 주님을 찬미하여라, 주님의 모든 조물들아,
그분 왕국의 모든 곳에서.
내 영혼아, 주님을 찬미하여라.

104

(103) 1 내 영혼아, 주님을 찬미하여라.
주 저의 하느님, 당신께서는 지극히 위대하십니다.
고귀와 영화를 입으시고
2 빛을 겉옷처럼 두르셨습니다.

하늘을 차일처럼 펼치시고

103,13. "가엾게 여기듯" 히브리어 동사는 "자비를 베풀다, 동정하다"를 뜻한다(102,14; 116,5 참조). 부성적인 감정을 언급하는 이 절은 더 약하고 무방비한 이에 대한 깊은 사랑과 부드러운 감정을 떠올리게 한다.

103,20. "말씀에 귀 기울이고" 이 히브리어 표현은 더 간단하게 "순종하고"로 옮길 수 있다(신명 13,5의 주 참조).

103,13 예레 31,20; 호세 11,8-9.

104,3-4. 주님은 우주의 요소들을 지배하시며 그 요소들은 그분의 권능을 위한 도구들인 것으로 묘사된다(148,8; 집회 39,28 참조).

104,5. "그분께서… 세우시어"는 3인칭 단수형 동사를 사용하는 히브리어 본문을 따른 번역이다. (새) 대중 라틴말 성경은 2인칭 단수로 되어 있으며("당신께서… 세우시어"), 이 동사를 2-4절의 동사들과 유사한 방식으로 읽는다. 하느님께서 땅의 기초를 세우신다는 개념이 다시 나타난다(78,69; 87,1 참조).

104,7. "당신의 꾸짖으심"은 창조주 하느님께서 고대 신화들에서 바다 괴물로 표현되는 태초의 바다를 굴복시키심을 암시한다. 같은 단어가 18,16; 76,7; 80,17에도 나타나며, "질타, 질책"으로 번역한다.

3 물 위에 당신의 거처를 세우시는 분.
구름을 당신 수레로 삼으시고
바람 날개 타고 다니시는 분.
4 바람을 당신 사자로 삼으시고
타오르는 불을 당신 시종으로 삼으시는 분.
5 그분께서 기초 위에 땅을 든든히 세우시어
영영세세 흔들리지 않는다.

6 당신께서 대양을 그 위에 옷처럼 덮으시어
산 위까지 물이 차 있었습니다.
7 당신의 꾸짖으심에 물이 도망치고
당신의 천둥소리에 놀라 달아났습니다.
8 당신께서 마련하신 자리로
산들은 솟아오르고 계곡들은 내려앉았습니다.
9 당신께서 경계를 두시니 물이 넘지 않고
땅을 덮치러 돌아오지도 않습니다.
10 골짜기마다 샘을 터뜨리시니
산과 산 사이로 흘러내려
11 들짐승들이 모두 마시고
들나귀들도 목마름을 풉니다.
12 그 곁에 하늘의 새들이 살아
나뭇가지 사이에서 지저귑니다.

104(103). 성경 지혜 사상의 주요 흐름들 가운데 하나로 피조물의 본성과 질서에 관한 고찰이 있다. 이스라엘 현인에게 창조주 주님은 얼마나 위대하고 엄위하게 보였던가! 이 찬가에서 하느님은 어좌에 앉아 있는 임금의 표상을 훨씬 넘어선다. 그분의 거처와 옷, 그분의 종들은 바로 우주의 요소들이다(1-4절). 바닷물에게 넘어서지 못하도록 정해진 경계, 생물들의 갈증을 풀어 주고(5-13절) 땅에서 싹이 트게 하기 위하여(14-18절) 땅에서 솟는 샘, 세상 삶의 리듬을 표시해 주는 밤과 낮의 교차(19-23절), 물속에서 우글거리는 물고기들(25-26절), 마지막으로 섭리하시는 하느님 손길이 모든 피조물에게 베푸시는 양식과 특히 생명을 주고 땅의 얼굴을 새롭게 하는 하느님의 영(27-30절), 정신은 이 모든 것을 보면서 경탄한다. 이러한 놀라운 업적 앞에서 하느님을 찬송하고 아무것도 창조물의 아름다움을 훼손하지 않도록 악인들이 사라지기를 기원할 수밖에 없다(31-35절).

✠ 19-20절로 인하여 프랑크 왕국 일부 지역에서는 6세기에 이 시편을 매일 저녁기도 때 기도했음이 알려져 있다(아를의 체사리오, 연설 136 참조). 30절을 그리스도론적으로 재해석하여 그리스도 안에서 이루어지는 새 창조의 노래로 해석하기도 했다. 부활과 세례는 그 새 창조에 속한다. 1-2.5-6.10.12-14.24.35절은 부활 성야에 창세 1,1-2,2를 읽은 다음 화답송으로 읽는다(또는 시편 33). 1-4.24-25.27-30절은 주님 세례 축일 다해에 읽는다. 대림과 성탄, 사순과 부활시기 1주간 토요일에는 독서기도 때 이 시편을 기도한다. 2주간 주일 독서기도와 부활 팔일 축제 내 수요일, 성령 강림 대축일 독서기도 때 세 부분으로 나누어 읽는데, 성령 강림 대축일에는 후렴인 30절 외에 성령의 활동에 대한 신약 성경의 언급들이 인용된다. 3절과 4절은 연중 제30주일 입당송이다. 13-15절은 성찬과 관련하여 이해되어 연중 제21주일 영성체송으로 사용된다. 견진성사 예식에서 이 시편이 쓰인다.

✠ 시편집에서 처음으로 할렐루야를 이 104편에서 듣게 된다(35절). 이는 찬양 전례의 기쁜 환호로 "주님을 찬양하여라."를 뜻한다. 이제부터 몇몇 시편들에 할렐루야가 나타나고 그리스도교 전례 안에서는 마치 음악의 기호와 같이 될 것이다.

13 당신의 거처에서 산에 물을 대시니
당신께서 내신 열매로 땅이 배부릅니다.
14 가축들을 위하여 풀이 나게 하시고
사람들이 가꾸도록 나물을 돋게 하시어
땅에서 빵을,
15 인간의 마음을 즐겁게 하는 술을 얻게 하시고
기름으로 얼굴을 윤기 나게 하십니다.
또 인간의 마음에 생기를 돋우는 빵을 주십니다.

16 주님의 나무들,
몸소 심으신 레바논의 향백나무들이 한껏 물을 마시니
17 거기에 새들이 깃들이고
황새는 전나무에 둥지를 트네.
18 높은 산들은 산양들의 차지
바위들은 오소리들의 은신처.
19 그분께서 시간을 정하도록 달을 만드시고
제가 질 곳을 아는 해를 만드셨네.

20 당신께서 어둠을 드리우시면 밤이 되어
숲의 온갖 짐승들이 우글거립니다.
21 사자들은 사냥거리 찾아 울부짖으며
하느님께 제 먹이를 청합니다.
22 해가 뜨면 물러나서
제 보금자리로 들어가고
23 사람은 일하러,
저녁까지 노동하러 나옵니다.
24 주님, 당신의 업적들이 얼마나 많습니까!
그 모든 것을 당신 슬기로 이루시어
세상이 당신의 조물들로 가득합니다.
25 저 크고 넓은 바다에는
수없이 많은 동물들이,
크고 작은 생물들이 우글거립니다.
26 그곳에 배들이 돌아다니고
당신께서 만드신 레비아탄이 노닙니다.
27 이 모든 것들이 당신께 바랍니다,
제때에 먹이를 주시기를.
28 당신께서 그들에게 주시면 그들은 모아들이고
당신 손을 벌리시면 그들은 좋은 것으로 배불립니다.
29 당신의 얼굴을 감추시면 그들은 소스라치고
당신께서 그들의 숨을 거두시면 그들은 죽어

104,14. "사람들이 가꾸도록" 히브리어 표현은 "사람을 위하여"로 번역할 수도 있다. 우리말 성경과 같은 해석은 창세 2,5과의 유사성을 고려한 것이다.

104,17-18. 황새는 부정한 동물에 속하지만(레위 11,19; 신명 14,18 참조), 여기서는 중립적으로 기술된다. 오히려 히브리어로 황새라는 이름은('하시다') 충실함과 신심('헤셋')이라는 개념을 상기시킨다.

104,18. 1사무 24,3에서는 "들염소"로 번역된 이 히브리어 단어가 어떤 동물을 지칭하는지 정확히 알기 어렵다.

104,19. "시간"은 달력을 지칭한다. 이스라엘에서 달력은 달의 주기에 기초했다. 번역문은 이 절과 창세 1,14 사이의 연관을 약간 흐려 놓는다. 창세기에서는 같은 단어가 "절기"로 번역되었는데, 여기서도 그렇게 번역할 수 있다.

104,24. 히브리 사상에서 하느님의 지혜는 질서 있는 우주를 창조하고, 생명을 돌보고 보존하는 데 있다(욥 28,23-27; 잠언 8,23-31; 지혜 7,24-27; 집회 24,1-9 참조). 첫 구절의 감탄문은 하느님 업적의 위대함보다 그 다양함에 관련된다.

104,25. "동물들" 여기에 사용된 히브리어 단어는 길짐승들을 가리킬 수 있지만 여기서는 일반적으로 바다에서 움직이는 동물들을 지칭하여 사용되었다(69,35의 주 참조).

104,26. 레비아탄이 바다에서 노닌다고 해석할 수도 있고, 하느님께서 레비아탄과 노신다고 해석할 수도 있다. 레비아탄과 노시는 하느님의 표상은 욥 40,29에도 나타난다.

먼지로 돌아갑니다.
30 당신의 숨을 내보내시면 그들은 창조되고
당신께서는 땅의 얼굴을 새롭게 하십니다.

31 주님의 영광은 영원하리라.
주님께서는 당신의 업적으로 기뻐하시리라.
32 땅을 굽어보시니 뒤흔들리고
산들을 건드리시니 연기 내뿜네.
33 나는 주님께 노래하리라, 내가 사는 한.
나의 하느님께 찬미 노래 부르리라, 내가 있는 한.
34 내 노래가 그분 마음에 들었으면!
나는 주님 안에서 기뻐하네.
35 죄인들은 이 땅에서 없어져라.
악인들은 더 이상 남아 있지 마라.
내 영혼아, 주님을 찬미하여라.
할렐루야!

104,35. "할렐루야!" 이 히브리어 단어는 "찬양하다"를 뜻하는 히브리어 동사 '할랄'의 명령형과 하느님의 이름 '야훼'의 첫 부분으로 이루어진 것으로, 자구적으로 "야훼를 찬양하라"를 뜻한다. 이 환호는 그리스어 번역본과 (새) 대중 라틴말 성경에서는 105편 첫머리에 붙어 있어서 45절과 수미쌍관을 이룬다. 그러나 여기서는 히브리어 본문에 제시된 구분을 따른다.

105,1-15. 본문이 1역대 16,8-22에 반복된다.

105,1. "찬송하여라"에 관하여, 92,2의 주 참조.

105,4. 하느님의 얼굴을 찾는 것의 의미에 관하여, 4,7의 주 참조 (또한 10,11; 27,8; 67,2; 80,8 참조).

105

(104) 1 주님을 찬송하여라, 그 이름을 받들어 불러라.
그 업적을 민족들에게 알려라.
2 그분께 노래하여라, 그분께 찬미 노래 불러라.
그 모든 기적을 이야기하여라.
3 그분의 거룩하신 이름을 자랑하여라.
주님을 찾는 이들의 마음은 기뻐하여라.
4 주님과 그 권능을 구하여라.
언제나 그 얼굴을 찾아라.
5 그분께서 이루신 기적들을,
그 이적들과 그 입으로 내리신 판결들을 기억하여라.

104,30. 살아 있는 모든 피조물이 "숨" 곧 생명과 관련하여 하느님께 의존함을 강조하는 30절은 그리스도교 전통 안에서 내적 생명의 원천이신 성령께 대한 간청이 되었다. 또한 30절은 하느님 성령의 능력으로 이루어지는 죽은 이들의 부활에 대한 언급으로 해석되었다. 이러한 해석은 마른 뼈들을 살아나게 하시는 하느님 성령의 능력이 묘사된 에제 37장의 유명한 환시에 영향을 받은 것이다.

105(104). 주님을 찬송하는 노래를 부르자는 초대는(1-7절) 히브리 전례의 분위기 안으로 인도하는데, 그 전례에서는 하느님께서 당신 약속에 충실하시어 구원 역사의 흐름 안에서 그 약속들이 실현되었음을 기억했다. 이 찬양시편의 본문에서는 아브라함에게 하신 약속에서 시작해(8-15절) 하느님 섭리라는 관점에서 이스라엘 역사를 재해석한다. 요셉도 이집트에서 종이 됨으로써 히브리인들이 이집트로 들어가는 것을 준비하고 이집트인들에게 지혜의 모범이 된다(16-23절).

6 그분의 종 아브라함의 후손들아
그분께 뽑힌 야곱의 자손들아!
7 그분은 주 우리 하느님
그분의 판결들이 온 세상에 미친다.
8 당신의 계약을 영원히,
명령하신 말씀을 천대에 이르도록 기억하시니
9 아브라함과 맺으신 계약이며
이사악에게 내리신 맹세이다.
10 이를 야곱에게 법규로,
이스라엘에게 영원한 계약으로 세우셨다.
11 그분께서 이렇게 말씀하셨다.
"내가 너희에게 가나안 땅을
너희 상속의 몫으로 주노라."
12 그들이 수가 몇 안 되는 작은 무리로
그곳에서 나그네 되어
13 이 겨레에게서 저 겨레에게로,
이 나라에서 다른 민족에게로 떠돌아다닐 때
14 아무도 그들을 억누르지 못하게 하시고
그들을 위하여 임금들을 꾸짖으셨다.
15 "나의 기름부음받은이들을 건드리지 말고
나의 예언자들을 괴롭히지 마라."
16 땅에 기근을 불러일으키시고
모든 양식을 끊으셨을 때
17 한 사람을 그들 앞에 보내셨으니
종으로 팔린 요셉이다.
18 사람들이 족쇄를 그의 발에 채우고
쇠사슬을 그의 목에 감았다.
19 마침내 그의 말이 들어맞아
주님 말씀이 그를 증명해 주시니
20 임금이 사람을 보내어 그를 풀어 주고
민족들을 다스리는 이가 그를 놓아주었다.
21 그를 자기 집의 주인으로,
자기의 모든 재산을 다스리는 이로 세워

105,8-9. 하느님은 성조들과 맺으신 계약을 기억하시고 실현하신다(레위 26,42; 2열왕 13,23; 시편 77,9 참조). 맹세는 당신 백성에게 땅을 주겠다는 하느님의 장엄한 약속이다(창세 26,3; 신명 7,8; 예레 11,5 참조).

105,11. "너희 상속의 몫"은 "상속 가운데 너희의 몫"으로도 옮길 수 있다(신명 32,9 참조). 여기서 "몫"으로 번역된 단어는 구체적으로 땅을 측량하던 줄을 지칭하고, 그래서 측량되고 분할된 것, 곧 토지의 한 구획이나 한 몫을 뜻한다.

105,15. "나의 기름부음받은이들" 선택된 백성은 구원의 역사의 시초에서부터 "기름부음을 받은 이들" 곧 "축성된 이들"의 민족으로 나타난다. 기름부음으로 이루어지던 축성은 지상에서 직접 하느님을 대신하는 임금들과(1사무 9,16; 1역대 29,22 참조) 사제들에게(탈출 29,4-9; 30,30; 레위 4,3.5.16 참조) 유보된 것이었지만, 예언자들의 특권이기도 했다.

105,19. "그를 증명해 주시니" 히브리어 동사는 자구적으로 "정련하다"를 뜻한다(66,10의 주 참조). 여기서는 모든 잘못들을 정화한다는 의미로 이해할 수 있다("잘못이 없는, 무죄한").

✠ 105(104)편은 옛 계약의 구원 역사를 노래하며, 이 역사는 전례가 끊임없이 찬양하며 기억하는 그리스도 안에서 실현된 새롭고 영원한 계약의 예표로 간주된다. 이 시편은 기도가 그리스도의 역사적 신비들에 집중하는 대림·성탄·사순 시기 1주간 토요일 독서기도 때 기도한다. 성무일도 총지침 130항은 이렇게 말한다. "세 개의 시편, 즉 77(78), 104(105), 105(106)편은 대림 시기, 성탄 시기, 사순 시기, 부활 시기에만 한다. 이 시편들은 구약에서 예언되고 신약에 와서 완성된 구세사를 더욱 분명하게 묘사하기 때문이다." 4-5ㄱ절은 동정녀 봉헌 미사 입당송이다.

105,23. "나그네 되었다." 히브리어 동사를 "이주하였다"로 번역할 수도 있지만, 이 동사는 이주라는 움직임보다 "거주하다"를 가리키는 것이기 때문에, "그곳에서 외국인으로 살았다."는 뉘앙스를 살려 번역한 것이다. 짧은 몇 절로 여러 세기에 걸친 민족의 역사가 요약된다(창세 12,10-20; 20,1-8; 26,1-11 참조).

105,27. "이들이… 이적들을 일으켰다." 우리말 성경의 번역은 히브리어 본문을 따라 이적을 일으킨 장본인이 모세와 아론이다. 그리스어 번역본과 (새) 대중 라틴말 성경에서는 주어가 하느님이다. "저들 가운데에서" 대신 "저들을 거슬러"로 번역할 수도 있다.

22 신하들을 마음대로 가르치고
원로들을 슬기롭게 만들도록 하였다.
23 그러자 이스라엘이 이집트로 와
야곱이 함족의 땅에서 나그네 되었다.
24 주님께서는 당신 백성을 크게 불어나게 하시어
그들의 적들보다 강하게 만드셨다.
25 저들의 마음을 바꾸시어 당신 백성을 미워하게 하시고
당신 종들에게 간계를 부리게 하셨다.
26 그분께서 당신의 종 모세와
몸소 뽑으신 아론을 보내시니
27 이들이 저들 가운데에서 그분의 표징들을,
함족의 땅에서 이적들을 일으켰다.
28 어둠을 보내시어 캄캄하게 만드셨어도
저들은 그 말씀을 거역하였다.
29 저들의 물을 피로 바꾸시어
물고기들을 죽게 하셨다.
30 임금들의 방에 이르기까지
저들의 땅이 개구리 떼로 들끓었다.
31 그분께서 말씀하시자 등에 떼가 모여들고
저들의 온 영토에 모기 떼가 모여들었다.
32 비 대신 우박을,
타오르는 불을 저들 땅에 내리시고
33 저들의 포도나무와 무화과나무를 치시며
그 영토 안의 나무들을 부러뜨리셨다.
34 그분께서 말씀하시자 메뚜기 떼가,
누리 떼가 수도 없이 몰려와
35 저들 땅의 풀을 모조리 먹어 버리고
들판의 열매를 먹어 버렸다.
36 저들 땅 안의 모든 맏아들을,
저들 모든 정력의 첫 소생을 치셨다.
37 그들이 은과 금을 가지고 나오게 하셨다.
그분 지파들에는 비틀거리는 사람이 없었다.
38 그들이 떠나갈 때 이집트가 기뻐하였으니
그들에 대한 두려움이 저들을 엄습한 까닭이다.
39 덮개 삼아 구름을,
밤을 밝히도록 불을 펼쳐 놓으셨다.

105,24-45. 이집트 탈출을 목적으로 재앙들을 일으키기 위하여 모세와 아론을 보내신 것은 하느님께서 당신 백성을 지키고 보호하시는 관심의 표지이다. 이집트 탈출은 시련의 순간이 아니라 환호의 순간으로 여겨지며, 그 절정은 약속된 땅의 점령이다. 이 시편은 그 앞의 시편과 마찬가지로 전례의 마침을 표시하는 "할렐루야!"로 끝난다.

40 그들이 청하자 메추라기 떼를 불러오시고
하늘의 빵으로 그들을 배불리셨다.
41 바위를 여시자 물이 솟아 나와
사막에 강처럼 흘렀다.
42 당신의 거룩하신 말씀을,
당신 종 아브라함을 기억하신 까닭이다.
43 당신 백성을 기쁨 속에,
당신께 뽑힌 이들을 환호 속에 이끌어 내셨다.
44 겨레들의 땅을 그들에게 주시어
민족들이 애써 얻은 바를 그들이 차지하였으니
45 그들이 당신의 법규를 지키고
당신의 법을 따르게 하시기 위함이다.
할렐루야!

106 (105) 1 할렐루야!
주님을 찬송하여라, 선하신 분이시다.
주님의 자애는 영원하시다.
2 누가 주님의 위업을 말할 수 있으며
그 모든 찬양을 전할 수 있으리오?
3 행복하여라, 공정을 지키는 이들
언제나 정의를 실천하는 이들!

4 주님, 당신 백성에 대한 호의로 저를 기억하소서.
당신의 구원과 함께 저를 찾아오시어
5 제가 당신께 뽑힌 이들의 행복을 보고
당신 민족의 즐거움으로 기뻐하며
당신 소유와 함께 자랑으로 여기게 하소서.
6 저희 조상들처럼 저희도 죄를 지었습니다.

105,44 여호 24,13.

106(105). 시편집 제4권이 106편으로 끝난다. 서문(1-5절)과 결문(47-48절)이 암시하듯이 이 시편은 아마도 계약의 약속들을 갱신하는 전례에서 사용되었을 것이다. 이 시편의 본론(6-46절)은 105편과 마찬가지로 이스라엘 역사를 재해석하지만, 성조 시대를 생략하고 이집트 탈출부터 바빌론 유배까지 이스라엘 역사를 돌아본다. 이 시편은 하느님의 놀라운 개입들을 기념하는 것이 아니라 백성의 편에서 자신들의 반항을 고백하는 것이다.

✠ 구약에서 펼쳐진 구원 역사를 노래한다. 그 구약은 그리스도 안에서 맺어진 새롭고 영원한 계약의 예표이며, 전례는 끊임없이 그 새 계약을 찬송하며 기억한다. 이 시편은 교회 전례가 그리스도의 역사적 신비들에 집중하는 대림·성탄·사순·부활 시기 제2주간 토요일 독서기도 때 기도한다. 성무일도 총지침 130항은 이렇게 말한다. "세 개의 시편, 즉 77(78)편, 104(105)편, 105(106)편은 대림·성탄·사순·부활 시기에만 한다. 이 시편들은 구약에서 예언되고 신약에 와서 완성된 구세사를 더욱 분명하게 묘사하기 때문이다." 그리고 6-10.13-14.19-22절은 사순 시기 참회 예식을 위하여 사용되며(제1양식), 47절은 연중 제4주일 미사 입당송이다.

106,1-48. 이 시편은 이집트 탈출에서부터 유배에 이르는 여정을 배경으로 여덟 가지 죄를 열거한다. 첫 번째 반항은(6-7절) 탈출 14,11-12에서 전하듯이 홍해 바닷가에서 이집트인들을 두려워한 것이다. 두 번째 죄는 탐욕으로(13-15절) 민수 11,4-6에 연관된다. 세 번째 반항은(16-18절) 모세와 아론의 권위를 거스른 것이다(민수 16장 참조). 그다음으로 우상 숭배의 죄가 나오는데(19-22절), 금송아지 사건이 언급된다(탈출 32장 참조). 하느님의 계획을 믿지 못했던 것은(24-27절) 약속된 땅에 들어가려는 순간의 일이었다(민수 13-14 참조). 이어서(28-31절) 모압 평야에서 우상을 숭배하고 간음을 저지른 것과(민수 25장 참조) 마싸와 므리바의 사건을 기억한다(32-33절; 탈출 17,1-7; 민수 20,1-13; 신명 9,7-8 참조). 마지막으로 약속된 땅에 도착해서는 그릇된 제의 관습을 따르는 그 지역 주민들과 어울리는 큰 죄를 지었다(34-39절). 그러나 이 죄들 하나하나에 대하여 하느님의 자비가 나타나고, 하느님은 당신 이름에 대한 사랑 때문에(8-12절) 그리고 모세와 피느하스의 전구를 들으시어(23.30-31절) 이스라엘인들을 구해 주신다.

106,1. "주님의 자애는 영원하시다." 5,8.9; 13,6; 136,1의 주 참조. 이 절은 1역대 16,34에 반복된다.

불의를 저지르고 악을 행하였습니다.
7 저희 조상들은 이집트에서
당신의 기적들을 깨닫지 못하고
당신의 크신 자애를 기억하지 않았으며
바닷가에서, 갈대 바다에서 당신을 거역하였습니다.

8 그러나 그분께서는 당신 이름 때문에 그들을 구하셨으니
당신 위업을 알리시려는 것이었다.
9 갈대 바다를 꾸짖으시어 물이 마르자
그들이 깊은 바다를 사막인 양 걸어가게 하셨다.
10 미워하는 자의 손에서 그들을 구하시고
원수의 손에서 그들을 구해 내셨다.
11 물이 그들의 적들을 덮쳐
하나도 살아남지 못하였다.
12 이에 그들이 그분의 말씀을 믿어
그분께 찬양 노래를 불렀다.
13 그들은 그분의 업적을 빨리도 잊어
그분의 지시를 기다리지 않았으며
14 사막에서 탐욕을 부리고
광야에서 하느님을 시험하였다.
15 하느님께서는 그들이 원하는 대로 주셨으나
질병도 그들에게 보내셨다.
16 그들은 진영에서 모세를,
주님의 거룩한 사람 아론을 시기하였다.
17 이에 땅이 갈라져 다탄을 삼키고
아비람의 무리를 덮쳤으며
18 불이 그 무리 가운데에서 일어나
불꽃이 악인들을 살라 버렸다.
19 그들은 호렙에서 송아지를 만들고
쇠를 부어 만든 상에 경배하였다.
20 그들의 영광을
풀 먹는 소의 형상과 바꾸었다.
21 그들은 하느님을 잊었다, 자기들을 구하신 분을
이집트에서 위대한 일들을 하신 분을
22 함족 땅에서 이루신 기적들을
갈대 바다에서 이루신 두려운 일들을.
23 당신께서 뽑으신 모세가 아니라면
그들을 없애 버리겠다고 생각하셨다.

106,23 탈출 32,11-14.

106,15. "질병도 그들에게 보내셨다." 이것은 히브리어 본문의 번역으로, 더 자구적으로는 "그들의 목숨 위에 질병을 보내셨다."이다. 그러나 그리스어 번역본과 (새) 대중 라틴말 성경은 질병이나 쇠약함이 아니라 풍부함과 만족을 가리키는 단어를 포함하고 있어서 (히브리어 '네페쉬'를 "목숨"이 아닌 "갈망"이라는 뜻으로 이해하여) "그들의 탐욕을 채워 주셨다."로 번역할 수 있다. 35,12; 35,25; 78,18의 주 참조.

106,20. "풀 먹는" 이 표현은 역설적이다. 이스라엘인들은 풀을 먹는 짐승, 곧 약한 동물을 숭배했다. 짐승에 대한 유사한 해석을 욥 40,15에서도 이끌어 낼 수 있다.

106,23. "그분 앞을 막아섰으니" 자구적으로는 "구멍 위에 섰으니"이다. 백성을 위한 모세의 전구를 강조하기 위하여 군사적인 표상이 사용된다. 적군이 성벽을 무너뜨려 구멍을 내는 데 성공했을 때, 용감한 전사가 성벽이 무너진 구멍 위에 서서 원수와 백성 사이에서 백성을 방어하려 하는 것을 나타낸다. 에제키엘에 따르면 백성을 지키기 위하여 성벽이 무너진 곳 위에 올라가는 것은 예언자의 임무 가운데 하나이다(에제 13,4.5 참조).

그가 분노를 터뜨리시는 그분 앞을 막아섰으니
그분의 진노를 파멸에서 돌리기 위함이었다.
24 그러나 그들은 탐스러운 땅을 업신여기며
그분의 말씀을 믿지 않았고
25 자기네 천막 안에서 투덜대며
주님의 소리를 듣지 않았다.
26 이에 그분께서 손을 드시어
그들을 사막에서 쓰러뜨리려 하셨다.
27 그들의 후손을 민족들 사이에 쓰러뜨리려,
그들을 여러 나라로 흩어 버리려 하셨다.
28 그들은 프오르의 바알에게 굴종하여
죽은 것에게 바친 제물을 먹었다.
29 그들의 행위로 그분을 언짢으시게 하여
그들에게 재앙이 들이닥쳤다.
30 피느하스가 일어서서 법대로 다스리자
재앙이 멈추었으니
31 이것이 그에게 세세에 영원히
의로움으로 셈해졌다.
32 그들이 므리바 샘에서 그분을 노엽게 하여
그들 때문에 모세가 화를 입게 되었으니
33 그들이 그의 감정을 상하게 하자
그가 제 입술을 함부로 놀렸기 때문이다.
34 그들이 주님께서 없애라 하신
백성들을 없애지 않고
35 그 민족들과 어울리면서
저들의 행실을 배우고
36 저들의 우상들을 섬기니
저들이 그들에게 덫이 되었다.
37 자기네 아들과 딸들을
마귀들에게 바치며
38 무죄한 피를 흘려
그 땅을 더럽혔다.
가나안의 우상들에게 바친
자기네 아들과 딸들의 피로 더럽혔다.
39 그들은 자기네 행실로 더러워지고
자기네 행위로 불륜을 저질렀다.
40 주님의 분노가 당신 백성을 거슬러 타오르고
당신의 소유를 혐오하게 되셨다.
41 그들을 민족들의 손에 넘기시니

106,31. "셈해졌다." 이 구절은 창세 15,6에서 아브라함에 대해 사용된 구절과 거의 동일하다(창세기에서는 "인정해 주셨다."를 사용한다).

106,34. "백성들을 없애지 않고" 이방 민족들을 전멸시키는 것은 하느님께서 명하신 것이었다(신명 7,16 참조). 그 목적은 우상 숭배를 제거하는 것이었고, 그 근거는 주님의 유일하심에 대한 고백이었다.

106,35. "어울리면서" "서로 섞이면서" 또는 "친척 관계를 맺으면서"라고 할 수 있다. 순수하지 않은 결합에 관한 이러한 판단은 유배 후 에즈라와 느헤미야 시대의 엄격한 정책을 암시하는 것으로 보인다(에즈 9,2; 느헤 13,3 참조).

106,39. "불륜을 저질렀다." 히브리어 동사의 일반적 의미로 사용된다. 이 동사는 이스라엘의 우상 숭배 죄를 지칭하여 사용된다(예를 들어 신명 31,16; 판관 2,17 참조).

106,40. 여기서 "당신의 소유"는 5절에서와 같이 이스라엘 백성을 가리킨다.

106,43. "죄악"에 관련하여, 38,5의 주 참조

106,44. "곤경"에 관하여, 107,6의 주 참조.

106,47-48. 이 구절들은 1역대 16,35-36에 반복된다.

107,1. 106,1의 주 참조.

그들을 미워하는 자들이 그들을 다스리고
42 원수들이 그들을 억눌러
그 손 아래 그들이 꺾였다.
43 몇 번이나 그들을 구출해 주셨건만
그들은 저희 뜻만을 좇아 거역하여
자기들의 죄악 탓으로 허물어졌다.
44 그러나 그분께서는 그들의 외침을 들으실 때
그들의 곤경을 보셨다.
45 그들을 위하여 당신 계약을 기억하시고
크신 자애로 후회하시어
46 그들을 사로잡아 간 모든 이들에게서
그들이 동정을 얻게 하셨다.
47 주 저희 하느님, 저희를 구하소서.
민족들에게서 저희를 모아들이소서.
저희가 당신의 거룩하신 이름을 찬송하고
당신을 찬양하여 영광으로 삼으오리다.
48 주 이스라엘의 하느님께서는 찬미받으소서,
영원에서 영원까지.
온 백성은 말하리라, "아멘!"
할렐루야!

107

(106) 1 주님을 찬송하여라, 선하신 분이시다.
주님의 자애는 영원하시다.
2 이렇게 말하여라, 주님께 구원받은 이들
그분께서 원수의 손에서 구원하신 이들.
3 뭇 나라에서,

106,44 탈출 22,22.

107(106). 시편집 제5권을 여는 자리에 감사의 찬양이 있다. 이 시편에서 첫머리의 권고는(1절) 전례에 사용된 표현의 일종으로(106,1; 118,1; 136,1 참조), 후렴과 같이 되풀이되면서 시편의 단락을 구분해 준다(1.8.15.21.31절). 이에 따라 네 장면이 구분되고, 여기에 시편을 끝맺는 지혜문학적 고찰이 더해진다(33-43절). 각 장면은 여러 어려운 상황에 처한 사람들을 위한 하느님 구원을 묘사한다. 광야에서 헤매다가 안전한 길로 인도된 여행자들(4-9절), 갇힌 이들, 거역하던 포로들(10-14절), 죄로 인하여 고통을 당하던 병자들(17-22절), 폭풍 속에서 어려움에 처한 항해자들(23-32절). 장면마다 도식에 따라 먼저 곤경이 묘사되고, 하느님을 향한 부르짖음, 하느님의 개입, 감사가 차례로 나온다. 이렇게 일정한 형식은 이 어려움들이 삶의 온갖 문제 상황들로 확장될 수 있음을 생각하게 한다. 긴 부록은 더 늦은 시기에, 아마도 이집트와 바빌론에서 돌아온 후에 약속된 땅에서 이루어진 이스라엘 역사를 강조하면서 덧붙여진 묵상으로 보인다. 마지막 절은 하느님 자비의 업적들을 경외하며 받아들이라는 권고이다.

백성의 역사 안에서 하느님께서 행하신 기적과 은혜들을 이야기하는 것은 감사하며 그분을 기억하고 찬양을 드리기 위한 동기가 된다. 이 시편은 3주간 토요일 독서기도 때 세 부분으로 나누어 기도하며, 후렴은 8.24.42-43에서 취한다. 8-9절은 성찬과 관련하여 해석되어 연중 제5주일 영성체송으로 사용된다.

해 뜨는 곳과 해 지는 곳에서,
북녘과 남녘에서 모아들이신 이들은 말하여라.

4 그들은 사막과 광야에서 헤매며
사람 사는 성읍으로 가는 길을 찾지 못하였다.
5 주리고 목까지 말라
목숨이 다하여 갔다.
6 이 곤경 속에서 그들이 주님께 부르짖자
난관에서 그들을 구해 주셨다.
7 그들을 옳은 길로 걷게 하시어
사람 사는 성읍으로 가게 하셨다.
8 주님께 감사하여라, 그 자애를
사람들을 위한 그 기적들을.
9 그분께서는 목마른 이에게 물을 먹이시고
배고픈 이를 좋은 것으로 채우셨다.

10 비참과 쇠사슬에 묶인 채
어둡고 캄캄한 곳에 앉아 있던 그들.
11 하느님의 말씀을 거역하고
지극히 높으신 분의 뜻을 업신여긴 탓이다.
12 그분께서 고통으로 그들의 마음을 꺾으시니
그들은 도와주는 이 없이 비틀거렸다.
13 이 곤경 속에서 그들이 주님께 소리치자
난관에서 그들을 구하셨다.
14 그들을 어둡고 캄캄한 곳에서 이끌어 내시고
그들의 사슬을 끊어 주셨다.
15 주님께 감사하여라, 그 자애를
사람들을 위한 그 기적들을.
16 그분께서 청동 문을 부수시고
쇠 빗장을 부러뜨리셨다.

17 사악의 길로 어리석게 된 자들
자기들의 죄로 괴로움을 겪었다.
18 그들의 목은 어떤 음식도 싫어하여
그들은 죽음의 문까지 다다랐다.
19 이 곤경 속에서 그들이 주님께 소리치자
난관에서 그들을 구하셨다.
20 당신 말씀을 보내시어 그들을 낫게 하시고
구렁에서 구해 내셨다.

107,18 9,14; 욥 33,20.

107,6. 이 후렴은 13.19.28절에서 거의 동일하게 반복된다. 히브리어 단어 '차르'는 "곤경"으로 번역되는데, 내적 상태 외에도 좁은 공간을 나타내기도 한다.

107,9. "목마른 이" 히브리어 단어 '네페쉬'가 인간을 지칭하는 것으로 본 해석이다. 그런데 이 절은 구체적인 목마름과 배고픔을 채워 주심을 말하고 있으므로, "목마른 갈망"이라고 번역하는 것이 나을 수도 있다. 자구적으로 히브리어 '네페쉬'는 목구멍이라고 번역할 수도 있다 (31,10의 주 참조).

107,10. "어둡고 캄캄한 곳" 감옥을 가리키는 것으로, 죽은 이들의 왕국에 비교된다.

107,13.19. "그들을 구하셨다." 13.19.28절이 6절과 거의 동일하기는 하지만, 하느님 행위를 묘사하는 히브리어 동사들은 다르다. 이에 따라 13.19절에서는 "구하셨다."로, 28절에서는 "빼내 주셨다."로 번역되어 있다.

107,20. "당신 말씀을 보내시어 그들을 낫게 하시고" 성경은 하느님의 입에서 나오는 말씀이 여러 가지 효과를 지니고 있다고 말하는데, 치유는 그 가운데 하나이다(지혜 16,26 참조). "구렁"은 히브리어 본문을 따른 번역이며, 그리스어 번역본과 (새) 대중 라틴말 성경은 "멸망"으로 되어 있다.

107,22. "감사의 제물"의 의미에 관하여, 92,2의 주 참조. "환호 속에"는 105,43에서와 같은 표현이 사용된다(또한 42,5 참조; 118,15에서는 "환호 소리"로 번역되어 있다).

107,24. "기적"에 관하여, 98,1의 주 참조.

107,27. 시편 저자는 파괴적인 하느님의 진노를 겪고 있는 사람들의 상황을 똑바로 서 있으려고 하지만 심히 비틀거리는 술취한 사람과 같이 묘사한다(잠언 23,29-35 참조).

21 주님께 감사하여라, 그 자애를
사람들을 위한 그 기적들을.
22 감사의 제물을 올리며
환호 속에 그분의 일들을 전하여라.

23 배를 타고 항해하던 이들
큰 물에서 장사하던 이들.
24 그들이 주님의 일을 보았다,
깊은 바다에서 그분의 기적들을.
25 그분께서 명령하시어 사나운 바람을 일으키시자
그것이 파도들을 치솟게 하였다.
26 그들이 하늘로 솟았다가 해심으로 떨어지니
그들 마음이 괴로움으로 녹아내렸다.
27 술 취한 사람처럼 비틀거리고 흔들거리니
그들의 온갖 재주도 엉클어져 버렸다.
28 이 곤경 속에서 그들이 주님께 부르짖자
난관에서 그들을 빼내 주셨다.
29 광풍을 순풍으로 가라앉히시니
파도가 잔잔해졌다.
30 바다가 잠잠해져 그들은 기뻐하고
그분께서는 그들을 원하는 항구로 인도해 주셨다.
31 주님께 감사하여라, 그 자애를
사람들을 위한 그 기적들을.
32 백성의 모임에서 그분을 높이 기리고
원로들의 집회에서 그분을 찬양하여라.

33 그분께서 강들을 사막으로,
샘들이 솟는 곳을 메마른 곳으로 만드시고
34 기름진 땅을 소금 땅으로 만드시니
거기 사는 사람들의 악함 때문이다.
35 그분께서 사막을 호수로,
마른땅을 샘들이 솟는 곳으로 만드시어
36 주린 이들을 그곳에 살게 하시니
그들이 사람 사는 성읍을 일으켰다.

37 밭에 씨 뿌리고 포도원에 나무 심어
소출을 거두어들였다.
38 그들에게 복을 내리시어 그들이 크게 늘어나고
그들의 가축들도 줄지 않게 하셨다.
39 그러나 곤궁과 불행과 근심으로
그들은 수가 줄고 쇠잔해졌다.
40 그분께서 수령들에게 경멸을 퍼부으시고
길 없는 황무지를 헤매게 하셨다.
41 그러나 불쌍한 이는 비참에서 들어 올리시고
그 가족들을 양 떼처럼 많게 하셨다.
42 올곧은 이들이 보고 기뻐하며
모든 불의는 그 입을 다문다.
43 누가 지혜롭게 되기를 원하는가?
이를 마음에 간직하여
주님의 자애를 깨달아라.

108

(107) 1 [노래. 시편. 다윗]

2 제 마음 든든합니다, 하느님.
제가 노래하며 찬미합니다.

깨어나라, 나의 영혼아.
3 깨어나라, 수금아, 비파야.
나는 새벽을 깨우리라.

4 주님, 제가 백성들 가운데에서 당신을 찬송하고
겨레들 가운데에서 당신을 노래하리니

107,40. "황무지" 이에 해당하는 히브리어 단어는 불모지를 뜻할 수 있지만 헛됨, 무(1사무 12,21, 이사 49,4 참조) 또는 텅 빔(욥 26,7 참조)을 가리키기도 한다.

107,42 36,4-5; 63,12; 71,4.

107,37-38. 이스라엘은 자신의 땅에서 정착에 따른 은혜를 누렸다. 이는 계절 및 파종에서 추수에 이르는 농경 주기와 연관된다. 성경의 사고방식에서 이 모든 것은 하느님 축복의 긍정적 결과들로 이해되었다. 노동을 위하여 그리고 동방에서 가족을 유지하기 위하여 필수적인 짐승들의 다산도 하느님 호의의 표지로 여겨졌다. 구약 성경에서 축복과 풍요 다산에 대한 하느님의 약속은 주님께 충실하게 살아가는 인간의 일들 안에, 인간의 날들 안에서 구체화된다. 그 후에 이러한 범주들은 메시아적 현실을 묘사하는 전형적 요소들이 된다.

108(107). 108편은 기존의 두 시편 단편이 합성된 것으로 나타난다. 57,8-12(=108,2-6)은 탄원시편의 신뢰 어린 끝맺음에 해당하고, 60,7-14(=108,7-14)은 국가적 탄원에 응답하시는 하느님의 신탁이다. 그 결과로 전쟁을 배경으로 하는(7절) 신뢰시편이 되었고, 여기에 하느님의 신탁이 더해져 있다. 이 시편은 시편들이 시간이 흐르면서 재해석된 과정을 증언해 준다. 그러나 그 역사적 배경은 밝혀지지 않는다.

하느님을 신뢰하는 기도자의 찬양이 생생하고 3절에서 새벽을 언급하고 있어, 4주간 수요일 아침기도 첫 번째 시편으로 기도한다. 후렴은 "든든한 내 마음, 하느님이여, 내 마음은 든든하나이다."이다.

108,5. 히브리어 '헤셋'을 번역한 "자애"에 관하여, 33,5의 주 참조. "진실"에 관하여, 25,5의 주 참조.

108,7. "응답하소서." 이 구절은 60,7과 거의 동일하다. 하느님 응답에 관하여, 욥의 경험(욥 38,3; 40,7)을 참조하라.

5 당신의 자애가 하늘보다 크시고
당신의 진실이 구름까지 닿도록 크시기 때문입니다.
6 하느님, 하늘 높이 일어나소서.
당신의 영광 온 땅 위에 떨치소서.
7 당신의 사랑받는 이들이 구원되도록
당신의 오른팔로 도우시고 저에게 응답하소서.

8 하느님께서 당신 성소에서 말씀하셨다.
"나는 기뻐하며 스켐을 나누고
수콧 골짜기를 측량하리라.
9 길앗도 내 것, 므나쎄도 내 것
에프라임은 내 머리의 투구
유다는 내 왕홀
10 모압은 내 대야.
에돔 위에 내 신발을 던지고
필리스티아 위로 승리의 환성을 올리노라."
11 누가 나를 견고한 성읍으로 데려가리오?
누가 나를 에돔까지 이끌어 주리오?

12 하느님, 당신께서 저희를 버리지 않으셨습니까?
하느님, 당신께서는 저희 군대와 함께 출전하지 않으십니다.
13 저희를 적에게서 구원하소서.
사람의 구원은 헛됩니다.

14 하느님과 함께 우리가 큰일을 이루리라.
그분께서 우리 원수들을 짓밟으시리라.

109

(108) 1 [지휘자에게. 다윗. 시편]

2 제 찬양의 하느님, 잠잠히 계시지 마소서.
그들이 저를 거슬러 사악한 입과 음험한 입을 벌려
거짓된 혀로 제게 말합니다.
3 미움의 말로 저를 에워싸고

109,2. "사악한 입… 음험한 입" 히브리어 본문은 자구적으로 "악인의 입과 거짓의 입"으로 번역할 수도 있다. 그러나 악인이라는 구체적 명사와 거짓이라는 추상 명사가 함께 있어 문법적으로 쉽지 않은 구문이다. 우리말 성경은 두 명사 모두 추상적으로 해석한다.

109,3. "미움의 말로 저를 에워싸고" 그리스어 번역본과 (새) 대중 라틴말 성경은 2절의 "입"을 동사의 주어로 본다.

109(108). 109편의 첫 장면과(2-5절) 마지막 장면은(21-31절) 상황을 제시해 준다. 어떤 의인이 미움과 중상, 사기를 당하고 있다. 그는 법률적 표현들로 하느님께 호소하며(6-15.26-29절), 동태 복수법이 적용되기를 요청한다. 원수는 보통 하느님 축복의 표지로 여겨지는 선들인 장수, 가족, 후손, 물질적 재산, 다른 사람의 애정과 이해를 잃어버려야 할 것이다. 하느님은 개입하지 않으실 수 없다. 악인들의 진정한 공격 대상은 충실한 이 안에서 바로 하느님을 공격하는 것이며, 정의와 진리를 확립하시는 것은 오직 하느님의 몫이기 때문이다(26-29절). 기도자는 도우심을 받고 찬미와 감사를 드리게 될 것이다(30-31절).

까닭 없이 저를 공격하며
4 제 사랑의 대가로 저를 적대합니다.
그러나 저는 오직 기도드릴 뿐.
5 그들은 제게 선을 악으로,
제 사랑을 미움으로 갚습니다.
6 그를 거슬러 악인을 세우소서.
고발자가 그의 오른쪽에 서게 하소서.
7 그가 재판받으면 죄인으로 나오고
그의 기도는 죄가 되며
8 그의 살날들은 줄어들고
그의 직책은 남이 넘겨받게 하소서.
9 그의 자식들은 고아가,
그의 아내는 과부가 되게 하소서.
10 그의 자식들이 정처 없이 떠돌아다니며 빌어먹고
자기네 폐허에서 쫓겨나게 하소서.
11 빚쟁이가 그의 것을 모조리 잡아채고
남들이 그의 벌이를 빼앗으며
12 그에게 자애를 품는 이 없고
그의 고아들을 불쌍히 여기는 이 없으며
13 그의 후손은 끊어지고
다음 세대에 그들의 이름이 지워지게 하소서.
14 그 조상들의 죄악이 주님께 기억되고
그 어미의 죄가 지워지지 않게 하소서.
15 그것들이 늘 주님 앞에 있어
그들에 대한 기억마저 땅에서 없어지게 하소서.
16 그가 자애를 베풀 생각은 않고
가련한 이와 불쌍한 이, 마음이 꺾인 이를
죽이려 뒤쫓기 때문입니다.
17 그가 저주를 사랑하였으니 저주가 그에게 내리고
축복을 좋아하지 않았으니 축복이 그에게서 멀어지게

109,7. "그의 기도는 죄가 되며" 이 번역은 히브리어 단어들의 일반적인 의미를 따른 것이다. 6절에서 이 시편의 저주가 시작된다. 욥 31장의 이와 유사한 표현들을 보라.

109,13-14. 이 표현들은 죄의 중대함을 강조하며, 악의 결과가 세대를 거쳐 시간 속에 연장된다는 고대인들의 생각에 연결된다(탈출 20,5-6; 34,6-7 참조).

109,15. "없어지게 하소서." 이 히브리어 동사는 "잘라 내다, 뿌리 뽑다"라는 의미도 갖고 있다(12,4; 101,8; 37,9.22.28 참조). 13절에서는 같은 단어가 "끊어지고"로 번역되었다.

109,16. "가련한 이와 불쌍한 이"에 관하여, 70,6의 주 참조.

히브리 사상은 이 발전 시점에서 아직 살아 있는 동안의 행위들에 대해 내세에서 갚음이 있다는 개념에 이르지 않았다. 침해된 정의를 회복하기 위하여 그 행위들에 대한 지상의 갚음 외에 다른 방법은 생각할 수 없었다. 시편집 전체에서 가장 분명한 저주시편의 본보기인 109편은 그러한 관점에서 읽어야 한다.

✠ 소위 저주시편에 속하여 성무일도에서 제외되었다(성무일도 총지침, 131항 참조).

109,6. "그를 거슬러 악인을 세우게 하소서." 고대 동방에서 저주는 본래 사람들의 삶에 어떤 영향을 미치고자 하는 말과 행위로 이루어졌다. 악인들에 대해서라면, 그리고 예식과 관련되어 있다면 저주는 합법적이었다. 저주의 목적은 받은 악을 갚거나 악을 예방하기 위한 것이었다. 이스라엘 종교 안에서 저주의 효과는 온전히 하느님께 달려 있었다.

하소서.
18 그가 저주를 겉옷처럼 입었으니
저주가 물처럼 그의 몸속으로,
기름처럼 그의 뼛속으로 스며들고
19 그를 덮고 있는 옷처럼,
그가 늘 매고 있는 허리띠처럼 되게 하소서.
20 이것이 저를 적대하는 자들이
저를 거슬러 악한 것을 말하는 자들이
주님에게서 받는 대가가 되게 하소서.
21 그러나 하느님, 당신은 저의 주님.
당신 이름을 생각하시고 저를 위하여 행하소서.
당신의 자애가 선하시니 저를 구하소서.
22 저는 가련하고 불쌍하며
제 마음은 속에서 구멍이 뚫렸습니다.
23 저는 기우는 그림자처럼 스러져 가고
메뚜기처럼 쫓겨납니다.
24 저의 무릎은 단식으로 후들거리고
저의 살은 기름기 없이 말라 갑니다.
25 진정 저는 그들에게 조롱거리가 되고
저를 보는 자들은 머리를 흔듭니다.
26 저를 도우소서, 주 저의 하느님.
당신 자애에 따라 저를 구원하소서.
27 그래서 그들이 깨닫게 하소서, 그것이 당신의 손임을,
주님, 당신께서 이를 행하셨음을.
28 그들은 저주하지만 당신께서는 복을 내리시고
저의 적들은 창피를 당하지만 당신 종은 기뻐하게 하소서.
29 저를 적대하는 자들은 수치로 옷 입고
창피를 덧옷처럼 덮게 하소서.

30 나는 주님을 내 입으로 한껏 찬송하고
많은 이들 가운데에서 그분을 찬양하리니
31 불쌍한 이의 오른쪽에 서시어
그를 판관들에게서 구원하시기 때문일세.

110

(109) 1 [다윗. 시편]

주님께서 내 주군께 하신 말씀.
"내 오른쪽에 앉아라,

109,21. "저를 구하소서."의 의미에 관하여, 79,9의 주 참조. "자애"는 히브리어 '헤셋'의 번역이다(33,5의 주 참조).

109,28. "창피를 당하다"에 관하여, 6,11의 주 참조. 이 동사는 원수들과 적들에 대한 하느님의 행위를 요청한다(또한 71,13 참조).

109,30. "찬양하리니"에 관하여, 69,35의 주 참조.

내가 너의 원수들을
네 발판으로 삼을 때까지."

2 주님께서 당신 권능의 왕홀을
시온으로부터 뻗쳐 주시리니
당신께서는 원수들 가운데에서 다스리소서.
3 당신 진군의 날에
당신 백성이 자원하리이다.
거룩한 치장 속에
새벽의 품에서부터
젊음의 이슬이 당신의 것.
4 주님께서 맹세하시고 뉘우치지 않으시리이다.
"너는 멜키체덱과 같이
영원한 사제다."
5 주님께서 당신의 오른쪽에 계시어
진노의 날에 임금들을 쳐부수시리이다.
6 그분께서 민족들을 심판하시어
온통 주검들로 채우시고
넓은 들 위에서
머리를 쳐부수시리이다.

7 그분께서는 길가 시내에서 물을 마시고

110,3. 3절은 시편집 전체에서 가장 많은 논의가 된 구절 가운데 하나로, 매우 다양한 번역들이 제안되었다. 이 절의 마지막 부분에서 그리스어 번역본은 2,7에서와 같이 "내가 너를 낳았노라."라고 읽으면서 임금이 하느님의 아들이 됨을 암시한다. 아람어 번역본(타르굼)은 이 구절에 대해 다른 말로 풀이한다. "당신이 전투를 시작하는 날에 당신의 백성은 하느님의 거룩하심과 자비의 광채 안에서 당신을 도우리이다. 당신을 향하여 이슬이 떨어지듯 서둘러 오리니, 이들은 당신 가족 곁에 신뢰하며 앉으리이다." 히브리어 본문은 다음과 같이 번역할 수도 있다(그러나 정확한 이해는 어렵다). "당신 힘의 날에 당신 백성은 준비되어 있으리이다. 거룩한 광채 속에, 새벽의 품에서부터 당신 젊음의 이슬이 당신께 오리이다."

110,6. "온통 주검들로 채우고" 자구적 번역으로, 땅을 채운다는 뜻이다. 시편 저자는 다른 곳에서도 나타나는 바와 같이 전쟁을 축하한다(18,38-43; 21,9-11; 하바 3,12-14 참조). 다른 본문들에서 군사적 충돌은 종말론적 성격을 띤다(이사 34,5-8; 63,1-6; 에제 39).

110,4 창세 14,18-19; 히브 7,11-21.

110(109). 이 군왕시편은 메시아적 해석으로 널리 알려져 있으며, 이스라엘 임금에게 아마도 즉위식 때 내린 하느님의 두 신탁을 포함하고 있다. 첫째 신탁은(1절) 임금에게 원수들과의 전투에서 하느님의 호의를 약속하고, 둘째 신탁은(4절) 임금이 사제 역할에 참여하게 됨을 암시한다. 이는 과거에 다윗과(2사무 6,13.17-18; 24,25 참조) 솔로몬이(1열왕 3,15; 8,14 참조) 누렸던 특권이다.

고대부터 저녁 성무일도에서 사용되었으며(로마 전례, 암브로시오 전례, 베네딕토회 전례에서), 첫 공동체 안에서 기록된 예수님 자신의 해석에 따라 메시아이며 임금이고 사제이신 그리스도의 승리를 노래하는 것으로 이해된다(마태 22,41-45; 마르 12,35-37; 루카 20,41-44; 사도 2,32-36; 1코린 15,25; 히브 1,13 참조). 그래서 성부 오른편에 앉으신 그리스도의 영광과 그분의 보편적인 통치권을 기념하여 모든 주일의 제2저녁기도에서 노래한다(6절은 생략된다). 주님 승천, 성령 강림, 삼위일체, 그리스도의 성체 성혈(후렴 "영원하신 사제 주 그리스도께서는 멜기세덱의 품위를 따라, 빵과 포도주를 봉헌하셨도다."), 예수 성심 대축일에도 마찬가지로 기도한다. 이 시편의 메시아적 의미가 성무일도 총지침 109항에서 명시적으로 강조된다. "이 메시아적 의미에 대한 가장 주목할 만한 예는 마태오 복음에 나오는 대화로 다윗의 자손이요 주님이신 메시아에 관한 말씀이다(마태 22,44-45). 이 대화에서 인용된 시편 110(109)은 메시아 시편으로 해석되고 있다."

110,4. "멜키체덱과 같이" 창세 14,18-19에 따르면 멜키체덱은 이스라엘 이전 아브라함 시대의 임금이며 사제였다. 지금은 히브리 임금이 그 두 가지 역할을 수행한다. 신약 성경은 110편을 널리 사용하며 히브리서는 4절을 그리스도의 사제직에 적용한다. 히브 7,11-21은 레위 지파에서 나오고 아론의 후손에게 속하는 옛 사제직과 레위 후손이 아니며 멜키체덱의 계통에 속하시는 그리스도의 사제직을 구별한다. 그러므로 그리스도의 사제직은 레위 사제직처럼 세습되는 것이 아니라 오직 하느님의 뜻과 부르심에서 나온다.

111,1. "모임에서, 집회에서." 서두의 "할렐루야"와 함께 전례적 배경을 시사한다.

111,2. "깨친다." 히브리어 동사는 의미를 탐구하는 것을 가리키며, "연구하다"와 가까운 의미를 갖는다(에즈 7,10 참조).

111,4. "기적"에 관하여, 98,1의 주 참조. "너그러우시고 자비하시다"에 관하여, 103,8의 주 참조.

111,7. "진실과 공정" 그 의미는 하느님께서 하시는 일은 진리에 부합하기 때문에 진정하고 정의롭다는 것이다. 이와 유사한 표현이 101,1에 나타난다.

111,10. "주님을 경외함"과 지혜를 얻는 데에 있어서 그 가치에 관하여, 잠언 1,7 주해 참조.

머리를 치켜드시리이다.

111

(110) 1 할렐루야!
(알렙) 내 마음 다하여 주님을 찬송하리라,
(베트) 올곧은 이들의 모임에서, 집회에서.
2 (기멜) 주님께서 하신 일들 크기도 하시어
(달렛) 그것들을 좋아하는 이들이 모두 깨친다.
3 (헤) 그분의 업적은 엄위와 존귀
(와우) 그분의 의로움은 영원히 존속한다.
4 (자인) 당신의 기적들을 기억하게 하셨으니
(헤트) 주님께서는 너그러우시고 자비하시다.
5 (테트) 당신을 경외하는 이들에게 양식을 주시고
(요드) 당신의 계약을 언제나 기억하신다.
6 (카프) 그 하신 일들의 위력을 당신 백성에게 알리시니
(라멧) 그들에게 민족들의 소유를 주시기 위함이다.
7 (멤) 그 손이 하신 일들은 진실과 공정,
(눈) 그 계명들은 모두 진실하고
8 (사멕) 영원무궁토록 견고하며
(아인) 진실되고 바르게 이루어졌다.
9 (페) 당신 백성에게 구원을 보내시고
(차데) 당신 계약을 영원히 세우셨으니
(코프) 그 이름 거룩하고 경외로우시다.
10 (레시) 지혜의 근원은 주님을 경외함이니
(쉰) 그것들을 행하는 이들은 빼어난 슬기를 얻으리라.
(타우) 그분에 대한 찬양은 영원히 존속한다.

111,1 9,2; 86,12; 118,1. 111,3 96,6.

111(110). 이미 살펴본 9-10; 25; 34; 37편과 마찬가지로 111편은 알파벳 시편이다. 이는 암기를 위한 것이다. 이 시편은 하느님의 특성과 인간의 역사 안에서 이루신 그분의 수많은 업적들을 기리는 찬양시편이다. 하느님의 여러 가지 선물들 가운데 특히 계약이 부각되고(5.9절), 엄위(3절), 자비(4절), 섭리(5절), 땅의 수여(6절), 정의(7절), 종살이의 해방이(9절) 뒤따른다. 되풀이되는 부사 "영원히", "언제나"(3.5.8.9,10절)가 시사하듯이 이 모든 것은 영원성을 띤다.

✠ "찬양하여라"(Laudate) 시편들에 속하여(전통적으로 대축일 제1저녁기도 때 사용되던 113; 117; 135; 146; 147; 148편) 계약을 기리는 이 시편은 성찬의 신비를 연상시키고,(5.9절) 감사에 젖어 있어 주님의 날을 마칠 때 잘 어울린다. 3주간 주일 저녁기도 때 기도하며, "그 묘한 일들을 기념토록 하셨으니, 주는 인애로우시고 자비하셔라."라는 후렴으로 이 시편을 해석한다. 4-5절은 성찬 양식에 적용되어 연중 제16주일 영성체송으로 사용된다.

112

(111) 1 할렐루야!
(알렙) 행복하여라, 주님을 경외하고
(베트) 그분의 계명들로 큰 즐거움을 삼는 이!
2 (기멜) 그의 후손은 땅에서 융성하고
(달렛) 올곧은 이들의 세대는 복을 받으리라.
3 (헤) 부와 재물이 그의 집에 있고
(와우) 그의 의로움은 길이 존속하리라.
4 (자인) 올곧은 이들에게는 어둠 속에서 빛이 솟으리라.
(헤트) 그는 너그럽고 자비로우며 의롭다네.
5 (테트) 잘되리라, 관대하게 꾸어 주고
(요드) 제 일을 올바르게 처리하는 이!
6 (카프) 정녕 그는 언제나 흔들리지 않고
(라멧) 의인은 영원한 기억으로 남으리라.
7 (멤) 그는 나쁜 소식을 두려워하지 않고
(눈) 그 마음은 주님을 굳게 신뢰하네.
8 (사멕) 그의 마음 굳세어 두려워하지 않네,
(아인) 자기 적들을 내려다볼 때까지.
9 (페) 불쌍한 이들에게 후하게 나누어 주니
(차데) 그의 의로움은 길이 존속하고
(코프) 그의 뿔은 영광 속에 치켜들리리라.
10 (레시) 악인은 이를 보며 울화를 터뜨리고
(쉰) 이를 갈며 스러지는구나.
(타우) 악인들의 욕망은 허사가 되는구나.

112,1. "행복하여라" 이 행복 선언은 정직하고 경건한 사람에 대한 하느님의 호의를 선언한다(1,1; 32,1.2; 41,2; 집회 34,17 참조).

112,3. "부" 히브리어 단어는 "번영"(잠언에서 특징적으로 사용된다. 3,16; 8,18.21; 22,4 참조)을 뜻하고, 119,14에서는 분명하게 재산을 가리킨다. 그리스어 번역본과 (새) 대중 라틴말 성경의 해석을 따라 "영예, 영광"이라고 번역할 수도 있다.

112,6. "흔들리지 않고" 이 동사는 후손의 안정성을 가리킬 수도 있고 의인 자신의 행복이 지속됨을 가리킬 수도 있다. "언제나… 영원한." 히브리어에서는 같은 단어를 반복한다.

112,9. "뿔"은 어떤 사람의 힘을 나타낸다(75,5-6의 주 참조).

112,7 잠언 15,30; 25,25; 예레 51,46.

112(111). 앞 시편과 같은 알파벳 시편인 112편은 어휘의 반복과 유사점에서 알 수 있듯이 아마도 같은 저자에 의하여 작성되었을 것이다. 그러나 111편이 하느님의 속성들을 기리는 반면, 이 시편은 하느님 계명을 올바로 받아들여 실천하는 인간의 행복을 찬양한다. 그 덕들 가운데 자비, 너그러움, 관대함, 의로움이 언급된다(4절). 전통적인 응보 교리에 따라 하느님께서 그에게 베풀어 주시는 은혜들이 길게 묘사된다. 10절에서는 악인들의 멸망이 묘사되어 의도적으로 대조를 이룬다.

빛이 언급되는 시편으로(4절), 복된 영원을 선취하는 "여덟째 날"인 주일의 종말론적 차원을 생각하면서 어둠 속을 비추는 빛이시며 복된 이들에게 갚음을 주는 심판관이신 그리스도께 적용된다. 이러한 의미에서 4주간 주일 제2저녁기도 때 기도하며(주님 공현 대축일과 성인 공통에서도), 후렴은 시편을 복음에 비추어 해석한다. "행복하여라. 옳은 일에 주리고 목마른 사람들. 그들은 만족하리라." 혼인 예식에도 사용된다.

113,1-3. "이름." 보통 발음하지 않는 하느님의 이름 '야훼'(YHWH, "나의 주님"이라는 뜻의 '아도나이'로 읽는다)가 언급된다. 8,2의 주 참조. 하느님의 "이름"은 20,2에서와 같이 그분의 힘과 현존을 지칭한다.

113,4. "민족들"에 관하여, 9,16의 주 참조.

113,7-9. "불쌍한 이… 아이를 낳지 못하는 여인" 이들은 하느님께 배척된 자들로 여겨져 사회적으로 소외되었다(1사무 1,5-7 참조). 자녀가 없는 것은 아내를 쫓아내는 이유가 될 수 있었다(레위 22,13 참조).

114,2. "그분의 성소… 그분의 왕국"은 여정 중에 있는 당신 백성 가운데서 성화하시는 하느님의 현존을, 또는 예루살렘의 성전에 머물고자 하시는 주님의 선택을 가리킨다.

113

(112) 1 할렐루야!
찬양하여라, 주님의 종들아.
찬양하여라, 주님의 이름을.
2 주님의 이름은 찬미받으소서,
이제부터 영원까지.
3 해 뜨는 데서 해 지는 데까지
주님의 이름은 찬양받으소서.
4 주님께서는 모든 민족들 위에 높으시고
그분의 영광은 하늘 위에 높으시다.
5 누가 우리 하느님이신 주님과 같으랴?
드높은 곳에 좌정하신 분
6 하늘과 땅을
굽어보시는 분
7 억눌린 이를 먼지에서 일으켜 세우시고
불쌍한 이를 거름에서 들어 올리시는 분.
8 그를 귀족들과, 당신 백성의 귀족들과
한자리에 앉히시기 위함이다.
9 아이를 낳지 못하는 여인도 집 안에서 살며
여러 아들 두고 기뻐하는 어머니 되게 하시는 분이시다.
할렐루야!

114

(113 상) 1 이스라엘이 이집트에서 나올 때
야곱 집안이 이상한 말을 하는 민족을 떠나
올 때
2 유다는 그분의 성소가 되고

113,7 107,14. 113,9 1사무 2,5. 114,2 11,4.

113(112). 이 시편은 "할렐"이라고 일컬어지고 주요 히브리 축제의 전례에서 사용되는 찬양시편 모음집(113-118편)의 첫 시편이다. 특히 이 시편은 파스카 만찬 전에 읽었다. 첫 부분은(1-6절) 하루의 모든 순간에 비길 데 없이 높으신 하느님의 위대하심을 찬양하라는 권고를 담고 있다. 둘째 부분은(7-9절) 이와 대조적으로 하느님의 엄위가 불쌍하고 가난한 이들을 굽어보시며 그들의 비참한 처지에서 회복시켜 주신다는 것을 보여준다.

✠ (3절에 암시된) 저녁에 대한 언급이 주님에 대한 찬양과 연관되고 후렴에서도 반복되어, 3주간 주일 제1저녁기도 첫 번째 시편으로 기도한다. 몇몇 주님의 대축일들과 성인 공통에서도 같은 시간경에 기도한다. 성모 공통 제1저녁기도에서는 이 시편을(특히 9절을) 마리아께 적용해 해석한다. "동정 마리아여, 당신은 만물의 창조주를 잉태하셨으니, 정녕 복되시나이다."

114(113 상). 이 짧은 찬양시편은 앞의 113편과 함께 히브리인들의 파스카 만찬 전에 기도하던 것이다. 그 내용은 히브리 백성의 신앙의 기반이 되는 사건들인 이스라엘의 선택과 이집트에서의 해방이다. 이집트 탈출은 탁월한 시적 표상들로 묘사된다. 하느님의 엄위가 백성 가운데를 지나갈 때 자연의 요소들은 복종하듯이 물러나거나(3.5절) 열정적으로 춤을 추며(4.6.7절), 어떤 경우는 바위가 물이 되는 것과 같이 그들의 본성을 바꾼다(8절).

이스라엘은 그분의 왕국이 되었네.
3 바다가 보고 달아났으며
요르단이 뒤로 돌아섰네.
4 산들은 숫양들처럼,
언덕들은 어린 양들처럼 껑충껑충 뛰었네.
5 바다야, 어찌 도망치느냐?
요르단아, 어찌 뒤로 돌아서느냐?
6 산들아, 너희가 숫양들처럼,
언덕들아, 너희가 어린 양들처럼 껑충껑충 뛰다니?
7 땅아, 주님 앞에서 떨어라,
야곱의 하느님 앞에서.
8 그분께서는 바위를 못으로,
차돌을 물 솟는 샘으로 바꾸시네.

115

(113 하) 1 주님, 저희에게가 아니라
저희에게가 아니라 오직 당신 이름에 영광을 돌리소서.
당신의 자애와 당신의 진실 때문입니다.
2 "저들의 하느님이 어디 있느냐?"
민족들이 이렇게 말해서야 어찌 되겠습니까?

3 그러나 우리 하느님께서는 하늘에 계시며
뜻하시는 것은 무엇이나 다 이루셨네.

114,3. 자연의 다른 요소들과 마찬가지로 바다는 무생물에 해당되지 않는 행위들을 수행한다. 우주의 의인화는 하느님께서 이루신 일에 대한 놀라움을 표현한다(98,8의 주 참조. 또한 지혜 19,18-22 참조).

114,5. 이 구절은 여호 3장의 이야기를 연상시킨다. 탈출 14장에서와 유사하게 요르단강은 물이 불어 있었지만 히브리 백성이 지나가게 하기 위하여 흐름을 멈춘다.

115,1. "자애"에 관하여, 33,5의 주 참조.

✠ 시간 전례에서는 라틴 전통을 따라 114(113 상)편과 그다음 시편을 두 부분으로 된 하나의 시편으로 읽는다. 신약에 비추어 재해석할 때 구약의 이집트 탈출은 그리스도께서 죽음에서 생명으로 건너가심을 환기시킨다. 여기에도 우주적 현상들이 수반되었다. 그리고 그리스도의 탈출 다음으로는 그분 안에서 세례를 받은 이들의 탈출이 이어진다. 이러한 전망 안에서 이 시편은 1주간 주일 제2저녁기도 때 기도한다. 부활 대축일과(후렴 "주께서 누워 계셨던 곳을 와서 보라.") 성령 강림 대축일에도(후렴 "주여, 예루살렘에 있는 당신의 거룩한 성전에서부터 우리를 위하여 행하신 일을 다시 하여 주소서.") 마찬가지로 기도한다. 이 시편은 장례 예식과 병자성사 예식에도 사용된다.

📖 115(113 하). 그리스 전통과 라틴 전통에서 앞의 시편과 하나의 시편을 이루는 이 시편은 이스라엘의 반反 우상 숭배 논쟁에 자리한다. 아마도 백성은 이교 민족들에 둘러싸여 있고 그래서 우상 숭배의 유혹을 받고 있다. 공동체는(9-11절) 예식에 모여 우상이 아무것도 아님을 생각한다. 우상은 생명이 없는 상들이며, 지상의 신전에서 듣지도 못하고 말하지도 못한다(4-8절). 반면 이스라엘의 하느님은 초월적이시어 하늘에 사시고(3절), 살아 계시며 능력이 있으시다. 그분의 말씀은 창조하시는 말씀이다. 하느님의 말씀에 순종한다면 그 말씀은 구원과 축복이 된다(12-16절). 그분은 이렇게 저승으로 내려가는 죽은 이들과 같은 이교 백성들 앞에서 당신 이름을 영광스럽게 하신다(1-2.17-18절).

✠ 115(113 하). 2주간 주일 제2저녁기도에서 기도한다. 기도자는 참되고 살아 계신 하느님을 섬김을 고백하고, 후렴이 이를 표현한다. "우리 하느님은 하늘에 계시옵고, 당신 뜻대로 모든 것을 만드셨도다." 시간 전례에서는 라틴 전통을 따라 이 시편을 앞 시편과 하나의 시편으로 읽으면서 두 단락으로 구분한다. 이 시편의 그리스도교적·세례적 의미는 부활 제6주일의 후렴에서 잘 드러난다. "너희는 우상 숭배에서 벗어나, 살아 계신 하느님께로 회개하였도다." 이 시편은 장례 예식에 사용된다.

115,7. "그들의 손은 만지지 못하고" 이 구절의 의미는 분명하다. 우상을 숭배하는 예식이 헛된 것임을 선언하는 것이다(이사 46,1.7; 다니 14,1-22 참조). 그리스어 번역본과 (새) 대중 라틴말 성경은 앞 절들과 유사하게 번역한다("손이 있어도 만지지 못하고"). 다른 번역으로, "그들의 손? 그러나 만지지 못하네!" 또는 "그들의 손은 만지지 못하는 손"도 있다.

115,17. "죽은 이들도 아니요 침묵의 땅으로 내려간 이들도 아니네." 죽음 이후의 충만하고 복된 삶에 대한 믿음은 이스라엘에서 점진적으로 형성되었다(2마카 7; 지혜 3 참조). 여기서는 어둠 속에 누워 있는 이들은 하느님의 축복에 대한 응답으로 하느님을 찬송할 수 없음을 말한다(시편 115,13.15.18 참조). 이와 유사한 단락이 바룩 2,17에도 나타난다. 또한 시편 94,17 참조.

4 저들의 우상들은 은과 금
사람 손의 작품이라네.
5 입이 있어도 말하지 못하고
눈이 있어도 보지 못하며
6 귀가 있어도 듣지 못하고
코가 있어도 맡지 못하네.
7 그들의 손은 만지지 못하고
그들의 발은 걷지 못하며
그들의 목구멍으로는 소리 내지 못하네.
8 그것들을 만드는 자들도 신뢰하는 자들도
모두 그것들과 같네.
9 이스라엘아, 주님을 신뢰하여라!
주님은 도움이며 방패이시다.
10 아론의 집안아, 주님을 신뢰하여라!
주님은 도움이며 방패이시다.
11 주님을 경외하는 이들아, 주님을 신뢰하여라!
주님은 도움이며 방패이시다.
12 주님께서 우리를 기억하시어 복을 내리시리라.
이스라엘 집안에 복을 내리시고
아론 집안에 복을 내리시리라.
13 주님을 경외하는 이들에게,
낮은 사람들에게도 높은 사람들에게도 복을 내리시리라.
14 주님께서 너희를,
너희와 너희 자손들을 번성하게 하시리라.
15 너희는 주님께 복을 받으리라,
하늘과 땅을 만드신 그분께.
16 하늘은 주님의 하늘
땅은 사람들에게 주셨네.
17 주님을 찬양하는 이들은 죽은 이들도 아니요
침묵의 땅으로 내려간 이들도 아니네.
18 우리는 주님을 찬미하네,
이제부터 영원까지.
할렐루야!

116

(114-115) 1 내 애원의 소리를 들어 주시니
나 주님을 사랑하네.
2 내게 당신의 귀를 기울이셨으니
내 한평생 그분을 부르리라.
3 죽음의 올가미가 나를 에우고
저승의 공포가 나를 덮쳐
나는 고난과 근심에 사로잡혔네.
4 이에 나 주님의 이름을 받들어 불렀네.
"아, 주님
제 목숨을 살려 주소서."
5 주님은 너그럽고 의로우시며
우리 하느님은 자비를 베푸시는 분
6 주님은 소박한 이들을 지켜 주시는 분
가엾은 나를 구해 주셨네.
7 내 영혼아, 주님께서 너에게 잘해 주셨으니
평온으로 돌아가라.

8 정녕 당신께서는 제 목숨을 죽음에서,
제 눈을 눈물에서,
제 발을 넘어짐에서 구하셨습니다.

9 나는 주님 앞에서 걸어가리라,
산 이들의 땅에서.
10 "내가 모진 괴로움을 당하는구나."
되뇌면서도 나는 믿었네.
11 내가 질겁하여 말하였네.

116,3. 기도자는 마치 죽음의 올가미에 잡혀 있는 듯하다. 그는 이 큰 물살 속에 갇혀 구해 주시기를 기도하는 것 외에 다른 출구가 없다. 다른 곳에서도 죽음은 인간을 올가미에 붙잡아 두는 것으로 표현된다. 다윗이 같은 체험을 하는 2사무 22,6에서도 유사한 표상이 사용된다(시편 18,5-6; 사도 2,24 참조).

116,5. "너그럽고"는 히브리어 형용사 '한눈'의 번역이다(103,8의 주 참조).

116,8. 세 가지 위험을 묘사하는 3절과 그 위험에서 해방을 선언하는 8절 사이에는 주제가 대응된다. 죽음/죽음, 저승/눈물, 고난(근심)/넘어짐. 죽음과 눈물 사이의 연관에 관하여, 이사 25,8 참조.

116,9. "주님 앞에서 걸어가리라"라는 표현으로 구약 성경의 종교적 인간이 지향하는 종교적·신비적 이상이 요약된다. 이 표현은 또한 인간이 주님 뜻에 온전히 부합함을 뜻한다(1사무 8,3.5의 주 참조).

116,6 19,8; 119,130.

116(114-115). 그리스어 성경과 라틴어 성경은 이 감사의 찬양시편을 두 개의 시편으로 나눈다(1-9절: 114편; 10-19절: 115편). 이 시편은 115; 117; 118편과 함께 파스카 만찬 끝부분에 노래하던 것이다. 기도자는 생명의 위험 속에서 믿음을 가지고 주님을 부르며, 하느님은 그 기도를 들어 주신다(1-8절). 고통에서 해방된 그는 다시 평화를 느끼며, 그의 마음에서 감사가 솟아나온다. 감사를 표현하는 최상의 방법은 공적 예배 안에서 하느님의 사랑과 그분께서 당신 자녀들에게 보여 주시는 돌봄을 알리는 것이다(12-19절).

✠ 1-9절은 하느님께서 고통 중에 당신을 부르는 이의 소리를 들으신다는 고백으로, 하루를 마칠 때 잘 맞는다. 이 절들은(예수님의 죽음의 체험도 암시하면서) 2주간 금요일 저녁기도 때 8절을 후렴으로 기도한다. 10-19절은 3주간 주일 제1저녁기도 때 기도한다. 성찬과(13절) 제사에(17절) 대한 언급은 저녁기도의 주제와 잘 맞는다. 그 기도가 파스카와 성찬의 신비를 기념하는 주일을 시작하며 저녁 제사와 같이 바쳐지는 찬송이기 때문이다. 나해 사순 제2주일에는 10.15-19절을 화답송으로 사용한다. 성토요일 저녁기도에도(15절) 사용되며 후렴은 "죽음아, 내가 너의 죽음이로다. 지옥아, 내가 너의 재앙이로다."이다. 그리스도의 성체 성혈 대축일 제2저녁기도에서는 13.17절에서 취한 후렴과 함께 기도한다. 12-13.15-18절은 "축복의 잔은 그리스도의 피를 나누어 마시는 것이네."라는 후렴과 함께 주님 만찬 성목요일 미사 화답송으로 기도한다(나해 성체 성혈 대축일과 성체 신심 미사에서도). 장례 예식에서는 성당으로 가는 행렬 때 이 시편을 노래한다.

116,12. 그리스어 번역본과 (새) 대중 라틴말 성경은 "나 무엇으로 주님께 돌려드리리오? 나에게 돌려주신 그 모든 것에 대해"로 되어 있다.

116,13. "구원의 잔" 아마도 감사제의 제의적 잔치를 암시할 것이다.

116,15. "당신께 성실한 이들의 죽음이 주님의 눈에는 소중하네." 생명이 귀한 것이어서 인간이 돈으로 살 수 없음을 뜻한다(49편 참조). 다윗도 사울을 죽일 수 있었지만, 그의 목숨을 소중히 여겨 그를 죽이지 않는다(1사무 26,21.24 참조). 또한 잠언 6,26; 마태 10,31; 루카 12,7을 보라. 이 절에 비추어 볼 때 116편은 신체적 죽음과 역사적 악에 맞서 드러나는 하느님의 권능에 대한 신뢰의 노래가 된다. 그렇다고 해서 내세의 삶을 분명히 말하는 것은 아니다.

116,16. "아"라고 번역된 히브리어 감탄사는 명령문 앞에서(116,4; 118,25 참조) "부디", "제발", "부탁컨대" 등으로 번역할 수도 있다. "여종"에 관하여, 86,16의 주 참조.

117,2. 죽음과 저승의 힘보다 강한 사랑의 힘에 관하여, 아가 8,6 참조. 그 본문에서 인간적 사랑은 하느님의 사랑/불이 꺼질 수 없음에 참여한다.

118,1 106,1의 주 참조.

118,2-4. "주님의 자애는 영원하시다." 이 후렴은 135편에서 창조와 구원 안에서 작용하는 하느님의 자애에 대해 말할 것을 예고한다.

"사람은 모두 거짓말쟁이."
12 나 무엇으로 주님께 갚으리오?
내게 베푸신 그 모든 은혜를.
13 구원의 잔을 들고서
주님의 이름을 받들어 부르네.
14 주님께 나의 서원들을 채워 드리리라,
그분의 모든 백성 앞에서.
15 당신께 성실한 이들의 죽음이
주님의 눈에는 소중하네.

16 아, 주님
저는 정녕 당신의 종
저는 당신의 종, 당신 여종의 아들.
당신께서 저의 사슬을 풀어 주셨습니다.
17 당신께 감사의 제물을 바치며
주님의 이름을 받들어 부릅니다.

18 주님께 나의 서원들을 채워 드리리라,
그분의 모든 백성 앞에서
19 주님의 집 앞뜰에서
예루살렘아, 네 한가운데에서.
할렐루야!

117

(116) 1 주님을 찬양하여라, 모든 민족들아.
주님을 찬미하여라, 모든 겨레들아.
2 그분의 사랑 우리 위에 굳건하고
주님의 진실하심 영원하여라.
할렐루야!

118

(117) 1 주님을 찬송하여라, 좋으신 분이시다.
주님의 자애는 영원하시다.
2 이스라엘은 말하여라.
"주님의 자애는 영원하시다."
3 아론의 집안은 말하여라.

116,13 22,27; 탈출 29,40-41; 레위 23,18.37; 이사 62,9; 아모 2,8.

117(116). 이 찬양시편은 짧은 것으로 보아 아마도 다른 시편들 끝에 읊었을 것이다. 주님을 찬송해야 하는 동기들을 요약하여 제시한다. 그것은 계약의 근원이 되는 그분의 충실하신 사랑 때문이다. 모든 민족들은 하느님께서 당신 백성에게 베푸신 자애의 증인들로서 하느님께 환호하도록 초대된다.

✠ 하느님께 대한 찬양과 그 찬양의 동기에 대한 기억은 성경의 기도의 핵심이 된다. 이 두 절은 그 핵심을 부각시킨다. 이 시편은 1주간과 3주간 토요일 아침기도 세 번째 시편이다(대축일 제1저녁기도에도 사용된다). 또한 견진 예식과 서품 예식에도 사용된다.

"주님의 자애는 영원하시다."
4 주님을 경외하는 이들은 말하여라.
"주님의 자애는 영원하시다."
5 곤경 속에서 내가 주님을 불렀더니
주님께서 응답하시고 나를 넓은 곳으로 이끄셨네.
6 주님께서 나를 위하시니 나는 두렵지 않네.
사람이 나에게 무엇을 할 수 있으랴?
7 주님은 나를 도우시는 분이시니
나를 미워하는 자들을 나는 내려다보리라.
8 주님께 피신함이 더 낫네,
사람을 믿기보다.
9 주님께 피신함이 더 낫네,
제후들을 믿기보다.
10 온갖 민족들이 나를 에워쌌어도
나는 주님의 이름으로 그들을 무찔렀네.
11 나를 에우고 또 에워쌌어도
나는 주님의 이름으로 그들을 무찔렀네.
12 벌 떼처럼 나를 에워쌌어도
그들은 가시덤불의 불처럼 꺼지고
나는 주님의 이름으로 그들을 무찔렀네.
13 나를 쓰러뜨리려 그렇게 밀쳤어도
주님께서는 나를 도우셨네.
14 주님은 나의 힘, 나의 굳셈,
나에게 구원이 되어 주셨네.

118,7. "나는 내려다보리라." 이 표현은 54,9에서와 같이 원수들에 대하여 설욕하고 만족하며 바라보는 사람의 감정을 나타낸다.

118,12. "벌 떼처럼" 효과적인 표상이다. 벌 떼의 위협과 같이 기도자의 원수들은 그를 주위에서 억누른다. 신명 1,44에서 벌들의 표상은 같은 군사적 의미를 지닌다(이사 7,18 참조).

118(117). 전례에 모인 백성은 성전을 향해 행진하면서 나뭇가지를 흔들며 하느님을 찬송한다(1-4.27절). 그들은 성전 문을 넘어(19-20절) 제단을 향해 나아간다. 제단에서 사제는 백성을 축복하고, 하느님께 감사를 드리도록 초대한다(26.28-29절). 그 동기는 당신 백성의 피신처가 되시며 원수의 공격에서 구해 주신 하느님의 사랑이다(10-18절). 과거에 받은 은혜에 대한 기억은 인간의 능력을 넘어서시며(5-9절) 다시 구원의 선물을 주실 수 있는 분에 대한 신뢰를 더욱 자라나게 한다.

✠ 가을에 있었던 초막절 축제는 히브리인들에게 계약과 이스라엘이 천막에서 살았던 광야의 여정을 기억하는 계기였다. 이 시편은 그 축제를 배경으로 전개된다. 수천 번 체험했던 주님 은혜는 끊임없이 옛 하느님 백성과 새 하느님 백성의 기도를 불러일으킨다. 교회 전통은 17-18.22-24절을 그리스도의 파스카 신비에 비추어 해석하며, 그래서 이 시편은 주일의 시편으로 여겨졌다(이 시편의 그리스도론적-파스카적 의미는 신약 성경의 인용들로 입증된다. 마태 21,42; 마르 12,10-11; 루카 20,17; 사도 2,33; 4,11; 5,31; 1베드 2,7).

이러한 전망 안에서 2주간과 4주간 주일 아침기도 첫 번째 시편으로, 그리고 1주간과 3주간 주일 낮기도에서 기도하며, 부활과 성령 강림 대축일에도 사용한다. 24절은 부활의 날을 암시하며 부활 팔일 축제 내의 아침기도와 저녁기도 때 성경소구 후의 응송을 대신하는 후렴으로 사용된다. 1-2.16-17.22-23절은 부활 성야에 로마 6,3-11을 읽은 후의 화답송이며, 2-4.13-18.22-27절은 부활 제2주일(가해·나해·다해) 화답송이다. 또한 이 시편은 순교자 공통 제1저녁기도에서도 사용하며, 응송은 순교자들이 그리스도의 승리에 결합됨을 강조한다. 장례 예식에서는 성당에서 묘지로 갈 때 기도하며, 후렴은 19.20절이다.

15 의인들의 천막에서는
기쁨과 구원의 환호 소리 터지네.
"주님의 오른손이 위업을 이루셨다!
16 주님의 오른손이 드높이 들리시고
주님의 오른손이 위업을 이루셨다!"
17 나는 정녕 죽지 않고 살리라.
주님께서 하신 일을 선포하리라.
18 주님께서 나를 그토록 벌하셨어도
죽음에 내버리지는 않으셨네.
19 내게 열어라, 정의의 문을.
그리로 들어가서 나 주님을 찬송하리라.
20 이것이 주님의 문이니
의인들이 그리로 들어가네.

21 제가 당신을 찬송하니
당신께서 제게 응답하시고
제게 구원이 되어 주셨기 때문입니다.

22 집 짓는 이들이 내버린 돌
그 돌이 모퉁이의 머릿돌이 되었네.
23 이는 주님께서 이루신 일
우리 눈에 놀랍기만 하네.
24 이날은 주님께서 만드신 날
우리 기뻐하며 즐거워하세.

25 아, 주님, 구원을 베푸소서.
아, 주님, 번영을 베푸소서.

26 주님의 이름으로 오는 이는 복되어라.
우리는 주님의 집에서 너희에게 축복하네.
27 주님은 하느님
우리를 비추시네.
제단의 뿔에 닿기까지
축제 제물을 줄로 묶어라.

28 당신은 저의 하느님, 당신을 찬송합니다.
저의 하느님, 당신을 높이 기립니다.

29 주님을 찬송하여라, 좋으신 분이시다.
주님의 자애는 영원하시다.

118,18. "벌하셨어도" 해당되는 히브리어 동사의 일반적인 번역들 가운데 하나이다(그러나 94,10.12의 주 참조). 고통을 통한 교육은 성경 여러 곳에서 나타난다(신명 8,5; 시편 71,20-22; 예레 10,24; 30,11; 46,28 참조).

118,19. "정의의 문" 이것은 성전의 문을 가리킨다. 이 성전 문곁에서 그 문으로 들어가는 이들의 행실이 조사되었다. 이는 도시의 성문에서 재판이 이루어지던 것과 비슷했다.

118,22. "돌"의 표상은 다른 이들이 내버린 것을 선택한다는 의미에서 인간의 행위와 다른 하느님의 행위에 연관된다. 다른 곳에서도 이러한 표상이 나타난다(이사 28,16; 즈카 4,7; 마르 12,10; 루카 20,17; 1베드 2,4.7 참조). 이스라엘 백성 전체에 적용된 "집 짓는 이들이 내버린 돌"이라는 격언은 마태 21,42에서 포도밭 소작인들의 비유에 이어 예수님께서 자신의 죽음과 영광에 대해 말씀하실 때 바탕이 되었다.

118,25. "구원을 베푸소서." 이 동사는(히브리어 '야사', "구원하다") 명령형으로 구원 요청을 나타낸다. 그리스도교 전통은 이를 그리스도께 드리는 청원에 적용해 깊은 신학적 의미를 담는다. '호산나'라는 형태는 단순한 환호로 사용된다.

118,27. "축제 제물을 줄로 묶어라." "푸른 가지 들고서 줄지어 서라."로 옮길 수도 있다. 이러한 나뭇가지는 초막절을 연상시킨다(레위 23,40; 느헤 8,15; 2마카 10,6-7 참조). 다른 축제를 가리키는 것일 수도 있다(마태 21,8; 요한 2,13 참조). "제단의 뿔"은 제단 모퉁이의 뿔들을 가리킨다(탈출 27,1-8의 주 참조).

118,19 24,7.9; 이사 26,2-3.

119

(118) 1 (알렙)
행복하여라, 그 길이 온전한 이들
주님의 가르침을 따라 걷는 이들!
2 행복하여라, 그분의 법을 따르는 이들
마음을 다하여 그분을 찾는 이들!
3 불의를 저지르지 아니하고
그분의 길을 걷는 이들!

4 당신께서는 규정을 내리시어
열심히 지키게 하셨습니다.
5 아, 당신 법령을 지킬 수 있도록
저의 길이 굳건하였으면!
6 그러면 당신의 모든 계명을 바라보며
제가 부끄럽지 않으리이다.
7 제가 의로운 법규를 배울 때에
당신을 올곧은 마음으로 찬송하오리다.
8 당신 규범을 지키오리다.
저를 아주 버리지 마소서.

9 (베트) 젊은이가 무엇으로 제 길을 깨끗이 보존하겠습니까?
당신의 말씀을 지키는 것입니다.
10 제 마음 다하여 당신을 찾습니다.

119,1. 여기서 "길"은 1,6에서와 같이 "행실, 행동"을 뜻한다. "가르침"에 해당하는 히브리어 단어는 '토라'로, 보통 "법"으로 번역된다. 이는 손가락으로 가리켜 보이거나 과녁을 향해 쏘는 행동을 묘사하는 어근에서 파생한다. 의미가 확장되어 "가르침"을 뜻하고, 가르침이 하느님에게서 올 때에는 준수할 규범이 된다.

119,6. "바라보며" 여기 해당되는 히브리어 동사는 보통 "보다, 관찰하다"를 뜻한다(1사무 17,42; 시편 80,15 참조). 같은 동사가 18절에서도 사용된다.

119,9. "지키는" 히브리어 동사 '사마르'는 "돌보다", "간직하다" "바라보다" 등의 의미도 지니지만(창세 2,15; 30,31; 37,11; 1사무 1,12 참조), 119편 전체에서는 "지키다"로 번역된다. 신명 6,2; 10,13; 13,19; 16,1; 여호 22,2. 참조.

119(118). 각각 8절씩 22연으로 된 이 시편은 시편집에서 가장 긴 시편이다. 독창적인 알파벳 시편으로, 각 연의 첫 단어만이 아니라 해당 연의 모든 절이 차례로 하나의 알파벳 글자로 시작한다. 핵심 내용은 히브리 지혜 사상의 주된 흐름들 가운데 하나인 율법(토라)이다. 시편 전체에서 율법은 여덟 가지 의미 곧 말씀, 가르침, 계명, 법규, 법, 법령, 규정, 말(씀)로 정의된다. 히브리어에서 이 여덟 단어는 동의어이며 서로 바꾸어 사용될 수 있다. 율법은 최고의 의미, 즉 하느님 뜻의 계시로 이해되며 그 목적은 백성에게 생명을 주는 것이다.

✠ 기도의 단계적 발전에서, 이제는 하느님의 입에서 나오는 말씀 곧 율법을 실천하는 것이 주님의 마음에 드는 예배의 참됨을 결정짓는다고 말하기에 이른다. 율법의 실천이 삶 전체를 하느님께 결합시키고 삶을 성화하는 계약을 유지시킨다. 성무일도 전통에 따라(성 베네딕토 수도규칙에서 이미 나타나는 바와 같이) 이 22연은 네 주간 평일 낮기도들에 1주간 화요일부터 4주간 토요일까지 나뉘어 있다(1주간 월요일에는 이와 가까운 시편 19,8-15을, 3주간 금요일에는 22편을 바쳐 통합된다). 145-152절은 1주간과 3주간 토요일 아침기도 첫 번째 시편인데, 이는 후렴으로 사용되는 147절에서 새벽을 언급하기 때문이다. 105-112절은 2주간 주일 제1저녁기도 첫 번째 시편으로 기도한다. 105절에서 저녁을 언급하기 때문이다(하느님 말씀은 이 세상의 어둠 속에서 발걸음을 비추어 주는 등불이다). 164절은 분명한 제의적 관심을 보인다. (온전함과 완전함을 가리키는) 일곱이라는 숫자가 매일 하느님 찬미의 리듬을 규정한다는 것은, 밤과 낮의 모든 시간들에 스며 있는 기도에 항구함을 말한다. 이러한 절을 바탕으로 교회 전통은 성무일도를 일곱 시간경(독서기도, 아침기도, 삼시경, 육시경, 구시경, 저녁기도, 끝기도)으로 나누었고, 오늘날에도 마찬가지로 되어 있다. 상장 예식에서는 성당에서 묘지로 갈 때 사용되며, 고해성사 예식은 여기서 택한 구절들을 감사의 형태로 사용한다.

당신 계명을 떠나 헤매지 않게 하소서.
11 당신께 죄짓지 않으려고
마음속에 당신 말씀을 간직합니다.
12 주님, 당신께서는 찬미받으소서.
제게 당신 규범을 가르치소서.
13 당신 입에서 나온 모든 법규를
제 입술로 이야기합니다.
14 온갖 재산을 얻은 듯
당신 법의 길로 제가 기뻐합니다.
15 당신 규범을 묵상하고
당신 길을 바라보오리다.
16 당신 규범으로 제가 기꺼워하고
당신 말씀을 잊지 않으오리다.

17 (기멜) 당신 종에게 선을 베푸소서.
제가 살아 당신 말씀을 지키오리다.
18 제 눈을 열어 주소서.
당신 가르침의 기적들을 제가 바라보오리다.
19 저는 이 땅에서 이방인일 뿐
제게서 당신 계명을 감추지 마소서.
20 당신의 법규를 늘 열망하여
제 영혼이 갈망으로 지칩니다.
21 당신께서는 교만한 자들을 꾸짖으시니
당신 계명을 떠나 헤매는 자들은 저주받은 자들입니다.
22 모욕과 멸시를 저에게서 치우소서.
저는 당신의 법을 따랐습니다.
23 권세가들이 모여 앉아 저를 거슬러 말하여도
당신 종은 당신의 법령을 묵상합니다.
24 당신 법이 저의 즐거움이며
저의 조언자입니다.

25 (달렛) 제 영혼이 흙바닥에 붙어 있습니다.
당신의 말씀대로 저를 살려 주소서.
26 저의 길을 말씀드리자 당신께서는 제게 응답하셨습니다.
당신의 법령을 저에게 가르치소서.

119,14. "재산"에 관하여, 112,3의 주 참조.

119,17. "제가 살아" 이 시편 안에서 생명을 주시는 것은 여러 차례 계명 준수와 연결되는데, 이는 고전적 지혜문학 사상이다(또한 신명 4,1; 시편 133,3; 에제 3,2 참조). 이 생명은 순전히 세속적 차원에서 이해되지 않으며, 구원과 기쁨을 주고 특히 하느님과 친교를 이루게 해 주는 하느님의 은혜로 이해된다.

119,19. "이방인"에 관하여, 146,9의 주 참조.

119,25. "붙어 있습니다."는 여기에 사용된 히브리어 동사의 자구적 번역이다(또한 44,26 참조).

119,26. "길" 이 단어는 (27. 29. 30. 32절) 어떤 실재를 이해하는 방법 또는 특정 방식으로 행동하고자 하는 의도를 말하며, 더 구체적으로는 행동을 가리킨다(1사무 8,3.5의 주 참조).

119,25-48. 계명에 대한 애착은 어려운 상황에서 해방되기 위한 보증이지만, 하느님만이 사심 없이 그분의 법을 지킬 수 있게 도와주신다(25-32절). 하느님 계명을 찾고 지키고자 하는 갈망과 헛된 것들을 따르지 않을 결심을 주시기를 그분께 청해야 한다. 어떤 재산도 하느님 계명들만큼 귀중한 것은 없다(33-40절). 하느님 법 안에는 진리가 있기에 영에 자유를 준다. 하느님 말씀 안에 걸어가는 것은 권세가들 앞에서도 그 말씀을 선포할 수 있는 용기를 갖게 해 준다(41-48절).

27 당신 규정의 길을 제게 깨우쳐 주소서.
당신의 기적들을 묵상하오리다.
28 제 영혼이 시름으로 녹아내립니다.
당신의 말씀대로 저를 일으키소서.
29 거짓의 길을 제게서 멀리하시고
당신 가르침으로 저에게 자비를 베푸소서.
30 성실의 길을 제가 택하고
당신 법규를 제 앞에 세웠습니다.
31 주님, 당신의 법에 매달리니
제가 부끄러운 일을 당하지 않게 하소서.
32 당신께서 제 마음을 넓혀 주셨기에
당신 계명의 길을 달립니다.

33 (헤) 주님, 당신 법령의 길을 저에게 가르치소서.
제가 이를 끝까지 따르오리다.
34 저를 깨우치소서. 당신의 가르침을 따르고
마음을 다하여 지키오리다.
35 당신 계명의 길을 걷게 하소서.
제가 이것을 좋아합니다.
36 제 마음을 잇속이 아니라
당신 법으로 기울게 하소서.
37 헛된 것을 보지 않게 제 눈을 돌려 주시고
당신의 길을 따르게 하시어 저를 살려 주소서.
38 당신을 경외하도록
당신 종에게 당신의 말씀을 이루소서.
39 당신의 법규가 좋으니
제가 무서워하는 모욕을 치워 주소서.
40 보소서, 당신의 규정을 애타게 그리니
당신의 의로움으로 저를 살려 주소서.

41 (와우) 주님, 당신의 말씀대로 당신 구원이,
당신 자애가 저에게 다다르게 하소서.
42 그러면 저를 모욕하는 자에게 대답할 말이 있으리니
제가 당신 말씀을 신뢰하기 때문입니다.
43 당신 법규에 희망을 두니
제 입에서 진리의 말씀을 결코 거두지 마소서.
44 저는 항상 당신의 가르침을
길이길이 지키오리다.
45 당신 규정을 찾으니
저는 넓은 곳을 걸으오리다.

119,27. "기적"에 관하여, 98,1의 주 참조.

119,29. "자비를 베푸소서." 이 히브리어 동사는 자주 "불쌍히 여기소서."로 번역되지만, 여기서는 문맥에 따라 "은혜를 베푸소서."라는 의미로도 이해할 수 있다.

119,31. 동사 "부끄러운 일을 당하다"에 관하여, 6,11의 주 참조.

119,33. "가르치소서." "보여 주소서"라고도 번역할 수 있다. 히브리어 '토라'의 어근이 사용된다(119,1의 주 참조).

119,38. "당신의 말씀"은 내용상 하느님의 약속을 지칭한다.

119,40. "당신 의로움으로 저를 생기 있게 하소서", "당신 의로움 안에서 저를 살게 하소서" 등으로 번역할 수도 있다.

119,41. "당신 자애"에 관하여, 33,5의 주 참조.

119,43. "희망을 두니." 같은 동사가 49.74.81.114.147절에 나타난다. 기도자는 하느님을 신뢰하며, 확신을 가지고 그분의 도우심을 기다린다.

119,45. "넓은 곳"은 "막힘없이" 또는 "자신 있게"를 뜻한다.

46 당신 법을 임금들 앞에서 이야기하며
부끄러워하지 않으오리다.
47 저는 당신 계명으로 기꺼워하고
그것을 사랑합니다.
48 사랑하는 당신 계명을 향해 제 두 손 쳐들고
당신의 법령을 묵상합니다.

49 (자인) 당신 종에게 하신 말씀을 기억하소서.
당신께서 그것에 희망을 두게 하셨습니다.
50 당신 말씀이 저를 살리신다는 것
이것이 고통 가운데 제 위로입니다.
51 교만한 자들이 저를 마구 조롱하여도
당신의 가르침에서 벗어나지 않았습니다.
52 예로부터 내려오는 당신 계명을 기억하며
주님, 저는 위안을 받습니다.
53 악인들 때문에 제가 노여움에 사로잡히니
그들은 당신의 가르침을 저버린 자들입니다.
54 당신의 법령이 제게 노래가 되었습니다,
나그네살이하는 이 집에서.
55 주님, 밤에 당신 이름을 기억하며
당신의 가르침을 따릅니다.
56 제가 이렇게 된 것은
당신의 규범을 지켰기 때문입니다.

57 (헤트) 주님은 저의 몫이시니
저는 당신 말씀을 지키기로 약속하였습니다.
58 제 마음 다하여 당신 자비를 애원하니
당신 말씀대로 저에게 자비를 베푸소서.
59 제 길을 되돌아보고
제 발길을 당신 법으로 돌립니다.
60 당신 계명을 지키려
저는 지체하지 않고 서두릅니다.
61 죄인들의 올가미가 저를 휘감아도
저는 당신의 가르침을 잊지 않았습니다.

119,46. "당신 법을 이야기하며." 자구적으로는 "당신 증언들을 이야기하며"로(그리스어 번역본과 대중 라틴말 성경도), 기도자의 말들의 "객관적" 조건보다 그의 인격적 조건을 강조한다.

119,53. "악인들"에 관하여, 1,1의 주 참조.

119,54. "나그네살이하는 이 집에서." (새) 대중 라틴말 성경에서는, "제가 순례하는 곳"이다.

119,57. "저의 몫" 이 단어는 구약 성경에서 자주 사용되며, 약속된 땅을 소유함을 가리킨다. 이는 이스라엘인에게 많은 후손과 함께 최고의 선으로 여겨졌다.

119,58. "당신 자비를 애원하니" 자구적으로는 "당신의 얼굴을 진정시키니"로, "호의를 청하다"(2열왕 13,4 참조), "간청하다"로 이해할 수 있다(예레 26,19; 1열왕 13,6 참조).

119,49-88. 율법을 준수하는 것은 위안과 위로가 된다. 그것이 "하느님의 기억" 곧 그분의 충실하심에 근거하기 때문이다. 하느님의 충실하심이 신앙인의 충실함을 굳건하게 해 주고, 시편 저자는 그 충실하심을 대표한다(49-56절). 하느님 율법은 유일한 재산이며 하느님과 친교를 이루는 유일한 방법이고, 삶의 모든 순간에 어떤 상황에서든지 지켜져야 한다(57-64절). 인간을 창조하신 하느님은 인간의 선이 위로를 주고 회개하게 하는 힘을 지니고 있는 계명을 준수하는 데에서 온다는 것을 아신다(73-80절). 박해로 시련을 겪은 기도자는 하느님 말씀에서 약속된 구원을 기다린다. 그가 간절히 바라는 은혜는 너무나 큰 것이어서, 기도자는 기다림에 지친다(81-88절).

62 당신의 의로운 법규 때문에
한밤중에도 당신을 찬송하러 일어납니다.
63 저는 당신을 경외하는 모든 이들의,
당신의 규정을 지키는 모든 이들의 벗입니다.
64 주님, 당신의 자애가 땅에 가득합니다.
당신의 법령을 저에게 가르치소서.
65 (테트) 주님, 당신의 말씀대로
당신 종에게 잘해 주셨습니다.
66 당신의 계명을 믿으니
올바른 깨달음과 지식을 제게 가르치소서.
67 고통을 겪기 전에는 제가 그르쳤으나
이제는 당신 말씀을 따릅니다.
68 당신은 선하시고 선을 행하시는 분
당신의 법령을 제게 가르치소서.
69 교만한 자들이 제게 거짓을 꾸미나
저는 제 마음 다하여 당신 규정을 따릅니다.
70 저들의 마음은 비곗살처럼 무디나
저는 당신의 가르침으로 기꺼워합니다.
71 제가 고통을 겪은 것은 좋은 일이니
당신의 법령을 배우기 위함이었습니다.
72 저에게는 당신 입에서 나온 가르침이 좋습니다.
수천의 금과 은보다 좋습니다.

73 (요드) 당신의 두 손이 저를 지어 굳게 세우셨으니
저를 깨우치소서. 당신의 계명을 배우오리다.
74 제가 당신 말씀에 희망을 두니
당신을 경외하는 이들이 저를 보고 기뻐합니다.
75 주님, 당신의 법규가 의로움을 제가 압니다.
성실하시기에 저에게 고통을 겪게 하셨습니다.
76 당신 종에게 하신 그 말씀대로
당신의 자애가 저를 위로하게 하소서.
77 당신의 자비가 제게 다다르게 하소서. 그러면 제가 살리니
당신의 가르침이 저의 즐거움이기 때문입니다.
78 까닭 없이 저를 억누르니 교만한 자들은 수치를 당하게 하소서.

119,66. "올바른 깨달음과" 히브리어 본문에서 사용하는 단어는 "깨달음"을 뜻할 수도 있고 음식이나 음료의 "맛"을 뜻할 수도 있다.

119,72. "저에게는 …좋습니다. …보다 좋습니다." 히브리어 본문을 충실히 따른 번역이다. "저에게는 …보다 더 좋습니다."로 옮길 수 있을 것이다.

119,78. "까닭 없이" 히브리어 명사 '세케르'는 보통 "거짓"을 뜻한다(69.118.163절). 그러나 78절과 86절에서는 "까닭 없이"로 번역된다.

119,73. 하느님이 옹기장이 모습으로 제시된다. 구약 첫 장에서 옹기장이이신 하느님은 당신 손으로 진흙에서 인간의 몸을 만드시고 생명의 숨을 불어넣으신다(창세 2,7 참조). 이 표상은 139,13-16과 욥 10,8에도 나타난다. 성경의 이러한 표상은 인간에 대한 하느님의 돌보심, 사랑, 자애를 나타낸다.

그러나 저는 당신의 규정을 묵상합니다.
79 당신을 경외하는 이들과
당신 법을 아는 이들이 제게 돌아오게 하소서.
80 제가 부끄러운 일을 당하지 않도록
당신 법령 안에서 제 마음 흠 없게 하소서.

81 (카프) 제 영혼이 당신 구원을 기다리다 지칩니다.
당신 말씀에 희망을 둡니다.
82 제 눈이 당신 말씀을 기다리다 지쳐
제가 아뢲니다. 언제 저를 위로하시렵니까?
83 저는 연기 속의 가죽 부대 같으나
당신의 법령을 아니 잊었습니다.
84 당신 종의 살날이 얼마나 되겠습니까?
저를 뒤쫓는 자들에게 언제 심판을 내리시렵니까?
85 교만한 자들이 제게 구렁을 팠습니다,
당신의 가르침대로 따르지 않는 저들이.
86 당신의 모든 계명은 참되건만
그들은 까닭 없이 저를 뒤쫓으니 저를 도우소서.
87 그들이 이 세상에서 저를 없애려고 하였지만
저는 당신의 규정을 저버리지 않았습니다.
88 당신 자애에 따라 저를 살려 주소서.
당신 입에서 나온 법을 지키오리다.

89 (라멧) 주님께서는 영원하시고
당신 말씀은 하늘에 든든히 세워졌습니다.
90 당신의 성실은 대대로 이어지고
당신께서 땅을 굳게 세우시니 그 땅이 서 있습니다.
91 이들이 당신 법규에 따라 오늘까지 서 있으니
만물이 당신의 종들이기 때문입니다.
92 당신의 가르침이 제 즐거움이 아니었던들
저는 고통 속에서 사라졌으리이다.
93 영원토록 당신 규정을 잊지 않으리니
당신께서 그것으로 저를 살리셨기 때문입니다.

119,83. "연기 속의 가죽 부대"는 연로해졌다는 뜻이다.

119,86. "당신의 모든 계명은 참되건만" 하느님의 말씀은 하느님께서 충실하시듯이 충실하여, 그 말을 실현할 능력을 지니고 있다(25,5와 40,11의 주 참조).

119,87. "없애려고"는 "끝내려고, 멸망시키려고"를 뜻한다. 에즈 9,14; 느헤 9,31; 예레 9,15; 49,37 참조.

119,90. "대대로"는 시편집에서 하느님의 충실하심과 인간에 대한 그분의 행위가 항구함을 나타내는 시편의 전형적 표현이다(10,6; 33,11; 77,9; 79,13; 85,6; 89,2; 102,13; 135,13; 146,10).

119,83 애가 4,8.

119,89-128. 창조는 영원히 굳건하신 하느님의 말씀을 토대로 이루어졌다. 세상은 지나가는 것이면서도 그 안에 변치 않는 하느님 법을 담고 있고, 그 법이 세상으로 하여금 창조주를 섬기게 한다(89-96절). 하느님 말씀은 밤에 길을 비추는 등불과 같이 시련의 어둠을 밝혀 준다. 그 말씀은 위험과 유혹 속에서도 비틀거리거나 넘어지지 않게 해 준다(105-112절). (오직 하느님만을 향한) "갈리지 않은 마음"의 표지는 율법에 대한 남김 없는 사랑이다. 그러한 충실함은 생명과 하느님의 은혜를 얻게 된다(113-120절). 하느님은 충실한 이를 굽어보시고 그에게 구원을 베푸시며 계명을 지키지 않는 이를 꾸짖으신다(121-128절).

94 저는 당신의 것, 저를 구하소서.
당신 규정을 찾습니다.
95 악인들이 저를 없애려고 노리지만
저는 당신 법을 명심합니다.
96 완전한 것에서도 다 끝을 보았지만
당신 계명은 한없이 넓습니다.

97 (멤) 제가 당신의 가르침을 얼마나 사랑합니까!
온종일 그것을 묵상합니다.
98 당신의 계명이 저를 원수들보다 슬기롭게 만들었으니
그것이 영원히 저의 것이기 때문입니다.
99 제가 어떤 스승보다도 지혜로우니
당신 법을 묵상하기 때문입니다.
100 제가 노인들보다 현명하니
당신 규정을 따르기 때문입니다.
101 온갖 악한 길에서 제 발길을 돌리니
당신 말씀을 지키려 함입니다.
102 제가 당신 법규에서 어긋나지 않으니
당신께서 저를 가르치신 까닭입니다.
103 당신 말씀이 제 혀에 얼마나 감미롭습니까!
그 말씀 제 입에 꿀보다도 답니다.
104 당신의 규정으로 제가 현명하게 되어
거짓된 모든 길을 제가 미워합니다.

105 (눈) 당신 말씀은 제 발에 등불,
저의 길에 빛입니다.
106 제가 맹세하고 실천하니
당신의 의로운 법규를 지키기 위함입니다.
107 저는 몹시도 고통을 겪고 있습니다.
주님, 당신 말씀대로 저를 살려 주소서.
108 주님, 제 입의 찬미 제물이 당신 마음에 들게 하소서.
당신 법규들을 제게 가르치소서.
109 제 목숨이 늘 위험 속에 있으나
당신의 가르침을 잊지 않습니다.
110 악인들이 제게 그물을 쳐 놓았으나
저는 당신 규정을 벗어나 헤매지 않습니다.
111 당신 법이 영원히 저의 재산이니
그것이 제 마음의 기쁨이기 때문입니다.
112 당신의 법령을 실천하려 제 마음을 기울입니다,
영원토록 다할 때까지.

119,95. "저를 없애려고 노리지만" 히브리어 동사의 일반적인 뜻에 따라 "저를 없애기를 바라지만"으로 옮기기도 한다. 그러나 문맥은 부정적 의미를 지닌다.

119,96. "당신 계명은 한없이 넓습니다." 하느님 율법은 하느님 자신과 같이(욥 11,7) 끝이 없고 한계가 없다는 뜻이다.

119,101. "발길" 히브리어 본문을 자구적으로 옮기면 "발들"이다. "악한 길"은 "악의 길"이라고 옮길 수 있다.

119,110. "그물" 히브리어 단어는 새를 잡는 덫(올가미나 그물)을 가리킨다. 124,7 참조.

119,113. "변덕쟁이" 매우 드물게 사용되는 히브리어 단어이며 번역이 불확실하다. 고대 번역본들도 여러 가지 번역을 제안한다. "무법자"(그리스어 번역본), "사악한 자들"(대중 라틴말 성경) 등.

119,120. "당신이 무서워 제 살이 떨리며" "당신이 무서워 소름이 끼치며"(욥 4,15의 욥의 체험과 유사하다)이다.

119,128. "당신의 모든 규정에 따라 바르게 걸으며" 히브리어 동사는 본래 "똑바로 가다"라는 의미를 지니나 "규정"이라는 목적어와 함께 쓰이면서 비유적으로 "주의 깊게 지키다"의 뜻을 지닌다. 하지만 동사가 지닌 다른 의미에 따라 "당신의 모든 규정을 옳게 여기며"라고 번역하기도 한다.

113 (사멕) 저는 변덕쟁이들을 미워하고
당신의 가르침을 사랑합니다.
114 당신은 저의 피신처, 저의 방패
저는 당신 말씀에 희망을 둡니다.
115 내게서 물러가라, 악을 저지르는 자들아.
나는 내 하느님의 계명을 지키리라.
116 당신 말씀대로 저를 붙들어 주소서. 제가 살리이다.
제 희망 때문에 제가 부끄러운 일을 당하지 않게 하소서.
117 저를 붙드소서. 제가 구원되어
당신의 법령을 늘 살피리이다.
118 당신 법령에서 빗나간 자들을 당신께서는 모두 업신여기시니
그들의 행실이 거짓된 속임수이기 때문입니다.
119 당신께서는 세상의 악인들을 모두 찌꺼기로 여기시니
저는 당신의 법을 사랑합니다.
120 당신이 무서워 제 살이 떨리며
제가 당신의 법규를 경외합니다.

121 (아인) 저는 공정과 정의를 실천하였습니다.
저를 억누르는 자들에게 넘기지 마소서.
122 당신 종이 잘되도록 보증하시어
교만한 자들이 저를 억누르지 못하게 하소서.
123 당신의 구원을 기다리다,
당신의 의로운 말씀을 기다리다 제 눈이 지칩니다.
124 당신의 자애에 따라 당신 종에게 행하시고
당신의 법령을 저에게 가르치소서.
125 저는 당신의 종, 저를 깨우치소서.
당신의 법을 깨달으리이다.
126 저들이 당신의 가르침을 깨뜨렸으니
이제 주님께서 행하실 시간입니다.
127 저는 당신 계명을
금보다 순금보다 더 사랑합니다.
128 저는 당신의 모든 규정에 따라 바르게 걸으며
거짓된 길을 모두 미워합니다.

129 (페) 당신 법이 놀랍기에
제 영혼이 그것을 따릅니다.
130 당신의 말씀이 열리면 빛이 비치어
우둔한 이들을 깨우쳐 줍니다.
131 당신의 계명을 열망하기에
저는 입을 벌리고 헐떡입니다.
132 저를 돌아보시어 자비를 베푸소서,
당신 이름을 사랑하는 이들에게 주신 권리에 따라.
133 당신 말씀으로 제 발걸음을 굳건히 하시고
어떠한 불의도 저를 다스리지 못하게 하소서.
134 사람들의 억압에서 저를 구출하소서.
당신의 규정을 지키오리다.
135 당신 얼굴이 당신 종 위에 빛나게 하시고
당신의 법령을 저에게 가르쳐 주소서.
136 사람들이 당신의 가르침을 지키지 않기에
제 눈에서 눈물이 시내 되어 흐릅니다.

137 (차데) 주님, 당신께서는 의로우시고
당신의 법규는 바릅니다.
138 당신 법을 정의로,
크나큰 성실로 내려 주셨습니다.
139 제 열정이 저를 불사르니
저의 적들이 당신 말씀을 잊었기 때문입니다.
140 당신 말씀은 지극히 순수하니
당신 종이 이를 사랑합니다.
141 제가 하찮고 멸시당하지만
당신의 규정을 잊지 않습니다.
142 당신의 정의는 영원한 정의
당신의 가르침은 진실입니다.
143 곤경과 역경이 제게 닥쳤어도
당신 계명이 제 기쁨입니다.
144 당신 법은 영원히 의로우니
저를 깨우치소서. 제가 살리이다.

145 (코프) 마음을 다하여 부르짖으니, 주님, 저에게 대답하

119,130. "당신의 말씀이 열리면" 율법이 설명될 때를 말한다. "빛이 비치어"는 "지혜를 주고" 또는 "생명을 주고"를 뜻할 수 있다.

119,138. "내려 주셨습니다." "선언하셨습니다." 혹은 "세우셨습니다."(111,9 참조)로 옮길 수도 있다. 동사의 본래 의미는 "명하다"이다(탈출 19,7; 민수 20,9; 느헤 1,7-8; 9,14; 욥 38,12; 시편 7,7 참조).

119,139. "제 열정이 저를 불사르니." 그리스어 번역본에서는 "당신 집을 향한"을 덧붙인다(요한 2,17 참조).

119,140. "순수하니" 히브리어 단어는 금속 정련 과정의 결과를 연상시키며, 부사 "지극히"가 이를 더욱 강조한다. 이와 유사한 표상이 18,31에서 사용된다.

119,129-152. 하느님 가르침들은 하느님을 볼 수 있게 해 주는 빛이다. 시편 저자는 간절히 그 가르침을 찾는다. 갈리지 않은 마음을 지닌 사람은 그 가르침을 받는다(129-136절). 하느님께서 의로우시듯이, 곧 하느님께서 충실하고 선을 이루시듯이, 하느님 계명들도 의로워 거룩하게 하고 하느님 모습을 새겨 주며 그 계명들 자체 안에 영원성을 지닌다(137-144절). 하느님 말씀은 빛을 밝혀 주는 응답이며, 밤에도 탄원하며 그 말씀을 갈망하고 밤새 그 말씀을 기다린다(145-152절).

소서.
당신의 법령을 따르오리다.
146 당신께 부르짖으니 저를 구하소서.
당신의 법을 지키오리다.
147 새벽부터 일어나 도움을 청하며
당신 말씀에 희망을 둡니다.
148 제 눈이 야경꾼보다 먼저 깨어 있음은
당신 말씀을 묵상하기 위함입니다.
149 당신 자애에 따라 제 소리를 들으소서.
주님, 당신 법규에 따라 저를 살리소서.
150 부정을 뒤쫓는 자들이 다가왔습니다,
당신의 가르침에서 멀리 있는 저들이.
151 주님, 당신께서는 가까이 계시며
당신의 계명은 모두 진실입니다.
152 제가 일찍부터 당신의 법을 아니
당신께서 그것을 영원히 세우신 까닭입니다.

153 (레시) 당신의 가르침을 잊지 않았으니
제 가련함을 보시어 저를 구원하소서.
154 제 소송을 이끄시어 저를 구해 내소서.
당신의 말씀대로 저를 살리소서.
155 악인들에게는 구원이 멀리 있으니
당신의 법령을 따르지 않은 탓입니다.
156 주님, 당신 자비가 크시니
당신 법규대로 저를 살리소서.
157 저를 뒤쫓는 자들과 억누르는 자들이 많으나
저는 당신의 법에서 벗어나지 않았습니다.
158 저는 배신자들을 보며 역겨워합니다,
당신의 말씀을 지키지 않는 저들을.
159 보소서, 저는 당신 규정을 사랑합니다.
주님, 당신 자애에 따라 저를 살리소서.
160 당신 말씀은 한마디로 진실이며
당신의 의로운 법규는 영원합니다.

119,150. "부정을 뒤쫓는 자들" 히브리어 본문을 따른 번역이다. 본문에서 모음 하나만 바꾼다면 (일부 히브리어 사본들에서와 같이) 본문은 "나를 악의로 박해하는 자들"이 된다(그리스어 번역본과 [새] 대중 라틴말 성경도 이렇게 번역한다).

119,156. "자비"에 관하여, 103,13의 주 참조.

119,157. "억누르는 자들" 히브리어 본문은 명사로 되어 있다. 그러나 그리스어 번역본과 (새) 대중 라틴말 성경을 따라 "저를 뒤쫓고 박해합니다."라는 동사형으로 번역하기도 한다.

119,158. 의로움은 이스라엘 신앙의 핵심적 특징 중 하나로, 바리사이들에게서 크게 확장된다. 율법 행위를 멀리하는 이들은 죄인으로 여겨졌고 피해야 할 부정한 사람으로 여겨졌다.

119,153-176. 토라를 준수하는 사람은 "정당하게" 구원을 받지만, 그 구원은 계명을 배반하는 이들에게서는 멀어진다(153-160절). 하느님 말씀은 보물과 전리품에 비유된다. 그것이 구원이고 평화의 원천이기 때문이다(161-168절). 하느님 계명 앞에서 할 수 있는 것은 찬미의 노래를 부르는 것뿐이다(169-176절).

161 (쉰) 권세가들이 저를 까닭 없이 박해하나
제 마음은 당신 말씀을 무서워합니다.
162 크나큰 전리품을 발견한 이처럼
저는 당신의 말씀으로 기뻐합니다.
163 저는 거짓을 미워하고 지겨워하나
당신의 가르침은 사랑합니다.
164 하루에도 일곱 번 당신을 찬양하니
당신의 의로운 법규 때문입니다.
165 당신의 가르침을 사랑하는 이들에게는 큰 평화가 있고
무엇 하나 거칠 것이 없습니다.
166 주님, 저는 당신의 구원을 바라며
당신의 계명을 실천합니다.
167 제 영혼은 당신의 법을 지키며
그것을 더없이 사랑합니다.
168 제가 당신의 규정과 법을 지키니
저의 모든 길이 당신 앞에 있기 때문입니다.

169 (타우) 주님, 제 부르짖음이 당신 앞에 다다르게 하소서.
당신 말씀대로 저를 깨우치소서.
170 제 간청이 당신 앞에 이르게 하소서.
당신 말씀대로 저를 구해 주소서.
171 저에게 당신의 법령을 가르쳐 주셨기에
제 입술이 찬양을 쏟아 냅니다.
172 당신의 계명이 모두 의롭기에
제 혀가 당신의 말씀을 노래합니다.
173 제가 당신의 규정을 선택하였으니
저를 도우러 당신 손을 펴소서.
174 주님, 당신의 구원을 애타게 그리는 이 몸
당신의 가르침이 제 즐거움입니다.
175 제가 살아 당신을 찬양하고
당신의 법규가 저를 돕게 하소서.
176 길 잃은 양처럼 헤매니
당신의 종을 찾으소서.

119,162. "전리품" 이 히브리어 단어는 전쟁의 노획물을 가리킨다(여호 11,14; 22,8; 판관 5,30; 1사무 14,32; 이사 9,2; 53,12 참조).

119,166. "실천합니다." 여기에 사용된 히브리어 단어는 보통 "하다"로 번역된다.

119,167. "더없이"로 번역된 히브리어 단어는 "힘"을 뜻하지만 자주 부사적 의미를 지닌다.

119,169. "당신 앞에" 히브리어 단어를 170절에서와 동일하게 번역했다.

119,161-168. 각 절의 첫 단어가 히브리어 자음 '쉰'으로 시작되는 이 연은 두려움과 기쁨이라는 서로 반대되는 두 감정을 중심으로 한다. "권세가들이 저를 까닭 없이 박해"하기 때문에 두려워하게 된다. 그러나 하느님께 대한 신뢰는 곧 기쁜 희망이 솟아나게 한다. 여러 단어들이 이 기쁨을 나타낸다. "기뻐합니다… 사랑합니다… 당신을 찬양합니다… 당신의 가르침을 사랑하는 이들에게는 큰 평화가 있고… 당신의 구원을 바라며."

119,164. 일곱이라는 숫자는 성경 언어에 비추어 이해되어야 하는데, 여기서 일곱은 온전함, 전체성, 완전함을 뜻한다. 그러므로 기도와 예식의 정확한 시간을 말하는 것이라기보다 지속적인 기도를 가리키는 것이다. 신앙인의 삶 전체가 하느님 찬미이다.

당신의 계명을 잊지 않았습니다.

120

(119) 1 [순례의 노래]

곤경 속에서 주님께 부르짖자
나에게 응답하셨네.
2 "주님, 거짓된 입술에서
속임수 혀에서
제 목숨을 구하소서."
3 속임수 혀야
너 무엇을 받으랴?
너 무엇을 더 받으랴?
4 전사의 날카로운 화살들을
싸리나무 숯불과 함께 받으리라.
5 아, 내 신세여! 메섹에서 나그네살이하고
케다르의 천막들 사이에서 지내야 했으니.
6 나는 평화를 미워하는 자들과
너무나 오래 지냈구나.
7 내가 평화를 바라고 이야기하면
저들은 전쟁만을 꾀하였다네.

121

(120) 1 [순례의 노래]

산들을 향하여 내 눈을 드네.
내 도움은 어디서 오리오?
2 내 도움은 주님에게서 오리니

120,2. "거짓된 입술… 속임수 혀" 입술과 혀는 말을 악하게 사용하는 것을 나타낸다. 성경 안에서는 자주 위험한 말의 결과들을 조심할 것을 권고한다(12,5의 주 참조). 다니 13장; 시편 15,3; 34,14; 37,30; 39,2; 57,5; 64,4; 78,36; 잠언 6,24; 12,18-19; 15,4; 26,28; 로마 3,13; 야고 3,1-12 참조.

120,5. "메섹" 창세 10장 민족들의 목록에 들어 있는 표기법을 따른다. 메섹은 야펫의 아들이며 야펫은 노아의 아들이다(창세 10,1-2 참조). 새 대중 라틴말 성경에서 이 고유 명사는 보통 "모속"으로 번역된다. "케다르"는 이스마엘의 아들들 중 하나이다(창세 25,13 참조). 베두인들이 거주하는 광야 지역을 가리킨다(이사 42,11; 예레 49,28 참조).

120(119). 순례시편 모음집의 첫 시편이다(120-134편 참조). 이들은 특히 파스카, 오순절, 초막절 축제로 히브리인들이 이교 민족들이 살고 있는 먼 디아스포라 지역에서도(5-7절) 율법에 따라 예루살렘으로 "올라가던" 때 사용되었다. 순례자들은 희망과 고통을 짊어지고 있었다. 그들은 노래로 하느님께 거짓의 부정적 체험을 말씀드리고 그분의 손에 복수를 맡긴다(1-4절). 시온은 하느님의 거처이기에 세상의 중심이며 거룩한 산이다. 그러므로 예루살렘으로 갈 때에는 높은 곳에 사시는 분을 만나러 "올라가야" 한다.

✠ 어려운 인간관계들 사이에서 하느님에게서 오는 빛을 청하는 이 기도는 4주간 월요일 낮기도 때 기도한다. 121편과 122편과 함께 매일 삼시경의 보충 시편기도로 정해져 있다(성 베네딕토 수도규칙에도 이미 매일 바치도록 되어 있다).

121(120). 예루살렘을 향한 순례자들은 멀리서부터 유다의 산들을 알아보며 주님을 만날 기쁨을 미리 맛본다(1-2절). 그들은 우주를 창조하신 전능하신 하느님께 노래를 부른다. 그분은 온갖 악에서 지켜 주시며(5-8절), 성실한 수호자로서 당신께 충실한 이들을 돌보시고 그들의 모든 발걸음을 지키신다(3-4절).

✠ 6절에서 낮과 밤을 언급하므로, 2주간 금요일 저녁기도에서 2절을 후렴으로 기도한다. 120편, 122편과 함께 매일 삼시경의 보충 시편기도로 정해져 있다(성 베네딕토 수도규칙에도 이미 매일 바치도록 되어 있다). 위령 성무일도 저녁기도에서는 7절을 후렴으로 기도하며, 상장 예식에서 이 시편을 사용할 수 있다.

하늘과 땅을 만드신 분이시다.
3 그분께서는 네 발이 비틀거리지 않게 하시고
너를 지키시는 그분께서는 졸지도 않으신다.
4 보라, 이스라엘을 지키시는 분께서는
졸지도 않으시고
잠들지도 않으신다.
5 주님은 너를 지키시는 분
주님은 너의 그늘
네 오른쪽에 계시다.
6 낮에는 해도,
밤에는 달도 너를 해치지 않으리라.
7 주님께서 모든 악에서 너를 지키시고
네 생명을 지키신다.
8 나거나 들거나 주님께서 너를 지키신다,
이제부터 영원까지.

122

(121) 1 [순례의 노래. 다윗]
"주님의 집으로 가세!"
사람들이 나에게 이를 제 나는 기뻤네.
2 예루살렘아, 네 성문에 이미
우리 발이 서 있구나.
3 예루살렘은 도성으로 세워져
견고하게 짜였네.
4 그리로 지파들이 올라가는구나,
주님의 지파들이.
주님의 이름을 찬송함이
이스라엘을 위한 법이라네.

121,3-5.7-8. "지키시는 분… 지키신다." 어근 '사마르'("지키다")는 파수꾼이나 왕궁 경비인의 임무를 나타낸다(하느님 계명에 대해서는 준수한다는 의미의 "지키다"로 번역한다). 구약 성경에서는 예언자들이 파수꾼으로 일컬어진다(이사 62,6 참조). 하느님께서 지켜주신다는 것은 이스라엘에 대한 아론의 축복에서 약속되었다(민수 6,22-27 참조).

121,8. "나거나 들거나" 인간 행위의 양극단을 지칭함으로써 낮 동안 행하는 모든 일을 가리킨다. 평생의 기간을 가리킬 수도 있다.

122,4. 예루살렘과 유다 지파는 다른 지파들에 비해 우위를 갖는다(78,68 참조). 다른 집안들이 주님을 경배하러 올라가는 것은 그러한 의미를 갖는다(65,2 참조). 또한 60,8-11의 주 참조.

121,5 91,1; 이사 25,4-5; 호세 14,8. 121,8 신명 28,6.19; 2열왕 19,27; 이사 37,28. 122,3 102,15.

122(121). 순례자가 예루살렘을 향해 떠날 때 미리 맛보았던 기쁨이 현실이 된다(1-2절). 거룩한 도성은 그의 눈앞에 있으며, 그 당당한 성벽은 굳건함과 안전을 상징한다(3절). 하느님의 거처인 예루살렘은 백성 전체를 하나로 모으는 영적 예배가 이루어지는 장소이며(4절), 또한 임금의 거처로서 인간적인 정의와 평화가 이루어지는 장소이기도 하다(5절). 예루살렘은 마땅히 "평화의 도성"이라 불릴 수 있다.

✠ 4주간 주일 제1저녁기도에서 기도한다. 지상 교회와 천상 교회의 예표인 예루살렘에서 실현되는 종말론적 의미는 주일을 시작하는 저녁기도 전례에 잘 맞는다. 또한 ("주님의 집"이신) 마리아에게 적용된 예형론적 해석으로 이 시편을 성모 공통 제2저녁기도에서 사용하며, 후렴은 "은총이 가득하신 마리아여, 기뻐하소서. 주께서 함께 계시나이다."이다(루카 1,28). 120편, 121편과 함께 매일 삼시경의 보충 시편기도로 정해져 있다(성 베네딕토 수도규칙에도 이미 매일 바치도록 되어 있다). 1-2절은 종신 서원 미사 입당송이다. 장례 예식에서 이 시편을 사용할 수 있다. 1-2.4-9절은 가해 대림 제1주일 화답송이다. 이 시편은 성당과 제단 봉헌 예식에서 화답송으로 사용할 수 있다.

122,6. 민간 어원에 따르면 예루살렘은 "평화의 도성"을 의미한다. 히브리어에서 '샬롬'은 메시아적 선물들이 충만함을 뜻하고, 여기에는 영적 선들과 물질적 선들이 모두 포함된다.

123,1. "당신께 저의 눈을 듭니다." 이는 기도의 특징적 행위이다. "종, 몸종"이라는 단어들과 함께 인간이 피조물임을 표현하며 하느님의 초월성에 대한 경배를 나타낸다. "좌정하신"이라는 히브리어 표현은 2,4에서와 동일하다.

123,2. 종의 신분은 예속으로 묘사되지 않고 더 호의적으로, 깊은 의존과 공경으로 묘사된다. "눈"에 관하여, 25,15; 119,82; 141,8; 특히 69,4 참조. 하느님의 호의적 손에 관하여, 31,20; 104,28 참조.

124,1. "이스라엘은 이렇게 말하여라." 이러한 표현은 전례에서 초대송과 같이, 아마도 사제에 의하여 사용되었을 것이다.

5 그곳에 재판하는 왕좌가,
다윗 집안의 왕좌가 놓여 있네.
6 예루살렘을 위하여 평화를 빌어라.
"너를 사랑하는 이들은 평안하여라.
7 네 성안에 평화가,
네 궁궐 안에 평안이 있으리라."
8 내 형제들과 벗들을 위하여 나는 이르네.
"너에게 평화가 있기를!"
9 주 우리 하느님의 집을 위하여
너의 행복을 나는 기원하네.

123

(122) 1 [순례의 노래]

하늘에 좌정하신 분이시여
당신께 저의 눈을 듭니다.
2 보소서, 종들의 눈이
제 상전의 손을 향하듯
몸종의 눈이
제 여주인의 손을 향하듯
그렇게 저희의 눈이 주 저희 하느님을 우러릅니다,
저희에게 자비를 베푸실 때까지.
3 자비를 베푸소서, 주님, 저희에게 자비를 베푸소서.
저희가 멸시만 실컷 받았습니다.
4 거만한 자들의 조롱을
교만한 자들의 멸시를
저희 영혼이 실컷 받았습니다.

124

(123) 1 [순례의 노래. 다윗]

이스라엘은 이렇게 말하여라.

122,6 이사 66,10-12; 에제 13,16; 즈카 7,7. 123,1 29,10; 33,14; 47,9. 123,4 집회 13,3; 아모 2,6-7.

123(122). 예루살렘 성전은 하느님과 만나기 위한 즐거운 목적지일 뿐만 아니라, 그분을 부르는 이의 희망의 장소이기도 하다. 이 노래에서 원수의 억압으로 고통을 받고 있는 이스라엘 공동체는(3-4절) 가난한 이에게 권리를 되찾아 주시는 위대한 임금이신 하느님의 어좌 앞에서 겸손하게 그분께 눈길을 들어 올린다(1-2절).

✠ 온순함과 섬김의 정신으로 하느님을 신뢰하고 찾으며 불쌍히 여기시고 자비를 베풀어 주시기를 청하는 것은 하루의 수고를 마치는 시점에 잘 맞는다. 그래서 이 시편은 3주간 월요일 저녁기도 때 기도한다. 124편 및 125편과 함께 매일 육시경의 보충 시편기도로 정해져 있다(성 베네딕토 수도규칙에도 이미 매일 바치도록 되어 있다). 이 시편은 고해성사 예식과 병자성사 예식 때 사용할 수 있다.

주님께서 우리를 위하지 않으셨던들,
2 사람들이 우리를 거슬러 일어났을 때
주님께서 우리를 위하지 않으셨던들,
3 우리를 거슬러 저들의 분노가 타올랐을 때
우리를 산 채로 삼켜 버렸으리라.
4 물살이 우리를 뒤덮고
급류가 우리 목 위로 넘쳐흘렀으리라.
5 거품 뿜는 물살이
우리 목 위로 넘쳐흘렀으리라.
6 우리를 저들 이빨의 먹이로 내주지 않으신
주님께서는 찬미받으소서.
7 우리는 사냥꾼의 그물에서
새처럼 벗어났네.
그물은 찢어지고
우리는 벗어났네.
8 우리의 도우심은 주님 이름에 있으니
하늘과 땅을 만드신 분이시네.

125

(124) 1 [순례의 노래]

주님을 신뢰하는 이들은 시온산 같아
흔들리지 아니하고 영원히 서 있으리라.
2 산들이 예루살렘을 감싸고 있듯
주님께서는 당신 백성을 감싸고 계시다,
이제부터 영원까지.
3 의인들이 나누어 받은 땅 위에

124,3.4.5. 히브리어 본문에서 이 세 절은 1절에서 시작된 조건절의 가정에 대한 결과절을 도입하는 접속사로 시작된다. 그러나 그 접속사는 때로 단순히 강조를 나타내기 위해서도 사용되며 따라서 번역되지 않을 수도 있다.

124,7. "새"에 관하여, 11,1의 주 참조.

125,2. "감싸고 있듯… 감싸고 계시다" 히브리어에서 단어가 반복된 것을 살려, 예루살렘의 지리적 상황과 백성의 영적 상황이 비교됨을 나타냈다.

125,3. "사악의 왕홀" 왕홀이라는 은유는 긍정적인 의미에서 권위와 통치를 나타낸다(창세 49,10; 시편 45,7 참조). 그러나 이 시편에서는 권력이 행사되는 곳에서 악인들의 억압이 이루어짐을 나타낸다(이사 14,5; 즈카 10,11 참조).

125,2 32,10. 125,3 민수 24,17; 에스 4,11; 바룩 6,13; 히브 1,8.

124(123). 이스라엘은 큰 위험에서 벗어났다. 원수의 공격을 받고 치명적인 거센 물살에 빠졌던 이스라엘은 해방하시는 주님의 개입을 체험했다(1-5절). 하느님은 그물의 새와 같이 사로잡혀 있던 당신 백성을 굽어보시고 그 그물을 찢으셨다. 이제 백성은 성전에 올라가 하느님께 감사를 드리고 그분 이름의 능력을 선포한다.

✠ 하루를 마치는 시간에는 지나간 일들을 기억하며 그 안에서 우리를 지켜 주시고 위험에서 구해 주신 하느님께 감사를 드리게 된다. 이러한 맥락에서 3주간 월요일 저녁기도 때 이 시편을 기도한다. 123편 및 125편과 함께 매일 육시경의 보충 시편기도로 정해져 있다.

125(124). 성전을 향해 가는 순례자들에게 멀리서 주위를 둘러싼 산들로 방어된 예루살렘 모습이 나타난다(2절). 곧 당신 백성을 감싸시는 하느님의 보호를 생각하게 된다(1절). 이제 원수에 대한 두려움은 사라진다. 하느님은 당신 백성이 악에 물들게 두지 않으시므로, 악은 오래 지속되지 않을 것이다(3-5절).

✠ 기도자는 그를 무너뜨리려는 공격 속에서도 주님의 보호에 감싸여 있음을 느낀다. 그러한 느낌으로 이 시편은 3주간 화요일 저녁기도 때 기도하며, 후렴은 2ㄴ절이다. 123편 및 124편과 함께 육시경의 보충 시편기도로 정해져 있다.

사악의 왕홀이 내리누르지 못하리니
의인들이 죄악에다
손을 내밀지 않게 되리라.

4 주님, 착한 이들에게,
마음 바른 이들에게 선을 베푸소서.

5 그러나 비뚤어진 길로 벗어난 자들은
주님께서 악인들과 함께 물리치시리라.

이스라엘에 평화가 있기를!

126

(125) 1 [순례의 노래]

주님께서 시온의 운명을 되돌리실 제
우리는 마치 꿈꾸는 이들 같았네.
2 그때 우리 입은 웃음으로,
우리 혀는 환성으로 가득하였네.
그때 민족들이 말하였네.
"주님께서 저들에게 큰일을 하셨구나."
3 주님께서 우리에게 큰일을 하셨기에
우리는 기뻐하였네.

4 주님, 저희의 운명을
네겝 땅 시냇물처럼 되돌리소서.

5 눈물로 씨 뿌리던 이들
환호하며 거두리라.
6 뿌릴 씨 들고
울며 가던 이
곡식 단 들고
환호하며 돌아오리라.

126,1.4. "운명을 되돌리다"에 관하여, 14,7의 주 참조.

126,2. 이 시편에서 히브리어 '린나'가 세 번 반복된다(2.5.6절). "환성, 환호"로 번역된다. 이 단어의 의미에 관하여, 107,22의 주 참조.

126,4. 네겝은 팔레스티나 남부의 광야이다. 여름에는 지극히 건조하고, 봄에는 급류로 물이 많아져 광야에 꽃이 피게 한다.

126,5. 기쁨과 눈물이라는 주제에 관하여, 또한 4,8; 30,6; 이사 9,2; 61,3 참조.

126,2 42,5; 118,15. 126,4 창세 12,9; 13,1.3; 민수 13,17.22.29; 신명 34,3; 여호 10,40; 이사 21,1; 예레 33,13.

126(125). 선택된 백성은 이제 유배에서 돌아오는 기쁨을 맛보았다. 하느님께서 그들의 운명을 되돌리시어 주변 민족들을 놀라게 하셨다(1-3절). 이제는 수고와 어려움 속에서 재건을 이루어야 한다. 이스라엘은 주님께서 마치 많은 물로 땅을 풍요롭게 하시고 씨앗이 열매를 맺게 하시어 씨 뿌리는 사람의 수고를 갚아 주시듯이 당신 일을 완성하실 것임을 안다(4-6절).

이 시편의 종말론적 어조와 상황 전복에 대한 예고는 수고스러운 하루의 마지막에 빛을 던져 준다. 이러한 관점에서 3주간 수요일 저녁기도 때 5절을 후렴으로 기도한다. 127편과 128편과 함께 매일 구시경의 보충 시편기도로 정해져 있다(성 베네딕토 수도 규칙에도 이미 매일 바치도록 되어 있다). 다해 대림 제2주일과 사순 제5주일 화답송이다.

127

(126) 1 [순례의 노래. 솔로몬]

주님께서 집을 지어 주지 않으시면
그 짓는 이들의 수고가 헛되리라.
주님께서 성읍을 지켜 주지 않으시면
그 지키는 이의 파수가 헛되리라.
2 일찍 일어남도
늦게 자리에 듦도
고난의 빵을 먹음도
너희에게 헛되리라.
당신께서 사랑하시는 이에게는
잘 때에 그만큼을 주신다.
3 보라, 아들들은 주님의 선물이요
몸의 소생은 그분의 상급이다.
4 젊어서 얻은 아들들은
전사의 손에 들린 화살들 같구나.
5 행복하여라, 제 화살통을
그들로 채운 사람!
성문에서 적들과 말할 때
수치를 당하지 않으리라.

128

(127) 1 [순례의 노래]

행복하여라, 주님을 경외하는 이 모두
그분의 길을 걷는 이 모두!

127,1. 파수꾼의 지킴과 당신 백성을 지키시는 하느님에 관하여, 121,3-5.7-8의 주 참조.

127,2. "사랑하시는 이"는 다른 곳에서 "친구"(이사 5,1)나 "애인(혹은 임)"(예레 11,15)으로 번역하기도 한다.

127,4. "전사" 이 히브리어 단어는 선택된 용감한 전사, "용사"를 가리킨다(89,20; 120,4 참조).

127,5. "성문에서" 법정의 선고는 도시의 성문에서 이루어졌다.

128,1. 하느님께서 충실한 이들에게 베푸시는 은혜를 표현하는 행복 선언의 의미에 관하여, 1,1과 112,1의 주 참조.

127,4 이사 49,2; 애가 3,13. 127,5 신명 17,5; 22,15; 여호 20,4.

127(126). 1절의 두 격언은 지혜문학적 숙고이다. 인간이 재산을 모으기 위해 애쓰는 것은 소용이 없다. 주님께서는 이미 의인에 대한 갚음으로 그것을 예비해 두셨다(2절). 축복들 가운데 많은 후손이 첫째로 언급되는데, 후손은 가족의 번영과 사회적 지위를 보증해 준다(3-5절).

✠ 상급을 생각하는 지혜문학적 숙고는 하루의 수고와 휴식을 바라보는 저녁 기도에 잘 어울린다(2절). 그러한 의미에서 3주간 수요일 저녁기도 때 1절에서 취한 후렴과 함께 기도한다. 시편 126편과 128편과 함께 매일 구시경의 보충 시편기도로 정해져 있다. 마리아께 적용된 해석에서는 자신을 하느님께 내맡기고 그분에게서 "몸의 소생"이 온다는 것을 체험하신 지혜로운 동정녀께 적용되어 성모 공통 제2저녁기도 때 기도한다. 후렴이 이 시편을 해석해 준다. "주님의 종이오니, 당신 말씀대로 내게 이루어지소서."(루카 1,38)

128(127). 앞 시편의 지혜문학적 숙고가 계속되어, 이스라엘 가정생활의 이 짧은 단면에 이른다. 자신의 노동으로 하느님의 선물인 번영을 얻는 가장의 모습이 제시된다(1-2절). 그 곁에는 집안의 기쁨인 아내와 자녀들이 있는데, 이들은 열매를 맺는 풍요로운 나무에 비유된다(3절). 시편 둘째 부분은 전례적 축복으로, 이것이 이 시편을 "순례시편" 가운데 하나로 자리 잡게 한다(4-6절).

128,2. 자기 수고의 결과를 누리는 것은 현인 코헬렛이 인간에게 남겨 둔 얼마 되지 않는 위로 가운데 하나이다(코헬 2,10; 잠언 14,23 참조). 그러나 이것은 곧 덧없는 것으로 드러난다(코헬 2,11. 18; 3,9 참조).

128,6. "아들의 아들들"이라는 표현은 많고 번성하는 후손을 나타내는 것으로 하느님 축복과 연관된다(창세 45,10; 신명 4,9 참조).

129,1. 이 시편의 시작은 3편의 시작과 유사하다. 여기에 사용된 동사들은 억압, 포위 또는 후퇴의 군사적 상황들을 암시할 수 있다(2사무 1,22; 예레 46,5 참조). 기도자는 자신의 고통을 개인적인 전쟁과 같이 해석한다.

129,3. 고랑을 낸 밭의 표상은 주인에게 맞은 종의 등에 남은 흔적을 잘 나타낸다.

129,4. "밧줄"에 관하여, 2,3의 주 참조.

2 네 손으로 벌어들인 것을 네가 먹으리니
너는 행복하여라, 너는 복이 있어라.
3 네 집 안방에는 아내가
풍성한 포도나무 같고
네 밥상 둘레에는 아들들이
올리브 나무 햇순들 같구나.
4 보라, 주님을 경외하는 사람은
이렇듯 복을 받으리라.
5 주님께서는 시온에서 너에게 복을 내리시어
네 평생 모든 날에
예루살렘의 번영을 보며
6 네 아들의 아들들을 보게 하시리라.

이스라엘에 평화가 있기를!

129

(128) 1 [순례의 노래]

이스라엘은 이렇게 말하여라.
내가 젊어서부터 그들은 나를 많이도 괴롭혔네.
2 내가 젊어서부터 그들은 나를 많이도 괴롭혔네.
그러나 나를 이겨 내지는 못하였네.
3 밭 가는 자들이 내 등을 갈아
고랑을 길게 내었네.
4 주님은 의로우신 분
악인들의 밧줄을 자르셨다.
5 시온을 미워하는 자들은

129,3 이사 9,3.

✠ 주님의 축복으로 평화를 누리는 의인의 가정에 대한 지혜문학적 기도와 묵상으로, 4주간 목요일 낮기도 때 기도한다. 126편과 127편과 함께 매일 구시경의 보충 시편 기도로 정해져 있다. 128(127)편의 1-5절은 가해 성가정 축일 화답송이다. 혼인 예식 화답송으로 "행복하여라, 주님을 경외하는 모든 사람! 보라, 주님을 경외하는 사람은 복을 받으리라." 등의 후렴들과 함께 사용된다.

128,3. "풍성한 포도나무"의 표상은 성경 밖의 신화들에서 나온 것이다. 이 신화들에서 어머니 여신들은 포도밭으로 표현된다. 이스라엘은 이 표상을 약속된 땅에(신명 8,8 참조), 메시아 시대의 축복에(즈카 8,12-13 참조), 그리고 지혜에(집회 24,17 참조) 적용시킨다.

129(128). "순례의 노래"에 포함된 이 저주시편은 첫 구절과(1ㄴ절) 마지막 구절에서(8절) 알 수 있듯이 전례에서 사용하던 것이다. 기도자는 아마도 이스라엘을 대변하면서, 자신의 삶에 깊은 흔적을 남긴 억압들을 기억한다(1-3절). 그러나 하느님께서 개입하시어(4절) 당신 백성을 해방시키셨다. 이제 그는 원수에 대한 저주를 하느님의 의로우신 심판에 맡긴다. 원수는 말라서 곧 불태워질 풀에 비유된다(5-8절).

✠ 시련과 불의한 억압 속에서 기도자는 주님께서 함께하시며 정의롭게 개입하심을 체험한다. 이러한 의미에서 4주간 목요일 낮기도 때 기도하며, 후렴은 4절이다.

모두 부끄러워하며 뒤로 물러가리라.
6 그들은 지붕 위의 풀처럼 되리라.
뽑기도 전에 시들어 버리고
7 낫질하는 이의 손도,
거두는 이의 품도 채우지 못하는 풀처럼 되리라.
8 지나가는 이들은 아무도
"주님의 복이 너희에게 있기를!" 하고 말하지 마라.

"우리는 주님의 이름으로 너희에게 축복한다."

130

(129) 1 [순례의 노래]

주님, 깊은 곳에서 당신께 부르짖습니다.
2 주님, 제 소리를 들으소서.
제가 애원하는 소리에
당신의 귀를 기울이소서.
3 주님, 당신께서 죄악을 살피신다면
주님, 누가 감당할 수 있겠습니까?
4 그러나 당신께는 용서가 있으니
사람들이 당신을 경외하리이다.

5 나 주님께 바라네.
내 영혼이 주님께 바라며
그분 말씀에 희망을 두네.
6 파수꾼들이 아침을 기다리기보다
파수꾼들이 아침을 기다리기보다

130,2 다니 9,19.

130(129). 가장 유명한 참회시편들 가운데 하나로, 그리스도교 전례에서도 그렇게 수용되었다. 아마도 예식에서 사제가 이스라엘 전체의 이름으로 선포했을 것이다. 깊은 영성이 들어 있는 시편으로, 자신이 범한 죄를 진심으로 아파하는 마음에서 탄원이 솟아나온다(1-3절). 이 탄원은 좌절을 가져오는 것이 아니라 모든 죄를 능가하는 하느님 자비와 용서를 신뢰하며 자신을 내맡기는 계기가 된다(4-8절).

✠ 라틴어 첫 구절(De profundis)로 알려진 시편이다. 그 첫 구절은 구원이 없는 깊은 심연을 가리키며, 여기에서 용서를 청하는 기도가 나온다. 이 시편은 일곱 개의 참회시편 가운데 하나이다(6; 32; 38; 51; 102; 143편과 함께). 구원이라는 주제가 들어 있어(8절) 4주간 주일 제1저녁기도 때 기도한다(후렴은 6ㄴ.7ㄱ절이다). 성탄 제2저녁기도와(7절에서 취한 후렴은 하느님께서 인류에게 베푸신 자비와 구원을 이날에 찬양한다) 주님 탄생 예고 대축일인 3월 25일 제2저녁기도 때에도 기도한다(이날의 후렴은 루카 1,30-32에서 취한 것으로, 천사가 마리아에게 한 말을 이 기도의 탄원에 대한 응답으로 해석한다). 수요일 끝기도에서도 하느님 자비를 기다리는 탄원을 표현하며, 아침을 기다리는 파수꾼의 갈망으로 이를 나타낸다(6절). 가해 사순 제5주일 화답송으로 읽는다. 위령 성무일도에서는 3절을 후렴으로 하여 기도하며, 상장 예식에서는 위령 기도로, 장례 예식에서는 화답송으로 쓰인다. 3-4절은 연중 제28주일 입당송이며 7절은 연중 제20주일 영성체송이다.

129,8-9. 축복이 이스라엘과 올바른 이들의 몫이라면(1,1의 주 참조), 저주는(여기서는 축복하지 않는 것으로 표현된다) 원수들과 악인들의 몫이다(1사무 26,19; 시편 37,22; 119,21; 집회 33,12; 마태 25,41 참조).

130,2. 이 표현은 하느님께서 탄원을 들으시고 용서를 베풀 수 있으심을 나타낸다.

130,3. "감당하다"라는 히브리어 동사는 76,8과 147,17에 가까운 의미를 갖는다.

130,5-6. 첫 구절에서 "주님"은 호격으로 볼 수도 있고("주님, 저는 바랍니다.") 목적어로 볼 수도 있다("나 주님께 바라네."). 그리스어 번역본과 (새) 대중 라틴말 성경을 따라 "희망을 두네."를 6절과 연결하고 "그분 말씀"을 "바라네"의 목적어로 보아 "내 영혼이 그분 말씀을 바라며 내 영혼이 주님께 희망을 두네."로 번역할 수도 있다.

130,6. 시간 표시는("아침") 새날이 밝아오는 것과 하느님 은총의 때를 연결시킨다(57,9; 108,3; 집회 4,12 참조).

내 영혼이 주님을 더 기다리네.
7 이스라엘아, 주님을 고대하여라,
주님께는 자애가 있고
풍요로운 구원이 있으니.
8 바로 그분께서 이스라엘을
그 모든 죄악에서 구원하시리라.

131

(130) 1 [순례의 노래. 다윗]

주님, 제 마음은 오만하지 않고
제 눈은 높지 않습니다.
저는 거창한 것을 따라나서지도
주제넘게 놀라운 것을 찾아 나서지도 않습니다.
2 오히려 저는 제 영혼을
가다듬고 가라앉혔습니다.
어미 품에 안긴 젖 뗀 아기 같습니다.
저에게 제 영혼은 젖 뗀 아기 같습니다.

3 이스라엘아, 주님을 고대하여라,
이제부터 영원까지.

132

(131) 1 [순례의 노래]

주님, 다윗을 위하여
그의 모든 노고를 기억하소서.
2 그가 어떻게 주님께 맹세하고

131,2. 첫 구절은 맹세의 형식인 "가다듬지 않는다면" 또는 "가다듬고 가라앉히지 않았다면"으로 되어 있다. "저에게 제 영혼은"은 42,6.7에 가까운 표현으로, 내적 평온함을 가리킨다.

131,3. "고대하여라" 이 히브리어 동사는 자주 "바라다"를 뜻한다. 여기서는 매우 유사한 구절인 130,7과 같이 "고대하여라"로 옮겼다.

132,1. "노고" 이 히브리어 단어는 수고와 고통을 가져오는 어려움들(119,71 참조)을 나타내지만, 당해야 하는 수치를 가리키기도 한다. 아마도 다윗이 골리앗과 싸울 때(1사무 17) 또는 사울의 미움을 받을 때(1사무 18장) 겪은 어려움들을 암시한다.

132,2.5. "야곱의 장사" 야곱의 강하신 분이라는 뜻의 이 시적 표현은 주님의 호칭 중 하나였다(창세 49,24; 이사 1,24; 49,26; 60,16 참조).

131(130). 이 짧고 감미로운 신뢰시편에서 시편 저자는 자신의 마음과 정신을 하느님 앞에 내려놓는다. 그는 대단한 일이나 안전이나 성공을 바라지 않는다(1절). 젖을 떼었으나 아직 어머니와 깊이 결합되어 있는 아기의 표상은(2절) 하느님과 믿는 이의 영혼 사이의 유대를 서정적으로 표현한다. 여기서 나오는 평화는 기도자에게, 모든 이들에게 하느님만을 찾으라고 권고하게 한다(3절).

✠ 아기가 어머니 팔에 자신을 내맡기는 것은 기도를 통하여 하느님 안에서 쉬려 하는 현인을 비추어 준다. 이 시편은 1주간 토요일 독서기도에서 "하늘나라에서 가장 위대한 사람은 자신을 낮추어 어린이와 같이 되는 사람이로다."(마태 18,4 참조)라는 후렴과 함께 기도하고, 3주간 화요일 저녁기도 때에는 예수님 말씀으로 감도된 유사한 후렴과 함께 기도한다. "어린이와 같이 되라. 그렇지 않고서는 결코 하늘나라에 들어가지 못하리라."(루카 18,17; 마르 10,15 참조)

132(131). 성전으로 올라갈 때 또는 시온의 성전에서 행렬할 때 순례자들은 이스라엘 신앙의 근본이 되는 두 가지 사건을 기억한다. 그 첫째는 하느님께서 시온에 머물기로 선택하신 것인데(1-10절), 이는 역사적으로 다윗이 궤를 예루살렘으로 옮겨 오는 것으로 표현된다(2사무 6장 참조). 둘째는 하느님께서 임금에게 굳건한 왕국과 길이길이 후손을 주기로 하신 약속이다(11-12절). 전례적 성격의 이 찬양시편의 세 번째 부분은 신탁의 형태로 주님께서 당신 거처에 머무시는 것과 연관된 축복들을 선포한다(13-18절).

야곱의 장사께 서원하였는지를.
3 "내 집 천막에 들지 않으리라.
내 침상에 오르지 않으리라.
4 내 눈에 잠도,
내 눈가에 졸음도 허락하지 않으리라,
5 내가 주님께 자리를,
야곱의 장사께 거처를 찾아 드릴 때까지."

6 보라, 우리는 에프라타에서 그것을 듣고
야아르의 들에서 그것을 찾았네.
7 우리 그분 거처로 들어가
그분의 발판 앞에 엎드리세.

8 주님, 일어나시어 당신의 안식처로 드소서.
당신께서, 당신 권능의 궤와 함께 드소서.
9 당신의 사제들은 의로움으로 옷 입고
당신께 충실한 이들은 환호하게 하소서.
10 당신의 종 다윗을 보시어
당신의 기름부음받은이의 얼굴을 물리치지 마소서.

11 주님께서 다윗에게 맹세하셨으니
돌이키지 않으실 진실이라네.
"나는 네 몸의 소생을
네 왕좌에 앉히리라.
12 네 아들들이 내 계약을,
그들에게 가르칠 내 법을 지킨다면
그들의 아들들도 길이길이
네 왕좌에 앉으리라."
13 정녕 주님께서는 시온을 선택하시고
당신 처소로 원하셨네.
14 "이는 길이길이 내 안식처
내가 이를 원하였으니 나 여기에서 지내리라.
15 그 양식에 내가 풍성히 복을 내려
그 불쌍한 이들을 빵으로 배불리리라.

132,6. 야아르는 키르얏 여아림 지역으로, 궤가 예루살렘으로 옮겨지기 전에 있던 곳이다.

132,8. "주님, 일어나시어" 다른 본문에서도 나타나는 환호이다(3,8; 7,7; 9,20; 10,12 참조). 모세는 궤(그리고 그 위에 앉아 계신 주님)를 향하여 이렇게 말하며 백성을 원수에게서 지켜 주시기를 청한다(민수 10,35; 또한 2역대 6,41 참조).

132,11. "돌이키지 않으실" 상당히 자구적인 번역이다. "철회하지 않으실"로 옮길 수 있다.

132,12. "내 계약을… 지킨다면." 동사 '사마르'의 번역에 관하여, 119,9와 121,3-5.7-8의 주 참조.

132,6 1역대 13; 2역대 1,4. 132,8-10 2역대 6,41-42.

✠ 시편에 언급된 제의적 주제들, 곧 하느님께서 다윗에게 하신 약속, 하느님과 그분께서 머무시는 궤가 이스라엘인들 사이에 자리 잡는 것은 기도하는 교회를 비추어 준다. 1주간 토요일 독서기도에서 이 시편을 기도하며, 이를 해석해 주는 후렴은 "주님은 다윗에게 맹세하시며, 그의 왕국을 영원히 굳히셨도다."이다. 이 약속의 종말론적 의미가 저녁 시간에 잘 맞으므로, 3주간 목요일 저녁기도에서 두 단락으로 구분하여 기도한다. 첫 번째 후렴은 9ㄴ절에서 취한 "주여, 당신이 계신 곳에 들어가는 성도들은 춤추며 즐기게 하소서."이며, 두 번째 후렴은 13절이다. 9절은 목자 공통 입당송이다.

132,18. "수치로 옷 입히지만" 히브리어 동사의 일반적 의미를 따른 번역이다. 숙어적 표현으로 "수치로 덮이지만"이라고 번역할 수도 있다(35,26; 욥 8,22 참조). "왕관이 빛나리라."는 자구적으로는 "그의 왕관이 꽃피리라."이다. 이 구절은 하느님께서 모세에게 명하신 대로 사제 축성을 위해 왕관에 붙였던 금으로 된 패를 가리키는 것으로 보인다(탈출 28,36; 39,30 참조; 또한 2사무 1,10; 2열왕 11,12; 시편 89,40 참조).

133,1. "좋고" 이에 해당하는 히브리어 형용사는 "좋은, 바람직한, 아름다운, 귀한, 선한" 등 여러 뜻을 지닌다(창세 1,4.10.12.18.21.25.31 참조).

16 그 사제들을 내가 구원으로 옷 입히리니
그 충실한 이들이 춤추며 환호하리라.
17 그곳에서 내가 다윗에게 뿔이 돋게 하고
나의 기름부음받은이에게 등불을 갖추어 주리라.
18 그의 원수들은 내가 수치로 옷 입히지만
그의 머리 위에는 왕관이 빛나리라."

133

(132) 1 [순례의 노래. 다윗]

보라, 얼마나 좋고 얼마나 즐거운가,
형제들이 함께 사는 것이!
2 머리 위의 좋은 기름 같아라.
수염 위로,
아론의 수염 위로 흘러내리는,
그의 옷깃 위에 흘러내리는 기름 같아라.
3 시온의 산들 위에 흘러내리는
헤르몬의 이슬 같아라.
주님께서 그곳에 복을 내리시니
영원한 생명이어라.

134

(133) 1 [순례의 노래]

이제 주님을 찬미하여라,
주님의 모든 종들아
밤 시간에
주님의 집에 서 있는 이들아.

133,2 탈출 30,22-33.

133(132). 이 짧은 순례시편은 형제들의 소중한 일치를 찬양한다. 그 일치는 사제를 축성하는 기름과 같이 하느님 마음에 들며(1-2절), 유다의 마른 땅에서 산의 싱그러운 이슬과 같은 축복이다(3절).

✠ 형제애는 주님께서 기뻐하시는 것이며, 마음을 즐겁게 하고 기도가 생겨나게 한다. 이 시편은 4주간 금요일 낮기도 때 기도한다. 후렴은 "그 많은 신도들이 다 한마음 한뜻이 되었도다."이다(사도 4,32 참조). 수도 서원 예식에서는 종신 서원한 이가 수도회에 결합됨을 표현하는 형제적 포옹 때 이 시편으로 노래하도록 되어 있다.

134(133). 이 짧은 전례적 시편은 열다섯 편의 "순례의 노래" 모음집을 끝맺는다. 하루를 마치는 시간에 순례자들을 위한 성전의 예식이 끝을 맺는다. 사제들은 백성을 보내기 전에 그들을 축복한다(3절). 신자들은 떠나가지만, 성전의 거룩한 구역 안에 살며 기도로 밤을 보내는 봉사자들을 통하여 그들의 찬송은 계속된다(1-2절).

✠ 1절로 인하여 전통적으로 끝기도 때 기도했다(4; 31,2-6; 91편과 함께). 지금도 대축일 제1저녁기도 끝기도 때 이 시편을 기도한다. 본래의 제의적 배경을 고려하여 하루를 마치고 주님을 생각하면서 밤의 휴식을 취하는 교회의 축복으로 이해할 수 있다.

2 성소를 향하여 손을 들고
주님을 찬미하여라.
3 하늘과 땅을 만드신 주님께서
시온에서 너에게 복을 내리시리라.

135

(134) 1 할렐루야!
찬양하여라, 주님의 이름을.
찬양하여라, 주님의 종들아.
2 주님의 집에 서 있는 이들아.
우리 하느님의 집 앞뜰에 서 있는 이들아.
3 주님을 찬양하여라, 주님께서는 좋으시다.
그 이름에 찬미 노래 불러라, 그 이름 감미로우시다.
4 주님께서 야곱을 당신 것으로,
이스라엘을 당신 소유로 선택하셨다.
5 정녕 나는 아네, 주님께서 위대하심을
우리 주님께서 모든 신들보다 뛰어나심을.
6 주님께서는 마음에 드시는 것은 무엇이나
하늘에서도 땅에서도,
바다에서도 해심에서도 이루신다.
7 땅끝에서 구름을 올라오게 하시는 분.
번개로 비를 만드시고
바람을 그 곳집에서 끌어내시는 분.
8 사람에서 짐승에 이르기까지
이집트의 맏배들을 치신 분.
9 파라오와 그의 모든 종들을 거슬러
이집트야, 네 한가운데로 표징과 기적들을 보내셨다.
10 수많은 민족들을 치시고
힘 있는 임금들을 죽이신 분.
11 아모리 임금 시혼과
바산 임금 옥과

134,2. "성소를 향하여 손을 들고" 성소(자구적으로는 "거룩한 것")는 성전의 가장 안쪽으로, 계약의 궤가 있는 곳이었다(탈출 26,33; 28,35; 레위 16,2 참조). 신자는 이 성소를 향하여 기도하곤 했다(65,5 참조).

135,2. "주님의 집에 서 있는 이들아." 84,5에서와 같이 성전에 머물렀던 예식의 봉사자들(1사무 1-3의 엘리와 사무엘 참조) 또는 기도하며 남아 있는 신자들을 암시한다.

135,4. "소유"는 히브리어 '스굴라'의 번역이다. 이 단어는 계약의 언어에 속하며, 이스라엘과 그 하느님 사이의 각별한 관계를 지칭한다(탈출 19,5; 신명 7,6; 14,2; 26,18; 말라 3,17 참조).

135,7. 여기서 시편 저자는 예레 10,13을 거의 그대로 인용하면서 우상들을 논박한다. 그 신들의 무력함(16절)을 드러내면서 우주에 대한 하느님의 통치를 선언한다.

135,6 잠언 8,22-31; 지혜 9,9; 예레 10,12. 135,11 민수 21.

135(134). 처음과 마지막의 할렐루야, 찬양 권고(1-3절), 그리고 주님을 찬미하라는 마지막 권고에서(19-21절) 알아볼 수 있듯이 전례적인 찬양시편이다. 찬양의 동기들은 시편들과 구약의 다른 본문에서 자주 나타나며, 저자는 여기서 풍부한 동기들을 이끌어 낸다. 무엇보다 먼저 하느님께서 이스라엘을 선택하심(4절), 하느님께서 창조 안에서(5-7절), 그리고 구원의 역사 안에서(8-14절) 드러내시는 그분의 능력이 찬양의 동기가 된다. 이방 우상들에 대한 논박도 빠지지 않는다. 이들의 무력함은 주님의 위대한 업적들과 대조되어 더욱 분명해진다(15-18절).

시편 전체의 찬양적 성격으로 인하여 1-12절은 4주간 월요일 아침기도 때 세 번째 시편으로 기도한다. 후렴은 1ㄱ.2절에서 취한 것이다. 이 시편 전체를 3주간 금요일 저녁기도 때 5.19절에서 취한 후렴과 함께 기도한다.

가나안의 모든 왕국들을.
12 이들의 땅을 재산으로 주셨다.
당신 백성 이스라엘에게 재산으로 주셨다.

13 주님, 당신의 이름은 영원하시고
주님, 당신에 대한 기억은 대대에 이릅니다.

14 주님께서는 당신 백성의 권리를 되찾아 주시고
당신 종들을 가엾이 여기시기 때문일세.
15 민족들의 우상들은 은과 금
사람의 손이 만들어 낸 것들.
16 입이 있어도 말을 못하고
눈이 있어도 보지 못하며
17 귀가 있어도 듣지 못하고
그 입에는 숨조차 없으니
18 그것들을 만드는 자들도 신뢰하는 자들도
모두 그것들과 같다네.
19 이스라엘 집안아, 주님을 찬미하여라.
아론 집안아, 주님을 찬미하여라.
20 레위 집안아, 주님을 찬미하여라.
주님을 경외하는 이들아, 주님을 찬미하여라.
21 예루살렘에 거처하시는 분
주님께서는 시온에서 찬미받으소서.
할렐루야!

136

(135) 1 주님을 찬송하여라, 좋으신 분이시다.
주님의 자애는 영원하시다.
2 신들의 신을 찬송하여라.
주님의 자애는 영원하시다.
3 주님들의 주님을 찬송하여라.
주님의 자애는 영원하시다.
4 홀로 큰 기적들을 일으키신 분을.

135,13. "대대에"에 관하여, 89,2.5의 주 참조

135,14. 이 구절은 신명 32,36의 뒷부분과 같다. 히브 10,30 참조

135,15. "은과 금" 1사무 6,4-5에서는 어떤 상들을 "만든다"는 것을 언급한다. 이들은 우상을 본떠 금속으로 부어 만든 상들이다(민수 33,52 참조). 나무로 된 상에 금속을 씌울 수도 있었다(판관 17-18장 참조). "민족들"에 관하여, 9,16.18.20.21의 주 참조.

135,19-20. "이스라엘 집안"은 선택된 백성이며, 성전의 신자들을 나타낸다. "아론 집안"은 사제들이다. 아론은 첫 대사제이며 사제 집안의 조상이었다. "레위 집안"은 사제들과 예식을 수행하는 모든 이들을 지칭한다.

136,1. 이 구절은 106,1(106,1의 주 참조); 107,1; 118,1과 동일하다. "영원하시다."로 번역된 히브리어 '르올람'은 시작도 끝도 없는 영원을 가리킬 수 있지만, 철회될 수 없는 것, 곧 미래 세대들에 반복될 것을 가리킬 수도 있다.

136,2. "신들의 신"이라는 표현은 다른 신들에 대한 주님의 우위를 선언한다(신명 10,17; 다니 2,47 참조).

135,19 탈출 29; 레위 8; 집회 45,6-22.

136 (135). 탁월한 의미의 찬양시편이다. "대 할렐"이라고 불리고 파스카 축제 때 사용되며, 하느님 사랑을 열거하는 장엄한 노래이다. 각 절에서 주님께서 이루신 놀라운 일들을 선포한 다음 반복되는 회중의 응답이("주님의 자애는 영원하시다.") 이를 증언해 준다. 도입에서 세 차례에 걸쳐 하느님께 감사하며 그분을 찬송하도록 초대한 다음(1-3절), 하느님의 위대한 업적들을 기억한다. 여기 포함된 것은 하늘·땅·바다 세 영역을 대칭적으로 언급함으로써 표현된 창조물의 질서(4-9절), 이집트에서 해방과 이에 수반된 기적들(10-16절), 약속된 땅을 정복할 때 이스라엘 원수들의 멸망이다(17-22절). 마지막 절들은 하느님께 받은 은혜들을 요약하며 하느님께서 매일 당신 백성에게 베푸시는 은혜들을 기억한다(23-26절).

주님의 자애는 영원하시다.
5 슬기로 하늘을 만드신 분을.
주님의 자애는 영원하시다.
6 땅을 물 위에 펼쳐 놓으신 분을.
주님의 자애는 영원하시다.
7 커다란 빛들을 만드신 분을.
주님의 자애는 영원하시다.
8 낮을 다스리라 해를 만드신 분을.
주님의 자애는 영원하시다.
9 밤을 다스리라 달과 별들을 만드신 분을.
주님의 자애는 영원하시다.
10 이집트의 맏배들을 치신 분을.
주님의 자애는 영원하시다.
11 이스라엘을 그들 가운데에서 이끌어 내신 분을.
주님의 자애는 영원하시다.
12 강한 손과 뻗은 팔로.
주님의 자애는 영원하시다.
13 갈대 바다를 둘로 가르신 분을.
주님의 자애는 영원하시다.
14 이스라엘을 그 가운데로 지나가게 하셨다.
주님의 자애는 영원하시다.
15 파라오와 그의 군대를 갈대 바다에 처넣으셨다.
주님의 자애는 영원하시다.
16 사막에서 당신 백성을 인도하신 분을.
주님의 자애는 영원하시다.
17 큰 임금들을 치신 분을.
주님의 자애는 영원하시다.
18 뛰어난 임금들을 죽이셨다.
주님의 자애는 영원하시다.
19 아모리 임금 시혼을.
주님의 자애는 영원하시다.
20 바산 임금 옥을 죽이셨다.
주님의 자애는 영원하시다.
21 이들의 땅을 상속 재산으로 주셨다.
주님의 자애는 영원하시다.

✠ 반복되는 찬송과 함께 엮은, 창조주이시며 이집트에서 이스라엘을 구원하신 하느님께 대한 감사의 시편이다. 기도하는 교회는 그리스도 안에서 이루어진 새로운 창조와 파스카에 비추어 이 시편을 자기 것으로 받아들였다. 2주간 토요일 독서기도와 4주간 월요일 저녁기도 때 기도한다. 1-9.13-14.16.25-26절은 고해성사 예식에서 감사시편으로 정해져 있다.

136,6. "펼쳐 놓으신 분" 이사 42,5과 44,24에서는 하느님의 창조 활동 묘사에 이와 동일한 표상이 사용된다.

136,8-9. "낮을 다스리라… 밤을 다스리라" 여기 사용된 히브리어 단어가 보통 지니는 "정치적" 의미를 보존한다. 이 단어는 영토에 대하여 권위를 행사함을 가리킨다(예를 들어 창세 1,16; 시편 103,22 참조).

136,11. "이끌어 내신 분" 히브리어 동사의 의미는 "나가게 하다"이며, 이집트 탈출을 묘사하는 데 일반적으로 사용된다.

136,16. "당신 백성을 인도하신 분" 당신 백성을 앞서 가시는 하느님의 표상은 이집트 탈출의 체험에서 특징적으로 나타난다. 이 사건들에 대한 신명기의 묵상에서, 오직 주님께서 이스라엘을 이끄셨다는 것은 우상들에 대한 그분의 우위를 확인해 준다(신명 32,12 참조).

22 당신 종 이스라엘에게 상속 재산으로 주셨다.
주님의 자애는 영원하시다.
23 우리가 비천할 때 우리를 기억하셨다.
주님의 자애는 영원하시다.
24 원수들에게서 우리를 해방시키셨다.
주님의 자애는 영원하시다.
25 모든 육신에게 빵을 주시는 분을.
주님의 자애는 영원하시다.
26 하늘의 하느님을 찬송하여라.
주님의 자애는 영원하시다.

136,25. 사람과 동물들의 배고픔을 풀어 주시는 하느님이라는 주제는 시편집에서 자주 나타난다(104,27-28; 145,15; 147,9 참조).

137

(136) 1 바빌론 강 기슭
거기에 앉아
시온을 생각하며 우네.
2 거기 버드나무에
우리 비파를 걸었네.
3 우리를 포로로 잡아간 자들이
노래를 부르라,
우리의 압제자들이 흥을 돋우라 하는구나.
"자, 시온의 노래를 한 가락
우리에게 불러 보아라."
4 우리 어찌 주님의 노래를
남의 나라 땅에서 부를 수 있으랴?
5 예루살렘아, 내가 만일 너를 잊는다면
내 오른손이 말라 버리리라.
6 내가 만일 너를 생각 않는다면
내가 만일 예루살렘을
내 가장 큰 기쁨 위에 두지 않는다면
내 혀가 입천장에 붙어 버리리라.

7 주님, 에돔의 자손들을 거슬러
예루살렘의 그날을 생각하소서.

137,1. "바빌론강" 아마도 도시와 그 주변을 가로지르던 수로들을 뜻한다.

137,5. 성경 언어에서 잊는다는 것은 자주 모든 관계를 끊음을 의미한다. 다른 현대어 성경들은 "내 오른손이 말라 버리리라." 대신에 "내 오른손이 나를 잊어버리리라." 혹은 "내 오른손이 자기 능력을 잊어버리리라."라고 번역하기도 한다.

137,7. "허물다"로 번역된 단어는 도시의 기초가 드러나도록 파괴함을 뜻한다(에제 13,14; 미카 1,6 참조).

137,5 신명 8,19; 예레 18,15. 137,6 119,14.

137(136). 이 시편의 어조는 탄원이지만, 그 원인은 현재의 억압이 아니라 유배의 수치에 대한 고통스러운 기억이다. 시편 저자는 우리를 바빌론 땅으로(1-2절), 조롱받은 그의 백성 가운데로 이끈다(3절). 이 백성은 향수를 품고 고향 땅과 이미 파괴된 거룩한 도성을 생각한다(4-6절). 마음속에는 미움과 전통적 동태복수법에 따른 복수심이 울린다(7-9절).

✠ 이 시편의 종말론적 주제는 저녁 시간을 비추어 준다. 이 시편은 (7-9절의 저주를 생략하고) 4주간 화요일 저녁기도 때 5절을 후렴으로 기도한다. 1-6절은 나해 사순 제4주일 화답송이다.

저들은 말하였습니다. "허물어라, 허물어라,
그 밑바닥까지!"

8 바빌론아, 너 파괴자야!
행복하여라, 네가 우리에게 행한 대로
너에게 되갚는 이!
9 행복하여라, 네 어린것들을 붙잡아
바위에다 메어치는 이!

138 (137) 1 [다윗]

제 마음 다하여 당신을 찬송합니다.
신들 앞에서 당신께 찬미 노래 부릅니다.
2 당신의 거룩한 궁전을 향해 엎드려
당신의 이름을 찬송합니다.
당신의 자애와 당신의 진실 때문이며
당신의 이름과 말씀을 만물 위로 높이셨기 때문입니다.
3 제가 부르짖던 날 제게 응답하시고
저를 당당하게 만드시어 제 영혼에 힘이 솟았습니다.
4 주님, 당신 입에서 나온 말씀을 들을 때
세상 임금들이 모두 당신을 찬송하게 하소서.
5 주님의 영광이 크시니
주님의 길을 노래하게 하소서.

6 주님께서는 높으셔도 비천한 이를 굽어보시고
교만한 자를 멀리서도 알아보신다.

7 제가 비록 곤경 속을 걷는다 해도
당신께서는 제 원수들의 분노를 거슬러 저를 살리십니다.
당신 손을 뻗치시어
당신 오른손으로 저를 구하십니다.
8 주님께서는 나를 위하여 이루시리라!

138,1. "신들 앞에서." 히브리어 전치사 '네겟'을 "…에 맞서"로 이해하여 "(다른) 신들이 아니라 (바로 당신께)"라고 번역하기도 한다. 다른 신들보다 주님께서 우월하시다는 암시적 이해를 표현한 번역이다. 그리스어 번역본과 (새) 대중 라틴말 성경은 "천사들 앞에서"로 해석한다(8,6; 89,7 참조).

138,2. "당신 이름과 말씀을 만물 위로"는 "당신의 모든 이름 위로 당신 말씀을"로 번역하기도 한다. "당신의 온갖 명성보다 당신의 약속을 더 위대하게 하셨습니다."라는 의미로 이해한 번역이다.

138,5. "주님의 길"은 주님께서 행하시는 놀라운 방식들을 가리킨다.

138,8. "이루시리라!" 히브리어 동사는 "완성하다, 끝마치다"의 의미도 지니고 있다. 57,3에서는 번역의 어려움으로 인해 생략되어 있다. 57,3 주 참조.

138,5 18,22; 판관 2,22; 2사무 22,22; 2역대 17,6; 호세 14,10.

138(137). 시편 저자는 주님에게서 그의 기대를 뛰어넘는 은총을 받았고, 감사하며 마음을 쏟아 놓는다(1-3절). 이 체험으로 하느님의 도우심에 대한 그의 믿음이 더욱 강해진다(7-8절). 가난한 이를 굽어보시는 하느님께 경탄하며, 세상의 모든 임금들을 찬양으로 초대한다(4-6절).

감사를 드리는 것은 하느님께서 가까이 계심을 체험한 하루를 마칠 때 어울린다. 이 시편은 4주간 화요일 저녁기도 때 (새) 대중 라틴말 성경에 따라 1절을 되풀이하는 후렴과 함께 기도한다. "내 하느님, 천사들 앞에서 당신께 노래하오리다." 1절은 하느님께 드리는 감사 미사의 영성체송이고, 1-6절은 성당과 제단 봉헌 예식에서 분향 때 사용한다.

주님, 당신의 자애는 영원하십니다.
당신 손이 빚으신 것들을 저버리지 마소서.

139,1. "저를 살펴보시어 아십니다." 시편 저자가 말하고 있는 상황은, 고발당한 사람이 의로움을 인정받기 위하여 사실을 깊이 아시는 유일한 심판자께 호소하는 상황일 수 있다. 17,3과 26,2에 직접 연결된다(예레 17,10 참조).

139,6. 형용사 "신비한"이 명사와 연결되어 있는데, 이 명사는 자주 하느님의 업적을 묘사하며 흔히 "기적"으로 번역된다(14절 및 98,1의 주 참조).

139,8. 하느님의 능력은 히브리 신앙에서 보통 생명의 희망이 없다고 여기는 장소인 저승에까지 이른다(6,6 참조). 이러한 내용은 주로 구약 성경의 가장 늦은 시기 본문들에서 확인된다(집회 16,18-19 참조).

139

(138) 1 [지휘자에게. 다윗. 시편]

주님, 당신께서는 저를 살펴보시어 아십니다.
2 제가 앉거나 서거나 당신께서는 아시고
제 생각을 멀리서도 알아채십니다.
3 제가 길을 가도 누워 있어도 당신께서는 헤아리시고
당신께는 저의 모든 길이 익숙합니다.
4 정녕 말이 제 혀에 오르기도 전에
주님, 이미 당신께서는 모두 아십니다.
5 뒤에서도 앞에서도 저를 에워싸시고
제 위에 당신 손을 얹으십니다.
6 저에게는 너무나 신비한 당신의 예지
너무 높아 저로서는 어찌할 수 없습니다.
7 당신 얼을 피해 어디로 가겠습니까?
당신 얼굴 피해 어디로 달아나겠습니까?
8 제가 하늘로 올라가도 거기에 당신 계시고
저승에 잠자리를 펴도 거기에 또한 계십니다.
9 제가 새벽놀의 날개를 달아
바다 맨 끝에 자리 잡는다 해도
10 거기에서도 당신 손이 저를 이끄시고
당신 오른손이 저를 붙잡으십니다.
11 "어둠이 나를 뒤덮고
내 주위의 빛이 밤이 되었으면!" 하여도
12 암흑인 듯 광명인 듯

139(138). 하느님이 지혜의 원천이시라는 것은 이스라엘 현인들의 근본 가르침들 가운데 하나였지만, 깊은 영성과 결합된 이렇게 아름다운 시로 그 사상이 표현된 경우는 드물다. 하느님의 전지하심에 대한 이 찬양시편은 창조주와의 친밀함을 전제한다. 창조주는 인간을 초월하면서 동시에 인간 존재의 모든 구석으로 들어오시는 현존이다(1-6절). 우주의 어느 구석도 하느님이 현존하지 않으시거나 그분께 감추어져 있는 곳은 없다(7-12절). 뛰어난 장인처럼 그분은 모태에서 피조물을 소중하게 엮으시고 그의 운명을 결정하신다(13-18절). 그러한 위대하심을 경멸하는 악인들은 하느님의 업적을 훼손한다. 그들은 멸망하는 편이 나을 것이다(19-22절). 한편 시편 저자는 언제나 하느님과 우정을 간직하는 것만을 바란다(23-24절).

지혜문학적 기도와 성찰, 실존적 질문들을 하느님 앞에서 되짚어본다. 이러한 시편은 어둠이 내릴 때의 침잠에 잘 어울린다(11-12절). 이러한 전망 안에서 (19-22절은 생략하고) 4주간 수요일 저녁기도 때 기도한다. 후렴이 그 의미를 부각시킨다. "주여, 나에게 보여 주신 당신의 지혜는 놀랍나이다." "나 주님은 그 마음을 꿰뚫어 보고 뱃속까지 환히 들여다보니, 누구나 그 행실을 따라 그 소행대로 갚아 주리라." 이 시편은 고해성사 예식 때 사용할 수 있다(1-18.23-24절).

어둠도 당신께는 어둡지 않고
밤도 낮처럼 빛납니다.
13 정녕 당신께서는 제 속을 만드시고
제 어머니 배 속에서 저를 엮으셨습니다.
14 제가 오묘하게 지어졌으니 당신을 찬송합니다.
당신의 조물들은 경이로울 뿐.
제 영혼이 이를 잘 압니다.
15 제가 남몰래 만들어질 때
제가 땅 깊은 곳에서 짜일 때
제 뼈대는 당신께 감추어져 있지 않았습니다.
16 제가 아직 태아일 때 당신 두 눈이 보셨고
이미 정해진 날 가운데
아직 하나도 시작하지 않았을 때
당신 책에 그 모든 것이 쓰였습니다.
17 하느님, 당신의 생각들이 제게 얼마나 어렵습니까?
그것들을 다 합치면 얼마나 웅장합니까?
18 세어 보자니 모래보다 많고
끝까지 닿았다 해도 저는 여전히 당신과 함께 있습니다.
19 오, 하느님, 당신께서 죄인을 죽이신다면!
피에 주린 사내들아, 내게서 물러가라!
20 이들은 당신을 두고 음흉하게 이야기하며
사악하게 당신을 거슬러 일어섭니다.
21 주님, 당신을 미워하는 자들을 제가 미워하지 않을 수
있겠습니까?
당신을 거역하는 자들을 제가 업신여기지 않을 수 있
겠습니까?
22 더할 수 없는 미움으로 그들을 미워합니다.
그들은 저에게 원수가 되었습니다.
23 하느님, 저를 살펴보시어 제 마음을 알아주소서.
저를 꿰뚫어 보시어 제 생각을 알아주소서.
24 제게 고통의 길이 있는지 보시어
저를 영원의 길로 이끄소서.

139,13. "속"으로 번역된 신장은 격정과 감정들이 있는 자리로 여겨졌다(7,10의 주 참조).

139,15. "짜일 때"라고 표현된 동사와 13절의 "엮으셨습니다." 동사 둘 다 옷감 등을 짜거나 엮는 행위를 일컫는다. 그러나 15절의 동사는 색깔 있는 실로 자수를 놓는 것과 같이 값비싼 옷에만 행해지던 장식이라는 뉘앙스가 덧붙는다.

139,24. "고통의 길"은 히브리어 본문의 가장 단순한 번역으로 보인다. 다른 주해자들은 여기서 이 히브리어 단어가 이사 48,5에서와 같이 우상을 가리킨다고 보아 "우상을 섬기는 길"이라고 옮긴다.

139,15 욥 1,21; 집회 40,1; 예레 20,17 139,24 예레 6,16; 18,15.

140 (139) 1 [지휘자에게. 시편. 다윗]

2 주님, 악한 사람에게서 저를 구하소서.
포악한 사내에게서 저를 보호하소서.
3 저들은 마음속으로 악을 꾀하고
날마다 싸움을 일으킵니다.
4 뱀처럼 혀를 벼리고
살무사의 독을 입술 밑에 품습니다. 셀라
5 주님, 악인의 손에서 저를 지키소서.
포악한 사내에게서 저를 보호하소서.
저들이 제 발걸음을 잡아 밀어뜨리려 꾀합니다.
6 거만한 자들이 덫을 숨겨 두고
그물처럼 줄을 펼쳐 놓았으며
저를 잡으려 길 옆에 올가미를 놓았습니다. 셀라
7 제가 주님께 아뢰니다. 당신은 저의 하느님.
주님, 제 애원의 소리에 귀를 기울이소서.
8 주 하느님, 제 구원의 힘이시여
당신께서는 전투의 날에 제 머리를 감싸 주셨습니다.
9 주님, 악인의 탐욕을 채워 주지 마시고
그의 음모가 이루어지지 못하게 하소서. 셀라
10 저를 둘러싼 자들이 머리를 쳐들지 못하게 하소서.
저들 입술의 재앙이 저들을 덮치게 하소서.
11 저들 위에 숯불이 내리고
저들이 급류에 떨어져 일어서지 못하게 하소서.
12 험담꾼은 이 세상에서 오래가지 못하고
포악한 사내는 악이 쫓아가 넘어뜨리게 하소서.
13 저는 압니다, 주님께서 가련한 이에게 정의를 베푸시고
불쌍한 이에게 권리를 되찾아 주심을.
14 정녕 의인들은 당신 이름을 찬송하고
올곧은 이들은 당신 앞에서 살리이다.

140,2. "구하소서."에 관하여, 79,9의 주 참조.

140,4. "살무사의 독" 고대에는 뱀이 혀로 독을 옮긴다고 생각했다. 우리말 성경에서 뱀은 간교함(창세 3,1), 악의와 중상의 상징이지만 또한 슬기의 상징이기도 하다(마태 10,16 참조). 여기서 "살무사"는 혀를 악하게 사용하는 것과 연관된 여러 범죄들을 나타내는 은유이다(창세 3,1 참조. 또한 시편 12,5의 주 참조).

140,6. "길 옆에" 우리말 성경에서는 그리스어 번역본과 (새) 대중 라틴말 성경을 따라 "길"을 이 절의 마지막 부분에 연결했다. 이를 둘째 행에 연결해 "길 옆에 그물처럼 줄을 펼쳐 놓았으며"로 옮기기도 한다. 사냥의 표상은 시편집에 자주 나타난다(25,15의 주 참조).

140,8. "제 머리를 감싸 주셨습니다." 자구적 번역이다. 하느님의 손이 투구 역할을 하여 보호해 주신다는 뜻으로, 기도자가 하느님에 대해 지니고 있는 개념을 확인해 준다(방패이신 하느님의 표상에 관하여, 3,4의 주 참조).

140,13. "가련한 이… 불쌍한 이"에 관하여, 70,6의 주 참조.

140(139). 140편은 탄원의 전통적 요소들을 모두 포함하고 있다. 첫머리에서 하느님을 부르고(2-3절), 악인들이 묘사되는데(4-6절) 특히 중상하는 말을 통해 이루어지는 악행들이 묘사된다(4.10.12절). 기도자를 보호해 주시기를 청하고(5-9절), 악인들을 벌하시기를 요청한다(9-12절). 하느님에게서 도우심이 올 것을 확신하며 신뢰를 표현하는 것으로 끝맺는다(13-14절).

매일의 위험 속에서 하느님께서 가까이 계심을 느끼고 그분을 부르는 기도는 인간의 활동을 비추어 준다. 이러한 의미에서 4주간 금요일 낮기도 때 기도한다(10-12절은 제외).

141

(140) 1 [시편. 다윗]

주님, 당신께 부르짖으니 어서 저에게 오소서.
제가 당신께 부르짖을 때 제 소리에 귀를 기울이소서.
2 저의 기도 당신 면전의 분향으로 여기시고
저의 손 들어 올리니 저녁 제물로 여겨 주소서.
3 주님, 제 입에 파수꾼을 세우시고
제 입술의 문을 지켜 주소서.
4 제 마음이 악한 일에 기울어
나쁜 짓 하는 사내들과 함께
불의한 행동을 하지 않게 하소서.
저들의 진미를 즐기지 않으오리다.
5 의인이 자애로 저를 때려도 저를 벌해도 좋습니다.
그것은 머릿기름, 제 머리가 마다하지 않으오리다.
저들의 악행을 거슬러 저는 늘 기도드립니다.
6 저들이 심판자들의 손에 떨어지면
제 말이 얼마나 좋은지 들어 알리이다.
7 누가 밭을 갈아 땅을 파헤쳤을 때처럼
저들의 뼈가 저승 어귀에 흩어지리이다.
8 정녕 주 하느님, 제 눈이 당신을 향합니다.
제가 당신께 피신합니다. 제 영혼을 쏟아 버리지 마소서.
9 저들이 쳐 놓은 덫에서,
나쁜 짓 하는 자들의 올가미에서 저를 지키소서.
10 제가 탈 없이 지나가는 동안
악인들은 자기들이 파 놓은 함정에 빠지게 하소서.

141,2. "분향으로 여기시고" 이 구절은 예루살렘 성전의 기도와 예식에서 영감을 얻는다. 2열왕 16,15에 언급된 저녁 제사를 보라(아하즈의 개혁: 또한 에즈 9.5; 다니 9,21 참조). 아침 제사는 민수 28,8(또한 4,16)에 언급된다. 향은 아침저녁으로 성전 안의 "성소"라는 부분에 세워진 제단 위에서 피워야 했다(탈출 30,6-9).

141,4. "제 마음이… 기울어… 않게 하소서." 이 동사는 시편 119,36에서와 같은 의미로 이해할 수 있다. 다른 해석으로는 "저의 마음이… 게 버려두지/허락하지 마소서."라는 뉘앙스로 이해할 수도 있다.

141,7. "밭을 갈아" 이 히브리어 동사는 "열다, 찢다, 분리하다, 상처를 내다"라는 뜻도 지니고 있다(욥 16,13; 잠언 7,23 참조).

141,2 이사 56,7.

141(140). 이 시편도 탄원시편으로, 경건한 이스라엘인을 적대시하는 악인들과 박해자들의 모습을 보여 준다. 그는 하느님께 피신하고(1.8절), 구약 성경의 관습에 따라 그는 원수들을 저주하며 그들이 멸망하기를 기원한다(7절). 독특한 점은 자신의 원수들이 범한 것과 같은 죄에 떨어지지 않도록 지켜 주시기를 청한다는 것이다. 그럴 때에만 그의 기도는 성전 제사의 향과 같이 하느님을 기쁘게 하는 것이 될 것이다(2절).

2절로 인하여 동방에서나 서방에서나 고대 전통부터 저녁 전례 때 기도한다. 십자가에서 그리스도께서 들어 올리신 손은 그분께서 완전한 기도자이심을 드러낸다. 그분은 저녁 시간에(오후 3시에 성전에서는 향 연기를 피우며 번제를 바쳤다) 당신 자신을 하느님께서 기뻐하시는 희생 제물로 봉헌하셨다. 그리스도를 본받아 그리스도교에서는 십자가 모양으로 팔을 벌리고 기도하는 관습이 시작되었는데, 이는 카타콤바의 프레스코화들과 교부들의 문헌에 나타나 있다(테르툴리아노, 『기도』, 14 등). 오늘날은 1주간 주일 제1저녁기도 때 기도한다(10절을 생략하고). 후렴은 2ㄱ절이다.

142,3. "근심을 쏟아붓고" 이 번역은 히브리어 동사("붓다")의 기본 의미를 따른 것이다. 또한 62,9의 주 참조. 102,1에도 같은 표현이 사용된다.

142,8. "제게 선을 베푸실 때" "제게 은혜를 베푸셨기에"로 번역된 13,6과 같은 표현이다.

143,1. 이 구절의 의미는 은총이나 호의를 요청하는 것이다. 다른 곳에서 이 동사들은 참회의 맥락에서 나타난다(2역대 6,21; 예레 3,21; 다니 9,3.17.18.23; 즈카 12,10 참조).

142

(141) 1 [마스킬. 다윗. 그가 굴에 있을 때 드린 기도]

2 큰 소리로 나 주님께 부르짖네.
큰 소리로 나 주님께 간청하네.
3 그분 앞에 내 근심을 쏟아붓고
내 곤경을 그분 앞에 알리네.

4 제 얼이 아뜩해질 때
당신께서는 저의 행로를 아십니다.
제가 다니는 길에
저들이 덫을 숨겨 놓았습니다.
5 오른쪽을 살피소서. 그리고 보소서.
저를 돌보아 주는 이 아무도 없습니다.
도망갈 곳 더 이상 없는데
제 목숨 걱정해 주는 이 아무도 없습니다.
6 주님, 당신께 부르짖으며
말씀드립니다. "주님은 저의 피신처
산 이들의 땅에서 저의 몫이십니다."
7 제 울부짖음을 귀여겨들으소서.
저는 너무나 허약하게 되었습니다.
뒤쫓는 자들에게서 저를 구하소서.
그들이 저보다 드셉니다.
8 제가 당신 이름을 찬송하도록
감옥에서 저를 빼내 주소서.
당신께서 제게 선을 베푸실 때
의인들이 저를 둘러싸리이다.

143

(142) 1 [시편. 다윗]

주님, 제 기도를 들으소서.
제 애원에 귀를 기울이소서.
당신의 성실함으로, 당신의 의로움으로 제게 응답하소서.

142,7 79,8. 142,8 이사 42,7; 루카 4,18

142(141). 사냥꾼들이 쳐 놓은 덫의 표상(4절)과 감옥의 표상(8절)은 원수들에게 가로막혀 있다고 느끼는 기도자의 마음 상태를 시각적으로 표현해 준다. 인간적인 관점에서 보면 도망칠 길이 없다(5절). 오직 하느님께서 들어 주시리라 믿으며 그분께 간절히 부르짖고(2-3.6-7절), 충실한 이들과 함께 감사의 찬미를 올릴 뿐이다(8절).

교회 전통은 이 시편을 그리스도의 수난과 부활에 적용했으며, 1주간 주일 제1저녁기도 때 기도한다. 후렴은 6절의 강렬한 탄원에서 취한 것이다.

2 당신의 종과 함께 법정으로 들지 마소서.
산 이는 누구도 당신 앞에서 의로울 수 없습니다.
3 원수가 저를 뒤쫓아
제 생명을 땅에다 짓밟고
영원히 죽은 이들처럼
저를 어둠 속에 살게 합니다.
4 제 얼이 속에서 아뜩해지고
제 마음이 안에서 얼어붙습니다.
5 제가 옛날을 회상하며
당신의 모든 업적을 묵상하고
당신 손이 이루신 일을 되새깁니다.
6 저의 두 손 당신을 향하여 펼치고
저의 영혼 메마른 땅처럼 당신께 향합니다. 셀라
7 어서 저에게 응답하소서, 주님.
제 얼이 다하여 갑니다.
당신 얼굴을 제게서 감추지 마소서.
제가 구렁으로 내려가는 이들과 같아지리이다.
8 당신을 신뢰하니
아침에 당신의 자애를 입게 하소서.
당신께 제 영혼을 들어 올리니
걸어야 할 길 제게 알려 주소서.
9 원수들에게서 저를 구하소서, 주님.
당신께 피신합니다.
10 당신은 저의 하느님
당신의 뜻 따르도록 저를 가르치소서.

143,3. "저를 어둠 속에 살게 합니다." 스올에서와 같은 외로움과 버려짐의 처지를 겪게 한다는 뜻이다.

143,4. 히브리어 '루아'는 "바람, 얼, 영"을 뜻할 수 있다.

143,8. "자애"에 관하여, 5,8.9와 13,6의 주 참조

143,9. "당신께 피신합니다." 히브리어 동사는 자구적으로 "저는 덮었습니다."를 뜻하지만 이해하기가 어렵다. 그래서 그리스어 번역본과 (새) 대중 라틴말 성경의 해석을 따랐다.

143,5 77,6.12-13; 집회 2,10.

143(142). 이 탄원시편은 죄와 인간의 약함을 강조하고 있어(1-2절) 그리스도교 예식에서 참회시편으로 여겨졌다. 시편 저자는 그에 대한 원수의 공격을 고발하고(3-4절), 하느님의 은혜로운 눈길을 간청하며 원수를 멀리해 주시기를 청하고, 또한 하느님께서 정의와 올바름을 향하여 사랑으로 이끌어 주시기를 청한다(5-12절). 143편은 그리스도교 전통의 일곱 개 참회시편들 가운데 마지막 시편이다(또한 6; 32; 38; 51; 102; 130편 참조). 서두에서는 모든 사람이 다 죄를 지었다고 명확하게 말한다. 이는 바오로에게 특히 중요한 주제이고, 그는 이 구절을 갈라티아서(2,16 참조)와 로마서(3,20 참조)에 반영했다. 탄원의 둘째 부분에서(7-12절) 긴장은 절정에 달한다. 시편의 표현으로 하느님께서 얼굴을 감추시면 인간은 무로 빠져들고 저승으로 내려가는 유령이 된다. 그러나 마지막에 도달하는 곳은 절망이나 파멸이 아니다. 기도자는 시련의 어둔 밤이 지나고 하느님께서 기도를 들어 주시는 전형적인 때인 "아침"이 되면 하느님께서 새벽빛이 밤을 몰아내듯이 고통의 어둠을 몰아내시리라는 것을 확신한다.

✠ 아침에 간절히 하느님을 부르는 8절을 후렴으로 하여(12절은 생략하고) 4주간 목요일 아침기도 첫 번째 시편으로 사용된다. 인간의 약함을 강조하고 있어 화요일 끝기도로도 정해져 있다. 성토요일 저녁기도 때에도 기도하는데, (6-8절이 환기시키는) 그 신비를 후렴에서 노래한다. "요나가 큰 바다 괴물의 뱃속에서 삼 주야를 지냈던 것처럼, 사람의 아들도 땅속에서 삼 주야를 보내리라." 이 시편은 고해성사 예식과 병자성사 예식 때 사용된다.

당신의 선하신 영이
저를 바른길로 인도하게 하소서.
11 주님, 당신 이름을 보시어 저를 살리소서.
당신의 의로움으로 제 영혼을 곤경에서 이끌어 내소서.
12 당신의 자애로 제 원수들을 멸하시고
제 영혼을 괴롭히는 자들을 모두 없애소서.
저는 당신의 종입니다.

144

(143) 1 [다윗]

나의 반석이신 주님께서는 찬미받으소서.
내 손에 전투를,
내 손가락에 전쟁을 가르치시는 분.
2 나의 힘, 내 산성
내 성채, 나를 구하시는 분
내 방패, 내가 피신하는 분
민족들을 내 밑에 굴복시키시는 분.

3 주님, 사람이 무엇입니까? 당신께서 이토록 알아주시다니!
인간이 무엇입니까? 당신께서 이토록 헤아려 주시다니!
4 사람이란 한낱 숨결과도 같은 것
그의 날들은 지나가는 그림자와 같습니다.
5 주님, 당신 하늘을 기울여 내려오소서.
산들을 건드리소서. 연기 뿜으리이다.
6 번개를 치시어 저들을 흩으소서.
당신 화살들을 보내시어 저들을 혼란에 빠뜨리소서.
7 높은 데에서 당신 손을 내뻗으시어
큰 물에서, 이방인들의 손에서
저를 구하소서, 저를 구출하소서.

144,1-2. "나의 반석… 나의 힘." 든든한 피신처이신 하느님의 표상과 임금과 동맹을 맺은 군주-전사이신 하느님의 표상이 결합된다. "힘"은 여기서 히브리어 '헤셋'의 번역이다(5,8.9와 13,6의 주 참조). 이 단어는 계약을 맺은 양편의 긍정적이고 호의적인 관계를 나타내므로 보통 "자애"로 번역된다(특히 인간에 대한 하느님의 관계). 그러나 여기서는 하느님의 호칭으로, 계약에 충실한 상대방이라는 의미를 띤다.

144,6. "번개를 치시어" 번개를 화살처럼 쏘시는 전사이신 하느님이라는 신화적 표상을 사용한다. "저들을 흩으소서." 목적어인 인칭 대명사는 기도자의 원수들, 7절에 언급된 이방인들을 가리키는 것으로 이해된다.

144,3 8,5; 또한 욥 7,17 참조. 144,6 아가 8,6.

144(143). 다른 시편들에서 나온 다양한 요소들이 모여 하느님의 은혜로운 개입을 묘사한다. 여기에는 두 측면이 있다. 한편으로는 임금에게 전투에서 승리를 주시고, 권능을 지니시고 하늘 높은 곳에서 내려오시어 원수에 맞선 동맹이 되어 주신다(1-11절). 다른 한편으로는 충실한 이들의 집을 온갖 축복으로 채워 주신다. 강건하고 절제가 있는 자녀들, 땅의 열매와 가축, 그리고 평화를 내려 주신다. 이렇게 위대하신 하느님의 보호를 받는 백성은 참으로 복되다(12-15절).

✠ 찬양으로 되어 있어 1-10절은 4주간 화요일 아침기도 마지막 시편으로 기도한다. 후렴은 9ㄱ절에서 취한 것이다. 또한 이 시편 전체를 4주간 목요일 저녁기도 때 2절, 15절을 후렴으로 기도한다.

8 저들의 입은 거짓을 말합니다.
저들의 오른손은 간계의 오른손입니다.
9 하느님, 제가 당신께 새로운 노래를 부르오리다.
열 줄 수금으로 당신께 찬미 노래 부르오리다.
10 당신은 임금들에게 구원을 베푸시는 분
당신 종 다윗을 구하시는 분이십니다.
11 악독한 칼에서 ○ 저를 구하소서.
이방인들의 손에서 저를 구출하소서.
저들의 입은 거짓을 말합니다.
저들의 오른손은 간계의 오른손입니다.

12 우리 아들들은 어릴 때부터
무성히 자라는 초목 같고
우리 딸들은 궁전 양식으로 다듬어진
모퉁이 기둥 같으리라.
13 우리 곳집들은 그득하여
갖가지 곡식을 대어 주리라.
우리 양 떼는 천 배로,
들에서 만 배로 불어나고
14 우리 소들은 살이 찌리라.
더 이상 성벽이 뚫리는 일도 사람들이 끌려가는 일도 없고
광장에서는 울부짖는 일도 없으리라.
15 행복하여라, 이렇게 되는 백성!
행복하여라, 주님을 하느님으로 모시는 백성!

145

(144) 1 [찬양가. 다윗]

(알렙) 저의 임금이신 하느님, 당신을 들어 높입니다.

144,8.11. "저들의 오른손은 간계의 오른손" 자구적 번역으로 거짓을 말하면서 오른손을 들어 맹세하는 것(또는 계약을 받아들이는 표지로 손을 내미는 것)을 말한다. 26,10 참조.

144,12-13. 두 가지 표상이 농업 세계와 도시 세계를 연상시킨다. "궁전"으로 번역된 히브리어 단어는 "성전"이라는 의미도 갖는다(1사무 1,9; 1열왕 6,3; 에즈 3,10; 시편 5,8; 138,2 참조). 하지만 그러한 해석은 문맥에 적절하지 않다(2역대 36,7 참조).

145(144). 이 시편의 머리글인 "찬양가"('트힐라')가 시편집 전체의 제목이 되었다('트힐림'). 시편집의 마지막 알파벳 시편으로(25편의 주해 참조), 주님께 대한 긴 찬양이다. 도입에서 찬양을 권고하고(1-2절), 마지막 절에서 다시 찬양을 권고하며, 시편 본문은(3-20절) 동방의 문체에 따라 하느님의 많은 호칭과 속성들을 열거한다. 하느님의 통치는 인간 역사 안으로 투사되고, 그 안에서 놀라운 일들을 이루며(3-6절) 하느님의 정의, 자비, 인내, 아량을 드러내신다(7-9절). 그러나 이 위대한 임금께서는 아버지의 자애로 모든 피조물들을 굽어보시며(9-10절), 그들을 먹이고 기르고 위험에서 구하신다(14-19절).

부활의 영광을 환호하며 그리스도를 향하는 교회의 목소리로 해석되어 3주간 주일 독서기도 때 기도한다. 후렴은 2.13절에서 취한다. 또한 4주간 금요일 저녁기도에서는 2.5ㄴ.15ㄱ.18ㄱ절로 그 의미를 강조하는 후렴들과 함께 기도한다. 8-13절은 다해 부활 제5주일 화답송이다. 이 시편은 견진 예식에서 사용할 수 있다. 2.9절은 혼인 예식의 입당송으로, 그리스도 안에서 서로 결합되는 이들의 감정을 말해 준다. 10-11절은 성인 공통 입당송이다.

영영세세 당신 이름을 찬미합니다.
2 (베트) 나날이 당신을 찬미하고
영영세세 당신 이름을 찬양합니다.

3 (기멜) 주님은 위대하시고 드높이 찬양받으실 분
그 위대하심은 헤아릴 길 없어라.

4 (달렛) 한 세대가 다음 세대에 당신 업적을 기리고
당신 위업을 전하리이다.
5 (헤) 사람들은 당신 엄위의 찬란한 영광을 이야기하고
저는 당신의 기적들을 노래하리이다.
6 (와우) 사람들은 당신의 경외로운 일들의 위력을 말하고
저는 당신의 위대하신 일들을 선포하리이다.
7 (자인) 사람들이 당신의 크신 선을 기억하고 알리며
당신의 의로움에 환호하리이다.

8 (헤트) 주님은 너그러우시고 자비하신 분
분노에 더디시고 자애가 크신 분.
9 (테트) 주님은 모두에게 좋으신 분
그 자비 당신의 모든 조물 위에 미치네.

10 (요드) 주님, 당신의 모든 조물이 당신을 찬송하고
당신께 충실한 이들이 당신을 찬미합니다.
11 (카프) 당신 나라의 영광을 말하고
당신의 권능을 이야기합니다,
12 (라멧) 사람들에게 당신의 위업과
당신 나라의 존귀한 영광을 알리기 위하여.
13 (멤) 당신의 나라는 영원무궁한 나라
당신의 통치는 모든 세대에 미칩니다.

{(눈) 주님께서는 그 모든 말씀에 참되시고
당신의 모든 조물에게 성실하시다.}
14 (사멕) 주님께서는 넘어지는 이 누구나 붙드시고
꺾인 이 누구나 일으켜 세우신다.
15 (아인) 모든 눈이 당신께 바라고
당신께서는 그들에게 먹을 것을 제때에 주십니다.
16 (페) 당신의 손을 벌리시어
모든 생물을 호의로 배불리십니다.

145,3. "헤아릴 길 없어라." 자구적 번역이며 새 대중 라틴말 성경도 이렇게 읽는다(잠언 25,3; 이사 40,28 참조). 인간의 능력으로는 조사하고 연구할 수 없음을 뜻한다. 그리스어 번역본과 대중 라틴말 성경은 "끝이 없어라."로 되어 있다.

145,5-6. 5절에서 히브리어 본문은 1인칭으로 된 동사 하나만 있고, 그리스어 번역본과 (새) 대중 라틴말 성경은 3인칭 복수로 된 동사가 두 개 있다. 6절에서 히브리어 본문은 (번역문과 같이) 3인칭 복수와 1인칭 단수가 교체되는데, 그리스어 번역본과 (새) 대중 라틴말 성경은 이를 무시하고 언제나 3인칭 복수형을 취한다. 고대 번역자들이 어려운 본문을 매끄럽게 만들었을 것이므로, 1인칭을 사용하는 것이 원문에 가까울 것이다.

145,8. "너그러우시고 자비하신 분"에 관하여, 103,8의 주 참조.

145,12. "위업" 이 히브리어 단어는 "힘, 권능"을 뜻하며 이 경우는 하느님의 "강력한 행위, 위대한 업적"을 뜻한다. 같은 단어가 4절에도 사용되었다.

145,13. 히브리어 자음 '눈'에 해당되는 이 구절의 후반부가 히브리어 본문에는 없다. 그러나 그리스어 번역본, (새) 대중 라틴말 성경, 한 쿰란 사본에 나타나므로 여러 저자들은 히브리 사본에서 필사자의 실수로 빠진 것으로 본다.

145,12 71,16.18. 145,16 105,40; 107,9.

145,11-13. 왕권이라는 상징은 시편집에 자주 나타난다(1절 참조). 하느님의 모든 행위들은 그분의 통치권 행사로 여겨진다.

17 (차데) 주님께서는 당신의 모든 길에서 의로우시고
모든 행동에서 성실하시다.
18 (코프) 주님께서는 당신을 부르는 모든 이에게,
당신을 진실하게 부르는 모든 이에게 가까이 계시다.
19 (레시) 당신을 경외하는 이들의 뜻을 채우시고
그들의 애원을 들으시어 구해 주신다.
20 (쉰) 주님께서는 당신을 사랑하는 이들을 모두 보호하시고
죄인들을 모두 멸하신다.
21 (타우) 내 입은 주님에 대한 찬양을 이야기하고
모든 육신은 그 거룩하신 이름을 찬미하리라,
영영세세.

146

(145) 1 할렐루야!
내 영혼아, 주님을 찬양하여라.
2 나는 주님을 찬양하리라, 내가 사는 한.
나의 하느님께 찬미 노래 하리라, 내가 있는 한.
3 너희는 제후들을 믿지 마라,
구원을 주지 못하는 인간을.
4 그 얼이 나가면 흙으로 돌아가고
그날로 그의 모든 계획도 사라진다.
5 행복하여라, 야곱의 하느님을 도움으로 삼는 이
자기의 하느님이신 주님께 희망을 두는 이!
6 그분은 하늘과 땅을,
바다와 그 안의 모든 것을 만드신 분이시다.
영원히 신의를 지키시고
7 억눌린 이들에게 올바른 일을 하시며
굶주린 이들에게 빵을 주시는 분이시다.
주님께서는 붙잡힌 이들을 풀어 주시고

145,18. "부르는… 부르는." (히브리어에서 자주 그러하듯이) 같은 히브리어 동사를 반복한 것을 번역문에서도 그대로 살렸다.

145,20. "멸하신다." 히브리어 본문과 그리스어 번역본, 대중 라틴말 성경을 따른 번역이고 새 대중 라틴말 성경은 "흩으신다."로 되어 있다.

146,1. "내 영혼"에 관하여, 35,12의 주 참조.

146,6. "하늘과 땅을… 만드신 분" 히브리어 표현이 115,15; 121,2; 124,8; 134,3과 매우 유사하다.

146,3 예레 17,5.

146(145). 시편집은 전례에서 사용되던(1-2.10절) 주님께 대한 찬양 다섯 편으로 된 작은 모음집으로 끝난다. 하느님은 온전히 신뢰할 수 있는 분이시다(3-5절). 그분은 세상의 창조주이실 뿐만 아니라 모든 것을 돌보시며, 선과 정의와 당신 왕권을 행사하는 분이시다. 그분은 특히 사회의 소외된 이들, 곧 눈먼 이들, 다리 저는 이들, 억눌린 이들, 고아, 과부, 이방인을 돌보신다(7-9절). 이렇게 위대하신 임금이신 분께 두는 희망은 든든하다(5절).

✠ 의인들과 약한 이들의 모든 희망에 응답하시는 창조주이시며 구원자이신 하느님께 대한 찬송으로, 4주간 수요일 아침기도에서 세 번째 시편으로 2ㄱ절을 후렴으로 기도한다(대축일들의 제1저녁기도와 성인 공통에서도). 위령 성무일도 아침기도에서도 같은 2ㄱ절을 후렴으로 기도한다. 7-10절은 가해 대림 제3주일 화답송이며, 5-10절은 고해성사 예식에 사용된다.

146,9. "이방인" 또는 "외국인"으로, 히브리어 '게르'가 39,13; 94,6에서와 동일하게 번역된다.

146,10. "할렐루야!" 그리스어 번역본과 (새) 대중 라틴말 성경에서 이 단어는 147편 서두에 붙어 있다. 여기서는 히브리어 본문을 따랐다(147,1의 주 참조).

147,1. "할렐루야!" 그리스어 번역본과 (새) 대중 라틴말 성경은 이 표현을(자구적으로는 "야(훼)를 찬송하여라."이다.) "주님을 찬송하여라."로 번역한다. 바로 앞에 또 하나의 "할렐루야"가 있기 때문이다(지금은 앞의 시편 마지막에 놓여 있다. 146,10의 주 참조).

147,4. 별들은 하늘의 군대로 여겨졌다. 시적 표상을 통하여 장군이신 하느님께서 군대를 사열하시고, 각자에게 임무를 부여하시는 것으로 묘사한다.

147,5. "그 지혜" 또는 "그 슬기" '트부나'는 사물들을 깊이 알고 식별하는 능력이다. "슬기롭다"를 뜻하는 동사 '빈'과 어근이 같다(잠언 11,12; 28,16; 이사 40,14 참조).

147,6. '아나윔'("가난한 이들")의 의미에 관하여, 25,9과 34,3의 주 참조.

8 주님께서는 눈먼 이들의 눈을 열어 주시며
주님께서는 꺾인 이들을 일으켜 세우신다.
주님께서는 의인들을 사랑하시고
9 주님께서는 이방인들을 보호하시며
고아와 과부를 돌보신다.
그러나 악인들의 길은 꺾어 버리신다.
10 주님께서는 영원히 다스리신다.
시온아, 네 하느님께서 대대로 다스리신다.
할렐루야!

147

(146-147) 1 할렐루야!
좋기도 하여라, 우리 하느님께 찬미 노래 부름이.
즐겁기도 하여라, 그분께 어울리는 찬양을 드림이.
2 주님께서는 예루살렘을 세우시고
이스라엘의 흩어진 이들을 모으신다.
3 마음이 부서진 이들을 고치시고
그들의 상처를 싸매 주신다.
4 별들의 수를 정하시고
낱낱이 그 이름을 지어 주신다.
5 우리 주님께서는 위대하시고 권능이 충만하시며
그 지혜는 헤아릴 길 없으시다.
6 주님께서는 가난한 이들을 일으키시고
악인들을 땅바닥까지 낮추신다.
7 주님께 감사 노래 불러라.
우리 하느님께 비파 타며 찬미 노래 불러라.

146,9 탈출 22,20-21; 23,9; 레위 24,22; 민수 9,14. 147,4 창세 15,5; 이사 40,26.

147(146-147). 악기 반주와 함께 나오는 세 번의 찬양 권고가 이 찬양시편을 세 부분으로 구분해 준다(1-6; 7-11; 12-20절). 찬양의 동기들은 전통적인 것으로 당신 백성을 위한 하느님의 은혜, 유배 이후의 재건, 약한 이들을 돌보심, 의인들을 인정해 주심, 그리고 무엇보다도 자연의 요소들에 대한 지배이다. 하느님 손 안에서는 모든 것이 작게 보인다. 별들은 작은 군인들이고, 눈송이는 양털과 같으며, 우박은 빵 조각과 같다. 그분은 하느님 뜻의 표현인 한 말씀으로 모든 것을 행하신다(15.18절).

✠ 그리스어 번역본과 라틴어 번역본은 이 시편을 두 개의 독립적인 시편으로 나누고(146편과 147편), 그럼으로써 시편집 히브리어 본문과 번호를 일치시킨다. 첫 부분인 1-11절이 146편이 되고, 둘째 부분인 12-20절이 147편이 된다. 이 147편은 보통 "예루살렘아 주님을 찬양하여라."(Lauda Jerusalem Dominum)라고 일컬어지는 유명한 성체 찬가이다. 1-11절은 하느님의 업적에 감사하며 기억하고 있어 4주간 목요일 아침기도 세 번째 시편으로 기도하며, 후렴은 1절이다(이 절들은 성령 강림 대축일 제1저녁기도 때에도 기도한다). 147(147). 12-20절은 2주간과 4주간 금요일 아침기도 때 세 번째 시편으로 기도한다(일부 대축일의 제1저녁기도 때에도 기도한다). 성모 공통 제1저녁기도 때에는 후렴이 이 시편을 마리아께 적용된 의미로 해석한다. "당신은 당신을 지으신 분을 낳으시고도 영원토록 동정이시나이다." 12.14ㄴ절은(성찬에 적용되어) 연중 제19주일 영성체송으로 사용된다. 12-15.19-20절은 가해 성체 성혈 대축일 화답송이다. 이 시편은 성당과 제단 봉헌 예식에 사용된다.

8 하늘을 구름으로 덮으시고
땅에 비를 마련하시어
산에 풀이 돋게 하시는 분.
9 가축에게도,
우짖는 까마귀 새끼들에게도 먹이를 주시는 분.
10 그분께서는 준마의 힘을 좋아하지 않으시고
장정의 다리를 반기지 않으신다.
11 주님께서는 당신을 경외하는 이들을,
당신 자애에 희망을 두는 이들을 좋아하신다.
12 예루살렘아, 주님을 기려라.
시온아, 네 하느님을 찬양하여라.
13 네 성문들의 빗장을 튼튼하게 하시고
네 안에 있는 아들들에게 복을 내리신다.
14 네 강토에 평화를 가져다주시고
기름진 밀로 너를 배불리신다.
15 당신 명령을 세상에 보내시니
그 말씀 날래게 달려간다.
16 눈을 양털처럼 내리시고
서리를 재처럼 흩으신다.
17 얼음을 빵 부스러기처럼 내던지시니
그 추위 앞에 누가 서 있을 수 있으랴?
18 당신 말씀 보내시어 저들을 녹게 하시고
당신 바람을 불게 하시니 물이 흐른다.
19 당신의 말씀을 야곱에게 알리시고
당신의 규칙과 계명을 이스라엘에게 알리신다.
20 어떤 민족에게도 이같이 아니 하셨으니
그들은 계명을 알지 못한다.
할렐루야!

148

1 할렐루야!
주님을 찬양하여라, 하늘로부터.
주님을 찬양하여라, 높은 데에서.

---

148. 온 세상이 하느님을 찬송하도록 초대하는 강한 찬양 권고이다. 두 번의 권고에 따라(1.7절) 두 부분으로 나누어지며(1-6절과 7-14절), 각각 천상의 존재들과(천사들과 별들) 지상의 존재들을 향한다. 지상에서는 여러 영역들이 언급된다. 바다에는 바다의 동물들이 있고, 땅에는 짐승과 식물들, 기후 현상들이 있다. 마지막으로 창조의 순서를 따라 인간이 나타나며, 인간들 가운데 선택된 백성이 언급된다.

되풀이하여 창조물에게 주님을 찬송하도록 권고하고 있어, 고대의 보편적 교회 전통에 따라(149편과 150편과 함께 Laudes, 찬양이라고 일컬어진다) 성무일도 밤기도에서 기도했다. 오늘날에는 3주간 주일 아침기도 때 1절을 후렴으로 기도한다. 이 시편은 혼인 예식과 장례 예식에 사용된다.

147,18. "저들을 녹게 하시고" 대명사는 16-17절에 언급된 눈, 서리, 우박을 가리키는 것으로 해석된다.

147,20. "민족"에 관하여, 9,16.18.20.21의 주 참조.

148,1. 이 시편은 다니 3,51-90과 유사하게 창조물에게 하느님을 찬양하라고 권고한다.

148,4. "하늘 위의 하늘" 자구적으로는 "하늘들의 하늘"로, 최상급의 의미를 가져 하늘의 가장 높은 곳을 가리킨다.

148,5. "그분께서 명령하시자" 히브리어 표현은 33,9의 후반부와 유사하다.

148,13. "엄위"로 옮겨진 히브리어 단어는 "권위, 위엄, 존귀, 고귀, 명예, 힘, 영광" 등으로 번역되기도 한다(민수 27,20; 1역대 29,11; 시편 21,6; 104,1; 잠언 5,9; 이사 30,30; 하바 3,3 참조).

2 주님을 찬양하여라, 주님의 모든 천사들아.
주님을 찬양하여라, 주님의 모든 군대들아.
3 주님을 찬양하여라, 해와 달아.
주님을 찬양하여라, 반짝이는 모든 별들아.
4 주님을 찬양하여라, 하늘 위의 하늘아
하늘 위에 있는 물들아.
5 주님의 이름을 찬양하여라,
그분께서 명령하시자 저들이 창조되었다.
6 그분께서 저들을 세세에 영원히 세워 놓으시고
법칙을 주시니 아무도 벗어나지 않는다.
7 주님을 찬미하여라, 땅으로부터.
용들과 깊은 모든 바다들아
8 불이며 우박, 눈이며 안개
그분 말씀을 수행하는 거센 바람아
9 산들과 모든 언덕들
과일나무와 모든 향백나무들아
10 들짐승과 모든 집짐승
길짐승과 날짐승들아
11 세상 임금들과 모든 민족들
고관들과 세상의 모든 판관들아
12 총각들과 처녀들도
노인들과 아이들도 함께
13 주님의 이름을 찬양하여라.
그분 이름 홀로 높으시다.
그분의 엄위 땅과 하늘에 가득하고
14 그분께서 당신 백성 위하여 뿔을 세우셨으니
당신께 충실한 모든 이에게,
당신께 가까운 백성 이스라엘 자손들에게 찬양 노래이어라.
할렐루야!

149

1 할렐루야!
주님께 노래하여라, 새로운 노래를.
충실한 이들의 모임에서 찬양 노래 불러라.
2 이스라엘은 자기를 지으신 분 안에서 기뻐하고
시온의 아들들은 자기네 임금님 안에서 즐거워하리라.
3 춤추며 그분의 이름을 찬양하고
손북과 비파로 찬미 노래 드려라.

148,4 신명 10,14; 1열왕 8,27; 2역대 2,5; 6,18; 느헤 9,6.

4 주님께서 당신 백성을 좋아하시고
가난한 이들을 구원으로 꾸미신다.
5 충실한 이들은 영광 속에 기뻐 뛰며
자기들의 자리에서 환호하여라.
6 그들의 목에는 하느님의 찬송이,
그들의 손에는 쌍날칼이 있으리라.
7 민족들에게 복수를,
겨레들에게 징벌을 내리고
8 저들의 임금들을 사슬로 묶으며
저들의 귀족들을 족쇄로 채워
9 쓰인 대로 저들에게 심판을 내리기 위함이니
그분께 충실한 모든 이에게 영광이어라.
할렐루야!

150

1 할렐루야!
하느님을 찬양하여라, 그분의 성소에서.
주님을 찬양하여라, 그분의 웅대한 창공에서.
2 주님을 찬양하여라, 그분의 위업으로.
주님을 찬양하여라, 그분의 가없는 위대함으로.
3 주님을 찬양하여라, 뿔 나팔 불며.
주님을 찬양하여라, 수금과 비파로.
4 주님을 찬양하여라, 손북과 춤으로.
주님을 찬양하여라, 현악기와 피리로.
5 주님을 찬양하여라, 낭랑한 자바라로.
주님을 찬양하여라, 우렁찬 자바라로
6 숨 쉬는 것 모두 주님을 찬양하여라.
할렐루야!

149,6. 춤과 칼이 연결되는 것은 칼을 흔들며 하느님께 환호하던 예식적 춤임을 시사한다(에제 21,14-22 참조). 본래적 의미에서 "쌍날칼"은 큰 두려움을 불러일으키는 살상 무기이다. 쌍날칼은 한편으로는 폭력과 전쟁의 상징이고, 하느님께서 징벌하시는 도구이며, 종말론적 전쟁의 무기이다(묵시 19,15 참조). 다른 한편으로는 하느님 말씀을 나타내는 상징이다(히브 4,12 참조).

149,9. "영광" 8,6; 21,6; 96,6에서 "존귀"로 번역된 단어이다. 원수들을 벌하심으로써 악에 맞서시는 하느님의 능력과 왕권과 정의가 드러난다는 의미이다. 그러한 하느님의 위엄은 부분적으로는 그분의 백성에게 반영된다(판관 8,20-21 참조).

150,1. "성소"는 성전 또는 그 안쪽의 들어갈 수 없는 부분을 지칭한다(134,2의 주 참조). "웅대한 창공"은 히브리어를 자구적으로 옮기면 "그분 권능의 창공"이다.

150,2. "위업"에 관하여, 145,12의 주 참조.

150,3-4. "뿔 나팔… 손북"에 관하여, 81,3-4의 주 참조.

149. 시편집은 악기와 춤이 있는 찬송의 노랫소리로 끝나지 않을 수 없다(1-3절). 149편은 하느님을 찬송하는 동기를 제시하는 마지막 찬양시편이다. 그 동기는 그분께서 "가난한 이들"에게 베푸시는 승리이다. 그 가난한 이들은 또한 그분의 "충실한 이들"(히브리어 '하시딤')이기도 하다. 이들은 마카베오 시대의 "하시드인들"로(1마카 2,42 참조), 지극히 높으신 분을 신뢰하면서 손에는 칼을 들고 이스라엘을 침략자에게서 해방시켰다(4-9절). 그렇다면 이 시편은 그 시기에 작성되었거나 이전에 있던 노래를 그 시대에 개정했을 것이다. 이 노래를 "새로운 노래"라고 할 수 있는 것은 당신 백성을 구원하시는 하느님의 모든 개입이 새로운 것이기 때문이다.

✠ 분명한 찬양적 요소를 지니고 있어 고대부터 보편적으로 (148편과 150편과 함께) 성무일도 밤기도에서 사용되었다. 오늘날에는 1주간 주일 아침기도 때 2ㄴ절에서 시온의 아들들과 그들의 임금에 대해 말하는 바를 교회의 자녀들과 그리스도께 적용시키는 후렴과 함께 노래한다.

잠언

제목과 정경 내의 위치

잠언은 오랫동안 성경을 연구하는 이들에게 소홀히 여겨졌다. 형식에 있어서나 내용에 있어서나 지혜문학 전통의 가장 전형적인 것으로 여겨지는 이 작품에 대한 연구는 20세기 중반에 이르러서야 꽃피었다.

잠언은 지혜문학서 가운데 욥기와 시편 다음에, 코헬렛·아가·지혜서·집회서 앞에 자리한다. 히브리 경전에서 잠언은 율법('토라')과 예언서('느비임')에 이어 성경의 세 번째 부분인 성문서('크투빔')에 속하며, 그리스어 70인역에서는 오경과 역사서 다음에 나오는 시서에 속한다.

이 책의 제목은 히브리어로 '미슬레 슬로모' 곧 "솔로몬의 잠언들"이다. '미슬레'는 '마살'의 복수 연계형인데, '마살'은 "잠언"뿐만 아니라 "격언, 말"을 뜻하기도 한다. 솔로몬에 대해서는 1열왕 3,16-28에 의미 깊은 이야기가 전해진다. 창녀 둘이 아기 하나를 두고 다투다가 임금을 찾아갔고, 임금은 두 여인 가운데 한 사람의 거짓말에서 비롯된 이 분쟁을 해결하기 위하여 아기를 둘로 똑같이 나누도록 함으로써 누가 아기의 어머니인지 밝혀냈다.

또한 1열왕 5,12에서는 솔로몬이 "잠언을 삼천 개나 지었고, 그의 노래는 천 다섯 편이나 되었다."고 말한다. 그러므로 잠언 외에(잠언 10,1-22,16과 25-29장의 두 모음집은 특별히 그의 것이라고 일컬어진다) 아가도 명시적으로 그를 저자로 일컫는다는 것은 우연이 아니다(코헬렛과 지혜서는 간접적으로 그를 암시한다).

그래서 관습적으로 이 책을 다윗의 아들이 썼다고 말하지만, 사실 이 본문들은 그보다 여러 세기 후에 작성되었으며 그가 본문들을 쓸 수는 없었을 것이다. 가명 사용이라는 이러한 문학적 현상은 다른 사람의 '저작권'을 사칭하려는 것이 아니라 이 책을 탁월한 의미의 현인에게 연결시키려는 뜻에서 나온 것이다. 또한 이는 그가 통치하던 시기 이스라엘에서 주변 민족들과 문화적 교류를 하기 위한 경제적·사회적 조건들을 갖추었기 때문이기도 하다.

구조와 문학적 특성

학자들은 흔히 지혜가 "일곱 기둥"(9,1) 위에 자신의 집을 지었다는 것을 근거로 이 책을 일곱 부분으로 나누었다(1-9장; 10,1-22,16; 22,17-24,22; 24,23-34; 25-29장; 30장; 31장). 그러나 문학 비평에서는 본문의 이질성을 지적하며 본문 전체를 아홉 단락으로 구분한다. 이 단락들은 모음집들을 시작하는 제목들로 시작된다. 잠언 1-9장; 10,1-22,16; 22,17-24,22; 24,23-34; 25-29장; 30,1-14; 30,15-33; 31,1-9; 31,10-31. 대부분 이러한 구분에 동의한다. 머리말인 1,1-7 다음으로는 첫 아홉 장이 이어지는데, 이들은 개별적인 행동 규범을 명하기보다 지혜로운 사람이 되기 위한 기준을 제시한다. 그리고 1-9장에 여러 차례 묘사된 "낯선 여자"에 관한 단락들과 여인의 모습으로 제시되는 지혜에 관한 단락들은 31,10에 나타나는 또 다른 여인인 "훌륭한 아내"와 연결되면서 유배 후(아마도 기원전 5-4세기)에 형성된 문학적 틀을 형성한다.

중심 부분은 대구 형식으로 된 훈계들을 담고 있다. 두 행이 짝을 이루면서 내적 짜임을 이루지 않고 지혜문학의 여러 주제를 다룬다. 1-9장과 달리 이 장들은 현인이 받아들이거나 거부해야 하는 행동 방식(언어 사용·자·겸손·인간관계·부유함·가난 등)을 다룬다.

잠언이 가장 전형적인 지혜문학인 것은 그 기초가 되는 문학 양식인 '마살' 때문이다. 책 제목('므살림', "잠언, 격언들") 역시 여기에서 나왔다. 성경의 다른 책에도 나타나는 문학 유형인 '마살'은(1사무 19,24; 24,14; 예레 23,28; 31,29; 에제 18,2 참조) 운율이 있는 구조, 한 절을 구성하는 두 행 사이의 병행, 같은 자음이나 모음의 반복, 간결하고 빠른 문체 등 보통 격언에서 찾아볼 수 있는 몇몇 요소로 이루어진다. '마살'의 형태는 내용의 이해를 돕는 소중한 요소이다. 효율적인 문체로 기억을 돕고, 마치 하나의 감탄문과 같은 짧은 문장으로 전달하려는 핵심 진리를 파악하게 해 주기 때문이다.

'마살'은 동의적 병행(두 부분이 같은 개념을 표현한다. "반짝이는 눈은 마음을 즐겁게 하고 좋은 소식은 뼈마디에 생기를 준다." 잠언 15,30)을 사용하기도 하고, 반의적 병행(두 행의 내용이 대립한다. "자기의 재산을 늘리려고 빈곤한 이를 학대하는 자와 부자에게 갖다 바치는 자는 궁핍해지기 마련이다." 22,16)이나 종합적 병행을 사용하기도

한다(두 번째 행이 첫 번째 행에 어떤 내용을 첨가한다. "자식을 징계하여라. 그가 너를 평안하게 하고 네 영혼에 기쁨을 가져다주리라." 29,17).

주요 신학 노선

인격화된 지혜. 잠언에는 번역문에서 소문자로 시작하는 지혜(sapienza 1,2.7; 2,6 등 참조)와 인격화된 지혜를 나타내어 대문자로 시작하는 지혜(Sapienza 1,20; 9,1; 24,7 참조)가 있다. 전자는 현인들과 하느님의 가르침에 따른 삶의 기술을 나타내고, 후자는 주님과 사람들 사이의 관계를 중개하면서 그 두 편이 긴밀한 관계를 이루도록 하는 여인으로 나타난다. 그러한 지혜는 단순히 정의, 자비, 신의와 같은 하느님의 여러 속성 가운데 하나에 그치지 않고(예를 들어 이사 59,14의 진실과 정직 또는 시편 85,12의 진실과 정의), 수사학적 표현에 불과한 것도 아니다. 본문에서 이 지혜는 자신의 의도를 지니고 정체성을 의식하고 있어, 이름으로 불릴 수 있는 역동적 실재로서 제시된다('호크못'은 복수형 "지혜들"이다). 교부 시대 이후에 이렇게 인격으로 이해된 지혜에 대한 관심은 사라지지 않았다. 고대 근동에서(이집트와 메소포타미아) 몇몇 신적 존재나 반신半神들이 이 지혜와 비교되었기 때문이다. 19세기부터 크게 발전한 고고학 및 언어학의 발견으로 성경의 지혜문학 전통과 성경 밖 전통들의 관계에 대해서도 새로운 고찰이 나오게 되었다. 이집트 본문들이 잠언보다 오래된 것임이 드러나, 성경이 주변 문학 작품에서 직접 교훈적인 유산을 받았으며 특히 잠언 1-9장의 가르침이 이집트에서 영향을 받았다는 결론에 이르게 되었다.

지혜는 주님에게서 온다. 아버지-스승이 전수하는 지혜는 하느님을 원천으로 함으로 신학적 기원을 갖는다. "주님을 경외함은 지식의 근원"(잠언 1,7)이고 그 "시작"이다(9,10). 잠언 안에서는 주님께 대한 경외로부터 생명(10,27; 14,27; 19,23 참조), 겸손(22,4 참조), 죄인들을 부러워하지 않는 평온함이 나온다(23,17-18 참조). 주님을 두려워함은 하느님에 대한 존경과 공경의 태도, 그분의 뜻에 대한 순종과 그분의 거룩함을 깨달음을 나타낸다(2,5에서 주님을 경외함은 "하느님을 아는 지식"과 병행해 지혜의 교육이 도달하고자 하는 결과를 말해 준다. 그것은 곧 하느님을 더 분명히 의식하고 더 깊이 아는 것이다). 그러므로 "주님을 경외함"은 지혜를 찾고 자기 충족 안에 폐쇄되어 있지 않은 이들을 올바른 관계에 있게 하는 긍정적 개념을 나타낸다(3,5 참조). 15,33에서는 주님을 경외하는 것이 '무사르' 곧 "교훈, 훈계"라고 말한다. 이 명사는 교육의 가장 직접적인 행위를 가리키는 것으로 주님을 사랑하는 사람이 모든 건전한 교육법에 필요한 것인 훈계에 복종함을 나타낸다.

이러한 해석학적 노선 안에서 볼 때 1-9장 현인의 말에서 자주 율법 본문과 연관된(탈출 20장; 신명 4장; 6장 참조) 성경의 암시가 나타나는 것을 확인하게 된다. 이러한 연관은 마치 도입과 같이 잠언 전체를 시작하는 이 지침들에 정경적인 권위를 부여한다. 사제직과 예언이 존재하지 않았거나 아니면 다른 시대와 같이 기준점 역할을 하지 못한 역사의 한순간에(아마도 페르시아 시대 후반인 기원전 5-4세기) 현인의 말이 스승들의 말을 통하여 하느님 말씀을 현실화하면서 그 빈자리를 채웠던 것이다.

좋은 친구. 잠언에는 윤리적 결정론이 들어 있지 않다. 오히려 의인화된 지혜는 명백하게 단순한 이들과 무지한 이들을 향하여 그들이 깨우침을 얻도록 한다. 그들은 젊고 삶의 지식이 부족하여 쉽게 나쁜 이들의 먹이가 된다. 그러나 더 주의 깊게 읽어 보면, 교만한 이의 행동 유형에 관한 묘사가 나타난다. 그는 이렇게 정의한다. "거만 불손한 자의 이름은 '빈정꾼' 그는 교만 방자하게 행동한다."(21,24) 현인은 교만한 이의 독설이 훈계를 쓸모없게 하고 오히려 해만 입게 한다는 것을 안다(9,8 참조). 그 훈계에서 나쁜 친구들을 멀리하게 하려는 의도가 나타나는데, 이 나쁜 친구들은 몇몇 부정적인 인물로 구체화된다. 첫째로는 "죄인들"이 있다. 이 단어는 일반적이지만, 1,10-19에서는 늘 범죄를 저지르는 일을 하는 집단을 가리킨다. 이들은 폭력과 강도로 쉽게 이득을 얻을 수 있다고 약속하며 어리숙하고 쉽게 믿는 젊은이를 유혹한다. "죄인들"과 함께 "악한 사람들"의 모습이 그려지는데, 이들은 선을 깨닫지 못하여 그 자체로 위험한 사람들이다(28,5 참조). 그들이 악을 원하기 때문에 악이 그들의 생각 안에 둥지를 틀고(11,6; 21,10 참조), 그들의 말에서 밖으로 나오며(2,12-15; 12,13 참조) 게으르고(6,9-11) 반항하는(17,11 참조) 그들의 행동에서 드러난다.

낯선 여자. 낯선 여자는 치명적인 인물이다("외국 여자"라고도 불린다). 이 여자는 여러 단락에서(2,16-19; 5,1-23; 6,24-35; 7,5-27; 9,13-18 참조) 묘사되는데, 창녀 또는 간음하는 여인으로 나타나며(23,27 참조), 어리숙한 사람을 자기 집으로 이끌어 유혹한다. 그 집은 저승과 마찬가지로 출구가 없다. 이 신비로운 인물에 대한 수많은 해석(어떤 신으로 보거나 신전 창녀, 방종한 행실로 사회 규범을 어지럽히는 외국 여자 등으로 보았다) 가운데 특히 주목할 것은 이 여자에 대한 언급의 기원을 에즈라기(9-10장 참조)에서 찾으려는 시도이다. 여기서는 유배에서 귀환한 시기에 바빌론에서 결혼한 여인들을 배척했음이 나타나는데, 그들은 민족적(선택된 민족에 속하지 않는다) 및 경제적(동족 내 결혼으로 재산이 부족 안에 남게 된다) 이유로 용납될 수 없었다.

부모(주로 아버지, 그러나 어머니의 역할도 있다)가 자녀-제자에게 가르치는 1-9장의 열 가지 가르침에서 여자의 위험성이 그 아름다움에 있기보다 말에 있는 것으로 나타난다는 점은 특히 강조할 필요가 있다. 그 여자의 말은 "그 끝은 쓴흰쑥처럼 쓰디쓰고 쌍날칼처럼 날카롭다."(5,4) 이렇게 하여 현인이(그리고 지혜가) 말하는 생명의 말과 낯선 여자의 죽음의 말들이 충돌하게 된다.

여자들, 다른 사람들, 그리고 하느님과의 관계. 젊은이는 선으로 이끄는 관계와 죽음으로 이끄는 관계를 식별해야 한다. 죽음으로 이끄는 관계는 즉각적인 경제적(범죄자들과 노략물을 나눔) 또는 성적(간음을 저지르고 사회적·종교적 규칙을 깨뜨림으로써 자신의 충동을 만족시킴) 이득을 약속하여 매력적이라 하더라도 그 결과는 파괴적이다. 어리숙한 사람은 정신적·신체적·사회적·종교적 참된 선을 얻기 위해 가장 적합한 관계를 선택해야 한다. 또한 현인은 도덕적으로 올바른 행동과 신앙이 서로 상응함을 안다. "약한 이를 억누름은 그를 지으신 분을 모욕하는 것이고 불쌍한 이를 동정함은 그분을 공경하는 것이다."(14,31)

본문의 작성과 전수

이 책 안에는 더 오래된 잠언의 모음이 있고 그중에는 독립적인 부분도 있다. 아마도 이는 솔로몬 시대(10,1-22,16 참조) 또는 25,1에 명시적으로 언급된 히즈키야 시대의 것이다(기원전 8세기). 임금이 지니는 중요성은, 임금의 권위와 특권을 찬양하는 많은 잠언이 유배 이전의 것임을 확인해 준다. 반면 1-9장과 31,10-31의 자료는 유배 이후 시대의 문학적 틀로(아마도 기원전 5-4세기), 책 전체를 감싼다. 유배 이후 시기와 연관됨은 잠언 1-9장의 낯선 여자와 유다인이 아닌 여자와 족외혼의 위험성을 말하는 에즈라기(9-10장), 느헤미야기(느헤 13,26-27 참조) 사이의 병행으로 드러난다. 더 문제가 되는 것은 성격과 기원이 다른 자료들을 포함하고 있는 나머지 장이다(22,17-29; 23-24장; 30장; 31,1-9 참조).

가르침들이 생겨난 맥락도(삶의 자리) 밝혀져야 한다. 학자들은 이들이 가정 또는 학교에서 비롯되었다고 본다. '므살림'이 만들어지기까지 전문적인 학문적 작업이 요구된다. 문제는 그러한 교육용 건물이었을 시설이 (그런 것이 존재했다면) 아직까지 고고학 발굴로 드러나지 않았다는 점이다. 2열왕 6,1-2과 집회 51,23("배움의 집"이 언급되는 본문)에서 교육 조직에 대해 스쳐 지나가는 암시를 볼 수 있을 것이다.

본문의 전수라는 관점에서는 70인역이 자주 히브리어 본문과 다르다는 점을 지적해 둔다(히브리어 본문이 25절 더 길다). 이러한 차이는 번역자 때문만은 아니며, 그리스어 번역자가 지금 우리가 갖고 있는 것과 조금 다른 히브리어 본문을 갖고 있었다고 가정함으로써 설명할 수도 있다. 개별 잠언들이(전체적으로든 부분적으로든) 중복되는 경우가 있다는 사실은 편집자의 개입을 가정함으로써 설명할 수 있다. (히브리어를 자유롭게 번역한) 첫 그리스어 본문은 최초의 히브리어본과 다른, 아마도 기원전 350년경에 최종적으로 완성된 히브리어본에 따라 개정되었을 것이다.

기원전 2세기에 잠언은 시리아어로 번역되어 페쉬타(시리아어본)의 일부가 되었다. 398년 예로니모는 이 책을 히브리어에서 직접 라틴어로 번역했는데, 본문이 더 믿을 만하다고 여겨질 때에는 그리스어본과 다른 유다 번역본들(이후 미드라쉬와 타르굼으로 들어갔다)을 참조했다.

세바스티아노 핀토Sebastiano Pinto

잠언

표제

1 1 이스라엘 임금
다윗의 아들 솔로몬의 잠언.

목적

2 이 잠언은 지혜와 교훈을 터득하고
예지의 말씀을 이해하며
3 현철한 교훈과
정의와 공정과 정직을 얻게 하려는 것이다.
4 또한 어수룩한 이들에게 영리함을,
젊은이들에게 지식과 현명함을 베풀려는 것이니
5 지혜로운 이는 이것을 들어 견문을 더하고
슬기로운 이는 지도력을 얻으리라.
6 그러면 잠언과 비유,
현인들의 말씀과 수수께끼를 이해하게 될 것이다.

7 주님을 경외함은 지식의 근원이다.

1,1 10,1.

1,1-7. 장엄한 도입에는 제목("솔로몬의 잠언"), 책 전체의 계획(지혜의 다양한 도덕적·영적 측면 습득), 대상자(젊은이들)를 언급한다. 처음으로 핵심적 표현인 "주님을 경외함"이 지혜와 올바름의 근원으로 나타난다. 솔로몬은 이상적 현인으로 여겨진다. 1열왕 3,6-9에서 그는 자신의 임금 직무가 지혜로 비추어지기를 청하고, 1열왕 5,12에서는 삼천 개의 잠언을 지은 것으로 일컬어진다. 이 책 머리말 전체에서 지혜와 연관된 여러 명사가 열거되며, 그 단어의 다양한 의미를 강조한다. "정의와 공정과 정직"은 책 전체의 도덕적 차원을 부각시킨다.

1,7. 잠언의 종교적 차원을 드러내는 "주님을 경외함"은 지혜의 길의 시초에 자리한다. 그것은 잠언 1-9장을 시작하고 끝맺으며(9,10 참조), 이 범주 아래 첫 아홉 장으로 된 도입 전체를 포괄한다. 주님을 경외함은 하느님에 대한 실제적인 두려움에서 생겨나(탈출 20,20; 신명 5,5; 28,58 참조) 그 후에 더 긍정적인 의미를 지니게 된다. 주님을 경외함은 충실한 이들의 생명이 되고(잠언 10,27; 14,27; 19,23 참조) 역경에 그를 보호해 주며(23,17-18 참조), 겸손의 덕을 갖게 한다(22,4 참조). 그러므로 이러한 종교적 태도는 하느님에 대한 공경과 그분의 뜻을 행하고자 하는 태도를 뜻하게 된다.

1,1. "잠언"은 지혜문학의 전형이다. 히브리어 단어 '마살'은 "비교, 격언, 속담"을 뜻한다. 그리스어 번역본은 때로는 '파로이미아'("격언")로, 때로는 '파라볼레'("비유")로 번역하며 대중 라틴말 성경도 '파라볼라'로 옮긴다. 속담은 짧고 운율이 있어 몇 마디 말로 지혜의 보물을 농축한다. 이러한 표현은 많은 지혜를 쉽게 기억할 수 있게 한다.

1,2. "교훈"은 "훈육, 체벌"이라는 의미도 지닌 히브리어 단어의 번역이다. 교훈은 훈육이나 체벌 없이 이루어지지 않는다(1,7; 16,22; 23,23 참조).

그러나 미련한 자들은 지혜와 교훈을 업신여긴다.

부모의 교훈을 들어라

8 내 아들아, 아버지의 교훈을 들어라.
어머니의 가르침을 저버리지 마라.
9 그것들은 네 머리에 우아한 화관이며
네 목에 목걸이다.

나쁜 친구들을 조심하여라

10 내 아들아, 죄인들이 너를 유혹하여도
따라가지 마라.
11 그들은 이렇게 말할 것이다.
"우리와 함께 가자!
숨어서 남을 기다렸다가 그 피를 쏟고
매복하였다가 이유를 찾지 말고 죄 없는 이를 덮치자.
12 저승처럼 그들을 산 채로 집어삼키자.
구렁으로 내려가는 이들을 삼키듯 통째로 삼켜 버리자.
13 우리는 온갖 값진 재물을 찾아내어
우리 집을 약탈물로 그득 채우게 될 것이다.
14 너도 우리와 함께 제비를 뽑고
돈 자루는 우리 모두 하나만 두자."
15 내 아들아, 그들이 이렇게 말할지라도 그들과 함께 길을
가지 마라.
그들의 행로에 발을 들여놓지 마라.
16 그들의 발은 악을 저지르러 줄달음치고
남의 피를 쏟으려고 서두른다.
17 무슨 날짐승이든 그 눈앞에서
그물을 치는 것은 헛된 일이건만
18 그들은 제 피를 쏟으려고 숨어서 기다리고
제 목숨을 잃으려고 매복하는 꼴이다.
19 부정한 이득을 뒤쫓는 자의 길은 다 이러하니
그 이득이 그들의 목숨을 앗아 가 버린다.

1,8. 이 구절로 첫 번째 가르침이 시작된다. 부모 모두가 지혜를 가르쳐, 지혜가 생겨나고 발전하는 첫 배경이 어디인지를 알려 준다(가정). 아버지는 교훈을 권고하고(교육에서 요구되는 훈육) 어머니는 가르침('토라')을 베푼다. 아버지-어머니는 잠언에서 자주 함께 나타나, 교육에서 부모가 차지하는 중요성을 확인해 준다(4,3; 6,20; 10,1; 15,20; 19,26; 20,20; 23,22; 28,24; 30,11.17 참조). 가정에서 여인들에 의한 가르침은 구약 성경에서도(2마카 7; 잠언 31,1 참조) 신약 성경에서도(2티모 1,5; 3,14-15 참조) 찾아볼 수 있다.

1,10. "죄인들" 어떤 이들을 가리키는지 더 자세히 묘사되지 않으나, 이 히브리어 단어는 종교적 의미를 담고 있다.

1,12. "저승"에 관하여, 욥 3,17-19의 주해 참조.

1,15. 4,27 참조. "행로"는 "행실"을 뜻한다(1사무 8,3.5의 주 참조).

1,17. 사냥의 표상은 자주 악인들의 올가미에 걸리는 의인의 운명을 나타낸다(29,5; 시편 9,16; 10,9; 57,7; 140,6 참조).

1,18. 복수의 법칙을 표현한다. 죄인들이 다른 이들에 대해 꾸민 음모는 31-32절에서처럼 그들 자신에게 돌아간다(시편 7,16-17의 주 참조).

1,16 이사 59,7.

1,8-8,19. 첫 번째 격언 모음으로 책 전체의 주제(지혜의 계명들에 귀를 기울임, 의인과 악인의 갚음, 악습과 덕)와 주인공(스승과 제자, 의인과 악인), 주된 상징(지혜라는 여인과 어리석음이라는 여인, 두 길)이 제시된다.

1,8-19. 첫 가르침은 스승의 말이며, 응보 이론을 도입한다. 착한 사람이 되면 복을 누리고 악한 사람이 되면 불행을 당하리라는 것이다.

지혜의 간절한 호소

20 지혜가 바깥에서 외치고
광장에서 목소리를 높인다.
21 법석대는 거리 모퉁이에서 소리치고
성문 어귀에서 말을 한다.
22 "어리석은 자들아, 언제까지 어리석음을 사랑하려느냐?
언제까지 빈정꾼들은 빈정대기를 좋아하고
우둔한 자들은 지식을 미워하려는가?
23 내 훈계를 들으러 돌아오너라.
그러면 너희에게 내 영을 부어 주어
내 말을 알아듣게 해 주리라.
24 내가 불렀건만 너희는 들으려 하지 않고
손을 내밀었건만 아무도 아랑곳하지 않았기에
25 나의 모든 충고를 저버리고
나의 훈계를 원하지 않았기에
26 나도 너희가 불행할 때 웃고
파멸을 당할 때 비웃으리라.
27 파멸이 너희에게 폭풍처럼 닥치고
불운이 너희에게 태풍처럼 들이치며
곤경과 재앙이 너희 위로 닥칠 때
나는 그렇게 하리라.
28 그때 그들이 나를 불러도 대답하지 않으리라.
그들이 나를 찾아도 찾아내지 못하리라.
29 그들이 지식을 미워하고
주님을 경외하려 하지 않았기에
30 나의 충고를 원하지 않고
나의 모든 훈계를 업신여겼기에
31 그들은 제 행실의 열매를 먹고
자기들이 꾸며 낸 것으로 배부르리라.
32 어리석은 자들의 배반은 자신을 죽음으로 이끌고
우둔한 자들의 방심은 자신을 파멸시킨다.
33 그러나 내 말을 듣는 이는 편안히 살고
불행해질 걱정 없이 평온히 지내리라."

1,20. 히브리어 본문에서 "지혜"는 복수형 명사이다. 이로써 의인화된 지혜와 현인들의 지혜를 분명히 구분하고자 한다. 같은 현상을 9,1과 24,7에서도 볼 수 있다(서문 중 주요 신학 노선 참조). 지혜의 의인화에 관하여, 8-9장; 욥 28장; 집회 24장 참조.

1,24. "아무도 아랑곳하지 않았기에" 지혜는 고집스럽게 듣기를 거부하는 이들을 절박하게 꾸짖는다. 예언 신탁과 마찬가지로 지혜의 가르침도 그 내용이 피할 수 없는 것이어서 이를 받아들여야 한다(이사 21,7; 예레 6,10-17; 즈카 7,11 참조).

1,29. "…하려 하지 않았기에" 이에 해당하는 히브리어 동사는 선택을 나타내며, 거만한 이들의 특징인 편파적 태도를 지적한다. 그들은 악한 행동을 의도적으로 선택했다. 그들이 비난을 받는 것은 이해력이 전혀 없어서가 아니라, 하느님과 그분의 지혜를 거부하기로 의식적으로 선택하였기 때문이다.

1,27 집회 39,28; 예레 30,23.

1,20-32. 의인화된 지혜가 처음 나타난다. 지혜는 스승과 같이 고전적인 가르침의 장소인 성문과 광장에 자리를 잡는다. 예언자들의 설교를 떠올리게 하는 어조로, 하느님 뜻의 대변인과 같이 나타난다. 너무 자주 잊히던 지혜를 습득하라고 권고한다.

지혜는 감추어진 보물

2 [1] 내 아들아, 네가 만일 내 말을 받아들이고
내 계명을 네 안에 간직한다면
[2] 지혜에 네 귀를 기울이고
슬기에 네 마음을 모은다면
[3] 그래, 네가 예지를 부르고
슬기를 향해 네 목소리를 높인다면
[4] 네가 은을 구하듯 그것을 구하고
보물을 찾듯 그것을 찾는다면
[5] 그때에 너는 주님 경외함을 깨닫고
하느님을 아는 지식을 찾아 얻으리라.
[6] 주님께서는 지혜를 주시고
그분 입에서는 지식과 슬기가 나온다.
[7] 그분께서는 올곧은 이들에게 주실 도움을 간직하고 계시며
결백하게 걸어가는 이들에게 방패가 되어 주신다.
[8] 그분께서는 공정의 길을 지켜 주시고
당신께 충실한 이들의 앞길을 보살피신다.
[9] 그때에 너는 정의와 공정과 정직을,
모든 선한 길을 깨닫게 되리라.

지혜는 보호자

[10] 그러면 지혜가 네 마음속으로 들어가고
지식이 네 영혼에 감미로우리라.
[11] 현명함이 너를 보살피고
슬기가 너를 지켜
[12] 악의 길에서,
사악한 것을 말하는 자에게서 너를 구해 주리라.
[13] 그들은 어둠의 길을 걸으려고
바른 행로를 저버린 자들

2,1-10. 의인화된 지혜가 말을 한 다음 이제 스승이 말한다. "받아들이고, 간직한다면, 부르고, 향해, 구하고, 찾는다면"이라는 동사는 꾸준히 지혜를 찾으라고 권고한다. 여기에는 결실이 있을 것이다. 하느님을 알게 되고, 이와 더불어 하느님의 온갖 축복을 받게 될 것이다.

2,11-22. 지혜를 받아들이고 그 계명들에 자신을 맡기는 것은 악의 그릇된 길로 들어서지 않게 해 준다. 영적인 죽음의 길로 이끄는 타락한 관습과 이교 예식들을 끌어들이는 낯선 여자는 그 악한 길을 나타낸다. 역사적으로는 에즈라와 느헤미야가 종교적 순수성과 유다 땅의 소유를 보존하기 위하여 동족간의 혼인을 옹호했던 유배 이후의 정책에 연결된다(에즈 9-10; 느헤 13 참조).

2,12.13.15. 길의 상징은 지혜문학에서 자주 사용된다. 길은 흔히 인간의 도덕적 행실과 그의 삶 자체를 나타내는 은유가 된다.

2,7. "도움"이라 번역된 히브리어 단어는 "통찰, 성공, 성취, 슬기"(8,14; 욥 5,12; 12,16; 26,3)의 뜻도 지닌다. 하지만 이 단어가 "방패"라는 단어와 병행하며, 문맥상 악에서 지키고 보호하는 것과 연관된 표상이 7-8절을 포괄하고 있다는 점에서 이 해석이 타당성을 지닌다. 시편에서 되풀이하는 바와 같이, 주님은 의인을 사랑으로 감싸 보호하신다(시편 3,4의 주 참조).

2,8. "충실한 이들"은 히브리어 단어를 축자적으로 번역한 것으로, 성경의 지혜 교육이 지닌 종교적 차원을 드러낸다. 지혜를 주시는 주님을 떠나서는 지혜로워질 수 없다. "충실한 이"에 관하여, 시편 149 참조.

2,12. "사악한 것" 이 히브리어 단어는 잠언 전체에서 열 번 나타난다(잠언 밖에서는 신명 32,20에서만 사용된다). 잠언에서는 말하는 방법을 나타내기도 하고(2,12; 8,13; 10,31-32; 23,33 참조) 전하는 내용을 가리키기도 한다(6,14 참조).

2,16. "낯선 여자… 낯모르는 여자" 처음으로 "낯선 여자"가 등장한다(여기서 형용사 '자라'는 '노크리야'와 병행된다. 또한 5,1-23; 6,24-35; 7,5-27 참조). 번역문에서는 두 번째 형용사를 "낯모르는"으로 해석하여 그가 누구인지 알 수 없음을 강조한다. 더 정확하게는 "외국 여자" 또는 "이방 여자"로 옮길 수 있다(17절에서는 그 여자가 다른 남자에게 속한 것으로 나타나므로 "남의 여자"라고도 할 수 있다).

2,22. "배신자들" 충실하지 않은 이들, 말과 행동으로 악을 행하는 이들이다(11,3; 23,28; 이사 24,16 참조). 의인들과 달리 이들은 땅에서 제거될 것이다. 이러한 2장의 결말은 비인칭적인 형태를 사용하면서 현인이 묘사한 세상의 규칙인 응보의 논리를 나타낸다(욥 11,15-20; 시편 1,6; 18,21-29 참조).

3,2. 이 구절의 전체적인 의미는 한없이 주어지는 삶의 풍성함을 표현한다.

14 악행을 즐겨 하고
사악한 것을 기뻐하는 자들
15 그 길이 빗나가고
그 행로가 엇나간 자들이다.
16 또 슬기는 너를 낯선 여자에게서,
매끄러운 말을 하는 낯모르는 여자에게서 구해 준다.
17 그런 여자는 제 젊은 시절의 친구를 버리고
자기 하느님과 맺은 계약을 잊은 자다.
18 그 여자의 집은 죽음 속으로 빠져 들고
그 길은 죽은 자들에게 이른다.
19 그 여자에게 가는 자들은 모두 돌아오지 못하고
더 이상 생명의 길에 이르지 못한다.
20 그러니 너는 선인들의 길을 걷고
의인들의 행로를 따라야 한다.
21 올곧은 이들은 이 땅에서 살고
흠 없는 이들은 이곳에 남아 있겠지만
22 악인들은 이 땅에서 잘려 나가고
배신자들은 이곳에서 뽑혀 나갈 것이다.

주님을 경외함과 지혜

3 1 내 아들아, 너는 내 가르침을 잊지 말고
너의 마음이 내 계명을 지키게 하여라.
2 그것들이 너에게 장수와 수명을,
그리고 행복을 더해 주리라.
3 자애와 진실이 너를 떠나지 않도록 하여라.
그것들을 네 목에 묶고
네 마음속에 새겨 두어라.
4 그러면 네가 하느님과 사람 앞에서
호의와 호평을 받으리라.
5 네 마음을 다하여 주님을 신뢰하고
너의 예지에는 의지하지 마라.
6 어떠한 길을 걷든 그분을 알아 모셔라.
그분께서 네 앞길을 곧게 해 주시리라.
7 스스로 지혜롭다 여기지 말고
주님을 경외하며 악을 멀리하여라.

2,16 에즈 10,2.10-11.14.17-18.44; 느헤 13,26-27.

3,1-12. '토라'의 계명들을 연상시키는 표현들로, 스승은 제자에게 하느님을 신뢰할 것을 권고한다. 하느님의 가르침에 겸손하게 복종하는 것은 충실한 이에게 축복의 원천이 된다.

8 그것이 네 몸에 약이 되고
네 뼈에 활력소가 되리라.
9 네 재물과 네 모든 소출의 맏물로
주님께 영광을 드려라.
10 그러면 네 곳간은 그득 차고
네 술통은 포도즙으로 넘치리라.
11 내 아들아, 주님의 교훈을 물리치지 말고
그분의 훈계를 언짢게 여기지 마라.
12 아버지가 아끼는 아들을 꾸짖듯
주님께서는 사랑하시는 이를 꾸짖으신다.

지혜는 생명의 나무

13 행복하여라, 지혜를 찾은 사람!
행복하여라, 슬기를 얻은 사람!
14 지혜의 소득은 은보다 낫고
그 소출은 순금보다 낫다.
15 지혜는 산호보다 값진 것
네 모든 귀중품도 그것에 비길 수 없다.
16 지혜의 오른손에는 장수가,
그 왼손에는 부와 영광이 들려 있다.
17 지혜의 길은 감미로운 길이고
그 모든 앞길에는 평화가 깃들어 있다.
18 지혜는 붙잡는 이에게 생명의 나무
그것을 붙드는 이들은 행복하다.

19 주님께서는 지혜로 땅을 세우시고
슬기로 하늘을 굳히셨다.
20 그분의 지식으로 심연이 열리고
구름이 이슬을 내린다.

주님은 너의 의지

21 내 아들아, 신중함과 현명함이
네 눈에서 벗어나지 않도록 하여라.
22 그것들이 네 영혼에 생명이 되고

3,10. "그득 차고" 지혜문학 안에는 예식에 관한 언급이 드물다(예를 들어 집회 24장 참조). 9-10절에서는 자신의 재산으로 하느님께 영광을 드릴 때 자신이 바친 것만이 아니라 헤아릴 수 없는 풍요와 충만함을 받게 됨을 말한다. 다른 본문들에서 포도주 술통에 대한 언급은(기름과 동물과 인간의 다산과 더불어) 하느님 약속의 상징이다(신명 7,13-14; 11,14; 33,28; 예레 31,12 참조).

3,13-18. 에덴 동산 한가운데 생명 나무가 불멸을 주었듯이(창세 2,9 참조) 지혜는 행복과 슬기와 함께 장수와 하느님의 생명에 참여함을 가져다준다.

3,19. 하느님께서 세상을 굳건하게 하신다. 다른 곳에서 말하듯이, 그분께서 물 위에 세상의 기초를 마련하셨기 때문이다(시편 78,69의 주 참조).

3,21-35. "내 아들아" 이 도입 표현으로 1-9장의 네 번째 가르침이 시작된다(두 번째 가르침은 2장에 들어 있고, 세 번째 가르침은 3,1-12이다).

3,18 11,30; 창세 3,22.24; 시편 1,3; 92,13; 묵시 2,7; 22,14.19.

3,12. 주님께서는 사랑하시는 이를 꾸짖으신다. 때로 엄한 꾸짖음은 이스라엘에서 교육의 일부였다(12,1; 13,18; 15,32 참조). 하느님은 교육 수단으로 엄한 훈육을 사용하는 아버지-스승으로 나타난다.

3,13. 슬기는 아들이 도달해야 하는 목표이다. 그의 취약함은 의견과 제안들을 혼동하여 정신적 기능이 세련되지 못하다는 데 있다. "슬기"는 지성과 그 사용의 영역에 관련된 은총으로 이해된다. 지혜로 이러한 지적-실천적 능력에 도달하게 된다.

네 목에 아리따움이 되리라.
23 그러면 너는 안심하고 길을 걸으며
네 발은 어디에도 부딪치지 않으리라.
24 네가 누워도 무서워할 것이 없고
누우면 곧 단잠을 자게 되리라.
25 갑작스러운 공포 앞에서도,
악인들에게 닥치는 파멸에도 두려워하지 마라.
26 주님께서 너의 의지가 되시어
네 발이 덫에 걸리지 않게 지켜 주시리라.

이웃 사랑

27 네가 할 수만 있다면
도와야 할 이에게 선행을 거절하지 마라.
28 가진 것이 있으면서도 네 이웃에게
"갔다가 다시 오게, 내일 줄 테니." 하지 마라.
29 이웃이 네 곁에서 안심하고 사는데
그에게 해가 되는 악을 지어내지 마라.
30 너에게 악을 끼치지 않았으면
어떤 사람하고도 공연히 다투지 마라.
31 포악한 사람을 부러워하지 말고
그의 길은 어떤 것이든 선택하지 마라.
32 주님께서는 비뚤어진 자를 역겨워하시고
올곧은 이들을 가까이하신다.
33 주님께서는 악인의 집에 저주를 내리시고
의인이 사는 곳에는 복을 내리신다.
34 그분께서는 빈정대는 자들에게 빈정대시지만
가련한 이들에게는 호의를 베푸신다.
35 지혜로운 이들은 영광을 물려받고
우둔한 자들은 수치를 짊어진다.

지혜는 귀중한 재산

4 1 아들들아, 아버지의 교훈을 들어라.
귀를 기울여 예지를 얻어라.

3,27. 히브리어 본문을 직역하면 "선의 주인에게 선을 거절하지 마라."이다. 현인은 자신의 권리를 허락해 줄 것을 청하는 사람의 경우를 말한다. 여기서 권고하는 것은 애덕이나 동정심이 아니라 정의의 실천이다(탈출 22,25; 레위 19,13 참조). 그리스어 번역본은 이 본문을 완화하여 "필요로 하는 사람에게 호의를 거절하지 마라."로 옮긴다.

3,31. "선택하지 마라." 이 히브리어 동사 '팁하르'를 그리스어 번역본을 근거로 '팃하르'("성내지 마라")로 수정해서 번역하기도 한다. 하지만 스승이 권고하는 것은 폭력의 길을 선택하지 말라는 것, 곧 "그 행위를 본받지 마라."(대중 라틴말 성경)는 것이다. 이 구절은 제자가 따라야 하는 바른 길의 식별에 대해 말한다. 그 길을 택해야 하고, 악인들의 길은 거부해야 한다(1,10-15 참조).

3,35. "수치" 이는 죽음에 비길 수 있는 감정이다. 수치를 당하는 것은(시편 6,11의 주 참조) 사회생활의 근본 규범에 의하여 공공연하게 추방되는 것과 같다(집회 1,30; 7,7; 잠언 23,22-24; 다니 13,15-64 참조).

3,27-35. 자신과 비슷한 이들에 대한 호의는 지혜로운 사람의 특징이다. 스승은 금지하는 여섯 가지를 통하여 이웃에 관한 의무를 가르치는데, 여기에는 물질적 도움과 호의, 온유함이 포함된다. 이 의무를 회피하는 사람은 악인들의 편에 속하게 되는 것을 피할 수 없다.

4,1-9. 이 가르침에서 스승은 제자에게 그 자신이 받은 것을 전수한다. 지혜는 소중한 선이며 어떤 값을 치르고서라도 얻어야 한다. 이 단락에는 이스라엘인들이 신성한 것으로 여기던 전승에 대한 존중도 나타난다. 스승이 제자에게 말하는 정감 어린 어조도 강조해 두어야 한다. 스승은 차가운 감독이 아니라 아버지로 나타난다.

2 내가 너희에게 유익한 지침을 주었으니
내 가르침을 저버리지 마라.
3 나도 내 아버지에게 좋은 아들이었으며
내 어머니가 애지중지하는 외아들이었다.
4 아버지께서는 나에게 이렇게 가르치셨다.
"내 말을 마음에 간직하고
내 계명을 지켜라. 그러면 네가 살리라.
5 지혜를 얻고 예지를 얻어라.
내가 한 말을 잊지 말고 어기지 마라.
6 지혜를 저버리지 마라. 그것이 너를 보호해 주리라.
지혜를 사랑하여라. 그것이 너를 지켜 주리라.
7 지혜를 얻어라. 이것이 곧 지혜의 시작이다.
네가 가진 것을 다하여 예지를 얻어라.
8 지혜를 소중히 여겨라. 그것이 너를 높여 주리라.
지혜를 품으면 그것이 너를 영광스럽게 하리라.
9 그것이 아름다운 화환을 네 머리에 씌워 주고
화려한 관을 너에게 가져다주리라."

현인의 교육은 생명의 길잡이

10 내 아들아, 들어라. 내 말을 받아들여라.
그것이 네게 수명을 더해 주리라.
11 내가 너에게 지혜의 길을 가르치고
너를 바른길로 이끌어 주었으니
12 네가 걸을 때 앞길이 막히지 않고
네가 뛰더라도 비틀거리지 않으리라.
13 교훈을 놓치지 말고 굳게 잡아라.
그것이 네 생명이니 잘 지켜라.
14 악인들의 길에 들어서지 말고
악한들의 행로를 걷지 마라.
15 그런 길은 피하여 발을 들여놓지 말고
발길을 돌려 비켜 가거라.
16 그들은 악을 저지르지 않고는 잠들지 못하고
남을 쓰러트리지 않으면 잠을 설친다.

4,5. "지혜" 이 책의 서문에 나타나듯이(1,1-7 참조) 히브리어 단어 '호크마'는 여러 의미를 지닌다(도덕적·지적 영역에 연관된다). 여기서는 '비나'("예지")와 동의적 병행을 이룬다.

4,9. 지혜에서 오는 아름다움과 관련하여 이미 다른 곳(1,9; 3,22; 집회 4,11; 6,31)에서 언급된, 이 몸치장에 대한 진술로 다섯 번째 가르침이 종결된다.

4,10-27. 이 구절에서 아버지요 스승인 사람이 아들이요 제자인 자에게 주는 여섯 번째 지혜 가르침이 제시된다(나머지 마지막 가르침은 5-7장에서 나타난다).

4,16 7,11.

4,10-27. 지혜문학에서 자주 사용되는 은유를 통하여 제자에게 두 길이 설정된다. 악인들의 어두운 길에는 걸림돌이 산재해 있다(4-17.19절). 의인들의 길은 밝고(18절) 흔들림이나 벗어남이 없다(26-27절). 그 길로 걸어가기 위하여 제자에게는 엄한 훈육이 필요한데, 여기에는 (생각이 있는 자리인) 마음과 (진리 또는 거짓을 전달하는) 입술을 지키는 것이 포함된다. 그 갚음으로 그는 지혜, 올바름, 생명, 빛을 받게 될 것이다(10-11.13.18절).

4,22. 지혜는 제자의 몸 전체와 연관되고 그에게 전적이고 온전한 행복을 가져다준다. 지혜는 '샬롬' 곧 평화와 주님께서 의인에게 마련해 두시는 인간 삶의 진정한 실현을 가져다준다(시편 29,11; 35,27; 37,11; 72,3 참조). 또한 이사 66,12에서 하느님은 예루살렘에 강물처럼 '샬롬'을 부어 주신다.

4,26. "튼튼하리라."는 안정감과 견고함을 연상시킨다. 지혜의 길은 스승이 보증하는 것이고 조상들의 전통으로 확인된 것이므로 확실하다(4,3 참조).

5,3. "꿀"의 표상은 낯선 여인의 말이 달콤하고 맛있음을 나타낸다. 그러나 이러한 첫인상은 그 여인이 이끌어 가는 부정적 결과의 씁쓸함으로 뒤바뀐다. 24,13-14에서는 지혜 자체가 꿀에 비유되어, 생명의 말과(지혜의 말과 아버지의 말) 죽음으로 이끄는 말을 구별해야 함을 드러낸다.

17 그들은 불의의 빵을 먹고
폭력의 술을 마신다.
18 의인들의 길은 동틀 녘의 빛과 같아
한낮이 될 때까지 점점 밝아지지만
19 악인들의 길은 암흑과 같아
어디에 걸려 비틀거리는지도 모른다.

20 내 아들아, 내 말에 주의를 기울이고
내 이야기에 귀를 기울여라.
21 그것이 네 눈에서 벗어나지 않도록
네 마음 한가운데에 간직하여라.
22 내 말은 그것을 찾아 얻는 이에게 생명이 되고
그의 온몸에 활력이 되어 준다.
23 무엇보다도 네 마음을 지켜라.
거기에서 생명의 샘이 흘러나온다.
24 거짓된 말을 치워 버리고
비방하는 말을 멀리하여라.
25 눈은 똑바로 앞을 바라보고
눈길은 앞으로만 곧게 두어라.
26 바른길을 걸어라.
네가 가는 길이 모두 튼튼하리라.
27 오른쪽으로도 왼쪽으로도 벗어나지 말고
악에서 발길을 돌려라.

낯선 여자를 조심하여라

5 1 내 아들아, 내 지혜에 주의를 기울이고
내 슬기에 귀를 기울여라.
2 그러면 네가 현명함을 간직하고
네 입술이 지식을 보존하리라.
3 정녕 낯선 여자의 입술은 꿀을 흘리고
그 입속은 기름보다 매끄럽지만
4 그 끝은 쓴흰쑥처럼 쓰디쓰고
쌍날칼처럼 날카롭다.
5 그 여자의 발은 죽음으로 내려가고
그 걸음은 저승을 향한다.

4,27 1,15.

5,1-23. 지혜 사상에서 중심이 되는 두 여자가 등장한다. 행실이 가벼운 낯선 여자는(이미 2장에서 나왔다) 겉으로 보이는 감미로운 매력과 유혹으로 죽음의 길로 미끄러지게 하며(3-14절) 육신과 재산을 멸망으로 이끈다. 반면 젊은 시절의 아내는 하느님께 축복받은 사랑 안에서 기쁨과 위로를 느끼게 한다(15-20절).

6 그 여자는 생명의 길에 뜻을 두지 않으니
제 앞길이 흔들림을 깨닫지도 못한다.

7 그러니 이제, 아들들아, 내 말을 들어라.
내가 하는 말에서 벗어나지 마라.
8 그 여자에게서 멀리 떨어져 걷고
그 집 문에 가까이 가지 마라.
9 다른 이들에게 네 명예를 넘겨주고
네 세월을 난폭한 자에게 빼앗기며
10 낯선 자들이 네 재산으로 배를 불리고
네 노고의 결실이 낯모르는 자의 집으로 가게 된다.
11 마침내 몸과 살이 스러지는 지경에 이르러
너는 통곡하면서
12 한탄하게 되리라. "어쩌자고 내가 교훈을 싫어하고
내 마음이 훈계를 업신여겼단 말인가?
13 스승님들의 소리를 듣지 않고
선생님들에게 귀를 기울이지 않다가
14 회중과 공동체 한가운데에서
하마터면 처참한 불행에 빠질 뻔하였구나."

젊은 시절의 아내

15 네 저수 동굴에서 물을 마시고
네 샘에서 솟는 물을 마셔라.
16 네 샘물이 바깥으로 흘러 버리고
그 물줄기가 거리로 흘러서야 되겠느냐?
17 그것은 너 혼자만의 것
네 곁에 있는 낯선 자들이 가져서는 안 된다.
18 네 샘터가 복을 받도록 하고
네 젊은 시절의 아내를 두고 즐거워하여라.
19 그 여자는 너의 사랑스러운 암사슴, 우아한 영양
너는 언제나 그의 가슴에서 흡족해하고
늘 그 사랑에 흠뻑 취하여라.
20 그런데 내 아들아, 너는 어찌 낯선 여자에게 흠뻑 취하고
낯모르는 여자의 가슴을 껴안으려 드느냐?
21 사람의 길은 주님 눈앞에 펼쳐져 있고
그분께서는 그의 모든 행로를 지켜보신다.

5,7 7,24.

5,15.18.19. 사랑하는 사람을 우물물이나 우아한 동물과 같은(사슴, 영양) 자연물에 비유하는 것은 동방 연애시의 특징적 문학 요소이다.

5,6. 히브리어 본문은 이해하기 어렵다. 우리 본문은 몇 가지를 수정한 번역이다. 이 구절은 자신의 행동도 의식하지 못하는 여자에 관한 것으로, 4,26과 대조하여 읽어야 한다.

5,8. "집" 이 구절에서 낯선 여자의 집은 멀리해야 할 위험한 장소로 제시된다. 7,27에서는 이 집이 저승과 같다고 말한다.

5,9. "명예"로 번역된 히브리어 '홋'은 그 자체로는 "광채, 위엄, 영예"를 뜻한다. "명예"로 옮긴 것은 (새) 대중 라틴말 성경의 'honorem'을 따른 듯하다. 히브리어 명사는 "활력"이라는 의미의 신체적 자질을 뜻할 수 있다. 그렇게 보면 르무엘의 어머니가 정력을 여인들에게 내어 주지 말라고 권고하는 31,3에서처럼 젊은이가 간음으로 훼손하지 말아야 할 정력을 뜻하게 될 것이다(창세 49,3; 집회 26,19 참조). 그 부정적인 결과는 애써 수고하여 얻은 재산을 잃는 것이다. 아마도 이 구절은 전체적으로 배반당한 남편이 피해에 대한 갚음으로 요구하는 보상과 연관된 것으로 보인다(6,35 참조).

5,19. 스승의 언어는 성에 대한 혐오로 여겨질 여지를 남기지 않으며, 곧바로 아내의 아름다움과 신체적 결합의 바람직함을 언급한다. 여성을 암사슴과 영양의 표상으로 같이 사용한 아가도 마찬가지다(아가 4,5; 시편 42,2에서는 하느님께 대한 간절한 갈망을 목마른 암사슴의 열망과 연관시킨다).

22 악인은 제 악행에 붙잡히고
제 죄의 밧줄에 얽매인다.
23 그는 교훈을 받아들이지 않아 죽게 되고
너무 어리석어 길을 잃게 된다.

보증의 위험

6 1 내 아들아, 네가 이웃의 보증을 섰다면
네가 낯선 이의 담보를 섰다면
2 너는 네가 한 말에 말려들고
네가 한 말에 붙잡힌 것이다.
3 내 아들아, 네가 이웃의 손에 걸려든 것이니
이제 이렇게 하여 거기에서 벗어나라.
네 이웃에게 가서 엎드려 졸라 대어라.
4 잠도 자지 말고
졸지도 마라.
5 사냥꾼의 손에서 벗어나는 산양처럼,
새잡이의 손에서 벗어나는 새처럼 너도 벗어나라.

게으름뱅이와 개미

6 너 게으름뱅이야, 개미에게 가서
그 사는 모습을 보고 지혜로워져라.
7 개미는 우두머리도 없고
감독도 지도자도 없이
8 여름에 양식을 장만하고
수확 철에 먹이를 모아들인다.
9 너 게으름뱅이야, 언제까지 누워만 있으려느냐?
언제나 잠에서 깨어나려느냐?
10 "조금만 더 자자. 조금만 더 눈을 붙이자.
손을 놓고 조금만 더 누워 있자!" 하면
11 가난이 부랑자처럼,
빈곤이 무장한 군사처럼 너에게 들이닥친다.

사악한 사람의 운명

12 쓸모없는 인간과 간악한 사람은

6,1-4. 다른 사람을 위하여 보증을 서는 것과 관련된 가르침으로, 현인은 자신의 돈을 잃어버릴 위험을 고려하여 보증을 서지 말라고 권고한다(11,15; 17,18; 22,26-27; 집회 8,13 참조). 낯선 이의 담보를 서는 것은 더 불확실하다. "담보를 섰다면"의 히브리어 본문은 "네 손을 주었다면"으로, 약속 행위를 나타낸다. 손을 잡는 것은 아마도 맹세였을 것이다. 잠언 11,15의 주 참조.

6,6. 성경에서 개미는 이 구절과 30,25에서만 언급된다. 개미는 현명하고 자신의 임무에 충실한 동물로 여겨진다.

6,10-11 // 24,33-34.

6,1-19. 스승은 일상생활에서 지혜를 실천하는 것에 관련된 여러 주제에 대한 네 가지 짧은 가르침을 제시한다. 먼저 낯선 이의 보증을 서지 말 것을 말하고(1-5절), 이어서 게으름이 사람을 가난하게 만든다는 것을 고찰한다(6-11절). 악인의 운명에 관하여 짧게 언급한 다음(12-15절), 하느님께서 싫어하시는 것을 열거하는 숫자로 나타낸 잠언을 소개한다(16-19절).

입에 거짓을 담고 돌아다닌다.
13 눈을 찡긋대며 발로 말하고
손가락으로 신호를 한다.
14 그의 마음에는 사악이 자리 잡아 악을 꾸미고
언제나 싸움만 일으킨다.
15 그래서 갑자기 재앙이 들이닥쳐
순식간에 망하면 구제할 길이 없다.

주님께서 싫어하시는 것

16 이 여섯 가지를 주님께서 미워하시고
이 일곱 가지를 그분께서 역겨워하신다.
17 거만한 눈과 거짓말하는 혀
무고한 피를 흘리는 손
18 간악한 계획을 꾸미는 마음
악한 일을 하려고 서둘러 달려가는 두 발
19 거짓말을 퍼뜨리는 거짓 증인
형제들 사이에 싸움을 일으키는 자다.

간통에 대한 경고

20 내 아들아, 아버지의 계명을 지키고
어머니의 가르침을 저버리지 마라.
21 그것들을 언제나 네 마음에 새겨 두고
네 목에 감아 두어라.
22 그것이 네가 길을 다닐 때 너를 인도하고
잠잘 때 너를 지켜 주며
깨어나면 너에게 말벗이 되어 주리라.
23 계명은 등불이고 가르침은 빛이며
교훈이 담긴 훈계는 생명의 길이다.
24 그것들이 너를 악한 여자에게서,
낯모르는 여자의 아양 떠는 혀에서 지켜 주리라.
25 너는 마음속으로 그런 여자의 아름다움을 탐내지 말고
그 눈짓에 걸려들지 마라.
26 창녀는 빵 한 덩어리면 되지만
남의 아내는 귀중한 생명을 노린다.

6,16 30,15-23.29-31; 아모 1-2.

6,20-35. 자주 사용되는 "내 아들아"라는 표현으로 새로운 가르침이 시작되어, 받은 가르침을 준수하도록 다시 권고한다(20-23절). 그 가르침은 삶의 길을 비추는 빛이며 죄, 특히 질투와 복수와 수치의 원인이 되는 간음을 피하게 하는 도움이 된다. 제자는 마치 목걸이처럼 지혜의 계명으로 자신을 장식해야 한다.

6,16. "여섯 가지… 일곱 가지" 숫자로 나타낸 잠언이 처음 나타난다. 숫자로 나타낸 잠언이라고 불리는 것은 이어지는 두 숫자로 시작되기 때문이다. 이는 히브리 시문학에서 흔히 사용되는 문학적 장치로 기억을 돕기 위함이다.

6,21. "네 마음에… 네 목에" 히브리인들이 신명 6,1-9의 자구적 해석에 따라 심장 높이의 팔에 토라의 일부를 담은 작은 성구함을 달던 관습을 가리킨다.

6,24. "악한 여자" 히브리어 본문은 "악한"('라') 여자라고 되어 있지만, 본문의 문맥 전체가 간음을 경계하고 있으므로, 그리스어 번역본은 히브리어를 '레아'("이웃의, 다른 사람의" 아내)로 수정하고 "결혼한" 여자로 번역한다. 그러므로 "낯모르는" 여자는 자기 아내가 아닌 다른 사람의 아내를 가리키는 것으로 이해된다. 7,5에서도 마찬가지다. 다른 사람의 아내에 대해서는 율법에 많은 규정이 있다. 레위 20,10; 신명 22,24; 예레 5,8; 에제 18,6.11.15; 22,11; 33,26 참조.

6,32. "지각없는 자" 자구적으로는 "마음이 가난한 자"이다. 자기 행위의 결과를 평가하는 데 필요한 이해력이 없는 사람을 가리킨다. 5,6의 낯선 여자와 마찬가지로, 간음하는 남자도 자신의 삶과 행동에 대해 온전히 의식하고 있지 못한다. 잠언의 저자는 서문의 권고(1,1-7 참조)와 일관되게 윤리적-종교적 평가보다 지혜라는 측면의 평가에 머문다.

7,5. "낯모르는 여자"에 관하여, 2,16의 주 참조.

27 누가 불을 품에 안고 다니는데
옷을 태우지 않을 수 있겠느냐?
28 누가 숯불 위를 걸어가는데
발을 데지 않을 수 있겠느냐?
29 제 이웃의 아내와 간통하는 자가 그러하다.
그 여자를 건드리는 자는 누구도 벌을 면하지 못한다.
30 허기진 배를 채우려고
남의 것을 훔친 도둑도 가볍게 다루어지지 않는다.
31 붙잡히면 그는 일곱 곱절로 갚아야 하고
심하면 집에 있는 재산을 모조리 내놓아야 한다.
32 남의 여자와 간통하는 자는 지각없는 자
자신을 망치려는 자만 그런 짓을 한다.
33 매를 맞고 치욕을 당하여
그 수치가 지워지지 않는다.
34 그 남편은 질투로 격분하여
복수하는 날에 조금도 사정을 보지 않는다.
35 그는 어떠한 보상도 거들떠보지 않고
아무리 많은 선물을 준다 해도 받으려 하지 않는다.

지혜를 받아들여라

7 1 내 아들아, 내 말을 지키고
내 계명을 마음에 간직하여라.
2 내 계명을 지켜라. 네가 살리라.
내 가르침을 네 눈동자처럼 지켜라.
3 그것들을 네 손가락에 묶고
네 마음속에 새겨 두어라.
4 지혜에게 "너는 내 누이!"라 하고
예지를 친지라 불러라.
5 그러면 그것들이 너를 낯선 여자에게서,
매끄러운 말을 하는 낯모르는 여자에게서 지켜 주리라.

간음녀의 유혹

6 내 집 창문에 기대어
창살 사이로 내다보다가

7,1-27. 이 장은 다시 지혜라는 여인과(1-5절) 간음녀라는(6-27절) 두 여인의 모습을 제시하고, 젊은이는 그 앞에서 선택을 해야 한다. 간음녀는 매우 강하고 생생한 설화적 표현으로 묘사된다. 이 두 여인은 각각 받은 가르침의 훌륭함과 죄 특히 우상 숭배의 어리석음을 나타낸다. 아가의 신부와 같은 호칭으로 불리는 지혜는 삶의 동반자로서 찾고 갈망해야 할 대상이다. 그러나 간음녀는 멸망과 죽음의 길이므로 그 유혹에서 벗어나야 한다.

7 어수룩한 자들 속에서 누군가를 보게 되었다.
청년들 속에서 지각없는 젊은이 하나를 지켜보게 되었다.
8 그는 그 여자가 사는 거리 모퉁이 쪽으로 길을 건너
그 집을 향해 걸어간다.
9 날 저물녘 어스름 속에,
한밤의 어둠 속에 걸어간다.
10 보아라, 여자가 창녀 옷을 입고서
교활한 마음을 품고 그에게 마주 온다.
11 여자는 안절부절못하고
그 발은 집 안에 붙어 있지 못한다.
12 한 번은 거리에 갔다가 한 번은 광장에 가고
길목마다 지켜 선다.
13 이제 그 젊은이를 붙잡아 입 맞추고
뻔뻔스러운 얼굴로 말한다.
14 "내가 친교 제물을 바쳐야 했는데
오늘 그 서원을 채웠답니다.
15 그래서 내가 당신을 맞으러 나와
당신 얼굴을 찾다가 이제야 찾아냈어요.
16 내 침상에 덮개를 깔았는데
화려한 이집트산 아마포랍니다.
17 잠자리에 몰약과
침향과 육계향도 뿌렸어요.
18 자, 우리 아침까지 애정에 취해 봐요.
사랑을 즐겨 봐요.
19 남편은 집에 없어요.
멀리 길을 떠났거든요.
20 돈 자루를 가져갔으니
보름날에나 집에 돌아올 거예요."
21 이렇게 갖가지 달콤한 말로 꾀고
매끄러운 입술로 유혹하니
22 그가 선뜻 그 여자 뒤를 따라가는데
도살장에 끌려가는 소와 같고
벌 받으러 쇠사슬에 묶여 가는 미련한 자와 같다.
23 화살이 간장을 꿰뚫을 때까지
목숨을 잃을 줄도 모르는 채
그물 속으로 재빨리 날아드는 새와 같다.

24 아들들아, 이제 내 말을 들어라.
내가 하는 말에 주의를 기울여라.

7,7. "젊은이" 성경에서는 청소년기와 같은 단계를 정확하게 구분하지 않는다. 히브리어 '나아르'는 "소년" 곧 나이가 적은 사람을 가리키는데(사무엘이 성전에서 봉사를 시작한 때. 1사무 3,1 참조), "경험 없는 젊은이" 통치할 능력이 없는 사람을 가리키기도 한다(지혜를 필요로 한 솔로몬의 경우. 1열왕 3,7 참조). 이 절에서는 "어수룩한 자들"과 병행해 두 번째 의미가 더 강하게 드러난다.

7,10. "교활한 마음"이라는 히브리어 표현은 그를 유혹하고자 함을 나타낸다.

7,11. 낯선 여자는 불안하고 자리를 찾지 못하는 것으로 묘사된다. 집과 가족이 있지만 마치 정해진 거처가 없는 사람처럼 유혹할 사람을 찾아 돌아다니고, 그래서 휴식 시간과 활동 시간에 관한 사회생활의 규칙들을 깨뜨린다.

7,14. "친교 제물"은 제물을 바친 이가 희생 제물의 고기 일부를 잔치에서 가족과 함께 먹는 것이다. 이 제사들은 서원을 채우기 위해서도 바쳐졌고, 그 고기는 사흘 안에 먹도록 되어 있었다(레위 7,16-17 참조).

25 네 마음이 그런 여자의 길로 빠져들지 않게 하여라.
그런 여자의 행로로 들어서지 마라.
26 그런 여자가 쓰러뜨려 희생된 자들이 많고
힘센 자들도 모두 그에게 살해되었다.
27 그 집은 저승으로 가는 길이라
죽음의 안방으로 내려가게 된다.

7,27. 이 여자의 집은 저승과 같이 묘사된다. 저승에서는 다시 돌아올 수 없다(5,8; 욥 3,17-19의 주 참조).

지혜가 부른다

8 1 지혜가 부르고 있지 않느냐?
슬기가 목소리를 높이고 있지 않느냐?
2 지혜가 언덕 위, 거리가 내려다보이는 곳에,
네거리에 서 있다.
3 성읍 어귀 성문 곁에서,
여러 대문간에서 외친다.
4 "사람들아, 내가 너희를 부른다.
너희 인간들에게 내 목소리를 높인다.
5 어리석은 이들아, 영리함을 터득하여라.
우둔한 이들아, 마음을 깨쳐라.
6 들어라, 나는 고귀한 것들을 말하고
내 입술에서는 올바른 것들이 흘러나온다.
7 내 입은 진실을 말하고
내 입술은 불의를 역겨워한다.
8 내가 하는 말은 모두 의로울 뿐
거기에는 교활한 것도 음흉한 것도 없다.
9 그 모든 말이 깨닫는 이에게는 옳고
지식을 찾는 이에게는 바르다.
10 너희는 은이 아니라 내 교훈을 받고
순수한 금이 아니라 지식을 받아라.
11 지혜는 산호보다 낫고
온갖 귀중품도 그것에 비길 수 없다."

8,1. "지혜" 여기서 사용된 단어는 단수형이며, 지혜가 1인칭으로 말하는 첫째 시에서와 같이(1,20-33 참조) 복수형으로 되어 있지 않다. 그러나 여인으로 묘사된 지혜가 의인화되었음은 명백하다. 1,20의 주 참조.

8,9. "옳고"로 번역된 단어는 히브리어로 명사 "앞에 있는 사람, 마주 서 있는 사람"을 뜻하여 전달된 것이 사용될 수 있고 거기에서 유익을 얻을 수 있음을 뜻한다. 지혜는 몇몇 사람들에게만 유보된 것이 아니라 폭넓은 청중에게 주어지고 그들이 다가갈 수 있는 것이다.

지혜의 자기소개

12 "나 지혜는 영리함과 함께 살며

8,1-11. 장엄한 배경 안에서 (1장에 이어) 두 번째로 지혜가 의인화된다. 지혜는 다시 스승과 같이 고전적인 가르침의 장소(언덕, 길, 교차로, 성문)에 자리를 잡고 목소리를 높여 들으라고 권고한다(1-4절). 그 호소는 이스라엘인들에게만 국한되지 않고 지혜 문학의 특징적인 전망에 따라 "인간들" 곧 모든 이들을 향한다. 지혜는 누구에게나 "올바른 것들" 곧 진리, 올바름, 학문을 전해 준다.

8,12-21. 지혜는 자신에게 유명한 찬가를 부른다. 여기에는 이스라엘 스승들의 가르침이 종합되어 있다. 지혜는 지도자가 올바로 통치하는 데 필요한 자질을 가지고 있고 그것을 나누어 주며(12-16절), 지혜를 찾는 이에게 매우 값진 열매를 준다(17-21절).

지식과 현명함을 얻었다.
13 주님을 경외함은 악을 미워하는 것이다.
그래서 나는 교만과 거만과 악의 길을,
사악한 입을 미워한다.
14 나에게는 조언과 통찰이 있다.
나는 곧 예지이며 나에게는 힘이 있다.
15 내 도움으로 임금들이 통치하고
군주들이 의로운 명령을 내린다.
16 내 도움으로 제후들이 다스린다.
의롭게 판결하는 수령들도 모두 마찬가지다.
17 나를 사랑하는 이들을 나는 사랑해 주고
나를 찾는 이들을 나는 만나 준다.
18 나에게는 부와 영예가 있고
오래고 존귀한 재산과 번영도 있다.
19 내 열매는 금보다 순금보다 낫고
내 소출은 순수한 은보다 낫다.
20 나는 정의의 길을,
공정의 길 한가운데를 걷는다.
21 그리하여 나는 나를 사랑하는 이들에게 재산을 물려
주고 그들의 보물 곳간을 채워 준다."

8,13. "주님을 경외함" 지혜의 메시지는 하느님과 만난다는 점에서 지혜문학적 차원(실용적 학문)과 종교적 차원을 종합한다. 1,7의 주해 참조.

지혜와 창조

22 "주님께서는 그 옛날 모든 일을 하시기 전에
당신의 첫 작품으로 나를 지으셨다.
23 나는 한처음 세상이 시작되기 전에
영원에서부터 모습이 갖추어졌다.
24 심연이 생기기 전에,
물 많은 샘들이 생기기 전에 나는 태어났다.

8,22-25. 이 단락에서는 어머니 태중의 아기처럼 지혜가 생겨나고 태어나는 것을 묘사한다. 의인화된 지혜는 하느님의 아들로서 지니는 특별한 관계를 나타내기 위하여 인간의 출산이라는 표현을 사용한다.

8,15 1열왕 3; 지혜 6,2-3. 8,17 지혜 6,12-21. 8,24 집회 24; 요한 1.

8,22-31. 담론의 세 번째 부분은 지혜가 하느님과, 창조물과 지니는 관계를 정의하므로 특히 중요하다. 지혜는 자신에게 후에 라삐들이 토라에 귀속시키게 될 특전들, 곧 영원으로부터 하느님과 함께 있었다는 특성을 귀속시킨다. 지혜는 하느님의 창조 업적에서 협력자이며 조언자로서 온 세상에 자신의 모습을 새겨놓은 것으로 나타난다. 지혜는 창조된 실재이지만 다른 모든 피조물들을 앞서며, 하느님과 세상 사이의 중간 위치를 차지한다. 다른 한편으로 지혜는 하느님의 행동 계획과 같이 제시되어, 그 행위의 결과인 창조물 전체 안에서 작용한다. 또한 지혜는 사람들 사이에도 있어, 인간은 우주 안에서 지혜를 발견할 수 있고 충실히 그 목소리에 귀를 기울여야 한다. 지혜를 하느님의 "첫 작품"으로 묘사함으로써 이 단락의 메시아적 해석이 촉진되었다. 이 본문은 그리스도교 전통 안에서 심화되었으며, 요한 복음 서문에 그 여러 측면들이 반향되고 성 바오로는 예수 그리스도를 "하느님의 지혜"로 정의한다(1코린 1,24).

✠ 8,22-31. 이 단락에서 육화하신 말씀과 지혜의 성령이 묘사되어, 다해 지극히 거룩하신 삼위일체 대축일 제1독서로 선택되었다.

8,30. "사랑받는 아이"로 번역된 히브리어 단어 '아몬'은 논의의 대상이 된다. 그 어근은 메소포타미아 문학의 '움마누'에 연결될 수 있는데, 이는 홍수 후에 인간에게 문화를 가져다주는 반쯤 신적인 중개자이다. 그리스어 번역은 '아르모주사'("조화시키고 결합시키는 이")로 옮기며 대중 라틴말 성경은 "cuncta componens" 곧 모든 것을 하나로 결합시키는 이로 되어 있다. 이 두 번역은 8,30의 단어와 매우 가까운 히브리어 단어 '암만'(아가 7,2의 "예술가")을 전제한다.

8,31. "뛰놀며" 이 장에서 지혜는 작용의 차원(집회 24장)이 아닌 유희의 차원에서 묘사된다. 현인 역시 지혜를 즐긴다고 일컬어진다(10,23 참조).

9,1. "일곱 기둥" 히브리 문화에서 7이라는 숫자는 충만함을 가리킨다. 그러므로 이것은 완전한 집, 아마도 신전이다. 근면함은 지혜의 특징 가운데 하나이다. 지혜는 일곱 가지 작용을 한다(기둥을 깎고, 집을 짓고, 짐승을 잡고, 술에 향료를 섞고, 상을 차리고, 시녀들을 보내고, 외치게 한다. 31,10-31 참조).

9,2. 이스라엘에서 식사를 함께 나누는 것은 친교의 표지였다. 때로 잔치는 계약을 맺는 의미를 지녔다(에스 1-2; 1마카 16,15-16; 마르 6,21 참조). 제사 관습에서도 그러하다(1사무 9,13; 1열왕 3,15 참조). 또한 시편 41,10 참조.

25 산들이 자리 잡기 전에,
언덕들이 생기기 전에 나는 태어났다.
26 그분께서 땅과 들을,
누리의 첫 흙을 만드시기 전이다.
27 그분께서 하늘을 세우실 때,
심연 위에 테두리를 정하실 때 나 거기 있었다.
28 그분께서 위의 구름을 굳히시고
심연의 샘들을 솟구치게 하실 때,
29 물이 그분의 명령을 어기지 않도록
바다에 경계를 두실 때,
그분께서 땅의 기초를 놓으실 때
30 나는 그분 곁에서 사랑받는 아이였다.
나는 날마다 그분께 즐거움이었고
언제나 그분 앞에서 뛰놀았다.
31 나는 그분께서 지으신 땅 위에서 뛰놀며
사람들을 내 기쁨으로 삼았다."

지혜의 말씀을 듣는 이의 행복

32 "그러니 이제, 아들들아, 내 말을 들어라.
행복하여라, 내 길을 따르는 이들!
33 내 교훈을 들어 지혜로워지고
그것을 가볍게 여기지 마라.
34 행복하여라, 내 말을 듣는 사람!
날마다 내 집 문을 살피고
내 대문 기둥을 지키는 사람!
35 나를 얻는 이는 생명을 얻고
주님에게서 총애를 받는다.
36 그러나 나를 놓치는 자는 제 목숨을 해치고
나를 미워하는 자는 모두 죽음을 사랑한다."

'지혜'라는 여인의 초대

9 1 지혜가 일곱 기둥을 깎아
자기 집을 지었다.
2 짐승을 잡고 술에 향료를 섞고
상을 차렸다.

8,27 창세 1,6-8. 8,35 3,18. 8,36 지혜 1,16.

8,32-36. 지혜의 담론 마지막 부분은 인간의 운명을 알고 있는 이의 열렬한 호소이다. 인간의 행복과 그와 하느님의 관계는 지혜의 중개를 거친다.

3 이제 시녀들을 보내어
성읍 언덕 위에서 외치게 한다.
4 "어리석은 이는 누구나 이리로 들어와라!"
지각없는 이에게 지혜가 말한다.
5 "너희는 와서 내 빵을 먹고
내가 섞은 술을 마셔라.
6 어리석음을 버리고 살아라.
예지의 길을 걸어라."

현인과 빈정꾼

7 빈정꾼을 꾸짖는 이는 수치만 당하고
악인을 나무라는 이는 오점만 남긴다.
8 빈정꾼을 나무라지 마라. 그가 너를 미워하리라.
지혜로운 이를 나무라라. 그가 너를 사랑하리라.
9 지혜로운 이에게 주어라. 그가 더 지혜로워지리라.
의로운 이를 가르쳐라. 그가 견문을 더하리라.
10 지혜의 시작은 주님을 경외함이며
거룩하신 분을 아는 것이 곧 예지다.

11 정녕 나로 말미암아 네가 살 날이 많아지고
너의 수명이 더해진다.
12 네가 지혜롭다면 너를 위해 지혜로운 것이다.
네가 빈정대면 너 혼자 그 책임을 져야 한다.

'우둔함'이라는 여자의 초대

13 우둔함이라는 여자는 안절부절못하고
어리석어 아무것도 알지 못한다.
14 그 여자는 자기 집 대문에,
성읍 언덕에 자리 잡고 앉아
15 길을 가는 이들을,
제 길을 똑바로 가는 이들을 부른다.

9,7. "빈정꾼" 또는 "조롱꾼"이라는 유형에 속하는 이들은 훈계를 받아들이지 않을 뿐만 아니라, 교육적인 시도에 악의로 대응한다(14,6; 15,12; 21,24; 22,10; 24,9 참조).
"악인"은 그 인간의 악함을 강조하는 것으로, 여기서는 9,9의 의인과 현인에 대조된다. 그리스어 번역본과 (새) 대중 라틴말 성경은 "불경한 이"로 옮겨 "의인"과의 대조를 부각하고 종교적 측면을 더 강조하지만, 이 절에서는 그러한 측면이 나타나지 않는다. 시편 1,1의 주 참조.

9,13-18. 지혜라는 여인과 마찬가지로 우둔함이라는 여자도 집을 갖고 있지만 그 집을 돌보지 않는다. 밖에서 자리 잡고 앉아 지나가는 이들을 혼란시켜 길을 벗어나게 하는 것을 더 좋아하기 때문이다. 그 여자의 초대는 단순한 음식들로 된 것이 아니라 "훔친 물"과 "몰래 먹는 빵"으로 되어 있는데, 이는 분명 금지된 쾌락을 나타낸다(30,20; 집회 23,18 참조).

9,4 // 9,16. 9,9 1,5. 9,10 1,7. 9,11 3,16-18. 9,14 예레 3,1-3.

9,1-18. 책의 첫 부분을 마치면서 빠른 두 장면이 지혜의 잔치와 우둔함의 잔치를 소개한다(1-5절과 13-18절). 그들의 초대는 같은 군중을 향하지만, 두 여인의 태도와 목적은 정면으로 반대된다. 지혜라는 여인은 빵과 포도주가 상징하는 하느님 말씀이라는 양식을 먹을 것을 초대하는 반면(이사 55,1-3.10; 아모 8,11 참조), 우둔함이라는 여자는 죽음에 이르는 범죄의 빵과 물을 맛보도록 어리숙한 사람을 유혹한다.

9,1-6. 이 본문을 나해 연중 제20주간에 예수님께서 복음에서 말씀하시는 잔치와 연결 지어 읽는다. "내 살을 먹고 내 피를 마시는 사람은 영원한 생명을 얻고, 나도 마지막 날에 그를 다시 살릴 것이다."(요한 6,54)

16 "어리석은 이는 누구나 이리로 들어와라!"
지각없는 이에게 우둔함이 말한다.
17 "훔친 물이 더 달고
몰래 먹는 빵이 더 맛있다!"
18 그러나 어리석은 이는 그곳에 죽은 자들만 있음을,
그 여자의 손님들이 저승 깊은 곳에 있음을 알지 못한다.

솔로몬의 첫째 잠언집

10 1 솔로몬의 잠언.

지혜로운 아들은 아버지를 기쁘게 하고
우둔한 아들은 어머니의 근심거리가 된다.

2 불의하게 모은 보화는 소용이 없지만
정의는 사람을 죽음에서 구해 준다.

3 주님께서는 의인의 갈망은 채워 주시고
악인의 욕망은 물리치신다.

4 게으른 손바닥은 가난을 지어 내고
부지런한 이의 손은 부를 가져온다.

5 여름에 모아들이는 이는 사려 깊은 아들이고
수확 철에 잠만 자는 자는 수치스러운 아들이다.

6 의인의 머리에는 복이 내리지만
악인의 입은 폭력을 감추고 있다.

10,4-5. 게으름과 여름에 대한 언급은 이 구절을 6,6-11에 묘사된 개미의 지혜로운 활동과 게으른 사람의 나태한 어리석음에 관한 교훈적 단락에 연결한다.

9,16 // 9,4. 9,18 3,17-19; 7,27. 10,1 // 15,20 ; 또한 1,1 참조.

9,18. 여기서 주요 주제와 인물들을 소개하고 특히 그 전체를 하나로 묶는 하느님께 대한 경외라는 원리를 제시함으로써 도입 역할을 하는 잠언 전체의 첫 부분이 끝난다.

문체와 내용이 크게 달라지는 것에서 알아볼 수 있듯이, 10장으로 솔로몬 임금에 의한 것이라고 일컬어지는 첫 번째 잠언집이 시작된다(10,1-22,16 참조). 앞 단락에는 긴 운문들이 있던 반면 이제 짧은 문장들이 나오며, 이들은 어떤 주된 노선을 따르는 것이 아니라 스승들의 작업을 보여 주는 정교한 문체로 특징지어진다.

10,1-32. 이 장에서 중심 주제는 길어야 종합적 병행으로 이루어진 두 문장으로 구성된다(게으름과 근면함에 대한 4-5절 참조). 현인의 행동과 어리석은 자의 행동, 의인의 행동과 악인의 행동, 부자의 행동과 가난한 사람의 행동, 게으른 사람과 부지런한 사람의 행동이 대조된다. 이들은 자신들의 지혜나 어리석음, 의로움이나 불경함에 따라 자신과 다른 이들에게 행복이나 불행을 가져오며, 조화를 이루거나 불화를 일으킨다.

7 의인은 칭송을 받으며 기억되지만
악인의 이름은 썩어 버린다.

8 마음이 지혜로운 이는 계명을 받아들이지만
미련한 말을 하는 자는 멸망에 이른다.

9 흠 없이 걷는 이는 안전하게 걸어가지만
비뚤어진 길을 가는 자는 드러나기 마련이다.

10 눈을 찡긋대는 자는 고통을 가져오고
미련한 말을 하는 자는 멸망에 이른다.

11 의인의 입은 생명의 샘이지만
악인의 입은 폭력을 감추고 있다.

12 미움은 싸움을 일으키지만
사랑은 모든 허물을 덮어 준다.

13 슬기로운 이의 입술에는 지혜가 어리지만
지각없는 자의 등에는 몽둥이가 어울린다.

14 지혜로운 이들은 지식을 간직하지만
미련한 자의 입은 몰락을 불러들인다.

15 부유한 자의 재산은 그에게 견고한 성읍이 되고
빈곤한 자의 가난은 그에게 몰락을 가져온다.

16 의인의 소득은 생명에 이르고
악인의 소출은 죄악에 이른다.

17 교훈을 지키는 이는 생명에 이르는 길을 가지만
훈계를 저버리는 자는 남을 방황하게 한다.

18 미움을 감추는 자는 거짓된 입술을 가진 자고
험담을 내뱉는 자는 우둔한 자다.

19 말이 많은 데에는 허물이 있기 마련
입술을 조심하는 이는 사려 깊은 사람이다.

10,15 // 18,11.

10,8. "마음이 지혜로운 이… 미련한 말을 하는 자" 히브리어 표현에서 후자는 "입술이 미련한 자"인데 "수다스러운 자"로 의역할 수도 있겠다.

10,12. 이 구절의 내용은 신약에도 인용된다. "사랑은 많은 죄를 덮어 줍니다."(1베드 4,8; 1코린 13,7 참조) 이로써 첫 그리스도인들이 잠언을 알고 있었음이 드러난다. 잠언은 특히 사도들의 서간에서 공동체에 형제적이고 도덕적으로 올바른 삶을 권고할 때 인용된다.

10,17. 6,23에서 이미 말했던 바를 다시 강조한다(또한 15,31 참조). 훈계의 또 다른 측면인 체벌을 가리키는 듯하다(10,13 참조). 사실 신명 21,18-21에서는 부모에게 맡겨진 처벌이 이스라엘 백성 가운데에서 악을 근절하기 위한 수단이라고 말한다.

10,18. "미움을 감추는 자는 거짓된 입술을 가진 자고" 언어의 사용은 대단히 중요하다. 그래서 스승들은 자신의 감정을 숨기면서 거짓된 말로 가장하는 사람을 경멸한다. 중상의 위험성에 관하여, 2마카 14,27; 시편 31,14; 집회 51,2; 예레 20,10 참조.

20 의인의 혀는 순수한 은과 같지만
악인의 마음은 별 가치가 없다.

21 의인의 입술은 많은 이를 먹여 살리지만
미련한 자들은 지각이 없어 죽어 간다.

22 주님의 복은 부를 가져오지만
사람의 노고는 보탬이 되지 않는다.

23 우둔한 자는 부정한 짓을 즐기고
슬기로운 이는 지혜를 즐긴다.

24 악인에게는 무서워하는 일이 닥치고
의인에게는 바라는 일이 이루어진다.

10,25. 악인의 운명은 멸망과 불행이다. 이는 시편에서도 여러 차례 확인되며 악인은 지푸라기에 비유된다(1,4; 35,5; 욥 21,18; 이사 17,13 참조).

25 폭풍이 지나가면 악인은 없어져도
의인은 영원한 토대 위에 서 있다.

26 게으름뱅이는 심부름시키는 사람에게
이에 식초요 눈에 연기와 같다.

27 주님을 경외함은 살날을 더해 주지만
악인의 수명은 짧아진다.

28 의인들의 희망은 기쁨을 가져오지만
악인의 기대는 무너지고 만다.

29 주님의 길은 흠 없는 이에게는 요새가 되지만
나쁜 짓 하는 자에게는 몰락이 된다.

10,30-32. 이 장 전체의 가르침을 역설한다. 주요 주제를 되풀이하고(의인·악인·입·지혜·혀·입술·양심) 병행된 주제인 의인의 굳건함과 악인의 제거에 초점을 맞춘다.

30 의인은 영원히 흔들리지 않지만
악인은 이 땅에서 살지 못한다.

31 의인의 입은 지혜를 내놓지만
사악한 혀는 잘려 나간다.

32 의인의 입술은 남이 찬성할 말을 알지만
악인의 입은 사악함을 알 뿐이다.

11

1 속임수 저울은 주님께서 역겨워하시고
정확한 추는 주님께서 기뻐하신다.

2 오만이 오면 수치도 오지만
겸손한 이에게는 지혜가 따른다.

3 올곧은 이들의 흠 없음은 그들을 잘 이끌어 주지만
배신자들의 패륜은 그들을 멸망시킨다.

4 재물은 진노의 날에 소용이 없지만
의로움은 죽음에서 구해 준다.

5 흠 없는 이의 의로움은 그의 앞길을 고르게 해 주지만
악인은 자기의 악함으로 넘어지고 만다.

6 올곧은 이들의 의로움은 그들을 구해 주지만
배신자들은 자기들의 욕망에 걸려들고 만다.

7 죽음과 함께 악인의 기대는 사라지고
사악한 희망도 사라진다.

8 의인은 곤경에서 구출되고
그 대신 악인이 빠져 든다.

9 무도한 자는 입으로 이웃을 망치지만
의인은 자기 지식으로 구원을 받는다.

10 의인들의 행복에 마을이 즐거워하고
악인들의 멸망에 환성이 터진다.

11 성읍은 의인들의 축복으로 일어서고
악인들의 입으로 허물어진다.

11,5. "악인은 자기의 악함으로 넘어지고 만다." 일종의 복수의 법을 나타낸다. 고전적인 응보 이론으로는 악을 계획하고 실행하면 그 악은 거의 자동으로 그것을 행하는 사람에게 되돌아간다.

11,7. "사악한 희망" 이 표현은 "재산에 대한 희망"(새 대중 라틴말 성경) 혹은 "부자들의 희망"으로도 번역할 수 있다.

11,11. 악인의 불의가 사회적 질병이고 그 영향이 집단 전체에 퍼져 나간다면(10절) 의인들의 올바름은 공동선에 도움이 된다. 그것은 축복이 가지는 회복의 가치와 동일한 가치를 지닌다.

11,5 26,27; 시편 7,16-17; 59,13; 집회 27,25; 에제 18,13.

11,1-13. 내용이 매우 다양한 이 금언들의 공통된 모티브는 악함과 비교한 의로움의 유익함이다. 올바른 인간에게서는 현명함이나 진실한 말(9.12-13절), 이웃에 대한 겸손함(2절)과 같은 영역의 자질들뿐만 아니라 재산을 다루는 방법까지 언급된다. 상업적 관계에서 정직함은 인간의 사회생활 질서에서도 하느님의 통치권을 인정하는 능력을 보여 준다. 그러므로 이는 그것을 실천하는 사람뿐만 아니라 사회관계에도 유익을 준다(11절).

12 지각없는 자는 이웃을 비웃지만
슬기로운 사람은 침묵을 지킨다.

13 중상하고 다니는 자는 비밀을 누설하지만
마음이 신실한 이는 말을 덮어 둔다.

14 지도력이 없으면 백성이 쓰러지고
조언자가 많으면 안전하다.

15 낯선 이의 보증을 서면 고생하지만
담보 서기를 싫어하면 탈이 없다.

16 품위 있는 여자는 존경을 받고
억척스러운 남자는 재산을 얻는다.

17 자애로운 사람은 자신을 이롭게 하고
무자비한 자는 제 몸을 해친다.

18 악인은 헛소득을 얻어 내지만
의로움을 심는 이는 확실한 보상을 받는다.

19 의로움으로 확고한 이는 생명에 이르고
악을 뒤쫓는 자는 죽음에 이른다.

20 마음이 빗나간 자들은 주님께서 역겨워하시고
흠 없는 길을 걷는 이들은 주님께서 기뻐하신다.

21 악한은 결코 벌을 피할 수 없지만
의인들의 후손은 구원을 받는다.

22 예쁘지만 무식한 여자는
멧돼지 코에 금 고리 격이다.

23 의인들의 희망은 좋은 것만 가져오지만
악인들의 소망은 분노를 가져올 뿐이다.

11,14. 지도자의 역할은 한 사회에서 근본적이다. 하지만 의로운 통치는 지혜에서 영감을 받지 않으면 불가능하다(1열왕 3,7; 지혜 6,21 참조). 동일한 개념이 잠언 24,6에서 반복된다.

11,15. 모르는 사람의 빚에 대해 보증을 서는 말을 하는 것의 위험성에 대해, 6,1-4의 주 참조. "담보 서기를 싫어하면"의 자구적 표현은 "악수하기를 싫어하면"이다.

11,23. 의인들의 희망의 결실인 좋은 것과 악인들에 대한 갚음인 "분노"가 대비된다. 지혜문학의 중요한 요소인, 모든 행위가 그것과 같은 본성을 지닌 결과를 가져온다는 것이 강조된다(일종의 자동적 응보).

11,14 // 24,6.

11,14-31. 이 장 후반부에서는 재산 사용에 관한 여러 격언이 나타난다(24-28절). 24절은 복음의 백 배 갚음에 관한 표현에 매우 가깝다. 여자에 관한 대중적인 두 잠언도 나타나는데, 이들은 남성 중심주의 개념과는 거리가 멀다. 아름다움이나 실천적 능력보다 관대함과 분별이 중시되고 있다(16절과 22절).

24 후하게 나누어 주는데도 더 많이 받는 이가 있고
당연한 것마저 아끼는데도 궁핍해지는 이가 있다.

25 축복해 주는 이는 자기도 흡족해지고
마실 물을 주는 이는 자신도 흠뻑 마시게 된다.

26 곡식을 내놓지 않는 자는 백성에게 저주를 받지만
그것을 내다 파는 이의 머리 위에는 복이 내린다.

27 선을 추구하는 이는 호감을 사지만
악을 뒤쫓는 자에게는 악이 닥친다.

28 자기 재산에 의지하는 자는 넘어지지만
의인은 나뭇잎처럼 번성한다.

29 제 집안을 괴롭히는 자는 바람만 물려받고
미련한 자는 마음이 지혜로운 이의 종이 된다.

30 의로운 이의 결실은 생명의 나무이고
지혜로운 이는 사람들을 사로잡는다.

31 의인이 세상에서 갚음을 받는데
악인과 죄인이야 오죽하랴!

12 1 교훈을 사랑하는 이는 지식을 사랑하는 사람이고
훈계를 싫어하는 자는 어리석은 사람이다.

2 착한 이는 주님에게서 총애를 받고
교활한 자는 단죄를 받는다.

3 사람은 불의로 확고히 설 수 없지만
의인의 뿌리는 흔들리지 않는다.

11,30 3,18; 창세 3,22.24; 시편 1,3; 92,13; 묵시 2,7; 22,14.19. 11,31 1베드 4,18. 12,1 13,1.13.24.

12,1-28. 이 장에는 상당히 일관된 한 단락이 있는데(13-23절), 이 부분은 적절하게 말하고 적절하게 침묵을 지킬 줄 알아, 거기에서 이득을 얻는 것을 다룬다. 고대 근동에서 경청하고 숙고하는 능력은 지혜의 표지로 여겨졌다. 지혜로운 사람은 입에서 나간 말이 파멸을 가져올 수도 있고 복을 가져올 수도 있으며, 죽일 수도 있고 안정을 줄 수도 있음을 안다. 말은 내적 감정의 구체적 표현으로 여겨졌다. 그래서 구약의 법률에서는 거짓 증언이 중요한 위치를 차지한다(탈출 20,16; 신명 5,20 참조).

12,4. "훌륭한"으로 번역된 히브리어 단어는 "힘"을 뜻하며, 여인의 힘과 가치를 나타낸다(잠언 31,10의 주 참조). 보통은 남성에게 속하는 이러한 능력은 현인에게 칭송을 받으며, 하루 종일 하는 일 없이 시간을 보내는 게으름뱅이의 행동과 대조된다(6,6-11 참조).

12,9. 비교를 기초로 하는 이 잠언에서는 낮은 신분이라도 "종"을 거느린 사람이 뛰어난 재능을 지닌 것 같지만 생계에 필요한 것도 없는 사람보다 낫다고 말한다. 지혜문학의 가르침은 자주 겸손을 칭송한다("영광에 앞서 겸손이 있다." 15,33; 16,19; 22,4 참조). 또한 이 절은 최소한의 재산을 벌 수 있는 실용적 삶을 권장한다.

12,14. 24,12에서 분명하게 하느님께 유보된 응보에 대한 확신은 욥과 코헬렛에 의하여 논박된다. 그들은 이 균형이 언제나 지켜지지 않는다는 것을 자신의 몸으로 체험한다.

12,16. 어리석은 사람은 현인과 달리 자제력이 없고 자기 분노에 휘둘린다. 이러한 행동은 잠언의 다른 단락에서도 비판을 받는다(16,32; 19,11.19; 27,3-4 참조).

4 훌륭한 아내는 남편의 면류관이지만
수치스러운 여자는 남편 뼈의 염증과 같다.

5 의인들의 생각은 올바름뿐이고
악인들의 의향은 속임수뿐이다.

6 악인들의 말은 사람을 잡는 매복이지만
올곧은 이들의 입은 사람을 구한다.

7 악인들이 몰락하면 끝장이지만
의인들의 집은 그대로 서 있다.

8 사람은 그 식견에 따라 칭찬을 받고
마음이 비뚤어진 자는 멸시를 받는다.

9 먹을거리 없이 잘난 체하는 것보다
볼품없지만 종을 거느린 자가 낫다.

10 의인은 제 가축의 욕구까지 알지만
악인은 그 자비마저 잔인하다.

11 제 땅을 가꾸는 이는 양식이 넉넉하지만
헛것을 뒤쫓는 자는 지각이 없다.

12 악인은 악한들의 포획물을 탐내지만
의인의 뿌리는 열매를 내준다.

13 입술이 저지르는 잘못에는 해로운 올가미가 놓여 있지만
의인은 궁지에서 벗어난다.

14 사람은 제 입이 맺는 열매 덕에 좋은 것으로 배부르고
인간은 제 손이 한 행실에 따라 되돌려 받는다.

15 미련한 자는 제 길이 바르다고 여기지만
지혜로운 이는 충고에 귀를 기울인다.

16 미련한 자는 불쾌함을 바로 드러내지만
영리한 이는 모욕을 덮어 둔다.

12,11 // 28,19

17 바른 것을 말하는 이는 진실을 밝히지만
거짓 증인은 허위만 퍼뜨린다.

18 난도질하듯 함부로 지껄이는 자들도 있지만
지혜로운 이들의 혀는 아픔을 낫게 한다.

19 진실한 입술은 길이 남지만
거짓된 혀는 한순간뿐이다.

20 악을 꾸미는 자들의 마음에는 속임수가 들어 있지만
평화를 권유하는 이들에게는 기쁨이 있다.

21 의인은 아무런 환난도 당하지 않지만
악인은 불행으로 가득하게 된다.

22 거짓된 입술은 주님께서 역겨워하시고
진실을 행하는 이는 주님께서 기뻐하신다.

23 영리한 사람은 지식을 덮어 두지만
우둔한 자의 마음은 어리석음을 외쳐 댄다.

24 부지런한 이의 손은 남을 다스리지만
게으른 자는 강제 노동을 하게 된다.

25 마음속의 근심은 사람을 짓누르지만
좋은 말 한마디가 그를 기쁘게 한다.

26 의인은 이웃에게 길을 알려 주지만
악인의 길은 자신까지도 방황하게 한다.

27 게으른 자는 제가 사냥한 것도 굽지 않지만
부지런한 사람은 귀중한 재산을 얻는다.

28 의로움의 길에는 생명이 있지만
악인의 행로는 죽음에 이른다.

12,18. "지껄이다"로 번역된 동사의 어근은 단순히 "떠들다"라는 뜻을 넘어 교만하고 무분별하게 말함을 뜻한다. 아마도 경솔한 맹세에 대해 말하는 레위 5,4에서 묘사된 상황과 연결지을 수 있을 것이다(또한 시편 106,33 참조).

12,20. "속임수"라고 번역된 명사 '미르마의 뜻은 "쓴맛"이다. 이 단어는 14,8.25에서도 실망부터 타락까지 넓은 의미를 지닐 수 있다(2열왕 9,23 참조). 둘째 행에서 히브리어 단어 '샬롬'은 "평화"라고 이해할 수 있지만 더 넓은 의미로 "번영"이라고 해석할 수도 있다.

12,26. "길을 알려 주지만"은 히브리어 '야테르'를 번역한 것인데, 이 단어의 의미는 확실치 않다. 판관 1,23에서는 가나안 땅의 정찰을 가리키며, 주의 깊게 관찰하여 알게 된 지식과 연관된 의미를 시사한다.

13,1. 히브리어 본문의 첫 행에는 동사 없이 "지혜로운 아들은 아버지의 훈계를"이라고만 되어 있고, (새) 대중 라틴말 성경도 이를 따르고 있다. 둘째 행과 반의적 병행을 이룬다고 보아 히브리어 '압'(아버지)을 '아헵'(사랑하다)으로 수정할 것이 제안되었다. 그리스어 번역본은 "영리한 아들은 아버지에게 순종한다. 불순종하는 아들은 끝이 나쁘다."로 해석한다.

13,11. "거저"는 "덧없는, 사라지는, 공기의, 불확실한"을 가리키는 히브리어 단어 '헤벨'의 의미를 따른 것이다(코헬 1,2 참조). 그러나 이러한 의미로는 둘째 행과 반의적 병행이 이루어지지 않는다. 그리스어 번역본과 (새) 대중 라틴말 성경은 "빨리 축적된 재물은"으로 되어 있다.

13

1 지혜로운 아들은 교훈을 사랑하지만
빈정꾼은 꾸지람을 들으려 하지 않는다.

2 사람은 제 입이 맺는 열매 덕에 좋은 것을 먹게 되지만
배신자들의 욕망은 폭행으로 치닫는다.

3 입을 조심하는 이는 제 목숨을 보존하지만
입술을 열어젖히는 자에게는 파멸이 온다.

4 아무리 바랄지라도 게으름뱅이의 갈망은 헛되지만
부지런한 이의 갈망은 충족된다.

5 의인은 거짓된 말을 미워하지만
악인은 역겹고 파렴치하게 행동한다.

6 정의는 사람의 길을 흠 없이 지켜 주지만
불의는 죄악으로 빠져든다.

7 부자인 체하나 아무것도 없는 자가 있고
가난한 체하나 재물이 많은 자가 있다.

8 재산은 사람의 목숨을 보장해 주지만
가난한 이는 협박을 들을 일도 없다.

9 의인들의 빛은 흥겹게 빛나지만
악인들의 등불은 사위어 간다.

10 오만은 싸움만 일으키지만
충고를 듣는 이들에게는 지혜가 있다.

11 거저 얻은 재물은 줄어들고
조금씩 모으는 재물은 늘어 간다.

12 이루어지지 않은 희망은 마음을 아프게 하지만
이루어진 소망은 생명의 나무가 된다.

13,1-25. 이 장을 구성하는 격언은 일상생활에서 나오는 실천적 지혜의 표현이다. 주된 주제로는 재물 관계(2.4.7.8.11절)와 훈계(1.18.23.24절)가 있다. 이스라엘 현인들은 재물을 멸시하지 않았다. 재물 자체는 선으로 여겼다. 그러나 재물을 벌어들이는 것은 윤리적 원칙에 따라야 한다. 재물은 탐욕과 인색함의 결과가 아니라 수고와 능력의 결과여야 한다. 그러한 재산은 다른 사람의 존경을 받기 위해서도 사용될 수 없다.

13 말씀을 업신여기는 자는 멸망하고
계명을 두려워하는 이는 보상받는다.

14 현인의 가르침은 생명의 샘이라
죽음의 올가미에서 벗어나게 한다.

15 좋은 식견은 호의를 불러오지만
배신자들의 길은 파멸에 이른다.

16 영리한 이는 누구나 지식으로 행동하지만
우둔한 자는 어리석음을 퍼뜨린다.

17 악한 사신은 스스로 불행에 빠져들지만
충실한 사절은 치유를 가져온다.

18 교훈을 저버리는 자는 빈곤과 수치가 닥치지만
훈계를 지키는 이는 존경을 받는다.

19 이루어진 소망은 영혼에 감미롭건만
우둔한 자들은 악에서 멀어지기를 싫어한다.

20 지혜로운 이들과 어울리는 이는 지혜로워지고
우둔한 자들과 사귀는 자는 해를 입는다.

21 죄인들에게는 불행이 따르지만
의인들에게는 행복이 뒤따른다.

22 착한 이의 유산은 자손 대대로 이어지지만
죄인의 재산은 의인의 몫으로 보존된다.

23 높은 자들의 개간지는 많은 양식을 거두지만
불의에 휩쓸려 사라질 수 있다.

24 매를 아끼는 이는 자식을 미워하는 자
자식을 사랑하는 이는 벌로 다스린다.

13,24. 훈육에 대해 되풀이하여 언급하는 것에서 알 수 있듯이, 현인들은 교육을 매우 존중한다. 이스라엘의 교육 방법에는 체벌도 포함된다. 교육은 어릴 때부터 가정에서 자녀들에게 이루어졌다. 잠언에서 훈육은 지혜로 이끌며, 지혜는 다시 온갖 선을 가져다준다고 여겼다.

13,13. "멸망하고"로 번역된 단어의 의미는 불확실하다(20,16; 27,13 참조). "파괴되다"를 뜻할 수도 있고, "그물, 망"이라는 단어와 연관해 포로가 되게 하는 것과 이에 따른 고통을 가리킬 수도 있다(5,22 참조).

13,15. 이 구절에서 "길"은 "행동"을 뜻한다(2,12.13.15의 주 참조). 히브리어 문장의 마지막 단어('에탄')는 그 자체로 항구하고 연속적인 것을 지칭하며, 영구적으로 흐르는 물을 가리키기도 한다(예를 들어 아모 5,24). 또는 "험한, 가까이하기 힘든"으로 번역할 수도 있다. 우리말 성경의 번역은 그리스어 번역본을 따른다("파멸로 이끈다"). (새) 대중 라틴말 성경은 "악인들의 길에는 깊은 구렁이 (있다)"로 되어 있다.

13,24. 현인들이 생각한 체벌의 적절성에 관하여, 10,17의 주 참조.

14,1. 교육에서 중요한 역할을 하는 여성에게 매우 주의를 기울인다(19,14; 31,10-31 참조). 반면 논쟁하기 좋아하는 여자는 멸망으로 여겨진다(19,13; 집회 7,19; 26,7 참조). 여기서 "집"은 거처를 뜻하기보다 가정을 뜻한다. 7장의 간음녀는 집 "밖"에 있다는 것이 비난의 이유가 된다(도덕적 의미에서도 벗어나 있다). "지혜"는 1,20에서처럼 의인화되지 않으며, 추상적인 의미로 이해된다.

25 의인은 배불리 먹지만
악인의 배는 허기가 진다.

14

1 지혜로운 여자는 집을 짓고
미련한 여자는 제 손으로 집을 허문다.

2 바른길을 걷는 이는 주님을 경외하고
그릇된 길을 걷는 자는 주님을 업신여긴다.

3 미련한 자의 입에서는 교만이 싹트지만
지혜로운 이의 입술은 그를 지켜 준다.

4 소가 없으면 구유는 말끔하지만
황소의 힘을 빌려야 소출이 많아진다.

5 진실한 증인은 거짓을 말하지 않지만
거짓 증인은 거짓말만 내뱉는다.

6 빈정꾼은 지혜를 찾아도 얻지 못하지만
슬기로운 이에게는 지식이 쉽게 온다.

7 우둔한 사람 앞에서 떠나가라.
거기에서는 지식의 말을 배우지 못한다.

8 영리한 이의 지혜는 갈 길을 깨닫게 하지만
우둔한 자의 미련함은 속임수일 따름이다.

9 미련한 자들은 속죄 제물을 비웃지만
올곧은 이들은 은혜를 입는다.

10 마음만이 제 자신의 아픔을 알고
그 기쁨도 다른 사람은 나누지 못한다.

11 악인들의 집은 무너지고
올곧은 이들의 거처는 번성한다.

14,1-30. 사회 안에서 여성에게 중요한 역할이 인정되었다는 것이 이 장 첫머리에 나타난다. 1절은 앞서 의인화된 지혜를 칭송한 표현(9,1 참조)으로 지혜로운 여자를 기린다. 지혜로운 여자는 지혜와 마찬가지로 자기 집을 지을 수 있고, 손의 부지런함뿐만 아니라 지혜를 지니고 있어 견고하고 지속된 업적을 이룰 수 있다. 반대로 어리석은 여자는 자신에게 맡겨진 것을 멸망시킨다.

12 사람에게는 바른길로 보여도
끝내는 죽음에 이르는 길이 있다.

13 웃으면서도 마음은 괴롭고
기쁨이 근심으로 끝나기도 한다.

14 마음이 빗나간 자도 제 행실의 결과로 채워지고
착한 사람도 제 행동의 결과로 채워진다.

15 어수룩한 자는 아무 말이나 믿지만
영리한 이는 제 발걸음을 살핀다.

16 지혜로운 이는 조심해서 악을 피하지만
우둔한 자는 마음 놓고 굳게 믿는다.

17 화를 잘 내는 자는 미련한 짓을 하고
음흉한 사람은 미움을 받는다.

18 어리석은 자들은 미련함을 제 몫으로 삼지만
영리한 이들은 지식으로 꾸며진다.

19 악한들은 선인 앞에 엎드리고
악인들은 의인의 문 앞에 엎드린다.

20 빈곤한 이는 이웃에게도 미움을 받지만
부유한 자에게는 많은 친구가 따른다.

21 이웃을 업신여기는 자는 죄를 짓는 사람이고
가난한 이들을 불쌍히 여기는 이는 행복한 사람이다.

22 악을 꾸미는 자들은 반드시 길을 잃게 되지만
선을 꾸미는 이들에게는 자애와 진실이 따른다.

23 모든 노고에는 이득이 생기는 법이지만
입술만 놀리면 궁핍해질 뿐이다.

24 지혜로운 이들의 면류관은 부유함이고
우둔한 자들의 화관은 미련함이다.

14,12 // 16,25.

14,12. 7,27과 16,25에서와 마찬가지로 인간의 길(곧 도덕성)과 그 길의 도착점(죽음) 사이의 연관을 말한다. 지혜(아버지의 가르침)와 신앙의 삶(하느님께 대한 존경)은 참된 분별력을 갖게 하며, 그 분별력은 충만한 삶에 이르는 올바른 길로 들어서게 해 준다.

14,16-17.29. 지혜로운 사람에게서 매우 중시되는 한 가지 특성이 이 격언들에 언급된다. 그것은 감정 특히 분노를 자제할 수 있는 능력이다. 자제는 선택에서의 신중함이라는 덕과 함께 간다. 분노는 성급하고 그릇된 결정의 원인이 된다.

14,17. "화를 잘 내는" 자구적으로는 "코가 짧은"이다. 통상적으로 코가 분노의 자리라고 여기기 때문이다. 반면 "코가 길다"는 것은 인내심이 강함을 의미한다(25,15 참조).

14,20-21. 이 두 절은 모순되어 보이며, 실제로 부분적으로는 그러하다. 첫째 구절은 사실을 진술하고(부유한 사람 주변에는 친구가 많다), 둘째 구절은 어떤 행위를 경계한다(약자에 대한 억압. 31절 참조). 성경의 지혜는 재산을 선으로 여기고 그래서 가난할 때는 필요한 사회적 관계도 사라진다는 것을 인식한다(19,4.6.7; 집회 13,21-23; 22,23-24 참조). 그러한 우정이 흔히 "사심"이 있을 수 있다는 것에 관하여, 집회 13,3-8 참조.

14,23. "모든 노고에는 이득이 생기는 법이지만." 수고스럽다 하더라도 노동에는 결실이 있다고 보는 긍정적 시각이다(창세 3,17-19 참조). 그러나 코헬렛은 그러한 노력도 헛되다고 여기며 이를 비판한다(시편 49,18의 주 참조).

25 진실한 증인은 여러 목숨을 구하지만
거짓말을 퍼뜨리는 자는 속임수만 일삼는다.

26 주님을 경외함에 확고한 안전이 있으니
자손들에게도 피신처가 된다.

27 주님을 경외함은 생명의 샘이니
죽음의 올가미에서 벗어나게 해 준다.

28 백성이 많은 것은 임금의 영광이고
국민이 적은 것은 제후의 멸망이다.

29 분노에 더딘 이는 매우 슬기로운 사람이지만
성을 잘 내는 자는 제 미련함만 드러낸다.

30 평온한 마음은 몸의 생명이고
질투는 뼈의 염증이다.

31 약한 이를 억누름은 그를 지으신 분을 모욕하는 것이고
불쌍한 이를 동정함은 그분을 공경하는 것이다.

32 악인은 제 악함 때문에 망하지만
의인은 죽음에서도 피신처를 얻는다.

33 지혜는 슬기로운 마음에 깃들지만
우둔한 자의 마음속에서는 인정을 받지 못한다.

34 정의는 나라를 드높이지만
죄악은 민족의 치욕이 된다.

35 임금의 총애는 사려 깊은 종에게 내리고
그의 진노는 수치스러운 자에게 내린다.

14,31 신명 15,1-11; 마태 25,40; 야고 3,9.

14,31-35. 이 장 마지막 부분에서 가난한 이들과의 관계라는 주제가 나타나는데(31절), 이는 이어서 다시 다루어질 것이다. 구약 성경의 사고방식에서 부富는 하느님 호의의 표지이고, 이러한 생각은 잠언 안에도 들어 있다(3,16; 8,18; 10,15; 14,20.24; 22,4 참조). 그러나 우리의 현인은 질적인 도약을 이루며, 인간의 존엄성을 재산 소유에 따라서가 아니라 그가 창조주의 모상이라는 데서 찾는다.

15 [1] 부드러운 대답은 분노를 가라앉히고
불쾌한 말은 화를 돋운다.

[2] 지혜로운 이들의 혀는 지식을 베풀지만
우둔한 자들의 입은 미련함을 내뱉는다.

[3] 주님의 눈은 어디에나 계시어
악인도 선인도 살피신다.

[4] 원기를 회복시켜 주는 혀는 생명의 나무지만
사악한 혀는 정신을 파탄시킨다.

[5] 미련한 자는 아버지의 교훈을 업신여기지만
그 훈계를 지키는 이는 영리해진다.

[6] 의인의 집에는 많은 보물이 쌓이지만
악인의 소득에는 불행만 따른다.

[7] 지혜로운 이들의 입술은 지식을 전하지만
우둔한 자들의 마음은 바르지 않다.

[8] 악인들의 제물은 주님께서 역겨워하시고
올곧은 이들의 기도는 주님께서 기꺼워하신다.

[9] 악인의 길은 주님께서 역겨워하시고
의로움을 추구하는 이는 주님께서 사랑하신다.

[10] 길을 저버리는 자는 엄한 징벌을 받고
훈계를 싫어하는 자는 죽게 된다.

[11] 저승도 멸망의 나라도 주님 앞에 놓여 있는데
하물며 사람의 마음이야!

[12] 빈정꾼은 훈계받는 것을 좋아하지 않으며
지혜로운 이에게는 다가가지도 않는다.

15,10. 훈계의 의미에 관하여, 10,17의 주 참조.

15,11. "주님 앞에 놓여 있는데" 히브리어 문장에는 동사가 없다. 그리스어 번역본은 "주님 앞에 명백(한데)"라고 제시하고 있다.

15,8ㄱ // 21,27ㄱ.

15,1-33. 이 장 첫 부분에는 매우 종교적 성격의 몇몇 문장이 눈에 띈다(8.9.11절). 이들은 예언자들이 이미 많이 다룬, 회개 없는 삶의 헛된 예배라는 주제에 관한 것이다. 마음의 생각을 아시는 하느님은 도덕적으로 올바른 삶이 없는 외형적 예식을 혐오하신다.

15,14.28. "마음" 히브리어 '레브'는 "심장, 마음, 생각, 경향, 의도, 결심, 용기, 의지, 이성, 양심, 내면" 등 많은 의미를 지니고 있어 다양하게 번역될 수 있다.

15,16-17. 이 두 격언은 지혜문학적 사상이 영적 의미로 발전한 예를 보여 준다. 주님을 경외함과 사랑은(이 책에서 처음으로 사랑이 언급된다) 삶을 가득 채워 주는 종교적 가치들로, 재산이 없어도 삶을 평온하고 즐겁게 해 준다. 많은 잠언들이 히브리어 표현 '톱…민'("…보다 낫다")으로 시작된다. 이는 지혜문학에서 자주 사용되는 비교 형식으로, 어떤 것이 다른 것보다 우월함을 보여 주기 위하여 사용된다(시편 119,72의 주 참조).

15,25. 주님께서 과부들을 사랑으로 보호해 주심이 여러 차례 나타난다. 과부는 흔히 고아와 함께 언급되는데, 이들은 사회적 약자이다(시편 27,10의 주 참조). 토빗 1,8; 시편 68,6; 이사 49,15; 예레 49,11; 야고 1,27 참조.

13 마음이 즐거우면 얼굴이 밝아지고
마음이 괴로우면 기가 꺾인다.

14 슬기로운 마음은 지식을 찾고
우둔한 자의 입은 미련함을 일삼는다.

15 가난한 이의 날은 언제나 불행하지만
흥겨운 마음은 늘 잔치와 같다.

16 주님을 경외하며 가진 적은 것이
불안 속의 많은 보화보다 낫다.

17 사랑 어린 푸성귀 음식이
미움 섞인 살진 황소 고기보다 낫다.

18 성을 잘 내는 사람은 싸움을 일으키고
분노에 더딘 이는 다툼을 가라앉힌다.

19 게으름뱅이의 길은 가시밭 같지만
올곧은 이들의 앞길은 잘 닦여 있다.

20 지혜로운 아들은 아버지를 기쁘게 하고
우둔한 자는 어머니를 업신여긴다.

21 지각없는 자는 미련함을 즐기지만
슬기로운 사람은 똑바로 걸어간다.

22 의논이 없으면 계획이 실패하고
조언자가 많으면 계획이 성공한다.

23 사람은 자기의 올바른 대답으로 기쁨을 얻으니
알맞은 때에 나오는 말이 얼마나 좋으냐!

24 사려 깊은 이는 위로 난 생명의 길을 걸어
아래에 있는 저승을 벗어난다.

25 주님께서는 교만한 자의 집은 허무시지만
과부의 경계는 똑바로 세워 주신다.

15,20 // 10,1.

26 악인의 계획은 주님께서 역겨워하시지만
상냥한 말은 주님께서 좋아하신다.

27 부정한 이득을 챙기는 자는 집안을 어지럽히지만
뇌물을 싫어하는 이는 잘살게 된다.

28 의인의 마음은 대답하기 전에 깊이 생각하지만
악인의 입은 악한 것을 내뱉는다.

29 주님께서는 악인들을 멀리하시고
의인들의 기도는 들어 주신다.

30 반짝이는 눈은 마음을 즐겁게 하고
좋은 소식은 뼈마디에 생기를 준다.

31 생명이 담긴 훈계를 듣는 귀는
지혜로운 이들 사이에 자리를 잡는다.

32 교훈을 저버리는 자는 자신을 업신여기는 자고
훈계를 듣는 이는 깨달음을 얻는 사람이다.

33 지혜의 교훈은 주님을 경외하는 것이다.
영광에 앞서 겸손이 있다.

16 1 마음의 계획은 사람이 하지만
혀의 대답은 주님에게서 온다.

2 사람의 길이 제 눈에는 모두 결백해 보여도
영을 살피시는 분은 주님이시다.

3 네가 하는 일을 주님께 맡겨라.
계획하는 일이 이루어질 것이다.

16,1.9.21.23. "마음" 또는 "심장"을 가리키는 단어는 때로 "생각"을 뜻하기도 한다(15,14.28의 주 참조). 다른 단락에서도 하느님은 (인간의 감추어진 생각을 아시며) 발라암이나(민수 23,5.12.16 참조) 예수님의 제자들 경우와 같이(마태 10,19; 루카 12,11; 21,12-15 참조) 인간의 혀에 할 말을 담아 주신다.

15,33ㄴ // 18,12ㄴ.

16,1-33. 이 장 첫 부분은 놀라울 만큼 영적이다. 인간의 계획이 이루어지는 것은 헤아릴 수 없는 하느님의 선하심에 의해서이다(1.3.9.20절). 주님은 당신의 계획을 갖고 계시며, 모든 실재는 그 안에서 자신의 위치와 목적을 지닌다(4절). 또한 그분은 사람의 생각을 아시며 인간이 기획한 일들의 가치와(2절) 그 완성을 위해 무엇이 부족한지를 아신다. 그러므로 인간의 가장 올바른 자세는 하느님께서 행하시는 것을 온전히 신뢰하는 것이다. 그분만이 인간의 행위에 굳건한 토대를 마련해 주신다.

4 주님께서는 모든 것을 제 목적대로 만드셨으니
악인까지도 재앙의 날을 위하여 만드셨다.

5 주님께서는 마음이 교만한 자를 역겨워하시니
그런 자는 결코 벌을 면하지 못한다.

6 자애와 진실로 죄가 덮이고
주님을 경외함으로 악이 멀어진다.

7 사람의 길이 주님 마음에 들면
원수들도 그와 화목하게 해 주신다.

16,8. 이러한 비교 형식은("…이 …보다 낫다") 12,9; 17,1; 19,1; 시편 37,16에서도 나타난다.

8 정의로 가진 적은 것이
불의로 얻은 많은 소득보다 낫다.

9 인간이 마음으로 앞길을 계획하여도
그의 발걸음을 이끄시는 분은 주님이시다.

16,10-15. 임금은 자신이 지배하는 이들을 죽이고 살릴 권한을 갖고 있다. 그는 재판에서 특별한 하느님의 도우심을 받으며(1열왕 3,28 참조), 그래서 마치 신탁과 같이 오류가 없다고 여겨진다. 임금은 권위도 주님과 함께 누린다(2사무 14,17; 2역대 19,6 참조). 임금의 분노와 호의는 저주나 축복의 효과를 가지므로, 백성에게 파멸이나 행복을 가져다준다(신명 17장 참조).

16,11. 상거래에서 정의는 세상의 신적 질서에 속한다. 그러므로 20,23과 아모 8,5; 미카 6,11에서 말하듯이 모든 사회적 불의는 하느님을 거스르는 죄이다.

10 임금의 입술에는 신탁이 있어
판결할 때에 그 입이 그르치지 않는다.

11 올바른 저울과 저울판은 주님의 것이고
주머니 속의 저울추도 그분의 소관이다.

12 임금은 죄악을 저지르는 것을 역겨워하니
정의로 왕좌가 굳건해지기 때문이다.

13 임금은 의로운 혀를 기뻐하고
바른 것을 말하는 이를 사랑한다.

14 임금의 분노는 죽음의 사자지만
지혜로운 사람은 그것을 가라앉힌다.

16,15. 얼굴의 빛은 흔히 하느님께 적용되는 표현으로, 하느님의 긍정적 태도와 호의를 지칭한다(시편 4,7의 주 참조).

15 임금의 얼굴이 빛날 때 생명이 보장되고
그의 호의는 봄비를 내리는 구름과 같다.

16 지혜를 얻는 것은 금보다 좋고
예지를 얻는 것은 은보다 낫다.

16,4 집회 33,15; 39,21.34. 16,10 1사무 8.

17 올곧은 이들의 길은 악을 피하는 것이니
제 갈 길을 지키는 이는 목숨을 보존한다.

18 파멸에 앞서 교만이 있고
멸망에 앞서 오만한 정신이 있다.

19 가난한 이들과 겸허하게 지내는 것이
거만한 자들과 노획물을 나누는 것보다 낫다.

20 말씀에 유의하는 이는 좋은 것을 얻고
주님을 신뢰하는 이는 행복해진다.

21 마음이 지혜로운 이는 슬기로운 이라 불리고
부드러운 혀는 말솜씨를 더해 준다.

22 식견은 그것을 지닌 이에게 생명의 샘이 되지만
미련한 자들의 교훈은 미련할 뿐이다.

23 지혜로운 마음은 입을 사려 깊게 하고
입술에 말솜씨를 더해 준다.

24 상냥한 말은 꿀 송이
목에 달콤하고 몸에 생기를 준다.

25 사람에게는 바른길로 보여도
끝내는 죽음에 이르는 길이 있다.

26 일꾼을 일하게 하는 것은 배고픔
입이 일하라고 그를 몰아세운다.

27 쓸모없는 사람은 재앙을 엮어 내고
그의 입술은 거센 불길과 같다.

28 사악한 사람은 싸움을 일으키고
중상꾼은 친구들을 갈라놓는다.

29 포악한 사람은 제 이웃을 꾀어
좋지 않은 길을 걷게 한다.

16,25 // 14,12.

16,18. "…에 앞서" 저자는 악의 현상을 묘사하며, 악에 앞서 그 악을 준비하는 것과 그 악에 뒤따르는 것을 지적한다.

16,26. "일꾼을 일하게 하는 것은 배고픔" 자구적으로는 "일꾼의 배고픔이 그를 위하여 일한다."이다. '네페쉬'를 "배고픔, 갈망"으로 번역하는 것은 둘째 행의 "입"과 이루는 병행으로 확인된다.

30 눈짓하는 자는 사악한 짓을 꾸미는 사람이고
입술을 굳게 다무는 자는 악한 짓을 끝낸 사람이다.

31 백발은 영광의 면류관
의로운 길에서 얻어진다.

32 분노에 더딘 이는 용사보다 낫고
자신을 다스리는 이는 성을 정복한 자보다 낫다.

33 제비는 옷 폭에 던져지지만
결정은 온전히 주님에게서만 온다.

17 1 편안하게 먹는 마른 빵 한 조각이
불화 섞인 잔치 음식으로 가득한 집보다 낫다.

2 사려 깊은 종은 주인의 수치스러운 아들을 다스리고
그 형제들 사이에서 유산을 나누어 받는다.

3 은에는 도가니, 금에는 용광로
그러나 마음을 시험하시는 분은 주님이시다.

4 악행을 하는 자는 해로운 입술에 주의를 기울이고
거짓말하는 자는 악독한 혀에 귀를 기울인다.

5 가난한 이를 비웃는 자는 그를 지으신 분을 모욕하는 자
남의 불행을 즐기는 자는 벌을 면하지 못한다.

6 손자들은 노인의 화관이고
아버지는 아들들의 영광이다.

7 어리석은 자에게는 빼어난 말이 어울리지 않고
고귀한 이에게는 거짓된 말이 더욱 어울리지 않는다.

16,33. "옷 폭" "품, 주머니"로 옮길 수 있다. 인간이 몰래(주머니 속에서, 품 안에서) 하느님과 상관없이 제비를 뽑더라도(제비를 뽑는 것은 제한적으로 받아들여졌다) 하느님은 이를 보시고 행동하신다는 뜻이다(민수 26,52-56; 여호 7,16; 욥 6,27 참조).

17,1. "불화 섞인 잔치 음식"은 원문 "불화의 제물"을 옮긴 것이다. 아마도 복을 추구하다가 충돌하게 된 가족 관계를 암시하거나 많은 제물을 바치지만 일치가 없는 제사 예식을 지칭할 것이다(이사 1,10-17 참조).

16,30 6,13.17; 집회 23,4. 17,1 레위 17,5; 여호 22,23; 2역대 30,22. 17,3 // 27,21.

17,1-28. 이 장의 잠언들은 한 절의 후반부가 전반부의 내용을 확인해 주는 동의적 병행으로 되어 있다. 여기에는 가정과 사회생활의 일상적 체험이 반영되어 있다. 우정은 다른 이들의 잘못을 덮어 주고 어려운 순간에 도와주려 할 때만 유지된다(9.17절). 한 번 시작된 다툼은 쉽게 악화되고 확산된다(14.19절). 부패는 악의에서 나오고 불의를 목적으로 한다(8.15.23절). 자녀는 언제나 부모에게 재산과 위로가 되는 것이 아니라, 때로는 고통과 수치의 원인이 될 수도 있다.

8 뇌물을 주는 자의 눈에는 그것이 요술 보석 같아
그가 몸을 돌리는 곳마다 안 되는 일이 없다.

9 잘못을 덮어 주는 이는 사랑을 키우고
그 일을 거듭 말하는 자는 친구를 멀어지게 한다.

10 우둔한 자를 백 번 때리는 것보다
슬기로운 이를 한 번 꾸짖는 것이 더 효과가 있다.

11 악인은 반란만을 꾀하다가
잔인한 사신의 방문을 받는다.

12 새끼 잃은 암곰과 마주칠지언정
미련함을 고집하는 바보는 만나지 마라.

13 선을 악으로 갚는 자
그의 집에서는 악이 떠나가지 않는다.

14 싸움의 시작은 물꼬를 트는 것
다툼이 일어나기 전에 그만두어라.

15 악인을 무죄라 하는 자, 의인을 유죄라 하는 자
주님께서는 둘 다 역겨워하신다.

16 지혜를 산다 해도 깨달음이 없으니
우둔한 자의 손에 돈이 있다 한들 무엇하랴?

17 친구란 언제나 사랑해 주는 사람이고
형제란 어려울 때 도우려고 태어난 사람이다.

18 담보를 서 주는 자,
이웃의 보증을 서는 자는 지각없는 사람이다.

19 싸움을 사랑하는 자는 죄악을 사랑하는 사람이고
자기 대문을 높이는 자는 파멸을 찾는 사람이다.

20 마음이 빗나간 자는 행복을 얻을 수 없고
혀가 비틀린 자는 불행 속에 빠진다.

17,15 탈출 23,7; 신명 25,1; 1열왕 8,32; 이사 5,23; 로마 4,5. 17,16 욥 28,13-19.

17,8. 이 구절은 부패를 암시한다. 이와 같이 부정직하게 행동하는 사람은 언제나 사람들의 호의를 입을 것이다. 아마도 이 절은 18,16("선물은 길을 넓혀 주고 높은 사람들 앞으로 이끌어 준다." 참조)과 연관 지어 읽어야 할 것이다. "뇌물"은 재판관들의 판결을 왜곡시키기도 했다(1사무 8,1-3 참조). 또한 시편 26,10의 주 참조.

17,19. "자기 대문을 높이는 자"는 거만하게 자신을 내세우는 자를 말한다.

17,23. "품속에 감춘 뇌물" 히브리어 본문은 옷 안쪽을 가리키는 "품 안의 주머니"라는 표현을 사용한다.

17,26. "고귀한 이" 보통 군주와 귀족에 대해서는 신뢰가 있었고 그들의 흠 없음을 의심하지 않았다. 그러므로 26절은 어리석은 자식이 부모의 불행이라고 말하는 25절에 이어 읽어야 한다. 고귀한 이들이 자녀의 잘못 때문에 벌을 받는 것은 옳지 않다는 것이다. 아니면 이 구절을 불의한 판결을 내리는 이들과 연결 지을 수 있다(15.23절).

18,1. "외톨이"는 공동체가 멀리한 사람이거나(여호 4,11 참조) 스스로 홀로 떨어진 사람이다(사회성이 없는 사람. 집회 18,30 참조).
"욕심"은 "변덕, 욕망"을 뜻한다. 그리스어 번역본은 "핑계를 찾는다."로 옮겨, 둘째 행과 조화를 이루는 문장이 된다.

21 우둔한 자를 낳은 이에게는 근심뿐이고
어리석은 자의 아버지에게는 기쁨이 없다.

22 즐거운 마음은 건강을 좋게 하고
기가 꺾인 정신은 뼈를 말린다.

23 악인은 품속에 감춘 뇌물을 받고
올바른 길을 그르친다.

24 슬기로운 이는 제 앞에 지혜를 두고 살지만
우둔한 자의 눈은 땅 끝에 가 있다.

25 우둔한 자식은 아버지의 상심 거리고
어머니에게 비탄 거리다.

26 의인을 처벌하는 것은 결코 좋지 않고
고귀한 이를 때리는 것은 옳지 않다.

27 말을 삼가는 이는 지식을 갖춘 사람이고
정신이 냉철한 이는 슬기를 지닌 사람이다.

28 미련한 자도 잠잠하면 지혜로워 보이고
입술을 닫고 있으면 슬기로워 보인다.

18

1 외톨이는 제 욕심만 채우려 하고
충고하기만 하면 화를 낸다.

2 우둔한 자는 슬기를 좋아하지 않고
제 생각을 내세우기만 좋아한다.

3 악인이 오면 멸시도 오고
수치와 함께 치욕도 온다.

17,23. 잠언에서는 자주 재판에 대해 말한다. 이 주제는 예언자들의 설교에서도 자주 나타난다. 이스라엘에서 정의를 보증하는 분은 주님이시다. 최고의 재판권을 행사한 것은 임금이었고, 촌락의 재판은 원로들에게 맡겨졌다. 사제들도 주요한 역할을 했다. 재판관의 임무는 백성 가운데에서 조화로운 관계를 유지하고 분쟁에서 평화를 이루며 모든 이들 특히 가장 약한 이의 권리를 보호하는 것이다.

18,1-24. 말이 지닌 유익한 힘(4절) 또는 해로운 힘(6-8.13.20.21절), 우정의 위대함에 관한(19.24절) 아홉 문장이 나온 다음, 가족과 긴밀히 관련된 한 가지 고찰이 눈길을 끈다. 여성의 긍정적 측면이 부각되는데, 이는 아내로서 여성에 관한 것이다. 좋은 아내는 참된 부이며 하느님 은총의 선물이고 하느님 호의의 표지이다(12,4 참조).

4 사람 입에서 나오는 말은 깊은 물이고
지혜의 원천은 쏟아져 흐르는 시냇물이다.

5 재판에서 의인을 억누르려고
악인을 두둔하는 것은 좋지 않다.

6 우둔한 자의 입술은 싸움을 일으키고
그의 입은 주먹질을 부른다.

7 우둔한 자의 입은 그를 파멸시키고
입술은 그를 옭아맨다.

8 중상꾼의 말은 맛난 음식과 같아
배 속 깊은 곳까지 내려간다.

9 제 일을 게을리하는 자는
파괴자의 형제다.

10 주님의 이름은 견고한 성탑
의인은 그곳으로 달려가 안전하게 된다.

11 부유한 자는 재산이 견고한 성읍이 되고
높은 성벽이 되리라 생각한다.

12 파멸에 앞서 마음의 오만이 있고
영광에 앞서 겸손이 있다.

13 다 듣기도 전에 대답하는 것은
미련함이고 수치이다.

14 사람의 정신은 제 병을 참아 내지만
기가 꺾인 정신은 누가 견디어 내랴?

15 슬기로운 마음은 지식을 구하고
지혜로운 이들의 귀는 예지를 찾는다.

16 선물은 길을 넓혀 주고

18,8 // 26,22. 18,10 시편 3,4; 5,13; 18,31; 35,2; 140,8. 18,11ㄱ // 10,15ㄱ. 18,12ㄴ // 15,33ㄴ 18,16 17,8.

18,4. 집회 24,23-32에서도 지혜는 물줄기에 비유된다. 현인은 그 지혜를 마시고 그것으로 제자들의 갈증을 풀어 준다.

18,8. 여기서 말이 "맛난 음식"과 같은 것은 강한 열망을 갖고 듣게 되기 때문이다.

18,10-11. 두 절은 하느님 안에서 힘과 피신처를 찾는 사람과 돈에서 이를 찾는 사람 사이의 뚜렷한 대조를 나타낸다. 부유한 자는 환상 속에서 돈이 확실한 보호 수단이 되리라고 생각한다.

높은 사람들 앞으로 이끌어 준다.

17 소송에서 먼저 말하는 자가 옳아 보여도
상대편이 와서 그에게 따질 때까지만이다.

18 제비가 분쟁을 끝내고
세도가들 사이를 판가름한다.

19 배반당한 형제는 견고한 성읍보다 더하고
분쟁은 대궐 문의 빗장과 같다.

20 사람은 제 입이 맺는 열매로 배를 채우고
제 입술이 내는 소출로 배부르게 된다.

21 혀에 죽음과 삶이 달려 있으니
혀를 사랑하는 자는 그 열매를 먹는다.

22 아내를 얻은 이는 행복을 얻었고
주님에게서 호의를 입었다.

23 가난한 이는 간곡하게 청하고
부유한 자는 거칠게 대답한다.

24 서로 해나 끼치는 친구들이 있는가 하면
형제보다 더 가까운 벗이 있다.

19 1 그릇된 입술을 가진 우둔한 자보다
가난해도 흠 없이 걷는 이가 낫다.

18,21. 혀 곧 말을 올바르고 참되게 사용하는 것은 특히 거짓말과 중상이 가져올 수 있는 나쁜 결과 때문에 강조된다(시편 12,5의 주 참조).

19,1. 우둔한 자" (새) 대중 라틴말 성경은 "부자"와 "가난한 자"를 대비시키는 28,6과 마찬가지로 "부유한 자"로 되어 있다. 12,9; 16,8; 17,1에서와 같이, 이 비교 잠언은 가난한 사람은 그 곤궁함을 벗어날 수 있게 되더라도 거짓말을 하지는 않는 반면 우둔한 자는 거짓을 말한다는 것을 뜻한다.

18,19 신명 1,16.

18,19.24. 우정이라는 주제는 잠언에서 특별한 관심의 대상이 된다. 인간관계는 잘못과 결점을 교정하기 위하여 개입하기를 두려워하지 않는 솔직함을 기초로 하고 있을 때 특히 유익하다(27,5-6). 참된 친구와 거짓된 친구를 구별할 줄 알아야 한다고 경고하지만(24절), 친구는 자주 형제에 비유된다(19절). 현인은 삶의 어떤 상황에서나 충실한 친구가 드물다는 것을 안다. 약간의 역설을 품고 현인은 "부유하면 친구가 많아지고" (19,4) 빈궁함은 친구를 멀어지게 한다는 것을(19,7 참조) 여러 차례 이야기한다. 우정은 집회서의 저자도 특히 깊이 있게 다룬 주제이다(집회 6,5-17; 12,8-18; 22,19-26; 37,1-6 참조).

19,1-29. 가난에 관한 여러 잠언(1.4.7절)은 양면적 평가를 보인다. 재물이 없다는 것은 실제로 친구도 멀어지게 하는 불행이다. 그러나 가난한 사람은 거짓이나 속임수로 재산을 모으는 사람보다 훨씬 나은 품위를 지닐 수 있다. 17절은 이를 넘어서, 주님께서 가난한 이들을 멸시하지 않으시며 이들에게 도움을 베푼 이들에게 이자까지 덧붙여 갚아 주심으로써 그들을 더 높은 품위로 들어 높이신다는 것을 말한다.

2 지식이 없는 욕망은 좋지 않고
발걸음을 서두르는 자는 길을 그르친다.

3 사람은 미련하여 길을 망치고서도
마음속으로는 도리어 주님께 화를 낸다.

4 부유하면 친구가 많아지고
궁핍하면 있던 벗도 떨어져 나간다.

5 거짓 증인은 벌을 면하지 못하고
거짓말을 퍼뜨리는 자는 빠져나가지 못한다.

6 권세가에게는 비위를 맞추는 자가 많고
선물을 주는 사람에게는 모두가 친구다.

7 빈곤하면 형제들은 모두 미워하고
친구들은 더욱 멀어진다.
남의 말만 따르는 자는 얻는 것이 없다.

8 지혜로운 마음을 구하는 이는 자신을 사랑하고
슬기를 간직하는 이는 좋은 것을 얻는다.

9 거짓 증인은 벌을 면하지 못하고
거짓말을 퍼뜨리는 자는 멸망한다.

10 호사하는 것은 우둔한 자에게 어울리지 않고
제후들을 다스리는 것은 종에게 더욱 어울리지 않는다.

11 사람을 관대하게 만드는 것은 사람의 식견이고
남의 허물을 너그럽게 보아주는 것은 그의 영광이다.

12 임금의 분노는 사자의 으르렁거림 같고
그의 호의는 풀밭의 이슬과 같다.

13 우둔한 아들은 아버지에게 재앙이고
아내가 투덜거리는 것은 끊임없는 낙숫물과 같다.

14 집과 재산은 조상에게서 물려받지만

19,3. 이 구절은 행복과 불행이 모두 주님에게서 온다는 시각을 넘어선다. 흔히 불행은 인간의 어리석음 때문에 생겨난다. 그러므로 자기 잘못과 그 결과로 일어나는 파멸을 하느님께 돌리는 것은 이중으로 어리석은 일이다.

19,10. "종" 현인들은 어떤 사회적 균형을 전복시키는 것을 거슬리게 보았다(30,22 참조). 다른 입장을 보이는 경우도 있지만(17,2 참조), 삶에 대한 엘리트적 시각이 나타난다.

19,3 집회 15,11-20. 19,12 // 20,2. 19,13ㄱ 17,25. 19,14 14,1.

사려 깊은 아내는 주님에게서 온다.

15 게으르면 깊은 잠에만 빠지고
나태하면 배를 곯는다.

16 계명을 지키는 이는 제 목숨을 지키지만
제 길을 업신여기는 자는 죽는다.

17 가난한 이에게 자비를 베푸는 사람은 주님께 꾸어 드리는 이
그분께서 그의 선행을 갚아 주신다.

18 아직 희망이 있을 때 자식을 벌하여라.
그러나 죽일 생각까지는 품지 마라.

19 화를 잘 내는 자는 벌을 받는다.
네가 그를 구해 주려 하면 화를 돋울 뿐이다.

20 충고를 듣고 교훈을 받아들여라.
그러면 마침내 지혜로워진다.

21 사람의 마음속에 많은 계획이 들어 있어도
이루어지는 것은 주님의 뜻뿐이다.

22 사람에게서 바랄 것은 신의다.
거짓말쟁이보다는 빈곤한 이가 낫다.

23 주님을 경외함은 사람을 생명으로 이끌어 주어
그는 흡족히 밤을 지내며 환난을 겪지 않는다.

24 게으름뱅이는 손을 그릇 속에 넣고서도
입으로 가져가려 하지 않는다.

25 빈정꾼을 때리면 어수룩한 자도 깨닫고
슬기로운 이를 훈계하면 그가 지식을 얻는다.

26 아버지를 구박하고 어머니를 내쫓는 자는
수치스럽고 파렴치한 자식이다.

19,20. "마침내" 자구적으로 번역하면 "너의 마지막에"이다. 이 히브리어 단어는 "끝, 남은 기간, 미래"의 뜻을 지니고 있기 때문에, 생의 마지막에 지혜로워지는 것으로도 이해할 수 있고 남은 생애 중 미래의 어느 때 지혜로워지는 것으로도 이해할 수 있다.

19,24. 게으른 사람은 재물을 벌 수 있는 상황이 되어도 무기력하여 이를 이루지 못한다. 나태한 사람을 엄하게 판단하는 것은 이것이 지혜의 부지런함과 정면으로 반대되기 때문이다(9,1의 주 참조).

19,15 6,6-11. 19,17 16,11. 19,20 3,12; 신명 8,5; 히브 12,7. 19,24 // 26,15.

27 내 아들아, 지식의 말씀에서 벗어나 헤매려거든
교훈 듣기를 그만두어도 좋다.

28 쓸모없는 증인은 법을 멸시하고
악인들의 입은 부정을 집어삼킨다.

29 빈정꾼들에게는 형벌이,
우둔한 자들의 등에는 매가 마련되어 있다.

20

1 술은 빈정꾼, 독주는 소란꾼
그것에 취하는 자 모두 지혜롭지 못하다.

2 임금이 일으키는 공포는 사자의 으르렁거림 같아
그의 노여움을 사는 자는 목숨을 잃는다.

3 분쟁을 멀리하는 것은 사람에게 자랑스러운 일이지만
미련한 자는 모두 싸움에 뛰어든다.

4 게으름뱅이는 제철에 밭을 갈지 않고
수확 철에 소출을 찾지만 아무것도 없다.

5 사람 마음속의 뜻은 깊은 물과 같지만
슬기로운 사람은 그것을 길어 올린다.

6 많은 사람이 저마다 제 신의를 외치지만
성실한 사람을 어디에서 찾을 수 있으랴?

7 흠 없이 걷는 사람은 의로운 이!
행복하여라, 그의 뒤를 잇는 자손들!

8 재판석에 좌정한 임금은
제 눈으로 모든 악을 가려낸다.

9 "나는 내 마음을 깨끗이 보존하여
죄 없이 결백하다."고 누가 말하랴?

20,6. 본문이 불확실한 이 구절은 "많은 사람들이 스스로 좋은 사람이라고 주장하지만"이라고 풀어서 이해할 수 있다.

20,8. "가려낸다." 자구적으로는 키질하여 곡식에서 겨를 골라내는 행위를 가리킨다. 26절 참조.

20,9. "나는 내 마음을 깨끗이 보존하여" 히브리어 '레브'가 가지는 다양한 뉘앙스에 따라 "나는 깨끗한 양심을 지녀"라고 번역할 수도 있다(15,14.28의 주 참조).

19,27 2,1. 20,1 31,4. 20,2 // 19,12.

20,1-30. 이 장은 빛살처럼 지혜의 길을 비추는 매우 다양한 잠언을 담고 있다. 분노(2.3절), 게으름(4.13절), 도덕적 온전함(7.10.23절)에 대한 경계와 더불어, 취하게 하는 음료 앞에서 욕구를 지배할 줄 아는 것은 지혜로운 행동의 필수적인 한 부분이다. 술은 사람을 취하게 하고, 인간에게 가장 높은 선인 분별을 잃게 한다.

10 서로 다른 저울추와 서로 다른 됫박
주님께서는 이 둘을 역겨워하신다.

11 아이도 이미 그 행동거지로
제 행실이 결백한지 올곧은지 드러낸다.

12 듣는 귀와 보는 눈
이 둘도 주님께서 만드셨다.

13 잠을 좋아하지 마라. 가난해진다.
눈을 뜨고 있어라. 양식이 풍부해진다.

14 물건을 사는 이는 "나쁘다, 나쁘다!" 하지만
돌아가서는 자랑한다.

15 금이 있고 산호가 많다 하여도
더욱 값진 것은 지식의 입술이다.

16 낯선 이가 보증을 서면 그의 옷을 저당 잡아라.
낯모르는 자이므로 그것을 담보로 삼아야 한다.

17 속임수로 뺏은 빵은 달콤하지만
뒷날 그 입은 자갈로 가득 찬다.

18 계획은 협의로 이루어진다.
전쟁은 현명한 지휘로 수행하여라.

19 중상하고 돌아다니는 자는 비밀을 폭로하는 사람이니
수다스러운 자와는 사귀지 마라.

20 아버지나 어머니를 저주하는 자는
어둠의 시간에 그의 등불이 꺼진다.

21 처음부터 빨리 얻은 재산은
나중에 복이 되지 않는다.

22 "내가 악을 되갚겠다." 하지 말고
주님께 바라라. 그분께서 너를 도와주신다.

20,16 // 27,13; 또한 6,1-4; 11,15; 17,18 참조. 20,22 마태 5,39-48; 로마 12,19.

20,16. "그의 옷을 저당 잡아라." 이스라엘에서 채무자를 위해 보증을 서는 사람은 담보물을 남겨야 했는데, 때로 그것은 옷이나 잠자리와 같이 필수적인 물건이 되기도 했다. 그러므로 낯선 사람을 위해 보증을 서는 것은 분별없는 일로 여겨졌다. 보증을 위한 담보까지 필요했으므로 더욱 그러했다.

20,18. "계획은 협의로 이루어진다." 자구적으로는 "조언과 계획이 굳건해진다."이다. "계획"으로 번역된 단어에 관하여, 24,6 참조.

20,22. 이 구절은 놀랍게도 가장 가까운 친척이 피의 복수에 이르기까지 손해나 피해를 갚도록 되어 있는 동태 복수법에서 거리가 멀다(레위 24,18-22 참조). 여기서 복수는 하느님께 대한 신뢰로 대체된다. 당신께 충실한 이들을 해방하고 구해 주시는 일은 오직 하느님께 속한다.

23 서로 다른 저울추는 주님께서 역겨워하시는 것이고
속임수 저울판은 좋지 않은 것이다.

24 사람의 발걸음은 주님께 달려 있으니
인간이 어찌 제 길을 깨닫겠는가?

25 "봉헌물!" 하고 경솔하게 말함은 사람에게 올가미
그는 서원한 뒤에 마음이 쓰이게 된다.

26 지혜로운 임금은 악인들을 가려내고
그들 위로 탈곡기 바퀴를 굴린다.

27 인간의 영은 주님의 등불
그것은 배 속 온갖 깊은 곳까지 살핀다.

28 자애와 진실이 임금을 지켜 주고
정의가 그의 왕좌를 받쳐 준다.

29 젊은이의 자랑은 힘이고
노인의 영광은 백발이다.

30 깊은 상처는 악을 씻고
매질은 배 속 깊은 곳을 씻는다.

21 1 임금의 마음은 주님 손안에 있는 물줄기
주님께서 원하시는 대로 이끄신다.

2 사람의 길이 제 눈에는 모두 바르게 보여도
마음을 살피시는 분은 주님이시다.

3 정의와 공정을 실천함이
주님께는 제물보다 낫다.

20,26. "가려내고" 히브리어 동사를 자구적으로 번역하면 "흩어 놓고"이다. 그리스어 번역본과 새 대중 라틴말 성경은 "키질하고"로 해석하여 두 번째 행과 병행을 이루게 하고 있다.
"탈곡기 바퀴를 굴린다."는 정화하기 위하여 누르는 행위를 묘사한다(20,8의 주 참조).

20,30. "씻고"는 "낫게 하고"로 번역할 수도 있다.

21,1. "물줄기" 16,15과 19,12에서도(이사 32,1-2 참조) 통치자를 물과 연결시킨다. 임금의 호의는 땅을 적시는 물의 유익함에 비길 수 있다. 여기서 성경 저자는 임금이 하느님의 뜻에 순응함을 강조하려 한다(1사무 13,14; 시편 89,21 참조).

20,24 // 시편 37,23. 21,2 // 16,2.

21,1-31. 저자는 다시 악인이 자신의 어리석음을 드러내는 여러 가지 방법을 기록하고 판단한다. 악인은 교만과(4.24.29절) 탐욕에(26절) 끌려다니며, 거짓과 폭력을 도구로 사용한다(6.7절). 그는 무자비하고(10절) 지혜의 길에서 멀리 있으며(16절), 향락을 좋아하고(17절) 재물을 낭비한다(20절). 또한 그는 독성을 범하고(27절) 거짓말을 한다(28절). 그러나 그의 죄들 가운데 하나도 벌을 받지 않고 넘어가지 않을 것이며, 응보 원칙에 따라 하느님의 심판을 피하지 못할 것이다(7.12-13.15-18.25.28절). 이러한 본보기는 아직 삶의 경험이 없고 지혜를 알지 못하는 이에게 교훈이 된다(11절).

4 거만한 눈과 오만한 마음
그리고 악인들의 개간지는 죄악일 뿐이다.

5 부지런한 이의 계획은 반드시 이익을 남기지만
조급한 자는 모두 궁핍만 겪게 된다.

6 속임수 혀로 보화를 장만함은
죽음을 찾는 자들의 덧없는 환상일 뿐이다.

7 악인들의 폭력은 그들 자신을 휩쓸어 가니
그들이 공정의 실천을 거부하기 때문이다.

8 죄를 지은 사람의 길은 비뚤어져 있지만
결백한 이의 행실은 바르다.

9 다투기 좋아하는 아내와 한집에 사는 것보다
옥상 한구석에서 사는 것이 낫다.

10 악인의 영혼은 악만 갈망하고
그의 눈에는 제 이웃도 가엾지 않다.

11 빈정꾼이 벌 받으면 어수룩한 자가 지혜로워지고
지혜로운 이가 지도를 받으면 지식을 얻는다.

12 의인은 악인의 집을 살피고
악인을 불행에 빠지게 한다.

13 빈곤한 이의 울부짖음에 귀를 막는 자는
자기가 부르짖을 때에도 대답을 얻지 못한다.

14 몰래 주는 선물은 화를 누그러뜨리고
품속에 감춘 뇌물은 거센 분노를 가라앉힌다.

15 공정을 실천하는 것을 의인은 기뻐하고
나쁜 짓 하는 자들은 무서워한다.

16 지성의 길에서 벗어나 헤매는 사람은
죽은 자들의 모임에 자리를 잡는다.

21,8. "죄를 지은 사람" 히브리어 단어 '와자르'의 의미는 불확실하다(구약 성경 전체에서 단 한 번 사용된다). 형용사의 의미는 분명 '자르'("외국의")와 가깝다. 그리스어 번역은 부정적인 의미를 포함해 주님을 떠난 사람임을 명시한다.

21,11. 현인은 두 가지로 지식을 얻는다. 첫째는 빈정꾼의 처벌과 관련된다(다른 사람에게 주어진 교훈에서 배운다. 11ㄱ절). 둘째는 직접적인 가르침이다(11ㄴ절). 악인의 나쁜 표양이 의인에게 경고가 된다는 것은 18절에도 나타난다.

21,12. "의인"("의로운 이")은 하느님께 적용된 호칭으로 하느님께서 악인들을 벌하시는 주체로 제시되는 것일 수도 있고, 추상적으로 의인이라는 범주에 적용되는 것일 수도 있다. 의인은 단순히 악인들의 멸망을 바라보게 될 것이다.

21,7 1,18. 21,9 // 25,24. 21,16 욥 3,17-19; 이사 14,9.

17 향락을 좋아하는 자는 궁핍한 사람이 되고
술과 기름을 좋아하는 자는 부자가 되지 못한다.

18 악인은 의인을 구하는 몸값이 되고
배신자는 올곧은 이들을 구하는 몸값이 된다.

19 다투기 좋아하고 성 잘 내는 아내와 사는 것보다
황량한 땅에서 사는 것이 낫다.

20 지혜로운 이의 거처에는 값진 보화와 기름이 있지만
우둔한 인간은 그것을 탕진해 버린다.

21 의로움과 신의를 추구하는 이는
생명과 명예를 얻는다.

22 지혜로운 이 하나가 용사들이 지키는 성읍에 쳐 올라가
그들이 믿는 요새를 허물어뜨린다.

23 입과 혀를 지키는 이는
곤경에서 제 목숨을 지킨다.

24 거만 불손한 자의 이름은 '빈정꾼'
그는 교만 방자하게 행동한다.

25 게으름뱅이의 욕심은 그를 죽이니
그의 손이 일하기를 거부하기 때문이다.

26 그는 언제나 욕심을 부리지만
의인은 베풀고서 아까워하지 않는다.

27 악인들의 제사는 그렇지 않아도 역겨운데
하물며 부정한 속셈으로 바치는 것이야!

28 거짓 증인은 멸망하지만
들을 줄 아는 사람은 언제까지나 말할 수 있다.

29 악한 사람은 뻔뻔스러운 얼굴을 하지만

21,19. 일상적인 가정생활의 짧은 묘사와 집안에 다투기 좋아하는 아내가 있는 것에 대한 두 가지 격언이 나온다. 여기에 표현된 사고방식은 남성 중심적으로 보이지만, 가정 안에서 여성에게 부수적인 것이 아닌 역할을 인정하고 있다.

21,19 14,1; 19,14; 31,10-31. 21,27ㄱ // 15,8ㄱ; 또한 이사 1,10-20; 집회 34,21-35,10 참조.

21,31. 힘과 전쟁 능력의 표상인 말의 의미에 관하여, 시편 33,17의 주 참조.

22,1. "이름"은 한 사람 전체를 나타낸다. 그래서 명성이 특별한 중요성을 갖는다. 현인이던 벤 시라에 따르면, 명성은 죽은 뒤에도 남는다(집회 41,12-13; 코헬 2,16 참조).

22,4. 하느님을 두려워함에 관하여, 1,7의 주해 참조. 또한 15,33; 18,12 참조.

22,9. "어진 눈길을 지닌 이"는 선한, 자애로운, 공정한, 너그러운 사람을 뜻하며, 반대로 "눈길 사나운 자"(23,6)는 인색한, 탐욕스러운 사람을 가리킨다.

올곧은 이는 제 길을 잘 살핀다.

30 어떤 지혜도 어떤 슬기도
어떤 조언도 주님 앞에서는 가치가 없다.

31 전시에 대비해서 병마를 준비하더라도
승리는 주님께 달려 있다.

22

1 이름은 큰 재산보다 값지고
명성은 은보다 금보다 낫다.

2 서로 마주치는 부자와 가난한 이
이들을 모두 지으신 분은 주님이시다.

3 영리한 이는 재앙을 보면 몸을 숨기지만
어리석은 자는 그대로 가다가 화를 입는다.

4 겸손과 주님을 경외함에 따른 보상은
부와 명예와 생명이다.

5 빗나간 자의 길에는 가시덤불과 덫이 있어
제 목숨을 지키려는 이는 그것들을 멀리한다.

6 마땅히 걸어야 할 길을 아이에게 가르쳐라.
그러면 늙어서도 그 길에서 벗어나지 않는다.

7 부자는 가난한 이들을 다스리고
빚진 이는 빚 준 사람의 종이 된다.

8 불의의 씨를 뿌리는 자는 재난을 거두어들이고
그 교만의 기세도 사그라진다.

9 어진 눈길을 지닌 이는 복을 받으리니
제 양식을 가난한 이에게 나누어 주기 때문이다.

22,3 // 27,12. 22,8 욥 4,8; 호세 8,7. 22,9 22,22-23.

22,1-16. 이 단락으로 첫 번째 솔로몬의 잠언집이 끝난다. 여러 문장 가운데 젊은이들의 교육(6.15절), 덕(관대함·신중함·솔직함·의로움·호의. 3.4.9.11절), 다른 이들을 끌어당기는 명성(1절)에 관한 주제가 나타난다.

10 빈정꾼을 내쫓아라. 싸움도 없어지고
다툼과 수치도 그친다.

11 깨끗한 마음을 사랑하고
친절하게 말하는 이는 임금의 벗이 된다.

12 주님의 눈은 지식을 지켜 주시고
배신자의 말을 뒤엎으신다.

13 게으름뱅이는 "밖에 사자가 있어!
길거리에 나가면 난 찢겨 죽어!" 하고 말한다.

14 낯선 여자들의 입은 깊은 구렁
주님의 분노를 산 자는 거기에 빠진다.

15 아이의 마음에 자리 잡은 미련함은
교훈의 매가 치워 준다.

16 자기의 재산을 늘리려고 빈곤한 이를 학대하는 자와
부자에게 갖다 바치는 자는 궁핍해지기 마련이다.

현인들의 첫째 잠언집

17 귀를 기울여 현인들의 말씀을 듣고
나의 지식에 마음을 쏟아라.
18 그것들을 가슴에 간직하고
다 말할 수 있게 준비를 갖추는 것은 흐뭇한 일이다.
19 네가 주님을 신뢰하도록
내가 오늘 너에게, 바로 너에게 가르쳐 주리라.
20 내가 너에게 충고와 지식이 담긴
서른 가지 잠언을 써 주지 않았느냐?
21 그것은 너에게 진리의 말씀을 참되게 가르쳐

22,13. 잠언에서 게으른 이에 대한 묘사에는 자주 풍자가 있다. 여기서 게으름뱅이는 자신의 나태함을 정당화하고 집 안에 머물기 위하여 위험한 상상을 만들어 낸다.

22,17. "귀를 기울여" 같은 표현이 시편 17,6(기도하는 이의 부르짖음을 들으시는 하느님)에서도 사용되며, 4,20과 5,1에서는 제자에게 가르침에 주의를 기울여 들으라고 권고한다.

22,20. "서른"이라는 숫자가 이집트 아메네모페 작품의 서른 개의 방 또는 집(장들을 가리킨다)을 직접 가리키는 것으로 보기도 했다.

22,13 // 26,13. 22,19 3,5.

22,17-29. 17절("현인들의 말씀")에 들어 있는 제목이 시사하듯이 여기서 이스라엘 현인들에게 돌려진 첫 잠언집이 시작된다. 이집트 문헌인 아메네모페의 지혜를 따라(III,9-16), 이 모음집은 아직 서툰 제자가 좋은 행동을 익히도록 하는 여러 충고를 담고 있다. 앞의 모음집에서 각 절이 두 행으로 되어 있던 것과 달리, 이 부분에서는 각 연이 네 행으로 구성된다. 그러나 그 내용은 언제나 이질적이다. 현인이 가르침을 제시하는데, 그는 지혜의 스승 또는 전달하고자 하는 충고의 저자로서 1인칭으로 말한다. 제자는 이 가르침들을 생각하고 의식하고 말해야 한다.

너를 보낸 이들에게 네가 진실한 대답을 할 수 있게 하려
는 것이다.

22 빈곤한 이를 강탈하지 마라. 그가 빈곤하지 않으냐?
성문에서 가난한 이를 억누르지 마라.
23 주님께서 그들의 송사를 떠맡으시고
그 약탈자들의 목숨을 약탈하신다.

24 화를 잘 내는 자와 사귀지 말고
성을 잘 내는 사람과 다니지 마라.
25 네가 그의 길에 익숙해져
너 스스로 올가미를 써서는 안 된다.

22,26. "담보 서는 이들"에 관하여, 6,1-4과 11,15의 주 참조.

26 너는 담보 서는 이들 가운데에,
빚보증 서는 이들 가운데에 끼지 마라.
27 네가 갚을 길이 없을 때
네 밑의 잠자리까지 빼앗기려 하느냐?

22,28. "옛 경계선"은 아마도 여호수아 시대 이스라엘 열두 지파의 영토 분배를 암시한다(여호 23,4 참조).

28 네 선조들이 만들어 놓은
옛 경계선을 밀어내지 마라.

29 너는 제 일에 능숙한 사람을 보았느냐?
그런 이는 임금들을 섬기고
하찮은 이들은 섬기지 않는다.

23,1-3. 윗사람에게 초대받는다는 것이 마치 자신의 예의를 시험받는 순간처럼 묘사된다. 본능을 다스리는 것은 일종의 사회적 규범이 된다. 절제는 자신의 품위를 표현하는 최고의 덕이다(집회 31,12-16 참조).

23 1 군주와 식사하는 자리에 앉게 되면
네 앞에 무엇이 있는지 잘 살펴라.
2 배가 몹시 고프면
네 목구멍에 칼을 세워 두어라.
3 그의 진수성찬을 탐내지 마라.
그것은 사람을 속이는 음식이다.

4 부자가 되려고 애쓰지 말고
너의 예지를 포기하지 마라.
5 네 눈길이 재물을 향해 날아가려 하면

22,28ㄱ // 23,10ㄱ.

23,1-8. 적절한 정도를 지키게 하는 것은 젊은이들의 교육에서 중요한 요소 가운데 하나이다. 그러나 군주와 탐욕스러운 사람 앞에서는 식탁에서 자제하라는 충고는 예절의 법칙에 속한다기보다 그들의 호의를 바라지 말라는 경고로 보인다. 그들의 의도("마음")가 솔직하지 않을 수 있기 때문이다.

그것은 바로 없어지고 만다.
날개를 달아
독수리처럼 하늘로 날아가 버린다.

6 눈길 사나운 자의 빵을 먹지 말고
그의 진수성찬을 탐내지 마라.
7 그는 속으로 계산하는 그런 자이니
말로는 "먹고 마시게!" 하면서도
마음은 너와 함께 있지 않다.
8 너는 먹은 것을 토해 내야 하고
네가 한 찬사도 소용이 없어진다.

9 우둔한 자의 귀에는 아무 말도 하지 마라.
식견 높은 너의 말을 업신여길 뿐이다.

10 옛 경계선을 밀어내지 말고
고아들의 밭을 침범하지 마라.
11 그들의 후견인은 강력하신 분
그분께서 너에게 맞서 그들의 송사를 떠맡으신다.

12 네 마음이 교훈을 향하도록 이끌고
네 귀가 지식의 말씀을 향하도록 인도하여라.

13 아이를 훈육하는 데에 주저하지 마라.
매로 때려도 죽지는 않는다.
14 아이를 매로 때리는 것은
그의 목숨을 저승에서 구해 내는 일이다.

부성적 충고

15 내 아들아, 너의 마음이 지혜로우면
내 마음도 기뻐하고
16 너의 입술이 올바른 것을 말하면
내 속도 즐거워한다.
17 너의 마음은 죄인들을 부러워하지 말고

23,6. "눈길 사나운 자"에 관하여, 22,9의 주 참조.

23,8. 현인은 아름다운 말로 잔치에 대해 갚으려 하지만(예를 들어 집주인을 칭찬하거나 감사함으로써), 탐욕스러운 사람은 그것으로 만족하지 않는다. 집회 14,7-10 참조.

23,11. 이교 문화에서 경계선은 신성한 것이었고 신들에 의하여 보호를 받았다. 성경에서는 하느님 자신이 소외된 이들이 당한 불의의 "복수자"로 일어나신다(15,25 참조).

23,13-14. 교육 과정 안에서 이루어지는 체벌에 관하여, 10,17의 주 참조.

23,15-28. 1-9장의 열 가지 가르침 외에도 잠언에는 부모가 자녀에게 가르치는 이 충고가 있다. 부모의 역할이 앞의 본문들에 비하여 더 직접 감정적으로 묘사된다.

23,10ㄱ // 22,28ㄱ.

23,9-25. 스승의 교육적 관심은 이제 두 가지 영역으로 확장된다. 그 첫째는 법률 영역이다. 법률에 관하여 중요한 한 가지를 가르친다(신명 27,17 참조). 다른 사람의 재산을 존중하라는 것인데, 특히 고아와 과부 같은 약자에 대해 그러해야 한다(10-11절). 다음으로는 부모와 자녀 사이의 교육적 관계를 돌아본다. 부모는 때로는 엄한 훈계를 해야 한다. 자녀는 부모의 말을 경청하고 존중해야 한다(15.16.19.22.24.25절).

날마다 주님을 열심히 경외하여라.
18 그래야 미래가 있고
너의 희망이 끊기지 않는다.

19 내 아들아, 너는 잘 듣고 지혜로워져
너의 마음을 바른길로 이끌어라.
20 술을 폭음하는 자들과
고기를 폭식하는 자들과 어울리지 마라.
21 폭음가와 폭식가는 가난해지고
늘 술에 취하면 누더기를 걸치게 된다.

22 너를 낳은 아버지에게 순종하고
어머니가 늙었다고 업신여기지 마라.

23 진실을 구하되 팔아넘기지 마라.
지혜와 교훈과 예지도 그리하여라.

24 의로운 이의 아버지는 몹시 즐거워하고
지혜로운 이를 낳은 아버지는 기뻐한다.
25 너의 아버지와 어머니가 기뻐하고
너를 낳은 여인이 즐거워하게 하여라.

26 내 아들아, 너의 마음을 나에게 다오.
너의 눈이 내 길을 즐겨 바라보게 하여라.

27 창녀는 깊은 구렁이고
낯선 여자는 좁은 우물이다.
28 그런 여자도 강도처럼 숨어 기다리다가
사람들 사이에 배신자를 늘린다.

주정꾼의 모습

29 누가 비탄에 젖어 있느냐? 누가 애통해하느냐?
누가 싸움질하였느냐? 누가 원망하느냐?
누가 까닭 없이 상처를 입었느냐?
누가 슬픔에 잠긴 눈을 하고 있느냐?

23,21. 두 번째 행은 자구적으로 "해이함은 누더기를 입게 한다."라고 번역된다. 술에 취하여 해이해지는 것을 의인화한다. 해이함은 술과 음식으로 게으르고 나태해진 사람들에게 누더기를 입힌다.

23,29. "슬픔에 잠긴 눈" 여기에 쓰인 히브리어는 성경 전체에서 한 번만 쓰인 단어로 의미가 불명확하다. 그리스어 번역본처럼 술에 취하여 흐릿하고 희미한 눈이라 볼 수도 있고 (새) 대중 라틴말 성경처럼 충혈된 눈으로 볼 수도 있다.

23,20 신명 21,18-21. 23,21 6,6-11.

23,26-35. 스승의 가르침은 이제 두 가지 악습을 경고한다. 그것은 사람을 우둔하게 만들고 멸망으로 이끄는 방탕과 폭음이다. 이들은 지혜의 길과 정반대의 길로 묘사된다. 묘사는 매우 빠르고 생생하다.

30 늦도록 술자리를 뜰 줄 모르는 자들
혼합주를 맛보러 온 자들이다.
31 빛깔이 좋다고 술을 들여다보지 마라.
그것이 잔 속에서 광채를 낸다 해도,
목구멍에 매끄럽게 넘어간다 해도 그러지 마라.
32 결국은 뱀처럼 물고
살무사처럼 독을 쏜다.
33 네 눈은 이상한 것들을 보게 되고
네 마음은 괴상한 소리를 지껄이게 된다.
34 너는 바다 한가운데에 누운 자와 같고
돛대 꼭대기에 누운 자와 같아진다.
35 "사람들이 날 때려도 난 아프지 않아.
사람들이 날 쳐도 난 아무렇지 않아.
언제면 술이 깨지?
그러면 다시 술을 찾아 나서야지!" 하고 말한다.

23,32. "살무사처럼 독을 쏜다." 살무사의 위험성은 독을 지니고 있고 사람을 문다는 데에 있다. 사람들은 그 독이 혀로 전해진다고 믿었다(시편 140,4의 주 참조).

현인들의 다른 말씀

24 1 악한 사람들을 부러워하지 말고
그들과 어울리려 하지 마라.
2 그들 마음은 폭력을 꾀하고
그들 입술은 재앙을 말한다.

3 집은 지혜로 지어지고
슬기로 튼튼해진다.
4 방들은 지식으로 말미암아
온갖 귀하고 아름다운 보화가 가득 찬다.

5 지혜로운 남자는 힘센 자보다 강하고
지식을 갖춘 사람은 장사보다 굳세다.

6 전쟁은 현명한 지휘로 수행해야 하고
승리는 조언자들이 많아야 거둘 수 있다.

24,5. 히브리어 전치사의 해석에 따라 번역이 달라질 수 있다. "지혜로운 남자는 강하고 지식 있는 사람은 능력을 강화한다." 새 대중 라틴말 성경도 이렇게 번역한다.

24,3 9,1-6. 24,6ㄴ // 11,14ㄴ.

24,1-22. 지혜문학 전통의 전제에 따라 현인들은 두 가지를 더 다룬다. 파멸을 꾀하고 죄를 계획하는 악인들과(1-2.8.9절) 지혜를 찾는 사람들이다. 악인들의 끝은 파멸일 것이며, 현인들이 이룩한 것은 굳건히 남을 것이다. 지혜가 식견과 예지, 성공을 가져오며(3-6절) 찬란한 미래의 담보이기 때문이다(14절). 지혜의 감미로움은 꿀에 비교된다. 한 연은 전통적인 응보 이론에서 벗어나(17-18절), 예언자들이 이미 다루었던 바와 같이(에제 33,11 참조) 원수에 대한 사랑이라는 복음의 계명에 근접한다. 그들의 멸망을 기뻐하는 것은 하느님께서 좋아하시는 일이 아니다.

7 지혜는 미련한 자에게 너무나 높아
그는 성문 광장에서 입을 열지 못한다.

8 악행을 저지르려고 궁리하는 자를
음모꾼이라 부른다.

9 미련한 자는 죄악만 꾸며 낸다.
빈정꾼은 사람들이 역겨워한다.

10 네가 환난을 당할 때에 낙심하면
너의 힘도 줄어든다.

11 죽음에 사로잡힌 이들을 구해 내고
학살에 걸려드는 이들을 빼내어라.
12 "이봐, 우리는 그걸 몰랐어." 하고 네가 말하여도
마음을 살피시는 분께서 알아보시지 않느냐?
영혼을 지켜보시는 분께서 아시고
사람에게 그 행실대로 갚으신다.

13 내 아들아, 꿀은 좋은 것이니 먹어라.
송이 꿀도 입에 달다.
14 지혜도 네 영혼에 그러함을 알아라.
네가 그것을 얻으면 미래가 있고
네 희망이 끊기지 않는다.

15 너는 악인처럼 의인의 보금자리를 노리지 말고
그의 안식처를 망쳐 놓지 마라.
16 의인은 일곱 번 쓰러져도 일어나지만
악인은 불행 속으로 넘어지기 때문이다.

17 네 원수가 쓰러졌다고 기뻐하지 말고
그가 넘어졌다고 마음속으로 즐거워하지 마라.
18 주님께서 그것을 보시고 좋지 않게 여기시어
그에게 내리신 노여움을 돌이키신다.

19 악을 행하는 자들 때문에 격분하지 말고
악인들을 부러워하지 마라.
20 악한 자에게는 미래가 없고

24,17 25,21; 탈출 23,4. 24,19 // 시편 37,1.

24,8. "음모꾼"은 드문 단어로, 이해에 어려움이 있다. 자구적으로는 "교활함의 주인"이다.

24,10. "낙심하면" 기가 꺾여 나약해지는 것을 뜻한다. 여기서 표상은 허리띠가 늘어나고 풀어져 땅에 떨어지는 것을 암시할 수 있다(욥 12,21 참조).

24,11-12. 이 구절은 사형 판결을 받은 이들을 위하여 개입해야 할 의무를 말하는 것으로 보인다. 그들은 거짓 증언으로 불의하게 고발당한 것이다. 적지 않은 용기가 필요한 이 의무를 회피하는 사람은 "마음을 살피시는 분"이라는 표상으로 표현된 주님의 심판을 받을 것이다.

24,13. 이스라엘의 현인들은 꿀의 표상을 사용하여 지혜를 정의한다(16,24; 25,16.27; 27,7 참조). 꿀은 달고 귀한 음식으로, "젖과 꿀"이 흐르는 약속된 땅의 약속을 연상시킨다(탈출 3,8.17; 13,5; 33,3; 민수 13,27; 신명 6,3; 26,9.15). 또한 집회 11,3 참조.

악인의 등불은 꺼지고 만다.

21 내 아들아, 주님과 임금을 경외하고
너와 생각이 다른 자들과는 사귀지 마라.
22 그분들이 내리시는 재앙은 갑자기 들이닥치는 법
그 두 분이 일으키시는 멸망을 누가 알겠는가?

현인들의 둘째 잠언집

23 이 또한 현인들의 말씀이다.

재판할 때에 한쪽을 편드는 것은 좋지 않다.
24 악인에게 "너는 무죄다!" 말하는 자
백성들이 그를 저주하고
민족들이 그에게 악담한다.
25 그러나 공정하게 판결하는 이들은 잘 지내며
좋은 복을 받는다.

26 올바른 대답을 하는 이는
입술을 맞추어 주는 이와 같다.

27 바깥일을 정리하고
밭일을 준비한 다음
집을 지어라.

28 까닭 없이 이웃을 해치는 증인이 되지 마라.
네 입술로 남을 속이지 마라.

29 "그가 나에게 한 것처럼
나도 그에게 하여
그 사람이 한 행실대로 갚겠다." 하지 마라.

게으름뱅이

30 내가 게으른 사람의 밭과

24,23-29. 현인들의 둘째 모음집은 공평한 재판의 문제로 시작한다. 이것은 예언자들의 설교와(이사 10,2; 예레 5,28; 에제 22,12; 아모 2,6; 미카 3,9 참조) 오경에서(신명 1,17; 16,19 참조) 이미 알려진 문제이다. 부패와 거짓 증언은 하느님과 모든 인류에게 혐오스러운 일이다. 지혜로운 사람이 되는 것과 의로운 사람이 되는 것은 별개일 수 없다. 게으름도 현인에게 맞지 않는다. 현인은 가정을 형성하기 전에 이미 그 가정을 유지하기 위해 필요한 것을 계획하고(27절), 열심히 일하여 자기 수고의 열매를 얻는다(30-34절).

24,26. "입술을 맞추어 주는 이와 같다." 적절한 대답은 좋고 즐거운 것이다.

24,28. "까닭 없이"로 번역된 단어는 "헛되이, 거저"를 뜻할 수도 있고 "이유 없이"를 뜻할 수도 있다.

24,28 탈출 20,16; 신명 5,20; 마태 19,18.

24,23-34. 이스라엘 현인들에게 귀속된 이 둘째 잠언집은 첫째 잠언집의 문체와 내용을 이어 간다.

지각없는 자의 포도원을 지나갔는데
31 보아라, 온통 엉겅퀴가 우거지고
전부 쐐기풀이 뒤덮었으며
돌담이 무너져 있었다.
32 나는 그것을 바라보며 깊이 생각하고
그것을 보며 교훈을 얻었다.
33 "'조금만 더 자자. 조금만 더 눈을 붙이자.
손을 놓고 조금만 더 누워 있자!' 하면
34 가난이 부랑자처럼,
빈곤이 무장한 군사처럼 너에게 들이닥친다."

솔로몬의 둘째 잠언집

25 1 이것도 솔로몬의 잠언으로서
유다 임금 히즈키야의 신하들이 수집한 것이다.

25,1-7. 첫 권고들은 미래의 관료와 왕실 관리들을 위한 것으로 보인다. 현인들이 그들을 양성했다. 임금은 창조물에 대한 하느님의 계획을 통찰할 만큼 높은 지혜의 정도에 이른 것으로 여겨진다(16,10-15의 주 참조). 임금 앞에서는 낮은 자리를 찾으며 겸손한 태도를 지니는 것이 좋다.

2 일을 숨기는 것은 하느님의 영광이고
일을 밝히는 것은 임금의 영광이다.
3 하늘이 높고 땅이 깊은 것처럼
임금의 마음도 헤아릴 길 없다.

4 은에서 불순물을 없애야
은장이가 쓸 재료가 나온다.
5 임금 앞에서 악인을 없애야
왕좌가 정의로 굳건해진다.

6 임금 앞에서 잘난 체하지 말고
지체 높은 이들 자리에 서지 마라.
7 "이리 올라오게!" 하는 말을 듣는 것이
귀족들 앞에서 하대받는 것보다 낫다.

네 눈으로 보았다 해서

24,33-34 // 6,10-11. 25,7 집회 13,10; 루카 14,8-11.

25,1-29,27. 제목은 이 단락을 유다 임금 히즈키야(기원전 8-7세기)의 서기관들이 작성한 것으로 말한다. 이는 궁정에서 교육과 지혜 문화의 전수를 위한 활동이 있었음을 확인해 준다. 이를 솔로몬에게 돌리는 것은 그 문체와 내용이 솔로몬의 첫째 잠언집과 유사하기 때문이다.

8 성급히 법정에 나서지 마라.
네 이웃이 너를 부끄럽게 하면
결국 어찌 하려느냐?

9 이웃과 다툴 일이 있으면 다투되
남의 비밀은 들추지 마라.
10 그것을 들은 이가 너를 꾸짖고
너를 두고 하는 험담이 그치지 않는다.

11 알맞게 표현된 말은
은 쟁반에 담긴 황금 사과와 같다.
12 들을 줄 아는 귀에 지혜로운 훈계자는
금 고리요 순금 장식과 같다.

13 믿음직한 심부름꾼은 그를 보낸 주인에게
수확 때의 시원한 얼음과 같아
그 주인의 생기를 돋우어 준다.

14 거짓 선물을 자랑하는 자는
구름과 바람은 있으나 비가 없는 것과 같다.

15 끈기는 판관을 설득하고
부드러운 혀는 뼈를 부순다.

16 꿀을 발견하더라도 적당히 먹어라.
질려서 뱉어 버리게 된다.

17 이웃집이라고 너무 자주 드나들지 마라.
질려서 너를 미워하게 된다.

18 이웃에게 해로운 거짓 증언을 하는 자는
방망이와 칼과 날카로운 화살과 같다.

19 환난을 당할 때에 배신자를 믿는 것은
부서지는 이요 비틀거리는 발과 같다.

25,11. 저자는 과일 바구니의 장식적 기능을 부각시킨다. 적절한 말은 아름답고(우아하게 제시되므로) 좋은(잘 익었을 때 제시되므로) 과일과 같다.

25,14. 저자는 앞에서도 인간의 의지를 타락시키는 선물의 위험성에 관하여 이미 말한 바 있다(15,27; 18,16; 19,6 참조). 약속하고 실제로 아무것도 하지 않는 사람은 비가 내리지 않고 지나가는 폭풍을 바라보는 농부와 같다.

25,12 1,9; 3,22; 4,1-9; 집회 4,11; 6,31. 25,16 16,24; 24,13; 25,27; 27,27.

25,8-28. 이어지는 여러 가지 성격의 잠언 가운데 몇 가지는 그리스도교적 애덕의 개념에 매우 가까우며, 원수라 하더라도 다른 사람의 고통을 함께 나누어야 함을 말한다(20절). 지혜로운 사람은 사랑으로 그를 굽어보아야 하며 복수는 하느님께 맡겨 두어야 한다(21-22절).

20 마음이 아픈 이에게 노래를 불러 대는 자는
추운 날에 옷을 벗기는 자와 같고
상처에 식초를 끼얹는 자와 같다.

21 네 원수가 주리거든 먹을 것을 주고
목말라하거든 물을 주어라.
22 그것은 숯불을 그의 머리에 놓는 셈이다.
주님께서 너에게 그 일을 보상해 주시리라.

23 북풍이 비를 몰고 오듯
숨어 헐뜯는 혀는 성난 얼굴을 몰고 온다.

24 다투기 좋아하는 아내와 한집에 사는 것보다
옥상 한구석에서 사는 것이 낫다.

25 먼 땅에서 온 기쁜 소식은
타는 목에 시원한 물과 같다.

26 악인 앞에서 흔들리는 의인은
흐려진 샘물이며 못 쓰게 된 우물과 같다.

27 꿀을 너무 많이 먹는 것이 좋지 않듯
명예에 명예를 추구하는 것도 좋지 않다.

28 정신에 자제력이 없는 사람은
파괴되어 성벽이 없는 성읍과 같다.

우둔한 자

26 1 여름에 눈처럼, 수확 철에 비처럼
우둔한 자에게는 명예가 맞지 않는다.

2 참새가 떠돌듯, 제비가 날아다니듯

25,23. "숨어 헐뜯는 혀" 자구적으로는 "은닉의 혀"로, 비밀로 말하는 습관을 지칭한다(집회 28,13-23).

25,26. "흐려진 샘물" 의인이 악인 앞에서 흔들린다면 이는 그의 신앙이 순수하지도 않고 온전하지도 않다는 표지이다.

25,27. 둘째 행의 히브리어를 자구적으로 번역하면 "그들 명예의 명예를 추구하는 것"이다. 고대 번역본들은 별로 도움이 되지 않는다. 제안된 모든 번역은 어느 정도 가설적이다.

26,2. 성경에서는 호의적인 말(축복)이든 저주하는 말이든 말을 매우 중시한다. 대표적인 예가 발락의 명으로 이스라엘을 저주해야 했던 발라암의 경우이다(민수 22-23; 또한 루카 6,28 참조).

25,21-22 // 로마 12,20; 또한 1사무 24,12-14 참조. 25,24 // 21,9. 25,26 에제 34,18.

26,1-28. 지혜문학에서 비판받는 사람의 네 종류가 그려진다. 첫째는 우둔한 자이다(1-12절). 그는 지혜를 비방하고 멀리한다. 그에게는 영예와 영광, 신뢰가 전혀 인정되지 않는다. 이런 사람과는 거리를 두는 것이 좋다. 다음은 게으른 사람이다(13-16절). 부지런함은 스스로의 손으로 미래를 만들어 가는, 지혜로운 사람의 삶에서 필수적인 부분이다. 그러므로 일을 거부하는 사람은 어리석은 사람과 비길 수 있다. 분쟁을 일으키는 사람도 단죄를 받으며(17-22절), 위선과 기만을 저지르는 거짓말쟁이도 그렇다(23-28절). 이들 가운데 누구도 단죄를 피하지 못할 것이다.

까닭 없는 저주는 들어맞지 않는다.

3 말에게는 채찍, 나귀에게는 재갈
우둔한 자의 등에는 매.

4 우둔한 자에게 그 어리석음에 맞추어 대답하지 마라.
너도 그와 비슷해진다.

5 우둔한 자에게 그 어리석음에 맞추어 대답하여라.
그러지 않으면 자기가 지혜로운 줄 안다.

6 우둔한 자 편에 소식을 전하는 자는
제 다리를 잘라 내거나 폭력을 삼키는 자와 같다.

7 우둔한 자의 입에 담긴 잠언은
절름거리는 이의 다리와 같다.

8 우둔한 자에게 명예를 부여하는 것은
투석기에 돌을 붙들어 매는 격이다.

9 우둔한 자의 입에 담긴 잠언은
술취한 자의 손에 놓인 엉겅퀴와 같다.

10 지나가는 우둔한 자나 주정꾼을 고용하는 사람은
닥치는 대로 사람에게 부상을 입히는 궁수와 같다.

11 자기가 게운 데로 되돌아가는 개처럼
우둔한 자는 제 어리석음을 되풀이한다.

12 스스로 지혜롭다고 여기는 사람을 보았느냐?
그보다는 우둔한 자가 더 희망이 있다.

게으름뱅이

13 게으름뱅이는 "거리에 사자가 있어!
길거리에 사자가 있어!" 하고 말한다.

26,3 집회 33,25.

26,4-5. 여기서는 내용상 서로 반대되는 두 격언이 함께 나온다. 이러한 모순은 지혜문학적 금언의 가치를 더 잘 이해하게 해 준다. 이들은 보편적인 원칙만 말하는 것이 아니라, 여러 상황에 따라 적절한 태도를 말한다. 잠언의 가르침은 자신이 처한 삶의 다양한 상황 속에서 언제나 현명하고 지혜롭게 식별할 수 있는 사람을 기르고자 한다.

26,6. "제 다리를 잘라 내거나" 돌이킬 수 없는 실수를 한다는 뜻이다.

26,9. "술취한 자의 손에 놓인 엉겅퀴" 자구적으로는 "술취한 자의 손 안에서 자라는 가시"이다.

26,10. 이 구절은 해석하기 어렵다. 일부 단어는 어떻게 히브리어 모음을 붙이는지에 따라 다른 의미를 지니게 된다. 고대 번역본들도 여러 가지 의미를 제시한다. 이 절의 전체적인 의미는 어리석은 사람과 술취한 사람을 연결시킴으로써 찾을 수 있다.

26,13. "거리에 사자가 있어!"라는 말은 게으른 자가 일하지 않으려고 찾아낸 상상의 핑곗거리 중 하나이다.

14 문짝이 돌쩌귀에 달려 돌아가듯
게으름뱅이는 잠자리에서만 뒹군다.

15 게으름뱅이는 손을 그릇 속에 넣고서도
입으로 가져가기조차 힘들어한다.

16 게으름뱅이는 재치 있게 대답하는 사람 일곱보다
자기가 더 지혜로운 줄 안다.

17 지나가다가 자기와 상관없는 싸움에 흥분하는 자는
개의 귀를 잡아당기는 자와 같다.

18 불화살과 사람 죽이는 화살을
미친 듯이 쏘아 대는 자,
19 이웃을 속이고서는
"그냥 장난삼아 그랬어!" 하는 사람도 그와 같다.

20 장작이 다하면 불이 꺼지듯
중상꾼이 없으면 다툼도 그친다.

21 숯이 숯불을, 장작이 불길을 일으키듯
다투기 좋아하는 사람은 싸움을 일으킨다.

22 중상꾼의 말은 맛난 음식과 같아
배 속 깊은 곳까지 내려간다.

23 악한 마음에 매끄러운 입술은
겉만 매끈하게 칠한 질그릇 같다.

24 앙심을 품은 자는 입술로는 시치미를 떼면서
속으로는 속임수를 품는다.
25 목소리를 다정하게 해도 그를 믿지 마라.
마음속에는 역겨운 것이 일곱 가지나 들어 있다.
26 미움을 기만으로 덮는다 해도
그 악의는 회중에게 드러나고야 만다.

27 구렁을 파는 자는 제가 그곳에 빠지고
돌을 굴리는 자는 제가 그것에 치인다.

26,17. "지나가다가" 이 단어는 개에게 해당될 수도 있는데, 그 경우에 번역은 "자기와 상관없는 싸움에 흥분하는 자는 지나가는 개의 귀를 잡아당기는 자와 같다."가 된다.

26,22. "배 속 깊은 곳"에 관하여, 18,8의 주 참조.

26,23-28. 헛되고 거짓된 말은 1-9장의 단락에서 낯선 여자에 대한 묘사(2,16-19; 5,1-23; 6,24-35; 7,5-27 참조)를 특징짓는다. 말을 통하여 이루어지는 유혹은 진리를 가리며, 그 속임수를 깨닫기 위해 충분한 식별력이 없는 사람을 멸망에 이르게 한다.

26,15 // 19,24. 26,22 // 18,8. 26,27 시편 7,16-17.

28 거짓된 혀는 자기가 희생시킨 자들을 미워하고
아첨하는 입은 파멸을 만들어 낸다.

27 1 내일 일을 자랑하지 마라.
하루 사이에 무슨 일이 생길지 알 수 없다.

2 네 입이 아니라 남이 너를 칭찬하고
네 입술이 아니라 다른 이가 너를 칭찬하게 하여라.

3 돌이 무겁고 모래가 묵직하지만
미련한 자가 일으키는 불쾌감은 이 둘보다 무겁다.

4 분노가 잔인하고 격분이 홍수 같다 해도
질투를 누가 당해 낼 수 있으랴?

5 솔직한 훈계가
숨은 사랑보다 낫다.

6 사랑하는 이의 매는 신실하고
미워하는 자의 입맞춤은 헤프다.

7 배부른 자는 꿀도 짓밟아 버리지만
배고픈 자에게는 쓴 것도 모두 달다.

8 고향을 잃고 떠도는 사람은
둥지를 잃고 떠도는 새와 같다.

9 향유와 향이 마음을 기쁘게 하듯
친구의 다정함은 기운을 돋우어 준다.

10 네 친구와 아버지의 친구를 저버리지 말고
불행할 때 형제의 집으로 가지 마라.
가까운 이웃이 먼 형제보다 낫다.

11 내 아들아, 지혜롭게 되어 내 마음을 기쁘게 해 다오.

27,1 집회 11,18-19; 루카 12,20; 야고 4,13.

27,1-22. 다른 이들과 관계는 한 사람의 성장을 위하여 효과적인 기여를 할 수 있다. 특히 친구들이 잘못을 고쳐 주고 칭찬과 충고를 해 줄 때는 이웃의 조화로운 성장을 위한 진정한 도움이 된다(2.5.6.9.17.19.21절). 성경은 우정을 중요한 덕이며 큰 재산이라고 여긴다. 27,9에서는 우정을 하느님을 경배하는 전례 행위에 비긴다.

27,4. 질투는 무엇보다도 어떤 물건이나 사람을 잃는 것을 두려워하는 데서 나오는 격렬한 감정이다. 질투는 부러움(14,30 참조), 다른 사람을 향한 불타는 시기(6,34; 27,4 참조), 분노(욥 5,2 참조), 격정적인 사랑(아가 8,6 참조) 등의 인간적 감정과 연관된다. 주님께 적용될 때에는 백성에 대한 하느님의 유일한 사랑, 경쟁자(다른 신들)를 용납하지 않는 감정을 나타낸다(탈출 20,5; 34,14; 신명 4,24; 5,9; 6,15; 여호 24,19).

27,7. "배"에 해당하는 히브리어 단어는 '네페쉬'로 일반적으로 목구멍, 숨, 숨결을 가리키고, 생명을 가능하게 하고 배로 들어가는 숨결이 지나가는 곳을 지칭한다.

27,10. 이 긴 구절은 해석이 쉽지 않다. 집안의 오랜 친구가 있다면 네가 어려움에 처할 때 너를 구해 줄 수 있는 그(친구)가 있으니 형제를 괴롭히지 말라는 뜻으로 이해할 수 있을 것이다. 아니면 좀 더 비관적으로, 어려울 때 형제에게 찾아가지 말라는 것을 그가 이미 자신의 가정이 있고 그 가정의 걱정거리들을 갖고 있다는 것으로 설명할 수도 있다.

27,19. 이 잠언은 자신을 알기 위하여 자신과 비슷한 이들과 비교해 볼 필요성을 제안하는 것으로 보인다.

27,23-27. 하느님께서 우주에 부여하신 질서를 따르는 것은 지혜에 따라 행동하는 것이다. 그러므로 자연 자원을 잘 관리하기 위하여 노력하는 것은 현명한 일일 뿐만 아니라 품위 있고 안전한 삶을 보장해 준다.

그러면 나를 비웃는 자에게 내가 대답할 수 있을 것이다.

12 영리한 이는 재앙을 보면 몸을 숨기지만
어리석은 자는 그대로 가다가 화를 입는다.

13 낯선 이가 보증을 서면 그의 옷을 저당 잡아라.
낯모르는 자이므로 그것을 담보로 삼아야 한다.

14 이른 아침부터 이웃에게 큰 소리로 축복하면
그 축복이 저주로 여겨진다.

15 폭우가 쏟아지는 날의 끊임없는 낙숫물은
투덜거리는 아내와 비슷하다.
16 그 여자를 막는 것은 바람을 막는 것과 같고
오른손으로 기름을 잡는 것과 같다.

17 쇠는 쇠로 다듬어지고
사람은 이웃의 얼굴로 다듬어진다.

18 무화과나무를 돌보는 이는 그 열매를 먹고
자기 주인을 보살피는 이는 존경을 받는다.

19 물이 얼굴을 비추듯
사람의 마음도 그 사람을 비춘다.

20 저승과 멸망의 나라가 만족할 줄 모르듯
사람의 눈도 만족할 줄 모른다.

21 은에는 도가니, 금에는 용광로
사람은 그가 받는 칭찬으로 가려진다.

22 미련한 자는 절구에 넣고
곡식과 함께 찧어도
그 미련함이 벗겨지지 않는다.

농사에 대한 권고

23 네 양 떼가 어떤지를 잘 살피고

27,12 // 22,3. 27,13 // 20,16. 27,19 27,17. 27,21 // 17,3.

가축 떼에게 관심을 기울여라.
24 재물은 길이 남지 않고
왕관도 대대로 이어지지 않는다.
25 풀이 스러지고 다시 새 풀이 돋아나
산에서 목초를 거두어들이고 나면
26 새끼 양들은 네 옷을 장만해 주고
숫염소들은 밭을 살 돈이 된다.
27 염소젖은 넉넉하여 네 양식이 되고
네 집안의 양식과 네 여종들의 생계가 되어 준다.

28 1 악인은 쫓는 자가 없어도 달아나지만
의인은 사자처럼 당당하다.

2 나라에 반란이 일어나면 우두머리가 많아지지만
슬기롭고 올바름을 아는 사람이 다스리면 나라가 오래 간다.

3 자기도 가난하면서 빈곤한 이들을 억누르는 사람은
양식을 남김없이 쓸어 가는 호우와 같다.

4 율법을 저버리는 자들은 악인을 찬양하지만
율법을 지키는 이들은 그런 자에게 맞선다.

5 악한 사람들은 바른 것을 깨닫지 못하지만
주님을 찾는 이들은 모든 것을 깨닫는다.

6 그릇된 길을 걷는 부자보다
가난해도 흠 없이 걷는 이가 낫다.

7 슬기로운 자식은 율법을 준수하지만

28,2. "나라에 반란이 일어나면…" 히브리어 본문은 자구적으로 "땅의 악행들 때문에 그 우두머리가 많아진다."이다. 통치가 불안정하고 통치자들이 빨리 바뀌는 것이 사회적 부패를 결정짓는다. 반면 그리스어 번역본은 잠언의 내용을 일반화한다. "불경한 이들의 죄 때문에 싸움이 일어난다."

28,3. 히브리어 본문에는 "자기도 가난하면서"라고 되어 있다. 그러나 구약 성경과 잠언의 다른 곳에서는 가난한 사람이 다른 가난한 사람을 억누르는 예가 없다. 그래서 어떤 이들은 악인을 언급하는 그리스어 번역본을 따른다. 그러나 이러한 선택은 필요 없어 보인다. 가난한 사람이 부유해져 자신이 겪은 폭력을 그대로 되풀이하는 상황을 가정하는 것으로 충분하다(이사 3,6 참조).

28,4. "율법"은 '토라'의 계명들을 지칭할 수도 있고 지혜의 스승들의 가르침을 가리킬 수도 있다.

28,6 // 19,1.

28,1-28. 이 장의 잠언은 새로운 지도층을 양성하는 맥락의 고유한 특징인 교육적 목적을 드러낸다. 이 구절들의 공통 주제는 근본적으로 윤리적이다. 사회적 배경 안에서 부정적인 사람들이 열거된다. 무지한 통치자(15.16절), 일부러 법을 어기는 사람(5.9.10.14.18절), 탐욕스러운 사람과 인색한 사람(7.8.11.20.22.25.27절), 욕심 때문에 차별하는 사람(21절), 도둑(24절), 오만한 사람(26절). 반의적 병행으로, 하느님을 신뢰하고 두려워하여 정의와 온전함을 기준으로 행동하는 사람의 모습이 대비된다(5.25절). 언제나 그렇듯이, 자신의 행위에 비례한 응보를 배경으로 한다. 하느님에 가깝게 묘사된 임금의 권위를 존중할 것이 여러 차례 강조된다. 사회 체제를 무너뜨리는 것은 부정적이며, 종이 임금이 되는 것은 용납될 수 없다. 핵심은 정의이고, 현인들은 나쁜 통치의 부정적 결과들도 지적하며 끊임없이 정의를 권고한다.

폭식가들과 사귀는 자는 아버지를 욕되게 한다.

8 변리와 이자로 재산을 불리는 자는
빈민을 불쌍히 여기는 이를 위해 그것을 쌓는 것이다.

9 율법을 듣지 않고 귀를 돌리는 자는
그 기도마저 역겹다.

10 올곧은 이들을 나쁜 길로 유혹하는 자는
제 구렁에 자기가 빠지지만
흠 없는 이들은 좋은 것을 상속받는다.

11 부자가 제 눈에는 지혜롭게 보여도
가난하지만 슬기로운 이는 그를 꿰뚫어 본다.

12 의인들이 승리하면 그 영광이 크지만
악인들이 일어서면 사람들이 숨어 버린다.

13 자기 잘못을 감추는 자는 성공하지 못하지만
그것을 고백하고 끊어 버리는 이는 자비를 얻는다.

14 행복하여라, 늘 두려워하는 마음을 지닌 사람!
그러나 마음을 완고하게 하는 자는 불행에 빠진다.

15 가난한 백성을 사악하게 다스리는 자는
포효하는 사자와 덮치는 곰과 같다.

16 슬기가 모자라는 제후가 억압은 많이 한다.
부정한 이득을 미워하는 이는 오래 산다.

17 살인한 죄책감에 시달리는 사람은
구렁에 이르기까지 도망 다닌다.
아무도 그를 붙들지 마라.

18 온전하게 걷는 이는 구원을 받고
그릇된 길을 걷는 자는 구렁에 빠진다.

19 자기 땅을 가꾸는 이는 양식으로 배부르고

28,16. 좋은 임금의 중요성에 관하여, 16,10-15의 주 참조(집회 10,3 참조).

28,12 // 28,28. 28,17 창세 4,9-15. 28,19 // 12,11.

헛것을 좇는 자는 가난으로 배부른다.

20 성실한 사람은 많은 복을 받지만
부자가 되려고 서두르는 자는 벌을 면하지 못한다.

21 한쪽을 편드는 것은 좋지 않다.
사람은 빵 한 조각 때문에 죄를 짓기도 한다.

22 눈길이 탐욕스러운 사람은 재물 모으기에 급급하지만
빈곤이 자기에게 들이닥치리라는 것은 깨닫지 못한다.

23 남을 훈계해 주는 이가 결국은
아첨하는 자보다 더 큰 호의를 얻는다.

24 제 아버지와 어머니를 강탈하고도 "죄 없다!" 하는 자
그는 살인자와 한통속이다.

25 욕심 많은 자는 싸움을 일으키지만
주님을 신뢰하는 이는 풍요를 누린다.

26 제 마음을 신뢰하는 자는 우둔한 자이지만
지혜 속에 걷는 이는 구원을 받는다.

27 가난한 자에게 주는 이는 모자람이 없지만
못 본 체하는 자는 많은 저주를 받는다.

28 악인들이 일어서면 사람들이 숨어 버리고
그들이 멸망하면 의인들이 많아진다.

29

1 훈계를 자주 듣고도 목을 뻣뻣이 세우는 사람은
졸지에 파멸하여 구제될 가망이 없다.

2 의인이 많으면 백성이 기뻐하지만
악인의 통치 밑에서는 백성이 탄식한다.

28,20. 서둘러 부자가 되려 하는 것은 불성실함과 같은 것으로 여겨진다. 갑자기 축적된 재산은 언제나 합법적인 수단으로 얻어진 것이 아니기 때문이다(13,11 참조).

28,22. "눈길이 탐욕스러운 사람"에 관하여, 23,6의 주 참조.

29,1. "훈계를 자주 듣고도 목을 뻣뻣이 세우는 사람"은 빈정꾼을 가리키는 것으로 볼 수 있다(9,7의 주 참조).

28,26 3,5-8. 28,28 // 28,12.

29,1-27. 이 장에는 세 가지 중요한 주제가 함께 엮여 있다. 그것은 의인과 악인의 행동의 여러 측면, 배우는 입장과 가르치는 입장에서 본 교육, 정치·사회적 문제들이다. 백성의 행복은 의롭고 지혜로운 지도자에게 달려 있고, 악인이 다스릴 때는 범죄와 불의가 많아진다.

3 지혜를 사랑하는 사람은 아버지를 기쁘게 하지만
창녀들에게 드나드는 자는 재산을 탕진한다.

4 공정으로 다스리는 임금은 나라를 튼튼하게 하지만
무거운 세금을 강요하는 자는 나라를 망친다.

5 이웃에게 아첨하는 사람은
그의 발걸음에 그물을 치는 자다.

6 악한 사람은 자기 죄악으로 올가미에 걸리지만
의인은 환호하고 기뻐한다.

7 의인은 가난한 이들의 권리를 알지만
악인은 그러한 것을 이해하지 못한다.

8 빈정대는 사람들은 성읍을 들끓게 하지만
지혜로운 이들은 화를 누그러뜨린다.

9 지혜로운 사람과 미련한 사람이 다투게 되면
미련한 사람은 흥분하여 비웃어 대며 가만히 있지를 못
한다.

10 피에 주린 자들은 흠 없는 이를 미워하지만
올곧은 이들은 그의 목숨을 돌본다.

11 우둔한 자는 화를 있는 대로 다 터뜨리지만
지혜로운 이는 화를 가만히 가라앉힌다.

12 통치자가 거짓된 말에 귀 기울이면
신하들이 모두 사악해진다.

13 서로 마주치는 가난한 이와 학대하는 사람
그 두 사람 눈에 빛을 주시는 분은 주님이시다.

14 임금이 가난한 이들을 진실하게 재판하면
그의 왕좌는 길이 굳건해진다.

15 회초리와 꾸짖음은 지혜를 가져오지만

29,3 23,24-25. 29,11 12,16.

29,9. 이 구절 후반부의 주어가 미련한 사람으로 제시되는데, 히브리어 본문에는 주어가 명시되어 있지 않다. 그 주어는 미련한 사람일 수도 있고(논쟁할 때 평온하게 처신할 줄 모른다) 지혜로운 사람일 수도 있다(미련한 사람과 논쟁하면 평화가 없으니 논쟁을 피하는 편이 낫다).

29,13. "학대하는 사람" 자구적으로는 "폭력의 사람"이다. 시편 10,7 참조. "그 두 사람 눈에 빛을 주시는 분은 주님이시다." 두 사람을 창조하고 살아 있게 하시는 주님은 한 사람이 다른 사람을 학대하는 것을 즉시 갚지 않으신다(마태 5,45 참조).

내버려진 아이는 제 어머니를 욕되게 한다.

16 악인들이 많아지면 죄악도 많아지지만
의인들은 그들의 몰락을 보게 된다.

17 자식을 징계하여라. 그가 너를 평안하게 하고
네 영혼에 기쁨을 가져다주리라.

18 예언이 없으면 백성이 문란해지지만
율법을 지키는 이는 행복하다.

19 말로는 종을 길들이지 못하니
알아들으면서도 따르지 않기 때문이다.

20 성급하게 말하는 사람을 보았느냐?
그보다는 우둔한 자가 더 희망이 있다.

21 종을 어려서부터 응석받이로 기른 자는
결국 곤욕을 치르게 된다.

22 화를 잘 내는 사람은 싸움을 일으키고
성을 잘 내는 자는 죄를 많이 짓는다.

23 사람이 교만하면 낮아지고
마음이 겸손하면 존경을 받는다.

24 도둑과 장물을 나누는 자는 제 목숨을 미워하는 자
그는 저주하는 소리를 듣고도 실토하지 않는다.

25 사람을 무서워하면 그것이 올가미가 되지만

29,18. "예언"으로 옮긴 히브리어 단어는 "환시"를 뜻한다. 저자는 가벼운 환시에 열광하지 말고 율법을 따르라고 권고한다(예레 23,9-32 참조).

29,23 15,33. 29,24 1,11-15. 29,25 18,10; 시편 69,30; 91,14.

29,19.21. 종에 대한 언급은 특별히 지적할 점이 있다. 종은 고대의 일반적인 제도로, 히브리 율법에서는 6년의 종살이 다음에는 그 종을 해방하도록 제한했다(탈출 21,2-11; 신명 15,12-18 참조. 더 나중에는 이스라엘인이 아닌 외국인에게만 종살이를 허용했다. 레위 25,39-55 참조). 종은 가정에 속한 것으로 여겨, 자녀에 대한 훈육과 어느 정도 유사한 훈육이 있었다.

29,25-27. 스승은 제자에게 요약적인 이 마지막 세 가지 규범을 가르친다. 사람들을 무서워하지 말고 주님의 도우심을 신뢰할 것이며, 각자의 마지막 운명은 하느님의 손에 달려 있으니 노예처럼 통치자에게 의존하지 말고, 언제나 도덕적 가치 곧 선과 악을 분명하게 구분할 것이다. 이렇게 정해진 규칙에 따라 젊은이들은 책임을 다하여 삶에 대처할 것이고 정치적인 역할을 수행할 때에도 지혜의 별의 인도에 따라 평온하고 정의롭게 이를 행하게 될 것이다.

주님을 신뢰하면 안전해진다.

26 많은 이가 통치자의 환심을 사려 하지만
사람의 권리는 주님에게서 온다.

27 의인은 불의한 사람을 역겨워하고
악인은 길이 올곧은 이를 역겨워한다.

아구르의 잠언

30 1 마싸 사람 야케의 아들 아구르의 말.
그 사람이 이티엘에게 하고, 또 이티엘과 우칼
에게 한 담화.

2 정녕 나는 여느 사람보다 멍청하였고
나에게는 인간의 예지가 없었다.
3 나는 지혜를 배우지 못하였고
거룩하신 분을 아는 지식도 깨치지 못하였다.

4 누가 하늘에 올라갔다 내려왔느냐?
누가 제 손바닥에 바람을 모았느냐?
누가 겉옷으로 물을 감쌌느냐?
누가 세상 끝들을 세웠느냐?
그의 이름이 무엇이냐? 그리고 그 아들의 이름은?
정녕 너는 그것을 알고 있지 않느냐?

5 하느님의 말씀은 모두 순수하고
그분께서는 당신께 피신하는 이들에게 방패가 되신다.

30,1. "마싸"는 창세 25,14에서도 언급한 아랍 부족의 이름이다. 그러므로 아구르는 외국인일 것이다. 그러나 히브리어 '마싸'는(잠언 31,1 참조) "신탁"을 뜻할 수도 있다(이사 14,28; 에제 12,10 참조).
이 구절 전체는 고대부터 여러 가지로 해석되었다. 어떤 히브리 전승에서는 아구르("모으는 사람")를 유명한 지혜의 "수집가"였던 솔로몬의 가명이라고 보기도 한다. 그리스어 번역본에서는 고유 명사 없이 번역한다. "아들아, 내 말을 두려워하고 그 말을 받아들여 회개하여라. 인간은 하느님을 믿는 이들에게 이 말을 하고, 나는 침묵한다."

30,5. 당신 백성의 방패이신 하느님에 관하여, 시편 3,4의 주 참조.

30,1-31,9. 마지막 두 장은 다양한 종류의 지혜문학적 격언과 문장을 담은 부록으로 되어 있다. 히브리 성경에서는 이들을 두 개의 모음으로 농축했다(30,1-33; 31,1-9 참조). 이들은 각각 현인의 한 사람인 아구르와 마싸 임금 르무엘의 말로 돌려진다. 마싸는 아라비아 북쪽에 있는 지역으로, 지혜로 유명했다. 성경 본문에 이 두 단락을 포함했다는 것은 고대 근동의 지혜문학 사상의 국제성을 보여 주는 한편, 다른 문화 안에서도 하느님의 현존을 인정했음을 증언해 준다.

30,1-14. "아구르의 말"은 세 단락으로 구분할 수 있다. 첫째 단락에서(1-6절) 현인은 욥기를 연상시키는 어조로 하느님에게서 오는 지혜 앞에서 자신을 완전히 낮춘다. 아무도 고귀하고 순수하며 바뀔 수 없는 하느님의 생각과 말씀을 환히 알 수 없다. 둘째 단락은(7-9절) 지혜의 보물인 기도문으로 되어 있다. 현인은 하느님께 세상의 실재들을 사용하기 위하여 필요한 균형을 청한다. 셋째 단락은 어리석음을 나타내는 몇 가지 유형의 인간들을 빠른 속도로 그려 보인다(10-14절). 중상하는 이들, 부모를 저주하는 이들, 그리고 억압하는 이들이 여기에 속한다.

6 그분의 말씀에 아무것도 보태지 마라.
그랬다가는 그분께서 너를 꾸짖으시고 너는 거짓말쟁이가
된다.

7 저는 당신께 두 가지를 간청합니다.
제가 죽기 전에 그것을 이루어 주십시오.
8 허위와 거짓말을 제게서 멀리하여 주십시오.
저를 가난하게도 부유하게도 하지 마시고
저에게 정해진 양식만 허락해 주십시오.
9 그러지 않으시면 제가 배부른 뒤에 불신자가 되어
"주님이 누구냐?" 하고 말하게 될 것입니다.
아니면 가난하게 되어 도둑질하고
저의 하느님 이름을 더럽히게 될 것입니다.

10 주인에게 그의 종을 헐뜯지 마라.
그 종이 너를 저주하여 네가 죗값을 받게 된다.

11 아버지를 저주하고
어머니에게 축복하지 않는 세대
12 스스로 깨끗한 체하면서도
제 밑은 씻지 않는 세대
13 눈은 대단히 높고
눈썹은 치켜 올린 세대
14 이는 단도요
이빨은 칼인 세대
이런 세대가 나라의 가난한 이들을,
이 땅의 불쌍한 이들을 집어삼킨다.

수 잠언

15 거머리에게는 딸이 둘 있는데
"더 주세요! 더 주세요!" 하고 보챈다.

배부를 줄 모르는 것이 셋,

30,15-33. 소위 "수 잠언"이 30,15에서 시작된다. 많은 학자에 따르면 이들은 아구르에게 속한 것이 아니며 독립적인 모음집이다. 비교 또는 수수께끼 형태로 되어 있으며, 하나의 숫자 또는 연속되는 두 개의 숫자로 시작된다. 자연 현상이나(예를 들어 불의 탐욕스러움, 16절) 사회 현상에 대한(예를 들어 여종이 안주인 자리를 차지하는 것, 23절) 관찰에서 시작해, 거기에서 도덕적 교훈을 이끌어 낸다.

30,8. "저를 가난하게도 부유하게도 하지 마시고" 현인은 두 가지 가운데 하나가 지나칠 때는 부정적 결과인 교만과(신명 8,14.17 참조) 자포자기를 가져온다는 것을 안다(잠언 14,20-21 참조).

30,10. "죗값을 받게 된다." 히브리어 동사 '아삼'은 잘못을 범한 사람이 처한 죄책의 상황을 지칭하기도 하고(레위 5,19 참조), 잘못을 갚기 위해 필요한 보상을 가리키기도 한다(민수 5,7; 이사 24,6 참조).

30,14. "이… 이빨"은 병행을 이룬다. 이들은 욥 29,17; 요엘 1,6에서도 함께 사용된다.

30,15-19.21-31. 수 잠언에 관하여, 6,16의 주 참조. 3과 4를 합치면 7이 되어, 이러한 열거를 통해 온전함과 충만함의 의미를 전달하고자 한 것임이 나타난다.

"충분하다!" 할 줄 모르는 것이 넷 있으니
16 저승과 임신 못하는 태
물로 채울 수 없는 땅과
"충분하다!" 할 줄 모르는 불이다.

17 아버지를 비웃고
어머니에게 순종하기를 하찮게 여기는 눈은
개울의 까마귀들이 쪼아 내고
독수리 새끼들이 쪼아 먹는다.

30,18-19. "젊은 여자를 거쳐 가는 사내의 길" 자구적으로는 "젊은 여자 안에 있는 남자의 길"로, 아마도 저자는 남자의 눈에 매우 신비롭게 보이는 성적 매력을 묘사하려 했을 것이다. 다른 해석에서는 모태 안에 태아가 형성되는 "길"을 지칭하는 것으로 보기도 한다.

18 나에게 너무 이상한 것이 셋
내가 이해하지 못하는 것이 넷 있으니
19 하늘을 날아다니는 독수리의 길
바위 위를 기어 다니는 뱀의 길
바다 가운데를 떠다니는 배의 길
젊은 여자를 거쳐 가는 사내의 길이다.

20 간음하는 여자의 길도 이와 같아
먹은 뒤에 입을 닦고서는
"나는 나쁜 짓 안 했어!" 하고 말한다.

21 이 셋 밑에서 땅이 몸서리치고
이 넷 밑에서 땅이 견디어 내지 못하니
22 임금이 된 종과
음식으로 배부른 바보 밑에서,
23 또 미움을 받다 혼인하게 된 여자와
안주인 자리를 차지한 여종 밑에서이다.

24 세상에서 가장 작으면서도
더없이 지혜로운 것이 넷 있다.
25 힘없는 족속이지만
여름 동안 먹이를 장만하는 개미
26 힘이 세지 않은 종자이지만
바위에 집을 마련하는 오소리
27 임금이 없지만
모두 질서 정연하게 나아가는 메뚜기
28 사람 손으로 잡을 수 있지만
임금의 궁궐에 사는 도마뱀이다.

30,25. 실천적 지혜의 표상인 개미에 관하여, 6,6의 주 참조.

30,26. "오소리"(그리스어 번역본과 대중 라틴말 성경은 "산토끼/토끼"로 되어 있다). 너구리와 비슷한 동물들로 보기도 한다. 시편 104,18에도 언급된다.

30,22 19,10. 30,27 요엘 2,4-8.

29 발걸음이 당당한 것이 셋,
당당하게 걸어 다니는 것이 넷 있으니
30 짐승 가운데 용사로서
어떤 것 앞에서도 물러서지 않는 사자
31 의젓한 수탉과 숫염소
그리고 자기 백성 앞에 선 임금이다.

32 네가 만일 잘난 체하며 바보짓을 하고 나서
잘 생각해 보았다면 손으로 입을 가려라.

33 우유를 누르면 버터가 나오고
코를 누르면 피가 나오고
화를 누르면 싸움이 나온다.

르무엘의 잠언

31 1 마싸 임금 르무엘의 말로서
그의 어머니가 가르친 것.

2 아, 내 아들아! 아, 내 몸에서 난 아들아!
아, 내가 서원하여 얻은 아들아!
3 여자들에게 네 정력을 쏟지 마라.
임금을 파멸시키는 자들에게 네 길을 맡기지 마라.
4 르무엘아! 임금에게 어울리지 않는다.
술을 마시는 것은 임금에게 어울리지 않고
독주를 탐하는 것은 군주에게 어울리지 않는다.
5 술을 마시면 법을 잊어버리고
고통받는 모든 이의 권리를 해치게 된다.
6 독주는 죽어 가는 이에게,
술은 상심한 이에게 주어라.
7 그것을 마시면 가난을 잊고
괴로움을 더 이상 생각하지 않으리라.
8 너는 벙어리들을 위하여,

31,4 20,1; 이사 28,7

31,1-9. "르무엘의 말"은 네 개 연으로 된 짧은 모음집을 이루며, 임금의 어머니가 아들인 임금에게 한 충고들로 되어 있다. 이 제목은 동방 궁정의 군주 교육에서 그 어머니들이 적극적인 역할을 했음을 증언해 준다(2역대 22,12의 주 참조). 이 권고들은 형태에는 차이가 있지만 내용 면에서는 잠언의 다른 모음집과 유사성을 보인다. 음주와 여인들과의 관계에서 절제를 지킬 것과 약한 이들에게 정의를 실천할 것을 권고한다.

30,30. 가장 강한 동물인 사자에 관하여, 욥 38,39-41의 주 참조(시편 22,14 참조).

31,3. "네 길"은 "너의 행동"을 뜻할 것이다(선택을 여자의 손에 맡기지 말라는 의미에서). 그러나 이러한 해석은 첫째 행과 병행이 잘 이루어지지 않아 '길'로 번역된 히브리어 명사가 "힘"을 뜻하는 우가릿어 어근에서 파생된 것이라는 가설이 제시되었다(성적 결합을 나타내는 의미로). 그리스어 번역본은 "자신의 재산과 슬기를 여자들에게, 삶을 후회에 내주지 마라."로 되어 있다. 호세 10,13의 주 참조.

31,6-7. 술의 마취 기능을 말한다. 술은 고통을 잊게 한다(코헬 2,3.24; 8,15; 9,7 참조).

31,8-9. 올바른 판단을 강조한 것은 잠언의 주된 주제들 가운데 하나이다(17,8.26의 주 참조). 이는 부패가 상당히 널리 퍼져 있었음을 보여 준다(또한 시편 26,10 참조).

버림받은 모든 이들의 권리를 위하여 입을 열어라.
9 입을 열어 의로운 재판을 하고
가난한 이와 불쌍한 이의 권리를 지켜 주어라.

훌륭한 아내

10 (알렙) 훌륭한 아내를 누가 얻으리오?
그 가치는 산호보다 높다.
11 (베트) 남편은 그를 마음으로 신뢰하고
소득이 모자라지 않는다.
12 (기멜) 그 아내는 한평생 남편에게
해 끼치는 일 없이 잘해 준다.
13 (달렛) 양모와 아마를 구해다가
제 손으로 즐거이 일하고
14 (헤) 마치 상인의 배처럼
멀리서 양식을 마련해 온다.
15 (와우) 아직 어두울 때 일어나
식구들에게 음식을 만들어 주고
여종들에게 분부를 내린다.
16 (자인) 밭을 봐 두었다가 사들이고
자기가 번 돈으로 포도밭을 사서 가꾼다.
17 (헤트) 허리를 단단히 동이고
힘센 팔로 일을 하며
18 (테트) 벌이가 좋으리라는 것을 알기에
밤에도 등불을 끄지 않는다.
19 (요드) 한 손으로는 물레질하고
다른 손으로는 실을 잣는다.

31,10. "훌륭한"으로 번역된 히브리어는 "강한"을 뜻한다. 그리스어 번역본은 "용감한 여인"으로 되어 있다. 12,4과 집회 26,2의 주 참조.

31,16. 밭/포도밭은 게으른 사람의 나태함과 관련하여 24,30에서도 함께 나타난다. 이 여인은 좋은 주부일 뿐만 아니라 유능한 사업가이기도 하다.

31,15 시편 104,23.

31,10-31. 이 단락은 이상적인 여인에 관한 시로, 알파벳 시로 구성되어 있다. 여인의 슬기와 실제적인 능력(13-14.16-19.21-24절), 특히 도덕적 덕들을 열거한다(10-25.28-31절). 많은 학자에 따르면 이 여인은 지혜를 형상화한 것이다. 의인화된 지혜는, 지혜에 귀를 기울인 이들에게 안전과 평온함을 주었으며 교육을 받지 못한 이들에게 자신에게서 배울 것을 권고했고(8,4-5 참조), 집안의 완전한 여주인처럼 자신의 잔치에 무지한 이들을 초대했다(9,1-6 참조). 이상적인 여인은 의인화된 지혜가 했던 평온함과 안전의 약속들을 자신 안에서 실현하며 또한 지혜의 가르침을 주고(26절), 가까운 이들에게 양식을 준다(15절).

31,10-13.19-20.30-31. 훌륭한 아내라는 주제는 가해 연중 제33주일 독서로 읽으며, 이는 복음으로 제시된 탈렌트의 비유(마태 25,14-30)와 바오로 사도가 테살로니카 신자들에게 한 말과 병행을 이룬다. "그러나 형제 여러분, 여러분은 어둠 속에 있지 않으므로… 빛의 자녀이며 낮의 자녀입니다."(1테살 5,1-6) 새로운 『혼인 예식』(2004년)도 이 노래의 말들을 독서집에 그대로 포함했다.

20 (카프) 가난한 이에게 손을 펼치고
불쌍한 이에게 손을 내밀어 도와준다.
21 (라멧) 온 집안이 진홍색 양모로 옷을 해 입으니
그 집안은 겨울 눈을 두려워하지 않는다.
22 (멤) 손수 덮개를 만들고
아마포와 자홍색 천으로 옷을 지어 입는다.
23 (눈) 그 남편은 성문에서
지방 원로들과 함께 앉을 때 존경을 받는다.
24 (사멕) 그 아내는 아마 속옷을 만들어 팔고
띠를 만들어 장사꾼에게 넘긴다.
25 (아인) 힘과 위엄이 그 아내의 옷
앞날을 흐뭇하게 바라본다.
26 (페) 입을 열면 지혜이고
자상한 가르침이 그 입술에 배어 있다.
27 (차데) 집안일을 두루 보살피고
놀고 먹는 일이 없다.
28 (코프) 아들들이 일어나 그를 기리고
남편도 그를 칭송한다.
29 (레시) "훌륭한 일을 한 여인들이 많지만
당신은 그 모든 이보다 뛰어나오."
30 (쉰) 우아함은 거짓이고 아름다움은 헛것이지만
주님을 경외하는 여인은 칭송을 받는다.
31 (타우) 그 손이 거둔 결실을 그에게 돌리고
그가 한 일을 성문에서 칭송하여라.

31,23. "앉을 때" 마을로 들어가는 입구에서 원로들이 주재하던 재판 행위를 가리킨다.

31,30. 보통 여성을 매력적이게 하는 아름다움은 여기서 지혜와 신앙심에 비하여 이차적인 차원에 머문다. 본문에서는 훌륭한 아내가 지혜와 신앙심을 지닌 것으로 일컬어지는데, 이는 집회 25,21과 유사하다(다른 본문에서는 아름다움도 칭송한다. 집회 26,16-18 참조). (존중과 공경을 뜻하는) "주님을 경외함"에 관하여, 잠언 1,7의 주 참조. 주님을 경외함이 이 책 전체의 시작과 끝에 나타난다.

31,20 신명 15,11. 31,23 욥 29,7-10.

잠언은 처음 시작했던 것과 같은 방식으로 끝난다. 이스라엘의 고대 전승들에서 지혜문학 사상을 그리스도교의 성숙함에 근접하게 하는 세련된 숙고에 이르기까지 지혜와 삶의 방식이라고 여겨지던 것을 의인화하고 이를 칭송하는 것으로 시작하고 끝맺는 것이다.

코헬렛

제목과 정경 내의 위치

히브리인과 그리스도인 모두 정경으로 인정하는 코헬렛은 욥기와 함께 지혜 문학서 가운데 가장 당혹스러운 책으로 여겨진다. 잠언과 집회서의 낙관주의적인 지혜에 비하여, 코헬렛은 사변적이고 논쟁적인 성격을 특징으로 한다. 그는 비판적이고 때로는 회의적인 태도로 이스라엘의 종교적 유산의 몇 가지 전통적 개념들에 이의를 제기하며, 이스라엘의 현인들이 생각해 내고 여러 세대에 거쳐 전수해 온 지식과 태도와 가치의 세계를 전복시킨다. 전통적 지혜는 아직도 가치를 지니는가? 의인은 상을 받고 악인은 벌을 받는다는 응보 교리는 아직도 유효한가?

코헬렛은 어려우면서 동시에 매력적인 책이다. 이 책은 끊임없이 삶의 의미를 찾으며 인생에 관한 현실적이고 깨어 있는 숙고를 하는 현인의 모습을 보여 주는데, 그러한 삶의 이면에는 하느님의 신비가 숨어 있다. 근본적으로 종교적인 책인 코헬렛은 모든 시대 사람들에게 질문을 던지며, 그들이 자신의 한계를 찾고 의식함으로써 세상과 인간에 대한 하느님의 계획은 헤아릴 수 없는 것임을 깨닫게 한다. 그래서 이스라엘의 신앙은 코헬렛을 받아들였고, 땅의 추수를 기뻐하는 축제인 초막절 때에 이를 읽는다. 그래서 이 책은 중요한 히브리 축제들에서 읽는 다섯 두루마리('므길롯' - 아가, 룻기, 애가, 코헬렛, 에스테르기) 가운데 하나이다. 히브리 성경에서 성문서('크투빔')에 속하는 이 두루마리들은 시편, 잠언, 욥기 다음에 자리한다. 그리스도교 성경에서는 잠언과 아가 사이에 위치한다.

그리스어 70인역과 예로니모의 라틴어 번역에서 '에클레시아스테스'라고 번역되는 '코헬렛'이라는 명칭은 회중(히브리어 '카할') 안에서 어떤 특별한 역할을 지칭하는 것으로 보인다. 회중을 불러 모으거나 모임을 주재하는 사람, 또는 주된 연사를 뜻할 수 있을 것이다.

구조와 문학적 특성

두 세기 전부터 코헬렛의 구조에 대한 논의가 있지만, 이 문제는 아직도 해결되지 않았고 합의에 이른 일이 없다. 현대 저자들 가운데에는 코헬렛에 아무런 문학적 구조가 없다고 보는 이들과 완전한 유기적 구조가 있다고 보는 이들, 그리고 중간 태도를 보이는 이들이 있는데, 아마도 중간 입장이 가장 타당할 것이다. 코헬렛은 어떤 줄거리를 따르지 않으며 구체적인 이야기를 하지도 않고, 자유롭고 때로는 무질서하게 저자의 개인적 숙고를 제시한다. 그렇다고 해서 이 책에 최소한의 구조적인 도식이 없다는 뜻은 아니다. 본문에 무리를 가하지 않고서는 완전히 만족스럽고도 정확하며 자세한 구조를 찾아내기 어렵다는 것은 사실이다. 그러나 개별 단락 차원에서는 단락들을 구분할 수 있게 해 주는 구조적 표지들을 알아볼 수 있다. 예를 들어 1,12-18(지혜에 관하여), 3,1-8(적절한 때에 관하여), 4,17-5,6(하느님과의 관계에 관하여), 또는 11,7-12,8(젊음과 노년에 관하여) 등의 단락을 알아볼 수 있다.

코헬렛의 문체는 독특하여 여러 전통적인 수사법을 사용하면서도 전통적 원칙들을 벗어난다. 1인칭 단수로 서술하고 잠언('마살', 이에 관해서는 잠언 입문 참조)의 모든 특성들을 활용하며(특히 모호성과 풍자) "…보다 낫다"는 표현을 사용하는 것 외에, 이 책에서 자주 사용하는 두 가지 문학적 기법은 반복과 질문이다. "코헬렛이 말한다. 허무로다 허무! 모든 것이 허무로다."(1,2)라는 후렴의 반복에 주목할 것이다. 저자는 이로써 자신의 숙고를 시작하고 책의 여러 단락에서 이를 되풀이한다(1,14; 2,11.17.26; 4,4.16 참조). 처음 여섯 장에서는 인간이 자신의 수고에서 얻는 보람에 대한 질문이 반복되어 단락을 구분해 주고(1,3; 2,22; 3,9; 5,10.15; 6,8.11 참조), 반면에 지식에 대한 질문들은 나머지 여섯 장을 특징지으며(2,19; 3,21; 6,12; 8,1 참조) 인간의 인식 능력을 의문에 부친다.

코헬렛의 문학 유형에 대해서는 정확한 분류가 가능한지 여부를 묻는다. 이 책의 문학 유형으로는 대화, 토론, 문장의 모음, 개인적 생각과 숙고의 모음 등이 제시된다. 이러한 유형들은 모두 코헬렛 안에 들어 있지만, 그 가운데 어느 것도 완전히 이 책을 특징짓지는 못한다. 그래서 오늘날에는 다양한 문학 유형과 형태들이 사용된다고 보는데, 그 가운데에는 숙고·추론·관찰, 잠언·격언·금언, 교훈과 여러 가지 충고, 자전적 및 전기적 묘사, 탄식, 축복, 비유와 우의 등이 포함된다. 저자는 이 책 안에서 매우 다양한 문학 유형들을 통합하여 독특한 문체를 만들어 내고, 바로 이러한 작업이 그의 주된 업적이다. 코헬렛은 현대인과 비슷한 탐구와 비교의 정신으로 모든 시대 사람들에게 현실성을 갖는 문제들을 다루는 독특한 작품이다. 이 책은 대중적이고 구어적인 히브리어로 작성되었으며, 그리스어와 아람어의 영향이 많이 나타나 고전 히브리어와는 상당히 거리가 있다.

주요 신학 노선

"태양 아래에서 애쓰는 모든 노고가 사람에게 무슨 보람이 있으랴?"(1,3)라는 질문으로 시작하여 코헬렛은 지혜문학 전통에서 이미 중시되던 여러 주제에 대한 숙고를 제시한다(지혜·우주·노동·재산·고통·기쁨·쾌락·명예·죽음·신앙·정의·하느님 등). 창조물의 선성과 유용성을 부인하는 것으로 보이는 핵심 단어들(허무·수고·보람·운명 등)이 계속 반복되어 이들에 통일성을 부여한다. 전통적 지혜와 달리 결론은 실망스럽다. 인간은 이익도 행복도 얻지 못한다. "모든 것이 입김", 일반적인 번역에 따르면 "모든 것이 허무"이기 때문이다. 그러나 학자들이 많은 논의를 했던 이 표현은 도덕주의적인 의미로 또는 절망적인 의미로 해석되어서는 안 된다. 저자는 이 표현으로 인생의 덧없고 일시적이며 부조리한 측면, 곧 그 역설적인 차원을 강조하는 것이다.

코헬렛은 고대인들의 잠언을 즐겨 인용하지만, 목적은 그 모순을 드러내는 것이다. 그래서 그의 책은 모호하고 일관되지 않은 것으로 보인다. 코헬렛은 전통적 지혜가 지닌 인간 능력에 대한 낙관적 시각, 창조물 앞에서 느끼는 경탄, 심지어는 신앙심까지 부인하는 것으로 보인다. 세상은 절망적인 현실주의적 시각으로 해석되며, 주로 그 허무함을 강조한다. 창조물 안에는 아무것도 발견할 것이 없다. 모든 현상은 같은 방식으로 반복되기 때문이다. 인간 역사는 이전 세대들이 이미 했던 일들이 되풀이되는 것이며, 하느님이 계시다는 것은 의심하지 않지만 그 하느님 역시 멀리서 거리를 두고 계신 듯하다. 하느님은 모든 것을 결정하셨으므로 세상은 하느님의 통치를 받지만, 하느님께서 하시는 일은 인간의 눈에는 알아볼 수 없는 것으로 남는다.

이러한 주장으로 인하여 코헬렛은 비관주의자, 회의주의자로 여겨진다. 그러나 이 현인의 숙고는 그가 이론의 여지가 없는 것으로 여기는 몇 가지 가치를 분명하게 지적한다. 예를 들면 하느님께서 인간에게 주신 탐구의 임무, 하느님에 계서 받은 선물인 삶의 기쁨, 특히 하느님을 두려워함이 그것이다. 하느님을 두려워함이라는 전통적 개념을 받아들이면서도 저자는 이를 이전과 다른 방식으로, 곧 '야훼'라는 이름을 사용하기를 주의 깊게 피하면서 표현한다. 3,14에서 하느님의 행위들은 인간에게 헤아릴 수 없으며 변할 수 없는 것으로 남는다. 그래서 이러한 하느님의 행위 앞에서 가능한 유일한 태도는 하느님을 두려워하는 것이다. 또한 하느님을 두려워하는 것은 인간에게 선물로 주어지는 삶의 기쁨을 체험하기 위한 유일한 길이 되고(3,12-13 참조), 가능한 유일한 종교적 태도가 된다(5,6 참조). 7,18에서 하느님을 두려워함은 더 이상 율법 준수와 결부되지 않으며, 윤리를 실천할 수 있는 유일한 길 내지 윤리의 규범이 되는 원칙이 된다. 마지막으로 8,12-13에서 현인은 전통적인 방식으로 하느님에 대한 두려움을 응보 교리에 따라 적용하기를 거부한다. 응보 교리의 원칙들은 현실에 맞지 않는 것으로 드러난다. 저자에 따르면 하느님을 두려워하는 것은 사심 없는 태도가 되어야 하며 어떤 보상이나 갚음에 연관된 것이어서는 안 된다.

많은 이들이 생각하는 바와는 달리 하느님은 코헬렛 안에서 중요한 위치를 차지한다. 하느님은 32회에 걸쳐 언급된다. 물론 그 하느님은 구약의 주요한 역사 및 예언 전통에서와 같은 하느님도 아니고 욥기나 다른 지혜문학서의 하느님과도 몇 가지 공통점은 있지만 분명 차이가 있다. 코헬렛의 하느님은 무엇보다 먼저 창조주이고 심판자이다. 이러한 전망에 따라 저자는 인간이 근접할 수 없는 하느님의 업적, 곧 시간과 영원에 대한 하느님의 지배, 인간 행위에 대한 하느님의 심판, 하느님께서 당신 뜻에 따라 개인들에게 갚아 주시는 선물에 대해 이야기한다. 한편으로 이 하느님은 초월적이고 형언할 수 없는 분으로서 인간 논리의 도식으로 파악할 수 없고, 다른 한편으로 코헬렛은 우리에게 가까이 계신 하느님, 일상생활 안에서 베푸시는 선물들을 통하여 인간과 대화하시는 하느님의 표상을 제시한다.

이 책의 숙고는 기원전 4-3세기 헬레니즘 세계의 영향을 받은 이스라엘 사상 안에서 이해해야 한다. 한편으로 그것은 아직 인간의 수고에 대한 내세의 보상까지 생각하지 못했지만, 다른 한편으로는 하느님의 선물인 삶이 기쁨을 준다는 것도 받아들일 수 있었다.

현대의 연구는 한편으로는 삶의 덧없음과 부조리함("모든 것이 허무로다!" 1,2)을, 다른 한편으로는 삶의 기쁨과 하느님을 두려워함이라는 이 책의 주요 내용을 종합하려 한다. 코헬렛을 연구하는 학자들에게 가장 큰 도전은 개별 단락이

나 문제들에 대한 세밀한 분석보다 전체적인 주석을 지향하면서 이 책의 전반적인 일관성을 찾아내는 것이다.

본문의 작성과 전수

우리가 코헬렛 저자에 대해 알고 있는 얼마 되지 않는 사항은 문학적 허구, 수수께끼 같은 명칭, 짧은 전기적 언급이다. 책 서두의 문학적 허구에 따라("다윗의 아들로서 예루살렘의 임금인 코헬렛" 1,1.12. 참조) 교부들의 전승과 히브리 전승에서는 그 저자를 솔로몬 임금과 동일시하는데, 이는 지혜문학서의 특징이기도 하다. 결문에 삽입된 전기적 설명은 더 명시적이다(12,9-11 참조). 여기서는 어떤 제자가 코헬렛을 현인, 꾸준한 탐구자, 훌륭한 저자이며 뛰어난 저술가로 제시된다. 그는 지혜의 스승이다. 그가 누구인지를 밝히려는 많은 시도들이 있었으나 아무도 그를 찾아내지는 못했다. 우리가 저자에 대해 알고 있는 것은 삶에 대한 그의 태도이다. 신앙인이고 세상과 인간을 잘 관찰했던 코헬렛은 현실에 대한 비판적 시각을 특징으로 한다.

이 책은 인간 삶의 모순적 성격을 보인다. 때로는 비관적이고 때로는 낙관적이며, 때로는 비판적이고 때로는 보수적이다. 이러한 모순들 때문에 과거에는 이 책이 한 사람이 쓴 것이 아니라 적어도 세 명의 저자가 썼다는 가설이 있었다. 비관주의자 코헬렛, 신심 깊은 코헬렛, 현인 코헬렛을 가정했다. 그러나 오늘날에는 문체와 용어 연구를 통하여 작품의 단일성을 입증하게 되었다. 이 책은 마지막 구절들(12,9-14 참조)을 제외하고는 한 사람이 쓴 것이며, 마지막 부분은 보통 서로 다른 두 저자에 의한 것으로 여겨진다.

코헬렛의 영감의 원천은 성경 밖의 세계에서 나오기도 하고 구약 성경 전통에서 나오기도 한다. 그의 숙고는 그의 문화적 배경 안에 널리 퍼져 있던 전형적인 지혜문학적 주제들을 보여 준다. 현인의 이 작품을 비교할 수 있는 문화적 배경은 세 가지이다. 첫째로 그리스 철학의 영향은 간접적이라 하더라도 의심의 여지가 없이 분명하다. 둘째로 코헬렛에서는 메소포타미아 문학의 주제 및 개념과 몇 가지 접촉점들을 볼 수 있다(바빌론의 변신론 참조). 마지막으로는 이집트 문학과 공통된 주제를 지적할 수 있는데, 예를 들어 비관주의와 죽음이라는 피할 수 없는 현실 앞에서 삶을 즐길 것을 권고하는 것 등이 여기에 속한다(절망한 사람이 자신과 나눈 대화와 하프 타는 사람의 노래 참조). 코헬렛과 구약 성경의 관계에 대해서는 지혜문학 특히 잠언과의 관계가 두드러진다. 지난 몇 년 동안 코헬렛과 묵시문학 특히(대략 외경 에녹서에 나타난 것과 같은) 에녹 전승의 논쟁적 관계에 특별히 주의를 기울이기도 했으며, 코헬렛이 비판적 입장을 취하는 유다교 사제 전통 또는 차독 전통과의 관계도 고찰되었다.

작성 연대와 관련하여, 여러 표지들을 볼 때 학자들은 기원전 4세기 말부터 3세기 초 사이를 생각한다. 이 시기에는 그리스 문화가 이스라엘에 유입되면서 경제가 크게 발전하고 유다인들의 사고방식과 생활 양식에서 중요한 변화들이 일어났다. 이 책 안에는 구체적인 사건이나 장소에 대한 언급이 없지만, 모든 점에서 볼 때 정치적으로 평온하고 경제가 발전하면서도 부패와 사회적 불평등이 숨겨져 있던 예루살렘을 배경으로 하고 있다고 생각한다. 코헬렛의 대화 상대는 바로 점점 더 효율성에 사로잡히고 이익을 얻으려고 골몰하고 있던 이 도시의 주민들이거나 그 시대의 일반 사람들이었을 것이다.

누리아 칼두흐-베나헤스Nuria Calduch-Benages

코헬렛

표제

1 [1] 다윗의 아들로서 예루살렘의 임금인 코헬렛의 말
이다.

주제

2 허무로다, 허무!
코헬렛이 말한다.
허무로다, 허무! 모든 것이 허무로다!

머리말

3 태양 아래에서 애쓰는 모든 노고가
사람에게 무슨 보람이 있으랴?
4 한 세대가 가고 또 한 세대가 오지만
땅은 영원히 그대로다.
5 태양은 뜨고 지지만
떠올랐던 그곳으로 서둘러 간다.
6 남쪽으로 불다 북쪽으로 도는 바람은
돌고 돌며 가지만
제자리로 되돌아온다.
7 강물이 모두 바다로 흘러드는데

1,1. "코헬렛"이라는 이름은 "백성을 모임에 불러 모으는 사람" 또는 "모임에서 말하는 사람"으로, 아마도 가르침을 암시한다. "다윗의 아들"과 "예루살렘의 임금"이라는 표현은 이 책이 솔로몬 임금의 것으로 여겨지는 이유가 된다.

1,2. "허무로다, 허무!" 자구적으로는 "허무들의 허무"로 "노래들의 노래"(가장 아름다운 노래 아가 1,1), "거룩한 것들의 거룩한 것"(지성소 탈출 26,33)과 같은 최상급을 나타낸다. "허무"는 자구적으로는 "바람, 입김, 연기, 수증기"를 뜻한다. 이 책에 38회 사용되는 이 단어는 항구하지 못하고 사라져가는 것을 연상시킨다(예를 들어 우상들과의 관계 1열왕 16,13.26; 2열왕 17,15; 예레 2,5; 8,19; 10,3.15 참조). 이 표현 이면에는 중요한 개념이 들어 있다. 행복과 삶의 의미를 추구하는 것의 결과가 헛될 수 있다는(결론을 내릴 수 없다는) 것이다. 인간들 역시 "헛되다."(시편 62,10 참조)

1,3. "노고" 히브리어 단어의 어근 '아말'은 34회 나타나는데, 주로 인간 수고의 유용성을 가리키는 명사 "보람"과 함께 사용된다. "태양 아래에서"라는 표현은 고대 근동에 널리 퍼져 있었으며 "지상에서, 인간의 삶 안에서"를 뜻한다(코헬 1,9의 주해 참조).

1,1 잠언 1,1; 아가 1,1.

1,2-11. 코헬렛은 이전의 지혜문학 사상이 걸어간 길에 비하여 큰 전환을 이룬다. 잠언은 하느님을 두려워함으로써 행복한 삶에 이르는 길을 제시했고, 거기서 하느님을 두려워함은 지혜를 얻기 위한 확실한 방법이었다. 창조물의 법칙 자체가 정의를 실천하고 지혜에 이르기 위한 길을 알려 주었다. 그러나 코헬렛은 온전한 인식에 이르고 그에 따라 행복에 도달할 수 있는 가능성을 분명히 의심한다. 현인은 강한 관찰 정신으로, 지혜를 발견하게 해 주고 행복으로 이끌어 주는 그 과정이 사실은 다른 이들이 이미 말하고 묘사한 것들을 헛되이 되풀이하는 것임을 깨닫는다. 세상은 더 이상 하느님의 손에서 나온 창조의 경이로운 성전으로 여겨지지 않는다. 세상은 영원한 운동 속에서도 움직이지 않는다. 인간의 행위 역시 (우주의 요소와 마찬가지로) 정확한 목표를 향하지 않고 주기적으로 반복되는 법칙을 지니고 있다.

바다는 가득 차지 않는다.
강물은 흘러드는 그곳으로
계속 흘러든다.
8 온갖 말로 애써 말하지만
아무도 다 말하지 못한다.
눈은 보아도 만족하지 못하고
귀는 들어도 가득 차지 못한다.
9 있던 것은 다시 있을 것이고
이루어진 것은 다시 이루어질 것이니
태양 아래 새로운 것이란 없다.
10 "이걸 보아라, 새로운 것이다."
사람들이 이렇게 말하는 것이 있더라도
그것은 우리 이전
옛 시대에 이미 있던 것이다.
11 아무도 옛날 일을 기억하지 않듯
장차 일어날 일도 마찬가지.
그 일도 기억하지 않으리니
그 후에 일어나는 일도 매한가지다.

임금의 고백

12 나 코헬렛은 예루살렘에서 다스리던 이스라엘의 임금이었다.
13 나는 하늘 아래에서 벌어지는
모든 것을 지혜로 살펴 깨치려고
내 마음을 쏟았다.
그러나 이는 인간의 아들들이 고생하도록
하느님께서 마련하신 괴로운 작업이다.

1,8. "온갖 말로 애써 말하지만" 이 절의 히브리어 단어들은 다양한 의미를 지니고 있어 여러 가지로 해석될 수 있다. "모든 것이 고생인데 아무도 그 이유를 설명할 수 없다."로도 번역할 수 있다.

1,10. "이걸 보아라."(1사무 5,3-4의 주 참조). "옛 시대"에 해당하는 히브리어 명사('올라밈')는 단순히 긴 시간을 가리킨다. 코헬 3,11 참조.

1,13. "괴로운 작업" 자구적으로, "나쁜 작업/임무"(그리스어 번역본과 대중 라틴말 성경은 그 형용사를 그대로 옮긴다). 코헬 3,10 참조.

1,9. "태양 아래 새로운 것이란 없다." 이사 43,19("보라, 내가 새 일을 하려 한다.")와 대조하면서 해석한다면 코헬렛의 말은 하느님의 행위와 관련해서도 극적인 어조를 띤다. 그러나 성경의 세계관을 염두에 둔다면 긍정적인 빛도 한 가닥은 찾아낼 수 있을 것이다. 창세 1,14-18에 따르면 태양은 궁창 아래 있고(달과 별들과 함께) 하늘은 그 위에 펼쳐져 있다(신명 10,14; 1열왕 8,27; 느헤 9,6; 시편 148,4 참조). 코헬렛은 태양 아래 새로운 것이 없다고 말하지만 하늘 아래라고 말하지는 않는다(코헬 1,13 참조). 다시 말하면 그는 인간이 넘어설 수 없는 그에게 정해진 한계점까지("태양 아래" 29회 사용) 인간의 탐구는 의미 있는 결과를 전혀 이룰 수 없음을 느낀다. 그러나 탐구의 영역은 그보다 훨씬 더 넓다(하늘 아래 있는 것).

1,11. 어떤 사람이 죽은 후에도 (그에 대한) 기억은 남는다. 그래서 명예가 중요하다(잠언 22,1; 집회 41,10-13; 44–50 참조). 옛 사람들에 대해 기억도 사라진다고 말하는 것은 이러한 사회·종교적 기초를 무의미하게 만드는 것이다.

1,12-18. 저자는 12절에서 담론을 시작하여 2,26에 이른다. 그는 자기 삶의 경험들을 되돌아보는 연로한 현인처럼 긴 삶의 여행을 한다. 이 숙고에서 코헬렛은 지혜의 가치를 부인하지 않지만, 지혜가 있다고 해서 세상에서 일어나는 일들의 동기를 이해할 수 있다고는 믿지 않는다. 그래서 지혜는 오히려 고통의 원인이 된다.

[14] 나는 태양 아래에서 이루어지는 모든 일을 살펴보았는데
보라, 이 모든 것이 허무요 바람을 잡는 일이다.
[15] 구부러진 것은 똑바로 될 수 없고
없는 것은 헤아려질 수 없다.

[16] 나는 속으로 말하였다.
'보라, 나는 내 이전에 예루살렘에서 통치하던
모든 분들보다 지혜를 크게 하고 더하였으며
내 마음은 수많은 지혜와 지식을 익혔다.'
[17] 나는 지혜와 지식, 우둔과 우매를 깨치려고
내 마음을 쏟았다.
그러나 이 또한 바람을 붙잡는 일임을 깨달았다.
[18] 지혜가 많으면 걱정도 많고
지식을 늘리면 근심도 늘기 때문이다.

2 [1] 나는 나 자신에게 말하였다.
"자, 이제 너를 즐거움으로 시험해 보리니
행복을 누려 보아라!"
그러나 보라, 이 또한 허무였다.
[2] 웃음에 대하여 나는 말하였다. "어리석은 짓!"
또 즐거움에 대하여 말하였다. "그것이 무얼 할 수 있으리오?"
[3] 나는 인간의 아들들이 한정된 생애 동안
하늘 아래에서 할 수 있는 것 가운데
무엇이 좋은지 깨치기까지
내 마음이 지혜로 모든 것을 이끌게 하면서
술로 이 몸에 생기를 돋우어
우매함을 알아보리라고
속으로 작정하였다.
[4] 나는 큰 공사를 벌였다.
나를 위하여 궁궐들을 짓고
포도밭들을 일구었으며
[5] 나를 위하여 정원과 공원을 만들어
거기에 온갖 과일나무를 심었다.
[6] 또한 나를 위하여 못을 만들었으니
무성히 자라는 나무숲에 물을 대려는 것이었다.
[7] 나는 남종들과 여종들을 사들였고

2,7 욥 1,3; 42,12

2,1-11. 코헬렛이 제시하는 첫 장면이다. 쾌락과 부는 삶에 의미를 주지 못한다.

1,14. "바람을 잡는 일" 이 표현은 코헬렛에서 7회 사용한다 (1,14; 2,11.17.26; 4,4.6; 6,9 참조).
히브리어 '르웃'은 코헬렛에서만 나타나며 따라서 이 표상 뒤에 감추어진 것이 무엇인지 파악하기 어렵다. 고대 번역본들은 이 명사를 여러 동사 어근에 연결했다. 예로니모는 '르웃'을 "쪼개다"를 뜻하는 어근에서 파생된 것으로 보았고, 그래서 "영의 고통"으로 옮겼다(시리아어 번역본과 타르굼도). 인간의 행위가 헛되다는 고찰에서 실존적인 비애감이 생겨난다는 해석인 셈이다. 오늘날 저자들은 이 단어가 사냥의 전형적인 추격을 가리킨다고 보고 "바람을 쫓아가는 일이다."라고 번역하기도 한다. 번역본에서 살리기 어렵지만 히브리어 표현 '르웃 루아'에는 어두의 동음 반복이 들어 있다.

2,1. "시험해 보리니" 현인은 삶에 의미와 즐거움을 주는 실재들을 어떤 방법으로 검토해 보려 한다. 그러나 그 시험의 결과는 언제나 같다. 실망스럽고 쓸모가 없다는 것이다(2절).

2,3. "술로 이 몸에 생기를 돋우어" 술은 사람을 취하게 하기 때문에 현인들은 특히 사회의 지도 역할을 하는 이들에게 술을 마시지 않을 것을 권고한다(잠언 31,4-5 참조). 고통이나 불행을 잊기 위한 것으로서만 술을 마시는 것을 허용한다(잠언 31,6-7 참조). 그러나 여기서는 취하게 하는 효과를 위하여 술의 쾌락에 자신을 맡긴다.

씨종들도 소유하고 있었으며
나에게는 나 이전에 예루살렘에서 통치하던 모든 분들보다
더 많은 가축들, 소 떼와 양 떼가 있었다.
8 나는 또 나를 위하여 은과 금,
임금들의 소유물과 영토를 모아들였다.
나를 위하여 남녀 소리꾼들과
인간의 아들들의 즐거움인 궁녀들을 더 많이 두었다.
9 나는 나 이전에 예루살렘에서 통치하던 모든 분들보다
더 크고 부유하게 되었으며
나의 지혜 또한 내 앞에 서 있었다.
10 내 눈이 원하는 것은 무엇이든
나 뿌리치지 않았고
내 마음에게 어떠한 즐거움도 마다하지 않았다.
그렇다, 내 마음은 나의 모든 노고에서 즐거움을 얻었으니
그것이 나의 모든 노고에 대한 몫이었다.
11 그러고 나서 내 손이 이룬 그 모든 위업과
일하면서 애쓴 노고를 돌이켜 보았다.
그러나 보라, 이 모든 것이 바람을 잡는 일.
태양 아래에서는 아무 보람이 없다.

2,8. 성전 예식에는 여자 소리꾼들이 없었으므로, 이들은 궁정의 잔치들을 암시한다(2사무 19,36; 1열왕 10,12 참조). "궁녀들"은 솔로몬의 하렘을 가리킨다(1열왕 11,1-3 참조). 그리스어 번역본은 술을 따르는 이들을 가리키고, (새) 대중 라틴말 성경은 술을 따르기 위하여 사용하는 잔과 항아리들을 가리킨다.

2,11. "보람"은 첫 번째 체험들의 결과를 전하는 코헬렛의 숙고의 핵심 단어이다(1,3 참조). 그 자체가 목적인 쾌락은 실제적이고 지속적인 유익을 가져다주지 않는다.

실망스러운 결과

12 임금의 뒤를 잇는 인간이 무엇을 할 수 있으리오?
선왕이 이미 이룩한 것밖에는!
지혜와 우둔과 우매를 돌이켜 보았을 때
13 나는 어둠보다는 빛이 더 쓸모 있듯
우매함보다는 지혜가 더 쓸모 있음을 보았다.
14 지혜로운 이의 눈은 제 앞을 보지만
어리석은 자는 어둠 속을 걷는다.
그러나 둘 다 같은 운명을 겪게 됨을
나는 또한 알았다.
15 그래서 나는 속으로 말하였다.
'어리석은 자의 운명을 나도 겪을 터인데
그렇다면 나는 무엇 때문에 그토록 지혜를 추구하였던

2,12-23. 현인을 어리석은 사람과 구분하는 지혜도 합당한 대답이 되지 못한다. 죽은 후에는 모든 이들이 잊히기 때문이다(12-16절). 이어서 저자는 재산의 헛됨을 고찰한다(17-23절). 코헬렛은 재산이 선이라는 것을 부인하지 않으나 그 축적은 비판한다. 어리석은 상속자들이 낭비해 버릴 수 있는 재산을 애써 축적하는 것은 쓸모없는 일이다.

2,16. "영원한 기억" 명예는 사후에도 남는다는 스승들의 믿음을 코헬렛은 거부한다(잠언 22,1; 집회 41,10-13 참조). 지혜로운 사람이나 어리석은 사람이나 그들의 운명은 모두 잊히는 것이다.

가?'
그래서 이 또한 허무라고 속으로 말하였다.
16 지혜로운 이에 대해서건
어리석은 자에 대해서건 영원한 기억이란 없으니
앞으로 올 날에는 모든 것이 잊히는 법.
아, 정녕 지혜로운 이도 어리석은 자와 함께 죽어 가지 않는가!
17 그래서 나는 삶을 싫어하게 되었다.
태양 아래에서 벌어지는 일이 좋지 않기 때문이며
이 모든 것이 허무요 바람을 잡는 일이기 때문이다.
18 나는 또 태양 아래에서 내가 애써 얻었건만
내 뒤에 오는 인간에게 물려주어야 하는
내 모든 노고의 결실을 싫어하게 되었다.
19 그가 지혜로운 자일지 어리석은 자일지 누가 알리오?
그러면서도 내가 태양 아래에서 지혜를 짜내며 애쓴
노고의 결실을 그가 차지하게 되리니
이 또한 허무이다.
20 그래서 태양 아래에서 애쓴 그 모든 노고에 대하여
내 마음은 절망하기에 이르렀다.
21 지혜와 지식과 재주를 가지고 애쓰고서는
애쓰지 않은 다른 사람에게
제 몫을 넘겨주는 사람이 있는데
이 또한 허무요 커다란 불행이다.
22 그렇다, 태양 아래에서 애쓰는 그 모든 노고와 노심으로
인간에게 남는 것이 무엇인가?
23 그의 나날은 근심이요 그의 일은 걱정이며
밤에도 그의 마음은 쉴 줄을 모르니
이 또한 허무이다.

24 자기의 노고로 먹고 마시며
스스로 행복을 느끼는 것보다
인간에게 더 좋은 것은 없다.
이 또한 하느님의 손에서 오는 것임을 나는 보았다.

✠ 1,2; 2,21-23. 코헬렛의 이 유명한 본문은 다해 연중 제18주일에, 유산의 분배에 관해 예수님께 질문하는 복음(루카 12,13-21)과 함께 읽는다. 그 대답은 "하느님 앞에서 부유하게 되어라."는 것이다. 제2독서에서 바오로는 이렇게 말한다. "저 위에 있는 것을 추구하십시오. 위에 있는 것을 생각하고…."(콜로 3,1-5.9-11)

2,24-26. 인간의 수고로 행복에 이르지 못한다는 것을 말한 다음 코헬렛은 기쁜 음조를 시작하는데, 이는 여러 차례 되풀이될 것이며(3,12.22; 5,17; 8,15; 9,7-9; 11,7-10 참조) 비관주의의 쓴맛을 사라지게 한다. 인간은 일상생활의 작은 기쁨들을 하느님에게서 오는 선물로 받아들이며 평온함을 찾을 수 있다.

25 그분을 떠나서
누가 먹을 수 있으며 누가 즐길 수 있으랴?
26 하느님께서는 당신 마음에 드는 인간에게
지혜와 지식과 즐거움을 내리시고
죄인에게는 모으고 쌓는 일을 주시어
결국 당신 마음에 드는 이에게 넘기도록 하신다.
이 또한 허무요 바람을 잡는 일이다.

모든 것에는 때가 있다

3 1 하늘 아래
모든 것에는 시기가 있고
모든 일에는 때가 있다.
2 태어날 때가 있고
죽을 때가 있으며
심을 때가 있고
심긴 것을 뽑을 때가 있다.
3 죽일 때가 있고
고칠 때가 있으며
부술 때가 있고
지을 때가 있다.
4 울 때가 있고
웃을 때가 있으며
슬퍼할 때가 있고
기뻐 뛸 때가 있다.
5 돌을 던질 때가 있고
돌을 모을 때가 있으며
껴안을 때가 있고
떨어질 때가 있다.
6 찾을 때가 있고
잃을 때가 있으며
간직할 때가 있고
던져 버릴 때가 있다.
7 찢을 때가 있고
꿰맬 때가 있으며
침묵할 때가 있고
말할 때가 있다.

3,1-8. 때로 창조물은 이해할 수 없어 보이지만, 코헬렛은 그 속에서 질서를 알아보았다. 훌륭한 시적 본문인 이 단락에서 그는 인간 삶 속 사건들에 할당된 정확한 순간들에 대해 고찰한다. 인간의 삶은 서로 반대되는 실재들을 언급함으로써 표현된 여러 사건의 고정된 순환 속에 들어가 있는 것으로 나타난다.

2,26. "죄인" 자구적으로 "죄를 짓는 사람" 그리스어 번역본과 (새) 대중 라틴말 성경도 이렇게 옮긴다. 이들은 하느님의 "마음에 드는" 이들과 대조된다. 7,20과 같이 종교적인 전망에서 바라보고 있다.

3,1. "시기, 때" 히브리어로 두 명사는 각각 '즈만'과 '엣'으로, 기본적으로는 동의어로 이해할 수 있다(느헤 2,6; 예레 30,7; 다니 2,16; 호세 10,12 참조). 이와 달리 그리스어 번역본은 '크로노스'와 '카이로스'를 구분하여, 이 절을 일반적인 사건 전개(연대기적 시간)에 있어 특별한 좋은 순간이, 고유한 때가 있다(11절)는 뜻으로 해석한다. '엣'이라고 일컬어지는 때는 부분적인 성격을 지니며(2-8절), 더 긴 '즈만'의 한 토막이다.

3,1. "모든 일" 여기에 해당하는 단어('헤페츠')는 성경의 다른 단락에서 많은 의미를 지니며 코헬렛 안에서도 마찬가지다. 예를 들어 5,3; 8,3; 12,1.10에서는 "갈망, 마음에 드는 것"을 뜻하고, 3,1.17과 8,6에서는 "지향"(어떤 일을 하려는 시작하려는)으로 이해된다. 5,7에서는 문맥에서 그 의미를 찾게 된다(아마도 "체험"과 같은 단어로 옮기는 것이 좋을 듯하다).

3,2-8. 이 목록은 상징적 의미를 지닌다. 인간 행위의 모든 영역을 포괄하지는 않으면서 서로 대비되는 열네 가지(7의 배수) 행위를 포함하며 삶의 중요한 순간들을 묘사한다.

3,3. "죽일 때, 고칠 때" 대립은 완전하지 않다. "죽이다"에 반대되는 것은 "생명을 주다, 소생시키다"이다.

3,10. "하느님께서 마련하신 일" 1,13에서와 달리 현인의 숙고는 더 신학적이다. 삶의 수고를 포함한 모든 것이 하느님의 뜻에 속한다.

3,11. "시간 의식" 히브리어 '올람'은 여러 의미를 지닌다(1,10의 주 참조). 그리스어 번역본과 (새) 대중 라틴말 성경에서는 "세상"과 같은 뜻으로 본다. 시편에서는 오랜 시간을 가리킨다(21,5; 93,2 참조). 이 절의 의미는 인간 내면의 추리력을 암시한다(코헬 8,5 참조).

3,16. "태양 아래"에 관하여, 코헬 1,9의 주해 참조.

8 사랑할 때가 있고
미워할 때가 있으며
전쟁의 때가 있고
평화의 때가 있다.
9 그러니 일하는 사람에게
그 애쓴 보람이 무엇이겠는가?

10 나는 인간의 아들들이 고생하도록
하느님께서 마련하신 일을 보았다.
11 그분께서는 모든 것을 제때에 아름답도록 만드셨다.
또한 그들 마음속에 시간 의식도 심어 주셨다.
그러나 하느님께서 시작에서 종말까지 하시는 일을
인간은 깨닫지 못한다.
12 인간에게는 살아 있는 동안 즐기며
행복을 마련하는 것밖에는 좋은 것이 없음을 나는 알았다.
13 모든 인간이 자기의 온갖 노고로 먹고 마시며
행복을 누리는 것
그것이 하느님의 선물이다.
14 나는 하느님께서 하시는 모든 일이 영원히 지속됨을 알았다.
거기에 더 보탤 것도 없고
거기에서 더 뺄 것도 없다.
하느님께서 그렇게 하시니
그분을 경외할 수밖에.
15 있는 것은 이미 있었고
있을 것도 이미 있었다.
그리고 하느님께서는 사라진 것을 찾아내신다.

정의와 응보

16 나는 또 태양 아래에서 보았다,
공정의 자리에
불의가 있음을,
정의의 자리에
불의가 있음을.

3,9-22. 하느님께서 이미 사건들의 진행을 결정하셨으므로 초조하게 애쓸 필요가 없다. 때로는 불의와 악, 그 밖의 이유들로 이 질서가 무너지는 것으로 보인다(16-22절). 우리의 현인은 하느님께서 악인을 심판하시리라는 것을 안다. 그러나 그 심판은 언제 이루어질까? 인간은 동물과 같은 죽음을 겪는 것이 아닐까? 대답은 여기서도 하느님께서 일상생활 속에서 주시는 선물들을 받아들이는 데에 있다(12-13절 참조).

17 나는 속으로 말하였다.
'의인도 악인도
하느님께서는 심판하시니
모든 일과
모든 행동에 때가 있기 때문이다.'
18 나는 인간의 아들들에 관하여
속으로 생각하였다.
하느님께서 그들을 시험하시어
그들 자신이 다만 짐승일 뿐임을 깨닫게 하신다고.
19 사실 인간의 아들들의 운명이나
짐승의 운명이나 매한가지다.
짐승이 죽는 것처럼 인간도 죽으며
모두 같은 목숨을 지녔다.
인간이 짐승보다 나을 것이 하나도 없으니
모든 것이 허무이기 때문이다.
20 모두 한곳으로 가는 것.
모두 흙으로 이루어졌고
모두 흙으로 되돌아간다.
21 인간의 아들들의 목숨이 위로 올라가는지
짐승의 목숨이 땅 아래로 내려가는지 누가 알리오?
22 그래서 나는 사람이 자기 일에 즐거움을 느끼는 것밖에는
좋은 것이 없음을 깨달았다.
이것이 그의 몫이기 때문이다.
죽은 다음에 무엇이 일어나는지 보도록
누가 그를 이끌어 줄 수 있으리오?

억압받는 이들의 눈물

4 1 나는 또 태양 아래에서 자행되는
모든 억압을 보았다.
보라, 억압받는 이들의 눈물을!
그러나 그들에게는 위로해 줄 사람이 없다.
그 억압자들의 손에서 폭력이 쏟아진다.
그러나 그들에게는 위로해 줄 사람이 없다.

삶보다 죽음

2 그래서 나는 이미 오래전에 죽은 고인들이

4,1-16. 많은 불의를 보았던 우리의 현인은 비관주의로 기운다. 고통받는 이들의 눈물은 죽음을 바랄 만한 것이 되게 한다(1-3절). 노동은 경쟁과 태만함으로 괴로운 것이 된다(4-6절). 재물의 축적은 결코 그 재산을 향유하지 못할 것이기에 헛된 일이 된다(7-8절). 정치적 음모는 불신의 동기가 된다(13-16절).

3,19. 현인은 2,13에서와 마찬가지로 계속해서 인간의 삶에서 참으로 유익한 것이 무엇인지를 묻는다. 그 장점에 관하여, 잠언 14,23; 21,5 참조.

3,21. 코헬렛은 그러한 질문에 대답할 말이 없다. 지금까지의 묵상에서 그는 인간의 영과 동물의 영을 구별하지 않는 대답을 제시하는 것으로 보인다. 현인은 죽음 이후의 삶에 대한 희망을 전혀 갖고 있지 않음이 분명하다(욥 3,17-19의 주 참조).

4,2. "죽은 고인들이… 행복하다" 집회서에서도 죽은 이들의 처지가 고통을 당하는 이들의 처지보다 낫다고 말한다. "비참한 삶보다 죽음이 낫고 지병보다 영원한 휴식이 낫다."(집회 30,17; 또한 41,2 참조).

아직 살아 있는 사람들보다 더 행복하다고 말하였다.
3 그리고 이 둘보다 더 행복하기로는
아직 태어나지 않아
태양 아래에서 자행되는 악한 일을 보지 않은 이라고 말하였다.

일과 허무

4 그리고 나는 모든 노고와 일의 성공이
서로 남을 시기한 결과일 뿐임을 깨달았다.
이 또한 허무요 바람을 잡는 일이다.
5 어리석은 자는 두 손을 놓고 놀다
제 살을 뜯어 먹는다.
6 평온으로 가득한 한 손이
노고와 바람 잡는 일로 가득한 두 손보다 낫다.

혼자보다는 둘

7 나는 또 태양 아래에서 허무를 보았다.
8 어떤 사람이 동무도 없이 혼자 있다.
그에게는 아들도 형제도 없다.
그의 노고에는 끝이 없고
그의 눈은 부에 만족할 줄 모른다.
"나는 누구를 위하여 애쓰며
나 자신에게 좋은 것을 마다하는가?"
이 또한 허무요 불행한 일이다.
9 혼자보다는 둘이 나으니
자신들의 노고에 대하여 좋은 보상을 받기 때문이다.
10 그들이 넘어지면
하나가 다른 하나를 일으켜 준다.
그러나 외톨이가 넘어지면 그에게는 불행!
그를 일으켜 줄 다른 사람이 없다.
11 또한 둘이 함께 누우면 따뜻해지지만
외톨이는 어떻게 따뜻해질 수 있으랴?
12 누가 하나를 공격하면
둘이서 그에게 맞설 수 있다.
세 겹으로 꼬인 줄은
쉽게 끊어지지 않는다.

4,5. 여기서 어리석은 자는 잠언의 게으른 사람이다(잠언 10,4; 19,15; 21,25; 24,33-34 참조). "제 살을 뜯어 먹는다."는 자신의 몸 외에 다른 음식이 없음을 뜻하거나 또는 게으름이 굶주림을 가져오고 결국은 죽음에 이르게 한다는 것을 뜻한다.

4,6. 빨리 모은 재산은 불의의 결과일 수 있다(잠언 13,11; 28,20 참조).

4,9-12. "둘이 나으니" 코헬렛의 숙고는 경험에서 나오며, 삶의 어떤 순간에는 이웃의 도움이 필요하다는 것을 안다. 이러한 연대성은 (사심 없는 것은 아니라 하더라도) 어려움에 처할 때에 의지할 다른 사람의 중요성을 말해 준다.

4,11 1열왕 1,1-4

권력의 무상함

13 가난하지만 지혜로운 젊은이가
더 이상 조언을 받아들일 줄 모르는
늙고 어리석은 임금보다 낫다.
14 젊은이가 설사 임금의 통치 때에
빈곤하게 태어났다 하더라도
감옥에서 나와 임금이 된다.
15 나는 태양 아래에서 돌아다니는 산 이들이 모두
늙은 임금 대신 왕좌에 오르는
이 젊은 후계자와 함께함을 보았다.
16 누구든 선두에 선 이에게는
끝없이 많은 백성이 따르게 마련이다.
그러나 다음 세대 사람들은 그를 달갑게 여기지 않는다.
그러니 이 또한 허무요 바람을 붙잡는 일이다.

종교적 권고

17 하느님의 집으로 갈 때
네 발걸음을 조심하여라.
말씀을 들으러 다가가는 것이
어리석은 자들이 제물을 바치는 것보다 낫다.
그들은 악을 저지르면서도 알지 못한다.

5 1 하느님 앞에서 말씀을 드리려
네 입으로 서두르지 말고
네 마음은 덤비지 마라.
하느님께서는 하늘에 계시고 너는 땅 위에 있으니
너의 말은 모름지기 적어야 한다.
2 일이 많으면 꿈을 꾸게 되고
말이 많으면 어리석은 소리가 나온다.

3 네가 하느님께 서원을 하면
지체하지 말고 그것을 채워라.
하느님께서는 어리석은 자들을 좋아하지 않으시니
네가 서원한 바를 채워라.
4 서원을 하고 채우지 않는 것보다
서원을 하지 않는 것이 낫다.

4,17. "발걸음" 자구적으로는 "발"이다. 도덕적 행실을 가리키는 은유이다(1사무 8,3.5의 주 참조).

5,3. (새) 대중 라틴말 성경은 아마도 신학적 이유에서 하느님께서 '어리석은 자들'을 좋아하지 않으신다는 것 대신에 성급하고 어리석은 서약을 좋아하시지 않는 것으로 해석하고 있다. 서원을 지키는 것의 필요성에 관하여, 시편 56,13; 신명 23,22 참조.

4,13 12,7-10 4,16 2,16 5,1 잠언 12,6; 16,32; 19,11.19; 27,3-4

4,17–5,6. 대중 신심의 미신적 성격을 싫어하는 엄격한 현인 코헬렛은 피상적인 신심에 실망한다. 그러한 신심은 하느님 앞에서 경솔하게 행한 말과 서원으로 이루어진다. 그러나 하느님은 인간과 거리가 있는 엄격한 분이시다.

5,5. "하느님의 사자" 예식과 서원에 관련된 맥락에서, 아마도 사제를 가리킨다(레위 27,8; 말라 2,7 참조).

5,6. "꿈이 많은 곳에" 이 절은 5절에서 언급된 부적절한 말들에 대한 내용을 이어 가는 것으로 보인다. 참된 신앙심(하느님을 두려워함)은 헛된 망상과 많은 말들로 표현되는 것이 아니다. 집회 34,1-8 참조.

5,8. "농경지를 돌보는 임금이 있음은" 이 절은 임금이 농경지를 이용함을 강조하는 것이 아니라, 나라의 생활을 위하여 농경이 중요함을 말하는 것이다.

5,11. 집회서도 재산에 대해 같은 생각을 표현한다. "재산 때문에 잠을 못 자면 몸이 야위고 재산 때문에 걱정하면 잠을 설친다."(31,1)

5 너의 입으로 네 몸을 죄짓게 하지 말고
하느님의 사자 앞에서 그것이 실수였다고 말하지 마라.
네 말 때문에 하느님께서 진노하시어
네 손이 이룬 바를 파멸시키셔야 되겠느냐?
6 정녕 꿈이 많은 곳에 허무가 있고
말도 많다.
그러니 너는 하느님을 경외하여라.

불가피한 권력과 남용

7 국가 안에서 가난한 이에 대한 억압과
공정과 정의가 유린됨을 본다 하더라도
너는 그러한 일에 놀라지 마라.
상급자를 그 위의 상급자가 살피고
이들 위에 또 상급자들이 있기 때문이다.
8 모든 것이 이러한데도
농경지를 돌보는 임금이 있음은
나라에 유익하다.

재물과 그 위험

9 돈을 사랑하는 자는 돈으로 만족하지 못하고
큰 재물을 사랑하는 자는 수확으로 만족하지 못하니
이 또한 허무이다.
10 재산이 많으면
그것을 먹어 치우는 자들도 많다.
눈으로 그것을 바라보는 것밖에
그 주인에게 무슨 소용이 있으랴?
11 적게 먹든 많이 먹든
노동자의 잠은 달콤하다.
그러나 부자의 배부름은
잠을 못 이루게 한다.

5,7 아모 2,2-8

5,6. 코헬렛에서는 여러 차례 하느님을 두려워할 것을 권고한다. 하느님을 두려워함은 구약 성경 전체에서 자주 언급되며, 성경의 언어에서 하느님을 공경하고 그분의 현존을 알아보며 그분께 신앙을 갖고 그분의 계명에 순종함을 뜻한다. 지금의 본문에서는 우리와 하느님 사이의 거리를 아는 것을 뜻한다. 이 거리는 많은 말과 생각들로도 메워질 수 없다.

5,7–6,12. 코헬렛은 그의 오랜 삶에서 사회생활과 개인의 삶을 깊이 체험했다. 이에 관한 그의 숙고는 신학적 색채를 띤다. 실망스러운 인간적 제도들(7-8절 참조)과 갑자기 사라질 수 있는 재산에 대하여(9-16절 참조) 하느님은 치료제를 주신다. 그것은 일상생활 안에서 수고의 결과를 즐기는 것이다(17-19절 참조).

12 고통스러운 불행이 있으니
나는 태양 아래에서 보았다,
부자가 간직하던 재산이 그의 불행이 되는 것을.
13 좋지 못한 사업으로 그 재산이 없어지면
부자가 아들을 낳아도
그 아들 손에는 아무것도 남지 않는다.
14 어머니 배에서 나온 것처럼
그렇게 알몸으로 되돌아간다.
제 노고의 대가로 손에 들고 갈 수 있는 것은
전혀 지니지 못한 채.
15 이 또한 고통스러운 불행이다.
그가 온 것처럼 그는 그렇게 되돌아간다.
그러니 그가 애쓴 보람이 무엇이랴? 바람일 뿐!
16 그뿐만 아니라 그는 평생 어둠 속에서 먹으며
수많은 걱정과 근심과 불만 속에서 살아간다.

17 보라, 하느님께서 주신 한정된 생애 동안
하늘 아래에서 애쓰는 온갖 노고로
먹고 마시며 행복을 누리는 것이
유쾌하고 좋은 것임을 나는 깨달았다.
이것이 그의 몫이다.
18 또한 하느님께서 부와 재화를 베푸시어
그것으로 먹고 자기 몫을 거두며
제 노고로 즐거움을 누리도록 허락하신 모든 인간.
이것이 하느님의 선물이다.
19 정녕 하느님께서 그를 제 마음의 즐거움에만 몰두하게
하시니
그는 제 인생의 날수에 대하여 별로 생각하지 않는다.

6 1 태양 아래에서 내가 본 불행이 있는데
그것이 인간을 무겁게 짓누른다.
2 하느님께서 부와 재물과 영화를 베푸시어
원하는 대로 아쉬움 없이 가진 사람이 있는데
하느님께서 그것을 누리도록 허락하지 않으시니
다른 사람이 그것을 누리게 된다.
이는 허무요 고통스러운 아픔이다.

5,19. "하느님께서 그를 제 마음의 즐거움에만 몰두하게 하시니" 여기서 즐거움은 포도주(코헬 2,3; 잠언 31,6-7 참조) 또는 코헬렛이 지혜를 찾으면서 하고자 했던 다른 체험들과 같이 묘사한다. 그러한 즐거움은 하느님에게서 오는 것이며 인간의 정신을 마취시켜 삶의 괴로움을 완화해 준다.

5,14 욥 1,21 5,17 2,24; 8,13 6,2 루카 12,20

6,1-6. 이 구절은 앞의 생각을 부정적인 방향으로 전개한다. 인간에게 가장 큰 불행은 자신의 재산을 누리지 못하는 것이다. 이렇게 불행한 인간보다는 태어나지 않아 쓸모없는 고통을 피한 유산아가 더 낫다.

장수와 그 허상

3 사람이 자식을 백 명이나 낳고
그의 수명이 다하도록
오랜 세월을 산다 하여도
그의 갈망이 행복으로 채워지지 않고
또한 그가 제대로 묻히지 못한다면
내가 말하건대, 그보다는 유산아가 더 낫다.
4 이 아기는 허무 속에 왔다가 어둠 속으로 돌아가
그 이름이 어둠 속에 묻힌다.
5 햇빛을 보지 못하고 아무것도 알지 못하지만
이 아기가 그 사람보다 더 나은 안식을 누린다.
6 그가 천 년을 두 번 산다 하더라도
행복을 누리지는 못하는 법.
모두 한곳으로 가지 않는가?

만족할 수 없는 인생

7 인간의 온갖 노고는 제 입을 위한 것이건만
욕심은 채워지지 않는다.
8 정녕 지혜로운 이가 어리석은 자보다 나은 것이 무엇이랴?
인생살이를 아는 가난한 이가 나은 것이 무엇이랴?
9 눈에 보이는 것이
욕망을 뒤쫓는 것보다 낫다.
그러나 이 또한 허무요 바람을 잡는 일이다.

운명과 무기력한 인간

10 존재하는 것은 이미 오래전에 그 이름으로 불렸고
인간이 어떻게 될지도 이미 알려져 있다.
그는 자기보다 힘센 분과 따질 수가 없다.
11 말이 많으면 허무도 커지는데
인간에게 좋을 것이 무엇이랴?
12 인간이 살아 있는 동안
그림자처럼 보내야 하는 허무하고 한정된 생애에서
그에게 무엇이 좋은지 누가 알리오?
인간이 죽은 다음 태양 아래에서 무슨 일이 일어날지
누가 알려 주리오?

6,4. "허무 속에" "허무"라고 번역되는 이 책의 핵심 단어 '헤벨'이 사용된다(코헬 1,2의 주 참조). 여기서는 부사적인 의미를 지니며 "허무"와 직접 연관되는 "헛되이"로 번역할 수 있고([새] 대중 라틴말 성경), "바람처럼"이라고 번역할 수도 있다. "그 이름이 어둠 속에 묻힌다."라는 표현에 대해서는 두 가지 라틴어 번역본들이 서로 다르게 번역한다. 새 대중 라틴말 성경에서는 이름이 어둠 속에 감추어진다고 번역하는데, 예로니모는 이름이 망각 속에 사라진다고 번역한다.

6,8. 히브리어 본문에서 단어들이 분명치 않아 해석이 어렵다. 코헬렛은 가난한 이를 지혜로운 이와 동일시하고 어리석은 자를 부자와 동일시하는(명시적으로 언급되지는 않지만) 것으로 보인다. 그러나 (수사적) 질문은 부정적 대답을 요구한다. 나은 것이 전혀 없다는 것이다.

6,10. "그는 자기보다 힘센 분과 따질 수가 없다." 가장 직접적으로 연관되는 것은 욥기이다. 인간학적 질문도 공통적이다(욥 7,17 참조). 코헬렛은 욥의 이야기를 알고 있으며, 인간이 하느님과 동등하게 관계를 맺을 수 없음을 안다(욥 9,2-3.19.32; 40,8 참조). 또한 예레 12,1; 20,7.14-18 참조.

6,9 2,14

행복의 상대성

7 [1] 명성이 값진 향유보다 낫고
죽는 날이 태어난 날보다 낫다.

[2] 초상집에 가는 것이
잔칫집에 가는 것보다 낫다.
거기에 모든 인간의 종말이 있으니
산 이는 이를 마음에 새길 일이다.
[3] 슬픔이 웃음보다 낫다.
얼굴은 애처로워도 마음은 편안할 수 있기 때문이다.
[4] 지혜로운 이들의 마음은 초상집에 있고
어리석은 자들의 마음은 잔칫집에 있다.

[5] 지혜로운 이의 꾸지람을 듣는 것이
어리석은 자들의 칭송을 듣는 것보다 낫다.
[6] 어리석은 자의 웃음은
솥 밑에서 타는 가시나무 소리 같으니
이 또한 허무이다.
[7] 억압은 지혜로운 이를 우둔하게 만들고
뇌물은 마음을 파멸시킨다.

[8] 일의 끝이 그 시작보다 낫고
인내가 자만보다 낫다.
[9] 마음속으로 성급하게 화내지 마라.
화는 어리석은 자들의 품에 자리 잡는다.
[10] "어째서 옛날이 지금보다 좋았는가?" 묻지 마라.
그런 질문을 하는 것은 지혜롭지 못하다.

[11] 지혜는 상속 재산처럼 좋은 것
태양 아래 사는 이들에게 득이 된다.
[12] 지혜의 그늘에 있는 것은
돈의 그늘에 있는 것과 같다.
지식이 좋은 점은
그 지혜가 소유자의 생명을 보존하여 준다는 것이다.

[13] 하느님께서 하시는 일을 보아라.
그분께서 구부리신 것을 누가 똑바로 할 수 있으랴?

7,1 2,16; 잠언 22,1; 집회 41,10-13

7,1-8. 코헬렛은 전통적 지혜의 잠언 몇 가지를 인용하여 그 가정들을 무너뜨리려 한다. 삶은 허무로 요약되고 웃음은 어리석음과 같은 것으로 여겨진다. 삶보다는 죽음이 낫고 웃음보다는 숙고와 지혜의 원천인 울음이 낫다.

7,1. "죽는 날이 태어난 날보다 낫다." 이 절의 후반부는 명성이 값진 향유보다 오래 지속된다고 말하는 전반부와 연결 지어 해석해야 한다(그러나 2,16에서 코헬렛은 의인이든 어리석은 자든 죽은 후에는 기억되지 않는다고 말한다). 태어날 때는 명성이 전혀 없는 반면 삶의 마지막에는 공로로 가득하다. 그러므로 그 두 번째 상태가 더 낫다.

7,7. "억압" 이 절을 시작하는 히브리어 단어는 어떤 사람에게 가해지는 온갖 종류의 폭력 행위를 지칭할 수 있는 일반적 의미를 지닌다(시편 62,11 참조). 레위 5,23에서 이 명사는 "강탈"의 의미를 지닐 수 있다. 지금의 본문에서도 그렇게 번역한다면 이어지는 "뇌물"과 병행을 이루는 것으로 문맥에 적합하다고 볼 수 있다.

7,9. 절제와 자제는 이스라엘 스승의 전통에서 꾸준히 나오는 주제이다. 코헬렛은 몇 가지 전통적 입장들에 거리를 두면서도 이 점에 대해서는 충실하다(또한 잠언 12,16; 16,32; 19,11.19; 27,3-4 참조).

7,14. 이 구절은 슬픔과 기쁨의 대조, 인간의 이해력을 넘어서는 시간적이고 신학적인 지평에 대한 언급이다. 이는 시간에 대한 시(코헬 3,1-8 참조)의 결론이다.

7,16-17. 이 두 절은 코헬렛의 변증법적 문체를 요약한다. 그는 반대되는 두 실재를 함께 놓고, 독자가 어떤 것을 더 중시할 것인지 평가하게 한다. 이 대립의 해답은 양극단 사이의 건전한 균형에서 찾을 수 있다. 그러나 이러한 해석 역시 부분적이다(특히 너무 의롭게 되지 말라는 것을 볼 때). 잠언 30,8의 주 참조.

14 행복한 날에는 행복하게 지내라.
불행한 날에는, 이 또한 행복한 날처럼
하느님께서 만드셨음을 생각하여라.
다음에 무슨 일이 일어날지 인간은 알지 못한다.

중용

15 내 허무한 생애 중에 나는 이 모든 것을 보았다.
의롭지만 죽어 가는 의인이 있고
사악하지만 오래 사는 악인이 있다.
16 너는 너무 의롭게 되지 말고
지나치게 지혜로이 행동하지 마라.
어찌하여 너는 너 자신을 파멸시키려 하느냐?
17 너는 너무 악하게 되지 말고
바보가 되지 마라.
어찌하여 네 시간이 되기 전에 죽으려 하느냐?

18 하나를 붙잡고 있으면서
다른 하나에서도 네 손을 떼지 않는 것이 좋다.
정녕 하느님을 경외하는 이는
그 둘 다에서 성공을 거둔다.
19 지혜는 지혜로운 이를
성안에 있는 열 명의 권세가보다 더 힘세게 만든다.

20 죄를 짓지 않고 선만을 행하는
의로운 인간이란 이 세상에 없다.
21 사람들이 말하는 온갖 이야기에
네 마음을 두지 마라.
그러지 않으면 네 종이 너를 저주하는 것을 듣게 되리라.
22 너도 다른 이들을 여러 번 저주했음을
너 자신이 알고 있다.

인간에게서 찾을 수 없는 지혜

23 나는 이 모든 것을 지혜로 시험하여 보았다.
"나는 지혜롭게 되리라." 말하여 보았지만
그것은 내게서 멀리 있었다.
24 존재하는 것은 멀리 있으며
심오하고 심오하니

7,19 잠언 25,5; 21,22 7,24 욥 28,12.20; 바룩 3,14-23

누가 그것을 찾을 수 있으리오?
25 나는 마음을 다하여
지혜와 사리를 알고 찾고 구하며
과연 사악함은 우둔한 것인지
우매함은 어리석은 것인지를 알아보기로 작정하였다.
26 그리하여 나는 여자란 죽음보다 쓰다는 사실을 알아내었다.
그는 올가미, 그 마음은 그물
그 손은 굴레다.
하느님의 마음에 드는 이는 그에게서 벗어날 수 있지만
죄인은 그에게 붙잡히고 만다.
27 코헬렛의 말이다.
보아라, 결과를 얻으려고 하나하나 더듬어
내가 찾아낸 바를.
28 내 영이 줄곧 찾아보았지만
나는 찾아내지 못하였다.
나는 천 명 가운데 남자 하나를 찾아내었지만
그 모든 이들 가운데에서 여자는 하나도 찾아내지 못하였다.
29 다만 이것을 보아라, 내가 찾아낸 바다.
하느님께서는 인간들을 올곧게 만드셨지만
그들은 온갖 재주를 부린다는 것이다.

군주와 현인

8 1 누가 지혜로운 이와 같은가?
누가 사물의 이치를 알 수 있는가?
인간의 지혜는 그 얼굴을 빛나게 하고
굳은 얼굴을 변화시킨다.

2 임금의 명령을 준수하여라.

8,2 로마 13,1-2

7,25-29. 저자는 여성 세계에까지 관심을 넓혀, 여자들에 대해 궤변적인 혹평을 가한다. 이전의 지혜문학 사상도 다투기 좋아하거나 수상한 여자들을 경계했다(잠언 21,9.19 참조). 코헬렛은 이를 넘어서 모든 여자를 의심한다. 여자에 대한 부정적 견해는 여러 고대 문화에 퍼져 있었다. 기원전 3천년기 한 아카드어 본문에서는 "여자는 남자의 목을 자르는 날이 선 단검"이라고 말한다. 코헬렛은 어떤 부분에서 그 시대 문화의 전형적인 여성 혐오를 공유한다. 그러나 9,9에서는 "사랑하는 여인과 함께 인생을 즐겨라." 라고 초대한다는 점도 기억해야 한다. 그는 부부의 사랑이 인생의 얼마 되지 않는 긍정적 측면 가운데 하나라고 본다.

8,1-8. 스승으로서 코헬렛은 아마도 궁정의 사람들과 교류가 있었을 것이다. 이 권고들은 절제와 현실 감각에 따른 것이다. 임금의 마음에 들지 않을 일은 하지 않는 편이 낫다. 매우 나쁜 결과를 가져올 수도 있기 때문이다.

7,26. 코헬렛은 특정한 유형의 여자에 대해 말하는 것이 아니라 일반적인 원칙을 제시한다. 그의 말과 다음 구절을 볼 때(27-28절) 이 진술이 광범위한 의미를 지님을 알 수 있다. 아마도 그는 잠언에서 말하는 낯선 여자의 위험을 알고 있을 것이며(5장과 7장), 여자를 죽음과 결부시킨다. 여자가 특별히 악할 수 있다는 것은 집회 42,13-14에서도 나타난다. 다투기 좋아하는 여자에 관하여, 잠언 19,13; 집회 7,19 참조.

7,29. 분명히 창세 1,26.31을 암시한다. 코헬렛은 삶이 복잡한 것이 하느님께서 그렇게 원하셨기 때문이 아니라 인간이 그렇게 만들기 때문이라고 말하려는 것으로 보인다. 현인의 비관주의는 인간이 의도적으로 이러한 상태를 추구한 것으로 보인다는 생각에서 나온다.

8,2. 히브리어에서는 이 구절이 "나"로 시작되는데, 그리스어 번역본과 새 대중 라틴말 성경에는 생략되어 있고 우리말 번역에서도 생략했다. 대중 라틴말 성경에서는 그대로 번역하지만 부드럽게 번역한다("나는 임금이 말하는 것을 준수한다."). "말하다"라는 동사가 생략되어 있다고 보고 번역할 수도 있다("나는 말한다. 임금의 명령을…"). "하느님의 서약"은 동방 궁정에서 신하들이 역할을 수행하기에 앞서 하느님의 이름으로 약속하던 충성의 맹세를 암시한다(봉건 제도에서 사람들 사이의 주종 관계 맹세와 유사하다). 임금과 그의 특권에 관하여, 잠언 21,1과 25,1-7의 주 참조.

그것은 하느님의 서약 때문이다.
3 그의 면전에서 경솔하게 물러나지 말고
나쁜 일에 들어서지 마라.
그는 자신이 원하는 것은 무엇이나 할 수 있다.
4 임금의 말은 권능을 지닌 것
"무엇을 하십니까?" 하고 누가 그에게 말할 수 있겠느냐?

5 명령을 지키는 이는 나쁜 일을 겪지 않고
지혜로운 이의 마음은 때와 심판을 안다.
6 모든 일에는 때와 심판이 있다 하여도
인간의 불행이 그를 무겁게 짓누른다.
7 사실 무슨 일이 일어날지 아는 이가 없다.
또 어떻게 일어날지 누가 그에게 알려 주리오?
8 바람을 제어할 수 있는 권능을 지닌 인간도
죽는 날에 대한 재량권을 지닌 이도 없다.
전쟁이 일어나면 벗어날 수 없고
죄악은 그 죄인을 살려 내지 못한다.

9 나는 이 모든 것을 보면서
인간이 다른 인간을 해롭게 다스리는 동안
태양 아래에서 벌어지는 모든 일에 내 마음을 두었다.

채워지지 않는 정의

10 나는 또 악인들이 묻히는 것을 보았다.
그들은 성소에 들락거리다 떠나가고
성읍 사람들은 그들이 그렇게 행동한 것을 잊어버린다.
이 또한 허무이다.
11 악한 행동에 대한 판결이 곧바로 집행되지 않기 때문에
인간의 아들들의 마음은 악을 저지를 생각으로 가득 차 있다.
12 악인이 백 번 악을 저지르고서도 오래 살기 때문이다.
그러나 나는 하느님을 경외하는 이들이
그분 앞에서 경외심을 가지므로 잘되리라는 것도 알고 있다.
13 악인은 하느님 앞에서 경외심을 갖지 않기 때문에

8,8. "바람" '루아'는 대기의 바람을 가리킬 수도 있고(코헬 1,6; 11,4-5 참조) 인간 생명을 가리킬 수도 있다(3,19.21; 12,7 참조). 이 본문에서는 두 가지 해석 모두 가능하다. 성경은 첫 번째 의미로 번역했지만, 문맥을 볼 때 8,8에서 죽음을 언급하기 때문에 공동 번역에서처럼 두 번째 해석도 타당성이 있다(사람은 아무도 제 목숨을 마음대로 하지 못한다).

8,10. 이 구절은 여러 가지로 번역될 수 있어 많은 해석에 열려 있다. 전체적인 의미는 부당한 사람들이면서 경건한 척하는 악인들에 대한 평가이다.

8,13. "하느님 앞에서 경외심을 갖지 않기 때문에" 그리스어 번역본도 이렇게 옮긴다. (새) 대중 라틴말 성경은 "하느님의 얼굴을 두려워하지 않기 때문에"로 옮긴다. 이러한 번역은 경외심을 실제적인 공포의 의미로 이해하게 한다. 하느님을 두려워함에 관하여, 잠언 1,7 주해 참조.

8,7 7,24; 8,17

8,9-15. 인간 이성에 대한 연로한 현인의 낙관적 전망은 다시 한 번 흔들린다. 인간 이성은 하느님 행위의 기준들을 전혀 찾아내지 못한다. 정직하게 사는 것이 무슨 이득이 있는가? 인간에게는 일상의 작은 기쁨들의 위로밖에는 바랄 것이 없다.

잘되지 않을뿐더러 그림자 같아 오래 살지 못함도 알고 있다.
14 땅 위에서 자행되는 허무한 일이 있다.
악인들의 행동에 마땅한 바를 겪는 의인들이 있고
의인들의 행동에 마땅한 바를 누리는 악인들이 있다는 것이다.
나는 이 또한 허무라고 말한다.
15 그래서 나는 즐거움을 찬미하게 되었다.
태양 아래에서 먹고 마시고 즐기는 것보다
인간에게 더 좋은 것은 없다.
이것이 하느님께서 태양 아래에서 인간에게 부여하신 생애 동안
노고 속에서 그가 함께할 수 있는 것이다.

이해할 수 없는 세상사

16 내가 지혜를 알려고 또 땅 위에서 이루어지는 일을 살피려고
낮에도 밤에도 잠 못 이루면서
내 마음을 쏟았을 때
17 나는 하느님께서 하시는 모든 일과 관련하여
태양 아래에서 이루어지는 일을 인간은 파악할 수 없음을 보았다.
인간은 찾으려 애를 쓰지만 파악하지 못한다.
지혜로운 이가 설사 안다고 주장하더라도
실제로는 파악할 수가 없는 것이다.

모두 같은 운명

9 1 그렇다, 나는 이 모든 것을 내 마음에 두어
고찰해 보았는데
의인들도 지혜로운 이들도
그들의 행동도 하느님의 손안에 있었다.
사랑도 미움도 인간은 알지 못한다.
그 앞에 있는 모든 것이 허무일 뿐.
2 모두 같은 운명이다.
의인도 악인도

8,14 예레 12,1-2; 시편 73 8,17 7,24; 8,7

9,1-12. 이 구절은 두 가지 문제를 다룬다. 인간은 자신의 행위가 하느님 마음에 드는 것인지 알지 못하며, 죽음은 그 그늘과 망각과 더불어 선한 사람이나 악한 사람이나 모두의 운명이 될 것이다. 늘 그랬듯이 우리의 현인에게 출구는 삶을 소중한 선물로 즐기는 것이다.

8,15. 앞서 2,1-11에 언급된 즐거움과 마찬가지로(코헬 2,3의 주 참조), 기쁨도 마취제 역할을 하는 것으로 보인다. 기쁨은 인생의 덧없음과 모순을 잊게 한다.

9,1. 이 구절은 히브리어 단어 '키'로 시작된다. 이 단어는 앞 절에 연결되어 설명적인 의미("다시 말하면…")나 원인적인 의미("왜냐하면")를 지닐 수도 있고, 선언적인 의미("분명히, 당연히…") 혹은 강조의 의미("그렇다")를 지닐 수도 있다.

9,2. 인간의 삶은 세 가지 도덕적 기준과(의인/악인, 깨끗한 이/더러운 이, 착한 이/죄인) 두 가지 종교적 기준에 따라 제시된다(제물을 바치는 이/제물을 바치지 않는 이, 맹세하는 이/맹세를 꺼려하는 이). 코헬렛은 삶을 비판적으로 바라보지만, 신앙이 없는 사람은 아니다. 예식에 대한 언급은 지혜문학에서 자주 나타나지 않는다(잠언 3,10의 주 참조).

착한 이도 깨끗한 이도 더러운 이도
제물을 바치는 이도 제물을 바치지 않는 이도 마찬가지다.
착한 이나 죄인이나
맹세하는 이나 맹세를 꺼려하는 이나 매한가지다.

3 모두 같은 운명이라는 것
이것이 태양 아래에서 벌어지는 모든 일의 악이다.
인간의 아들들의 마음은 악으로 가득하고
살아 있는 동안 그들 마음속에는 우둔함이 자리한다.
그런 다음 죽은 이들에게로 간다.

4 그렇다, 산 이들에 속한 모든 이에게는 희망이 있으니
살아 있는 개가 죽은 사자보다 낫기 때문이다.
5 산 이들은 자기들이 죽어야 한다는 것이라도 알지만
죽은 이들은 아무것도 알지 못한다.
그들에게는 더 이상 보상이 없으니
그들에 대한 기억은 잊히기 때문이다.
6 그들의 사랑도 미움도
그들의 질투도 사라져 버린다.
태양 아래에서 일어나는 어떤 일에도
그들을 위한 몫은 이제 영원히 없는 것이다.

9,5. 코헬렛에게 죽음 이후에는 삶이 없다. 저승에 대한 여러 가지 개념들에 관하여, 욥 3,17-19 주해 참조.

인생을 즐겨라

7 그러니 너는 기뻐하며 빵을 먹고
기분 좋게 술을 마셔라.
하느님께서는 이미 네가 하는 일을 좋아하신다.
8 네 옷은 항상 깨끗하고
네 머리에는 향유가 모자라지 않게 하여라.

9 태양 아래에서 너의 허무한 모든 날에,
하느님께서 베푸신 네 허무한 인생의 모든 날에
사랑하는 여인과 함께 인생을 즐겨라.
이것이 네 인생과 태양 아래에서 애쓰는
너의 노고에 대한 몫이다.

9,9. 여자에 관한 매우 부정적인 진술들과 함께(7,26의 주 참조) 코헬렛은 긍정적인 표현도 한다. 좋은 아내는 남편의 기쁨이다(잠언 5,15-19; 31 참조).

10 네가 힘껏 해야 할 바로서
손에 닿는 것은 무엇이나 하여라.
네가 가야 하는 저승에는
일도 계산도

9,10. 현인은 자신의 독자에게 그가 할 수 있는 모든 것을 노력하여 실현하라고 권고한다.

지식도 지혜도 없기 때문이다.

시간과 운명

11 나는 또 태양 아래에서 보았다.
경주가 발 빠른 이들에게 달려 있지 않고
전쟁이 전사들에게 달려 있지 않음을.
또한 음식이 지혜로운 이들에게 달려 있지 않고
재물이 슬기로운 이들에게 달려 있지 않으며
호의가 유식한 이들에게 달려 있지 않음을.
모두 정해진 때와 우연에 마주치기 때문이다.

12 사실 인간은 자기의 때를 모른다.
몹쓸 그물에 붙잡히는 물고기들처럼
올가미에 붙잡히는 새들처럼
그렇게 인간의 아들들도
나쁜 때가 갑자기 그들을 덮치면 사로잡히고 만다.

인정받지 못하는 지혜

13 나는 태양 아래에서 이런 지혜도 보았는데
이는 내게 위대해 보였다.
14 사람이 얼마 살지 않는 조그만 성읍이 있었는데
막강한 임금이 거기로 진군해 와서
그곳을 포위하고 거대한 공격 보루를 구축하였다.
15 거기에 가난하지만 지혜로운 사람 하나가 있었는데
그는 자기의 지혜로 성읍을 구할 수가 있었다.
그러나 아무도 그 가난한 사람을 생각하지 않았다.
16 그래서 나는 말하였다.
"지혜는 힘보다 낫다."
그러나 가난한 이의 지혜는 멸시당하고
그의 말은 아무도 들어 주지 않는다.
17 지혜로운 이들의 조용한 말이
어리석은 자들 가운데에 있는 군주의 호령보다 더 들을

9,16 집회 13,23.

9,11. 이 책이 작성된 것은 기원전 3세기 말로, 알렉산드로스 대왕의 대규모 군사 정복 후였다. 그 정복으로 동방 전체에 그리스 문화와 언어가 전파되었다. 코헬렛 본문에서도 그리스의 행동 모델들의 흔적이 나타나는데, 이 절에 언급된 경주도 그 한 예이다. 학자들은 코헬렛이 그와 같은 시대의 그리스 사상을 일반적으로나마 알고 있었음을 강조한다.

9,13-11,6. 여러 차례 지혜의 효과와 인간의 어리석음의 결과들을 말했던 저자는 일련의 전통적 잠언들로 이를 종합한다.

9,12. 동물은 인간이 자신의 운명을 알지 못함을 나타내는 은유이다. 새의 표상에 관하여, 시편 11,1의 주 참조. 또한 시편 31,5; 124,7; 잠언 6,5; 7,23 참조.

9,13. 코헬렛은 직접적인 체험에서 배운 지혜를 전달한다. "나는 보았다"는 표현은 그가 어떤 사건을 경험했으며 그것이 그에게 교훈이 되었음을 뜻한다.

9,17-18. 이 구절은 문맥에서 떨어져 있으며 힘과 약함이라는 주제로 16절과 약하게 연결된다. 17절의 의미는, 순종하게 하려고 외쳐대는 군주의 말을 듣는 것보다 (평온하게 말하는 듯한) 현인의 말을 듣는 것이 훨씬 효과적이라는 것이다. 18절은 현인의 말에 대한 긍정적 평가를 확인한다. (지혜 6,24에 따르면)현인들은 세상을 구하지만, 작은 것으로도 이루어진 모든 것을 망칠 수 있다.

가치가 있다.
18 지혜가 무기보다 낫고
죄인 하나가 큰 선을 망친다.

10 1 죽은 파리 하나가 향유 제조자의 기름을 악취 풍기며 썩게 한다.
작은 어리석음이 지혜와 명예보다 더 무겁다.
2 지혜로운 마음은 오른쪽에 있고
어리석은 마음은 왼쪽에 있다.
3 어리석은 자는 길을 걸으면서도 지각이 모자라서
만나는 사람에게마다 자신을 바보라고 말한다.

권력과 사회 질서의 혼란

4 군주가 네게 화를 내어도 자리를 뜨지 마라.
침착함은 큰 잘못도 막을 수 있다.

5 태양 아래에서 내가 악을 하나 보았는데
통치자 자신에게서 나오는 실책과 같은 것이다.
6 어리석은 자에게는 매우 높은 자리가 주어지고
부자들은 천한 자리에 앉게 되는 것이다.
7 종들은 말을 타고 가는데
귀족들은 종들처럼 맨땅 위를 걸어가는 것을 나는 보았다.

인간 활동의 위험

8 구덩이를 파는 자는 자신도 거기에 빠질 수 있고
담을 허무는 자는 뱀에게 물릴 수 있다.
9 돌을 부수는 자는 그 돌에 다칠 수 있고
나무를 쪼개는 자는 그 나무에 상처를 입을 수 있다.
10 쇠가 무디어졌는데도 날을 갈지 않으면
힘을 더 들여야 한다.
그러나 지혜를 유용하게 쓰면 득이 된다.
11 주술을 걸기도 전에 뱀이 물면

10,6-7. 지혜를 재산에, 어리석음을 가난함에 근접시키는 이 구절에 대한 가장 좋은 주해는 잠언 30,21-22이다. "이 셋 밑에서 땅이 몸서리치고 이 넷 밑에서 땅이 견디어 내지 못하니 임금이 된 종과 음식으로 배부른 바보 밑에서" 큰 재산이라는 주제에 관하여, 욥 42,12-13의 주 참조.

10,8. 복수의 법을 나타내는 가장 고전적인 표상은 구덩이의 표상이다. 시편 7,16; 57,7; 잠언 26,27; 집회 27,26 참조.

10,11 집회 12,13

10,1-11,6. 코헬렛은 지혜가 없이 행동하는 것이 개인적으로나 사회적으로나 해를 가져온다는 것을 강조한다. 그는 지혜에 대한 높은 개념을 갖고 있으며, 지혜를 섬세하고 조잡한 어리석음에 쉽게 노출되는 실재로 이해한다(코헬 10,1-3 참조). 어리석음은 무능력한 이들을 높은 자리에 임명하는 눈먼 군주들에게서도 나타난다(코헬 10,4-7 참조). 그러한 군주들은 고관들의 낭비를 허락한다(코헬 10,16-19 참조). 능력과 슬기 없이 육체노동을 하는 것도, 미래가 불확실한 상태에서 겁 없이 결정을 내리는 것도 어리석은 일이다(코헬 11,1-6 참조).

뱀 주술사는 쓸모가 없다.

어리석은 자의 수다

12 지혜로운 이의 입에서 나오는 말은 호감을 사지만
어리석은 자의 입술은 자신을 삼켜 버린다.
13 그의 입에서 나오는 말의 시작은 어리석음이고
그의 입에서 나오는 말의 끝은 불행을 초래하는 우둔함이다.
14 미련한 자는 말을 많이 한다.
그러나 인간은 무슨 일이 일어날지 모른다.
그가 죽은 뒤에 일어날 일을 누가 그에게 알려 주리오?
15 어리석은 자는 노고에 지쳐
성읍으로 가야 하는 것조차 알지 못한다.

임금과 권력

16 어린아이가 임금이 되어 다스리고
고관들이 아침부터 잔치를 벌이는 나라
너는 불행하다.
17 귀족이 임금이 되어 다스리고
고관들이 취하기 위해서가 아니라
힘을 얻기 위해서 제때에 음식을 먹는 나라
너는 행복하다.

18 못된 게으름 때문에 들보가 내려앉고
늘어진 두 손 때문에 집에 물이 샌다.
19 사람들은 즐기려고 음식을 장만한다.
술은 인생을 즐겁게 한다.
그러나 이 모든 것을 돈이 해결해 준다.

20 네 마음속으로라도 임금을 저주하지 말고
네 침실에서라도 부자를 저주하지 마라.
하늘의 새가 소리를 옮기고
날짐승이 말을 전한다.

불확실한 인생

11 1 네 빵을 물 위에다 놓아 보내라.
많은 날이 지난 뒤에도 그것을 찾을 수 있으리라.
2 일곱 또는 여덟 몫으로 나누어라.

10,14 7,24; 8,7.17 10,20 2사무 19,22; 잠언 21,1; 25,1-7

10,16. 통치는 경험 없는 어린아이들이 아닌 성숙하고 지혜로운 사람들에게 유보된다('나아르'는 잠언의 가르침의 대상이다). 경험 없는 젊은이들은 백성을 억압한다. 같은 생각이 이사 3,12에서도 나타난다. 지혜를 필요로 하는 어린아이/젊은이에 관하여, 잠언 7,7의 주 참조.

11,1-2. 본문은 수수께끼와 같고 해석도 매우 다양하다. 인간에게 알려져 있지 않지만 실제적이고 유익한 어떤 계획이 있음을 신뢰하도록 초대하는 것이라는 가설을 세워 볼 수 있다. 많은 시간이 지난 다음에(인간은 그것을 알지 못한다!), 흩어져 버린 것으로 보이는 것이 되돌아올 것이다(1절). 그러나 현인은 좀 더 신중하게, 자신의 빵을 여러 부분으로 나눌 것을 권고한다. 미래는 예상할 수 없으므로 어려워질 때를 위하여 일부를 남겨 두기 위해서이다(2절). "일곱/여덟"의 연속에 관하여, 미카 5,4 참조.

땅 위에서 무슨 불행이 일어날지 네가 알지 못하기 때문이다.
3 구름이 가득 차면
땅 위로 비를 쏟는다.
남쪽에서든 북쪽에서든 나무가 쓰러지면
그 나무는 쓰러진 자리에 남아 있다.
4 바람만 살피는 이는 씨를 뿌리지 못하고
구름만 바라보는 이는 거두어들이지 못한다.
5 바람의 길을 네가 알 수 없고
임산부의 배 속에 든 몸이 어떻게 되는지 알 수 없듯
그렇게 모든 것을 하시는 하느님의 일을 너는 알 수 없다.
6 아침에 씨앗을 뿌리고
저녁에도 손을 놀리지 마라.
이것이 성공할지 저것이 성공할지
아니면 둘이 하나같이 잘될지 네가 모르기 때문이다.

11,4. 코헬렛은 결정을 내리지 못하는 것과 그에 따라 아무것도 하지 않는 것을 거부한다. 이상적인 때를 기다리는 농부는 결코 씨를 뿌리지 않을 것이며 추수도 하지 않을 것이다. 기후 현상을 해석하는 것은 신약 성경에서도 삶과 신앙을 위하여 의미 깊은 일이었다. 예수님은 바람이 바뀌고 비가 오는 것을 알아보듯이 당신께서 오실 때의 표지들을 알아보라고 권고하신다(루카 12,54-56 참조).

젊음을 즐겨라

7 정녕 빛은 달콤한 것,
태양을 봄은 눈에 즐겁다.
8 그렇다, 사람이 많은 햇수를 살게 되어도
그 모든 세월 동안 즐겨야 한다.
그러나 어둠의 날이 많다는 것을 명심해야 한다.
앞으로 오는 모든 것은 허무일 뿐.

9 젊은이야, 네 젊은 시절에 즐기고
젊음의 날에 네 마음이 너를 기쁘게 하도록 하여라.
그리고 네 마음이 원하는 길을 걷고
네 눈이 이끄는 대로 가거라.
다만 이 모든 것에 대하여
하느님께서 너를 심판으로 부르심을 알아라.
10 네 마음에서 근심을 떨쳐 버리고
네 몸에서 고통을 흘려 버려라.

11,9. 삶을 즐기라는 이 권고는 성경 전체에서 유일한 것이다. 율법과 전통에 분명하게 대비되는 이러한 생각 때문에 일부 저자들은 코헬렛을 향락주의자라고 여겼다. 민수 15,39에서는 마음의 성향과 그 욕구를 따를 필요가 없다고 말하고, 잠언의 교육법은 이를 반항하여 자신의 충동과 변덕을 따르는 것을 경계한다(잠언 4,23; 20,5 참조). 양심적인 욥은 언제나 그러한 권고를 지켰다고 맹세한다(욥 31,7 참조). 또한 예레 17,9-10 참조.

11,5 7,24; 8,7.17; 10,14

11,7-12,8. "태양 아래" 일어나는 것들을 돌아다니며 살펴본 다음, 코헬렛은 모든 것이 실망스럽다는 결론에 도달한다. 그에게는 고찰할 것이 한 가지 남아 있는데, 그것은 삶 자체이다. 삶 역시 허무이다. 즐거운 젊은 시절은 곧 해가 지는 노년과—늙은 몸의 은유로 사용된 건물의 풍자적 표상들이 노년을 연상시킨다(12,1-5 참조).—죽음에(12,6-8 참조) 자리를 내어 주게 되기 때문이다. 이 장면은 우울해 보이지만, 긍정적인 어조가 지배적이다. 인간은 삶을 즐겨야 한다. 이것은 명령이다(11,9-10 참조). 그것이 창조주를 기억하고 그분의 뜻을 행하는 한 방법이기 때문이다(코헬 12,1 참조).

젊음도 청춘도 허무일 뿐이다.

늙음과 죽음

12 1 젊음의 날에 너의 창조주를 기억하여라,
불행의 날들이 닥치기 전에.
"이런 시절은 내 마음에 들지 않아." 하고
네가 말할 때가 오기 전에.
2 해와 빛, 달과 별들이 어두워지고
비 온 뒤 구름이 다시 몰려오기 전에 그분을 기억하여라.
3 그때 집을 지키는 자들은 흐느적거리고
힘센 사내들은 등이 굽는다.
맷돌 가는 여종들은 수가 줄어 손을 놓고
창문으로 내다보던 여인들은 생기를 잃는다.
4 길로 난 맞미닫이문은 닫히고
맷돌 소리는 줄어든다.
새들이 지저귀는 시간에 일어나지만
노랫소리는 모두 희미해진다.
5 오르막을 두려워하게 되고
길에서도 무서움이 앞선다.
편도나무는 꽃이 한창이고
메뚜기는 살이 오르며
참양각초는 싹을 터뜨리는데
인간은 자기의 영원한 집으로 가야만 하고
거리에는 조객들이 돌아다닌다.
6 은사슬이 끊어지고
금 그릇이 깨어지며
샘에서 물동이가 부서지고
우물에서 도르래가 깨어지기 전에 너의 창조주를 기억하여라.
7 먼지는 전에 있던 흙으로 되돌아가고
목숨은 그것을 주신 하느님께로 되돌아간다.

맺음말

8 허무로다, 허무!
코헬렛이 말한다.
모든 것이 허무로다!

12,1. "이런 시절은 내 마음에 들지 않아." 인생의 맛, 기쁨이 언급되고 있다.

12,3-5. 이 구절에 대해 아주 이른 시기부터 늙은 나이의 비애에 대한 우의적 해석을 했다. 이를테면, 천체의 발광체가 흐려지는 것은 얼굴의 다양한 부분을, 흐느적거림과 등이 굽음은 팔다리와 뼈를, 수가 줄어 손을 놓은 것은 치아("맷돌 가는")를, "창문으로 내다보던 여인들"은 눈을, 문이 닫힘은 입이 닫힘을, 소리가 줄어듦은 청력이 약해짐을 가리킨다.

12,6. 여기에 나타난 여러 표현은 죽음의 이미지이다(욥 18,5-6도 참조).

12,8. 이 구절로 이 책이 종결되며 1,2과 완벽한 수미쌍관을 이룬다.

발문

9 코헬렛은 현인이었을 뿐만 아니라
끊임없이 백성에게 슬기를 가르쳤으며
검토하고 연구하여 수많은 잠언들을 지어 내었다.
10 코헬렛은 사람들의 마음에 드는 말을 찾으려 노력하였고
진리의 말을 바르게 기록하였다.

11 현인들의 말은 몰이 막대기와 같고
잠언집의 금언들은 잘 박힌 못과 같은 것.
이들은 모두 한 목자에게서 주어졌다.

12 내 아들아, 이 밖에도 조심해야 할 바가 있다.
책을 많이 만들어 내는 일에는 끝이 없고
공부를 많이 하는 것은 몸을 고달프게 한다.
13 마지막으로 결론을 들어 보자.
하느님을 경외하고 그분의 계명들을 지켜라.
이야말로 모든 인간에게 지당한 것이다.
14 하느님께서는 좋든 나쁘든 감추어진 온갖 것에 대하여
모든 행동을 심판하신다.

12,13. 하느님을 경외함과 그분의 계명을 지키는 것 사이의 긴밀한 연관은 집회서에서도(예를 들어 1,26-28 참조) 다시 나타나며, 주님께 대한 경외의 개념이 율법과 결부되어 있는 몇몇 지혜 시편들에서도 이미 예고되었다(시편 112,1; 119,63; 128,1 참조. 중요한 병행이 시편 19,10에 나타난다).

12,13 5,6; 집회 1,13; 욥 38,3; 40,7

12,9-14. 이 책의 발문은 아마도 비관주의로 비판을 받은 현인 스승의 정통성을 옹호하고자 했던 편집자에 의해서 덧붙여졌을 것이다. 코헬렛은 "진리의 말을 바르게 기록하였다."(10절). 그는 주의 깊고 현실적인 관찰자로서 삶의 부정적 측면들에 대해서도 침묵하지 않았고 역설과 비판적 정신으로 이를 다루었다. 그의 가르침은 이스라엘의 신앙에서 출발하며, 편집자는 토라의 의미를 포괄하는 한 구절로 이를 요약한다. "하느님을 경외하고 그분의 계명들을 지켜라."(13절)

아가

제목과 정경 내의 위치

모든 시대의 문화가 노래한 가장 고귀한 실재들 가운데 하나로 불리는 부부의 사랑은 신적인 세계에 "합당한" 것으로 여겨졌고 더 나아가 하느님의 풍요로움의 표지이며(창세 1,27-28 참조) 하느님과 그분 백성 사이의 계약의 상징으로(이사 54,5-10; 에제 16장; 호세 2,16-25 참조) 성경 안에 나타나게 되었다.

아가에 영감을 주는 동기는 바로 인간적 사랑의 모든 감정과 열정이다. 사랑에 빠진 두 젊은이는, 향기와 색채와 풍미가 넘치는 자연을 배경으로 서로를 찾음, 입맞춤과 애무에 대한 그리움, 다정한 말들의 속삭임, 육체적 결합에 대한 열망 등으로 다양하게 표현하는 그 사랑을 체험한다. 사랑은 분리의 고통과 재회의 기쁨을 안다. 독자들도 "합창단"으로 참여하는 사랑의 대화는 이 시의 마지막 부분에 이르러서야 사라지는데, 결합의 불가해소성을 뛰어나게 표현하는 이 책의 유일한 이성적 명제에 자리를 내어 준다. "사랑은 죽음처럼 강하고 정열은 저승처럼 억센 것. 그 열기는 불의 열기 더할 나위 없이 격렬한 불길이랍니다."(아가 8,6ㄴ-7)

이 책의 제목은 "노래들의 노래"로(히브리어 '시르 하씨림'), 최상급의 의미를 지니므로 "가장 아름다운 노래, 뛰어난 노래, 아가"로 번역할 수 있다. 기원후 초세기에 히브리 정경에 받아들여지고 이어서 그리스도교 정경에 받아들여진 아가는 언제나 유다교와 교부들, 중세 신비주의자들에게 높이 존중되고 널리 퍼졌다. 라삐 아키바가 이 책의 정경성을 옹호한 문장은 유명해졌다. "아가가 이스라엘에게 주어진 날에 비하면 온 세상 전체도 아무것도 아니다. 성경의 모든 책들이 거룩하지만, 아가서는 그 가운데에서도 가장 거룩하기 때문이다." 히브리 전례에서 아가는 파스카 축제 때 읽으며 '므길롯'("두루마리", 코헬렛 입문 참조)에 속한다. 그리스도교 정경 안에서는 지혜서 사이에 들어 있는데, 아마도 솔로몬이 쓴 것으로 여겨지기 때문일 것이다(아가 1,1 참조).

구조와 문학적 특성

아가의 구조 문제는 그 구성 문제와 긴밀히 연관되어 있다. 아가는 서로 연관이 없는 노래의 모음인가, 아니면 모든 부분들이 잘 짜인 통일된 시인가? 첫째 입장을 옹호하는 이들은 아가에서 문학적 구조를 보여 주는 표지가 없다고 보는 반면, 둘째 입장을 지지하는 이들은 구조적 완전성을 주장한다. 이 완전성은 점진적인 것으로 이해할 수 있고(아가가 점차 전개되는 사랑을 이야기한다는 뜻으로) 아니면 전체적이고 통일적인 구조로 이해할 수도 있다.

서문과(1,2-4; 그 앞에 1,1의 표제가 있다) 결문으로(8,8-14) 둘러싸인 아가의 본문은(1,5-8,7) 여러 노래로 되어 있으며, 저자들은 이들을 서로 다른 모음으로 묶는다. 노래의 숫자에 대해서뿐만 아니라(5개부터 25개까지의 모음으로) 시 전체 안에서 이들이 짜인 방식에 대해서도 논의가 된다(노래의 성격에 따라, 줄거리에 따라, 또는 문학적 틀에 따라). 어떤 구조를 택하든 한 가지는 분명하다. 저자가 매우 아름답고 조화로우며, 잘 짜인 특히 전체적으로 일관된 작품을 썼다는 것이다. 이러한 시적 단일성은 신랑과 신부, 그리고 합창단 사이의 대화와 같은 문체적 요소의 사용, 상징체계, 구조적 기능을 지닌 후렴구, 사랑 어린 어휘(예를 들어 히브리어 '도디', "내 연인"이 26회 나타난다), 그리고 아름다움에 관련된 단어에서 알아볼 수 있다.

이 시는 상징으로 전개된다. 풍경과 관련된 표상(정원, 숲, 풀밭, 광야)과, 식물(꽃, 나무)과 동물의 표상(비둘기, 노루, 사슴)이 있고, 후각(향기)과 미각(과일, 포도주)에 대한 언급이 매우 감각적으로 표현된 인간의 몸에 관련된 상징(얼굴, 팔, 가슴)과 함께 엮어진다. 그러나 성경의 인간학에서 몸은 순전히 육체적인 것으로만 여기지 않으며 인격의 표현이고 하느님의 모상으로서 하느님과 연관된다는 점을 기억해야 한다. 그래서 에로스에 온전히 젖은 이 작품이 당당하게 성경의 정경으로 들어갈 수 있었던 것이다.

아가는 세련된 시로 표현한 뛰어난 작품으로, 이 시에서 저자는 히브리 시문학의 모든 장치를 사용한다(병행, 소리와 단어의 반복). 그 언어는 의고법과 이 저자만이 사용하는 어휘(약 50개)로 꾸며져 있지만 대중적인 표현과 아람어의 영향, 그리고 페르시아어에서 유래한 단어도 마다하지 않고 받아들인다. 아가는 단순한 사랑의 노래로만 되어 있는 것은 아니다. 이 안에는 서정시와 목가적 요소와 극의 어조, 예식적 행위와 지혜문학적 사상의 색채도 들어 있다.

주요 신학 노선

주석의 역사는 아가가 수많은 다양한 해석을 겪어 왔음을 보여 준다. 유다인들과 그리스도인들 모두가 사용했던 가장 널리 퍼진 해석은 우의적 해석이다. 이 해석은 본문을 넘어선 의미를 찾으며, 두 주인공 사이의 사랑을 당신 백성(신부)에 대한 하느님(신랑)의 사랑으로 변모시킨다. 유다교의 우의적 해석은 부부의 이야기에서 이스라엘 역사의 여러 단계를, 이집트 탈출에서 메시아의 도래에 이르는 사건들을 연상했고(아마도 그래서 파스카 전례에서 사용되었을 것이다), 교부들의 우의적 해석은 그리스도론적(신랑은 그리스도), 교회론적(신부는 교회 또는 동정 마리아) 또는 영적인(신부는 인간의 영혼) 것이었다. 부부 관계는 인간적 사랑이 아닌 초자연적 애덕에 기초한 영적 혼인으로 묘사된다. 그리스도교 안에서는 중세와 문예 부흥 시대의 신비가들도 이 해석을 따랐는데 그 가운데에는 아빌라의 성녀 데레사, 레온의 루도비코 수사, 십자가의 성 요한이 있으며, 교회 전통 안에서는 전례와 새로 입교한 신자들의 교리 교육, 영성 신학과 축성 생활 안에서 이러한 해석이 이루어졌다.

18세기부터 그리스도교나 유다교에서 이미 라삐 아키바(기원전 50-132년)가 했던 다른 해석이 시작되었다. 그것은 자구적 해석으로, 아가의 본래적 의미를 존중하고자 한다. 현대의 주석은 이러한 해석을 우의적 해석보다 우선한다. 아가는 한 남자와 한 여자 사이의 사랑을 노래하는 시이며, 이 보편적 체험이 자체 안에 지니고 있는 아름다움과 신비와 관능성을 담고 있는 노래로 해석한다. 오늘날에는 여러 세기 동안 우리 문화를 지배해 왔고 성경에 다가가는 우리의 태도에도 적지 않은 영향을 미친 영과 육의 그릇된 대조를 벗어나, 과거의 어느 때보다도 더욱 인간의 몸과 성을 거룩함의 체험에 통합시키려 하고 있다. 아가에서는 바로 이러한 통합을 볼 수 있다. 여기서 부부가 서로의 몸을 바라보는 것은 인간적 사랑의 깊은 신학적, 영적 차원에 우리의 감각을 열어 준다. 몸 안에서 영이 드러나기 때문이다. 결국 아가에서 본질적인 것은 몸이 아니라 영이며, 그 영의 현존은 인칭 대명사와(그와 그녀, 당신과 나) 서로에게 속함을 나타내는 소유격(그의, 나의)에서 이미 알아볼 수 있고 "나의 연인은 나의 것, 나는 그이의 것"(2,16; 6,3; 7,11)이라는 표현에서 절정에 달한다.

현대의 다른 아가 해석들은 이만큼 성공적이지는 못했다. 신화적-예식적 해석은 이 시 안에서 풍요 다산을 기원하는 메소포타미아의 옛 예식이(성혼례) 야훼 신앙에 적용된 것으로 보았고, 극적 해석에서는 아가가 솔로몬과 술람밋 사이의 목가를 무대에 올리는 극이라고 보았다.

최근의 자구적 해석은 여성 해방 해석, 생태학과 심리학적인 해석의 기여로 더욱 풍요로워졌다. 그런데 우의적 해석이 부부의 사랑에 대한 언급을 제거하고 아가를 순전히 영적인 책으로 여겼다면 자구적 해석에는 반대의 위험이 있다. 아가를 오직 관능적 시들의 모음으로 보면서 하느님 사랑의 반영인 인간적 사랑 안에 들어 있는 영적 차원을 잊을 수 있는 것이다. 이러한 해석학적 갈등 앞에서 현재의 연구는 아가의 신학적 차원을 회복시키려고 하며, 은유적 해석을 제시하고(인간적 사랑은 더 높은 사랑의 은유가 된다) 정경적이고 본문들 사이의 연관을 중시하는 주석을 제시한다.

하느님은 단 한 번 언급되는데, 성경은 "더할 나위 없이 격렬한 불길"로 옮긴다("야[훼]의 불길" 곧 "거룩한 불길" 아가 8,6). 처음에는 종교적인 주제나 그와 연관된 측면과 무관한 세속적 본문으로 보이지만 이 책의 행간에서는 하느님의 현존을 간접적으로 알아볼 수 있다. 아가는 성경에서 온전히 인간적 사랑을 기리는 유일한 책이다. 시 전체가 사랑에 대해 말한다. 모든 구절에 연인들의 사랑 체험이 스며 있고, 이 체험은 감각적이고 관능적 의미가 풍부한 대화로 표현되었다. 그러나 그렇다고 해서 그 관계에 신학적 차원이 없다는 뜻은 아니다. 오히려 신학적 차원은 그러한 관계의 내면에 들어 있다. 진정한 인간적 사랑은 순전한 육체성으로 국한되지 않고 깊은 영적 의미를 지니며, 초월을 향하여 열려 있다. 인간적 사랑의 이 초월적 차원까지 고려한다면 고대인들이 아가에 대해서 했던 우의적 해석을 이해할 수 있을 것이다.

혼인이라는 주제와 혼인의 은유는 성경 전체에서 나타난다. 창세기의 첫 이야기들은 인간이, 남자와 여자가 고독을 위해서가 아니라 친교를 위해서 하느님께 창조되었음을 보여 준다. 그 자체로 대화와 상호 증여, 사랑과 풍요로움을 지향하는 성의 이원성은 본질적으로 사랑이신 하느님의 대화적이고 관계적인 표상을 놀랍게 드러낸다. 아가의 저자가 시적으로 노래하고 찬양하는 신랑과 신부 사이의 일치는, (충실한 신랑이신) 하느님과 (애인들과 함께 배신하는 불충한 신부인) 이스라엘 사이의 계약 관계를 나타내는 우의로 예언자들에게 사용되었다. 이 풍부한 상징은 지혜문학에서도 나타나는데, 지혜와 그 지혜에 도달하고자 하는 제자 사이의 긴밀한 관계는 자주 혼인 관계에 비추어 묘사된다. 이러한 전망 안에서, 지혜의 추구는 사랑하는 여인을 향한 구애가 된다. "그러나 상징

적 설명은 사랑의 실재성을 무효화하지 않는다."(요한 크리소스토모)

사랑은 정의되고 묘사되고 연구되고 계산되기에는 너무 심오한 실재이다. 사랑은 모든 도식을 벗어나고 형언할 수 없고 파악할 수 없으며 무상적인 것의 영역에, 역설과 경탄과 신적인 것의 영역에 자리한다. 아가에 표현된 사랑 안에는 외관상 서로 반대되는 차원들이 공존한다. 상호성과 분리, 소속과 거리, 증여와 두려움, 향유와 고통, 말과 침묵, 삶과 죽음, 모든 것이 함께 있다. 아가에서 기리는 사랑은 초월을 향하여 열린 사랑, 신적인 것의 문턱에 가 닿는 사랑, 죽음과 같은 생명력이다. 결국 그것은 인간에 대한 하느님의 열정적인 사랑의 반영이다.

본문의 작성과 전수

이 책을 지혜문학의 모델이며 수호자로 여겨지는 솔로몬에게 돌리는 것은 가명을 사용하는 것이다. 고대 특히 유다교 안에서 매우 자주 사용된 이러한 문학적 장치는 아가에 권위를 부여하는 동시에 그 지혜문학적 성격을 부각시킨다.

아가의 연대 추정에 대해서는 많은 논란이 있으며, 기원전 10세기부터 기원전 1세기까지 매우 다양한 가설들이 제시되고 있어 합의에 이르기 어렵다. 현재의 연구에서는 언어학적 요소들과 본문에 드러나는 문화적 배경을 기초로 하여 팔레스티나에서 프톨레마이오스 왕조의 통치가 끝나 가던 무렵, 곧 프톨레마이오스 3세 에우에르게테스(기원전 246-221년) 통치 때에 작성되었으리라고 본다. 경제적으로 번영하고 유다교와 헬레니즘이 평화롭게 공존하던 이 시기는 분명 사랑의 노래들이 생겨나기에 적합한 시기가 되었을 것이다. 작성 장소에 관해서는 본문에 자주 언급된 예루살렘을 생각한다.

아가의 저자가 영감을 받은 문화적·문학적 배경은 이집트의 사랑 노래들과 메소포타미아의 혼인 예식들에서 찾을 수 있다. 메소포타미아의 혼인 예식에서는 "임금"과 "왕비"로 일컬어지는 신랑, 신부의 아름다움을 찬양했다. 그러나 고대 근동의 이 본문들과 아가를 비교해 보면 중요한 차이점들이 나타난다. 예를 들어 이집트의 사랑 노래들이 주인공의 독백을 특징으로 하는 데에 비하여 아가는 둘 사이의 진정한 대화로 되어 있다. 또한 메소포타미아의 사랑 시들에서 출산이 부부의 사랑에서 핵심적인 측면이 되는 데에 비하여 아가에서는 부부 사이의 감정과 사랑이 중심이 된다. 마지막으로 헬레니즘의 영향도 분명히 나타나는데, 예를 들어 남성 위주의 가부장적 사고방식에서는 드물게도 여자가 주인공으로 대화를 이끌어 가는 것과 잔칫상이나 가마를 사용하는 관습에 대한 언급, 도시와 자연 사이의 대조 등이 그러한 영향을 보여 준다.

누리아 칼두흐-베나헤스Nuria Calduch-Benages

아가

표제

1 [1] 솔로몬의 가장 아름다운 노래.

사랑의 기쁨

(여자)
2 아, 제발 그이가 내게 입 맞춰 주었으면!
당신의 사랑은 포도주보다 달콤하답니다.
3 정녕 당신의 향유 내음은 싱그럽고
당신의 이름은 부어 놓은 향유랍니다.
그러기에 젊은 여자들이 당신을 사랑하지요.
4 나를 당신에게 끌어 주셔요, 우리 달려가요.
임금님이 나를 내전으로 데려다 주셨네.

(친구들)
우리는 당신으로 기뻐하고 즐거워하며
당신의 사랑을 포도주보다 더 기리리다.
그들이 당신을 사랑함은 당연하지요.

검지만 아름다운 포도원지기

(여자)
5 예루살렘 아가씨들이여
나 비록 가뭇하지만 어여쁘답니다,
케다르의 천막처럼
솔로몬의 휘장처럼.

1,1 잠언 1,1; 코헬 1,1.

1,2-8. 사랑에 빠진 여인의 입에서 나온 말로 되어 있는 아가의 도입에서는 사람을 취하게 하는 사랑의 만남에 대한 갈망을 집약하는 표상들이 폭발한다(2-4절). 여인과 함께 등장인물들인 연인과 예루살렘의 딸들이 처음으로 나타난다(8절). 이어서 들판의 햇볕에 그을린 여인이 나타나며, 양 떼를 치는 목동인 연인을 찾는다는 주제가 도입된다(5-7절).

1,2.4. “당신의 사랑” 히브리어 명사의 복수형은(자구적으로 “당신이 사랑하는 이들”) 추상적인 형태로 이해한다. 그래서 잠언 7,18도 참조하여(“우리 아침까지 애정에 취해 봐요”) “사랑”으로 옮긴다. 이 복수형은 “입맞춤”과 병행되므로, 사랑을 표현하는 행위들로 해석될 수도 있다(“애무”). 이 두 가지는 서로 다르지만 꼭 배타적인 것은 아니다. 고대 번역본들은 ‘도데카’ 대신 ‘닷데카’(“당신의 가슴들”)로 읽어 매우 다르다. 새 대중 라틴말 성경은 중간적인 번역을 취한다(amores).

1,5. “솔로몬의 휘장” 고대 번역본들은 모두 동일하게 번역하지만, 솔로몬 임금의 이름이 나타나는 것에 대해서는 논의가 있다(새 대중 라틴말 성경만 “살마”로 읽는다). 임금의 이름을 언급한 것을 보면 유목민들의 천막의 투박한 아름다움과 왕궁 덮개의 섬세한 아름다움 사이에 뚜렷한 대조를 이루게 된다.

케다르의 위치에 관하여, 시편 120,5의 주 참조.

6 내가 가무잡잡하다고 빤히 보지 말아요.
햇볕에 그을렸을 뿐이니까요.
오라버니들이 나에게 골을 내며
나를 포도원지기로 만들어
내 포도밭은 지키지도 못하였답니다.

목자를 찾아

(여자)
7 내 영혼이 사랑하는 이여, 내게 알려 주셔요.
당신이 어디에서 양을 치고 계시는지
한낮에는 어디에서 양을 쉬게 하시는지.
그러면 나 당신 벗들의 가축 사이를
헤매는 여자가 되지 않을 거예요.

(친구들)
8 여인들 가운데 가장 아름다운 이여
그대가 만일 모르고 있다면
양 떼의 발자국을 따라가다
양치기들의 천막 곁에서
그대의 새끼 염소들이 풀을 뜯게 하오.

준마와 같은 그대

(남자)
9 나의 애인이여
나 그대를 파라오의 병거를 끄는 준마에 비기리다.
10 귀걸이 드리워진 그대의 뺨과
목걸이로 꾸며진 그대의 목이 어여쁘구려.
11 우리가 은구슬 박힌
금줄을 그대에게 만들어 주리다.

연인의 향기

(여자)
12 임금님이 잔칫상에 계시는 동안
나의 나르드는 향기를 피우네.
13 나의 연인은 내게 몰약 주머니

1,8. "새끼 염소들"은 이 책 전체에서 사슴, 암말, 영양과 함께 언급되는 동물로, 사랑과 다산의 상징이다. 메소포타미아 문학과 대비해 볼 때에도 그러한 의미가 확인된다(염소들은 사랑의 여신을 따라다닌다).

1,12. "임금님이 잔칫상에 계시는 동안" 다른 번역으로 "임금님이 당신 목장에 계시는 동안"도 가능하다. 이러한 가능성은 히브리어 본문에서 나오는 것이 아니라 해석상의 선택에 따른 것이다. 여기 해당하는 히브리어 단어는 둥근 형태의 장소를 가리키는데, 그 장소를 무엇으로 볼 것인지는 사랑의 노래의 전반적인 배경을 어떻게 보는지에 따라 달라지는 것이다. 임금을 목동으로 본다면 "목장"이 되고, 궁정을 배경으로 본다면 "긴 의자"가 되며, 아가가 몸을 기울이고 누워서 먹는 관습이 전파된 시기에 작성되었다고 본다면 "침상"이 된다([새] 대중 라틴말 성경은 이렇게 번역한다). 더 일반적으로 "임금들이 (예루살렘) 둘레에 있는"을 뜻할 수도 있다(2열왕 23,5 참조).

1,7 3,1-4. 1,12 4,13.14; 마르 14,3.

1,9–2,7. 여인은 헤맨 끝에 연인에게 도착한다. 만남은 숲에서 이루어지며, 식물과 동물의 상징이 풍부하게 사용된다. 그 앞에는 두 연인이 서로에게 경탄하는 표현들이 있다. 여인은 보석으로 꾸며진 왕비로 묘사되고, 남자는 그 품에 기댄 임금으로 묘사된다.

내 가슴 사이에서 밤을 지내네.
14 나의 연인은 내게
엔 게디 포도밭의 헤나 꽃송이어라.

사랑의 화답

(남자)
15 정녕 그대는 아름답구려, 나의 애인이여.
정녕 그대는 아름답구려, 당신의 두 눈은 비둘기라오.

(여자)
16 정녕 당신은 아름다워요, 나의 연인이여.
당신은 사랑스러워요, 우리의 잠자리도 푸르답니다.
17 우리 집 들보는 향백나무
서까래는 전나무랍니다.

나리꽃 같은 그대, 사과나무 같은 당신

(여자)
2 1 나는 사론의 수선화,
골짜기의 나리꽃이랍니다.

(남자)
2 아가씨들 사이에 있는 나의 애인은
엉겅퀴 사이에 핀 나리꽃 같구나.

(여자)
3 젊은이들 사이에 있는 나의 연인은
숲속 나무들 사이의 사과나무 같답니다.
그이의 그늘에 앉는 것이 나의 간절한 소망
그이의 열매는 내 입에 달콤하답니다.

만남과 포옹

(여자)
4 그이가 나를 연회장으로 이끌었는데
내 위에 걸린 그 깃발은 '사랑'이랍니다.

2,3 2,5; 7,9; 8,5.

1,12-14. "몰약 주머니"는 목에 거는 일종의 부적이다. 그 내용물과 형태는 여러 가지일 수 있다(이러한 관습과 연관된 고대 근동의 도상들은 다양한 증거를 보여 준다). 그 기능은 마법에서 보호하는 것이고, 아가 8,6의 경우(가슴의 인장) 죽음의 힘에서 지키는 것이다. 주머니 안에 들어 있는 몰약은(아가 3,6; 4,6.14; 5,1.5.13 참조) 구약 성경에서 관능적 의미로 언급된다(에스 2,12; 시편 45,9; 잠언 7,17 참조).

1,16-17. "아름다워요" 다른 곳에서는 "달콤한, 감미로운"으로 번역되는 이 형용사가 남자에게 적용되는 유일한 용례이다. 호화로운 침상을 가리키는 "잠자리"(잠언 7,16; 아모 6,4-6 참조)와 연인들이 누워 있는 풀밭(모든 시대와 장소의 사랑 시들에서 나타나는 모티브)이 시적인 대조를 이룬다. 다른 단락들에서도 대조적인 색채를 근접시키는 경우들이 나타난다(아가 2,2; 7,12-13; 8,6 참조).

2,1. "사론"은 현재의 텔아비브와 카르멜 사이에 있는 해안 평야이다(이사 35,2 참조).

"나리꽃"('수산'). 이집트어 어근을 따라 "연꽃"으로 번역할 수도 있다(이집트와 메소포타미아에서 연꽃은 사랑의 상징이다). 아가에서 이 꽃은 자주 여자와(아가 4,5; 7,3 참조) 남자의 몸에 연관된다(5,13 참조).

2,5. "사랑에 겨워 앓고 있는" 사랑과 병을 연결하는 것은 그리스 시와 다른 모든 문학의 고전적인 요소이다. 구약 성경에서는 (거짓으로 병이 들었다고 하는) 암논과 타마르의 이야기가 있는데, 그 이야기는 폭행으로 끝난다. 암논은 타마르가 준비한 과자를 먹어야 나을 수 있다(2사무 13). 그리스도교 (특히 카르멜) 전통에서 아가의 이 구절은 연인(그리스도)을 위해 괴로워하는 동정녀의 신비적 고통에 대한 표현이 된다.

2,7. 사랑의 잠에서 깨어나는 것은 이집트 사랑 시에서 잘 알려진 주제이다.

5 여러분, 건포도 과자로 내 생기를 돋우고
사과로 내 기운을 북돋아 주셔요.
사랑에 겨워 앓고 있는 몸이랍니다.
6 그이의 왼팔은 내 머리 밑에 있고
그이의 오른팔은 나를 껴안는답니다.

(남자)
7 예루살렘 아가씨들이여
노루나 들사슴을 걸고 그대들에게 애원하니
우리 사랑을 방해하지도 깨우지도 말아 주오,
그 사랑이 원할 때까지.

애인의 창가에서

(여자)
8 내 연인의 소리!
보셔요, 그이가 오잖아요.
산을 뛰어오르고
언덕을 뛰어넘어 오잖아요.
9 나의 연인은
노루나 젊은 사슴 같답니다.
보셔요, 그이가 우리 집 담장 앞에 서서
창틈으로 기웃거리고
창살 틈으로 들여다본답니다.
10 내 연인은 나에게 속삭이며 말했지요.
"나의 애인이여, 일어나오.
나의 아름다운 여인이여, 이리 와 주오.
11 자, 이제 겨울은 지나고
장마는 걷혔다오.
12 땅에는 꽃이 모습을 드러내고
노래의 계절이 다가왔다오.

2,6-7 // 8,3-4. 2,7 // 3,5. 2,10 2,13.

2,8-17. 다음 장면은 자연이 새로 태어나고 그와 더불어 감정들도 꽃피는 것으로 보이는 봄에 전개된다. 동방의 사랑 노래의 관습에 따라, 사랑하는 사람의 몸은 고귀하고 우아한 동물에 비유된다. 사랑에 빠진 여인은 감미로운 비둘기에(14절), 남자는 민첩한 젊은 사슴에 비교된다(9절). 사슴은 뛰어올라 여인의 집에 도착하여 그녀에게 꽃이 핀 들판 한가운데에서 만나자고 초대한다(9-15절). 마지막 두 절은 서로에게 속하는 순간을 섬세하게 암시한다.

✠ 2,8-10.14.16. 혼인 예식의 독서집은 부활 시기 이외의 제1독서로 이 본문을 그대로 유지했다. 그 끝맺음으로 아가 8,6-7ㄱ을 덧붙인다. 이로써 새 그리스도인 부부에게 아가 전체의 요약을 제시하며, "나의 연인은 나의 것, 나는 그이의 것"(16절)이라는 부부의 상호성의 규칙을 독서의 중심이 되게 한다.

우리 땅에서는 멧비둘기 소리가 들려온다오.
13 무화과나무는 이른 열매를 맺어 가고
포도나무 꽃송이들은 향기를 내뿜는다오.
나의 애인이여, 일어나오.
나의 아름다운 여인이여, 이리 와 주오.
14 바위틈에 있는 나의 비둘기
벼랑 속에 있는 나의 비둘기여!
그대의 모습을 보게 해 주오.
그대의 목소리를 듣게 해 주오.
그대의 목소리는 달콤하고
그대의 모습은 어여쁘다오."

연인이여, 돌아오셔요

(여자의 어머니)
15 얘들아, 여우들을 잡아라,
저 작은 여우들을.
우리 포도밭을,
꽃이 한창인 우리 포도밭을 망치는 저것들을.

(여자)
16 나의 연인은 나의 것, 나는 그이의 것.
그이는 나리꽃 사이에서 양을 치고 있네.
17 날이 서늘해지고
그림자들이 달아나기 전에
나의 연인이여
베텔산 위의 노루처럼,
젊은 사슴처럼 어서 돌아오셔요.

애인을 찾아

(여자)
3 1 나는 잠자리에서 밤새도록
내가 사랑하는 이를 찾아다녔네.

2,16 6,3; 7,11.

3,1–5,1. 밤이다. 두 번째로 여인은 신랑을 찾아 나선다(1,7 참조). 그 사랑은 어둠 속에 숨어 있는 위험에 도전하는 것도, 사회 규범을 깨뜨리는 것도 두려워하지 않으며, 그 찾음은 마침내 만남의 기쁨에 도달한다(3,1-5 참조). 동방의 방식에 따른 혼인 행렬을 솔로몬 임금의 행렬처럼 화려하게 묘사한 다음(3,6-11 참조), 연인이 사랑하는 여인의 아름다운 몸에 대한 노래를 시작한다. 여인의 몸은 완전한 형태와 색채와 향기가 조화를 이루어 연인의 경탄과 갈망을 불러일으키는 것으로 묘사된다. 신체의 각 부분은 삶을 위하여 고귀하거나 웅장한 어떤 것에 비유된다(4,1-15 참조). 여인의 초대(4,16 참조)와 연인의 응답(5,1 참조)에서는 이들이 서로에게 속함이 확인된다.

2,13. 지중해성 기후에서 전형적인 식물인 무화과와 포도는 신화에서 여성의 다산성과 연관되었다(판관 9,10-13; 1열왕 5,5; 미카 4,4; 마르 13,28 참조). 봄이 한창인 때는 사랑하기에 적절한 순간으로 묘사된다.

2,14. 바위틈은 비둘기가 사는 서식지이다(예레 48,28 참조). 비둘기는 사랑하는 여인을 나타내는 은유이다. 비둘기가 접근하기 어려운 곳에 살듯이, 여인도 연인이 쉽게 도달할 수 없다(또한 아가 4,4.12 참조). 고대의 여러 문명에서 비둘기는 사랑의 신에게 속한 신성한 것이고 사랑의 상징이다.

2,16. 연인 사이에서 사랑으로 서로에게 속함을 선언하는 이 표현은 창세 2,23의 상호 소속을 연상시키는 듯하다. 다른 한편으로 이 표현은 야훼와 이스라엘 사이의 계약 체결을 반향하는 것이기도 하다(신명 26,17-18; 29,12; 호세 2,25 참조).

3,1-4. 다섯 차례에 걸쳐(1,7에서도) 아가에서 여인은 자기 연인을 "나의 '네페쉬'가 사랑하는 이"라고 말한다. 이 표현은 "내 영혼이 사랑하는 이" 또는 "내 마음이 사랑하는 이"라고 옮길 수 있다. '네페쉬'의 의미론적 가치를 고려한다면(살아 있는 주체와 그의 갈망들), 그리고 이 단어가 다른 단락에서 어떻게 번역되었는지를 고려한다면(1사무 18,1 "요나탄은… 그를 자기 목

그이를 찾으려 하였건만 찾아내지 못하였다네.
2 '나 일어나 성읍을 돌아다니리라.
거리와 광장마다 돌아다니며
내가 사랑하는 이를 찾으리라.'
그이를 찾으려 하였건만 찾아내지 못하였다네.
3 성읍을 돌아다니는 야경꾼들이 나를 보았네.
"내가 사랑하는 이를 보셨나요?"
4 그들을 지나치자마자 나는
내가 사랑하는 이를 찾았네.
나 그이를 붙잡고 놓지 않았네,
내 어머니의 집으로,
나를 잉태하신 분의 방으로 인도할 때까지.

(남자)
5 예루살렘 아가씨들이여,
노루나 들사슴을 걸고 그대들에게 애원하니
우리 사랑을 방해하지도 깨우지도 말아 주오,
그 사랑이 원할 때까지.

혼례 행렬

(친구들)
6 연기 기둥처럼
광야에서 올라오는 저 여인은 누구인가?
몰약과 유향,
이국의 온갖 향료로 향기를 풍기며 오는 저 여인은 누구인가?
7 보라, 솔로몬의 가마를!
이스라엘 용사들 가운데에서 뽑힌
예순 명의 용사들이 호위하네.
8 모두가 칼로 무장한
역전의 전사들
밤의 공포에 대비하여
저마다 허리에 칼을 차고 있네.
9 솔로몬 임금은 자신을 위하여
레바논 나무로 연을 만들었네.
10 기둥은 은으로,
등받이는 금으로 만들고

숨처럼 사랑하게 되었다."; 잠언 19,8 "지혜로운 마음을 구하는 이는 자신을 사랑하고"), "내 목숨이 사랑하는 이" 곧 "내 전 존재로 갈망하는 이"로도 옮길 수 있을 것이다. 이렇게 번역할 경우 서로에게 속함을 나타내는 아가 2,16과 분명한 연관을 드러낼 수 있게 된다. '네페쉬'에 관하여, 시편 35,12의 주 참조.

3,3. "성읍을 돌아다니는 야경꾼들"은 도시를 방어하는 파수꾼들이라기보다(느헤 4,3; 시편 127,1; 130,6; 이사 21,11-12; 62,6 참조) 헬레니즘 시대의 특징으로, 점령지 주거 지역의 치안을 맡았던 이들을 지칭한다(야간 순찰). 또한 아가 5,7 참조.

3,6-11. 이 단락은 바깥의 목소리가 말하는 것으로 2,7–3,5과 4,1–5,1 사이의 간주 역할을 한다. 그 역할은 그리스 비극의 합창단의 역할과 유사하다(7,1 참조).

3,6. "연기 기둥처럼 광야에서 올라오는 저 여인은 누구인가?" 이 표상들은 이집트 탈출의 체험을 연상시키며(탈출 13,21-22; 14,19.24 참조), 행렬에 종교적 의미를 부여한다. "이국의 온갖 향료"는 상인들이 팔던 수입 향료들을 뜻한다. "몰약과 유향"에 병행되어, 특히 아라비아 남부에서 이스라엘로 왔던 상품들을 가리킨다.

3,9. 레바논 나무와 성전을 건설하는 데에 사용된 향백나무는 솔로몬의 역사에 연결되는 요소들이다(1열왕 5–6; 2역대 2,7 참조). 이 절은 앞으로 나아가는 행렬이 장엄하고 신성한 분위기를 띠게 한다.

3,5 // 2,7. 3,6 // 8,5ㄱ; 또한 6,10 참조.

의자는 자홍포로 덮었으며
그 안은 예루살렘 아가씨들이
사랑스럽게 꾸몄네.
11 나와서 보아라, 시온 아가씨들아,
혼인날, 마음이 기쁜 날에
그 어머니가 면류관을 씌워 준
솔로몬 임금을!

신부에 대한 찬가

(남자)

4 1 정녕 그대는 아름답구려, 나의 애인이여.
정녕 그대는 아름답구려.
너울 뒤로 얼보이는
그대의 두 눈은 비둘기라오.
그대의 머리채는
길앗 비탈을 내리닫는 염소 떼 같다오.
2 그대의 이는
털을 깎으려고 세척장에서 올라오는 양 떼 같다오.
모두 쌍둥이를 낳아
새끼를 잃은 것이 하나도 없구려.
3 진홍색 줄과 같은 그대의 입술,
그대의 입은 어여쁘기만 하오.
너울 뒤로 얼보이는
그대의 볼은 석류 조각 같다오.
4 다윗 탑 같은 그대의 목은
층층이 잘도 지어졌구려.
거기에는 천 개의 방패들이 달려 있는데
모두가 용사들의 원방패들이구려.
5 그대의 두 젖가슴은
나리꽃 사이에서 풀을 뜯는
한 쌍의 젊은 사슴,
쌍둥이 노루 같다오.
6 날이 서늘해지고
그림자들이 달아나기 전에
나는 몰약 산으로,

4,1 1,16-17.

✠ 4,4. 탑은 우아함만을 표현하는 것이 아니라 접근 불가능성과 불가침성을 나타내기도 하고 그래서 순결을 뜻한다. 이러한 의미에서 "다윗 탑"이라는 호칭은 가톨릭 신심의 성모 호칭 기도에서 성모님께 적용된다.

4,1.7. 히브리어 본문에서는 남자 주인공을 지칭하여 '돗'이라는 단어가 사용되는데, 이 단어는 31회 사용되며 "연인"으로 번역된다. 히브리어 단어 '라야'(주로 "친구"를 뜻하는 '레아'의 여성형)는 9회 사용된다(아가 1,9.15; 2,2.10.13; 4,1.7; 5,2; 6,4 참조). 이 단어는 사랑의 언어에 속하며 그래서 "애인"으로 번역될 수 있다(그러나 [새] 대중 라틴말 성경은 언제나 "친구"라는 의미를 유지한다).

4,1. "너울"(아가 4,3; 6,7; 이사 47,2 참조)에 해당되는 히브리어 단어는 상당히 드문 단어로 신부의 베일을 암시한다(창세 24,65 참조).

"길앗"은 요르단 동쪽 고원의 산이다(야뽁강과 야르묵강 사이). 거주지에서 멀리 떨어져 광야에 가까운 지역이다(창세 32,23-33; 이사 13,21; 34,11).

4,3. 히브리어 본문에 난점들이 있다. 히브리어 단어 '미드바르'는 본래 "광야"를 뜻하지만 고대 번역본들을 따라 "입"으로 번역했다. "그대의 말"로 옮길 수 있을 것이다.

얼굴에서 마지막으로 묘사된 부분은 히브리어 본문에 따르면 "관자놀이"이지만 고대 번역본들에서는 "볼"로 되어 있다. 석류와 비교된다는 점에서 후자를 따르게 된다. 아가 6,7에서도 같은 경우를 볼 수 있다.

4,4. "층층이"로 번역된 히브리어 단어는 여기에만 사용되며 그 뜻이 알려져 있지 않다. 그리스어 번역본은 고유 명사로 옮겨 놓는다('탈피옷'). (새) 대중 라틴말 성경은 "보루가 있는" 탑이라고 말한다. 우리말 번역은 "줄을 세우다"를 뜻하는 아랍어 동사 어근을 참조하여 이 단어를 설명할 수 있다는 의견에 따라 "층층이 지어진"으로 옮겼다. 그렇다면 이 비유는 여인의 목을 장식하는 목걸이들의 줄을 가리킬 것이다.

유향 산으로 가리다.
7 나의 애인이여, 그대의 모든 것이 아름다울 뿐
그대에게 흠이라고는 하나도 없구려.

레바논을 떠나

(남자)
8 나와 함께 레바논에서,
나의 신부여, 나와 함께 레바논에서 떠납시다.
아마나산 꼭대기에서,
스니르산과 헤르몬산 꼭대기에서,
사자 굴에서, 표범 산에서 내려갑시다.

신부에 대한 찬가

(남자)
9 나의 누이 나의 신부여, 그대는 내 마음을 사로잡았소.
한 번의 눈짓으로,
그대 목걸이 한 줄로 내 마음을 사로잡았소.
10 나의 누이 나의 신부여, 그대의 사랑이 얼마나 아름다운지!
그대의 사랑은 포도주보다 얼마나 더 달콤하고
그대의 향수 내음은 그 모든 향료보다 얼마나 더 향기로운지!
11 나의 신부여, 그대의 입술은 생청을 흘리고
그대의 혀 밑에는 꿀과 젖이 있다오.
그대 옷의 향기는
레바논의 향기 같구려.

그대는 나의 정원

(남자)
12 그대는 닫힌 정원, 나의 누이 나의 신부여
그대는 닫힌 정원, 봉해진 우물.

4,8. "내려갑시다."로 번역된 히브리어 동사는 서로 다른 두 어근에서 파생될 수 있다. 새 대중 라틴말 성경은 그 첫 번째 "바라보다"라는 의미를 택했는데, 문맥에는 이 번역이 더 적절한 것으로 보인다. 그리스어 번역본과 우리말 성경은 "내려가다"를 택했다.

아마나, 스니르, 헤르몬은 다마스쿠스 맞은편 안티레바논산맥에 속한다(신명 3,9; 2열왕 5,12 참조).

4,9. 이집트의 사랑 노래에서 "누이"는 혈연관계를 지칭하는 것이 아니라 둘 사이의 유사성을 나타내며, 사랑하는 여인을 부르는 호칭이다.

4,10. "그대의 사랑"에 관하여, 1,2.4의 주 참조.

✠ 4,7. 연인의 환호는 그리스도교에서 예수님의 어머니 마리아께 적용된 노래 Tota pulchra에서 사용되었다.

13 그대의 새싹들은 석류나무 정원이라오.
맛깔스러운 과일로 가득하고
거기에는 헤나와 나르드
14 나르드와 사프란
향초와 육계향
온갖 향나무와 함께
몰약과 침향
온갖 최상의 향료도 있다오.

15 그대는 정원의 샘
생수가 솟는 우물
레바논에서 흘러내리는 시내라오.

(여자)
16 일어라, 북새바람아!
오너라, 마파람아!
불어라, 내 정원에,
온갖 향료들이 흘러내리게!
나의 연인이 자기 정원으로 와서
이 맛깔스러운 과일들을 따 먹을 수 있도록!

(남자)
5 1 나의 누이 나의 신부여,
나의 정원으로 내가 왔소.
내 몰약과 발삼을 거두고
꿀이 든 내 꿀송이를 먹고
젖과 함께 내 포도주를 마신다오.

(친구들)
먹어라, 벗들아.
마셔라, 사랑에 취하여라.

4,15. "생수가 솟는 우물"은 예레 2,13; 17,13에서도 나타난다(주님Yhwh과 관련하여). 이 절에서 물은 여인이 남편에게 주는 사랑의 상징이다. 우물은 예수님과 사마리아 여자 사이의 대화의 중심이다(요한 4,6-15).

4,16. 시적인 표현들은 "북풍, 남풍"보다 "북새바람, 마파람"과 같은 세련되고 정선된 단어들을 사용하여 번역할 수 있다.

5,1. 1,2.4에서와 일관되게 히브리어 '도딤'은 "사랑"으로 번역되었다. 고대 번역본들은 "벗들"과 병행을 이루어 "사랑하는 이들" 또는 "형제들"로 해석한다.

4,13. 여기서 "정원"으로 옮긴 단어는 그리스어 번역본에 '파라데이소스'("낙원")로 되어 있다. 히브리어 '파르데스'는 페르시아어에서 들어온 단어로 임금의 정원(숲)을 가리킨다(코헬 2,5; 느헤 2,8 참조). 그리스어 번역본은 아가의 정원을 에덴 동산과 동일시한다(창세 2,8 참조). 유다교 전통에서는 아담이 낙원에서 쫓겨날 때 천사들에게 몇 가지 향초들을 가져갈 것을 허락받았다고 말하는데, 그것이 아가 4,13-14에 열거된 식물이다.

5,1. 성경에서 젖과 포도주는 하느님의 축복에(창세 49,8-12 참조), 그리고 메시아 시대의 약속에 연결된다(요엘 4,18 참조). 지금의 문맥에서는 갈망이 충족되는 기쁨을 상징한다.

가버린 연인을 찾아

5,2. "들어 보셔요, 내 연인이 문을 두드려요."라는 문장은 히브리어 본문에서 "(문을) 두드리는 내 연인의 (목)소리"이다. '콜'은 "목소리" 또는 "소리"를 뜻한다(시편 29,3-9의 주 참조). 아가 2,8 참조. 히브리어 본문의 음성학적 효과가 주목할 만하다('콜 도디 도펙').

(여자)
2 나는 잠들었지만 내 마음은 깨어 있었지요.
들어 보셔요, 내 연인이 문을 두드려요.
"내게 문을 열어 주오, 나의 누이
나의 애인, 나의 비둘기, 나의 티 없는 이여!
내 머리는 이슬로,
내 머리채는 밤이슬로 흠뻑 젖었다오."
3 "옷을 이미 벗었는데
어찌 다시 입으오리까?
발을 이미 씻었는데
어찌 다시 더럽히오리까?"
4 나의 연인이 문틈으로 손을 내밀자
내 가슴이 그이 때문에 두근거렸네.
5 나의 연인에게 문을 열어 주려고 일어났는데
내 손에서는 몰약이 뚝뚝 듣고
손가락에서 녹아 흐르는 몰약이
문빗장 손잡이 위로 번졌네.
6 나의 연인에게 문을 열어 주었네.
그러나 나의 연인은 몸을 돌려 가 버렸다네.
그이가 떠나 버려 나는 넋이 나갔네.
그이를 찾으려 하였건만 찾아내지 못하고
그이를 불렀건만 대답이 없었네.
7 성읍을 돌아다니는 야경꾼들이 나를 보자
나를 때리고 상처 내었으며
성벽의 파수꾼들은 내 겉옷을 빼앗았네.
8 예루살렘 아가씨들이여
그대들에게 애원하니
나의 연인을 만나거든
내가 사랑 때문에 앓고 있다고
제발 그이에게 말해 주어요.

5,8. "사랑 때문에 앓고 있다고" 이 구절의 의미에 관하여, 2,5의 주 참조.

5,2-6,3. 이 장면은 연인이 밤에 찾아오는 것을 묘사한다. 밤중의 방문은 사랑의 유희로 변모하며, 남자가 여자에게서 빠져나가 서로에 대한 갈망이 더욱 강해진다(2-6절). 사랑하는 이를 찾기 위하여 어떤 위험이라도 감수하고자 하는 여인은 열정적으로 연인을 찾고(7절), 마지막에는 합창단의 도입에 뒤이어(9절) 그에게 매혹되어 그를 묘사한다(10-16절). 그의 몸은 값진 재료들로 만들어지고 장식된 고대 문명들의 임금의 상像들을 연상시킨다. 마지막 장면에서는 끌어안은 두 연인이 서로에게 속함을 고백한다(6,2-3 참조).

그대 연인이 나은 게 무엇인가

(친구들)
9 그대 연인이 다른 연인보다 나은 게 무엇인가?
여인 중에 가장 아름다운 이여.
그대 연인이 다른 연인보다 나은 게 무엇인가?
그대가 우리에게 그토록 애원하게.

나의 연인

(여자)
10 나의 연인은 눈부시게 하얗고 붉으며
만인 중에 뛰어난 사람이랍니다.
11 그이의 머리는 금 중에서도 순금.
그이의 머리채는 종려나무 가지
검기가 까마귀 같답니다.
12 그이의 눈은
시냇가의 비둘기 같아
우유로 목욕하고
알맞게 자리 잡고 있답니다.
13 그이의 뺨은 발삼 꽃밭 같아
향기로운 풀들이 탑을 이루고
그이의 입술은
몰약이 흘러 떨어지는 나리꽃이랍니다.
14 그이의 팔은
보석 박힌 금방망이.
그이의 몸통은
청옥으로 덮인 상아 조각이랍니다.
15 그이의 다리는
순금 받침대 위에 세워진 하얀 대리석 기둥.
그이의 모습은 레바논 같고
향백나무처럼 빼어나답니다.
16 그이의 입은 달콤하고
그이의 모든 것이 멋지답니다.
나의 연인은 이렇답니다,
내 벗은 이렇답니다,
예루살렘 아가씨들이여!

5,10. "뛰어난" 히브리어 본문에 따르면 "깃발처럼 두드러진"이며 그리스어 번역본은 군사적인 표현을 사용하여 "부대의 구성원들 가운데 선발된"이다.

5,12. "알맞게 자리 잡고 있답니다." 히브리어 본문에서 12절의 마지막 부분은 분명치 않다. 고대부터 여러 번역들이 제시되었다. 공동 번역은 "넘실거리는 물가에 앉은 모양이라오."라고, 최민순 신부는 "흐름 가에 차분히 앉은"이라고 번역하고 있다.

5,9 6,1; 7,1; 3,6-11.

그대 연인은 어디로

(친구들)

6 1 그대 연인은 어디로 갔는가?
여인 중에 가장 아름다운 이여.
그대 연인은 어디로 갔는가?
우리가 그대와 함께 그를 찾으리다.

나는 정원, 그이는 목자

(여자)

2 나의 연인은 자기 정원으로,
발삼 꽃밭으로 내려갔어요.
정원에서 양을 치며
나리꽃을 따려고 내려갔어요.
3 나는 내 연인의 것, 내 연인은 나의 것.
그이는 나리꽃 사이에서 양을 친답니다.

그대의 빼어난 아름다움

(남자)

4 나의 애인이여, 그대는 티르차처럼 아름답고
예루살렘처럼 어여뻐
기를 든 군대처럼 두려움까지 자아낸다오.
5 내게서 당신의 눈을 돌려 주오.
나를 어지럽게 만드는구려.
그대의 머리채는
길앗을 내리닫는 염소 떼 같다오.
6 그대의 이는
세척장에서 올라오는 어미 양 떼 같다오.
모두 쌍둥이를 낳아
새끼를 잃은 것이 하나도 없구려.
7 너울 뒤로 얼보이는
그대의 볼은 석류 조각 같다오.

견줄 데 없는 애인

(남자)

6,4. "두려움까지 자아낸다오." 이 두려움은 부정적 의미를 지니고 있지 않다. 두렵다는 것은 주님Yhwh의 엄위하심을 묘사하기 위해서도 사용된다(신명 7,21; 시편 47,3; 99,3 참조).

"기를 든 군대"([새] 대중 라틴말 성경도 이러한 의미로 본다)는 "진을 친 군대"로 옮길 수 있다. 이 표상은 전투를 위하여 각각의 군기 아래 모인 부대들을 연상시킨다. 깃발('데겔')에 대한 암시는 아가 5,10의 수동태 분사 '다굴'에서도 알아볼 수 있다. 연인은 군대 위에 펄럭이는 깃발처럼 두드러진다는 의미에서 "뛰어나다." 5,10의 주 참조.

6,7. "볼"에 관하여, 4,3의 주 참조.

6,1 5,9; 3,6-11. 6,3 // 2,16. 6,5-7 // 4,1-3.

6,4-12. 이 절들의 주제는 즐거움, 두려움, 흔들림 등 여인이 불러일으키는 감정들이다. 이러한 점들로 인하여 그 여인을 다른 모든 여인들보다 낫다고 여겨진다. 궁정의 부인들도 그 여인을 칭찬한다(9-10절). 이 장면의 마지막 부분에서, 여인의 여성성은 다시 풍부한 정원과 같이 묘사된다. 연인은 그 정원을 차지한다(11-12절).

8 왕비가 예순 명
후궁이 여든 명
궁녀는 수없이 많지만
9 나의 비둘기, 나의 티 없는 여인은 오직 하나
그 어머니의 오직 하나뿐인 딸
그 생모가 아끼는 딸.
그를 보고 아가씨들은 복되다 하고
왕비들과 후궁들은 칭송한다네.

(친구들)
10 새벽빛처럼 솟아오르고
달처럼 아름다우며
해처럼 빛나고
기를 든 군대처럼 두려움을 자아내는
저 여인은 누구인가?

암미나딥과 만나다

11 나는 대추야자나무 새싹을 보려고
포도나무가 꽃을 피웠는지,
석류나무가 봉오리를 맺었는지 보려고
호두나무 정원으로 내려갔네.

12 나 자신도 모르는 사이에
나는 암미나딥의 병거에 올라타게 되었네.

(친구들)
7 1 돌아와요, 돌아와요, 술람밋이여.
돌아와요, 돌아와요, 우리가 그대를 바라볼 수 있도록.

너희는 어찌하여 술람밋이
두 줄 윤무를 추기라도 하는 듯 바라보느냐?

아름다운 애인

(남자)
2 오, 귀족 집 따님이여
샌들 속의 그대의 발은 어여쁘기도 하구려.

6,12. 그리스어 번역본과 대중 라틴말 성경을 참조하여 이 절의 마지막 단어는 고유 명사로 해석했다(이 절에 쓰인 히브리어 단어는 "암미나딥"이지만, 흔히 "암미나답"으로 번역하기도 한다). 암미나답이라는 이름은 구약 성경에서 잘 알려져 있는 이름이지만(탈출 6,23; 민수 1,7; 2,3; 7,12.17; 룻 4,19-20; 마태 1,4; 루카 3,33) 아가와 아무 관련이 없으므로 이를 두 단어가 결합된 것으로 보는 의견이 제시되었고, 그렇다면 "내 백성의 군주"로 이해할 수 있다(새 대중 라틴말 성경도). 히브리어 본문과 시리아어 본문은 "내 고귀한 백성의 병거"로 되어 있다.

7,1. "돌아와요, 돌아와요." 히브리어는 동음 반복의 효과를 낸다('수비, 수비 하술람밋'). "술람밋"은 사람 이름이 아니며 호칭이다(구약 성경 전체에서 여기서만 나타난다). 이름의 의미는 솔로몬의 여성형, 수넴 주민(아비삭과 아도니야의 부인이 그곳 출신이다. 1열왕 1,1-4; 2,17.21-22 참조), 예루살렘 주민(예루살렘은 살렘이라고도 불린다), 아시리아의 전쟁 여신 이슈타르의 이름이 히브리어화된 것, "평화" 또는 "평화를 찾은 여인"(아가 8,10 참조) 등으로 해석된다.

7,1 3,6-11; 5,9.

7,1-10. 합창단(1절)이 혼인 잔치를 시작하고, 신부가 아름답게 춤을 춘다. 그 몸이 박자에 맞추어 움직일 때 신랑은 다시 애인의 몸의 곡선들을 묘사한다(2-10절).

그대의 둥근 허벅지는 목걸이처럼
예술가의 작품이라오.
3 그대의 배꼽은 동그란 잔
향긋한 술이 떨어지지 않으리라.
그대의 배는 나리꽃으로 둘린
밀 더미.
4 그대의 두 젖가슴은
한 쌍의 젊은 사슴,
쌍둥이 노루 같다오.
5 그대의 목은 상아 탑,
그대의 두 눈은 헤스본의
밧 라빔 성문 가에 있는 못,
그대의 코는 다마스쿠스 쪽을 살피는
레바논 탑과 같구려.
6 그대의 머리는 카르멜산 같고
그대의 드리워진 머리채는 자홍 실 같아
임금이 그 머리 단에 사로잡히고 말았다오.
7 정녕 아름답고 사랑스럽구려,
오, 사랑, 환희의 여인이여!
8 그대의 키는 야자나무 같고
그대의 젖가슴은 야자 송이 같구려.
9 그래서 나는 말하였다오.
"나 야자나무에 올라
그 꽃송이를 붙잡으리라.
그대의 젖가슴은 포도송이,
그대 코의 숨결은 사과,
10 그대의 입은 좋은 포도주 같아라."

(여자)
그래요, 나는 나의 연인에게 곧바로 흘러가는,
잠자는 이들의 입술로 흘러드는 포도주랍니다.
11 나는 내 연인의 것
그이는 나를 원한답니다.

7,5. "다마스쿠스 쪽을 살피는" 히브리어 동사는 높은 곳에서 내려다보는 것을 뜻하며, 여러 곳에서 파수꾼의 임무를 지칭하는 전문 용어로 사용된다.

7,10. 이 절의 첫 부분은 남자가 말하는 것이지만, 후반부에서는 히브리어 본문에서 포도주가 "나의 연인(남성)에게" 흘러든다고 말하고 있다. 여인이 말을 중단시키고 있는 것이다. 여기서 포도주는 입맞춤 때의 침을 가리킨다(본문은 입술에 대해 말하고 있다).

7,4 // 4,5. 7,7 1,15; 4,1. 8,3-4 // 2,6-7.

7,11–8,4. 봄이 한창인 자연 안에서 이루어지는 마지막 만남은 모든 제약에서 벗어난 인간적 사랑의 승리를 그려 보인다. 이제 여인은 아무런 억압 없이 연인을 들에서 만나자고 초대한다. 사랑하는 여인에게 유일한 제약은 사회 규범 때문에 공공연히 자신의 감정을 표현할 수 없다는 것이다.

들에서 사랑을

(여자)
12 오셔요, 나의 연인이여
우리 함께 들로 나가요.
시골에서 밤을 지내요.
13 아침 일찍 포도밭으로 나가
포도나무 꽃이 피었는지
꽃망울이 열렸는지
석류나무 꽃이 망울졌는지 우리 보아요.
거기에서 나의 사랑을 당신에게 바치겠어요.
14 합환채는 향기를 내뿜고
우리 문간에는 온갖 맛깔스러운 과일들이 있는데
햇것도 있고 묵은 것도 있어요.
나의 연인이여
이 모두 내가 당신을 위하여 간직해 온 것이랍니다.

당신이 오라버니라면

(여자)
8 1 아, 당신이 내 어머니의 젖을 함께 빨던
오라버니 같다면!
거리에서 당신을 만날 때
누구의 경멸도 받지 않고
나 당신에게 입 맞출 수 있으련만.
2 나를 가르치시는 내 어머니의 집으로
당신을 이끌어 데려가련만.
당신에게 향료 섞인 술,
나의 석류주를 대접하련만.

3 그이의 왼팔은 내 머리 밑에 있고
그이의 오른팔은 나를 껴안는다면!

(남자)
4 예루살렘 아가씨들이여
그대들에게 애원하니
우리 사랑을 방해하지도 깨우지도 말아 주오,
그 사랑이 원할 때까지.

7,13-14. 석류는 다산의 상징이며, 합환채는 성욕을 자극하고 촉진하는 것으로 여겨졌다(창세 30,14-24 참조).

8,1. 연인을 "오라버니"와 같이 여기고자 하는 여인의 갈망은 두 가지로 해석된다. 어떤 이들은 19세기 아랍의 베두인들에게도 남아 있던 관습과 같이 형제들만 공공연히 여자에게 입맞춤할 수 있었고 부부 사이의 입맞춤은 받아들여지지 않았다고 해석한다. 이집트의 사랑 시에서도 병행 본문들을 볼 수 있다. 다른 해석에서는 아가 본문이 남편과 충만한 친교를 살고자 하는 여인의 강한 갈망을 생각한다고 본다. 그러한 깊은 일치를 향한 강한 긴장을 표현하기 위하여 가장 가까운 가족 관계의 유대를 언급한다는 것이다. 아가 4,9의 주 참조.

8,4. 히브리어 본문은 아가에서만, 그리고 다섯 번에 걸쳐(2,7; 3,5; 8,4.7[2회] 참조) 정관사로 한정된 형태의 "사랑"을 사용하며, 이것은 의도적으로 "하느님 사랑"을 지칭한 것으로 볼 수도 있다. 그리스어 번역본도 비슷하게 이 경우들에서만 정관사를 사용한다는 점을 본다면('헤 아가페', 유일한 예외는 2사무 13,15), 바오로와 요한의 사랑 개념의 배경이 무엇인지를 알아볼 수 있다.

8,5. 이 절 전체는 목적어가 남성으로 되어 있고, 따라서 문장의 주어는 여자이다. 그 바탕이 되는 것은 주님Yhwh이 신랑이시고 이스라엘이 신부라는 것이다.

8,6. 인장은 문서를 인증하는 표지이면서 또한 그 인장을 지닌 사람의 특징적 표지로써, 목이나 손목이나 손가락에 걸었고 여러 모양으로 만들 수 있었다(창세 38,18; 예레 22,24 참조). 가슴과 팔에 인장을 지니는 것은 두 연인이 그들의 모든 생각과 행위가 가를 수 없는 두 사람의 공통된 생각에서 나오는 것임을 선언하는 것이다.

8,6. "더할 나위 없이 격렬한 불길이랍니다." 자구적으로는 "야(훼)의 불길"이다. 사랑은 악마적인 불길이 아니라 해방의 하느님, 이집트 탈출의 하느님, 시나이에서 자신을 드러내시는 하느님의 불이다(탈출 3,2; 13,21-22; 19,18 참조). 또한 신명 4,24에서는 이집트 탈출의 불을 하느님의 질투와 연결한다(아가 8,6에서와 같은 어근을 지닌 히브리어가 쓰였다).

8,8-9. 이 여인이 성적으로 미성숙하다는 것은 지금까지 책 전체에서 읽은 바와 반대된다. 이 구절은(이어지는 9-14절도) 후대에 첨가된 것으로, 6절에서 도달한 신학적 절정에서 내려온다.

죽음처럼 강한 사랑

(친구들)
5 자기 연인에게 몸을 기댄 채
광야에서 올라오는 저 여인은 누구인가?

(여자)
사과나무 아래에서 나는 당신을 깨웠지요.
거기에서 당신 어머니가 당신을 잉태하셨답니다,
거기에서 당신을 낳으신 분이 당신을 잉태하셨답니다.

6 인장처럼 나를 당신의 가슴에,
인장처럼 나를 당신의 팔에 지니셔요.
사랑은 죽음처럼 강하고
정열은 저승처럼 억센 것.
그 열기는 불의 열기
더할 나위 없이 격렬한 불길이랍니다.
7 큰 물도 사랑을 끌 수 없고
강물도 휩쓸어 가지 못한답니다.
누가 사랑을 사려고
제집의 온 재산을 내놓는다 해도
사람들이 그를 경멸할 뿐이랍니다.

어린 누이동생

(여자의 오빠들)
8 "우리에게는 누이가 하나 있네, 조그만 누이.
아직 젖가슴도 없다네.
누가 구혼이라도 하는 날이면
우리 누이를 어떻게 해야 하나?
9 그 애가 성벽이라면
그 위에다 은으로 성가퀴를 세우고

8,5 3,6.

8,5ㄷ-7. 이 구절은 아가의 진정한 결론이고(8,8-14은 아마도 편집자에 의하여 첨가된 여러 단편의 모음이다) 절정이다. 사랑의 열정은 끝없이 생명을 집어삼키는 죽음과 저승처럼 만족을 모른다. 그 열정은 하느님에게서 나오는 불에 비유된다(창세 19,24-25; 민수 11,3; 신명 4,24; 시편 79,5 참조). 그 열기는 원초의 바다의 물로도 억누를 수 없다. 많은 성인 신비가들이 이 표상을 사용하여 하느님께 대한 영혼의 사랑을 불꽃으로 표현했다.

✠ 8,6-7. 혼인 예식의 독서집은 부활 시기 이외의 제1독서로 이 본문을 그대로 유지하며, 아가 2,8-10.14.16에 이 구절들을 덧붙인다. 이로써 새 그리스도인 부부에게 아가 전체의 요약을 제시하며, "나의 연인은 나의 것, 나는 그이의 것"(2,16)이라는 부부의 상호성의 규칙을 독서의 중심이 되게 한다.

그 애가 문이라면
향백나무 널빤지로 막아 버리련만."

(여자)
10 나는 성벽,
내 가슴은 탑과 같아요.
하지만 그이 앞에서는
화평을 청하는 여자랍니다.

두 포도밭

(남자)
11 솔로몬에게는 바알 하몬에
포도밭이 하나 있었네.
그는 그 포도밭을 소작인들에게 맡겨
수확의 대가로
저마다 은전 천 닢을 바치게 하였다네.
12 나의 포도밭은 오직 나에게만 속한다오.
그 은전 천 닢은 솔로몬 당신의 것이고
이백 닢은 수확을 거둔 소작인들 것이라오.

둘만의 만남을 향하여

(남자)
13 정원에 있는 그대여
친구들이 그대 목소리에 귀 기울이고 있구려.
나에게만 들려주오.

(여자)
14 "나의 연인이여, 서두르셔요.
노루처럼, 젊은 사슴처럼 되어
발삼 산 위로 서둘러 오셔요."

8,14. "오셔요." 히브리어 본문은 "가셔요."로 되어 있다. 이 책의 결말은 또 하나의 시작이다. 무너질 수 없고 영원한 것으로 보였던 사랑의 탈혼 후에(6절) 다시 길을 가라는 권고는, 부부의 결합을 한 번에 영원히 얻어진 것으로 여기지 말라는 뜻이다. 그러한 관계는 새로워지고 처음 시작할 때와 같이 신선해져야 한다("소유"될 수 없으며 자동적인 것으로 간주될 수 없다). 동물들과 향기를 언급하는 것은 아가 전체에서 두 연인 사이에서 이루어졌던 찾음을 상기시킨다.

지혜서

제목과 정경 내의 위치

그리스어 사본에서 이 책의 제목은 "솔로몬의 지혜"로 되어 있다. 솔로몬의 이름은 이 책에서 한 번도 명시적으로 나타나지 않지만, 사실상 6-9장에서는 명확하게 이 책을 솔로몬에게 돌리고 있다(지혜 9,7-8 참조). 저자를 솔로몬과 동일시하는 것은 분명 문학적 허구이다. 잠언, 코헬렛, 아가도 탁월한 의미에서 현명한 임금인 솔로몬의 것으로 여겨졌다. 가명을 사용하는 것은 고대에 특히 유다인에게서 매우 자주 사용되던 문학적 현상이다. 저자의 의도는 그의 글에 이론의 여지가 없는 권위를 부여하고 자신의 숙고를 성서적-지혜문학적 흐름 안에 자리하게 하려는 데에 있다. 솔로몬에게 그의 책을 귀속시킴으로써 이 작품에 특권과 권위를 갖게 하는 것이다.

아마도 그리스어로 기록되었기 때문에 히브리 정경에 받아들여지지 않은 지혜서는 초기 그리스도교에서 받아들여졌다. 지혜서의 가르침은 그리스도교의 주제들을 준비하고 예고하고 있으며, 초기 그리스도교 저자들은 이 책에서 의인화된 지혜의 특징들을 나자렛 예수께 적용하였다.

구조와 문학적 특성

지혜서는 크게 1-5장(의인과 악인의 대조), 6-9장(지혜에 대한 찬양), 10-19장(구원 역사와 지혜)의 세 부분으로 나뉜다. 첫 부분에서 저자는 인간의 운명에서 지혜의 역할을 보여 주며 살아 있을 때와 죽은 다음의 의인과 악인의 운명을 대조한다. 둘째 부분에서는 통치자들도 지혜롭게 만들어 주는 지혜를 찬양한다. 지혜의 기원과 본성, 지혜를 얻기 위한 방법을 설명한다. 지혜에 관한 솔로몬의 담론이 있고, 이어서 주님께 지혜를 청하는 솔로몬의 기도가 나온다. 셋째 부분에서는 이스라엘 역사 안에서 지혜와 하느님의 활동을 칭송하며, 특히 이집트에서 해방된 것을 강조한다. 이 마지막 부분에서는 두 차례에 걸쳐 길게 흐름을 벗어나는데, 하느님의 자애에 관하여 말하며(11,21-12,27 참조) 이방인들의 우상 숭배에 대해 비판한다(13,1-15,19 참조).

지혜서는 문학적 관점에서 매우 독창적인 작품으로, 예술가의 특징인 재능과 창조성의 결실이다. 이 책에 가장 가까운 문학 유형은 제시적인 글에 속하는 예증을 위한 담론이라고 생각하는데, 이는 그리스 수사학의 세 가지 문학 유형 가운데 하나이다. 제시적 담론의 하위 부류인 찬가의 형태에 관련되는 이러한 종류의 글은 탄탄한 논증을 통해 어떤 인물이나 형상, 또는 어떤 덕을 칭송한다. 이러한 수사학적 모델에 비추어 보면, 알렉산드리아의 이 저자는 여기에 이어서 지혜에 대한 찬가를 쓴 것이다. 6-9장에서는 이러한 찬가가 중심 위치를 차지한다.

그러나 우리는 지혜서의 칭송이 독특하다는 점을 인정해야 한다. 저자는 그리스와 라틴 수사학의 모델에서 벗어나 과장적 담론의 원칙들을 자유롭게 따른다. 예를 들어, 도입은 너무 길다. 찬가에서는 직접적으로 지혜를 칭송하지 않고 지혜 속에서 드러나시는 하느님을 찬양한다. 히브리인과 이집트인을 비교하는 데에서는 세 번째 외부적인 요소가 끼어드는데, 그것은 전투의 장소가 되는 우주이다. 그밖에도 지혜서는 깊은 종교적 정신을 특징으로 한다. 지혜 찬가가 솔로몬의 기도를 중심으로 하고 있는 것은 우연이 아니며(9,1-18 참조), 10-19장의 진정한 주인공은 이스라엘의 역사가 아니라 하느님과 당신 백성을 위한 그분의 자비로운 행위이다.

이 책의 세 부분에서 저자가 서로 다른 문체를 사용한다는 점도 잊지 말아야 한다. 이 점은 작품의 단일성에 대한 의심을 불러일으켰지만, 이는 근거가 약하다. 첫 부분에서는 토론 또는 논쟁이 의인과 악인의 대조를 부각시킨다. 둘째 부분에서는 찬가가 지혜의 아름다움을 찬양한다. 마지막으로 셋째 부분에서는 역사를 재해석하는 미드라쉬가 탈출기와 민수기에서 이야기하는 사건들을 해석하는 열쇠가 된다.

형식적인 면에서 지혜서에는 히브리 문학의 특징적 요소(대구, 병행, 미드라쉬적 주해, 구약 성경의 동기와 표상에 대한 암시)와 세련된 그리스 수사학(동의어의 나열, 섬세한 형용사 사용, 동음 반복, 운율, 언어유희와 치밀한 짜임)이 조화롭게 결합되어 있다. 이 모든 요소를 기술적으로 결합해 저자는 유다교와 헬레니즘이 변증법적 관계를 이루는 지혜문학의 작은 보석을 만들었다.

주요 신학 노선

지혜서는 구약 성경에서 마지막으로 작성된 책일 가능성이 크다. 헬레니즘화된 배경 속에서 작성된 이 책은 이스라엘 문화의 원칙을 헬레니즘 문화의 원칙과 조화시키며, 이스라엘의 신학 사상의 주요 요소들을 설득력 있고 풍요롭게 재해석한다. 저자가 잘 알고 있던 영혼의 불멸에 대한 플라톤적 개념들은 부활 교리에 결정적인 영향을 미쳤고, 이로써 인간 행동에 대한 갚음 또는 응보라는 지혜문학 전통과 구약 성경 신학의 중요한 한 가지 문제에 응답하게 되었다. 지혜서의 내용은 구약 성경 계시의 원숙한 결실이며 새로 생겨나던 그리스도교와 교량 역할을 하는 것으로 간주될 수 있다. 이스라엘의 현인들이 이미 다루었던 문제들에 대하여(의인의 고통, 응보, 죽음) 저자는 영혼의 불사에 대한 믿음과 내세의 응보라는 새로운 해석학적 실마리를 제공한다.

첫 부분(1-5장)에서는 한편으로 지혜와 정의를, 다른 한편으로 불사의 문제를 전개한다. 불사는 인간과 하느님의 관계에 달려 있고, 여기에 지혜가 개입된다. 모든 창조물에 충만한 지혜의 영은 인간의 행위를 식별할 수 있다. 악한 행위는 인간을 멸망으로 이끌며 의로운 행위는 그를 하느님의 손안에 있게 한다. 지혜와 정의의 길을 택하는 사람은 '스올'을 면하여 불사의 삶을 향해 간다. 의인의 불사라는 개념은, 죽음이 최종적 단절로 제시되지 않을 만큼 강하다. 죽은 후에 인간은 자신이 되기로 선택했던 대로 될 것이다. 악인의 운명은 죽음으로 정해져 있고 그는 이를 회피할 수 없다.

저자는 악인(2,1-20 참조)과 의인(3,1-9 참조)의 두 가지 묘사를 통하여 불사라는 주제를 설명한다. 의인을 묘사하는 본문 안에서 불사에 대한 두 가지 이의가 제기된다. 어째서 의인이 악인과 마찬가지로 죽어야 하는가? 의인의 고통은 어떤 의미를 갖는가? 첫째 질문에 대하여 이제 잘 대답할 수 있다. 의인의 죽음은 그의 멸망이 아니라, 건너감을 뜻한다. 둘째 질문은 시험이라는 주제로 설명되는데, 이에 따르면 의인의 고통은 그의 충실성에 대한 시험이다. 그 시험은 성경 전통의 두 가지 특징적인 예들로 예시되는데, 그것은 자녀가 없는 것과 때 이른 죽음이다. 자녀가 없다는 것은 분명 불행으로 여겨졌고 하느님의 징벌로 이해되었다. 그러나 우리의 저자는 매우 드문 대답으로 시작한다. "행복하여라, 자식을 낳지 못해도 정결한 여자!"(3,13) "제 손으로 무도한 짓을 저지르지 않는… 고자도 행복하여라."(3,14) "자식이 없어도 덕이 있는 편이 더 낫다."(4,1) 그는 의인에 대한 하느님의 사랑에서 출발하여 때 이른 죽음에 관하여 설명한다. 하느님은 그에게 안식을 주시고 세상의 악에서 해방시키시며, 그를 충실하게 지켜주실 것이다(4,7-17 참조).

지혜는 이 책의 둘째 부분(6-9장)의 주인공인 자립적인 영적 실재로서 모든 선을 베푸는 이로 제시된다. 지혜는 하느님과 삶의 친교를 이루고 살며 하느님의 한 가지 속성이 의인화된 것으로, 성령과 동일시되기에 이른다(9,17 참조). 그 영은 영혼들 안에서 활동하고 우주를 통일시키는 원리이다(1,1-14 참조). 지혜는 인간 역사 안에서 활동하면서 거룩한 영혼이 하느님의 부르심을 받아들이게 하고 "하느님의 벗과 예언자"가 되게 한다(7,27 참조). 지혜는 빛보다 더 밝으며 밤과 악도 이긴다(7,29-30 참조). 지혜는 만물을 다스린다(8,1 참조). 동시에 의인화라는 문학적 기법을 통하여 지혜는 젊은 솔로몬이 사랑하는 여인이 된다. 솔로몬은 기쁠 때나 슬플 때나 지혜를 사랑하기로 결심하고, 그를 신부로 삼으려 한다(8,9 참조). 그러나 솔로몬은 하느님께서 허락하실 때에만 지혜를 얻을 수 있다는 것을 깨닫는다. 이러한 생각에서 그의 열정적인 기도가 시작된다(9,1-18 참조).

셋째 부분(10-19장)의 주제는 하느님의 섭리와 이스라엘 백성에 대한 하느님의 자비이다. 이스라엘의 원수인 우상 숭배자들에게는 그 자비가 징벌이 된다. 알렉산드리아의 유다교 공동체의 문제들에 응답하기 위하여 저자는 이집트 탈출과 관련된 일곱 개의 예 또는 대조와 비교로 이스라엘의 과거에 대해 숙고한다. 이집트 탈출 때의 이스라엘이 율법과 전통에 충실한 이스라엘인들을 나타낸다면(의인), 이집트인들은 우상 숭배 예식 특히 주술과 신비 종교 의식의 유혹에 떨어져 배교한 유다인(악인)의 본보기이다. 이렇게 현재에 비추어 과거를 재해석하는 것은 이스라엘뿐 아니라 인류 전체의 미래를 위하여 기초를 마련하고 미래를 내다보기 위해서도 필요하다. 다시 말해 과거에 하느님의 구원 행위는 미래의 희망을 위한 기초가 된다.

의인화된 지혜와 이와 연관된 혼인의 은유가 계속해서 학자들의 관심을 불러일으키지만, 현재 지혜서 연구는 오히려 덜 연구된 부분인 11-19장을 향한다. 그밖에는 이 책의 신학적 성격에 대한 연구, 그리스 세계와 유다교 세계 사이의 관계에 대한 연구가 있다. 저자가 언제나 자기 백성의 전통에 뿌리를 두고 있으면서도 그리스 철학 및 문화에서 신학적 숙고에 도움이 되는 요소를 빌려 왔다는 점을 잊지 말자.

본문의 작성과 전수

저자 문제는 작성 연대 문제와 밀접히 관련되어 있다. 오늘날에는 이 책이 옥타비아누스 아우구스투스 황제 시대에 작성되었다고 보며, 기원전 30년 이후 곧 이집트 알렉산드리아에 로마의 지배가 강력하게 확립된 후였다고 본다. 로마의 이집트 점령은 새로운 시대를 시작하게 되었으며 그 시대는 '크라테시스'라는 이름을 갖고 있었다. 그런데 이 단어는 성경의 다른 책에서는 나타나지 않고 오직 지혜서에서만 사용된다(6,3 참조). 그래서 알렉산드리아의 '크라테시스'가 시작된 기원전 30년이 지혜서가 작성되었을 가장 빠른 연대terminus a quo가 된다. 이 작품이 칼리굴라(기원후 41년 사망) 시대에 작성되었다고 보는 이들도 있다. 그러나 그러한 논거는 설득력이 약하다.

작성 배경은 이집트 알렉산드리아의 유다인 디아스포라로 보인다. 프톨레마이오스 왕조 때부터(기원전 299-199년) 다수의 유다인이 파라오의 땅에, 도시와 농촌 모두에 정착했다(기원전 4세기에도 유다인 거주지가 있었다). 이 유다인 공동체는 로마의 지배를 받던 동방의 언어인 그리스어를 사용했다(팔레스티나에서도). 기원전 1세기에 유다인 공동체는 이집트에 정착하여 내부적으로 잘 조직되어 있었다. 알렉산드리아의 유다인이 많은 문학 작품을 만들었다는 점도 주목할 만하다. 그들은 헬레니즘적이고 이교적인 사회에서 자신들의 문화와 전통을 보전하기 위하여 맹렬히 싸웠을 뿐만 아니라, 하급 시민으로 분류되지 않기 위해서도 싸웠다(그들 전체 가운데 특출한 저자로 알렉산드리아의 필론이 있다).

지혜서의 저자가 누구인지는 알 수 없다. 그는 아마도 매우 종교적인 유다인으로, 이집트 알렉산드리아의 유다인 공동체에 속해 있으나 그리스 문화를 잘 알고 있었으며, 헬레니즘 시대의 알렉산드리아 공동체의 온건 계층과 대화는 열려 있지만 무엇보다도 자신과 같은 종교에 속한 이들에게 조상의 진정한 전통을 알려 주려는 의도를 갖고 있었다.

이 저자가 같은 종교를 지닌 유다인을 대상으로 하고 있다는 사실은 아무도 의심하지 않는 명백한 사실이다. 다만 그 대상이 정확히 누구인지를 밝히는 것은 다른 문제이다. 큰 어려움 속에서도 충실하게 남아 있던 유다인일 수도 있고, 자신의 신앙을 저버린 유다교 배교자일 수도 있으며, 알렉산드리아 사회에서 권위를 지녔거나 중요 인물로 여겨지던 유다인일 수도 있고, 교육을 해야 할 젊은이들이었을 수도 있다.

대도시 알렉산드리아에는 다양한 사회 집단이 함께 살고 있었다. 유다인(충실한 이들과 그렇지 않은 이들), 이집트인, 그리스인도 있었다. 헬레니즘 사상의 매력은 억누를 수 없었다. 그러나 지혜서의 저자는 이교도를 개종하기 위한 선전용 작품을 쓴 것이 아니라 본질적으로 알렉산드리아의 유다인 공동체를 향한 작품을 쓴 것이었고, 헬레니즘 사상의 매력에 정복되거나 디오니소스 숭배를 비롯하여 그들의 신앙과 조상의 전통을 위협하는 다른 많은 위협에 굴복한 유다인 특히 젊은이들을 향하고 있다.

오늘날 논쟁이 되고 있는 한 가지 주제는 지혜서와 묵시문학 특히 에녹 전승(특히 외경인 에녹 1서) 및 쿰란 문헌과의 접촉 문제이다. 묵시문학의 영향은 소위 "종말론 책"인 2-5장의 심판 장면에서, 지혜 5,17-23의 전사이신 하느님이라는 모티브에서, 16-19장의 이집트 탈출 이야기에 나타나는 우주의 변형에서 알아볼 수 있다.

누리아 칼두흐-베나헤스Nuria Calduch-Benages

지혜서

하느님을 찾고 악을 피하여라

1 [1] 세상의 통치자들아, 정의를 사랑하여라.
선량한 마음으로 주님을 생각하고
순수한 마음으로 그분을 찾아라.
2 주님께서는 당신을 시험하지 않는 이들을 만나 주시고
당신을 불신하지 않는 이들에게 당신 자신을 드러내 보이
신다.
3 비뚤어진 생각을 하는 사람은 하느님에게서 멀어지고
그분의 권능을 시험하는 자들은 어리석은 자로 드러난다.
4 지혜는 간악한 영혼 안으로 들지 않고
죄에 얽매인 육신 안에 머무르지 않는다.
5 가르침을 주는 거룩한 영은 거짓을 피해 가고
미련한 생각을 꺼려 떠나가 버리며
불의가 다가옴을 수치스러워한다.
6 지혜는 다정한 영,
그러나 하느님을 모독하는 자는 그 말에 책임을 지게 한다.
하느님께서 그의 속생각을 다 아시고
그의 마음을 샅샅이 들여다보시며
그의 말을 다 듣고 계시기 때문이다.
7 온 세상에 충만한 주님의 영은

1,5 시편 51,13; 이사 63,10.11; 요한 14,16.26; 16,13; 1요한 2,27. 1,6 7,23; 12,19. 1,7 7,24; 8,1; 창세 1,2; 콜로 1,17.

1,1–5,23. 이 책의 첫 부분에서는 죽음의 문화와 생명의 문화가 대비된다. 정의와 불의가 서로 맞닥뜨리고, 지혜문학 사상의 고전적 도식에 따라 각각 하느님에게서 마땅한 갚음을 받을 것이다. 그러나 저자는 새로운 요소를 도입하며, 아직까지 풀리지 않던 고통의 문제와(3,1-12 참조) 의인의 때 이른 죽음과(4,7-20 참조) 후손이 없음이라는 문제에(3,13–4,6 참조) 대답을 시도할 것이다.

1,1-16. 솔로몬 임금이 세상의 통치자들에게 말하는 것을 상상하는 형태로 서문이 진술된다. 서문은 책 전체의 기획을 밝히고 이어서 전개될 정의와 불의, 삶과 죽음과 같은 주제를 제시한다. 지혜가 소개되는데, 의인화 이상이다. 지혜는 하느님과 구별되는 영적 실재이고(4절과 6절) 주님의 영과 병행된다(4-7절). 지혜와 주님의 영은 모두 생명을 주시는 하느님의 행위를 나타내며, 세상에서뿐만 아니라 사람들 안에서도 작용한다. 그러나 인간은 죽음을 선택하고 지혜와 주님의 영을 거부할 수 있다(12-16절).

1,1. "세상의 통치자들" "세상의 재판관들"이라고 이해할 수도 있다. 둘째 번역은 그리스어 동사('크리노')에 해당하는 자구적 해석이며, 첫째 번역은 그리스어의 이 단어가 흔히 "통치하다, 재판하다"를 뜻하는 히브리어 동사 '사팟'에 연결된다는 것으로 정당화된다(통치와 재판은 임금의 권력이 드러나는 두 가지 행위이다. 2사무 15,1-6; 1열왕 3,16-18; 잠언 29,4.14; 지혜 9,7 참조).

1,2. "시험… 불신" 이 번역은 "강한" 표현을 피하려는 듯하다. 첫째 동사는 "유혹하다"를 의미할 수 있고(2,24 참조. 이스라엘인이 하느님을 거슬러, 탈출 17,2.7; 민수 14,22; 시편 78,41 참조) 둘째 동사는 "믿기를 거부하다"를 뜻할 수 있다(시편 14,1 참조).

1,3. "비뚤어진" 그리스어 형용사 '스콜리오스'는 곧은 직선이 아닌 것을 가리키며, 내용에 관련하여 해석할 수도 있고(그릇된 말) 말하는 방법에 관련지을 수도 있다(모호한 논리). 잠언 2,15; 21,8 참조. 인간의 지향이 올바르지 않을 때 하느님은 그곳을 피하신다.

1,4. "지혜" 처음으로 '소피아'라는 단어가 나온다. 지혜는 정착할 곳을 고르는 사람과 같은 모습으로 제시된다(집회 24,8 참조). 인간은 광야의 천막이나 예루살렘 성전과 같이 하느님의 거룩하심이 계시는 거처("머무르다")와 같이 여겨진다.

"영혼… 육신" 지혜서에서는 (구약에서 유일한 예로) 인간에 대한 이분법적 시각이 나타난다(8,19-20; 9,15 참조). 플라톤 철학의 영향이 드러나는 표지이다.

만물을 총괄하는 존재로서 사람이 하는 말을 다 안다.
8 그러므로 불의한 것을 지껄이는 자는 반드시 탄로 나고
징계하는 정의가 그를 그냥 지나쳐 버리지 않는다.
9 간계를 꾸미는 악인은 신문을 받고
그가 말하는 소리가 주님께 다다라
그 악행으로 벌을 받는다.
10 열성스러운 귀는 모든 것을 다 들으니
투덜거리는 소리도 그냥 넘기지 않는다.
11 그러니 조심하여 쓸데없이 투덜거리지 말고
비방하지 않도록 혀를 잡도리하여라.
은밀히 하는 말도 반드시 결과를 가져오고
거짓을 말하는 입은 영혼을 죽인다.
12 그릇된 생활로 죽음을 불러들이지 말고
자기의 행위로 파멸을 끌어들이지 마라.
13 하느님께서는 죽음을 만들지 않으셨고
산 이들의 멸망을 기뻐하지 않으신다.
14 하느님께서는 만물을 존재하라고 창조하셨으니
세상의 피조물이 다 이롭고
그 안에 파멸의 독이 없으며
저승의 지배가 지상에는 미치지 못한다.
15 정의는 죽지 않는다.

악인들의 삶과 생각

16 악인들은 행실과 말로 죽음을 불러내고
죽음을 친구로 여겨 그것을 열망하며
죽음과 계약을 맺는다.
그들은 죽음에 속한 자들이 되어 마땅하다.

2 1 그들은 옳지 못한 생각으로 저희끼리 이렇게 말한다.
"우리의 삶은 짧고 슬프다.

1,14 창세 1,1–2,3.

✠ 1,13-15. 이 본문과 다음 장의 마지막 부분(2,23-24)은 나해 연중 제13주일에 마르코 복음에서 예수님께서 하혈증을 앓는 여인과 회당장 야이로의 딸을 치유하시는 기적을 전하는 본문과 함께 읽는다. 예수님은 지혜가 말한 것을 실제로 보여 주신다.

2,1-24. 이제는 악인의 생각을 살펴본다. 그는 그리스 철학의 몇 가지 원리의 영향을 받아, 현세와 내세 삶의 의미를 완전히 부인한다(1-5절). 그들이 최고의 이상으로 여기는 것은 향락적 삶으로(6-9절), 양심도 없이 약한 이들을 억압한다(10-11절). 의인은 제거되어야 한다. 그가 도덕 원칙을 상기시키고 그들이 부인하는 초월적 실재를 생각하게 하기 때문이다(12-20절). 이 장의 마지막 부분에서는(21-24절) 중요한 새 개념이 나타난다. 악마는 인간에게서 불멸을 없애려 했지만, 흠 없는 삶은 죽음 이후에 불멸의 상급을 받게 되리라는 것이다.

이 절에서 영혼과 육신은 부정적인 의미를 지닌다.

1,6. "다정한"은 "인간을 사랑하는"을 뜻하는 형용사 '필란트로포스'로 스토아 철학에서 들어온 것이다. 스토아 철학은 인간을 창조물 안에 포함하는 적극적인 보편주의를 표방한다.

1,7. "충만한"이라는 동사는 현재 완료형으로, 과거 행위의 가시적 결과가 현재 지속됨을 가리킨다.

1,13. 저자는 창세 1-3을 분명히 염두에 두고 있다. 지혜 1,16; 2,23-24에서와 같이 여기서 죽음은 멸망으로 이해된다.

1,15. "정의는 죽지 않는다." 이어서 저자는 의인들은 불사의 희망으로 가득 차 있다고 단언하며 "영혼"과 "불사"를 직접 연결한다(3,4). 불사와 관련된 다른 단어인 "불멸"에 있어서 2,23에서는 육신의 운명에 대해 언급하지 않는다. 더 자세히 말하지 않아도 종교적 인간에게 불멸은 하느님과 그의 우정이며 악인은 죽음을 겪게 된다는 것을 전제하는 것이다.

2,1. "저승"은 '하데스'이다(1,14; 16,13; 17,14에서도). 욥 7,9; 11,8; 14,13; 잠언 1,12; 5,5 참조.

2,2. 이 악인들이 누구인지를 규정하기는 쉽지 않다. 그들의 말을 보면 분명한 유물론자로 보인다(에피쿠로스 학파일 수도 있다. 6-9절). 그들은 저승이 존재한다는 것도 전혀 인정하지 않는다(이사 38,18 참조).

2,4. 죽은 이후에 남는 어떤 사람에 대한 기억에 관하여, 코헬 1,11 주해 참조. 또한 욥 7,9; 8,9; 시편 109,23; 호세 13,3 참조.

2,6. "젊을 때처럼 이 세상 것들을 실컷 쓰자." 코헬렛도 삶의 즐거움들을 누릴 것을 권고한다(3,12-13.22 참조).

2,10. "의인" 처음으로 이 단어가 나온다. 이 단어는 지혜서에서 핵심적인 위치를 차지한다. 구체적인 한 사람에 연결 지을 수는 없으며, 불의하게 억압받는 모든 이들을 포함한다. 여기서 언급된 억압받는 이의 범주는(가난한 이, 과부, 노인) 구약 성경에서 자주 언급된다(고아와 이방인과 함께). 욥 29,12-13; 31,16-17; 집회 4,1-10; 이사 10,2; 예레 7,6; 22,3; 즈카 7,10; 말라 3,5 참조.

인생이 끝에 다다르면 묘약이 없고
우리가 알기로 저승에서 돌아온 자도 없다.
2 우리는 우연히 태어난 몸,
뒷날 우리는 있지도 않았던 것처럼 될 것이다.
우리의 콧숨은 연기일 뿐이며
생각은 심장이 뛰면서 생기는 불꽃일 따름이다.
3 불꽃이 꺼지면 몸은 재로 돌아가고
영은 가벼운 공기처럼 흩어져 버린다.
4 우리의 이름은 시간이 지나면서 잊히고
우리가 한 일을 기억해 줄 자 하나도 없으리니
우리의 삶은 구름의 흔적처럼 사라져 가 버린다.
햇살에 쫓기고
햇볕에 버티지 못하는 안개처럼
흩어져 가 버린다.
5 우리의 한평생은 지나가는 그림자이고
우리의 죽음에는 돌아올 길이 없다.
정녕 한번 봉인되면 아무도 되돌아오지 못한다.
6 자 그러니, 앞에 있는 좋은 것들을 즐기고
젊을 때처럼 이 세상 것들을 실컷 쓰자.
7 값비싼 포도주와 향료로 한껏 취하고
봄철의 꽃 한 송이도 놓치지 말자.
8 장미가 시들기 전에 그 봉오리들로 화관을 만들어 쓰자.
9 어떠한 풀밭도 우리의 이 환락에서 빠지는 일이 없게 하여라.
이것도 우리의 몫이고 저것도 우리의 차지니
어디에나 우리가 즐긴 표를 남기자.
10 가난한 의인을 억누르고
과부라고 보아주지 말자.
백발이 성성한 노인이라고 존경할 것 없다.
11 약한 것은 스스로 쓸모없음을 드러내니
우리 힘이 의로움의 척도가 되게 하자.
12 의인에게 덫을 놓자.
그자는 우리를 성가시게 하는 자,
우리가 하는 일을 반대하며
율법을 어겨 죄를 지었다고 우리를 나무라고
교육받은 대로 하지 않아 죄를 지었다고 우리를 탓한다.

2,3 창세 3,19; 코헬 3,20. 2,12 예레 11,19; 20,10-13; 마태 26,3-4; 요한 5,16-18.

2,12.17-20. 의인이 당해야 하는 위험은 나해 연중 제25주일 복음에서 예수님께서 예루살렘에서 겪으실 고통의 신비를 알려 주시는 것과 병행된다.

13 하느님을 아는 지식을 지녔다고 공언하며
자신을 주님의 자식이라고 부른다.
14 우리가 무슨 생각을 하든 우리를 질책하니
그를 보는 것만으로도 우리에게는 짐이 된다.
15 정녕 그의 삶은 다른 이들과 다르고
그의 길은 유별나기만 하다.
16 그는 우리를 상스러운 자로 여기고
우리의 길을 부정한 것인 양 피한다.
의인들의 종말이 행복하다고 큰소리치고
하느님이 자기 아버지라고 자랑한다.
17 그의 말이 정말인지 두고 보자.
그의 최후가 어찌 될지 지켜보자.
18 의인이 정녕 하느님의 아들이라면 하느님께서 그를 도우시어
적대자들의 손에서 그를 구해 주실 것이다.
19 그러니 그를 모욕과 고통으로 시험해 보자.
그러면 그가 정말 온유한지 알 수 있을 것이고
그의 인내력을 시험해 볼 수 있을 것이다.
20 자기 말로 하느님께서 돌보신다고 하니
그에게 수치스러운 죽음을 내리자."

악인들의 그릇된 생각

21 이렇게 생각하지만 그들이 틀렸다.
그들의 악이 그들의 눈을 멀게 한 것이다.
22 그들은 하느님의 신비로운 뜻을 알지 못하며
거룩한 삶에 대한 보상을 바라지도 않고
흠 없는 영혼들이 받을 상급을 인정하지도 않는다.
23 정녕 하느님께서는 인간을 불멸의 존재로 창조하시고
당신 본성의 모습에 따라 인간을 만드셨다.
24 그러나 악마의 시기로 세상에 죽음이 들어와
죽음에 속한 자들은 그것을 맛보게 된다.

2,15. 첫째 행과 둘째 행이 병행되어 "길"에 해당하는 히브리어 단어가 구약 성경의 통상적인 용법에 따라 "행실"로 이해되어야 함을 분명히 보여 준다(1사무 8,3.5의 주 참조).

2,16. 의인은 죽음 이후의 삶을 믿으며 자신의 삶으로 인간의 운명에 대한 악인들의 생각이 그릇된 것임을 보여 준다. 하느님은 아버지라고 일컬어지는데, 이 호칭은 다른 곳에서도 나타난다(신명 32,6; 이사 63,16; 64,7; 예레 3,19; 말라 1,6 참조). 지혜서에서는 백성 전체가 "하느님의 아들"로 여겨진다(9,7; 12,19-21; 16,10.26; 18,4.13 참조). 집회 23,1의 주 참조.

2,22. "신비로운 뜻" 여기에 사용된 단어('미스테리아')는 다양한 뜻을 지닌다. 문맥은 의인들에 대한 하느님의 감추어진 계획을 가리키는 것으로 보인다(아모 3,7의 경우와 같이). 본문에서는 곧바로 보상과 상급에 대해 말한다.

2,23. "불멸"에 관하여, 1,15의 주 참조.

2,13 12,7; 19,6; 루카 22,70. 2,16 마태 5,11; 요한 5,18. 2,18-20 마태 27,43. 2,23 창세 1,26; 2베드 1,4. 2,24 창세 3; 1요한 3,8; 묵시 12,9; 20,2.

3,1. 죽음 이후의 삶을 묘사하면서 저자는 의인들의 영혼에게는 하느님의 보호 아래 있는 긍정적인 운명이 기다리고 있다고 선언한다(하느님의 "손"은 그분의 힘, 통치를 가리킨다. 지혜 7,16; 11,17; 14,6; 19,8; 신명 33,3; 욥 19,21; 시편 31,6; 루카 23,46; 요한 10,28 참조). 육신의 운명에 대해서는 언급하지 않는다. 그 문제에 큰 관심이 없는 것으로 보인다.

3,5-6. "하느님께서 그들을 시험하시고… 용광로 속의 금처럼 그들을 시험하시고" 욥과 다른 지혜문학서에서 이야기하는 의인의 경험에서와 같이 고통은 정화의 의미를 지닌다(욥 23,10; 시편 66,10; 잠언 17,3; 집회 2,5 참조. 또한 이사 1,25; 48,10; 즈카 13,9 참조). 하느님은 긍정적인 결과를 얻기 위하여 인간을 시련/시험하시는 분으로 제시된다(7절에서는 찾아오시는/조사하시는 분).

3,11. 그리스어 단어 '파이데이아'는 그 아래 깔려 있는 히브리어 단어를 고려하여 해석할 수 있고(그래서 "교훈"으로 번역된다) 아니면 헬레니즘의 특징인 인문주의적 이상과 연관하여 해석할 수 있다(이에 따라 "교육"으로 번역할 수 있다).

의인들의 운명

3 1 의인들의 영혼은 하느님의 손안에 있어
어떠한 고통도 겪지 않을 것이다.
2 어리석은 자들의 눈에는 의인들이 죽은 것처럼 보이고
그들의 말로가 고난으로 생각되며
3 우리에게서 떠나는 것이 파멸로 여겨지지만
그들은 평화를 누리고 있다.
4 사람들이 보기에 의인들이 벌을 받는 것 같지만
그들은 불사의 희망으로 가득 차 있다.
5 그들은 단련을 조금 받은 뒤 은혜를 크게 얻을 것이다.
하느님께서 그들을 시험하시고
그들이 당신께 맞갖은 이들임을 아셨기 때문이다.
6 그분께서는 용광로 속의 금처럼 그들을 시험하시고
번제물처럼 그들을 받아들이셨다.
7 그분께서 그들을 찾아오실 때에 그들은 빛을 내고
그루터기들만 남은 밭의 불꽃처럼 퍼져 나갈 것이다.
8 그들은 민족들을 통치하고 백성들을 지배할 것이며
주님께서는 그들을 영원히 다스리실 것이다.
9 주님을 신뢰하는 이들은 진리를 깨닫고
그분을 믿는 이들은 그분과 함께 사랑 속에 살 것이다.
은총과 자비가 주님의 거룩한 이들에게 주어지고
그분께서는 선택하신 이들을 돌보시기 때문이다.

악인들의 운명

10 그러나 의인을 무시하고 주님을 거역한 악인들은
자기들이 생각한 것에 따라 벌을 받을 것이다.
11 지혜와 교훈을 업신여기는 자는 불쌍하다.
그들의 희망은 헛되고 노동은 벌이가 되지 않으며
그들의 작업은 결실이 없다.

3,7 다니 12,3; 마태 13,43. 3,9 4,15.

3,1-19. 저자는 응보의 문제를 다루며, 전통적 지혜 사상에서 한 걸음 더 나아간다. 행위에 대한 갚음은 지상에서 이루어지는 것이 아니라 죽음 이후로 미루어진다. 찬란한 내세가 있는 것이다. 그러나 불사는 플라톤적 학설에 따라 단순히 영혼의 형이상학적 속성으로 여겨지지 않고 하느님과의 삶의 친교로 이해되며, 그러한 불사가 의인을 위한 선물이다. "의인이 고통과 때 이른 죽음을 당하는 것은 어째서인가?" 저자는 새로운 신학적 범주로 이에 응답한다. 하느님은 그들을 고통으로 정화하시고 그들을 기꺼이 받아들이셨다. 그래서 그들은 그분과 함께 영원히 다스리게 될 것이다. 반면 악인들에게는 영원한 생명의 희망이 없다(1-12절). 이러한 전망 안에서 이스라엘 사회에서 멸시받던 자식 없는 여자와 고자가 새롭게 평가된다. 중요한 것은 선행이며, 그들은 이에 따라 적절한 갚음을 받게 될 것이다(13-19절).

3,1-9. 이 단락은 그리스도교 공동체가 11월 2일에 기념하는 위령의 날 미사에서 읽는다. 본문의 주제로 인하여 장례 예식의 독서로도 쓰인다.

12 그 아내들은 어리석고
자식들은 사악하며
후손들은 저주를 받는다.

자식 없는 의인과 자식 많은 악인

13 행복하여라, 자식을 낳지 못해도 정결한 여자!
죄 되는 잠자리에 들지 않은 여자!
하느님께서 영혼들을 찾아오실 때에 그는 결실을 볼 것이다.
14 제 손으로 무도한 짓을 저지르지 않고
주님께 악한 것을 생각해 내지 않는 고자도 행복하여라.
그는 자기의 믿음 덕분에 특별한 은총을 받고
주님의 성전에서 아주 흡족한 몫을 받을 것이다.
15 좋은 노력의 결과는 영광스럽고
예지의 뿌리는 소멸되지 않는다.
16 간음의 소생들은 크지 못하고
부정한 잠자리에서 생긴 자식들은 망하고 만다.
17 오래 산다 하여도 그들은 아무것도 아닌 것으로 여겨지고
결국은 나이가 많음도 그들에게는 영예롭지 못하다.
18 일찍 죽는다 하여도 희망이 없고
심판 날에 아무 위안도 받지 못할 것이다.
19 불의한 족속의 끝은 이처럼 비참하다.

4 1 자식이 없어도 덕이 있는 편이 더 낫다.
덕이 하느님과 사람들에게 인정을 받고
덕에 대한 기억 속에 불사가 들어 있기 때문이다.
2 덕이 있을 때에는 사람들이 그것을 본받고
없을 때에는 그것을 갈구한다.
고결한 상을 놓고 벌인 경기의 승리자,
덕은 영원의 세계에서 화관을 쓰고 행진한다.
3 그러나 악인들에게는 자손이 아무리 많아도 소용이 없다.
그 사생아들은 아무도 뿌리를 깊이 내리지 못하여
바탕이 튼튼할 수가 없다.
4 잠시 줄기를 뻗는다 하여도

3,13. 행복 선언이라는 문학 유형은(시편 1,1 참조) 깊은 행복을 가져오는 삶의 선택 가치를 밝혀 준다. 자식을 낳지 못하는 여자나(1사무 2,5 참조) 고자의 처지는(이사 56,4-5 참조) "하느님께서 영혼들을 찾아오실" 마지막 순간에는 "행복하다"고 일컬어진다. 구약 성경에서 하느님께서 당신 백성을 찾아오시는 것은 구원을 위한 개입이나 처벌을 예고하는 것이었다(이사 10,3; 예레 6,15; 말라 3,2 참조). 여기서는 의인과 악인을 구분하는 마지막 심판을 말하는 것이다. 그래서 영혼의 방문 또는 조사라기보다 하느님 앞에서의 "결산"이라고 이해할 수 있다(마태 25,31-46 참조).

3,16. 율법에 의해 금지된 불법적 결합을 말한다(이사 57,3-4 참조). 외국인과 결혼은 유배 후에 에즈라와 느헤미야에 의해 금지되었다(잠언 2,11-22의 주 참조).

4,1. 자식이 없는 사람의 처지가(마태 19,12 참조) 칭송을 받는 것은, 육체적으로는 후손이 없다 해도 덕행으로 이루어진 자신의 명예를 유산으로 남기기 때문이다. 저자는 사회적 명성의 중요성에 관한 스승들의 고전적 신념을 이어 가면서(잠언 22,1; 집회 41,10-13 참조) 코헬 2,16과 거리를 둔다.

4,3-5. 뿌리와 열매, 꼭지까지 완전히 파괴된 식물의 표상은 악인의 번영에 단호히 맞서시는 하느님의 행위를 지칭한다(아모 2,9 참조).

3,15 시편 1,3; 집회 24,12-17. 3,18 4,6.

4,1-20. 주님께서 성조들에게 하신 약속에 기초하여(창세 17,4-7; 탈출 20,12; 신명 4,1 참조) 이스라엘에서 깊이 뿌리내린 한 가지 믿음, 곧 선행과 많은 자녀 또는 장수의 축복 사이에 연관이 있다는 믿음이 극복된다. 이름과 기억은 많은 자녀를 통하여 영원히 남겨지는 것이 아니라 덕스러운 삶이라는 개인적 공로가 남는 것이며, 또한 바로 이것이 불사의 보증이다(1-6절). 때 이른 죽음도 신학적으로 정당화된다. 하느님의 눈에 중요한 것은 오래 살았다는 것이 아니라 죄가 없는 삶이다(7-20절).

단단히 서 있지 못하여 바람에 흔들리다가
세찬 바람에 뿌리째 뽑히고 만다.
5 그 가지들은 자라기도 전에 꺾여 나가고
열매는 쓸모가 없다.
익지 않아 먹지 못하고 달리 쓸 데도 없다.
6 부정한 잠자리에서 생겨난 자식들은 재판 때에
부모가 저지른 죄악의 증인이 된다.

의인의 요절과 악인의 장수

7 의인은 때 이르게 죽더라도 안식을 얻는다.
8 영예로운 나이는 장수로 결정되지 않고
살아온 햇수로 셈해지지 않는다.
9 사람에게는 예지가 곧 백발이고
티 없는 삶이 곧 원숙한 노년이다.
10 하느님 마음에 들어 그분께 사랑받던 그는
죄인들과 살다가 자리가 옮겨졌다.
11 악이 그의 이성을 변질시키거나
거짓이 그의 영혼을 기만하지 못하도록 들어 올려진 것이다.
12 악의 마력은 좋은 것들을 무색하게 만들고
솟구치는 욕망은 순수한 정신을 훼손하기 때문이다.
13 짧은 생애 동안 완성에 다다른 그는 오랜 세월을 채운
셈이다.
14 주님께서는 그 영혼이 마음에 들어
그를 악의 한가운데에서 서둘러 데려가셨다.
그러나 사람들은 그것을 보고도 깨닫지 못하고
그 일을 마음에 두지도 않았다.
15 곧 은총과 자비가 주님께 선택된 이들에게 주어지고
그분께서 당신의 거룩한 이들을 돌보신다는 것이다.
16 죽은 의인이 살아 있는 악인들을,
일찍 죽은 젊은이가 불의하게 오래 산 자들을 단죄한다.
17 그들은 현인의 죽음을 보면서도
주님께서 그에게 무엇을 바라셨는지,
그를 왜 안전한 곳으로 데려가셨는지 깨닫지 못한다.
18 그들은 그것을 보면서 냉소하지만

4,10. "자리가 옮겨졌다." 여기서 암시된 것은 에녹이다(창세 5,24; 집회 44,6; 히브 11,5 참조). 의인의 때 이른 죽음을 배경으로 하고 있으므로(7절) "그를 당신 곁으로 데려가셨다."로 옮길 수 있을 것이다. 저자는 의인의 때 이른 죽음에 관한 질문도 내세로 옮겨 가는데, 전통적 개념에 따르면 의인에게는 오랜 삶과 평온한 죽음이 마련되어 있었다(욥 42,16-17 참조).

4,11. "이성"으로 번역된 그리스어 단어 '시네시스'는 "이해"(9,5), "지각"(집회 1,4; 3,13; 8,9), "지식"(집회 19,24; 24,26), "슬기"(루카 2,47; 1코린 1,19), "깨달음"(에페 3,4; 콜로 1,9) 등으로 다양하게 번역할 수 있다. 여기서는 문맥이 도덕적인 주제를 다루고 있으므로 "양심, 의지"로 옮길 수도 있다.

4,15. 3,1.9에서 말한 하느님의 보호 개념이 명시된다.

4,16. 그리스어 동사 '텔레오'는 어떤 것을 "끝내다" 또는 "완성하다"를 뜻한다. 이것은 시간적인 관점에서 이루어질 수도 있고("일찍 끝난, 일찍 죽은" 그러나 13절에서는 같은 동사가 "완성에 다다른"으로 번역되었다) 질적인 관점에서 이루어질 수도 있다("일찍 완성에 이른").

4,17. 보다/깨닫지 못하다 사이의 대조는 악인들에 관련되며 이사 57,1에서 취한 것으로 보인다(마르 4,12; 루카 8,10 참조).

4,6 3,18. 4,8 집회 32,3-10.

4,7-15. 이 본문은 장례 예식의 독서 목록에 포함되어 있다. 때 이른 죽음과 노년이라는 문제는 지혜롭고 흠 없이 산 이들에 의하여 극복되고, 이는 살아 있는 이들에게 위로가 된다.

4,7. 저자는 저승인 '스올'에 대한 침울한 개념도 극복한다. 이제 내세는 의인이 평화를 누리고 악인은 고통을 겪는 장소로 여겨진다.

오히려 주님께서 그들을 비웃으신다.
19 그들은 나중에 수치스러운 송장이 되어
죽은 이들 가운데에서 영원히 치욕을 받을 것이다.
그분께서 소리조차 지르지 못하는 그들을 바닥으로 내동댕이치시고
밑바탕부터 뒤흔드시어
그들은 완전히 쇠망한 채
고통을 받고
그들에 대한 기억마저 사라질 것이다.

심판대 앞에 선 의인과 악인

20 자기들의 죄가 낱낱이 헤아려질 때에 그들이 떨며 다가오면
그들의 죄악이 그들을 면전에서 고발할 것이다.

5 1 그때에 의인은 커다란 확신을 가지고
자기를 괴롭힌 자들 앞에,
자기의 노고를 경멸한 자들 앞에 나설 것이다.
2 악인들은 의인을 보고 극심한 공포로 떨며
그 뜻밖의 구원에 깜짝 놀랄 것이다.
3 그들은 후회하고
마음이 괴로워 신음하며
저희끼리 말할 것이다.
4 "저자는 우리가 한때 웃음거리로,
놀림감으로 삼던 자가 아닌가?
우리는 어리석기도 하였구나!
우리는 그의 삶을 미친 짓이라고,
그의 죽음을 수치스러운 것이라고 생각하였지.
5 그런데 어떻게 하여 저자가 하느님의 아들 가운데 들고
거룩한 이들과 함께 제 몫을 차지하게 되었는가?
6 그렇다면 우리가 진리의 길을 벗어났고
정의의 빛이 우리를 비추지 않았으며

4,19. 하느님의 징벌은 악인을 완전히 없애는 것이다. 그가 살아서 누리는 것으로 보였던 모든 복, 곧 그의 몸과 기억과 평화로운 상태는 사라진다(3,10-12 참조).

5,5. "하느님의 아들" 여기서 이 표현의 의미는 "거룩한 이들"과의 병행에서 찾을 수 있다. 이들은 하느님과 친밀한 관계에 있다. 이 표현은 천상 조정을 가리키기도 한다(욥 1,6-12의 주 참조. 또한 시편 29,1; 82,1; 89,7; 즈카 14,5 참조).

5,1 마태 13,43. 5,4 2,15.20. 5,5 2,13. 5,6 잠언 21,16.

5,1-23. 첫 구절은 우리를 죽음 이후의 심판 장면으로 옮겨 가게 한다. 그 심판에서 의인은 영예롭게 천상 조정에 참여하며, 악인들 앞에서 구원의 찬란한 옷을 입고 일어선다(1-5절). 충실한 봉신처럼 그는 군주에게서 영원한 왕권과 왕관을 받는다(15-16절). 이러한 광경 앞에서 악인들은 악한 행동을 깨닫게 되고, 짧은 말로 자신들을 멸망으로 이끌던 타락한 삶을 참회한다(6-14절). 구약 성경의 신현神顯들을 연상시키는 광경에서 하느님은 무장한 전사와 같이 직접 악과 악인들에 맞서 싸우신다(17-23절).

5,1-16. 이 본문은 참회 예식의 독서로 쓰인다. 이 본문은 자신을 성찰하고 참회하도록 촉구하며 또한 끝없는 삶과 의인의 상급을 제시한다.

5,7. "우리는 불법과 파멸의 엉겅퀴에 말려든 채" 그리스어 본문은 "우리는 악의 길로 채워졌고"로 되어 있다. 번역자들에게는 이 동사가 이상하게 보였고, 그래서 대중 라틴말 성경은 "우리는 악행의 길에 지쳤고"로 옮겼다. 우리말 성경처럼 새 대중 라틴말 성경도 동사와 명사를 수정하여 번역하고 있다.

5,13. "태어나자마자 사라져 버린 것." 하느님에게서 멀리 떨어진 행실("길")을 선택하는 것은 이미 죽음의 시작이다. 이 절은 악인들이 주장했던 인생관(2,1-5)을 그대로 제시한다.

5,14. 네 가지 표상은(검불, 거품, 연기, 기억) 피상적이고 덧없는 악인의 운명을 부각시킨다(시편 1,4; 35,5; 이사 17,13 참조).

5,16. 지혜문학에서는 당신 백성을 보호하고 지켜 주시는 하느님을 방패에 비유하기도 한다(시편 3,4의 주 참조).

해가 우리 위로 떠오르지 않은 것이다.
7 우리는 불법과 파멸의 엉겅퀴에 말려든 채
인적 없는 광야를 걸어가며
주님의 길을 알지 못하였다.
8 우리의 자존심이 무슨 소용이 있었으며
자랑스럽던 그 큰 재산이 우리에게 무슨 이득이 있었는가?
9 그 모든 것은 그림자처럼,
지나가는 소문처럼 사라져 버렸다.
10 그것은 배가 높은 물결을 헤치고 갈 때와 같다.
한번 지나가면 자취를 찾을 수 없고
파도 속에 용골이 지난 흔적도 없다.
11 또 새가 창공을 날아갈 때와 같다.
그것이 지나간 자리는 다시 찾을 수 없다.
새는 깃으로 가벼운 공기를 치고
그것을 가르며 세차게 날아올라
날갯짓으로 떠가지만
그 뒤에는 날아간 형적을 공기 중에서 찾을 수 없다.
12 또 화살이 표적을 향하여 날아갈 때와 같다.
공기가 갈라졌다 곧바로 다시 합쳐져 날아간 길을 아무도
알지 못한다.
13 우리도 이처럼 태어나자마자 사라져 버린 것.
남에게 보일 만한 덕의 형적조차 남기지 못하고
악으로 우리 자신을 소모하였을 뿐이다."
14 악인의 희망은 바람에 날리는 검불 같고
태풍에 흩날리는 가벼운 거품 같다.
그것은 바람 앞의 연기처럼 흩어지고
단 하루 머물렀던 손님에 대한 기억처럼 흘러가 버린다.

의인들이 받을 영광

15 그러나 의인들은 영원히 산다.
주님께서 그들에게 보상하시고
지극히 높으신 분께서 그들을 보살피신다.
16 그러므로 그들은 주님의 손에서
영화로운 왕관을 받고

5,9 2,5; 욥 9,25-26. 5,15 4,2; 이사 62,11. 5,16 잠언 4,9; 시편 3,4; 5,13; 18,31; 35,2; 이사 28,5; 1코린 9,25.

5,15. 지혜서는 구약 성경에서 영원한 생명을 언급하는 드문 본문 가운데 하나이다. 이 책은 주님과의 친교와 그분께 속하는 것 사이의 연관을 강조한다. 의인들은 이렇게 불멸을 위하여 창조된 인간에 대한 하느님의 계획을 실현하며(2,23 참조) 그들의 영원한 생명에 스며 있는 불멸의 희망을 완성시킨다(3,3-4 참조).

아름다운 머리띠를 받을 것이다.
그분께서는 당신의 오른손으로 그들을 감싸 주시고
당신의 팔로 그들을 지켜 주실 것이다.
17 주님께서는 당신의 원수들을 징벌하시려고
당신의 열정을 갑옷으로 입으시고
온 피조물을 무장시키실 것이다.
18 또 정의를 가슴받이로 두르시고
어김없는 공정을 투구로 쓰시며
19 거룩함을 무적의 방패로 잡으시고
20 준엄한 진노를 갈아 칼로 만드실 것이다.
그러면 온 세상이 주님 편에 서서
미친 자들과 싸울 것이다.
21 잘 겨냥된 번개가 화살처럼 날아가는데
잘 당긴 활에서 튀어 나가듯 표적을 향해 구름에서 튀어 나가고
22 분노에 찬 우박들이 투석기에서처럼 쏟아지며
바닷물이 그들을 향해 몰아치고
강물이 그들을 가차 없이 덮칠 것이다.
23 거센 바람이 불어 닥쳐
폭풍처럼 그들을 날려 버릴 것이다.
이처럼 불법 때문에 온 세상이 황폐해지고
악행 때문에 지배자들의 권좌가 뒤엎어질 것이다.

지혜를 찾아라

6 1 임금들아, 들어라. 그리고 깨달아라.
세상 끝까지 통치하는 자들아, 배워라.
2 많은 백성을 다스리고
수많은 민족을 자랑하는 자들아, 귀를 기울여라.
3 너희의 권력은 주님께서 주셨고
통치권은 지극히 높으신 분께서 주셨다.

5,18. "어김없는" 그리스어 형용사는 그 자체로 "위장 없는, 솔직한"을 뜻한다. 성경의 신앙에서는 하느님께서만 정의로운 판결을 내리실 수 있다고 믿는다. 인간 재판관은 흔히 부패에 떨어진다(시편 94,20의 주 참조).

5,22-23. "그들을 덮칠 것이다. …그들을 날려 버릴 것이다." 저자는 이집트 탈출을 숙고하는 다음 장들에서 다시 나올 개념을 예고한다. 파괴력을 지닌 자연의 요소가 하느님의 행위에 사용된다는 것이다(시편 104,3-4; 148,8; 집회 39,28 참조).

6,1. "통치하는 자들" 자구적으로는 "재판관들"이다. "재판하다"와 "통치하다"의 호환 가능성에 관하여, 지혜 1,1의 주 참조.

6,3. 권력의 유일한 원천은 하느님이시다(1역대 29,12; 로마 13,1; 요한 19,11 참조). 그분께서 율법에 충실하지 않은 통치자들의 행위를 (아마도 종말론적 미래에) 평가하실 것이다.

5,17 16,24; 19,6; 이사 59,16-17. 5,21 시편 18,15; 하바 3,11; 즈카 9,14. 5,22 탈출 9,23-25; 여호 10,11; 에제 13,13; 묵시 8,7; 11,19; 16,21. 6,1 1,1; 시편 2,10; 잠언 8,15-16; 집회 33,19.

6,1–9,18. 이 장들은 지혜서의 둘째 부분을 구성하며, 그 주제는 솔로몬 임금이 말하는 것으로 제시되는 지혜 찬가이다. 이 담화는 찬양을 통하여 다양한 교리적 내용을 표현하고 있다.

6,1-25. 열거된 동사(듣다, 깨닫다, 배우다, 갈망하다, 갈구하다, 깊이 생각하다…)는 제자를 특징짓는 행위들을 연상시킨다. 이 책의 첫 부분과 마찬가지로 둘째 부분도 탁월한 현인인 솔로몬의 권고로 시작된다. 그는 세상 임금들에게 지혜를 얻기 위해 그에게서 배울 것을 권고한다(1-2.9-11). 그렇게 함으로써만 통치의 기술을 익히고 악한 군주들에 대한 하느님의 심판을 피할 수 있을 것이다(3-8절).

6,7. "움츠러들지 않으시고" 그리스어 동사는 "주저하거나 부끄러워하다"를 뜻하며, 어떤 사람의 특별한 신분을 인정하여 그를 중시함을 나타내는 다음 동사("어려워하다")와 병행을 이룬다.

6,10. "거룩한 것"은 하느님의 뜻에 따라 율법에 정해진 것을 말한다(2마카 12,45 참조). 이를 지키는 이들은 법률 규정을 알고 있는 임금과 통치자이다.

그분께서 너희가 하는 일들을 점검하시고
너희의 계획들을 검열하신다.
4 너희가 그분 나라의 신하들이면서도
올바르게 다스리지 않고
법을 지키지 않으며
하느님의 뜻을 따르지 않았기 때문이다.
5 그분께서는 지체 없이 무서운 모습으로 너희에게 들이닥치실 것이다.
정녕 높은 자리에 있는 자들은 엄격한 심판을 받을 것이다.
6 미천한 이들은 자비로 용서를 받지만
권력자들은 엄하게 재판을 받을 것이다.
7 만물의 주님께서는 누구 앞에서도 움츠러들지 않으시고
누가 위대하다고 하여 어려워하지도 않으신다.
작거나 크거나 다 그분께서 만드셨고
모두 똑같이 생각해 주신다.
8 그러나 세력가들은 엄정하게 심리하신다.
9 그러니 군주들아, 내가 너희에게 하는 말을 듣고
지혜를 배워 탈선하는 일이 없도록 하여라.
10 거룩한 것을 거룩하게 지키는 이들은 거룩한 사람이 되고
거룩한 것을 익힌 이들은 변호를 받을 것이다.
11 그러므로 너희가 나의 말을 갈망하고 갈구하면
가르침을 얻을 것이다.

지혜는 찾기 쉽다

12 지혜는 바래지 않고 늘 빛이 나서
그를 사랑하는 이들은 쉽게 알아보고
그를 찾는 이들은 쉽게 발견할 수 있다.
13 지혜는 자기를 갈망하는 이들에게 미리 다가가
자기를 알아보게 해 준다.
14 지혜를 찾으러 일찍 일어나는 이는 수고할 필요도 없이

6,5 루카 12,48. 6,7 욥 34,17-19; 집회 35,12. 6,12 잠언 8,17; 집회 6,27; 마태 7,7; 요한 14,21. 6,14 집회 4,12; 6,36.

6,12-25. 자신을 찾는 사람에게 먼저 다가오는 의인화된 지혜를 묘사하는 도입에 이어(12-16절), 저자는 가르침을 제시한다. 지혜를 배우고자 하는 갈망은 그 계명을 사랑하고 준수하는 데 있다. 이들은 하느님께 가까이 있게 해 주는 보증이고 그래서 불사의 보증이 된다(17-20절). 이로써 다음 장들에서 전개될 주제가 예고된다(22-25절).

✠ 6,12-16. 지혜를 찾는 것에는 언제나 갚음이 있다. 가해 연중 제32주일에 이 본문을 선택하여 열 처녀의 비유(마태 25,1-13)와 함께 읽어 이를 상기시킨다. 제2독서는 지혜를 희망에 연결한다. 그리스도인에게 희망은 그리스도의 죽음과 부활에 대한 믿음에서 생겨난다(1테살 4,13-18).

자기 집 문간에 앉아 있는 지혜를 발견하게 된다.
15 지혜를 깊이 생각하는 것 자체가 완전한 예지다.
지혜를 얻으려고 깨어 있는 이는 곧바로 근심이 없어진다.
16 지혜는 자기에게 맞갖은 이들을 스스로 찾아 돌아다니고
그들이 다니는 길에서 상냥하게 모습을 드러내며
그들의 모든 생각 속에서 그들을 만나 준다.
17 지혜의 시작은 가르침을 받으려는 진실한 소망이다.
18 가르침을 받으려고 염원함은 지혜를 사랑하는 것이고
지혜를 사랑함은 그 법을 지키는 것이며
법을 따름은 불멸을 보장받는 것이고
19 불멸은 하느님 가까이 있게 해 주는 것이다.
20 그리하여 지혜를 향한 소망은 사람을 왕위로 이끌어 준다.
21 그러니 민족들을 다스리는 군주들아
너희가 왕좌와 왕홀을 즐기거든 지혜를 존중하여라.
그러면 영원히 다스리게 될 것이다.

솔로몬이 알려 주는 지혜

22 이제 나는 지혜가 무엇이며 어떻게 생겨났는지 알려 주겠다.
너희에게 어떠한 신비도 감추는 일 없이
지혜가 생겨난 시초부터 자취를 더듬으며
그에 대하여 아는 바를 분명하게 드러내는데
진리에서 벗어나지도 않고
23 사람을 좀먹는 시기를 결코 길벗으로 삼지도 않겠다.
시기는 지혜와 자리를 함께할 수 없기 때문이다.
24 현자가 많음은 세상의 구원이며
현명한 임금은 백성의 안녕이다.
25 그러니 내 말을 듣고 가르침을 받아라.
너희에게 득이 될 것이다.

솔로몬도 한낱 인간이었다

7 1 나도 다른 모든 이와 마찬가지로 죽어야 할 인간으로서

6,16 잠언 1,20-21; 8,2-3; 집회 15,2; 이사 65,1-2. 6,17 잠언 4,7. 6,18 3,4. 7,1 창세 2,7; 집회 17,1.

7,1-21. 가르침을 제시하기 전에 솔로몬은 그가 다른 이들과 마찬가지로 사멸할 본성을 지녔음을 강조한다. 그를 유명하게 만들었던 지혜가 그의 인간적 본성에 속한 것이 아니라 하느님께 청해야 했던 선물임을 말하기 위해서이다(1열왕 3,4-9 참조). 지혜를 얻고자 하는 갈망과 지혜에 대한 존중이 무한했던 그만큼 기도는 더 효과적이었다(8-11절). 지혜의 가치는 가장 값진 보물보다 더 귀하다. 홀로 인간과 자연에 대한 지식을 주시는 분인 하느님께 인도되는 것이기 때문이다(13-21절).

6,17-19. 저자는 수사적 기법인 연쇄법을 사용한다. 첫 행의 마지막 단어를 반복하면서 다음 행으로 건너가게 되어 점층적인 연쇄를 이루어 신학적 결론에서 절정에 이르고, 이를 기초로 가르침에 대한 사랑이('파이데이아스 아가페', 17절) 인간을 하느님께로 이끌어 준다.

6,18. "불멸"에 관하여, 1,15의 주 참조.

6,24. "안녕" 그리스어 본문은 "안정"을 뜻하는 단어로 되어 있다('에우스타테이아', [새] 대중 라틴말 성경도 stabilimentum 이다). 잠언도 지혜로운 통치자가 나라를 안정시킨다고 본다(29,4 참조). 마찬가지로 집회 10,3에 따르면 타락한 임금은 백성을 망친다.

7,2. "열 달 동안" 히브리 달력은 음력으로 달을 계산했는데, 그 한 달은 양력의 한 달보다 짧다(외경인 마카베오기 4권 16,7에서 같은 표현이 나온다. 2마카 7,27에서는 "아홉 달"이라고 말한다).

7,3. "같은 땅에" 다른 번역으로 "모든 이들이 똑같이 고통을 겪는 땅에" 또는 "모든 이들에게 똑같은 땅에"도 가능하다. 하지만 사도 14,15과 야고 5,17에서 이 형용사가 똑같이 고통받는 것이 아니라 조건이 비슷하다는 것을 가리킨다는 점을 고려해야 한다.

7,7-12. 지혜서에서는 솔로몬 임금의 이름이 명시적으로 언급되지 않지만, 이 절에서처럼 직접적으로 1열왕 3,5에서 이야기하는 그의 체험에 대해 말한다.

흙으로 빚어진 첫 사람의 후손이다.
어머니 배 속에서 몸이 꼴을 갖추었고
2 한 남자의 씨와 잠자리의 쾌락을 통하여
열 달 동안 피로 뭉쳐졌다.
3 나도 태어나서는 같은 공기를 들이마시고
같은 땅에 떨어졌으며
첫 소리도 다른 모든 이와 마찬가지로 우는 것이었고
4 포대기에 싸여 보살핌을 받으며 자라났다.
5 임금도 모두 인생을 똑같이 시작한다.
6 삶의 시작도 끝도 모든 이에게 한가지다.

솔로몬은 지혜를 존중하였다

7 그래서 내가 기도하자 나에게 예지가 주어지고
간청을 올리자 지혜의 영이 나에게 왔다.
8 나는 지혜를 왕홀과 왕좌보다 더 좋아하고
지혜에 비기면 많은 재산은 아무것도 아니라고 생각하였으며
9 값을 헤아릴 수 없는 보석도 지혜와 견주지 않았다.
온 세상의 금도 지혜와 마주하면 한 줌의 모래이고
은도 지혜 앞에서는 진흙처럼 여겨지기 때문이다.
10 나는 지혜를 건강이나 미모보다 더 사랑하고
빛보다 지혜를 갖기를 선호하였다.
지혜에서 끊임없이 광채가 나오기 때문이다.
11 지혜와 함께 좋은 것이 다 나에게 왔다.
지혜의 손에 헤아릴 수 없이 많은 재산이 들려 있었다.
12 지혜가 이끌고 왔으므로 나는 그 모든 것을 즐겼다.
그러나 그것들이 지혜의 소산임을 몰랐다.
13 나는 욕심 없이 배웠으니 아낌없이 나누어 주고
지혜가 지닌 많은 재산을 감추지 않는다.
14 지혜는 사람들에게 한량없는 보물,
지혜를 얻은 이들은 그 가르침이 주는 선물들의 추천으로
하느님의 벗이 된다.

모든 지식의 원천이신 하느님과 지혜

15 하느님께서 내가 당신의 뜻에 따라 말하고

7,2 욥 10,10; 시편 139,13-16. 7,11 1열왕 3,13; 10,21; 마태 6,33. 7,14 7,28; 집회 24,29; 루카 12,33. 7,15 탈출 31,1-11.

✠ 7,7-11. 이 본문은 나해 연중 제28주일 제1독서이다. 8절 "지혜에 비기면 많은 재산은 아무것도 아니라고 생각하였으며"는 재물 때문에 예수님을 따르지 못하는 복음의 부자에 관한 단락(마르 10,17-30)과의 병행을 파악하게 해 준다.

내가 받은 것들에 맞갖은 생각을 하게 해 주시기를 빈다.
그분께서 바로 지혜의 인도자이시고
현인들의 지도자이시며
16 우리 자신과 우리의 말이,
모든 예지와 일솜씨가 그분 손안에 있기 때문이다.
17 바로 그분께서 만물에 관한 어김없는 지식을 주셔서
세계의 구조와 기본 요소들의 활동을 알게 해 주셨다.
18 또 시간의 시작과 끝과 중간
동지 하지의 변경과 계절의 변화
19 해가 바뀌는 것과 별자리
20 짐승들의 본능과 야수들의 성질
영들의 힘과 사람들의 생각
갖가지 식물과 그 뿌리의 효험을 알게 해 주셨다.
21 그리하여 나는 감추어진 것도 드러난 것도 알게 되었으니
22 모든 것을 만든 장인인 지혜가 나를 가르친 덕분이다.

지혜의 본성

지혜 안에 있는 정신은 명석하고 거룩하며
유일하고 다양하고 섬세하며
민첩하고 명료하고 청절하며
분명하고 손상될 수 없으며 선을 사랑하고 예리하며
23 자유롭고 자비롭고 인자하며
항구하고 확고하고 평온하며
전능하고 모든 것을 살핀다.
또 명석하고 깨끗하며 아주 섬세한 정신들을 모두 통찰한다.
24 지혜는 어떠한 움직임보다 재빠르고
그 순수함으로 모든 것을 통달하고 통찰한다.
25 지혜는 하느님 권능의 숨결이고
전능하신 분의 영광의 순전한 발산이어서
어떠한 오점도 그 안으로 기어들지 못한다.
26 지혜는 영원한 빛의 광채이고
하느님께서 하시는 활동의 티 없는 거울이며

7,17. "어김없는 지식" 그리스어 자구적으로는 "거짓되지 않은 지식"이다. 저자는 체험된 실재에 상응하는 세상에 대한 지식과 진리에서 거리가 먼 거짓되고 믿을 수 없는 지식 사이의 철학적 차이를 알고 있는 듯하다.

7,20. "영들의 힘." '프네우마톤 비아스'는 두 가지 해석이 가능하다. 자구적으로는 "영들의 힘"이 되고, 문맥에 따라서는 "바람의 힘"이 될 수 있다. 새 대중 라틴말 성경은 첫째 번역을 따르고 ("vim spirituum"), 대중 라틴말 성경은 둘째 번역을 따른다("vim ventorum").

7,22. "민첩하고"는 움직임이 재빠름을 나타내는 형용사를 번역한 것이다('에우키네톤', 지혜 13,11 참조). 이 절의 마지막 형용사는('옥시스') "선한 모든 것에 대하여 기민한"을 뜻할 수도 있고 통찰력이라는 의미에서 "예리한"을 뜻할 수도 있다(18,15 참조).

7,26-30. 지혜는 마음속으로 뚫고 들어가고 영혼을 비추는, 해와 달의 물리적 빛과 비교할 수 없는 초월적 빛이다(이사 60,1.19-20; 하바 3,4; 1요한 1,5 참조). 그래서 지혜는 지혜에 전념하는 사람에게 하느님께서 부어 주시는 은총으로 여겨야 한다.

7,21 8,4.6; 9,9; 잠언 8,22-31. 7,25 집회 24,3.

7,22-30. 지혜 찬가는 지혜의 본질, 그 많은 역할과 속성을 묘사하는 것으로 이루어진다. 22-24절은 21가지 속성을 포함하고 있는데, 이 숫자는 완전성을 나타내는 상징적 숫자이다(7×3). 일부 속성들은 그리스 철학에서 나온 것이다. 거룩함과 순수함 등 몇 가지 속성들은 지혜의 기원이 하느님께 있음을 암시한다. 선을 사랑하고 인자한 것은 하느님의 감정이며, 명석하고 정신을 통찰하는 것은 하느님의 이성적 능력을 암시한다. 지혜의 기원에 관한 24-25절은 특히 중요하다. 지혜는 잠언 8,22에서처럼 피조물인 것이 아니라 하느님 자신의 발산이며, 하느님과 동일하지 않으면서도 하느님의 본성에 어떤 식으로 참여한다.

7,27. "하느님의 벗" 아브라함과(2역대 20,7; 이사 41,8; 야고 2,23 참조) 모세에 대한(탈출 33,11 참조) 암시를 볼 수 있다.

하느님 선하심의 모상이다.
27 지혜는 혼자이면서도 모든 것을 할 수 있고
자신 안에 머무르면서 모든 것을 새롭게 하며
대대로 거룩한 영혼들 안으로 들어가
그들을 하느님의 벗과 예언자로 만든다.
28 그래서 하느님께서는 지혜와 함께 사는 사람만 사랑하신다.
29 지혜는 해보다 아름답고
어떠한 별자리보다 빼어나며
빛과 견주어 보아도 그보다 더 밝음을 알 수 있다.
30 밤은 빛을 밀어내지만
악은 지혜를 이겨 내지 못한다.

8

1 지혜는 세상 끝에서 끝까지 힘차게 퍼져 가며
만물을 훌륭히 통솔한다.

지혜는 덕을 가르치는 스승

8,2. 지혜문학에서 드물지 않게 사용되는 상징을 통하여 지혜를 사랑하는 신부와 같이 묘사한다. 하지만 곧 내용이 확장되어 앞에서와 같이 이 하느님의 선물의 여러 모습이 제시된다. 지혜는 가장 값진 재산이고 깊은 예지이고 의로움이며 덕이다.

2 나는 지혜를 사랑하여 젊을 때부터 찾았으며
그를 아내로 맞아들이려고 애를 썼다.
나는 그 아름다움 때문에 사랑에 빠졌다.
3 지혜는 하느님과 같이 살아 자기의 고귀한 태생을 빛냈으며
만물의 주님께서는 그를 사랑하셨다.
4 지혜는 하느님의 지식을 전해 받아
하느님께서 하실 일을 선택하는 이가 되었다.
5 살아가면서 많은 재산을 갖는 것이 바람직하다면
모든 것을 이루는 지혜보다 더 큰 재산이 어디 있겠는가?
6 예지가 능력이 있다면
만물을 지어 낸 장인인 지혜보다 더 큰 능력을 가진 것이 어디 있겠는가?
7 누가 의로움을 사랑하는가?
지혜의 노고에 덕이 따른다.

8,1 7,24. 8,2 잠언 7,4; 집회 14,20-15,6. 8,4 잠언 8,27.30. 8,5 집회 51,13-15.

8,1-21. 솔로몬 임금은 지혜를 가장 바람직한 신부로 본다. 지혜는 임금들의 임금이신 하느님의 고귀한 딸이며 그분의 사랑을 받는다(1-3절). 지혜를 신부로 맞아 그는 통치를 위해 필요한 덕과(예지, 정의, 용기, 절제) 지식과 예견을 얻는다(4-8절). 지혜의 조언은 그를 원로들과 세상의 권세가들보다 더 지혜롭게 해 준다. 지혜는 전쟁에서 용기와 힘을 주며 내밀한 기쁨의 원천이 된다(9-16절). 그래서 젊은 솔로몬 임금은 지혜를 얻기 위하여 하느님께 기도했다(17-21절).

8,7. 이 구절에 언급된 네 가지 덕은 그리스도교의 숙고에 받아들여져 "사추덕"으로 분류되었다. 이것은 신앙인의 윤리 생활을 위하여 본질적이고 기본적인 측면으로 여겨진다.

정녕 지혜는 절제와 예지를,
정의와 용기를 가르쳐 준다.
사람이 사는 데에 지혜보다 유익한 것은 없다.
8 누가 폭넓은 경험을 원하는가?
지혜는 과거를 알고 미래를 예측하며
명언을 지어 내고 수수께끼를 풀 줄 알며
표징과 기적을,
시간과 시대의 변천을 미리 안다.

삶의 반려자인 지혜

9 그래서 나는 지혜를 맞아들여 함께 살기로 작정하였다.
지혜가 나에게 좋은 조언자가 되고
근심스럽고 슬플 때에는 격려가 됨을 알았기 때문이다.
10 나는 지혜 덕분에 백성 가운데에서 영광을 받고
젊으면서도 원로들에게 존경을 받으며
11 재판할 때에는 예리하다고 인정받고
권력자들은 나를 보고 경탄할 것이다.
12 내가 침묵하면 그들은 기다리고
말을 하면 주의를 기울이며
내가 길게 이야기하면
감탄하여 손을 입에 갖다 댈 것이다.
13 나는 지혜 덕분에 불사에 이르고
내 뒤에 오는 이들에게 영원한 기억을 남길 것이다.
14 나는 백성들을 통솔하고
민족들은 나에게 복종하며
15 무서운 군주들도 내 소문을 들으면 두려워할 것이다.
백성에게는 선한 모습을 보이고
전쟁에서는 용맹할 것이다.
16 또 집에 들어가면 지혜와 함께 편히 쉬리니
그와 함께 지내는 데에 마음 쓰라릴 일이 없고
그와 같이 사는 데에 괴로울 일이 없으며
기쁨과 즐거움만 있기 때문이다.

지혜는 하느님의 선물

17 나는 이러한 사실을 혼자 생각하고
마음속으로 숙고한 끝에
지혜와 맺는 가족 관계에 불사가 있고

8,8. "수수께끼" 처음에는 분명치 않아 보이는 이 말들을 풀이하는 능력은 지혜의 선물에 속한다(1열왕 5,9-14; 잠언 1,6; 집회 39,2-3 참조).
"표징과 기적" 이 표현은 이집트 탈출 사건에서 나온 것이다(이집트 탈출과 광야 체류). 10장부터 분명하게 드러나듯이, 약속된 땅을 향하여 백성을 이끈 것은 지혜이다. 탈출 7,3; 신명 4,34; 6,22; 7,19; 26,8; 34,11; 시편 78,43; 105,27 참조.

8,10 1열왕 3,7. 8,11 1열왕 5,9-14; 10,4-9.24. 8,16 잠언 21,9.19; 코헬 7,26-28; 집회 25,13-26.

8,19-21. 지혜서의 이원론적 또는 이분법적 인간학(육체와 영혼)에 관하여, 지혜 1,4의 주 참조. 저자는 지혜를 얻기 위해서는 깨끗한 육체와 영혼을 가지는 것으로 충분치 못하고 하느님께 지혜를 청해야 한다고 말하려는 것이다.

9,1. "조상들의 하느님" 이스라엘인들의 조상은 주로 성조 아브라함, 이사악, 야곱을 가리키지만(창세 26,4; 28,13; 32,10; 탈출 3,6.15; 1역대 29,18-20 참조), 다윗도 그들의 조상이다(1열왕 3,6; 2역대 1,8-9 참조).

9,4. 지혜는 여인의 모습으로, 임금의 아내처럼 또는 남성 신과 함께 다스리는 여신('파레드라') 처럼 묘사된다(잠언 8,28; 집회 1,1 참조).

18 그와 맺는 우정에 온전한 환희가,
그가 손수 하는 일에 한량없이 많은 재산이,
그와 함께 쌓는 정분에 예지가,
그와 나누는 대화에 명성이 있음을 알고
어떻게 하면 지혜를 집으로 맞아들일 수 있을까 하고 돌아다녔다.
19 나는 재능을 타고났으며
훌륭한 영혼을 받은 아이였다.
20 더 정확히 말하면
나는 훌륭한 영혼으로서 티 없는 육체 안으로 들어갔다.
21 그러나 지혜는 하느님께서 주지 않으시면
달리 얻을 수 없음을 깨달았다.
지혜가 누구의 선물인지 아는 것부터가 예지의 덕분이다.
그래서 나는 주님께 호소하고 간청하며
마음을 다하여 아뢰었다.

지혜를 청하는 기도

9 1 "조상들의 하느님, 자비의 주님!
당신께서는 만물을 당신의 말씀으로 만드시고
2 또 인간을 당신의 지혜로 빚으시어
당신께서 창조하신 것들을 통치하게 하시고
3 세상을 거룩하고 의롭게 관리하며
올바른 영혼으로 판결을 내리도록 하셨습니다.
4 당신 어좌에 자리를 같이한 지혜를 저에게 주시고
당신의 자녀들 가운데에서 저를 내쫓지 말아 주십시오.
5 정녕 저는 당신의 종, 당신 여종의 아들
연약하고 덧없는 인간으로서
재판과 법을 아주 조금밖에는 이해하지 못합니다.
6 사실 사람들 가운데 누가 완전하다 하더라도

9,2 창세 1,28. 9,5 7,1; 시편 88,16.

8,19-20. 이 구절의 표현은 논란이 되었다. 지혜서는 영혼이 육체보다 먼저 존재함을 시사하는 듯하다. 스스로 자립하고 죽지 않는 영혼이 추후에 육체를 받아들여야 한다는 개념은 플라톤이 주장한 것이다. 성경 저자는 분명 플라톤적인 표현을 사용하며, 아마도 영혼이 육체보다 우월하다는 개념을 공유하고 있을 것이다. 그러나 그가 영혼의 선재라는 플라톤의 이론을 받아들인다고 단언할 수는 없다.

9,1-18. 이 책 둘째 부분은 지혜를 얻기 위한 솔로몬 임금의 간절한 탄원으로 끝난다. 지혜는 창조주와 친교를 이루며 살고 있어 그분의 능력에 참여하고, 그래서 인간의 나약함을 보완할 수 있다(1-6절). 인간 혼자서는 거룩함과 의로움이라는 자신의 성소를 실현할 수 없다. 더구나 젊은 임금이 올바르게 통치하고 모든 것에서 하느님의 뜻을 이루기 위해서는 지혜가 필요하다(7-12절). 인간이 알 수 없는 이 하느님의 뜻은 하느님의 영에 의해서 곧 지혜에 의해서만 계시된다(13-18절).

당신에게서 오는 지혜가 없으면 아무것도 아닌 것으로 여
겨집니다.
7 당신께서는 저를 당신 백성의 임금으로,
당신 아들딸들의 재판관으로 뽑으셨습니다.
8 또 당신의 거룩한 산에 성전을 짓고
당신께서 거처하시는 성읍에 제단을 만들라고 분부하셨
습니다.
그것은 당신께서 처음부터 준비하신 거룩한 천막을 본뜬
것입니다.
9 당신께서 하시는 일을 아는 지혜는 당신과 함께 있습니다.
당신께서 세상을 만드실 적에도 지혜가 곁에 있었습니다.
지혜는 당신 눈에 드는 것이 무엇인지,
당신 계명에 따라 올바른 것이 무엇인지 압니다.
10 거룩한 하늘에서 지혜를 파견하시고
당신의 영광스러운 어좌에서 지혜를 보내시어
그가 제 곁에서 고생을 함께 나누게 하시고
당신 마음에 드는 것이 무엇인지 제가 깨닫게 해 주십시오.
11 지혜는 모든 것을 알고 이해하기에
제가 일을 할 때에 저를 지혜롭게 이끌고
자기의 영광으로 저를 보호할 것입니다.
12 그러면 제가 하는 일이 당신께 받아들여지고
또 당신의 백성을 의롭게 재판하여
제 아버지의 왕좌에 맞갖은 자가 될 것입니다.

13 어떠한 인간이 하느님의 뜻을 알 수 있겠습니까?
누가 주님께서 바라시는 것을 헤아릴 수 있겠습니까?
14 죽어야 할 인간의 생각은 보잘것없고
저희의 속마음은 변덕스럽습니다.
15 썩어 없어질 육신이 영혼을 무겁게 하고
흙으로 된 이 천막이 시름겨운 정신을 짓누릅니다.
16 저희는 세상 것도 거의 짐작하지 못하고
손에 닿는 것조차 거의 찾아내지 못하는데
하늘의 것을 밝혀낸 자 어디 있겠습니까?

9,7. 1열왕 1장과 1역대 28,5-6에 따르면 솔로몬은 아도니야 대신 하느님의 선택을 받았다. “당신 백성”이라는 표현은 이스라엘이 하느님의 특별한 소유물로, 그분께 속함을 선언한다(신명 7,6 참조).

9,10. 하느님의 어좌는 하느님께서 통치하시는 자리이다(시편 11,4의 주 참조).

9,15. “썩어 없어질 육신” 육신이 영혼이 높이 올라가는 것을 방해한다고 여기는 신플라톤 철학을 명시적으로 언급한다(지혜 1,4의 주 참조. 또한 8,19-21 참조). 이 책의 저자에 따르면 인간 삶은 영혼의 성향과 육신의 충동 사이의 끊임없는 변증법에 따라 이루어진다. 덧없음의 개념을 담고 있는 “천막”의 표상은 이사 38,12; 욥 4,19-21; 2코린 5,4; 2베드 1,13에서도 나타난다(또한 욥 4,21의 주 참조).

9,8 2사무 7,13; 1열왕 5,19; 8,22.54.64; 2역대 6,12; 7,7-9. 9,11 7,23; 이사 60,1-3; 바룩 5,7-9. 9,13 로마 11,34; 1코린 2,16.

✠ 9,9-11.13-18. 솔로몬의 질문들은 인간의 생각과 하느님의 생각 사이에 거리가 있다는 것을 드러내지만, 또한 하느님에게서 오는 지혜의 위대함도 부각시킨다. 다해 연중 제23주일에는 이 본문을 루카 14,25-33에 나오는 하느님의 지혜에 따른 “예수님을 따르기 위한 조건들”과 함께 읽는다. 인간의 나약함은 높은 데서 보내시는 거룩한 영의 도우심을 받는다(17절). 그래서 병자성사 예식에서 이 단락이 독서로 쓰인다.

[17] 당신께서 지혜를 주지 않으시고
그 높은 곳에서 당신의 거룩한 영을 보내지 않으시면
누가 당신의 뜻을 깨달을 수 있겠습니까?
[18] 그러나 그렇게 해 주셨기에 세상 사람들의 길이 올바르게 되고
사람들이 당신 마음에 드는 것이 무엇인지 배웠으며
지혜로 구원을 받았습니다."

선조들을 이끌어 준 지혜

10 [1] 세상에서 처음으로 빚어진 조상,
홀로 창조된 그를 지혜가 보호하고
그가 지은 죄에서 구해 주었으며
[2] 그에게 만물을 통치할 힘을 주었다.
[3] 그러나 불의한 자가 분노하며 지혜에게 등을 돌리더니
광분하여 제 동기를 살해한 탓에 죽어 없어지고 말았다.

[4] 그 사람 때문에 세상이 홍수에 잠기자
지혜는 한 의인을 변변찮은 나뭇조각에 실어서 이끈 끝에
세상을 다시 구하였다.

[5] 악을 저지르기로 합심한 민족들이 혼란에 빠졌을 때
지혜는 한 의인을 가려내어 하느님 앞에 흠이 없도록 지켜 주고
자식에 대한 애정을 이기도록 강하게 만들어 주었다.

[6] 지혜는 악인들이 아주 멸망할 때에 의인 하나를 구해 내어
다섯 성읍에 떨어지는 불을 피하여 달아나게 해 주었다.
[7] 그들이 저지른 악의 증거가 아직도 남아 있으니
줄곧 연기가 피어오르는 황무지,

10,1. "홀로" 문맥에 따라 (문맥은 첫 조상의 타락을 말한다) 이 형용사는 아담과 하와에 연관 지어 이해해야 할 것이다. 아담과 하와는 가난하여 특별히 지혜를 필요로 했다. "구해 주었으며" 이에 해당하는 그리스어 동사는 자구적으로 "끌어내다"를 뜻하고 거기서 "구하다, 해방하다"의 뜻이 나온다. 창세 3장의 아담의 타락을 명시적으로 언급한다.

9,17 7,22; 시편 51,8-10; 에제 36,25-27. 9,18 바룩 4,4. 10,2 9,2; 창세 1,26. 10,3 창세 4. 10,4 14,6-7; 창세 6,9; 1베드 3,20-21. 10,5 11,1-9; 12,1-3. 10,6 창세 19; 2베드 2,6-8. 10,7 창세 19,26.

10,1–19,22. 이 책의 세 번째 부분은 많은 학자들이 미드라쉬, 즉 성경의 책들에 대한 자유로운 주해라고 여기며 아담에서 시작하는 구원 역사 안에서 지혜의 행위들을 고찰한다. 지혜가 지혜의 지시를 따라 사는 이들에게는 구원이 되고, 우상 숭배자와 선택된 이들의 적에게는 엄한 심판이 된다는 것을 보여 주려 한다.

10,1-21. 아브라함에서 이집트 탈출까지 역사를 요약하여 제시한다. 지혜를 통하여 하느님은 죄의 결과와 그 징벌에서 인류를 구원하신다. 하느님은 첫 조상을 타락에서 다시 일으키시고 노아를 남겨 두시며(1-4절), 충실한 아브라함과 그 후손인 성조들을 도와주시어 당신의 공정을 보여 주시고(5-14절), 마지막으로 모세를 통하여 당신 백성을 이집트에서 해방하신다(15-21절). 역사 속 인물들의 이름은 언급되지 않고 "의인/악인"이라는 명칭으로 일컬어진다.

때가 되어도 익지 않는 열매를 매단 나무들,
믿지 않는 영혼의 기념비로 서 있는 소금 기둥이다.
8 지혜를 무시한 그들은
선을 깨닫지 못하게 방해를 받았을 뿐만 아니라
살아 있는 이들에게 어리석음의 기념물까지 남겨
그들의 잘못이 드러나지 않을 수 없게 되었다.
9 그러나 지혜는 자기를 섬기는 이들을 곤경에서 구해 내었다.

10 의인이 형의 분노를 피하여 달아날 때
지혜는 그를 바른길로 이끌고
하느님의 나라를 보여 주었으며
거룩한 것들을 알려 주었다.
고생하는 그를 번영하게 하고
그 노고의 결실이 불어나게 하였으며
11 착취자들이 탐욕을 부릴 때에 그 곁에 있어 주고
그를 부자로 만들어 주었다.
12 또 그를 원수들에게서 지키고
매복한 적들에게서 보호하였으며
격렬한 싸움이 벌어졌을 때에 그에게 승리를 주어
깊은 신심이 그 무엇보다도 강함을 깨닫게 해 주었다.

13 의인이 팔려 갈 때에 지혜는 그를 버리지 않고
죄악에서 구해 내었으며
14 또 그와 함께 구덩이로 내려가고
사슬에 묶였을 때에 그를 저버리지 않았다.
마침내는 그에게 나라의 왕홀과
그를 지배하던 자들을 다스리는 권위를 주었다.
그리고 그를 고발한 자들의 거짓을 밝히고
그에게 영원한 영광을 주었다.

이스라엘을 이집트에서 구해 낸 지혜

15 거룩한 백성, 흠 없는 종족을
지혜는 압박자들의 나라에서 구해 내었다.
16 지혜는 주님을 섬기는 종의 영혼 안으로 들어가
기적과 표징들을 일으키며 무서운 임금들과 맞섰다.
17 거룩한 이들에게 그 노고에 맞는 상급을 주고

10,9 유딧 11,17; 이사 54,17. 10,10 창세 27–31. 10,11 창세 31,22-42; 32–33. 10,15 탈출 19,6. 10,16 탈출 7–12; 시편 135,9-10.

10,9. "섬기는" 여기에 해당하는 그리스어 동사는 여러 의미를 지니는데 "봉사하다" 또는 "공경하다"라는 의미도 있다. 신이나 더 높은 존재를 향한 것이라면 전례적인 예배 또는 종교적 신심을 나타낸다.

10,13. "구해 내었으며" 10장에서 동사 '리오마이'는 네 차례 사용된다. 일차적인 의미는 "구하다, 해방하다"이다. 이 절에서는 "구해 내다"로 번역하여 마치 이집트에서 요셉이 죄를 지은 것처럼 생각하게 되지만, 그러한 일은 알려져 있지 않다(창세 37,12-36; 39–41 참조). "보호하였으며"로 옮길 수 있을 것이다.

그들을 놀라운 길로 이끌었다.
낮에는 그들에게 그늘이 되어 주고
밤에는 별빛이 되어 주었다.
18 또 그들을 홍해 너머로 데려가고
깊은 물을 가로질러 인도하였다.
19 그들의 원수들을 물로 뒤덮었다가
깊은 바다 밑바닥에서 위로 내던져 버렸다.

20 그리하여 의인들이 악인들에게서 전리품을 거두고 나서
주님, 당신의 거룩한 이름을 찬송하고
자기들을 지켜 주신 당신의 손을 한마음으로 찬양하였습니다.
21 지혜가 말 못하는 이들의 입을 열어 주고
아기들의 혀가 똑똑히 말하게 해 준 것입니다.

11 1 지혜는 거룩한 예언자를 통하여
그들이 하는 일을 성공으로 이끌었습니다.
2 그들은 사람이 살지 않는 광야를 건너
인적 없는 곳에 천막을 쳤습니다.
3 그들은 적들과 맞서고 원수들을 물리쳤습니다.
4 목마른 그들이 당신께 간청하자
깎아지른 듯한 바위에서 물이,
단단한 돌에서 목마름을 풀어 주는 것이 나왔습니다.

나일강의 물과 바위에서 나온 물

5 이렇게 그들의 원수들에게는 징벌의 도구가 되었던 바로 그것이
곤경에 빠진 그들에게는 득이 되었습니다.
6 샘물처럼 끊임없이 흐르던 강물이
피와 뒤엉켜 더럽혀지니
7 아기들을 죽이라는 명령에 대한 벌이었습니다.
그러나 그들에게는 뜻밖에도 물을 넉넉히 주셨습니다.
8 그때에 그들은 목마름을 겪고

11,5. 이 구절에서 저자는 그가 설명하려는 주제를 제시한다(11,13; 16,2.24; 18,8에서도). 하느님의 손에서(두 개의 신적 수동태) 이집트인들을 벌하는 도구가 되었던 것이 이스라엘인들의 유익을 위하여 사용되었다.

11,7. 물이 피로 바뀐 것은 탈출 7,14-24에서와 달리 이집트에서 히브리인 아기들을 죽인 것에 대한 징벌로 해석된다.

10,18 탈출 14,21-29. 10,20 탈출 15. 11,1 탈출 17,1-7; 민수 20,1-13. 11,7 탈출 1,15-16; 17,3-6.

11,1-20. 뚜렷한 신학적 계획에 따라 이집트 탈출에 관한 숙고가 계속된다. 하느님은 모든 의인의 상징인 당신 백성에게 은혜를 베푸시는 바로 그 요소들로 불경한 우상 숭배자의 상징인 이집트를 벌하신다. 그래서 물은 어떤 이들에게는 생명이 되고 또 다른 이들에게는 죽음이 된다(1-14절). 또한 이교도들이 죄를 짓는 데에 사용하던 그 수단이 바로 그들에게 재앙이 된다(15-20절).

당신께서 적대자들을 어떻게 징벌하셨는지 알게 되었습
니다.
9 자비의 징계이기는 하지만 그들은 그 시련을 받으면서
진노의 심판을 받는 악인들이 얼마나 큰 고통을 겪었는지
깨달았습니다.
10 당신께서는 자식들을 훈계하는 아버지처럼 그들을 시
험하셨지만
저들은 사람을 단죄하는 엄격한 임금처럼 철저히 조사하
셨습니다.
11 저들은 그들이 떠나고 없을 때에도 있을 때와 마찬가지
로 괴로움을 겪었으니
12 지난 일들을 생각하며 쏟아 내는 탄식과 함께
이중의 슬픔에 휩싸였기 때문입니다.
13 저들은 바로 자기들이 받는 징벌로
그들이 득을 보았다는 것을 듣고
주님의 손길을 느꼈습니다.
14 또 오래전에 내버려진 그를 조롱하며 물리쳤지만
일이 일어난 다음에는 그에게 경탄하지 않을 수 없었습니다.
저들은 의인들과 다른 방식으로 목마름을 느꼈던 것입니다.

이집트인들에게 내린 하느님의 신중한 징벌

15 바른길에서
지각없는 길짐승들과 볼품없는 벌레들을 숭배하게 한
저들의 미련하고 불의한 생각에 대하여
당신께서는 벌을 내리시려고 지각없는 생물들을 떼 지어
보내셨습니다.
16 사람이 죄를 지은 바로 그것들로
징벌도 받는다는 사실을 깨닫게 하시려는 것이었습니다.
17 당신의 전능하신 손,
무형의 물질로 세상을 창조하신 그 손이
곰의 무리나 사나운 사자들을 보내는 것은 어려운 일이
아니었습니다.
18 새로 창조되어 알려지지 않은 포악한 야수들도,
입김 대신에 불을 뿜어 대는 야수들도,
악취 가득한 연기를 내뿜는 야수들도,
눈에서 무서운 불꽃을 내쏘는 야수들도 보내실 수 있었습
니다.

11,15. “지각없는” 자구적으로 ‘알로고스’는 “로고스가 없는” 곧 “이성이 없는” 또는 “말이 없는”을 뜻한다. 이 형용사는 이 구절에서 두 번 사용되며 언제나 동물들에게 적용된다.

11,16. “바로 그것들로 징벌도 받는다” 이는 동태 복수법을 하느님께 적용하는 것이 아니고 절대적 원칙도 아니며, 경험으로 알게 되는 진리이다. 죄와 벌이라는 것은 인간의 모든 행위를 포함할 수 있다. 죄는 죄인에게 처벌의 도구가 될 수 있으며 징벌은 피할 수 없다. 그것이 죄의 결과이기 때문이다.

11,18. 지혜서는 매우 세련되고 정선된 언어를 사용한다. “악취 가득한 연기”라는 번역 외에 “해로운 연기” 또는 “시끄러운 연기 소리” 등 여러 번역이 제시된다.

11,9 신명 8,2-5. 11,14 탈출 1,12. 11,15 12,24; 로마 1,21.

19 이것들이 끼치는 해악이 저들을 몰살시킬 수 있었을 뿐
만 아니라
경악을 일으키는 그 모습만으로도 저들을 전멸시킬 수 있
었습니다.
20 이것들이 아니더라도 저들은 정의에 쫓기고
당신 권능의 입김에 흩어져
한 번의 입김만으로도 고꾸라질 수가 있었습니다.
그러나 당신께서는 모든 것을 재고 헤아리고 달아서 처리
하셨습니다.

하느님의 전능과 사랑

21 당신께서는 언제든지 막강한 힘을 발휘하실 수 있습니다.
누가 당신 팔의 힘을 당해 낼 수 있겠습니까?
22 온 세상도 당신 앞에서는 천칭의 조그마한 추 같고
이른 아침 땅에 떨어지는 이슬방울 같습니다.
23 그러나 당신께서는 모든 것을 하실 수 있기에
모든 사람에게 자비하시고
사람들이 회개하도록 그들의 죄를 보아 넘겨 주십니다.
24 당신께서는 존재하는 모든 것을 사랑하시며
당신께서 만드신 것을 하나도 혐오하지 않으십니다.
당신께서 지어 내신 것을 싫어하실 리가 없기 때문입니다.
25 당신께서 원하지 않으셨다면 무엇이 존속할 수 있었으며
당신께서 부르지 않으셨다면 무엇이 그대로 유지될 수 있
었겠습니까?
26 생명을 사랑하시는 주님
모든 것이 당신의 것이기에 당신께서는 모두 소중히 여기
십니다.

11,22. "천칭의 조그마한 추" 하느님에 비하면 우주 전체도 아무것도 아니다. 이사 40,15의 표상에 따르면 천칭 위의 티끌과 같다. 이슬방울도 덧없이 사라져 가는 것을 나타낸다(호세 6,4; 13,3 참조).

11,19 욥 4,9; 이사 11,4; 묵시 9,17. 11,26 민수 14,18; 시편 86,15; 103,8.

11,21-12,11. 본문의 흐름을 벗어나 21절에서 하느님의 자비와 인자를 다루기 시작한다. 이 숙고는 구약 성경의 하느님 이해를 풍요롭게 해 준다. 이집트인들에 대한 징벌은 그들을 없애버리는 데에까지 이르지는 않았다. 하느님께서 선하신 아버지처럼 당신의 모든 피조물들을 사랑하시고, 그들의 죽음을 바라지 않고 그들이 회개하여 살기를 바라시기 때문이다(지혜 11,21-26 참조). 모든 인간은 창조되는 순간에 생명의 숨과 함께 받은 하느님의 모상을 자신 안에 지니고 있다(지혜 12,1 참조). 가나안인들에 대해서도 하느님은 인내심 강하게 관용을 베푸셨고 그들에게 혐오스러운 이교 관습에서 회개할 시간을 허락하셨다(지혜 12,2-11 참조).

✠ 11,22-26; 12,1-2. 이 단락은 다해 연중 제31주일에 루카 복음에서 예수님과 자캐오가 만나는 장면(루카 19,1-10)과 함께 읽는다. 예수님은 세관장을 만나신 다음 "오늘 이 집에 구원이 내렸다."고 말씀하신다. 이것은 사람들의 마음을 꿰뚫어 보시면서도 "사람들이 회개하도록 그들의 죄를 보아 넘겨 주십니다."(11,23)라는 지혜서의 표현을 독창적으로 해석하는 것이다.

12 1 당신 불멸의 영이 만물 안에 들어 있기 때문입
니다.
2 그러므로 주님, 당신께서는 탈선하는 자들을 조금씩 꾸
짖으시고
그들이 무엇으로 죄를 지었는지 상기시키며 훈계하시어
그들이 악에서 벗어나 당신을 믿게 하십니다.

가나안인들에게 내린 하느님의 신중한 징벌

3 당신의 거룩한 땅에 살던 옛 주민들,
4 당신께서는 그들의 가증스러운 관습 때문에,
마술과 불경한 제사 때문에 그들을 미워하셨습니다.
5 아이들을 잔인하게 학살하고
음복한다며 사람의 살과 피에다가 내장까지 먹었기 때문
입니다.
이처럼 광란의 의식이 한창 벌어질 때에 그 참가자들을
6 힘없는 생명들을 살해한 그 부모들을
당신께서는 저희 조상들을 통하여 멸망시키시어
7 모든 땅 가운데에서 당신께 가장 값진 이 땅이
하느님의 자녀들인 훌륭한 이주민을 받게 하셨습니다.
8 그러나 저들도 인간이기에 당신께서는 소중히 여기시고
당신 군대의 선봉으로 말벌들을 보내시어
저들을 조금씩 멸망시키게 하셨습니다.
9 당신께서는 싸움터에서 저 악인들을 의인들 손에 넘기
실 수도,
무서운 야수나 엄중한 말씀으로 단번에 파멸시키실 수도
있었습니다.
10 그러나 당신께서는 조금씩 심판하시어
저들에게 회개할 기회를 주셨습니다.
물론 당신께서는 저들이 근본부터 악하고
악을 타고났으며
그들의 사고방식이 영원히 바뀌지 않는다는 것을 모르지
않으셨습니다.
11 사실 저들은 처음부터 저주받은 종족이었습니다.
그런데도 저들이 저지른 죄를 당신께서 용서하신 것은
누가 두려워서가 아니었습니다.

12,5. 이 구절에는 여러 이문異文들이 있어 번역이 부정확하다. 전체적인 의미는 가나안인들이 살인을 하고 인육을 먹었다고 비난하며 그들의 잔인함을 과장하여 묘사하는 것이다(신명 12,31; 18,10 참조).

12,8. 가나안 정복과 관련하여 말벌은 탈출 23,28; 신명 7,20; 여호 24,12에서 언급된다.

12,10. "심판하시어" 그리스어 동사를 그대로 번역한 것이다. 그러나 목적어가 없어 모호하다. "그들을"이 내포된 것으로 이해하여 옮길 수 있을 것이다(12,21 참조).

12,1 창세 2,7; 6,3; 욥 27,3; 33,4; 코헬 12,7. 12,3 즈카 2,16. 12,7 신명 11,12.

12,13-14. 유일신 신앙을 명시적으로 고백한다. 창조주이며 주님이신 하느님 오직 한 분이 계시며(11,23 참조) 우주의 세력과 사람들 가운데 무엇도 그분과 비길 수 없다(탈출 15,11; 욥 34,13; 이사 45,5-6 참조).

12,19. "의인은 인자해야 함을" 지혜서는 특정 민족에 대한 배타적 사랑을 극복한다. 22절에서는 유다인("저희")과 그 원수들을 구분하지만, 모든 인간은 사랑을 받기에 합당하다(마태 5,43-48; 1요한 4,20 참조).

하느님의 주권은 정의의 원천

12 누가 감히 "왜 그렇게 하셨습니까?" 하고 말할 수 있겠
습니까?
누가 당신의 심판에 반대할 수 있겠습니까?
당신께서 만드신 민족들을 스스로 멸망시키신 일을 두고
누가 당신을 비난할 수 있겠습니까?
누가 불의한 인간들의 변호인으로 당신과 맞설 수 있겠습
니까?
13 만물을 돌보시는 당신 말고는 하느님이 없습니다.
그러니 당신께서는 불의하게 심판하지 않으셨음을 증명하
실 필요가 없습니다.
14 또 당신께서 징벌하신 자들을 두고
어떠한 임금이나 군주도 당신과 대결할 수 없습니다.
15 당신께서는 의로우신 분으로 만물을 의롭게 관리하시니
징벌을 받을 까닭이 없는 이를 단죄하는 것을
당신의 권능에 맞지 않는 일로 여기십니다.
16 당신의 힘이 정의의 원천입니다.
당신께서는 만물을 다스리는 주권을 지니고 계시므로
만물을 소중히 여기십니다.
17 정녕 당신의 완전한 권능이 불신을 받을 때에만
당신께서는 힘을 드러내시고
그것을 아는 이들에게는 오만한 자세를 질책하십니다.
18 당신께서는 힘의 주인이시므로 너그럽게 심판하시고
저희를 아주 관대하게 통솔하십니다.
당신께서는 무엇이든지 원하시는 때에 하실 능력이 있으
십니다.

관대함의 교훈

19 당신께서는 이렇게 하시어
의인은 인자해야 함을 당신 백성에게 가르치시고

12,12 욥 9,12; 로마 9,19-23. 12,18 시편 115,3; 135,6.

📖 12,12-27. 숙고는 하느님 업적에 대한 경탄과 관조로 바뀐다. 하느님의 전능하심은 파괴적인 힘이 아니라 나약한 인간에 대한 인내심 강한 교육으로 나타난다(12-18절). 이렇게 하느님은 가족의 선한 아버지처럼 자녀들에게 자신과 비슷한 이들을 용서하여 그들이 회개할 수 있도록 해야 함을 가르치신다(19-22절). 악을 고집할 때에만 하느님은 파괴적인 심판을 억누르지 않으신다(23-27절).

✠ 12,13.16-19. 가해 연중 제16주일에는 이 본문을 하느님의 "인내"에 관한 비유인 좋은 씨와 가라지에 관한 마태오 복음의 이야기(마태 13,24-43)와 함께 읽는다. 지혜서의 본문은 "해처럼" 빛나는 의인들에 대한 비유를 제시하는 듯하다. 그들은 하느님을 바라보며 사람들에 대한 하느님의 한없는 사랑을 고백한다.

지은 죄에 대하여 회개할 기회를 주신다는 희망을
당신의 자녀들에게 안겨 주셨습니다.
20 당신 자녀들의 원수들로서 죽어 마땅한 자들에게까지
악에서 벗어날 시간과 기회를 베푸시며
그토록 주의와 배려를 다하여 처벌하셨다면
21 당신의 자녀들은 얼마나 신중하게 심판하셨겠습니까?
바로 그들의 조상들에게
당신께서는 맹세와 계약으로 좋은 약속들을 해 주셨습니다.
22 저희는 그냥 벌하시지만
저희의 원수들은 만 번을 더 채찍질하시니
저희가 남을 심판할 때에는 당신의 선하심을 잘 생각하고
심판을 받을 때에는 자비를 기대하라는 것입니다.

관용 뒤의 엄벌

23 그러므로 어리석게도 불의하게 살아온 자들에게
당신께서는 저들의 그 역겨운 것들로 고통을 주셨습니다.
24 저들은 잘못된 길로 더욱더 빗나가
짐승 가운데에서도 가장 추하고 천한 것들을 신으로 받아들였습니다.
어리석은 아이들처럼 속아 넘어간 것입니다.
25 그래서 당신께서는 철없는 아이들에게 하시듯
저들에게 벌을 보내시어 저들을 조롱하셨습니다.
26 그렇게 부드러운 질타를 받고도 훈계로 삼지 않는 자들은
그에 합당한 하느님의 심판을 받을 것입니다.
27 고통을 당하고
자기들이 신으로 여겼던 바로 그것들로 징벌을 받자
그것들에게 화가 난 저들은
사실을 보고서야 자기들이 전에 알아 모시기를 거부하던 그분께서
참하느님이심을 깨닫게 되었습니다.
그리하여 저들은 가장 무거운 단죄를 받았습니다.

12,23. "저들의 그 역겨운 것들로 고통을 주셨습니다." 이미 1,16("악인들은… 죽음을 불러내고")에서 표현된 원칙을 다시 적용한다. "역겨운 것들"은 우상(1열왕 11,5.33; 지혜 14,11; 이사 2,8.20 참조)이다.

12,27. 그릇되게도 신처럼 경배를 받던 동물들을 수단으로 하여 일어난 재앙에 대한 이집트인의 반응을 묘사한다. 이러한 실망에서 하느님에 대한 진정한 신앙이 생겨나야 할 것이다(탈출 8,4-6.24; 12,31-32 참조).

12,21 창세 12,7. 12,24 11,16.

12,24. 고대 이집트 신학에서는 동물과 신들을 결코 동일시하지 않았으며, 동물은 다만 신들의 표지였다. 그러나 헬레니즘 시대와 로마 시대에는 이러한 전이가 이루어져 일종의 동물숭배에 이르렀다. 이를 위한 성소들에는 방부 처리된 황소, 악어, 새들을 보존했고 이들은 공경과 예식의 대상이 되었다.

자연 숭배의 어리석음

13 [1] 하느님에 대한 무지가 그 안에 들어찬 사람들은
본디 모두 아둔하여
눈에 보이는 좋은 것들을 보면서도 존재하시는 분을 보지 못하고
작품에 주의를 기울이면서도 그것을 만든 장인을 알아보지 못하였다.
[2] 오히려 불이나 바람이나 빠른 공기,
별들의 무리나 거친 물,
하늘의 빛물체들을 세상을 통치하는 신들로 여겼다.
[3] 그 아름다움을 보는 기쁨에서 그것들을 신으로 생각하였다면
그 주님께서는 얼마나 훌륭하신지 그들은 알아야 한다.
아름다움을 만드신 분께서 그것들을 창조하셨기 때문이다.
[4] 또 그것들의 힘과 작용에 감탄하였다면
바로 그것들을 보고
그것들을 만드신 분께서 얼마나 힘이 세신지 알아야 한다.
[5] 피조물의 웅대함과 아름다움으로 미루어 보아
그 창조자를 알 수 있다.
[6] 그렇다고 해서 그들을 크게 탓할 수는 없다.
그들은 하느님을 찾고 또 찾아낼 수 있기를 바랐지만
그러는 가운데 빗나갔을지도 모른다.
[7] 그들은 그분의 업적을 줄곧 주의 깊게 탐구하다가
눈에 보이는 것들이 하도 아름다워
그 겉모양에 정신을 빼앗기고 마는 것이다.
[8] 그러나 그들이라고 용서받을 수는 없다.
[9] 세상을 연구할 수 있을 만큼
많은 것을 아는 힘이 있으면서

13,2 신명 4,19; 집회 17,8. 13,6 사도 17,27.

13,1–19. 두 번째로 본문의 흐름에서 벗어나(1–19절 참조) 우상 숭배를 비판하는데, 이것은 중요한 신학적 핵심이 된다. 진정한 지혜는 하느님을 유일한 창조주이시며 만물의 주님으로 알아뵙는 데 있다. 본문은 두 종류의 우상 숭배를 특별히 풍자와 조롱을 섞어 가면서 비판한다. 그것은 이스라엘 주변 문화에서 흔히 신으로 여겨지던 자연 요소들에 대한 숭배와(1-9절 참조) 인간의 손으로 만들어 낸 우상들에 대한 숭배이다(10-19절 참조). 첫째 경우에 어리석음은 그 자연 요소들이 피조물임을 알아보지 못하고 창조주께 영광을 드리지 못한 것이다. 둘째 경우의 어리석음은 생명 없는 대상을 숭배하는데, 그 대상은 그것을 만든 이들보다도 못하다. 썩어 없어질 재료로 소일거리로 만든 것들이기 때문이다. 이 단락은 바오로가 로마서에서 다시 언급한다(1,19-20). 성경에 따르면 자연의 요소들은 창조된 실재에 속하며 하느님을 증언하고 그분께 이끄는 것이어야 한다. 그래서 지혜서 저자는 인간이 피조물의 위대함과 선함에서 유비를 통하여 그 창조주에 대한 인식에 이를 수 있다고 말한다. 그리스도교 전통에서 이 단락은 모든 인류가 본성적으로 하느님을 알 수 있는 가능성을 지니고 있음을 지지하기 위하여 사용되었다.

13,1. "아둔하여" 그리스어 단어 '마타이오스'는 히브리어 어근 'hbl'에 해당하는 것으로 이해할 수 있는데, 그 의미는 공기와 같은 것, 헛되고 덧없는 것을 가리킨다(코헬 1,2과 6,4의 주에서 설명한 '헤벨'의 개념 참조). 거짓 신들은 존재하지 않아 실체가 없다(1열왕 16,13.26; 2열왕 17,15; 예레 2,5; 8,19; 10,3.15 참조).

13,3. "기쁨" 완전함과 아름다움의 개념은 그리스 사상의 전형적인 특징들이다. 구약 성경에서 창조물에 대한 관조는 언제나 창조주의 위엄과 연관되어 있으면서도 심미적 쾌락을 주는 것으로는 여겨지지 않는다. 그리스적인 관점에서 제시된 창조 이야기는 헬레니즘의 영향을 드러낸다(창세 1,4.10.12.18.21.25.31 참조. 또한 집회 43,9.11 참조).

13,5. 자구적으로는 "그 창조자를 관조할 수 있다."이다. "관조하다"라는 동사는 플라톤과 아리스토텔레스의 어휘로 인간의 최고 행위를 지칭한다. 지적이고 직접적인 것은 아니라 하더라도 ("미루어 보아") 명확하고 확실한 하느님에 대한 인식을 가리킨다.

13,6-7. 피조물을 신으로 여기는 이들에 대한 심판은 우상을 숭배한 이들에 대한 심판보다 덜 준엄하다(13,10; 15,14 참조). 피조물의 아름다움이 그들을 속게 한 것이며, 따라서 그들은 완전히 무죄한 것은 아니라 하더라도 변명의 여지가 있다.

그들은 어찌하여 그것들의 주님을 더 일찍 찾아내지 못하였는가?

우상 숭배의 어리석음

10 생명 없는 것들에 희망을 거는 자들도 불쌍하다.
그들은 사람 손으로 만들어진 것들,
솜씨 좋게 다듬어진 금과 은,
동물들의 상,
또 옛적에 어떤 손이 다듬어 놓았다는 쓸모없는 돌을
신이라고 부른다.
11 목수를 보라. 그는 일하기 쉬운 나무를 톱으로 켜서
능숙하게 껍질을 다 벗겨 내고
능란하게 솜씨를 부려
살림에 쓸모 있는 기물을 만들어 낸다.
12 일하다가 남은 나뭇조각들은
음식을 만드는 데에 쓴다. 그리고 배불리 먹는다.
13 그러고도 쓸데없는 조각이 남는데
목수는 구부러지고 마디가 많은 그 나무토막을 가져다가
한가한 때에 정성을 들여 깎는다.
여가의 일거리로 그것을 손질하여
사람 모양으로 만들거나
14 볼품없는 짐승과 비슷한 것으로 만들어
황토색을 입히고 그 위에다 다시 붉은색을 칠하여
거기에 있는 흠을 말끔히 없앤다.
15 그다음 그것에 맞는 집을 만들어
벽 속에 넣고 쇠로 고정시킨다.
16 목수는 그것이 떨어지지 않게 마음을 쓴다.
그 물건이 자신을 돌보지 못하기 때문이다.
그것은 정녕 목상에 불과한 것으로 남이 도와주어야 한다.
17 그런데도 재산이나 혼인이나 자녀들을 위하여 기도할 때에
생명 없는 그것에 대고 말하는 것을 부끄러워하지 않는다.
그렇게 무력한 것에 대고 건강을 위하여 간청하고
18 죽은 것에 대고 생명을 위하여 청원한다.
무능하기 짝이 없는 것에 대고 도움을 탄원하고
한 발짝도 움직이지 못하는 것에 대고 여행을 위하여
19 또 생계와 일과 생업의 성공을 위하여

13,10. "사람 손으로 만들어진 것들" 그리스어본의 정형화된 표현으로 인간이 자신의 수고로 만든 우상을 가리킨다(신명 4,23; 2열왕 19,18; 2역대 32,19; 시편 115,4; 이사 37,19; 바룩 6,50 참조). 목재 또는 금속으로 이러한 상을 만드는 것에 관하여, 판관 17-18의 미카 이야기 참조. 우상들에 대한 논박에 관하여, 이사 44,9-20; 예레 10,1-16 참조.

13,16. 우상들의 무능력함에 관하여, 이사 40,20; 41,7; 바룩 6,10.25-26.38.57 참조.

13,15 이사 46,7; 예레 10,4. 13,18 시편 115,4-7.

손에 능력이라고는 전혀 없는 것에 대고 힘이 되어 주기를
빈다.

또 다른 우상 숭배

14 1 또 어떤 자는 항해를 준비하고 거친 파도를 헤
쳐 가려고 하면서
자기를 데려다 줄 배보다 더 깨지기 쉬운 나뭇조각에 대
고 빕니다.
2 배는 이득을 바라는 마음이 고안해 내고
장인의 지혜가 만들어 낸 것입니다.
3 그러나 아버지, 그것을 조종하는 것은 당신의 섭리입니다.
당신께서 바다에 길을,
파도 속에 안전한 항로를 놓아 주셨습니다.
4 당신께서는 어떠한 위험에서도 구할 수 있음을 보여 주
시어
기술이 없는 이도 항해할 수 있게 하셨습니다.
5 당신께서는 당신 지혜의 업적이 허사가 되는 것을 바라
지 않으십니다.
그래서 사람들은 아주 조그마한 나뭇조각에 목숨을 내맡
긴 채
뗏목을 타고 물결을 헤치며 무사히 바다를 건넙니다.
6 그래서 한처음에 오만한 거인들이 멸망할 때에도
세상의 희망이 뗏목에 몸을 피하여
당신 손의 인도 아래 새 세대의 씨를 세상에 남겼습니다.
7 그리하여 정의가 나온 그 나무는 복을 받았습니다.

8 그러나 사람 손으로 만든 우상은 물론
그것을 만든 자도 저주를 받는다.
그는 그것을 제작하였기 때문이고
그 썩어 없어질 것은 신이라고 불렸기 때문이다.
9 하느님께는 악인과 그의 악행이 똑같이 가증스러워
10 그 물건은 그것을 만든 자와 함께 징벌을 받을 것이다.
11 그러므로 이민족의 우상들도 심판을 받을 것이다.

14,3. "섭리"로 이해되는 단어 '프로니아'는 그리스어 성경에서 이 절과 17,2에서만 나타난다. 구원 역사의 두 가지 사건 곧 홍해를 건넌 것과 노아의 방주를 만든 것이 하느님 섭리에 의한 것으로 여겨진다.

14,6. 창세 6,4에서는 거인족에 대해 말하는데, 그들이 오만했다고는 말하지 않는다. 아마도 저자는 그가 알고 있던 성경 밖의 전승들을 따르고 있다(외경인 3마카 2,4과 희년서 7,22 참조. 또한 바룩 3,26-28; 집회 16,7-8 참조).

14,7. "정의" 이 문맥 안에서 그리스어 단어 '디카이오시네'는 (예언서에서와 같이) 사회적 정의나 (지혜문학의) 도덕적 정의가 아니라 하느님께서 당신의 구원 계획을 이루어 가시는 구원 행위를 지칭한다(마태 5,10.20; 6,33 참조).

14,11. "올가미"로 번역된 그리스어 명사 '스칸달론'은 첫째 "걸림돌, 함정, 장애물"을 뜻한다(1마카 5,4; 집회 27,23; 마태 16,23; 18,7; 1코린 1,23 참조). 이 절에서 그러한 의미는 "덫"과의 병행으로 확인된다. (새) 대중 라틴말 성경은 걸림, 유혹 tentationem이라고 읽는다. 이 단어들은 사냥과 관련된 표현에서 취한 것이다. 여호 23,13; 시편 69,23; 140,6; 로마 11,9; 14,13 참조.

14,3 시편 77,20; 이사 43,16. 14,8 신명 27,15.

14,1-31. 우상 숭배에 대한 비판은 배를 보호하기 위해 세우는 목상에까지 확장된다. 파괴적인 물에서 조상 노아를 구할 수 있었던 하느님의 섭리만이 항해의 안전을 허락할 수 있다(1-11절). 이방 민족들을 보면 타락 원인이 우상에 있음을 즉시 알 수 있다. 참된 종교가 없을 때는 오직 악이 생겨날 뿐이기 때문이다. 죽은 이들을 기억하기 위해서(15-16ㄱ절) 또는 야심 많은 군주의 허영을 위해서(16ㄴ-17절) 만들어진 우상은 온갖 악행의 원인이 되었다(21-31절).

그것들이 하느님의 창조물 사이에서 역겨운 것이 되고
사람들의 영혼에 올가미가,
어리석은 이들의 발에 덫이 되었기 때문이다.

우상 숭배의 기원

12 우상들을 만들려는 생각이 간음의 시작이고
우상들을 고안해 내는 것이 삶의 타락이다.
13 그것들은 한처음부터 있었던 것도 아니고 영원히 있을 것도 아니다.
14 우상들은 인간의 허영 때문에 세상에 들어왔으니
그것들이 얼마 못 가 끝장난다는 것은 이미 정해진 일이다.
15 때 이르게 자식을 잃고 슬픔에 잠긴 아비가
갑자기 빼앗긴 자식의 상을 만들어
조금 전까지만 해도 죽은 사람에 지나지 않던 것을 신으로 공경하며
자기 권솔에게 비밀 의식과 제사를 끌어들였다.
16 그 불경한 관습은
시간이 지나면서 더 굳어지고 법처럼 지켜졌으며
군주들의 명령으로 그 조각상들이 숭배를 받았다.
17 또 멀리 살아 군주를 눈앞에서 공경하지 못하는 사람들은
멀리에서 그 모습을 속으로 그리며
자기들이 공경하는 그 임금의 상을 눈에 띄게 만들고서는 열성에 겨워
자리에 있지도 않은 자에게 마치 있는 것처럼 아첨한다.
18 그리고 장인의 야심은 임금을 알지 못하는 사람들에게까지
우상 숭배를 퍼뜨리도록 부추겼다.
19 그는 아마도 통치자의 환심을 사려고
솜씨를 다 부려서 그 닮은 모습을 더 아름답게 꾸몄을 것이다.
20 백성은 그 작품의 매력에 이끌려
얼마 전까지 인간으로 공경하던 자를 경배의 대상으로 여겼다.
21 이것이 인간에게 함정이 되어

14,16 다니 3. 14,20 다니 3,1-7.

✠ 14,15-20. 고대 이집트인은 매우 상세한 장례 예식을 만들고 죽은 이들을 숭배했다. 로마인도 죽은 이들을 공경하여 무덤 위에 붉은 꽃을 놓고 그들을 위하여 축제와 예식을 거행했다. 이들은 '마네스' 곧 "선한 이들"로 불리며 가족의 수호자로 여겨졌다. 군주에 대한 숭배는 주로 이집트에서 이루어졌으며 그들이 세상을 떠난 다음에도 계속되었다.

14,12. 우상 숭배가 나오게 된 주된 원인은 "간음"('포르네이아')이다. 아마도 이 단락(지혜서 전체 중 셋째 부분)의 첫 부분에서 이미 암시한(10,1 참조) 첫 인간(아담)의 타락을 가리킨다. 그 타락은 성적인 영역과 직접 관련된 죄였다.

14,15. 죽은 이들의 신격화는 고대와 현대의 모든 문화에서 나타나는 사실이다(1사무 28,7-25 참조). 이러한 숭배는 일찍 자식을 잃은 부모가 그 빈자리를 채우려는 갈망으로 설명된다.

14,21. "하느님만 가질 수 있는 이름" 자구적으로는 "공유될 수 없는 이름"이다. 탈출 3,14에서 모세가 받은 하느님의 이름을 가리킨다. 또한 시편 113,1-3과 욥 6,4의 주 참조.

불행이나 권력의 노예가 된 사람들이
하느님만 가질 수 있는 이름을 돌과 나뭇조각에 붙였다.

우상 숭배의 결과

22 하느님을 잘못 아는 것만으로는 모자라는지
그들은 무지 때문에 일어나는 격렬한 싸움 속에 살아가면서
그토록 커다란 여러 악을 평화라고 부른다.
23 아이들을 죽여 제사를 지내거나 비밀 의식을 거행하면서
또는 이상한 예식으로 광란의 향연을 벌이면서
24 자기들의 삶도 혼인도 더 이상 깨끗이 지키지 않고
음흉한 방식으로 서로 죽이고 간통을 하여 서로 괴롭힌다.
25 모든 것이 뒤엉켜 있다. 유혈과 살인, 도둑질과 사기
부패, 불신, 폭동, 위증
26 가치의 혼란, 배은망덕
영혼의 부패, 성도착
혼인의 무질서, 간통과 방탕이 뒤엉켜 있다.
27 이름조차 붙일 수 없는 우상들을 숭배하는 것이
모든 악의 시작이고 원인이며 끝이다.
28 그 숭배자들은 미친 듯이 열광하거나 거짓 예언을 하고
불의하게 살아가거나 거침없이 거짓 증언을 한다.
29 생명 없는 우상들을 신뢰하기에
악한 맹세를 해 대면서도 해를 입으리라고는 생각하지도 않는다.
30 그러나 두 가지 이유로 그들에게 형벌이 내릴 것이다.
우상들에게 정신을 빼앗겨 하느님을 잘못 생각하였기 때문이고
거룩한 것을 무시하면서 거짓으로 불의한 맹세를 하였기 때문이다.
31 불의한 자들의 범죄를 언제나 뒤쫓는 것은
맹세할 때에 이름을 부르는 우상들의 힘이 아니라
죄를 저지르는 자들에게 내리는 징벌이다.

우상 숭배에 빠지지 않은 이스라엘

15 1 저희의 하느님, 당신께서는 어지시고 진실하시며
분노에 더디시고 만물을 자비로 통솔하십니다.
2 저희가 죄를 짓더라도 당신의 권능을 알기에 저희는 당신의 것입니다.

14,22. "무지 때문에 일어나는 격렬한 싸움" 하느님을 알지 못하는 데에서 격정이 쏟아져 나오게 된다.

14,27. "끝" 이 그리스어는 '끝, 경계, 극한, 완성' 등의 뜻을 지니지만 여기서는 어떤 과정의 마지막을 가리킨다. 악의 진행 과정은 그 최고점(우상 숭배)에 이르러 끝나지만 그 우상 숭배는 또한 악의 원천이기도 하다(12절 참조).

15,1. 이 구절은 탈출 34,6 "주님은, 주님은 자비하고 너그러운 하느님이다. 분노에 더디고 자애와 진실이 충만하며"를 반향하는 것으로 보인다. 이 탈출기 본문에서 하느님의 속성으로 적용된 진실이라는 단어는 '진리, 충실함, 확고함, 확실함, 신뢰할 수 있음'의 뜻도 지닌다.

14,22 로마 1,18-32. 14,23 14,15; 신명 18,10; 2열왕 17,17; 2역대 33,5; 예레 7,31. 14,28 14,23. 14,30 탈출 20,7. 14,31 1,8; 11,20. 15,1 시편 67,5.

그러나 저희는 당신의 것으로 여겨짐을 알기에 죄를 짓지 않으렵니다.
3 당신을 앎은 온전한 정의이고
당신의 권능을 깨달음은 불사의 뿌리입니다.
4 인간의 간악한 상상이 만들어 낸 작품도,
화공들의 보람 없는 노고도 저희를 꾀지 못하였습니다.
그것은 여러 가지 색깔을 칠해 놓은 조각상일 따름입니다.
5 그러나 어리석은 자들은 그것을 보기만 하여도 욕망이 일어
목숨이 없는 죽은 형상의 그 조각상을 갈구합니다.
6 우상을 만드는 자와 그것을 갈구하는 자와 숭배하는 자는
악을 사랑하는 자들로
그들이 희망을 두는 그런 것들에나 어울리는 자들입니다.

우상을 만드는 자의 어리석음

7 옹기장이가 부드러운 흙을 열심히 개어
우리에게 쓸모 있는 갖가지 그릇을 빚습니다.
같은 진흙을 가지고
깨끗한 일에 쓰일 기물도 반대되는 일에 쓰일 것도
다 같은 방식으로 빚어냅니다.
그러나 어느 것이 어디에 쓰일지는
도공이 결정합니다.
8 그런가 하면 부질없는 수고를 하며
같은 진흙으로 헛된 신을 빚기도 합니다.
그러나 그 도공 자신도 얼마 전에 흙에서 온 자로서
빌린 제 영혼을 머지않아 돌려주어야 할 때가 되면
자기가 나온 그 흙으로 가야 합니다.
9 그럼에도 그는 자기가 죽어야 하는 것도
자기의 삶이 짧다는 것도 염려하지 않고
금 세공인이나 은 세공인과 경쟁하고
청동 세공인을 흉내 내며
모조품들을 빚는 것을 영광스러운 일로 여깁니다.

15,8. "빌린" 생명의 원리인 영혼은 하느님에게서 오며, 빌린 것과 같이 주어진다. 그러므로 그 생명이 하느님께 돌아갈 때 인간은 그 결산을 해야 할 것이다.

15,3 1,15; 2,23; 요한 17,3. 15,7 13,10-19. 15,8 창세 2,7; 3,19; 코헬 12,7.

15,1-19. 앞에서와는 대조적으로, 완전하신 하느님께 속하면 죄를 짓지 않게 된다. 그 하느님은 온전히 영적이고 거룩하시며, 그분께 경배를 드리는 이들은 인간 본성의 약함 속에서도 영적이고 거룩하게 되도록 부름받는다(탈출 19,5-6; 신명 7,6 참조). 참되고 영원하신 하느님의 영적 본성과 옹기장이의 뜻에 따라 보잘것없는 진흙으로 만들어진 상 사이의 대조는 강하고 날카롭다(7-13절). 우상을 만든 사람에게 괴로운 운명이 기다리고 있다면, 만신전pantheon에서 정복한 민족들의 신까지 공경하는 억압자들은 더 나쁜 운명을 맞게 될 것이다(14-19절).

15,10. "그의 마음은 다 타 버린 재이고" 우상을 만드는 사람은 그가 빚어 만드는 진흙보다 더 못한 것으로 여겨진다. 그는 참된 하느님을 알지 못하고 경쟁심과 돈에 대한 욕심으로 움직이기 때문이다.

15,12. 우상 숭배자는 생명을 신성한 것으로 여기지 않고 놀이나 시장과 같이 생각하며 피상적으로 평가한다. 여기서 생명을 가리키는 두 단어('조에': 1,12; 12,23; 13,18; 14,12 참조. '비오스': 2,1.4.15; 4,9; 8,5; 15,9.10 참조)는 동의적 병행을 이루며 동일한 인간적 실재를 지칭한다.

10 그의 마음은 타 버린 재이고 그의 희망은 흙보다도 가치가 없으며
그의 삶은 진흙보다도 볼품이 없습니다.
11 자기를 빚으시고
활동하는 영혼을 불어넣으셨으며
생명의 숨을 불어넣어 주신 분은 알지도 못한 채
12 저희의 생명을 놀이로,
저희의 삶을 돈벌이 축제로 여기며
모든 것에서, 나쁜 것에서도 이득을 보아야 한다고 말합니다.
13 같은 흙을 재료로 써서 깨지기 쉬운 그릇도 조각상도 제작하는 그는
자기가 죄를 짓고 있음을 누구보다도 잘 압니다.

이집트인들의 어리석음

14 그러나 당신의 백성을 억압한 원수들이 가장 어리석고
어린아이의 영혼보다 더 비참합니다.
15 저들은 다른 민족들의 우상들까지 모두 신으로 여겼습니다.
앞을 보려고 눈을 쓸 일이 없고
공기를 들이마실 콧구멍이 없고
소리를 들을 귀가 없고
무엇을 느낄 손가락이 없으며
발은 걷는 데에 쓸모가 없는 우상들을 말입니다.
16 그것들은 사람이 만든 것이고
숨을 빌려 사는 자가 빚은 것입니다.
어떠한 인간도 자기와 비슷한 신을 빚을 능력이 없습니다.
17 죽어야 할 인간이 사악한 손으로 만들 수 있는 것은 죽은 것뿐입니다.
자기가 경배하는 것들보다 그 자신이 더 낫습니다.
그는 생명을 가지고 있지만 그것들은 결코 그러하지 못합니다.
18 게다가 저들은 가장 가증스러운 동물들까지 숭배합니다.

15,10 이사 44,20. 15,15 13,8; 시편 115,4-7. 15,16 창세 2,7; 시편 104,29-30.

15,15. 본문은 이집트에서 특히 중시되던 헬레니즘 문화의 특징적 현상인 혼합주의를 지적한다. 이 시기에는 여러 종교의 신앙이 서로 섞였다. 알렉산드로스 대왕의 제국 영토 안에서 발전했던 활발한 문화 교류로 인하여, 이전에는 특정한 나라의 영역에서만 이루어지던 여러 가지 숭배가 널리 퍼졌기 때문이다. 전형적인 동방의 신들이 그리스 신들과 동일시되었고(바알과 제우스, 이슈타르와 아프로디테 등) 구별 없이 경배를 받았다. 이 현상으로 고대의 국가 신들에 대한 신앙이 사라지고 종교적 회의주의가 일반적으로 확산되었다.

우둔한 것으로 비교하자면 그것들이 다른 것들보다 더 심
합니다.
19 그것들은 동물 가운데에서 탐낼 만큼 모습이 아름답지
도 않습니다.
하느님께 받은 인정과 복도 잃어버렸습니다.

15,19. 저자는 뱀에 대한 저주에 (숭배의 대상인) 길짐승들까지 포함한다(창세 3,14; 레위 11,41-44 참조).

이집트인들과 이스라엘인들: 해로운 동물들과 메추라기

16 1 그래서 저들은 같은 동물들로 응분의 징벌을
받고
또 벌레 떼로 고통을 받았습니다.
2 그러나 당신의 백성에게는 당신께서 그 징벌과는 반대로
은혜를 베푸시고
그들의 식욕을 채워 주시려고 놀라운 맛이 나는 음식,
메추라기를 마련해 주셨습니다.
3 저들은 음식을 몹시 바랐지만
당신께서 저들에게 보내신 생물들의 흉한 모습에
식욕이 완전히 가셔 버렸습니다.
그러나 당신 백성은 어려움을 잠깐 겪은 뒤에
놀라운 맛이 나는 음식을 받았습니다.
4 저 억압자들에게는 피할 수 없는 어려움이 닥쳐야 했지만
당신의 백성에게는
원수들이 어떻게 고통을 받는지 보는 것만으로 충분하였
습니다.

해충들과 구리 뱀

5 사나운 동물들이 무서운 기세로 당신 백성들에게 들이
닥쳐
백성들이 그 구불거리는 뱀들에게 물려 죽어 갈 때
당신의 진노는 끝까지 가지 않았습니다.
6 그들은 경고의 표시로 잠깐 괴로움을 겪고 나서
당신 법의 계명을 상기시키는 구원의 표징을 받았습니다.

16,5. "구불거리는 뱀들" (새) 대중 라틴말 성경은 이 절을 "사악한 뱀들"로 해석한다. 민수 21,6의 이야기를 암시한다.

16,6. "구원의 표징" 구리 뱀을 가리킨다(민수 21,8 참조). 모든 사건을 다 이야기하지는 않는다. 예를 들어 많은 이스라엘 사람들이 뱀에 물려 죽었다는 사실은 생략한다(민수 21,6 참조).

16,1 11,15-16; 12,23-27. 16,2 탈출 16,9-13. 16,3 민수 11,10-32.

16,1-29. 서로 반대되는 요소들을 치밀하게 배치하면서, 정확한 신학적 계획에 따라 이집트와 이스라엘을 대비시킨다. 동물들(메뚜기, 파리 1-11절)과 자연 요소(우박, 비, 불, 눈, 얼음 16-19.22절)로 이집트인들을 쳤던 치명적 재앙들에, 선택된 백성에 대한 그만큼의 은혜들이 대응된다(3.20-23절). 히브리인들도 광야에서 징벌을 겪었지만(굶주림, 뱀에 물림), 이것은 자연이 복종하는 하느님 능력의 은혜를 체험할 수 있기 위해서였다. 그래서 그들은 치유뿐만(6-11절) 아니라, 하늘에서 빵과 고기를 받았다. 이렇게 하여 이집트 탈출 이야기는 지혜문학적인 숙고로 변모한다. 만나와 광야에서 들어 올려진 뱀은 하느님 말씀의 상징이 된다(12-15절). 그 말씀의 은혜로운 효과를 잃어버리지 않기 위해서는 열심히 그 말씀을 공경해야 한다.

16,10. 저자는 생명에 대한 하느님의 능력을 강조한다. 당신 백성과(12,18-21 참조) 자녀들에 대한(9,7; 12,19.21; 16,26; 18,4.13 참조) 하느님의 자비와 관련하여 이를 설명하는데, 이는 이집트 탈출 때 사건들에 대한 숙고에서 중심이 되는 신학적 개념이다.

16,13. "저승"에 관하여, 욥 3,17-19 주해 참조.

16,16. 우박 재앙을 가리킨다(탈출 9,13-35 참조). "불에 타 죽었습니다."라는 말로 저자는 탈출 13,21-22의 불기둥뿐만 아니라 9,23-24.29에서 말하는 불도 지칭한다.

7 눈을 돌린 이는 자기가 본 것 때문이 아니라
모든 사람의 구원자이신 당신 덕택에 구원된 것입니다.
8 이 일을 통해서도 당신께서는 저희의 원수들에게
모든 악에서 구해 내시는 분은 당신이심을 확신시키셨습니다.
9 저들은 메뚜기와 파리에게 물려 죽어 가는데
그 목숨을 살릴 약이 없었습니다.
저들은 그러한 것들로 징벌을 받아 마땅하였던 것입니다.
10 그러나 독사의 이빨도 당신의 자녀들은 꺾지 못하였으니
당신의 자비가 도우러 내려와 그들을 고쳐 주었기 때문입니다.
11 당신의 말씀을 기억하라고 그들은 이빨에 물렸다가
곧바로 구원되었습니다.
깊은 망각에 빠지지 말고
당신의 선행을 늘 염두에 두라는 것이었습니다.
12 그들을 낫게 해 준 것은 약초나 연고가 아닙니다.
주님, 그것은 모든 사람을 고쳐 주는 당신의 말씀입니다.
13 당신은 생명과 죽음을 주관하시는 권한을 가지신 분,
저승문으로 내려보내기도 하시고 끌어올리기도 하십니다.
14 사람은 자기의 악으로 남을 죽일 수는 있지만
한 번 나간 숨을 돌이킬 수도 없고
저승에 들어간 영혼을 풀어 줄 수도 없습니다.

우박과 만나

15 아무도 당신 손을 피하여 달아날 수 없습니다.
16 당신을 알아 모시기를 거부하는 악인들은
당신의 억센 팔에 채찍질을 당하고
이상한 비와 우박과 그치지 않는 폭우에 쫓기고
불에 타 죽었습니다.
17 더욱 놀라운 일은 모든 것을 꺼 버리는 물속에서
불이 더 세차게 타올랐다는 사실입니다.
우주가 의인들 편에 서서 싸웠기 때문입니다.
18 한때는 불길이 수그러져
악인들에게 보내진 동물들을 타 죽지 않게 하였습니다.
그리하여 악인들은 그 광경을 보고
하느님의 심판이 자기들을 쫓고 있음을 깨달았습니다.
19 또 어떤 때에는 그 불길이 물 한가운데에서 어떤 불보다

16,7 민수 21,9; 요한 3,14-17. 16,9 탈출 8,16-20; 10,4-15. 16,12 시편 107,20; 이사 55,10-11. 16,15 토빗 13,2.

도 뜨겁게 타올라
불의한 땅의 소출을 망쳐 버리기도 하였습니다.
20 그러나 당신의 백성은 당신께서 천사들의 음식으로 먹여 살리셨습니다.
그들의 노고 없이 미리 준비된 빵을 하늘에서 마련해 주셨습니다.
그 빵은 갖가지 맛을 낼 수 있는 것,
모든 입맛에 맞는 것이었습니다.
21 당신의 양식은 자녀들을 향한 당신의 달콤함을 드러내는 것으로
그것을 받는 이의 소원을 채워 주고
저마다 원하는 대로 모양이 변하는 양식이었습니다.
22 그 눈과 얼음은 불을 견디어 내며 녹지 않았습니다.
이는 우박 속에서도 타오르고 빗속에서도 번쩍거리는 그 불이
원수들의 수확물은 망쳐 버렸지만
23 의인들은 먹고 살게 하려고
그 본연의 힘까지도 잊어버렸음을 알라는 뜻이었습니다.
24 피조물은 자기를 만드신 당신을 시중들며
불의한 자들을 징벌하는 데에는 그 힘이 팽팽해지고
당신을 신뢰하는 이들에게는 득이 되도록 그 힘이 느슨해집니다.
25 그래서 피조물은 그때에도 온갖 형태로 바뀌면서
궁핍한 이들의 바람에 따라
모든 이를 먹여 살리는 당신의 선물로 쓰였습니다.
26 그리하여 주님, 당신께서 사랑하시는 자녀들이
사람을 먹여 살리는 것은 여러 가지 곡식이 아니라
당신을 믿는 이들을 돌보는 당신의 말씀임을 배우게 하셨습니다.
27 불에도 없어지지 않던 그것이
잠깐 비치는 햇살에 따뜻해지자 그냥 녹아 버린 것은
28 당신께 감사하기 위하여 해 뜨기 전에 일어나야 하고
동틀 녘에 당신께 기도해야 함을 알게 하시려는 것이었습니다.
29 고마움을 모르는 자의 희망은 겨울 서리처럼 녹아 버리고
쓸데없는 물처럼 흘러가 버립니다.

✠ 16,28. 만나가 햇볕에 녹은 것은 우의적으로 아침에 기도하라는 권고로 해석된다. 이른 아침에 기도하는 것은 이스라엘에 널리 퍼져 있었고(시편 5,4; 88,14 참조) 매일 세 차례 드리는 전례 기도의 일부이다.

16,20-21. "갖가지 맛을 낼 수 있는 것, 모든 입맛에 맞는 것" 이 구절에서는 만나에 대해 말한다(탈출 16,35; 시편 78,25 참조). 탈출 16,31에 따르면 만나는 벌꿀 과자 맛이었는데, 민수 11,8에 따르면 기름과자 맛이었고 오래 먹은 사람에게는 지겨운 것이 되었다. 한편 신명 8,3.16에서는 만나의 맛에 대한 아무런 정보가 없다. 지혜서 저자는 아마도 만나가 먹는 사람의 입맛에 따라 맛이 바뀌는 훌륭한 음식이었다는 성경 밖 전승을 알고 있었을 것이다. 요한 6,31.49; 히브 9,4; 묵시 2,17 참조.

16,24. 우주는 하느님 뜻의 도구이다. 이것은 5,22-23에서 이미 진술된 개념이며 시편의 전통에 이어진다(104,3-4; 148,8 참조. 또한 집회 39,28 참조).

16,28. "기도해야" 이 그리스어 동사의 기본적 의미는 '누군가를 만나다, 대화나 자문 혹은 간청 등의 목적으로 누구를 만나러 가다'이며, 여기서 '기도하다, 간청하다, 전구하다'의 뜻이 나온다.

17,1-18,4. 이 구절은 탈출 10,21-23에서 말하는 아홉 번째 재앙을 묘사한다. 저자는 어둠의 현상을 전하는 데 특히 정성을 기울이며(구약 성경 중 여기서만 사용된 단어가 50여 개에 이른다), 두려움, 갇힘, 어둠 같은 핵심 개념들에 머무른다.

17,6. "불덩어리" 저자는 이집트를 뒤덮은 완전한 암흑의 상태를 강조한다. 그것은 마치 밤에 폭풍이 덮치고 그 안에서 번개가 짙은 어둠 속을 비추는 것과 같다. 이 번갯불은 주변의 상황을 (그 모습을 달라지게 하여) 더욱 무섭게 만든다.

암흑과 불기둥

17 1 당신의 판결들은 위대하고 설명하기 어렵습니다.
그래서 가르침을 받아들이지 않은 영혼들이 빗나간 것입니다.
2 저 무도한 자들은 자기들이 거룩한 민족을 잡고 있다고 여겼지만
저들 자신이 암흑의 포로요 긴 밤의 죄수로서
영원한 섭리에서 추방된 채 자기 집 지붕 밑에 갇혔습니다.
3 저들은 자기들의 은밀한 죄가
망각의 어두운 휘장에 가리어 들키지 않으리라고 생각하였지만
몹시 겁에 질리고 환영으로 혼란에 빠져
흩어져 갔습니다.
4 저들을 보호해 주던 구석진 곳도
더 이상 그들을 공포에서 지켜 주지 못하였습니다.
사방에서는 무서운 소리가 들려오는데
침울한 얼굴을 한 음침한 유령들까지 나타났습니다.
5 어떠한 불도 빛을 내기에 충분한 힘이 없었고
밝게 빛나던 별빛도
그 끔찍한 밤을 밝힐 수 없었습니다.
6 저절로 타오르는 무시무시한 불덩어리만
저들을 내리비쳤는데
그 광경이 사라지자 저들은 공포에 떨며
방금 본 것을 더 불길한 것으로 여겼습니다.
7 마술의 속임수도 소용이 없고
저들이 뽐내던 예지도 창피스럽게 면박만 받았습니다.
8 병든 영혼에게서 공포와 불안을 몰아내 주겠다고 약속하던 자들 자신이
우스꽝스러운 공포에 시달려야 했습니다.
9 어떤 무서운 것이 저들을 두렵게 하지도 않았는데
벌레가 지나가거나 길짐승이 쉭쉭 움직이는 소리에도 겁을 먹고

17,1 로마 11,33-35. 17,2 탈출 10,21-23. 17,4 욥 33,15-17. 17,9 11,15.

17,1-21. 심리학적·문학적 치밀함으로 어둠의 재앙이 묘사된다. 미드라쉬의 특징에 따라 재앙 이야기를 확장하며 상징적 의미들을 부여한다. 이집트인은 어둠의 공포에 몸을 웅크린 어린아이처럼 나타난다. 온갖 소리를 두려워하고 설명할 수 없는 어두운 밤에 갇혀 마비된 그들은 이성의 추론으로 위로를 찾지도 못하고 주술을 통해서도 문제를 해결하지 못한다. 잘못에 대한 양심의 가책의 무게가 여기에 더해지는데, 밤도 감추어 주지 못하는 그 잘못들이 죽음의 암흑 속에서 그들을 휘감을 것이다.

10 하늘 보는 것을 피할 수 없는데도 그마저 마다하고
전율 속에 죽어 갔습니다.
11 악이란 비열한 것으로서 제 입으로 자신을 단죄하고
양심의 가책을 받아 늘 어려움을 더해 가기만 합니다.
12 두려움은 이성의 도움을 포기하는 것일 따름입니다.
13 속으로 그 도움을 덜 기대할수록
고통을 초래하는 까닭을 모르는 편이 낫다고 여깁니다.
14 무기력한 저승의 후미진 곳에서 올라온 밤,
참으로 무기력한 그 밤에
저들은 모두 같은 잠에 빠졌습니다.
15 예기치 않던 공포가 갑자기 저들에게 들이닥쳐
때로는 기괴한 유령들에게 쫓기고
때로는 영혼의 자포자기로 몸이 마비되었습니다.
16 그때에 그곳에서 이렇게 쓰러진 자는
창살 없는 감옥에 갇혀 꼼짝도 못하였습니다.
17 그가 농부이거나 목자이거나
광야에서 힘든 일을 하는 일꾼이거나
다 공포에 사로잡혀 피할 수 없는 고초를 겪어야 했습니다.
18 정녕 저들은 모두 같은 암흑의 사슬에 묶였던 것입니다.
바람이 부는 소리에도
길게 뻗은 가지에서 들리는 아름다운 새소리에도
장단 맞추어 세차게 흐르는 물소리에도
19 굴러 떨어지는 바위들의 요란한 소리에도
뛰어다니는 동물들의 보이지 않는 달음질에도
아주 사나운 야수들의 으르렁거리는 소리에도
산골짜기에서 울려오는 메아리 소리에도
저들은 공포에 질려 몸이 마비되어 버렸습니다.
20 온 세상이 밝은 빛을 받으며
아무 방해도 받지 않고 제 일을 하였지만
21 저들에게만은 무거운 밤이 드리워져 있었습니다.
그 밤은 저들을 삼켜 버릴 암흑의 표상이었습니다.
게다가 저들에게는 자신이 암흑보다 더 무거운 짐이었습니다.

17,11. "늘 어려움을 더해 가기만 합니다." 이 번역은 고대 그리스어 사본 네 개에 나타나는 동사를 근거로 한 것이다. (새) 대중 라틴말 성경을 따른다면 "언제나 최악을 생각합니다."라고 번역하게 된다.

17,14-15. 괄호 안에 묶을 수 있는 12-13절에 이어 다시 7-11절의 주제에 집중한다(유령과 공포에 대해 말한다). 공포는 사람을 마비시키고 퍼져 가는 어둠에 적절히 대응하지 못하게 만든다.

17,18-19. 이미 7절에서 저자는 이집트 마술사들이 짙은 어둠이 깔리는 이유를 알지 못하는 동물들의 모습과 그 소리에 이유 없이 두려워하는 것을 묘사했다. 여기서는 내용이 더 확장되어, 그들을 두렵게 하는 것이 아니라 오히려 매혹시켜야 할 광경인 자연의 아름다움 앞에 서 있는 이집트인들을 사로잡은 공포를 묘사한다.

17,14 18,17; 욥 4,13-15.

17,11. 그리스어 단어 '시네이데시스'는 신약 성경에서 고유한 의미가 될 "양심"이라는 뜻으로, 구약 성경에서는 여기서 처음 나타난다. 이 단어는 범한 악에 대해 반응하는 내적 선택을 나타낸다. 이 개념은 대략 지혜서가 작성된 기원전 1세기부터 이교 저자들에게서도 발전되었다.

18,1. "당신의 거룩한 이들"은 이집트인들에 대비되는 이스라엘인들이다(16,2. 10.17.21; 17,2 참조).

18,4. 이스라엘은 광야에서뿐만 아니라 그 이후에도 빛의 인도를 받았다. 지혜서 저자에게 참된 빛은 율법이기 때문이다. 예언자들의 표현을 빌리면(이사 51,4 참조), 모세에게 계시된 율법은 모든 민족을 위한 빛으로 여겨진다. 이집트인들은 율법을 따르지 않았기 때문에 암흑 속에 있었다. 17,2에서 이들은 "무도한 자들" 곧 "법이 없는 자들"(그리스어로 '아노모이')이라고 일컬어진다.

18,5-19. 이집트의 재앙들에 대한 숙고가 이어진다. 맏이들의 죽음(탈출 12,29-30 참조)은 이 장의 둘째 부분(20-25절)에 묘사된 히브리인들의 해방에 대한 묘사를 더욱 부각시킨다.

18 1 당신의 거룩한 이들에게는 아주 큰 빛이 비쳤습니다.
저들은 그들의 모습을 보지 못하고 소리만 듣고서
그들은 고통을 받지 않으니 행복한 사람들이라고 하였습니다.
2 또 전에 학대를 받았으면서도
지금 자기들에게 해를 끼치지 않음을 고맙게 여기면서
그들과 사이가 좋지 않았던 것에 대하여 용서를 청하였습니다.
3 당신께서는 그들에게 암흑 대신에 타오르는 불기둥을
전혀 모르는 여행길의 인도자로,
영광스러운 이주 길의 해롭지 않은 태양으로 주셨습니다.
4 그러나 저들은 빛을 빼앗기고 암흑 속에 갇혀 마땅한 자들로
율법이 지닌 불멸의 빛을 세상에 전해 줄 당신의 자녀들을
붙잡아 두었던 자들입니다.

맏아들들의 죽음과 광야에서의 죽음

5 저들이 거룩한 이들의 아기들을 죽이려고 하였을 때
아이 하나만 버려졌다가 살아남았습니다.
그래서 당신께서는 저들을 벌하시려고 저들의 수많은 아이를 없애시고
저들까지도 다 함께 거센 물로 파멸시키셨습니다.
6 그 밤이 저희 조상들에게는 벌써 예고되었으니
그들이 어떠한 맹세들을 믿어야 하는지 확실히 알고
용기를 가지게 하시려는 것이었습니다.
7 그리하여 당신의 백성은
의인들의 구원과 원수들의 파멸을 기대하였습니다.
8 과연 당신께서는 저희의 적들을 처벌하신 그 방법으로

18,1 탈출 10,23. 18,3 탈출 13,21-22.

18,1-25. 신학적 숙고가 계속되어 불기둥의 기적을 고찰한다. 불기둥의 빛은 이스라엘에 대한 선택의 상징이 되고 하느님의 계시에 참여하게 될 것의 상징이 된다(1-4절). 파스카의 밤에 히브리인들이 해방된 것은(5-9절) 이집트인들의 맏아들들이 전멸된 침통한 장면에 대조된다(10-12절과 14-19절). 이 해방은 이스라엘의 원수들에게 당신의 거룩한 이들을 위한 하느님의 강한 업적을 인정하지 않을 수 없게 한다(13절). 하느님의 진노에 의하여 보내진 죽음도 선택된 이들을 건드리지 못한다. 이들이 하느님의 진노와 그분의 백성 사이에 방패처럼 자리 잡은 아론의 사제적 전구의 도움을 받고 있기 때문이다(20-25절).

✠ 18,6-9. 다해 연중 제19주일에는 이 단락을 선택하여, 의인의 깨어 있음이 기도하며 기다리는 것임을 상기시킨다. 그러나 그 주일의 복음이 덧붙여 말하듯이, 그 기다림은 봉사로도 이루어진다(루카 12,32-48). 그것은 혼인 잔치에서 돌아오는 주인과 함께 잔치를 하기 위하여 기다리는 즐거운 봉사이다.

저희를 당신께 부르시고 영광스럽게 해 주셨습니다.
9 선인들의 거룩한 자녀들은 몰래 희생 제물을 바치고
한마음으로 하느님의 법에 동의하였습니다.
그 법은 거룩한 이들이 모든 것을 다 같이,
성공도 위험도 함께 나눈다는 것입니다.
그리고 그때에 벌써 조상들의 찬미가들을 불렀습니다.
10 다른 쪽에서는 귀에 거슬리는 원수들의 절규가 메아리치고
자식을 잃고 통곡하는 애처로운 소리가 울려 퍼졌습니다.
11 저들은 종이건 주인이건 같은 징벌을 받고
평민이건 임금이건 같은 고통을 받았으며
12 모두 같은 모양으로 죽어
주검을 헤아릴 수조차 없었습니다.
귀중하기 짝이 없는 저들의 소생들이 한순간에 죽임을 당하여
그들을 묻어 줄 산 사람조차 충분하지 않았습니다.
13 저들은 요술에 마음을 빼앗겨 아무것도 믿지 않았지만
자기들의 맏아들들이 죽은 것을 보고
그 백성이 하느님의 자녀들임을 인정하였습니다.
14 부드러운 정적이 만물을 뒤덮고
시간은 흘러 한밤중이 되었을 때
15 당신의 전능한 말씀이 하늘의 왕좌에서
사나운 전사처럼 멸망의 땅 한가운데로 뛰어내렸습니다.
16 그는 당신의 단호한 명령을 날카로운 칼처럼 차고 우뚝 서서
만물을 죽음으로 가득 채웠습니다.
그가 땅 위에 서니 하늘까지 닿았습니다.
17 그러자 곧바로 무서운 꿈속에서 환상들이 나타나
저들을 혼란에 빠뜨리고
예기치 않던 공포가 저들을 덮쳤습니다.
18 저들은 반죽음 상태로 여기저기 쓰러진 채
왜 그렇게 죽어 가는지 알게 되었습니다.
19 저들을 불안하게 한 그 꿈이 저들에게 앞일을 예고하여
저들이 그토록 고통을 받는 이유도 모르는 채 파멸하지

18,13 탈출 4,22; 신명 1,31. 18,15 묵시 19,11-13.

✠ 18,9. 제사를 바치는 것과 찬미가를 부르는 것은 파스카를 암시한다. 찬미가들은 파스카 '할렐'(시편 113-118)을 구성하는 노래이며, 히브리인들의 파스카 밤에 노래했다. 지혜서 저자의 시대에는 분명 이러한 관습이 있었으며 그는 그것을 이집트에서 나올 때 거행한 첫 번째 파스카 때로 옮겨 놓는다. 파스카 만찬 때에 찬미가를 불렀다는 언급은 신약 성경에도 나타난다(마태 26,30 참조).

18,9. "선인들의 거룩한 자녀들"은 1절의 "당신의 거룩한 이들"에 상응한다. 지혜서 다른 곳에도 이와 유사한 표현이 사용된다. "주님의 자식"(2,13), "하느님의 자녀들"(12,7), "당신의 백성"(16,2.20), "거룩한 백성"(10,15; 17,2).

18,10. "귀에 거슬리는… 절규" 원수들의 부르짖음은 혼란스럽고 산만한 것을 넘어 9절의 "찬미가"(아마도 시편 113-118을 암시한다)에 대조되는 의미로 "귀에 거슬린다."

18,15. "당신의 전능한 말씀이 하늘의 왕좌에서" 지혜문학 사상에서는, 한밤중에 맏이들을 모두 죽게 만든 파멸의 천사를(탈출 12,29 참조) 인격화된 하느님의 말씀으로 대체한다. 그 말씀은 불굴의 전사와 같이 땅 위로 뛰어내린다.

않게 한 것입니다.

20 의인들도 죽음을 겪었습니다.
광야에서 많은 이가 재난을 당하였습니다.
그러나 진노가 오래가지는 않았습니다.
21 흠 없는 사람 하나가 그들을 보호하는 투사로 뛰어들어
자기 직무의 방패
곧 기도와 속죄의 분향을 들고 나왔습니다.
그는 그 분노에 맞서서 재앙에 끝을 내고
자기가 당신의 종임을 드러내었습니다.
22 그가 그 격분을 이겨 낸 것은 육체의 힘도 아니고
무기들의 효력도 아니었습니다.
조상들에게 주어진 맹세와 계약을 상기시키면서
말씀으로 징벌자를 누그러뜨렸습니다.
23 사람들이 쓰러져 주검들이 이미 무더기로 쌓였을 때
그가 그 가운데에 서서 격노를 멈추게 하고
산 이들에게 가는 길을 차단해 버렸습니다.
24 발까지 닿는 그의 옷에는 온 우주가 그려져 있고
넉 줄로 박은 보석에는 조상들의 영광스러운 이름이,
그의 머리쓰개에는 당신의 위대함이 새겨져 있었습니다.
25 그것들을 보고 파괴자는 물러서면서
그것들을 두려워하기까지 하였습니다.
의인들은 진노를 겪어 보는 것만으로도 충분하였던 것입
니다.

두 민족이 바다에서 겪은 파멸과 구원

19 1 그러나 악인들에게는 무자비한 분노가 끝까지
덮쳤습니다.
저들이 앞으로 어떻게 할지 하느님께서 미리 아셨기 때문
입니다.
2 저들이 당신의 백성에게 떠나라고 허락하여
서둘러 내보내고 나서는
마음을 바꾸어 그들을 뒤쫓으리라는 것을 아셨던 것입니다.
3 저들은 한창 애도하다가

18,20. 코라, 다탄, 아비람의 반역과 관련하여 하느님 백성의 일부가 죽었던 것을 가리킨다(민수 17,6-15; 또한 민수 16,1-2.35 참조). 이렇게 많은 이들이 죽게 된 원인, 곧 백성이 모세와 아론을 거슬러 반역했다는 것은 생략한다.

18,24. 사제들의 옷은 상징적인 방식으로 해석한다. 긴 옷은 온 세상의 표지인데, 아마도 넓기 때문일 것이다. 그 옷은 발까지 닿아 하늘과 땅 사이의, 곧 온 우주의 유대를 나타낸다. "조상들의 영광스러운 이름"은 이스라엘 지파들의 열두 시조의 이름이다(탈출 28,21 참조).

19,1. "그러나" 역접을 나타내는 접속사를 통해 이 새 연이 앞의 내용에 대립됨을 표시한다. "악인들"은 이스라엘인들을 뒤쫓기로 하여 결국은 죽음을 맞게 되는 이집트인들이다(탈출 14 참조). 이 책의 다른 단락에서도 그들은 선택된 민족과의 관계에서 악인들로 불리며, 선택된 민족은 의롭고 거룩한 민족으로 일컬어진다(10,20; 11,9; 16,16.18 참조). 이스라엘의 원수들을 이렇게 지칭하는 것은 다시 지혜서 첫 부분에 언급된 인물들에도 연결될 수 있겠지만(1,16; 3,10; 4,3.16; 5,14 참조), 거기서 "악인들"이 누구인지는 정확히 밝혀지지 않는다.

18,24 탈출 28,17-21.29.36. 18,25 탈출 12,23; 1역대 21,15-16.

19,1-22. 히브리인들과 이집트인들을 마지막으로 대비시키는 이 장에서는, 히브리인들이 영광스럽게 홍해를 건너는 광경을 새로운 창조와 같이 묘사한다. 여기서 우주의 요소들은 하느님의 명령에 순종한다(6-13.18-21절). 이집트인들에게는 하느님 정의의 선고가 집행된다(1-5.14-17절). 이 책 전체의 결론 역할을 하는 22절은 하느님의 섭리와 당신 백성에 대한 그분의 자비를 기린다.

죽은 이들의 무덤에서 통곡하다가
또 다른 미련한 결정을 짓고서
간청을 하며 쫓아 보낸 그들을 도망자인 양 뒤쫓아 나섰습니다.
4 악인들에게 마땅한 숙명이
저들을 그 같은 극단으로 몰고 가면서
이미 일어난 일들을 잊어버리게 만들어
저들의 고통에 아직 남아 있는 징벌을 마저 채우게 하였습니다.
5 그리하여 당신의 백성은 경이로운 여행길을 체험하는 동안
저들은 이상한 죽음을 맞게 하였습니다.
6 당신의 명령에 따라
온 피조물의 본성이 저마다 새롭게 형성되어
당신의 자녀들이 해를 입지 않고 보호를 받았던 것입니다.
7 진영 위는 구름이 덮어 주고
물이 있던 곳에서는 마른땅이 나타나는 것이 보였으며
홍해는 장애물이 없는 길로,
거친 파도는 풀 많은 벌판으로 바뀌었습니다.
8 당신 손길의 보호를 받는 이들은 그 놀라운 기적을 보고
온 민족이 그곳을 건너갔습니다.
9 그들은 풀을 뜯는 말들 같았습니다.
또 어린양들처럼 이리저리 뛰면서
주님, 자기들을 구해 내신 당신을 찬양하였습니다.
10 그들은 나그네살이 때에 겪은 일들을 생각하였습니다.
땅이 동물들을 내는 대신에 어떻게 모기들을 내놓았는지
강이 물고기 대신에 어떻게 수많은 개구리를 뱉어 내었는지
다시 생각하였습니다.
11 그 뒤 그들은 욕심에 이끌려 맛난 음식을 청하였을 때
새로운 종류의 새도 보았습니다.
12 그들을 격려하기 위하여 바다에서 메추라기들이 올라온 것입니다.

13 맹렬한 번개로 징조가 주어진 뒤에야
죄인들에게 징벌이 내렸습니다.
저들은 자기들이 저지른 악행에 따라 응분의 고통을 받았습니다.
저들이 이방인들을 지독하게 미워하였기 때문입니다.

19,7 창세 1,2.9-11. 19,10-12 창세 1,20-25. 19,11 민수 11,31. 19,12 16,2; 탈출 16,13.

19,6. 이 구절부터 이집트 탈출 때 사건들에 대한 미드라쉬적 묵상이 더 창조적이고 신학적이 된다(16,24 참조). 첫 번째 창조 이야기(창세 1,1–2,3)와 이 책을 끝맺는 새로운 창조의 단락 사이에는 긴밀한 연관이 있다.

19,10. 모기 재앙과(탈출 8,12-15) 개구리 재앙을 기억한다(탈출 7,26–8,10). 저자의 영적 해석에 따르면 땅과 강이 이 동물들을 만든 것이다.

19,14. "다른 자들은… 받아들이지 않았지만" 롯의 손님으로 온 낯선 이들에게 적대적이었던 소돔 주민들을 암시한다(창세 19).

14 다른 자들은 자기들에게 온 낯선 이들을 받아들이지
않았지만
저들은 자기들의 은인인 이방인들을 종으로 삼았습니다.
15 그뿐만이 아닙니다.
다른 자들도 이국인들을 적개심으로 대한 탓에
심판을 받게 될 것입니다.
16 그런데 저들은 자기들과 이미 권리를 공유하는 이들을
잔치를 베풀며 받아들이고서는
무서운 노역으로 못살게 굴었던 것입니다.
17 그리하여 의인의 문 곁에서 다른 자들이 겪은 것처럼
저들도 벌을 받아 눈이 멀게 되었습니다.
짙은 암흑이 사방을 에워싸자
저들은 모두 제집 문마저 더듬어 찾아야 했습니다.

이집트 탈출과 자연

19,18. "변화가 일어났습니다." 이 구절의 그리스어 동사는 보통 일반적인 의미("자리를 옮기다, 이동하다")를 갖는다. 창조물의 변형이라는 일반적인 주제와 연관해 그 의미를 더 구체화할 수도 있다("그들 사이의 질서를 변경시켰습니다.").

18 이렇게 자연의 근본 요소들 사이에 변화가 일어났습니다.
수금을 뜯을 때에 소리는 늘 같으면서도
음률의 성격이 음표에 따라 바뀌는 것이나 마찬가지입니다.
이는 과거에 일어난 일들을 보면 명확히 이해할 수 있습니다.
19 실제로 육지 동물들이 수중 동물로 변하고
헤엄치는 동물들이 뭍으로 자리를 옮겼습니다.
20 불은 물속에서 제힘을 더 드러내고
물은 불을 끄는 제 본성마저 잊어버렸습니다.
21 불꽃은 또 반대로
그 속에서 걸어 다니는 약한 동물들의 몸을 태우지도 않고
얼음처럼 쉬 녹는 성질의 천상 음식을 녹이지도 않았습니다.

마무리 찬송

22 주님, 당신께서는 모든 일에서
당신 백성을 들어 높이시고 영광스럽게 해 주셨으며
언제 어디에서나
그들을 도와주시는 일을 소홀히 하지 않으셨습니다.

19,17 창세 1,3-5.17-18. 19,21 창세 1,29. 19,22 이사 45,17.25.

19,22. 창조된 사물들을 거쳐 가는 지혜의 여행이 끝난다. 지혜가 거쳐 감으로써 사람들의 영혼을 거룩하게 하고 그들에게 의로움에 대한 상을 주었으며(1-5장), 군주들에게 덕과 지식을 주었고(6-9장), 선택된 백성을 해방하고 영광스럽게 했다(10-19장). 지혜는 자신을 찾는 이들에게도 그와 같이 행할 것이다. 적대적인 세상의 어려움 속에서도 그들은 지혜의 도움을 받을 것이며 불멸의 보증을 받을 것이다.

집회서

제목과 정경 내의 위치

초대 교회 안에서 신앙과 도덕에 대한 실천적 가르침의 원천으로 널리 사용했기에 그리스도교 전승에서 집회서라고 일컬어진(또는 저자의 이름을 따라 벤 시라라고도 불린다. 집회 50,27 참조) 이 책은 당혹스러운 책이며 유감스럽게도 별로 알려지지 않은 책이다. 그것은 무엇보다도, 성경의 경전 안에서 이 책이 차지하는 위치에서 기인한다. 집회서는 가톨릭 신자들에게는 제2경전이고, 개신교 신자들에게는 외경이며(몇몇 교회는 이를 구약 또는 신약의 부록에 포함한다), 히브리인들에게는 의심스런 책이어서 그들이 거룩하지 않다고 여긴 다른 책들과 함께 경전에서 배제되었다. 그러나 이 책은 어디서나 높이 평가되었으며 그 가르침은 지혜의 보물과 같다.

영감을 받은 것으로 여겨진 히브리 성경 목록에서는 배제되었지만 라삐 문헌에서는 자주 인용되는 것에서 알 수 있듯이 이 작품은 계속 유다인들의 문화적 배경 안에서 읽히고 존중되었다. 그러나 히브리어 원본은 더 이상 공적으로 읽히지 않았고, 우리가 알 수 없는 상황 속에서 점차 사라졌다. 집회서의 히브리어 원본이 상실된 것이 라삐 학파들에 탈무드가 도입되는 시기와 같은 5세기의 일이리라고 가설적으로 생각해 볼 따름이다.

그러므로 여러 세기 동안 집회서에 접근하는 두 길은 라삐 문헌과 탈무드의 인용문을 통해 또는 고대 번역본들을 통해서였다(그리스어·시리아어·라틴어). 그 가운데 그리스어 번역본이 그리스도인들에게 경전으로서 가치를 지니게 되었고, 히브리어본이 없는 상태에서 원문으로 여겨졌다. 이러한 상황은 1886년 셰히터S.Schechter가 옛 카이로의 한 회당에서 나온 고대 사본 한 장에서 집회서 39,15-40,7의 히브리어 본문을 발견하면서 완전히 바뀌게 된다. 이 첫 발견 이후로 다른 중요한 발견들이 이루어졌다. 1896년부터 1931년 사이에 학자들은 집회서 히브리어 본문의 다른 많은 단편을 밝혀냈다. 또한 이후에도 쿰란(1952,

1956년), 케임브리지 대학교 도서관(1958, 1960, 2010년), 맛사다(1964년), 그리고 그 밖의 다른 곳에서도 발견되어(1982, 2007년) 원문의 약 3분의 2를 재구성하게 되었다. 쿰란과 맛사다의 단편들 외에(기원전 1세기-기원후 1세기), 보통 알파벳 문자로 표시되는 중세 사본 여섯 개도 전해진다(사본 A, B…). 아직도 1-2장(이 책의 신학적 도입), 24장(지혜 찬가), 38,27-39,14(현인의 모습을 제시)과 같이 중요한 단락은 발견되지 않았다.

구조와 문학적 특성

이 책이 작성된 시대의 특징인 과도기의 히브리어로 쓰인 집회서는, 완전히 독창적인 것은 아니지만 다른 지혜문학서와 달리 교육학적 성격을 지니며, 특히 그 교육 방법과 사용된 논증 방법이 독특하다. 이 작품의 문체에는 저자의 매우 강한 교훈적 목적이 반영되어 있다. 이스라엘의 유명한 지혜의 고유한 형식과 문학 유형이 자주 나타나는데 그중에서도 훈계가 첫 자리를 차지한다. 현인은 기꺼이 제자들에게 긍정적 또는 부정적 형태로 권고를 하는데, 부정적 권고가 지배적이다. 좋은 예는 4,20-6,4과 7,1-21과 8,1-9,16에 있는 부정 명령법에서 볼 수 있다(예를 들어 4,27 "어리석은 자에게 굽실거리지 말고 통치자를 편파적으로 우대하지 마라." 또한 7,10; 9,7도 참조). 선언(33,5 참조)과 수數 잠언도 흔하다(25,1 참조). 잠언에서도 이러한 유형이 자주 나타나지만, 집회서는 한 가지 주제를 설명하는 교훈적인 시를 선호한다. 예로 들어 6,5-17(우정), 11,10-28(재산), 23,7-15(말), 29,1-7(빚), 34,1-8(꿈), 38,1-15(의사), 42,9-14(딸) 등이다. 이 시들에서 현인은 자주 단어와 구절, 표현을 반복함으로써 제자가 이를 암기하고 가르침을 내면화하도록 돕는다. 이러한 문학적 형태에 질문, 비유, 행복 선언, 사람들의 유형에 대한 묘사, 자서전적 단락, 알파벳 시, 기도, 찬가와 지혜의 담론도 덧붙여야 한다.

"조상들에 대한 칭송"(44-50장)은 특별히 주목할 만하다. 이것은 집회서의 가장 독창적인 부분이며 그래서 학자들의 관심을 끄는 부분이기도 하다. 아리스토텔레스의 수사학에서 규정된 그리스 문학 유형인 찬가에서 영감을 받아, 저자는 그들 세대의 조상인 이스라엘의 "훌륭한 사람들"(히브리어본에 따르면 "충실한 사람들")에게 긴 시를 바친다. 찬가의 도입에서는 통칭적으로 언급한(임금, 예언자, 현인, 음악가, 시인들) 주인공들의 지혜를 강조한다. 이어서 저자는 길고 짧은 묘사를 열거하기 시작하는데, 여기서는 유명한 인물들이 명시적으로 지칭된다. 본문을 구성하는 기준과 본문의 최종적 의미는 우리에게 알려지지 않지만, 한 가지는 확실하다. 인물들을 제시하는 순서가 대체로 연대순을 따른다는 것이다. 성조들에서 시작하여 판관들, 임금들, 예언자들이 언급되고 재건을 이룬 이들이 간략하게 언급된다. 그다음으로는 대사제 시몬에 대한 칭송이 나오는데, 이것이 이 시의 절정이다. 인물들의 인간적 측면과 하느님 앞에서 그들이 지닌 책임을 강조하는 것, 이스라엘의 영웅적 여인들 전부에 대해 아무 말도 하지 않는 것이 특징이다. 이스라엘의 약속이 실현되는 데 중요한 역할을 한 성조 시대의 어머니들조차 언급되지 않는다.

집회서는 무질서한 인상을 주기도 하는데, 아마도 이 책이 거친 편집 과정 때문일 것이다. 그러나 책 전체를 세 부분으로 나누는 것은 학자들에게 일반적으로 받아들여진다. 1,1-23,28은 인간 삶 안에서 하느님의 지혜를, 24,1-42,14은 지혜와 율법과 삶을, 42,15-50,29은 자연과 인간 역사 안에 나타난 하느님의 지혜를 다룬다. 마지막으로는 감사의 기도와(51,1-12) 자서전적 시로 이루어진 (51,13-30) 51장으로 끝맺는다.

이 책을 쓰기 시작했을 때 벤 시라는 아마도 우리가 기대하는 것과 같은 체계적 작품을, 일종의 지혜 교과서를 생각하지는 않았을 것이다. 벤 시라는 현인이었고 직업적인 율법 학자였으며, 율법과 지혜를 사랑했다. 그의 작품은 격언, 숙고, 가르침의 모음이며 그 구조는 설명의 논리에 있는 것이 아니라 오히려 여러 단위를 연결 짓기 위해 사용된 논증의 맥락에 있다. 몇 가지 예를 들면 1,1-2,18은 지혜와 시련의 때에 하느님을 두려워함에 대하여, 15,11-18,14은 책임 있는 삶의 모순에 대하여, 36,20-37,15은 식별에 대하여, 40,1-42,14은 영원한 명성의 척도인 부끄러움에 대하여 말한다..

주요 신학 노선

발전하고 있던 유다교와 헬레니즘 문화의 접점인 벤 시라의 지혜는 사회적·정치적으로 큰 변화를 겪던 시기의 유다 민족에게 신중한 교육적·종교적 대답을 제시한다. 전통에 대한 충실함, 새로운 사상 조류에 대한 온건한 수용, 심리학적 깊이, 섬세한 종교적 정신이 집회서의 주된 특징들이다.

집회서의 풍부하고 다양한 주제들은 많은 면모를 지닌 인간 삶의 풍요로움과 다양함을 보여 준다. 벤 시라는 자신·가족·사회에 대한 인간의 태도에 관심을 갖는다. 인간의 내적 태도 가운데 인내, 분노, 기쁨, 인식 능력, 자신에 대한 신뢰와 마음의 격정 등이 가장 두드러진다. 가족 관계에서는 부모, 자녀, 아내에 대한 관계를 다룬다. 사회적 영역에서는 네 측면에 특별히 주의를 기울이는데 그것은 말, 노동과 재산, 친구와 원수, 그리고 권세가들과의 관계와 가난한 이들과의 관계이다.

이 책은 참으로 구약 성경 신학의 종합이라고 말할 수 있다. 이전의 성경 전통 특히 잠언에서 영감을 얻어, 현인은 그가 살고 있는 역사적 상황에 대하여 개인적이고 독창적인 대답을 제시한다. 주요 신학 주제는 지혜와 하느님을 두려워함과 율법, 하느님과 창조와 인간, 예배와 기도와 사회 정의, 응보와 종말론과 메시아사상으로 나누어 볼 수 있다.

지혜와 하느님을 두려워함과 율법은 이 책의 중심축이다(19,20 참조). 지혜를 얻기 위해서는 하느님을 두려워해야 하며, 이러한 내적 자세는 율법을 준수함으로써 얻어진다. 첫 구절부터 현인은 지혜가 하느님에게서 오는 것임을 강조한다. 모든 지혜는 하느님에게서 온다. 지혜는 하느님의 손에서 나온 첫 피조물이며, 그분을 사랑하는 이들에게 선물로 주어진다. 지혜는 하느님의 선물이지만 항구하고 꾸준하게 갈망하고 찾아야 하며, 기도로 청해야 한다. 지혜에 이르는 것은 불가능하지 않다. 지혜에 이르는 길은 주님을 두려워함, 곧 인간 자신이 피조물임을 의식하고 태어날 때부터 죽을 때까지 지니는 종교적 태도이다. 이것은 인간이 지상의 선들을 즐기고 복된 완성을 희망하게 하는 종교심이다. 24장에서 지혜가 자신에 대해 말하는 모든 것은 토라, 곧 하느님께서 모세를 통해 당신 백성에게 주신 율법이 된다. 분명 이것은 모세 오경 법전들의 한계를 넘어서는 넓은 의미의 율법이다. 그 율법은 이스라엘 역사 안에서 하느님의 계시가 된다.

전지전능으로 표현되는 하느님의 위대함과 더불어 벤 시라가 즐겨 말하는 하느님의 속성은 자비이다. 그 하느님은 불쌍히 여기시고 자비로우신 하느님, 죄를 용서하고 역경에서 구해 주시는 하느님이다. 의로우신 하느님, 공평하신 하느님, 간절히 원한다면 자녀로서의 관계를 지속할 수 있는 하느님이다. 창조도 벤 시라가 중시하는 주제들 가운데 하나인데, 특히 악과 피조물의 무질서와 관련된 창조의 문제를 다룬다(33,7-15; 39,12-35 참조). 현인은 자신이 이성과 경험의 도움으로 창조물의 질서와 그 모순을 파악하고 존중할 수 있다고 생각한다.

실상 그의 모든 가르침은 이 질서를 옹호하고 보존하려는 것이다. 그러므로 모든 인간의 임무는 가장 적절한 행위를 실현하기 위하여 적합한 때를 찾아내는 것이다.

벤 시라는 사제 계층에 속하지 않지만 예식에 대해서, 예식의 정치적·미적·도덕적 측면에 대해서 큰 관심을 보인다. 이 관심은 아론과 차독 계열 사제직의 적법한 마지막 후손이었던 의인 시몬에 대한 긴 찬가에서, 그리고 사제들의 옷과 성전의 장엄한 전례를 정확히 서술하는 데에서 명백하게 드러난다(50,1-21 참조). 현인은 진정한 예식의 의미를 회복시키려 한다. 예식은 온전한 도덕적 삶의 결실로서 정의의 실천을 요구한다. 기도에 관하여, 벤 시라는 어떻게 기도할 것인지에 관하여 충고할 뿐만 아니라 구체적인 기도의 예들을 보여 준다. 개인적 기도와 집단적 기도, 탄원, 찬미, 감사의 기도를 볼 수 있다.

응보와 종말론에 관한 벤 시라의 생각은 구약 성경의 배경 안에 자리한다. 그는 하느님께서 선행을 갚아 주시고 악행을 벌하신다는 응보에 관한 신명기적 이론을 공유한다. 상과 벌은 현세의 삶에서 이루어진다. 죽은 후에 있는 유일한 실재는 스올이기 때문이다. 죽음 이후의 삶과 내세의 갚음에 대한 암시는 몇몇 그리스어 사본과 시리아어 번역본, 라틴어 번역본에서만 나타난다. 메시아사상과 연관된 본문은 매우 적으며, 현세적인 메시아사상을 보인다.

본문의 작성과 전수

집회서는 구약 성경에서 저자의 서명을 가진 유일한 책이다. 엘아자르의 아들 "시라의 아들 예수"는 예루살렘 출신이다(50,27 참조). 아마도 그는 이스라엘 현인 중 한 사람으로, 다윗의 성읍에 있던 지혜의 스승이었으며(24,30-33; 33,16-18; 50,27-29 참조) 지혜를 배우려는 젊은이들에게 봉사했다(33,18; 51,23-24 참조). 그는 기원전 180년경 히브리어로 그의 작품을 작성했다. 작성 연대를 이 시기로 볼 수 있는 것은 첫째, 벤 시라가 기원전 219년부터 196년까지 대사제직을 수행한 대사제 시몬 2세를 "의인"이라고 일컬으며 열렬히 칭송하기 때문이다. 둘째, 이러한 연대 추정은 현인이 후에 마카베오 형제들의 항쟁에까지 이른 기원전 168년부터 164년까지 팔레스티나에서 일어난 비극적 사건들을 전혀 언급하지 않는다는 사실에 근거한다. 그 후 이 작품은 머리글에서 알 수 있듯이 손자에 의하여 그리스어로 번역되었다. 아마도 알렉산드리아에서 디아스포라 유다인들의 교육을 위해 번역되었을 것이다.

누리아 칼두흐-베나헤스Nuria Calduch-Benages

편집자 주

기원후 1세기 말 히브리 성경의 경전 목록이 확정될 때 집회서는 제외되었으며, 그 결과 더 이상 회당에서 읽지 않게 된 히브리어 원문이 점차 사라졌다. 그러나 19세기 말 이래 이집트의 옛 카이로 회당에서 발견된 중세 사본들과 팔레스티나, 더 구체적으로는 쿰란과 맛사다에서 발견된 단편들을 통하여 많은 부분이 밝혀졌다. 반면 집회서의 그리스어본은 고대부터 지금까지 중단 없이 보존되었으며 교회는 언제나 이를 이용했다.

그리스어 사본들 가운데 일부는 더 짧은 형태의 본문을 보존하고 있고(짧은 본문), 다른 사본들은 여기저기에 삽입되거나 확장된 부분들이 들어 있다(긴 본문). 현재의 연구 상태에서 비판적인 관점에서 볼 때, 짧은 그리스어 본문이 더 권위 있는 것으로 여겨진다. 그러나 라틴 교회는 옛 라틴어 번역본이나 대중 라틴말 성경에서 집회서의 긴 본문을 우선했고 오늘날에는 새 대중 라틴말 성경에서도 그러하였다(1979, 1986년).

교황 요한 바오로 2세는 특히 전례용으로 새 대중 라틴말 성경을 원칙적인 것으로 선언하였다. 우리말 성경도 치글러의 그리스어 비평판의 긴 본문을 따랐으며, 짧은 본문과 긴 본문을 비교할 수 있게 하려고 긴 본문의 첨가 부분은 기울어진 글씨체로 표시했다. 한편 본서에서 본문 옆에 달린 주에서는 새 대중 라틴말 성경의 본문이 치글러의 비평판 본문과 현저히 다른 부분들을 표시해 놓았다.

집회서

머리글

율법과 예언서와 그 뒤를 이은 다른 글들을 통하여 위대한 가르침들이 우리에게 많이 전해졌습니다. 그런즉 이스라엘을 그 교훈과 지혜와 관련하여 칭송하는 것은 마땅합니다. 이 글을 읽는 사람들은 스스로 그것들을 이해할 뿐만 아니라, 배우기를 즐기며, 말과 글을 통하여 다른 사람들에게도 도움을 줄 수 있어야 합니다. 나의 할아버지 예수께서는 율법과 예언서와 다른 선조들의 글을 읽는 일에 오랫동안 전념하셨습니다. 그리고 이에 관한 충분한 소양을 갖추시고, 교훈과 지혜에 대한 글을 몸소 쓰기로 결심하셨습니다. 그것은 배우기를 즐기는 사람들과 이 글에 친숙해진 사람들이 율법에 따른 생활을 하여 더욱 진보하게 하려는 것이었습니다.

그러므로 여러분은 호의를 가지고 이 글을 주의 깊게 읽어 주시기를 바랍니다. 그리고 우리가 정성껏 번역하였지만 어떤 표현들은 제대로 옮길 수 없었다고 여겨지니 이를 양해해 주시기 바랍니다. 히브리말 표현들을 다른 말로는 똑같이 옮길 수 없습니다. 이 글들뿐 아니라 율법서조차도 그리고 예언서와 나머지 글들도 원문과는 적지 않은 차이가 있습니다.

에우에르게테스 임금 통치 삼십팔년에 저는 이집트에 가 얼마 동안 머물면서, 적지 않은 교훈이 담긴 이 책의 사본을 발견하고, 정성껏 열심히 이 글을 반드시 번역해야

본문에 대한 주에서는 우리말 번역이 기준으로 삼은 비평판 본문에 비하여 새 대중 라틴말 성경에서 차이가 나는 부분들을 언급했다. 한 절이나 그 일부가 다르거나 빠져 있는 부분, 첨가되거나 순서가 바뀐 부분이 표시되어 있다. ⌈ ⌉안에 들어 있는 부분은 주에 표시된 바와 같이 형태가 다르거나 생략된 부분이고, ⊥ 는 각주에 표시된 단어들이 삽입되는 자리이다.

겠다고 생각하였습니다. 그래서 저는 그동안 이 책을 완성
하여 내놓기까지 잠도 제대로 못 자며 온갖 지식을 다 기
울였습니다. 저는 이국땅에 살면서 배우기를 즐기고, (35)
율법에 맞는 생활 습관을 익히고자 하는 이들을 위하여
이 책을 펴냅니다.

시라의 지혜

제1부 지혜와 금언들

지혜의 신비

1
1 모든 지혜는 주님에게서 오고
영원히 주님과 함께 있다.
2 누가 바다의 모래와 빗방울과
영원의 날들을 셀 수 있으랴?
3 누가 하늘의 높이와 땅의 넓이를,
심연과 지혜를 헤아릴 수 있으랴?⊥
4 지혜는 다른 모든 것에 앞서 창조되었고
명철한 지각도 영원으로부터 창조되었다.
5 지혜의 근원은 하늘에 계시는 하느님의 말씀이며
지혜의 길은 영원한 계명이다.
6 지혜의 뿌리가 누구에게 계시되었으며
지혜의 놀라운 업적을 누가 알았느냐?
7 지혜의 슬기가 누구에게 나타났으며
지혜의 풍부한 경험을 누가 이해하였느냐?
8 지극히 경외해야 할 지혜로운 이 한 분 계시니
당신의 옥좌에 앉으신 분이시다.
9 주님께서는 지혜를 만드시고
알아보며 헤아리실 뿐 아니라
그것을 당신의 모든 일에,

1,1 잠언 2,6. 1,4 24,8-9; 잠언 8,22. 1,6 욥 28,12.20. 1,8 로마 16,27.

1,1-23,28. 지혜 찬가로 이 책의 첫 부분이 시작된다. 여기서는 다양하고 많은 주제(지혜의 본성과 기원, 지혜를 얻기 위한 조건, 인간이 지혜를 실천해야 하는 배경, 여자들, 죄, 벌, 용서)를 다룬다. 주제들이 반복되는 것은 이 책이 조직적 계획에 따라 체계화된 것이 아닌 교훈적인 모음임을 시사한다.

1,1-10. 이 지혜 찬가는 지혜의 기원이 하느님께 있으며 피조물과 주님을 사랑하는 이들 안에서 지혜가 현존하며 질서를 부여한다는 것을 강조한다. 출발점은 우주적 지평에서 시작하지만, 지혜는 우주도 넘어선다. 지혜는 하느님께서 모든 존재를 창조할 때 생각하신 계획이며, 하느님의 영원성과 완전성에 참여한다.

10 모든 피조물에게 후한 마음으로 쏟아부으셨으며
당신을 사랑하는 이들에게 선물로 주셨다.
「주님의 사랑은 영광스러운 지혜이며 그분께서는 당신을
보여 주실 이들에게 지혜를 베푸시어 당신을 알아보게 하
신다.」

주님을 경외함

11 주님을 경외함은 영광과 자랑이요
즐거움과 환희의 화관이다.
12 주님을 경외함은 마음을 기쁘게 하고
즐거움과 기쁨과 장수를 허락한다.
「주님을 경외함은 주님에게서 오는 선물이며
실제로 그분께서는 사랑으로 길을 바로잡아 주신다.」
13 주님을 경외하는 이는 끝이 좋고
죽음의 날에 복을 받으리라.⊥
14 지혜의 시작은 주님을 경외함이며
지혜는 믿는 이들과 함께 모태에서 창조되었다.
15 지혜는 사람들 가운데에 영원한 기초를 세우고
그들의 자손들과 함께 존속하리라.⊥
16 지혜의 충만은 주님을 경외함이며
지혜는 제 열매로 사람들을 취하게 한다.
17 지혜는 그들의 온 집을 보물로 가득 채우고
제 수확으로 곳간을 채워 준다.
18 지혜의 화관은 주님을 경외함이며
지혜는 평화와 건강을 꽃피운다.
경외심과 지혜 둘 다 평화를 위해 주어진 하느님의 선물로서
「그분을 사랑하는 이들에게 자랑거리를 더해 준다.」
19 그분께서는 지혜를 알아보고 헤아리신다.
지혜는 슬기와 명철한 지식을 비처럼 쏟아붓고
자신을 붙드는 이들의 영광을 들어 높인다.
20 지혜의 뿌리는 주님을 경외함이며
지혜의 가지는 오래 삶이다.⊥
21 주님을 경외함은 죄를 멀리하게 하고
이 경외심이 머무는 곳에서는 모든 분노가 사라진다.

1,12 잠언 4,10; 10,27. 1,14 잠언 1,7. 1,19 욥 28,27.

1,11-13. 하느님에게서 오는 사랑에 뒤이어, 지혜는 인간 안에서 종교적이고 도덕적인 차원 곧 하느님에 대한 경외를 불러일으킨다.

1,14-30. 경건한 사람에게 수반되는 덕과 지혜는 함께 엮어진다. 덕은 점점 더 충만한 지식을 얻게 하고, 이 지식은 다시 충만한 선물과 행복을 지니고 의인의 집으로 들어간다.

1,11. "주님을 경외함"은 잠언 첫머리(1,7 참조)에 있는 범주이기도 하며, 이 책의 종교적 차원을 드러낸다(잠언 1,7의 주 참조). 집회서에서 그것은 현인의 숙고의 진정한 핵심이 된다. 지혜를 찾는 추구는 하느님을 향한 경외의 태도 안에서 시작되고(집회 1,14 참조) 완성된다(1,16 참조). 또한 집회 40,26-27 참조.

「 」 1,12ㄷㄹ. 새 대중 라틴말 성경에는 들어 있지 않다.

1,13. "끝이 좋고" 둘째 행과의 동의적 병행에서 알 수 있듯이, 삶의 마지막 순간을 가리키지 않는다. 더 명시적으로 "삶을 잘 마치고"로 옮길 수 있을 것이다.

⊥ 1,13ㄴ. 새 대중 라틴말 성경(1,14-15)에는 첨가된 부분이 있다. "하느님의 사랑은 영광을 주는 지혜이다. / 그분께서는 당신 자신을 드러내 보이시는 이들에게 지혜를 주시며 그들이 당신을 뵙게 하시고 / 당신의 기적들을 알게 하신다."

⊥ 1,15ㄴ. 새 대중 라틴말 성경(1,17-18)에는 첨가된 부분이 있다. "주님을 두려워함은 참된 신심이다. / 이 신심은 마음을 지켜 올바르게 하며 / 기쁨과 행복을 주리라."

「 」 1,18ㄹ. 새 대중 라틴말 성경에는 들어 있지 않다.

⊥ 1,20ㄴ. 새 대중 라틴말 성경(1,26)에는 첨가된 부분이 있다. "참된 신심은 지혜의 창고에 머물며 / 죄인들에게는 지혜가 혐오스럽다."

인내와 자제

22 불의한 격분은 정당화할 수 없으리니
그 격분의 저울추가 그자의 파멸로 기울기 때문이다.
23 참을성 있는 사람이 때가 오기까지 견디면
나중에 그가 기쁨을 얻으리라.
24 때가 오기까지 자신의 말을 삼가면
수많은 입술이 그의 예지를 이야기하리라.

지혜와 바른 행동

25 지혜의 보고 안에는 현명한 격언이 있으나
죄인에게는 하느님을 섬기는 일이 역겨움이다.
26 지혜를 원한다면 계명을 지켜라.
주님께서 너에게 지혜를 베푸시리라.
27 정녕 주님을 경외함은 지혜요 교훈이며
믿음과 온유야말로 주님께서 기뻐하시는 것이다.
28 주님을 경외함에 불신감을 갖지 말고
두 마음으로 그분께 나아가지 마라.
29 사람들 앞에서 위선을 부리지 말고
네 입술을 조심하여라.
30 너 자신을 들어 높이지 마라. 떨어질까 두렵다.
네 영혼에게 불명예를 자초하지 마라.
주님께서 네 비밀을 폭로하시어
회중 한가운데에서 너를 내던져 버리시리라.
네가 주님께 경외심을 갖고 나아가지 않았고
네 마음이 거짓으로 가득하기 때문이다.

시련 속에서 주님을 경외함

2 1 얘야, 주님을 섬기러 나아갈 때⊥
너 자신을 시련에 대비시켜라.
2 네 마음을 바로잡고 확고히 다지며⊥
재난이 닥칠 때 허둥대지 마라.
3 주님께 매달려 떨어지지 마라.

1,27. "믿음" 그리스어 단어 '피스티스'는 히브리어 '에멧'을 번역한 것으로 "신뢰"를 뜻할 수도 있고 "충실함"을 뜻할 수도 있다. 라틴 그리스도교에서 '피데스'라고 하는 것에는 이러한 측면이 포함되어야 한다.

⊥ 2,1ㄱ. 새 대중 라틴말 성경(2,1ㄴ)에는 첨가된 부분이 있다. "정의와 경외 안에 확고하여"

⊥ 2,2ㄱ. 새 대중 라틴말 성경(2,2ㄴ)에는 첨가된 부분이 있다. "귀를 기울여 지혜로운 말을 받아들이고"

2,5. "금은 불로 단련되고" 고통은 치료적 가치를 지닌다. 귀금속을 얻기 위하여 원료 상태의 광물을 정련하듯이 인간을 정화하는 것이다(지혜 3,5-6의 주 참조).

1,27 잠언 15,33. 1,29 2,12. 2,1 야고 1,2-4; 1베드 4,12. 2,2 묵시 2,10.

2,1-18. 아버지로 여겨지는 지혜로운 스승은 제자들에게 권고를 시작한다. 첫 권고는(1-6절) 의인이 불가피하게 겪는 고통에 관한 것이다. 고대의 지혜문학적 가르침에서와 달리 고통은 징벌이 아니라 신앙을 단련하는 자리가 된다. 고통은 항구하지 못한 사람과(12-14절) 신앙으로 사는 사람을(15-18절) 구별해 준다. 의인에 대한 하느님의 자비는 변치 않는다(11절). 그 자비는 영원한 행복, 죄의 용서, 역경에서의 구원으로 이루어진다(7-11절).

네가 마지막에 번창하리라.
4 너에게 닥친 것은 무엇이나 받아들이고
처지가 바뀌어 비천해지더라도 참고 견뎌라.
5 금은 불로 단련되고
주님께 맞갖은 이들은 비천의 도가니에서 단련된다.
「질병과 가난 속에서도 그분을 신뢰하여라.」
6 그분을 믿어라, 그분께서 너를 도우시리라.
너의 길을 바로잡고 그분께 희망을 두어라.⊥
7 주님을 경외하는 이들아, 그분의 자비를 기다려라.
빗나가지 마라. 넘어질까 두렵다.
8 주님을 경외하는 이들아, 그분을 믿어라.
너희 상급을 결코 잃지 않으리라.
9 주님을 경외하는 이들아
좋은 것들과 영원한 즐거움과 자비를 바라라.
「그분의 보상은 기쁨을 곁들인 영원한 선물이다.」
10 지난 세대를 살펴보아라.
누가 주님을 믿고서 부끄러운 일을 당한 적이 있느냐?
누가 그분을 경외하면서 지내다가 버림받은 적이 있느냐?
누가 주님께 부르짖는데 소홀히 하신 적이 있느냐?
11 주님께서는 너그럽고 자비하시며
죄를 용서하시고 재난의 때에 구해 주신다.⊥
12 불행하여라, 비겁한 마음과 게으른 손,
두 길을 걷는 죄인!
13 불행하여라, 믿지 않는 까닭에 나약한 마음!
그 때문에 보호를 받지 못하리라.
14 불행하여라, 인내심을 잃어버린 너희!
주님께서 벌하러 오실 때 너희는 무엇을 하리오?⊥
15 주님을 경외하는 이들은 그분의 말씀을 거역하지 않고
그분을 사랑하는 이들은 그분의 길을 지킨다.
16 주님을 경외하는 이들은 그분께서 기뻐하시는 바를 찾고
그분을 사랑하는 이들은 그분의 율법으로 만족한다.
17 주님을 경외하는 이들은 마음을 가다듬어
그분 앞에서 스스로 자신들을 낮춘다.⊥
18 「"인간의 손에 내맡기지 말고
주님의 손에 자신을 내맡기자.」
정녕 그분의 위엄이 크신 것처럼
그분의 자비도 크시다."

2,6 잠언 3,5-6. 2,10 욥 4,7; 시편 22,5-6; 37,25. 2,12 시편 1,1.

「 」 2,5ㄷ. 새 대중 라틴말 성경에는 들어 있지 않다.

⊥ 2,6ㄴ. 새 대중 라틴말 성경(2,6ㄷ)에는 첨가된 부분이 있다. "너의 경외를 잃지 말고 그 안에서 늙어가라."

「 」 2,9ㄷ. 새 대중 라틴말 성경(2,10)은 이렇게 되어 있다. "주님을 경외하는 이들이여, 그분을 사랑하여라. / 너희의 마음이 빛으로 채워지리라."

⊥ 2,11ㄴ. 새 대중 라틴말 성경(2,13ㄷ)에는 첨가된 부분이 있다. "진실하게 그분을 찾는 이들을 보호하신다."

2,12. "두 길을 걷는 죄인!"은 "이중생활을 하는 죄인"으로 옮길 수 있다.

⊥ 2,14ㄱ. 새 대중 라틴말 성경(2,16ㄴ)에는 첨가된 부분이 있다. "바른 길을 버리고 악한 길로 빗나간 너희!"

2,14. "벌하러 오실 때" 이 동사는 보통 "방문하실 때"로 옮긴다. 문맥상 최후의 결정적 방문을 말하는 것임을 알 수 있다. 지혜서에서와 마찬가지로(3,13의 주 참조) 하느님 앞에서의 결산이라고 보는 편이 좋을 것이다. (새) 대중 라틴말 성경은 "inspicere"로 되어 있어, 조사하는 행위를 생각한다.

2,17. "그분 앞에서 스스로 자신들을 낮춘다." 이 표현은 "주님을 경외하는 이들"과 병행으로 해석해야 할 것이다. 자신을 낮추는 것은 하느님의 위대함과 인간의 미약함을 인정하는 것이다(잠언 15,33 참조).

⊥ 2,17ㄴ. 새 대중 라틴말 성경(2,21)에는 첨가된 부분이 있다. "주님을 경외하는 이들은 그분의 계명을 지키고 / 그분께서 그들에게 눈길을 돌려 주시기를 인내심을 가지고 기다린다."

「 」 2,18ㄱㄴ. 새 대중 라틴말 성경(2,22)에는 이렇게 되어 있다. "우리가 참회하지 않는다면 / 사람들의 손이 아닌 주님의 손으로 떨어질 것이다."

부모에 대한 의무

3 1 ⊥얘들아, 아버지의 훈계를 들어라.
그대로 실천하면 구원을 받으리라.
2 주님께서 자녀들로 아버지를 영광스럽게 하시고
아들에 대한 어머니의 권리를 보장하셨다.
3 아버지를 공경하는 이는 죄를 용서받는다.⊥
4 제 어머니를 영광스럽게 하는 이는 보물을 쌓는 이와 같다.
5 아버지를 공경하는 이는 자녀들에게서 기쁨을 얻고
그가 기도하는 날 받아들여진다.
6 아버지를 영광스럽게 하는 이는 장수하고
주님의 말씀에 귀 기울이는 이는 제 어머니를 편안하게 한다.
7 주님을 경외하는 이는 아버지를 공경하고
자신을 낳아 준 부모를 상전처럼 섬긴다.
8 말과 행동으로 네 아버지를 공경하여라.
그러면 그의 축복을 받으리라.
9 아버지의 축복은 자녀들의 집안을 튼튼하게 해 주고
어머니의 저주는 집안을 뿌리째 뽑는다.
10 아버지를 욕되게 하여 자신을 영광스럽게 하지 마라.
아버지의 치욕이 네게 영광이 될 수는 없다.
11 사람의 영광은 제 아버지의 명예에서 나오고
어머니가 불명예스러우면 그 자녀들은 비난거리가 된다.
12 얘야, 네 아버지가 나이 들었을 때 잘 보살피고
그가 살아 있는 동안 슬프게 하지 마라.
13 그가 지각을 잃더라도 인내심을 가지고
그를 업신여기지 않도록 네 힘을 다하여라.
14 아버지에 대한 효행은 잊히지 않으니
네 죄를 상쇄할 여지를 마련해 주리라.
15 네가 재난을 당할 때 네가 기억되리니
네 죄가 따뜻한 날 서리처럼 녹아내리리라.
16 아버지를 버리는 자는 하느님을 모독하는 자와 같고
자기 어머니를 화나게 하는 자는 주님께 저주를 받는다.

⊥ 3,1. 새 대중 라틴말 성경에는 그 앞에 삽입되어 있다. "지혜의 자녀들은 의인들의 모임이다. / 그들의 혈통은 순종과 사랑이다." "의인들의 모임"이라는 표현은 주님께서 모으신 선택된 백성을 가리킨다(시편 1,5; 히브 12,23 참조).

3,3. 새 대중 라틴말 성경(3,4ㄴㄷ)에는 첨가된 부분이 있다. "그들은 죄를 피할 것이며 / 그들의 매일의 기도가 응답받을 것이다."

3,6.7. 탈출 20,12와 신명 5,16을 고려할 때(부모에 관한 계명), 그리스어 동사 '티마오'는 "공경하다"에 해당하고 '독사조'는 (아버지를 목적어로 하여) 집회 3,2.6에서 자구적으로 "영광스럽게 하다"로 번역된다. 그런데 이 "영광스럽게 하다"라는 단어 역시 존경과 명예의 의미가 있다는 점에서 "공경하다"와 동의어처럼 볼 수도 있다.

3,14. "효행" 이 구절은 여러 가지로 해석된다. 그리스어 명사 '엘레모시네'에 자선이라는 의미를 부여하기도 한다(마태 6,4; 루카 11,41; 사도 10,2 참조). 이 명사는 동사 '엘레에오'("자비롭다")에서 파생되어 "효성, 자비"를 뜻할 수 있다. 창세 47,29; 토빗 3,2; 잠언 3,3; 집회 17,29; 바룩 4,22 참조.

3,9 창세 27,27; 48,15-20; 신명 33,1-25. 3,11 잠언 17,6. 3,12 잠언 19,26.

📖 3,1-16. 하느님께 대한 의무에 충실할 것을 말한 다음, 저자는 구체적인 인간관계로 내려와 넷째 계명에 대해 묵상한다. 권고를 구성하는 명령문들에 그와 같은 수의 축복의 약속이 대응된다. 특히 부모에 대한 사랑은 죄를 용서받고 기도가 허락되게 한다.

✠ 3,2-6.12-14. 가족 관계와 인간적-신적 관계에 관한 이 본문은 예수 마리아 요셉의 성가정 축일에 읽는다.

📖 3,9. 지상에서 하느님의 부성에 협력하는 이들인 부모는, 그들의 축복으로 하느님의 축복과 같은 효과들을 볼 수 있다.

3,16 탈출 21,17; 잠언 19,26. 3,21 시편 131,1; 로마 12,16. 3,26 잠언 28,14; 로마 2,5. 3,29 잠언 1,5-6.

겸손

17 얘야, 네 일을 온유하게 처리하여라.
그러면 선물하는 사람보다 네가 더 사랑을 받으리라.
18 네가 높아질수록 자신을 더욱 낮추어라.
그러면 주님 앞에서 총애를 받으리라.
19 높고 귀한 사람들이 많이 있지만
주님께서는 온유한 이들에게 당신의 신비를 보여 주신다.
20 정녕 주님의 권능은 크시고
겸손한 이들을 통하여 영광을 받으신다.
21 너에게 너무 어려운 것을 찾지 말고
네 힘에 부치는 것을 파고들지 마라.
22 너는 명령을 받은 일에만 전념하여라.⊥
「숨겨진 일은 너에게 필요한 것이 아니다.」
23 네 일이 아닌 것에 간섭하지 마라.
네가 보는 그 일은 인간의 이해를 넘어서는 것이다.
24 그들의 억측이 많은 이들을 빗나가게 하고
악의에 찬 망상이 그들의 생각을 그르치게 한다.
25 눈동자가 없으면 빛을 보지 못한다.
아는 게 없으면 큰소리치지 마라.

자만심

26 고집 센 마음은 마지막에 불행을 겪고
위험을 즐기는 자는 그 위험으로 망하리라.⊥
27 고집 센 마음은 고생으로 짓눌리고
죄인은 죄악에 죄악을 쌓으리라.
28 거만한 자의 재난에는 약이 없으니
악의 잡초가 그 안에 뿌리내렸기 때문이다.
29 현명한 마음은 격언을 되새긴다.
주의 깊은 귀는 지혜로운 이가 바라는 것이다.⊥

3,17-29. 권고에서는 계속해서 겸손에 대해 말한다. 하느님은 완고하고 오만한 사람에게는 당신 자신을 드러내 보이지 않으시고, 자신의 생각을 야심에서 지키고 하느님의 말씀을 듣고 묵상하는 사람에게만 당신을 드러내신다. 이 단락은 그리스 사상의 이성주의를 간접적으로 비판하고 있다.

✠ 3,17-18.20.28-29. 이 구절은 다해 연중 제22주일 제1독서로, 예수님께서 겸손을 권고하시는 루카 14,1.7-14와 함께 읽는다. 복음의 이 단락은 잠언 25,6-7을 언급한다.

3,17. "선물하는 사람보다" 히브리어 본문과 치글러의 본문은 "관대한 사람보다"로 되어 있다. 그리스어 본문은 분명하게 "주님께 맞갖은 이들에게" 곧 "하느님의 마음에 드는 사람들에게" 사랑을 받으리라고 되어 있다(2,5ㄱ과 문맥 참조).

3,22. 현인은 코헬렛과 달리 인간 이성의 한계를 평온하게 받아들인다. 코헬렛은 과거와 미래를 알지 못하는 것을 매우 괴로워한다(코헬 3,10-15 참조).

⊥ 3,22ㄱ. 새 대중 라틴말 성경(3,22ㄹ)에는 첨가된 부분이 있다. "경솔하게 그분의 많은 업적들을 알려고 하지 마라."

「 」 3,22ㄴ. 새 대중 라틴말 성경(3,23)에는 이렇게 되어 있다. "너에게는 필요하지 않다 / 너의 눈으로 네게 숨겨진 일들을 보는 것이."

3,25. 빛을 감지하기 위하여 눈동자가 꼭 필요하듯이, 지혜에 이르기 위해서는 이성이 필요하다. 지혜는 어둠 속에 묻혀 있는 진리를 비추어 눈에 보이게 만들기 때문에 빛에 비유된다. 다른 한편으로, 이 빛-지혜를 감지하기 위해서는 생각 또는 이성의 작용이 필수적이다. 빛이 지혜 또는 율법을 나타내는 비유로 사용되는 예는 17,18; 24,32; 32,16에서도 나타난다.

⊥ 3,26ㄴ. 새 대중 라틴말 성경(3,28)에는 첨가된 부분이 있다. "두 길을 걷는 마음은 성공하지 못하고 / 마음이 악한 사람은 걸려 넘어지리라."

⊥ 3,29ㄴ. 새 대중 라틴말 성경(3,32)에는 첨가된 부분이 있다. "지혜롭고 신중한 마음은 악을 멀리하고 / 의롭게 행동하면 성공을 거두리라."

가난한 이들에 대한 자선

30 물은 타오르는 불을 끄고
자선은 죄를 없앤다.
31 은혜를 갚는 이는 앞날을 내다보는 것이니
그가 넘어질 때에 도움을 얻으리라.

4 1 얘야, 가난한 이의 살길을 막지 말고
궁핍한 눈들을 기다리게 하지 마라.
2 배고픈 사람을 서럽게 하지 말고
곤경에 빠진 사람을 화나게 하지 마라.
3 화난 마음을 더 이상 괴롭히지 말고
없는 이에게 베푸는 일을 미루지 마라.
4 재난을 당하여 호소하는 이를 물리치지 말고
가난한 이에게서 네 얼굴을 돌리지 마라.
5 애걸하는 이에게서 눈을 돌리지 말고
그에게 너를 저주할 빌미를 주지 마라.
6 그가 비참한 삶 속에서 너를 저주하면
그를 만드신 분께서 그의 호소를 들어 주시리라.
7 회중이 너를 사랑하게 하고⊥
웃어른에게 머리를 숙여라.
8 가난한 이에게 귀를 기울이고⊥
그에게 평화의 인사를 상냥하게 건네어라.
9 억눌린 이를 억누르는 자의 손에서 구출하고
네가 심판을 내릴 때에는 심약해지지 마라.
10 고아들에게 아버지가 되어 주고
그들의 어머니에게 남편 노릇을 해 주어라.
그러면 너는 지극히 높으신 분의 아들이 되고
그분께서 네 어머니보다 더 너를 사랑해 주시리라.

교육자의 지혜

11 지혜는 자신의 아들들을 키워 주고

3,30 29,8-13; 신명 15,7-11; 토빗 12,9; 1베드 4,8. 4,3 잠언 3,27-28. 4,4 토빗 4,7. 4,10 탈출 22,21. 4,11 이사 49,15; 요한 14,23.

3,30–4,10. 사회적 의무 가운데 부모 공경과 유사한 것으로 가난한 이들을 돕는 일이 있다(1-10절). 두 가지는 모두 그리스어 단어 '엘레모시네'로 정의된다(3,14.30 참조). 이 단어는 구체적인 자선 행위를 나타내는 동시에 적절한 사회적 행동을 나타내기도 한다(9-10절).

4,11-19. 이 구절은 의인화된 지혜의 모습을 보여 준다. 그 지혜는 때로는 엄격하게(17절 참조) 사랑하는 자녀들을 기른다. 지혜에게서 배우는 사람은 거룩한 일을 하는 것이며(14절 참조) 온순하고 순종하는 자녀들이 받을 상급과 유산, 곧 축복과 행복을 받을 것이다.

4,6. 잠언 22,22-23에서와 같이, 가난한 이의 청을 들어줄 것을 권고한다. 도움을 바라는 그의 부르짖음에 현인이 무감각하다면 (그 가난한 이의 유일한 변호자이신) 하느님은 그가 정의를 요청할 때 그의 소리를 들으실 것이다(또한 잠언 3,27의 주 참조).
"비참한 삶"으로 번역된 "마음의 괴로움"은 욥 7,11의 경우와 같이 큰 고통 속에 있는 사람의 처지를 나타낸다.

⊥ 4,7ㄱ. 새 대중 라틴말 성경(4,7ㄴ)에는 첨가된 부분이 있다. "노인 앞에서는 네 마음을 낮추어라."

⊥ 4,8ㄱ. 새 대중 라틴말 성경(4,8ㄴ)에는 첨가된 부분이 있다. "그에게 빚진 것을 갚아라."

4,9. "심약해지지 마라." 법률적인 맥락을 고려할 때 형용사 '올리고프시케세스'(자구적으로는 "정신/영혼이 작은")는 "소심한, 의기소침한"으로 옮길 수 있다. 7,10의 주 참조.

4,10. "너는 지극히 높으신 분의 아들이 되고" 이 표현은 신약 성경에서 천상 아버지와 같이 자비를 실천하는 사람에게 적용된다(루카 6,35 참조). 또한 시편 82,6 참조.

자신을 찾는 이들을 보살펴 준다.
12 지혜를 사랑하는 사람은 생명을 사랑하고
이른 새벽부터 지혜를 찾는 이들은 기쁨에 넘치리라.
13 지혜를 붙드는 이는 영광을 상속받으리니
가는 곳마다 주님께서 복을 주시리라.
14 지혜를 받드는 이들은 거룩하신 분을 섬기고
주님께서는 지혜를 사랑하는 이들을 사랑하신다.
15 지혜에 순종하는 이는 민족들을 다스리고
지혜에 귀 기울이는 이는 안전하게 살리라.
16 그가 지혜를 신뢰하면 지혜를 상속받고
그의 후손들도 지혜를 얻으리라.
17 지혜는 처음에 그와 더불어 가시밭길을 걷고⊥
그에게 두려움과 공포를 몰고 오리라.
지혜는 그를 신뢰할 때까지
자신의 규율로 그를 단련시키고
자신의 바른 규범으로 그를 시험하리라.
18 그러고 나서 지혜는 곧 돌아와 그를 즐겁게 하고
자신의 비밀을 보여 주리라.⊥
19 그가 탈선하면 지혜는 그를 버리고
그를 파멸의 손아귀에 넘기리라.

바른 처신과 인격 존중

20 때를 살피고 악을 경계하여
너 자신에게 부끄러움이 없도록 하여라.
21 죄로 이끄는 부끄러움도 있고
영광과 은총인 부끄러움도 있다.
22 자신에 대해 편견을 가지지 말고⊥
너를 파멸로 이끄는 부끄러운 짓을 하지 마라.
23 필요한 때에 말을 삼가지 말고
우아하게 보이려고 지혜를 감추지 마라.
24 말에서 지혜가,
말씨에서 교양이 드러나기 때문이다.
25 진리를 거스르는 말을 하지 말고
네 무지를 부끄러워하여라.

4,12. "이른 새벽" 새벽은 하느님께서 기도를 들어 주시는 때이며(시편 63,2의 주 참조) 또한 지혜를 만나기 좋은 때이다(지혜 6,14 참조).

4,17-18. 앞서 2,1에서 말한 바와 같이 시련은 지혜를 찾는 이의 길의 일부이다. 여기서는 규율과 율법 규정의 준수와 관련된 교육이 있음을 말한다. 이러한 시련은 처음에는 어렵지만 긍정적인 결과를 가져온다.

⊥ 4,17ㄱ. 새 대중 라틴말 성경(4,18ㄴ)에는 첨가된 부분이 있다. "그를 자세히 조사할 것이다."

⊥ 4,18ㄴ. 새 대중 라틴말 성경(4,21ㄴ)에는 첨가된 부분이 있다. "그를 지식과 올바른 앎으로 풍요롭게 하리라."

4,21. "영광과 은총" 이 둘은 오늘날 우리가 명예, 인정, 위신(8,14), 신임이라고 부르는 것을 나타낸다. "긍정적인" 부끄러움은 26절에서 말하듯이 자신의 죄를 고백하는 데에 연관된 부끄러움이다(또한 겸손의 의미에 관한 2,17의 주 참조).

⊥ 4,22ㄱ. 새 대중 라틴말 성경(4,26ㄴ)에는 첨가된 부분이 있다. "거짓을 묵인하여 해를 입지 마라."

4,12 6,27; 잠언 8,17; 마태 7,7-11. 4,15 잠언 1,33. 4,19 잠언 1,28-32.

4,20-31. 이어지는 권고는 특히 그들의 문화와 종교와는 다른 환경에서 살고 있는 히브리인들에게 적합하다. 그들에게 진리를 증언하는 용기를 가질 것을 열렬히 권고한다.

4,26. "강물의 흐름을 거스르지 마라." 이 은유는 인간의 나약함이 명백함을 강조한다. 이를 감추려고 하는 것은 어리석은 일이 될 것이다.

26 죄의 고백을 수치스러워하지 말고
강물의 흐름을 거스르지 마라.
27 어리석은 자에게 굽실거리지 말고
통치자를 편파적으로 우대하지 마라.
28 진리를 위하여 죽기까지 싸워라.
주 하느님께서 네 편을 들어 싸워 주시리라.
29 오만하게 말하지 말고
게으르고 부주의하게 행동하지 마라.
30 네 집 안에서 사자처럼 굴지 말고
종들을 닦달하지 마라.
31 받아 내려고 손을 내밀지 말고
갚아야 할 때 손을 거두지 마라.

재산과 자만

5,1. "재산을 믿지 말고" 이 말은 시편 62,11에도 나온다. 현인은 재산이 많을 때 자신의 힘을 믿으려는 유혹이 생긴다는 것을 안다. 그래서 잠언(30,8)에서는 "저를 가난하게도 부유하게도 하지 마시고"라고 말한다. 극단적인 상황들은 인간을 약하게 만든다. 또한 루카 12,15-21 참조.

⊥ 5,3ㄱ. 새 대중 라틴말 성경(5,3ㄴ)에는 첨가된 부분이 있다. "아니면, '누가 내가 한 일 때문에 나를 굴복시키리오?'"

5 1 재산을 믿지 말고
"넉넉하다."고 말하지 마라.
2 너 자신과 네 힘을 붙좇지 말고
마음의 욕망을 따르지 마라.
3 "누가 나를 억누르리오?" 하고 말하지 마라.⊥
주님께서 기필코 징벌하시리라.
4 "죄를 지었어도 내게 아무 일도 없었지 않은가?" 하지 마라.
주님께서는 분노에 더디시기 때문이다.
5 속죄를 과신하지 마라.
죄에 죄를 쌓을 뿐이다.
6 "그분의 인자함이 크시니
수많은 내 죄악이 속죄받으리라."고 말하지 마라.
정녕 자비도 분노도 다 그분께 있고
그분의 진노가 죄인들 위에 머무르리라.
7 주님께 돌아가기를 미루지 말고
하루하루 늦추려 하지 마라.
정녕 주님의 분노가 갑자기 들이닥쳐
너는 징벌의 날에 완전히 망하리라.
8 부정한 재산을 믿지 마라.
정녕 재난의 날에 아무런 도움도 되지 못하리라.

4,26 레위 5,5; 민수 5,7. 4,27 욥 31,21. 4,30 욥 31,13-15. 5,7 탈출 20,5-7; 16,12. 5,8 잠언 10,2.

5,1-8. 재산을 가진 이들, 아마도 불의하게 재산을 모은 이들의 공통적인 태도는 재산으로부터 오는 안전이 영적 영역에까지 확장된다고 믿는 것이다. 부자라고 모든 것이 당연한 것은 아니다. 더구나 죄의 용서는 올바른 회개가 없다면 주어지지 않는다.

확고한 신념

9 아무 바람에나 키질하지 말고
아무 길에나 들어서지 마라.
두 혀를 지닌 죄인의 짓이 그러하다.
10 네가 깨친 바를 굳게 지키고⊥
「네 말을 한결같이 하여라.」
11 듣기는 빨리하고
대답은 신중히 하여라.
12 네가 이해했거든 이웃에게 대답하여라.
그러지 못했거든 손을 입에 얹어라.⊥
13 영광과 치욕은 말에 있고
인간의 혀는 파멸이 될 수도 있다.
14 중상꾼으로 불리지 않도록 하고
네 혀로 올가미를 놓지 마라.
부끄러움이 도둑에게 닥치고
엄한 단죄가 두 혀를 지닌 자에게 떨어지리라.⊥
15 큰일이든 작은 일이든 소홀히 하지 말고
6 1 친구가 되어야지 원수가 되어서는 안 된다.
고약한 평판은 치욕과 비난을 불러들인다.
두 혀를 지닌 죄인의 짓이 그러하다.
2 힘센 네가 황소처럼 찢기지 않도록
자신을 마음 내키는 대로 들어 높이지 마라.
3 너는 네 잎사귀를 먹어 치워 열매를 망치고
너 자신을 마른 장작같이 남겨 놓으리라.
4 사악한 정신은 그 사람을 파괴하고
그를 원수들의 놀림감으로 만들리라.⊥

우정

5 부드러운 말씨는 친구들을 많게 하고
우아한 말은 정중한 인사를 많이 받게 한다.
6 너와 화목하게 지내는 친구들을 많이 만들되
조언자는 천 명 가운데 하나만을 골라라.
7 친구를 얻으려거든 시험해 보고 얻되
서둘러 그를 신뢰하지 마라.

5,10 마태 5,37; 야고 5,12. 5,11 야고 1,19. 6,5 잠언 15,1. 6,6 12,8-9; 37,7-11; 잠언 17,17.

5,9–6,4. 이 권고들은 지혜문학에서 중요한 주제 중 하나인 자제를 다룬다. 자제는 자신의 신념에 대한 항구함, 말을 잘 사용하는 것(저주나 거짓을 말하면 자신의 파멸을 가져온다), 지나친 격정에 대한 제어를 뜻한다.

5,9. 이 표상은 신념에 확고하지 못하고 서로 반대되고 조화되지 않는 의견들을 따르려 함을 나타낸다.

⊥ 5,10ㄱ. 새 대중 라틴말 성경(5,12ㄴ)에는 첨가된 부분이 있다. "네 생각의 참됨과 너의 지식에 항구하여라."

「 」 5,10ㄴ. 새 대중 라틴말 성경(5,12ㄷ)에는 이렇게 되어 있다. "언제나 평화와 정의의 말이 너를 뒤따르게 하여라."

⊥ 5,12ㄴ. 새 대중 라틴말 성경(5,14ㄷ)에는 첨가된 부분이 있다. "그릇된 말을 흘리고 그것을 부끄러워하지 않도록."

5,13. 신중하고 절제 있는 말에 대한 권고가 계속 나온다. 혀를 잘못 사용하는 것은 사회관계에서 큰 재앙을 불러일으킬 수 있다(잠언 18,21; 야고 3,6 참조. 시편 12,5의 주 참조). "영광과 치욕"은 "명성과 수치"로도 옮길 수 있다(집회 4,21의 주 참조).

⊥ 5,14ㄹ. 새 대중 라틴말 성경(5,17ㄷ)에는 첨가된 부분이 있다. "험담을 하는 사람은 미움과 증오와 모욕을 받으리라."

6,1. "고약한 평판" 좋은 평판의 중요성에 관하여, 잠언 22,1의 주 참조.

6,2. 실제 자신보다 더 낫게 자신을 보는 형태로 '건방지다, 뽐내다, 거만하게 굴다' 등으로 알아들을 수 있다. 자기 자신으로 충분하다고 생각하는 죄를 강조하고 있다.

⊥ 6,4ㄴ. 새 대중 라틴말 성경(6,4ㄷ)에는 첨가된 부분이 있다. "그가 사악한 이들의 운명을 맞게 한다."

6,7. 메소포타미아의 작품 "아키카르의 지혜"에서도 같은 권고를 볼 수 있다. "내 아들아, 네가 어떤 동료를 사랑한다면 먼저 그를 시험해 보고 그다음에 그를 친구로 삼아라."(17)

8 제 좋을 때에만 친구가 되는 이가 있는데
그는 네 고난의 날에 함께 있어 주지 않으리라.
9 원수로 변하는 친구도 있으니
그는 너의 수치스러운 말다툼을 폭로하리라.
10 식탁의 친교나 즐기는 친구도 있으니
그는 네 고난의 날에 함께 있어 주지 않으리라.
11 그는 네가 잘될 때에는 너 자신인 양 행세하고
네 종들에게 마구 명령해 대리라.
12 그러나 네가 비천하게 되면 그는 너를 배반하고
네 앞에서 자취를 감추리라.
13 원수들을 멀리하고
친구들도 조심하여라.
14 성실한 친구는 든든한 피난처로서
그를 얻으면 보물을 얻은 셈이다.
15 성실한 친구는 값으로 따질 수 없으니
어떤 저울로도 그의 가치를 달 수 없다.
16 성실한 친구는 생명을 살리는 명약이니
주님을 경외하는 이들은 그런 친구를 얻으리라.
17 주님을 경외하는 이는 자신의 우정을 바르게 키워 나가니
이웃도 그의 본을 따라 그대로 하리라.

지혜의 획득

18 얘야, 젊을 때부터 교육을 받아라.
그래야 백발이 되어서도 지혜를 찾으리라.
19 밭 가는 사람처럼, 씨 뿌리는 사람처럼 지혜에 다가서서
지혜의 온갖 좋은 열매를 기대하여라.
정녕 지혜를 가꾸는 데는 적은 수고를 들이나
곧 지혜의 소출을 맛보리라.
20 무지한 자들에게 지혜는 얼마나 어려운가!
미련한 자는 지혜 안에 머무를 수 없다.
21 이런 자에게 지혜는 무거운 들돌 같아서

6,18. 지혜 3,11에서와 같이, 그리스어 '파이데이아'는 그 바탕이 된 히브리어 단어를 염두에 두고 번역할 수도 있고("교육, 훈계"로), 헬레니즘의 특징인 인문주의적 이상에 연결("교육"으로 번역)할 수도 있다. "훈계"를 가리키는 것으로 본다면 21-22절이 더 잘 설명된다. 지혜는 얻기 어려우니 엄격한 훈련이 필요하기 때문이다.

6,9 잠언 25,9-10 6,14 잠언 18,19. 6,15 코헬 4,9-12. 6,16 잠언 17,17.

6,16-17. 참된 우정과 거짓된 우정을 묘사하는 이 단락의 결론이 눈길을 끈다. 성실한 친구를 갖는 기쁨은 인간적 사교 능력에서 오는 것이 아니라 하느님께서 당신을 경외하는 이들에게 주시는 선물이다.

6,18-37. 긴 단락에서 생생한 표상들로 지혜를 찾는 수고를 묘사한다. 지혜롭게 되고자 하는 사람은 인내하고 수고하여 마지막에 땅의 열매들로 갚음을 받는 농부(18-22절), 또는 사슬에 묶인 수인에 비유된다. 처음에는 그것이 견딜 수 없지만, 마지막에는 찬란한 임금의 옷이 될 것이다(23-31절). 원로들의 경험을 보물로 여길 줄 아는 젊은 현인의 표상에는 이스라엘의 전통에 대한 벤 시라의 자긍심이 온전히 들어 있다(32-37절).

이내 떨어뜨리지 않을 수 없다.
22 지혜는 이름 그대로 지혜이니
많은 이들에게 드러나지 않는다.⊥
23 얘야, 들어라, 내 의견을 받아들이고
내 충고를 거부하지 마라.
24 네 두 발을 지혜의 차꼬에 밀어 넣고
네 목을 지혜의 큰칼에 밀어 넣어라.
25 어깨를 낮추어 지혜를 짊어지고
지혜의 사슬을 귀찮게 여기지 마라.
26 목숨을 다 바쳐 지혜에 다가서고
온 힘을 다해 지혜의 길을 지켜라.
27 찾고 구하여라, 그러면 지혜가 너에게 알려지리라.
지혜를 얻으면 놓치지 마라.
28 마침내 너는 지혜의 안식을 찾고
지혜는 너에게 기쁨이 되어 주리라.
29 지혜의 차꼬는 너에게 든든한 보호막이 되고
그의 큰칼은 영광의 옷이 되리라.
30 지혜의 멍에는 금장식이고
그의 사슬은 자주색 끈이다.
31 너는 지혜를 영광의 옷으로 입고
지혜를 기쁨의 왕관으로 쓰리라.
32 얘야, 네가 원하면 교육을 받을 수 있고
마음을 쏟으면 현명하게 될 수 있다.
33 듣기를 좋아하면 이해를 얻고
귀를 기울이면 지혜롭게 되리라.
34 원로들이 많이 모인 자리에 서라.
그들의 지혜에 너 자신을 맡겨라.
35 하느님에 관한 온갖 담화를 즐겨 듣고
지혜로운 금언이 너에게서 빠져나가지 못하게 하여라.
36 지각 있는 이를 보거든 이른 새벽부터 그를 찾아다니며
너의 발에 문지방이 닳도록 들락거려라.
37 주님의 법령을 되새기고
언제나 그분의 계명을 묵상하여라.
그분께서 네 마음을 든든히 잡아 주시고
갈망하는 지혜를 너에게 주시리라.

6,22 지혜 1,2; 6,12-14. 6,24 21,19; 마태 11,29. 6,26 신명 6,5. 6,29 잠언 1,9. 6,31 잠언 4,9. 6,33 잠언 13,20. 6,37 시편 1,2.

⊥ 6,22ㄴ. 새 대중 라틴말 성경(6,23ㄷ)에는 첨가된 부분이 있다. "그러나 지혜를 인정하는 사람들 안에는 지혜가 머물러, 하느님을 뵙는 데에까지 이른다."

6,29.31. "영광의 옷"은 찬란한 옷을 가리킬 것이다. 형용사 대신 명사로 수식하는 것은 셈어 문체의 특징이다. 잠언 4,9에서 지혜는 화환과 관에 비교된다. 여기서는 은유가 장신구에까지 확장된다.

6,34. 원로는 오랜 삶의 체험을 통해 얻은 지혜를 지니고 있다. 그래서 원로는 존경하고 존중해야 한다(25,4-6 참조). 원로의 중요성에 관하여, 욥 30,1의 주 참조.

7,1. "그러면 악이 너를 결코 덮치지 못하리라." 악이 그 악을 행하는 사람에게 다시 돌아오는 것을 가리킨다.

ㅗ 7,5ㄱ. 새 대중 라틴말 성경(7,5ㄴ)에는 첨가된 부분이 있다. "그가 마음속을 알기 때문이다."

7,6. 판관은 자신의 입장이 흔들리지 않고 편파적이지 않아야 한다. 권력가들을 두려워한다면 판관으로서 부적절하다. 그의 판결이 그들에 대한 두려움에 영향을 받을 것이기 때문이다. 판관들의 정직함에 관하여, 시편 94,20의 주 참조.

7,10. 자구적으로 그리스어 동사는 "작은 '프시케'를 갖지 마라." 고 권고한다(4,9의 주 참조). 이것은 "항구하지 못하다, 인내가 없다, 주저하다, 초조하다" 등 여러 가지로 해석할 수 있다.

갖가지 권고

7 1 악을 저지르지 마라. 그러면 악이 너를 결코 덮치
지 못하리라.
2 불의를 멀리하여라. 불의가 너를 비켜 가리라.
3 불의의 고랑에 씨를 뿌리지 마라.
그 수확을 일곱 배로 거둘까 두렵다.
4 주님에게서 권력을 구하지 말고
임금에게서 영광의 자리를 구하지 마라.
5 주님 앞에서 의로운 체하지 말고ㅗ
임금 앞에서 지혜로운 체하지 마라.
6 불의를 뿌리 뽑을 능력이 없으면
판관이 되려고 애쓰지 마라.
그러지 않으면 네가 권력가의 편을 들고
네 정직함에 손상을 입게 되리라.
7 성읍의 대중에게 죄를 짓지 말고
너 자신이 군중에게 짓밟히지 않도록 하여라.
8 같은 죄를 두 번 짓지 마라.
정녕 단 한 번의 죄악도 벌을 면할 수 없으리라.
9 "하느님께서 나의 많은 선물을 살피시고
내가 그것을 지극히 높으신 하느님께 바치면 받아 주시리
라." 하지 마라.
10 기도할 때 소심해지지 말고
자선을 베푸는 일을 소홀히 하지 마라.
11 참담한 지경에 빠져 있는 사람을 비웃지 마라.
낮추고 높이시는 분께서 계시다.
12 네 형제에게 거짓을 꾸미지 말고
친구에게도 그런 짓을 하지 마라.
13 어떤 거짓말도 하려 들지 마라.
거짓말을 거듭하면 끝이 좋지 않다.
14 원로들이 모인 자리에서 말을 많이 하지 말고
기도할 때 말을 되풀이하지 마라.
15 힘든 일을 싫어하지 말고
지극히 높으신 분께서 창조하신 들일을 싫어하지 마라.

7,3 욥 4,8. 7,10 3,30; 야고 1,6. 7,11 1사무 2,7; 루카 1,52.

7,1-36. 여기서는 삶의 모든 측면을 올바른 태도로 대할 것을 가르치려 한다. 이 장의 주제는 단일하지 않으며, 금언을 전하는 것처럼 여러 권고가 계속 이어진다.

7,1-17. 저자는 여러 부정문을 통하여, 하느님 앞에서 취해야 할 겸손한 행동과 사회적 관계에서 그 기준이 될 만한 정도를 말한다. 자신에 대한 적절한 의식을 가져야 하고, 다른 사람을 존중해야 한다. 또한 기도는 애덕과 분리될 수 없으며, 모든 행위에 정직함과 진실함이 깃들어 있어야 한다.

16 너는 죄인들의 무리에 끼지 말고
그분의 진노는 미루어지지 않음을 기억하여라.
17 너 자신을 한껏 낮추어라.
불경한 자에 대한 벌은 불과 구더기다.

친구와 가족

18 친구를 돈 때문에 바꾸지 말고
친형제를 오피르의 금과 바꾸지 마라.
19 지혜롭고 착한 아내를 버리지 마라.⊥
그의 아름다움은 금보다 뛰어나다.
20 성실하게 일하는 종을 박대하지 말고
정성을 다하는 품팔이꾼을 박대하지 마라.
21 현명한 종을 진심으로 사랑하고
그에게서 자유를 빼앗지 마라.⊥
22 가축이 있느냐? 잘 보살펴라.
그 가축이 네게 이득이 되면 잘 간수하여라.
23 자녀가 있느냐? 그들을 훈육하고
어릴 때부터 그들이 목을 숙이게 하여라.
24 딸들이 있느냐? 그들의 몸을 잘 지키고
그들을 너무 너그럽게 대하지 마라.
25 딸을 시집보내라. 그래야 큰일을 끝내게 되리라.
그러나 지각 있는 남자에게 딸을 주어라.
26 마음에 드는 아내가 있느냐? 그를 버리지 마라.
미워하는 여자에게는 자신을 맡기지 마라.
27 마음을 다해 네 아버지를 영광스럽게 하고
어머니의 산고를 잊지 마라.
28 네가 그들에게서 태어났음을 기억하여라.
그들이 네게 베푼 것을 어떻게 그대로 되갚겠느냐?

사제들

29 온 정신으로 주님을 섬기고

7,17. 자신을 낮추는 것의 긍정적 의미에 관하여, 2,17의 주 참조. 또한 유딧 16,17 참조.

7,19. 아내들이 교육에서 지니는 필수적인 역할로 현인들의 숙고에서는 아내들을 매우 중시한다(잠언 14,1; 19,14; 31,10-31 참조). 잘못된 결혼은 참으로 큰 불행이다(잠언 19,13 참조).

⊥ 7,19ㄱ. 새 대중 라틴말 성경(7,21ㄴ)에는 첨가된 부분이 있다. "네가 하느님을 경외하며 얻었으니."

⊥ 7,21ㄴ. 새 대중 라틴말 성경(7,23ㄷ)에는 첨가된 부분이 있다. "그를 빈곤하게 내버려 두지 마라."

7,26. "마음"이라는 단어의 이성적·의지적 의미를 고려하여 이 질문은 "너와 잘 어울리는 아내가 있느냐?"로 나타낼 수 있을 것이다.

7,20 신명 24,14-15. 7,24 42,9-11. 7,26 신명 22,13-21; 24,1-5. 7,27 탈출 20,12; 토빗 4,4.

7,18-28. 가정의 영역에까지 권고가 확대된다. 한 가정의 지혜로운 아버지의 현실적인 모습이 나타난다. 그 아버지의 배려는 가족과 친구들에서 사소한 것에까지 이른다.

7,27-28.29-36. 다음 세 단락은 가장 신성한 것으로 여겨지던 부모, 사제, 가난한 이들을 함께 모아 놓는다. 이들과 나누는 연대는 하느님께 대한 경외와 이웃에 대한 자비라는 계명들을 지키는 것이다. 가난한 이들, 병자들과 죽은 이들에 대한 연민은 예언자들의 설교로 거슬러 올라간다.

그분의 사제들을 존경하여라.
30 너를 만드신 분을 온 힘으로 사랑하고
그분의 봉사자들을 버리지 마라.
31 주님을 경외하고 사제를 영광스럽게 하여라.
그분께서 명령하신 대로 사제에게 제 몫을 바치고
첫 소출과 속죄 제물과 짐승의 어깨 부분을 바치며
성별 제물과 거룩한 것들의 맏물을 바쳐라.

7,31. 예식에서는 맏물과(민수 18,8-18 참조) 봉헌물과 희생 제물의 일부를(레위 5,6; 7,32; 민수 6,19 참조) 사제의 몫으로 할당하게 되어 있었다.

가난한 이와 억눌린 이

32 네 복이 완전해지도록
가난한 이에게 네 손길을 뻗어라.
33 살아 있는 모든 이에게 호의를 베풀고
죽은 이에 대한 호의를 거두지 마라.
34 우는 이들을 버려두지 말고
슬퍼하는 이들과 함께 슬퍼하여라.
35 병자 방문을 주저하지 마라.
그런 행위로 말미암아 사랑을 받으리라.
36 모든 언행에서 너의 마지막 때를 생각하여라.
그러면 결코 죄를 짓지 않으리라.

7,33. 이 구절은 같은 단어('카리스', "호의, 친절, 자비")로 시작하고 끝난다. 죽은 이들에게 관심을 기울이는 것에 관하여, 토비아 이야기를 보라(토빗 12,12 참조). 2마카 12,43에서는 전쟁에서 자기 죄 때문에 죽은 이들을 위하여 예루살렘 성전에 예물을 바친 것을 말한다.

현명한 처세

8 1 권세가와 겨루지 마라.
네가 그의 손아귀에 떨어질까 두렵다.
2 부자와 다투지 마라.
그가 너를 짓누를까 두렵다.
황금이 많은 이들을 파멸시키고
임금들의 마음을 현혹시켰기 때문이다.
3 말 많은 사람과 겨루지 말고
그의 불 위에 장작을 쌓지 마라.
4 못된 자와 놀지 마라.
네 조상들이 수치를 당하리라.
5 죄악에서 돌아서는 사람을 꾸짖지 말고⊥
우리 모두 죄인임을 기억하여라.

8,2. 아마도 부자가 판관에게 미칠 수 있는 영향력을 암시하는 듯하다. 그는 권력과 부를 가지고 있어서 자신의 지위를 이용하여 유리한 판결을 얻을 수 있다. 판관을 걸어 소송하는 것에 관한 14절의 권고도 이와 유사하다. 집회 7,6; 잠언 10,15 참조.

8,5. "우리 모두 죄인임을"은 히브리어 본문에서 나온다. 치글러의 비평판 본문에서는 "우리는 모두 권리가 있다."로 되어 있다.

⊥ 8,5ㄱ. 새 대중 라틴말 성경(8,6ㄴ)에는 첨가된 부분이 있다. "그를 모욕하지 마라."

7,34 마태 25,35. 8,5 마태 7,1-5; 로마 3,9-20.

8,1-19. 현명하고 신중한 이 충고들은 일상의 경험에서 나온 것이다. 이들은 피상적인 인간관계, 특히 비웃음, 모욕, 경솔한 모험의 경향을 바로잡으려 한다. 19개의 권고들 가운데 14개가 권력가들 또는 자신에게 해를 입힐 수 있는 이들과의 관계에 관련된다(1-4.11-19절). 그 밖의 권고들은 죄인, 노인, 그리고 특히 이스라엘의 전통적 지혜를 전해 주는 이들과의 관계에서 겸손을 권고하는 유익한 가르침들이다(5-9절).

6 늙은 사람을 멸시하지 마라.
우리들도 늙어 간다.
7 죽은 이를 두고 기뻐하지 말고
우리 모두 죽는다는 사실을 기억하여라.

전승

8 지혜로운 이들의 이야기를 경시하지 말고
그들의 금언을 되새겨라.
정녕 그들에게서 규범을 익히고
높은 사람을 섬기는 법을 배우리라.
9 노인들의 이야기를 소홀히 하지 마라.
그들 또한 조상들에게 배웠고
이제는 네가 그들에게서 지각과
적절한 때에 대답하는 법을 배우리라.

현명함

10 죄인의 숯불을 지피지 마라.
그의 불꽃에 타게 될까 두렵다.
11 거만한 자 앞에서 일어서지 마라.
그가 말꼬투리를 잡으려고 복병처럼 노리리라.
12 너보다 힘센 사람에게 꾸어 주지 마라.
꾸어 주었으면 잃어버린 것으로 생각하여라.
13 네 능력을 넘어 보증을 서지 마라.
보증을 섰으면 대신 갚을 각오를 하여라.
14 판관을 걸어 소송하지 마라.
그는 명예 때문에 자신에게 유리한 쪽으로 판결하리라.
15 무모한 자와 길을 가지 마라.
너에게 부담이 될 수도 있다.
그는 자신이 원하는 대로 가려 하고
그의 어리석음으로 너도 망할 것이다.
16 화 잘 내는 자와 다투지 말고
그와 함께 외진 길을 가지 마라.
피 흘림도 그의 눈에는 대수롭지 않아
아무런 도움도 받지 못할 곳에서 너를 덮치리라.
17 미련한 자와 상의하지 마라.
그는 비밀을 지킬 줄 모른다.
18 모르는 사람 앞에서 비밀스러운 일을 하지 마라.

8,6. 원로의 중요성과 가치에 관하여, 6,34의 주 참조. 또한 레위 19,32 참조.

8,8. "그들의 금언" 지혜를 말로 가르칠 때 금언을 사용했음을 암시한다.

8,13. 다른 사람의 빚을 맡는 것의 위험성에 관하여, 잠언 6,1-4의 주 참조. 또한 집회 29,14-20 참조.

8,14. "명예"에 관하여, 4,21의 주 참조.

8,18. "모르는 사람 앞에서." 모르는 사람은 낯선 문화의 요소들을 지니고 있다.

8,8 잠언 13,20. 8,9 잠언 4,4.

8,19. 이 금언은 집회 6,5-17과 병행하여 읽는다면 친구를 선택하는 데에 주의하라는 권고로 이해할 수 있다.

9,3. "창부"라고 번역된 그리스어('헤타이리조메네')는 '누군가에게 친구(헤타이로스)가 되다.'라는 뜻을 지닌다(41,22[그리스어 본문] 참조). 그리스 사회에는 성적 관계 외에 동료 역할을 하는 여자들이 있었다. 고객은 이들과 오랜 기간 관계를 이어 갔다. 창부들은 대개 노예 출신이거나 외국 여인이었고, 교양 있고 자유로운 이들로, 자기 재산을 운용했다. 일반 여자들과 달리 공적 생활을 할 수 있었고, 남자들의 향연에 자유롭게 참여할 수 있었다. 흔히 그들은 자신을 찾아오는 이들에게 중요한 영향을 미쳤다. 잠언 23,27; 29,3 참조.

9,6-8. 잠언 7장의 젊은이의 상황과 매우 유사한 상황을 묘사한다. 그는 밤에 도시를 돌아다니며 거리에 숨어들고("으슥한 데"는 사랑의 만남을 위한 좋은 장소가 될 수 있었다) 낯선 여자의 아름다움에 매혹되지만, 그러한 만남의 결과는 그에게 치명적이다. 또한 잠언 2,16 참조.

그가 무슨 일을 저지를지 모른다.
19 아무에게나 네 마음을 드러내지 말고
그가 너에게 호의를 거두지 않게 하여라.

여자들

9 1 네 품의 아내를 질투하지 마라.
그에게 너를 해칠 생각을 일깨울까 두렵다.
2 너 자신을 여자에게 넘겨주어
그가 네 능력 위에 올라서지 못하게 하여라.
3 창부를 만나지 마라.
그의 덫에 걸릴까 염려된다.
4 기녀와 계속해서 사귀지 마라.
그의 계략에 넘어갈 수도 있다.
5 계집을 유심히 바라보지 마라.
그와 함께 벌을 받을까 두렵다.
6 창녀들에게 네 마음을 주지 마라.
유산을 탕진할까 두렵다.
7 읍내 거리에서 두리번거리지 말고
그곳의 으슥한 데서 서성거리지 마라.
8 몸매 예쁜 여자에게서 눈을 돌리고
남의 아내의 아름다움을 유심히 바라보지 마라.
많은 사람들이 여자의 아름다움에 홀려
그에 대한 욕정을 불처럼 태운다.
9 다른 사람의 아내와 같이 앉지 말고
그와 술자리를 가지지 마라.
네 마음이 그에게 이끌려
피를 흘리며 파멸로 치달을까 두렵다.

인간관계

10 옛 친구를 버리지 마라.
새로 사귄 친구는 옛 친구만 못하다.
새 친구란 새 술과 같은 법

9,2 1열왕 11,1-4; 판관 16,4-21; 잠언 31,3. 9,5 욥 31,1. 9,6 잠언 29,3; 루카 15,13. 9,9 레위 20,10.

9,1-18. 여섯째 계명과 열째 계명을 거슬러 죄짓지 않기 위하여 성경 저자는 자기 아내와 의심스러운 여자들을 비롯해 여자들과의 관계에 주의할 것을 권고한다(1-9절). 긍정적인 관계로 옛 친구를 들 수 있는 반면, 권력가와 관계는 매우 위험하다. 때로 그러한 관계가 필요하다면 자신의 말을 조심하고 하느님의 율법에 관해 대화하며 현인들의 권고만 듣는 것이 좋다(10-18절).

오래되어야 제 맛이 난다.
11 죄인의 영광을 부러워하지 마라.
그의 종말이 어떠할지 모른다.
12 불경한 자들의 성공을 반기지 말고
그들이 죽을 때까지도 의롭게 되지 않을 것임을 기억하여라.
13 죽일 권한을 지닌 사람을 멀리하여라.
그러면 죽음을 두려워하지 않아도 되리라.
그에게 접근했을 때는 실수하지 마라.
그가 너의 생명을 앗아 갈지도 모른다.
⌈너는 지금 올가미들 사이를,
성읍 방벽 위를 걷고 있음을 명심하여라.⌉
14 힘닿는 대로 이웃들에게 다가가
지혜로운 이들에게 의견을 물어라.
15 지각 있는 이들과 대화를 나누고
언제나 지극히 높으신 분의 율법에 대해 말하여라.
16 의로운 사람들과 식사를 함께하고
주님 경외하는 일을 자랑으로 삼아라.
17 일은 장인의 솜씨로 칭찬받고
백성의 지혜로운 지도자는 그 말로 칭찬받으리라.⊥
18 수다스러운 자는 자신의 성읍에서 두려움이 되고
조심성 없는 자는 자신의 말로 미움을 받으리라.

통치

10 1 지혜로운 판관은 자신의 백성을 가르치고
지각 있는 자의 통치는 질서 있게 이루어진다.
2 그 판관에 그 관리들이요
그 성주에 그 주민들이다.
3 수양이 부족한 임금은 자기 백성을 망하게 하고
성읍은 권력가들의 현명함으로 번영한다.
4 세상의 권력은 주님 손에 달려 있으니
그분께서는 때에 맞춰 적절한 인물을 세우시리라.
5 인간의 성공은 주님 손에 달려 있으니
그분께서는 율법 학자에게 당신의 영광을 부여하시리라.

9,18 37,20; 잠언 12,8; 13,3.5. 10,4 잠언 8,15-16; 예레 27,5; 로마 13,1.

10,1-31. 통치자에 대한 고찰은 권력의 근원과 지도자들의 오만에 대해 깊이 있게 오래 묵상하는 계기가 된다.

10,1-18. 모든 권력은 하느님에게서 온다(4-5절). 그러니 오만해질 이유가 무엇인가? 가장 강력한 군주라 하더라도, 병에만 걸려도 땅에서 사라지게 된다(6-11절). 그러므로 오만은 어리석음이고 행운과 권력이 뒤집히는 주된 원인이다(12-18절).

9,11. 악인의 성공 앞에서 분노를 품지 말라는 권고는(하느님께서 심판하실 것이므로) 시편 37에도 나타난다(37,7의 주 참조).

9,12. 죽음을 지칭하는 그리스어는 '하데스'이다. 이 단어는 "저승"으로 번역되기도 하며, 신약 성경에서는 하늘과 반대되는 개념으로 쓰이기도 한다(마태 11,23 참조). 또한 욥 3,17-19 주해와 지혜 2,1 주 참조.

9,13. "성읍 방벽 위"는 쉬운 과녁이 될 수 있으므로 위험한 위치를 나타낸다.

⌈ ⌉ 9,13ㅁ-ㅂ. 새 대중 라틴말 성경(9,20)에는 이렇게 되어 있다. "네가 올가미 가운데 걸어가고 그물 사이에서 움직이고 있으니 네 목숨이 위험함을 알아라."

9,17. 이 구절의 의미는, 장인은 자신이 만든 작품 때문에 칭찬을 받지만 백성의 지도자는 말을 잘해야 한다는 것이다.

⊥ 9,17ㄴ. 새 대중 라틴말 성경(9,24ㄷ)에는 첨가된 부분이 있다. "노인들의 말은 그 참된 지혜 때문에 칭찬을 받는다."

10,3. 좋은 통치자의 중요성에 관하여, 잠언 16,10-15의 주 참조(잠언 28,16 참조).

10,5. 벤 시라는 율법 학자를 특별히 언급한다. 그의 일은 도시의 통치에 관련되므로 땅을 일구는 일보다 더 중요하다(38,24 참조). 사회의 엘리트적 시각이 드러난다.

오만에 대한 경계

6 이웃의 잘못에 일일이 화내지 말고
거만한 행동은 조금도 하지 마라.
7 오만은 주님과 사람 앞에서 혐오스럽고
불의는 둘 다에게 역겹다.
8 왕권은 민족에서 민족으로 넘겨지는데
불의와 폭력과 재물 때문에 그렇게 된다.
돈을 밝히는 자보다 더 무도한 자는 없으니
그런 자는 제 영혼조차 팔려고 내놓기 때문이다.
9 먼지와 재가 뽐낼 수 있는가?
인간의 오장육부는 살아생전에 벌써 썩어 간다.
10 오랜 병은 의사를 비웃고⊥
오늘은 임금이어도 내일이면 죽으리라.
11 인간이 죽으면
길짐승과 들짐승과 벌레들 차지가 된다.
12 인간의 오만은 주님을 저버리는 데서 시작되니
인간의 마음이 그를 지으신 분에게서 멀어진 것이다.
13 오만의 시작은 죄악이고
오만에 사로잡힌 자는 악취를 뿜어낸다.
이 때문에 주님께서는 큰 재앙을 불러들이시어
그들을 완전히 파멸시키신다.
14 주님께서 통치자들의 권좌를 무너뜨리시고
그들의 자리에 양순한 이들을 앉히신다.
15 주님께서 이민족들의 뿌리를 뽑으시고
그들 대신 비천한 이들을 심으신다.
16 주님께서 이민족들의 주거지를 황폐하게 하시고
그곳을 땅의 기초까지 파괴하신다.
17 그분께서 그들 가운데 일부를 뽑아내 멸망시키시고
그들에 대한 기억을 땅에서 지우신다.⊥
18 오만은 사람들을 위해 창조된 것이 아니고
격한 분노도 여자들에게서 난 자들을 위해 창조된 것이 아니다.

10,8-9. 앞서 5,1에서와 같이 교만과 재산을 믿으려는 유혹을 경고한다.

10,10. 이 구절의 번역과 해석은 쉽지 않다(새 대중 라틴말 성경의 번역도 그 증거이다). 다른 번역도 가능하다. 1) "병은 길고 의사는 그것을 비웃는다." 2) "심한 병, 의사는 웃음을 터뜨린다." 또는 "의사는 중병을 비웃는다." 즉 의사가 쉽게 질병을 고칠 수 있다고 생각하는 바로 그때 그의 환자(임금)는 곧 죽으리라는 것이다.

⊥ 10,10ㄱ. 새 대중 라틴말 성경(10,11ㄴ-12ㄱ)에는 첨가된 부분이 있다. "가벼운 병세는 의사를 안심시킨다. / 모든 권력은 오래 가지 않는다."

10,16. "이민족들" 이 단어는 선택된 백성에 반대되는 의미로 사용된다. 시편 9,16.18.20.21의 주 참조.

⊥ 10,17ㄴ. 새 대중 라틴말 성경(10,21)에는 첨가된 부분이 있다. "하느님께서 교만한 이들의 기억을 없애셨지만 / 마음이 겸손한 이들의 기억은 살아 있게 하셨다."

10,8 다니 11,2-35. 10,14 루카 1,52; 또한 1사무 2,4-8; 마태 5,5. 참조. 10,16 지혜 11,21; 이사 40,15-17.

영광을 누리기에 합당한 사람들

19 「어떤 후손이 영예로운가? 인간의 후손이다.」
어떤 후손이 영예로운가? 주님을 경외하는 이들이다.
「어떤 후손이 치욕스러운가? 인간의 후손이다.」
어떤 후손이 치욕스러운가? 계명을 어기는 자들이다.
20 형제들 가운데에는 그 지도자가 영예롭고
주님의 눈에는 당신을 경외하는 이들이 영예롭다.
21 「수용의 시작은 주님을 경외함이고
배척의 시작은 고집과 오만이다.」
22 개종자와 이방인과 가난한 이
그들의 자랑거리는 주님을 경외함이다.
23 지각 있는 사람을 가난하다 하여 멸시하는 일은 의롭지 않고
죄 많은 인간을 존경하는 일은 합당하지 않다.
24 고관과 판관과 권력가는 존경을 받겠으나
그들 가운데 아무도 주님을 경외하는 이보다는 높지 못하다.
25 자유민이 지혜로운 종을 섬겨도
슬기로운 사람은 그것을 불평하지 않으리라.

겸손과 정직

26 일할 때 재간을 부리지 말고
재난을 당할 때 허세를 부리지 마라.
27 온갖 것을 갖춘 노동자가
먹을 것도 없이 허세를 부리는 건달보다 낫다.
28 얘야, 너 자신을 겸손하게 들어 높이되
너에게 걸맞게 자신을 올바로 평가하여라.
29 자신을 거슬러 범죄하는 자를 누가 옹호해 주겠느냐?
자신의 삶을 수치스럽게 하는 자를 누가 존경하겠느냐?
30 가난한 이는 자기 슬기로 존경받고
부유한 자는 자기 재물로 존경받는다.
31 가난하면서도 존경을 받는 이가 부유할 때는 얼마나 더 존경을 받겠느냐?
부유하면서도 경멸을 받는 자가 가난할 때는 얼마나 더

10,19. 치욕과 영예의 개념에 관하여, 시편 6,11의 주 참조.

「 」 10,19ㄱ. 새 대중 라틴말 성경에는 들어 있지 않다.

「 」 10,19ㄷ. 새 대중 라틴말 성경에는 들어 있지 않다.

「 」 10,21. 새 대중 라틴말 성경에는 들어 있지 않다.

10,22-25. 사람들이 서로 차이가 나게 되는 것은 신분에 따른 것이 아니라 신앙심에 따른 것이다. 여기서 벤 시라는 잠언 30,2의 사상과 다르고, 집회 10,5과도 부분적으로 다르다.

10,28. 자신을 들어 높인다는 것은 자신을 존중하는 것, 자신을 영광스럽게 하는 것을 의미한다.

10,20 예레 9,22-23; 1코린 1,26-31. 10,25 잠언 17,2. 10,27 잠언 16,8. 10,28 예레 9,22; 1코린 1,31. 10,30 10,22; 11,1.

10,19-31. 군주의 참된 위대함은 하느님을 경외하고 율법을 준수하는 것이다(19-25절). 백성과 지도층은 발전하기 위하여 이러한 관리들을 필요로 한다. 이렇게 하여 사회 계층의 가치가 뒤바뀐다. 하느님의 눈에는 신앙을 갖고 사는 종이 지상의 권력자들을 훨씬 능가한다(26-31절). 권력자들이 낮아지고 미천한 이들이 높아지는 것은 성경에 자주 나오는 모티브이다.

경멸을 받겠느냐?

외모에 속지 마라

11 [1] 비천한 이의 지혜는 그의 머리를 들어 높이고
그를 높은 사람들 가운데에 앉힌다.
[2] 아름다운 외모를 보고 사람을 칭찬하지 말고
겉모습을 보고 그를 혐오하지 마라.
[3] 꿀벌은 날짐승 가운데 작지만
그가 만든 것은 단것 중에 으뜸이다.
[4] 좋은 옷을 입었다고 뽐내지 말고
영광을 받을 때 자신을 높이지 마라.
주님의 위업은 놀랍고
그분의 위업은 사람들 눈에 감추어져 있다.
[5] 수많은 군주들이 땅바닥에 앉아야 했고
생각지도 않은 이가 왕관을 썼다.
[6] 수많은 권력가들이 심한 모욕을 당하였고
영화로운 지위에 있던 자들이 다른 사람들의 손에 넘겨졌다.

깊이 생각하고 행동하여라

[7] 자세히 알아보기 전에 꾸짖지 마라.
먼저 생각해 보고 나서 질책하여라.
[8] 듣기 전에 대답하지 말고
남이 말하는 도중에 끼어들지 마라.
[9] 너와 상관없는 일로 다투지 말고
죄인들이 시비를 가릴 때 자리를 함께하지 마라.
[10] 얘야, 너무 많은 일을 벌이지 마라.
일이 많으면 벌을 면하지 못한다.
추구한다고 다 얻을 수는 없고
달아난다고 벗어나는 것은 아니다.
[11] 고생하고 애쓰며 서두르는 자가 있지만
그럴수록 부족한 것이 더 많이 생긴다.

11,3. 외모는 하찮은 것이지만 꿀벌과 비교에서 꿀의 달콤함은 지혜와 비교할 수 있다(잠언 24,13의 주 참조). 지혜문학적 담론에서 비교 대상으로 동물을 사용하는 것에 관하여, 욥 39-41장 참조.

11,10. "추구한다고" 그리스어에서 동사 '디오코'는 두 가지 표상을 나타낼 수 있다. 재산은 추구하는 사람보다 더 빨리 달려서 언제나 그를 벗어난다. 또는 재산이 지나치게 많아지면 채권자와 동료, 또는 불만이 있는 이들에게 쫓기게 될 수 있다. 도망치면 모든 재산을 잃는다. 재산을 갖고 사라질 수 있다면 피신할 곳이 없다.

11,2 1사무 16,7; 2코린 10,10. 11,5 10,14; 코헬 4,14. 11,7 잠언 18,13; 요한 7,24.

11,1-9. 인간은 흔히 외모를 보고 판단하고 인간의 눈에 중요하게 보이는 것을 갈망하는 위험에 빠진다. 여기서 작은 꿀벌이 나타내는 자연은, 가장 좋은 산물은 흔히 가장 보잘것없는 것에서 나온다는 것을 가르쳐 준다(1-6절). 그래서 사람이나 실재를 깊이 알지 못하면서 판단하지 않는 것이 좋다(7절). 숙고하는 것은 언제나 지혜의 표지이다(8-9절).

11,10-19. 분명히 복음적인 맛이(루카 12,16-21 참조) 재산의 축적에 관한 고찰 전체에서 느껴진다. 하느님께서 당신 뜻에 따라 부와 가난을 분배하신다면 재산을 모으려고 애를 쓰는 것이 무슨 소용이 있겠는가?

오로지 주님을 신뢰하여라

12 행동이 굼뜨고 도움이 필요한 이가 있는데
그는 능력이 없어 가난에 파묻힌다.
그러나 주님은 그를 인자하신 눈으로 굽어보시고
비천한 처지에서 들어 올리시며
13 그의 머리를 들어 높이시니
많은 사람들이 그를 보고 놀란다.
14 좋은 일과 궂은 일, 삶과 죽음
가난과 부, 이 모두가 주님에게서 온다.
15 지혜와 슬기와 율법에 대한 지식이 주님에게서 오고
애정도 선행의 길도 그분에게서 온다.
16 잘못과 어둠은 죄인들과 함께 창조되었고
악은 악을 과시하는 자들과 함께 자라난다.
17 주님의 선물은 경건한 이들 곁에 머물고
그분의 호의는 항구하게 성공으로 이끈다.
18 애를 쓰고 인색하게 굴어서 부유해지는 자가 있는데
그에게 돌아갈 몫은 이러하다.
19 그가 "나는 휴식을 얻게 되었으니
이제 나의 재산으로 먹고 즐기리라." 하지만
그는 자기 재산을 다른 사람들에게 남기고 죽기까지
시간이 얼마나 남았는지 알지 못한다.
20 네가 맺은 계약에 충실하고 익숙해져
그 일을 하며 늙어 가라.
21 죄인의 사업에 탄복하지 말고
주님을 신뢰하며 네 일에 전념하여라.
주님 보시기에는
가난한 이를 순식간에 부자로 만드는 것이 쉽기 때문이다.
22 주님의 복은 경건한 이가 받는 상급이고
그분께서는 그의 번영을 삽시간에 이루어 주신다.
23 "무엇이 내게 필요한가? 이제 내게 무슨 재산이 더 있어
야 하는가?" 하고 말하지 마라.
24 또 "내 가진 것이 충분하니
이제 어떤 피해가 내게 닥치리오?" 하고 말하지 마라.
25 행복할 때에는 불행을 잊고
불행할 때에는 행복을 잊는다.

11,21. "주님 보시기에는" 자구적으로 번역하면 모호하고 오해의 여지가 있다. 분명 "주님께는"으로 이해할 수 있다.

11,22. "번영"이라고 번역된 단어는 히브리어본에는 "희망"으로, 그리스어본에는 "축복"으로 되어 있다. 이 그리스 단어 '에울로기아'를 필경사의 실수로 생각한다면 (새) 대중 라틴말 성경이 암시하고 치글러의 본문이 언급한 대로 '에우오디아'로 수정하는 것이 좋다. 이렇게 하여 "번영"이라는 번역을 얻게 된다. 11,28의 주 참조.

11,12 스바 2,3; 루카 1,52. 11,14 욥 1,21; 이사 45,7. 11,15 1,1. 11,18 코헬 2,21-22; 루카 12,16-21. 11,24 5,1; 루카 12,16-21.

11,20-28. 부지런한 것은 좋지만 돈을 벌려는 탐욕은 없어야 한다. 재산은 한순간에 사라지기 때문이다. 가장 귀한 선은 하느님과의 우정이고, 그 우정이 하느님의 축복을 가져다준다.

26 주님께는
마지막 날 각자의 행실대로 보상하는 것이 쉽기 때문이다.
27 순간의 불행은 영화를 잊게 하고
인간의 죽음은 그의 일들을 드러낸다.
28 죽기 전에는 아무도 행복하다고 하지 마라.
그의 자식들을 보고 그 사람을 알게 된다.

악인을 경계하여라

29 아무나 네 집 안에 끌어들이지 마라.
교활한 자는 간계가 많기 때문이다.
30 ⌈오만한 자의 마음은 새장 안에 있는 후림새와 같으니
그는 염탐꾼처럼 약점을 노린다.⌉
31 그는 선을 악으로 뒤집으려 숨어 기다리고
좋은 일에서도 결점을 찾는다.
32 불씨 하나가 숯불을 활활 타오르게 하고⊥
죄인은 다른 사람의 피를 흘리려고 숨어 기다린다.
33 악인을 경계하여라. 그가 악을 꾀하기 때문이다.
그러지 않으면 영원히 너에게 오점이 남으리라.
34 낯선 자를 집 안에 받아들이면 그가 너를 곤경에 빠트리고
너를 네 집안 사람들에게 낯설게 만들리라.

선행의 규칙

12 1 선을 행할 때에는 누구에게 하는지를 알아라.
그래야 너의 선행에 고마움이 돌아오리라.
2 경건한 이에게 선을 행하여라. 그러면 보상을 받으리라.
그에게서 보상을 받지 못하면 지극히 높으신 분에게서 받으리라.
3 악행을 고집하는 자에게는 좋은 일이 없다.
자선을 베풀지 않는 자도 마찬가지다.⊥
4 경건한 이는 도와주고
죄인은 돕지 마라.⊥

11,26 1,11. 11,32 잠언 1,11.

11,29-34. 고유한 관습과 전통의 정통성을 지키기를 염려하면서도, 손님 환대라는 오래된 의무도 신중하게 균형을 이루어야 한다. 성급하게 누구에게나 자신의 집을 열어 주는 것은 좋지 않다. 먼저 손님의 도덕성과 행실에 대해 지혜로운 식별이 필요하다. 집회서가 헬레니즘 시대 관습의 유입을 염려하고 있음이 명백하게 드러난다.

12,1-7. 의인에게만 선을 행하라는 권고는 응보에 관한 구약 성경의 가르침 안에 온전히 자리한다. 이렇게 함으로써 악인은 해를 덜 끼칠 수 있게 되고, 의인에게 은혜를 베푸는 이는 죄인을 싫어하시는 하느님의 행위를 본받게 된다.

11,28. "그의 자식들" 히브리어 본문을 복구하면 "그의 끝"이 된다. 두 가지 해석은 상보적이다. 한 사람의 악행은 죽기 전에 벌을 받거나 자녀들을 연루시킨다. 결국 벌을 받지 않은 채로 남아 있지는 않는다. 죽음 이후의 삶에 대한 생각이 전혀 없다는 점이 눈에 띈다.

⌈ ⌉ 11,30. 새 대중 라틴말 성경(11,32)에는 이렇게 되어 있다. "이미 악취가 나는 이들의 내장이 배설물을 내놓듯 / 구덩이 속의 자고새처럼 / 올가미 속의 산양처럼 오만한 자의 마음은 그러하니 / 이웃이 넘어지기를 기다리고 염탐한다."

⊥ 11,32ㄱ. 새 대중 라틴말 성경(11,34ㄴ)에는 첨가된 부분이 있다. "사기꾼 하나가 많은 악행을 저지른다."

11,34. 계속해서 낯선 사람을 경계한다(8,18). 그는 유다교 문화에 속하지 않으므로 무질서를 가져올 수밖에 없다. 26,19; 28,14 참조.

12,1-3. 현인은 조심스럽고 어떤 갚음이 있는 이타심을 가르친다(잠언 28,27). 이는 예수님의 가르침과 다르다(마태 5,44-45; 루카 14,12-14 참조). 선을 행하는 이에게 주님께서 갚아 주신다는 사실은 잠언 19,17에도 나타난다.

⊥ 12,3ㄴ. 새 대중 라틴말 성경(12,3ㄷㄹ)에는 첨가된 부분이 있다. "지극히 높으신 분께서는 죄인들을 싫어하시지만 / 회개하는 이들에게는 자비를 베푸시기 때문이다."

⊥ 12,4. 새 대중 라틴말 성경(12,4-5)에는 첨가된 부분이 있다. "그분께서는 악인들과 죄인들을 벌하시리라. / 복수의 날까지 그들을 보존하신다. / 착한 이에게 선물을 하고 죄인은 받아들이지 마라."

5 겸손한 이에게 선을 행하고 불경한 자를 돕지 마라.
불경한 자에게는 음식을 감추고 주지 마라.
그가 음식을 먹고 너를 제압할까 두렵다.
네가 그에게 한 모든 선행의 대가로
악행이 두 배로 너를 찾을 것이기 때문이다.
6 지극히 높으신 분께서 죄인들을 미워하시고
불경한 자들에게 징벌로 되갚아 주실 것이다.
그분께서는 징벌의 날까지 그들을 지켜보신다.
7 「선한 이는 도와주고
죄인은 돕지 마라.」

진실한 친구와 거짓 친구

8 행복할 때는 친구를 알아보기 힘들지만
불행할 때는 원수도 숨지 않는다.
9 행복하면 원수들이 슬퍼하고
불행하면 친구가 떨어져 나간다.
10 네 원수를 결코 믿지 마라.
그의 사악함은 구리를 녹슬게 하는 것과 같다.
11 원수가 비록 자신을 낮추고 굽혀 온다 할지라도
정신을 차리고 그를 경계하여라.
거울을 닦는 사람처럼 그를 대하고
마지막까지 녹슬게 하지 않는지 살펴보아라.
12 원수를 네 곁에 두지 마라.
그가 너를 쓰러뜨리고 네 자리를 차지할지 모른다.
그를 네 오른편에 앉히지 마라.
그가 네 지위를 노릴지도 모른다.
너는 마지막에야 내 말을 깨닫고
내 가르침이 마음에 사무치리라.
13 뱀에게 물린 마술사와
들짐승에게 가까이 간 자들을 모두 누가 동정하겠느냐?
14 그와 같이 죄인을 가까이한 자와
그의 죄악에 끼어든 자를 아무도 동정하지 않으리라.ㅗ
15 그는 잠시 네 곁에 서 있겠지만
네가 비틀거릴 때는 너를 떠나리라.
16 원수는 입으로 달콤하게 말하지만
마음으로는 너를 구렁에 처넣을 궁리를 한다.

12,6 마태 5,45; 루카 6,35. 12,9 잠언 19,4.

12,8-18. 원수가 꾸미는 악에 굴복하지 않기 위해서 그를 멀리하고 그의 의도를 주의 깊게 살피는 것은 지혜의 또 한 가지 원리이다.

「 」 12,7. 새 대중 라틴말 성경에는 들어 있지 않다.

12,10. "구리" 비유를 완전하게 하기 위해서는 청동이라고 생각해야 할 것이다. 고대에 청동은 거울을 만드는 데 사용되었으며, 녹이 슬면 잘 비치지 않았다. 녹이 어떤 것을 잘 보이지 않게 하듯이 원수는 거짓된 가면 아래 악의를 감춘다.

12,13. "마술사" 코헬 10,11에서 이 표상은 지혜를 주는 능력과 결부된다. 스스로 물리지 않게 하는 지혜 때문이다.

ㅗ 12,14ㄴ. 새 대중 라틴말 성경(12,13ㅁ)에는 첨가된 부분이 있다. "그는 도망치지 못하고 결국 불에 태워지리라."

12,16. 원수의 입술의 위험성을 강조한다. 잠언 2장과 7장의 외국 여자 경우와 마찬가지로, 원수의 말은 호의적으로 들리지만 악한 의도를 감추고 있다.

원수는 그 눈에 눈물을 보이지만
기회만 잡으면 피 흘리는 일에 만족할 줄을 모르리라.
17 불행이 너에게 닥치면 네 앞에서 원수를 보게 되리라.
그는 너를 돕는 체하다가 발꿈치를 걷어차 쓰러뜨리리라.
18 그러고 나서 그는 머리를 흔들고 손뼉을 치며
끊임없이 수군거리고 얼굴을 바꾸리라.

거만한 부자를 조심하여라

13 1 역청을 만지는 자는 손을 더럽히고
거만한 자와 어울리는 자는 그를 닮는다.
2 네 힘에 부치는 짐을 들지 말고
너보다 힘세고 부유한 자와 어울리지 마라.
질그릇이 감히 가마솥과 어울릴 수 있겠느냐?
가마솥에 부딪치면 질그릇이 깨진다.
3 부자는 불의를 저지르고도 큰소리를 치지만
가난한 이는 불의를 당하고도 사과해야 한다.
4 부자는 네가 쓸모 있는 한 너를 이용하고
네가 궁핍해지면 너를 버린다.
5 그는 네게 무엇이 있는 한 너와 더불어 살면서
너를 우려먹고도 가책을 받지 않는다.
6 그는 네가 필요하면 너를 속이고
네게 웃음 지으며 희망을 주리라.
또 네게 친절한 말을 건네며
"부족한 것이 무엇이냐?" 하고 물으리라.
7 그는 음식으로 너를 부끄럽게 하고
두 번 세 번 너를 우려먹기까지 하다가
마침내는 너를 비웃으리라.
그다음에 너를 만나면 모른 체 지나치면서
너에게 머리를 흔들리라.⊥
8 속지 않도록 조심하고
네 어리석음 때문에 비천하게 되지 않도록 하여라.⊥

권력가를 믿지 마라

9 권력가가 너를 초대하면 사양하여라.
그러면 너를 더 자주 초대하리라.

12,17. "발꿈치를 걷어차 쓰러뜨리리라." 히브리어로 "발뒤꿈치를 붙잡다"라는 말은 어떤 사람을 제치고 그의 자리를 빼앗음을 뜻한다.

12,18. "머리를 흔들고 손뼉을 치며"는 조롱이나 저주를 나타내는 몸짓이었다.

13,1-14. 가난한 이는 억압과 조소와 위선의 대상이 되고도 사과를 해야 한다. 벤 시라는 아마도 기원전 3-2세기 사회적 배경을 묘사하고 있지만, 가난한 이가 희생되는 억압의 상황은 모든 시대 모든 문화에서 찾아볼 수 있다(아모 2,6-8 참조).

13,7. "너에게 머리를 흔들리라." 부자가 행하는 조롱의 몸짓이다(12,18; 시편 22,8 참조).

⊥ 13,7ㅁ. 새 대중 라틴말 성경(13,9)에는 첨가된 부분이 있다. "하느님 앞에서 너 자신을 낮추고 그분의 도우심을 기다려라."

⊥ 13,8ㄴ. 새 대중 라틴말 성경(13,11)에는 첨가된 부분이 있다. "네 지혜에 있어서는 비천하게 되지 말고 / 비천해져서 어리석음이 너를 유혹하게 되지 않도록 하여라."

12,18 시편 56,7. 13,3 잠언 18,23. 13,7 잠언 23,1-3.

13,1-26. 구약 성경이 재산, 권력, 하느님의 축복을 동일시하던 것은 이 장에서 극복된다. 현인 벤 시라는 경험을 통하여 인간적인 재산과 명성이 쉽게 교만으로 바뀐다는 것을 안다.

10 거절당하지 않도록 서두르지도 말고
잊히지 않도록 멀리 떨어지지도 마라.
11 그와 대등하게 말하기를 삼가고
그의 장황한 말을 믿지도 마라.
그가 너를 많은 말로 떠보고
웃음 지으며 너를 자세히 살필 수도 있기 때문이다.
12 자기 말을 지키지 않는 자는 무자비하여
해를 끼치고 감옥에 가두는 일을 서슴지 않으리라.
13 스스로 너 자신을 지키고 매우 신중하게 대처하여라.
지금 너는 너의 파멸과 동행하고 있기 때문이다.
14 네가 이 말을 잠결에 듣고 있다면 깨어나라.
네 목숨을 다하여 주님을 사랑하고
그분께 너를 구원해 주시기를 청하여라.

부자와 가난한 이의 비교

15 모든 피조물은 저와 비슷한 존재를 사랑하고
모든 인간은 제 이웃을 사랑한다.
16 모든 생명체는 같은 종류와 어울리고
인간은 저를 닮은 자에게 집착한다.
17 늑대가 어떻게 양과 친해지겠느냐?
그처럼 죄인도 경건한 이와 친해지지 못하리라.
18 하이에나와 개가 무슨 평화를 이루겠느냐?
또 부자와 빈곤한 이가 어찌 평화롭게 지내겠느냐?
19 광야에 사는 들나귀가 사자의 먹이인 것처럼
가난한 이도 부자의 희생물이 된다.
20 겸손이 거만한 자에게 역겨움인 것처럼
가난한 이도 부자에게 역겨움이다.
21 부자가 헛발을 디디면 친구들에게 부축을 받지만
궁핍한 이가 넘어지면 친구들에게 걷어차인다.
22 부자가 휘청거리면 많은 사람들이 도우려 하고
그가 허튼소리를 하는데도 그를 정당화한다.
그러나 궁핍한 이가 휘청거리면 그를 꾸짖고
지각 있는 말을 해도 그에게 설 자리를 주지 않는다.
23 부자가 말하면 모두 잠잠하고
그가 하는 말을 구름에까지 치켜 올린다.
가난한 이가 말하면 사람들은 "저자는 누구냐?" 하고

13,16 창세 7,2-3. 13,19 욥 11,12; 39,5.

13,15-24. 각자의 가치 기준이 매우 다르기 때문에 먹잇감과 포식자, 부자와 가난한 사람, 세력가와 비천한 사람 사이에는 연합이 불가능하다는 씁쓸한 고찰이다.

13,17. "늑대와 양" 이사 11,1-10에서 이사이의 햇순인 메시아는 본성적으로 평화로운 공존이 불가능하고 대립되는 적대적인 이들 사이에 평화를 이룰 것이다. 현인은 그러한 전망에서 멀리 있다.

13,21. "궁핍한 이가 넘어지면 친구들에게 걷어차인다." 잠언 14,20에서는 가난한 이가 이웃에게도 미움을 받고 부자가 친구가 많다고 말한다. 집회서에서는 이러한 진술을 되풀이한다. 잠언 14,20-21의 주 참조.

13,22. "휘청거리면" 그리스어 동사 '스팔로'는 다른 언어에서와 같은 은유적 의미를 지녀 "실패하다, 패배하다, 망하다, 틀리다"를 뜻할 수 있다. 21,23절에서는 "넘어지다"와 "비틀거리다"가 사용된다.

그가 비틀거리면 그를 밀어뜨린다.
24 부란 그것이 죄가 아닌 한 좋은 것이고
가난이란 불경한 자가 악이라고 말하는 것이다.
25 사람의 마음은 그의 얼굴을
좋게도 나쁘게도 바꿔 놓는다.
26 행복에 싸인 마음의 기운은 밝은 얼굴에 나타난다.
잠언은 힘써 생각한 끝에야 찾을 수 있다.

13,25-26. 마지막 고찰은 낙관적이다. 진정한 부가 있는데, 그것은 깨끗한 양심이다. 이것만이 평온함을 줄 수 있다. "마음"이라는 단어의 의미에 관하여 언급한 바를 고려할 때 여기서는 "지향"으로 옮길 수 있을 것이다.

의인의 행복

14 1 말로 실수하지 않고
죄의 고통으로 괴로워하지 않는 이는 행복하다.
2 마음으로 자신을 단죄하지 않고
희망을 포기하지 않는 이는 행복하다.

14,1. "행복하다." 이 구절(행복 선언)의 의미에 관하여, 시편 1,1의 주 참조. 죄는 그 죄를 범한 사람을 짓누르는 무거운 짐으로 제시된다(시편 38,5의 주 참조).

탐욕과 인색

3 큰 재산은 소심한 사람에게 걸맞지 않다.
구두쇠에게 재물이 무슨 이익을 주겠느냐?
4 제 몸을 돌보지 않고 쌓기만 하는 자는
다른 이들을 위하여 모으는 것이니
그의 재산으로 남들만 흥청거릴 뿐이다.
5 자신에게 악한 자가 누구에게 관대하겠느냐?
그는 자기 재산도 즐기지 못한다.
6 자신에게 인색한 자보다 더 악한 자는 없다.
그것이 바로 자신의 사악함에 대한 보상이다.
7 그가 선한 일을 한다 하더라도 그것은 실수로 한 것이니
마침내 그의 사악함이 드러나고야 말리라.
8 인색한 눈을 가진 자는 악하다.
그는 사람들에게서 얼굴을 돌리고 그들을 무시한다.
9 욕심이 많은 자의 눈은 제 몫으로 만족할 줄 모르고
몹쓸 불의는 영혼을 메마르게 한다.
10 구두쇠는 음식을 아까워하여
그의 밥상에는 음식이 모자란다.

14,6. 잠언 11,17; 코헬 5,9-6,12 참조.

14,1 19,16; 25,8. 14,4 욥 27,16-17; 루카 12,16-21. 14,9 지혜 6,23.

14,1-10. 흠 없는 양심과 관련된 행복 선언으로(1-2절) 그와 대조되는 탐욕에 관한 고찰이 시작된다. 스스로 자책할 것이 없는 사람의 평온함에, 이웃의 재산을 부러워하면서 부를 축적하려고 애쓰는 사람의 암울한 모습이 대비된다(3-10절).

재산의 올바른 사용

11 얘야, 네가 가진 모든 것으로 자신을 잘 보살피고
주님께 합당한 제물을 드려라.
12 죽음은 더디 오지 않고
저승의 계약은 너에게 알려지지 않았다는 것을 기억하여라.⊥
13 네가 죽기 전에 친구에게 잘해 주고
힘닿는 대로 그에게 관대하게 베풀어라.
14 그날의 행복을 마다하지 말고
바라던 행복의 몫을 놓치지 않도록 하여라.
15 다른 사람에게 네 노고의 열매를 남기고
네 고생의 결실을 제비 뽑아 나눠 갖게 할 작정이냐?
16 주고받으면서 스스로 즐겨라.⊥
저승에서는 아무도 호사를 찾을 길이 없기 때문이다.
17 육신은 모두 의복처럼 낡아지는 법
「영원한 법칙이란 반드시 죽는다는 것이다.」
18 무성한 나무의 잎사귀들이
어떤 것은 떨어지고 어떤 것은 돋아나듯이
살과 피를 가진 인간 세대도
어떤 이는 죽고 어떤 이는 태어난다.
19 모든 행적은 쇠퇴하여 사라지고
그것을 이룬 자 역시 그 행적과 더불어 스러진다.⊥

지혜로운 이의 행복

20 지혜에 전념하고
지각에 따라 생각하는 사람은 행복하다.⊥
21 그는 마음속으로 지혜의 길을 숙고하고
지혜의 비밀을 명상한다.
22 사냥꾼처럼 지혜를 쫓아다니고
지혜가 다니는 길목에서 기다려라.
23 그는 지혜의 창을 통하여 들여다보고
지혜의 문전에서 귀를 기울인다.

14,11 코헬 5,9. 14,15 코헬 6,2. 14,17 욥 13,28. 14,19 코헬 9,6. 14,20 잠언 8,32-35.

14,11-19. 건전한 균형 감각으로, 물질적 재산을 하느님의 선물로 본다. 그러므로 재산은 평온하게 즐기고 이웃과 또한 하느님과 나누어야 한다. 더구나 삶은 짧고 구약 성경의 가르침에 따르면 내세에서는 즐기거나 선을 행할 수 없다.

14,20–15,10. 또 하나의 행복 선언으로, 더 높은 차원을 숙고하게 된다. 꾸준히 지혜를 찾는 사람은 참으로 행복하다(14,20-25 참조). 지혜는 신부처럼 또는 어머니처럼(15,2 참조) 충고와 보호(14,26-27; 15,3-5 참조), 기쁨과 불사를 베풀어 주지만(15,6 참조), 악을 멀리하는 이에게만 그러하다(15,7-10 참조). 벤 시라는 사실상 기도, 거룩함, 지혜를 동일시한다.

14,11.14-16. 현인은 일상의 기쁨들을 즐길 것을 권고한다. 코헬렛의 말을 반향하는 것으로 보인다(코헬 2,3의 주 참조).

⊥ 14,12ㄴ. 새 대중 라틴말 성경은 여기에 14,17ㄴ을 옮겨 놓는다.

14,16. 벤 시라는 코헬렛과 마찬가지로 저승을 완전히 부정적으로 본다. 코헬 9,10 참조. 또한 코헬렛과 같이, 죽음이 인간의 삶을 완전히 사라지게 하는 것으로 본다. 그러니 지금 갖고 있는 것을 즐기는 편이 더 낫다(코헬 5,17-19 참조).

⊥ 14,16ㄱ. 새 대중 라틴말 성경(14,17ㄱ)에는 첨가된 부분이 있다. "죽기 전에 정의를 행하여라."

「 」 14,17ㄴ. 새 대중 라틴말 성경에서는 14,12ㄴ 뒤로 옮겨져 있다.

14,18. "살과 피"는 17,31에서와 같이 인간 본성의 덧없음을 나타낸다(또한 마태 16,17; 1코린 15,50; 히브 2,14 참조).

⊥ 14,19ㄴ. 새 대중 라틴말 성경(14,21)에는 첨가된 부분이 있다. "모든 선행은 인정을 받을 것이며 / 이를 행하는 이는 그 영광을 받으리라."

⊥ 14,20ㄴ. 새 대중 라틴말 성경(14,22ㄷ)에는 첨가된 부분이 있다. "그는 자신의 정신으로 하느님을 뵙는다."

24 그는 지혜의 집 가까이에 거처를 마련하고
지혜의 벽에 말뚝을 박는다.
25 그가 지혜 곁에 천막을 치니
좋은 거처에서 살리라.
26 그는 자녀들을 지혜의 보호 아래 두고
지혜의 나뭇가지 밑에 자리를 잡는다.
27 그는 지혜 아래에서 더위를 피하고
지혜의 영광 속에서 살리라.

의인이 받는 보상

15 1 주님을 경외하는 이는 이렇게 행하고
율법을 터득한 이는 지혜를 얻으리라.
2 지혜가 어머니처럼 그를 맞이하고
새색시처럼 그를 맞아들이리라.
3 지혜는 지각의 빵으로 그를 먹이고
이해의 물을 그에게 주리라.
4 그는 지혜에 기대어 쓰러지지 않으며
지혜를 붙잡고 부끄러운 일을 당하지 않으리라.
5 지혜는 그를 이웃들보다 높이 들어 올리고
회중 가운데에서 그의 입을 열어 주리라.⊥
6 그는 즐거움과 환희의 화관을 얻고
영원한 명성을 차지하리라.
7 지각없는 자들은 지혜를 터득하지 못하고⊥
죄인들은 지혜를 알아보지 못하리라.
8 지혜는 오만과 멀리 떨어져 있고
거짓말쟁이들은 지혜를 생각지도 않으리라.⊥
9 죄인의 입에는 찬미가 어울리지 않으니
주님께서 보내신 것이 아니기 때문이다.
10 찬미는 지혜에서 나와야 하리니⊥
주님께서 그 찬미를 이끌어 내시리라.

인간의 자유

11 "주님 때문에 잘못에 떨어졌다."고 하지 마라.

14,25 24,8. 15,1 24,22. 15,2 지혜 8,2. 15,3 잠언 9,5. 15,8 잠언 8,13. 15,10 1,1. 15,11 창세 3,12; 야고 1,13-15.

15,11-20. 이 구절에서는 선과 악 모두 하느님에게서 온다는 구약 성경의 고유한 신념에 따라 죄도 하느님에게서 기인한 것이라고 생각하는 견해를 극복한다(욥 2,10의 욥의 말 참조). 그러한 주장에 대하여 벤 시라는 개인의 자유라는 원칙을 강하게 주장한다. 인간은 악을 거부할 수 있도록 자유롭게 창조되었다. 악은 하느님께서 미워하시는 것이며 사람을 죽음에 이르게 한다.

14,26. "지혜의 나뭇가지 밑에" 이 표상은 창세 2,9의 생명나무와 선과 악을 알게 하는 나무를 암시한다. 잠언 3,18에서 지혜는 생명의 나무로 제시되고, 집회 24,12-17에서 지혜는 튼튼하고 푸른 나무들과 연결된다.

15,5. 솔로몬 임금이 경쟁자가 없고 슬기롭게 통치했던 것과 같이, 지혜는 지혜가 없는 이들에게 풍부히 베풀어 준다(1열왕 3; 지혜 8,10-15 참조).

⊥ 15,5ㄴ. 새 대중 라틴말 성경(15,5ㄴㄷ)에는 첨가된 부분이 있다. "그를 지혜와 슬기의 영으로 채워 주고 / 영광의 옷을 입게 하리라."

15,6. "영원한 명성" 벤 시라는 명예가 죽은 후에도 계속 남는다는 것을 확신한다(41,12-13; 잠언 22,1 참조). 이와 달리 코헬렛에 따르면, 몸이 사라지는 것과 함께 모든 것이 끝난다(코헬 2,16 참조).

⊥ 15,7ㄱ. 새 대중 라틴말 성경(15,7ㄴ)에는 첨가된 부분이 있다. "현명한 사람들은 지혜를 향해 가리라."

⊥ 15,8ㄴ. 새 대중 라틴말 성경(15,8ㄴㄷ)에는 첨가된 부분이 있다. "그러나 진실한 사람들은 지혜 안에 있으며 / 하느님께서 그들을 심판하실 때까지 행복하게 살리라."

⊥ 15,10ㄱ. 새 대중 라틴말 성경(15,10ㄷ)에는 첨가된 부분이 있다. "그 찬미는 지혜로운 사람의 입에 머물러 있으리라."

15,11. 성경은 치글러가 제안했고 늦은 시기의 그리스어 사본 하나에 나타나며 히브리어본과 (그리고 새 대중 라틴말 성경과) 일치하는 본문을 번역한다. 다른 중요한 그리스어 사본들은 "그분께서 싫어하시는 일을 너는 하지 말아야 한다."고 되어 있다(대중 라틴말 성경은 이와 일치한다).

그분께서는 당신이 싫어하시는 일을 하지 않으신다.
12 "그분께서 나를 빗나가게 만드셨다."고 하지 마라.
그분께는 죄인이 필요하지 않다.
13 주님께서는 역겨운 것은 무엇이나 싫어하신다.
그런 것들은 그분을 경외하는 이들에게도 사랑받지 못한다.
14 한처음에 인간을 만드신 분은 그분이시다.
그분께서는 인간을 제 의지의 손에 내맡기셨다.
15 「네가 원하기만 하면 계명을 지킬 수 있으니
충실하게 사는 것은 네 뜻에 달려 있다.」
16 그분께서 네 앞에 물과 불을 놓으셨으니
손을 뻗어 원하는 대로 선택하여라.
17 사람 앞에는 생명과 죽음이 있으니⊥
어느 것이나 바라는 대로 받으리라.
18 참으로 주님의 지혜는 위대하니
그분께서는 능력이 넘치시고 모든 것을 보신다.
19 그분께서는 당신을 경외하는 이들을 굽어보시고
사람의 행위를 낱낱이 아신다.
20 그분께서는 아무에게도 불경하게 되라고 명령하신 적이 없고
어느 누구에게도 죄를 지으라고 허락하신 적이 없다.

불경한 자들에 대한 저주

16 1 쓸모없는 자식이 많기를 바라지 말고
불경한 아들들로 기뻐하지 마라.
2 그들이 주님을 경외하지 않는다면
그들이 불어나더라도 기뻐하지 마라.
3 그들이 오래 살리라 믿지 말고
그들이 많다고 과신하지 마라.
「너는 때 아닌 슬픔으로 괴로워할 것이고
그들의 갑작스러운 죽음을 보게 되리라.」

「 」 15,15. 새 대중 라틴말 성경(15,14ㄷ-15)에는 이렇게 되어 있다. "그분께서는 그를 자신의 욕정에 내맡기셨다. / 그에게 당신 계명과 규정들을 주시고 / 당신 뜻을 실천할 이성을 주셨다. / 네가 그분의 계명을 준수하고자 한다면 그들이 너를 지켜줄 것이며 / 네가 그분을 믿는다면 너도 살리라."

15,16. 두 가지 길 가운데 선택하는 것은(선의 길과 악의 길, 곧 생명의 길과 죽음의 길) 신명 30,15-20에도 나타난다(예레 21,8 참조).

⊥ 15,17ㄱ. 새 대중 라틴말 성경(15,18ㄱ)에는 첨가된 부분이 있다. "선과 악이."

「 」 16,3ㄷㄹ. 새 대중 라틴말 성경에는 들어 있지 않다.

15,12 창세 3,13. 15,14 창세 6,5; 8,21. 15,19 시편 33,13-18; 34,16. 16,3 지혜 4,1.

✠ 15,15-20. 가해 연중 제6주일에는 도덕적 선택 앞에서 인간 이성과 의지의 중요성을 기억하며 이 본문을 읽는다. 그 주일의 복음에서(마태 5,17-37) 예수님은 율법에 발전이 필요함을 말씀하신다. 율법은 그분 안에서 올바로 완성되며, 인간에게 지혜롭게 율법을 적용할 것을 요구한다.

16,1-23. 고대에 하느님의 축복과 많은 후손을 동일시하던 것이(창세 15,1-5; 시편 127,4-5 참조) 이제는 근본적으로 달라진다. 중요한 것은 자녀의 수가 아니라 그들 삶의 거룩함이다(1-3절; 3,1-16 또한 잠언 17,21; 19,13 참조). 이스라엘 역사는 숫자가 많아도 악한 백성은 하느님의 징벌을 겪는다는 것과 의인 한 명 때문에 도시 전체가 회복될 수도 있음을 가르쳐 준다(창세 6; 18; 19; 탈출 12장 참조).

16,5. 현인의 자서전적 언급은 이 책의 다른 부분들(24,28-34; 33,16-19; 39,12; 42,15; 51,1-3)에서도 나타난다. 자기 증언의 교육적 가치에 관하여, 잠언 4,1-9 주해 참조.

「 」 16,9ㄷㄹ. 새 대중 라틴말 성경에는 들어 있지 않다.

16,10. 이집트에서 나온 이스라엘인들을 암시한다. 그들은 되풀이하여 하느님께 반항했고, 그분과 그분의 종들에게 불평했다(46,8; 탈출 12,37; 민수 14,20-23 참조).

「 」 16,10ㄷㄹ. 새 대중 라틴말 성경에는 들어 있지 않다.

16,11-23. 모든 것을 아시는 하느님의 눈을 피하는 것은 아무도 생각할 수 없다. 하느님은 의로움과 불의를 엄격히 갚으실 수 있다.

⊥ 16,14ㄴ. 새 대중 라틴말 성경(16,15ㄷ)에는 첨가된 부분이 있다. "그리고 자신의 생활 방식에 따라."

「 」 16,18ㄷ. 새 대중 라틴말 성경에는 들어 있지 않다.

자녀 하나가 천 명보다 나을 수 있고
자식 없이 죽는 것이 불경한 자녀 여럿을 두는 것보다 나으리라.
4 지각 있는 사람 하나로 한 도시가 번창하지만
무도한 가문 하나로 그 도시가 황폐하게 되리라.
5 내 눈으로 그런 일을 많이 보아 왔고
내 귀로 그보다 더한 일을 들어 왔다.
6 죄인들이 모인 자리에 불길이 타오르고
반역하는 민족에게 진노가 타오른다.
7 그분께서는 자신들의 힘을 믿고 반역을 일으킨
고대의 거인들을 용서하지 않으셨다.
8 그분께서는 롯의 고장 사람들을 참아 주지 않으셨는데
그들이 자신들의 오만 때문에 그분을 역겹게 한 탓이다.
9 그분께서는 자신들의 죄악으로 내쫓긴
멸망의 족속에게 자비를 베풀지 않으셨다.
「그분께서는 완고한 민족들에게 이 모든 일을 하셨고
당신의 수많은 성도들에게서도 위로를 받지 못하셨다.」
10 이렇게 그분께서는 완고한 마음으로 뭉친
육십만 장정에게도 자비를 베풀지 않으셨다.
「주님께서는 채찍을 드시고 자비를 베푸시고 때리고 치유하시면서
자비심과 규율로 사람들을 지켜 주셨다.」
11 목이 뻣뻣한 자가 하나라도 있을 때
그가 벌받지 않는다면 이상한 일이다.
사실 그분께는 자비와 분노가 있으니
그분께서는 용서도 잘하시고 진노도 내리신다.
12 그분께서는 자비가 크신 만큼 질책도 많이 하신다.
그분께서는 사람을 제 행실에 따라 심판하신다.
13 죄인은 장물을 가지고 달아나지 못한다.
경건한 이의 인내는 결코 헛되지 않으리라.
14 그분께서는 모든 자선에 자리를 마련해 주시니
누구나 제 행실에 따라⊥ 자기 몫을 얻는다.
15 주님께서는 당신을 알아보지 못하도록 파라오의 마음을 완고하게 하시어
당신의 위업이 하늘 아래 알려지게 하셨다.
16 그분의 자비가 모든 피조물에게 나타나고
그분께서 당신의 빛과 어둠을 아담에게 나누어 주셨다.

16,8 창세 19,1-29. 16,15 탈출 7,22; 8,11.15.28; 9,7.12; 10,20. 16,16 시편 139,7-12; 예레 23,24.

확실한 징벌

17 "내가 주님을 떠나 숨어 있으니
저 높은 곳에서 누가 나를 기억하리오?
내가 수많은 군중 속에 있으니
무수한 피조물 가운데 나는 누구인지 드러나지 않으리
라." 하고 말하지 마라.
18 보라, 하늘과 하늘 위의 하늘을!
심연과 땅이 그분의 오심으로 떨게 되리라.
「과거와 현재의 온 세계가 그분의 뜻에 달려 있다.」
19 그분께서 산과 땅의 기초를 내려다보시면
그것들이 다 함께 떨며 뒤흔들리리라.
20 그러나 인간의 마음은 이런 일을 생각지 않으니⊥
누가 그분의 길을 깊이 헤아릴 수 있겠느냐?
21 폭풍이 사람 눈에 보이지 않듯이
그분의 위업도 대부분 감추어져 있다.
22 "누가 의로운 위업을 선포하리오?
누가 참고 기다리리오? 그분의 계약은 멀리 있고
모든 이에 대한 철저한 조사는 마지막에야 이루어지는데!"
23 이것은 분별없는 자의 생각이니
미련하고 헛된 길에 들어선 자가 이런 어리석은 생각을 한다.

제2부 하느님과 창조, 그리고 금언들

창조에 담긴 하느님의 지혜

24 얘야, 내 말을 듣고 지식을 얻어라.⊥
내 말에 너의 마음을 기울여라.
25 나는 교훈을 정확하게 알리고
지식을 명확하게 전한다.
26 「주님께서는 한처음 당신의 작품들을 창조하실 때부터,
그것들을 지으실 때부터 제자리를 각각 정해 놓으셨다.」
27 그분께서는 당신의 작품들에게 영원한 질서를 주시고
제 영역을 세세 대대로 정해 놓으셨다.
그리하여 그들은 굶주리거나 지치지 않고
제구실을 그만두지도 않는다.

16,19 시편 18,8. 16,21 로마 11,33. 16,26 창세 1,1.

16,24-18,14. 자기 잘못을 감출 수 있다고 생각하는 무분별한 죄인의 반론과 하느님의 행위에 대한 어리석은 자들의 무관심은 창조와 세상 안에서 하느님의 행위에 대한 긴 묵상을 시작하는 계기가 된다.

⊥ 16,20ㄱ. 새 대중 라틴말 성경(16,20ㄴ)에는 첨가된 부분이 있다. "그러나 인간의 생각들은 하느님께 드러나 있다."

16,22. "계약은 멀리 있고" 계약의 내용에는 계약을 위반한 이들에 대한 징벌이 포함되어 있었다(레위 26,14-38; 신명 28 참조). 그러므로 멀리 있다는 것은 징벌이 멀리 있음을 가리킨다.

⊥ 16,24ㄱ. 새 대중 라틴말 성경(16,25ㄱㄴ)에는 첨가된 부분이 있다. "내가 너에게 올바른 교육을 가르쳐 주고 / 지혜가 무엇인지 보여 주도록 노력하리라."

「 」 16,25. 새 대중 라틴말 성경(16,25ㄹㅁ)에는 이렇게 되어 있다. "하느님께서 처음부터 당신 업적들 안에 넣어 두신 / 덕들을 정신으로 숙고하여 가르치고 / 그분의 지식을 선포하리라."

16,26-28. 한 주간으로 나눈 시간 구분에 따라 처음 4일 동안 창조된 작품들이다(창세 1,1-19).

16,26. "창조하실 때" 치글러와 새 대중 라틴말 성경도 이렇게 되어 있다. 그리스어 본문 전통과 대중 라틴말 성경은 모두 "선택하실 때"로 되어 있는데, 이러한 본문은 하느님께서 당신 작품들을 만드신 후 그 역할을 결정하셨다는 둘째 행의 내용을 예고하는 것이 된다.

17,1. 집회서는 피조물에 대해 말한 다음, 이제 인간 조건을 고찰하고 인간과 땅의 직접적인 관계를 언급한다(창세 2,7; 3,19; 코헬 3,20 참조).

⌈ ⌉ 17,5. 새 대중 라틴말 성경에는 들어 있지 않다.

28 그들은 서로 부딪치는 일도 없고
그분의 말씀을 영원히 거역하지도 않으리라.
29 이렇게 정하신 후 주님께서는 땅을 굽어보시고
그곳을 당신의 좋은 것들로 채우셨다.
30 그분께서는 온갖 생물로 땅의 얼굴을 덮으셨으니
그 모든 것은 다시 땅으로 돌아가게 되어 있다.

인간의 위치

17 1 주님께서 사람을 흙에서 창조하시고
그를 다시 그곳으로 돌아가게 하셨다.
2 그분께서는 정해진 날수와 시간을 그들에게 주시고
땅 위에 있는 것들을 다스릴 권한을 그들에게 주셨다.
3 그분께서는 당신 자신처럼 그들에게 힘을 입히시고
당신 모습으로 그들을 만드셨다.
4 그분께서는 모든 생물 안에 그들에 대한 두려움을 심어 놓으시고
그들을 들짐승과 날짐승의 주인이 되게 하셨다.
5 ⌈그들은 주님의 다섯 가지 능력을 사용할 수 있게 되었다.
덧붙여 그분께서는 여섯 번째로 그들에게 지성을 나누어 주시고
일곱 번째로 그분의 능력들을 해석할 수 있는 이성을 주셨다.⌉
6 그분께서는 분별력과 혀와 눈을 주시고
귀와 마음을 주시어 깨닫게 하셨다.
7 그분께서는 지식과 이해력으로 그들을 충만하게 하시고
그들에게 선과 악을 보여 주셨다.
8 그분께서는 그들의 마음에 당신에 대한 경외심을 심어 주시어
당신의 위대한 업적을 보게 하시고
그들이 당신의 놀라운 일들을 영원히 찬양하게 하셨다.
9 그분의 위대한 업적을 선포하기 위하여
10 그들은 그분의 거룩하신 이름을 찬미하리라.

17,3 창세 1,26-27. 17,4 창세 1,28; 9,2; 지혜 9,2-3. 17,6 창세 2,17.

17,1-14. 창조물의 완벽한 법칙을 경탄하며 바라본 다음(16,24-30 참조), 저자는 인간 존재라는 놀라운 세계를 고찰한다. 하느님의 모상으로 창조되어 창조물에 대한 하느님의 통치에 참여하는 인간은 감각과 이성을 지니고 있어 동물보다 우위에 있다(1-6절). 인간의 마음 안에는 종교심도 심겨 있어(7-14절), 하느님의 업적들을 알아보고 하느님께서 정의와 관대함을 배우도록 선물로 주신 계명들을 존중할 수 있다. 하느님은 지혜롭고 신중한 아버지처럼 자녀들 특히 맏아들 이스라엘을 이끌고 가르치신다. 하느님은 인간의 행위를 살펴보신다. 어떤 선행도 악행도 그분을 피할 수 없고, 그 행위들은 갚음을 받을 것이다.

계약과 율법

11 그분께서는 그들에게 지식을 주시고
생명의 율법을 그들에게 상속 재산으로 나누어 주시어
「지금 살아 있는 존재들이 죽을 몸임을 깨우쳐 주셨다.」
12 그분께서는 그들과 영원한 계약을 맺으시고
당신의 판결을 그들에게 보여 주셨다.
13 그들의 눈은 그분의 위대하신 영광을 보고
그들의 귀는 그분의 영광스러운 소리를 들었다.
14 그분께서는 "온갖 불의를 조심하여라." 하고 그들에게 말씀하시며
그들 각자에게 제 이웃에 대한 계명을 주셨다.

회피할 수 없는 하느님의 심판

15 그들의 길은 언제나 그분 앞에 드러나고
그분의 눈앞에서 감추어지지 않으리라.
16 「그들의 길은 젊어서부터 악으로 기울어져 있으니
그들은 자기네 심장을 돌 대신 살로 바꿀 수 없었다.
17 온 땅의 민족들을 나누실 때」
그분께서는 각 민족 위에 통치자를 세우셨으나
이스라엘만은 주님의 몫이 되었다.
18 「그분께서는 당신의 첫아들인 이스라엘을 교훈으로 기르시고
사랑의 빛을 나누어 주시며 내버려 두지 않으신다.」
19 이스라엘이 한 모든 일은 그분 앞에서 백일하에 드러나고
그분의 눈은 언제나 그들의 길을 살피신다.
20 그들의 불의는 결코 그분 앞에서 숨겨지지 않고
그들의 온갖 죄악은 주님 앞에서 드러난다.
21 「그러나 주님께서는 인자하시고 당신의 피조물을 아시어
그들을 외면하거나 버리지 않고 아껴 주셨다.」
22 사람의 자선은 그분께는 인장과도 같아
그분께서는 인간의 선행을 눈동자처럼 보존해 주시고
「인간의 자녀들을 회개하도록 하신다.」
23 때가 지난 뒤 주님께서는 일어나시어 그들에게 되갚아 주시고
그들 머리 위에 벌을 내리시리라.

17,11. "생명의 율법"은 토라이다. 벤 시라는 지혜와 율법 사이의 관계를 직접적으로 고찰하는 유일한 현인이다.

「 」 17,11ㄷ. 새 대중 라틴말 성경에는 들어 있지 않다.

「 」 17,16-17ㄱ. 새 대중 라틴말 성경에는 들어 있지 않다.

17,17. "이스라엘만은 주님의 몫" 이스라엘이 "주님께서 좋아하셔서 특전을 부여하신 그분의 소유물"이라는 개념이 나타난다. 이집트 해방 후에 하느님은 지상의 모든 민족 가운데 이스라엘을 골라 뽑으심으로써 이스라엘을 얻으셨고, 그래서 이스라엘은 오직 하느님께만 속한다. 탈출 19,4-6와 신명 7,6의 주 참조.

「 」 17,18. 새 대중 라틴말 성경에는 들어 있지 않다.

「 」 17,21. 새 대중 라틴말 성경에는 들어 있지 않다.

17,22. "인장" 진본 문서를 확인하기 위하여 인장이 사용되었듯이, 선행은 어떤 사람이 하느님께 속한다는 것을 확인해 준다. 하느님은 선행을 눈동자처럼 보존할 귀한 보물로 여기신다. 아가 8,6의 주 참조.

「 」 17,22ㄷ. 새 대중 라틴말 성경에는 들어 있지 않다.

17,12 탈출 34,10-28. 17,13 신명 4,11-12. 17,14 마태 22,34-40. 17,22 신명 32,10.

17,15-32. 죄인이 돌아오기를 바라시는 하느님의 자비 앞에서, 벤 시라는 회개를 절박하게 촉구한다. 인간이 구원의 빛으로 예정되어 있다면 왜 지금부터 죄의 어둠을 미워하지 않는가? 죽은 다음에는 이미 더 이상 가능하지 않을 것이다.

24 그러나 회개하는 이들에게는 돌아올 기회를 주시고
인내심을 잃어버린 자들은 위로하신다.⊥

회개의 초대

25 주님께 돌아오고 죄악을 버려라.
그분 앞에서 기도하고 잘못을 줄여라.
26 지극히 높으신 분께 돌아오고 불의에서 돌아서라.
「그분께서 너를 이끄시어
어둠에서 구원의 빛으로 인도하실 것이다.」
또 너는 그분께서 역겨워하시는 것을 혐오하여라.⊥
27 살아서 감사하는 이들을 대신하여
누가 저승에서 지극히 높으신 분께 찬미를 드리겠느냐?⊥
28 존재하지 않는 자처럼 죽은 이에게서는 찬양이 그치지만
건강하게 살아 있는 이는 주님께 찬미를 드리리라.⊥
29 주님의 자비는 얼마나 크시며
당신께 돌아오는 이들에 대한 그분의 용서는 얼마나 크신가!
30 인간에게 온갖 능력이 있는 것은 아니다.
인간의 아들은 불멸하는 존재가 아니기 때문이다.
31 무엇이 태양보다 밝으랴? 그러나 태양도 어두워진다.
살과 피로 된 인간도 악을 꾀한다.
32 그분께서는 저 높은 하늘의 군대를 통솔하시지만
모든 인간은 먼지와 재일 뿐이다.

하느님의 위대하심

18 1 영원히 살아 계시는 분께서 만물을 함께 창조
하셨다.
2 주님 홀로 의로우신 분임이 드러나리라.
「그분 같은 존재는 결코 없다.」
3 「그분께서는 당신의 손바닥 안에서 세상을 조종하시니
만물이 그분의 뜻을 따른다.
그분께서 당신의 권능으로 만물의 임금이 되시고
만물 안에서 속된 것과 거룩한 것을 갈라놓으시기 때문
이다.」
4 그분께서는 아무에게도

⊥ 17,24ㄴ. 새 대중 라틴말 성경(17,20ㄷ)에는 첨가된 부분이 있다. "그들이 의인들의 운명에 참여하게 하신다."

17,26. "구원의 빛" 구원은 지상에서 의롭게 살 수 있는 능력으로 이해된다.

「 」 17,26ㄴ. 새 대중 라틴말 성경에는 들어 있지 않다.

⊥ 17,26ㄷ. 새 대중 라틴말 성경(17,24)에는 첨가된 부분이 있다. "하느님의 의로우심과 심판을 인정하고 / 너에게 주어진 운명과 지극히 높으신 하느님께 드리는 기도에 꾸준하여라."

⊥ 17,27ㄴ. 새 대중 라틴말 성경(17,26ㄱㄴ)에는 첨가된 부분이 있다. "악인들의 잘못을 고집하지 말고 / 죽기 전에 찬양하여라."

⊥ 17,28ㄴ. 새 대중 라틴말 성경(17,27ㄴ)에는 첨가된 부분이 있다. "너는 하느님을 찬미하고 그분의 자비를 자랑하게 되리라."

18,2. "그분 같은 존재는 결코 없다." 하느님의 유일성(유일신 사상)과 그에 따른 하느님의 전능하심을 단언한다. 이 하느님의 능력은 다른 신들과의 대결을 두려워하지 않는다. 그 신들은 약하고 무력한 것으로 묘사된다(신명 6; 시편 115; 135장 참조).

「 」 18,2ㄴ-3. 새 대중 라틴말 성경(18,1ㄴ)에는 이렇게 되어 있다. "그분만이 영원히 승리하는 임금으로 남아 계신다."

17,25 시편 34,15. 17,27 시편 115,17; 이사 38,18; 바룩 2,17. 17,32 10,9; 창세 18,27; 욥 15,14-16.

18,1-14. 창조주에 대한 열렬한 찬가(1-7절) 앞뒤로 벤 시라는 하느님의 전능하심과 죄와 비참함 속에서 살아가는 인간의 미소함을, 우주를 감쌀 수 있는 자비와 자신에게 가까운 이들만 용서할 수 있는 인간의 작은 마음을 대조한다.

당신의 업적을 알릴 수 있게 해 주지 않으셨으니
누가 그분의 위대한 업적을 헤아릴 수 있으랴?
5 누가 그분의 위대하신 권능을 측정하고
누가 그분의 자비를 낱낱이 묘사할 수 있으랴?
6 주님의 놀라운 업적에서 뺄 수도 더할 수도 없고
그것을 헤아릴 수도 없다.
7 인간이 그 일을 끝냈다고 생각할 때가 바로 시작이고
중도에 그친다 해도 미궁에 빠지기 마련이다.

허무한 인간

8 인간은 무엇인가, 무슨 가치가 있는가?
그의 선함은 무엇이고 악함은 무엇인가?
9 인간의 수명은 기껏 백 년이지만
⌈영면의 시간은 누구도 헤아릴 수 없다.⌉
10 바다의 물 한 방울과 모래 한 알처럼
인간의 수명은 영원의 날수 안에서 불과 몇 해일 뿐이다.
11 이 때문에 주님께서는 사람들에게 인내심을 보이시고
그들에게 당신 자비를 쏟으신다.
12 ⌈그분께서는 그들의 종말이 얼마나 비참한지를 보고 아시며
그런 까닭에 당신의 용서를 넘치도록 베푸신다.⌉
13 인간의 자비는 제 이웃에게 미치지만
주님의 자비는 모든 생명체에 미친다.
그분께서는 그들을 꾸짖고 훈육하고 가르치시며
목자처럼 당신 양 떼를 돌아오게 하신다.
14 그분께서는 교훈을 받아들이는 이와
당신의 규정을 열심히 따르는 이들에게 자비를 보이신다.

너그러움

15 얘야, 너의 선행에 비난을 섞지 말고
온갖 선물에 모진 말을 곁들이지 마라.
16 이슬이 불볕더위를 가라앉히지 않느냐?
그처럼 말 한마디가 선물보다 낫다.
17 보라, 말 한마디가 좋은 선물을 능가하지 않느냐?
너그러운 사람에게는 그 두 가지가 다 있다.
18 어리석고 너그럽지 못한 자는 남을 꾸짖고
인색한 자의 선물은 눈이 빠지게 만든다.

18,6 코헬 3,14. 18,7 시편 139,17-18; 욥 42,3 18,9 17,2; 시편 90,10. 18,12 로마 5,20. 18,13 잠언 3,11-12; 요한 10.

18,7. "인간이 그 일을 끝냈다고…" 인간은 하느님의 무한한 능력을 다 알 수 없다.

18,8. "인간은 무엇인가" 이 질문은 욥 7,17; 시편 8,5; 144,3에서도 나타난다. "그의 선함… 악함." 서로 대립한 양극단을 말함으로써 그 사이에 포함된 실재 전체를 가리키며, 삶의 모든 것을 의미한다. 저자는 인간의 모든 행위의 의미가 무엇인지를 묻는다.

⌈ ⌉ 18,9ㄴ. 새 대중 라틴말 성경에는 들어 있지 않다.

⌈ ⌉ 18,12. 새 대중 라틴말 성경(18,10-11)에는 이렇게 되어 있다. "그들 마음의 계획이 악한 것을 보시고 / 그들의 멸망이 나쁜 것을 보신다. / 그래서 그들을 구하시고 그들에게 공정의 길을 알려 주신다."

18,13. "모든 생명체" 집회서에서는 구약 성경에서 비교적 늦은 시기에 속하는 보편주의적 개방성이 나타난다(시편 145,9; 지혜 11,25-26; 요나 4,11 참조).

18,15. 하느님의 자비에서 인간의 자비로 건너간다(15-18절). "온갖 선물에 모진 말을 곁들이지 마라." 선물을 설명하거나 강조하는 말들을 덧붙이지 말라는 뜻으로 생각된다. 아마도 (곤궁한 사람에게 베푼 선물이라고 가정하고) 받는 사람을 (더) 수치스럽게 하지 않기 위해서일 것이다.

18,19-21. "앓기 전에" 구약 성경의 전망에 따라 질병은 죄의 결과로 여겨진다. 자신을 낮춤으로써 그 병을 예방해야 한다.

⊥ 18,19ㄱ. 새 대중 라틴말 성경(18,19)에는 그 앞에 삽입되어 있다. "소송에 대처하기 전에 변호인을 준비하여라."

⊥ 18,22ㄴ. 새 대중 라틴말 성경(18,22ㄷ)에는 첨가된 부분이 있다. "주님의 상급은 영원히 남기 때문이다."

18,24. "그분께서 얼굴을 돌리며" 잘못에 대한 응보를 가리킨다.

18,27. "죄악의 날들" 사람들(다른 이들)이 더 정확히 규정되지 않은 어떤 죄를 저지를 상황에 있을 때 현인은 죄에 물들지 않고 온전히 남아 있을 줄을 안다는 것이다.

⊥ 18,29ㄱ. 새 대중 라틴말 성경(18,29ㄴ)에는 첨가된 부분이 있다. "진리와 정의를 깨달을 것이다."

「 」 18,29ㄷㄹ. 새 대중 라틴말 성경에는 들어 있지 않다.

반성과 선견지명

19 ⊥말하기 전에 배우고
앓기 전에 몸조심하여라.
20 심판이 닥치기 전에 너 자신을 성찰하여라.
그러면 셈 바칠 때에 용서를 받으리라.
21 병들기 전에 너 자신을 낮추고
죄를 지었을 때에는 회개의 태도를 보여라.
22 서원을 제때에 채우기를 망설이지 말고
죽기까지 그 이행을 미루지 마라.⊥
23 서원을 하기 전에 자신을 준비시켜
주님을 떠보는 인간처럼 되지 마라.
24 끝 날에 닥칠 그분의 분노를,
그분께서 얼굴을 돌리며 징벌하실 때를 생각하여라.
25 배부를 때에는 굶주릴 때를,
부유한 시절에는 가난과 궁핍을 생각하여라.
26 아침부터 저녁까지 시간은 흐르고
주님 앞에서 만물은 금세 지나간다.
27 지혜로운 사람은 모든 면에서 용의주도하다.
죄악의 날들에도 그는 악행을 조심하리라.
28 지각 있는 이는 누구나 지혜를 알고
그것을 찾은 이에게 찬사를 보낸다.
29 지각 있게 말하는 이들은 스스로 지혜로워지고
적절한 격언들을 쏟아 놓는다.⊥
「유일하신 주님께 의지하는 것은
죽은 마음으로 죽은 자에게 매달리는 것보다 낫다.」

자제

30 네 욕망을 따르지 말고
욕심을 절제하여라.
31 네 영혼이 욕망을 채우도록 내버려 두면
너는 원수들의 놀림감이 되리라.
32 온갖 사치로 흥청거리지 마라.
그 비용으로 궁핍해질까 두렵다.
33 네 지갑 속에 아무것도 없으면서

18,22 신명 23,22-24; 코헬 5,3. 18,23 잠언 20,25; 코헬 5,1-6. 18,24 욥 10,20; 14,1. 18,32 잠언 5,9-10; 29,3; 31,3; 루카 15,30.

18,19-19,3. 현인은 어떤 행위를 하든지 선견지명이 있어야 한다(18,19-26 참조). 선견지명은 죄와 경제적 몰락의 계기가 되는 격정을 다스리는 능력을 내포한다(18,30-19,3 참조). 애를 쓸 가치가 있는 유일한 일은 지혜를 아는 것이다(18,27-29 참조).

꾼 돈으로 잔치를 벌이다 거지가 되지 마라.
그것은 사실 자신의 생명을 거스르는 행동이다.

19 1 주정뱅이 일꾼은 부자가 되지 못하고
작은 것을 무시하는 자는 조금씩 망하리라.
2 술과 여자는 지각 있는 이를 타락시킨다.
창녀들과 놀아나는 자는 매우 무모하다.
3 부패와 구더기가 그 무모한 자를 차지하여
「그의 영혼은 파멸에 이르리라.」

수다의 위험

4 사람을 쉽게 믿는 자는 마음이 경박하다.
죄짓는 자는 자신을 거스르게 되리라.
5 악을 즐기는 자는 단죄받고
「쾌락에 맞서는 이는 제 인생에 월계관을 씌우리라.」
6 「혀를 절제하는 이는 갈등 없이 살고」
뜬소문을 싫어하는 이는 잘못을 덜 저지르리라.
7 절대로 말을 옮기지 마라.
아무것도 잃는 것이 없으리라.
8 친구와도 원수와도 이야기하지 마라.
죄가 되지 않는 한 내보이지 마라.
9 네 말을 들은 이가 너를 경계하고
때로는 너를 미워할 것이다.
10 어떤 말을 들었으면 죽을 때까지 묻어 두어라.
용기를 가져라. 그 말이 결코 터져 나오지는 않으리라.
11 어리석은 자는 들은 말 때문에
아이 낳는 여자처럼 진통을 겪으리라.
12 어리석은 자의 배 속에 든 말은
사람의 넓적다리에 박힌 화살과 같다.

뜬소문을 믿지 마라

13 친구에게 물어보아라. 그가 그런 일을 하지 않았을 수
도 있다.
그런 일을 했다면 다시는 하지 않으리라.
14 이웃에게 물어보아라. 그가 그런 말을 하지 않았을 수
도 있다.

19,13 마태 18,15.

19,4-30. 벤 시라에게, 지혜로운 사람의 특징인 율법 준수는 큰일로만 되는 것이 아니다. 이어지는 세 가지 권고는 전통적 지혜의 노선에 따라 일상생활에서 계명 준수를 권고한다.

19,1-3. 여자들과 술에 자신을 내맡기지 말라는 권고는 잠언 31,1-7의 르무엘의 어머니 권고에서도 나타난다. 코헬 2,3의 주 참조.

「 」 19,3ㄴ. 새 대중 라틴말 성경(19,3)에는 이렇게 되어 있다. "무모한 자는 파멸하고 / 제거될 것이며 / 대단한 본보기로 일컬어질 것이다."

19,4-12. 혀를 제어하는 능력은 현인의 필수 덕으로 여겨졌다. 침묵은 다툼과 불화를 피하게 해 준다.

「 」 19,5ㄴ-6ㄱ. 새 대중 라틴말 성경(19,5ㄴ)에는 이렇게 되어 있다. "훈계를 싫어하는 사람은 오래 살지 못하리라."

19,8. "죄가 되지 않는 한" 때로 침묵은 공모가 된다.

19,11-12. 이 두 절의 의미는 어리석은 사람은 자신의 말을 제어하지 못한다는 것이다.

19,12. "사람의 넓적다리에 박힌 화살" 자구적으로 "넓적다리 살에 박힌 화살." 말(혀)의 사용과 화살 사이의 병행에 관하여, 시편 64,4; 120,4 참조.

19,13-19. 이웃에 대한 소문은 신중하게 받아들여야 한다. 다른 사람의 잘못을 확인하지 않고 그를 위협하는 것보다는 직접적인 형제적 교정이 더 낫다.

[ ] 19,18-19. 새 대중 라틴말 성경에는 들어 있지 않다.

19,19. 생명나무의 의미에 관하여, 14,26의 주 참조.

19,20-30. 참된 지혜를 식별하는 기준이 제시된다. 하느님을 두려워하는 사람은 율법을 준수하는 것으로 알아볼 수 있다. 그의 행위들이 그를 위선적인 악인과 구별해 준다.

[ ] 19,20ㄷ-21. 새 대중 라틴말 성경에는 들어 있지 않다.

19,25. 재판을 올바로 행할 것을 다시 한번 권고한다. 은밀한 뒷거래는 없어야 한다(7,6; 시편 94,20의 주 참조).

[ ] 19,25ㄷ. 새 대중 라틴말 성경에는 들어 있지 않다.

⊥ 19,27. 새 대중 라틴말 성경(19,24)에서는 그 앞에 삽입되어 있다. "지나친 겸손으로 너무 자신을 굽히는 사람이 있다."

그런 말을 했다면 다시는 거듭하지 않으리라.
15 친구에게 물어보아라. 그것은 대부분 중상일 수도 있다.
그러니 아무 말이나 다 믿지 마라.
16 사람은 생각 없이 실수할 수 있으니
누가 말로 죄를 지어 본 적이 없겠느냐?
17 이웃을 을러대기 전에 그에게 물어보아라.
그리고 지극히 높으신 분의 율법에 맡겨라.

참지혜와 거짓 지혜

18 「주님을 경외함은 수용의 시작이고
지혜는 그분의 사랑을 얻는다.
19 주님의 계명에 대한 지식은 생명의 가르침이고
그분의 뜻을 행하는 이들은 불멸의 나무에서 열매를 맛본다.」
20 모든 지혜는 하느님을 경외함이니
모든 지혜 안에 율법의 실천「과
그분의 전능하심에 대한 지식이 들어 있다.
21 어떤 종이 자기 주인에게
"나는 나리가 바라는 대로 하지 않겠소." 하고 말한다면
그런 종은 나중에 시킨 일을 한다 하더라도
그를 먹여 살리는 주인을 화나게 만든다.」
22 악에 대한 지식은 지혜가 아니며
죄인들의 의견은 현명함이 되지 못한다.
23 약삭빠르고 역겨운 자가 있는가 하면
지혜가 모자라는 바보도 있다.
24 지식이 부족하지만 경건한 이가
학식은 넘치지만 율법을 어기는 자보다 더 낫다.
25 빈틈없이 약삭빠르면서 불의를 저지르는 자가 있는가 하면
재판에 이기려고 호의를 왜곡하는 자도 있다.
「그러나 올바른 판결을 내리는 현자도 있다.」
26 상복을 입고 굽실거리는 악인이 있는데
그의 속은 거짓으로 가득하다.
27⊥ 그는 얼굴을 숙이고 못 듣는 체하지만
아무도 눈치채지 못하는 곳에서 너를 덮치리라.
28 그는 힘이 모자라서 죄를 지을 수 없었다 해도
기회를 잡기만 하면 악을 저지르리라.

19,17 레위 19,17.

29 사람은 외모로 그 됨됨이를 알고
사려 깊은 사람은 얼굴을 대하면 알게 된다.
30 사람은 옷차림과 큰 웃음과 걸음걸이로
그 인품을 드러낸다.

침묵과 말

20 1 때에 맞지 않는 꾸지람이 있고⊥
침묵을 지키면서도 현명한 이가 있다.
2 성을 내는 것보다 꾸짖는 것이 얼마나 더 나은가?
3 자기 잘못을 솔직히 고백하는 이는 수치를 면하리라.
4 폭력으로 정의를 실천하려는 자는
욕정에 사로잡힌 내시가 처녀를 범하려는 것과 같다.⊥
5 침묵을 지키면서 지혜로워 보이는 이가 있는가 하면
말이 너무 많아 미움을 받는 자도 있다.
6 대답할 줄 몰라서 침묵을 지키는 자가 있는가 하면
말할 때를 알고 있어서 침묵을 지키는 이도 있다.
7 지혜로운 사람은 때를 기다리며 침묵하지만
허풍쟁이와 바보는 때를 놓친다.
8 말 많은 자는 혐오감을 불러일으키고
권위를 내세우는 자는 미움을 받는다.
[꾸지람을 들을 때 회개하는 태도를 보이면 얼마나 좋은가!
그러면 일부러 죄를 짓는 일이 없으리라.]

역설

9 역경 중에 있는 사람에게 행운이 따를 수 있고
횡재가 손실로 바뀔 수 있다.
10 이익이 안 되는 선물이 있는가 하면
두 배로 갚아야 할 선물도 있다.
11 영예 때문에 잃는 것이 있기도 하고
비천한 처지에서 머리를 드는 이도 있다.
12 적은 것으로 많은 것을 사고
그것을 일곱 배로 갚는 이가 있다.
13 지혜로운 이는 작은 것들로 스스로를 사랑받게 하지만

20,4 30,20. 20,5 잠언 17,28. 20,7 잠언 29,11. 20,11 1사무 2,7; 루카 1,52.

20,1-20. 현인은 모든 행위에 대하여 적절한 순간을 구별할 줄 안다. 상황에 따라 같은 태도가 서로 다른 결과를 가져올 수 있기 때문이다. 말하는 것이 좋은 때가 있고, 침묵하는 것이 좋은 때가 있다. 어떤 경우든 정도를 지켜야 한다. 불행과 비천함 속에서도 역설적으로 이익을 보는 때가 있고, 어떤 행위는 누가 하는지에 따라 반대의 결과를 낼 수도 있다.

19,29-30. 다른 성경 본문에서는 겉모습으로 판단하는 것을 경계한다(1사무 16,7; 욥 10,4 참조). 반면 여기서는 외모를 보고 어떤 사람에 대한 진실을 끌어낸다.

20,1. 코헬렛은 시간에 대한 긴 숙고에서 이렇게 말한다(3,7). “침묵할 때가 있고 말할 때가 있다.”

⊥ 20,1ㄱ. 새 대중 라틴말 성경(19,28ㄴ)에는 첨가된 부분이 있다. “좋다고 여길 수 없는 판단이 있다.”

⊥ 20,4. 새 대중 라틴말 성경은 여기에 20,8ㄷㄹ을 옮겨 놓는다.

20,8. “회개하는 태도를 보이면 얼마나 좋은가!” 잠언이 빈정꾼에 대해 말하는 것과 정반대의 상황이다. 빈정꾼은 훈계를 받아들이지 않을 뿐만 아니라 격렬하게 응답한다. 잠언 9,7의 주 참조.

[ ] 20,8ㄷㄹ. 새 대중 라틴말 성경에서는 20,4 다음에 나온다.

20,11. 때로는 위대함을 추구하는 것이 실패를 가져오고, 자신을 낮추는 것이 그를 위대하게 만들 수도 있다.

20,14. "그의 눈은 일곱 곱절의 보상을 바라고 있기 때문이다." 그리스 본문에서는 "그의 눈은 하나가 아니라 많다."라고 되어 있다. 인색한 자는 자신의 선물에 대해 합당한 것보다 훨씬 더 많은 사례를 바란다.

「 」 20,14ㄴ. 새 대중 라틴말 성경에는 들어 있지 않다.

20,16. "그의 음식" 치글러와 (새) 대중 라틴말 성경은 이렇게 되어 있으나, 그리스어 사본들과 다른 고대 번역본은 "나의" 음식이라고 되어 있다. 그 경우에는 이 절의 마지막 행도 어리석은 자의 말이 된다.

⊥ 20,22ㄴ. 새 대중 라틴말 성경(20,24ㄷ)에는 첨가된 부분이 있다. "그는 공평하지 않았기에 멸망한다."

어리석은 자는 호의를 쏟아붓기만 한다.
14 미련한 자의 선물은 너에게 아무 도움도 되지 못한다.
「억지로 내놓는 인색한 자의 선물도 이와 같으니」
그의 눈은 일곱 곱절의 보상을 바라고 있기 때문이다.
15 그는 적게 주면서 비난은 많이 하고
전령처럼 입을 열어 떠벌린다.
그는 오늘 돈을 꾸어 주고 내일 갚으라고 조르니
이런 인간은 사람들에게 미움을 산다.
16 어리석은 자가 "내게는 친구가 없고
내 착한 행실을 아무도 고마워하지 않는다."고 말한다.
그의 음식을 먹는 자들도 그를 헐뜯는다.
17 수많은 사람들이 얼마나 자주 그를 놀려 대는가?
사실 그가 가진 것은 정당하게 얻은 것이 아니며
그는 자신이 가지지 않은 것에는 무관심하다.

쓸모없는 말

18 길바닥에 미끄러지는 것이 말로 실수하는 것보다 낫다.
이처럼 악인들의 몰락은 갑자기 다가온다.
19 무례한 사람은 때에 맞지 않는 이야기와 같다.
무식한 자들이 그것을 끝없이 지껄인다.
20 어리석은 자의 입에서 나온 격언은 무시당하는데
그가 그 격언을 제때에 말하지 않기 때문이다.
21 빈곤 때문에 범죄할 기회에서 멀어진 이가 있다.
그는 편안히 쉴 때에도 가책을 받지 않으리라.
22 수치심 때문에 제 목숨을 끊는 자가 있다.
그는 미련하게도 체면을 지키려다 목숨을 끊으리라.⊥
23 수치심 때문에 친구에게 약속을 해 놓고
그를 공연히 원수로 만드는 자가 있다.

거짓말

24 거짓말은 인간에게 오점을 남긴다.
무식한 자들이 그것을 끝없이 지껄인다.
25 상습적인 거짓말쟁이보다는 도둑이 낫지만
둘 다 멸망을 상속받는다.
26 거짓말쟁이의 습성은 불명예로 이어지고
수치가 늘 그와 함께 있다.

20,21-26. 집회서는 때로 파괴적 선택을 하게 하는 인간적 체면을 비판하고, 죄이자 수치인 거짓말을 단호하게 거부한다.

격언

27 지혜로운 이는 작은 것으로 스스로를 높이고
현명한 사람은 고관들의 환심을 산다.
28 땅을 일구고 사는 이는 곡식 단을 높이 쌓고⊥
고관들의 환심을 산 이는 부정한 행동도 용서받는다.
29 친절과 선물은 지혜로운 이들의 눈을 멀게 하고
입마개처럼 비난을 틀어막는다.
30 지혜가 숨겨져 있고 보물이 보이지 않는다면
둘 다 무슨 소용이 있겠느냐?
31 자신의 어리석음을 감추는 사람이
자신의 지혜를 감추는 사람보다 낫다.
32 「주님을 줄곧 끈기 있게 찾는 것이
제 인생의 수레를 주인 없이 버려두는 것보다 낫다.」

갖가지 죄악

21 1 얘야, 죄를 지었느냐? 그러면 더 이상 죄짓지
말고
지난날의 죄악에 대하여 용서를 빌어라.
2 뱀을 피하듯이 죄를 피하여라.
죄에 다가서면 그것이 너를 물 것이다.
죄의 이빨은 사자의 이빨,
그것이 인간의 영혼을 파괴하리라.
3 무법은 모두 쌍날칼과 같아
그 상처에는 약도 없다.
4 폭력과 거만함으로 재물이 고갈되듯
「오만한 자의 집안도 그렇게 망하리라.」
5 가난한 이의 기도는 그 입에서 곧장 그분의 귀에 전달되고
그분의 판결이 순식간에 내려진다.
6 꾸지람을 싫어하는 자는 죄인의 길을 걷지만
주님을 경외하는 이는 마음으로 뉘우친다.
7 말을 잘하는 자는 널리 알려져 있지만
사려 깊은 이는 그가 실수할 때 즉시 알아본다.

20,27. 치글러의 비평판 본문에 따른 번역이다. 다른 그리스어 사본들은 "말에서 지혜로운 이는"으로 되어 있는데, 치글러는 '엔 로고이스'("말에서") 대신 '엔 올리고이스'("작은 것으로")로 수정한다.

⊥ 20,28ㄱ. 새 대중 라틴말 성경(20,30ㄴ)에는 첨가된 부분이 있다. "정의를 실천하는 사람은 영예를 받을 것이다."

「 」 20,32. 새 대중 라틴말 성경에는 들어 있지 않다.

21,3. "무법" 저자는 율법에 순종하지 않는 것을 지칭한다('아노미아'). 또한 23,11; 41,18; 46,20; 49,2 참조.

「 」 21,4ㄴ. 새 대중 라틴말 성경(21,5ㄴㄷ)에는 이렇게 되어 있다. "지나치게 부유한 집도 오만으로 망하리라. / 오만한 자의 재산도 그렇게 사라지리라."

21,7. 이 구절은 달리 이해할 수도 있다. "말 많은 사람은 멀리서도 알아보지만, 사려 깊은 이는 그가 미끄러지는 것을 안다." 또는 "수다쟁이는 멀리서도 알아본다. 슬기로운 사람은 그의 실수를 알아챈다." 번역문에서는 실수하는 사람이 누구인지에 대한 모호성이 원문에서와 같이 그대로 남아 있다(이 절 첫 행의 주어인지, 둘째 행의 주어인지 모호하다).

20,27 잠언 21,21. 20,30-31 // 41,14-15. 21,1 시편 51. 21,6 잠언 12,1.

20,27-32. 현명한 사람의 지혜는 그의 모든 말에서, 이웃과의 사심 없는 관계에서, 꾸준히 하느님을 찾는 데에서 드러나야 한다. 지혜라는 보물이 감추어져 있다면 그것이 무슨 소용이 있겠는가?

21,1-10. 죄에 대한 고찰은 지혜문학의 주요 주제들 가운데 하나이다. 여러 가지 생생한 표상을 통하여 벤 시라는 죄의 부정적인 힘을 묘사한다. 죄는 뱀, 사자, 쌍날칼처럼 치명상을 입힌다. 죄의 길은 겉보기에는 이롭고 쉬워 보이지만, 실제로는 결국 파멸로 이르게 한다.

21,8. "무덤"은 시리아어 번역본을 기초로 한 치글러의 수정을 따른 것이다. 하지만 그리스어 본문("겨울을 위하여") 자체도 충분히 가능하며, 그 내용은 준비 없음을 비판하는 것이다. (새) 대중 라틴말 성경도 동일한 표상을 사용한다.

21,11. "주님을 경외함"과 "지혜"의 관계에 관하여, 1,11의 주 참조.

「 」 21,12ㄴ. 새 대중 라틴말 성경(21,15)에는 이렇게 되어 있다. "악이 많고 / 쓰라림이 있는 곳에는 마음의 평온함이 있을 수 없다."

21,13-14. 지혜는 현인의 마음속에서 풍부하게 솟아 나오는 샘에 비유된다. 반면 악인은 깨지고 쓸모없는 그릇과 같아서 물을 한 방울도 담지 못한다.

21,21. 지혜(교훈)와 보물을 비교하는 것은 잠언(1,9; 3,22; 4,9; 25,11-12 참조)에 잘 나타나는 주제이다.

8 남의 돈으로 제집을 짓는 자는
제 무덤에 쌓을 돌을 모으는 자와 같다.
9 무법자의 모임은 삼베 조각 묶음과 같아
그들의 말로는 불꽃처럼 스러진다.
10 죄인들의 길은 편편한 돌로 깔려 있지만
그 끝에는 저승의 구렁텅이가 있다.

지혜로운 이와 미련한 자

11 율법을 지키는 이는 자신의 생각을 다스리고
주님을 경외함은 지혜로써 완성된다.
12 영리하지 못한 사람을 가르칠 수는 없다.
그러나 영리하면 「쓰라림도 많이 겪는다.」
13 지혜로운 이의 지식은 홍수처럼 불어나고
그의 충고는 생명의 샘과 같다.
14 어리석은 자의 속은 깨어진 그릇과 같아
어떤 지식도 담을 수 없다.
15 슬기로운 이가 지혜로운 말을 들으면
그것을 찬미하며 자기 말을 덧붙이지만
호사하는 자가 그 말을 들으면
그것이 싫어서 등을 돌린다.
16 어리석은 자의 말은 여행 중의 짐과 같고
지각 있는 이의 말은 기쁨이 된다.
17 현명한 이의 말은 모임에서 환영을 받고
그의 말을 사람들이 마음에 새겨듣는다.
18 어리석은 자에게 지혜는 폐허가 된 집과 같고
지각없는 자에게 지식은 조리 없는 말과 같다.
19 교훈은 분별없는 자에게 족쇄와 같고
오른손에 채운 수갑과 같다.
20 어리석은 자는 웃을 때 큰 소리를 내지만
영리한 사람은 조용히 웃음을 짓는다.
21 교훈은 현명한 이에게 금장식 같고
오른 팔목에 찬 팔찌와 같다.
22 어리석은 자의 발걸음은 집 안으로 서둘러 내닫지만
경험 많은 사람은 문 앞에서 정중하게 기다린다.
23 미련한 자는 문간에서 집 안을 기웃거리지만

21,10 마태 7,13. 21,13 24,28-29; 잠언 13,14. 21,19 6,24.29.

21,11-28. 저자는 이스라엘의 현인들이 중시했던 또 한 가지 주제인 현인과 악인의 대조를 다룬다. 현인은 분별 있고 현명하고 신중하며 지혜를 사랑하고 슬기롭다. 악인은 경솔하고 염치가 없으며 어리석고 무례하다.

교양 있는 사람은 밖에서 기다린다.
24 문 곁에서 엿듣는 것은 교양 없는 인간의 짓이다.
현명한 사람은 그런 일을 불명예로 여긴다.
25 이방인들의 입술은 남들이 한 말을 되풀이한다.
그러나 현명한 이들의 말은 균형 잡힌 저울이다.
26 어리석은 자들의 마음은 그들의 입에 있지만
지혜로운 이들의 입은 그들의 마음에 있다.
27 불경스러운 자가 자신의 적대자를 저주할 때
그것은 자기 자신을 저주하는 것이다.
28 비방하는 자는 자신을 더럽히고
이웃에게 미움을 받는다.⊥

게으른 자

22 1 게으른 자는 지저분한 돌멩이와 같아
모두 그의 불명예스러운 짓을 보고 비웃는다.
2 게으른 자는 거름 더미 같아
그를 만진 사람마다 손을 턴다.

못된 자녀

3 못 배운 자식은 그를 낳은 아버지에게 수치가 되고
그런 딸은 그에게 손실이 된다.
4 현명한 딸은 좋은 남편을 얻지만
수치스럽게 된 딸은 낳아 준 아버지에게 슬픔이 된다.
5 건방진 여자는 제 아버지와 남편을 부끄럽게 하고
그 둘에게 천시를 당한다.
6 때에 맞지 않은 말은 초상집에 풍악과 같지만
회초리와 훈육은 언제나 지혜로 통한다.
7 「양식 걱정 없이 바르게 사는 자녀들은
제 부모의 비천한 가문을 감추어 준다.
8 오만하고 몰상식한 자녀들은
고상한 제 가문을 더럽힌다.」

구제불능인 어리석은 자

9 어리석은 자를 가르치는 사람은 옹기 조각을 붙이는 자와 같고

22,3 레위 20,9.

22,1-8. 우리의 스승에게, 지혜는 일상생활에 스며 있고 노동과 자녀 교육까지 포괄하는 삶의 방식에 관계된다. 게으름과 무례함은 신랄한 비판을 받고, 엄격한 훈계가 필요하다.

21,27. "적대자" 악인이 원수로 여기는 올바른 사람을 가리킨다. '사타나스'라는 단어는 여기서만 사용되며, 히브리어를 본뜬 단어이다(욥 1,6-9; 2,1-4.6-7; 즈카 3,2 참조). 단어의 의미는 "적대자, 원수"이다(민수 22,22.32[히브리어]; 1사무 29,4; 1열왕 5,18; 11,14.23.25; 시편 109,6 참조). 신약 성경에서는 악을 의인화하는 의미를 지니게 된다(마태 4,10; 16,23; 마르 1,13; 사도 26,18; 1코린 5,5; 묵시 2,13.24 참조).

⊥ 21,28ㄴ. 새 대중 라틴말 성경(21,31ㄴㄷ)에는 첨가된 부분이 있다. "그와 함께 머무는 이는 미움을 받고 / 침묵하는 지각 있는 이는 존경을 받을 것이다."

22,1-2. 게으른 사람은 태만의 악습 때문에 멸시를 받는다. 이는 현인들이 제자들에게 가르치려는 가치에 반대된다(잠언 19,24의 주; 또한 잠언 6,6-11; 10,4-5; 22,13 참조). 게으른 자와 돌멩이를 비교하는 것은 아마도 신명 23,14과 연관된다(자신의 배설물을 덮는 방법에 관하여).

22,6. 집회서에서는 교육의 징벌 차원이 강조된다. 잠언(10,17; 13,24 참조)에서도 그러한 훈육의 측면이 있지만, 이 본문에서처럼 강하지는 않다. 집회 30,1의 주 참조.

「 」 22,7-8. 새 대중 라틴말 성경에는 들어 있지 않다.

「 」 22,9ㄴ. 새 대중 라틴말 성경(22,8)에는 이렇게 되어 있다. "귀먹은 사람에게 말하는 이는 / 깊이 잠든 잠꾸러기를 깨우는 사람과 같다."

[깊은 잠에 빠진 자를 깨우는 자와 같다.]
10 어리석은 자에게 말하는 사람은 조는 자에게 말하는
자와 같다.
말이 끝나면 어리석은 자는 "뭐라고요?" 하고 묻는다.
11 죽은 이를 위하여 울어라. 빛을 떠났기 때문이다.
어리석은 자를 위하여 울어라. 슬기를 떠났기 때문이다.
그러나 죽은 이를 두고는 그리 슬퍼하지 마라. 쉬고 있기
때문이다.
어리석은 자의 삶은 죽음보다 고약하다.
12 죽은 이에 대한 애도는 이레 동안 계속되지만
어리석은 자와 불경한 자의 일생은 모든 날이 초상 날이다.
13 미련한 자와 말을 많이 하지 말고
지각없는 자를 찾아가지 마라.
[그가 알지도 못하면서 네 모든 것을 경멸하리라.]
곤란을 겪지 않도록 그를 경계하고
그가 몸을 털 때 네가 더러워지지 않도록 하여라.
그를 피하여라. 그러면 평안을 얻고
그의 몰지각함에 진저리치는 일이 없으리라.
14 납보다 무거운 것이 무엇인가?
그 이름 어리석은 자가 아니고 무엇이랴?
15 모래나 소금이나 쇳덩어리를 지는 것이
지각없는 인간을 참아 내는 것보다 쉽다.
16 건물에 단단히 물려 있는 대들보는
지진에도 갈라지지 않는다.
이와 같이 오랜 궁리 끝에 결정된 마음은
위기에서도 두려워하지 않는다.
17 지각 있는 생각으로 다져진 마음은
매끄러운 벽에 새겨진 장식과 같다.
18 높은 곳에 쳐 놓은 울타리는
바람을 견디어 내지 못한다.
이와 같이 어리석은 생각을 지닌 소심한 마음은
온갖 두려움을 견디어 내지 못한다.

우정

19 눈을 찌르는 자는 눈물을 흘리게 하고

22,15 잠언 27,3.

22,9-15. 불행히도 어리석은 자에게 훈계는 소용이 없다. 그는 영적으로 죽은 사람처럼 간주된다.

22,16-26. 어리석은 자와 반대로 현인은 확고하고 신뢰할 수 있다. 그는 우정을 기를 줄 알고, 곤궁할 때 도움을 베풀며 배신을 혐오한다.

22,13. 어리석은 자를 교육하는 것은 희망이 없다. 벤 시라의 판단은 도덕적인 판단으로, 자신의 경험에서 나온 것이며 인간학적 결정론에 따른 것이 아니다(결정론을 따른다면 어리석은 자는 존재론적으로 정해져 있다). 잠언(9,7의 주 참조)도 빈정꾼에 대하여 이와 유사하게 말한다.

[ ] 22,13ㄷ. 새 대중 라틴말 성경에는 들어 있지 않다.

22,18. 같은 그리스어 본문 전통에서도 "높은 곳에 쳐 놓은 울타리"와 "높은 곳에 둔 자갈들"이라는 두 가지 서로 다른 표상을 전수해 왔다. 후자의 경우 아마도 포도밭 담장 위에 자갈을 두어 동물들이 오면 그 소리에 파수꾼들이 깨게 되어 있었던 팔레스티나의 관습을 암시할 것이다. 새 대중 라틴말 성경은 울타리의 표상을 따른다.

22,19-26. 다시 우정의 중요성에 대해 다룬다(또한 6,5-17; 12,8-18; 27,16 참조). 우정을 간직하는 것은 매우 고귀한 일이다. 여기서 현인의 사회적 면모가 드러난다. 그는 이 가치에 인간이 바라는 최상의 것이 있다고 본다.

마음을 찌르는 자는 감정을 보이게 한다.
20 날짐승에게 돌을 던지는 자는 그들을 도망치게 하고
친구를 모욕하는 자는 우정을 깨뜨린다.
21 친구에게 칼을 뽑았다고 해서 절망하지 마라.
우정을 돌이킬 길이 있기 때문이다.
22 친구를 거슬러 입을 놀렸다고 해서 걱정하지 마라.
화해할 길이 있기 때문이다.
다만 모욕과 오만, 비밀의 폭로와 비열한 공격
이런 것들에는 모든 친구가 도망간다.
23 이웃이 궁핍할 때 그의 신임을 얻어라.
그가 잘될 때 함께 배부르게 되리라.
시련을 당하는 이웃 곁에 머물러 있어라.
그가 유산을 상속받을 때 너도 한몫을 얻으리라.
[사실 겉만 보고 경멸해서도 안 되고
지각없는 부자를 보고 경탄해서도 안 된다.]
24 화덕에서 불이 일기 전에 김과 연기가 나오듯이
피 흘림이 있기 전에 욕설이 먼저 있다.
25 나는 친구를 보호하는 것을 수치로 여기지 않고
그 앞에서 나 자신을 숨기지도 않는다.
26 그러나 그 친구 때문에 내게 불행이 닥친다면
그 소식을 들은 사람은 누구나 그를 경계하게 되리라.

기도

27 누가 제 입에 파수꾼을 두고
제 입술에 단단한 봉인을 쳐
입술로 말미암아 제가 실수하고
제 혀가 저를 파괴하는 일이 없도록 하겠습니까?

23

1 제 생명의 주인이신 아버지 주님
그들의 음모에 저를 넘기지 마시고
그들 때문에 제가 걸려 넘어지지 않도록 해 주소서.
2 누가 제 생각에 채찍질을 하고
제 마음에 지혜로운 교훈을 내려
제 잘못을 그냥 두지 않고
저의 죄악을 그냥 넘기지 않도록 도와주겠습니까?
3 그리하여 제 실수가 불어나거나

[ ] 22,23ㅁㅂ. 새 대중 라틴말 성경에는 들어 있지 않다.

23,1. "아버지" 구약 성경에서 처음으로 이 단어가 개인의 입에서 하느님께 적용된다. 보통 하느님은 이스라엘 백성의 아버지(탈출 4,22; 지혜 11,10; 14,3; 예레 31,9 참조) 또는 다윗 후손의 아버지(2사무 7,14 참조)로 일컬어진다. 지혜 2,16에서는 의인에 대하여 하느님이 그의 아버지라고 말한다.

[ ] 23,3ㅁ. 새 대중 라틴말 성경에는 들어 있지 않다.

22,21 27,21. 22,22 20,19; 25,9. 22,27 시편 141,3.

22,27-23,28. 이 장 전체는 감각과 입의 절제 필요성에 관한 것이다. 저자는 인간의 나약함을 인정하고 스스로 도덕적 힘을 얻을 수 없음을 알기에, 아버지시며 생명의 주님이신 주님께 감동적인 기도를 드린다. 주님만이 자제력과 지혜로운 삶을 살아가는 데 필요한 덕들을 줄 수 있다.

23,4. "오만한 눈길" 히브리어 표현은 "눈의 오만함"으로, 같은 표현이 주님께 겸손을 청하는 시편 131,1에서도 사용된다.

⊥ 23,4ㄱ. 새 대중 라틴말 성경(23,4ㄴ)에는 첨가된 부분이 있다. "저를 그들의 뜻에 내맡기지 마소서."

23,6. "식욕" 자구적으로는 "배의 갈망"이다. 암시하는 바는 두 가지이다. 배의 아래쪽을 지칭할 수도 있고, 아니면 강한 감정이 일어나는 장소로 배(내장)를 뜻할 수도 있다.

23,7-11. 맹세하는 것은 하느님의 거룩한 이름을 발설하게 할 뿐만 아니라, 때로는 거짓된 맹세로 하느님을 모독하게 된다.

⊥ 23,7ㄴ. 새 대중 라틴말 성경(23,7ㄹ)에는 첨가된 부분이 있다. "가장 악한 일들에 걸려 넘어지지도 않으리라."

⊥ 23,9ㄱ. 새 대중 라틴말 성경(23,9ㄴ)에는 첨가된 부분이 있다. "사실 거기에서 많은 손해가 나왔다."

⊥ 23,9ㄴ. 새 대중 라틴말 성경(23,10ㄴㄷ)에는 첨가된 부분이 있다. "거룩한 이들의 이름을 너무 많이 일컫지 마라 / 네가 무죄하지 못하리라."

23,10. "그분의 이름을 부르며" 여기에 쓰인 그리스어는 본래 '이름을 부르다'는 뜻만 가지고 있지만, 이 동사를 통해 "야훼"를 언급하는 당시의 관습을 반영하여 번역했다. 사실 유다인들은 하느님의 이름을 함부로 부를 수 없었다. 시편 8,2의 주 참조. 탈출 20,7; 신명 5,11 참조.

23,12-15. 상스러움, 모욕과 경솔함은 말로 짓는 죄이며 그 결과는 영적 죽음을 가져올 수 있다.

제 죄가 넘쳐 나지 않게 되어
적대자들 앞에서 제가 넘어지지 않고
제 원수가 넘어진 저를 보고 즐거워하지 않게 해 주겠습니까?
「또 누가 당신의 자비에 대한 희망이
그들에게서 멀리 있도록 해 주겠습니까?」
4 제 생명의 하느님이신 아버지 주님⊥
저에게 오만한 눈길을 허락하지 마시고
5 제게서 욕망을 멀리하여 주소서.
6 식욕과 색욕이 저를 지배하지 말게 하시고
부끄러움을 모르는 욕정에 저를 넘기지 마소서.

맹세에 대한 가르침

7 얘들아, 말에 대한 훈계를 들어라.
그것을 따르는 이는 결코 실수하지 않으리라.⊥
8 죄인은 제 입술로 말미암아 붙잡히고
험담가와 오만한 자도 제 입술로 말미암아 걸려 넘어지리라.
9 네 입에 맹세하는 버릇을 들이지 말고⊥
거룩하신 분의 이름을 습관적으로 부르지 마라.⊥
10 끊임없이 문초를 당하는 종이
상처가 가시지 않듯
언제나 그분의 이름을 부르며 맹세하는 자도
결코 죄악에서 깨끗해지지 못하리라.
11 맹세를 많이 하는 사람은 범법으로 가득 차고
징벌의 채찍이 그 집을 떠나지 않으리라.
그가 맹세를 어기면 죄악이 그와 함께 머물고
분별없이 맹세를 하면 죄가 갑절로 무거워지리라.
그가 헛맹세를 하면 의롭게 되지 못하리니
그의 집이 온갖 재앙으로 가득 찰 것이기 때문이다.

상스러운 말

12 어떤 언사는 죽음과도 비교할 수 있는데
그것이 야곱의 유산 가운데에서는 발견되지 않기를 바란다.
경건한 이들은 그 모든 언사와 거리가 멀어
그들은 죄악에 빠져들지 않으리라.
13 무식하고 상스러움에 네 입을 길들이지 마라.

23,10 마태 5,34; 야고 5,12.

죄스러운 말이 거기에 담긴다.
14 고관들과 자리를 함께할 때는
네 아버지와 어머니를 기억하여라.
그렇지 않으면 그들 앞에서 너 자신을 잊은 채
습관대로 미련하게 굴지도 모른다.
그때에는 차라리 태어나지 않았더라면 하면서
네가 태어난 날을 저주하리라.
15 상스러운 말을 습관적으로 쓰는 사람은
평생 그 버릇을 고치지 못한다.

간음하는 남자

16 두 부류의 사람이 죄악을 불어나게 하고
세 번째 부류는 진노를 불러들인다.
타오르는 불꽃처럼 뜨거운 욕정은
다 탈 때까지 꺼지지 않으리라.
제 살붙이와 음행을 저지르는 자는
그 불이 그를 태울 때까지 멈추지 않는다.
17 음행을 저지르는 자에게는 온갖 음식이 달다.
죽을 때까지 그는 싫증 낼 줄을 모른다.
18 간음을 저지르는 남자가 스스로에게 이렇게 말한다.
'누가 나를 볼 수 있으랴?
어둠이 나를 감싸고 사방의 벽이 나를 숨겨 주니
아무도 나를 볼 수 없다. 그러니 무엇 때문에 내가 걱정하랴?
지극히 높으신 분께서도 내 죄악들을 기억하지 못하시리라.'⊥
19 그가 두려워하는 것은 사람들의 눈이다.
그는 주님의 눈이
태양보다 만 배나 밝으시다는 것을 알지 못한다.
주님의 눈은 사람들의 온갖 행로를 지켜보시고
숨은 구석까지 낱낱이 꿰뚫어 보신다.
20 만물은 창조되기 전에 이미 그분께 알려졌고
창조가 끝난 후에도 그러하다.
21 이런 자는 성읍 거리에서 벌을 받고⊥
뜻하지 않은 때에 덜미를 잡히리라.⊥

23,14. 부모를 기억하는 것은 그들의 표양과 그들에게서 받은 교육에 합당한 삶을 살게 한다. 또한 처음보다 높은 사회적 위치에 올랐다고 해도 자신이 비천하게 시작했음을 잊어서는 안 된다 (3,2-16 참조).

⊥ 23,18ㅁ. 새 대중 라틴말 성경(23,27ㄱㄴ)에는 첨가된 부분이 있다. "그는 그분의 눈이 모든 것을 보심을 깨닫지 못한다. / 사람에 대한 두려움이 그를 하느님께 대한 경외에서 멀어지게 하기 때문이다."

23,21. "성읍 거리에서" 율법으로 규정한 간음에 대한 벌인 돌로 치는 것은 공개적인 장소에서 이루어졌다.

⊥ 23,21ㄱ. 새 대중 라틴말 성경(23,30ㄴ)에는 첨가된 부분이 있다. "그는 당나귀처럼 도망치게 되리라."

⊥ 23,21ㄴ. 새 대중 라틴말 성경(23,31)에는 첨가된 부분이 있다. "그는 모든 이들에게 멸시를 받으리니 / 그가 주님께 대한 경외를 존중하지 않았기 때문이다."

23,16-26. 음란과 간음에 이르게 하는 감각의 격정을 자제하지 못하는 이들도 죽음과 멸망을 겪게 된다. 하느님 눈앞에서 그러한 죄들을 감출 곳은 없다. 그들은 벌을 받을 것이며 자녀와 후손들의 성장에도 부정적인 영향을 미칠 것이다.

간음하는 여자

22 제 남편을 떠나
다른 남자에게서 상속자를 낳은 여자도 마찬가지다.
23 첫째, 그 여자는 지극히 높으신 분의 율법을 어기고
둘째, 제 남편을 거슬러 죄를 지었으며
셋째, 음행으로 간통죄를 짓고
다른 남자에게서 자식을 낳았기 때문이다.
24 이런 여자는 회중 앞에 끌려 나오게 되고
그 벌이 그 여자의 자식들에게 미치리라.
25 그 여자의 자식들은 뿌리를 내리지 못하고
그 여자의 가지들은 열매를 맺지 못하리라.
26 그 여자의 기억은 저주로 남게 되고
그 여자의 치욕은 결코 지워지지 않으리라.
27 후대의 사람들은
주님을 경외함보다 좋은 일이 없으며
주님의 계명을 지키는 것보다
감미로운 일이 없다는 사실을 깨닫게 되리라.
28 하느님을 따르는 일은 커다란 영광이고
그분께 받아들여지는 일이 곧 장수하는 것이다.

23,24. "자식들에게 미치리라." 어머니의 도덕적 행동에 흠이 있었다면 그 여자가 낳은 자식들도 간음의 결과가 아닌지 의심하게 된다. 에즈 10 참조.

제3부 지혜와 율법, 그리고 금언들

지혜의 찬미

24 1 지혜는 자신을 찬미하고⊥
자신의 백성 한가운데에서 자랑하리라.
2 지혜는 지극히 높으신 분의 모임에서 입을 열고
자신의 군대 앞에서 자랑하리라.⊥
3 "나는 지극히 높으신 분의 입에서 나와⊥
안개처럼 땅을 덮었다.

⊥ 24,1ㄱ. 새 대중 라틴말 성경(24,1ㄴ)에는 첨가된 부분이 있다. "하느님 안에서 영광을 받는다."

⊥ 24,2ㄴ. 새 대중 라틴말 성경(24,3-4)에는 첨가된 부분이 있다. "자신의 백성 가운데에서 현양을 받고 / 거룩한 무리 안에서 경탄을 받으며 / 선택된 이들의 군중 안에서 칭송을 받고 / 축복받은 이들 사이에서 축복을 받으며 말한다."

⊥ 24,3ㄱ. 새 대중 라틴말 성경(24,5ㄴ-6ㄱ)에는 첨가된 부분이 있다. "모든 피조물들 가운데 맏이이다. / 나는 하늘에서 영원한 빛이 떠오르게 하였다."

24,1 잠언 1,20-33; 8,1-9,6; 욥 28; 바룩 3,9-4,4. 24,3 창세 1,2; 24,4 탈출 13,21-22.

📖 24,1-42,14. 집회서 둘째 부분은 첫째 부분과 어느 정도 주제의 일관성을 보이며, 몇 가지 요소를 다시 취하고 다른 몇 가지를 첨가한다. 특히 주목할 만한 것은 그 찬란한 서곡이다(24장). 이 장은 지혜에 관한 이스라엘의 사상이 지혜와 토라 사이의 긴밀한 근접성(인접성)에 이르기까지 발전해 온 길을 보여 준다.

📖 24,1-34. 잠언 8장에서와 같이 지혜는 여러 표상을 통하여 자신을 기린다. 먼저 우리를 태초의 우주적 광경으로 데려가 자신이 하느님의 입에서 나오는 창조의 말씀임을 보여 준다(1-7절). 지혜는 민족들 위에 자신의 인장을 찍은 다음 하느님 뜻에 따라 땅의 한구석에, 선택된 영광스러운 백성 안에 자리를 잡고 그 백성이 이집트 탈출 때에도 광야에서 함께한다. 그 후에는 약속된 땅에 정착하여, 율법의 훌륭한 열매들을 맺는 나무와 같이 심겨(8-22절) 그치지 않고 흐르는 강물처럼 목마름을 풀어 준다(23-34절).

4 나는 높은 하늘에 거처를 정하고
구름 기둥 위에 내 자리를 정했다.
5 나 홀로 하늘의 궁창을 돌아다니고
심연의 바닥을 거닐었다.
6 바다의 파도와 온 땅을,
온 백성과 모든 민족들을 다스렸다.⊥
7 나는 누구의 땅에 머물까 하고
이 모든 것 가운데에서 안식처를 찾고 있었다.
8 그때 만물의 창조주께서 내게 명령을 내리시고
나를 창조하신 분께서 내 천막을 칠 자리를 마련해 주셨다.
그분께서 말씀하셨다. '야곱 안에 거처를 정하고
이스라엘 안에서 상속을 받아라.'⊥
9 한처음 세기가 시작하기 전에 그분께서 나를 창조하셨고
나는 영원에 이르기까지 사라지지 않으리라.
10 나는 거룩한 천막 안에서 그분을 섬겼으며
이렇게 시온에 자리 잡았다.
11 그분께서는 이처럼 사랑받는 도성에서 나를 쉬게 하셨다.
나의 권세는 예루살렘에 있다.
12 나는 영광스러운 백성 안에 뿌리를 내리고
나의 상속을 주님의 몫 안에서 차지하게 되었다.⊥
13 나는 레바논의 향백나무처럼,
헤르몬산에 서 있는 삼나무처럼 자랐다.
14 나는 엔 게디의 야자나무처럼
예리코의 장미처럼
평원의 싱싱한 올리브 나무처럼⊥
플라타너스처럼 자랐다.
15 나는 향기로운 계피와 낙타가시나무처럼
값진 몰약처럼
풍자 향과 오닉스 향과 유향처럼
천막 안에서 피어오르는 향연처럼 사방에 향내를 풍겼다.
16 내가 테레빈 나무처럼 가지를 사방에 뻗으니
그 가지는 찬란하고 우아하다.
17 내가 친절을 포도 순처럼 틔우니
나의 꽃은 영광스럽고 풍성한 열매가 된다.
18 나는 아름다운 사랑과 경외심의 어머니요

24,5 욥 28,14. 24,9 잠언 8,23. 24,10 45,6-26; 50,1-21. 24,12 신명 32,9; 즈카 2,16.

✠ 24,1-2.8-12. 지혜가 자신을 찬미하는 것은 시간의 최초로 눈길을 돌리게 한다. 그래서 성탄 제2주일(우리나라에서는 이날 주님 공현 대축일을 지내므로 성탄 제2주일이 없다)에 이 본문을 요한 복음의 첫 부분과 함께 읽는다. "한처음에 말씀이 계셨다." 그 말씀은 세상과 시간에 대한 하느님 지혜의 말씀이다.

⊥ 24,6ㄴ. 새 대중 라틴말 성경(24,11ㄱ)에는 첨가된 부분이 있다. "나는 내 힘으로 권세가들과 비천한 이들의 마음을 꺾었다."

⊥ 24,8ㄹ. 새 대중 라틴말 성경(24,13ㄷ)에는 첨가된 부분이 있다. "내 선택된 이들 가운데에 네 뿌리를 내려라."

24,10. "천막 안에서… 섬겼으며" 이집트 탈출 때 광야에 있던 천막을 암시한다. 동사 "섬기다"는 하느님의 말씀과 예식 사이의 긴밀한 관계를 가리킨다.

⊥ 24,12ㄴ. 새 대중 라틴말 성경(24,16ㄷ)에는 첨가된 부분이 있다. "나는 거룩한 이들의 무리 안에 자리를 잡았다."

24,14. "엔 게디" 사해 서안의 도시로, 야자나무로 유명하다(여호 15,62; 1사무 24,1; 아가 1,14 참조). "예리코" 역시 야자나무 숲과 협죽도로 유명하다(신명 34,3; 판관 1,16; 3,13 참조). 요르단 협곡에 자리하고 있으며(여호 6; 20,8 참조) 여기서만 장미와 연관해 언급된다.

⊥ 24,14ㄹ. 새 대중 라틴말 성경(24,19ㄴ)에는 첨가된 부분이 있다. "길가의 물 곁에 있는."

24,15. 저자는 탈출 30,1-10; 37,25-28에 묘사된 분향 제단의 분위기를 연상시키려 한다.

[ ] 24,18ㄷㄹ. 새 대중 라틴말 성경(24,25)에는 이렇게 되어 있다. "내 안에 길과 진리의 온갖 은총이 / 내 안에 생명과 덕의 온갖 희망이 있다."

지식과 거룩한 희망의 어머니다.
「나는 내 모든 자녀들에게,
그분께 말씀을 받은 이들에게 영원한 것들을 준다.」
19 나에게 오너라, 나를 원하는 이들아.
와서 내 열매를 배불리 먹어라.
20 나를 기억함은 꿀보다 달고
나를 차지함은 꿀송이보다 달다.⊥
21 나를 먹는 이들은 더욱 배고프고
나를 마시는 이들은 더욱 목마르리라.
22 나에게 순종하는 이는 수치를 당하지 않고
나와 함께 일하는 이들은 죄를 짓지 않으리라."⊥

지혜와 율법

23 이 모든 것은 지극히 높으신 하느님의 계약의 글이고
야곱의 회중의 상속 재산으로
모세가 우리에게 제정해 준 율법이다.
24 「주님 안에서 끊임없이 강해지고
그분께서 너희를 강하게 하시도록 그분께 매달려라.
전능하신 주님 홀로 하느님이시고
그분 말고 아무도 구원자가 될 수 없다.」
25 율법은 지혜를 피손강처럼
첫 수확기의 티그리스강처럼 흘러넘치게 한다.
26 율법은 지식을 유프라테스강처럼
추수기의 요르단강처럼 넘쳐흐르게 한다.
27 율법은 교훈을 나일강처럼
포도 수확기의 기혼 샘처럼 쏟아 낸다.
28 첫 사람도 지혜를 완전히 알 수 없었고
마지막 사람도 지혜를 완전히 깨닫지 못하리라.
29 지혜의 생각이 바다보다 풍부하고
지혜의 의견이 큰 심연보다 깊기 때문이다.
30 ⊥나로 말하면 강에서 끌어낸 운하와 같고
정원으로 이어지는 물길과 같다.
31 나는 "내 동산에 물을 대고
꽃밭에 물을 주리라." 하였다.
보라, 내 운하가 강이 되고
내 강이 바다가 되었다.

⊥ 24,20ㄴ. 새 대중 라틴말 성경(24,28)에는 첨가된 부분이 있다. "나에 대한 기억은 세세로 지속된다."

⊥ 24,22ㄴ. 새 대중 라틴말 성경(24,31)에는 첨가된 부분이 있다. "나를 현양하는 이는 영원한 생명을 얻으리라."

「 」 24,24. 새 대중 라틴말 성경(24,34)에는 이렇게 되어 있다. "그분은 당신 종 다윗에게 그에게서 강한 임금이 일어나도록 해 주셨다 / 그는 영원토록 영광스러운 왕좌에 앉아 있으리라."

24,25-26. 피손, 티그리스, 유프라테스는 에덴의 강이다(창세 2,10-14 참조).

24,27. "나일강처럼" 그리스어 본문은 "빛처럼"으로 되어 있다. 앞 절과의 병행을 생각하여 시리아어본에 언급된 것처럼(nhr') 나일강으로 해석한 것 같다. 아마도 그리스어 번역자는 히브리어 '여오르'("나일")와 '오르'("빛")를 혼동했을 것이다. 그러나 지혜와 자주 연관되는 "빛"을 첨가한 것은(3,25의 주 참조) 의도적이라 보고 그렇게 번역할 수도 있다.

24,30-34. 현인은 명시적으로 스승으로서 자신의 사명에 대해 말한다(33,16-19; 39,12 참조).

⊥ 24,30. 새 대중 라틴말 성경(24,40)에는 그 앞에 삽입되어 있다. "나 지혜가 강들을 퍼부었다."

24,20 시편 19,11; 119,103; 잠언 16,24; 24,13. 24,21 요한 4,13. 24,27 예레 2,8.

✠ 24,18. "사랑의 어머니"는 동정 마리아께 적용되는 호칭으로 『로마 미사 경본』(1962년판)에도 이미 언급되어 있다.

32 나는 교훈을 새벽빛처럼 다시 밝히고
그 빛을 멀리까지 보낸다.⊥
33 나는 가르침을 예언처럼 다시 쏟아붓고
세세 대대로 그 가르침을 남겨 주리라.⊥
34 보라, 나는 나만을 위해서가 아니라
지혜를 찾는 모든 이를 위해 애썼다는 것을 알아라.

좋은 남편과 나쁜 남편

25 1 내 마음에 드는 것이 세 가지 있으니
그것들은 주님과 사람 앞에서 아름답다.
형제들끼리 일치하고 이웃과 우정을 나누며
남편과 아내가 서로 화목하게 사는 것이다.
2 나는 세 부류의 사람을 미워하고
그들의 생활 방식을 몹시 혐오한다.
잘난 체하는 가난한 사람과 거짓말하는 부자
지각없이 간음에 빠진 늙은이가 바로 그들이다.
3 네가 젊어서 아무것도 벌어들이지 못했다면
늙어서 무엇을 찾을 수 있겠느냐?
4 백발노인으로서 판단력이 있고
원로들로서 건전한 의견을 줄 수 있다는 것은 얼마나 좋은가!
5 노인들의 지혜와
존경받는 사람들의 지성과 의견은 얼마나 좋은가!
6 풍부한 경험은 노인들의 화관이고
그들의 자랑거리는 주님을 경외함이다.
7 내 마음에 행복이라고 생각하는 아홉 가지가 있는데
여기에 열 번째 것을 덧붙여 내 혀로 알린다.
자기 자식으로 말미암아 기뻐하는 사람과
살아서 원수들이 망하는 것을 보는 사람은 행복하다.
8 지각 있는 아내와 함께 사는 사람
혀로 죄를 짓지 않는 사람
자기보다 못한 자에게 종노릇하지 않는 사람은 행복하다.
9 현명을 찾은 사람
주의 깊게 듣는 청중에게 이야기하는 사람은 행복하다.

25,1-6. 벤 시라는 구체적인 삶의 경험에서 인간관계, 특히 가정의 화목과 원로들의 지혜에 관련된 긍정적인 고찰을 한다(연로함과 지혜를 동일시하는 것이 극복된다는 점이 주목할 만하다).

25,7-12. 계속 이어서 수 잠언으로 열 가지 행복 선언의 목록을 열거한다. 그 자연스러운 절정은 하느님을 경외함이다. 이러한 복된 상황에 대조되는 것은 나쁜 여자, 성을 잘 내고 유혹하는 여자의 태도이다.

24,34. 이 구절 후반부에서 '지혜를 찾는' 사람들이 언급되지만, 그리스어에는 단지 대명사 '그것'이 사용되었고 이 대명사는 33절의 '가르침'을 지칭하는 것으로 보아 '가르침을 찾는'이라고 해석할 수도 있다.

⊥ 24,32ㄴ. 새 대중 라틴말 성경(24,45)에는 첨가된 부분이 있다. "나는 땅속 구석구석으로 들어가 / 잠든 모든 이들을 찾아가고 / 주님께 희망을 두는 모든 이들을 비추리라."

⊥ 24,33ㄴ. 새 대중 라틴말 성경(24,46ㄷ)에는 첨가된 부분이 있다. "나는 장차 올 거룩한 세상에까지 그 후손들을 버리지 않으리라."

25,1. 주요 그리스어 사본들에 전수된 본문은 "내 마음에 들고 주님과 사람들 앞에서 나를 아름답게 하는 것이 세 가지 있다."이다. 지금의 본문은 치글러에 의한 그리스어 본문을 따른 것이다. 첫 번째 본문에서는 지혜가 말을 하는 것이 되고, 성경 번역에서는 현인이 말하는 것이 된다. 이로써 그는 25,11까지에 이르는 수 잠언들을 시작하게 된다.

25,2. 수 잠언은 격언의 암기를 도와주는 교육적 장치이다. 26,5.28 참조. 또한 욥 5,19의 주 참조.

25,4-6. 원로의 중요성에 관하여, 6,34의 주(또한 8,6) 참조.

25,8. 여러 현대어 번역 성경은 "지각 있는 아내와 함께 사는 사람" 뒤에 "소와 나귀를 함께 부려 밭을 갈지 않는 사람"이라는 표현(신명 22,10; 2코린 6,14 참조)을 넣는다. 이는 치글러 비평본에서는 생략했지만 한 개의 히브리어 사본에서 언급되는 문구이다. 이로써 7절에서 언급된 열 가지 행복이 채워진다.

10 지혜를 찾은 사람은 얼마나 위대한가!
그러나 주님을 경외하는 이보다 위대한 이는 없다.
11 주님을 경외함은 모든 것을 뛰어넘으니
주님을 경외하는 이를 누구와 비교할 수 있으랴?
12 주님을 경외함은 그분에 대한 사랑의 시작이요
믿음은 그분에 대한 의탁의 시작이다.

나쁜 아내

13⊥마음의 상처가 아니라면 어떤 상처라도 좋고
여자의 악함이 아니라면 어떤 악함이라도 좋다.
14 미워하는 자들에게 받는 고통이 아니라면 어떤 고통도 좋고
원수들의 복수가 아니라면 어떤 복수도 좋다.
15 독사의 독보다 고약한 독은 없고
여자의 분노보다 고약한 분노는 없다.
16 내게는 사자와 용과 사는 것이
악한 아내와 사는 것보다 낫다.
17 아내의 악함은 제 모습을 바꾸는데
곰처럼 제 얼굴을 어둡게 한다.
18 그의 남편은 이웃과 밥상에 앉게 될 때
비통하게 한숨지을 뿐이다.
19 아내의 악행에 비하면 어떤 악행도 하잘것없다.
죄인의 운명이 그 여자에게 닥치리라.
20 조용한 남자가 수다스러운 아내와 사는 것은
노인이 모래 언덕을 밟고 오르는 것과 같다.
21 여자의 아름다움에 걸려 넘어지지 말고
여자를 탐내지 마라.
22 아내가 제 남편을 먹여 살리게 되면
분노와 뻔뻔스러움과 커다란 수치가 있을 뿐이다.
23 비굴한 마음과 어두운 얼굴과
마음의 상처는 악한 아내 때문이다.
힘없는 손과 마비된 무릎은
제 남편을 행복하게 해 주지 않는 아내 때문이다.
24 죄는 여자에게서 시작되고
여자 때문에 우리 모두가 죽는다.

⊥ 25,13. 새 대중 라틴말 성경(25,17)에는 그 앞에 삽입되어 있다. "모든 상처는 마음의 슬픔이고 / 모든 악의는 여자의 악함에 집중된다."

25,15. "여자" 고대 시리아어 번역본을 따른 것이다. 그리스어 사본들과 라틴어 사본들은 "원수"로 되어 있다. 13절에서와 마찬가지로 여자들에 대해 말하는데, 현인은 여자를 좋게 보지 않는다(22,3 참조). 코헬렛도 이와 유사하게 여자의 쓴맛을 죽음의 쓴맛에 비긴다(코헬 7,26의 주 참조).

25,13 25,15. 25,21 잠언 31,30. 25,23 잠언 14,1. 25,24 창세 3,16; 로마 5,12; 1코린 15,22.

25,13-26. 이 단락의 마지막 부분에서 중요한 것은 여자가 원인이 되어 죽음을 전하게 된 원죄에 대한 이론이다. 매우 남성 중심적 시각이다. 이 이론은 교부들과 이후의 교리 교육에서 다시 나타난다.

25 물은 빠져나가지 못하게 하고
사악한 아내에게는 말할 자유를 주지 마라.
26 그가 네 지시대로 걷지 않거든⊥
네게서 그를 잘라 버려라.⊥

좋은 아내를 가진 남편의 행복

26 1 좋은 아내를 가진 남편은 행복하다.
그가 사는 날수가 두 배로 늘어나리라.
2 훌륭한 아내는 제 남편을 즐겁게 하고
그 남편은 평화롭게 수를 다하리라.
3 좋은 아내는 큰 행운이다.
주님을 경외하는 이들에게 그런 아내는 행운으로 주어지리라.
4 그 남편은 부유하든 가난하든 마음이 즐겁고
얼굴은 언제나 활기가 넘친다.

고약한 아내

5 나는 마음속으로 두려워하는 것이 세 가지가 있고
네 번째 것에 대해서는 공포심마저 느낀다.
읍내의 중상과 군중의 모임과 모략
이 모든 것들은 죽음보다 고약하다.
6 다른 여자를 질투하는 아내는 마음의 고통과 슬픔이 되고
험악한 혀로 그것을 모두에게 전한다.
7 악처는 삐걱거리는 소 멍에와 같고
악처를 가진 자는 전갈을 쥐고 있는 자와 같다.
8 술 취한 아내는 분노 덩어리다.
그 여자는 제 치부를 감추지 않으리라.
9 아내의 부정은 치켜 올린 두 눈에서
그리고 눈꺼풀 모양에서 알아볼 수 있다.
10 고집스러운 딸을 철저하게 감시하여라.
그러지 않으면 틈을 타 제 자유를 남용하리라.
11 그 애의 눈이 뻔뻔스러워지는지 잘 살펴라.
또 너를 배반하게 되더라도 놀라지 마라.
12 목마른 나그네가 입을 벌려

25,26. "걷지 않거든" 여자에게는 수동적이고 무조건적 순종이 요구되고, 그렇지 않으면 이혼의 벌을 받는다(너에게서, 자구적으로는 너의 살에서 잘라 버리라는 것은 그 여자와 갈라서라는 뜻이다).

⊥ 25,26ㄱ. 새 대중 라틴말 성경(25,35ㄴ)에는 첨가된 부분이 있다. "너의 원수들 앞에서 너를 수치스럽게 할 것이다."

⊥ 25,26ㄴ. 새 대중 라틴말 성경(25,36ㄴ)에는 첨가된 부분이 있다. "네 집에서 멀어지게 하여라."

26,1. "행복하다." 좋은 아내는 자녀 교육의 중요성 때문에도 남편에게 축복이 된다(잠언 14,1의 주 참조). 잠언 12,4; 31,10-11 참조.

26,2. "훌륭한" 자구적으로는 "남자다운"('안드레이아'). 현인은 잠언 31,10-31의 훌륭한 아내에 대한 찬가를 알고 있는 것으로 보인다. "남자다운"은 10절의 히브리어 '하일'("강한, 힘센")을 번역한 형용사이다.

26,5. "세 가지… 네 번째 것" 숫자의 연속에 관하여, 25,2의 주 참조.

26,12. 이 표상들은 다양한 성 관계를 나타내는 은유가 된다.

26,7 잠언 19,13. 26,9 잠언 6,25.

26,1-27. 좋은 여자와 나쁜 여자의 대조가 계속 전개된다. 아내의 질투와 술 취함, 딸의 방탕함, 간음을 생활 방식으로 삼아 살아가는 빗나간 여자의 경솔함을 배경으로 할 때 좋은 아내의 성실함이 등불처럼 빛난다. 하느님을 두려워하는 사람은 좋은 아내의 우아함, 분별, 신중함, 정숙함으로 상을 받을 것이며 거기서 기쁨을 찾을 것이다.

✠ 26,1-4.13-16. 혼인 예식에서 이 본문을 제1독서로 사용한다.

가까이 있는 물을 어느 것이나 마시듯
말뚝마다 그 앞에 주저앉고
화살 앞에서 제 화살통을 열어젖히리라.

완전한 아내에 대한 칭찬

13 우아한 아내는 남편을 즐겁게 하고
사려 깊은 아내는 남편의 뼈를 살찌운다.
14 조용한 아내는 주님의 선물이다.
교양 있는 영혼을 대신할 만한 것은 없다.
15 정숙한 아내는 은혜 중의 은혜이다.
어떤 저울로도 절제하는 영혼의 가치를 달 수 없다.
16 집 안을 깨끗하게 정돈하는 착한 아내의 아름다움은
주님의 창공에 떠오르는 태양과 같다.
17 다부진 몸매에 아름다운 얼굴은
거룩한 등경 위에서 빛나는 등불과 같다.
18 든든한 발꿈치 위로 뻗은 멋진 다리는
은 받침대 위에 세워진 금 기둥과 같다.⊥
19 「얘야, 네 삶의 한창때에 건강을 지키고
너의 힘을 낯선 여자들에게 허비하지 마라.
20 온 평야에서 기름진 땅을 찾고
네 좋은 혈통을 믿으며 자신의 씨앗을 거기에 뿌려라.
21 그러면 네가 남길 자녀들은
혈통을 자랑스럽게 여기며 번성하리라.
22 돈을 주고 산 여자는 가래침으로 여겨지고
결혼한 여자는 애인들에게 죽음의 성탑으로 여겨지리라.
23 불경한 아내는 무도한 자에게,
경건한 아내는 주님을 경외하는 이에게 주어진다.
24 수치스러운 아내는 불명예 속에서 세월을 보내지만
얌전한 딸은 제 남편 앞에서조차 수줍어하리라.
25 고집스러운 아내는 개처럼 여겨지지만
부끄러움을 아는 여자는 주님을 경외하게 되리라.
26 제 남편을 존경하는 아내는 모든 이에게 지혜롭게 비치겠지만
자만심으로 남편을 존경하지 않는 아내는
모두에게 불경한 여자로 알려지리라.
좋은 아내를 가진 남편은 행복하다.
그가 사는 햇수가 두 배나 되리라.

26,15. 잠언 31,10 참조.

⊥ 26,18ㄴ. 새 대중 라틴말 성경(26,24)에는 첨가된 부분이 있다. "든든한 바위 위에 세워진 기초가 영원한 기초이듯 / 거룩한 여인의 마음 안에는 하느님의 계명이 그러하다."

「 」 26,19-27. 새 대중 라틴말 성경에는 들어 있지 않다.

26,19. 잠언 2; 5; 6; 7장에서와 마찬가지로 아들에게 낯선 여자의 위험성을 경고한다(잠언 2,11-22 주해와 2,16의 주 참조). "힘"은 정력을 가리킬 것이다(잠언 31,3 참조).

26,13 잠언 31,11-12. 26,18 아가 5,15.

27 목소리 크고 수다스러운 아내는
전쟁터의 신호나팔과 같다.
이렇게 사는 모든 남자는
전쟁의 와중에서 삶을 보내게 되리라.⌉

28 내 마음을 서글프게 하는 것이 두 가지가 있고
세 번째로 나를 화나게 만드는 것이 있다.
가난으로 궁핍해지는 용사
남에게 무시당하여 쫓겨나는 지성인 그리고 의로움에서
죄악으로 돌아서는 자다.
주님께서 그를 거슬러 칼을 준비하시리라.

장사의 위험

29⊥상인은 잘못을 피하기가 어렵고
장사꾼은 죄악에서 벗어나기가 힘들다.

27

1 많은 이들이 돈 때문에 죄를 짓고
부를 찾는 자는 눈을 감아 버린다.
2 말뚝이 돌멩이 사이에 단단히 박히듯
죄악은 팔고 사는 가운데에 쐐기를 박으리라.
3 사람이 주님에 대한 경외심으로 굳건히 서 있지 않으면
그의 집안은 순식간에 무너지리라.

말

4 체로 치면 찌꺼기가 남듯이
사람의 허물은 그의 말에서 드러난다.
5 옹기장이의 그릇이 불가마에서 단련되듯이
사람은 대화에서 수련된다.
6 나무의 열매가 재배 과정을 드러내듯이
사람의 말은 마음속 생각을 드러낸다.
7 말을 듣기 전에는 사람을 칭찬하지 마라.
사람은 말로 평가되기 때문이다.

26,28-29. 이 두 절의 주제는 앞의 문맥과 전혀 다르다. 아마도 편집자가 덧붙인 부분일 것이다.

⊥ 26,29. 새 대중 라틴말 성경(26,28ㄱ)에는 그 앞에 삽입되어 있다. "두 부류의 사람들이 나에게는 의심스럽고 위험하게 보인다."

27,1. "눈을 감아 버린다." 두 가지 의미를 지닐 수 있다. 하느님 율법에서 눈길을 돌린다는 뜻이 될 수도 있고, 아무도 고려하지 않는다는 뜻이 될 수도 있다(아마도 부자가 되려는 사람은 아무도 신경 쓰지 않는다는 의미일 것이다).

27,3. 우리말 번역문은 그리스어 본문과 같이 3인칭으로 되어 있다. 그러나 (새) 대중 라틴말 성경은 2인칭 단수("네가", "너의 집안은")로 되어 있다.

27,6. 열매의 중요성에 관하여, 마태 7,16 참조.

26,29 42,5.

26,28–27,15. 복음서에서 다시 나올 내용을 예고하며(마태 7,16; 루카 6,43-45 참조) 벤 시라는 이 격언들 한가운데에 식별의 건전한 기준을 제시한다. 나무는 열매로 알아본다는 것이다. 사람 역시 돈을 다루는 방법, 대화, 이웃과의 관계와 같은 일상의 행동으로 평가된다.

27,4-7. 이 단락은 다해 연중 제8주일 제1독서로 사용된다. 예수님은 복음에서 직접 이를 언급하신다(루카 6,39-45).

⊥ 27,8ㄴ. 새 대중 라틴말 성경(27,9ㄷㄹ)에는 첨가된 부분이 있다. "너는 의로움과 함께 살고 의로움이 영원히 너를 지켜주며 / 심판날에 든든히 너를 지지해 주리라."

27,14. 맹세에 관하여, 잠언 12,18의 주 참조.

27,16. 우정은 현인에게 매우 중요한 가치이다. 22,19-26의 주 참조.

⊥ 27,20ㄴ. 새 대중 라틴말 성경(27,22ㄷ)에는 첨가된 부분이 있다. "그리고 그의 영혼은 상처를 입었다."

의로움

8 네가 의로움을 추구하면 그것을 얻고
영예로운 예복처럼 그 의로움을 입으리라.⊥
9 새들은 끼리끼리 날아들고
진리는 그것을 실천하는 이들에게 돌아오리라.
10 사자가 숨어서 먹이를 기다리듯
죄악도 불의를 일삼는 자들을 숨어서 기다린다.
11 경건한 이의 말은 항상 지혜로우나
미련한 자는 달처럼 변한다.
12 지각없는 자들과는 너의 시간을 줄여라.
그러나 사려 깊은 이들과는 시간을 늘려라.
13 미련한 자들의 말은 남의 마음을 상하게 하고
그들의 웃음소리는 방탕한 죄악에서 나온다.
14 거듭 맹세하는 자의 이야기는 머리카락을 쭈뼛하게 만들고
그들의 말다툼은 귀를 막게 한다.
15 거만한 자들의 말다툼은 피를 흘리게 하고
그들의 욕설은 듣기에 괴롭다.

비밀

16 비밀을 폭로하는 자는 신의를 깨뜨려
목숨 같은 친구를 결코 얻지 못하리라.
17 네 친구를 아끼고 그에게 신의를 지켜라.
그러나 네가 그의 비밀을 폭로했다면
그에게 더 이상 가까이 가지 마라.
18 자기에게 속한 이를 죽여 없앤 인간처럼
너는 이웃의 우정을 파괴하였다.
19 네 손에서 새를 풀어 주었을 때처럼
네 이웃을 떠나게 하면 다시는 붙잡지 못하리라.
20 그를 뒤쫓지 마라. 그는 이미 멀리 있다.
그는 올가미에서 풀려난 영양처럼 멀리 달아나 버렸다.⊥
21 상처는 싸맬 수 있고
욕설은 화해로 풀 수 있지만
비밀을 폭로한 자는 희망이 없다.

27,12 9,14-16.

📖 27,16-29. 말의 실수와 비밀 누설은 친구를 잃게 할 수 있으며, 일반적으로 그 악이 잘못을 범한 사람에게 되돌아온다. 악을 사랑하는 사람은 하느님께 사랑받을 수 없으며 하느님에게서 부정적인 갚음을 받을 것이다.

위선

22 눈짓하는 자는 악을 꾸민다.
그를 알아보는 이는 그를 멀리하리라.
23 그가 네 앞에서 달콤한 말을 하고
네가 하는 말에 탄복하리라.
그러나 나중에 그는 제 말을 바꾸고
네가 한 말로 말썽을 일으키리라.
24 나는 많은 것을 미워했지만 그에 대한 미움에는 미치지 못한다.
주님께서도 그를 미워하시리라.
25 돌을 위로 던지는 자는 제 머리에 던지는 것이다.
남을 교활하게 공격하는 자는 저도 상처를 받으리라.
26 함정을 파는 자는 자신이 거기에 떨어지고⊥
덫을 놓는 자는 자신이 거기에 걸리리라.
27 악을 행하는 자는 그 악이 그에게 돌아오리라.
그런데도 그것이 어디서부터 오는지 모르리라.
28 거만한 자는 조롱과 모욕을 하지만
복수가 그를 사자처럼 숨어서 기다린다.
29 경건한 이들이 넘어지는 것을 기뻐하는 자들은 덫에 걸리고
고통에 시달리다 죽으리라.

복수심

30 분노와 진노 역시 혐오스러운 것인데도
죄지은 사람은 이것들을 지니고 있다.
28 1 복수하는 자는 주님의 복수를 만나게 되리라.
그분께서는 그의 죄악을 엄격히 헤아리시리라.
2 네 이웃의 불의를 용서하여라.
그러면 네가 간청할 때 네 죄도 없어지리라.
3 인간이 인간에게 화를 품고서
주님께 치유를 구할 수 있겠느냐?

27,22. "눈짓하는 자" 잠언 6,13; 10,10에서와 같이 눈길은 마음의 의도를 표현한다. 시편 35,19의 주 참조.

⊥ 27,26ㄱ. 새 대중 라틴말 성경(27,29ㄴ)에는 첨가된 부분이 있다. "이웃의 앞에 돌을 놓는 자는 거기에 걸려 비틀거린다."

28,3. "치유를 구할 수 있겠느냐?" 전통적인 응보 이론에서 질병은 죄와 연관된 것으로 여겨졌다. 욥 11,13-20의 주 참조.

27,26 잠언 26,27. 27,27 시편 7,16; 9,16. 27,28 탈출 23,4-5; 레위 19,17-18; 민수 35,19; 신명 19,12. 28,1 잠언 20,22; 25,21. 28,2 마태 6,12.

27,30–28,7. 집회서의 지혜 사상이 받은 손해를 복수하도록 하는 규정에서(민수 35,19; 신명 19,12 참조) 멀어졌음이 여기서 명백히 드러난다. 주님의 기도에 앞서, 용서를 베푸는 것이 자신의 죄가 없어지게 하고 신체적인 치유까지 가져올 수 있는 것으로 여겨진다.

✠ 27,30–28,7. 가해 연중 제24주일에는 분노와 복수심을 다스리는 것에 관한 이 본문을 읽는다. 그 배경은 베드로가 예수님께 물었고 복음서에 제시된 "제 형제가 저에게 죄를 지으면 몇 번이나 용서해 주어야 합니까?"라는 질문이다(마태 18,21-35). 참회 예식도 이 본문을 약간 축소하여 독서로 사용한다(집회 28,1-7).

4 인간이 같은 인간에게 자비를 품지 않으면서
자기 죄의 용서를 청할 수 있겠느냐?
5 죽을 몸으로 태어난 인간이 분노를 품고 있으면⊥
누가 그의 죄를 사해 줄 수 있겠느냐?
6 종말을 생각하고 적개심을 버려라.
파멸과 죽음을 생각하고 계명에 충실하여라.
7 계명을 기억하고 이웃에게 분노하지 마라.
지극히 높으신 분의 계약을 기억하고 잘못을 눈감아 주어라.

말다툼

8 말다툼을 그만두어라. 죄를 덜 짓게 되리라.
화 잘 내는 인간이 말다툼을 일으키기 마련이다.
9 죄지은 사람은 친구들을 불안하게 하고
서로 평화롭게 사는 사람들 사이에 불목을 일으킨다.
10 땔감을 넣을수록 불길은 더욱 타오르고
[고집을 피울수록 말다툼은 더욱 격해지리라.]
인간은 세도가 클수록 그 분노가 커지고
재산이 많을수록 그 진노가 치솟으리라.
11 성급한 말싸움이 불길을 일으키고
조급한 말다툼이 피를 흘리게 한다.⊥
12 불씨를 입으로 불면 더욱 세차게 타오르고
불씨에 침을 뱉으면 꺼지리라.
바람과 침 둘 다 네 입에서 나온다.

사악한 혀

13 중상하는 자와 한 입으로 두말하는 자를 저주하여라.
그들은 평화로이 사는 많은 사람들을 멸망시켰다.
14 이간질하는 혀는 많은 이들을 혼란시키고
그들을 이 민족 저 민족으로 흩어 놓았으며
튼튼한 성읍을 파괴시키고
고관들의 집안을 파멸시켰다.⊥
15 이간질하는 혀는 덕 있는 아내들을 집안에서 내쫓고
그들에게서 노고의 열매를 빼앗았다.
16 이간질하는 혀에 귀를 기울인 자는 안식을 얻지 못하고
편히 쉴 수 없으리라.

⊥ 28,5ㄱ. 새 대중 라틴말 성경(28,5ㄴ)에는 첨가된 부분이 있다. "어떻게 하느님의 용서를 청할 수 있겠느냐?"

[ ] 28,10ㄴ. 새 대중 라틴말 성경에는 들어 있지 않다.

⊥ 28,11ㄴ. 새 대중 라틴말 성경(28,13ㄷ)에는 첨가된 부분이 있다. "다스려지지 않은 혀는 죽음에 이르게 한다."

28,14.15. "이간질하는 혀" 그리스어 본문에서는 고자질하는 사람 또는 중상하는 사람을 가리켜 "세 번째 혀"라는 표현을 사용하고 이것은 후에 라삐들도 사용한다. 그 혀가 "세 번째"라고 일컬어지는 것은 세 사람(비방하는 사람, 비방을 당한 사람, 그 사람을 믿는 사람)을 죽이기 때문이거나 두 사람 사이에서 세 번째 요소로 끼어들기 때문이다.

⊥ 28,14ㄹ. 새 대중 라틴말 성경(28,18)에는 첨가된 부분이 있다. "백성들의 힘을 꺾어 놓았고 / 위대한 민족들을 흩어 놓았다."

28,7 레위 19,17-18. 28,10 잠언 26,20-21. 28,13 잠언 16,28.

28,8-26. 복수뿐만 아니라 다툼도 하느님께 혐오스럽다. 악담과 중상에 의한 것일 때는 더욱 그러하다. 혀는 죽음에 비길 만큼 해로운 힘을 지니고 있다. 하느님을 두려워하는 사람만이 그 파괴력을 피할 수 있다.

17 매에 맞으면 자국이 남지만
혀에 맞으면 뼈가 부러진다.
18 많은 이들이 칼날에 쓰러졌지만
혀 때문에 쓰러진 이들보다는 적다.
19 혀의 공격으로부터 보호를 받고
혀의 분노에 걸려들지 않은 이는 행복하다.
그 멍에를 쓰지도 않고
그 사슬에 묶이지도 않은 이는 행복하다.
20 사실 혀의 멍에는 쇠 멍에요
혀의 사슬은 청동 사슬이다.
21 혀로 말미암은 죽음은 고약한 죽음이고
혀보다는 차라리 저승이 낫다.
22 그러나 혀는 경건한 이들을 압도하지 못한다.
그들은 혀의 불꽃에 타지 않으리라.
23 주님을 저버린 자들이 혀에 걸려들고
혀의 불길이 그들 가운데에서 타올라 결코 꺼지지 않으리라.
그 혀가 사자처럼 그들에게 보내져
표범처럼 그들을 찢으리라.
24ㄱ 네 터에 가시나무 울타리를 둘러치듯이
25ㄴ 네 입에 문과 빗장을 달아라.
24ㄴ 네 은과 금을 갋아 두듯이
25ㄱ 네 말도 경중을 가려서 하여라.
26 혀로 실수하지 않도록 조심하고
숨어 기다리는 자 앞에서 넘어지지 않도록 조심하여라.⊥

빚

29 1 자비를 베푸는 이는 이웃에게 돈을 꾸어 주고
도움의 손길을 펼치는 이는 계명을 지킨다.
2 이웃이 궁핍할 때 돈을 꾸어 주고
이웃에게 꾼 돈은 제때에 갚아라.
3 한 번 한 말은 지키고 이웃에게 신의를 지켜라.
그러면 언제든 필요한 도움을 얻으리라.
4 꾼 것을 횡재로 여기고
도움을 준 이들을 곤경에 빠뜨리는 자들이 많다.
5 돈을 꿀 때까지는 이웃의 손에 입 맞추고

28,21-23. 벤 시라에게 지혜는 하느님에 대한 경외, 평화, 자제, 용서의 삶에 뿌리를 두는 것이다.

28,21. 의도적으로 혀를 악하게 사용하는 것은 큰 손해를 가져올 수 있다. 5,13의 주 참조.

28,24-25. 구절의 구분(ㄱ, ㄴ)은 사본 전통에 따른 것이며, 우리말 성경에서는 치글러판에 따라 순서를 바꾸었다.

⊥ 28,26ㄴ. 새 대중 라틴말 성경(28,30ㄷ)에는 첨가된 부분이 있다. "네가 넘어지는 것이 치명적이 되지 않게 하여라."

29,1-7. 곤궁한 사람에게 돈을 꾸어 주는 것과 성실하고 정직하게 빚을 갚는 것은 좋은 일이다. 현인이 이 점에 있어서 선임자들을 넘어선다는 점은 주목할 만하다(잠언 6,1-5; 22,26-27 참조).

29,4. "횡재" 권세가에게 꾸어 준 것을 이미 잃어버린 것으로 여기라고 말한 8,12를 암시한다. 마치 횡령할 재산을 찾아낸 것처럼 권세가는 돈을 돌려주어야 한다고 생각하지 않는다.

28,19 시편 31,21.

29,1-28. 현인들은 언제나 재산의 사용에 관하여 숙고했다. 모든 재산이 하느님에게서 오며 그것을 관리하고 함께 나누어야 한다는 의식에서 저자는 실천해야 할 분명한 충고들을 제시한다.

그의 재산을 두고 공손한 어조로 말한다.
그러나 갚을 때가 되면 시간을 미루고
빈말로만 갚겠다 하며
시간만 탓할 뿐이다.
6 그가 갚을 수 있다 하더라도 반이나마 받기 어렵고
그것이라도 받아 내면 횡재로 생각해야 하리라.
그가 갚을 수 없다면 재산을 빼앗긴 것이고
공연히 그를 원수로 만든 것이다.
빚진 자는 빚 준 이에게 저주와 욕설로 되갚고
존경 대신에 모욕으로 되갚으리라.
7 악의 없이 많은 이들이 꾸어 주기를 거절하는데
거저 빼앗길까 두려워서다.

29,6. "존경"에 관하여, 4,21의 주 참조.

자선

8 그렇지만 비천한 이에게는 참아 주고
자선을 베풀 때 그를 기다리게 하지 마라.
9 계명을 생각해서 빈곤한 이를 도와주고
그가 궁핍할 때 빈손으로 돌려보내지 마라.
10 형제나 친구를 위해 돈을 내주어
그 돈이 돌 밑에서 녹슬지 않게 하여라.
11 네 보화를 지극히 높으신 분의 계명에 따라 내놓아라.
그러면 그것이 순금보다 훨씬 이득이 되리라.
12 네 곳간에 자선을 쌓아 두어라.
그것이 너를 온갖 재앙에서 구해 주리라.
13 자선은 튼튼한 방패와 단단한 창 이상으로
너를 위해 원수와 맞서 싸워 주리라.

29,8-13. 가난한 이들에게는 거저 주어야 한다. 그가 갚을 길이 없기 때문이다. 하느님께서 당신의 축복으로 이를 갚아 주실 것이다.

29,8. 집회서에서 "자선"의 의미에 관하여, 3,14의 주 참조.

보증

14 착한 사람은 이웃에게 보증을 서 주지만
수치심을 잃은 자는 그를 배반하리라.
15 보증인의 호의를 잊지 마라.
그는 너를 위해 자기 목숨을 내놓았다.
16 죄인은 보증인의 재산을 날려 버리리라.
17 고의로 은혜를 저버리는 자는 자기를 구해 준 이를 배
반하리라.
18 보증은 성공한 사람들을 수없이 망쳐 놓고
바다의 파도처럼 그들을 뒤흔들었다.

29,14-20. 이웃을 위해 보증을 설 때는 이득을 위해서가 아니라 동정심에서 해야 하지만, 여기서도 신중함은 필수적이다. 그러므로 개입하기 전에 신중해야 하고, 자신의 경제적 능력을 제대로 평가해야 한다.

29,8 신명 15,11; 마태 6,19-21. 29,11 토빗 4,9-11; 루카 16,9; 야고 5,3.

그것은 세도가들을 유배 가게 만들어
다른 민족들 가운데에서 방황하게 하였다.
19 죄인은 보증 서는 일에 뛰어들어
이익을 보려다가 소송에 걸려든다.
20 네 힘이 닿는 대로 이웃을 도와주어라.
그러나 스스로 망하지 않도록 조심하여라.

식객

21 사는 데 꼭 필요한 것은 물과 빵과 옷
그리고 알몸을 가려 줄 집이다.
22 제 지붕 밑에서 가난하게 사는 것이
남의 집에서 진수성찬을 받는 것보다 낫다.
23 크건 작건 주어진 것에 만족하여라.
식객으로서 비난을 듣지 않으리라.
24 이 집 저 집 옮겨 다니는 것은 불행한 삶이다.
식객으로 지내면서 입을 열지 말아야 한다.
25 잔치를 열어 주어도 감사를 받기는커녕
오히려 고약한 말을 듣게 되리라.
26 "여보게, 식객. 이리 와서 상을 차리게나.
가진 게 있으면 나를 먹여 주게."
27 "나가 주게, 식객. 지체 높은 손님이 왔다네.
내 형제가 나를 찾아왔으니 방이 필요하다네."
28 식객으로서 당하는 비난과 빚쟁이에게 당하는 모욕은
현명한 사람에게는 참기 어렵다.

교육

30 1 제 자식을 사랑하는 이는 그에게 종종 매를 댄다.
그러면 말년에 기쁨을 얻으리라.
2 제 자식을 올바로 교육하는 이는 그로 말미암아 덕을 보고
친지들 가운데에서 그를 자랑으로 삼으리라.
3 제 자식을 잘 가르치는 이는 적대자의 부러움을 사고
친구들 가운데에서 그로 말미암아 기쁨을 누리리라.
4 이런 자식의 아버지는 죽어도 죽지 않는 것과 같으니
자기 뒤에 자신을 닮은 사람을 남겨 놓기 때문이다.

29,19. "소송에 걸려든다." 이득을 위하여 성급하게 높은 금리로 돈을 빌려주는 사람을 암시한다.

29,21-28. 마지막 권고는 경제적으로 자립하여 살아가는 품위에 관한 것이다. 다른 사람의 친절을 받아 누리는 것보다 자신의 적은 재산으로 스스로를 유지하는 것이 훨씬 현명하다. 다른 사람에게 의지하는 것은 수치를 당하거나 쫓겨날 위험이 있기 때문이다.

29,23. 둘째 행의 본문은 확실치 않다. 주요 사본들에는 들어 있지 않고, 17세기에도 이미 대중 라틴말 성경을 근거로 본문이 수정되었다. 이 구절이 들어 있는 사본에는 "이웃의 모욕을 듣지 않으리라."고 되어 있다.

30,1. 엄격한 교육에서는 체벌도 사용한다는 것을 집회서에서 확고히 하고 있다(22,6의 주 참조). 또한 신명 21,18-21; 잠언 13,24; 23,13-14 참조.

29,21 39,26; 1티모 6,8. 29,23 잠언 27,8; 30,8. 30,2 잠언 29,17.

30,1-13. 히브리 율법은(신명 21,18-21) 반항하는 자녀에 대해 매우 무거운 벌을 규정했다. 그래서 이스라엘 사상은 엄격한 훈육이 자녀가 빗나가지 않게 하는 효과적 수단이라고 보았다. 집회서는 그 개념을 강조하며 적절한 교육의 긍정적 효과를 제시한다.

⊥ 30,5ㄴ. 새 대중 라틴말 성경(30,5ㄷ)에는 첨가된 부분이 있다. "원수들 앞에서 부끄러움을 당하지도 않는다."

30,6. "복수해 줄 사람" 율법은 가장 가까운 친족이 복수하도록, 그리고 공격을 받거나 어려움에 처한 사람을 구해 주도록 규정하고 있었다(민수 35,19 참조).

30,11.12. 11절 둘째 행과 12절 첫째 행은 소위 그리스어 긴 본문에 속하면서도 히브리어 사본 하나에도 들어 있다. 이는 집회서 본문의 역사가 매우 복잡함을 보여 준다.

30,12. "목을 숙이게 하고" 33,27에서는 같은 표현이 종을 엄하게 다루어야 한다는 것에 관련하여 사용된다. "목을 숙이게 하다"는 지혜를 찾는 사람의 태도를 묘사하는 더 긍정적인 의미도 있다(51,26 참조).

5 그는 사는 동안에 자식을 보며 기뻐하고
죽을 때에도 슬퍼하지 않는다.⊥
6 그는 원수들에게 복수해 줄 사람과
친구들에게 호의를 갚아 줄 사람을 남겨 놓았다.
7 자식의 응석을 받는 자는 상처를 싸매고
자식이 큰 소리로 울 때마다 가슴앓이를 하리라.
8 길들이지 않은 말은 거칠어지고
제멋대로 하게 버려둔 자식은 고집쟁이가 된다.
9 자녀의 응석을 받아 주기만 하면 그가 너를 섬뜩하게 하고
그와 놀아 주기만 하면 그가 너를 슬프게 하리라.
10 그와 함께 웃지 마라. 그렇게 하면 함께 고통을 당하고
말년에 이를 갈게 되리라.
11 그가 젊을 때 권한을 주지 말고
그의 잘못을 모른 체하지 마라.
12 젊을 때 그가 목을 숙이게 하고
어릴 때 그의 옆구리를 때려라.
그러지 않으면 그가 고집불통이 되어 네게 순종하지 않고
너는 그로 말미암아 마음의 고통을 받으리라.
13 네 자식을 올바로 교육하고 그에게 공을 들여
그의 수치스러운 행동 때문에 다치는 일이 없게 하여라.

건강

14 가난하지만 건강하고 튼튼한 몸을 가진 이가
부유하지만 제 몸에 상처가 많은 자보다 낫다.
15 건강한 삶은 어떤 금보다 좋고
굳건한 영은 헤아릴 수 없는 재물보다 좋다.
16 몸의 건강보다 좋은 재산은 없고
마음의 기쁨보다 큰 즐거움은 없다.
17 비참한 삶보다 죽음이 낫고
지병보다 영원한 휴식이 낫다.

음식에 대하여

18 닫힌 입에 좋은 음식을 쏟아붓는 것은
무덤 앞에 음식을 갖다 놓는 격이다.

30,5 창세 5,3. 30,6 1열왕 2,5-9. 30,17 코헬 4,2.

30,14-25. 현인은 인간의 정신-신체적 건강을 고찰한다. 그것은 가치 체계에서 재산보다 더 위에 있다. 자손과 마찬가지로 건강은 하느님의 선물이며, 생명을 단축시키는 질병과 우울함을 예방하여 그 건강을 지켜야 한다.

19 우상에게 제사 음식이 무슨 소용이겠느냐?
우상은 먹지도 냄새 맡지도 못한다.
⊥주님께 벌을 받은 자도 이와 마찬가지다.
20 그는 음식을 보면서도 한숨을 쉬고 있으니
마치 내시가 처녀를 품에 안고 한숨 쉬는 것과 같다.
「폭력으로 정의를 실천하려는 자도 이와 같다.」

기쁨

21 슬픔에 너 자신을 넘겨주지 말고
일부러 너 자신을 괴롭히지 마라.
22 마음의 기쁨은 곧 사람의 생명이며⊥
즐거움은 곧 인간의 장수이다.
23 긴장을 풀고 마음을 달래라.
그리고 근심을 네게서 멀리 던져 버려라.
정녕 근심은 많은 사람을 망쳐 놓고
그 안에는 아무 득도 없다.
24 질투와 분노는 수명을 줄이고
걱정은 노년을 앞당긴다.
25 마음이 밝은 이는 진수성찬을 반기며
제 음식에 관심을 기울인다.

재물

31 1 재산 때문에 잠을 못 자면 몸이 야위고
재산 때문에 걱정하면 잠을 설친다.
2 늘 깨어 걱정하면 졸음까지도 달아나고
병이 중하면 잠도 사라지리라.
3 부자는 재물을 모으려고 열심히 일하며
일을 쉴 때에 풍족한 생활로 만족하리라.
4 가난한 이는 생계를 유지하려고 열심히 일하며
일을 쉬면 궁핍해지리라.
5 황금을 좋아하는 자는 의롭게 되지 못하고
돈을 밝히는 자는 돈 때문에 그릇된 길로 들어서리라.
6 많은 이들이 황금 때문에 파멸하였고
멸망이 그들 앞에 닥쳤다.

30,19. "주님께 벌을 받은 자" 그리스어 자구적 번역은 "주님께서 박해하시는 자"이다. 저자에 따르면 하느님의 징벌은 질병을 통해 나타나는 것이므로 "주님께 고통을 받은 자"로 옮길 수도 있다. (새) 대중 라틴말 성경은 첨가된 구절과 연결해(30,19ㄷ의 주 참조) "주님께 쫓겨 도망치는 자"로 옮긴다.

⊥ 30,19ㄷ. 새 대중 라틴말 성경(30,20ㄴ)에는 첨가된 부분이 있다. "자신의 악행의 무게를 짊어지게 되어."

30,20. 20,4에서와 마찬가지로, 내시의 표상은 그가 여자와 관계를 맺을 수 없다는 것과 연관된다. 지혜서에서는 그들에 대해 더 긍정적으로 언급한다(지혜 3,14 참조).

「 」 30,20ㄷ. 새 대중 라틴말 성경에는 들어 있지 않다.

30,22. 코헬렛에서도 기쁨을 직접 권고한다. 코헬 5,19; 9,7; 11,9 참조.

⊥ 30,22ㄱ. 새 대중 라틴말 성경(30,23ㄴ)에는 첨가된 부분이 있다. "그것은 다함없는 거룩함의 보물이다."

31,5. 잠언 28,20 "부자가 되려고 서두르는 자는 벌을 면하지 못한다."와 마찬가지로 부유해지는 것은 불의와 동일시된다(또한 잠언 13,11 참조). 그리스 사본들과 대중 라틴말 성경에서는 둘째 행이 다른 형태로 되어 있다. "멸망을 추구하는 자는 (그것으로) 가득 채워지리라."

31,6. "황금 때문에 파멸하였고" 히브리어로는 "마몬을 따라"이다. "마몬"은 구약 성경에서는 사용되지 않은 단어이지만, 신약에서는 불의한 부의 개념을 나타낸다(마태 6,24; 루카 16,9.11.13 참조).

30,19 신명 4,28; 시편 115,4-7; 이사 40,20. 30,20 20,4. 30,23 코헬 11,10. 30,25 잠언 15,15. 31,1 40,5-7. 31,3 루카 12,18-19.

31,1-11. 벤 시라는 다시 그가 중요하게 여기는 재산과 탐욕의 문제를 다룬다. 재산이 그 자체로 악한 것은 아니며, 정직하게 이를 사용하는 사람은 참으로 복되다고 일컬어질 수 있다. 그러나 재산을 사랑하는 사람이 정직함을 지키기는 쉽지 않다.

⊥ 31,7ㄱ. 새 대중 라틴말 성경(31,7ㄴ)에는 첨가된 부분이 있다. "불행하여라, 그것을 뒤쫓아 가는 이들."

⊥ 31,8ㄴ. 새 대중 라틴말 성경(31,8ㄷ)에는 첨가된 부분이 있다. "돈과 재물을 신뢰하지 않는."

7 황금은 그것에 빠져 있는 자들에게 장애가 되고⊥
어리석은 자는 모두 황금에 사로잡히리라.
8 아무 흠도 없고
황금을 밝히지도 않는 ⊥부자는 행복하다.
9 우리가 이렇게 칭찬하는 그는 누구인가?
그는 제 백성 가운데에서 놀라운 일을 하였다.
10 황금의 유혹을 받고도 온전한 이는 누구인가?
이 일이 그에게 자랑거리가 되리라.
죄를 지을 수 있는데도 짓지 않고
나쁜 짓을 저지를 수 있는데도 저지르지 않는 그는 누구인가?
11 이 때문에 그의 재산은 확고해지고
회중이 그의 자선을 낱낱이 이야기하리라.

만찬

31,12. 윗사람과 식탁에 앉을 때는 규율과 자신의 식욕을 절제하는 것이 필요하다. 잠언 23,1-3의 주 참조.

⊥ 31,13ㄱ. 새 대중 라틴말 성경(31,14ㄴ)에는 첨가된 부분이 있다. "하느님은 악한 눈을 미워하신다."

⊥ 31,14ㄱ. 새 대중 라틴말 성경(31,16ㄴ)에는 첨가된 부분이 있다. "부러움에 사로잡혀 얼굴이 붉어지지 않도록."

12 네가 큰상을 받고 앉았느냐?
그렇다면 그 앞에서 목구멍을 벌리지 말고
"진수성찬이로군!" 하고 말하지 마라.
13 탐욕스러운 눈은 좋지 않다는 사실을 기억하여라.⊥
눈보다 더 탐욕스럽게 창조된 것이 무엇이겠느냐?
그래서 눈은 자칫하면 눈물을 흘리게 된다.
14⊥남이 눈독을 들인 음식에 손을 내밀지 말고
같은 그릇에 손을 대다 그와 부딪치지 않도록 조심하여라.
15 네가 좋아하는 것을 남도 좋아하리라고 여기며
모든 일에 신중하여라.
16 네 앞에 놓인 것을 사람답게 먹고
게걸스럽게 먹어 미움을 사지 않도록 하여라.
17 예의 바르게 식사를 먼저 끝내고
탐식하여 실례를 범하지 마라.
18 여러 사람과 함께 먹을 때는
그들보다 먼저 손을 뻗지 마라.
19 교양 있는 사람은 적은 양으로도 충분하지 않으냐?
그는 잠자리에서 숨을 가쁘게 쉬지 않는다.

31,11 44,15. 31,13 창세 3,6; 욥 31,7.

31,12-31. 현인들의 숙고는 식탁에 앉는 것과 같은 작은 일상 행동도 포함한다. 그래서 여기에 예법에 관한 작은 모음이 나타난다. 저자는 아마도 특히 공직 활동을 준비하고 있으며 공식 연회에 참여하는 기회를 가졌던 제자들에게 말을 하고 있을 것이다. 스승은 먹는 것에서 탐욕과 무절제를 경계한다. 함께 있는 이들의 눈에 천해 보일 뿐만 아니라 건강 문제도 일으키기 때문이다. 음주의 절제를 특별히 언급한다. 술을 적절하게 마시면 이로울 수 있지만, 지나치면 파멸을 가져온다.

20 음식을 절제하면 건강한 잠을 이루고
일찍 일어나 기분이 상쾌하다.
잠을 설치고 메스껍고 속이 뒤틀리는 고통은
음식을 너무 많이 먹은 사람이 겪게 된다.
21 어쩔 수 없이 많이 먹었으면
나가서 토하여라. 편해지리라.⊥
22 얘야, 내 말에 귀를 기울이고 나를 무시하지 마라.
언젠가는 내 말을 고맙게 여기리라.
모든 일을 부지런히 하여라.
그러면 어떤 병도 네게 닥치지 않으리라.
23 음식 대접에 후한 이는 칭송을 받고
그의 너그러움에 대한 사람들의 증언은 참되다.
24 음식 대접에 인색한 자는 온 성읍의 비난을 받고
그의 인색함에 대한 사람들의 증언은 빈틈이 없으리라.

술

25 술 마시는 것으로 남자다움을 과시하지 마라.
술은 많은 사람을 망쳤다.
26 대장간의 화덕이 담금질로 쇠를 시험하듯
거만한 자들이 말다툼할 때 술은 그들의 마음을 드러낸다.
27 술은 알맞게 마시면
사람들에게 생기를 준다.
술 없는 인생이란 도대체 무엇인가?
술은 처음부터 흥을 위해 창조되었다.⊥
28 제때에 술을 절제 있게 마시는 사람은
마음이 즐거워지고 기분이 유쾌해진다.⊥
29 술을 지나치게 마신 자는 기분이 상하고
흥분하여 남들과 싸우게 된다.
30 만취는 미련한 자의 화를 돋우어 넘어뜨리고
기운을 떨어뜨려 그에게 상처를 입힌다.
31 술자리에서 남을 꾸짖지 말고
흥에 젖은 그를 무시하지 마라.
그에게 모욕적인 말을 하지 말고
이것저것 요구하여 그를 괴롭히지 마라.

31,20. 인간관계와 관련된 이유에 건강상의 이유들이 첨가된다. 균형 있게 먹는 것은 평온하게 쉬게 해 준다. 과식한 후 잠자는 것은 소화가 되지 않아 어렵기 때문이다.

31,21. "어쩔 수 없이"는 손님 환대의 의무로 인한 경우를 가리킨다.

⊥ 31,21ㄴ. 새 대중 라틴말 성경(31,25ㄷ)에는 첨가된 부분이 있다. "네 몸의 질병을 피하게 될 것이다."

31,24. "그의 인색함에 대한" "그의 사악함에 대한"으로 옮길 수 있다.

31,25. 지나친 음주의 부적절함에 관하여, 잠언 31,6-7과 코헬 2,3의 주 참조.

⊥ 31,27ㄷ. 새 대중 라틴말 성경(31,34)에는 첨가된 부분이 있다. "삶을 망쳐놓는 것은 무엇인가? 죽음이다."

⊥ 31,28ㄴ. 새 대중 라틴말 성경(31,37-38)에는 첨가된 부분이 있다. "술을 절제하는 사람은 몸과 영이 건전하다. / 많이 마신 포도주는 / 흥분과 분노, 많은 피해를 가져온다."

31,27 시편 104,15. 31,28 판관 9,13; 1티모 5,23.

32,2. "화관을 받도록 하여라." 칭찬과 찬사를 받는다는 의미로 볼 수 있다. 그리고 잔치 관습은 다른 곳에서도 입증된다(2마카 2,27; 지혜 2,7-8; 이사 28,1 참조).

⊥ 32,6ㄴ. 새 대중 라틴말 성경(32,9)에는 첨가된 부분이 있다. "침묵하고 들어라. 존경을 보임으로써 너는 호의를 얻게 될 것이다."

32,13. 다른 단락에서도 종교적 동기를 언급한다(4,28; 19,17; 23,27; 25,11 참조).

잔치

32 1 사람들이 너를 잔치 주관자로 내세우더라도
우쭐대지 마라.
그들 앞에서 손님들 가운데 하나로 처신하여라.
다른 사람들을 먼저 보살피고 그다음에 자리에 앉아라.
2 네 임무를 다하고 자리에 앉아라.
그리하여 손님들과 즐거움을 나누고
훌륭하게 처신하여 화관을 받도록 하여라.
3 원로여, 그럴 자격이 있으니 말하여라.
정확한 지식으로 이야기하되 음악을 방해하지는 마라.
4 여흥이 한창일 때 말을 많이 하지 말고
적절하지 못한 때에 지혜로운 체하지 마라.
5 술자리에서 연주되는 음악은
금장식에 박힌 홍옥 인장과 같다.
6 맛 좋은 술에 노랫가락은
금 장신구에 박힌 취옥 인장과 같다.⊥
7 젊은이여, 필요하다면 말을 하여라.
그러나 사람들이 요청하더라도 두 번 이상은 말하지 마라.
8 많은 것을 간결하게 말하고
알면서도 침묵하는 사람이 되어라.
9 고관들 가운데에서는 권위를 내세우지 말고
노인들이 있는 자리에서는 말을 많이 하지 마라.
10 천둥에 앞서 번개가 치듯
겸손한 이에게는 호의가 앞서간다.
11 제때에 일어나고 마지막까지 남지 마라.
머뭇거리지 말고 곧장 집으로 가거라.
12 술자리에서는 마음껏 즐기고 네 생각대로 하되
거만한 말로 죄짓는 일이 없도록 하여라.
13 이 모든 일을 두고, 너를 만드신 분께 찬미를 드려라.
그분께서는 당신의 선물로 너를 흡족하게 해 주신다.

32,4 20,5.

32,1-13. 그리스 관습에 따라 음악을 곁들인 향연에서 잔치 주관자는 축제의 진행을 맡았다. 벤 시라는 그에게 손님들을 잘 맞이할 것을 권고한다. 원로들에게는 음악을 듣는 것을 방해하지 않도록 말하는 데 절제를 지키는 것이 필요하고, 젊은이들은 요청을 받았을 때만 말을 해야 할 것이다. 모든 이들에게 적절한 때에 자리에서 일어날 것을 권하고, 무엇보다도 받은 은혜에 대해 하느님께 감사를 드리라고 말한다.

제4부 하느님 경외와 처세

하느님을 경외하여라

14 주님을 경외하는 이는 교훈을 받아들이고
일찍 일어나 주님을 찾는 이들은 그분의 인정을 받게 되리라.
15 율법을 찾는 이는 율법으로 충만하고
위선자는 율법에 걸려 넘어지리라.
16 주님을 경외하는 이들은 올바른 심판을 받게 되고
의로운 행동들을 빛처럼 빛나게 하리라.
17 죄인은 꾸지람을 멀리하고
제 뜻에 맞는 판결만을 찾으리라.
18 지각 있는 사람은 사려 깊은 생각을 지나치지 않지만
거만하고 오만한 자는 겁 없이 나서리라.
19 지각없이 행동하지 말고
행동하는 동안에는 마음을 바꾸지 마라.
20 험한 길을 가지 말고 자갈밭에서 넘어지지 마라.
⊥21가 보지 않은 길에서 방심하지 말고
22 자녀들에게 주의를 기울여라.⊥
23 모든 일에서 너 자신을 지켜라.
이것도 계명을 지키는 것이다.
24 율법을 믿는 이는 계명에 주의를 기울이고
주님을 신뢰하는 이는 해를 입지 않으리라.

33 1 주님을 경외하는 이에게는 어떤 악도 닥치지 않고
오히려 그는 시련을 당할 때마다 구원되리라.
2 지혜로운 사람은 율법을 싫어하지 않고
율법을 지키는 체하는 자는 폭풍우를 만난 배와도 같다.
3 지각 있는 사람은 율법을 믿으니
그런 이에게 율법은 신탁처럼 믿을 만하다.
4 준비하고 말하여라. 그러면 남들이 알아들으리라.
네 지식을 다 모아 대답하여라.
5 어리석은 자의 감성은 수레바퀴와 같고
그의 생각은 돌아가는 굴대와 같다.
6 조롱하는 친구는 종마와 같다.
누가 올라타든 히힝거린다.

32,21 신명 4,9; 잠언 19,16. 32,24 욥 5,19; 잠언 12,21. 33,1 시편 25,12-13; 지혜 3,5. 33,2 야고 1,6.

32,16. "빛나게 하리라."에 관하여, 3,25의 주 참조.

32,17. "죄인은 꾸지람을 멀리하고" 잠언에서 이러한 모습은 빈정꾼에게 적용된다(잠언 9,7의 주 참조).

⊥ 32,21. 새 대중 라틴말 성경(32,25ㄹ)에는 첨가된 부분이 있다. "너 자신에게 걸림돌을 만들지 않도록."

⊥ 32,22. 새 대중 라틴말 성경(32,26ㄴ)에는 첨가된 부분이 있다. "네 종들에 대해서도 신중하게 하여라."

33,2. "폭풍우를 만난 배" 율법의 신앙에 확고하게 뿌리를 두지 않은 사람은 온갖 낯선 가르침에 뒤흔들리며 선택에 있어 항구한 원칙을 갖지 못할 위험이 있다.

33,3. "신탁" 아마도 우림과 툼밈을 사용하던 제비뽑기의 관습을 암시한다(탈출 28,30; 레위 8,8; 민수 27,21; 1사무 14,41; 느헤 7,65 참조). 이 관습은 질문한 다음 "그렇다"와 "아니다"가 적힌 작은 판들을 던지는 것이었다.

33,4. "네 지식을 다 모아" 문맥을 고려하면 대답하기 전에 생각을 정리하라는 의미일 것이다.

불평등

7 한 해의 모든 날빛이 같은 태양에서 오는데도
어찌하여 어떤 날이 다른 날보다 좋은가?
8 날들은 주님의 통찰력으로 구분되었고
그분께서는 계절과 축일을 정해 놓으셨다.
9 그분께서는 몇몇 날을 높이시어 거룩한 날로 만드셨고
다른 날들은 여느 날로 자리 잡게 하셨다.
10 인간은 누구나 땅에서 났으며
아담은 흙에서 창조되었다.
11 주님께서는 충만한 지식으로 사람들을 구별하시어
그들의 길을 다양하게 만들어 놓으셨다.
12 어떤 사람들은 그분께서 복을 내리고 들어 높이셨으며
어떤 사람들은 거룩하게 하시어 당신 가까이 부르셨다.
그러나 다른 사람들은 저주하고 낮추셨으며
그 서 있는 자리에서 그들을 내치셨다.
13 옹기장이가 제 손에 있는 진흙을
제 마음대로 빚듯
인간은 자신을 만드신 분의 손안에 있고
그분께서는 당신 결정에 따라 인간에게 되갚으신다.
14 선은 악의 반대고
생명은 죽음의 반대다.
마찬가지로 죄인은 경건한 이의 반대다.
15 지극히 높으신 분의 온갖 업적을 살펴보아라.
서로 반대되는 것들끼리 짝을 이루고 있다.
16 나는 마지막 파수꾼이 되었고
포도 수확이 끝난 뒤 남은 열매를 거두는 이와 같았다.
17 나는 주님의 복을 받아 다른 이들을 따라잡고
포도 따는 사람처럼 확을 가득 채울 수 있었다.
18 내가 애쓴 것은 나만을 위해서가 아니라
교훈을 찾는 모든 사람들을 위해서였다는 것을 기억하여라.

33,12. "당신 가까이 부르셨다." 하느님께서 예식을 위하여 선택하고 따로 떼어 두신 이들을 암시한다(민수 16,5; 에제 40,46; 45,4; 또한 1사무 2,6-8; 루카 1,51-53 참조).

33,16. 저자는 자신이 이스라엘의 현인들 가운데 마지막이라고 여긴다. 그러나 다른 뛰어난 문명의 현인들을 암묵적으로 내포할 가능성도 있다. 둘째 행의 표상에 관하여, 신명 24,21; 이사 24,13; 예레 6,9 참조.

33,18. 현인의 수고는 그가 제자들에게 행하는 교육을 위한 것이다. 이는 24,28-32에서도 드러난다.

33,8-9 창세 2,2-3. 33,13 이사 29,16; 로마 9,21. 33,15 42,24.

33,7-19. 7절의 질문은 인간의 영원한 의문을 담고 있다. 선과 악, 불행과 유익, 행복한 날과 슬픈 날이 있는 것은 무엇 때문인가? 우리의 현인은 대답을 주지 않는다. 다만 모든 것을 당신의 감추어진 계획에 따라 만드신 하느님 뜻의 신비를 묵상하도록 권고한다. 벤 시라는 이스라엘에서 스승이 되고 지혜로운 인도자가 되는 자신의 소명도 이 신비 안에 포함시킨다.

32,14-33,6. 지혜, 율법, 하느님에 대한 경외가 여러 격언 안에서 서로 결합한다. 언제나 그렇듯이 이들을 하나로 결합하는 상수는 이를 삶의 규범으로 삼는 이들이 받게 될 은혜이다.

재산과 집안을 다스리는 법

19 백성의 고관들아, 내 말을 들어라.
회중의 지도자들아, 귀를 기울여라.
20 아들과 아내에게, 형제와 친구에게
네가 살아 있는 동안 자신에 대한 권리를 넘겨주지 말고
네 재산을 남에게 넘겨주지 마라.
그렇게 하면 후회하면서 그것들을 간청하게 되리라.
21 네가 아직 살아 숨 쉬는 한
아무와도 네 자리를 바꾸지 마라.
22 네 아들들의 손을 바라보느니
자녀가 네게 청하는 것이 더 낫기 때문이다.
23 너는 모든 일에서 뛰어난 사람이 되어라.
네 명예에 흠을 내지 마라.
24 네 생애의 마지막 날을 맞이하여
죽을 때에 유산을 나누어 주어라.

종

25 당나귀에게는 여물과 채찍과 짐이 필요하고
종에게는 빵과 훈육과 일이 필요하다.
26 종을 훈육하여 일을 시키면 네가 휴식을 얻고
종을 느슨하게 풀어 주면 그가 자유를 요구하게 되리라.
27 멍에와 굴레로 짐승의 목을 구부리듯⊥
못되게 구는 종에게는 주리와 곤장이 제격이다.
28 종이 게을러지지 않도록 그에게 일을 시켜라.
29 게으름은 온갖 나쁜 짓을 가르치기 때문이다.
30 종에게 알맞은 일을 시키고
그가 복종하지 않으면 족쇄를 채워라.
그러나 누구에게도 지나치게 행동하지 말고
올바른 판단 없이 아무 일도 하지 마라.
31 네게 종이 하나밖에 없다면 그를 네 몸처럼 아껴라.
네가 그를 피땀 흘려 샀기 때문이다.
네게 종이 하나밖에 없다면 그를 형제처럼 대하여라.
네 목숨이 너에게 필요하듯 그가 필요하기 때문이다.
32 그를 학대하면 가출하여 도망가리라.
그러면 어디 가서 그를 찾아내겠느냐?

33,20. 가장은 누구에게도 의존하지 말아야 하고 모두를 종속시켜야 한다. 이러한 절대적 자치권은 아내와(또한 25,13-26,18 참조) 자녀들에게 행사된다(30,1-13 참조).

33,25-32. 종들에 대한 법률은 엄격주의적인 것부터 이완된 것까지 여러 가지로 표현되어 있다. 이 구절들은 확고함과 관용을 적절히 조절하면서 두 가지 요구를 결합한다(탈출 21,2-11; 레위 25,39-55; 신명 15,12-18 참조).

⊥ 33,27ㄱ. 새 대중 라틴말 성경(33,27ㄴ)에는 첨가된 부분이 있다. "끊임없는 일은 종을 구부러지게 한다."

33,19 코헬 12,9. 33,25 42,5; 잠언 26,3. 33,27 30,12. 33,29 잠언 21,25.

33,19-32. 숙고를 마치고 이제 다시 재산 관리와 종을 다루는 법에 관한 실제적 충고를 다룬다. 그들이 순종하게 하려면 어느 정도 엄격함이 필요하지만 주인이 지나치게 가혹해서는 안 된다. 종은 비싼 값을 지불하고 산 유용한 재산이기 때문이다.

허황된 꿈

34 1 지각없는 사람은 헛된 거짓 희망을 지니며
꿈은 미련한 자를 흥분시킨다.
2 꿈에 집착하는 자는
그림자를 붙잡고 바람을 좇는 자와 같다.
3 꿈의 환시는 현실의 반영일 뿐
제 얼굴을 자기가 보는 것과 같다.
4 더러운 것에서 어찌 깨끗한 것이 나오고
거짓에서 어찌 참이 나오겠느냐?
5 점과 징조와 꿈은 헛된 것이다.
마음은 산고를 겪는 여인처럼 환상을 본다.
6 그것들이 지극히 높으신 분께서 보내신 것이 아니라면
거기에 마음을 주지 마라.
7 꿈은 수많은 이들을 속이고
그것에 희망을 품는 자들을 몰락시켰다.
8 그런 기만이 없어야 율법이 성취되고
지혜는 진실한 이의 입에서 완성된다.

여행

9 여행을 많이 한 사람은 아는 것이 많고
경험이 많은 사람은 지각 있게 말하리라.
10 시련을 겪지 않은 사람은 아는 것이 적지만
11 여행을 많이 한 사람은 모든 일에 능통하다.
12 나는 여행하면서 많은 것을 보았지만
내가 배운 것을 말로 다 표현할 수는 없다.
13 나는 여러 번 죽을 고비를 넘겼는데
이런 경험 덕분에 무사하였다.

주님을 경외함

14 주님을 경외하는 이들의 영은 살아 있으리라.⊥
15 그들의 희망이 자신들을 구원하시는 분께 있기 때문이
다.⊥
16 주님을 경외하는 이는 아무것도 겁내지 않으리라.

34,5. 꿈을 경계하는 것은 코헬렛의 사상을 반향하는 듯하다(코헬 5,6 참조). 꿈은 자주 하느님 뜻을 전달하는 도구로 사용되지만(창세 28,10-17; 37,5-11 참조), 현인은 환시라고 내세우기보다는 율법 준수를 더 중시한다(8절). 묵시문학 운동에 대한 명시적 비판일 수도 있다. 또한 신명 13,2-6; 18,9-14; 마태 1,20-25; 2,12.13.22 참조.

34,9-12. 벤 시라는 직접적인 경험을 통해 지혜를 얻었다. 현인들이 여행을 하도록 했던 그러한 체험의 증거는 1열왕 5,14에서 볼 수 있다. 스바 여왕은 솔로몬의 뛰어난 지혜를 배우러 온다(1열왕 10,1-13 참조).

⊥ 34,14. 새 대중 라틴말 성경(34,14ㄴ)에는 첨가된 부분이 있다. "그분께서 당신 자신을 드러내실 때 축복을 받으리라."

⊥ 34,15. 새 대중 라틴말 성경(34,15ㄴ)에는 첨가된 부분이 있다. "주님의 눈은 그분을 사랑하는 이들 위에 있다."

34,6 욥 4,12-21.

34,1-8. 우리 현인의 사상은 건전한 현실주의를 특징으로 하는 것으로 보인다. 그는 꿈과 소위 환시들에 기초한 대중적인 미신을 거부한다. 이들은 기만적이고 헛되다.

34,9-20. 벤 시라는 그보다는 경험의 인도를 따르고자 한다. 그는 위험과 어려움을 겪어야 했던 많은 여행을 하면서 경험과 지식을 쌓았다. 그러나 그의 구원은 무엇보다도 주님께 대한 신뢰로 이루어지는 것이며, 그는 주님의 보호를 체험했다. 주님의 보호는 언제나 하느님을 사랑하는 이들을 도우러 오신다.

주님께서 그의 희망이시니 무서울 것이 없다.
17 주님을 경외하는 이의 영혼은 행복하다.
18 그는 누구를 의지하는가?
누가 그를 후원하는가?
19 주님의 눈은 당신을 사랑하는 이들 위에 머무시니
그들에게 든든한 방패요 힘 있는 버팀목이시며
열풍을 막아 주는 쉼터요 한낮의 뙤약볕을 가려 주는 그늘이시다.
또 비틀거리지 않게 지켜 주시고 넘어지지 않게 붙잡아 주신다.
20 주님께서는 영혼을 들어 높이시고 눈을 밝혀 주시며
치유와 생명과 복을 내려 주신다.⊥

참된 신앙심

21 불의하게 얻은 것으로 제사 드리면 부정한 제물이 되고
22 무도한 자들의 봉헌물은 받아들여지지 않는다.
23 지극히 높으신 분께서는 불경한 자들의 제물을 기꺼워하지 않으시고
제사를 많이 바치더라도 죄를 용서해 주지 않으신다.
24 날품팔이의 재산으로 제사를 바치는 자는
아버지 앞에서 그 자식을 죽이는 자와 같다.
25 궁핍한 이들의 빵, 그것은 가난한 이들의 목숨이니
그것을 빼앗는 자는 살인자다.
26 이웃의 밥줄을 끊는 자는 그를 죽이는 자고
27 일꾼의 품값을 빼앗는 자는 그의 피를 흘리게 하는 자다.
28 한 사람은 짓고 또 한 사람은 허무니
고생만 할 뿐 무슨 소용이 있느냐?
29 한 사람은 기도하고 또 한 사람은 저주하니
주님께서는 누구의 목소리를 들으시겠느냐?
30 시체를 만지고 나서 손을 씻은 뒤 다시 만진다면
씻는 일이 무슨 소용이 있느냐?
31 이처럼 어떤 사람이 자기 죄 때문에 단식을 하고
나가서 같은 죄를 짓는다면

⊥ 34,20ㄴ. 새 대중 라틴말 성경(34,21)에는 첨가된 부분이 있다. "주님은 유일한 보루이시다 / 진리와 정의로 그분을 따르는 이들에게."

34,24. "자식을 죽이는 자" 자식을 희생물로 바치는 자를 말한다. 이는 율법이 단죄한 혐오스러운 행위이다(2열왕 23,10 참조). 시편 49,8의 주 참조.

34,27. "피를 흘리게 하는" 일꾼을 착취하는 사람은 그의 생명을 침해하는 것이다. 피는 생명이 있는 곳이라고 여겨졌다(레위 17,11 참조).

34,17 시편 112,1. 34,23 아모 5,21. 34,27 레위 19,13; 신명 24,14-15; 예레 22,13. 34,30 민수 19,11. 34,31 이사 58,3-6.

34,21-35,13. 예언자들의 설교를 따라, 저자는 끊임없이 예식적 정결의 필요성을 힘주어 강조하고 또한 흔히 그러한 정결함 속에 감추어지는 위선을 고발한다. 신심과 도덕적 올바름이 함께하지 않다면 그것은 이웃에게 역겨운 일일 뿐만 아니라 하느님과의 우정에서도 멀어지는 것이다. 죄 속에서 사는 사람은 하느님께서 기도를 들어 주시리라고 생각할 수 없다.

35,2. "구원의 제사" (새) 대중 라틴말 성경도 이렇게 되어 있다. 구약 성경에서 '티시아 소테리우'라는 것인 친교제를 뜻하는 것이다(탈출 24,5; 32,6; 레위 3,1.3.6.9; 4,10 참조). 47,2에서는 그리스어 '하 소테리우'를 "친교 제물"로 옮겼다.

35,10.12. "기꺼운 마음으로"는 "관대하게"라고도 번역할 수 있다. "네 손의 첫 열매를" 그리스어 본문에서는 첫 열매를 언급하지 않고 "네 손에 있는 모든 것"이라고 말한다.

누가 그의 기도를 들어 주겠느냐?
또 자신을 낮추는 일이 무슨 소용이 있겠느냐?

35

1 율법을 지키는 것이 제물을 많이 바치는 것이고
2 계명에 충실한 것이 구원의 제사를 바치는 것이다.
3 은혜를 갚는 것이 고운 곡식 제물을 바치는 것이고
4 자선을 베푸는 것이 찬미의 제사를 바치는 것이다.
5 악을 멀리하는 것이 주님을 기쁘게 해 드리는 것이고
불의를 멀리하는 것이 속죄하는 것이다.
6 주님 앞에 빈손으로 나타나지 마라.
7 사실 이 모든 것은 계명에 따른 것이다.
8 의로운 이의 제물은 제단을 기름지게 하고
그 향기가 지극히 높으신 분께 올라간다.
9 의로운 사람의 제사는 받아들여지고
그 기억은 잊히지 않으리라.
10 기꺼운 마음으로 주님께 영광을 드리고
네 손의 첫 열매를 바치는 데에 인색하지 마라.
11 제물을 바칠 때는 언제나 즐거운 얼굴을 하고
십일조를 기쁘게 봉헌하여라.
12 지극히 높으신 분께서 네게 주신 대로 바치고
기꺼운 마음으로 능력껏 바쳐라.
13 주님께서는 갚아 주시는 분이시기에
일곱 배로 너에게 갚아 주시리라.
14 그분에게 뇌물을 바치지 마라.
받아 주지 않으신다.
15 불의한 제사에 기대를 갖지 마라.
주님께서는 심판자이시고
차별 대우를 하지 않으신다.
16 그분께서는 가난한 사람을 차별하지 않으시고
부당한 대우를 받은 사람의 기도를 들어 주시리라.

35,8 탈출 29,18. 35,9 레위 2,1-3. 35,13 시편 79,12. 35,15 잠언 24,23; 사도 10,17. 35,16 욥 24,19.

35,1-13. 저자는 참으로 경건한 사람의 영성을 묘사한다. 그는 모든 계명을 준수한다. 올바른 삶은 제사나 제물보다 더 큰 가치를 지닌다. 그러한 삶은 하느님께서 좋아하시는 향기와 같이 올라가고, 죄를 속죄하며 구원을 가져다주는 힘을 지니고 있다.

35,14-26. 사람들 사이의 관계와 마찬가지로 하느님을 향한 인간의 예배도 탐욕이나 뇌물로 더럽혀질 수 있다. 하느님은 마음의 의도를 아시며 흠 없는 재판관이시다. 그분은 사랑과 자비로 가난한 이들과 억눌린 이들의 부르짖음에 귀를 기울이시고, 무자비하고 폭력적인 이들이 거부한 정의를 그들에게 베푸신다.

✠ 35,15ㄴ-17.20-22ㄴ. 다해 연중 제30주일에 이 단락을 제1독서로 택하며, 성전에 기도하러 올라가는 바리사이와 세리의 기도에 관한 루카 복음의 비유를 함께 읽는다(루카 18,9-14).

17 그분께서는 고아의 간청을 무시하지 않으시고
과부가 쏟아 놓는 하소연을 들어 주신다.
18 과부의 눈물이 그 뺨에 흘러내리고
19 눈물을 흘리게 한 자를 거슬러 그가 부르짖지 않겠느냐?⊥
20 뜻에 맞게 예배를 드리는 이는 받아들여지고
그의 기도는 구름에까지 올라가리라.
21 겸손한 이의 기도는 구름을 거쳐서
그분께 도달하기까지 위로를 마다한다.
그는 지극히 높으신 분께서 살펴 주실 때까지 그만두지 않으니
22 그분께서 의로운 자들의 송사를 듣고 판결해 주신다.
주님께서는 머뭇거리시거나
악인들을 참아 주지 않으신다.
무자비한 자들의 허리를 부러뜨리시고
23 이방인들에게 원수를 갚으실 때까지,
방자한 자들의 무리를 땅에서 뽑아 버리시고
불의한 자들의 왕홀을 부러뜨리실 때까지,
24 사람에게 그 행실대로 갚으시고
사람들의 소행을 그들의 속셈에 따라 갚으실 때까지,
25 당신 백성의 송사를 판결해 주시고
당신의 자비로 그들을 기쁘게 하실 때까지 그렇게 하신다.
26 그분의 자비는 시련의 시기에
가뭄에 비구름처럼 반가우리라.

이스라엘의 구원과 회복을 위한 기도

36 1 만물의 주 하느님, 저희에게 자비를 베푸시고⊥
2 모든 민족들 위에 당신에 대한 두려움을 펼치소서.⊥
3 이민족들을 거슬러 당신의 손을 들어 올리시고
그들이 당신의 권능을 보게 하소서.
4 그들 앞에서 저희를 통하여 당신의 거룩함을 드러내셨듯이
저희 앞에서 그들을 통하여 당신의 위대함을 드러내소서.

35,17 탈출 22,21-23; 잠언 23,10-11. 35,24 시편 96,10.13; 98,9.

36,1-22. 하느님의 자비를 기억하며 현인은 그의 모든 동족을 위하여 간절히 탄원한다. 그 역사적 배경은 이스라엘에 대한 그리스의 지배이다. 하느님께서 작은 이들을 위하여 개입하신다면 선택된 백성 전체와 맺으신 계약에 대한 믿음을 간직하지 않을 이유가 무엇인가? 그분은 과거의 놀라운 업적들을 새롭게 하시고 원수들을 꺾으시며 예언자들의 예언에 따라 당신의 약속과 거룩하심을 지키신다.

⊥ 35,19. 새 대중 라틴말 성경(35,19)에는 첨가된 부분이 있다. "뺨으로부터 하늘까지 올라가지만 / 주님은 그것을 받아들이시며 기뻐하지 않으신다."

35,20. "예배를 드리는 이는" 그리스어 본문에서 동사 '테라페우오'는 명시적인 목적어가 없으며, (예배를 드린다는 의미를 포함하여) "섬기다"를 뜻할 수도 있고 (그 사람을, 과부를) "돌보다"를 뜻할 수도 있다. 여기서 어떤 해석을 선택하는지에 따라 다음 구절들도 서로 다른 의미를 지니게 된다.

35,21. "구름을 거쳐서" 하느님은 궁창 위 하늘에 사신다고 생각했다. 시편 11,4의 주 참조.

36,1. "자비를 베푸시고" 이러한 기원은 시편에 자주 나타난다. 개인이 자신을 위해 청하기도 하고, 백성 전체를 위해 청하기도 한다. 시편 4,2; 6,3; 25,16; 27,7; 31,10; 41,11; 51,3; 56,2; 57,2; 119,132; 또한 마태 15,22; 17,15; 20,30; 마르 9,22 참조.

⊥ 36,1. 새 대중 라틴말 성경(36,1ㄴ)에는 첨가된 부분이 있다. "저희에게 당신 자비의 빛을 보여 주소서."

36,2. "민족들"은 이교 백성이다. 10,16의 주 참조.

⊥ 36,2. 새 대중 라틴말 성경(36,2ㄴㄷㄹ)에는 첨가된 부분이 있다. "당신을 찾지 않는 민족들이 / 당신밖에는 다른 하느님이 없음을 알게 하시고 / 당신의 놀라운 업적을 이야기하게 하소서."

36,10. "시간을 재촉하시고" 아마도 주님께서 이스라엘을 최종적으로 해방하시는 마지막 때를 지칭한다.

36,13. "모든 지파들을 모아들이시고" 벤 시라는 이스라엘 왕국의 재통합을 기원한다. 성경에 따르면 그러한 왕국은 다윗과 솔로몬 통치 때에만 실현되었다. 이사 11,11-13; 예레 31,10; 23,3; 에제 20,40-41; 미카 2,12 참조.

36,16ㄴ. 그리스말 사본들에 따라 절의 위치가 달라 14-16ㄱ절이 없지만 본문이 유실된 것은 아니다. 그리스말 본문에 따르면 이 구절부터 두 장의 위치가 바뀌어 있다.

36,18. "당신의 안식처" 하느님은 시온에 머무신다. 시편 3,5의 주 참조.

36,19. 다른 그리스어 사본과 대중 라틴말 성경은 "당신의 성전을" 대신에 "당신의 백성을"이라고 읽는다.

36,22. "당신 백성에 대한 호의로" 공동 번역 성경은 다른 그리스어 사본을 따르면서 "아론을 통하여 당신 백성에게 내리신 축복을 기억하시고"(16절)라고 제시한다.

36,22ㄴ. 새 대중 라틴말 성경(36,19ㄴ)에는 이렇게 되어 있다. "그리고 우리를 정의의 길로 인도하소서."

5 주님, 당신 말고는 어떤 신도 없다는 사실을
저희가 아는 것처럼 그들도 알게 해 주소서.
6 새로운 표징을 보여 주시고 다른 기적을 일으켜 주소서.
7 당신 손과 오른팔의 영광을 드러내 보이소서.
8 진노를 일으키시고 분노를 쏟아부으시어
9 적을 쳐부수시고 원수를 없애소서.
10 시간을 재촉하시고 정해진 때를 기억하소서.
사람들이 당신의 위대하신 업적을 헤아리게 하소서.
11 분노의 불꽃이 살아남은 자마저 사르고
당신의 백성을 학대하는 자들이 멸망하게 하소서.
12 "우리 말고는 아무도 없다."고 말하는
적의 통치자들의 머리를 부서뜨리소서.

예루살렘

13 야곱의 모든 지파들을 모아들이시고
16ㄴ 처음처럼 그들 각자에게 상속 재산을 나누어 주소서.
17 주님, 당신 이름을 지닌 백성을 불쌍히 여기시고
맏아들로 대우해 주신 이스라엘을 불쌍히 여기소서.
18 당신의 성소가 있는 도성이요
당신의 안식처인 예루살렘에 자비를 보이소서.
19 당신 위업에 대한 찬미로 시온을 채우시고
당신 영광으로 당신의 성전을 채우소서.
20 당신께서 한처음에 창조하신 이들을 증언해 주시고
당신의 이름으로 선포된 예언들을 성취시켜 주소서.
21 당신을 기다리는 사람들에게 보답을 주시고
당신의 예언자들이 옳다는 것을 드러내 주소서.
22 주님, 당신 백성에 대한 호의로
당신 종들의 기도를 들어 주소서.
이 세상 만민이 당신께서
영원하신 주 하느님이심을 깨닫게 하소서.

분별력

23 위장은 온갖 음식을 받아들이지만
어떤 음식은 다른 음식보다 낫다.
24 목구멍이 사냥으로 얻은 고기 맛을 알아내듯

36,5 신명 32,29; 1역대 17,20; 이사 45,14.

36,23-31. 일상생활에 관한 자잘한 금언들로 돌아가 여성에 대한 긍정적 시각을 제시한다. 여성은 아내로서 유익한 존재이다. 여성은 인간적 균형을 이루기 위해 모든 사람에게 필요한 가정을 연상시킨다.

지각 있는 마음은 거짓말을 알아차린다.
25 마음이 뒤틀린 자가 근심을 주어도
경험 많은 사람은 그 근심을 그에게 되갚는다.

아내의 선택

26 여자는 어느 남자든 받아들이겠지만
어떤 여자는 다른 여자보다 낫다.
27 여자의 아름다움은 보는 이의 얼굴을 밝게 해 준다.
이런 아름다움보다 더한 것을 남자는 바라지 않는다.
28 여자의 말에 자비와 온유가 담겨 있으면
그의 남편은 어느 남자들보다 행복하다.
29 뜻이 맞는 협조자요
의지할 기둥이 되는 아내를 얻는 것은 행운의 시작이다.
30 울타리가 없으면 재산을 빼앗기고
아내가 없으면 떠돌아다니며 한숨지으리라.
31 이 성읍 저 성읍 쏘다니는
약삭빠른 강도를 누가 신뢰하겠느냐?
마찬가지로 보금자리도 없이
밤이면 아무 데서나 묵는 자를 누가 신뢰하랴?

참된 친구와 거짓 친구

37 1 모두들 "나도 네 친구다." 하지만
어떤 친구는 이름만 친구일 뿐이다.
2 동무나 친구가 원수로 변하면
죽는 것처럼 슬프지 않겠느냐?
3 악한 생각아, 너는 왜 생겨나서
지상을 거짓으로 뒤덮느냐?
4 어떤 동무는 친구가 행복할 때는 기뻐하다가
곤경에 놓일 때는 그에게 맞선다.
5 그러나 어떤 동무는 먹을거리를 위하여 친구와 함께 고생하고
전쟁이 나면 그를 위해 무기를 든다.
6 마음으로부터 친구를 잊어버리지 말고
부유해졌을 때도 그를 잊지 마라.⊥

36,27 잠언 31,30. 36,28 잠언 31,26. 36,30 창세 4,12.14. 37,1 잠언 20,6. 37,3 창세 3,22; 4,7. 37,6 잠언 27,10.

37,1-6. 우리의 현인은 삶의 경험을 통하여 인간의 본성을 잘 알게 되었다. 그는 악이 인간의 마음 안에 있는 하나의 가능성이고 그래서 친구라고 하는 사람들이 어려운 순간에 그들의 호의를 적대감으로 바꾸어 놓는다는 것을 안다.

36,26-31. 26,1-18에서와 마찬가지로, 다시 여성과 아내의 역할에 대하여 긍정적으로 말한다. 좋은 아내의 중요성에 관하여, 7,19의 주 참조. 또한 잠언 14,1; 19,14; 31,10-31 참조.

37,1-6. 현인은 6,5-17과 22,19-26에서 우정에 대해 말했다. 그 고찰의 주요 주제들을 다시 언급하고 6절에서 권고를 제시한다.

⊥ 37,6ㄴ. 새 대중 라틴말 성경(37,7)에는 첨가된 부분이 있다. "너를 거슬러 음모를 꾸미는 사람에게 의견을 구하지 말고 / 너를 질투하는 사람에게 너의 의견을 감추어 두어라."

37,11. "이들의 조언에 일일이 주의를 기울이지 마라." 현인은 관계들을 상당히 불신한다. 자신의 약함을 내보여서는 안 되고, 자신의 힘에 의지해야 한다. 이러한 개념은 다른 단락에서도 이미 나타났다(33,20의 주 참조).

⊥ 37,11ㅂ. 새 대중 라틴말 성경(37,13ㄴ)에는 첨가된 부분이 있다. "정직함에 대하여 부정직한 자와 상의하지 마라."

37,14. "마음" 그리스어로는 명사 '프시케'가 사용된다. "정신, 마음, 내면" 등으로 번역할 수 있다. 문맥상 "양심"이라는 번역도 가능하다.

선한 조언자와 악한 조언자

7 조언자들마다 제 조언을 내세우지만
그중에는 자기 이익을 위해서 조언하는 자도 있다.
8 조언자를 조심하고
먼저 그의 관심사가 무엇인지 알아보아라.
그가 제 이익을 위해서 조언할 수도 있고
너를 놓고 제비를 뽑을 수도 있기 때문이다.
9 그는 "너의 길이 좋다."고 하면서
네게 무슨 일이 닥칠지 반대편에 서서 지켜보리라.
10 너를 의심하는 자에게 조언을 구하지 말고
너를 시기하는 자들 앞에서 네 의견을 감추어라.
11 여자의 경쟁자에 대하여 그 여자와 상의하지 말고
전쟁에 대하여 비겁자와 상의하지 마라.
사업에 대하여 상인과 상의하지 말고
판매에 대하여 구매자와 상의하지 마라.
감사함에 대하여 인색한 자와 상의하지 말고
관대함에 대하여 무자비한 자와 상의하지 마라.⊥
노동에 대하여 게으름뱅이와 상의하지 말고
일 마무리에 대하여 한 해 품팔이꾼과 상의하지 마라.
많은 일거리에 대하여 게으른 종과 상의하지 마라.
이들의 조언에 일일이 주의를 기울이지 마라.
12 그러나 네가 보기에 계명을 잘 지키는
경건한 사람과는 어울려라.
그의 생각이 너의 생각과 같으니
네가 걸려 넘어질 때 함께 고통을 나누리라.
13 마음의 조언에 주의를 기울여라.
너에게 그보다 더 믿을 만한 자는 없다.
14 사실 사람의 마음은 높이 솟은 망루에 앉아 있는 파수
꾼 일곱보다
때때로 더 확실한 정보를 알려 주곤 한다.
15 그러나 모든 일에 앞서 지극히 높으신 분께 기도하여
그분께서 너의 길을 진실하게 인도하시도록 하여라.

37,7 6,6. 37,12 9,15.

37,7-15. 조언자는 주의 깊게 선택해야 한다. 사심이 없는 사람을 찾기 어렵기 때문이다. 필요한 경우에, 하느님을 두려워하는 사람은 가장 믿을 만한 사람이다. 그러나 기도로 빛을 받아 자신의 양심에 귀를 기울이는 것은 필수적이다. 어떤 말을 하고 어떤 선택을 할지 잘 식별하려면 먼저 진지한 숙고가 있어야 한다.

참지혜와 거짓 지혜

16 말은 만사의 시작이고
모든 행동에는 계획이 앞선다.
17 마음은 변화의 뿌리다.
18 그것은 네 갈래로 나타나는데
선과 악, 생명과 죽음이다.
그리고 이들을 끊임없이 다스리는 주인은 혀다.
19 어떤 사람은 많은 이의 선생으로서는 유능하지만
자기 자신에게는 쓸모없는 인간이다.
20 그는 말재간을 부려 미움을 받고
온갖 영화에서 멀어지리라.
21 사실 그는 온갖 지혜가 부족하여
주님의 총애를 얻지 못했다.
22 지혜로운 이는 자기 자신에게 이익을 가져오고
그의 지식은 자기 몸에 좋은 결과를 낸다.
23 지혜로운 사람은 자기 백성을 교육시키고
그의 지식은 믿을 만한 결실을 맺는다.
24 지혜로운 사람은 남의 칭찬을 많이 받고
보는 이마다 그를 복되다 일컬으리라.
25 사람의 삶은 이미 날수가 정해져 있지만
이스라엘의 날수는 헤아릴 수 없다.
26 지혜로운 이는 제 백성 가운데에서 명예를 차지하고
그의 이름은 영원히 살아 있으리라.

절제

27 얘야, 살아가면서 너 자신을 단련시켜라.
무엇이 네게 나쁜지 살펴보고 거기에 넘어가지 마라.
28 사실 모든 것이 누구에게나 좋은 것이 아니며
모든 것을 누구나 즐기는 것은 아니다.
29 온갖 사치를 누리려 하지 말고
과도하게 음식을 탐하지 마라.
30 사실 병은 음식을 지나치게 먹는 데서 오고
탐식은 구토로 이어진다.
31 많은 사람들이 탐식 때문에 죽었으나
그것을 피하는 자는 생명을 연장하리라.

37,16. "말" 그리스어 본문에 따르면 인간의 행위는 '로고스'에 뿌리를 둔다. 이 그리스어 단어는 그 자체로 여러 의미를 지닌다. 둘째 행("계획")과 병행 및 32,18-19를 고려하면 "생각"이라고 옮기게 된다.

37,17. 이 구절은 그리스어 '카르디아'로 옮겨진 히브리어 '렙'의 의미를 잘 보여 준다. 여기서는 "정신" 또는 "양심"이라는 의미로 이해할 수 있다. 번역에 있어 히브리어 본문에 "뿌리"라는 단어가 있음에 주목해야 한다. 그리스어 본문에서는 양심이 "흔적" 곧 인간의 결정에 따른 결과가 남는 곳이라고 말한다.

37,22. "자기 몸에" 히브리어 본문을 기초로 한 치글러본의 자구적 번역이다. 그 의미는 자기 지식의 결실에서 스스로 이익을 얻는다는 것이다. 반면 전수된 그리스어 본문은 이와 다르다. "자기 입에 있는 지식의 열매들을 신뢰할 수 있다."

37,23. 이 구절은 아마도 저자의 자서전적 기록이다.

37,18 잠언 18,21. 37,23 24,28-32; 33,16-19; 39,12; 42,15. 37,29 31,12-31.

37,16-26. 지혜를 얻고 가르치는 것은 벤 시라에게 인간의 가장 지고한 임무이다. 자신의 백성을 가르치는 현인은 사람들에게 존경을 받고 하느님께 축복을 받을 것이다.

38,4. 벤 시라는 식물로 만드는 약들에 대해 말한다. 약초와 식물 일반에 대한 지식은 현인의 교양에 속한다(1열왕 5,13 참조).

38,9. 질병과 죄가 서로 연관된다는 것은 전통 신앙의 주요 요소 가운데 하나이다. 주님께 기도한다는 것은 용서와 그에 따른 치유를 청하는 것이다(욥 33,1-33 주해 참조).

38,10. "손을 씻으며" 이사 1,15-16과 욥 17,9과 연관해 이해할 수 있다. 이 표상은 "올바르게 행동하며"를 뜻한다("잘못을 그만두고"와 병행).

의술과 병

38 1 남을 도와주는 의사를 존경하여라.
주님께서 그를 창조하셨다.
2 치유는 지극히 높으신 분에게서 오니
그는 임금에게서 선물을 받는다.
3 의술은 그의 머리를 높여 주고
고관들 앞에서 칭송을 받게 한다.
4 주님께서 땅에 약초를 마련해 놓으셨으니
현명한 사람은 그것을 소홀히 하지 않으리라.
5 주님께서는 당신의 능력을 알아보도록
나뭇가지로 물을 달게 만들어 주지 않으셨더냐?
6 그분께서 친히 사람들에게 지식을 주시어
당신의 놀라운 업적을 보고 당신을 찬양하도록 하셨다.
7 의사는 약초를 이용하여 병을 고치고
고통을 덜어 준다.
8 약사도 이 약초로 약을 조제하니
주님의 위업은 끝없이 이어지고
그분에게서 평화가 온 땅 위에 퍼져 나간다.
9 얘야, 네가 병들었을 때 지체하지 말고 주님께 기도하여라.
그분께서 너를 고쳐 주시리라.
10 잘못을 그만두고 손을 씻으며
온갖 죄악에서 마음을 깨끗이 하여라.
11 향유와 고운 곡식 예물을 바치고
제물 위에 기름을 네 형편껏 쏟아부어라.
12 그다음에는 의사에게 맡겨라.
주님께서 그를 창조하셨다.
의사가 너를 떠나지 못하게 하여라.
그가 너에게 필요하다.
13 치유의 성공이 의사의 손에 달려 있는 때가 있다.
14 그들 역시 주님께 기도하여
자신들에게 올바른 진단과
생명을 구하기 위한 치유의 은혜를 베풀어 주시도록 청한다.
15 자신의 창조주 앞에서 죄를 짓는 자는
의사의 신세를 져야 마땅하리라.

38,1 10,10. 38,5 탈출 15,23-25; 2열왕 2,19-22.

38,1-15. 지혜는 창조된 실재와의 관계에서도 드러난다. 인간은 하느님께서 자연 안에 두신 질서에 맞추어 살 때 지혜롭다고 정의될 수 있다. 학문의 임무는 창조물의 법칙을 탐구하고 그것을 잘 활용하는 것이다. 특히 의사의 직무는 인간 몸의 조화를 회복시키는 것이므로 하느님의 창조 활동에 협력하는 것으로 여겨진다. 의사는 매우 존경을 받지만 병을 치유하는 것은 오직 하느님이시다.

애도

16 얘야, 죽은 사람을 위해 눈물을 흘리고
극심한 고통을 겪는 이처럼 애도를 시작하여라.
죽은 사람의 처지에 따라 그 시체를 염하고
그의 장례를 소홀히 치르지 마라.
17 슬피 울며 통곡하여라.
애도는 죽은 사람의 지위에 따라 하루나 이틀 동안 계속하여
비난받지 않도록 하여라.
그러고 나서 너 자신의 슬픔을 달래라.
18 슬픔이 지나치면 죽음으로 이어질 수 있고
마음의 슬픔은 기운을 떨어뜨린다.
19 불행 가운데 슬픔도 머무르니
마음은 가난한 자의 삶을 저주할 뿐이다.
20 네 마음을 슬픔에 넘기지 마라.
슬픔을 멀리하고 마지막 때를 생각하여라.
21 한 번 가면 다시는 돌아오지 못한다는 사실을 잊지 마라.
너는 죽은 이를 돕지 못하고 너 자신만 상하게 할 뿐이다.
22 그의 운명을 돌이켜 보며 네 운명도 그와 같다는 것을 기억하여라.
어제는 그의 차례요 오늘은 네 차례다.
23 죽은 이는 이제 안식을 누리고 있으니 그에 대한 추억만을 남겨 두고
그의 영이 떠나갔으니 그에 대하여 편안한 마음을 가져라.

장인과 율법 학자

24 율법 학자의 지혜는 여가가 얼마나 있느냐에 달려 있고
사람은 하는 일이 적어야 지혜롭게 될 수 있다.
25 쟁기를 다루면서
막대기 휘두르는 것을 자랑으로 여기고
황소를 몰면서 자기 일에 몰두하며
송아지 이야기밖에 할 줄 모르는 자가
어떻게 지혜로워질 수 있겠느냐?
26 그는 밭이랑을 내는 일에 마음을 빼앗기고

38,16 토빗 4,17; 에제 2,10; 32,16. 38,18 22,11. 38,20 30,21. 38,21 2사무 12,20-23.

38,16-34. 벤 시라는 장례에서도 적절한 정도를 지킬 것을 권고한 다음, 율법 학자의 탁월한 일에 대한 깊은 고찰을 시작한다. 24-34절에서는 여러 직업을 살펴본다. 모든 일이 사회적으로 유용하지만, 그 일을 하는 이들이 누구나 집회에서 영예로운 자리에 있게 되는 것은 아니다. 현인만이 재판석에 앉는 영예를 누린다. 그가 율법을 알고 그래서 그것을 적용할 수 있기 때문이다.

38,16. 장례 예식에 관하여, 예레 9,17-18; 에제 24,15-24; 아모 5,16; 마태 9,23; 마르 5,38 참조.

38,25. 벤 시라는 지혜에 대하여 엘리트적 시각을 갖고 있다. 율법 학자는 손을 더럽히지 않고 지적인 일에 전념한다. 이와 달리 히브리 전통에서는 수를 놓고 형을 뜨는 장인들도 지혜롭다고 여긴다(탈출 36,1-2.8; 1역대 22,15; 2역대 2,6.11-12 참조).

38,26. "마음을 빼앗기고" 히브리어 표현을 그대로 옮긴 것이다. "재능을 사용하고"로 옮길 수도 있다. 27.28절 참조.

암송아지들을 먹이는 일에 열중한다.
27 밤낮으로 일하는
목수와 대목도 모두 마찬가지다.
다양한 기술을 선보이는 데에 여념이 없는
인장을 새기는 사람들도 마찬가지다.
그들은 도형을 똑같이 새기는 일에 전념하고
마무리하는 일에 잠을 잊는다.
28 모루 앞에 앉아서 쇠 다루는 일에 열중하는
대장장이도 마찬가지다.
불기가 그의 몸을 녹초로 만들고
그는 화덕에서 나오는 열기와 씨름한다.
쇠망치 소리가 그의 귓전에 울리는데도
그의 눈은 그릇의 골에 붙박여 있다.
그는 일 마무리에 전념하고
마무리 장식에 잠을 잊는다.
29 일터에 앉아서 자기 발로 물레를 돌리는
옹기장이도 마찬가지다.
그는 언제나 자기 일에 몰두하니
그의 일은 낱낱이 계산된다.
30 그는 손으로 진흙을 개고
발로 반죽을 한다.
마지막 유약을 바르는 일에 전념하고
가마를 정돈하는 일에 잠을 잊는다.
31 이들은 모두 자기 솜씨를 믿고
저마다 자기 일에 특기를 지니고 있다.
32 그들이 없으면 도시가 세워질 수 없고
사람들이 모여 살거나 돌아다닐 수도 없을 것이다.
그러나 그들은 주민 회의에 불리지도 않고
33 집회에서 높이 평가받지도 못한다.
그들은 재판석에 앉지도 못하고
법정의 판결을 이해하지도 못한다.
그들에게서는 교양이나 판단력을 찾아볼 수 없고
격언을 이용하는 것도 볼 수 없다.
34 그러나 그들은 한 세대의 골격을 유지한다.
그들은 기술이 쓰이기만을 빌 뿐이다.

38,29. 옹기장이가 발로 물레를 돌려 손으로 자유롭게 진흙을 빚을 수 있게 된 것은 마케도니아인들이 팔레스티나에 도입한 새로운 기술이었다.

38,32. 현인은 모든 직업을 인정하고 칭송한다. 이들은 구체적인 삶을 위해 필요하다. 하지만 인도자 역할을 하는 율법 학자의 일은 이들보다 더 중요하다.

38,28 이사 44,12. 38,33 1열왕 5,12; 코헬 12,9.

38,24-34. 의사의 직업에 대해 고찰한 다음, 벤 시라는 다른 기술과 직업들을 다룬다. 저자가 지적인 일을 하는 이들에게 깊이 공감하고 있음이 드러난다. 아마도 이 단락은 여러 직업, 특히 비천한 직업에 대해 빈정대고 심지어 경멸하기도 하는 이집트의 일부 본문들과 연관된다.

율법 학자

온 마음을 다해 지극히 높으신 분의 율법을 명상하는 이는
이런 자들과 다르다.

39 1 그는 모든 조상의 지혜를 찾고
예언을 공부하는 데에 몰두한다.
2 그는 유명한 사람들의 말씀을 보존하고
여러 격언의 뜻을 절절이 꿰뚫어 파악한다.
3 그는 금언의 숨은 뜻을 캐고
수수께끼 같은 격언을 쉽게 풀이한다.
4 그는 고관들 사이에서 봉직하고
통치자들 앞에 모습을 보인다.
그는 이방 민족들의 땅을 두루 다니며
사람들 사이에서 좋고 나쁜 것을 체험으로 깨닫는다.
5 그는 아침 일찍 일어나
자신을 만드신 주님을 찾는 일에 마음을 쏟고
지극히 높으신 분 앞에서 기도한다.
기도 중에 입을 열어
자신의 죄를 용서해 달라고 간청한다.
6 위대하신 주님께서 원하신다면
그는 지각의 영을 충만히 받으리라.
그리하여 그분 지혜의 말씀을 쏟아 내고
기도 중에 그분께 감사를 드리리라.
7 그는 의견과 슬기를 올바로 갖추고
그분의 신비를 묵상하리라.
8 그는 자신이 배운 대로 교훈을 펼쳐 보이고
주님께서 주신 계약의 법을 자랑하리라.
9 많은 이들이 그의 지각을 칭찬하고
그 지각은 영원히 사라지지 않으리라.
그에 대한 기억은 없어지지 않고
그의 이름은 대대로 살아남으리라.
10 뭇 민족이 그의 지혜를 이야기하고
회중이 그에 대한 칭송을 드높이리라.

39,1-11. 이 단락에 묘사된 율법 학자는 이상적인 율법 학자인 에즈라의 모습에서도 영감을 얻는다(에즈 7,6-10 참조). 38,34ㄴ과 39,1에서 흥미로운 점은 율법 학자가 몰두하는 성경의 책들 모음이 언급된다는 점이다. 여기에는 율법, 지혜, 예언의 순서가 나타나는데 이는 칠십인역 그리스어 번역본의 고유한 순서이다.

39,4. 율법 학자에게는 다른 문화에 대한 지식이 요구된다. 그 문화에서도 지혜를 얻는 것이다(34,9-12의 주 참조).

39,8. "주님께서 주신 계약의 법" 24,22에서 현인은 지혜와 토라를 거의 동일시한다. 이 구절에서는 율법 학자의 가르침이 직접적으로 율법을 나타낸다.

39,1 시편 1,2. 39,6 신명 32,2; 이사 11,2. 39,10 44,15.

39,1-11. 저자는 현인을 상세히 묘사하며, 구약 성경 안에서 현인에 대한 이해가 깊은 변천을 겪어 왔음을 보여 준다. 현인은 토라와 예언서의 연구, 그리고 기도에 삶을 바친다. 격언과 인간적 학문에 대한 전문가는 이미 경건한 사람과 동일시하기에 이른다. 민간 지혜에서 시작된 지혜는 신성한 성격을 지니게 되었고, 백성을 거룩한 것으로 이끄는 임무를 띠고 있다.

✠ 39,1.4ㄷ-6ㄴ. 이 단락은 후보자들을 성품에 받아들이는 예식의 독서로 제시되어 있다.

39,14. "유향처럼" 저자는 향료를 지혜와 비교하기를 특별히 좋아한다(24,15 참조). "함께 주님을 찬미하고"는 치글러의 비평본을 따른 것이지만, "동시에 찬미의 노래를 시작하고"라고 옮길 수도 있다.

11 그가 장수하면 천 명의 이름보다 큰 이름을 남길 것이요
죽더라도 여한이 없으리라.

하느님을 찬미하여라

12 내게는 아직 할 말이 많으니
보름달처럼 온갖 생각으로 가득 차 있다.
13 경건한 아들들아, 내 말을 듣고
시냇가에 피어나는 장미처럼 번성하여라.
14 유향처럼 향기를 내뿜고
백합처럼 꽃을 피워라.
소리 내어 함께 주님을 찬미하고
그분의 온갖 업적을 찬양하여라.
15 그분의 이름에 위엄을 드리고
그분을 찬미하며 그분께 감사하여라.
입술에 노래를 담고 수금을 타며
감사드릴 때 이렇게 말하여라.
16 "주님께서 이루신 모든 위업은 너무나 훌륭하고
그분의 모든 분부는 제때에 이루어지리라."
17 아무도 "이게 무어냐?
어찌된 일이냐?"고 말해서는 안 된다.
모든 것은 제때에 풀리기 때문이다.
그분의 말씀으로 물이 모여들고
그분의 말씀 한마디로 그 물이 저수지가 된다.
18 그분께서 명령하시면 뜻하시는 바가 모두 이루어지고
아무도 그분의 구원하시는 능력을 막지 못한다.
19 모든 인간의 일은 다 그분 앞에 있고
그분의 눈앞에서 숨겨질 수 없다.
20 그분께서는 영원에서 영원까지 내려다보시니
그분 앞에는 도무지 신기한 것이 없다.
21 아무도 "이게 무어냐?
어찌된 일이냐?"고 말해서는 안 된다.

39,16 시편 33,9; 104,24; 코헬 3,11. 39,19 시편 139,7-12.

39,12-35. 저자는 스승의 위치에서 이제 청중을 향하여, 예언자와 같은 어조로 창조주 하느님을 찬미하라고 열렬히 권고한다. 찬가에 나타난 창조의 신학은 두 가지 기본 요소를 특징으로 한다. 무엇보다 먼저 보이는 것이 전부는 아니다. 창조된 실재는 하느님 손에서 선한 것으로 생겨났지만, 죄인들에 대한 징벌로 사용될 수도 있고 그들에게 악이 될 수도 있다. 이는 주님께서 사건을 직접 이끄시고 적절한 순간에 곤궁한 이들을 채워 주시며 또한 처벌을 통해 그들의 잘못을 바로잡으시기 때문이다. 또 하나의 요소는 소위 벤 시라의 결정론이다. 이는 예정설의 개념을 연상시킬 수도 있지만(33,10-13 참조), 실제로는 인간의 자유를 부인하지 않는다. 인간은 선과 악을 자유롭게 선택할 수 있고 그것이 그의 운명을 결정한다(33,14-15 참조).

모든 것이 필요에 따라 창조되었기 때문이다.
22 그분의 복은 강물처럼 넘쳐흘러
마른땅을 홍수처럼 적신다.
23 그러나 그분께서 물을 소금밭으로 바꾸실 때처럼
이민족이 그분의 분노를 상속받으리라.
24 그분의 길은 경건한 이들에게는 평탄하지만
무도한 자들에게는 장애가 된다.
25 좋은 것은 처음부터 선인들을 위해서 창조되었지만
나쁜 것은 죄인들을 위해서 창조되었다.
26 사람이 사는 데 꼭 필요한 것은
물과 불과 쇠와 소금
고운 밀가루와 우유와 꿀
포도즙과 기름과 옷이다.
27 이 모든 것이 경건한 이들에게는 선이 되지만
죄인들에게는 악으로 변한다.
28 징벌을 위해 창조된 바람도 있으니
화가 나면 채찍을 마구 휘두른다.
종말의 때에 바람은 제힘을 떨치며
자신을 만드신 분의 진노를 가라앉히리라.
29 불과 우박과 굶주림과 죽음
이 모든 것도 징벌을 위해서 창조되었다.
30 맹수의 이빨과 전갈과 독사와
불경스러운 자들에게 벌을 내려 파멸시키는 칼,
31 이것들은 주님의 명령을 기꺼이 받아들여
땅 위에서 만반의 준비를 갖추었다가
때가 되면 그분의 분부를 어김없이 실천한다.
32 그러므로 나는 처음부터 확신을 가지고
깊이 생각한 끝에 이러한 말을 글로 남긴다.
33 "주님의 모든 업적은 좋으니
그분께서는 때에 맞춰 필요한 것을 모두 마련하시리라.
34 아무도 '이것이 저것보다 나쁘다.'고 말해서는 안 된다.
모든 것이 때가 되면 좋은 것으로 판가름 나기 때문이다.
35 그러니 이제 온 마음과 입을 모아 찬미가를 부르고
주님의 이름을 찬양하여라."

39,23 이사 44,27. 39,25 33,14-15. 39,29 신명 32,22-25; 시편 18,8-13; 이사 24,18-20; 에제 5,16-17.

39,33. 현인 코헬렛도 비슷한 말을 했다. "그분께서는 모든 것을 제때에 아름답도록 만드셨다." (코헬 3,11) 벤 시라의 숙고는 코헬렛에 비하여 종교적인 관점이나 인간학적 관점에서(인간 인식 능력의 한계에 대하여) 분명 더 평온하다.

39,34. "이것이 저것보다 나쁘다." 외관상 부정적으로 보이는 현상이 하느님의 계획을 실현하는 데에는 유용하다는 의미이다.

40,1. "맡겨졌고" 그리스어로는 동사 '크티조'가 사용되는데, 이는 "설립하다, 기초를 세우다"의 행동을 지칭하기 위해 쓰인다. 이 동사의 시제로 쓰인 완료형은 과거에 이루어졌고 현재에 영향을 미치는 행위를 가리킨다. 곧 저자가 말하려는 바는 고통이 인간 삶의 일부라는 것이다.

40,2. 죽음에 대한 생각은 모든 행위와 계획에 그림자를 드리우는 인간의 근본적인 두려움으로 묘사된다. 코헬 11,7–12,7 참조.

40,11. 인간이 땅에서 난 요소와 물에서 난 요소로 형성되었다고 전제하는 것으로 보인다.

인간의 비참함

40 1 어머니 배 속에서 나오는 날부터
만물의 어머니에게 돌아가는 날까지
모든 사람에게 몹시 힘든 일이 맡겨졌고
무거운 멍에가 아담의 아들들에게 지워졌다.
2 그들의 고민과 마음의 두려움
다가올 일에 대한 걱정, 그것은 바로 죽음의 날이다.
3 영광의 왕좌에 앉은 자부터
먼지와 재를 뒤집어쓴 비천한 자에 이르기까지,
4 자주색 옷을 입고 왕관을 쓴 자부터
누더기를 걸친 자에 이르기까지,
5 분노와 질투와 고난과 불안
죽음에 대한 두려움과 격노와 분쟁에 싸여 있다.
자리에 누워 쉬는 시간에도
한밤의 잠이 그의 의식을 혼란케 한다.
6 쉬면서도 거의 또는 전혀 쉬는 것 같지 않고
자면서도 낮에 일하는 것 같으며
제 마음의 허깨비에 쫓겨
싸움터에서 도망쳐 나온 자와 같다.
7 절박한 순간에 잠에서 깨어나
두려워할 이유가 없었다는 사실에 놀란다.
8 사람에서 동물에 이르기까지 모든 생명체에
그리고 죄인들에게는 일곱 배나 더
9 죽음과 피와 분쟁과 칼
재난과 굶주림과 파괴와 재앙이 닥친다.
10 이 모든 것은 사악한 자들을 거슬러 창조되었으니
그들 때문에 홍수가 일어났다.
11 땅에서 난 것은 모두 땅으로 돌아가고
물에서 난 것은 모두 바다로 돌아간다.

여러 가지 금언

12 온갖 뇌물과 부정은 사라지겠지만
믿음은 영원히 머물러 있으리라.

40,1 창세 3,16-19; 욥 1,21; 7,1-10. 40,5 욥 7,4. 40,6 코헬 2,23. 40,10 39,25.29. 40,11 41,10; 창세 3,19.

40,1-17. 벤 시라는 세상 안에 존재하는 악과 응보의 문제를 다룬다. 아담의 죄 때문에 어떤 인간도 고통을 피할 수 없는 것이 사실이라면 죄인에게는 그 고통이 더욱 많아진다는 것도 사실이다. 저자는 기본적으로는 지상에서 응보가 이루어진다는 전통적 가르침을 따르지만 이전의 지혜문학 사상에서 제한된 위치만을 지녔던 고통의 심리적 차원을 도입한다(불안한 기다림, 두려움, 꿈, 공포).

13 불의한 자들의 재산은 강물처럼 말라 버리고
폭우 속의 요란한 천둥소리처럼 흩어지리라.
14 자선의 손길을 펼치는 사람은 기쁨을 맛보겠지만
범법자들은 완전한 멸망에 이르리라.
15 불경한 자들의 자녀는 많은 싹을 내지 못하고
가파른 바위 위에 지저분한 뿌리를 내리리라.
16 개울과 강둑마다 자리 잡은 갈대는
제일 먼저 뽑히는 풀이 되리라.
17 호의는 축복의 동산과 같고
자선은 영원히 남으리라.
18 자족하는 사람과 일하는 사람에게 인생은 감미롭지만
이 둘보다 보물을 찾는 이가 낫다.
19 자녀와 도시의 건설은 이름을 떨치게 하지만
이 둘보다 흠 없는 아내가 더 자랑스럽다.
20 술과 음악은 마음을 즐겁게 하지만
이 둘보다 지혜에 대한 사랑이 낫다.
21 피리와 수금이 감미로운 소리를 내지만
이 둘보다 부드러운 말이 낫다.
22 눈은 호의와 아름다움을 보고 싶어 하지만
이 둘보다 곡식의 새싹이 낫다.
23 친구나 동무는 때에 따라 만나지만
남편에게는 아내가 이 둘보다 낫다.
24 곤경 중에는 형제들과 도움의 손길이 필요하지만
이 둘보다 자선이 우리를 더 잘 구해 준다.
25 금과 은이 기반을 든든하게 하지만
이 둘보다 조언이 더 가치 있다.
26 부와 권력은 마음을 들뜨게 하지만
주님을 경외함이 이 둘보다 낫다.
주님을 경외하면 부족함이 없으니
이런 경외심을 지니고 있으면 도움을 구할 필요가 없다.
27 주님을 경외함은 축복의 동산과 같아서
어떤 영광보다 인간을 잘 보호해 준다.

구걸

28 얘야, 구걸하는 생활을 하지 마라.
구걸하느니 죽는 편이 낫다.
29 다른 이의 밥상을 넘겨다보는 사람은

40,20 32,6.

40,15-16. 나무의 표상은 보통 의인과 결부된다(무성하고 언제나 많은 열매를 맺는 나무, 시편 1,3의 주 참조). 여기에서 식물의 은유는 불의한 자들과 연결되어 일찍 뿌리가 뽑혀 온전히 자라지 못하는 식물에 비유된다.

40,18-30. 비관주의와 균형을 이루듯이, 벤 시라는 삶을 즐겁게 해 주는 가치와 실재들을 열거한다. 기쁨의 절정은 언제나처럼 하느님을 경외함이다. 저자는 이 위로들 가운데 재산도 포함시키는데, 그는 여러 차례 재산에 대해 상당히 경계했다. 품위 없는 일로 여겨 비판하는 것으로는 구걸이 있다.

40,26. "주님을 경외함"의 중요성에 관하여, 1,11의 주 참조.

40,28-30. 현인은 재산의 위험을 경계하지만 구걸은 맹렬히 반대한다. 자선은 해야 하지만(24절) 받을 것은 아니다.

제대로 된 인생이라 할 수 없고
다른 이의 음식으로 자신을 더럽힌다.
슬기롭고 교양 있는 사람은 절제할 줄 안다.
30 구걸이란 염치없는 자의 입 안에서는 달다.
그러나 그의 배 속에서는 불이 일고 있다.

죽음

41 1 아 죽음아, 자기 재산으로 편히 사는 인간에게,
아무 걱정도 없고 만사가 잘 풀리며
아직 음식을 즐길 기력이 남아 있는 사람에게
너를 기억하는 것이 얼마나 괴로운 일인가!
2 아 죽음아, 너의 판결이
궁핍하고 기력이 쇠잔하며
나이를 많이 먹고 만사에 걱정 많은 인간에게,
반항적이고 참을성을 잃은 자에게 얼마나 좋은가!
3 죽음의 판결을 두려워하지 마라.
너보다 앞서간 자들과 뒤에 올 자들을 기억하여라.
4 그것은 모든 생명체에게 주어진 주님의 판결이다.
그런데 어쩌자고 지극히 높으신 분의 뜻을 거역하려 드는가?
십 년을 살든 백 년을 살든 천 년을 살든
저승에서는 수명을 따질 필요가 없다.

불경한 자들의 운명

5 죄인들의 자녀들은 혐오거리가 되고
불경한 자들의 소굴을 들락거린다.
6 죄인들의 자녀들이 물려받은 유산은 소멸되고
그들의 후손에게는 치욕이 늘 함께한다.
7 자녀들은 불경한 아버지를 비난한다.
그 아버지 탓에 자신들이 수치를 당하기 때문이다.
8 불행하여라, 너희 불경한 인간들!
너희는 지극히 높으신 분의 율법을 저버렸다.
9 「너희 자손이 불어나도 파멸되기 마련이다.」
너희는 태어나도 저주받기 마련이고

41,1. 죽음이 괴로운 일이라는 것은 코헬렛도 죽음과 여자를 비교하며 말했다(그 말의 의미에 관하여, 코헬 7,26의 주 참조). 성경의 다른 단락에서 죽음은 독(지혜 1,14 참조) 또는 독침을(1코린 15,55-56 참조) 지닌 것으로 묘사된다.

41,8. "너희는 율법을 저버렸다." 아마도 헬레니즘 앞에서 많은 유다인들이 배교했던 것을 암시한다(또한 지혜 2,12 참조).

「 」 41,9ㄱ. 새 대중 라틴말 성경에는 들어 있지 않다.

41,2 30,17; 코헬 4,2. 41,4 17,1-2; 시편 90,10. 41,9 지혜 3,12.

41,1-15. 하느님께서 미리 정하신 계획에는 죽음도 포함되어 있다. 구약 성경의 발자취를 따라 벤 시라는 부활을 믿지 않고 내세의 응보도 믿지 않는다. '스올'이 모든 이들의 유일한 마지막이다. 그래서 죽음은 복되게 사는 인간에게는 혐오스러운 것인 반면에 고통을 겪는 사람은 죽음을 갈망한다. 인간이 죽음 이후에 남아 있기 위한 유일한 길은 기억을 남기는 것이다. 악인들의 기억은 곧 사라지고 지혜로운 일을 행한 사람의 명성은 존속할 것이다.

죽게 되어도 저주받기 마련이다.
10 흙에서 나온 것은 무엇이나 흙으로 돌아가듯
불경한 자도 저주에서 나와 멸망으로 돌아간다.

명성

11 인간들은 썩을 몸을 슬퍼하지만
죄인들에게는 좋지 않은 이름조차도 남지 않으리라.
12 네 이름에 주의를 기울여라.
이름이 황금덩이 천 개보다 오래 남는다.
13 행복한 삶은 그 날수가 정해져 있지만
좋은 이름은 영원히 남으리라.

부끄러움

14 자녀들아, 받은 가르침을 평화롭게 지켜라.
감추어진 지혜와 보이지 않는 보물
이 두 가지가 무슨 유익을 가져다주겠느냐?
15 어리석음을 감추는 사람이
자기 지혜를 감추는 사람보다 낫다.
16 그러므로 내 말을 존중하여라.
온갖 부끄러움을 간직하는 것은 좋지 않고
모든 일이 모두에게 진실되이 평가를 받는 것도 아니다.
17 음행에 대하여 아버지와 어머니 앞에서,
거짓말에 대하여 군주와 세도가 앞에서 부끄러워하여라.
18 실수에 대하여 재판관과 통치자 앞에서,
위법에 대하여 회중과 백성 앞에서,
불의에 대하여 동료와 친구 앞에서,
19 절도에 대하여 네가 사는 동네 앞에서 부끄러워하여라.
하느님의 진리와 계약 앞에서 부끄러워하여라.
빵 위에 팔꿈치를 올려놓은 일을,
무례하게 주고받은 일을 부끄러워하여라.
20 인사하는 사람들에게 답하지 않은 일을,
창녀에게 눈길을 준 일을,
21 친척을 외면한 일을,
남의 몫과 선물을 가로챈 일을,

41,10 40,11.

41,16-42,14. 벤 시라는 명예를 더럽히는 것이 많다는 것을 고찰하며, 이들을 부끄러워해야 한다고 말한다. 이와 반대로 밝은 곳에 드러낼 만한 일들도 있다. 이렇게 하여 교육을 위한 모델은 경건하고 주님을 두려워하며 도덕 법칙을 존중하는 사람임을 재확인한다.

41,12-13. 현인은 전통적 지혜에 따라 의인이 죽은 후에도 명성은 남는다고 확신한다(15,6 참조). 코헬렛은 이와 다르다(코헬 1,11 주해 참조).

41,16. "부끄러움"에 관하여, 4,21; 5,14; 6,1; 20,22.23.26; 22,3; 29,14 참조. 또한 로마 2,8 참조.

41,19. 이 구절은 본문과 해석에서 여러 문제를 제기한다. 둘째 행에서 그리스어 본문은 분명치 않으며, 여러 가지로 수정한다("맹세와 계약을 깨뜨리는 것에 대하여"로 옮길 수도 있다). 셋째 행은 음식을 붙잡기 위하여 팔을 뻗는 것을 가리킬 수도 있고 긴 의자 위에 놓인 음식을 먹어 치우는 것을 가리킬 수도 있다. 마지막으로 넷째 행의 그리스어 본문은 "무례한"보다 "쫓아내다"를 뜻하는데, 히브리어와 라틴어에서는 그러한 표상이 나타나지 않는다.

남의 아내에게 눈짓한 일을 부끄러워하여라.
22 남의 여종과 어울린 일을 부끄러워하고
그 여종의 잠자리에 다가가지 마라.
친구들에게 모욕적인 말을 한 일을 부끄러워하고
선물을 준 뒤에 모욕하지 마라.

42 1 들은 이야기를 수다 떨며 남에게 옮긴 일을,
비밀을 폭로한 일을 부끄러워하여라.
그러면 너는 진실로 부끄러워하게 되고
모든 사람에게서 호의를 얻게 되리라.
다음 것들에 대해서는 부끄러워하지 말고
체면 때문에 죄를 짓지 마라.
2 지극히 높으신 분의 율법과 계약을,
불경한 자를 의롭게 하는 판결을 부끄러워하지 마라.
3 동료와 동행자와 계산하는 일을,
다른 상속자들과 유산을 나누는 일을,
4 저울과 추를 정확하게 다는 일을,
많건 적건 벌어들이는 일을,
5 상인들과 거래하여 얻는 이득을,
자녀들을 엄격하게 교육하는 일을,
고약한 종의 옆구리를 때려 피를 흘리게 하는 일을 부끄러워하지 마라.
6 고약한 아내는 봉인해 두는 것이 좋고
손이 많이 오가는 곳에는 자물쇠를 채워라.
7 물건을 맡길 때는 수량과 무게를 정확히 하고
주고받을 때는 모든 것을 글로 남겨라.
8 미련한 자나 어리석은 자나
음행하다 재판받는 노인네를 깨우쳐 주는 일을 부끄러워하지 마라.
그러면 너는 진실하게 교육받은 이로
모든 사람 앞에서 인정을 받으리라.

42,8. 그리스어 본문의 둘째 행은 여러 차례 수정되었다. 몇 가지 제안은 다음과 같다. "어리석은 자와 젊은이들과 논쟁하는 노인", "방탕하고 어리석은 행동으로 젊은이들 사이에서 일컬어지는 노인", "음행에서 경쟁하는 노인" 히브리어본에서도 본문은 확실치 않다. "노인과 늙은이, 음행의 계획을 생각하는 사람(또는 창녀에게 조언을 구하는 사람)", "음행에 몰두하는 절름발이 노인" 이 예는 집회서의 경우 "원문"을 말하는 것에 문제가 있음을 잘 보여 준다.

딸 가진 아버지의 걱정

9 딸은 그 아버지에게 은근한 걱정거리여서
그에 대한 염려로 아버지가 잠을 못 이룬다.
어릴 때는 혼기를 놓칠까,
시집가면 미움 받을까 걱정한다.
10 처녀일 때는 더럽혀질까,

42,5 30,1. 42,8 잠언 19,25.29.

출가 전에 임신할까 걱정한다.
남편을 맞으면 부정을 저지를까,
시집을 가면 아이를 낳지 못할까 걱정한다.
11 고집 센 딸은 철저하게 감시하여라.
그러지 않으면 그 애가 원수들 앞에서 너를 웃음거리로 만들리라.
또 동네의 소문과 주민들의 이야깃거리가 되어
큰 무리 앞에서 너를 부끄럽게 하리라.

여자들을 조심하여라

12 아무에게나 그 아름다움에 눈길을 주지 말고
여자들과 동석하지 마라.
13 좀이 옷에서 나오듯
여자의 악은 여자에게서 나온다.
14 선을 행하는 여자보다 남자의 악이 더 낫다.
부끄러움과 수치를 가져오는 것은 여자다.

제5부 하느님의 영광

자연 안에서

15 나는 이제 주님의 업적을 기억하고
내가 본 것을 묘사하리라.
주님의 업적은 그분의 말씀으로 이루어졌고
그분의 결정은 선의에서 나왔다.
16 찬란한 태양은 만물을 내려다보고
주님의 업적은 그분의 영광으로 가득 차 있다.
17 주님께서는 당신의 거룩한 이들에게조차
당신의 온갖 놀라운 업적을 묘사할 능력을 주지 않으셨다.
전능하신 주님께서 그 놀라운 업적을 세우시어
만물을 당신 영광 안에 굳게 자리 잡게 하셨다.
18 그분께서는 깊은 바다와 사람의 마음까지 헤아리시고
그 술책을 꿰뚫어 보신다.

42,14. 여자의 악함과 이스라엘 스승들의 이와 유사한 판단의 의미에 관하여, 코헬 7,26의 주 참조.

42,18. "시대의 표징" 주님은 별들을 포함하여 모든 것을 지배하신다. 별들은 인간의 미래에 대한 지식을 담고 있다고 여겨졌다(예레 10,2; 묵시 9,1 참조).

42,11 7,25; 22,3.5; 26,10. 42,15 창세 1,3-31; 시편 77,12. 42,16 26,16; 43,2; 시편 19,6-7. 42,18 잠언 15,11.

42,15–50,21. 집회서의 셋째 부분이 42,15로 시작된다. 여기서 저자는 창조와 역사 안에 지혜가 현존함을 더 상세하게 고찰한다. 벤 시라에게 이 두 영역은 밀접하게 결합되어 있다.

42,15-25. 셋째 부분은 창조물 안에 퍼져 있는 하느님의 지혜를 발견하며 경탄하는 사람의 노래로 시작된다. 모든 것을 아시는 그분의 깊은 생각이 창조된 모든 것을 존재하도록 부르시고 완전한 질서를 부여하시는 말씀에 집약된다.

사실 지극히 높으신 분께서는 온갖 통찰력을 갖추시고
시대의 표징을 살피신다.
19 그분께서는 지나간 일과 다가올 일을 알려 주시고
숨겨진 일들의 자취를 드러내 보이신다.
20 어떤 생각도 그분을 벗어나지 못하고
그분 앞에는 말 한마디도 숨길 수 없다.
21 당신 지혜의 위대한 업적을 질서 있게 정하신 주님께서는
영원에서 영원까지 같은 한 분이시다.
그분에게는 더 보탤 것도 없고 뺄 것도 없으며
어떤 조언자도 필요 없다.
22 그분의 업적은 모두 얼마나 아름다우며
얼마나 찬란하게 보이는가!
23 이 모든 것이 살아 있고 영원히 지속되며
그분께서 필요하실 때는 만물이 그분께 순종한다.
24 만물은 서로 마주하여 짝을 이루고 있으니
그분께서는 어느 것도 불완전하게 만들지 않으셨다.
25 하나는 다른 하나의 좋은 점을 돋보이게 하니
누가 그분의 영광을 보면서 싫증을 느끼겠는가?

42,24. "짝을 이루고 있으니" 저자에게 모든 창조물은 예를 들면 선과 악, 죽음과 생명과 같이 하나의 실재와 그 반대의 것으로 되어 있다(33,14-15 참조).

태양

43 1 맑은 창공은 드높은 곳의 자랑이며
하늘의 모습은 찬란한 영광 속에 드러난다.
2 동이 틀 때 떠오르는 태양은
놀라운 도구가 되어 지극히 높으신 분의 위업을 선포한다.
3 한낮의 태양은 땅을 메마르게 하니
누가 그 열을 견디어 내겠는가?
4 화덕에 풀무질하는 자는 뜨거운 열기 속에서 일을 하지만
태양은 그 세 배나 되는 열기로 산을 달군다.
태양은 그 불꽃같은 열기를 내뿜고
그 강렬한 빛으로 눈을 멀게 한다.
5 태양을 만드신 주님께서는 위대하시고
그분의 명령에 따라 태양은 제 궤도를 바삐 돈다.

달

6 달은 제때에 맞춰 자리를 잡고

42,21 잠언 8,22.30. 42,24 33,15. 43,2 창세 1,14-18; 시편 8,2; 19,2-7. 43,4 38,28. 43,6 시편 89,38; 104,19.

43,1-12. 저자는 경탄하며 하느님의 손에서 나온 작품 하나하나를 바라본다. 하늘에서 시작하여 태양, 달, 별, 무지개를 관찰한다. 그 각각에 대하여 창조 때에 하느님께서 정해 주신 역할이 언급된다.

시간과 시대의 표징을 알려 준다.
7 축제의 표징도 달에서 나온다.
이 빛물체는 완전히 찼다가 기운다.
8 월이라는 말도 달에서 나오는데,
그 모양이 변하면서 차오르는 모습은 기묘하다.
달은 높은 곳에 진을 친 만군의 등대가 되어
하늘 창공에서 빛을 뿜어낸다.

별

9 하늘의 아름다움은 별들의 영광이고
별들은 주님의 드높은 처소에서 빛나는 장식이다.
10 거룩하신 분의 명령에 따라 그들은 정해진 자리를 지키고
한 번도 경계를 늦추는 법이 없다.

무지개

11 무지개를 바라보며 그것을 만드신 분을 찬미하여라.
그 찬란함은 매우 아름답다.
12 무지개는 영광스러운 호를 그리며 하늘을 가로지른다.
지극히 높으신 분의 손길이 그것을 펼쳐 놓으셨다.

경이로운 자연

13 그분의 명령으로 눈이 내리고
심판의 번갯불이 떨어진다.
14 그분의 명령으로 하늘 곳간이 열리고
구름이 새처럼 날아간다.
15 그분께서 당신 권능으로 구름을 뭉쳐 주시니
돌덩이 같은 우박이 산산이 부서진다.
17 그분의 천둥소리는 땅을 뒤흔들고
16 그분께서 나타나실 때는 산들도 떨며
그분의 뜻에 따라 남풍이 불어 닥친다.
17 북녘에서 폭풍이 일고 회오리바람이 몰려온다.
그분께서 날아다니는 새들처럼 눈을 뿌리시니
그 모습이 메뚜기가 내려앉는 듯하다.

43,7. "축제의 표징" 히브리 전례력은 달의 주기에 따라 계산되었다.

43,10. 에녹과 연관된 전승에 따르면 일부 별이나 그들을 인도하도록 정해진 천사들은 그들의 역할과 할당된 위치를 거부했다. 이 천사들의 죄로 우주의 질서가 흔들렸고 또한 이것이 모든 악의 첫 원인이 되었다(1에녹 18,14-16; 21,3-6; 80,1-6).

43,11. 무지개는 홍수 후에 맺어진 계약의 표지이다. 하느님은 그 후로 다시는 그렇게 땅에 징벌을 내리지 않으실 것이다(창세 9,13 참조).

43,17ㄱ. 천둥소리는 시나이의 신현神顯과 관련하여 하느님의 목소리에 비견된다(탈출 19,6.19; 20,18 참조. 시편 29,3-9의 주 참조).

43,7 레위 23,5.34. 43,9 바룩 3,33-35. 43,13 욥 38,22; 시편 147,16-18. 43,16 시편 97,4; 104,32. 43,17ㄴ 욥 6,16; 9,30; 24,19; 시편 51,9; 잠언 25,13; 26,1; 이사 1,18; 55,10.

43,13-26. 하늘에서 땅으로 눈길을 돌려 인간에게 깊은 인상을 주거나(번개·천둥·폭풍·바람) 경탄을 불러일으키는(눈·우박) 기후 현상들을 고찰한다. 바다의 광활함 앞에서 저자는 태초에 혼돈스러운 바다의 힘을 굴복시킨 하느님 말씀의 능력을 기억한다.

18 사람들은 흰 눈송이의 아름다움을 보고 경탄하며
그 떨어지는 모습에 마음을 빼앗긴다.
19 그분께서는 서리를 소금처럼 땅에 뿌리시고
나무 끝에 얼음 꽃을 피우신다.
20 북새풍이 차갑게 불어오면
물 위에 얼음이 언다.
물 고인 곳마다 자리를 잡고
갑옷처럼 물을 덮는다.
21 그분께서는 산을 삼키시고 광야를 달아오르게 하시며
불처럼 초목을 살라 버리신다.
22 그러나 안개가 이내 이 모든 것을 어루만져 주고
이슬이 내려와 더위에서 생기를 찾게 해 준다.
23 주님께서는 당신 계획에 따라 깊은 바다를 잠잠하게 하시고
그곳에 섬들을 심으셨다.
24 항해하는 이들이 바다의 위험을 이야기하는데
우리는 그들의 말을 들으며 우리 귀를 의심하였다.
25 그곳에는 이상하고 놀라운 일들이 일어나며
온갖 종류의 생물과 용들이 살고 있다.
26 그분 덕택에 그분의 사자가 임무를 제대로 수행하고
만물이 그분의 말씀에 따라 잘 정돈되어 있다.
27 우리가 아무리 많은 말로 이야기해도 미치지 못하니
"그분은 전부이시다." 할 수밖에 없다.
28 무슨 힘으로 그분께 영광을 드릴 수 있을까?
사실 그분께서는 그분의 모든 업적보다 위대하시다.
29 주님은 두려우시고 매우 위대하신 분이시며
그분의 권능은 놀랍다.
30 주님께 영광을 드리고 그분을 높이 받들어라.
아무리 높이 받들어도 그분께서는 그보다 더 높으시다.⊥
그분을 높이 받들 때 네 온 힘을 다하고 지치지 마라.
아무리 찬미하여도 결코 다하지 못한다.
31 누가 그분을 뵙고 정확하게 묘사할 수 있으며
누가 그분께 맞갖은 찬양을 드릴 수 있겠느냐?
32 이러한 것들보다 큰 일들이 많이 숨겨져 있으니
우리는 그분의 업적 가운데 조금만을 보았을 뿐이다.

43,25. "용들" 욥 7,12; 40,15의 주 참조.

43,27. "그분은 전부이시다." 이 구절과 다른 표현들로 인하여 벤시라가 쓴 시를 클레안테스의 제우스 찬가에(기원전 3세기) 비교하게 된다.

⊥ 43,30ㄴ. 새 대중 라틴말 성경(43,32ㄷ)에는 첨가된 부분이 있다. "그분의 광채는 놀라움을 불러일으킨다."

43,23 욥 7,12; 시편 104,5-6. 43,28 시편 96,4; 145,3. 43,31 요한 1,18.

43,27-33. 위에 언급한 것들은 하느님 업적 가운데 눈에 보이는 부분에 불과하다. 하느님만이 아시는 신비롭고 눈에 보이지 않는 다른 업적이 있다. 피조물인 인간이 어떻게 그분의 전능하심과 초월성을 합당하게 찬미할 수 있겠는가?

33 정녕 주님께서 만물을 만드셨고
경건한 이들에게 지혜를 주셨다.

조상들에 대한 칭송

44 1 이제는 훌륭한 사람들과
역대 선조들을 칭송하자.
2 주님께서는 수많은 영광을 마련하시고
처음부터 그분의 위업을 이루셨다.
3 그들은 자신들의 왕국에서 다스리던 이들과
권세로 이름을 떨친 사람들,
지각으로 조언자가 된 이들과
예언을 선포한 이들이다.
4 그들은 백성의 통치자가 되어 바른 의견과
지각으로 백성을 가르치고
지혜로운 말로 백성을 교육하였다.
5 어떤 사람들은 노래를 지어 내고
이야기를 글로 남겼으며
6 어떤 사람들은 큰 힘을 가진 부자가 되어⊥
자기 집 안에서 편안한 삶을 누렸다.
7 이 모든 사람들은 당대에 명예를 얻었으며
그 시대의 자랑이었다.
8 그들 가운데 어떤 이들은 이름을 남겨
아직도 칭송을 받는다.
9 그러나 어떤 이들은 아무도 기억해 주지 않고
존재한 적이 없었던 듯 사라져 버렸다.
그들은 태어난 적이 없었던 것처럼 되었으며
그 뒤를 이은 자녀들도 마찬가지다.

⊥ 44,6ㄱ. 새 대중 라틴말 성경(44,6ㄴ)에는 첨가된 부분이 있다. "아름다운 것을 연구하는 데에 전념하며."

43,33 1,7-8; 42,17. 44,4 1열왕 3,16-28. 44,5 1사무 16,23; 18,10.

44–50. 역사라는 주제는 창조라는 주제와 연관된다. 역사는 하느님의 구원 업적, 하느님 약속과 성취 사이의 긴장에만 집중된 것이 아니다. 그 중심에는 인물들, 특히 신앙 안에서 주님을 섬기며 산 위대한 인물들이 눈에 띈다. 그런 이들만이 명예와 후손을 남긴다. 지혜문학적인 관점에서 이스라엘 역사를 돌아보는데 그 목적은 오니아스의 아들 대사제 시몬을 칭송하는 것이다. 이 장들을 하나의 문학 유형으로 규정하려는 시도들이 있었지만 그 결과는 유용하나 적절하지는 않았다. 오히려 이들은 24장을 지혜문학적으로 확장한 것으로 보아야 한다. 두 부분에서 모두 역사를 서술하는 것은 사회·종교적 실재의 기초를 마련하기 위해서이다. 언급된 인물들은 개인이 아니라 백성의 대표로서 제시되며, 하느님께서 계시하신 진리-지혜의 영광스러운 담지자들이다.

44,1-23. 이 본문에서 하느님은 존재하시지 않는 듯하다. 그러나 하느님은 간접적으로 현존하시며, 영적이고 정치적인 행위들을 할 수 있는 개별 인물들을 일으키신다. 유명한 인물들에 대한 고찰은 16절에서 성조들(에녹, 노아, 아브라함, 이사악, 야곱)로 시작된다. 그들은 온 마음으로 주님을 찾았기에 후대에까지 이어지는 하느님의 약속과 축복을 받았다.

10 그러나 저 사람들은 자비로워
그들의 의로운 행적이 잊히지 않았다.
11 그들의 재산은 자손과 함께 머물고
그들의 유산은 후손과 함께 머물리라.
12 그들의 자손은 계약을 충실하게 지키고
그들 때문에 그 자녀들도 그러하리라.
13 그들의 자손은 영원히 존속하고
그들의 영광은 사라지지 않으리라.
14 그들의 몸은 평화롭게 묻히고
그들의 이름은 대대로 살아 있다.
15 뭇 백성이 그들의 지혜를 기리고
회중이 그들을 칭송하리라.

에녹

16 에녹은 주님을 기쁘게 해 드린 뒤 하늘로⊥ 옮겨졌다.
그는 만대에 회개의 모범이 되었다.

노아

17 노아는 완전하고 의로운 이로 드러나고
분노의 시대에 세대의 교체를 이루었다.
홍수가 닥쳤을 때 노아로 말미암아
땅 위에 살아남은 자가 있게 되었다.
18 그와 더불어 영원한 계약이 세워졌으니
모든 생명체가 홍수로 다시는 사라지지 않게 되었다.

아브라함

19 아브라함은 수많은 민족의 위대한 조상으로
아무도 그의 영광에서 흠을 찾을 수 없었다.
20 그는 지극히 높으신 분의 율법을 지켰고
그분과 계약을 맺었다.
그는 자기 살에 계약을 새겼고
시련 가운데에서도 충실한 이로 드러났다.
21 그리하여 주님께서는 그에게 맹세하며 약속하시기를
민족들이 그의 자손을 통해서 복을 받고
그가 땅의 먼지처럼 번성하며
그의 자손이 별들처럼 높이 솟아오르고

44,10. 죽은 후에도 그에 대한 기억이 계속 남는 사람에 대해 41,12-13 주 참조.

44,15. "회중" 이 '에클레시아'는 아마도 ("뭇 백성" 곧 유다인이 아닌 이들과 함께) 신앙의 조상들을 기리는 전례 공동체일 것이다(또한 39,10 참조).

44,16. 유명한 인물에 대한 열거는 에녹으로 시작하여 에녹으로 끝난다(49,14 참조). 그러나 에녹에 대한 첫 번째 언급은 시리아어 번역본과 기원후 1세기 맛사다의 히브리어 두루마리에는 들어 있지 않다.

⊥ 44,16ㄱ. 새 대중 라틴말 성경에는 첨가된 부분이 있다. "낙원에"

44,13 2사무 7. 44,16 창세 5,24; 히브 11,5. 44,17 창세 6,9. 44,18 창세 9,9; 1베드 2,5; 3,20. 44,19 창세 12,2; 17,4-5. 44,20 창세 17,10; 22,1-19; 로마 4,1.13-18. 44,21 창세 12,3; 15,5.18; 17,19; 26,3-5; 사도 3,25; 갈라 3,8-9.

바다에서 바다까지
강에서 땅끝까지 상속받으리라고 하셨다.

이사악과 야곱

22 주님께서는 이사악에게도
그의 부친 아브라함을 보시어 똑같이 맹세하며 약속하셨다.
그리고 만민에게 내리신 복과 계약을
23 야곱의 머리 위에 머무르게 하셨다.
주님께서는 복을 내리시어 야곱을 인정하시고
그에게 상속 재산을 물려주셨다.
그분께서는 야곱의 몫을 나누어
열두 지파에게 분배하셨다.

모세

23 주님께서는 야곱에게서 자비로운 사람이 나오게 하셨는데
그는 모든 사람의 눈에 꼭 들었다.
45 1 그는 하느님과 사람들에게 사랑을 받은 모세로서
그에 대한 기억은 축복 속에서 이어진다.
2 주님께서는 모세를 성인들의 영광에 걸맞게 하셨고
그를 위대한 이로 만드셔서 원수들이 그를 두려워하게 하셨다.
3 주님께서는 모세의 말이 떨어지자 표징을 일으키셨고
임금들 앞에서 그를 영광스럽게 하셨다.
그분께서는 모세에게 당신 백성을 위한 계명을 주셨고
당신 영광의 일부를 그에게 나타내 보이셨다.
4 주님께서는 모세의 충실함과 온유함을 보시고
그를 거룩하게 하시어 만인 가운데에서 그를 선택하셨다.
5 그에게 당신 목소리를 듣게 하시고
어두운 구름 속으로 그를 인도하셨다.
모세와 얼굴을 마주하여 계명을 주시고

44,22 창세 17,21. 44,23 창세 27,27-29. 45,3 탈출 8,8.26; 9,33; 10,18; 19,1. 45,4 민수 12,3. 45,5 탈출 19,19; 20,1.21-22; 신명 4,6-8; 32,47.

45,1-26. 이어서 이집트 탈출의 주인공들을 살펴본다. 탁월한 의미의 예언자인 모세와 그의 형 아론, 아론의 손자이며 바알 프오르에서 이교 예식에 맞서 모세의 명을 충실히 수행한 피느하스(민수 25 참조). 아론에 대해 깊이 경탄하며, 두려움과 존경을 불러일으키는 사제 복장의 위엄을 묘사한다. 하느님은 그에게 특별한 사랑과 돌봄을 보이신다.

생명과 지식의 율법을 주셨다.
그리하여 야곱에게 계약을,
이스라엘에게 당신의 법령을 가르치게 하셨다.

아론

6 주님께서는 모세처럼 거룩한 아론을 들어 높이셨는데
아론은 레위 지파에서 나온 그의 형제다.
7 주님께서는 아론과 영원한 계약을 맺으시고
그에게 백성의 사제직을 주셨다.
그분께서는 아론에게 복을 내리시어 품위 있게 하시고
그에게 영광스러운 예복을 입혀 주셨다.
8 주님께서는 아론에게 호화로운 복장을 다 갖추어 주시고
권위의 표지들로,
속옷과 겉옷과 에폿으로 꾸미셨다.
9 그분께서는 아론을 석류로 두르시고
그 둘레에 금방울을 많이 매달아 주시어
발걸음을 옮길 때마다 소리가 나
성전 안에 울려 들리게 하시고
당신 백성이 기억하게 하셨다.
10 자수가가 금색과 보라색
자주색 실로 수놓은 거룩한 어깨걸이와
판결의 가슴받이인 우림과 툼밈도 입히셨다.
11 이 가슴받이는 장인이 겹으로 누빈 진홍색 아마포에
보석공이 금판을 만들어 붙이고
그 금판 위에 인장을 새긴 값진 보석들을 박아 넣은 것이었다.
보석들은 이스라엘 지파의 수에 맞추었는데
그 이름을 새겨 상기시키기 위해서였다.
12 터번 위에 금관을 씌워 주셨는데
거기에는 성별의 인장이 새겨져 있었다.
그 관은 자랑스럽고 명예로운 걸작품이며
사람들의 눈을 즐겁게 하는 장식이다.
13 아론 이전에 이렇게 아름다운 것들이 없었고
일찍이 어느 누구도 그런 것을 입어 보지 못하였다.
그의 아들들과 그의 후손들만이
그것을 영구히 입게 되리라.
14 그의 제사는 날마다 두 번씩

45,8. "권위의 표지들" "웅장한 복장"이라고 번역할 수도 있다. 그러나 이 그리스어 단어는 그 자체로 여러 사물들을 가리킨다. 아마도 권위를 나타내는 표식들을 생각할 수도 있을 것이다. 사제의 복장에 관하여, 탈출 28 참조. 벤 시라는 아론에 대해 길게 이야기한다. 아마도 다른 단락에서도 드러나는 예식적 측면에 대한 관심 때문일 것이다(7,29-31; 24,10.15; 50,1-21 참조).

45,9. 탈출 28,31-35의 주 참조.

45,12. "금관" 탈출기에서는 이러한 관에 대해 말하지 않으며, 여기에 해당하는 히브리어 단어는 오경의 어휘에 속하지 않는다. 이러한 첨가는 아마도 아론의 후손들이 사제의 권력과 왕권을 결합시키기를 바라는 원의를 드러내는 것이다.

45,6 탈출 4,14. 45,8 탈출 28,6-12. 45,10 탈출 28,30. 45,12 탈출 28,36-39.

끊임없이 번제로 바쳐지리라.
15 모세가 그를 성별하고
그에게 성유를 부어 주었다.
그것은 하늘이 존재하는 한
아론과 그의 후손에게 영원한 계약이 되었다.
주님께 예배를 드리고 동시에 사제직을 수행하며
주님의 이름으로 그분의 백성을 축복하기 위한 것이었다.
16 주님께서는 모든 생명체 가운데에서 그를 선택하시어
당신께 제사를 바치고
백성의 죄를 보속하기 위하여
향과 향기로 기념제를 드리게 하셨다.
17 주님께서는 그에게 당신의 계명을 맡기시고
심판의 계약에 대한 권위를 주셨다.
그가 야곱에게 계명을 가르치고
당신의 율법으로 이스라엘을 비추게 하시려는 것이었다.
18 그러자 이방인들이 그를 두고 음모를 꾸몄고
광야에서 그를 시기하였다.
그들은 분노와 증오에 사로잡힌
다탄과 아비람 주변에 모인 자들과 코라의 동료들이었다.
19 주님께서 그것을 보시고 불쾌히 여기셨다.
그들은 타오르는 분노로 멸망하였다.
그들에게 기적을 일으키시어
당신 불길이 그들을 완전히 살라 버리도록 하셨다.
20 주님께서는 아론에게 영광을 더해 주시고
그에게 상속의 땅을 주셨다.
그분께서는 아론에게 맏물의 가장 좋은 몫을 주시고
햇곡식으로 만든 빵을 풍부하게 마련해 주셨다.
21 사실 아론과 그의 자손은
주님께서 주신 화제물을 먹는다.
22 그러나 백성이 사는 땅에서 그가 차지할 상속 재산은
없고
백성 가운데에서 그가 차지할 몫도 없다.
그분만이 그의 몫이요 상속 재산이다.

피느하스

23 주님을 경외하는 일에 열성을 다한 이로서
세 번째로 영광을 차지한 위인은 엘아자르의 아들 피느하

45,15 민수 6,23-27. 45,16 레위 16. 45,20 민수 18,12-13. 45,22 민수 18,20; 시편 16,5.

45,15. "성별하고"로 번역된 표현은 자구적으로는 "그의 손을 채웠고"로, 사제 임직 예식을 가리킨다(탈출 28,41; 레위 8,33).

45,17. "심판의 계약에 대한 권위" 사제는 율법을 해석하고 적용하는 임무를 지니고 있었으므로 법률가의 역할도 했다(45,26 참조). "비추게 하시려는"에 관하여, 3,25의 주 참조.

45,18. 이 반란 이야기는 지혜서(18,20의 주 참조)에도 다시 나온다.

45,23. 아론의 손자 피느하스는 민수 25장에서 처음으로 자기 집안을 위해 사제직 계약을 받은 사람으로 나온다. 이를 언급하는 본문은(집회서에는 전해지지

않는다) 그를 폭력적인 사람으로 묘사한다(그는 한 이스라엘 사람과 그 아내 미디안 여자를 창으로 찌른다). 1마카 2,54에 나타난 그에 대한 기억 참조.

45,25. 47장에서 길게 다루어질 다윗이 여기서 언급되는 것이 놀랍다. 아마도 (그리스어 문장의 구조가 상당히 어렵다) 여기서 저자는 하느님께서 다윗과 맺으신 계약을 사제직과 맺으신 계약과 비교하면서 후자가 전자보다 우위에 있음을 시사하는 것으로 보인다.

46,1. "자기 이름이 뜻하는 대로" "여호수아"라는 이름은 히브리어로 "하느님의 구원" 또는 "하느님께서 구원하시다"를 뜻한다. 여호수아의 지도권은 예언자적 성격의 것이었다. 저자는 그에게서 신명 18,18의 약속이 이루어졌다고 본다.

스이다.
그는 백성이 반역하였을 때
마음으로부터 진정한 용기를 가지고 일어나
이스라엘을 위하여 속죄하였다.
24 그래서 주님께서는 그와 더불어 평화의 계약을 맺으시어
그가 당신의 성소와 백성을 다스리게 하셨고
그와 그의 자손이
사제직의 위엄을 영원히 지니도록 하셨다.
25 주님께서 유다 지파 이사이의 아들
다윗과 맺으신 계약은
대대로 아들 하나에게만 왕직을 물려주는 것이었으나
아론의 사제직은 그의 온 자손에게 계승된다.
26 주님께서 너희 마음에 지혜를 내리시어
너희가 그분의 백성을 의롭게 판결하기를!
그리하여 그들의 번영이 사라지지 않고
그들의 영광이 대대로 이어지기를!

여호수아

46 1 눈의 아들 여호수아는 전쟁에서 용감하였고
예언자로서는 모세의 후계자였다.
그는 자기 이름이 뜻하는 대로
그분께서 뽑으신 이들 가운데 위대한 구원자가 되어
반역하는 원수들을 응징하고
이스라엘에게 상속의 땅을 차지하도록 해 주었다.
2 그가 손을 쳐들었을 때,
성읍들을 거슬러 칼을 빼 들었을 때 얼마나 영광스러웠던가!
3 여호수아 이전에 누가 그처럼 당당했던가?
참으로 그는 주님의 전쟁을 수행하였던 것이다.
4 그의 손으로 태양이 멈추어 하루가 이틀이 되지 않았던가?
5 원수들이 그를 사방에서 에워싸 좁혀 올 때
그는 지극히 높으시고 전능하신 분께 호소하였고

45,25 2사무 7. 45,26 1열왕 3,9.11. 46,1 탈출 33,11; 민수 11,28; 32,12; 신명 34,9; 여호 1,1. 46,3 1사무 18,17; 25,28. 46,4 여호 10,13.

46,1-10. 약속된 땅의 문턱에서 여호수아가 등장한다. 그는 신앙과 주님께 대한 열정의 모범으로 제시된다. 영토 정복을 위한 그의 전쟁과 놀라운 기적은(여호 10장 참조) 이스라엘에 대한 하느님의 계획에 맞서는 이들에 대한 마땅한 징벌로 나타난다. 광야에서 이미 여호수아는 칼렙과 함께 용감하게 백성의 반란을 진정시켰다(민수 14장 참조). 그들은 하느님에게서 그 땅에 들어가는 상급과 장수의 축복을 받았다.

위대하신 주님께서는 그의 호소를 들으시어
엄청나게 세찬 우박을 보내셨다.
6 여호수아는 전쟁에서 다른 민족을 쳐 내려가
산비탈에서 적군들을 무찔렀다.
그리하여 이민족들은 그의 무장을 보면서
자신들이 주님을 거슬러 싸우고 있다는 사실을 깨닫게 되었다.
참으로 그는 전능하신 분을 충실히 따랐던 것이다.

칼렙

7 모세 시대에 여호수아는 충성을 다하였고
그와 여푼네의 아들 칼렙은
회중 앞에서
백성이 범죄하지 못하도록 막았으며
그들의 사악한 불평을 가라앉혔다.
8 이 둘만이
육십만 보병 가운데에서 살아남아
백성을 상속의 땅으로,
젖과 꿀이 흐르는 땅으로 인도하였다.
9 주님께서는 칼렙에게 힘을 주시어
그 힘이 노년까지 그에게 머무르게 하셨다.
칼렙은 산악 지대까지 정복하여
그의 자손이 그 땅을 상속으로 차지하게 하였다.
10 그리하여 온 이스라엘 백성은
주님을 따라 걷는 일이 얼마나 좋은가를 깨닫게 되었다.

판관들

11 판관들도 각각 그 이름에 걸맞게
우상 숭배에 마음을 빼앗기지 않았고
주님에게서 돌아서지도 않았다.
그러니 그들이 축복 속에서 기억되기를!
12 그들의 뼈가 그들의 무덤에서 다시 일어나고
그들의 이름이 그 후손들 가운데에서
영광스럽게 받아들여지기를!

46,8. 16,10에서도 하느님과 그분의 벗들에 맞선 저항에서 구원된 이들의 숫자가 언급된다(탈출 12,37; 민수 14,20-23 참조).

46,12. 뼈는 죽은 후에도 남는 한 사람의 힘을 상징한다. 여기서 뼈는 그의 출산력을 지칭한다. 인간의 몸에서 뼈가 남는 것과 같이 후손은 그의 힘에 대한 기억이 될 것이다. 이 본문을 쓴 저자 시대에 판관들이 합당한 후손들을 갖고 있음을 강조한다.

46,6 여호 10,10-15. 46,7 민수 14,6-10. 46,9 여호 14,10-11.

46,11-20. 성경에서 임금들 이전에 이스라엘 지파들을 통치했다고 일컬어지는 판관들에 대해서는 마지막 판관이자 예언자이며 전구자였던 사무엘의 충실함과 도덕적 흠 없음을 기억한다. 그는 사울에게 기름을 붓고 그 후에는 다윗에게 기름을 부음으로써 왕정 수립의 통로가 된다.

사무엘

13 사무엘은 주님께 사랑을 받고
주님의 예언자로서 왕정을 수립하였으며
그분의 백성을 다스릴 통치자들에게 기름을 부어 주었다.
14 그는 주님의 법으로 회중에게 판결을 내렸고
주님께서는 야곱을 돌보셨다.
15 사무엘은 자신의 믿음으로써 참예언자로 확인받았고
자신의 말로써 믿을 만한 환시가로 알려졌다.
16 원수들이 그를 사방에서 에워싸 좁혀 올 때
전능하신 주님께 호소하였고
젖먹이 양을 제물로 바쳤다.
17 그러자 주님께서는 하늘에서 천둥을 내리시고
큰 소리로 당신의 목소리를 들려주셨다.
18 사무엘은 티로의 군주들과
필리스티아의 통치자들을 모조리 없애 버렸다.
19 사무엘은 영원히 잠들 시간이 다가오자
주님과 그분의 기름부음받은이 앞에서 이렇게 증언하였다.
"나는 어느 누구에게서도 재물은커녕
신발 한 켤레도 빼앗은 것이 없다."
그래서 어떤 사람도 그를 비난하지 않았다.
20 사무엘은 잠든 다음에도 예언을 하였는데
임금에게 닥쳐올 죽음을 미리 알려 주었고
예언으로 백성의 무도함을 없애려고
땅속에서조차 목소리를 높였다.

나탄

47 1 그 후 나탄이 나타나
다윗 시대에 예언하였다.

다윗

2 친교 제물에서 굳기름을 따로 떼어 놓듯
다윗도 이스라엘 사람들 가운데에서 선택되었다.
3 다윗은 염소 새끼들과 놀듯 사자들과 놀고
양들 가운데 어린양과 놀듯 곰과 놀았다.

46,18. 그리스어 본문은 "티로 주민들의 군주들"로 되어 있다. 히브리어 본문에 따라 "원수의 군주들"로 옮길 수도 있다. 그리스어 번역자가 '차르'("원수")와 '초르'("티로")를 혼동한 것이라고 가정할 수 있다.

47,2-11. 다윗을 칭송하면서 그가 사울의 뒤를 이어 임금이 된 것을 생략하고, 그의 군사적 능력과 정치적 노련함을 최소화하고 예식을 조직하는 데 기여한 점, 특히 전통에 따라 시편의 저자로서 기여한 점을 강조한다. 다윗은 자신의 신심으로 그리고 예식을 발전시킴으로써 죄의 용서를 받았다. 그는 그의 신앙으로 인하여 골리앗을 물리치고 필리스티아를 패배시킬 힘을 얻었다.

46,13 1사무 10,1; 16,13. 46,14 1사무 3,20. 46,16 1사무 7,9-10. 46,18 1사무 7,13. 46,20 1사무 28,6-25. 47,1 2사무 7,12. 47,3 1사무 17,34-37.

47,1-25. 저자는 자기 백성의 제도에 대해 자부심을 보인다. 이스라엘 성조들도 거룩함을 풍기고 하느님 은총으로 감싸여 있다. 그들의 죄도 은총을 멀어지게 할 수는 없었다.

4 그가 아직 소년이었을 때 거인을 죽여
백성의 수치를 씻어 주지 않았더냐?
그는 손을 쳐들어 돌팔매로
골리앗의 교만을 꺾었다.
5 그가 지극히 높으신 주님께 호소하여
주님께서 그의 오른팔에 힘을 주셨던 것이다.
이렇게 다윗은 싸움에 능한 장수를 쓰러뜨려
백성의 사기를 높일 수 있었다.
6 그리하여 사람들은 만 명을 물리친 다윗을 칭송하였고
그가 영화로운 왕관을 쓰게 되었을 때
주님의 복을 받은 그를 찬미하였다.
7 사실 그는 에워싼 원수들을 무찔렀고
필리스티아 군대를 없애 버렸으며
오늘까지 그들이 힘을 쓰지 못하게 하였다.
8 그는 모든 일을 하면서 거룩하고 지극히 높으신 분께
영광의 말씀으로 찬미를 드렸다.
그는 온 마음을 다해 찬미의 노래를 불렀으며
자신을 지으신 분을 사랑하였다.
9 그는 제단 앞에 성가대를 자리 잡게 하여
그들의 목소리로 아름다운 가락을 노래하게 하였다.
「그리하여 그들은 날마다 자신들의 노래로 찬미하였다.」
10 다윗은 축제를 화려하게 벌였고
그 시기를 완벽하게 정리하였으며
주님의 거룩하신 이름을 찬미하고
그 찬미가 이른 아침부터 성소에 울려 퍼지게 하였다.
11 주님께서는 그의 죄악을 용서해 주시고
그의 힘을 대대로 들어 높이셨으며
그에게 왕권의 계약과
이스라엘의 영광스러운 왕좌를 주셨다.

솔로몬

12 다윗의 후계자로 슬기로운 아들이 일어섰는데
다윗 덕분에 이 아들은 편안히 살게 되었다.

「 」 47,9ㄷ. 새 대중 라틴말 성경에는 들어 있지 않다.

47,4 1사무 17. 47,6 1사무 18,7. 47,9 1역대 16,4-5. 47,11 2사무 7,1-17; 12,13.

47,12-25. 솔로몬에 대해서는 깊은 지혜와 자신의 나라 안에서 평화를 유지할 수 있었음이 기억된다. 우상을 숭배하는 외국 여인들과 더불어 지은 죄도 이스라엘 왕국에 대한 하느님의 축복을 멀어지게 하지 않았다. 왕국이 분열된 것은 아들 르하브암의 책임이다.

47,15. "정신" 그리스어 본문은 솔로몬의 '프시케'가 땅을 덮었다고 말한다. 이는 명백한 히브리어 영향이다. 히브리어에서 '네페쉬'는 인간과 그의 인격을 지칭하여 사용된다.

47,16. "당신이 이룬 평화로" "솔로몬"이라는 이름에는 히브리어로 "평화"를 뜻하는 '샬롬'과 같은 어근을 포함하고 있다.

47,19. 솔로몬은 외국 여인들에게 유혹되었고 그 여자들은 자신들의 예식을 끌어들였다. 이러한 관계는 의로운 임금도 우상 숭배의 죄를 짓게 했다(1열왕 11,1-13 참조).

13 솔로몬은 하느님께서 사방을 평온하게 해 주셨기 때문에
평화로운 시대에 나라를 다스렸다.
그리하여 솔로몬은 주님의 이름을 위하여 성전을 짓고
그 안에 영원한 성소를 마련해 드렸다.

14 당신은 젊은 시절에 얼마나 현명하였습니까?
당신은 강물처럼 지식이 흘러넘쳤습니다.
15 당신의 정신은 온 땅을 덮고
당신은 그 땅을 심오한 격언으로 가득 채웠습니다.
16 당신의 이름은 머나먼 섬까지 이르렀고
당신이 이룬 평화로 당신은 사람들에게 사랑을 받았습니다.
17 당신의 찬가와 잠언과 격언들과
당신의 풀이는 뭇 나라가 당신을 경탄하게 하였습니다.
18 당신은 이스라엘의 하느님으로 불리시는
주 하느님의 이름으로
황금을 주석처럼 모으고
은을 납처럼 쌓아 두었습니다.
19 그러나 당신은 뭇 여인 곁에 누워
육체의 노예가 되었습니다.
20 당신은 당신의 영예를 더럽히고
당신의 혈통을 오염시켜
자식들에게 징벌을 불러들였고
어리석은 행동으로 그들을 통탄하게 하였습니다.
21 그리하여 당신의 통치권이 둘로 갈라지면서
반역의 왕국이 에프라임에서 일어났습니다.

22 그러나 주님께서는 당신 자애를 포기하지 않으시고
당신의 어떤 말씀도 결코 사라지게 하지 않으셨다.
그분께서는 몸소 선택하신 이의 후손들을 없애 버리시거나
당신을 사랑한 이의 자손들을 멸하지 않으셨다.
과연 그분께서는 야곱 집안에 남은 자를 허락하셨고
다윗에게도 그의 뿌리를 남겨 주셨다.

르하브암

23 솔로몬은 조상들과 함께 잠들고
자손들 가운데 그를 이을 후계자를 남겼다.
르하브암은 백성 가운데 우둔하고 지각없는 자로서

47,13 1열왕 5,17-19; 6. 47,14 1열왕 3,4-28; 5,9-14. 47,17 1열왕 10,1-13. 47,21 1열왕 12. 47,22 2사무 7; 시편 89,31-38. 47,23 1열왕 11,43.

그의 정책 때문에 백성이 반란을 일으키게 되었다.

예로보암

23 느밧의 아들 예로보암도 이스라엘을 범죄로 이끌었고
에프라임에게 죄악의 길을 걷게 하였다.
24 그리하여 그들의 죄악이 무척 불어나서
그들은 자신들의 고향에서 떠나게 되었다.
25 그들은 온갖 악을 따르다가
마침내 자신들에게 징벌을 불러들였다.

엘리야

48 1 엘리야 예언자가 불처럼 일어섰는데
그의 말은 횃불처럼 타올랐다.
2 엘리야는 그들에게 굶주림을 불러들였고
자신의 열정으로 그들의 수를 감소시켰다.
3 주님의 말씀에 따라 그는 하늘을 닫아 버리고
세 번씩이나 불을 내려보냈다.

4 엘리야여, 당신은 놀라운 일들로 얼마나 큰 영광을 받았습니까?
누가 당신처럼 자랑스러울 수 있겠습니까?
5 당신은 죽은 자를 죽음에서 일으키고
지극히 높으신 분의 말씀에 따라 그를 저승에서 건져 냈습니다.
6 당신은 여러 임금들을 멸망으로 몰아넣고
명사들도 침상에서 멸망으로 몰아넣었습니다.⊥
7 당신은 시나이산에서 꾸지람을 듣고
호렙산에서 징벌의 판결을 들었습니다.
8 당신은 임금들에게 기름을 부어 복수하게 하고
예언자들에게도 기름을 부어 당신의 후계자로 삼았습니다.
9 당신은 불 소용돌이 속에서

47,24. 2열왕 17,21-23에서 언급한 유배를 명시적으로 지적한다(기원전 721년 북왕국의 수도 사마리아가 함락된다). 이 단락에서는 역사를 서술하는 신명기계 역사가의 "서명"을 알아볼 수 있다. "이스라엘은 자기들의 땅에서 아시리아로 유배를 떠나 오늘에 이르렀다"(2열왕 17,23).

48,6. 아마도 아하즈야를 지칭한다(2열왕 1,2-17).

⊥ 48,6ㄴ. 새 대중 라틴말 성경(48,6ㄷ)에는 첨가된 부분이 있다. "당신은 그들의 권력을 무너뜨렸습니다."

48,7. "징벌의 판결" 이스라엘의 악한 군주이며 엘리야의 박해자였던 아합과 이제벨을 꾸짖은 것을 가리킨다.

48,2 1열왕 17,1; 18,2; 19,10-14. 48,3 1열왕 17,1; 18,36-40. 48,5 1열왕 17,17-24. 48,7 1열왕 19,9-18. 48,9 2열왕 2,1-11.

48,1-25. 예언자들 가운데 엘리야와 엘리사가 언급된다. 이들은 기적을 행하는 능력을 지니고 있었으며 무엇보다도 하느님의 이름에 대한 불타는 열정을 갖고 있어서 악한 통치자들에게도 맞서기를 주저하지 않았다. 특히 엘리야는 메시아 시대에 이스라엘 지파들을 정화하도록 파견될 예언자로 약속된 것으로 나타난다. 사마리아 함락과(기원전 721년) 이스라엘 백성의 제1차 유배는 예언자들 목소리에 귀 기울이기를 거부한 결과로 여겨진다. 왕정에 대한 집회서의 신학은 신명기계의 신학과 밀접하게 연관되어 있다. 군주가 올바르게 살고 하느님을 두려워한다면 그는 하느님의 마음에 드는 좋은 군주이다.

48,10. "야곱의 지파들을 재건하리라고" 이 측면은 말라 3,23에 비해 더 첨가된 것이며 집회 36,13에 연결된다. 말라 3,23-24에서 예비된 엘리야의 귀환이라는 주제는 신약 성경(마태 11,10.14; 17,10-13; 루카 1,17 참조)과 쿰란의 본문들에 나타나며, 미쉬나에 수집된 라삐 전승들과 공통된 부분이다.

48,11. "우리도 반드시 살아날 것입니다." 벤 시라는 죽은 이들의 부활을 생각하지 않는다. 여기서는 부활이 아니라 엘리야가 돌아오는 것을 보게 될 이들을 지칭한다(마태 17,10-13 참조).

⊥ 48,11ㄷ. 새 대중 라틴말 성경(48,12ㄴ)에는 첨가된 부분이 있다. "그러나 죽은 후에 우리의 명성은 지속되지 않을 것입니다."

불 마차에 태워 들어 올려졌습니다.
10 당신은 정해진 때를 대비하여
주님의 분노가 터지기 전에 그것을 진정시키고
아버지의 마음을 자식에게 되돌리며
야곱의 지파들을 재건하리라고 기록되어 있습니다.
11 당신을 본 사람들과
사랑 안에서 잠든 사람들은 행복합니다.
우리도 반드시 살아날 것입니다.⊥

엘리사

12 엘리야가 소용돌이에 휩싸일 때
엘리사는 엘리야의 영으로 가득 차게 되었다.
엘리사는 일생 동안 어떤 통치자도 두려워하지 않았고
아무도 그를 굴복시키지 못하였다.
13 그에게는 어떤 일도 어렵지 않았으며
잠든 후에도 그의 주검은 예언을 하였다.
14 살아생전에 엘리사는 기적들을 일으켰고
죽어서도 그의 업적은 놀라웠다.
15 이 모든 행적을 보고도 백성은 회개하지 않았고
그들의 죄악을 포기하지도 않았다.
마침내 그들은 고향 땅에서 끌려가
온 땅에 흩어지게 되었다.
그리하여 소수의 백성과
다윗 집안의 통치자 하나만 남게 되었다.
16 그들 가운데 일부는 하느님 뜻에 맞는 생활을 하였지만
다른 사람들은 많은 죄를 지었다.

히즈키야

17 히즈키야는 그의 도성을 견고하게 하고
그 한복판으로 물을 끌어들였다.
그는 쇠 연장으로 바위를 뚫고
저수 동굴을 만들었다.
18 그의 시대에 산헤립이 쳐들어왔는데
그는 랍 사케를 파견하고 떠났다.
그는 시온을 거슬러 손을 들고
오만한 태도를 보이며 호언장담하였다.
19 그러자 그들은 마음과 손이 떨리고

48,15 2열왕 17,5-23. 48,17 2열왕 20,20; 2역대 32,5.30. 48,18 2열왕 18,19.

몸 푸는 여자들처럼 고통을 겪게 되었다.
20 그래서 그들은 주님께 손을 펼쳐 들고
그분의 자비를 간청하였고
거룩하신 분께서는 하늘에서 그들의 청을 곧바로 들어 주시어⊥
이사야의 손으로 그들을 구해 주셨다.
21 주님께서는 아시리아인들의 진지를 내려치시고
그분의 천사가 그들을 쓸어 버렸다.
22 히즈키야는 주님의 뜻에 맞는 일을 하였고
자기의 환시에 충실하고 위대한
이사야 예언자의 명령에 따라
자기 조상 다윗의 길을 굳건히 지켰다.

이사야

23 이사야 시절에 태양이 거꾸로 돌아
임금의 수명이 연장되었다.
24 이사야는 위대한 영의 힘으로 마지막 때를 내다보고
시온에서 통곡하는 이들을 위로하였다.
25 그는 영원에 이르기까지 일어날 일들을 보여 주었고
숨겨진 것들을 미리 알려 주었다.

요시야

49 1 요시야에 대한 기억은
향 제조사의 솜씨로 배합된 향과 같다.
그것은 누구의 입에나 꿀처럼 달고
주연에서 연주되는 음악과 같다.
2 그는 백성을 회개시켜 바르게 이끌었고
혐오스러운 악을 없앴다.
3 그는 제 마음을 주님께 바르게 이끌었고
무도한 자들이 살던 시대에 경건함을 굳게 지켰다.

48,20. 앞에서 나탄과 다윗이 함께 나타났듯이(집회 47,1.2-11 참조), 지금은 히즈키야와 이사야가 함께 나타난다. 그러나 그 비중은 반대이다. 임금(히즈키야)의 역할은 축소되고 예언자의 역할은 확대된다. 하느님은 이사야의 손으로 당신 백성을 구하신다. 이사야라는 이름은 "주님께서 구원하신다."를 뜻한다.

⊥ 48,20ㄷ. 새 대중 라틴말 성경(48,23ㄱㄴ)에는 첨가된 부분이 있다. "그들의 죄를 기억하지 않으시고 / 그들을 원수들에게 내어주지도 않으셨다."

49,1. 전례와 향에 대한 벤 시라의 관심이 다시 나타난다(24,15; 39,14 참조).

49,3. "경건함." 그리스어 번역자가 히브리어 '헤셋'을 44,10.23에서와 같이 '엘레오스(자비)'로 옮기지 않고 '에우세베이아'로 옮겼다는 점이 놀랍다. 그리스인들은 이 단어를 보통 종교적 감정을 묘사하는 데 사용했다.

48,21 2열왕 19,35; 이사 37,36. 48,23 2열왕 20,4-11; 이사 38,3-8. 48,25 이사 41,22-23; 44,7. 49,2 2열왕 22-23;

49,1-13. 임금들 가운데에는 다윗, 히즈키야, 그리고 신심 깊은 임금 요시야만이 기억할 만한 인물로 여겨진다. 이들이 주님께 대한 예배 의식을 정화하고 확산시켰기 때문이다. 반면 예언자들을 죄인으로 박해하던 임금들은 나라와 하느님 성소에 멸망을 가져왔다. 에제키엘과 열두 소예언자들의 개입은 선택된 백성에게 유배 시기에는 위로였고 재건의 시기에는 격려였던 것으로 재해석된다. 그리고 이 재건의 시기에 즈루빠벨, 여호차닥의 아들 예수아, 느헤미야가 열렬히 그 개혁을 추진했다.

유다의 마지막 임금들

4 다윗과 히즈키야와 요시야 말고는
모두가 잘못을 거듭 저질렀다.
과연 그들이 지극히 높으신 분의 법을 저버렸기에
유다 임금들이 사라지게 되었다.
5 그들은 자기네 힘을 다른 자들에게 넘겨주었고
자기네 영광을 이방 민족들에게 넘겨주었다.
6 이방인들은 성소가 있는 선택된 도성을 불태웠고
그 거리들을 폐허로 만들었다.
7 그것은 예레미야가 예언한 대로였다.
사람들은 예레미야를 박해하였는데
사실 그는 모태에서부터 예언자로 성별되어
뽑고 부수고 파괴하며
세우고 심는 소명을 받았다.

에제키엘

8 에제키엘은 하느님께서 커룹의 수레 위에서 보여 주신
영광의 환시를 본 사람이다.
9 에제키엘은 원수들이 폭풍우에 시달리던 것을 상기하고
올바른 길을 따르는 이들에게 선을 베풀었다.

열두 예언자들

10 그리고 열두 예언자들이 있었으니
그들의 뼈가 그 무덤에서 다시 피어나기를!
정녕 그들은 야곱을 위로하고
굳센 희망으로 그들을 구원하였다.

즈루빠벨과 예수아

11 즈루빠벨을 우리가 어떻게 찬양할까?
그는 오른손에 낀 인장 반지와 같았다.
12 여호차닥의 아들 예수아도 마찬가지였다.
이 두 사람은 자기네 시대에 집을 짓고
거룩한 성전을 주님께 봉헌하였는데
그 성전은 영원한 영광을 위한 것이었다.

느헤미야

13 느헤미야에 대한 기억도 위대한 것이다.

49,6 애가 1,4; 2,3. 49,7 예레 1,5.10. 49,8 에제 1-3; 9-10. 49,11 하까 2,23.

그는 우리의 무너진 성벽을 재건하고
성문과 그 빗장을 만들어 세웠으며
우리 집들을 다시 지었다.

에녹

14 이 땅 위에 창조된 자로서 에녹과 비슷한 사람은 없었다.
그는 지상에서 들어 올려졌다.

요셉

15 요셉과 같은 사람도 태어난 적이 없으니
그는 형제들의 지도자가 되고 백성의 버팀목이 되었다.
그래서 사람들은 그의 유골을 정성스럽게 모셨다.⊥

첫 조상들

16 셈과 셋도 사람들에게 존경을 받았지만
아담이야말로 살아 있는 모든 피조물 위에 있다.

대사제 시몬

50 1 오니아스의 아들 시몬은 대사제로서
생전에 주님의 집을 수리하고
자기 생애에 성전을 견고하게 만들었다.
2 그는 안뜰의 높은 벽의 기초를 놓았고
성전을 둘러싸는 담을 높이 쌓아 올렸다.
3 그는 자기 생애에 저수 동굴을 팠는데
그 웅덩이 둘레는 바다 같았다.
4 시몬은 백성을 멸망에서 구해 낼 방도를 생각하고
포위를 대비하여 도성을 요새로 만들었다.
5 그가 지성소에서 나와 백성에게 둘러싸였을 때

49,14. "들어 올려졌다." 그리스어 동사 '아나람바노'는 수동태로 신약 성경 저자들이 부활하신 예수님께서 현세적 조건에서 천상적 조건으로 건너가심을 묘사하는 데에 사용된다(마르 16,19; 사도 1,2.11.22; 1티모 3,16 참조). 유다교의 두 중요한 인물인 에녹(집회 44,16 참조)과 엘리야(1마카 2,58; 집회 48,9 참조)가 이미 이와 같은 체험을 했다.

49,15. 요셉의 유골에 대해 이렇게 관심을 기울이는 것은 아마도 기원전 321년경 알렉산드로스 대왕의 유해를 이집트로 옮겨 온 것과 관계가 있을 것이다. 이집트에는 알렉산드로스의 묘소가 건설되었고, 기원후 3세기까지 유명한 순례지가 되었다.

⊥ 49,15ㄷ. 새 대중 라틴말 성경(49,18ㄴ)에는 첨가된 부분이 있다. "그들은 죽은 후에도 예언을 했다."

50,1. 오니아스 3세의 아버지인 시몬 2세를 가리킨다. 그는 차독 후손 가운데 마지막으로 예루살렘에서 대사제가 된 인물이다. 기원전 195년경 세상을 떠났다. 권위에 이론의 여지가 없는 마지막 차독 집안의 대사제로서, 이후 바리사이들은 그를 성경 전통과 바리사이 전통을 이어 주는 고리로 여겼다.

49,14 44,16. 49,15 창세 37-48; 50,25-26. 49,16 창세 1–5. 50,5 탈출 26,31-37; 1열왕 6,16.

49,14-16. 마지막 구절은 소위 집회서의 보편주의의 본보기가 된다. 아담과 성조들은 온 인류를 나타내며 그들 모두가 약간은 이스라엘과 같은 영광으로 빛나고 있다.

50,1-21. 위대한 인물에 대한 저자의 고찰이 마지막에 이른다. 그의 이상이 신심 깊고 올바르게 살아가는 사람이었다면 사제는 성전과 그 예식에 관련해 신앙생활의 절정이 된다. 사제 안에서 조상의 신앙과 전통이 집약되고 연속된다. 조상에 대한 칭송은 대사제 시몬을 찬양하는 데서 절정에 이른다. 그는 그가 자신의 역할을 수행하는 그 엄위의 광채를 지닌 모습으로 묘사된다.

50,5. "지성소" 성전의 가장 안쪽이며, 그 입구가 지성소를 성소에서 분리하는 휘장으로 가려져 있었다(레위 4,6 참조). 대략 집회서와 같은 시기에 속하는 한 문헌에서는 이렇게 말한다. "휘장의 모양은 대문과 매우 유사했다. 특히 그 밑으로는 바람이 늘 통했으므로 천이 움직였다. 입구가 그 바람 때문에 바닥부터 위까지 부풀어 올라, 보기에 감미롭고 거기에서 쉽게 벗어날 수 없었다."(아리스테아 편지, 86)

50,8. "레바논" 대중 라틴말 성경은 그리스어 단어 '리바노스'를 일반 명사로 이해한다("향나무의 싹"). 새 대중 라틴말 성경은 고유 명사로 본다("레바논의 싹").

50,15. "포도즙" 자구적으로는 "포도의 피."이다.

얼마나 영광스러웠던가!
6 그는 구름 사이에서 비치는 새벽별 같고
축제일의 보름달 같았으며
7 지극히 높으신 분의 성전을 비추는 해와 같고
영광의 구름 사이에서 빛나는 무지개와도 같았다.
8 그는 봄날 장미꽃 같고
샘물가에 핀 백합 같았으며
여름철 레바논의 푸른 싹과 같았다.
9 그는 향로에 담긴 불과 타오르는 향과 같았고
두드려 만들어
온갖 보석으로 장식한 황금 그릇 같았다.
10 그는 열매들이 달린 올리브 나무 같고
구름까지 치솟은 송백 같았다.
11 시몬이 영광의 제복을 입고
호화로운 복장을 다 갖추어
거룩한 제단에 올랐을 때
그는 성소 안을 영화롭게 하였다.
12 그가 제단의 화로 곁에 서서
사제들의 손에서 제물의 몫을 받을 때
그를 둘러싼 형제들은
레바논의 푸른 향백나무처럼 화관을 이루고
야자나무 둥치처럼 그를 둘러쌌다.
13 아론의 모든 자손들이 영광에 싸여
주님께 드릴 화제물을 손에 들고
이스라엘의 온 회중 앞에 섰을 때
14 시몬은 제단 위에서 경신례를 드리면서
지극히 높으시고 전능하신 분께 바치는 제물을 준비하였다.
15 그가 손을 내밀어 술잔을 들고
포도즙을 따라 바친 다음
제단 아래에 그것을 쏟아붓자
향기가 만물의 임금이신 지극히 높으신 분께 올라갔다.
16 그때에 아론의 자손들이 함성을 지르고
두드려 만든 쇠 나팔을 불며
그 소리를 우렁차게 울려
지극히 높으신 분 앞에서 기념이 되게 하였다.

50,11 45,7; 탈출 29,38-45. 50,15 탈출 29,40; 민수 28,7. 50,16 민수 10,2-10.

50,6-21. 열두 가지 비유를 통하여 성전과 우주가 직접 연관되어 있음을 시사한다. 대사제가 지성소에 들어갈 수 있는 유일한 날이던 속죄일의 예식이 묘사된다. 어떤 이들은 본문이 매일 저녁에 바쳤던 번제를 가리킨다고 본다.

17 그러자 온 백성이 서둘러 다 함께
얼굴을 땅에 대고 엎드려
전능하시고 지극히 높으신 하느님이신
그들의 주님께 경배하였다.
18 성가대원들은 자신들의 목소리로 그분을 찬양하였는데
노랫가락이 우렁찬 소리로 아름답게 울려 퍼졌다.
19 지극히 높으신 주님의 백성은
자비하신 그분 앞에서 기도를 올렸고
이 기도는 주님에 대한 경신례 절차가 끝나고
예절을 마무리할 때까지 계속되었다.
20 그런 다음 시몬이 내려와
이스라엘 자손들의 온 회중을 향하여 손을 쳐들고
입술로 주님의 복을 빌어 주며
그분의 이름을 현양하였다.
21 사람들은 지극히 높으신 분께 복을 받기 위하여
두 번째로 땅에 엎드려 경배하였다.

권고

22 이제 만물의 하느님께 찬미를 드려라.
그분께서는 어느 곳에서나 위대한 일을 하시고
우리의 나날을 모태에서부터 높여 주시며
우리를 당신의 자비로 대해 주신다.
23 그분께서 우리에게 마음의 기쁨을 주시고
우리 시대의 이스라엘 안에
옛날처럼 평화가 깃들게 해 주시기를!
24 그분께서 당신의 자비를 우리에게 베푸시고
우리 시대에 우리를 구원해 주시기를!

혐오스러운 민족

25 나 자신이 혐오하는 민족이 둘 있고
셋째 것은 민족이라고 할 수도 없다.
26 그들은 세이르산에 사는 자들과 필리스티아인들
그리고 스켐에 거주하는 어리석은 백성들이다.

결론

27 나는 지성과 지식에 대한 가르침을

50,22-29. 저자는 자기 생각의 제시를 마치며 짧은 찬가로 이 책을 마친다. 이어서 이스라엘의 원수 민족들에 대하여 저주한 다음, 당시 관습으로는 드문 일이지만 자신의 작품에 서명을 한다. 그는 훌륭한 스승으로서 그 내용을 준수하기를 권고한다.

50,20-21. 말할 수 없는 이름은 야훼라는 이름을 발설하면서 베풀었던 축복을 가리킨다(이름에 관하여, 23,10의 주 참조). 이 구절에 묘사된 전례를 레위 16장의 속죄일에 대한 단락과 연결할 수 있다.

50,25-26. "둘 있고 셋째 것은" 수 잠언에 관하여, 25,2의 주 참조.

50,27. "가르침(그리스어 '파이데이아')" 이 책 전체가 이 단어 안에 포함된다. 이 단어는 이 책에 명시적인 교육적 의도를 부여한다.

이 책에 기록해 놓았다.
예루살렘 출신 엘아자르의 아들, 시라의 아들인 나 예수는
마음으로부터 지혜를 이 책에 쏟아부었다.
28 이 가르침에 주의를 기울이는 이는 행복하고
그것을 마음에 간직하는 이는 지혜로워지리라.
29 사람이 그 가르침을 실천하면 만사에 강해지리라.
주님을 경외함이 그의 인생행로이고
「주님께서 경건한 이들에게 지혜를 주셨기 때문이다.
주님께서는 영원히 찬미를 받으소서. 아멘. 아멘.」

[ ] 50,29ㄷㄹ. 새 대중 라틴말 성경에는 들어 있지 않다.

부록

시라의 아들 예수의 기도

51 1 임금이신 주님, 당신께 감사를 드리고
저의 구세주 하느님이신 당신을 찬양하며
당신 이름에 감사를 드립니다.
2 당신께서는 저의 보호자요 협조자가 되시어
이 몸을 멸망에서 구해 주셨습니다.
당신께서는 중상하는 혀의 올가미와
거짓을 꾸며 내는 자들의 입술에서 저를 건져 주셨습니다.
당신께서는 제 주위 사람들 앞에서 협조자가 되시어
저를 구하셨습니다.
3 크신 자비와 당신의 이름으로
저를 삼키려는 자들의 올무에서,
제 영혼을 노리는 자들의 손아귀에서,
제게 닥친 수많은 환난에서 저를 구하셨습니다.
4 사방에서 타올라 저를 질식시키는 불길에서,
제가 지피지도 않은 불길 한가운데에서 저를 구하셨습니다.
5 저승의 깊은 구렁에서,

51,3. "영혼" 이 장에서는 그리스어 단어 '프시케'가 "영혼"으로 번역되었다(6.19.20.24.26.29절). 그러나 20.24.29절에서는 인간의 내적 차원을 가리키고 그래서 "정신"으로 해석할 수도 있다. 마지막으로 6절의 프시케는 병행을 볼 때 "존재"와 같은 의미를 지니고 19절에서는 인칭 대명사와 같은 역할을 한다.

51,1 38,2; 시편 47,7-8; 93,1; 96,10. 51,2 시편 120,2. 51,3 시편 35,4.

51,1-30. 마지막 장은 자서전적이다. 첫 부분은 어려움 속에서 도움을 받은 것에 대해 하느님께 감사하는 기도이다(1-12절). 둘째 부분에서(13-30절) 저자는 어려서부터 지혜를 추구한 여정을 되돌아본다. 이 여정은 기도로 시작되어 하느님께 대한 찬미로 끝난다. 여기에는 수고와 열정이 필요했지만, 결과는 풍부한 갚음이 있었다. 이제 그는 배움을 갈망하는 모든 이들에게 그의 가르침을 베풀 수 있다. 소중한 광산과도 같은 이 가르침의 끝에서 우리는 지혜 개념이 이스라엘 현인들의 숙고 안에서 어떻게 발전했는지 돌아볼 수 있다. 기술적 능력과 자연에 대한 지식을 담고 있는 실천적 지혜에서 출발하여, 집회서에 이르러 지혜가 신앙과 동일시되기에 이른다. 이 책 첫머리에서는 "모든 지혜는 주님에게서 온다."(1,1)고 말한다. 그래서 벤 시라는 하느님에게서 지혜를 배워야 한다고 여긴다. 이렇게 지혜의 스승은 기도하는 사람과 결합된다.

부정한 혀와 거짓된 말에서,
6 불의한 혀의 화살에서 저를 구하셨습니다.
제 영혼은 죽음에 이르렀고
제 생명은 저 아래 저승 가까이 갔었습니다.
7 곳곳에서 저를 에워쌌지만 아무도 저를 도와주는 이 없었고
사람들에게 도움을 구했지만 아무도 없었습니다.
8 주님, 그때 저는 당신의 자비를 기억하고
영원으로부터 드러난 당신의 자애를 기억하였습니다.
당신께서는 당신을 고대하는 이들을 구출해 내시고
악인들의 손에서 그들을 구원해 주십니다.
9 그리하여 저는 땅에서 당신께 간청을 올렸고
죽음에서 구출해 주십사고 기도드렸습니다.
10 저는 제 주인의 아버지이신 주님께
환난의 날에 거만한 자들 앞에서 도움이 끊겼을 때
저를 버리지 말아 주십사고 부르짖었습니다.
11 저는 당신의 이름을 끊임없이 찬미하고
감사의 노래를 읊었습니다.
그러자 제 기도를 들어 주셨습니다.
12 과연 당신께서는 저를 멸망에서 구원하셨고
곤경의 날에 저를 건져 주셨습니다.
그러므로 제가 당신께 감사와 찬미를 드리고
주님의 이름을 찬양하오리다.

지혜를 열렬히 추구함

13 내가 아직 젊고 떠돌이 생활을 하기 전에
나는 기도 가운데 드러내 놓고 지혜를 구하였다.
14 나는 성전 앞에서 지혜를 달라고 청하였는데
마지막까지도 지혜를 구할 것이다.
15 꽃이 피고 포도가 익어 가는 것처럼
내 마음은 지혜 안에서 기뻐하였다.
내 발은 올바른 길을 걸었으며
젊은 시절부터 지혜를 찾아다녔다.
16 나는 조금씩 귀를 기울여 지혜를 받아들였고
스스로를 위해 많은 가르침을 얻었다.
17 지혜를 통하여 진전을 이루었으니
지혜를 주신 분께 영광을 드리리라.

51,13. 현인은 지혜가 돌아다니고 있으며 자신이 지혜를 추구했음을 글에서 보여 준다(34,9-12의 주 참조).

51,6 민수 16,33. 51,8 시편 25,6. 51,15 시편 25,5; 26,3.12.

18 사실 나는 지혜를 실천하기로 결심하였고
선을 추구해 왔으니 결코 수치를 당하지 않으리라.
19 내 영혼은 지혜를 얻으려 애썼고
율법을 엄격하게 실천하였다.
나는 하늘을 향해 손을 펼쳐 들고
지혜를 알지 못함을 탄식하였다.
20 나는 내 영혼을 지혜 쪽으로 기울였고
순결함 속에서 지혜를 발견하였다.
내가 처음부터 지혜와 더불어 깨달음을 얻었으니
결코 저버림을 당하지 않으리라.
21 지혜를 찾으려고 애간장을 태웠기에
나는 그 좋은 재산을 얻게 되었다.
22 주님께서는 나에게 보상으로 혀를 주셨으니
나는 그 혀로 주님을 찬미하리라.
23 배우지 못한 자들아, 내게 가까이 오너라.
내 배움의 집에 와서 묵어라.
24 너희는 어찌하여 아직도 지혜 없이 지내며
너희 영혼은 극심한 갈증에 시달리느냐?
25 나는 입을 열어 이렇게 말하였다.
"돈 없이 지혜를 차지하여라."
26 너희 목에 멍에를 씌우고
너희 영혼이 그 가르침을 받아들이게 하여라.
그것은 곁에 있어 찾기 쉽다.
27 나 자신이 얼마나 적은 노력을 기울여
큰 안식을 얻게 되었는지 너희 눈으로 보아라.
28 많은 양의 은으로 가르침을 얻어라.
그리고 그것으로 많은 금을 차지하여라.
29 너희 영혼이 주님의 자비 안에서 기쁨을 누리기를!
너희는 그분을 찬미하는 일을 부끄러워하지 마라.
30 정해진 때가 오기 전에 너희 일을 처리하여라.
그러면 주님께서 정하신 때에 너희에게 상급을 주시리라.

51,23. "배움의 집" 구약 성경에서 유일하게 교육의 장소를 언급하지만, 이것은 진정한 의미의 학교 건물을 지칭한다기보다는 지혜의 가르침에 귀를 기울이라는 간절한 초대를 표현하는 것으로 보인다.

51,26. 목을 숙이는 것은 긍정적 의미도 있고(여기서처럼) 부정적 의미도 있다(종들을 다루는 것에 관련하여). 30,12의 주 참조.